Management im Gesundheitswesen

Reinhard Busse • Jonas Schreyögg • Tom Stargardt

Management im Gesundheitswesen

Das Lehrbuch für Studium und Praxis

5. Auflage

Hrsg.
Reinhard Busse
Fakultät Wirtschaft und Management, Fachgebiet Management im Gesundheitswesen (WHO Collaborating Centre for Health Systems Research and Management)
Technische Universität Berlin
Berlin, Deutschland

Jonas Schreyögg
Hamburg Center for Health Economics, Lehrstuhl für Management im Gesundheitswesen
Universität Hamburg
Hamburg, Deutschland

Tom Stargardt
Hamburg Center for Health Economics, Lehrstuhl für Health Care Management
Universität Hamburg
Hamburg, Deutschland

ISBN 978-3-662-64175-0 ISBN 978-3-662-64176-7 (eBook)
https://doi.org/10.1007/978-3-662-64176-7

Die Deutsche Nationalbibliothek verzeichnet diese Publikation in der Deutschen Nationalbibliografie; detaillierte bibliografische Daten sind im Internet über http://dnb.d-nb.de abrufbar.

Planung/Lektorat: Ulrike Hartmann
Springer ist ein Imprint der eingetragenen Gesellschaft Springer-Verlag GmbH, DE und ist ein Teil von Springer Nature.
Die Anschrift der Gesellschaft ist: Heidelberger Platz 3, 14197 Berlin, Germany

Vorwort zur 5. Auflage

Management im Gesundheitswesen stellt einen ebenso faszinierenden wie herausfordernden Aufgabenbereich dar, dessen Relevanz über die letzten Jahre stark zugenommen hat. Unabhängig davon, in welchem der unterschiedlichen Sektoren im Gesundheitswesen man tätig ist, ob in Krankenversicherungen, Krankenhäusern, Arztpraxen, Ärztenetzen, der Integrierten Versorgung oder der Arzneimittelindustrie – immer wieder und immer öfter wird man mit Problemen konfrontiert, zu deren Lösung spezifisches Managementwissen von zentraler Bedeutung ist. Das wachsende Interesse an diesem Fach ist daher auch nicht verwunderlich. Beispielsweise widmen sich immer mehr Studiengänge und Weiterbildungsangebote dieser Thematik.

Das vorliegende Buch soll als Grundlagenwerk für die Lehre an Universitäten, Fachhochschulen und anderen Bildungseinrichtungen sowie zur betriebsinternen Weiterbildung in allen Sektoren des Gesundheitswesens dienen. Es schließt seit nunmehr 15 Jahren eine Lücke in der deutschsprachigen Literatur, indem es die wichtigsten Aspekte des Managements aller wesentlichen Sektoren im Gesundheitswesen umfassend abdeckt, d. h. der Kostenträger, der Leistungserbringung und der pharmazeutischen Industrie. Die Herausgeber sehen sich in der Konzeption dieses Lehrbuchs bestätigt, da die bisherigen Auflagen immer relativ schnell vergriffen waren und das Buch sich auch als E-Book durchgesetzt hat. Hierfür sei vor allem auch den Lehrenden gedankt, die dieses Buch in ihren Veranstaltungen einsetzen bzw. darauf verweisen. Auch für die vorliegende 5. Auflage wurde das Buch substanziell überarbeitet, aktualisiert und erweitert. Es wurde außerdem eine Reihe von Kapiteln durch vollständig neue Kapitel mit neuen Autoren ersetzt.

Bei der Erstellung der 5. Auflage dieses Buchs sind wir von einer Reihe von Personen tatkräftig unterstützt worden. Für die Unterstützung bei der Umsetzung sind die Herausgeber Frau Ulrike Hartmann, Senior Editorin und Leiterin des Bereichs Konservative Medizin und Gesundheitsfachberufe des Springer-Verlags, zu Dank verpflichtet. Ein besonderer Dank gebührt den zahlreichen Autorinnen und Autoren aus Wissenschaft und Praxis, die durch ihre vielfach umfassenden Überarbeitungen die 5. Auflage dieses Buchs erst ermöglicht haben. Für ihren Beitrag zur Überarbeitung und technischen Bearbeitung seien Katja Sudmann, Lasse Falk, Ulrike Niesel und Volker Drüke herzlich gedankt. Darüber hinaus verdanken wir aufmerksamen und kritischen Lesern viele wertvolle Hinweise, die Berücksichtigung in der 5. Auflage gefunden haben.

Wir wünschen dem Werk auch in der 5. Auflage eine weite Verbreitung und freuen uns weiterhin über Anregungen und Kritik.

Reinhard Busse, Jonas Schreyögg, Tom Stargardt
Mai 2021 Berlin und Hamburg

Die Herausgeber

Professor Dr. med. Reinhard Busse, MPH FFPH
Inhaber des Lehrstuhls für Management im Gesundheitswesen an der Technischen Universität Berlin, Co-Director des Research European Observatory on Health Systems and Policies, Sprecher des Direktoriums der Berlin School of Public Health sowie Fakultätsmitglied der Charité – Universitätsmedizin Berlin

- Medizinstudium in Marburg mit Aufenthalten an der Harvard Medical School und der University of London
- Master of Public Health an der Medizinischen Hochschule Hannover (MHH)
- mehrere Jahre klinische und wissenschaftliche Tätigkeit an der FU Berlin, der MHH und Forschungsaufenthalt an der London School of Economics
- 1999 Habilitation für Epidemiologie, Sozialmedizin und Gesundheitssystemforschung an der MHH
- 1999–2002 Leiter des Madrider Zentrums des European Observatory
- Editor-in-Chief des Journals »Health Policy« seit 2011

Professor Dr. rer. oec. Jonas Schreyögg
Inhaber des Lehrstuhls für Management im Gesundheitswesen am Hamburg Center for Health Economics der Universität Hamburg und Mitglied des Sachverständigenrates zur Begutachtung der Entwicklung im Gesundheitswesen

- Studium der Betriebswirtschaftslehre
- 2001–2003 wissenschaftlicher Mitarbeiter und Promotion am Fachgebiet Finanzwissenschaft und Gesundheitsökonomie der TU Berlin
- 2004–2006 wissenschaftlicher Assistent am Fachgebiet Management im Gesundheitswesen der TU Berlin
- 2006–2007 Harkness Fellow an der Stanford University
- 2007–2008 Juniorprofessur an der TU Berlin; 2008 Habilitation
- 2009–2010 Professor für Health Services Management an der Fakultät für Betriebswirtschaft der Ludwig-Maximilians-Universität München, Arbeitsgruppenleiter am Helmholtz Zentrum München

Professor Dr. rer. oec. Tom Stargardt
Inhaber des Lehrstuhls für Health Care Management am Hamburg Center for Health Economics der Universität Hamburg

- Studium der Volkswirtschaftslehre
- 2005–2008 wissenschaftlicher Mitarbeiter und Promotion am Fachgebiet Management im Gesundheitswesen der TU Berlin
- davon ein Jahr Stipendiat in der Abteilung Global Outcomes Research, Reimbursement and Health Technology Assessment von Merck, Sharp und Dohme, New Jersey, USA
- 2009–2010 Postdoktorand am Fachgebiet Health Services Management der Ludwig-Maximilians-Universität München und stellvertretender Arbeitsgruppenleiter am Helmholtz Zentrum München
- 2010–2012 Juniorprofessor an der Universität Hamburg

Inhaltsverzeichnis

Autorenverzeichnis

Albrecht, Christian
Techniker Krankenkasse
Bramfelder Straße 140
22305 Hamburg
christian.albrecht@tk.de

Amelung, Volker, Prof. Dr.
Medizinische Hochschule Hannover
Institut für Sozialmedizin, Epidemiologie und Gesundheitssystemforschung OE 5410
Carl-Neuberg-Str. 1
30625 Hannover
amelung.volker@mh-hannover.de

Bäuml, Matthias, Dr.
QuantCo Deutschland GmbH
Oranienstraße 91
10969 Berlin
matthias.baeuml@quantco.com

Behrens-Potratz, Anja, Prof. Dr.
Hochschule für Angewandte Wissenschaften Hamburg
Fakultät für Wirtschaft und Soziales
Department Pflege und Management
Alexanderstraße 1
20099 Hamburg
anja.behrens-potratz@haw-hamburg.de

Blobner, Manfred, Prof. Dr.
Klinik für Anästhesiologie und Intensivmedizin
Technische Universität München
Ismaninger Str. 22
81675 München
m.blobner@tum.de

Boutellier, Roman, Prof. Dr.
ETH Zürich
Lehrstuhl für Technologie- und Innovationsmanagement
Kreuzplatz 5
CH-8032 Zürich
rboutellier@ethz.ch

Brinkmann-Saß, Carola
McKinsey & Company, Inc.
Kennedydamm 24
40476 Düsseldorf
carola_brinkmann-sass@mckinsey.com

Brüggemann, Frank
Novitas BKK
47050 Duisburg
Frank.Brueggemann@novitas-bkk.de

Brunner, Jens O. Prof. Dr.
Universität Augsburg
Lehrstuhl für Health Care Operations/
Health Information Management
Universitätsstraße 16
86159 Augsburg
jens.brunner@uni-a.de

Buchner, Florian, Prof. Dr., MPH
Fachhochschule Kärnten
Professur für Gesundheitsökonomie
Hauptplatz 12
A-9560 Feldkirchen
F.Buchner@fh-kaernten.at

Büchner, Vera Antonia, Prof. Dr.
Technische Hochschule Nürnberg
School of Health
Keßlerplatz 12
90489 Nürnberg
veraantonia.buechner@th-nuernberg.de

Busse, Reinhard, Prof. Dr., MPH
Technische Universität Berlin
Fakultät Wirtschaft und Management
Fachgebiet Management im Gesundheitswesen
(WHO Collaborating Centre for Health Systems Research and Management)
Straße des 17. Juni 135, Sekr. H80
10623 Berlin
mig@tu-berlin.de
rbusse@tu-berlin.de

Dangel, Peter
Almirall, S. A.
Head of Group Business Controlling
Ronda del General Mitre, 151
08022 Barcelona, Spanien
peter.dangel@almirall.com

Dietrich, Martin, Prof. Dr.
Universität des Saarlandes
Lehrstuhl für Betriebswirtschaftslehre, insbesondere Management des Gesundheitswesens
Campus B41
66123 Saarbrücken
martin.dietrich@mdg.uni-saarland.de

Dorn, Thomas
Techniker Krankenkasse
Rosenheimer Strasse 141
81671 München
thomas.dorn@tk.de

Engelke, Dirk-R.
DRK Kliniken Berlin
Ehemals Einrichtungen der DRK-Schwesternschaft Berlin
DRK Kliniken Berlin
Brabanter Straße 18–20
10713 Berlin
J.Oswald@hs-osnabrueck.de

Festel, Gunter, Dr.
Festel Capital & Founding Angel
Mettlenstraße 14
CH-6363 Fürigen
gunter.festel@festel.com

Everding, Jakob, Dr.
DAK-Gesundheit
Nagelsweg 27–31
20097 Hamburg
jakob.everding@dak.de

Fleßa, Steffen, Prof. Dr.
Universität Greifswald
Rechts- und Staatswissenschaftliche Fakultät
Lehrstuhl für Allgemeine BWL und Gesundheitsmanagement
Friedrich-Loeffler-Str. 70
17487 Greifswald
steffen.flessa@uni-greifswald.de

Frilling, Birgit, Dr.
Oberärztin Med.-Geriatrische Klinik im
Albertinen-Krankenhaus/Albertinen-Haus
Fachärztin im NWGA
Sellhopsweg 18–22
22459 Hamburg
birgit.frilling@immanuelalbertinen.de

Geldmacher, Fabian, Dr.
McKinsey & Company, Inc.
Sophienterrasse 26
80333 München
Fabian_Geldmacher@mckinsey.com

Gibis, Bernhard, Dr., MPH
Kassenärztliche Bundesvereinigung
Dezernat Versorgungsmanagement
Herbert-Lewin-Platz 2
10623 Berlin
Bgibis@kbv.de

Goeller, Simon, Dr.
McKinsey & Company, Inc.
Sophienterrasse 26
80333 München
simon_goeller@mckinsey.com

Dr. Golubinski, Veronika
Universität Hamburg
Hamburg Center for Health Economics
Lehrstuhl für Management im Gesundheitswesen
Esplanade 36
20354 Hamburg
Veronika.golubinski@uni-hamburg.de

Greiner, Wolfgang, Prof. Dr.
Universität Bielefeld
Fakultät für Gesundheitswissenschaften
Gesundheitsökonomie und Gesundheitsmanagement (AG5)
Universitätsstraße 25
33615 Bielefeld
wolfgang.greiner@uni-bielefeld.de

Gröne, Oliver, Dr.
OptiMedis AG
Burchardstraße 17
20095 Hamburg
o.groene@optimedis.de

Gross, Christopher N., Dr.
Senior Consultant und Softwareentwickler,
XITASO GmbH
Austraße 36
86153 Augsburg
info@planfox.de

Gudd, Katharina
Deutsches Krebsforschungszentrum (DKFZ)
Im Neuenheimer Feld 280
69120 Heidelberg
katharina.gudd@dkfz.de

Hecht, Justin
McKinsey & Company, Inc.
Kennedydamm 24
40476 Düsseldorf
Justin_Hecht@mckinsey.com

Helmig, Bernd, Prof. Dr.
Universität Mannheim
Fakultät für Betriebswirtschaftslehre
Lehrstuhl für Allgemeine BWL,
Public & Nonprofit Management
L5, 4 am Schloss
68161 Mannheim
sekretariat.helmig@uni-mannheim.de

Henrici, Alexander, Dr.
Hospital Management Group GmbH
Pastorenstraße 7
24837 Schleswig
Alexander.Henrici@hmg-im.de

Hildebrandt, Helmut, Dr.
OptiMedis AG
Burchardstraße 17
20095 Hamburg
h.hildebrandt@optimedis.de

Hodek, Jan-Marc, Prof. Dr.
RWU – Hochschule Ravensburg-Weingarten
Studiendekan Gesundheitsökonomie
Fakultät Soziale Arbeit, Gesundheit und Pflege
Leibnizstraße 10
88250 Weingarten
jan-marc.hodek@hs-weingarten.de

Hoogestraat, Fenja
Universität Hamburg
Hamburg Center for Health Economics
Lehrstuhl für Management im Gesundheitswesen
Esplanade 36
20354 Hamburg
Fenja.Hoogestraat@uni-hamburg.de

Ingerfurth, Stefan, Prof. Dr.
SRH Fernhochschule – The Mobile University
Professur für Allgemeine Betriebswirtschaft,
Sportmanagement und Health Care Management
Kirchstraße 26
88499 Riedlingen
stefan.ingerfurth@mobile-university.de

Kirchner, Linda
AstraZeneca GmbH
Human Resources
Tinsdaler Weg 183
22880 Wedel
linda.kirchner@astrazeneca.com

Kötter, Paul M.
Kienbaum Consultants International GmbH
Dessauer Str. 28/29
10963 Berlin
paul.koetter@kienbaum.de

Kopetsch, Thomas, Dr.
Messelstraße 5
14195 Berlin
thomas.kopetsch@tu-dortmund.de

Matusiewicz, David, Prof. Dr.
FOM Hochschule für Oekonomie &
Management gemeinnützige Gesellschaft mbH
Institut für Gesundheit & Soziales
Herkulesstraße 32
45127 Essen
david.matusiewicz@fom.de

Milstein, Ricarda, Dr.
Universität Hamburg
Hamburg Center for Health Economics
Lehrstuhl für Management im Gesundheitswesen
Esplanade 36
20354 Hamburg
Ricarda.Milstein@uni-hamburg.de

Moos, Gabriele, Prof. Dr.
RheinAhrCampus
FB: WISO
Joseph-Rovan-Allee 2
53424 Remagen
moos@rheinahrcampus.de

Mühlbacher, Axel, Prof. Dr.
Hochschule Neubrandenburg
Fachbereich Gesundheit, Pflege, Management
Institut für Gesundheitsökonomie und Medizinmanagement
Brodaer Straße 2
17033 Neubrandenburg
muehlbacher@hs-nb.de

Müller, Jonas
QuantCo Deutschland GmbH
Oranienstraße 91
10969 Berlin
jonas.mueller@quantco.com

Oswald, Julia, Prof. Dr.
Hochschule Osnabrück
Fakultät Wirtschafts- und Sozialwissenschaften
Caprivistraße 30A
49076 Osnabrück
J.Oswald@hs-osnabrueck.de

Peters, Kay, Prof. Dr.
Universität Hamburg
SVI-Stiftungsprofessur Marketing und Dialogmarketing
Institut für Marketing und Medien
Von-Melle-Park 5
20146 Hamburg
Kay.Peters@uni-hamburg.de

Pimperl, Alexander, Dr.
AstraZeneca GmbH
Tinsdaler Weg 183
22880 Wedel
alexander.pimperl@astrazeneca.com

Pogonke, Marc-André
Hospital Management Group GmbH
Pastorenstraße 7
24837 Schleswig
marc-andre.pogonke@hmg-im.de

Puttfarcken, Maren
Leiterin Landesgeschäftsstelle Hamburg
Techniker Krankenkasse
Bramfelder Str. 140
22305 Hamburg
maren.puttfarcken@tk.de

Schlösser, Rico, Prof. Dr.
Hochschule für Wirtschaft und Recht Berlin
Internes Rechnungswesen und Controlling
Campus Lichtenberg/Fachbereich 2
Alt-Friedrichsfelde 60
10315 Berlin
rico.schloesser@hwr-berlin.de

Schmidt-Rettig, Barbara, Prof. Dr.
Fachhochschule Osnabrück
Fakultät Wirtschafts- und Sozialwissenschaften
Caprivistraße 30A
49076 Osnabrück
B.Schmidt-Rettig@hs-osnabrueck.de

Schöffski, Oliver, Prof. Dr., MPH
Universität Erlangen-Nürnberg
Fachbereich Wirtschaftswissenschaften
Lehrstuhl für Gesundheitsmanagement
Lange Gasse 20
90403 Nürnberg
oliver.schoeffski@fau.de

Schoenfelder, Jan, Dr.
Universität Augsburg
Lehrstuhl für Health Care Operations/
Health Information Management
Universitätsstraße 16
86159 Augsburg
jan.schoenfelder@uni-a.de

Schreyögg, Jonas, Prof. Dr.
Universität Hamburg
Hamburg Center for Health Economics
Lehrstuhl für Management im Gesundheitswesen
Esplanade 36
20354 Hamburg
Jonas.Schreyoegg@uni-hamburg.de

Schulte, Timo
OptiMedis AG
Burchardstraße 17
20095 Hamburg
t.schulte@optimedis.de

Sohn, Stefan, Prof. Dr.
Hochschule Konstanz (HTWG)
Technik, Wirtschaft und Gestaltung
Fakultät Informatik
SG Gesundheitsinformatik
Alfred-Wachtel-Straße 8
D-78462 Konstanz
Stefan.sohn@htwg-konstanz.de

Sommer, Kirsten
Digitalmanagerin im NWGA
Albertinen-Haus
Zentrum für Geriatrie und Gerontologie
Sellhopsweg 18–22
22459 Hamburg
kirsten.sommer@immanuelalbertinen.de

Stargardt, Tom, Prof. Dr.
Universität Hamburg
Hamburg Center for Health Economics
Lehrstuhl für Health Care Management
Esplanade 36
20354 Hamburg
Tom.Stargardt@uni-hamburg.de

Steimle, Tim, MBA
Techniker Krankenkasse
Fachbereich Arzneimittel
Bramfelder Straße 140
22305 Hamburg
Tim.Steimle@tk.de

Thiem, Ulrich, Prof. Dr.
Albertinen-Krankenhaus/Albertinen-Haus gGmbH
Chefarzt Med. Geriatrische Klinik
Sellhopsweg 18–22
22459 Hamburg
ulrich.thiem@immanuelalbertinen.de

Tiemann, Oliver, Prof. Dr.
Katholische Hochschule Nordrhein-Westfalen
Fachbereich Gesundheitswesen
Wörthstraße 10
50668, Köln
o.tiemann@katho-nrw.de

Unland, Heike
Projektleitung NWGA
Albertinen-Haus
Zentrum für Geriatrie und Gerontologie
Sellhopsweg 18–22
22459 Hamburg
heike.unland@immanuelalbertinen.de

Verheyen, Frank, Dr.
Techniker Krankenkasse
Fachbereich Arzneimittel
Bramfelder Straße 140
22305 Hamburg
Dr.Frank.Verheyen@tk.de

Voss, Hanswerner, Dipl.-Ing.
GCN HealthNet GbR
Engelbergweg 63a
84036 Landshut
hanswerner.voss@gcn-healthnet.de

Wasem, Jürgen, Prof. Dr.
Universität Duisburg-Essen,
Campus Essen
Lehrstuhl für Medizinmanagement
Fakultät für Wirtschaftswissenschaften
Thea-Leymann-Str. 9
45127 Essen
juergen.wasem@medman.uni-due.de

Weber, Wolfgang, Dipl.-Kfm.
Deutsches Krebsforschungszentrum
Im Neuenheimer Feld 280
69120 Heidelberg
wolfgang.weber@dkfz.de

Wende, Danny
Burgkstraße 31
01159 Dresden
danny.wende@mailbox.org

Wild, Eva-Maria, Prof. Dr.
Universität Hamburg
Hamburg Center for Health Economics
Fakultät für Betriebswirtschaft
Esplanade 36
20354 Hamburg
Eva.Wild@uni-hamburg.de

Winter, Christoph, Prof. Dr. MPH
FOM – Hochschule für Oekonomie & Management
Professur für Allg. Betriebswirtschaftslehre insb. Management im Gesundheitswesen
Martin-Luther-King-Weg 30a
48155 Münster
christoph.winter@fom.de

Winter, Vera, Prof. Dr.
Bergische Universität Wuppertal
Fakultät für Wirtschaftswissenschaft – Schumpeter School of Business and Economics
Lehrstuhl für Management im Gesundheitswesen
Rainer-Gruenter-Straße 21
42119 Wuppertal
Winter@wiwi.uni-wuppertal.de

Zastrau, Ralf
Geschäftsführer in der Albertinen-Krankenhaus/
Albertinen-Haus gGmbH
Zentrum für Geriatrie und Gerontologie
Sellhopsweg 18–22
22459 Hamburg
ralf.zastrau@immanuelalbertinen.de

Zerres, Christopher, Prof. Dr.
Hochschule Offenburg
Fakultät für Medien und Informationswesen
Badstraße 24
77652 Offenburg
christopher.zerres@gmx.de

Management im Gesundheitswesen – eine Einführung in Gebiet und Buch

Reinhard Busse, Jonas Schreyögg, Tom Stargardt

Inhaltsverzeichnis

R. Busse, J. Schreyögg, T. Stargardt (Hrsg.), *Management im Gesundheitswesen*,
https://doi.org/10.1007/978-3-662-64176-7_1

Das Lehr- und Forschungsgebiet »Management im Gesundheitswesen« hat in den letzten Jahren deutlich an Bedeutung gewonnen. Es besteht in vielen Bereichen des Gesundheitswesens ein großer Bedarf nach Fach- und Führungskräften für das Management im Gesundheitswesen, die über eine interdisziplinäre Ausrichtung verfügen und mit den speziellen institutionellen Gegebenheiten des Gesundheitswesens vertraut sind. Bevor wir uns den einzelnen Komponenten des Fachgebietes »Management im Gesundheitswesen« sowie seiner Relevanz für Wissenschaft, Wirtschaft und Arbeitsmarkt zuwenden, sollen zunächst seine beiden Hauptbestandteile – »Gesundheitswesen« und »Management« – definiert werden.

1.1 Was ist das Gesundheitswesen?

Eine gängige Definition für Gesundheitswesen bzw. Gesundheitssystem – die praktisch synonym verstanden werden – als »**Gesamtheit des organisierten Handelns als Antwort auf das Auftreten von Krankheit** und Behinderung und zur Abwehr gesundheitlicher Gefahren« ist breit und konsensorientiert, aber wenig operationalisiert (vgl. Schwartz und Busse 2012). Diesem eher weiten Begriff steht in der Literatur häufig ein enges Verständnis von Gesundheitswesen als »**Gesundheitsversorgung**« (Health Care) im Sinne von »systems of individual arrangements and social institutions through which health services of a personal nature are provided, organized, financed and controlled« gegenüber (vgl. Myers 1986). Diese Definition ist beeinflusst von einer traditionellen Auffassung von einem Gesundheitswesen, in dem die persönliche Versorgung durch Heilberufe im Vordergrund stand.

Auf dieser Betrachtung von Gesundheitsversorgung beruht auch die zumeist gebrauchte **institutionelle Gliederung** des Gesundheitswesens. Dazu kommen – insbesondere beim deutschen Gesundheitssystem – der Einfluss von historischen Entwicklungen und sozialrechtliche Abgrenzungskriterien. Im Mittelpunkt dieser Gliederung stehen die Teile des Gesundheitssystems, in denen die ärztlichen Dienstleistungen dominieren und an denen sich auch wesentliche Kapitel in diesem Buch orientieren:

- **Stationäre Versorgung** in Krankenhäusern (einschließlich Vorsorge- und Rehabilitationseinrichtungen),
- **Ambulante ärztliche Versorgung**, die in Deutschland fast ausschließlich durch niedergelassene Ärzte, international häufig aber auch durch Polikliniken in Krankenhäusern erfolgt,
- »**Integrierte Versorgung**«, die sich über diese beiden Sektoren hinweg erstreckt.

Im Bereich der ambulanten Versorgung gibt es darüber hinaus eine Vielzahl anderer, nichtärztlicher Erbringer persönlicher Gesundheitsdienstleistungen. Dazu zählen Krankengymnasten, Logopäden, Arbeits- und Beschäftigungstherapeuten etc. Deren Leistungen werden in Deutschland ärztlicherseits – in der Sprache des Sozialgesetzbuches – als »Heilmittel« verordnet. Als Krankenpflege im engeren Sinne wird die Pflege in (noch) ärztlich dominierten Behandlungs- und Überwachungsbereichen bezeichnet. Sie wird ergänzt durch die nicht-ärztlich supervidierte Pflege wie häusliche Krankenpflege oder sonstige Pflegeformen in offenen oder geschlossenen Einrichtungen (Sozialstationen, freie Pflegedienste, Heimpflege). Angesichts etablierter Werke zum Pflegemanagement (vgl. etwa Freund und Overlander 2020; Schäfer et al. 2016) wird in diesem Buch auf den Pflegebereich weitgehend verzichtet.

Zu den wesentlichen Gesundheitsbereichen, bei denen Waren im Mittelpunkt stehen – wobei ihre Abgabe und ihr angemessener Einsatz mit professionellen Dienstleistungen verbunden sind –, zählen die Arzneimittelversorgung und die Hilfsmittelversorgung. Wir konzentrieren uns in diesem Buch auf die **Arzneimittelindustrie**, wodurch die Relevanz der **Medizintechnikindustrie** keineswegs unterschätzt werden soll.

Weitere, nicht immer klar abgrenzbare dienstleistende oder industrielle Bereiche sind z. B. rein sozialversicherungsrechtlich tätige Gutachterdienste, präventive Dienste, Hersteller medizinisch-technischer Produkte, das

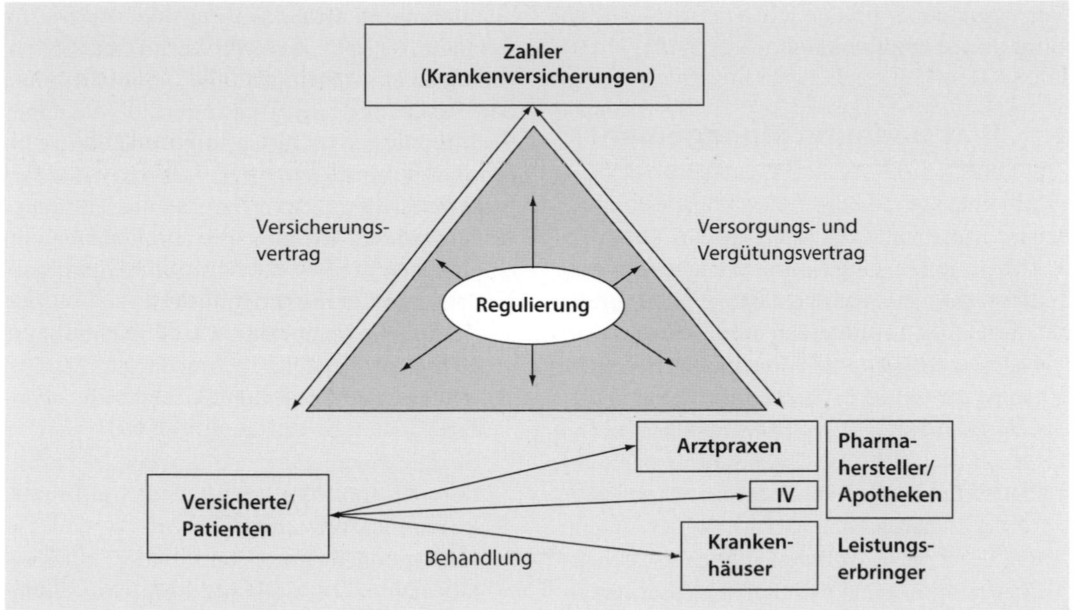

Abb. 1.1 Vereinfachte Darstellung von Akteuren und ihren Beziehungen im Gesundheitswesen

Laiensystem, Wohlfahrtsverbände, Rettungsdienste etc. Diese werden im vorliegenden Buch nur am Rande behandelt.

Ebenfalls vor allem historisch gewachsenen Strukturen folgt die Finanzierung von Gesundheitsleistungen. Neben der **Gesetzlichen Krankenversicherung** (GKV) mit ihren 103 Einzelkassen zählen die **Private Krankenversicherung**, die gesetzliche Rentenversicherung, die gesetzliche Unfallversicherung, die gesetzliche Pflegeversicherung, die Arbeitgeber, die öffentlichen Haushalte und die privaten Haushalte zu den Ausgabenträgern im Gesundheitswesen. Diese Vielzahl der Ausgabenträger und die finanziellen Beziehungen zwischen diesen erschweren oft eine funktionale und simultane Betrachtung von Leistung und Finanzierung. Dies ist in anderen Gesundheitssystemen mit anderen Grundstrukturen wie staatlichen Gesundheitssystemen (z. B. Großbritannien, Schweden, Spanien) oder auch sog. marktorientierten Systemen (z. B. USA) jedoch nicht einfacher.

In der international vergleichenden Gesundheitssystemforschung hat sich für die vergleichende Darstellung und Analyse von Gesundheitssystemen das Dreieck etabliert (Abb. 1.1), um das herum die wesentlichen Akteure angeordnet sind: die **Bevölkerung** in ihren Rollen als Versicherte bzw. Patienten, die **Leistungserbringer** (in Form von Arztpraxen, Krankenhäusern, Netzwerken der Integrierten Versorgung [IV], Apotheken etc.) und – als dritte Partei – die Zahler bzw. **Finanzintermediäre**, in unserem System zumeist in Form von gesetzlichen Krankenkassen und privaten Krankenversicherungsunternehmen. Zwischen diesen Akteuren bestehen unterschiedliche, aber klar definierte Beziehungen: die Behandlung zwischen Patient und Leistungserbringer, der Versicherungsvertrag zwischen Versichertem und Krankenversicherer und der Versorgungs- und Vergütungsvertrag zwischen dem Krankenversicherer und dem Leistungserbringer.

Alle Akteure und die Beziehungen zwischen ihnen unterliegen der Regulierung durch Gesetze, Verordnungen, Richtlinien, Rahmenverträgen etc. Die Regulierung ist im Gesundheitswesen notwendigerweise ausgeprägter als in anderen Sektoren, da hier **wirtschaftspolitische Ziele** wie die Förderung unternehmerischen Handelns mit **Zielen der Sozialpolitik und der Bevölkerungsgesundheit** (z. B. Zugang zur Versorgung, effektive und qualitativ hochwertige

Versorgung) zu berücksichtigen sind, die sich oftmals widersprechen (Boroch 2019).

1.2 Was bedeutet Management?

> Im Mittelpunkt des Managements steht der Mensch. Die Aufgabe des Managements besteht darin, Menschen in die Lage zu versetzen, gemeinsam Leistungen zu erbringen. (…) Genau darum geht es in jeder Organisation, und es ist der Grund dafür, dass das Management ein so entscheidender Faktor ist. Heute arbeitet praktisch jeder von uns für eine gemanagte Einrichtung, die einem wirtschaftlichen Zwecke dienen kann oder nicht. (…) Unsere Fähigkeit, zum Wohlergehen der Gesellschaft beizutragen, hängt nicht nur von unseren persönlichen Fähigkeiten ab, sondern auch vom Management der Organisationen, für die wir tätig sind (Drucker 2002, S. 27)

Trotz der großen Bandbreite an Managementdefinitionen ist vielen Managementlehrbüchern gemein, dass in der Regel zunächst eine Trennung von zwei unterschiedlichen Managementbegriffen vorgenommen wird.

> **Management**, Management im institutionellen Sinne ist eine Beschreibung einer Gruppe von Personen innerhalb einer Organisation, die mit Anweisungsbefugnissen betraut ist. Demgegenüber befasst sich Management im funktionalen Sinne, unabhängig von bestimmten Personen, mit Handlungen die zur Steuerung von Prozessen in Unternehmen dienen (Macharzina und Wolf 2017; Schreyögg und Koch 2020).

Die klassischen Funktionen von Management nach Koontz und O'Donnell umfassen dabei Planung, Organisation, Personaleinsatz, Führung sowie Kontrolle eines Unternehmens (vgl. Koontz und O'Donnell 1955). Sie sind als **Querschnittsfunktionen** zu sehen, die zu den Sachfunktionen eines Unternehmens – insbesondere die Produktion, aber auch Einkauf, Finanzierung oder Vertrieb – in einem komplementären Verhältnis stehen. Managementfunktionen fallen somit zwischen den Sachfunktionen und innerhalb einzelner Sachfunktionen an. Die erfolgreiche Wahrnehmung der Managementfunktionen erfordert bestimmte Fähigkeiten bzw. Schlüsselkompetenzen von den »Managern«. Im Rahmen von empirischen Studien haben sich drei Schlüsselkompetenzen herauskristallisiert:

1. **Technische Kompetenz**: Diese beschreibt die Fähigkeit, Wissen, Techniken und Methoden auf den konkreten Kontext anzuwenden.
2. **Soziale Kompetenz:** Sie umfasst insbesondere Kooperationsbereitschaft und interkulturelles Verstehen.
3. **Konzeptionelle Kompetenz:** Diese Schlüsselkompetenz ermöglicht, komplexe Sachverhalte schnell zu strukturieren und in konkrete Handlungsanleitungen zu transformieren (Schreyögg und Koch 2020).

1.3 Wie kann Management im Gesundheitswesen wissenschaftlich eingeordnet werden?

Während es in der klassischen Managementlehre eher um die Vermittlung von sozialer und konzeptioneller Kompetenz geht, will das Fach »Management im Gesundheitswesen« die Fundamente für eine technische Kompetenz zur Lösung von Problemen in Unternehmen oder Organisationen des Gesundheitswesens legen. Im Unterschied zu den klassisch betriebswirtschaftlichen Fächern, die die technische Kompetenz für die einzelnen Sachfunktionen in Betrieben vermitteln, ist das Fach »Management im Gesundheitswesen« institutionell ausgerichtet. Es bezieht sich auf alle Sach- und Managementfunktionen, die in – und zwischen – Organisationen des Gesundheitswesens zu erfüllen sind. In ◘ Abb. 1.2 ist diese institutionelle Ausrichtung des Faches dargestellt (in Anlehnung an Schreyögg und Koch 2020).

Um den Gegenstand von Management im Gesundheitswesen noch klarer herauszuar-

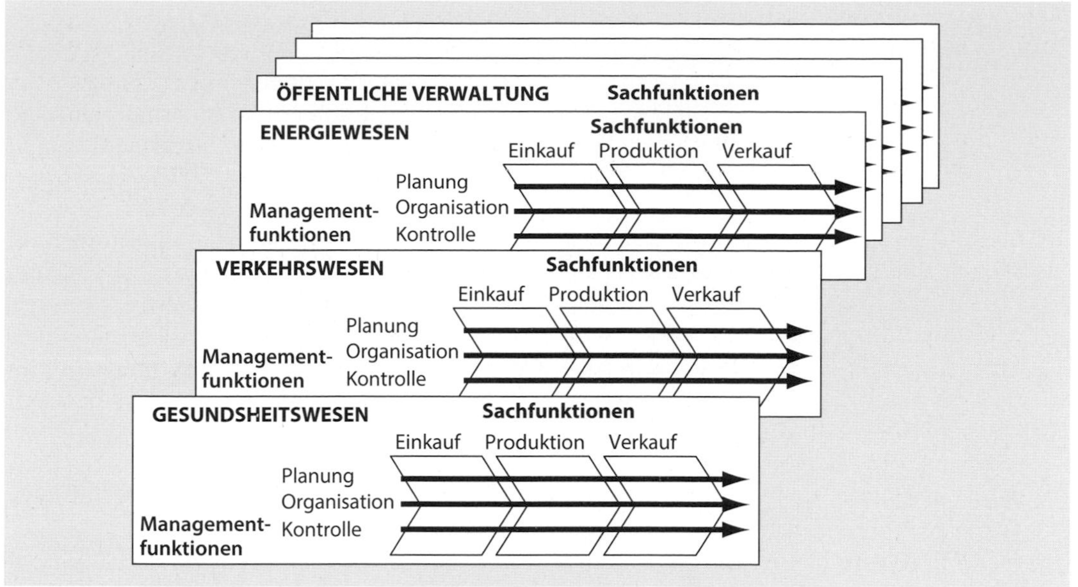

Abb. 1.2 Institutionelle Ausrichtung von Management im Gesundheitswesen

beiten, erscheint es sinnvoll, das Verhältnis zwischen »Management im Gesundheitswesen« und Gesundheitsökonomie als wirtschaftswissenschaftlicher Teildisziplin zu beleuchten. In ◘ Abb. 1.3 sind die Teilgebiete der Gesundheitsökonomie und die sie beeinflussenden Wissenschaftsdisziplinen vorgestellt (vgl. Busse 2006). Ulrich (2012) gibt einen Überblick zur Entwicklung der Gesundheitsökonomie in Deutschland.

In der Gesundheitsökonomie als Teilgebiet der Volkswirtschaftslehre geht es zunächst um den **Gesundheitsmarkt**, der in der Regel synonym zu Gesundheitssystem und Gesundheitswesen verwendet wird, das **Gleichgewicht dieses Marktes** und die **Beziehungen der Akteure untereinander** (vgl. Breyer et al. 2012; Folland et al. 2017). Das Dreieck (CDE) in ◘ Abb. 1.3 entspricht dabei dem Dreieck in ◘ Abb. 1.1 und veranschaulicht die Hauptakteure dieses Marktes und deren Beziehungen. Der Bedarf und die Präferenzen der Individuen (B) artikulieren sich in der Nachfrage (C) nach Gesundheitsleistungen und induzieren somit das Angebot an persönlichen Dienstleistungen durch Ärzte und Produkten der Arzneimittel- und Medizintechnikindustrie (D). Das Angebot bedarf wiederum eines Organisationsrahmens, einer Finanzierung und einer Vergütung, d. h. einer Dienstleistung, die von Individuen nachgefragt (C) und von Krankenversicherungen angeboten wird (E). Ein weiteres Gebiet der Gesundheitsökonomie beschäftigt sich mit der **Planung, Steuerung und Kontrolle (Regulierung)** des Gesundheitsmarktes (G) (vgl. z. B. Hajen et al. 2017; Breyer 2012; Rice 2004).

Neben dem Gesundheitsmarkt und seiner Regulierung ist auch die Frage nach der (ökonomischen) **Bewertung von Krankheit und Gesundheit** zum Gegenstand der Gesundheitsökonomie geworden (vgl. Brazier et al. 2017; Drummond et al. 2015) (B). Dabei ist die Gesundheitsökonomie auf Vor- und Zuarbeiten sowie eine enge Kooperation mit anderen wissenschaftlichen Disziplinen angewiesen; genannt seien hier die Epidemiologie, die Psychologie (aus der heraus z. B. die meisten Instrumente zur Messung von Lebensqualität entwickelt wurden) und die Soziologie. In enger Anlehnung an dieses Feld sind die mikroökonomische Evaluation der medizinischen Versorgung (F) und die (makroökonomische) Evaluation des Gesundheitssystems (H), insbesondere die Evaluation von Politikmaßnahmen, als stark wachsende Forschungsfelder zu nennen.

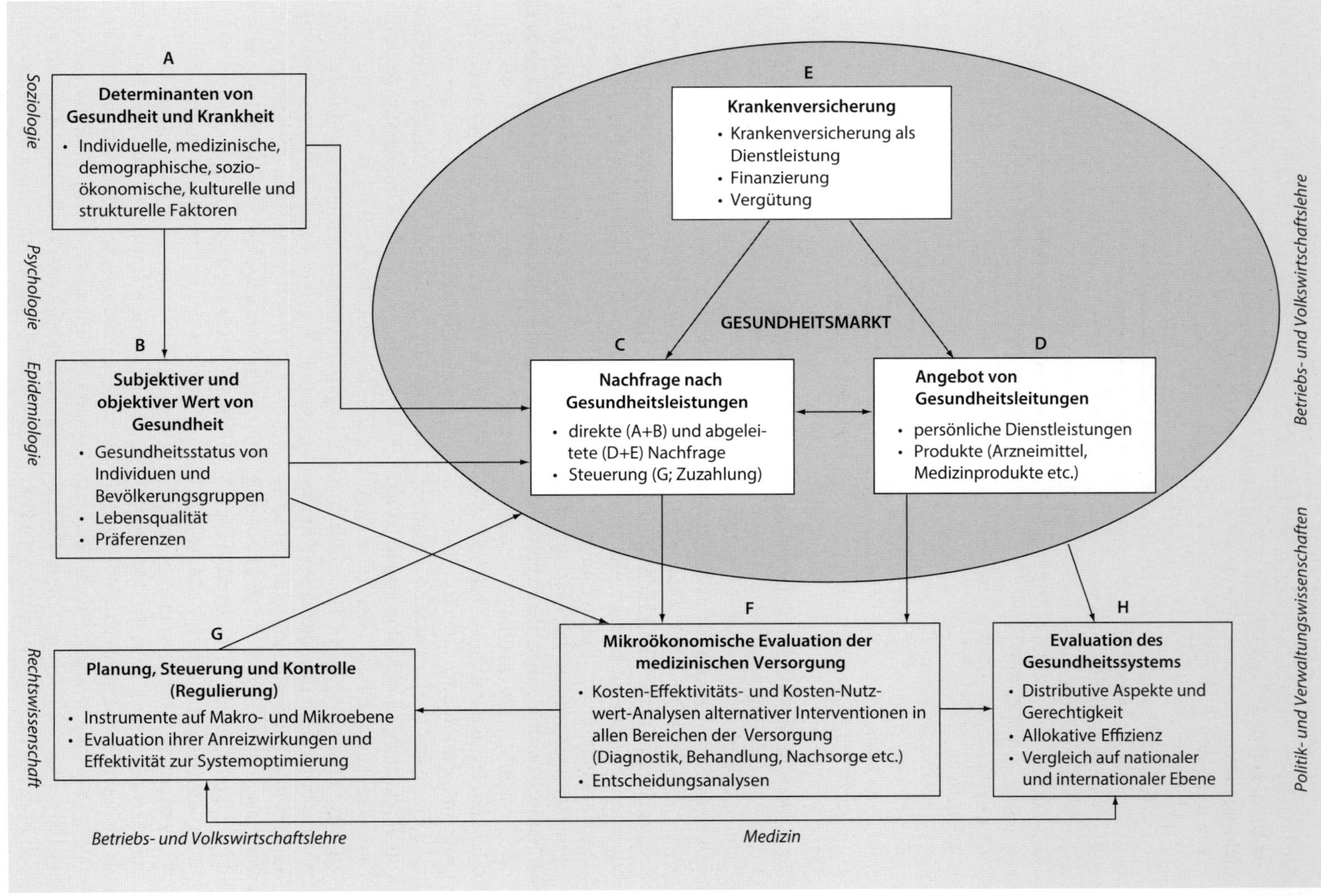

Abb. 1.3 Teilgebiete der Gesundheitsökonomie und sie beeinflussende Wirtschaftsdisziplinen

Die **Determinanten von Gesundheit und Krankheit (A)** beeinflussen sowohl die **Bewertung von Krankheit und Gesundheit (B)** als auch die **Nachfrage nach Gesundheitsleistungen (C)**. Die Frage nach den Determinanten von Gesundheit und Krankheit (A) repräsentiert einen wichtigen und traditionellen Forschungsbereich der Gesundheitsökonomie. Unter anderem wird dabei der Einfluss von Demographie auf die Gesundheitsausgaben nach wie vor kontrovers diskutiert (Breyer und Lorenz 2021).

Die **mikroökonomische Evaluation der medizinischen Versorgung**, häufig als gesundheitsökonomische Evaluation bezeichnet, ist international wesentlich von der Arzneimittelindustrie mit entwickelt und geprägt worden, da sich staatliche Auflagen, solche Evaluationen durchzuführen, initial auf Arzneimittel konzentrierten. Im Kontext von Health Technology Assessment ist aber schnell klar geworden, dass die gleiche Notwendigkeit auch bei präventiven Maßnahmen, diagnostischen Verfahren (z. B. in der Bildgebung), therapeutischen Prozeduren, organisatorischen Einheiten und ganzen Programmen und Subsystemen besteht. Angesichts zunehmender Komplexität der zu bewertenden Leistungen ist die Multidisziplinarität in diesem Forschungsbereich besonders ausgeprägt. Neben Betriebs- und Volkswirten, Medizinern und Psychologen werden zunehmend auch Medizininformatiker und Medizinethiker in Forschungsteams zur gesundheitsökonomischen Evaluation integriert (zur gesundheitsökonomischen Evaluation vgl. Drummond et al. 2015; Schöffski und Schulenburg 2011; Schreyögg und Stargardt 2012).

Die **Evaluation des Gesundheitssystems** widmet sich der Frage nach gerechter und effizienter Verteilung von Lasten und Nutzen des gesamten Gesundheitssystems (H). Dieses relativ junge Gebiet, das auch Gesundheitssystemforschung genannt wird, integriert insbesondere Ansätze aus der Finanzwissenschaft als Gebiet der Volkswirtschaftslehre, der Epidemiologie sowie den Politik- und Verwaltungswissenschaften. Der internationale Vergleich von Gesundheitssystemen bildet einen Schwerpunkt dieser Forschungsrichtung (Schwartz und Busse 2012).

Im **Unterschied zur Gesundheitsökonomie** beschäftigt sich **Management im Gesundheitswesen im engeren Sinne** mit den Sach- und Managementfunktionen solcher Organisationen, die Produkte und Dienstleistungen bereitstellen, um die Nachfrage nach Gesundheitsleistungen zu befriedigen (D+E). Dies umfasst gesetzliche und private Krankenversicherungen, Krankenhäuser, Pflegeheime, Arztpraxen, Ärztenetze, Netzwerke der Integrierten Versorgung, Unternehmen der Arzneimittel- und Medizintechnikindustrie, Anbieter von telemedizinischen und/oder anderen digitalen Dienstleistungen u. v. m. In einer breiter angelegten, anglo-amerikanisch geprägten Definition umfasst der Gegenstand von Management im Gesundheitswesen nicht nur die Sach- und Managementfunktionen innerhalb der Organisationen des Gesundheitswesens, sondern auch die staatliche Planung, Steuerung und Kontrolle dieser Organisationen, d. h. die **Managementfunktionen von Verbänden der Selbstverwaltung oder des Staates** und deren Implikationen für das Handeln von Organisationen (vgl. Palfrey et al. 2004). Hier besteht eine Schnittmenge mit dem traditionellen volkswirtschaftlichen Gebiet der Ordnungspolitik (vgl. Oberender 1992).

In diesem Buch soll die Definition von Management im Gesundheitswesen im engeren Sinne zugrunde gelegt werden. Dennoch ist für Manager des Gesundheitswesens wichtig, sich auch mit den Ordnungsfunktionen des Staates auseinanderzusetzen, nicht zuletzt deshalb, weil zu erwarten ist, dass die Regelungsdichte in Zukunft eher zunimmt.

1.4 Warum ist Management im Gesundheitswesen praktisch relevant?

Um die Relevanz eines Sektors beurteilen zu können, sollte man zunächst Beschäftigtenzahlen und Umsatz betrachten. Allerdings sollte das Gesundheitswesen nicht nur an seiner wirtschaftlichen Relevanz, sondern mindestens ebenso an seinem Beitrag zur Bevölkerungsgesundheit gemessen werden (vgl. Schwartz und Busse 2012; vgl. auch ► Abschn. 2.1).

In verschiedenen Studien wurde, je nach Abgrenzung, eine **Beschäftigung** von 5,7 Mio. (2019) für gesundheitsrelevante Bereiche in Deutschland berechnet (Statistisches Bundesamt 2021) – mit weiterhin steigender Tendenz, wie Daten des Statistischen Bundesamtes zeigen. Demnach ist etwas mehr als **jeder achte Erwerbstätige** in Deutschland in gesundheitsrelevanten Bereichen tätig. Allein zwischen 2010 und 2019 konnte ein starker Zuwachs von ca. 0,9 Mio. im Gesundheitswesen tätigen Personen verzeichnet werden (Statistisches Bundesamt 2021). Kein anderer Sektor verzeichnete in den letzten Jahren ein so starkes Beschäftigungswachstum.

Aufgrund der Wettbewerbsorientierung vieler Bereiche des Gesundheitswesens in Deutschland wird in den nächsten Jahren gerade in den Managementbereichen ein weiteres Beschäftigungswachstum erwartet. Die Beschäftigten sind sowohl in den Dienstleistungsbereichen, insbesondere in Krankenhäusern, Pflegeheimen, Krankenkassen und privaten Krankenversicherungen, als auch in der Industrie, insbesondere bei Herstellern von Arzneimitteln und Medizintechnik, angestellt. Zukünftig wird ein Beschäftigungswachstum in den klassischen Dienstleistungsbereichen, z. B. in Pflegeheimen, infolge der demographischen Entwicklung, aber auch durch neue Formen der Versorgung, z. B. Integrierte Versorgung und Ärztenetze, sowie durch die sich schnell entwickelnden digitalen Dienstleistungen erwartet.

Der **Umsatz des Gesundheitswesens**, der oftmals nur als konsumtive Ausgabenbelastung (»Gesundheitsausgaben«) für Arbeitgeber, Arbeitnehmer, Staat und Patienten betrachtet wird, betrug nach der Abgrenzung des Statistischen Bundesamtes in Deutschland im Jahr 2019 **ca. 411 Mrd.** €, d. h. 4.944 € pro Kopf oder rund 11,9 % des Bruttoinlandsproduktes.

Beide Faktoren – Beschäftigungsrelevanz und Umsatz – machen das Gesundheitswesen zum wirtschaftlich wichtigsten Sektor, der spezifisch qualifizierte Manager benötigt. Dazu möchte das vorliegende Buch einen Beitrag leisten.

1.5 Wie ist dieses Buch aufgebaut?

Nach dieser Einführung orientieren sich die folgenden Kapitel dieses Buches an den wesentlichen Sachfunktionen der Organisationen des Gesundheitswesens, seien sie profitorientiert, gemeinnützig oder öffentlich. Vor den Bereichen **»Kundenmanagement«**, **»Finanzmanagement«** und **»Personalmanagement«** bildet das **»Leistungsmanagement«** einen Schwerpunkt dieses Buches. Dieser Teil bündelt die klassisch betriebswirtschaftlichen Sachfunktionen Forschung, Entwicklung, Leistungserstellung (Fertigung bzw. Produktion) und Vertrieb. Er nimmt deshalb einen größeren Umfang als die anderen ein. Ergänzt werden diese Teile durch das im Gesundheitswesen immer wichtiger werdende Querschnittsthema **»Informationsmanagement und Controlling«**.

Alle Bereiche folgen einer einheitlichen Struktur, wobei zunächst eine Einführung in sektorenübergreifende gesetzliche, strukturelle und methodische Grundlagen gegeben wird. Es folgen dann jeweils fünf Kapitel zu den speziellen Anforderungen und ihrer praktischen Umsetzung für Akteure in ausgesuchten Sektoren. Als wesentliche Akteure wurden **Krankenversicherungen, Krankenhäuser, Arztpraxen und Ärztenetze** und **die Arzneimittelindustrie** ausgewählt. Um innovative Entwicklungen auf der Leistungserbringerseite zu berücksichtigen, wurden außerdem Netzwerke zur **Integrierten Versorgung** als sektorenübergreifender Bereich aufgenommen. Alle Teile schließen mit ein, zwei oder drei Fallstudien, die zu der jeweiligen Sachfunktion des Kapitels und einem ausgewählten Akteur Bezug nehmen. Die Fallstudien sollen ausgewählte Aspekte vertiefen, die den Rahmen der sektorenspezifischen Unterkapitel sprengen würden, und als Material für Unterricht bzw. Selbststudium dienen.

In ◘ Tab. 1.1 wird der matrixorientierte Aufbau der Buchteile verdeutlicht. Es bleibt dem Leser überlassen, ob er eine horizontale, d. h. nach Sachfunktionen orientierte, oder eine vertikale, d. h. nach Akteuren bzw. Sektoren orientierte, Vorgehensweise wählen möchte.

Tab. 1.1 Aufbau des Buches nach Sachfunktionen und Akteuren/Sektoren mit Angabe der Kapitelnummern

Sachfunktionen	Einführung	Akteure/Sektoren					Fallstudien
		Krankenversicherungen	Krankenhäuser	Arztpraxen und Ärztenetze	Integrierte Versorgung	Arzneimittelindustrie	
2. Leistungsmanagement	2.1	2.2	2.3	2.4	2.5	2.6	2.7
3. Kundenmanagement	3.1	3.2	3.3	3.4	3.5	3.6	3.7
4. Finanzmanagement	4.1	4.2	4.3	4.4	4.5	4.6	4.7
5. Personalmanagement	5.1	5.2	5.3	5.4	5.5	5.6	5.7
6. Informationsmanagement und Controlling	6.1	6.2	6.3	6.4	6.5	6.6	6.7

Literatur

Boroch W (2019) Konkurrierende Konzeptionen der Gesundheitspolitik. Z Wirtschaftspolitik 68(3):222–250

Brazier J, Ratcliffe J, Salomon JA, Tsuchiya A (2017) Measuring and valuing health benefits for economic evaluation, 2. Aufl. Oxford University Press, New York

Breyer F (2012) Implizite versus explizite Rationierung von Gesundheitsleistungen. Bundesgesundheitsblatt 55:652–659

Breyer F, Lorenz N (2021) The "red herring" after 20 years: ageing and health care expenditures. Eur J Health Econ 22(5):661–667

Breyer F, Zweifel P, Kifmann M (2012) Gesundheitsökonomik, 6. Aufl. Springer Gabler, Wiesbaden

Busse R (2006) Gesundheitsökonomie – Ziele, Methodik und Relevanz. Bundesgesundheitsblatt Gesundheitsforschung Gesundheitsschutz 49(1):3–10

Drucker PF (2002) Was ist Management? Das Beste aus 50 Jahren. Econ, München

Drummond MF, Sculpher MJ, Claxton K, Stoddart GL, Torrance GW (2015) Methods for the economic evaluation of health care programmes, 4. Aufl. Oxford University Press, Oxford

Folland S, Goodman AC, Stano M (2017) The economics of health and health care, 8. Aufl. Taylor & Francis, London

Freund J, Overlander G (2020) Pflegemanagement Heute: für Führungspersonen im Pflege- und Gesundheitsmanagement, 3. Aufl. Urban & Fischer, München

Hajen L, Paetow H, Schumacher H (2017) Gesundheitsökonomie: Strukturen – Methoden – Praxisbeispiele, 8. Aufl. Kohlhammer, Stuttgart

Koontz H, O'Donnell C (1955) Principles of management: an analysis of managerial functions. McGraw-Hill, New York

Macharzina K, Wolf J (2017) Unternehmensführung: Das internationale Managementwissen Konzepte – Methoden – Praxis, 10. Aufl. Springer Gabler, Wiesbaden

Myers BA (1986) Social policy and the organization of health care. In: Last JM (Hrsg) Maxcy-Roseau public health and preventive medicine. Appleton-Century-Crofts, Norwalk, S 1639–1667

Oberender P (1992) Ordnungspolitik und Steuerung im Gesundheitswesen. In: Andersen HH, Henke K-D, Graf v d Schulenburg J-M (Hrsg) Einführende Texte. Basiswissen Gesundheitsökonomie, Bd. 1. Edition sigma, Berlin, S 153–172

Palfrey C, Thomas P, Phillips C (2004) Effective health care management. Blackwell, Oxford

Rice T (2004) Stichwort: Gesundheitsökonomie – Eine kritische Auseinandersetzung. KomPart Verlagsgesellschaft, Bonn

Schäfer W, Jacobs P, Baumgarten A (2016) Praxisleitfaden Stationsleitung: Handbuch für die stationäre und ambulante Pflege, 5. Aufl. Kohlhammer, Stuttgart

Schöffski O, Graf v d Schulenburg J-M (2011) Gesundheitsökonomische Evaluationen, 4. Aufl. Springer, Berlin

Schreyögg G, Koch J (2020) Management: Grundlagen der Unternehmensführung, 8. Aufl. Springer Gabler, Wiesbaden

Schreyögg J, Stargardt T (2012) Gesundheitsökonomische Evaluation auf Grundlage von GKV Routinedaten. Bundesgesundheitsblatt 55:668–676

Schwartz FW, Busse R (2012) Denken in Zusammenhängen – Gesundheitssystemforschung. In: Schwartz FW, Walter U, Siegrist J, Kolip P, Leidl R, Dierks ML, Busse R, Schneider N (Hrsg) Das Public Health Buch, 3. Aufl. Urban & Fischer, München, S 555–582

Statistisches Bundesamt (2021) Gesundheitspersonal: Deutschland. https://www-genesis.destatis.de. Zugegriffen: 2. Juli 2021

Ulrich V (2012) Entwicklung der Gesundheitsökonomie in Deutschland. Bundesgesundheitsblatt 55:604–661

Leistungsmanagement

Reinhard Busse, Jonas Schreyögg, Oliver Tiemann, Bernhard Gibis, Susanne Weinbrenner, Tom Stargardt, Helmut Hildebrandt, Oliver Gröne, Timo Schulte, Ingo Meyer, Christian Melle, Olga Brüwer, Tim Steimle, Frank Verheyen, Ricarda Milstein, Matthias Bäuml, Jonas Müller

Inhaltsverzeichnis

R. Busse, J. Schreyögg, T. Stargardt (Hrsg.), *Management im Gesundheitswesen*,
https://doi.org/10.1007/978-3-662-64176-7_2

2.1 Leistungsmanagement im Gesundheitswesen – Einführung und methodische Grundlagen

Reinhard Busse

Der ungewöhnliche Begriff »**Leistungsmanagement**« ist erklärungsbedürftig. Das Konzept stellt die klassisch betriebswirtschaftliche Sachfunktion »Produktion« in den Mittelpunkt, beinhaltet in Teilen aber Forschung, Entwicklung und Vertrieb (► Kap. 1). Die Anwendung im Gesundheitskontext muss einige Besonderheiten berücksichtigen, die in der folgenden Einführung kurz vorgestellt werden.

> **Produktion.** Unter Produktion versteht man allgemein die Transformation von Inputs (sog. Produktionsfaktoren) in Outputs, mit denen am Absatzmarkt eine Nachfrage bedient wird.

Die originäre Funktion des Gesundheitswesens und damit seiner einzelnen Institutionen ist die Produktion von Gesundheit, d. h. den betroffenen Unternehmen (z. B. Krankenhäuser, Arztpraxen, Hersteller von Arzneimitteln) kommt die Aufgabe zu, Produkte und Dienstleistungen zu erbringen, die einen Beitrag für die Wiederherstellung oder Aufrechterhaltung der Gesundheit leisten. Die Erfüllung dieser Funktion bzw. das Ergebnis des Transformationsprozesses beinhaltet eine Mengen- und eine Qualitätskomponente.

Die klassische Produktionstheorie stellt die Optimierung der Mengen an eingesetzten Produktionsfaktoren und erzeugten Produkten in den Mittelpunkt des Interesses. Qualität spielt hier eine geringere Rolle, d. h., sie wird neben den Mengen nicht als gleichwertige Dimension des Outputs berücksichtigt, sondern lediglich als Nebenbedingung verwendet. Im Gesundheitskontext ist die Qualität der Leistungen – und ihr Beitrag zum gesundheitlichen »Outcome« (s. u.) – von besonderer Relevanz und stellt eine eigene Outputdimension dar, die unabhängig von der Menge zu optimieren ist. Dies gilt insbesondere für die Leistungsbereiche, in denen der Patient als Kunde Teil des Transformationsprozesses ist. Hier gilt in den meisten Fällen, dass die durch den Leistungsprozess erzeugten Veränderungen am Patienten irreversibel sind; z. B. kann bei fehlerhaften operativen Eingriffen der Ausgangszustand des betroffenen Patienten nicht wieder hergestellt werden, physische und psychische Spuren bleiben. Daher gibt es eine Vielzahl von gesetzlichen Vorgaben, die die Bedeutung der Qualität unterstreichen und der Qualitätssicherung dienen.

Aus dem Rationalitätsprinzip der Betriebswirtschaftslehre lässt sich eine zentrale Anforderung an die Güte des Transformationsprozesses ableiten. Rationales Verhalten bedingt, dass die eingesetzten Inputs möglichst optimal ausgenutzt werden. In einem nach betriebswirtschaftlichen Maßstäben geführten Unternehmen wird versucht, mit gegebenen Ressourcen einen möglichst maximalen Output (Maximalprinzip) oder einen gegebenen Output mit einem minimalen Ressourcenverbrauch zu erstellen (Minimalprinzip).

Die Erfüllung der Rationalität ist daher eine Optimierungsaufgabe und lässt sich als Quotient aus Outputs und Inputs ausdrücken, der maximiert werden soll. Diesen Quotienten bezeichnet man als Effizienz. Die effiziente Gestaltung des Transformationsprozesses ist für profit- und nicht profitorientierte Organisationen im Gesundheitswesen gleichermaßen erstrebenswert. Eine Erhöhung der Effizienz kann den Gewinn bzw. die Rentabilität steigern oder finanzielle Spielräume für Unternehmen schaffen, die andere Zielsetzungen verfolgen (z. B. Erfüllung eines öffentlichen Interesses oder einer christlichen Mission, Bedarfsdeckung, Image). Darüber hinaus induziert z. B. das derzeit für die stationäre Versorgung eingesetzte Vergütungssystem nach Diagnosis related Groups (DRG) eine sog. Yardstick-Competition, d. h. es werden explizit Anreize für eine ständige Steigerung der Effizienz gesetzt (vgl. Shleifer 1985; ► Abschn. 2.3).

Zusammenfassend muss sich die Güte des Leistungsmanagements daran bemessen, wie groß der Beitrag zur Erfüllung der Funktion und der individuellen Unternehmenszielsetzungen ist, d. h. die Optimierung des Mengen-

und Qualitätsportfolios muss diesen Zielen dienen. Darüber hinaus ist das Effizienzkriterium sowohl auf die Erreichung der Unternehmensziele als auch auf die Funktionserfüllung anzuwenden. Mit einer Erhöhung der Effizienz des Transformationsprozesses können die Unternehmensziele besser erreicht, die Funktion stärker wahrgenommen und im Ergebnis auch die gesellschaftliche Akzeptanz verbessert werden (für eine ausführliche Abgrenzung vgl. Fleßa 2013).

Es sei bereits an dieser Stelle angemerkt, dass die »Leistungen« der einzelnen Akteure bzw. Sektoren unterschiedlich ausfallen. Während auf die Arzneimittelindustrie am ehesten betriebswirtschaftliche Erkenntnisse nur mit geringen Einschränkungen übertragen werden können – dies gilt beispielsweise für das Technologieportfolio nach Pfeiffer (▶ Abschn. 2.6) –, gilt für die direkt am Patienten tätigen Leistungserbringer (Krankenhäuser, Arztpraxen, Integrierte Versorgung; ▶ Abschn. 2.3 – 2.5) das oben Gesagte, dass nämlich die **Produktion von Gesundheit im Mittelpunkt** steht. Dabei ist das Zusammenspiel von leistungserbringender Person (oft der Arzt bzw. die Ärztin), leistungserbringender Institution und bestimmter Technologie entscheidend. Der Technologiebegriff sollte dabei breit verstanden werden, d. h. er schließt einfache und komplexe professionelle Dienstleistungen ebenso ein wie Produkte (z. B. Arzneimittel). Krankenversicherungen, insbesondere die gesetzlichen Krankenkassen, hingegen erbringen Gesundheitsleistungen nicht direkt an ihren Versicherten, sondern haben die Aufgabe, über ihr Versorgungs- und Vergütungsmanagement die Leistungserbringer so zu steuern, dass diese Leistungen am Patienten möglichst qualitativ hochwertig zu einem akzeptablen Preis erbringen. Neben diesem im Gesundheitssystemdreieck (vgl. ◘ Abb. 1.1) rechts angeordneten Handlungsfeld bedeutet Leistungsmanagement von Krankenversicherern allerdings auch Tarifmanagement gegenüber ihren derzeitigen und ggf. zukünftigen Versicherten. Das Tarifmanagement sollte mit dem Versorgungs- und Vergütungsmanagement möglichst eng koordiniert sein (▶ Abschn. 2.2). Aufgrund der besonderen Bedeutung wird die Schnittstelle des Leistungsmanagement zur Qualität im Rahmen dieses Einführungskapitels detailliert betrachtet. In diesem Zusammenhang werden Ansätze vorgestellt, die eine Optimierung der Qualität unterstützen. Weitere Ausführungen zur Optimierung von Effizienz und Mengen liefern die einzelnen Teilkapitel zu den verschiedenen Sektoren.

Die Kapitel in diesem Teil fallen besonders lang aus – nicht nur, weil dem Leistungsmanagement die zentrale Stellung für Management im Gesundheitswesen zukommt, sondern auch, weil es die jeweils ersten in ihrem vertikalen Strang sind. Dadurch sind in den ▶ Abschn. 2.2 – 2.6 Beschreibungen des jeweiligen Sektors hinsichtlich regulatorischer Rahmenbedingungen und Akteure enthalten, die auch für die folgenden Teile 3 bis 6 von Bedeutung sind. Ergänzt werden diese Kapitel durch drei Fallstudien, und zwar je eine zum Leistungsmanagement der Krankenkassen im Bereich der Rechnungsprüfung (▶ Abschn. 2.7.1), zum Leistungsmanagement in der Integrierten Versorgung (▶ Abschn. 2.7.2) und eine zum Leistungsmanagement von Krankenkassen im Arzneimittelbereich (▶ Abschn. 2.7.3).

2.1.1 Modell zur Beurteilung der Produktion von Gesundheit

Um die Produktion von Gesundheit im Gesundheitswesen analysieren zu können, ist das statische Dreieck (vgl. ◘ Abb. 1.1) nicht geeignet. Es bedarf vielmehr eines Modells, dass verdeutlicht, wie aus Humanressourcen, Technologien und finanziellen Ressourcen in Form von organisatorischen Strukturen (wie Krankenhäuser oder Arztpraxen) mittels Leistungen für Patienten gesundheitsrelevante Ergebnisse erreicht werden, d. h. wie die Gesundheit der Bevölkerung erhalten bzw. verbessert wird.

Das in ◘ Abb. 2.1 dargestellte Modell greift dabei die **Donabedian'sche Trias** von Struktur, Prozess und Ergebnis (»outcome«) zur Beurteilung von Qualität im Gesundheitswesen auf.

> **Structure** describes the physical, organizational, and other characteristics of the sys-

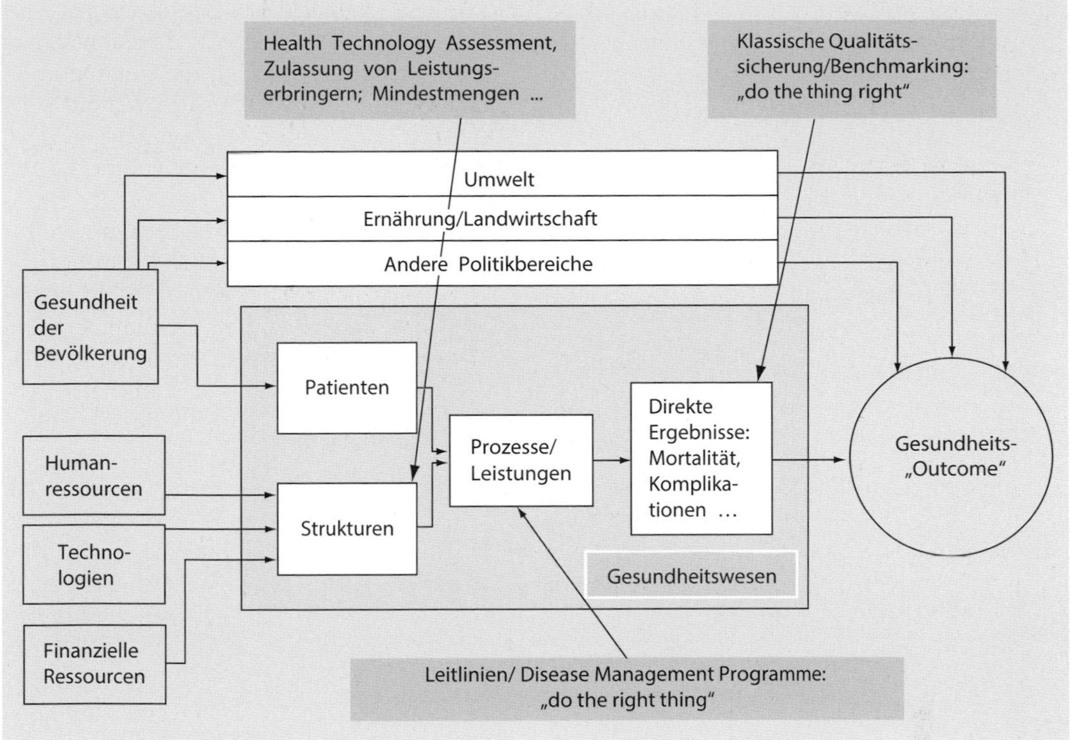

Abb. 2.1 Input-Struktur-Prozess-Ergebnis-Modell der Produktion von Gesundheitsleistungen mit Ansatzpunkten wesentlicher qualitätssichernder Ziele und Maßnahmen

> tem that provides care and of its environment. **Process** is what is done in caring for patients. **Outcome** is what is achieved, an improvement usually in health but also in attitudes, knowledge, and behaviour conductive to future health. (Donabedian 1986)

Auf der linken Seite finden sich die Inputs, d. h. einerseits die Gesundheit der Bevölkerung bzw. eines Einzelnen vor dem Kontakt mit dem Leistungserbringer (und nach dem Zugang als Patient) und andererseits die genannten drei Arten von Ressourcen, die notwendig sind, um die Strukturen des Gesundheitswesens vorzuhalten. Im Zentrum des Modells stehen die Prozesse, d. h. die am Patienten erbrachten Leistungen. Die Output-Seite zerfällt in zwei nacheinander geschaltete Elemente, die Ergebnisse direkt am Ende eines Prozesses innerhalb des Gesundheitswesens – und das mittel- bis langfristige zuschreibbare gesundheitliche Resultat (»Outcome«). Erst das letztere liefert für die Beurteilung, ob die Produktion »erfolgreich« war, die entscheidenden Bewertungskriterien. (Das Modell berücksichtigt zusätzlich, dass neben dem Gesundheitswesen auch andere gesellschaftliche Bereiche wie die Umwelt einen Einfluss auf die Schaffung von Gesundheit haben.)

Entlang des Modells von links nach rechts lassen sich wesentliche Maßnahmen anordnen, die das Leistungsmanagement auf der Ebene von Strukturen, Prozessen und Ergebnissen maßgeblich beeinflussen (Tab. 2.1).

2.1.2 Strukturqualität als Voraussetzung der Leistungserbringung

Wie erwähnt, können Leistungen im Gesundheitswesen als Zusammenspiel von Arzt/Ärz-

Tab. 2.1 Wesentliche Ansätze des Leistungsmanagements unter Gesichtspunkten der Struktur-, Prozess- und Ergebnisqualität

	Leistungserbringende Person (z. B. Arzt/Ärztin)	**Leistungserbringende Institution (z. B. Krankenhaus)**	**Technologie (vgl. auch Tab. 2.2)**
Struktur			
Erlaubnis, tätig zu werden/eingesetzt zu werden (Marktzutritt)	Approbation	Konzession (bei privaten Krankenhäusern)	Zertifizierung (Medizinprodukte), Zulassung bzw. Registrierung (Arzneimittel)
Aufnahme in GKV-System (Kriterien/Verfahren)	Zulassung als Vertragsarzt/ärztin (Abgeschlossene Weiterbildung und Niederlassungsmöglichkeit laut Bedarfsplanung)	Zulassung (Aufnahme in Krankenhausplan oder Abschluss eines Versorgungsvertrags mit Krankenkassen)	Aufnahme in/Ausschluss aus Leistungskatalog (*Health Technology Assessment*)
Auflagen an GKV-Abrechenbarkeit	Notwendigkeit der Beteiligung an externer Qualitätssicherung Notwendigkeit eines internen Qualitätsmanagements Offenlegung von Struktur-, Prozess- und Ergebnisdaten Notwendigkeit der regelmäßigen Fortbildung		Beschränkung auf spezifische Indikation/Patienten/Leistungserbringer
	Mindestmengenregelung für Technologieanwendung pro Leistungserbringer und Jahr		
▼ **Prozess**			
Indikationsstellung (Wird das Angemessene/Notwendige/Richtige gemacht?)	Ex-ante: Leitlinien Disease Management-Programme Clinical Pathways/Behandlungspfade		
	Ex-post: Utilization Review/Überprüfung der Indikationsstellung		
Prozessqualität (Wird es richtig/gut gemacht?)	Überprüfung der Leitlinienbefolgung z. B. hinsichtlich Dokumentation, Einhalten von Zwischenschritten		
▼ **Ergebnis**			
Kurzfristig	Parameter: Intraoperative/stationäre Sterblichkeit, Komplikationsraten Methodik: Benchmarking, league tables …		(*Forschungsergebnisse, die bei zukünftigen Entscheidungen zum Leistungskatalog berücksichtigt werden können*)
Langfristig (Was nutzt es dem Patienten?)	Parameter: Überleben, Lebensqualität, Ereignisfreiheit … Methodik: Benchmarking, league tables …		

tin, Institution und Technologie verstanden werden. Für alle drei gibt es mehrere Hürden, an denen ihre Eignung für die Leistungserbringung festgemacht und/oder überprüft wird, d. h., an denen sie potenziell vom Gesundheitswesen ferngehalten werden können – weswegen wir von strukturbezogener Qualitätssicherung sprechen:

- Erlaubnis, im Gesundheitssystem tätig zu werden/eingesetzt zu werden (Marktzutritt)
- Aufnahme in das System der Gesetzlichen Krankenversicherung (oder äquivalentes System im Ausland)
- Auflagen an die Abrechenbarkeit von Leistungen zu Lasten der GKV

Leider ist die genutzte Terminologie bezüglich dieser verschiedenen Hürden alles andere als einheitlich; so kann eine »Zulassung« sich auf die erste oder auch die zweite Hürde beziehen. Dies gilt auch für die Begriffe »Zertifizierung« und »Akkreditierung«, die keine sektorenübergreifende einheitliche Bedeutung haben und je nach Kontext unterschiedlich benutzt werden.

Auf der **ersten Stufe** geht es darum, die grundsätzliche Eignung der Person, der Institution oder der Technologie für die Gesundheitsversorgung festzustellen. Dabei werden je nach Sektor gewisse Anforderungen gestellt, die es zu erfüllen gilt (vgl. ► Abschn. 2.3, 2.4 und 2.6). Dabei werden in der Regel keine Vergleiche mit bereits vorhandenen Leistungserbringern oder Produkten gefordert, d. h., Arzneimittel müssen ihre Wirksamkeit nur gegenüber Plazebo (also einer Scheinbehandlung) unter Beweis stellen.

Auf der **zweiten Stufe** – also dem Zugang zur GKV – wird bei den Leistungserbringern neben zusätzlich zu erfüllenden Anforderungen (wie etwa einer abgeschlossenen Facharztweiterbildung) auch geprüft, ob die entstehenden potenziellen Kapazitäten zur Leistungserbringung für die Versorgung der Versicherten bzw. der Bevölkerung auch notwendig sind. Hierfür hat sich der Begriff »Bedarfsplanung« eingebürgert; dafür werden im ambulanten Sektor die Regeln in Form von Richtlinien vom Gemeinsamen Bundesausschuss (G-BA) vorgegeben und auf Landesebene umgesetzt (vgl. ► Abschn. 2.4 und 6.4). Für den Krankenhaussektor fällt diese Rolle den Bundesländern zu, die sie in Form der Krankenhauspläne ausfüllen (vgl. ► Abschn. 2.3). Analog sollte man den Zugang von Technologien zum Leistungskatalog werten, d. h. in die Gesamtheit der zu Lasten der GKV abrechenbaren Leistungen bzw. Produkte. In vielen Industrieländern werden Arzneimittel auf dieser Stufe vergleichend evaluiert – und oft wird nur das effektivste oder das kosteneffektivste in den Leistungskatalog aufgenommen (Zentner et al. 2005).

Was bezüglich Arzneimittel oft als »Nutzenbewertung« firmiert, wird technologieübergreifend international als »**Health Technology Assessment**« (HTA) bezeichnet. Im Kontext von HTA werden medizinische Technologien sehr breit definiert als Arzneimittel, Medizinprodukte, Prozeduren, Organisations- und Supportsysteme (z. B. Stroke Unit oder eHealth-Anwendungen) zur Erbringung medizinischer Leistungen. Der Technologiebegriff setzt dabei die systematische Anwendung wissenschaftlichen und anderen organisierten Wissens auf praktische Problemstellungen voraus.

In sog. HTA-Berichten werden **Sicherheit, Wirksamkeit, Kosten und Kosten-Wirksamkeit der Technologie** unter Berücksichtigung **sozialer und ethischer** Effekte sowie **organisatorischer Implikationen** dem Nutzen gegenübergestellt (Details zu Konzepten, Methoden und Praxis von HTA s. Perleth et al. 2014).

Health Technology Assessment (HTA) in Deutschland

Das Ergebnis eines HTA-Berichts sollte eine fundierte Basis für eine **Entscheidungsfindung** über die Nutzung der Technologie sein. In Deutschland wird HTA vor allem für Beschlüsse zur Kostenübernahme von neuen Technologien in den **Leistungskatalog** der GKV eingesetzt.

Die Entwicklung von HTA in Deutschland begann 1995, als das Bundesministerium für Gesundheit (BMG) den Auftrag erteilte, eine »Bestandsaufnahme, Bewertung und Vorbereitung der Implementation einer Datensammlung ›Evaluation medizinischer Verfahren und Technologien‹ in der Bundesrepublik« vorzunehmen. Den ersten politischen Niederschlag fand die daraus resultierende Arbeit bereits 1997 im GKV-Neuordnungsgesetz, als dem damaligen Bundesausschuss der Ärzte und Krankenkassen der Auftrag erteilt wurde, nicht nur neue, sondern auch bereits existierende Leistungen bzw. Technologien zu evaluieren. Vor 1997 war außerdem das Zustandekommen seiner Entscheidungen über Technologien verdeckt geblieben. Nur die Entscheidungen selbst wurden veröffentlicht. Die Arbeit des Bundesausschusses war immer stärker als willkürlich und interessengeleitet angeprangert worden. Im Mittelpunkt der erstmals 1998 in Kraft getretenen **Richtlinie zur Beurteilung von Untersuchungs- und Behandlungsmethoden** (heute: Richtlinie Methoden vertragsärztliche Versorgung) stand dabei die gesetzliche Forderung, dass der diagnostische oder therapeutische Nutzen einer Methode, sowie deren medizinische Notwendigkeit und Wirtschaftlichkeit, auch im Vergleich zu bereits zulasten der Krankenkassen erbrachten Methoden, nach dem Stand der wissenschaftlichen Erkenntnisse zu überprüfen ist.

Gemeinsamer Bundesausschuss mit zentraler Rolle für GKV-Leistungsmanagement (Busse et al. 2017)

Mit Inkrafttreten des GKV-Modernisierungsgesetzes 2004 sind die früheren Bundesausschüsse der Ärzte bzw. Zahnärzte und Krankenkassen, der Krankenhausausschuss und der Koordinierungsausschuss zum Gemeinsamen Bundesausschuss (G-BA) zusammengefasst. Das Plenum des G-BA besteht seit 2008 aus 5 Mitgliedern des GKV-Spitzenverbands und 5 Vertretern der Leistungserbringer (2 der Kassenärztlichen Bundesvereinigung, 1 der Kassenzahnärztlichen Bundesvereinigung und 2 der Deutschen Krankenhausgesellschaft) sowie aus 3 neutralen Mitgliedern (einschließlich des Vorsitzenden). Außerdem sind 5 Vertreter maßgeblicher Organisationen, die zur Vertretung der Belange von chronisch Kranken und Patienten formal akkreditiert sind, Mitglied, jedoch ohne Stimmrecht. Je nach abzustimmender Thematik geht das Stimmrecht einzelner Leistungserbringergruppen auf die jeweils andere über. Das heißt, wenn beispielsweise über ein Thema abzustimmen ist, das nur die Krankenhäuser betrifft, erhält die Deutschen Krankenhausgesellschaft alle 5 Stimmen der Leistungserbringer.

Der G-BA erlässt nach Maßgabe des Sozialgesetzbuches V (SGB V) Richtlinien für nahezu alle Versorgungsbereiche der GKV. Alle Richtlinien werden direkt vom Plenum beschlossen, insbesondere die Geschäftsordnung oder die Verfahrensrichtlinie zur Bewertung von Technologien zum Ein- oder Ausschluss aus dem GKV-Leistungskatalog. Andere werden von einem der 9 Unterausschüsse des G-BA vorbereitet und dann vom Plenum verabschiedet.

Die **9 Unterausschüsse** beschäftigen sich im Einzelnen mit:

1. **Arzneimittel** (Richtlinien zur Arzneimittelversorgung und zu Schutzimpfungen).
2. **Qualitätssicherung** (in allen Sektoren, insbesondere stationäre, vertragsärztliche und vertragszahnärztliche Versorgung).
3. **Disease Management-Programme.**
4. **Ambulante spezialfachärztliche Versorgung.**
5. **Methodenbewertung** (Bewertung neuer Leistungen in allen Sektoren, insbesondere im vertragsärztlichen Sektor).
6. **Veranlasste Leistungen** (z. B. Richtlinien zur Rehabilitation, Palliativversorgung, Hilfsmittel, Heilmittel, Krankentransport, Häusliche Krankenpflege, Soziotherapie).
7. **Bedarfsplanung** (der vertragsärztlichen und vertragszahnärztlichen Versorgung).
8. **Psychotherapie.**
9. **Zahnärztliche Behandlung** (insbesondere Richtlinien zur zahnärztlichen und kieferorthopädischen Behandlung, Festzuschüsse).

Die Richtlinien des G-BA sind für die Akteure der GKV auf Bundes- und Landesebene ebenso wie für einzelne Leistungserbringer und GKV-Versicherte gesetzlich bindend; gegen sie kann allerdings Widerspruch bei Sozialgerichten eingelegt werden. Die Richtlinien befassen sich damit, den Leistungskatalog zu definieren oder zu gewährleisten, dass GKV-Leistungen angemessen, zweckmäßig und wirtschaftlich erbracht werden. Auch klären sie Regeln für den Zugang von Patienten zu Leistungen, zur verantwortlichen Erbringung von Leistungen durch individuelle Vertragsärzte oder Kapazitätsfragen in der vertragsärztlichen Versorgung.

Mit der GKV-Reform 2000 wurde das **HTA-Mandat auf den stationären Sektor ausgeweitet**. Allerdings wurde der Krankenhaussektor vom Gesetzgeber anders behandelt: Alle Leistungen können erbracht werden, solange sie nicht als nicht erforderlich aus dem Leistungskatalog ausgeschlossen sind (»**Verbotsvorbehalt**«). Im ambulanten Sektor – einschließlich ambulanter Leistungen im Krankenhaus – gilt hingegen der »**Erlaubnisvorbehalt**«, d. h. nur solche Leistungen dürfen zu Lasten der GKV erbracht werden, die in den Leistungskatalog aufgenommen worden sind (◘ Tab. 2.2).

Über diese fehlende Gleichbehandlung von ambulantem und stationärem Sektor bei der Einführung von Technologien in den Leistungskatalog der gesetzlichen Krankenkassen wurde lange diskutiert. Seit April 2009 gilt die Verfahrensordnung des nunmehr Gemeinsamen Bundesausschusses, die unter Beibehaltung der Vorbehalte den Evaluationsprozess vereinheitlicht.

Die nunmehr sektorenübergreifende Verfahrensordnung regelt die allgemeinen Entscheidungsverfahren, die Bewertung von Methoden und Leistungen, die Verfahren für Richtlinienbeschlüsse und Empfehlungen sowie die Zusammenarbeit mit dem Institut für Qualität und Wirtschaftlichkeit im Gesundheitswesen (IQWiG). Folgende Gesichtspunkte verleihen ihr eine besondere Bedeutung:

- **Sektorenübergreifende, einheitliche Beurteilung** des Nutzens und der medizinischen Notwendigkeit
- **Sektorenübergreifende, einheitliche Grundsätze** und Verfahren der Beurteilung wissenschaftlicher Unterlagen
- Im Mittelpunkt steht der **patientenbezogene Nutzen** (nicht z. B. Investitionsentscheidungen des Krankenhauses oder Umsatzerwartungen von Vertragsärzten).
- Das Verfahren beinhaltet immer eine umfassende **wissenschaftliche Recherche und Auswertung.**
- Die **Kriterien zur Bewertung** werden sektorenübergreifend angewendet und detailliert beschrieben.
- Durch die **zusammenfassende Darstellung** aller Beratungsunterlagen und Beratungsprozesse im Abschlussbericht besteht Transparenz für die Öffentlichkeit.
- Durch die klare **Offenlegung von Mängeln** im Nutzenbeleg überprüfter medizinischer Methoden werden notwendige klinische Studien gefördert.

Qualitätsmanagement, Qualitätsberichte und weitere Auflagen zur Strukturqualitätssicherung

In Deutschland sind spätestens seit Beginn der 2000er Jahre die Zeiten vorbei, dass eine abgeschlossene Facharztweiterbildung ausreichte, ungeprüft das weitere berufliche bzw. ärztliche Leben über tätig zu sein. Vorbei sollen auch die Zeiten sein, dass Krankenhäuser lediglich zugelassen und in den Krankenhausplan aufgenommen zu sein brauchten, um die ihnen notwendig und sinnvoll erscheinenden Leistungen durchführen zu dürfen. Schritt für Schritt hat der Gesetzgeber die Anforderungen an die Qualitätssicherung erhöht. Viele dieser Verpflichtungen, die in den ► Abschn. 2.3 und 2.4 im Detail für die jeweiligen Sektoren dargestellt werden, sind strukturbezogen. So verpflichtet § 135a SGB V Vertragsärzte, medizinische Versorgungszentren, zugelassene Krankenhäuser, Erbringer von Vorsorgeleistungen oder Rehabilitationsmaßnahmen »sich an **einrichtungsübergreifenden Maßnahmen der Qualitätssicherung** zu beteiligen, die insbesondere zum Ziel haben, die Ergebnisqualität zu verbessern«. Der Fokus bei diesen externen Qualitätssicherungsmaßnahmen liegt in der standardisierten Erhebung und Auswertung von patientenbezogenen Daten, die Rückschlüsse auf die ablaufenden Prozesse und ggf. Ergebnisse liefern. Dazu zählen für den stationären Bereich insbesondere die Analysen des Institutes für Qualitätssicherung und Transparenz im Gesundheitswesen (IQTIG) als dafür vom G-BA beauftragter Institution nach § 137a SGB V.

§ 135a verpflichtet die oben genannten Leistungserbringer zusätzlich, »**einrichtungsintern ein Qualitätsmanagement** einzuführen und

Tab. 2.2 Die Regulierung medizinischer Leistungen und Produkte (»Technologien«) in Deutschland in Abhängigkeit vom Leistungssektor (unter Einbezug der im Buch nicht näher behandelten Medizinprodukte bzw. Hilfsmittel, zahnmedizinischen Versorgung sowie Heilmittel)

	Arzneimittel (Details ► Abschn. 2.6)	**Medizinprodukte direkt von Patienten genutzt (»Hilfsmittel«)**	**Medizinprodukte für Verfahren der medizinischen Versorgung**	**Ambulante medizinische/chirurgische Prozeduren (Details ► Abschn. 2.4)**	**Ambulante zahnmedizinische Behandlung**	**Stationäre Akutversorgung (Details ► Abschn. 2.3)**	**Ambulante nicht-ärztliche Versorgung (»Heilmittel«)**
Zulassung/ Marktzutritt	Arzneimittelzulassung/-registrierung durch das Bundesinstitut für Arzneimittel und Medizinprodukte (BfArM) nach Arzneimittelgesetz (AMG)	Zertifizierung von Medizinprodukten lt. europäischer Medizinprodukteverordnung durch staatlich ausgewählte und kontrollierte Prüfstellen (»Benannte Stellen«)					
Aufnahme in den Leistungskatalog der GKV	»Automatisch« mit gesetzlich festgelegten Ausnahmen	Durch GKV-Spitzenverband; Katalog = Hilfsmittelverzeichnis (durch BfArM für digitale Gesundheitsanwendungen [DiGA])	Abhängig vom Sektor →	Durch G-BA entsprechend Verfahrensordnung in Richtlinie Methoden vertragsärztliche Versorgung	Durch G-BA entsprechend Verfahrensordnung	Ggf. Ausschluss durch G-BA entsprechend Verfahrensordnung in Richtlinie Methoden Krankenhausbehandlung	Durch G-BA in Heilmittel-Richtlinien
Implementation der Ergebnisse/ Steuerung der Nutzung	Arzneimittel-Richtlinien des G-BA, Richtgrößen, Festbeträge	Hilfsmittel-Richtlinien des G-BA, Festbeträge	Abhängig vom Sektor →	Bewertungsausschuss, KV-Bedarfsplanung, Verträge	Bewertungsausschuss, KZV-Bedarfsplanung, Verträge	Krankenhausplanung Länder; Vergütung durch DRGs	Heilmittel-Richtlinien mit Heilmittel-Katalog des G-BA

weiterzuentwickeln«. Das hier genannte Qualitätsmanagement fokussiert in aller Regel auf Strukturen und Abläufe innerhalb der Organisation und weniger (bzw. gar nicht) auf die am Patienten erbrachten Leistungen und die dabei erzielten Ergebnisse. In Deutschland besteht für die Leistungserbringer bezüglich des genutzten Qualitätsmanagementsystems Wahlfreiheit und dementsprechende Vielfalt. Oftmals wird für den Prozess der (Selbst-)Evaluation, d. h., ob eine Einrichtung die Anforderungen des gewählten Qualitätsmanagementsystems erfüllt, der Begriff »**Akkreditierung**« verwendet – was allerdings nichts über die tatsächlichen Behandlungsergebnisse aussagt. Für ähnliche Sachverhalte wird in Bezug auf Ärzte oft der Begriff »**(Re-)Zertifizierung**« genutzt.

Aussagen über die Ergebnisse zu ermöglichen, ist der Sinn weitergehender Anforderungen an die Leistungserbringer, nämlich ihre Ergebnisdaten offenzulegen, wie dies beispielsweise in Großbritannien der Fall ist. Dagegen beschränkten sich die Anforderungen in Deutschland im Rahmen der sog. **Qualitätsberichte** initial auf eine Offenlegung von Struktur- und Prozessdaten, d. h. Anfragen nach der Ausstattung und der Anzahl behandelter Patienten oder durchgeführter Interventionen (vgl. ► Abschn. 2.3). Allerdings müssen seit 2007 auch 27 erhobene Qualitätsparameter mitveröffentlicht werden (Busse et al. 2009) – eine Zahl, die 2016 vom G-BA für die Qualitätsberichte ab dem Jahr 2015 auf 233 (der insgesamt 351 Indikatoren) erhöht wurde und seitdem sich jährlich nur leicht verändert.

2.1.3 Prozesssteuerung als zentrale Komponente des Leistungsmanagements

Als Prozesse im Gesundheitswesen können die medizinischen Leistungen i. e. S. verstanden werden – sie zu managen steht im Mittelpunkt der Kapitel dieses Buchteils. Wenn es um Prozesse geht, müssen zwei deutlich voneinander abzugrenzende Aspekte betrachtet werden:

1. Erhält der Patient die für ihn angemessene bzw. notwendige Behandlung, d. h. wie ist die Qualität der Indikationsstellung? Oder verkürzt: Wird das Richtige getan?
2. Wie ist die Qualität der Leistungserbringung? Oder verkürzt: Wird es richtig gemacht?

In der oftmals kürzeren, aber auch eingängigeren englischen Sprache lauten die Anforderungen »do the right thing« und »do the thing right« (vgl. ◘ Abb. 2.1).

Es sind verschiedene, sich teilweise überlappende Konzepte zu einer Verbesserung der Leistungsprozesse entwickelt worden. Einige sind auf eine Ex-ante-Beeinflussung angelegt, d. h. sie sollen steuern, welcher Patient mit welcher Indikation zu welchem Zeitpunkt welche Leistung erhält (vgl. ◘ Tab. 2.1): Dazu gehören **Disease Management-Programme** (► Abschn. 2.2 und 2.5), **Clinical Pathways/ Behandlungspfade** und **Leitlinien**, auf die im Folgenden exemplarisch näher eingegangen werden soll.

Durch Leitlinien soll externe wissenschaftliche Evidenz – d. h. zumeist aus veröffentlichten Studien – durch einen Konsensprozess unter Experten und Betroffenen als lokale Standards auf der Ebene von indikationsbezogenen Patientengruppen (möglichst unter Berücksichtigung weiterer Charakteristika wie Alter, Geschlecht, Komorbidität, Setting) vermittelt werden. Leitlinien entstanden im Kontext der sog. **Evidenzbasierten Medizin** (EbM), die in den 1980er Jahren in Nordamerika aus der klinischen Epidemiologie heraus quasi als Hilfswissenschaft zur Interpretation und Anwendung von Erkenntnissen aus wissenschaftlichen Studien für klinisch tätige Ärzte entwickelt wurde (vgl. etwa Greenhalgh 2015).

Leitlinien sind systematisch entwickelte Aussagen, die den gegenwärtigen Erkenntnisstand wiedergeben und den behandelnden Ärzten und ihren Patienten die Entscheidungsfindung für eine angemessene Behandlung spezifischer Krankheitssituationen erleichtern. Während sie oftmals in ihrer schriftlichen Version recht lang sein können (und damit praktisch unhandhabbar werden können), muss man sich ihren Kern als ein **Flussdiagramm** mit »Wenn-dann-Empfehlungen« vorstellen; ein Beispiel aus der (alten) Nationalen

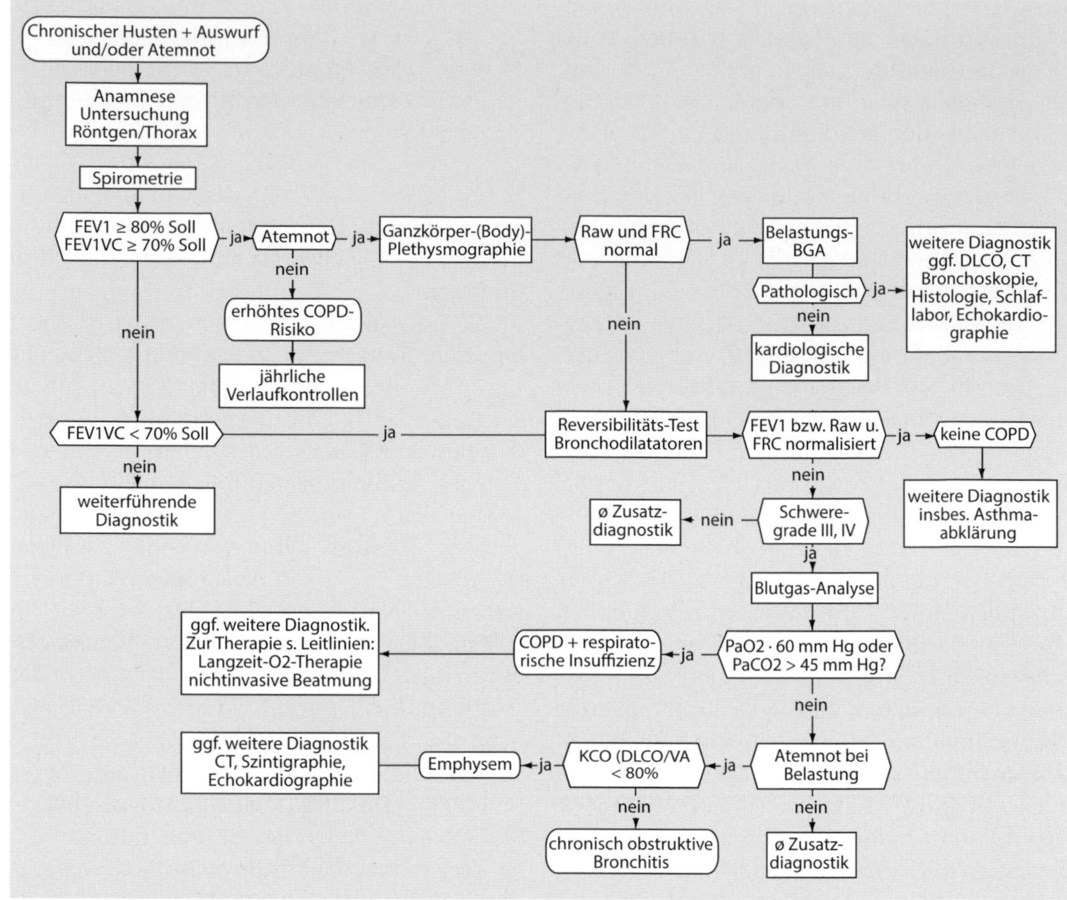

Abb. 2.2 Flussdiagramm zur Diagnostik der Chronisch-obstruktiven Lungenerkrankung aus der Nationalen Versorgungsleitlinie

Versorgungsleitlinie zur Diagnostik der Chronisch-obstruktiven Lungenerkrankung (Ärztliches Zentrum für Qualität in der Medizin 2006) soll dies verdeutlichen (Abb. 2.2). Neben der »Langfassung« der Leitlinie mit den Empfehlungen an sich sowie der Evidenz für diese Empfehlungen (zumeist abgeleitet aus klinischen Studien), umfasst das »Paket« oftmals auch eine Kurzversion, Praxishilfen, »Kitteltaschenversionen«, Fortbildungsmaterial und eine Patientenversion.

Leitlinien stellen eine Quelle von aufbereitetem und aktuellem externen Wissen dar, die den einzelnen Arzt bzw. die einzelne Ärztin, die Krankenhausabteilung oder ein Netzwerk von Leistungserbringern bei der Behandlung eines Patienten »leiten« soll. Aber auch für Krankenversicherer können sie bezüglich ihres Vertrags- und Vergütungsmanagements sehr nützlich sein, helfen sie doch, effektive und notwendige Leistungen von unnötigen oder gar schädlichen zu trennen.

Vereinfacht gesagt, durchlaufen Leitlinien auf ihrem Weg vom Entwurf bis zu ihrer Modifikation oder ihrer Rücknahme fünf Phasen:

1. **Entwurf:** Auswahl der Behandlungssituation, systematisches Review des externen Wissens (Literatur) und der Erfahrungen, Konsensherstellung, Methodenreport
2. **Kritische Bewertung und Entscheidung** über die Einführung: Beurteilung der Stärke der Evidenz (interne Validität) und der Erfahrungen, der Machbarkeit und der Anwendbarkeit auf die Zielpatienten, Schätzung

der Kosteneffektivität, Festlegen der Verbindlichkeit, der Verantwortung und der Finanzierung
3. **Dissemination/Verbreitung**: Konzertierte Aktion der Medien, Integration in die Aus-, Weiter- und Fortbildungsprogramme
4. **Implementierung**: Anpassen der Leitlinie, Einführungsplanung, Monitoring des Einsatzes der Leitlinie in der Routine mit Qualitätsindikatoren, Evaluierung der Effektivität (externe Validität) und der Effizienz
5. **Fortschreibung**: Überwachung der Notwendigkeit der Überarbeitung oder der Rücknahme

Erst nach der Implementierung in den Alltag der Arztpraxis, des Krankenhauses oder des Netzwerkes zur Integrierten Versorgung kann der Nutzen einer Leitlinie zum Tragen kommen. Das bedeutet, dass die Implementierung ganz wesentlich über den Nutzen einer Leitlinie entscheidet. Daher kann es sein, dass eine sehr gut implementierte, aber in der Qualität mäßige Leitlinie zu einem höheren Nutzen für Patient, Arzt/Ärztin oder System führt, als eine qualitativ exzellente, die nur mit mäßigem Erfolg implementiert wurde. Da klar geworden ist, dass das Erstellen von hochwertigen Leitlinien allein die Versorgung nicht deutlich verändert, hat sich der **Managementfokus** in den letzten Jahren von Fragen der Erstellung von Leitlinien zu deren Implementation verändert.

Während die Erstellung und die kritische Bewertung einer Leitlinie in den Händen von Fachgesellschaften, den Trägern der Selbstverwaltung oder anderen Organisationen liegen, liegt die Verantwortung für die Verwendung der Leitlinie normalerweise beim behandelnden Arzt bzw. der behandelnden Ärztin, beim Krankenhaus oder bei der Krankenkasse, die auf ihr einen Versorgungsvertrag aufbauen will. Das folgende Prozedere kann die **Implementierung und Verwendung der Leitlinie** erleichtern:

- Feststellung des Bedarfs an einer Leitlinie in der Praxis, Klinik etc.
- Adaptierung einer überregionalen Leitlinie an die vorhandenen strukturellen und personellen Möglichkeiten
- Einführungsplanung (Barrierenanalyse, Anreize, Fortbildung, interner Qualitätszirkel, Zeit- und Aktivitätenplan)
- Bereitstellung der Leitlinie (Erstellung von verschiedenen Leitlinien-Versionen, Behandlungspfade, Stationsbücher, Guideline Server)
- Integration der Leitlinie in die medizinische Dokumentation und das lokale Informationssystem
- Überwachung der Einhaltung und der Wirksamkeit der Leitlinie (Monitoring von Indikatoren der Prozess- und Ergebnisqualität)
- Unterstützung bei der Verwendung der Leitlinie (Erinnerung, wiederholte Fortbildung)
- Regelmäßige Fortschreibung der Leitlinie

Grol und Grimshaw haben 2003 ein systematisches Review über 17 Maßnahmen zur Optimierung der Implementierung erstellt, das letztendlich drei Klassen von Strategien hervorbrachte (Grol und Grimshaw 2003):

1. **Generell ineffektive Strategien**
   - Passive Verbreitung von Informationen
   - Veranstaltungen mit Frontalvorträgen
2. **Ab und zu effektive Strategien**
   - Audit und Rückmeldung mit Vergleichen
   - Lokale Konsensusgruppe, Einbindung lokaler Meinungsbildner
   - Patientenbeteiligung
3. **Generell effektive Strategien**
   - Erinnerungshilfen z. B. durch Informationstechnologien
   - Interaktive Fortbildung und Betreuung (Qualitätszirkel)
   - Besuche vor Ort
   - Kombinierte Strategie (Einbau ins Qualitätsmanagement)

Zu den prozessbezogenen Ansätzen, die auf die Indikationsstellung abzielen – d. h. auf die Frage »Wird das Richtige getan?« –, gehören neben Maßnahmen, die ex-ante leiten sollen, auch die Maßnahmen, die ex-post die Angemessenheit der Leistungserbringung überprüfen – hier ist insbesondere das **Utilization Review** zu nennen (▶ Abschn. 2.2; vgl. ◘ Tab. 2.2). Während dieser Begriff häufig auf die Überprüfung der Leistungserbringung bei einzelnen Patienten oder einzelnen Leistungserbringern bezieht, unterscheiden sich gewisse Aktivitäten der **externen Qualitätssicherung** hiervon systematisch nicht. So evaluiert das Institut für Qualitätssicherung und Transparenz im Gesundheitswesen (IQTIG) seit 2016 im Auftrag des G-BA über alle deutschen Krankenhäuser für bestimmte Leistungen, wie z. B. bei gynäkologischen Eingriffen oder Koronarangiographien, die Qualität einschließlich der Notwendigkeit der Indikationsstellung, d. h. der Angemessenheit der Entscheidung zur Durchführung der Maßnahme (vgl. ▶ Abschn. 2.3). In 10 % der Krankenhäuser wurden immerhin zwei Drittel der elektiven, isolierten Koronarangiographien durchgeführt, obwohl die nicht invasive Diagnostik keine Hinweise auf eine koronare Ischämie erbracht hatte (IQTiG 2016). Diese Daten bestätigen Ergebnisse der internationalen Angemessenheitsforschung (vgl. etwa Schwartz und Busse 2012).

Einen Schritt weiter geht die Evaluation, ob die Maßnahme auch »richtig« durchgeführt wurde. Als Beispiel sei auch hier auf IQTIG-Aktivitäten verwiesen, die z. B. überprüft, wie lange die Entschluss-Entwicklungs-Zeit beim Notfallkaiserschnitt dauert. Im Jahr 2015 dauerte dies bei 0,5 % aller Fälle mehr als 20 min (IQTIG 2016). Ein anderes Beispiel ist die Bestimmung der klinischen Stabilitätskriterien bei der Entlassung von Patienten mit ambulant erworbener Pneumonie; den Zielwert von 95 % erreichten immerhin 176 von 1414 Krankenhäusern nicht (IQTIG 2016). Neuere IQTIG-Berichte aggregieren die Daten mehr und erlauben zumeist keine Aussagen zur Anzahl der Krankenhäuser mit auffälligen Ergebnissen.

Ergebnisqualität als eigentliche Herausforderung für das Leistungsmanagement

Im Input-Output-Modell (s. ◘ Abb. 2.1) werden unmittelbar bzw. **kurzfristig anfallende Ergebnisse** von längerfristigen, dem Leistungserbringer zuschreibbaren gesundheitsbezogenen Resultaten abgegrenzt, für den sich der Begriff Outcome durchgesetzt hat. Dass diese Unterscheidung nicht trivial ist, liegt auf der Hand: Das komplikationsfreie Überleben einer schwerwiegenden Krebsoperation ist nicht identisch mit der 5-Jahres-Überlebenswahrscheinlichkeit. Aber auch bei einer Leistenbruchoperation sind das kurz- und das mittelfristige Ergebnis nicht deckungsgleich.

Während aus Public Health-Sicht die längerfristigen Ergebnisse größere Bedeutung haben, fokussiert die betriebswirtschaftliche Perspektive, aber auch die Qualitätssicherung, zunächst auf die kurzfristigeren Ergebnisse wie etwa Fehllage oder sogar der Bruch von Hüftgelenksimplantaten (2015 im Schnitt 0,7 %, wobei der Wert in 65 Krankenhäusern bei über 3,65 % lag [IQTIG 2016]) oder die Letalität bei einer Koronarangiographie (2015 immerhin 1,4 % = 5817 verstorbene Patienten [IQTIG 2016]). Solche Indikatoren haben den Vorteil, dass sie direkter mit den durchgeführten Leistungen in Verbindung gebracht werden können, womit sie eine größere Handlungsrelevanz haben, z. B. um Veränderungsprozesse einzuleiten. Versterben z. B. im eigenen Krankenhaus mehr Patienten während einer Operation als in anderen Krankenhäusern bei gleichen Operationen, kommen Fehler bzw. mangelnde Kenntnisse oder Erfahrungen der Chirurgen, hygienische Mängel, Organisationsmängel etc. in Frage.

Wie ▶ Abschn. 2.3 erläutert, liegt bei solchen Vergleichen aber der Teufel im Detail: Bei vielen Krankheitsarten wird ein sehr großer Teil der Mortalität bekanntlich nicht durch die Behandlungsqualität des Krankenhauses erklärt, sondern durch patientenspezifische Faktoren. So versterben ältere Patienten im Schnitt häufiger als jüngere, schwerer erkrankte eher als leicht erkrankte und solche mit vielen weiteren Erkrankungen eher als solche ohne. Es ist also eine sog. »**Risikoadjustierung**« nötig. Wie relevant diese sein kann, verdeutlicht ◘ Tab. 2.3, die einen Vergleich zwischen zwei Krankenhäusern darstellt: Beide behandeln Krebspatienten – das kleinere weniger, die Universitätsklinik mehr. Es stellt sich heraus, dass Krankenhaus A scheinbar erfolgreicher ist, da es eine Remissionsrate (also einen zumindest kurzfristigen »Behandlungserfolg«) von 63 % erzielt, während in der Universitätsklinik diese bei lediglich 44 %

■ **Tab. 2.3** Remissionsraten bei Krebskranken in zwei Krankenhäusern – mit und ohne Risikoadjustierung (fiktives Beispiel)

	Krankenhaus A (z. B. Kreiskrankenhaus)	**Krankenhaus B (z. B. Universitätsklinik)**	**Insgesamt**
Anzahl Patienten	198	502	700
Davon in Remission (»erfolgreich behandelt«)	124 (= 63 %)	222 (= 44 %)	346 (= 49 %)
Remissionsraten nach Risikostrata (Risikoadjustierung)			
Krebsstadium I	80/98 (= 82 %)	40/49 (= 82 %)	120/147 (= 82 %)
Krebsstadium II	28/48 (= 58 %)	88/151 (= 58 %)	116/199 (= 58 %)
Krebsstadium III	16/52 (= 31 %)	94/302 (= 31 %)	110/354 (= 31 %)
Insgesamt	124/198 (= 63 %)	222/502 (= 44 %)	346/700 (= 49 %)

liegt. Erst durch eine Einteilung der Patienten in drei Krebsstadien und die Bestimmung der Remissionsraten pro Stratum zeigt sich, dass beide genauso erfolgreich sind. Solche möglichen Fehlschlüsse bezüglich der Ergebnisqualität sind in der Gesundheitsversorgung häufig, weswegen die für das Leistungsmanagement notwendigen Qualifikationen eine interdisziplinäre Mischung unter Einbezug von Medizin und Epidemiologie darstellen.

Qualität findet derzeit in den bestehenden Vergütungskatalogen der verschiedenen Sektoren nur als Nebenbedingung Berücksichtigung, sodass die Erlösoptimierung immer noch über die Quantität erfolgt. Es ist aber zu erwarten, dass sich die Vergütungskataloge bzw. die korrespondierenden Preise zukünftig mehr an der Funktionserfüllung orientieren. Leistungszahlen im Sinne von produzierten Einheiten wie Patientenkontakte, Röntgenuntersuchungen, Operationen, Pflegetage, Behandlungsfälle etc. werden durch diese Entwicklung als Abrechnungsgröße an Bedeutung verlieren. In den USA und anderen Ländern wird diese Form der Vergütung bereits teilweise praktiziert als sog. »**Pay for Performance**«-Konzept (vgl. Eijkenaar et al. 2013; Milstein und Schreyögg 2016). Seit 2019 gibt es für vier Leistungsbereiche die Möglichkeit zur Berücksichtigung der Qualität bei der Vergütung im Rahmen der sog. Qualitätsverträge (► Abschn. 2.3).

Eine nachhaltige Existenzsicherung kann daher nur erreicht werden, wenn die betroffenen Unternehmen ihre spezifische Funktion reflektieren, deren Erfüllung evaluieren und verbessern. Unternehmen im Gesundheitswesen, die ihre Funktion nicht adäquat erfüllen, werden durch ihr Umfeld (Nachfrager, Gesellschaft, Staat) sanktioniert. Die Nachfrage nach den produzierten Outputs geht zurück, und die Versorgung mit Produktionsfaktoren nimmt ab oder wird eingestellt. Daher ist die Funktionserfüllung obligatorisch, unabhängig davon, welche individuellen Ziele das Unternehmen verfolgt. Beispielsweise werden auch kommerzielle Unternehmen versuchen, ihrer jeweiligen Funktion gerecht zu werden, allerdings mit dem Oberziel, ihren Gewinn bzw. ihre Rentabilität zu maximieren.

2.2 Leistungsmanagement von Krankenversicherungen

Jonas Schreyögg, Reinhard Busse

2.2.1 Gesetzliche und strukturelle Rahmenbedingungen

Rechtliche Verankerung der Gesetzlichen Krankenversicherung (GKV)

Der Grundstein für die Finanzierung und Gewährleistung von Gesundheitsleistungen in der Bundesrepublik Deutschland wurde durch das Sozialstaatsprinzip gelegt, das in

Art. 20 des Grundgesetzes festgeschrieben ist. Seit mehr als 100 Jahren wird die deutsche Sozialgesetzgebung durch viele Einzelgesetze ständig an die Dynamik gesellschaftlicher Prozesse angepasst. Die Einzelgesetze werden vom Gesetzgeber überwiegend im **Sozialgesetzbuch (SGB)** zusammengefasst. Buch I definiert generell die Rechte und Pflichten der Versicherten, während die Bücher IV und X Verantwortung und Verwaltungsabläufe definieren, die allen Sozialversicherungen gemein sind.

Die Funktionen und Pflichten der Gesetzlichen Krankenversicherung (GKV) sind im Sozialgesetzbuch in **Buch V (SGB V)** geregelt. Kapitel 1 des SGB V legt die Grundsätze der GKV fest. Das Kernkapitel, in dem die Verbands- bzw. Selbstverwaltungsstruktur der GKV geregelt ist, ist Kapitel 4. Es schreibt fest, welche Tatbestände durch gemeinsame Ausschüsse der Krankenkassen und der Leistungserbringer geregelt werden können und müssen (beispielsweise Details des Leistungskataloges oder der Vergütung von Leistungen) oder durch die Krankenkassen selbst bzw. ihre Verbände verhandelt werden (beispielsweise die Gesamtvergütung für ambulante oder zahnärztliche Leistungen). Es determiniert somit in entscheidendem Maße, welche Managemententscheidungen auf **kollektiver Ebene,** d. h. im Rahmen von Verhandlungen der Krankenkassen als Gesamtheit, oder durch direkte Verhandlungen einzelner Krankenkassen auf **individueller Ebene** getroffen werden können. Kollektive Managemententscheidungen der Krankenkassen können sowohl auf der Landesebene durch die Landesverbände der Krankenkassen als auch auf der Bundesebene durch den GKV-Spitzenverband und – gemeinsam mit den Institutionen der ambulanten und stationären Leistungserbringer – im Gemeinsamen Bundesausschuss (G-BA) getroffen werden. Das Bundesministerium für Gesundheit hat die Rechtsaufsicht darüber, ob sich die Kassenärztliche Bundesvereinigung, der GKV-Spitzenverband sowie die gemeinsamen Ausschüsse entsprechend den festgeschriebenen Gesetzen verhalten.

Rechtliche Verankerung der Privaten Krankenversicherung

Während die rechtlichen Grundlagen der GKV im SGB V gebündelt wurden, sind die Grundlagen der Privaten Krankenversicherung (PKV) in vielen Einzelgesetzen verankert. Die wichtigsten Grundlagen der PKV sind im **Versicherungsvertragsgesetz (VVG)** und im Gesetz über die Beaufsichtigung der Versicherungsunternehmen (**Versicherungsaufsichtsgesetz – VAG**) kodifiziert.

Das Versicherungsvertragsgesetz beschreibt in allgemeiner Form das Versicherungsprodukt mit Risiko- und Dienstleistungsgeschäft (Farny 2011). Seit dem Jahre 1994 enthält dieses Gesetz jedoch auch einen speziellen Abschnitt zur Privaten Krankenversicherung. Die Paragraphen 192–208 beschreiben alle Bereiche, die das Zustandekommen und die Erfüllung eines PKV-Vertrages betreffen, d. h. Umfang des Versicherungsschutzes, Wartezeiten, Tarifwechsel, Prämiengestaltung und Kündigungsrecht.

Im Versicherungsaufsichtsgesetz sind in den Paragraphen 146–160 die Beitragskalkulation und insbesondere die verpflichtenden **Altersrückstellungen** geregelt. Diese sind in der **Überschussverordnung** sowie in der **Kalkulationsverordnung** jeweils noch näher spezifiziert.

Da ein substantieller Anteil der privat krankenversicherten Personen angestellt mit einem Einkommen jenseits der Versicherungspflichtgrenze ist und damit die Wahl zwischen GKV und PKV hat (s. unten), ist auch **§ 257 SGB V** eine wesentliche Rechtsgrundlage der PKV. Dieser regelt, welche Bedingungen Krankenversicherungsunternehmen erfüllen müssen, damit die Arbeitgeber von Privatversicherten diesen einen Zuschuss zur Prämie gewähren dürfen. Insbesondere muss ein **Basistarif** angeboten werden (s. unten), müssen Beamte sich zur Beihilfe ergänzend versichern können, muss das Krankenversicherungsunternehmen auf das ordentliche Kündigungsrecht verzichten und das Krankenversicherungsgeschäft getrennt von anderen Versicherungssparten betreiben.

Auf diesen gesetzlichen Grundlagen bauen die bei allen Verträgen zugrunde gelegten **Musterbedingungen** für die Krankheitskosten- und

Krankenhaustagegeldversicherungen (MB/KK) des Verbandes der Privaten Krankenversicherung auf, die von den einzelnen privaten Krankenversicherungsunternehmen in ihren Allgemeinen Versicherungsbedingungen (AVB) weiter verfeinert, jedoch nicht eingeschränkt werden können.

Anbieterstruktur

Die Anbieterstruktur der GKV ist historisch gewachsen. Ursprünglich wurden Krankenkassen für verschiedene Berufsgruppen geschaffen. Alle Krankenkassen sind als Körperschaften des öffentlichen Rechts mit Selbstverwaltung, d. h. als rechtlich selbstständige gemeinnützige Organisationen tätig, die keinen Gewinn erwirtschaften dürfen (s. für einen ausführlichen Überblick zur historischen Entwicklung der GKV: Busse et al. 2017).

Die einzelnen Krankenkassen werden traditionell zu verschiedenen **Krankenkassenarten** zusammengefasst (§§ 143–170 SGB V). Bis Mitte 2008 hatte jede Krankenkassenart einen Spitzen- bzw. Bundesverband als Körperschaft öffentlichen Rechts, der die Interessen ihrer Mitgliedskassen bündelte und nach außen vertrat. So waren die Allgemeinen Ortskrankenkassen im AOK-Bundesverband, die Angestelltenersatzkassen im VDAK, die Arbeiterersatzkassen im AEV, die Betriebskrankenkassen im BKK-Bundesverband, die Innungskrankenkassen im IKK-Bundesverband und die landwirtschaftlichen Krankenkassen im LKK-Bundesverband organisiert. Weiterhin existierten die Bundesknappschaft und die Seekrankenkassen jeweils als Einzelkassen. Seit Juli 2008 sind alle Kassen Mitglieder des **GKV-Spitzenverbandes** (im SGB V als »**Spitzenverband Bund der Krankenkassen**« bezeichnet; §§ 217a–g SGB V). Die früheren Spitzenverbände der einzelnen Kassenarten existieren nun als privatrechtliche Organisationen fort, zumeist in der Form von Gesellschaften bürgerlichen Rechts, weiter. Der VDAK hat mit dem AEV zum vdek, dem Verband der Ersatzkassen in der Rechtsform eines eingetragenen Vereins, fusioniert.

Weiterhin existent ist die ebenfalls historisch bedingte Unterscheidung in **bundesunmittelbare** Krankenkassen, die länderübergreifend in mehr als drei Bundesländern aktiv sind, z. B. die Ersatzkassen, die Mehrheit der Betriebskrankenkassen und die Hälfte der Innungskrankenkassen, sowie **landesunmittelbare** Krankenkassen, die in ihrer Geschäftstätigkeit auf einzelne Bundesländer beschränkt sind. Zwar existieren auch landesunmittelbare Krankenkassen, z. B. AOKen, in verschiedenen Bundesländern, diese sind jedoch rechtlich selbstständig. Die **Aufsicht** über die 63 bundesunmittelbaren Krankenkassen wird durch das **Bundesamt für Soziale Sicherung** sichergestellt, während den **jeweiligen Bundesländern** die Kontrolle der 40 landesunmittelbaren Krankenkassen (z. B. AOKen) obliegt.

Unter den landes- und bundesunmittelbaren Kassen sind nicht alle für einen unbeschränkten Personenkreis zugänglich. Während die Ortskrankenkassen des jeweiligen Bundeslandes und die Ersatzkassen – mit geringfügigen regionalen Ausnahmen – sowie seit 2007 auch die Knappschaft für alle in der GKV Versicherten **offen** sind, ist die Landwirtschaftliche Krankenkasse weiterhin nur der bestimmten Berufsgruppe vorbehalten und wird somit als **geschlossene Kasse** bezeichnet. Die Innungs- und Betriebskrankenkassen können den versicherungsberechtigten Personenkreis in ihrer Satzung selbst bestimmen (§§ 173 ff. SGB V). Sie müssen sich jedoch entscheiden, ob sie geschlossen bleiben, d. h. nur für Mitglieder der Innung bzw. des Betriebes zugänglich sind oder ob sie sich für alle Versicherten öffnen. Anfang 2021 hatten alle IKKen und 52 der noch 78 BKKen den Status geöffneter Kassen (BMG 2021).

Seit Einführung des **freien Krankenkassenwahlrechts** für Versicherte im Jahr 1996 hat die Gesamtzahl der Krankenkassen stetig abgenommen. Insbesondere bei den AOKen, den IKKen und den BKKen kam es in den 1990er-Jahren zu vielen Fusionen. Bei den BKKen hält diese Fusionswelle immer noch an; seit 2007 sind auch kassenartenübergreifende Fusionen möglich (s. unten). Im Januar 2021 existierten noch 103 Krankenkassen, davon 11 Allgemeine Ortskrankenkassen (AOK) mit 36,9 % der GKV-Versicherten, 6 Ersatzkassen mit 38,3 %, 78 Betriebskrankenkassen mit 14,8 %, 6 Innungskrankenkassen mit 7,1 %,

2

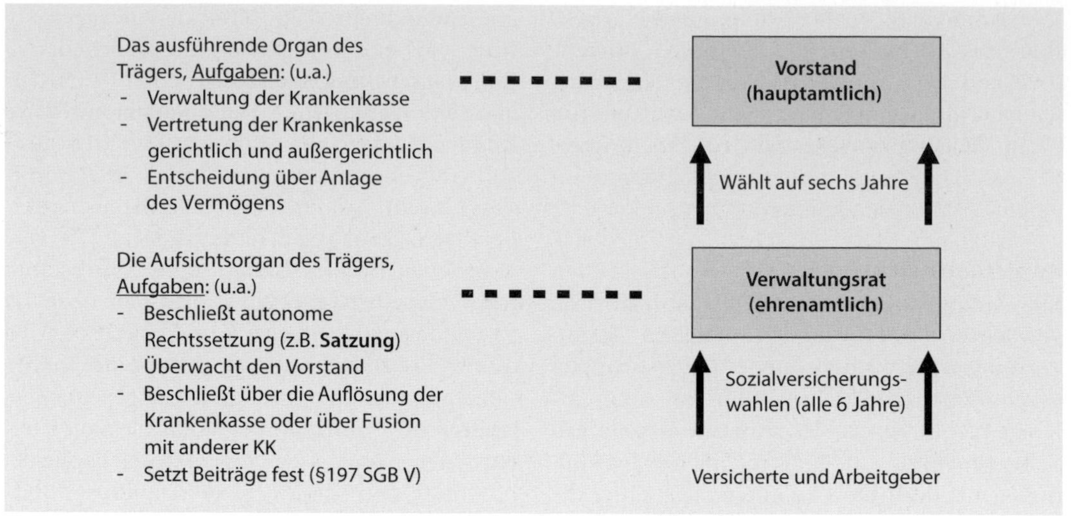

Abb. 2.3 Organisation der Selbstverwaltung in Krankenkassen

die Knappschaft-Bahn-See mit 2,1 % sowie eine Landwirtschaftliche Krankenkasse mit 0,8 % (BMG 2021).

Als **Körperschaften des öffentlichen Rechts mit Selbstverwaltung** ist auch die Leitung innerhalb der Kassen determiniert (§ 4 Abs. 1 SGB V). Es gibt allerdings verschiedene Modelle der Selbstverwaltung (Abb. 2.3), die in § 44 SGB IV geregelt sind. In den meisten Kassen besteht die Selbstverwaltung aus einem hauptamtlichen Vorstand mit zwei bis drei Personen, der für den Geschäftsbetrieb der Kasse verantwortlich ist, und einem **Verwaltungsrat**, der die Satzung der Kasse verabschiedet, den Haushaltsplan und die Beitragssätze festlegt sowie den Vorstand benennt. Üblicherweise besteht der Verwaltungsrat aus gewählten Vertretern der Versicherten und der Arbeitgeber, wobei die Verwaltungsräte der Ersatzkassen ausschließlich mit Vertretern der Versicherten besetzt sind. Vertreter der Versicherten und der Arbeitgeber werden alle 6 Jahre im Rahmen der sog. Sozialwahlen demokratisch gewählt. Viele Vertreter haben Verbindungen zu Gewerkschaften oder Arbeitgeberverbänden. Es wird zunehmend kritisiert, dass die Aufstellung der Kandidaten nicht ausreichend transparent und durchlässig ist. Häufig sind die Verwaltungsräte über Jahre hinweg von Interessengemeinschaften oder Bürgervereinen dominiert. Bei einigen Krankenkassen entspricht die Anzahl der aufgestellten Kandidaten genau der Anzahl der zu besetzenden Sitze im Verwaltungsrat. In diesem Fall wird von sog. **Friedenswahlen** gesprochen.

Im Gegensatz zur GKV sind die Unternehmen der Privaten Krankenversicherung privatrechtlich organisiert. Von den insgesamt 42 Unternehmen sind zurzeit 18 **Versicherungsvereine auf Gegenseitigkeit (VVaG)**. Diese Rechtsform existiert speziell für Versicherungsunternehmen. Sie weist Elemente des Wirtschaftsvereins (Vereinigung von Personen oder von Kapital zu wirtschaftlichen Zwecken) oder der Genossenschaft auf. Gemäß § 171 VAG ist eine VVaG ein »Verein, der die Versicherung seiner Mitglieder nach dem Grundsatz der Gegenseitigkeit betreiben will«. Der VVaG wird als Wirtschaftsverein von der Summe seiner Mitglieder getragen (Farny 2011). Jeder Versicherungsnehmer ist somit zugleich Mitglied des Vereins. Ähnlich zur Aktiengesellschaft ist die Leitung eines VVaG von drei Organen geprägt; dem Obersten Organ (das auch Oberste Vertretung genannt wird und analog zur Aktiengesellschaft die Funktionen einer Hauptversammlung erfüllt), dem Aufsichtsrat und dem Vorstand. Ein wesentlicher Unterschied zur **Aktiengesellschaft**, die von derzeit 24 privaten Krankenversicherungsunternehmen als Rechtsform gewählt wird, ist damit die **Personengebundenheit**. Die **Aufsicht** über die Unternehmen der Privaten Krankenversicherung wird durch das **Bundesanstalt für Finanzdienstleistungsaufsicht (BaFin)** sichergestellt.

Die Interessen der privaten Krankenversicherungsunternehmen werden vom **Verband der Privaten Krankenversicherung** mit Sitz in Köln vertreten. Er hat die Funktion, die Position seiner Mitgliedsunternehmen durch Stellungnahmen im nationalen und europäischen Gesetzgebungsverfahren einzubringen und zugleich seine Mitglieder, z. B. bei der Tarifgestaltung, zu beraten. Die meisten Unternehmen des Marktes für Private Krankenversicherung sind bundesländerübergreifend im gesamten Bundesgebiet aktiv. Insgesamt 12 Unternehmen hatten im Jahre 2019 mehr als 1 Mrd. €, 11 Unternehmen hatten zwischen 300 Mio. € und 1 Mrd. € und die anderen weniger als 300 Mio. € an Beitragseinnahmen (Verband der Privaten Krankenversicherung 2020).

Versichertenstruktur

Arbeiter und Angestellte in der Bundesrepublik Deutschland sind zur Mitgliedschaft in der GKV verpflichtet (**Versicherungspflicht**), wenn ihr Bruttojahreseinkommen die sog. **Versicherungspflichtgrenze** (64.350 € im Jahr 2021) nicht übersteigt. Beamte und einige besondere Berufsgruppen bilden eine Ausnahme von dieser Regelung (§ 6 Abs. 1 SGB V). Sie können bzw. müssen sich i. d. R. auch bei einem Bruttojahreseinkommen unter dieser Grenze in der Privaten Krankenversicherung versichern. Arbeiter und Angestellte mit einem höheren Bruttoeinkommen als die Versicherungspflichtgrenze und Selbstständige mit entsprechender Vorversicherungszeit haben entweder die Möglichkeit, sich freiwillig als Mitglied der GKV oder in der Privaten Krankenversicherung zu versichern (§§ 6, 8, 9 SGB V). Sie werden daher auch **Versicherungsberechtigte** genannt. Als maximales Einkommen zur Berechnung von Beiträgen in der GKV wird bei allen Versicherten die **Beitragsbemessungsgrenze** bzw. **Jahresentgeltgrenze** herangezogen (58.050 € im Jahr 2021), d. h., auch wenn das Bruttoeinkommen der Versicherten höher ist, zahlen sie nur 7,3 % von 58.050 €. Die anderen 7,3 % werden vom Arbeitgeber im Rahmen des gesetzlich festgelegten **Arbeitgeberanteils** aufgebracht. Zusätzlich zahlen beide Seiten den Zusatzbeitrag als Prozentsatz des Bruttoeinkommens bis zur Beitragsbemessungsgrenze; die Zusatzbeiträge variieren zwischen Krankenkassen (2021 zwischen 0,35 und 1,9 %) und lagen 2021 im Schnitt bei 1,3 %.

Anfang 2021 waren 73,1 Mio. Personen – ca. 88 % der Bevölkerung – durch die GKV krankenversichert. Unter diesen sind 34,3 Mio. (ca. 41 % der Bevölkerung) als **Pflichtmitglieder**, 5,9 Mio. (ca. 7 %) als **freiwillige Mitglieder** und 17,0 Mio. (ca. 20 %) als **Rentner** (BMG 2021). 15,9 Mio. (19 %) sind **mitversicherte Angehörige**, d. h. nicht selbst versicherungspflichtige Ehegatten bzw. Lebenspartner und Kinder bis zum vollendeten 18. Lebensjahr bzw. in Ausbildung bis zum vollendeten 25. Lebensjahr (§ 10 SGB V). Darüber hinaus ist ein Anteil von knapp 11 % der Bevölkerung privat krankenversichert; der Rest ist durch freie Heilfürsorge (z. B. Polizisten, Soldaten, Strafgefangene) bzw. über die Kommunen im Rahmen der Sozialhilfe abgesichert. Bevor das GKV-Wettbewerbsstärkungsgesetz (GKV-WSG) eine Verpflichtung zum Krankenversicherungsschutz ab dem Jahr 2009 einführte, reichten die Schätzungen über Nicht-Krankenversicherte bis zu 300.000, d. h. 0,4 % der Bevölkerung (Greß et al. 2009). Laut Mikrozensus ist die Zahl von 196.000 im Jahr 2007 um zwei Drittel auf 61.000 im Jahr 2019 gefallen.

Krankenkassen sind durch den gesetzlichen **Kontrahierungszwang** grundsätzlich verpflichtet, jedem Versicherungspflichtigen und Versicherungsberechtigten Aufnahme zu gewähren (§ 175 Abs. 1 SGB V). Auch wenn – wie bereits erwähnt – seit dem Jahre 1996 **freies Kassenwahlrecht** gilt, sind jedoch nicht alle Krankenkassen für jede Berufsgruppe und jede Region geöffnet. Eine weitere Einschränkung des Kassenwahlrechts stellt die Krankenkassenbindung von 18 Monaten dar, die den Versicherungspflichtigen und Versicherungsberechtigten erst nach Ablauf dieser Frist ein erneutes Wahlrecht gewährt (§ 175 Abs. 4 SGB V). Im Falle einer Beitragserhöhung haben die Versicherten jedoch ein außerordentliches Kündigungsrecht.

Nach Beitritt zu einer Krankenkasse entrichten die beschäftigten Versicherten und ihre Arbeitgeber jeweils hälftig einen bestimmten Beitrag bzw. die Selbstständigen den gesamten Beitrag, der sich einerseits nach dem **bundeseinheitlich gesetzlich festgelegten Beitragssatz** richtet und andererseits durch die **beitragspflichtigen Einnahmen** des Versicherten determiniert wird (§§ 3 und 220 SBG V). Falls die aus dem Gesundheitsfonds erhaltenen Einnahmen nicht die Leistungsausgaben einer Krankenkasse abdecken, sind die Krankenkassen gesetzlich angehalten, einen individuellen Zusatzbeitrag als Pauschale selbstständig so festzulegen, dass dieser die Leistungsausgaben für die versicherten Leistungen abzudecken vermag.

Sofern ein Bürger die Voraussetzungen zum Beitritt einer **Privaten Krankenversicherung** erfüllt, hatte er in der Vergangenheit nicht gleichzeitig einen Rechtsanspruch auf einen Vertragsabschluss mit dieser. Vor Vertragsabschluss erfolgt zunächst eine sog. **Risikoprüfung**, die das Ziel verfolgt, aus Sicht des jeweiligen Unternehmens das finanzielle Risiko möglicher Krankheitsfälle des potenziellen Kunden abzuschätzen. Diese erfolgt i. d. R. im Rahmen eines Fragebogens. Falls Vorerkrankungen oder besondere Risiken vorliegen, kann das jeweilige private Versicherungsunternehmen die Aufnahme in ihre normalen Tarife ablehnen oder **Risikozuschläge** erheben, die in die Berechnung der individuellen Prämie des jeweiligen Versicherten einfließen. Seit 2009 bietet der sog. »Basistarif« die Möglichkeit, auch ohne Risikoprüfung eine private Krankenversicherung abzuschließen, die der Versicherer auch nicht ablehnen darf (Details ► Abschn. 4.2). Die privaten Versicherungsunternehmen sind in ihrer Tarif- bzw. Prämiengestaltung weitgehend frei, müssen sich jedoch an die **Musterbedingungen** für die Krankheitskosten- und Krankenhaustagegeldversicherungen des PKV-Verbandes halten. Neben der privaten Krankenvollversicherung als Substitution der GKV verfügen manche GKV-Versicherte über eine Krankenzusatzversicherung, bei der Tarif- und Prämiengestaltung ebenfalls die bereits eingangs genannten Gesetze zur Anwendung kommen.

Rechtliche Anforderungen an das Leistungsmanagement von Krankenkassen

Für das Leistungsmanagement der Krankenkassen sind drei Dimensionen relevant:

1. der den Versicherten zu gewährende Leistungsumfang (auch »Leistungskatalog« genannt),
2. den Versicherungsvertrag (vgl. ◘ Abb. 1.1) zu gestalten, hier »Tarifmanagement« genannt,
3. das »Vertragsmanagement« (Versorgungs- und Vergütungsvertrag in ◘ Abb. 1.1).

▪ **Leistungsumfang**

Der zu gewährende Leistungsumfang der GKV ist gesetzlich in § 11 SGB V für alle Krankenkassen vorgegeben.

Der Leistungsumfang der Gesetzlichen Krankenversicherung

1. Leistungen zur Verhütung von Krankheiten (primäre Prävention) (§§ 20–24b SGB V)
2. Leistungen zur Früherkennung von Krankheiten (sekundäre Prävention) (§§ 25–26 SGB V)
3. Leistungen zur Behandlung von Krankheiten (diagnostische und therapeutische Leistungen sowie tertiäre Prävention) (§§ 27–43b SGB V), u. a. ambulante ärztliche und zahnärztliche Behandlung, Medikamente und Hilfsmittel, nicht-ärztliche medizinische Behandlung (sog. »Heilmittel«), Krankenhausbehandlung, häusliche Pflege und einige Bereiche der rehabilitativen Versorgung
4. Krankengeld (§§ 44–51 SGB V)

Gemäß der Systematik des Sozialgesetzbuchs sollen zunächst einmal im Rahmen von primärer Prävention Leistungen aufgewendet werden, die den Eintritt eines Krankheitsfalls möglicherweise verhindern bzw. verzögern können. Es werden insbesondere die folgenden

Leistungen genannt: Primärprävention und Gesundheitsförderung (§ 20 SGB V), Gesundheitsförderung und Prävention in Lebenswelten (§ 20a), betriebliche Gesundheitsförderung (§ 20b SGB V), Selbsthilfe (§ 20h), gruppen- und individualprophylaktische Maßnahmen zur Verhütung von Zahnerkrankungen (§§ 21–22 SGB V) und medizinische Vorsorgeleistungen (§§ 23–24 SGB V). Daneben sind auch die Empfängnisverhütung für Frauen bis zum vollendeten 20. Lebensjahr (§ 24a SGB V) sowie Schwangerschaftsabbruch und Sterilisation (§ 24b SGB V) hier einsortiert.

Falls bestimmte Krankheiten durch Leistungen der primären Prävention nicht verhindert werden konnten, so sollen sie zumindest durch Früherkennung von Krankheiten im Rahmen von **sekundären Präventionsleistungen** identifiziert werden. Die Leistungen, auf die die Versicherten Anspruch haben, sind insbesondere Untersuchungen zur Früherkennung von Herz-Kreislauf- und Nierenerkrankungen, Diabetes (§ 25 Abs. 1 SGB V) sowie Krebserkrankungen (§ 25 Abs. 2 SGB V). Außerdem haben Kinder bis zur Vollendung des 6. und nach Vollendung des 10. Lebensjahres einen Anspruch auf Untersuchung zur Früherkennung von Krankheiten, die ihre körperliche oder geistige Entwicklung in nicht geringfügigem Maße gefährden (§ 26 SGB V).

Darüber hinaus überlässt der Gesetzgeber weitere Regelungen hinsichtlich primär- und sekundärpräventiver Leistungen dem **Gemeinsamen Bundesausschuss (G-BA)**, der Richtlinien zur ausreichenden zweckmäßigen und wirtschaftlichen Versorgung der Versicherten beschließt (§ 92 SGB V). Der G-BA hat auch einen großen Spielraum hinsichtlich der Festlegung des Leistungskataloges für **therapeutische und diagnostische Leistungen** sowie **tertiäre Präventionsleistungen** (Vermeidung von Verschlimmerung und bleibenden Funktionsverlusten).

Die Regelungen des SGB V selbst für Leistungen in der **ambulanten ärztlichen Versorgung** einschließlich Psychotherapie als ärztliche und psychotherapeutische Behandlung (§ 28 Abs. 1 SGB V) sind eher allgemein gehalten. Der Leistungskatalog wird durch den **Einheitlichen Bewertungsmaßstab (EBM)**, der zugleich die Vergütung nach Punkten und Euro-Werten enthält, spezifiziert (§ 87 SGB V). Der Umfang reicht von der allgemeinen körperlichen Untersuchung in der Arztpraxis über Hausbesuche, Geburtsvorbereitung, Sterbebegleitung, chirurgische Eingriffe und Laborleistungen bis zu bildgebenden Verfahren inklusive der Kernspintomographie.

Hinsichtlich **zahnärztlicher und kieferorthopädischer Leistungen** beinhalten in § 28 Abs. 2 und § 29 SGB V dagegen vergleichsweise detaillierte Bestimmungen.

Der zu gewährende Leistungsumfang der GKV an **Arznei-, Verband-, Heil- und Hilfsmitteln** ist in §§ 31 ff. SGB V festgelegt. Es werden grundsätzlich alle Arzneimittel erstattet, die zugelassen werden, es sei denn, sie sind nach § 34 SGB V von der Erstattung ausgeschlossen (vgl. ► Abschn. 2.6). Heilmittel (d. h. Leistungen nicht-ärztlicher Leistungserbringer, etwa in der Physiotherapie) werden erstattet, sofern sie in den Heilmittel-Richtlinien des G-BA nach § 92 SGB V enthalten sind. Hilfsmittel werden nur dann erstattet, wenn sie im Hilfsmittelverzeichnis gelistet sind, das die Spitzenverbände der Krankenkassen regelmäßig aktualisieren (§ 139 SGB V).

Die **Krankenhausbehandlung** muss in einem zugelassenen Krankenhaus (vgl. ► Abschn. 2.3) stattfinden und umfasst alle Leistungen, die im Einzelfall nach Art und Schwere der Krankheit für die medizinische Versorgung der Versicherten im Krankenhaus notwendig sind; darunter ärztliche Behandlung, Krankenpflege, Versorgung mit Arznei-, Heil- und Hilfsmitteln, Unterkunft und Verpflegung (§ 39 SGB V). Versicherte haben dann Anspruch auf eine **vollstationäre Behandlung**, wenn das Behandlungsziel nicht durch **teil-, vor-, nachstationäre** oder ambulante Behandlung bzw. häusliche Krankenpflege erreicht werden kann. Wenn nicht ein zwingender Grund vorliegt, d. h. ein Notfall, benötigen GKV-Versicherte eine ärztliche Einweisung in ein Krankenhaus. Der Begriff Notfall ist jedoch nicht unbedingt mit hoher Dringlichkeit gleichzusetzen. Administrativ gesehen, ist jede Krankenhausaufnahme ein Notfall, die ohne ärztliche Überweisung in einem Krankenhaus stationär aufgenommen wird. Innerhalb dieser Fälle ergibt sich u. a. in

Abhängigkeit der Diagnosen ein sehr heterogenes Spektrum der Dringlichkeit (Krämer et al. 2019).

Die Krankenkasse trägt pro Krankheitsfall bis zu 4 Wochen die Leistungen für **ambulante (häusliche) Krankenpflege**, wenn eine Krankenhausbehandlung notwendig, aber nicht ausführbar ist, oder wenn sie durch die häusliche Krankenpflege vermieden bzw. verkürzt wird (§ 37 SGB V). Abgesehen von einigen Ausnahmen werden darüber hinausgehende ambulante Leistungen und stationäre Aufenthalte in Pflegeheimen nur von der **Sozialen Pflegeversicherung** erstattet, die jedoch getrennt geregelt ist (§ 4 SGB XI). Die Voraussetzungen für einen Anspruch auf Leistungen der Sozialen Pflegeversicherung sind in §§ 14 ff. SGB XI geregelt.

Die Versicherten erhalten die bisher aufgeführten Leistungen ausschließlich als **Sachleistungen**, d. h. die Leistungen werden auf direktem Wege zwischen Krankenkassen und Leistungserbringern abgerechnet, ohne dass die Versicherten in Vorleistung treten müssen. Versicherte können jedoch freiwillig statt dem sog. **Sachleistungsprinzip** das **Kostenerstattungsprinzip** wählen, müssen sich an eine solche Entscheidung aber für mindestens 1 Jahr binden (§§ 2 und 13 SGB V). Der Vergütungsanspruch gegenüber der Krankenkasse ist in diesem Fall auf den Betrag begrenzt, den diese für eine Sachleistung bezahlt hätte (abzüglich von Verwaltungskosten!), sodass der Versicherte in jedem Fall einen Restbetrag zu zahlen hat.

Zusätzlich zu diesen Sachleistungen zahlen die Krankenkassen aufgrund von Krankheit arbeitsunfähigen Mitgliedern ab der siebten Woche **Krankengeld**, das im Gegensatz zur Sachleistung als **Geldleistung** bezeichnet wird (§§ 44 ff. SGB V). Für die ersten 6 Wochen der Arbeitsunfähigkeit besteht ein Anspruch auf **Lohnfortzahlung** durch den Arbeitgeber. Die Lohnfortzahlung durch den Arbeitgeber beträgt 100 % des regelmäßigen Bruttoeinkommens. Das Krankengeld der Krankenkassen beträgt 70 % des Bruttoeinkommens bis zur Beitragsbemessungsgrenze und es darf 90 % des Nettoeinkommens nicht übersteigen (§ 47b SGB V). Es werden bis zu 78 Wochen pro Krankheitsperiode innerhalb von 3 Jahren gezahlt (§ 48 SGB V).

- **Tarifmanagement**

Hinsichtlich des Tarifmanagements sieht das Sozialgesetzbuch mittlerweile verschiedene Wahltarife vor, die Krankenkassen ihren Mitgliedern neben dem traditionellen Versicherungsvertrag anbieten können. So können Krankenkassen Mitgliedern einen **Selbstbehalt** gewähren. Bei Inanspruchnahme eines Selbstbehalttarifes verpflichtet sich der Versicherte, die ersten anfallenden Gesundheitsausgaben pro Jahr bis zu einem definierten Betrag selbst zu tragen. Die Krankenkasse gewährt als Gegenleistung eine Beitragsermäßigung, die direkt zwischen Krankenkasse und Versichertem abzurechnen ist (§ 53 Abs. 1 SGB V). Diesen Wahltarif hatten Anfang 2021 ungefähr 470.000 Versicherte gewählt (BMG 2021).

Alternativ können die Krankenkassen Mitgliedern, die im Kalenderjahr länger als 3 Monate versichert waren, auch ein Tarifmodell mit **Beitragsrückerstattung** anbieten (§ 53 Abs. 2 SGB V). Die Versicherten erhalten in diesem Modell eine Beitragsrückzahlung, wenn sie und ihre versicherten Angehörigen in dem abgelaufenen Kalenderjahr keine Leistungen zu Lasten der Krankenkasse in Anspruch genommen haben. Der Rückzahlungsbetrag darf jedoch ein Zwölftel der jeweils im Kalenderjahr gezahlten Beträge nicht überschreiten. Diesen Wahltarif hatten Anfang 2021 rund 140.000 Versicherte gewählt (BMG 2021).

Versicherte können von den Zuzahlungen befreit werden oder eine Beitragsermäßigung erhalten, wenn sie sich verpflichten, an einem Versorgungsprogramm teilzunehmen. Darunter fallen Versorgungsprogramme, die im Rahmen eines **Modellvorhabens** (§§ 63 SGB und 64a SGB V) durchgeführt werden, die **hausarztzentrierte Versorgung** (§ 73b SGB V), **Disease Management-Programme** (strukturierte Behandlungsprogramme bei chronischen Krankheiten) (§§ 137f–g SGB V) und Versorgungsprogramme im Rahmen der **Integrierten Versorgung** (offiziell: »besondere Versorgungsformen«, § 140a SGB V). Insgesamt zählten Anfang 2021 knapp 15 Mio. Versicherte zu diesen Gruppen, d. h. mehr als 20 % aller GKV-Versicherten (BMG 2021).

Krankenkassen können auch besondere Wahltarife für die folgenden Gebiete anbieten (§ 53 SGB V):

- Mitglieder erhalten eine Prämie, sofern sie freiwillig für das **Kostenerstattungsprinzip** optieren (§ 53 Abs. 4) – diesen Wahltarif hatten Anfang 2021 genau 1227 Versicherte gewählt (BMG 2021).
- Mitglieder zahlen eine zusätzliche Prämie für Leistungserweiterungen bei der **Zahlung von Krankengeld** (§ 53 Abs. 6) – diesen Wahltarif hatten Anfang 2021 rund 60.000 Versicherte gewählt (BMG 2021).
- Mitglieder erhalten eine Prämie, wenn sie freiwillig **Leistungsbeschränkungen** in Kauf nehmen (§ 53 Abs. 7) – diesen Wahltarif hatten Anfang 2021 knapp 14.000 Versicherte gewählt (BMG 2021).

Darüber hinaus können Krankenkassen Mitgliedern einen **Bonus** gewähren, wenn diese regelmäßig Leistungen zur Früherkennung von Krankheiten oder qualitätsgesicherte Leistungen einer Krankenkasse zur primären Prävention in Anspruch nehmen (§ 65a Abs. 1 SGB V).

Im Zuge der Gesundheitsreform 2011 änderte sich die **Mindestbindungsfrist** der Wahltarife gemäß § 53 SGB V. Bei Beitragsrückerstattung und Kostenerstattung beträgt die Mindestbindungsfrist ein Jahr. Bezüglich des Selbstbehalttarifs und der Leistungserweiterung bei Krankengeld verblieb die Bindungsfrist bei 3 Jahren (§ 53 Abs. 8 SGB V). Außerdem verhindert die Einschreibung in einen Wahltarif nicht mehr das Sonderkündigungsrecht für den Fall, dass die Krankenkasse einen Zusatzbeitrag erhebt bzw. erhöht.

Die Aufwendungen für den Wahltarif müssen aus Einnahmen, Einsparungen und Effizienzsteigerungen, die durch diese Maßnahmen (§ 53 SGB V und § 65a Abs. 1 SGB V) erzielt werden, finanziert werden. Sowohl die Wahltarife als auch die Bonusregelungen werden jeweils nach drei Jahren von der zuständigen Aufsichtsbehörde hinsichtlich der bewirkten Einsparungen und Effizienzsteigerungen geprüft (§ 53 Abs. 9 und § 65a Abs. 3 SGB V).

- **Vertragsmanagement**

I. d. R. schließen die Krankenkassen jeweils als Kollektiv – vertreten durch ihre Verbände – auf regionaler Ebene Verträge mit den ambulanten bzw. stationären Leistungserbringern. Wichtigster Interessenverband der Leistungserbringer in der ambulanten Versorgung ist die regionale **Kassenärztliche Vereinigung (KV).** Die KVen tragen die Verantwortung für die Behandlung der Versicherten ihres Bezirkes im Rahmen des sog. **Sicherstellungsauftrags** (§ 72 SGB V). Im stationären Bereich werden Krankenhäuser entweder durch den von der jeweiligen Landesregierung festgelegten **Krankenhausplan** oder durch Verhandlungen der Krankenkassenverbände mit einzelnen Krankenhäusern (Versorgungsvertrag) Vertragspartner der Krankenkassen (§§ 69 ff. bzw. 82 ff. SGB V; vgl. ► Abschn. 2.3). Somit ergeben sich in beiden Fällen keine direkten Vertragsbeziehungen zwischen einzelnen Leistungserbringern und einzelnen Krankenkassen. Das Vertragsmanagement findet somit – gesetzlich vorgegeben – zumindest in den ambulanten und stationären Leistungsbereichen primär auf der kollektiven Ebene statt. Andere Leistungsbereiche, wie Pflege, Hilfsmittel, Kuren etc. ermöglichen den Krankenkassen mehr Spielraum für Einzelverträge (s. u.).

Seit der Einführung der Integrierten Versorgung (§ 140a SGB V, vgl. ► Abschn. 2.5) ist jedoch – unter bestimmten Bedingungen – eine von den §§ 69 ff. SGB V abweichende direkte Vertragsbeziehung zwischen Krankenkassen und einzelnen Leistungserbringern, d. h. Netzwerken von ambulanten und stationären Leistungserbringern, möglich (§ 140a Abs. 1 SGB V). Damit sind Krankenkassen, die an einer Integrierten Versorgung teilnehmen, u. a. nicht an die Verträge zwischen Krankenkassen und KVen i. S. § 82 Abs. 2 SGB V gebunden.

Rechtliche Anforderungen an das Leistungsmanagement von privaten Krankenversicherungen

Das Leistungsmanagement von privaten Krankenversicherungen ist weniger staatlich reguliert. So kann der konkrete Leistungsumfang zwischen dem Versicherungsnehmer und dem Versicherungsunternehmen individuell festgelegt werden, wenn auch für diverse Leistungsbereiche der mindestens zu gewährende Leistungsumfang und die entsprechenden Konditionen im VVG bzw. den Musterbedingungen vorgegeben sind. § 4 MB/KK legt u. a. fest, dass eine **freie Arztwahl** zwischen allen niedergelassenen Ärzten (auch solchen, die keinen Vertrag mit der jeweiligen KV haben) und Krankenhäusern (auch solchen, die nicht im Krankenhausplan enthalten sind bzw. keinen Versorgungsvertrag mit den Krankenkassen haben) gewährt werden muss. Darüber hinaus wird spezifiziert, dass alle Untersuchungs- oder Behandlungsmethoden und Arzneimittel, die schulmedizinisch anerkannt sind, erstattet werden müssen. Für die Versicherten der Privaten Krankenversicherung besteht also eine größere Wahl an Leistungserbringern, und der Leistungsumfang wird nicht durch Richtlinien des Gemeinsamen Bundessauschusses reglementiert (vgl. ► Abschn. 2.4). Es werden jedoch auch in der Privaten Krankenversicherung gemäß § 5 MB/KK einige **Leistungsausschlüsse** definiert. Beispielsweise wird nicht der volle Betrag für eine Heilbehandlung erstattet, wenn er das medizinisch notwendige Maß übersteigt.

Nicht jeder Krankenversicherungsvertrag beinhaltet notwendigerweise eine **Krankheitskostenvollversicherung**. Viele Krankenversicherungsverträge umfassen nur Zusatzleistungen. Diese **Zusatzversicherungen** werden i. d. R. von gesetzlich Krankenversicherten abgeschlossen, die über die gesetzlich gewährten Leistungen hinaus bestimmte zusätzliche Leistungen, z. B. Krankenhaustagegeld, in Anspruch nehmen möchten.

Im Unterschied zur GKV werden den Versicherungsnehmern sowohl die Leistungen der Krankheitskostenvollversicherung als auch der Zusatzversicherung von dem jeweiligen privaten Krankenversicherungsunternehmen als **Geldleistungen** erstattet (§ 192 Abs. 1 VVG), sofern die geforderten Nachweise erbracht werden (§ 6 MB/KK). Die Geldleistung reicht der Versicherungsnehmer entweder – im Falle einer medizinischen Heilbehandlung – im Sinne des sog. **indirekten Kostenerstattungsprinzips** an den Leistungserbringer weiter oder er behält diese im Falle der sog. **Summenversicherung,** die als Tagessatz gezahlt wird, selbst. Als Summenversicherung gelten neben anderen Formen insbesondere die Krankenhaustagegeld- und die Krankentagegeldversicherung. Eine **Krankenhaustagegeldversicherung** gewährt während einer medizinisch notwendigen stationären Behandlung einen bestimmten vertraglich vereinbarten Betrag pro Tag des stationären Aufenthaltes (§ 192 Abs. 4 VVG). Eine **Krankentagegeldversicherung** ersetzt dem Versicherungsnehmer den als Folge von Krankheit oder Unfall durch Arbeitsunfähigkeit verursachten Verdienstausfall. Der Versicherte erhält auch hier pro Tag einen vertraglich vereinbarten Betrag (§ 192 Abs. 5 VVG). Beide Leistungen können sowohl Bestandteil einer Krankheitskostenvollversicherung als auch einer Zusatzversicherung sein.

Den größten Anteil der Beitragseinnahmen erwirtschaften die privaten Krankenversicherungen mit **Vollversicherten,** d. h. Versicherten, die eine Krankheitskostenvollversicherung abgeschlossen haben. Ihr Anteil an den Gesamtbeitragseinnahmen der Privaten Krankenversicherung (ohne Pflegeversicherung) betrug 73,6 % im Jahre 2019 (Verband der privaten Krankenversicherung 2020).

Versicherte mit Krankheitskostenvollversicherung verfügen entweder über ein Bruttoeinkommen, das oberhalb der **Versicherungspflichtgrenze** liegt, oder gehören zu einer der unter § 6 Abs. 1 SGB V genannten Berufsgruppen bzw. sind verbeamtet und können sich somit unabhängig von ihrem Einkommen privat versichern. Unter den Versicherten mit Krankheitskostenvollversicherung waren im Jahre 2011 ca. 50 % Beamte, 13 % Angestellte, 17 % Selbstständige und 20 % Rentner sowie Kinder (Auskunft des PKV-Verbandes auf Anfrage). Das heißt, nur der Anteil von 13 % Angestellten sowie ein Teil der Rentner gelangen über die Höhe des Einkommens in die PKV. Teile der Beamten, Selbstständigen sowie Rentner in der PKV haben unterdurchschnittliche Einkommen gemessen am Durchschnittseinkommen in Deutschland. Der Versichertenbestand der PKV weist zwar, verglichen mit der Gesetzlichen Krankenversicherung, einen höheren Anteil an Personen mit überdurchschnittlichem Einkommen auf, besteht aber nicht per se aus Personen mit überdurchschnittlichem Einkommen.

Beamte stellen einen Sonderfall dar, da sie i. d. R. einen **Beihilfeanspruch** haben. Die Höhe dieses Beihilfeanspruchs variiert in Abhängigkeit von ihrem Beihilfeträger, dem Familienstand und der Anzahl der Kinder zwischen 50 und 80 %. Die Beihilfestelle des jeweiligen Beamten erstattet den entsprechenden Anteil der Krankheitskosten. Da der Beihilfeanspruch nicht ausreicht, die gesamten Krankheitskosten zu decken, müssen Beamte eine sog. **Restkostenversicherung** bei einem privaten Krankenversicherungsunternehmen abschließen. Alternativ können Sie sich in der GKV versichern; diese Option ist i. d. R. aber deutlich teurer und wird deshalb nur selten genutzt. Die Prämie für eine Restkostenversicherung ist häufig geringer, als die einer vollständigen Krankheitskostenvollversicherung, da sie zwar dasselbe Leistungsspektrum umfasst, jedoch nur einen bestimmten Anteil der Krankheitskosten trägt. Beispielsweise wird der Versicherungsnehmer bei einem Beihilfeanspruch von 50 % der Krankheitskosten eine Restkostenversicherung über die fehlenden 50 % abschließen.

Der im Rahmen der Krankheitskostenvollversicherung vereinbarte Leistungsumfang variiert deutlich zwischen den Krankenversicherungsverträgen. Alle Krankenversicherungsunternehmen sind seit 2009 jedoch gemäß § 257 Abs. 2a SGB V gesetzlich verpflichtet, den sog. **Basistarif** anzubieten. Die Leistungen des Basistarifs entsprechen dem der gesetzlichen Krankenversicherung. Für den Basistarif darf **keine Risikoprüfung** stattfinden, d. h., die Höhe des Beitrags des Basistarifs richtet sich nur nach dem Eintrittsalter und dem Geschlecht des Versicherungsnehmers und nicht nach seinem Gesundheitsstatus. Personen, die ab dem 01.01.2009 eine Vollversicherung abschließen, können jederzeit in den Basistarif eines Versicherungsunternehmens wechseln. Personen mit Altverträgen, die vor dem 01.01.2009 geschlossen wurden, können nur nach Vollendung des 55. Lebensjahres mit Rentenanspruch oder Hilfsbedürftigkeit in den Basistarif wechseln. Die Beiträge im Basistarif sind auf den **Höchstbeitrag in der GKV** begrenzt. Es besteht wie bei der GKV ein sog. **Kontrahierungszwang**, d. h. eine gesetzliche Verpflichtung der privaten Krankenversicherungsunternehmen, Versicherte aufzunehmen. Risikoausschlüsse oder -zuschläge dürfen im Rahmen des Basistarifs nicht vorgenommen werden. Für die Vergütung von ambulanten (zahn)ärztlichen Leistungen gelten gesetzlich definierte **Höchstsätze** des 1,2-fachen Satzes der GOÄ und des 2-fachen Satzes der GOZ. Obwohl der PKV-Verband verbindliche Vereinbarungen mit den KVen sowie den KZVen über die Höchstsätze geschlossen hat, wird dieser Tarif von den Versicherten kaum genutzt (knapp 20.000 Versicherte in 2019 [Verband der privaten Krankenversicherung 2020]). Zum einen wissen viele nicht, dass dieser Tarif existiert und zum anderen befürchten Versicherte, unberechtigterweise, von den Ärzten mit diesem Tarif nicht behandelt zu werden.

Für Versicherte mit zeitweisen Zahlungsschwierigkeiten hat der Gesetzgeber 2013 den PKV-weit einheitlichen **Notlagentarif** eingeführt. In diesen Tarif werden Versicherte umgestellt, wenn sie trotz Mahnungen längerfristig ihre Beiträge nicht bezahlen. Die Leistungen umfassen – außer bei Kindern und Jugendlichen – nur Behandlungskosten bei akuten Erkrankungen und Schmerzzuständen, bei Schwangerschaft und Mutterschaft. Nachdem die Schulden beglichen sind, kehren die Versicherten in ihren alten Tarif zurück. 2019 fielen knapp 100.000 Personen darunter (Verband der privaten Krankenversicherung 2020), d. h. 1,2 % der PKV-Vollversicherten – 0,2 % der Beihilfeberechtigten und 2,1 % PKV-Versicherten ohne Beihilfeanspruch.

Alle Personen, die eine Krankheitskostenvollversicherung bei einem privaten Krankenversicherungsunternehmen abschließen, sind gleichzeitig verpflichtet, bei diesem oder einem anderen Unternehmen auch eine **private Pflegeversicherung** abzuschließen (§ 23 SGB XI, § 178b VVG). Freiwillig gesetzlich Krankenversicherte, die sich von der sozialen Pflegeversicherung befreien lassen, sind ebenfalls verpflichtet, eine private Pflegeversicherung abzuschließen (§ 22 SGB XI). Es gilt dabei ein **Kontrahierungszwang** für alle privaten

Versicherungsunternehmen. Die Prämie darf den allgemeinen Höchstbetrag der sozialen Pflegeversicherung nicht überschreiten (2021: 3,05 % der Beitragsbemessungsgrenze). Diese Begrenzung gilt jedoch erst nach einer **Vorversicherungszeit** von 5 Jahren in der privaten Kranken- oder Pflegeversicherung (§ 110 SGB XI). Die Leistungen der privaten Pflegeversicherung müssen außerdem den in der sozialen Pflegeversicherung gewährten mindestens gleichwertig sein (§ 23 SGB XI). Kinder sind, wie in der sozialen Pflegeversicherung, kostenlos mitversichert. Bei Verheirateten darf der Beitrag für beide Ehepartner nicht mehr als 150 % des Höchstbeitrags zur sozialen Pflegeversicherung betragen, wenn der Ehepartner unter einer bestimmten Einkommensgrenze liegt (§ 110 SGB XI) (ausführlich zur Prämienberechnung und -anpassung: ► Abschn. 4.2).

Zunehmend wichtig für die privaten Krankenversicherungen werden die sog. **Zusatzversicherungen**. Im Jahre 2019 verfügten in Deutschland 20,6 Mio. gesetzlich Krankenversicherte über eine Zusatzversicherung bei einer Privaten Krankenversicherung (ohne Beihilfeablöse-, Lohnfortzahlungs-, Restschuld- und Auslandskrankenversicherung). Beamte mit Beihilfeanspruch nehmen teilweise ebenfalls Zusatzversicherungen für bestimmte Leistungen in Anspruch, die von der Beihilfe nicht gedeckt werden, z. B. für Zahnersatz. Diese Zusatzversicherungen für Beamte werden **Beihilfeergänzungstarife** genannt. Folgende Zusatzversicherungen werden derzeit in Deutschland angeboten:

- **Wahlleistungen im Krankenhaus** (z. B. Chefarztbehandlung)
- **Ambulante Zusatzversicherungen** (z. B. Zahnersatz)
- **Pflegezusatzversicherung** (z. B. Tagegeld pro Pflegetag)
- **Krankentagegeldversicherung** (Tagegeld pro Tag Arbeitsunfähigkeit)
- **Krankenhaustagegeldversicherung** (Tagegeld pro Tag stationären Aufenthaltes)
- **Restschuldversicherung** (Zahlung von Kreditratenzahlungen bei Einkommensausfall im Krankheitsfall)
- **Auslandsreisekrankenversicherung** (Krankheitskostenvollversicherung im Ausland)

Hinzu kommen die **Beihilfeablöseversicherung** und die **Lohnfortzahlungsversicherung** für Arbeitgeber. Die Beihilfeablöseversicherung versichert beihilfeverpflichtete Arbeitgeber dagegen, im Krankheitsfall des Arbeitnehmers Beihilfe zahlen zu müssen. Die Lohnfortzahlungsversicherung hingegen sichert den Arbeitgeber gegen das Risiko ab, im Krankheitsfall des Arbeitnehmers bis zur 7. Krankheitswoche das Gehalt weiterzahlen zu müssen (Verband der Privaten Krankenversicherung 2020).

2.2.2 Praktische Umsetzung

Nachdem in den vorangegangenen Abschnitten der gesetzliche Rahmen für das **Leistungsmanagement** in der Gesetzlichen und Privaten Krankenversicherung beschrieben wurde, soll nun die praktische Umsetzung des Leistungsmanagements thematisiert werden. Dabei wird zwischen **Tarif-, Vertrags- und Versorgungsmanagement bzw. Leistungskontrolle** differenziert.

Das Leistungsmanagement ist neben einer Senkung der Verwaltungskosten der wichtigste Parameter zur Senkung des Beitragssatzes einer Krankenkasse bzw. der Prämie einer privaten Krankenversicherung, um im **Preiswettbewerb** bestehen zu können. Bedingt durch den Risikostrukturausgleich in der GKV verbessert eine Krankenkasse insbesondere dann ihr Ergebnis, wenn ihre Leistungsausgaben geringer sind als die durchschnittlichen Leistungsausgaben in der GKV (zum Risikostrukturausgleich: ► Abschn. 4.2). Der Risikostrukturausgleich induziert somit einen permanenten Wettbewerb zur Senkung der Leistungsausgaben. Andererseits bietet das Leistungsmanagement für Krankenkassen und private Krankenversicherungen die Chance, sich durch besondere Angebote oder Angebote von besonderer Qualität gegenüber anderen Wettbewerbern in einer Form des **Qualitätswettbewerbs** zu differenzieren (► Abschn. 6.2).

Grundsätzlich kann das Leistungsmanagement sowohl in der Privaten als auch in der Gesetzlichen Krankenversicherung kollektiv oder individuell erfolgen. Unter der **kollektiven Managementebene** soll im Folgenden ein gemeinsames Handeln von Krankenkassen mit anderen Akteuren z. B. im G-BA oder nur mit anderen Kassen z. B. als Landesverband auf regionaler Basis verstanden werden. Das selbstständige Handeln einer Krankenkasse oder eine gezielte Kooperation mit anderen Krankenkassen soll als **individuelle Managementebene** bezeichnet werden.

Tarifmanagement

Das Tarifmanagement besitzt in gewisser Hinsicht eine Zwitterstellung. Es kann sowohl dem **Leistungsmanagement** als auch dem **Kundenmanagement** (▶ Kap. 3) zugerechnet werden. Trotz seiner Signalfunktion oder auch Bekanntmachungsfunktion, die zweifellos von ihm ausgeht, soll es jedoch an dieser Stelle erörtert werden, da ein Tarif immer auch in entscheidendem Maße die Konditionen und den Umfang der zu gewährenden Leistungen determiniert. Tarifmanagement soll definiert werden als die **Bestimmung der Leistungs- und Prämien- bzw. Beitragskonditionen**, die für den Versicherungsnehmer eines Versicherungsunternehmens bzw. einer Krankenkasse gelten.

▪ Formen des Tarifmanagements

Das Tarifmanagement kann in verschiedenen Formen und ihren Ausprägungen erfolgen, die jedoch nicht in Gänze überschneidungsfrei klassifizierbar sind.

Formen des Tarifmanagements

Personengruppe
- Neukunden
- Bestandskunden
- Neu- und Bestandskunden

Autonomiegrad
- Aktives Tarifmanagement
- Adaptives Tarifmanagement

Differenzierungsgrad
- Individualtarif
- Gruppentarif
- Pauschaltarif

Tarifniveau
- Über dem Branchendurchschnitt
- Branchendurchschnitt
- Unter dem Branchendurchschnitt

Tarifmanagement in Krankenkassen als auch in privaten Krankenversicherungen erfolgt i. d. R. kundenportefeuillebezogen, d. h. als allgemeines **Tarifprogramm**. Das heißt im Gegensatz zu anderen Versicherungssparten, z. B. im Industrieversicherungsgeschäft, werden i. d. R. keine maßgeschneiderten individuellen Tarife erstellt, sondern Pauschaltarife eingesetzt, die dann eventuell nach bestimmten Merkmalen, z. B. in der Privaten Krankenversicherung durch einen Risikozuschlag, ergänzt werden (zum Tarifmanagement im Versicherungsgeschäft allgemein s. Farny 2011 bzw. Karten 2000, S. 143 ff).

Das Tarifprogramm kann sich sowohl an **Neu-** als auch an **Bestandskunden** ausrichten. Da in der Privaten Krankenversicherung aufgrund der bislang fehlenden Portabilität von Altersrückstellungen (vgl. ▶ Abschn. 4.2) kaum mit dem Verlust von Bestandskunden gerechnet werden muss, orientieren sich ihre Tarife primär am Neukundengeschäft. In Zukunft ist allerdings auch mit einem Wettbewerb um Bestandskunden zu rechnen, da die Altersrückstellungen für seit 2009 geschlossene Verträge – zumindest für die Leistungen des Versicherungsvertrages, die dem Basistarif entsprechen – bei einem Wechsel zu einem anderen Versicherungsunternehmen portabel sind. Derzeit geht es für private Krankenversicherungsunternehmen in erster Linie darum, einen für Neukunden attraktiven Tarif zu kalkulieren, der auch aus Sicht der Versicherung langfristig rentabel ist. Ein späteres Schließen eines Tarifs aufgrund fehlender Rentabilität für das Versicherungsunternehmen sollte möglichst vermieden werden, da dies eine deutliche Prämienerhöhung für das bestehende Versichertenkollektiv – und somit zumindest einen Imageschaden – zur Folge haben kann (Karten 2000).

Für das Tarifmanagement von Krankenkassen sind hingegen sowohl das Neu- als auch das Bestandskundengeschäft von Bedeutung. Wie bereits beschrieben, genießen die Bestandskunden einer Krankenkasse im Falle einer Beitragserhöhung (des Zusatzbeitrags) ein außerordentliches Kündigungsrecht, das nicht durch den Verlust von Altersrückstellungen, die in der GKV nicht gebildet werden, eingeschränkt wird. Der Beitragsstabilität als Element des Tarifprogramms kommt deshalb bei

Krankenkassen eine besondere Relevanz zu. Einige Krankenkassen konzipieren auch besondere Tarifmodelle für freiwillig versicherte Bestandskunden als besonders zahlungsfähige Zielgruppe, um eine Abwanderung dieser zu privaten Krankenversicherungen zu verhindern (s. Selbstbehaltmodell der Techniker Krankenkasse). Aber auch das Neukundengeschäft ist für das Tarifmanagement der Krankenkassen interessant, da Versicherte mit Bereitschaft zum Wechsel der Krankenkasse tendenziell jünger sind, über ein überdurchschnittliches Einkommen verfügen, und diese Faktoren wiederum – zumindest für eine bestimmte Zeitdauer – mit einem guten Gesundheitszustand korreliert sind (Schwarze und Andersen 2001, S. 581 ff; Lauterbach und Wille 2000).

Der **Autonomiegrad** des Tarifmanagements ist ein wichtiger Indikator für die Gesamtstrategie des Tarifprogramms einer Krankenversicherung. Zwar wird den privaten Krankenversicherungsunternehmen per Gesetz deutlich mehr Autonomie bzgl. der Gestaltung des Tarifprogramms zugebilligt als den gesetzlichen Krankenkassen. Wie im ▶ Abschn. 2.2.1 dargestellt, gibt es aber auch für Krankenkassen gesetzliche Spielräume, ein **aktives Tarifmanagement** zu verfolgen. Als aktives Tarifmanagement ist insbesondere die Bereitschaft zum Einsatz des gesamten zur Verfügung stehenden tarifpolitischen Instrumentariums zu verstehen, um sich im Wettbewerb von anderen Anbietern zu differenzieren. Ein **adaptives Tarifmanagement** richtet sich hingegen primär nach den anderen Anbietern oder modifiziert Tarife nur nach gesetzlichen Änderungen.

Wie bereits beschrieben, müssen Krankenkassen, bis auf die dargestellten Ausnahmen, Pauschalverträge zu identischen Konditionen mit allen Versicherten abschließen. Auch bei privaten Krankenversicherungen existiert diese Form des Pauschalvertrages in Form des Standardtarifes. Darüber hinaus haben sie jedoch die Möglichkeit, von dem **Pauschaltarif** abzuweichen und eine **Tarifdifferenzierung** vorzunehmen. Der höchste Differenzierungsgrad findet bei den sog. **individuellen Tarifen** statt. Bei diesen Tarifen werden häufig über einen sog. Basistarif hinaus Zuschläge für zusätzliche Leistungen und Risikozuschläge für bestimmte Versichertenmerkmale erhoben. Folgende Merkmale fließen in die individuelle Prämienberechnung ein: Neben dem Alter bei Eintritt in die Versicherung wird der Gesundheitszustand vor dem Versicherungseintritt und das Geschlecht berücksichtigt. Eine etwas geringere Differenzierung wird bei den sog. **Gruppentarifen** vorgenommen. Diese Tarife werden pauschal, d. h. nur differenziert nach Alter und Geschlecht, für eine gesamte Gruppe von Versicherten festgelegt, die sich in vielen Fällen keiner Risikoprüfung unterziehen müssen. Gruppentarife sind für private Krankenversicherungen insbesondere dann attraktiv, wenn bei der zu versichernden Gruppe mit überdurchschnittlich guten Risikomerkmalen zu rechnen ist. Als deutsches Beispiel für die in den USA häufigen Gruppentarife, etwa für alle Beschäftigten eines Betriebs, ist die Gruppenversicherung einiger Stiftungen für ihre studentischen Stipendiaten zu nennen, die tendenziell jung und gesund sind. Gruppenversicherungen werden auch eingesetzt, um einen positiven Kundenbindungseffekt zu erzeugen, d. h. eine bestimmte Zielgruppe früh an das Versicherungsunternehmen zu binden.

▪ Instrumente des Tarifmanagements

Es stehen insbesondere die folgenden **Instrumente des Tarifmanagements** zur Verfügung, die direkte oder indirekte Implikationen für den gewährten Leistungsumfang und das Inanspruchnahmeverhalten der Versicherten haben:

- Variation des Leistungskatalogs,
- Indemnitäts- oder Summentarif,
- Selbstbehalt (Abzugsfranchise),
- Beitrags- bzw. Prämienrückerstattung (Erfahrungstarifierung),
- Bonus-/Malus-System (Erfahrungstarifierung),
- proportionale Selbstbeteiligung (Quotenvertrag),
- fixe Selbstbeteiligung (Gebühr).

Eine **Variation des Leistungskatalogs** dient in erster Linie einer Erhöhung der Bedarfsentsprechung der Versicherten. Bei privaten Krankenversicherungen haben Versicherte i. d. R. die Auswahl zwischen diversen Tarifen mit verschiedenem Leistungsumfang, z. B.

Ein- oder Zweibettzimmer bei stationären Aufenthalten. Krankenkassen haben weniger Gestaltungsspielraum für eine Variation. Sie haben jedoch die Möglichkeit, über die bereits beschriebenen – gesetzlich festgelegten – Pflichtleistungen hinaus sog. **Satzungsleistungen** anzubieten, z. B. Verfahren der Naturheilkunde, um sich so im Wettbewerb zu differenzieren. Des Weiteren vermitteln die meisten geöffneten Krankenkassen **Zusatzversicherungen**, die von privaten Krankenversicherungen zu vergünstigten Konditionen angeboten werden. Im Fall der Krankenkassen hat der Leistungsumfang somit eine Signalfunktion und kann in manchen Fällen in hohem Maße das Image prägen.

Während eine Variation des Leistungskatalogs primär den zu gewährenden Leistungsumfang determiniert, haben andere tarifliche Instrumente auch Implikationen auf das Inanspruchnahmeverhalten der Versicherten. Das Wirkungsprinzip dieser tariflichen Instrumente geht auf das theoretische Konstrukt des **»moral hazard«** zurück. Moral hazard beschreibt das moralische Fehlverhalten der Versicherten und ihrer behandelnden Ärzte bzw. Therapeuten, das zu einer höheren Inanspruchnahme als eigentlich notwendig führt und somit die Leistungsausgaben der Versicherungen künstlich in die Höhe treibt. Bei Einsatz dieser tariflichen Instrumente ist jedoch zu beachten, dass sie nur dann eine Wirkung auf das Inanspruchnahmeverhalten der Versicherten entfalten, wenn sie sich auf Leistungsbereiche beziehen, die tendenziell preiselastisch sind. Für eine preiselastische Nachfrage sind folgende Merkmale charakteristisch (Birkner et al. 1999, S. 152):

- Die Höhe der Preisänderung muss spürbar sein.
- Für das betreffende Gut sind Substitute (andere Güter mit vergleichbarem Verwendungszweck) vorhanden.
- Das Gut ist für den Versicherten verzichtbar oder auch in reduzierter Form nutzenstiftend.
- Der Versicherte ist in der Lage, autonom über den Konsum zu entscheiden oder den Leistungserbringer in relevanter Weise zu beeinflussen.

Ein **Indemnitätstarif** (auch Höchstsatztarif genannt) begrenzt den maximal auszuzahlenden Betrag pro Gesundheitsleistung im Falle von Krankheit oder Unfällen, während ein **Summentarif** die maximal zu erstattende Summe in einer definierten Periode festlegt. Sofern der tatsächlich an den Leistungserbringer zu zahlende Betrag über dem von der Versicherung erstatteten liegt, hat der Patient bzw. Versicherte diesen selbst zu tragen. Beide Instrumente werden in der Privaten Krankenversicherung eingesetzt. Häufig werden auch Variationen des einfachen Summentarifs eingesetzt. Das **Prozentual-Maximalsystem** stellt eine Variation dar, bei der das Versicherungsunternehmen einen bestimmten Prozentsatz der Kosten bis zu einem Höchstbetrag trägt. Im Rahmen des **Maximal-Prozentualsystems** trägt das Versicherungsunternehmen die vollen Kosten bis zu einem bestimmten Höchstbetrag und anschließend nur noch einen definierten Prozentsatz. In der GKV sind Indemnitätstarife für bestimmte Leistungen gesetzlich vorgegeben, z. B. befundbezogene Festzuschüsse bei Zahnersatz (nach § 55 SGB V bzw. den Festzuschuss-Richtlinien des G-BA) oder Festbeträge für Arzneimittel (§ 35 SGB V) bzw. Hilfsmittel (§ 36 SGB V). Durch dieses Instrument wird ein verstärkter Preisvergleich des Versicherten gefördert, da er Interesse an geringen Preisen und somit geringen Zusatzzahlungen hat. Es hat sich insbesondere im Bereich der sog. Luxusmedizin als geeignet erwiesen (ausführlich zum Indemnitätstarif: Knappe et al. 1988).

Bei einem **Selbstbehalt** bzw. einer **Abzugsfranchise** trägt das Versicherungsunternehmen alle anfallenden Kosten, die pro Periode einen definierten Geldbetrag übersteigen. Wählbare Selbstbehalttarife gehören in der Privaten Krankenversicherung zum Standardtarifportfolio. Neben den bereits skizzierten Wirkungen auf die Inanspruchnahme von Leistungen, können Selbstbehalte auch zu reduzierten Verwaltungskosten führen, da die Versicherten die Leistungen bis zu dem definierten Selbstbehalt nicht über die Versicherung abrechnen. Sie werden allerdings häufig für ein unbestimmtes Leistungsspektrum und nicht – wie eigentlich sinnvoll – für einen ausgewählten Leistungsbereich mit eher preiselastischen Leistungen,

z. B. ambulante Leistungen, eingesetzt. Auch viele Krankenkassen setzen mittlerweile den Selbstbehalttarif ein. Die Techniker Krankenkasse hat durch das Angebot eines Modellvorhabens den Durchbruch geschafft, sodass mittlerweile Selbstbehalttarife sehr üblich sind. In einigen anderen Ländern kombinieren private Krankenversicherungen Selbstbehalttarife auch mit Gesundheitssparkonten, zur Finanzierung von Selbstbehalten. Diese Tarifvariante wird in Deutschland jedoch bislang nicht angeboten (Schreyögg 2003).

Selbstbehaltmodelle der gesetzlichen Krankenkassen

Bei Selbstbehalttarifen trägt der Versicherte einen Eigenanteil bei bestimmten Leistungen und erhält eine Prämie, wenn innerhalb eines Jahres keine oder nur wenige Leistungen in Anspruch genommen wurden. Beispielsweise kann bei der Techniker Krankenkasse (TK) bei einem Selbstbehalt von 300 € eine Prämie von ex ante 240 € pro Jahr erzielt werden. Der Versicherte unterliegt damit grundsätzlich dem Risiko, eine Selbstbeteiligung für in Anspruch genommene Leistungen tragen zu müssen. Bei dem Tarif der TK beträgt das Risiko also 60 € pro Jahr. Ausgenommen sind hierbei alle Vorsorgeuntersuchungen und Präventionsleistungen, zwei jährliche Kontrolluntersuchungen beim Zahnarzt, alle Leistungen für mitversicherte Kinder unter 18 Jahren, die ärztliche Beratung über Empfängnisverhütung und das Abholen einer Überweisung. Voraussetzung für die Teilnahme an dem Selbstbehalt ist bei den meisten Krankenkassen eine Mitgliedschaft von mindestens einem Jahr und eine Mindestlaufzeit des Selbstbehalttarifes von drei Jahren.

Die Kosten für die Arzt- bzw. Zahnarztbehandlung (20 bzw. 40 €) werden für die Versicherten pauschal berechnet. Die weiteren Kosten (z. B. für Arzneimittel), die der TK entstanden, werden mit ihrer tatsächlichen Höhe angesetzt. Wenn ein Versicherter beispielsweise nur zwei Arztbesuche pro Jahr mit Arzneimittelkosten von insgesamt 110 € (ohne Zuzahlung) hatte, dann werden 150 € (110 € + 20 € + 20 €) zwischen dem Versicherten und der TK verrechnet.

Das Motiv einer Einführung dieses Tarifes bestand insbesondere darin, junge freiwillige Versicherte, die tendenziell eine geringere Prämie bei privaten Krankenversicherungen erhalten würden, als Kunden zu erhalten. Im Rahmen einer Evaluation in 2004, ein Jahr nach der Einführung des Selbstbehaltmodells, konnte für die Teilnehmer des Modellvorhabens gezeigt werden, dass die Hausarztbesuche um 23,5 % und die Facharztbesuche um 42 % zurückgingen. Die Leistungsausgaben wurden insgesamt um 2,355 Mio. € reduziert. Die Evaluation kam zu dem Ergebnis, dass 2300 der insgesamt 10.000 Teilnehmer des Selbstbehaltmodells von einem Wechsel zu einer privaten Krankenversicherung abgehalten werden konnten. Durch die gehaltenen Versicherten verblieben 4,5 Mio. € an Einnahmen im Risikostrukturausgleich und 0,5 Mio. € bei der TK (Holldorf und Pütz 2004).

Eine **Beitrags- bzw. Prämienrückerstattung** (auch Erfahrungstarifierung genannt) ist verbunden mit der Zusage des Versicherungsunternehmens, unter der Prämisse eines schadensfreien Verlaufs in einer definierten Periode (i. d. R. ein Jahr) eine bestimmte Anzahl an Monatsbeiträgen bzw. -prämien zurückzuerstatten. Dieses Instrument hat somit, aus Sicht der Versicherten, eine ähnliche Wirkung wie ein Selbstbehalt, da sie die Versicherung erst nach Überschreiten des maximal zu erwartenden Rückerstattungsbetrages in Anspruch nehmen werden. Ähnlich wie der Selbstbehalt gehört dieses Instrument zu den am häufigsten eingesetzten Tarifinstrumenten in der privaten Krankenversicherung und ist mittlerweile auch in der GKV üblich. Seine Wirkung ist jedoch umstritten (s. z. B. Malin et al. 1994) – und die Möglichkeit, es in der

GKV zu nutzen, hat sich in der Vergangenheit auch mehrfach geändert.

Neben die Prämien- bzw. Beitragsrückerstattung tritt als weitere Form der Erfahrungstarifierung das **Bonus-Malus-System**, im Rahmen dessen die Prämien oder Beiträge vorwirkend für künftige Perioden angepasst werden. Als abgewandelte Form des Bonus-Malus-Systems bieten mittlerweile die meisten Krankenkassen Bonusprogramme an. Die Versicherten erhalten dann beispielsweise für die Teilnahme an akkreditierten Sport- bzw. Fitnesskursen eine bestimmte Anzahl von Punkten, für die Sachprämien oder eine Befreiung von Praxisgebühr bzw. Zuzahlungen gewährt werden kann. Eine repräsentative Befragung ergab 2017, dass 27 % der gesetzlich Versicherten an einem Bonusprogramm teilnehmen (gute Übersicht in: Deutscher Bundestag Wissenschaftliche Dienste 2020).

Sowohl **fixe** als auch **proportionale Selbstbeteiligungen** sind in vielen Leistungsbereichen der GKV gesetzlich vorgegeben (vgl. Übersicht bei Busse et al. 2017). Fixe Selbstbeteiligungen werden auch als Gebühr bezeichnet und kamen in der GKV beispielsweise als Praxisgebühr pro Quartal zum Einsatz. Proportionale Selbstbeteiligungen werden in der GKV beispielsweise für Heil- und Arzneimittel erhoben. Auf der individuellen Ebene einzelner Krankenkassen besteht kaum Spielraum zum eigenständigen Einsatz dieses Instruments – wenn man von der Ausnahme absieht, dass Krankenkassen Versicherten, die z. B. an Verträgen zur besonderen Versorgung teilnehmen, Selbstbeteiligungen ermäßigen können. Der Einsatz dieser Instrumente erfolgt zwar i. d. R. in preiselastischen Bereichen der Nachfrage. Es ist jedoch in vielen Fällen fraglich, ob die Preisänderung für die Selbstbeteiligung tatsächlich spürbar ist und somit eine Wirkung entfaltet (vertiefend zur Wirkung von Selbstbeteiligungsformen: Schulenburg 1987; Schulenburg und Greiner 2013; Werblow und Felder 2003). Beispielsweise zeigte sich in einer Studie zur Einführung der Praxisgebühr, dass diese nur zu einem kurzfristigen Rückgang der Arztkontakte führte. Mittelfristig war die Praxisgebühr jedoch zu gering, um einen nachhaltigen Rückgang der Arztkontakte zu bewirken (Schreyögg und Grabka 2009); 2012 wurde sie wieder abgeschafft.

Vertragsmanagement

Ein weiterer Gestaltungsparameter des Leistungsmanagements für die Gesetzliche und Private Krankenversicherung stellt das Vertragsmanagement dar. Gegenstand des Vertragsmanagements ist sowohl der Leistungsumfang als auch die Leistungsvergütung. Das Vertragsmanagement determiniert ex-ante die Leistungs- bzw. **Austauschbeziehung** zwischen Krankenversicherungen und ihren Leistungserbringern. Die Leistungserbringer stellen eine vertraglich **vereinbarte Leistung** bereit, die von den Versicherten in Anspruch genommen wird, und erhalten im Gegenzug die vertraglich **vereinbarte Vergütung**. Das Vertragsmanagement wird deshalb häufig auch als Einkaufsmanagement bezeichnet.

▪ Vertragsprozess und Kooperationsformen

Ein aktives Vertragsmanagement impliziert eine gestaltende Einflussnahme auf die Vertragsbeziehung zwischen Krankenversicherung und Leistungserbringer auf jeder Stufe des Vertragsprozesses (◘ Abb. 2.4).

Zunächst erfolgt eine grundlegende **Ermittlung des Versorgungsbedarfs der Mitglieder einer Krankenversicherung**. Anschließend erfolgt die **Selektion der Vertragspartner** hinsichtlich Preis, Qualität und Leistungsumfang (**selektives Kontrahieren**), die allerdings unter Umständen, beispielsweise im Falle der stationären Planung durch den Krankenhausplan, weitgehend durch das Land vorgegeben ist (**Kontrahierungszwang**). Die Selektion im Rahmen des Krankenhausplanes begründet jedoch nur die Notwendigkeit eines Versorgungsvertrages allgemein, während die Details der Vergütung – im Rahmen der gesetzlichen Vorgaben und entsprechender Entscheidungen der Selbstverwaltung (s. u.; vgl. auch ▶ Abschn. 2.3 und 4.3) – dem weiteren Vertragsprozess vorbehalten sind. Auch bei der **Festlegung des Vertragsdesigns** im ambulanten ärztlichen bzw. zahnärztlichen Sektor sind die auf Bundesebene formulierten Bundesmantelverträge zu berücksichtigen.

Anschließend treten die Krankenkassen je nach gesetzlichen Vorgaben individuell oder kollektiv in die **Vertragsverhandlungen** mit den Leistungserbringern ein. Nach dem Abschluss

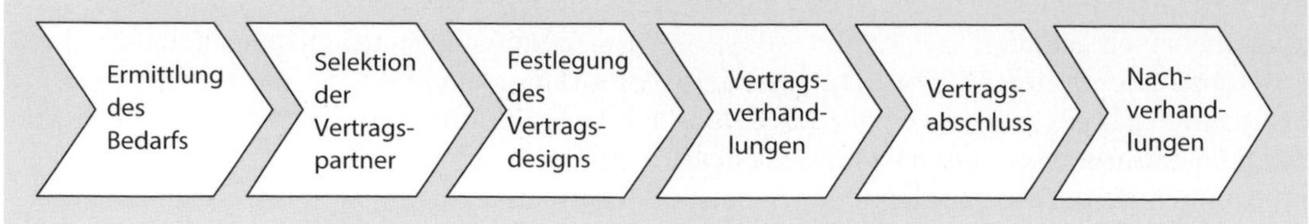

Abb. 2.4 Der Vertragsprozess zwischen Krankenversicherung und Leistungserbringer

des Vertrages finden ggf. noch **Nachverhandlungen** statt, falls eine Vertragspartei nachträglich Veränderungswünsche bekundet.

In der Vergangenheit wurde dem **Vertragsmanagement** in Krankenkassen und privaten Krankenversicherungen relativ wenig Aufmerksamkeit geschenkt. Erst kürzlich hat in der GKV – v. a. durch Einführung des Wettbewerbs – ein Umdenken stattgefunden und dem Vertragsmanagement wird zunehmend mehr Bedeutung beigemessen. Krankenkassen und private Krankenversicherungen realisieren, dass sich in diesem Bereich potenziell substanzielle Effizienzreserven realisieren lassen und zudem die Chance besteht, sich durch ein individuelles Vertragsmanagement im Wettbewerb zu differenzieren. Grundsätzlich existieren folgende Optionen, eine Optimierung des Vertragsmanagements von Krankenkassen und privaten Krankenversicherungen zu befördern:

Optionen zur Optimierung des Vertragsmanagements

- Nutzung der Möglichkeiten direkter vertraglicher Beziehungen
- Schließen überregionaler Verträge
- Nationale oder europaweite Ausschreibungen
- Vereinbarung ergebnisorientierter Vergütungen
- Integration von Zielvereinbarungen in die Verträge
- Kooperationen mit anderen Kassen bzw. privaten Krankenversicherungen

Wie bereits in ► Abschn. 2.2.1 erwähnt, ergeben sich allerdings aufgrund gesetzlicher Vorschriften insbesondere in großen Leistungsbereichen der ambulanten, zahnärztlichen und stationären Versorgung nur wenige Möglichkeiten zu **direkten Vertragsbeziehungen** zwischen Leistungserbringern und einzelnen Krankenkassen. Vertragsverhandlungen von Krankenkassen hinsichtlich dieser Leistungsbereiche finden primär auf der kollektiven Ebene statt. Die meisten der oben genannten Optionen zur Professionalisierung des Vertragsmanagements sind daher nur bedingt realisierbar. Dennoch bestehen für Krankenkassen auch bei Verhandlungen auf der **kollektiven Ebene** durchaus Möglichkeiten, ihre individuellen Interessen gegenüber den Leistungserbringern durchzusetzen. Verschiedene Formen der Kooperation haben sich als besonders wirksames Mittel zur Erhöhung der Verhandlungsmacht erwiesen. Eine erhöhte Kooperationsintensität, z. B. in Form eines Joint Ventures, verringert zwar den Abstimmungsbedarf nach erfolgter Implementierung, bedingt jedoch gleichzeitig einen Autonomieverlust für die jeweiligen Kassen, da Entscheidungen immer gemeinsam getroffen werden müssen. Daher kann nicht geschlossen werden, dass eine Kooperation immer vorteilhaft ist. Vielmehr müssen die Chancen und Risiken einer Kooperation gemäß den individuellen institutionellen und inhaltlichen Gegebenheiten abgewogen werden (Abb. 2.5).

Die Einführung des Wettbewerbs in der GKV führte zu einer großen Zahl an Akquisitionen und Fusionen zwischen Krankenkassen. In der GKV reduzierte sich die Zahl der Krankenkassen seit 1993 von 1221 auf 103 Anfang 2021 (Tab. 2.4). Bis 2007 fanden sie jedoch nur innerhalb einzelner Kassenarten statt. Der Gesetzgeber hatte kassenartenübergreifende Fusionen ausgeschlossen, da befürchtet wurde, dies führe zu einer marktbeherrschenden Stellung einzelner Kassen. Mit dem GKV-WSG

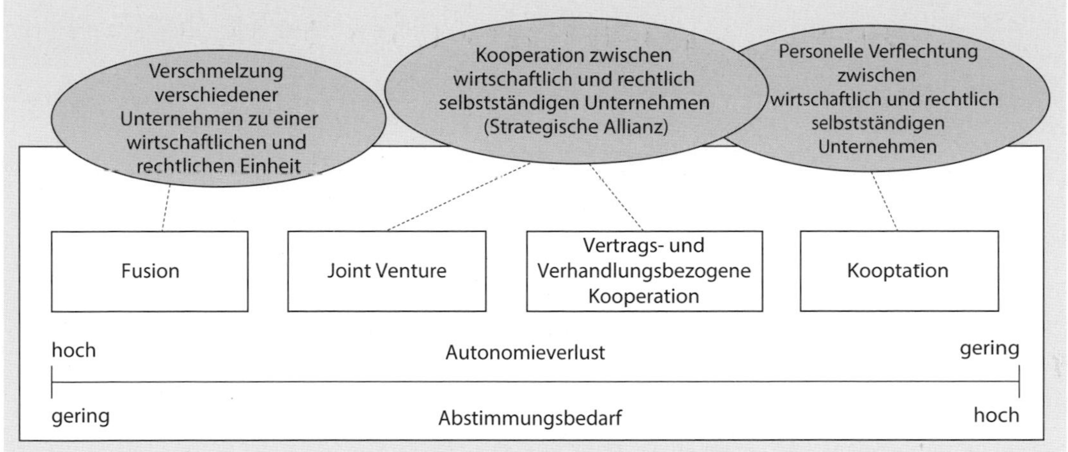

Abb. 2.5 Formen der Kooperation für Krankenkassen. (Mod. n. Schreyögg und Geiger 2016)

sind seit dem 01.04.2007 auch kassenartenübergreifende Fusionen möglich, was kurz danach bereits von den Kassen genutzt wurde. Es sind in Zukunft weitere Fusionen, vor allem von BKKen, aufgrund ihrer teilweise zu geringen Größe, zu erwarten. Gleichzeitig ist es schwer vorherzusagen, bei welcher Zahl und wann sich der Markt konsolidiert haben wird.

Die Kooperationsform des **Joint Venture** stellt im Gegensatz zur Fusion bzw. zur Akquisition lediglich eine sehr enge Zusammenarbeit beteiligter Krankenkassen dar, die aber keine rechtliche Einheit bilden. Sie war lange unüblich bei Krankenkassen, bietet aber den Vorteil, dass ein vollständiger Autonomieverlust vermieden wird und die Ressourcen trotzdem gebündelt werden, z. B. durch eine freie Auswahl der Versicherten zwischen Angeboten der beteiligten Kassen. Mittlerweile existieren zahlreiche Unternehmen, die als Joint Venture mehrerer Kassen gegründet wurden und i. d. R. eine private Rechtsform haben. Diese Unternehmen erbringen Dienstleistungen für die jeweiligen Kassen, bieten häufig aber auch Dienstleistungen für andere Kassen, die nicht Gesellschafter sind, an.

Die BKKen haben beispielsweise diesen Weg der Kooperation für das Segment chronisch kranker Versicherter eingeschlagen. Die BKKen bieten chronisch kranken Versicherten krankenkassenübergreifend eine Betreuung durch den gemeinsamen Dienst »Medical Contact AG« im Rahmen von Disease Management-Programmen an. Diese Kooperation ermöglicht es den BKKen, spezielle Versorgungsstrukturen für chronisch Kranke zu schaffen, die für einzelne BKKen aufgrund der (zu) geringen Zahl der Versicherten eine erhebliche Kostenbelastung darstellen würden. Ein weiteres interessantes Beispiel für ein Joint Venture findet sich im Markt für IT-Leistungen für Krankenkassen. Die Bitmarck Unternehmensgruppe wurde von mehreren Kassen gemeinsam als Holding gegründet und bietet IT-Lösungen für Krankenkassen an. Gesellschafter der Unternehmensgruppe sind Betriebskrankenkassen, die Innungskrankenkassen, die DAK-Gesundheit, HEK, hkk, die Knappschaft und die Sozialversicherung für Landwirtschaft, Forsten und Gartenbau (LKK). Bei den jeweiligen Krankenkassen betreibt Bitmarck das Datawarehouse, d. h., diese Krankenkassen verfolgen ein Outsourcing des Datenbankmanagements.

Eine Kooperationslösung von geringerer Intensität stellt die **vertrags- bzw. verhandlungsbezogene Kooperation** dar, die auch als strategische Allianz bezeichnet werden kann. Diese Form der Kooperation rechtlich selbstständiger Krankenkassen erstreckt sich nur auf die Vertragsverhandlungen bzw. die Verträge zwischen den Krankenkassen und ihren Leistungserbringern. Im Rahmen dieser zunehmend häufiger auftretenden Kooperation werden beispielsweise gemeinsame Verträge für integrierte Versorgungsprogramme verhandelt. Es wird somit die gebündelte Verhandlungsmacht zweier oder mehrerer Krankenkassen genutzt.

Tab. 2.4 Konzentrationsprozesse in der GKV 1993–2021: Anzahl der Krankenkassen je Kassenart und insgesamt, jeweils am 1.1. (Daten des Bundesministeriums für Gesundheit diverse Jahre, zuletzt BMG 2021)

	1993	1997	2001	2005	2009	2013	2017	2021
AOK	269	18	17	17	15	11	11	11
BKK	744	457	318	210	160	109	88	78
Ersatzkassen	15	14	12	11	8	6	6	6
IKK	169	43	28	19	14	6	6	6
LKK	22	20	19	8	9	1	1	1
Seekrankenkasse	1	1	1	1	–[a]	–[a]	–[a]	–[a]
Bundesknappschaft	1	1	1	1	1	1	1	1
GKV gesamt	1221	554	396	267	207	134	113	103

Anmerkungen:
[a]Seekrankenkasse fusionierte zum 01.01.2008 mit der Bundesknappschaft.

Als Kooperationsform mit der geringsten Bindungsintensität stellt die **Kooptation** eine weitere Alternative der Kooperation dar. Diese Form der Kooperation beschränkt sich darauf, eine personelle Verbindung zwischen der eigenen wirtschaftlichen Einheit und anderen herzustellen. Dies kann einerseits auf horizontaler Ebene geschehen, indem eine Krankenkasse beispielsweise regelmäßig Mitarbeiter zu Projekttreffen einer anderen Krankenkasse entsendet. Das ist vor allem dann zu erwarten, wenn die Krankenkassen nicht in direktem Wettbewerb zueinander stehen und jeweils andere regionale Schwerpunkte haben oder sogar eindeutig geographisch abgegrenzt sind, z. B. AOKen.

Ähnlich wie bei den anderen genannten Formen der Kooperation, ist auch hier aus theoretischer Sicht eine vertikale Kooperation, z. B. personelle Integration einzelner Personen der Leistungserbringerseite, denkbar. So einigen sich beispielsweise einige Krankenkassen mit Krankenhäusern auf eine lose Kooptation, bei der Mitarbeiter von Krankenkassen an regelmäßigen Tumorkonferenzen in Krankenhäusern teilnehmen. Stärker formalisierte vertikale Kooperationen, z. B. wenn der Vorstand einer Krankenkasse im Aufsichtsrat einer Krankenhauskette sitzt, scheitern bei Krankenkassen jedoch häufig aus rechtlichen Gründen, während sie bei privaten Krankenversicherungen durchaus üblich sind.

■ **Vertragsmanagement nach Leistungsbereichen**

Zur Strukturierung der konkreten Optionen eines aktiven Vertragsmanagements erscheint es sinnvoll, zwischen verschiedenen Leistungsbereichen zu differenzieren. Das Vertragsmanagement innerhalb der verschiedenen Bereiche ist grundsätzlich in Versorgungs- und Vergütungsverträge zu differenzieren. Während ein **Versorgungsvertrag** Art, Inhalt und Umfang der zu erbringenden Leistungen spezifiziert, wird im Rahmen des **Vergütungsvertrages** der zu erstattende Preis für definierte Leistungen festgelegt. Da den entsprechenden Aspekten bezüglich der stationären Versorgung, der ambulanten Versorgung und Arzneimitteln in diesem Buch eigene Kapitel gewidmet werden (► Abschn. 2.3 – 2.6 und ► Abschn. 4.3 – 4.6), wird auf sie hier nur vergleichsweise kurz eingegangen, während Heil- und Hilfsmittel, bei denen die Krankenkassen auch mehr Vertragsoptionen haben, ausführlicher behandelt werden. In den ◻ Tab. 2.5 und 2.6 werden wesentliche Punkte zum Vertragsmanagement für die GKV bzw. PKV zusammengefasst. In ◻ Abb. 2.6 werden für die GKV notwendige und mögliche Vertragsbeziehungen graphisch dargestellt; dabei wird insbesondere deutlich, ob jeweils die Spitzenverbände, die Landesverbände oder die Einzelkassen Vertragspartner sind. Zusätzlich kann in Verträgen zu besonderen Versorgungsformen weitgehend von den gesetzlichen Vorschriften in den einzelnen Leistungsbereichen abgewichen werden. Dies bezieht sich u. a. auf Netzwerke zur **Integrierten Versorgung** (offiziell gemäß Gesetz: »besondere Versorgung«) nach § 140a SGB V und auf **Hausarztsysteme** gemäß § 73a SGB V. Bei den besonderen Versorgungsformen bieten sich inzwischen umfangreiche Möglichkeiten für die Krankenkassen, sich über das Vertragsmanagement zu differenzieren. Auf die besonderen Versorgungsformen und die damit verbundenen Optionen für Krankenkassen wird im Detail in ► Abschn. 2.5 eingegangen.

▪▪ Stationäre Versorgung

Möchte eine Kasse das Angebot an **stationärer Versorgung** nachhaltig beeinflussen, muss sie mit den anderen Kassen im Land – und zwar innerhalb und außerhalb ihres eigenen Verbandes – kooperieren. Nur so kann sie hoffen, den Landeskrankenhausplan zu beeinflussen. Auch der Abschluss von **Versorgungsverträgen** mit (zusätzlichen) Vertragskrankenhäusern kann nur gemeinsam erfolgen (§ 109 SGB V). Nur auf diesem Wege kann auch auf die **Verträge über die Leistungen** – d. h. insbesondere, welche DRGs bzw. Zusatzentgelte erbracht werden können – **und die Vergütung** – unter Beachtung der durch die Vergütung durch DRGs vorgegebenen Rahmenbedingungen – Einfluss genommen werden, da die Verträge zwischen den Krankenkassen auf Landesebene einheitlich mit den einzelnen Krankenhäusern ausgehandelt werden. Vertragsmöglichkeiten für einzelne Kassen ergeben sich praktisch nur im Rahmen der besonderen Versorgung nach § 140a SGB V und der Vereinbarung von NUB-Entgelten für neue Untersuchungs- und Behandlungsmethoden (vgl. ► Abschn. 2.5).

Die privaten Krankenversicherungen sind hingegen gezwungen, sich auf **indirekte Möglichkeiten der Beeinflussung** zu beschränken, da sie bislang weder an Versorgungs- noch an den Vergütungsvereinbarungen teilnehmen, und sich de facto trotzdem den ausgehandelten Verträgen anschließen müssen (§ 17 Abs. 1 KHG; § 8 Abs. 1 KHEntgG). Die Private Krankenversicherung hat zwar die Möglichkeit, dem Einigungsergebnis zu widersprechen, ein Widerspruch bedingt jedoch eine Mehrheit aus PKV und GKV-Landesverbänden. Darüber hinaus haben Privatversicherte gemäß § 4 Abs. 4 MB/KK sogar die Wahl zwischen allen Krankenhäusern, auch solchen, die keinen Versorgungsvertrag mit der GKV haben. Krankenhäuser, die nur Privatpatienten behandeln, legen ihre Preise »nach billigem Ermessen« selbst fest.

▪▪ Ambulante ärztliche und zahnärztliche Versorgung

Im Bereich der **ambulanten bzw. ambulant-zahnärztlichen** Versorgung verhandeln die Krankenkassen als Kollektiv, vertreten durch ihre Verbände auf regionaler Ebene, mit der jeweiligen **Kassen(zahn)ärztlichen Vereinigung** einen Versorgungsvertrag aus (§ 83 SGB V). Ähnlich wie im stationären Bereich sind der Selektion der Vertragspartner jedoch enge Grenzen gesetzt, da die KV bzw. die von ihr zugelassenen Ärzte automatisch Vertragspartner der Krankenkassen werden. Seit 2009 wird durch Gesamtverträge zwischen den Landesverbänden der Krankenkassen und der jeweiligen KV bzw. KZV die **Gesamtvergütung** verhandelt, die dann im Rahmen der Honorarverteilung an Ärzte bzw. Zahnärzte zur Verfügung steht (vgl. ► Abschn. 4.4), aber auch determiniert, welche Kasse wie viel an die KV bzw. KZV zu zahlen hat, wofür die tatsächliche Inanspruchnahme der jeweiligen Versicherten im Vorjahreszeitraum genutzt wird. Weitergehende Möglichkeiten zur **Leistungsdifferenzierung** ergeben sich für einzelne Kassen insbesondere in der hausarztzentrierten Versorgung und der besonderen Versorgungsformen (§§ 73b bzw. 140a SGB V, vgl. ► Abschn. 4.5).

Auch die **privaten Krankenversicherungen** schließen im ambulanten bzw. ambulant-zahnärztlichen Leistungsbereich **keine direkten Verträge** mit den Leistungserbringern, sondern müssen nach § 4 Abs. 2 MB/KK eine freie Wahl zwischen allen approbierten Ärzten und Zahnärzten gewähren. Die Vergütung richtet sich nach der Gebührenordnung für Ärzte (GOÄ) bzw. der Gebührenordnung für Zahnärzte (GOZ). Beide Gebührenordnungen können nur durch **Rechtsverordnungen des BMG** mit Zustimmung des Bundesrates angepasst werden (§ 11 Bundesärzteordnung

Tab. 2.5 Möglichkeiten des Vertragsmanagements für Krankenkassen (KK)

Leistungsbereich	Stationär	Ambulante Ärzte und Psychotherapeuten/ Zahnärzte	Arzneimittel (nur ambulant)		Sonstige Leistungsbereiche (Heil- und Hilfsmittel, häusliche Krankenpflege, ambulante Palliativversorgung, Krankentransporte)
Vertragsinhalt			**Apotheken**	**Industrie**	
Versorgungsverträge	Automatisch bei Aufnahme in Krankenhausplan bzw. Hochschulverzeichnis/ Landesverbände der KK können zusätzlich gemeinsam Versorgungsverträge mit einzelnen Krankenhäusern schließen (§ 109 SGB V)	Wird festgelegt durch Verhandlungen zwischen Kassen (zahn)-ärztlichen Vereinigungen und Landesverbänden der KK (§§ 72, 73 und 83 SGB V)	Wird festgelegt durch Verhandlungen zwischen: GKV-Spitzenverband und Spitzenverband der Apotheken (§ 129 Abs. 5 SGB V)/Landesverband der KK und Landesverband der Apotheken verhandeln konkrete Versorgung		GKV-Spitzenverband und Organisationen der Leistungserbringer schließen Vertrag (Heilmittel: § 125 SGB V) bzw. geben gemeinsam Rahmenempfehlungen ab (Häusliche Krankenpflege: § 132a SGB V; amb. Palliativversorgung: § 132d SGB V)/ Krankenkassen bzw. Landesverbände der KK schließen einzeln Versorgungsverträge für Hilfsmittel (§ 127 SGB V)
Vergütungsverträge	Unter Beachtung von gesetzlichen Rahmenvorgaben (KHEntgG) und Fallpauschalenvereinbarung verhandeln Landesverbände der KK gemeinsam Vergütungsvereinbarungen mit einzelnen Krankenhäusern (Arzneimittel für stat. Behandlung sind in Vergütung enthalten)	Landesverbände der KK verhandeln mit KVen bzw. KZVen Gesamtvertrag (§ 83 SGB V) über Gesamtvergütung ärztlicher bzw. zahnärztlicher Leistungen (§ 85 SGB V)	Arzneimittelpreisverordnung (AMPreisV)/ Festbeträge werden vom GKV-Spitzenverband festgelegt/Erstattungsbeträge werden vom GKV-Spitzenverband mit dem jeweiligen Hersteller verhandelt/Landesverb. der KK verhandeln mit Apotheken Preise für best. Warengruppen (z. B. Röntgenkontrastmittel) (§ 129 Abs. 5 SGB V)/ allg. verhandelter Rabatt für rezeptpflichtige Arzneimittel für KK (§ 130 SGB V) Nach § 64a kann die KV mit der Organisation der Apotheker auf Landesebene gemeinsam mit den für ihren Bezirk zuständigen Landesverbänden der KK und den Ersatzkassen die Durchführung eines Modellvorhabens nach § 63 zur Verbesserung der Qualität und Wirtschaftlichkeit der Arzneimittelversorgung für eine Zeitdauer von bis zu drei Jahren vereinbaren	Rabatt von derzeit 7 % für festbetragsfreie Arzneimittel (6 % für Generika) festgeschrieben/Einzelrabatte können individuell mit Herstellern verhandelt werden (§ 130a SGB V)	Bei Hilfsmitteln im Vertrag nach § 125 SGB V enthalten; Vergütungsverträge zwischen Krankenkassen bzw. Landesverbänden der KK mit Leistungserbringern für Hilfsmittel (unter Beachtung von Festbeträgen § 36 SGB V), häuslicher Krankenpflege, ambulanter Palliativversorgung und Krankentransporten (falls nicht landesrechtliche oder kommunale Bestimmungen festgelegt sind: § 133 SGB V)

Tab. 2.6 Möglichkeiten des Vertragsmanagements für private Krankenversicherungen

Leistungsbereich	Stationär	Ambulante Ärzte und Psychotherapeuten/Zahnärzte	Arzneimittel (nur ambulant)		Sonstige Leistungsbereiche (Heil- und Hilfsmittel, häusliche Krankenpflege, Krankentransporte)
Vertragsinhalt			**Apotheken**	**Industrie**	
Versorgungsverträge	Gewährleisten die Wahl zwischen allen Krankenhäusern (auch solchen, die keinen Versorgungsvertrag mit der GKV haben), sofern sie sich nach den Musterbedingungen richten (§ 4 Abs. 4 MB/KK)/ Abweichende Regelungen z. B. Einzelverträge sind aber möglich	Gewährleisten die Wahl zwischen allen approbierten Ärzten und Zahnärzten (auch solchen, die keinen Versorgungsvertrag mit der KV haben), sofern sie sich nach den Musterbedingungen richten (§ 4 Abs. 2 MB/KK)/ Abweichende Regelungen z. B. Einzelverträge sind aber möglich	Gewährleisten die Wahl zwischen allen Apotheken, sofern sie sich nach den Musterbedingungen richten (§ 4 Abs. 3 MB/KK), die eine Erstattung aller, in der Schulmedizin überwiegend anerkannten Arzneimittel vorsehen, d. h. auch solche, die von der GKV nicht erstattet werden/ Abweichende Regelungen sind möglich		Einzelverträge möglich
Vergütungsverträge	Müssen sich den Vergütungsverträgen der GKV anschließen (§ 17 Abs. 1 KHG; § 8 Abs. 1 KHEntgG)/Krankenhäuser ohne Versorgungsvertrag mit der GKV setzen Vergütung nach »billigem Ermessen« selbst fest	Vergütung richtet sich nach Gebührenordnung der Ärzte (GOÄ) bzw. Gebührenordnung der Zahnärzte (GOZ), die vom BMG mit Zustimmung des Bundesrates erlassen bzw. modifiziert werden können	Vergütung richtet sich nach Arzneimittelpreisverordnung (AMPreisV)/theoretisch dürfen aber Rabatte verhandelt werden	Bislang gelten Rabatte der GKV nicht für die PKV/theoretisch Rabatte möglich	Einzelverträge möglich

2

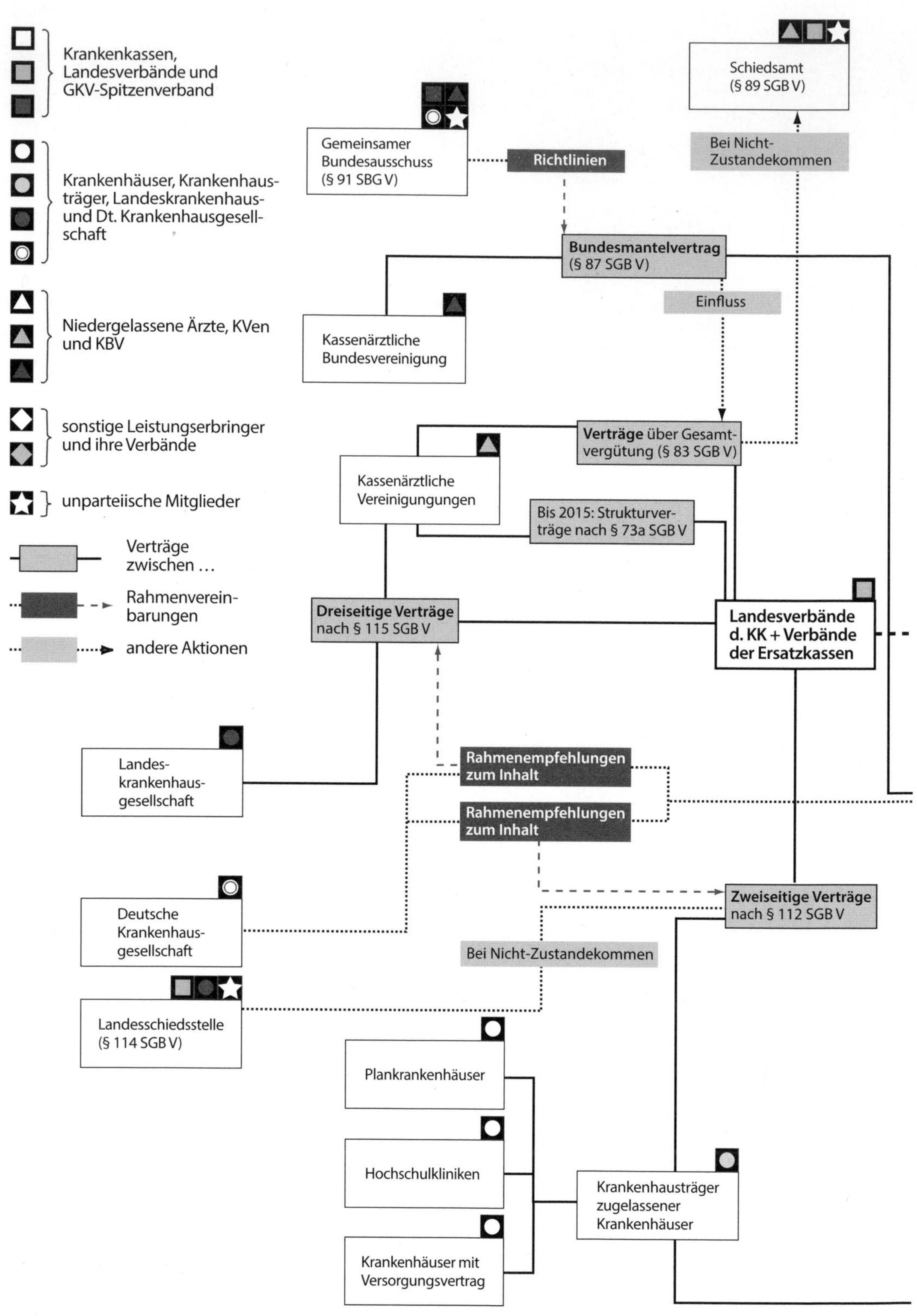

Abb. 2.6 Vertragsbeziehung der gesetzlichen Krankenkassen zu den Leistungserbringern

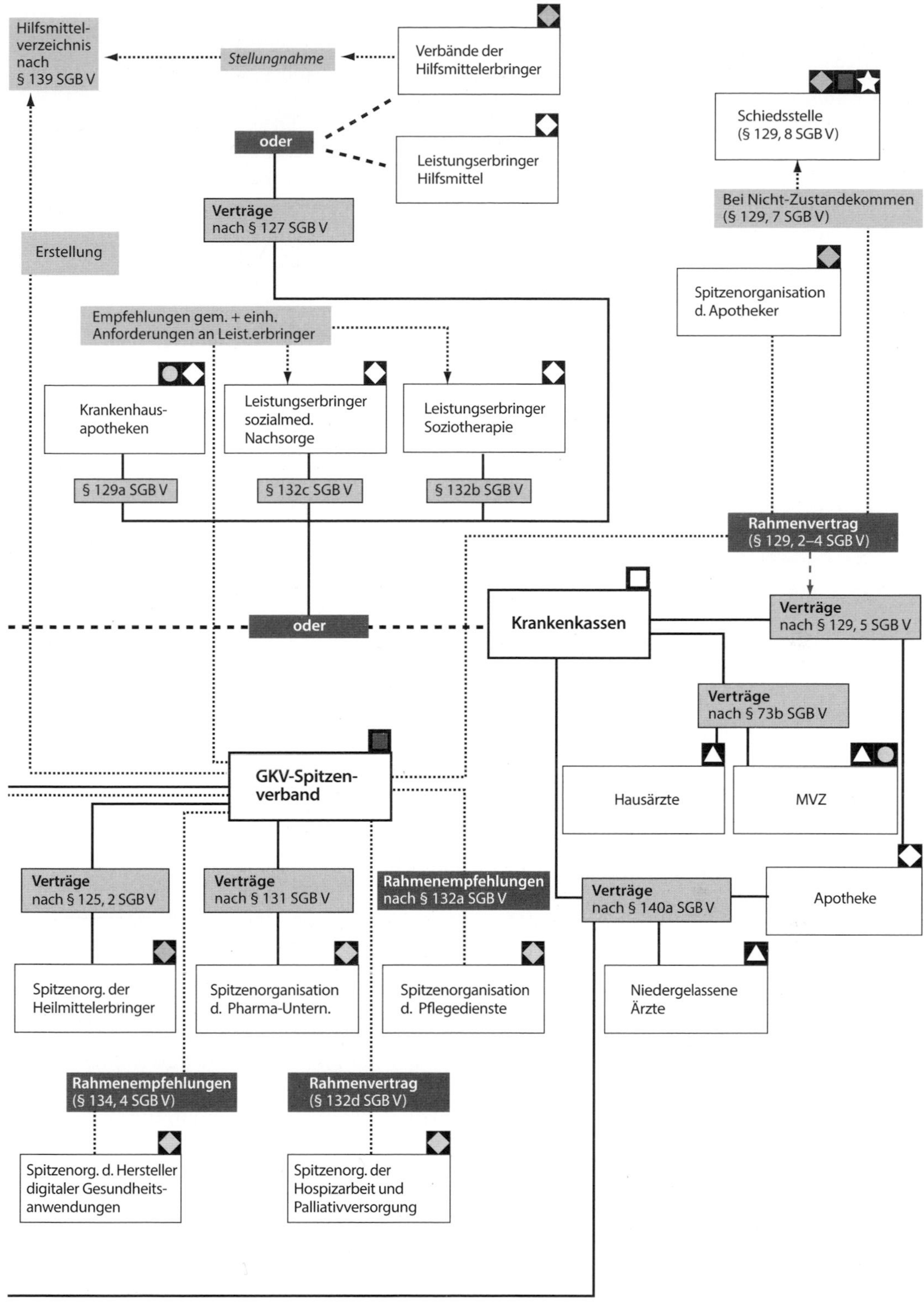

Abb. 2.6 (*Fortsetzung*)

bzw. § 15 Gesetz über die Ausübung der Zahnheilkunde). Die Bundes(zahn)ärztekammer erarbeitet jedoch gemeinsam mit dem Verband der Privaten Krankenversicherung Vorschläge zur Weiterentwicklung dieser Gebührenordnungen.

▪▪ Arzneimittel

Im Leistungsbereich **Arzneimittel** wird die Versorgung durch **Rahmenverträge** nach § 129 Abs. 2–4 SGB V zwischen den **Spitzenverbänden der Krankenkassen** und den **Spitzenorganisationen der Apotheker** (§ 129 Abs. 2–4 SGB V) bzw. den **Spitzenorganisationen der pharmazeutischen Unternehmen** (§ 131 SGB V) grob geregelt. Erstere können nach § 129 Abs. 5 durch Verträge zwischen den **Landesverbänden der Krankenkassen** und den maßgeblichen Organisationen **der Apotheker** auf regionaler Ebene ergänzt werden. Es besteht jedoch für Krankenkassen (oder ihre Verbände) auch die Möglichkeit, mit Krankenhausapotheken Einzelverträge für die ambulante Versorgung abzuschließen (§ 129a SGB V). Auch die Einbindung von Apotheken in besondere Vertragsformen wie z. B. die Integrierte Versorgung ist möglich (§ 129 Abs. 5b SGB V). Seit 2011 besteht durch § 64a SGB V die Möglichkeit, dass die Kassenärztliche Vereinigung und die Organisation der Apotheker auf Landesebene zusammen mit den für ihren Bezirk zuständigen Landesverbänden der Krankenkassen und den Ersatzkassen ein Modellvorhabens nach § 63 durchführen. Dies zielt darauf ab, für eine Verbesserung der Qualität und Wirtschaftlichkeit der Arzneimittelversorgung zu sorgen, und kann bis zu einer Laufzeit von bis zu drei Jahren vereinbart werden.

Die Vergütung der Apotheken ist im Rahmen der **Arzneimittelpreisverordnung** gesetzlich vorgegeben. Zwar haben die Krankenkassen die Möglichkeit (bei weiter Auslegung des Gesetzes), Einzelverträge zu schließen, Einzelverträge und Kooperationen haben jedoch bislang nur eine geringe Bedeutung, da sich Vertragsverhandlungen mit den Apothekerverbänden aus Sicht der Krankenkassen sehr schwierig gestalten. Einige Krankenkassen oder ihre Verbände vereinbaren allerdings mit **pharmazeutischen Unternehmen** zusätzliche, über die gesetzlich vorgeschriebenen Rabatte hinausgehende **Sonderkonditionen** (§ 130a Abs. 8 SGB V). Es können sowohl jährliche **Mindestumsatzvolumina** als auch **Mengenrabatte** vereinbart werden. Die privaten Krankenversicherungen sind auch in diesem Leistungsbereich verpflichtet, eine freie Wahl zwischen Apotheken zu gewährleisten (§ 4 Abs. 2 MB/KK). Zugleich richtet sich die Vergütung ebenfalls nach der Arzneimittelpreisverordnung.

▪▪ Hilfsmittel

1989 wurde das **Hilfsmittelverzeichnis** (HMV) eingeführt (§ 139 SGB V), das die Vielfalt der Hilfsmittel auf ein überschaubares Maß reduzieren sollte. Der Sachverständigenrat bezeichnete das HMV in seinem Gutachten 2005 als das »wichtigste Instrument zur Strukturierung des Marktes und zur Erhöhung der Transparenz des Hilfsmittelangebots«. Nach seiner Ansicht sollten »die Krankenkassen, ihre Verbände und die Leistungserbringer einschließlich des Handels und der Apotheken (…) das HMV grundsätzlich zur Marktbeobachtung, in Vertragsverhandlungen, zur Abrechnung von Leistungen und für statistische Zwecke verwenden« (Sachverständigenrat zur Begutachtung der Entwicklung im Gesundheitswesen 2005: Ziff. 751).

Die Hilfsmittel werden von Sanitätshäusern abgegeben, oft aber von **freien Handwerksberufen** erbracht: Augenoptiker, Hörgeräteakustiker, Berufe der Orthopädietechnik wie Bandagisten oder Orthopädiemechaniker sowie Orthopädieschuhmacher. Neben ihrer berufsrechtlichen Zulassung – bei den Handwerkern durch die Prüfung vor der zuständigen Handwerkskammer sowie die Eintragung in die Handwerksrolle – müssen sie zudem nachweisen, dass sie die vom GKV-Spitzenverband definierten Anforderungen erfüllen. Dies weisen die Hilfsmittelerbringer gegenüber den Krankenkassen mittels Nachweisen nach, die ihnen sog. Präqualifizierungstellen ausstellen (§ 126 SGB V).

Während die Handwerkskammern (mit Pflichtmitgliedschaft) alle Handwerker eines Bezirks gesetzlich vertreten sowie hoheitliche Selbstverwaltungsaufgaben zu erfüllen haben, sind die Innungen die fachlichen Organisationen der einzelnen Handwerksberufe. Die **Innungen** (z. B. der Bundesinnungsverband für Orthopädietechnik) sind – solange nicht Einzelverträge mit einzelnen Leistungserbringern geschlossen werden – die Vertragspartner der Krankenkassen bzw. ihrer Verbände nach § 127 SGB V.

Die Preise für Hilfsmittel werden alternativ über auf Bundesebene festgelegte **Festbeträge oder über verhandelte Preise** entweder zwischen den jeweiligen Verbänden auf Landesebene oder zwischen den Kassen und den Leistungserbringern direkt gebildet. Seit 2005 gibt es bundesweite und einheitliche Festbeträge für Seh- und Hörhilfen, Einlagen, Hilfsmittel zur Kompressionstherapie, Stomaartikel und Inkontinenzhilfen, die durch den GKV-Spitzenverband festgelegt werden (§ 36 SGB V). Da die Leistungserbringer zu einer Stellungnahme aufgefordert sind, die zudem von den Spitzenverbänden in der Festlegung berücksichtigt werden sollen, gibt es »harte« Verhandlungen nicht nur um die Höhe der Festbeträge, sondern ebenso über die **Zugehörigkeit eines Produktes zu** einer **Festbetragsgruppe**. Gemäß § 36 Abs. 1 Satz 2 SGB V »sollen in ihrer Funktion gleichartige und gleichwertige Mittel in Gruppen zusammengefasst werden«. Bäumler et al. (2008) stellen ausführlich dar, welchen Effekt die Einordnung von Hilfsmitteln in Festbetragsgruppen auf die finanziellen Ausgaben der GKV hat.

▪▪ Heilmittel

»Heilmittel« sind **nicht-ärztliche Dienstleistungen**, insbesondere der Physiotherapie, der Stimm-, Sprech- und Sprachtherapie, der Ergotherapie, der Podologie und der Ernährungstherapie. Die genauen Leistungsansprüche der GKV-Versicherten definiert der G-BA in seinen Heilmittel-Richtlinien. Diese unterteilen die Therapiearten weiter (z. B. die Physiotherapie in sieben Therapieformen), denen dann jeweils die abrechenbaren Prozeduren zugeordnet sind. In einem zweiten Teil, dem sog. Heilmittelkatalog, sind die Indikationen aufgeführt, für die Heilmittel zu Lasten der Krankenkassen verordnet werden dürfen. Zur einheitlichen Versorgung schließt der GKV-Spitzenverband seit 2021 mit den entsprechenden Spitzenorganisationen der Leistungserbringer bundesweit gültige Verträge (§ 125 SGB V). Die Landesverbände der Krankenkassen erteilen den entsprechenden Leistungserbringern die Zulassung zur Versorgung der GKV-Versicherten (§ 124 SGB V).

▪▪ Sonstige Leistungsbereiche

Neben den bereits genannten Leistungsbereichen existieren weitere Bereiche, die unter dem Begriff »**sonstige Leistungsausgaben**« subsumiert werden können. Sie umfassen u. a. häusliche Krankenpflege, ambulante Palliativversorgung, Rettungsdienst und Krankentransport, Soziotherapie und seit 2019 auch digitale Gesundheitsanwendungen. Die Krankenkassen haben zwar oftmals **Spielräume für individuelle Vertragsverhandlungen** mit den Leistungserbringern, haben aber diesem Bereich bislang wenig Aufmerksamkeit geschenkt. Es erscheint sinnvoll, einige dieser Leistungen überregional **auszuschreiben** bzw. durch **überregionale Kooperationen** mit anderen Krankenkassen Vertragsverhandlungen zu führen (Grobecker et al. 2001). So können **Krankentransporte** ausgeschrieben werden, falls landesrechtliche oder kommunale Bestimmungen einer individuellen Vergütungsvereinbarung nicht entgegenstehen. Für die **häusliche Krankenpflege** werden bereits seit längerem Einzelverträge – häufig sogar für einzelne Versicherte – mit den Leistungserbringern geschlossen. Die privaten Krankenversicherungen haben grundsätzlich auch die Möglichkeit, Einzelverträge mit den Leistungserbringern für sonstige Leistungsausgaben zu schließen, machen bisher jedoch selten davon Gebrauch.

Versorgungsmanagement und Leistungskontrolle

Versorgungsmanagement bzw. **Leistungskontrolle** einerseits und Vertragsmanagement andererseits sind – insbesondere in Krankenkassen – häufig organisatorisch voneinander getrennt. Während das Versorgungsmanagement und die Leistungskontrolle oft von der sog. Leistungsabteilung durchgeführt werden, ist die sog. Vertragsabteilung für das Vertragsmanagement zuständig. Beide Gestaltungsparameter sind jedoch eng miteinander verbunden, sodass eine derart starre Trennung nicht unproblematisch ist. Beispielsweise fällt im Rahmen eines Programms zur Integrierten Versorgung der Versorgungs- und Vergütungsvertrag in die Zuständigkeit der Vertragsabteilung, während die konzeptionelle Erarbeitung des Programms und das eigentliche Versorgungsmanagement der Leistungsabteilung zugeschrieben werden. Unter **Versorgungsmanagement** soll im Folgenden eine aktive Gestaltung des Versorgungsprozesses der Versicherten verstanden werden, die vor und während der Leistungserbringung stattfindet. **Leistungskontrolle** beschreibt hingegen eine Kontrolle der Versorgungsprozesse, die i. d. R. nach bzw. teilweise während der Leistungserbringung stattfindet und eher einen passiven Charakter besitzt.

▪ Versorgungsmanagement

Im Rahmen des **Versorgungsmanagements** geht es darum, Patientengruppen mit ähnlichen Krankheitsbildern zu identifizieren, die durch ausgewählte Formen des Versorgungsmanagements eine qualitative Verbesserung ihrer Versorgung erfahren und zugleich möglichst geringe Leistungsausgaben verursachen, d. h. eine höhere Kosteneffektivität realisieren. Aus **medizinischer Perspektive** steht eine **evidenzbasierte Behandlung** zum Zwecke einer Erhöhung der Versorgungsqualität im Vordergrund. **Ökonomische Ziele** sind insbesondere eine **Verringerung von Transaktionskosten**, aber auch der Leistungsaufwendungen durch eine Steuerung des Leistungsgeschehens. So sollen beispielsweise sektorale Grenzen zwischen dem ambulanten und stationären Leistungsbereich abgebaut werden und somit Doppeluntersuchungen vermieden werden. Zugleich stellt das Versorgungsmanagement aus ökonomischer Sicht ein wichtiges **Differenzierungsmerkmal** für Krankenversicherungen dar, das sich beispielsweise in Wahlmöglichkeiten oder Service niederschlägt. Grundsätzlich sind folgende **Formen des Versorgungsmanagements** denkbar (vgl. auch ► Abschn. 2.5):

Formen des Versorgungsmanagements

1. Hausarztzentrierte Versorgung (Gatekeeper-Modell)
2. Einrichtung von medizinischen Versorgungszentren
3. Disease Management
4. Integrierte Versorgung
5. Fallsteuerung (Case Management)

Viele dieser Formen werden in US-amerikanischen Managed Care Organisationen bereits seit langem – teilweise mit Erfolg – eingesetzt (Amelung 2011). Viele Versorgungsformen und deren Implementierungskonzepte lassen sich jedoch, primär aufgrund des differenten Ordnungsrahmens, nicht ohne weiteres von den USA auf Deutschland transferieren. Ein Versorgungsmanagement unter Einsatz einiger der genannten Versorgungsformen findet in Deutschland erst seit kurzem statt. Dies ist zum einen darauf zurückzuführen, dass die Krankenkassen in Deutschland erst seit Mitte der 1990er Jahre miteinander im Wettbewerb stehen und somit keinen Anreiz hatten, sich im Wettbewerb zu differenzieren. Zum anderen boten die gesetzlichen Regelungen in Deutschland bislang nur wenig strukturellen und finanziellen Spielraum für die Einführung dieser Formen des Versorgungsmanagements. Mit Wirkung des Gesetzes zur Reform des Risikostrukturausgleichs sowie des GKV-Modernisierungsgesetzes hat sich diese Situation grundlegend verbessert. Dennoch bestünde weiterhin die Notwendigkeit, den regulativen Rahmen für das Versorgungsmanagement zu liberalisieren, um die Anreize für Krankenkassen zu aktivem Versorgungsmanagement zu erhöhen (für eine Übersicht des Reformbedarfs siehe: Schreyögg 2014)

Neben anderen Versorgungsprogrammen, insbesondere zur Integrierten Versorgung (vgl. ► Abschn. 2.5), stellen Disease Management-Programme aus Sicht von Krankenkassen ein besonders interessantes Handlungsfeld dar. Das Ziel von Disease Management-Programmen (DMPs) in der GKV ist es, die Behandlungs- und Betreuungsprozesse von Patienten über den gesamten Verlauf einer chronischen

Krankheit und über die Grenzen der einzelnen Leistungserbringer hinweg zu koordinieren und auf der Grundlage medizinischer Evidenz zu optimieren (vgl. ► Abschn. 2.5). Chronisch kranke Patienten sollen auf diesem Wege mehr Lebensqualität erlangen und vor Spätfolgen ihrer Erkrankung weitgehend bewahrt werden. Krankenkassen haben nach § 137g SGB V die Möglichkeit, die Zulassung für bestimmte, gemäß Verordnung definierte Indikationen, Disease Management-Programme beim Bundesamt für Soziale Sicherung zu beantragen. Versicherte können sich freiwillig in diese Programme einschreiben. Die Initiierung eines DMP muss jedoch nicht per se für jede Kasse lohnend sein, da die Einführung auch mit Investitions- bzw. Personalausgaben einhergeht. Die Einführung von Disease Management-Programmen hat somit einen gewissen Investitionskostencharakter, der, trotz der partiellen Kompensation über den Risikostrukturausgleich, mit einem hohen Maß an Unsicherheit für die einzelne Krankenkasse verbunden ist. Deshalb ist es sinnvoll, vor Initiierung eines DMP im Rahmen einer Kapitalwertberechnung ex ante den Kapitalwert eines DMP zu bestimmen.

Die Initiierung von DMP stellt aus Sicht der Krankenkassen die Möglichkeit der Initiierung neuer zusätzlicher Geschäftsprozesse dar, die über die herkömmlichen gesetzlich definierten und verpflichtenden Kassenleistungen hinausgehen. Unter betriebswirtschaftlichen Gesichtspunkten sind DMP dann aufzulegen, wenn der Saldo der aus dem Geschäftsprozess »DMP« resultierenden diskontierten Einzahlungen und Auszahlungen (in der Krankenkassenterminologie: Einnahmen aus dem Gesundheitsfonds und Leistungsausgaben), d. h. der Kapitalwert, positiv ist. Da einige Modelleingangsgrößen – z. B. die Einschreibequote und das Wachstum der Leistungsausgaben – unsichere Größen darstellen, ist es sinnvoll, diese zu stochastisieren, d. h. eine Wahrscheinlichkeitsverteilung ihrer Ausprägungen auf Grundlage bestimmter Erfahrungswerte zu schätzen. Das Ergebnis kann dann mit der Monte-Carlo-Simulation oder anderen geeigneten Simulationsverfahren berechnet werden (zur Anwendung von Simulationsverfahren im Gesundheitswesen vgl. Ozcan 2009). Die Vorgehensweise zur Kapitalwertberechnung bei DMP ist ausführlich in Busse et al. (2006) dargestellt.

▪ **Leistungskontrolle**

Die Leistungskontrolle enthält wiederum eine medizinische und ökonomische Dimension. Sie kann sich einerseits auf die von Leistungserbringern oder Patienten induzierte Inanspruchnahme von Leistungen beziehen, die nach medizinischen Kriterien hinterfragt wird. Andererseits kann die induzierte Inanspruchnahme auch nach ökonomischen Kriterien einer kritischen Betrachtung unterzogen werden. Beispielsweise kann der Frage nachgegangen werden, ob die Behandlungsabläufe optimal abgestimmt sind. Des Weiteren beinhaltet die Leistungskontrolle auch eine Überprüfung der Abrechnung, bei der die in Anspruch genommenen Leistungen als gegeben betrachtet werden. Folgende Formen der Leistungskontrolle sind denkbar:

Formen der Leistungskontrolle

1. Utilization Review
2. Utilization Management
3. Peer Review
4. Gebührenrechtliche Rechnungsprüfung
5. Formale Rechnungsprüfung

Im Rahmen des Utilization Review wird auf Grundlage individueller Fallbetrachtungen eine Überprüfung der Angemessenheit der induzierten Leistungen durchgeführt. In der Regel bezieht sich diese Form der Leistungskontrolle auf die Leistungserbringer, sie kann jedoch auch bei Patienten, z. B. im Falle von auffälliger Kontakthäufigkeit im ambulanten Bereich, durchgeführt werden. Leistungserbringer werden im Falle eines Utilization Review angehalten, externen Gutachtern die Motive einer induzierten Leistungsinanspruchnahme darzustellen und sie somit nachvollziehbar zu machen. In Deutschland führen die Krankenkassen diese Form der Kontrolle nicht selbst durch, sondern beauftragen den jeweils zuständigen Medizinischen

Dienst (§ 282 SGB V). Im Jahre 2019 haben die Krankenkassen den Medizinischen Dienst in 6 Mio. Fällen für eine Einzelfallbetrachtung konsultiert. Darin enthalten sind sowohl Fallberatungen als auch Fallbegutachtungen.

In einigen Fällen wird ein Utilization Review in Deutschland sogar automatisch ausgelöst. Dies ist beispielsweise in der ambulanten Versorgung in Bezug auf die Verschreibung von Arzneimitteln der Fall. Sobald ein Arzt das ihm zugebilligte praxisindividuelle »Budget« an verschriebenen Arzneimitteln (auf Grundlage der individuellen Richtgrößen) um mehr als 25 % überschreitet, wird in der Regel automatisch eine Richtgrößenprüfung ausgelöst (vgl. ► Abschn. 2.6). Der betreffende Arzt wird gebeten, Gründe darzulegen, z. B. eine besondere Häufung von chronischen Krankheiten unter seinen Patienten, die eine Richtgrößenüberschreitung rechtfertigen. Sofern er dazu nicht in der Lage ist, wird ein Regress gegen ihn eingeleitet, der die Rückzahlung der ungerechtfertigten Überschreitung veranlasst. Auch eine Private Krankenversicherung hat die Möglichkeit, einen Utilization Review zu initiieren.

Das Utilization Management geht einen Schritt weiter als das Utilization Review, da es sich nicht auf den einzelnen Fall, sondern auf einen einzelnen Arzt oder eine gesamte Organisation bezieht. Im Sinne eines Benchmarking werden Krankenhäuser und andere Organisationen hinsichtlich der Inanspruchnahme von Ressourcen für definierte Krankheitsbilder verglichen. Teilweise werden auch Rangfolgen erstellt, die die Leistungsfähigkeit von Organisationen nach bestimmten Kategorien abbildet. Sofern Defizite bei einer Organisation aufgedeckt werden, können diese von den Krankenversicherungen im Rahmen von Versorgungs- und Vergütungsverhandlungen sanktioniert werden. Wie bereits dargestellt, ist die einzelne Krankenkasse bzw. das einzelne private Krankenversicherungsunternehmen in Deutschland jedoch nur bedingt in der Lage, mögliche Sanktionen zu vollziehen.

Die Methodik des Peer Review ist primär nicht als institutionalisierter Kontrollmechanismus von Krankenversicherungen zu sehen. Er dient vielmehr einem fachlichen Austausch unter Kollegen, der einen kontinuierlichen Verbesserungsprozess befördern soll. Er wird beispielsweise in einigen Krankenhäusern praktiziert, indem die behandelnden Ärzte bei abteilungsübergreifenden Treffen bestimmte Fälle präsentieren und ihre Kollegen nach ihrer Meinung befragen. Eine andere Form des Peer Review kann in einem regelmäßigen Treffen von Fachkollegen unterschiedlicher Einrichtungen bestehen. Krankenkassen haben in Deutschland die Möglichkeit, insbesondere im Rahmen der Integrierten Versorgung solche Netzwerke zu fördern, die einen regelmäßige Peer Review institutionalisiert haben, und können somit Anreize zur Installierung dieser weichen Form der Leistungskontrolle schaffen.

Während die bisher dargestellten Formen der Leistungskontrolle sowohl einer Sicherung der Qualität als auch einer Senkung der Leistungsausgaben dienen können, sind die im Folgenden dargestellten Formen der Leistungskontrolle spezifisch auf eine Reduktion von Leistungsausgaben ausgerichtet. Bei beiden wird die tatsächliche Inanspruchnahme als gerechtfertigt vorausgesetzt.

Eine gebührenrechtliche Rechnungsprüfung kontrolliert, ob die von den Leistungserbringern induzierten Leistungen auch tatsächlich mit der vereinbarten oder rechtlich festgelegten Vergütung abgerechnet werden und nicht z. B. bei privaten Krankenversicherungen ein deutlich höherer Satz berechnet wurde, als in der GOÄ festgeschrieben. Diese Prüfung und Beanstandung gebührenrechtlicher Fehler wurde sowohl bei Krankenkassen als auch bei privaten Krankenversicherungen in den letzten Jahren deutlich verbessert. Auch die privaten Krankenversicherungen setzen Systeme zur automatischen Prüfung von Rechnungen ein (Automated claims processing). Bei den privaten Krankenversicherungen stellt sich die Problematik, dass die Abrechnungen aus dem ambulanten Sektor nicht digitalisiert vorliegen. Diese Abrechnungsbelege werden von den Versicherten überwiegend in Papierform zur Erstattung eingereicht. Die privaten Krankenversicherungen halten hierfür große Scanzentren zu hohen Kosten bereit, teilweise auch in Kooperation oder durch externe Dienstleister, die die Belege mit hoher Qualität einscannen und eine gebührenrechtliche Rechnungsprüfung ermöglichen. Derzeit unternehmen die privaten Krankenversicherungen große Anstrengungen, die Abrechnung im ambulanten Sektor zu digitalisieren, um so u. a. das kostenintensive Scannen der Abrechnungen zu erübrigen. Allerdings sind sie dabei mit der Problematik konfrontiert, dass sie zum einen keine direkten Vertragsbeziehungen mit den ambulanten Ärzten aufweisen und zum anderen oftmals Privatärztliche Verrechnungsstellen (PVS) im Auftrag der ambulanten Ärzte die Rechnungen an die Patienten versenden.

Eine formale Rechnungsprüfung ist deutlich schwerer sicherzustellen, da es hier um die korrekte Zuordnung von erbrachten Leistungen zu einer bestimmten Abrechnungskategorie, z. B. Diagnosegruppe im stationären Bereich, geht. Im Unterschied zum Utilization Review wird jedoch die induzierte medizinische Leistung nicht infrage gestellt. Trotzdem wird die formale Rechnungsprüfung in vielen Fällen im Rahmen eines Utilization Review gleichzeitig durchgeführt. Eine Prüfung ist jedoch deutlich aufwendiger als eine gebührenrechtliche Prüfung, da eine Zuordnung von erbrachten Leistungen häufig Auslegungssache ist.

2.3 Leistungsmanagement in Krankenhäusern

Oliver Tiemann, Reinhard Busse, Jonas Schreyögg

Was ist ein Krankenhaus? Wozu benötigt man Krankenhäuser? Welche Leistungen erbringt ein Krankenhaus? Solche Fragen scheinen leicht beantwortbar zu sein, da allen Menschen Krankenhäuser aus der Alltagserfahrung unmittelbar bekannt sind – allein schon deshalb, weil in Deutschland fast alle Menschen in einem Krankenhaus geboren werden und viele dort auch sterben.

Es gibt verschiedene Definitionen im deutschen Krankenhausrecht, die sich der Charakterisierung von Krankenhäusern widmen (s. § 2 Nr. 1 Krankenhausfinanzierungsgesetz und § 107 Abs. 1 Sozialgesetzbuch V; vgl. Abschnitt »Definition der Krankenhäuser im Krankenhausrecht«). Aus betriebswirtschaftlicher Perspektive ist die Beschreibung von Krankenhäusern anhand ihrer Funktionen im Gesundheitswesen besonders geeignet, da deren Erfüllung den Unternehmenszweck begründet. Dabei ist zu berücksichtigen, dass sich die Funktionen von Krankenhäusern über die Zeit stark gewandelt haben. Das Betätigungsfeld hat sich beispielsweise ausgeweitet, indem Krankenhäuser zunehmend auch in die Leistungserbringung anderer Sektoren einbezogen werden (z. B. ambulante Versorgung). Im Sinne einer nachhaltigen Existenzsicherung ist es für die Krankenhausführung von besonderer Bedeutung, die spezifischen Funktionen ihres Krankenhauses immer wieder transparent zu machen und deren Erfüllung zu evaluieren und zu verbessern.

Im deutschen Gesundheitswesen nehmen Krankenhäuser insbesondere die in der Übersicht gelisteten Funktionen (in Anlehnung an den Sachverständigenrat für die Konzertierte Aktion im Gesundheitswesen 2003) wahr, wobei für das einzelne Krankenhaus modulare Kombinationen aus den einzelnen Tatbeständen einschlägig sind.

Krankenhäuser und ihre Funktionen

Patientenversorgung

- Voll- und teilstationäre Versorgung ergänzt durch vor- und nachstationäre Versorgung
- Notfallversorgung in organisatorischer Abstimmung mit der rettungsdienstlichen Versorgung
- Rehabilitation in Abstimmung mit dem Leistungsangebot von Rehabilitationseinrichtungen bzw. die Überleitung in solche Einrichtungen
- Überleitung in stationäre oder ambulante pflegerische Versorgung
- Hospizversorgung zur Kompensation eines ungenügenden Angebots für terminal Kranke außerhalb von Krankenhäusern
- Teilbereiche der ambulanten ärztlichen Versorgung in Abstimmung mit der von

den Kassenärztlichen Vereinigungen organisierten ambulanten Versorgung
- Ambulante ärztliche Versorgung im Rahmen von strukturierten Behandlungsprogrammen
- Ambulante Erbringung hochspezialisierter Leistungen sowie Behandlung seltener Erkrankungen und Erkrankungen mit besonderen Krankheitsverläufen

Forschung und Lehre
- Aus-, Weiter-, und Fortbildung v. a. der Ärzte und des Pflegepersonals
- Klinische Forschung und die Verbreitung neuer medizinischer Erkenntnisse

Koordination der Versorgungsaktivitäten
- Abstimmung der Versorgungsaktivitäten zwischen den verschiedenen Versorgungsbereichen ambulant, stationär und rehabilitativ
- Koordinierte Zusammenarbeit mit anderen Leistungserbringern im Sinne von Auftragnehmer-Auftraggeber-Beziehungen

Gesellschaftliche Aufgaben
- Erfüllung der vom Staat getragenen sozialen Sicherung im Sinne der Gesundheitsversorgung
- Standortattraktivität von Regionen, Städten und Gemeinden
- Arbeitgeber und Auftraggeber für Zulieferer

Die originäre Funktion von Krankenhäusern besteht in der Produktion von Gesundheit. Krankenhäuser sind Dienstleistungsunternehmen, deren Ziel es ist bzw. sein sollte, Produktionsfaktoren effizient einzusetzen, um Dienstleistungen zu erbringen, die einen Beitrag zur Wiederherstellung oder Aufrechterhaltung der Gesundheit von Patienten leisten.

Die Bedeutung der effizienten Ausgestaltung der Leistungserstellung lässt sich aus dem Rationalitätsprinzip der Betriebswirtschaftslehre ableiten. Rationales Verhalten bedingt, dass die eingesetzten Inputs möglichst optimal ausgenutzt werden. In einem nach betriebswirtschaftlichen Maßstäben geführten Unternehmen wird versucht, mit gegebenen Ressourcen einen möglichst maximalen Output (Maximalprinzip) oder einen gegebenen Output mit einem minimalen Ressourcenverbrauch zu erstellen (Minimalprinzip). Die Erfüllung der Rationalität ist daher eine Optimierungsaufgabe und lässt sich als Quotient aus Outputs und Inputs ausdrücken, der maximiert werden soll. Diesen Quotienten bezeichnet man als Effizienz. Bewertet man die eingesetzten Inputfaktoren mit ihren Kosten (Faktorpreise) und die korrespondierenden Outputfaktoren mit ihren Erlösen (Verkaufspreise), dann bezeichnet in diesem Fall der Effizienzquotient die Wirtschaftlichkeit eines Krankenhauses.

Eine hohe Effizienz der Leistungserstellung ist grundsätzlich für profit- und nicht profitorientierte Krankenhäuser gleichermaßen erstrebenswert. Eine Erhöhung kann zu einer Steigerung des Gewinns bzw. der Rentabilität führen oder finanzielle Spielräume für Krankenhäuser schaffen, um andere Zielsetzungen zu verfolgen (z. B. Erfüllung eines öffentlichen Interesses oder einer religiösen Mission, Bedarfsdeckung, Image). Darüber hinaus setzt die seit 2004 eingesetzte Vergütungssystematik im stationären Sektor explizite Anreize für eine ständige Steigerung der Effizienz (vgl. ► Abschn. 4.3).

Die Outputseite der Leistungserstellung beinhaltet eine Mengen- und eine Qualitätskomponente. Erst Letztere bestimmt das »Outcome« für den Patienten und die Gesellschaft (vgl. ► Abschn. 2.1). Im Krankenhauskontext ist daher die Qualität der Leistungserbringung von besonderer Relevanz und unabhängig von der Menge zu optimieren. Der Patient ist Teil der Leistungserstellung, und in den meisten Fällen sind die durch den Prozess erzeugten Veränderungen am Patienten irreversibel. Beispielsweise kann bei fehlerhaften operativen Eingriffen der Ausgangszustand des betroffenen Patienten nicht wieder hergestellt werden, physische und psychische Spuren bleiben. Daher gibt es eine Vielzahl von gesetzlichen Vorgaben, die die Bedeutung der Qualität unterstreichen und der Qualitätssicherung dienen.

Die vorgeschriebenen Maßnahmen dienen der Sicherung von Mindeststandards und können nicht als Vorgaben zu einem systematischen Qualitätsmanagement gesehen werden. Krankenhäuser müssen diese Auflagen erfüllen, wobei eine darüber hinausgehende Qualitätsorientierung sinnvoll ist, da die Qualität zentraler diskriminierender Faktor im Wettbewerb zwischen den Krankenhäusern ist.

Im Gegensatz zu vielen anderen Industrie- und Dienstleistungsbereichen kann man Krankenhauspatienten nicht über den Preis einer Leistung gewinnen, da die Kosten der Behandlung im Regelfall durch die Krankenkassen oder die private Krankenversicherung getragen werden. Daher sind die klinische Qualität und die Servicequalität zentrale Faktoren, um Patienten als Kunden zu gewinnen und zu halten (s. u.: »Gesetzliche Vorgaben zur Qualitätssicherung« und »Implikationen der gesetzlichen und strukturellen Rahmenbedingungen für das Leistungsmanagement«).

Die nach den oben genannten Kriterien optimale Ausgestaltung der Leistungserstellung steht im Zentrum des betrieblichen Handelns von Krankenhäusern und ist zentraler Gegenstand dieses Kapitels. In diesem Kapitel werden zunächst die gesetzlichen und strukturellen Rahmenbedingungen des Krankenhauswesens dargestellt und die zentralen Implikationen für das Leistungsmanagement herausgearbeitet. Diese Darstellung ist bewusst ausführlich gehalten, auch um das Verständnis der anderen krankenhausrelevanten Beiträge dieses Bandes zu erleichtern. Im Anschluss daran werden ausgewählte Ansätze des Leistungsmanagements vorgestellt, die einen zentralen Beitrag zur Erfüllung der Funktionen bzw. zur Optimierung von Effizienz und Qualität leisten.

2.3.1 Gesetzliche und strukturelle Rahmenbedingungen

Wichtige Rechtsgrundlagen

Die folgenden Gesetze stellen die wichtigsten Rechtsgrundlagen zur Regulierung der Rahmenbedingungen des Krankenhauswesens dar:

- Das Gesetz zur wirtschaftlichen Sicherung der Krankenhäuser und zur Regelung der Krankenhauspflegesätze (**Krankenhausfinanzierungsgesetz – KHG**), welches wesentliche Regelungen zur **Krankenhausplanung** und **Krankenhausfinanzierung** enthält (vgl. ► Abschn. 4.3).
- Das **Sozialgesetzbuch V** – Gesetzliche Krankenversicherung **(SGB V)**, das generell die Gesetzliche Krankenversicherung regelt (vgl. ► Abschn. 2.2), in diesem Zusammenhang aber auch festlegt, unter welchen Voraussetzungen die Krankenkassen für Krankenhausleistungen bezahlen.
- Das Gesetz über die Entgelte für voll- und teilstationäre Krankenhausleistungen (**Krankenhausentgeltgesetz – KHEntgG**), das die Art der **Vergütung** von allgemeinen **Krankenhausleistungen** durch die gesetzliche, aber auch weitgehend durch die Private Krankenversicherung regelt.

Definition der Krankenhäuser im Krankenhausrecht

Die grundlegende gesetzliche Definition eines Krankenhauses findet sich im KHG. Im Sinne dieses Gesetzes sind Krankenhäuser

> » Einrichtungen, in denen durch ärztliche und pflegerische Hilfeleistungen Krankheiten, Leiden oder Körperschäden festgelegt, geheilt oder gelindert werden sollen oder Geburtshilfe geleistet wird und in denen die zu versorgenden Personen untergebracht und verpflegt werden können (§ 2 KHG Nr. 1).

Im Sinne des SGB V sind Krankenhäuser

> » Einrichtungen, die 1. der Krankenhausbehandlung oder Geburtshilfe dienen, 2. fachlich-medizinisch unter ständiger ärztlicher Leitung stehen, über ausreichende, ihrem Versorgungsauftrag entsprechende diagnostische und therapeutische Möglichkeiten verfügen und nach wissenschaftlich anerkannten Methoden arbeiten, 3. mit Hilfe von jederzeit verfügbarem ärztlichem, Pflege-, Funktions- und medizinisch-technischem Personal darauf eingerichtet sind, vorwiegend durch ärztliche und pflegerische Hilfeleistung Krankheiten

der Patienten zu erkennen, zu heilen, ihre Verschlimmerung zu verhüten, Krankheitsbeschwerden zu lindern oder Geburtshilfe zu leisten, und in denen 4. die Patienten untergebracht und verpflegt werden können (§ 107 Abs. 1 SGB V).

Im SGB V wird explizit zwischen Krankenhäusern und **Vorsorge- oder Rehabilitationseinrichtungen** (§ 107 Abs. 2 SGB V) unterschieden. Diese definitorische Unterscheidung zwischen Krankenhäusern und Vorsorge- oder Rehabilitationseinrichtungen ist notwendig, da beide Arten von Einrichtungen sich in Bezug auf Zulassung der Versicherten zur stationären Versorgung, aber auch hinsichtlich Finanzierung und Vergütung unterscheiden. Im Rahmen dieses Beitrags werden ausschließlich Krankenhäuser betrachtet, auf Vorsorge- oder Rehabilitationseinrichtungen wird im Weiteren nicht mehr eingegangen. Darüber hinaus gibt es Krankenhäuser, deren Leistungsspektrum ausschließlich auf **Psychiatrie**, **Psychosomatik** und **Psychotherapeutische Medizin** ausgerichtet ist. Die Besonderheiten dieser Einrichtungen können im Rahmen dieses Beitrags nicht behandelt werden, da zentrale Unterschiede in der Vergütung und den korrespondierenden Anreizen bestehen, und es sich um eine vergleichsweise geringe Anzahl von Krankenhäusern handelt.

Wichtige Unterscheidungsdimensionen von Krankenhäusern

An dieser Stelle werden wichtige Differenzierungskriterien von Krankenhäusern erläutert. Es wird unterschieden zwischen Krankenhäusern nach der Art der Zulassung, nach der Trägerschaft und nach der Rechtsform. Eine weitere wichtige Unterscheidungsdimension von Krankenhäusern betrifft die Versorgungsstufe, die sich auf das vom Krankenhaus angebotene Leistungsspektrum bezieht. Darauf wird im folgenden Abschnitt eingegangen.

▪ Krankenhäuser nach der Art der Zulassung

Da fast 90 % der deutschen Bevölkerung in der GKV versichert sind, ist es für die Existenz eines Krankenhauses von zentraler Bedeutung, Leistungen auf Rechnung der gesetzlichen Krankenkassen erbringen zu können. Die Krankenkassen dürfen die Krankenhausbehandlung aber nur durch die folgenden Krankenhäuser (sog. **zugelassene Krankenhäuser**) erbringen lassen (vgl. § 108 SGB V):

- Krankenhäuser, die nach den landesrechtlichen Vorschriften als **Hochschulklinik** anerkannt sind,
- Krankenhäuser, die in den **Krankenhausplan** eines Landes aufgenommen sind (**Plankrankenhäuser**), oder
- Krankenhäuser, die einen **Versorgungsvertrag** mit den Landesverbänden der Krankenkassen und den Verbänden der Ersatzkassen abgeschlossen haben.

Während es für Krankenhäuser, die nicht im Krankenhausplan eines Landes sind, keinen Anspruch auf Abschluss eines Versorgungsvertrages gibt, müssen die Krankenkassen mit Krankenhäusern, die im Krankenhausplan eines Landes aufgenommen sind, und mit Hochschulkliniken Versorgungsverträge abschließen – bzw. es gilt dieser durch die Aufnahme in den Krankenhausplan bereits als abgeschlossen (sog. **Kontrahierungszwang**). Krankenkassen haben also bisher nur in Ausnahmefällen die Möglichkeit, selektiv mit einzelnen Krankenhäusern Verträge zu schließen bzw. bestimmte Krankenhäuser auszuschließen.

▪ Krankenhäuser nach der Art der Trägerschaft

Nach der Definition des Statistischen Bundesamts (2021) werden folgende **Arten von Krankenhausträgern** unterschieden, wobei es keine gesetzliche Definition der verschiedenen Krankenhausträger gibt:

- **Öffentliche Einrichtungen**, die von Gebietskörperschaften (Bund, Land, Bezirk, Kreis, Gemeinde) oder von Zusammenschlüssen solcher Körperschaften wie Arbeitsgemeinschaften oder Zweckverbänden oder von Sozialversicherungsträgern wie Landesversicherungsanstalten und Berufsgenossenschaften betrieben oder unterhalten werden. Träger in rechtlich selbstständiger Form (z. B. als GmbH – zu den Rechtsformen von Krankenhäusern s. u.) gehören zu den

öffentlichen Trägern, wenn Gebietskörperschaften oder Zusammenschlüsse solcher Körperschaften unmittelbar oder mittelbar mit mehr als 50 vom Hundert des Nennkapitals oder des Stimmrechts beteiligt sind.
- **Freigemeinnützige Einrichtungen**, die von Trägern der kirchlichen und freien Wohlfahrtspflege, Kirchengemeinden, Stiftungen oder Vereinen unterhalten werden.
- **Private Einrichtungen**, die als gewerbliche Unternehmen einer Konzession nach § 30 Gewerbeordnung bedürfen.

Nach dem KHG gilt der Grundsatz der **Vielfalt der Krankenhausträger**, d. h. die mit der Ausführung des KHG bzw. entsprechender Landesgesetze betrauten Behörden sind gehalten, auch die wirtschaftliche Sicherung freigemeinnütziger und privater Krankenhäuser zu beachten (§ 1 Abs. 2 KHG). Beide Gruppen dürfen gegenüber den öffentlichen Krankenhäusern nicht benachteiligt werden.

Krankenhäuser nach der Rechtsform

Von der **Trägerschaft** eines Krankenhauses ist die **Rechtsform** zu unterscheiden. Grundsätzlich und mit nur wenigen Einschränkungen besteht Formenfreiheit bei der Wahl der Rechtsform für ein Krankenhaus, z. B. kann ein öffentliches Krankenhaus sowohl in einer öffentlich-rechtlichen als auch in einer privatrechtlichen Rechtsform geführt werden. In ◘ Tab. 2.7 werden die unterschiedlichen Rechtsformen von Krankenhäusern aufgezeigt (zu ausführlichen Erläuterungen zu den Rechtsformen der einzelnen Krankenhäuser s. Greiling 2000, S. 94–101).

Krankenhausplanung

Durch die Verabschiedung des KHG im Jahr 1972 wurde festgelegt, dass der sog. **Sicherstellungsauftrag** der Krankenhausversorgung beim Staat liegt. Dieser wird von den Ländern bzw. von den Landkreisen und kreisfreien Städten ausgeübt. Nach dem KHG ist jedes Bundesland dazu verpflichtet, einen **Krankenhausplan** aufzustellen (§ 6 Abs. 1 KHG; vgl. auch ► Abschn. 4.3). Zudem haben alle Bundesländer Krankenhausgesetze verabschiedet, die Einzelheiten der Planung und Finanzierung im jeweiligen Bundesland regeln (dazu im Detail: Deutsche Krankenhausgesellschaft 2021). Wenn ein Krankenhausplan nicht nur die Versorgung der eigenen Bevölkerung, sondern auch angrenzender Länder betrifft, haben Absprachen zwischen den beteiligten Ländern zu erfolgen. Solche Absprachen existieren z. B. zwischen Hamburg und Schleswig-Holstein. Gegenstand der Krankenhausplanung sind die notwendigen baulich apparativen Vorhaltungen, nicht aber die im Krankenhaus erbrachten Leistungen. Grundlage der Krankenhausplanung ist das Bett, als Voraussetzung für die Anerkennung einer vollstationären Leistung, die eine Übernachtung einschließt.

Der Krankenhausplan bildet den Versorgungsbedarf eines Bundeslandes ab und besitzt an sich keine verbindliche Rechtswirkung. Diese wird erst durch den **Feststellungsbescheid** erzielt, der dem Krankenhaus von den zuständigen Behörden zugesandt wird. Der Feststellungsbescheid hat gegenüber den Krankenkassen die Wirkung eines Versorgungsvertrags nach § 109 Abs. 1 SGB V. Der Feststellungsbescheid enthält den Versorgungsauftrag des Krankenhauses für Fachgebiete, die zu betreibende Bettenzahl, die Großgeräteausstattung und den Auftrag zur Teilnahme an der Not- und Unfallversorgung (Vetter 2005). Krankenhäuser dürfen nur solche Leistungen mit den Krankenkassen abrechnen, die sie innerhalb ihres Versorgungsauftrags erbracht haben. Dies gilt nicht für die Behandlung von Notfallpatienten (§ 8 Abs. 1 KHEntgG).

Im Rahmen der Krankenhausplanung ordnet die eine Hälfte der Bundesländer die Krankenhäuser verschiedenen **Versorgungs- bzw. Leistungsstufen** zu, während die andere Hälfte der Länder diese Unterscheidung im Rahmen der letzten Überarbeitung der Vorgaben zur Krankenhausplanung durch andere Kriterien ersetzt hat. Die Untergliederung in Grund- und Regelversorgung, Schwerpunkt- bzw. Zentralversorgung und Maximalversorgung ist immer noch verbreitet und war zentrale Grundlage für die ordnungspolitische Gestaltung der bestehenden Krankenhausversorgungsstruktur in den meisten Bundesländern. Diese verschiedenen Stufen orientieren sich im Wesentlichen an der Anzahl der Betten und der im jeweiligen Krankenhaus vertretenen Fachabteilungen, d. h. je höher die Versorgungs-/Leistungsstufe eines Krankenhauses, desto breiter und differenzierter ist dessen Leistungsangebot (Deutsche Krankenhausgesellschaft 2021).

In ◘ Tab. 2.8 ist für sieben Bundesländer beispielhaft die dortige Einteilung in Versorgungs- bzw. Leistungsstufen illustriert (Deutsche Krankenhausgesellschaft 2021).

Die **Grundversorgung** gewährleistet eine ortsnahe allgemeine Versorgung in den Grunddisziplinen **Chirurgie**, **Innere Medizin** sowie **Gynäkologie/Geburtshilfe**. In vielen Fällen ist das Spektrum um eine Intensivmedizin sowie um Belegabteilungen (z. B. HNO, Augenheilkunde) erweitert. Aus dem Versorgungsauftrag ergibt sich in der Regel eine Größe von bis zu rund 200 Betten.

Die Krankenhäuser der **Regelversorgung** sind für die allgemeine Versorgung einer Region in allen Disziplinen ausgestattet, wobei keine Subdisziplinen vorgehalten, und Spezialfälle demnach an die höheren Versorgungsstufen überwiesen werden. Die Regelversorgung adressiert die Bevölkerungsmehrheit, die im Laufe ihres Lebens in der Regel keine hochspezialisierten Krankenhausdienstleistungen benötigt. Der Versorgungsauftrag umfasst eine Bettengröße von bis zu ca. 350.

Krankenhäuser der **Schwerpunkt- bzw. Zentralversorgung** umfassen das Leistungsspektrum der Regelversorgung ergänzt um Spezialversorgungsangebote in einigen Disziplinen. Diese Krankenhäuser erfüllen in Diagnostik und Therapie regionale Schwerpunktaufgaben. So kann beispielsweise die Abteilung für Innere Medizin untergliedert sein in Schwerpunktabteilungen für Geriatrie, Kardiologie, Onkologie etc.

Krankenhäuser der **Maximalversorgung** hingegen halten über die komplette Breite der medizinischen Fächer Subspezialisierungen vor und haben i. d. R. über 1000 Betten.

Mit dem Krankenhausstrukturgesetz (KHSG), in Kraft seit 2016, hat der Gesetzgeber die Einführung von Qualitätsindikatoren zur Struktur-, Prozess- und Ergebnisqualität in die Krankenhausplanung festgelegt. Die vom G-BA festzulegenden Qualitätsindikatoren sollen als Grundlage für qualitätsorientierte Entscheidungen der Krankenhausplanung geeignet sein und nach § 6 Absatz 1a KHG Bestandteil des Krankenhausplans werden, sofern die Länder dies nicht abweichend regeln. In vielen Bundesländern beinhaltet die Krankenhausplanung bereits in Ansätzen Qualitätsaspekte, die jedoch durch eine sehr große Heterogenität zwischen den Ländern gekennzeichnet sind (Deutsche Krankenhausgesellschaft 2021).

Plankrankenhäuser, die nicht nur vorübergehend und in einem erheblichen Maß eine unzureichende Qualität bei den planungsrelevanten Indikatoren aufweisen oder für die höchstens drei Jahre in Folge Qualitätsabschläge (vgl. Abschnitt »Gesetzliche Vorgaben zur Qualitätssicherung«) erhoben wurden, sind zukünftig durch Aufhebung des Feststellungsbescheids ganz oder teilweise aus dem Krankenhausplan herauszunehmen (§ 8 Abs. 1b KHG). Zugleich darf das Land Krankenhäuser nicht in den Plan aufnehmen, die dementsprechend ein unzureichendes Qualitätsniveau aufweisen (§ 8 Abs. 1a KHG). Die Länder können von diesen Vorgaben abweichen, indem sie landrechtlich gesonderte Qualitätsvorgaben machen oder durch Landesrecht die Geltung der planungsrelevanten Indikatoren des G-BA einschränken oder gar ausschließen (§ 6 Abs. 1a Satz 2 KHG). Der G-BA hat zum 15. Dezember 2016 eine Richtlinie zu planungsrelevanten Qualitätsindikatoren verabschiedet. Von den beschlossenen Qualitätsindikatoren, die seit dem 01. Januar 2017 Anwendung finden, sind drei dem Leistungsbereich Gynäkologische Operationen, fünf dem Leistungsbereich Geburtshilfe sowie drei dem Leistungsbereich Mammachirurgie zuzuordnen (Deutsche Krankenhausgesellschaft 2021).

Patientenklassifikation mittels Diagnosis Related Groups (DRGs)

Mit der Verabschiedung des KHG im Jahr 1972 wurde in Deutschland die **duale Krankenhausfinanzierung** eingeführt. Duale Krankenhausfinanzierung bedeutet, dass die Investitionskosten von den Bundesländern und die Betriebskosten von den Krankenkassen getragen werden (vgl. ► Abschn. 4.3). Seit 2004 erfolgt die Vergütung der Betriebskosten von Krankenhausleistungen auf der Basis von diagnosebezogenen Fallpauschalen (sog. **Diagnosis Related Groups – DRGs**). Vor der Einführung von DRGs wurden die Betriebskosten durch ein von den Krankenkassen und dem jeweiligen Krankenhaus gemeinsam verhandeltes Budget vergütet, das sich im Wesentlichen aus tagesgleichen Pflegesätzen, Fallpauschalen und Sonderentgelten zusammensetzte (für eine Darstellung dieses Vergütungssystems und Überblicke über die Reformentwicklung bezüglich der Vergütung im Krankenhauswesen s. Beivers und Emde 2020; Busse et al. 2017; Tuschen und Trefz 2004).

Während durch diese Historie bedingt in Deutschland DRGs hauptsächlich als Vergütungsform gesehen werden, sollte zunächst ihr grundlegendes Charakteristikum verstanden werden: DRGs gruppieren eine fast unendlich große Menge an stationär behandelten Patienten (in Deutschland immerhin rund 22 Mio. im Jahr) in eine endliche Zahl von Gruppen mit vergleichbaren Patienten ein. »Vergleichbar« bezieht sich dabei sowohl auf die (Haupt-) Diagnose, d. h. der wesentliche Behandlungsgrund (daher der Name »diagnosis«-related group), als auch auf den Ressourcenaufwand, den die Krankenhäuser im Durchschnitt für Diagnostik und Therapie benötigen. Dadurch ist es möglich geworden, den »Output« von Krankenhäusern – jenseits von »Fällen« – genauer zu charakterisieren und intern und extern transparent und zwischen Krankenhäusern und über die Zeit hinweg vergleichbar darzustellen.

DRGs stellen so ein System zur Klassifizierung von stationären Behandlungsfällen dar (sog. Patientenklassifikationssystem), das Krankenhausfälle trennscharf in klinisch definierten Fallgruppen (DRGs) zusammenfasst, die sich durch einen ähnlich hohen Ressourcen- und damit Behandlungskostenaufwand auszeichnen. Die Zuordnung ist dabei stets eindeutig, d. h., dass identisch dokumentierte bzw. kodierte Behandlungsfälle immer nur einer bestimmten Fallgruppe zugewiesen werden (vgl. für ausführlichere Darstellungen z. B. Lauterbach und Lüngen 2000 sowie Tuschen und Trefz 2004). Auf internationaler Ebene befinden sich unterschiedliche DRG-Klassifikationssysteme in Anwendung (Busse et al. 2011).

Die Fallzuordnung im deutschen Klassifikationssystem **G-DRG** (für German-Diagnosis Related Groups) basiert auf einem Gruppierungsalgorithmus, nach dem jeder Behandlungsfall anhand verschiedener Kriterien des Entlassungsdatensatzes wie der Hauptdiagnose und der Nebendiagnosen relevante Intervention(en) im Sinne der Prozeduren, patientenbezogenen Merkmale (Geschlecht, Alter, Aufnahmegewicht bei Neugeborenen), der Entlassungsart, der Verweildauer sowie eventuellen Begleiterkrankungen einer der verschiedenen abrechenbaren DRGs zugeordnet wird. Im Rahmen des Gruppierungsprozesses von stationären Behandlungsfällen werden diese Daten zunächst in eine spezielle Software (den sog. Grouper) eingegeben, wobei den **Diagnosen** und **Prozeduren** im Verlauf der Gruppierung eine besondere Bedeutung zukommt. Sie werden mittels zweier Klassifikationssysteme berücksichtigt: Diagnosen per ICD-10 (Internationale Klassifikation der Krankheiten – 10. Revision) und Prozeduren per OPS (Operationen- und Prozedurenschlüssel). In ◘ Abb. 2.7 ist der Gruppierungsprozess zusammenfassend illustriert. Der genaue Gruppierungsalgorithmus jeder einzelnen DRG ist im jeweils aktuell gültigen DRG-Definitionshandbuch festgelegt.

Die Gruppierung erfolgt dergestalt, dass zunächst geprüft wird, ob der Entlassungsdatensatz Unplausibilitäten oder Widersprüchlichkeiten enthält. Wenn das der Fall ist, wird eine Fehler-DRG zugewiesen. Zudem fallen besonders kostenaufwendige Fälle (Transplantationen und Langzeitbeatmungen) in die Prä-MDC. Im Anschluss erfolgt eine Kategorisierung nach Hauptdiagnose in eine der 25 **Hauptdiagnosekategorien (Major Diagnostic Categories – MDC**). Die MDCs werden anhand der durchgeführten Prozeduren in sog. Partitionen – operative, »andere« und medizinische – unterteilt (vgl. ◘ Abb. 2.7). Die Zugehörigkeit zu einer bestimmten Partition hängt im Wesentlichen von der Existenz oder dem Fehlen von bestimmten Prozeduren ab (Tuschen und Trefz 2004). Die Partitionen

Tab. 2.7 Verschiedene Rechtsformen von Krankenhäusern. (In Anlehnung an Greiling 2000; Daten in letzter Spalte nach Statistisches Bundesamt 2021)

Ausgewählte Rechtsformen von Krankenhäusern						
Rechtsform	**Beschreibung**	**Rechtsstellung**	**Entscheidungsebenen oberhalb der Geschäftsführung**	**Geschäftsführung (Management)**	**Haftung**	**Kategorie und Anteil der öffentlichen Krankenhäuser (2019)**
Reiner Regiebetrieb	Bestandteil der allgemeinen Verwaltung des kommunalen Trägers; Bruttobetrieb	Rechtlich, wirtschaftlich und organisatorisch unselbstständig	Rat/Kreistag Krankenhausausschuss Oberstes Verwaltungsorgan Krankenhausdezernat	Krankenhausleitung im Rahmen delegierter Entscheidungsbefugnisse	Kommunaler Träger unbegrenzt	Öffentlich-rechtlich, unselbstständig (15 % aller öffentlichen Krankenhäuser)
Eigenbetrieb	Durch Eigenbetriebsrecht geschaffene Betriebsform, ausschließlich bei kommunalen Trägern	Rechtlich unselbstständig, wirtschaftlich und organisatorisch selbstständig; Sondervermögen	Rat/Kreistag Werkausschuss Oberstes Verwaltungsorgan	Werkleitung im Rahmen delegierter Entscheidungsbefugnisse	Kommunaler Träger unbegrenzt	
Landeshaushaltsordnungsbetrieb (LHO-Betrieb)	Durch Landeshaushaltordnung geschaffene Betriebsform mit Land als Träger	Rechtlich unselbstständig, wirtschaftlich und organisatorisch selbstständig; mit/ohne Sondervermögen	Ministerium Abteilung/Referat	Krankenhausleitung im Rahmen delegierter Entscheidungsbefugnisse	Land unbegrenzt	

Tab. 2.7 (*Fortsetzung*)

Ausgewählte Rechtsformen von Krankenhäusern						
Rechtsform	**Beschreibung**	**Rechtsstellung**	**Entscheidungsebenen oberhalb der Geschäftsführung**	**Geschäftsführung (Management)**	**Haftung**	**Kategorie und Anteil der öffentlichen Krankenhäuser (2019)**
Vollrechtsfähige Anstalt des öffentlichen Rechts	Zusammenfassung sachlicher wie persönlicher Mittel zur Erfüllung eines besonderen Zwecks	Rechtlich, wirtschaftlich und organisatorisch selbstständig	Verwaltungsrat	Vorstand	Anstaltsvermögen	Öffentlich-rechtlich, selbstständig (25 % aller öffentlichen Krankenhäuser)
Körperschaften des öffentlichen Rechts	Durch staatlichen Hoheitsakt errichteter Verband zur Erfüllung öffentlicher Aufgaben		Mitglieder-/Vertreterversammlung (MV/VV)	Grundsatzentscheidungen: MV/VV, laufende Geschäfte: Verwaltungsorgan	Körperschaftsvermögen	
Stiftung des öffentlichen Rechts	Durch Stiftungsakt zur Erfüllung eines bestimmten Stiftungszwecks geschaffen		Kuratorium	Vorstand	Stiftungsvermögen	
Stiftung des privaten Rechts	Zur Erfüllung eines bestimmten Zwecks verselbstständigte Vermögensmasse	Eigene Rechtspersönlichkeit; rechtlich, wirtschaftlich und organisatorisch selbstständig	Kuratorium	Vorstand	Stiftungsvermögen	Privatrechtlich (60 % aller öffentlichen Krankenhäuser)
GmbH/gGmbH	Kapitalgesellschaft, mindestens ein Gründer, Grundkapital mindestens 25.000 €		Gesellschafterversammlung; fakultativ: Aufsichtsrat	Geschäftsführer	Gesellschaftsvermögen	
Aktiengesellschaft	Kapitalgesellschaft, mind. fünf Gründer, Grundkapital mind. 50.000 €		Hauptversammlung Aufsichtsrat	Vorstand	Gesellschaftsvermögen	

2

Tab. 2.8 Versorgungsstufen ausgewählter Bundesländer

Bundesland	Kriterien	Versorgungs-/Leistungsstufen
Bayern	Versorgungsaufgaben der Krankenhäuser Klinikstandorte (Oberzentren, Mittelzentren)	1. Versorgungsstufe 2. Versorgungsstufe 3. Versorgungsstufe Fachkrankenhäuser
Niedersachsen	Anzahl der Betten Definition von Anforderungsstufen erfolgt nach Pauschalförderverordnung	Anforderungsstufe 1 (bis 230 Betten) Anforderungsstufe 2 (231–330 Betten) Anforderungsstufe 3 (331–630 Betten) Anforderungsstufe 4 (über 630 Betten)
Nordrhein-Westfalen	Keine Unterscheidung in verschiedene Versorgungs-/Leistungsstufen	
Rheinland-Pfalz	Grundversorgung: Fachabteilung Innere Medizin (INN) und Chirurgie (CHIR) Regelversorgung: zusätzlich zu INN und CHIR 2 weitere Fachabteilungen Schwerpunktversorgung: zusätzlich zu INN und CHIR 6 weitere Fachabteilungen Schwerpunktversorgung: zusätzlich zu INN und CHIR 10 weitere Fachabteilungen	Grundversorgung (bis 250 Betten) Regelversorgung (251–500 Betten) Schwerpunktversorgung (501–800 Betten) Maximalversorgung (über 800 Betten) Fachkrankenhäuser
Sachsen	Art und Anzahl der Fachabteilungen	Regelversorgung Schwerpunktversorgung Maximalversorgung Fachkrankenhäuser (Ergänzung)
Schleswig-Holstein	Art und Anzahl der Fachabteilungen	Begrenzte Regelversorgung Regelversorgung Schwerpunktversorgung Zentralversorgung Fachkrankenhäuser
Thüringen	Anzahl der Betten Art und Anzahl der Fachabteilungen	Regionale Versorgung (Regional) intermediäre Versorgung Überregionale Versorgung Fachkrankenhäuser

setzen sich aus einzelnen **Basis-DRGs** zusammen. Basis-DRGs bestehen aus einer oder mehreren DRGs, die grundsätzlich durch die gleiche Hauptdiagnose- bzw. Prozedurenkodes definiert sind. Sofern Basis-DRGs geteilt sind, unterscheiden sie sich durch ihren Ressourcenverbrauch und sind anhand unterschiedlicher Faktoren wie Nebendiagnosen, weitere Prozeduren, Entlassungsgrund, Alter und/oder patientenbezogener Gesamtschweregrad (PCCL = Patient Clinical Complexity Level) untergliedert. Die Untergliederung dient dazu, die relative Bedeutung von DRGs innerhalb einer Basis-DRG bezogen auf den Ressourcenverbrauch anzugeben (der nicht notwendigerweise mit dem klinischen Schweregrad korreliert).

Formal ausgedrückt besteht eine DRG aus 4 alphanumerischen Zeichen (z. B. »H07A«). Daraus gehen die in ◻ Tab. 2.9 dargestellten Informationen hervor (Institut für das Entgeltsystem im Krankenhaus 2020).

Das erwähnte Beispiel einer DRG (**H07A**) steht somit für die Hauptdiagnosekategorie H (hier: Krankheiten und Störungen des hepatobiliären Systems – d. h. Leber und Galle – und Pankreas), im Rahmen einer operativen Partition mit dem höchsten Ressourcenverbrauch.

Das G-DRG-System beruht auf dem australischen System AR-DRGs (für Australian

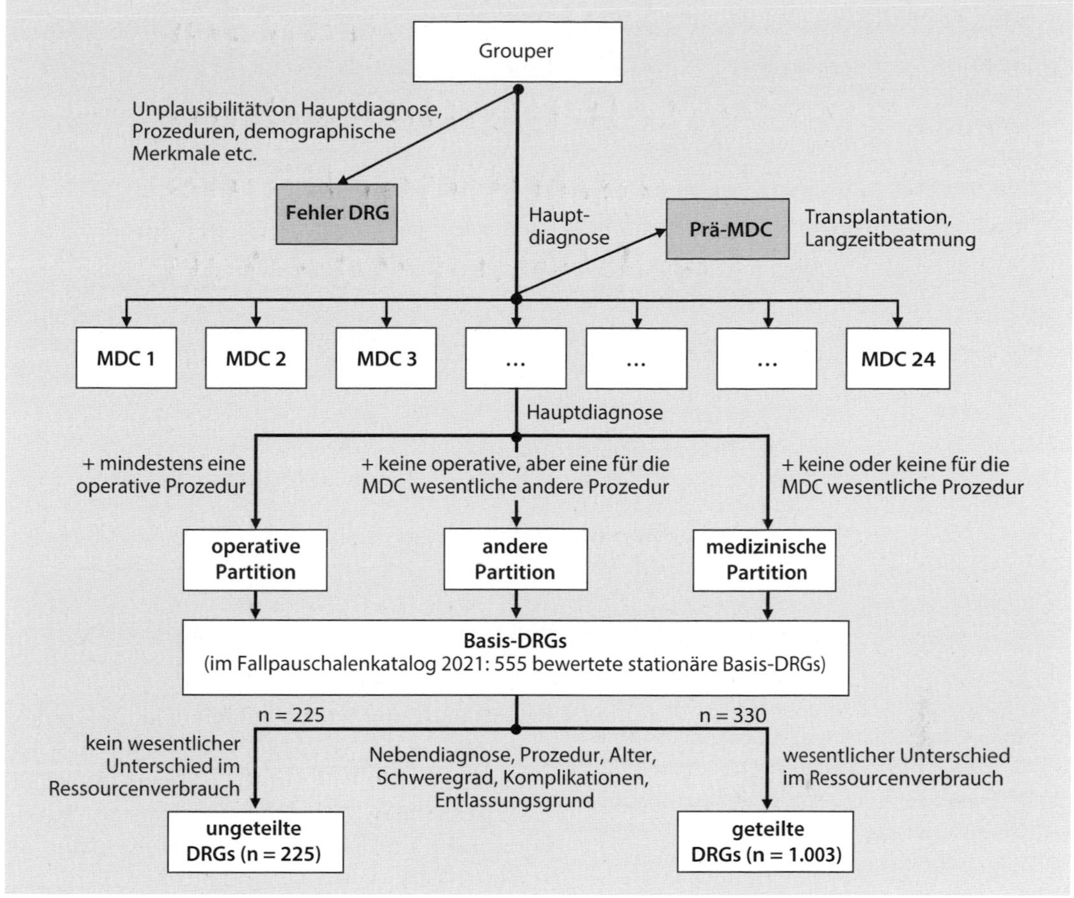

Abb. 2.7 Der Gruppierungsprozess im DRG-System

Refined-Diagnosis Related Groups), da dieses als Vorlage für ein deutsches System als am geeignetsten eingestuft wurde. Die AR-DRG Version 4.1 basierte auf 409 Basis-DRGs. DRG-Klassifikationssysteme bedürfen der kontinuierlichen Anpassung an medizinische und ökonomische Entwicklungen. Die Weiterentwicklung und Pflege des G-DRG-Systems obliegt den Selbstverwaltungspartnern auf Bundesebene, d. h. dem GKV-Spitzenverband, dem Verband der privaten Krankenversicherung und der Deutschen Krankenhausgesellschaft als Partner der Gemeinsamen Selbstverwaltung. Diese gründeten zu diesem Zweck im Jahr 2001 das **Institut für das Entgeltsystem im Krankenhaus – InEK**.

Aufgabe des Instituts ist es, die Partner der Gemeinsamen Selbstverwaltung bei der Einführung und Weiterentwicklung des G-DRG-Systems zu unterstützen. Dazu betätigt es sich insbesondere auf den in der Übersicht dargestellten Arbeitsfeldern (Quelle: ▶ www.g-drg.de/Das_Institut/Wir_ueber_uns).

Institut für das Entgeltsystem im Krankenhaus – InEK

Bereich Medizin

- Fallgruppenpflege: Definition der DRG-Fallgruppen; Pflege der Basisfallgruppen; Pflege des Schweregradsystems
- Kodierung: Anpassung der Kodierrichtlinien; Vorschläge für ICD-/OPS-Anpassungen

Tab. 2.9 Kennzeichnung einer DRG. (Nach InEK 2020)

	Bedeutung		Beispiel
1. Zeichen	Kennzeichnung der Hauptgruppe (im Normalfall die **Hauptdiagnosekategorie**) durch die Buchstaben A bis Z		H
2.+3. Zeichen	Kennzeichnung der Partition (Ausnahmen möglich):		07
	01–39	**Operative Partition (O):** mindestens eine operative Prozedur	
	40–59	**Andere Partition (A):** keine operative, aber eine für die MDC wesentliche Prozedur	
	60–99	**Medizinische Partition (M):** keine oder keine für die MDC wesentliche Prozedur	
4. Zeichen	Einteilung der Basis-DRGs nach Ressourcenverbrauch:		A
	A	Höchster Ressourcenverbrauch	
	B	Zweithöchster Ressourcenverbrauch	
	C	Dritthöchster Ressourcenverbrauch	
	...	usw.	
	Z	Keine Unterteilung	

- Zusammenarbeit mit Institutionen, Gremien, Organisationen
- Unterstützung anderer Staaten bei der Entwicklung, Einführung und Pflege pauschalierender Entgeltsysteme

Bereich Ökonomie

- Kalkulation: Relativgewichte; Zu- und Abschläge
- Entgeltsystem für psychiatrische und psychosomatische Einrichtungen: Einführung und Weiterentwicklung der Entgelte
- Leistungsorientierte Investitionspauschalen: Kalkulation von Investitionsbewertungsrelationen

Die wohl wichtigste Aufgabe des InEK besteht in der Erstellung eines Fallpauschalenkatalogs, der die abrechenbaren DRGs auflistet. Der jeweils gültige Fallpauschalenkatalog, Richtlinien zur Kodierung der Fallpauschalen sowie weitere wichtige Informationen sind auf der Webseite des InEK (▶ www.g-drg.de) frei verfügbar.

Kalkulationsgrundlage sind die in deutschen Krankenhäusern erhobenen Kosten- und Leistungsdaten (Geissler et al. 2011). Alle deutschen Krankenhäuser, die nach DRGs abrechnen, sind verpflichtet, in einer jährlichen Vollerhebung krankenhausbezogene Strukturdaten und fallbezogene Leistungsdaten im Sinne ihrer Abrechnungsdaten bzw. Gruppierungsinformationen bereitzustellen. Darüber hinaus sind alle Häuser aufgefordert, sich zusätzlich an der Kalkulation von Fallkosten zu beteiligen. Das heißt, dass die fallbezogenen Kostendaten im Rahmen einer Teilerhebung ermittelt werden, an der für das G-DRG-System Version 2021 insgesamt 282 Krankenhäuser (die sog. Kalkulationskrankenhäuser) teilgenommen haben. Die Unterteilungen in Basis-DRGs und Schweregradgruppen basieren mithin auf den Daten dieser Kalkulationskrankenhäuser. Mit dem KHSG hat der Gesetzgeber festgelegt, dass die aus freiwillig an der Kostenerhebung teilnehmenden Krankenhäusern zusammengesetzte Stichprobe um weitere Krankenhäuser ergänzt wird, die zur Teilnahme an der Kostenerhebung verpflichtet werden (vgl. Vorgaben des § 17b Abs. 3 S. 6 KHG). Ziel dieser Weiterentwicklung war die Erhöhung der Repräsentativität der Kalkulationsstichprobe, insbesondere private Krankenhausträger und bestimmte Hauptleistungserbringer waren in der Kalkulationsstichprobe unterrepräsentiert. Auf Basis eines zwischen den Vertragsparteien auf Bundesebene vereinbarten Konzepts wurden erstmalig zum 31.10.2016 mittels Losverfahren unter notarieller Begleitung zufällig 40 Krankenhäuser aus dem Entgeltbereich »DRG« ausgewählt, die für fünf Jahre zur Erhöhung der Repräsentativität der Kalkulation durch verpflichtende Kalkulationsteilnahme beitragen (InEK 2016). Den gesetzlichen Vorgaben im Pflegepersonal-Stärkungsgesetz (PpSG) folgend, wurde für die Kalkulation des G-DRG-Systems 2020 ein großer Teil der Pflegepersonalkosten aus dem System ausgegliedert. Das bedeutet, dass die Kosten für den Pflegedienst (Ausgliederung der sog. »Pflege am Bett«), welche auf die Kostenstellen »Normalstation«, »Intensivstation« und »Dialyseabteilung« entfallen, nicht mehr Teil der pauschalierten DRG-Vergütung sind. Zusätzlich wurden noch die Pflegekostenanteile der bettenführenden Aufnahmestationen aus der Kostenstelle der Patientenaufnahme ausgegliedert. Diese Kosten für den Pflegedienst werden seit dem Jahr 2020 über das sog. Pflegebudget finanziert, das jede Klinik individuell auf Basis der tatsächlich nachgewiesenen Pflegekosten mit den Kostenträgern im Rahmen der jährlichen Budgetverhandlung vereinbaren muss. Die unterjährige Abrechnung der Pflegeleistung erfolgt fallbezogen über die neu eingeführten Konstrukte des krankenhausindividuellen Pflegeentgeltwertes und der Pflege-Bewertungsrelation pro Tag. Die Pflege-Bewertungsrelation pro Tag wird ab dem aG-DRG-Katalog 2020 in einer neu eingeführten Spalte des Fallpauschalenkataloges für jede DRG ausgewiesen. Diese Bewertungsrelation wird pro Abrechnungsfall mit der jeweiligen Verweildauer des Falles und dem krankenhausindividuellen Pflegeentgeltwert multipliziert. Im Ergebnis resultiert ein Euro-Betrag pro Fall, der zusätzlich zur DRG-Fallpauschale gegenüber den Kostenträgern abgerechnet wird. Im Rahmen der Entgeltverhandlungen vor Ort wird die Höhe des individuellen Pflegeentgeltwertes dadurch bestimmt, dass das nach Abschluss der Verhandlungen konsentierte Pflegebudget durch die Summe der Pflegebewertungsrelationen geteilt wird. Der sich daraus ergebende Eurobetrag ist dann die Basis für die Fallabrechnung (Leber und Vogt 2020; vgl. ► Abschn. 4.3).

Die Vertragsparteien der gemeinsamen Selbstverwaltung auf Bundesebene sollen sich bis zum Jahr 2025 auf ein Personalbemessungsinstrument für die pflegerische Versorgung in Krankenhäusern verständigen, das vorab entwickelt und erprobt werden muss. Mit einem entsprechenden Änderungsantrag zum Gesundheitsversorgungsweiterentwicklungsgesetz (GVWG) hat die Bundesregierung den gesetzlichen Auftrag im vorformuliert. Die konzeptionelle Ausgestaltung eines solchen Instrumentes ist bereits seit der Ausgliederung der Pflegekosten aus der DRG-Vergütung (sog. Pflexit) Diskussionsgegenstand in der Selbstverwaltung, die Einführung eines von Kliniken, Verdi und dem deutschen Pflegerat entwickelten Bemessungsinstruments »PPR 2.0« war zwischen den Vertragsparteien und dem BMG nicht konsensfähig. Die Entwicklung des neuen Instrumentes soll durch die Selbstverwaltungspartner finanziert werden, wobei die DKG die Hälfte der Kosten trägt und die Versicherer (GKV und PKV) die andere Hälfte. Laut Gesetzentwurf soll durch die Selbstverwaltung ein Institut oder ein Sachverständiger damit beauftragt, eine Konzeptentwicklung und -erprobung vorzunehmen. Der Gesetzesvorschlag sieht vor, dass die Selbstverwaltungspartner dem BMG hierzu bis zum 15. Dezember 2021 einen Zeitplan vorlegen und dann ab Januar 2025 ein einsatzbereites Bemessungsinstrument zur Verfügung stehen soll. Dem BMG bleibt das Recht vorbehalten, per Verordnung selbst ein alternatives Bemessungsinstrument einzuführen (Leber und Vogt 2020; Ärzteblatt 2021).

Der Fallpauschalenkatalog muss von den Selbstverwaltungspartnern verabschiedet werden. Die Selbstverwaltungspartner handeln eine Fallpauschalenvereinbarung aus, die den Fallpauschalenkatalog mit den abrechenbaren DRGs, einen Katalog mit abrechenbaren Zusatzentgelten und Details zu den Abrechnungsbestimmungen enthält. Die Verwendung von DRGs ist seit dem Jahr 2004 für alle Krankenhäuser verpflichtend. ◻ Tab. 2.10 zeigt einen Überblick über die Anzahl der DRGs

■ **Tab. 2.10** Anzahl der DRGs und Zusatzentgelte sowie höchste und niedrigste Bewertungsrelationen 2006–2017 (eigene Berechnungen)

	2006	2009	2012	2015	2018	2019	2020	2021
DRGs insgesamt	954	1192	1193	1200	1292	1318	1292	1285
DRGs für stationäre Leistungen (in Hauptabteilungen)	952	1187	1188	1195	1287	1313	1287	1270
Davon: bewertete DRGs	912	1146	1148	1152	1245	1271	1245	1228
Davon: unbewertete DRGs	40	41	40	43	42	42	42	42
Basis-DRGs für stationäre Leistungen (bewertet)	543	574	559	549	562	560	555	555
Davon: ungeteilte Basis-DRGs	320	277	257	248	237	227	224	225
Davon: geteilte Basis-DRGs	223	297	302	301	325	333	331	330
Spanne der Bewertungsrelationen (Relativgewichte) bei stationären Leistungen	0,12–65,70	0,12–78,47	0,14–65,34	0,12–65,94	0,15–61,89	0,21–71,60	0,17–48,96	0,17–45,90
Teilstationäre DRGs	2	5	5	5	5	5	5	15
Davon: bewertete DRGs	2	1	1	2	2	2	2	2
Davon: unbewertete DRGs	0	4	4	3	3	3	3	13
Zusatzentgelte (Anzahl Definitionen)	83	127	150	170	204	214	218	226
Davon: bewertet	41	74	86	97	94	93	83	81
Davon: unbewertet	42	53	64	73	110	121	135	145

in den Fallpauschalenkatalogen in den Jahren 2006–2021. Es zeigt sich, dass die Anzahl der DRGs deutlich zugenommen hat, was für ein zunehmendes Differenzierungsvermögen, aber auch für eine erhöhte Komplexität des Vergütungssystems spricht.

Die Spreizung der Relativgewichte hat bis 2009 deutlich zugenommen und den Höchststand erreicht, dann hat sie bis 2015 wieder abgenommen und ist bis ins Jahr 2019 wieder angestiegen. 2019 war die am höchsten bewertete DRG – A06A »Beatmung > 1799 h mit intensivmedizinischer Komplexbehandlung > 2940/5520/5520 Aufwandspunkte oder mit hochkomplexem Eingriff« (Relativgewicht 71,598) – über 340-fach höher bewertet als die am niedrigsten bewertete DRG P60C Beatmung > 1799 h mit intensivmedizinischer Komplexbehandlung > 2940/5520/5520 Aufwandspunkte oder mit hochkomplexem Eingriff »Erkrankungen der Haut, ein Belegungstag, ohne komplexe Diagnose, Alter > 15 Jahre« (Relativgewicht 0,21). Durch die Ausgliederung der Pflegekosten ist es zu einer deutlichen Reduktion der DRG-Bewertungsrelationen der nun als aG-DRGs bezeichneten Fallpauschalen 2020 gegenüber den G-DRGs des Jahres 2019 gekommen, welche die Pflegekosten noch in vollem Umfang enthalten. Zugleich hat sich die Anzahl der Zusatzentgelte – für teure Medikamente bzw. Medizintechnologien (z. B. Gabe von intravenösen Arzneimitteln mit hohen Kosten) zusätzlich zu den DRGs – zwischen 2006 und 2021 nahezu verdreifacht. Auf die Berechnung von Umsätzen aus den DRGs wird in ▶ Abschn. 4.3 ausführlich eingegangen.

Die starke Spreizung der Relativgewichte sowie der hohen Anzahl an Zusatzentgelten soll die Vergütungsgerechtigkeit des Systems befördern. Dies ist auch deshalb erforderlich, da der »Einhausansatz« des G-DRG-Systems den Anspruch verfolgt, alle Versorgungsstufen von der Grundversorgung bis zum Supramaximalversorgung zu integrieren. Allerdings ergeben sich aus dieser starken Spreizung der Vergütung auch problematische Anreize. Für ca. die Hälfte der DRGs ist eine therapeutische Prozedur für die Abrechnung ausschlaggebend. Dies ist mit Anreizen zur Bevorzugung operativer versus konservativer Therapieformen verbunden und kann außerdem zu Fallzahlsteigerungen beitragen (Schreyögg et al. 2014). Insgesamt ist festzustellen, dass sich diese Krankenhausvergütung immer stärker weg von einer pauschalierten Vergütung hin zu einer prozedurenorientierten Vergütung bzw. Einzelleistungsvergütung bewegt. Die Pflegepersonalkosten sind seit dem Budgetjahr 2020 aus den DRG-Fallpauschalen ausgegliedert und werden in Form eines Pflegebudgets nach dem Selbstkostendeckungsprinzip refinanziert (Leber und Vogt 2020).

Analog zum G-DRG-System wurde im Jahre 2013 mit dem PEPP-Entgeltsystem ein pauschalierendes Vergütungssystem auf der Grundlage von tagesbezogenen Entgelten für die voll- und teilstationären Krankenhausleistungen von psychiatrischen und psychosomatischen Einrichtungen eingeführt. Dieses System wurde 2018 verbindlich für alle Krankenhäuser eingeführt. Viele Elemente des PEPP-Entgeltsystem wurden analog zum G-DRG-System gestaltet. Das System wird von InEK administriert und InEK stellt einen jährlichen Entgeltkatalog, ein Definitionshandbuch, Kodierrichtlinien sowie einen Grouper für die Krankenhäuser bereit. Als Grundlage für die Kalkulation des PEPP-Katalogs für das Jahr 2021 dienten Kalkulationsdaten von 127 Einrichtungen. Der Katalog umfasste 77 PEPPs (86 vollstationäre, 20 teilstationäre und 2 stationsäquivalente PEPPs sowie 6 Fehler-PEPPs). In ▶ Abschn. 4.3 wird ausführlicher auf das PEPP-Entgeltsystem eingegangen.

Gesetzliche Vorgaben zur Qualitätssicherung

Die Qualitätsdimension der Leistungserstellung wird im derzeitigen Vergütungssystem nur als Nebenbedingung berücksichtigt, da die Erlösoptimierung allein über die Quantität erfolgt. Darüber hinaus orientieren sich die Vergütungspreise an den deutschen Durchschnittskosten, sodass Krankenhäuser mit überdurchschnittlicher Kostenstruktur unter einem ständigen Rationalisierungsdruck stehen (vgl. Abschnitte »Vergütung von Krankenhausleistungen im Rahmen des G-DRG-Systems« und »Implikationen der gesetzlichen und strukturellen Rahmenbedingungen für das Leistungsmanagement«). Aufbauend auf den Festlegungen des in 2015 verabschiedeten Krankenhausstrukturgesetzes soll die zukünftige Weiterentwicklung der Krankenhausfinanzierung ab 2018 zunehmend Qualitätsunterschiede bei der Krankenhausvergütung berücksichtigen. Dies soll der Problematik Rechnung tragen, dass das G-DRG-System keinen Anreiz zur Erbringung einer hohen Versorgungsqualität beinhaltet. In den USA, England und in vielen weiteren OECD-Ländern werden bereits solche Vergütungsmechanismen eingesetzt, die die Höhe der Zahlung mit Erfolg der Leistung, gemessen in Ergebnisqualität, verknüpfen – sog. »Pay for Performance«-Konzepte (Milstein und Schreyögg 2016; Schreyögg 2017; Busse et al. 2020).

Im Mai 2017 hat der G-BA gemäß § 136b Abs. 1 Nr. 4 SGB V vier Leistungsbereiche festgelegt, zu denen Qualitätsverträge zwischen Krankenkassen oder Zusammenschlüsse von Krankenkassen und Krankenhausträgern geschlossen werden dürfen:

- Endoprothetische Gelenkversorgung
- Prävention des postoperativen Delirs bei der Versorgung von älteren Patientinnen und Patienten
- Respiratorentwöhnung von langzeitbeatmeten Patientinnen und Patienten
- Versorgung von Menschen mit geistiger Behinderung oder schweren Mehrfachbehinderungen im Krankenhaus

Ziel der Qualitätsverträge nach dem durch das KHSG eingeführten § 110a SGB V ist die Erprobung von finanziellen und nicht-finanziellen Anreizen und höheren Qualitätsanforderungen an Strukturen, Prozesse und/oder Ergebnisse der Versorgung im stationären Bereich. Nach der geplanten Verabschiedung des GVWG im Jahr 2021 sollen die Qualitätsverträge auf insgesamt acht geeignete Leistungen oder Leistungsbereiche ausgeweitet werden, die sich für qualitätsorientierte Zu- und Abschläge eignen.

Aus Sicht des Gesetzgebers machen die fehlenden Anreize weitere gesetzliche Vorgaben zur Einführung von **qualitätssichernden Maßnahmen** notwendig. Es soll vermieden werden, dass Krankenhäuser ihre Effizienz steigern, indem sie qualitativ schlechtere Leistungen anbieten. Deshalb hat der Gesetzgeber parallel zur Einführung des DRG-Systems einige neue Verpflichtungen für Krankenhäuser im Bereich Qualitätssicherung beschlossen:

- die Erstellung eines Qualitätsberichtes,
- die Verpflichtung zum Aufbau hausinterner Qualitätsmanagementsysteme,
- die Mindestmengenvereinbarung und
- die Pflegepersonaluntergrenzen in sogenannten pflegesensitiven Bereichen.

Darüber hinaus ist die schon zuvor bestehende externe Qualitätssicherung hier von Bedeutung (◘ Tab. 2.11).

Die neuen gesetzlichen Regelungen zur Qualität der stationären Versorgung finden sich v. a. im 9. Abschnitt des 3. Kapitels SGB V »Sicherung der Qualität der Leistungserbringung«, insbesondere in § 137 und § 137a.

Mit dem Gesundheitsreformgesetz wurde schon 1989 für die zugelassenen Krankenhäuser die Verpflichtung zur Teilnahme an Qualitätssicherungsmaßnahmen eingeführt – allerdings ohne große Wirkung. Mit der GKV-Gesundheitsreform 2000 wurden die Leistungserbringer der stationären Versorgung verpflichtet, sich an einer **externen, vergleichenden Qualitätssicherung** zu beteiligen. Zur Umsetzung dieser Anforderungen wurde damals die Bundesgeschäftsstelle Qualitätssicherung (BQS) mit der Sammlung und Auswertung der Qualitätsdokumentation der Krankenhäuser beauftragt; 2009 wurde damit vom G-BA auf Grundlage des § 137a SGB V das Institut für angewandte Qualitätsförderung und Forschung im Gesundheitswesen (AQUA) beauftragt, das die externe Qualitätssicherung und die Erstellung jährlicher Qualitätsreports übernommen hat. Bis Ende 2009 wurde die vergleichende Qualitätsmessung durch die BQS für insg. 21 Leistungsbereiche (z. B. Cholezystektomie, Herz-Schrittmacher-Transplantation) und 206 verschiedene Qualitätsindikatoren durchgeführt. Von Anfang 2010 bis Ende 2015 wurde die externe stationäre Qualitätssicherung durch das AQUA fortgesetzt und weiterentwickelt. Im letzten durch AQUA analysierten Datenjahr (2014) wurden

Tab. 2.11 Meilensteine der Qualitätssicherung im Krankenhaus nach SGB V. (Mod. nach Velasco-Garrido und Busse 2004)

Gesetz	Jahr der Verabschiedung	Qualitätsinhalte
Gesundheitsreformgesetz	1988	Einführung der Verpflichtung zur Teilnahme an Qualitätssicherungsmaßnahmen (§ 137 SGB V)
GKV-Gesundheitsreform 2000	1999	Externe Qualitätssicherung, Schaffung der Bundesstelle Qualitätssicherung (BQS), Internes Qualitätsmanagement in Krankenhäusern
Fallpauschalengesetz	2002	Einheitliche Qualitätsberichte, Katalog planbarer Leistungen: »Mindestmengen«
GKV-Modernisierungsgesetz (GMG)	2003	Beauftragung des G-BA mit der Weiterentwicklung des Mindestmengenkataloges, Schaffung des Instituts für Qualität und Wirtschaftlichkeit im Gesundheitswesen (IQWiG)
GKV-Wettbewerbsstärkungsgesetz (GKV-WSG)	2007	Ausweitung des gesetzlichen Auftrages auf eine einrichtungsübergreifende und möglichst sektorenübergreifende Qualitätssicherung; Beauftragung einer »fachlich unabhängigen Institution« zur Messung und Darstellung von Versorgungsqualität sowie Beteiligung an der Qualitätssicherung (§ 137a SGB V)
GKV-Finanzstruktur- und Qualitäts-Weiterentwicklungsgesetz (GKV-FQWG)	2014	Gründung eines Instituts zur Qualitätssicherung und Transparenz im Gesundheitswesen (IQTIG), das in Form einer Stiftung und fachlich unabhängig dem G-BA wissenschaftlich und methodisch fundierte Entscheidungsgrundlagen für Maßnahmen der Qualitätssicherung liefern soll, um vorhandene Defizite zu erkennen und die Behandlung gezielt zu verbessern.
Krankenhausstrukturgesetz (KHSG)	2015	Zu einer »qualitativ hochwertigen sowie patientengerechten Versorgung« beizutragen wird in § 1 Abs. 1 des Krankenhausfinanzierungsgesetzes gefordert. Damit wird Qualität als zusätzliches Zielkriterium für krankenhaus-planerische Entscheidungen der Länder eingeführt. Qualitätsunterschiede sollen bei geeigneten Leistungen vergütungsrelevant berücksichtigt werden. Die Patientenorientierung von Qualitätsberichten soll verbessert werden. Zudem können einzelvertragliche Qualitätsverträge zur Verbesserung der Versorgung erprobt werden.
Gesetzes zur Modernisierung der epidemiologischen Überwachung übertragbarer Krankheiten (EpidÜberwModG)	2017	Gesetzlicher Auftrag an die Selbstverwaltungspartner GKV-Spitzenverband und DKG formuliert, innerhalb eines Jahres pflegesensitive Bereiche in Krankenhäusern festzulegen und zum 01.01.2019 verbindliche Pflegepersonaluntergrenzen (PpUG) zu vereinbaren.
Pflegepersonal-Stärkungsgesetz (PpSG)	2018	Bestätigung der PpUG als Qualitätssicherungsmaßnahme: Die für 2019 festgelegten PpUG sollen mit Wirkung ab 2020 auf Basis einer umfassenden, repräsentativen Datenerhebung evaluiert und angepasst werden. Erstmals ab 2021 werden jährlich weitere pflegesensitive Bereiche in Krankenhäusern festgelegt, für die PpUG vereinbart werden sollen. Festlegung einer Untergrenze eines Pflegepersonalquotienten (PpQ) pro Krankenhaus, der zu veröffentlichen ist. Selbstverwaltungspartner haben eine Vereinbarung zu treffen zur Höhe und näheren Ausgestaltung von Sanktionen für die Unterschreitung der PpQ: Als Sanktionen sind Vergütungsabschläge oder eine Verringerung der zulässigen Fallzahl vorgesehen.

30 Leistungsbereiche und 416 Qualitätsindikatoren, d. h. ca. 20 % des Leistungsgeschehens, in die Qualitätsbewertung einbezogen. Der Qualitätsreport 2015 war der erste unter der Regie des IQTIG und beinhaltete 25 Leistungsbereiche, die anhand von 351 Qualitätsindikatoren bewertet wurden (IQTIG 2016). Für das Jahr 2020 analysiert der Qualitätsreport 24 Leistungsbereiche anhand von 221 Qualitätsindikatoren (IQTIG 2020). Am Beispiel der Koronarangiographie und der perkutanen Koronarintervention (PCI) soll kurz die Funktionsweise der externen Qualitätssicherung erläutert werden.

► Externe Qualitätssicherung am Beispiel der Koronarangiographie und perkutanen Koronarintervention (PCI)

Zur Diagnose einer koronaren Herzerkrankung, deren Folgen u. a. Angina pectoris und Herzinfarkte sind, wird zum Nachweis von Verengungen (Stenosen) der Herzkranzgefäße oft eine Koronarangiographie durchgeführt. Dabei wird ein Katheter über einen Führungsdraht, der meist über die Leistenvene eingeführt wird, bis zum Herzen vorgeschoben und mit Hilfe von Röntgenkontrastmittel die Koronararterien unter Durchleuchtung dargestellt. Wenn dabei behandlungsbedürftige Stenosen festgestellt werden, können diese durch Füllung eines kleinen Ballons, der an der Katheterspitze befestigt ist, aufgeweitet werden. Mit Stents, kleinen im Koronargefäß entfalteten Metallgittern, lassen sich verengte Gefäßabschnitte oft dauerhaft offenhalten.

Für das Jahr 2007 lieferten in Deutschland 770 von 915 Krankenhäusern (84,2 % Vollständigkeit) Daten zur Ergebnisqualität bei 245.155 Fällen mit PCI. Die risikoadjustierte Sterblichkeit für alle PCI lag bei 2,3 %, die Spannweite der 452 Krankenhäuser mit mindestens 20 Fällen war aber mit 0,0–8,5 % sehr weit. Als Referenzbereich (95 % Perzentile) wurde eine Sterblichkeit von 5,1 % festgelegt. In 22 Krankenhäusern überstieg die Sterblichkeit den Referenzbereich (BQS 2008, S. 56). Mit diesen auffälligen Krankenhäusern bzw. den betroffenen leitenden Ärzten wird dann durch die Geschäftsstellen der externen Qualitätssicherung, die den Landesärztekammern zugeordnet sind, ein »strukturierter Dialog« durchgeführt. Dieser hat den Zweck, Ursachen für die Abweichung aufzudecken und evtl. qualitätsverbessernde Maßnahmen zu empfehlen bzw. Auflagen zu machen. Sanktionsmaßnahmen reichen von regelmäßigen externen Kontrollen bis zur Vertragsaufhebung durch die Krankenkassen. Drei Jahre später, d. h. für 2010, meldeten 842 Krankenhäuser (davon 171 mit keinem Fall) ihre PCI-Ergebnisse für inzwischen 273.686 Patienten an das AQUA-Institut. Die risikoadjustierte Sterblichkeit lag inzwischen bei 2,6 %, wobei die Spanweite der 532 Krankenhäuser mit mindestens 20 Fällen auf 0,0–19,5 % zugenommen hatte. 26 dieser Krankenhäuser lagen mit ihren Ergebnissen oberhalb des inzwischen bei 5,8 % liegenden Referenzbereiches (AQUA 2011, S. 62). ◄

Das Fallpauschalengesetz (FPG) führte zwei weitere, sehr relevante Ergänzungen in den »Krankenhausqualitätsparagraphen« ein:
- die Mindestmengen und
- die strukturierten Qualitätsberichte.

So wurde der GKV-Spitzenverband und die Deutsche Krankenhausgesellschaft verpflichtet, einen »Katalog planbarer Leistungen« zu vereinbaren, »bei denen die Qualität des Behandlungsergebnisses in besonderem Maße von der Menge der erbrachten Leistungen abhängig ist« [§ 137 (1) Satz 3 Nr. 3 SGB V]. Die Vereinbarung soll für jede Leistung eine **Mindestmenge** je Arzt und/oder je Krankenhaus bestimmen sowie Ausnahmetatbestände definieren (Velasco-Garrido und Busse 2004). Krankenhäuser, die die Mindestmenge nicht erreichen, dürfen fortan diese Leistung nicht mehr erbringen. Am 31.12.2003 wurde die erste **Mindestmengenvereinbarung** zwischen den Spitzenverbänden der GKV und der PKV einerseits und der Deutschen Krankenhausgesellschaft andererseits konsentiert. Für 8 Leistungsbereiche der stationären Versorgung sind jährliche Mindestmengen je Arzt bzw. je Krankenhaus vereinbart worden (◘ Tab. 2.12).

Das GKV-Modernisierungsgesetz hat die Zuständigkeit für die Weiterentwicklung des Kataloges an den G-BA übertragen, der das IQWiG damit beauftragte, **Evidenzberichte**

Tab. 2.12 Mindestmengen laut Mindestmengenvereinbarung des G-BA (2021) nach § 91 SGB V vom 21.03.2006, zuletzt geändert am 18.03.2021, und Anzahl der erfüllenden Standorte

Prozeduren	Jährliche Mindestmenge pro Krankenhaus	Standorte
Lebertransplantation (inkl. Teilleber-Lebendspende)	20	21
Nierentransplantation (inkl. Lebendspende)	25	36
Komplexe Eingriffe am Organsystem Ösophagus	26*	234
Komplexe Eingriffe am Organsystem Pankreas	10	426
Stammzelltransplantation	25	91
Totalendoprothesen des Kniegelenks	50	942
Koronarchirurgische Eingriffe	Derzeit ohne Festlegung	–
Versorgung von Früh- und Neugeborenen mit einem Geburtsgewicht von < 1250 g	25*	165

Stand: 16.06.2021; *Tritt stufenweise in Kraft.

zum Zusammenhang von Leistungsmenge und Ergebnisqualität für verschiedene therapeutische Interventionen zu erarbeiten. Durch die Konzentration der Behandlung bestimmter Indikationen in Zentren mit hohen Leistungsvolumina stellt die Mindestmengenregelung im deutschen Krankenhausmarkt einen umfassenden Eingriff in die Versorgungslandschaft dar und ist in ihrer Bewertung zwischen den Akteuren nicht unumstritten. Mindestmengen kommen auch im US-amerikanischen Krankenhausmarkt zum Einsatz.

Seit 2005 müssen Krankenhäuser einheitlich **strukturierte Qualitätsberichte** vorlegen, die von den Verbänden der Krankenkassen im Internet veröffentlicht werden. Die Qualitätsberichte wurden bis 2013 2-jährlich erstellt und sind seither jährlich durch die Krankenhäuser zu verfassen. Die Qualitätsberichte anhand standardisierter Vorgaben sollen Vergleiche ermöglichen und Ärzten und Krankenkassen bei der Planung von Einweisungen und stationären Aufenthalten als Basis für die Beratung von Patienten dienen können. Mit dem KHSG wurde eine Verbesserung der Patientenorientierung von Qualitätsberichten festgelegt. Besonders patientenrelevante Informationen müssen zukünftig in einem speziellen Berichtsteil in den Qualitätsberichten der Krankenhäuser übersichtlich und in allgemein verständlicher Sprache zusammengefasst werden (§ 136b Abs. 6 SGB V). Als besonders patientenrelevant definiert der Gesetzestext insbesondere Informationen zur Patientensicherheit, speziell zur Umsetzung des Risiko- und Fehlermanagements, zu Maßnahmen der Arzneimitteltherapiesicherheit, zur Einhaltung von Hygienestandards sowie zu Maßzahlen der Personalausstattung in den Fachabteilungen des jeweiligen Krankenhauses. Qualitätsinformationen und -bewertungen von Krankenhäusern werden auf dieser Grundlage eine weitere Verbreitung und Beachtung durch Patienten und Angehörige finden.

Strukturierte Qualitätsberichte nach § 136b Absatz 1 Satz 1 Nummer 3 SGB V

Ziele

- Information und Entscheidungshilfe für Versicherte und Patienten im Vorfeld einer Krankenhausbehandlung
- Orientierungshilfe bei der Einweisung und Weiterbetreuung der Patienten, insbesondere für Vertragsärzte und Krankenkassen
- Möglichkeit für die Krankenhäuser, ihre Leistungen nach Art, Anzahl und Qualität nach außen transparent und sichtbar darzustellen

2

Inhalte

Teil A: Angaben, die für das ganze Krankenhaus gelten

- Allgemeine Daten (z. B. Adresse, Trägerschaft)
- Organisationsstruktur (z. B. Gliederung der Fachabteilungen, Zentren)
- Fachabteilungsübergreifende Versorgungsschwerpunkte (z. B. Behandlungen bzw. Operationen, auf die ein Krankenhaus sich im besonderen Maße konzentriert)
- Fachabteilungsübergreifende medizinisch-pflegerische Leistungsangebote (z. B. nichtärztliche Leistungen wie Pflegeüberleitung, Diät- und Ernährungsberatung)
- Allgemeine nichtmedizinische Serviceangebote des Krankenhauses (z. B. Räumlichkeiten, Verpflegung, Ausstattung der Patientenzimmer)
- Forschung und Lehre des Krankenhauses (z. B. Forschungsschwerpunkte bzw. spezielle medizinisch-wissenschaftliche Fachkenntnisse)
- Anzahl der Betten und Fallzahlen des Krankenhauses
- Anzahl von Ärztinnen und Ärzten, Pflegepersonal, spezielles therapeutisches Personal
- Umgang mit Risiken in der Patientenversorgung, Organisation sowie Instrumente und Maßnahmen des einrichtungsinternen Qualitätsmanagements
- Besondere apparative Ausstattung

Teil B: Angaben zu den Fachabteilungen oder Organisationseinheiten

- Zielvereinbarungen mit leitenden Ärztinnen und Ärzten, Einhaltung der Empfehlungen der DKG vom 17. September 2014 nach § 135c SGB V
- Fachabteilungsbezogene medizinische Leistungsangebote
- Vollstationäre und teilstationäre Fallzahl
- Anzahl aller Hauptdiagnosen nach ICD-10, sortiert nach der Anzahl der Patienten in absteigender Häufigkeit
- Anzahl der durchgeführten Prozeduren mit ihrer jeweiligen OPS-Ziffer, sortiert nach der Anzahl der Patienten in absteigender Häufigkeit
- Ambulante Behandlungsmöglichkeiten, unabhängig von der gesetzlichen oder vertraglichen Grundlage und der Art der Abrechnung
- Anzahl der ambulanten Operationen nach § 115b SGB V mit der jeweiligen OPS-Ziffer
- Zulassung zum Durchgangs-Arztverfahren der Berufsgenossenschaft
- Personelle Ausstattung: Anzahl und Qualifikationen der Mitarbeiter, untergliedert in Ärzte, Pflegepersonal und spezielles therapeutisches Personal

Teil C: Maßnahmen und Projekte der Qualitätssicherung, an denen das Krankenhaus teilnimmt

- Teilnahme an der externen vergleichenden Qualitätssicherung des IQTiG
- Ergebnisse für bis zu 193 Indikatoren und 61 Kennzahlen (insgesamt 254 Ergebnisse zum Erfassungsjahr 2019) aus dem IQTIG-Verfahren
- Externe Qualitätssicherung nach Landesrecht gemäß § 112 SGB V
- Qualitätssicherung bei Teilnahme an Disease Management-Programmen
- Teilnahme an sonstigen Verfahren der externen vergleichenden Qualitätssicherung
- Umsetzung der Mindestmengenregelungen
- Umsetzung von Beschlüssen zur Qualitätssicherung und der Regelungen zur Fortbildung im Krankenhaus
- Umsetzung der Pflegepersonalregelung, Nachweise der Krankenhäuser zu den Pflegepersonaluntergrenzen gemäß PpUG-Nachweis-Vereinbarung 2020

Nach § 135a SGB V sind Krankenhäuser sowie stationäre Vorsorge- und Rehabilitationseinrichtungen schon seit dem Gesundheitsreformgesetz aus dem Jahr 1999 verpflichtet, »einrichtungsintern ein Qualitätsmanagementsystem einzuführen und weiterzuentwickeln«. Die Wahl des Qualitätsmanagementsystems und der eingesetzten Instrumente bleibt dabei dem einzelnen Krankenhaus offen.

Eine weitere, das DRG-Vergütungssystem flankierende Maßnahme zur Qualitätssicherung der pflegerischen Versorgung im Krankenhaus ist die Festsetzung von Personalvorgaben. Die Gesundheitspolitik reagierte auf die vom Gesetzgeber nicht beabsichtigten Anreizwirkungen des G-DRG-Systems (s. u.) mit der Einführung von Pflegepersonaluntergrenzen in pflegesensitiven Bereichen (PpUGV) und dem Pflegepersonal-Stärkungsgesetz (PpSG). Die Einführung geht auf die Arbeit der Expertenkommission »**Pflegepersonal im Krankenhaus**« zurück, die 2015 vom damaligen Bundesgesundheitsminister Hermann Gröhe einberufen wurde. Die Kommission beauftragte ein Gutachten, um den Zusammenhang zwischen Pflegeverhältniszahlen und pflegesensitiven Ergebnisparametern für Deutschland empirisch zu ermitteln (Schreyögg und Milstein 2016). Das Gutachten empfahl auf dieser Basis die Einführung von Personalpflegeuntergrenzen. Gesetzlich verankert wurden die Pflegepersonaluntergrenzen mit Inkraftreten des Epid-ÜberwModG im Juli 2017 (§ 137i SGB V). Der gesetzliche Aufrag an die Selbstverwaltungspartner GKV-Spitzenverband und DKG lautete, innerhalb eines Jahres pflegesensitive Bereiche in Krankenhäusern festzulegen und Pflegepersonaluntergrenzen zu vereinbaren, die ab dem 01.01.2019 verbindlich gelten. An der Ausarbeitung und Festlegung waren der Deutsche Pflegerat, Vertreter der Gewerkschafen und Arbeitgeberverbände, Patientenvertreter sowie wissenschafliche Fachgesellschaften (AWMF) qualifiziert zu beteiligen. Über die Festlegung von Pflegepersonaluntergrenzen hinaus sollten zahlreiche weitere Vereinbarungen getroffen werden, u. a. zur Nachweisführung und Vergütung bzw. Sanktionierung bei Nichteinhaltung der Pflegepersonaluntergrenzen. Die Pflegepersonaluntergrenzen für die Krankenhauspflege sind der zurzeit bedeutsamste Ansatz zur Sicherung der Pflegequalität, ihre initiale Umsetzung zum 01.01.2019 ist nach anhaltenden Konflikten bei den Vertragsparteien der Selbstverwaltung auf dem Wege einer Ersatzvornahme des BMG erfolgt (Leber und Vogt 2020).

Mit dem PpSG wurden die **Pflegepersonaluntergrenzen als Qualitätssicherungsmaßnahme** bestätigt. Die für 2019 festgelegten Pflegepersonaluntergrenzen wurden mit Wirkung ab 2020 auf Basis einer umfassenden, repräsentativen Datenerhebung evaluiert und angepasst. Der heterogene Pflegeaufwand von Patienten bei der Festlegung der Pflegepersonaluntergrenzen wurde berücksichtigt, indem nach der Pflegelast differenzierte Schweregradgruppen unterschieden wurden (Risikoadjustierung). Weiter sah das PpSG vor, dass erstmals ab 2021 jährlich weitere pflegesensitive Bereiche in Krankenhäusern festgelegt und für diese Pflegepersonaluntergrenzen vereinbart werden sollen.

Die folgenden Krankenhausbereiche sind im Jahr 2021 als **pflegesensitive Bereiche** festgelegt, in denen Pflegepersonaluntergrenzen gelten. Die Untergrenzen werden auf Abteilungsebene als maximale Anzahl von Patientinnen und Patienten pro Pflegekraft festgelegt. Dabei wird zwischen Tag- und Nachtschichten unterschieden. § 6 Absatz 2 PpUGV regelt den auf die Erfüllung der Untergrenzen anrechenbaren maximalen Anteil von Pflegehilfspersonal. In diesem Zusammenhang wird auch der maximale Anteil von Pflegehilfskräften festgelegt, welcher auf die Erfüllung der Untergrenzen anrechenbar ist.

▪▪ Intensivmedizin

Bis 31. Januar 2021: Tagschicht maximal 2,5 Patienten pro Pflegekraft; Nachtschicht 3,5 Patienten pro Pflegekraft.

▪▪ Intensivmedizin und pädiatrische Intensivmedizin

Ab 1. Februar 2021: Tagschicht 2 Patienten pro Pflegekraft; Nachtschicht 3 Patienten pro Pflegekraft.

▪▪ Geriatrie

Tagschicht 10 Patienten pro Pflegekraft; Nachtschicht 20 Patienten pro Pflegekraft.

▪▪ Allgemeine Chirurgie und Unfallchirurgie
Ab 1. Februar 2021: Tagschicht 10 Patienten pro Pflegekraft; Nachtschicht 20 Patienten pro Pflegekraft.

▪▪ Innere Medizin und Kardiologie
Ab 1. Februar 2021: Tagschicht 10 Patienten pro Pflegekraft; Nachtschicht 22 Patienten pro Pflegekraft.

▪▪ Herzchirurgie
Ab 1. Februar 2021: Tagschicht 7 Patienten pro Pflegekraft; Nachtschicht 15 Patienten pro Pflegekraft.

▪▪ Neurologie
Ab 1. Februar 2021: Tagschicht 10 Patienten pro Pflegekraft; Nachtschicht 20 Patienten pro Pflegekraft.

▪▪ Neurologische Schlaganfalleinheit
Ab 1. Februar 2021: Tagschicht 3 Patienten pro Pflegekraft; Nachtschicht 5 Patienten pro Pflegekraft.

▪▪ Neurologische Frührehabilitation
Ab 1. Februar 2021: Tagschicht 5 Patienten pro Pflegekraft; Nachtschicht 12 Patienten pro Pflegekraft.

▪▪ Pädiatrie
Ab 1. Februar 2021: Tagschicht 6 Patienten pro Pflegekraft; Nachtschicht 10 Patienten pro Pflegekraft.

Pflegepersonaluntergrenzen, die bisher nur in den aufgeführten Fachabteilungen bestehen, können innerhalb der Pflege Konflikte hervorrufen, wenn bspw. Personal aus anderen Fachabteilungen zur Erfüllung der Quoten verlagert wird oder Betten zur Einsparung von Pflegepersonal aufgrund von Fachkräftemangel nicht belegt werden. Mit den gesetzlichen Vorgaben zur Ausweitung der Untergrenzen auf weitere Krankenhausbereiche sowie zum **Pflegequotienten (PpQ)** wird hier durch den Gesetzgeber seit 2020 gegengesteuert. Das InEK ermittelt jährlich, erstmals zum 31.05.2020, für jedes zugelassene Krankenhaus einen PpQ, der das Verhältnis der Anzahl der Vollzeitkräfte in der unmittelbaren Patientenversorgung auf bettenführenden Stationen zu dem Pflegeaufwand eines Krankenhauses beschreibt (§ 137j SGB V). Der Pflegepersonalquotient wird für jeden Standort eines Krankenhauses bestimmt. Gelingt es, bis 2025 ein Instrument zur bedarfsgerechten Pflegepersonalausstattung (s. o.) zu entwickeln und umzusetzen, ist zu prüfen, ob die Festlegung der externen Personalvorgaben zum Pflegedienst in Krankenhäusern weiterhin erforderlich sind (Oswald und Bunzemeier 2020).

Ebenfalls im Jahr 2020 erfolgte eine wesentliche Überarbeitung der Regelungen zur Personalausstattung in der Psychiatrie mit der **Personalausstattung Psychiatrie und Psychosomatik**-Richtlinie (PPP-RL) des G-BA. Die größte Neuerung ist, dass mit der PPP-RL aus den Werten eines Budgetbemessungsinstruments (Psych-PV) eine Mindestvorgabe abgeleitet wurde, die nun verbindlich einzuhalten ist. Ab 2021 ist die Behandlung von Patienten nur dann zulässig und vergütungsfähig, wenn die **Mindestvorgaben für die Berufsgruppen** erfüllt sind. Bei Nichteinhaltung der Mindestvorgaben entfällt der Vergütungsanspruch (Leber und Vogt 2020).

Implikationen der gesetzlichen und strukturellen Rahmenbedingungen für das Leistungsmanagement
Den Leistungsbetrieb im Krankenhaus zu organisieren und aufrechtzuerhalten war bis vor wenigen Jahren mehr eine Verwaltungstätigkeit als eine Managementaufgabe. Zielgröße war die Erfüllung des Versorgungsauftrags im Sinne der Landeskrankenhausplanung unter Berücksichtigung der verschiedenen rechtlichen Vorgaben zur Personalwirtschaft (vgl. ▶ Abschn. 5.3), Investitionsplanung und Krankenhausbuchführung. Die fehlenden Anreize zu Effizienzsteigerungen und Qualitätsverbesserungen sind v. a. auf die bis Ende 2003 eingesetzten Vergütungsmechanismen zurückzuführen, die auch nach den ersten Veränderungen durch das Gesundheitsstrukturgesetz (GSG) von 1992 noch sehr stark durch das Kostenerstattungsprinzip und korrespondierende Anreize geprägt waren.

Die Einführung des G-DRG-Systems hat hier zu umfassenden Veränderungen geführt, die auch direkte Auswirkungen auf die Anforderungen an ein unter betriebswirtschaftlichen Gesichtspunkten erfolgreiches Leistungsmanagement haben. Aus der Einführung der prospektiv kalkulierten Vergütung über DRG-Fallpauschalen resultieren geänderte Anreize, aus denen wieder zentrale Anforderungen an das Leistungsmanagement hervorgehen. Die Vergütungspreise im G-DRG-System orientieren sich an den deutschen Durchschnittskosten, die jährlich neu kalkuliert werden (vgl. ▶ Abschn. 4.3). Es kann daher angenommen werden, dass das Fallpauschalensystem zu einer **Effizienzsteigerung** führt (Schreyögg und Milstein 2020). Da die Preise bzw. Relativgewichte pro DRG unter den Krankenhäusern, die ihre Kostendaten zur Preisberechnung zur Verfügung stellen, gemittelt werden, treten Krankenhäuser in einen **Effizienzwettbewerb** untereinander (sog. **Yardstick-Wettbewerb**) (Shleifer 1985). Krankenhäuser, deren Kosten für eine Fallpauschale oberhalb der Vergütung liegen, werden angereizt, ihre Kosten zu senken – beispielsweise durch die Vermeidung von unnötigen Untersuchungen, Reduzierung der Verweildauer, des Personaleinsatzes und durch technische Innovationen. Liegen die Kosten eines Krankenhauses unterhalb der Vergütung, d.h. den durchschnittlichen Kosten deutscher Krankenhäuser, dann wird ein Überschuss erwirtschaftet. Dieser Vergütungsmechanismus überträgt die Gewinn- und Verlustverantwortung auf die Krankenhausführung. Wenn ein Verlust nicht durch den Träger ausgeglichen wird, dann kann Illiquidität und Überschuldung eines Krankenhauses zu dessen Insolvenz und Schließung führen.

Unter den vorherigen Vergütungsmechanismen konnte eine Kostenüberschreitung bzw. ein Verlust durch harte Verhandlungen mit den Krankenkassen abgewendet werden. Ein Indiz dafür waren krankenhausindividuelle Basisfallwerte, die bei DRG-Einführung deutlich über dem landesweiten Durchschnitt lagen. Die Differenz war ein Indikator für Verhandlungsergebnisse in Bezug auf die Höhe des Krankenhausbudgets, die nicht im Einklang mit dem Output der Leistungserbringung stehen. Allerdings ist aus diesem Sachverhalt nicht abzuleiten, dass die betroffenen Krankenhäuser in gleichem Umfang Überschüsse erwirtschaftet haben. In vielen Fällen war es für die Krankenhausführung ausreichend, das individuell verhandelte Kosten- bzw. Erlösvolumen unter Kontrolle zu behalten. Unter den veränderten Rahmenbedingungen durch die DRG-Einführung ist es für die Krankenhausführung von existenzieller Bedeutung, die Durchschnittskosten der übrigen Krankenhäuser zu realisieren bzw. idealerweise zu unterbieten. Der Gesetzgeber hat eine schrittweise Anpassung an das landes- bzw. bundeseinheitliche Preisniveau vollzogen. Eine nachhaltige Sicherstellung der Wirtschaftlichkeit ist daher zentrale Herausforderung für das Leistungsmanagement im Krankenhaus.

Die Sicherstellung oder **Ausweitung von Fallmengen** ist eine wichtige Voraussetzung, um die Wirtschaftlichkeit auf der Erlösseite positiv zu beeinflussen. In der Zeit vor DRG-Einführung war eine hohe Belegungsrate der Krankenhausbetten bzw. ein hohes Volumen an Pflegetagen die Basis für hohe Erlöse. Die DRG-Fallpauschalen setzen Anreize für eine hohe Verdichtung von behandelten Fällen pro Pflegetag und Bett, d. h. eine kurze, effiziente Behandlung ist unter diesen Rahmenbedingungen erlössteigerndes Vorgehen. Die Wirkung dieses Anreizmechanismus ist an den gestiegenen Fallzahlen im deutschen Krankenhausmarkt abzulesen, die von einer international durchschnittlich stark gesunkenen durchschnittlichen Verweildauer begleitet werden – woraus sich bei nur langsam sinkenden Bettenzahlen zunächst verringerte Auslastungen ergeben haben (Schreyögg und Milstein 2020). Viele Krankenhäuser haben in den vergangenen Jahren inflations- und tarifbedingte Kostensteigerungen über die Erbringung zusätzlicher Fallzahlen kompensiert. Anstelle der hälftigen Refinanzierung der Tarifsteigerungen ist für den Pflegedienst im Krankenhaus ist seit 2018 eine vollständige Refinanzierung von Tariferhöhungen vorgesehen (§ 6 Abs. 3 Satz 5 KHEntG). Seit dem Jahr 2020 ist die Krankenhausvergütung auf eine Kombination von preisbasiertem G-DRG-System und krankenhausindividueller Pflegepersonalkostenvergütung umgestellt worden. Die Ausgliederung aus den DRG-Fallpauschalen in Form eines Pflegebudgets bedeutet eine Fianzierung der Pflegepersonalkosten nach dem **Selbstkostendeckungsprinzip** (Leber und Vogt 2020). Mit der Parallelität von tagesbezogenem Pflegebudget und fallbezogenem G-DRG-Budget erweitern sich die Dokumentations-, Informations- und Kalkulationsaufgaben. Außerdem erhöht sich der Abstimmungsbedarf zwischen den Verantwortlichen innerhalb des Krankenhauses und auch krankenhausübergreifend mit den Krankenkassen. Das macht die Etablierung oder Erweiterung des Controllings in den Bereichen Personal und insbesondere Pflegepersonal erforderlich, das die zusätzlichen Aufgaben steuert, d. h. die Überwachung der Einhaltung des Pflegebudgets, der Pflegepersonaluntergrenzen und der Untergrenzen zum Pflegepersonalquotienten (Oswald und Bunzemeier 2020).

Der starke Anstieg der Fallmengen in deutschen Krankenhäusern bis 2018 steht dem langfristigen internationalen Trend abnehmender stationärer Fallzahlen, vor allem durch Ambulantisierung stationärer Leistungen, entgegen. Deutschland weist unter den OECD-Ländern die höchste Fallzahl pro 100 Einwohner auf. In Deutschland hat rechnerisch fast jede vierte Person einen Krankenhausaufenthalt pro Jahr. Die stark gestiegenen Fallmengen deutscher Krankenhäuser führten in den letzten Jahren zu einer Diskussion um die Ursachen und Lösungsmöglichkeiten. Im Rahmen eines gesetzlichen Forschungsauftrages ermittelten Schreyögg et al. (2014) zahlreiche Ursachen. Neben der demographischen Entwicklung konnten auch die Änderungen der Relativgewichte zwischen den DRG-Katalogen, d. h. die Preisänderungen, als Ursachen identifiziert werden. Auch aktuelle Studien kommen zu dem Befund, dass Änderungen im DRG-Katalog deutliche Fallzahleffekte auslösen (Bäuml 2021; Bäuml und Kümpel 2020). Nachfrageseitige Determinanten, u. a. die bereits erwähnte demographische Entwicklung, erklären demgegenüber nur ca. 20 % des Fallzahlanstiegs der letzten Jahre (Krämer und Schreyögg 2019). Als auffällig wurde auch, u. a. durch Schreyögg et al. (2014), identifiziert, dass das deutsche stationäre Vergütungssystem im Vergleich zu jenen in anderen OECD-Ländern sehr stark auf die DRG-Vergütung ausgerichtet ist, die zudem in Deutschland sehr prozedurenorientiert ist. Eine Empfehlung war demnach, das G-DRG-System weniger abhängig von therapeutischen Prozeduren zu gestalten und vermehrt Vergütungsbestandteile einzuführen, die unabhängig von der erbrachten Fallmenge gewährt werden, z. B. für Rettungsstellen (Schreyögg und Milstein 2020; Roeder et al. 2020). Als effektive Maßnahme zur Reduktion der stationären Fallzahlen wird auch eine sektorengleiche Vergütungspauschale empfohlen, d. h. eine Pauschale, die ausgewählte Leistungen ambulant sowie stationär identisch vergütet. Länder wie England und Frankreich haben durch die Einführung einer solchen Pauschale die stationären Fallzahlen reduziert und somit auch das Personal in ihren Krankenhäusern entlastet (Schreyögg und Milstein 2020; Sachverständigenrat zur Begutachtung der Entwicklung im Gesundheitswesen 2018).

Die mit dem KHSG verabschiedeten Festlegungen führen zu einer substanziell geänderten ordnungspolitischen Mengensteuerung im Krankenhausmarkt. Wesentliches Steuerungsinstrument ist der sogenannte **Fixkostendegressionsabschlag** (FDA) auf Krankenhausebene, der den vorherigen, auf regionaler Ebene pauschalierenden **Mehrleistungsabschlag** für verhandelte Mengenausweitungen ersetzt (Achtung: beide Instrumente dürfen nicht mit dem **Erlösbudgetausgleich** verwechselt werden, der retrospektiv für das jeweilige Jahr pro Krankenhaus erfolgt; ► Abschn. 4.3). Die Festlegung des FDA auf eine Höhe von 35 % für drei Jahre bei verhandelten bzw. vereinbarten Mehrleistungen soll eine starke Anreizwirkung für eine Mengenbegrenzung auf Krankenhausebene darstellen. Krankenhausunternehmen werden in Vorbereitung von Budgetverhandlungen umfangreiche Analysen vornehmen (Amortisations-, Kosten- und Deckungsbeitragsrechnungen), um festzustellen, in welchen Leistungsbereichen unter diesem Abschlagstatbestand Leistungsausweitungen wirtschaftlich begründet werden können.

Da der Anstieg der Fallmenge jedoch bislang noch nicht gestoppt werden konnte, wird die Diskussion einer stärkeren Ausrichtung der Vergütung an den Anreizen für die Leistungserbringung anhalten. Derzeit wird u. a. diskutiert, wie über die Vergütung Anreize für eine stärkere Ambulantisierung stationärer Leistungen gesetzt werden können, da Deutschland bei der Ambulantisierung im Vergleich zu anderen Ländern deutlichen Nachholbedarf hat. Dies könnte beispielsweise durch eine ambulant-stationäre Mischvergütung eines ausgewählten Spektrums an ambulantisierbaren Leistungen erfolgen (Schreyögg 2017). Die **Leistungsmengen** sind Gegenstand der Verhandlungen zwischen den Krankenkassen und den Krankenhäusern. Hier hat die Einführung der Fallpauschalen zu einer grundlegenden Veränderung der Verhandlungssystematik geführt. Während das Vergütungssystem früher im Wesentlichen auf den ausgehandelten Budgets basierte, ist nunmehr die verhandelte Fallmenge bzw. der Case-Mix von entscheidender Bedeutung. Neben den bundeseinheitlich bewerteten DRGs und Zusatzentgelten unterliegen auch die nicht bundeseinheitlich bewerteten DRGs und Zusatzentgelte der Leistungsmengenplanung, wobei ihr Vergütungspreis krankenhausindividuell vereinbart wird. Dieser Wandel hat in Kombination mit der Einführung des krankenhausindividuellen Pflegebudgets im Budgetjahr 2020 zu einer erhöhten Komplexität der Entgeltverhandlungen geführt, aus der gestiegene Anforderungen an das Informationsmanagement und Controlling resultieren (z. B. Bestimmung der Selbstkosten und Deckungsbeiträge pro Fallgruppe zur Vorbereitung der Verhandlungen um die Fallmengen; vgl. ► Abschn. 6.3). Die Begründung von gesetzlich vorgesehen Ausnahmetatbeständen (u. a. Verlagerungsleistungen) bei der Anwendung des FDA beinhalten zusätzliches Konfliktpotenzial. Die Planung, Steuerung und Kontrolle dieser mit den Sozialleistungsträgern vereinbarten Mengen ist darüber hinaus auch eine Aufgabe des Leistungsmanagements.

Anders als bei Einführung des DRG-Systems von manchen Autoren vorhergesagt – dass nämlich der DRG-Fallpauschalenkatalog analog zum Einheitlichen Bewertungsmaßstab (EBM) im ambulanten Sektor de facto auch einen Leistungskatalog darstellen würde –, sind die Krankenhäuser weiterhin recht frei in der Auswahl der von ihnen genutzten Technologien und damit auch der Leistungen. Anders als im ambulanten Sektor, wo neue Leistungen vom Gemeinsamen Bundesausschuss (G-BA) explizit in den Leistungskatalog aufgenommen werden müssen (§ 135 Abs. 1 SGB V), gilt im Krankenhaus der sog. **Verbotsvorbehalt**, d. h. eine Leistung muss vom G-BA ausgeschlossen werden, damit sie nicht (mehr) zu Lasten der Krankenkassen erbracht werden darf (vgl. ► Abschn. 2.1).

Der diskretionäre Spielraum der Krankenhausführung im Hinblick auf die Optimierung des **Leistungsportfolios** wird durch das **regulatorische Instrument der Krankenhausplanung** begrenzt. Die Krankenhausplanung hat in vielen Bundesländern besonders in den 1980er und bis in die 1990er Jahre das Leistungsgeschehen eines Krankenhauses durch eine enge Festlegung von Fachgebieten und ihren Subspezialitäten und die Zuordnung von Betten im Versorgungsauftrag stark beeinflusst. Erst in den letzten Jahren hat sich eine Tendenz verstärkt, dass sich der von den zuständigen Behörden erteilte Versorgungsauftrag allein auf das gesamte Fachgebiet (z. B. Chirurgie oder Innere Medizin) bezieht und mithin die Möglichkeit eröffnete, innerhalb dieser breiten Fachgebiete Spezialangebote zu entwickeln und diese Angebote in die Verhandlungen mit den Sozialleistungsträgern einbringen zu können (Deutsche Krankenhausgesellschaft 2021; Vetter 2005).

Die **Regelungstiefe** der Pläne variiert allerdings trotzdem noch erheblich zwischen den einzelnen Bundesländern. Manche Bundesländer, z. B. Berlin, schreiben weiterhin vor, welche Unterabteilungen (z. B. Endokrinologie in der Inneren Medizin) mit welcher Bettenzahl vorgehalten werden müssen. Als erstes Bundesland hat das Saarland auf eine Festlegung von Bettenzahlen und Fachabteilungen bei der Krankenhausplanung verzichtet. An welchen Krankenhäusern mit wie vielen Betten welche Leistungen erbracht werden, wird hier durch eine Kommission aus Krankenkassen und Klinikträgern entschieden. Die Krankenhausplanung beschränkt sich im Saarland auf eine

Festlegung der landesweit zu erbringenden medizinischen Leistungen (Deutsche Krankenhausgesellschaft 2021; Roeder et al. 2004). Die Ausgestaltung des Leistungsportfolios eines Krankenhauses wird in vielen Ländern weiterhin stark durch die jeweilige Landeskrankenhausplanung mitbestimmt und ist Gegenstand von Verhandlungen zwischen der jeweiligen Planungsbehörde und der Krankenhausführung. Sowohl die an Kapazitäten orientierte Krankenhausplanung insgesamt als auch die Einteilung der Krankenhäuser in Versorgungsstufen wird insbesondere durch die Einführung der DRG-Fallpauschalen kritisch hinterfragt. Es ist zu erwarten, dass dieser Konflikt zwischen den Anreizen der Krankenhausplanung und -vergütung voraussichtlich in den nächsten Jahren weiter zunehmen wird (s. u.).

Durch die Einführung des DRG-Systems wurde ein Grundgerüst zur Verfügung gestellt, welches Kategorien definiert, auf die sich wiederum die Kennzahlen und Verfahren von Qualitätssicherung beziehen können, was z. B. durch das IQTIG praktiziert wird. Dies ist ein Schritt, um die Transparenz der **Behandlungsqualität** in deutschen Krankenhäusern zu erhöhen. Anreize zu einer Steigerung der Qualität werden durch DRGs *per se* nicht gesetzt. Die Qualität wird bisher vielmehr als eine Nebenbedingung gesehen, da die Erlösoptimierung fast ausschließlich über die Quantität an Leistungen erfolgt. Allerdings sind hier auf Basis der Festlegungen durch das KHSG seit 2018 Änderungen vorgenommen worden, indem die Höhe der Erlöse auf Fallebene mit der erzielten medizinischen Qualität verknüpft wird. Das DRG-System bietet hierfür eine mögliche Plattform. Da die DRG-Gruppenbildung primär nach Kosten ausgerichtet ist – was daran zu erkennen ist, dass die Splittung der Basis-DRGs nach Ressourcenverbrauch erfolgt, was nicht unbedingt mit der medizinischen Fallschwere korreliert –, ist es allerdings nötig, für diesen Zweck medizinisch definierte Untergruppen innerhalb bestimmter DRGs abzugrenzen. Dann können aus den Routinedaten des Krankenhauses Aussagen zur **Ergebnisqualität**, z. B. fallgruppenspezifische Krankenhaussterblichkeit, gemacht werden (Busse et al. 2020).

Qualitätsverträge nach dem durch das KHSG eingeführten § 110a SGB V konnten bereits seit August 2018 geschlossen werden. Wirksam wurden die bis dahin abgeschlossenen Qualitätsverträge jedoch erst ab Juli 2019, der Erprobungszeitraum dauert maximal vier Jahre. Anschließend erfolgt die Evaluation der Ergebnisse durch das IQTIG oder die lokalen Vertragspartner. In den Qualitätsverträgen werden die Qualitätsziele, Anreize und die Auswahl der Qualitätsindikatoren bzw. Kennziffern sowie die Art (monetär/nichtmonetär) und die Struktur der Anreize durch die Vertragspartner festgelegt. Die Qualitätsziele sollten den Qualitätsanforderungen des IQTIG entsprechen und in Anlehnung an die übergreifenden Ziele, definiert durch den G-BA (2017), vereinbart werden. In der Rahmenvereinbarung zwischen GKV-Spitzenverband und DKG (GKV-SV und DKG 2018) heißt es dazu:

> » In den Qualitätsverträgen sind Anreize zu vereinbaren, die insbesondere die Krankenhausträger motivieren und unterstützen sollen, die definierten Qualitätsanforderungen zu erreichen. Die Ausgestaltung von Anreizen ist als Teil der Qualitätsverträge frei verhandelbar. Es kann sich um nicht-monetäre oder monetäre Anreize handeln. Als mögliche Anreizsysteme kommen z. B. die Empfehlung des Krankenhauses durch die Krankenkasse, einmalige Zahlungen für den Erprobungszeitraum oder Varianten erfolgsabhängiger Zahlungen oder Mischformen in Betracht.

Der erste Qualitätsvertrag wurde im Dezember 2018 zwischen der Karl-Hansen-Klinik in Bad Lippspringe und der Siemens Betriebskrankenkasse (SBK) im Leistungsbereich »Respiratorentwöhnung von langzeitbeatmeten Patientinnen und Patienten« abgeschlossen (SBK 2019). Details zu den darin enthaltenen, auf die Qualität gerichteten finanziellen Anreize sind nicht öffentlich zugänglich. Die Ergebnisse von Qualitätsverträgen können eine Grundlage für die Entwicklung von »Best-Practice«-Tarifen und damit eine Grundlage für die Weiterentwicklung der Vergütung darstellen (Busse et al. 2020).

Nach der geplanten Verabschiedung des GVWG im Jahr 2021 soll der G-BA für vier weitere Leistungen oder Leistungsbereiche, die in außerordentlich guter bzw. unzureichender Qualität erbracht werden, einen Katalog von geeigneten Leistungen festlegen (§ 136b Absatz 9 SGB V). Dabei sind natürlich einige methodische Schwierigkeiten zu beachten, da die alleinige Betrachtung der Krankenhausmortalität nicht geeignet ist, um Aussagen über die Qualität eines Krankenhauses oder einer Abteilung zu liefern. Ein sehr großer Teil der Mortalität wird bekanntlich nicht durch die Behandlungsqualität des Krankenhauses erklärt, sondern durch patientenspezifische Faktoren. So ist die Mortalitätsrate älterer Patienten im Schnitt höher als bei jüngeren, ebenso wie die Mortalitätsrate von schwerer erkrankten Patienten im Vergleich zu leicht Erkrankten und diejenige von Patienten mit vielen weiteren Erkrankungen im Vergleich zu solchen ohne weitere Erkrankungen größer ist. Es ist also eine sog. »**Risikoadjustierung**« nötig, die dieses zugrunde liegende Risiko der Patienten berücksichtigt (▶ Abschn. 2.1). Dabei stehen **Demographie** (Alter und Geschlecht), **Schweregrad** und **Komorbiditäten** (z. B. Diabetes mellitus bei einem Herzinfarktpatienten) als Kriterien zur Risikoadjustierung (»risk adjusters«) im Vordergrund. Nur wenn durch epidemiologische oder klinische Studien klar ist, dass diese Faktoren keine Rolle spielen, kann auf sie verzichtet werden.

Bezüglich der Risikoadjustierung werden die Patienten entweder in Zellen mit ähnlichem Risiko eingeteilt (z. B. über 65 Jahre, Krankheitsstadium C, ohne Nebendiagnosen), oder das relative Gewicht der verschiedenen Faktoren wird durch eine multiple Regression ermittelt und berücksichtigt (Schäfer et al. 2005). In praxi wird man auf Krankenhausebene versuchen, ein Zellenmodell zu nutzen, um so aussagekräftige Vergleiche über Abteilungen und/oder Krankenhäuser und die Zeit hinweg zu ermöglichen (s. Beispiel in ◘ Tab. 2.3). Neben den patientenspezifischen Faktoren müssen ggf. noch andere Umstände bei der Interpretation der Ergebnisqualität berücksichtigt werden: So kann z. B. die lokale Verfügbarkeit von geeigneten Nachsorgeeinrichtungen – oder auch Hospizen – die Sterblichkeit im Krankenhaus deutlich beeinflussen.

Das Behandlungsergebnis kann in besonderem Maße von der Häufigkeit und der Regelmäßigkeit abhängig sein, mit der ein Arzt oder ein Krankenhaus Leistungen erbringt, die ein hohes Maß an Routine erfordern. Mit dieser Begründung wurde 2002 die **Mindestmengenregelung bei gut planbaren Prozeduren** eingeführt, ohne dass die Nichteinhaltung mit klaren (monetären/nicht-monetären) Konsequenzen für die Leistungserbringer verknüpft wurde. Damit ist vermutlich zu erklären, warum die Mindestmengenregelung in den Einführungsjahren weitgehend unterlaufen wurde. Studien haben gezeigt (de Cruppé und Geraedts 2018), dass **keine Konzentration von Behandlungsfällen** auf Zentren mit hohen Fallzahlen stattgefunden und die Anzahl der Krankenhäuser mit sehr geringen Fallmengen sich über die Jahre nicht verändert hat. Auch in den nachfolgenden Jahren scheinen die Fallzahlen in den Krankenhäusern mit Fallzahlen unterhalb der Mindestmenge nicht gesunken zu sein. Diese negative Tendenz kann insbesondere darauf zurückgeführt werden, dass die Krankenhäuser bei Unterschreitung der Mindestmenge eine **Vielzahl von Ausnahmeregelungen** in Anspruch nehmen können. So wird die Leistung vergütet, wenn das Krankenhaus die Leistung aus dem Katalog planbarer Leistungen erstmals oder nach einer mindestens 24-monatigen Unterbrechung erneut erbringt. Eine Ausnahme gilt auch für eine Leistung, die im Notfall erbracht wurde, oder wenn eine Verlegung der Patientin in ein Krankenhaus, das die Mindestmenge erfüllt, medizinisch nicht vertretbar war (vgl. G-BA 2021; § 4 Abs. 4 S. 3 Mm-R G-BA). Dies hat sich durch das Krankenhausstrukturgesetz geändert: **keine Vergütung für Leistungen unterhalb der Mindestmenge**. Zur Erbringung der planbaren Leistungen mit einer verbindlich festgelegten Mindestmenge sind nur noch jene Leistungserbringer berechtigt, die die maßgebliche Mindestmenge je Arzt oder Standort eines Krankenhauses im vorausgegangenen Kalenderjahr erreicht haben (vgl. G-BA 2021; § 4 Abs. 1 S. 2 der Mm-R G-BA). Zusätzlich werden die Leistungen, die unterhalb der Mindestmenge erbracht werden, seit 2018 von der gesetzlichen Krankenversicherung nicht mehr vergütet. Allerdings wurden die Ausweichstrategien durch die Angabe eines Ausnahmetatbestandes nicht geschlossen, sodass abgewartet werden muss, ob die Neuregelungen tatsächlich dazu führen, dass Leistungen unterhalb der Mindestmenge nicht mehr vergütet – und damit zukünfig auch tatsächlich nicht mehr erbracht werden (Busse et al. 2020).

Die Bedeutung der Qualität als zentrale Outputdimension wird durch weitere vom Gesetzgeber vorgegebene Maßnahmen zur Qualitätssicherung unterstrichen. Allerdings sind diese Maßnahmen eher zur Sicherung von Mindeststandards geeignet und nicht auf die systematische Verbesserung von Qualität ausgerichtet. Eine Qualitätsorientierung im Rahmen des Leistungsmanagements sollte höhere Ziele verfolgen, da **Qualität im Wettbewerb** zwischen Krankenhäusern der zentrale **diskriminierende Faktor** ist. Im Gegensatz zu vielen anderen Industrie- und Dienstleistungsbereichen kann man Krankenhauspatienten nicht über den Preis gewinnen, da die Kosten der Behandlung im Regelfall durch die Krankenkassen oder die private Krankenversicherung getragen werden. Daher sind die klinische Qualität und die Servicequalität zentrale Faktoren, um Patienten als Kunden zu gewinnen und zu halten (▶ Abschn. 3.3).

Mit der Verankerung der strukturierten Qualitätsberichte in § 137 SGB V hat der Gesetzgeber die Bedeutung von Qualitätsparametern in Krankenhäusern aufgewertet und durch die Vorgaben zur Veröffentlichung zu einer höheren Transparenz gegenüber den Kunden bzw. Patienten eines Krankenhauses beigetragen. Da die vorgegebene Struktur des Qualitätsberichts sich vor allem auf Struktur- und wenige Prozessparameter beschränkt, lassen sich aus den Qualitätsberichten in ihrer jetzigen Form allerdings nur bedingt fundierte Aussagen über die Qualität in einem Krankenhaus ablesen.

Neben den ärztlichen und pflegerischen medizinischen Leistungen sind für Patienten zunehmend auch die **Hotel- und Servicequalität** von besonderer Bedeutung, insbesondere in wettbewerbsintensiven Ballungszentren. Es gilt, die Ansprüche der Patienten, aber auch die der Angehörigen und der Zuweiser adäquat zu berücksichtigen. Die Befragungsergebnisse zur Zufriedenheit von ca. 700.000 Patienten pro Jahr nach einem Krankenhausaufenthalt durch die Weiße Liste (ein Projekt der Bertelsmann-Stiftung und der Dachverbände der größten Patienten- und Verbraucherorganisationen) bestätigen, dass der Qualitätsbegriff – z. B. die Freundlichkeit der Mitarbeiter, die Kommunikation mit Patienten und Zuweisern – den gesamten Service im Krankenhaus etc. mit einbeziehen muss. Diese Nebenleistungen werden von Patienten und ihren Angehörigen sehr stark wahrgenommen und haben daher ein hohes Gewicht bei der Gesamtbewertung der Qualität. Der Patient sieht sich immer mehr in einer Kundenrolle und will nicht nur versorgt werden, sondern, wie in anderen Dienstleistungsbereichen auch, durch guten Service verwöhnt werden. Die notwendige Stärkung des Dienstleistungsgedankens innerhalb der Krankenhausorganisation stellt eine Herausforderung dar (Behar et al. 2016; Roeder und Franz 2014).

Die Erfüllung der gestiegenen Anforderungen an die Qualität und die Wirtschaftlichkeit der Leistungserstellung wird in vielen Krankenhäusern durch die vorhandene Infrastruktur erschwert. Die Bettenkapazitäten bzw. -überkapazitäten und die baulichen Rahmenbedingungen (z. B. Pavillonbauweise) sind häufig nicht mit der Optimierung der Aufbau- und Ablauforganisation und den verkürzten Verweildauern in Einklang zu bringen, ohne dass umfangreiche Neu- und Umbaumaßnahmen (z. B. Eingriff- und Funktionsräume) erforderlich sind. Im Hinblick auf den Umfang der Investitionskostenfinanzierung gibt es erhebliche Unterschiede zwischen den Ländern, sodass nur ein Teil der Krankenhäuser diese Vorhaben realisieren kann. Für die übrigen Krankenhausträger ergibt sich die Herausforderung, die erforderlichen Investitionsmittel durch Eigen- oder Fremdkapital zu decken. Aus diesem Vorgehen entstehen zusätzliche Anforderungen an Wirtschaftlichkeit dieser Krankenhäuser, da die Investitionskosten nur durch zukünftige Überschüsse refinanziert werden können (▶ Abschn. 4.3).

2.3.2 Praktische Umsetzung

Im Folgenden wird thematisiert, wie Krankenhäuser unter der Beachtung der gesetzlichen Restriktionen ein Leistungsmanagement implementieren können, das auf eine effiziente und qualitativ hochwertige Leistungserstellung ausgerichtet ist. Der erste Abschnitt »Strategisches Leistungsmanagement« widmet sich Wettbewerbsstrategien, die sich zur Entwicklung des Leistungsmanagements in Krankenhäuser eignen und dieses einem Wandel unterziehen. Der zweite geht, analog zur Produktion in Industrie- und Dienstleistungsbetrieben, auf die Gestaltung der Leistungsprozesse ein. Anschließend wird aufgezeigt, welche Schritte unternommen werden können, um eine hohe Qualität der zu erstellenden Leistungen sicherzustellen. Abschließend wird erläutert, welche Rolle der Logistik als unterstützender Funktion der Leistungserstellung zukommt und wie diese entwickelt werden kann.

Strategisches Leistungsmanagement

Wie bereits dargestellt, führte eine Reihe von Änderungen in den gesetzlichen und strukturellen Rahmenbedingungen zu einem erhöhten Wettbewerbsdruck unter den Krankenhäusern. Um in diesem geänderten Wettbewerbsumfeld bestehen zu können, mussten und müssen sich viele Krankenhäuser das Leistungsmanagement einem grundsätzlichen Wandel unterziehen. Dabei können unterschiedliche **Wettbewerbsstrategien** zum Einsatz kommen, die vor allem das gesamte Leistungsmanagement, aber auch andere funktionale Bereiche betreffen. Motive für das Leistungsmanagement können dabei u. a. ein verbessertes Leistungsangebot, eine stärkere Arbeitsteilung bei der medizinischen Leistungserstellung, verbesserte Logistikprozesse oder Synergien im Einkauf sein. Als Wettbewerbsstrategien kommen neben einer organischen bzw. evolutorischen Organisationsentwicklung Fusionen und Kooperationen in Betracht (Johnson et al. 2011). Im Folgenden sei vor allem auf Fusionen und Kooperationen näher eingegangen, da diese in den letzten Jahren im deutschen Krankenhausmarkt intensiv verfolgt wurden.

Eine im Vergleich zu anderen Branchen im deutschen Krankenhausmarkt sehr häufig verfolgte Wettbewerbsstrategie sind **Fusionen** bzw. Verbundbildungen. Fusionen stellen eine **Verschmelzung verschiedener Organisationen zu einer wirtschaftlichen und rechtlichen Einheit** dar. Dabei ist zwischen Zusammenschlüssen unter gleichen, Übernahmen von einzelnen Krankenhäusern durch Verbünde und gegenseitiger Übernahme von Verbünden zu unterscheiden.

Zusammenschlüsse unter gleichen Bei dieser Form der Fusion übernimmt nicht ein Verbund ein einzelnes Krankenhaus, sondern es schließen sich mehrere Krankenhäuser zu einem Verbund zusammen. Im Krankenhausmarkt betraf dies in der Vergangenheit Zusammenschlüsse von kommunalen Kliniken oder den Zusammenschluss der BG-Kliniken zum Klinikverbund der gesetzlichen Unfallversicherung.

Übernahmen von einzelnen Krankenhäusern durch Verbünde Dies war in der Vergangenheit die häufigste Form der Fusion. Klassischerweise wurden kommunale Krankenhäuser in öffentlicher Trägerschaft von freigemeinnützigen oder privaten Verbünden übernommen. Diese Form der Übernahme wird **materielle Privatisierung** genannt. Es wird nicht nur die Rechtsform in eine private Rechtsform überführt (wie bei der **formalen Privatisierung**), sondern das Krankenhaus geht über in eine private Trägerschaft (Tiemann und Schreyögg 2012; Lindlbauer et al. 2016b). Auf diese Weise wurden seit Mitte der 90er-Jahre mindestens 350 Krankenhäuser übernommen. Mittlerweile stehen allerdings kaum noch kommunale Krankenhäuser zum Verkauf. Weiterhin wurden bereits in privater Trägerschaft befindliche Krankenhäuser von freigemeinnützigen oder privaten Verbünden übernommen.

Gegenseitige Übernahmen von Verbünden Nachdem die materielle Privatisierungswelle mittlerweile weitestgehend abgeschlossen ist, waren in den letzten Jahren vermehrt gegenseitige Übernahmen von privaten Verbünden zu beobachten, z. B. Übernahmen von Teilen des Rhön-Klinikum-Konzerns durch Helios und die Übernahme der Mediclin Gruppe durch den Asklepios-Konzern.

Motive für Fusionen sind neben einer Verbesserung des Kapitalmarktzugangs ein verbessertes Leistungsangebot und eine verbesserte Arbeitsteilung beim Leistungsprozessmanagement sowie bei Logistikprozessen. Insgesamt fanden in Deutschland seit dem Jahr 2000 über 600 Krankenhausfusionen statt, davon allein 325 von 2004 bis 2008. Mittlerweile gehören die meisten Krankenhäuser in Deutschland einem Verbund an. Daher ist die Zahl der Fusionen in den letzten Jahren deutlich zurückgegangen. Studien zeigen, dass die Fusionen die **technische Effizienz**, d. h. das Verhältnis von **Inputs** (u. a. Sachkosten) zu **Outputs** (u. a. des Case-Mix), von Krankenhäusern um 3,3 % im vierten Jahr nach der Fusion im Vergleich zu nicht fusionierten Krankenhäusern erhöht haben (Büchner et al. 2016b). Für privatisierte Krankenhäuser liegt dieser Wert sogar über 5 % (Tiemann und Schreyögg 2012). Diese Zunahmen der technischen Effizienz zeigen – verglichen mit anderen Maßnahmen – sehr hohe Werte. Insgesamt hat die durchschnittliche Effizienz aller Krankenhäuser seit den 90er Jahren deutlich zugenommen, aber fusionierte Krankenhäuser haben einen besonderen Effizienzschub erfahren. Einer der Hauptgründe für die gestiegene technische Effizienz durch Fusionen stellen Synergien im Einkauf und Personalabbau dar, überwiegend durch verbesserte Logistikprozesse. Daher ist die Fusion als Wettbewerbsstrategie weiterhin sehr attraktiv.

Eine weitere Wettbewerbsstrategie im Krankenhausmarkt ist die Initiierung von **Kooperationen**, die auch **strategische Allianzen** genannt werden. Kooperationen werden anhand verschiedener Kriterien kategorisiert, wie beispielsweise die Anzahl der in Kooperationen involvierten Leistungserbringer, die zeitliche Dimension der Kooperation (Befristung) oder die Kooperationsrichtung. Die Kooperationsrichtung als Kriterium stellt die am häufigsten vorzufindende Systematisierung der verschiedenen Erscheinungsformen von Kooperationen dar. Die Kooperationsrichtung kann analog zur involvierten Wertschöpfungsstufe in die horizontale, vertikale und diagonale Dimension differenziert werden. Eine Zusammenarbeit von Krankenhäusern untereinander, d. h. auf einer Wertschöpfungsstufe, repräsentiert die **horizontale Kooperation**. **Vertikale Kooperationen** mit Anbietern von Gesundheitsdienstleistern entlang der Wertschöpfungskette können beispielsweise mit niedergelassenen Ärzten oder Rehabilitationseinrichtungen stattfinden. Die **diagonale Kooperationsrichtung** stellt eine Zusammenarbeit zwischen unterschiedlichen Branchen und Wertschöpfungsstufen, z. B. Medizintechnik oder Pharmaindustrie, dar (Büchner et al. 2016a) (◘ Abb. 2.8).

Als **Motive für eine vertikale Kooperation** kommen vor allem eine Verbesserung des Leistungsangebots durch Synergien sowie eine stärkere Arbeitsteilung bei der medizinischen Leistungserstellung in Betracht. Daneben spielen Aspekte einer gemeinsamen Personalplanung, die wiederum das Leistungsangebot erhalten und verbessern soll, sowie eine Verbesserung der Logistikprozesse (u. a. gemeinsamer Einkauf, gemeinsames Labor) wichtige Rollen. Ein besonders wichtiges **Motiv für vertikale Kooperationen** mit prä- und poststationären Einrichtungen stellt die Verbesserung der Behandlungsqualität dar. Daneben ist zur Sicherung der Zuweiserströme und des Patientenüberleitungsmanagements eine Kooperation mit niedergelassenen Ärzten wichtig (Schmola 2014). Neben den ambulanten Kooperationsmöglichkeiten besitzen viele Krankenhäuser Kooperationen mit stationären Einrichtungen, wie stationäre Pflegeeinrichtungen oder Rehaeinrichtungen. Auch hier steht das Patientenüberleitungsmanagement als Motiv im Mittelpunkt (Büchner et al. 2016a). **Diagonale Kooperationen** sind vor allem in Teilbereichen des Leistungsmanagements zu finden. Beispielsweise existieren in kardiologischen Fachabteilungen häufig Kooperationen mit Medizinprodukteherstellern.

Kooperationen können sehr **institutionalisiert** stattfinden, bis hin zu einer Ausgründung von Joint Ventures oder Beteiligungsgesellschaften. Beispielsweise haben einige Universitätskliniken mit der EK-UNICO GmbH ein gemeinsames Unternehmen für den Einkauf gegründet. Andere Krankenhäuser haben sich

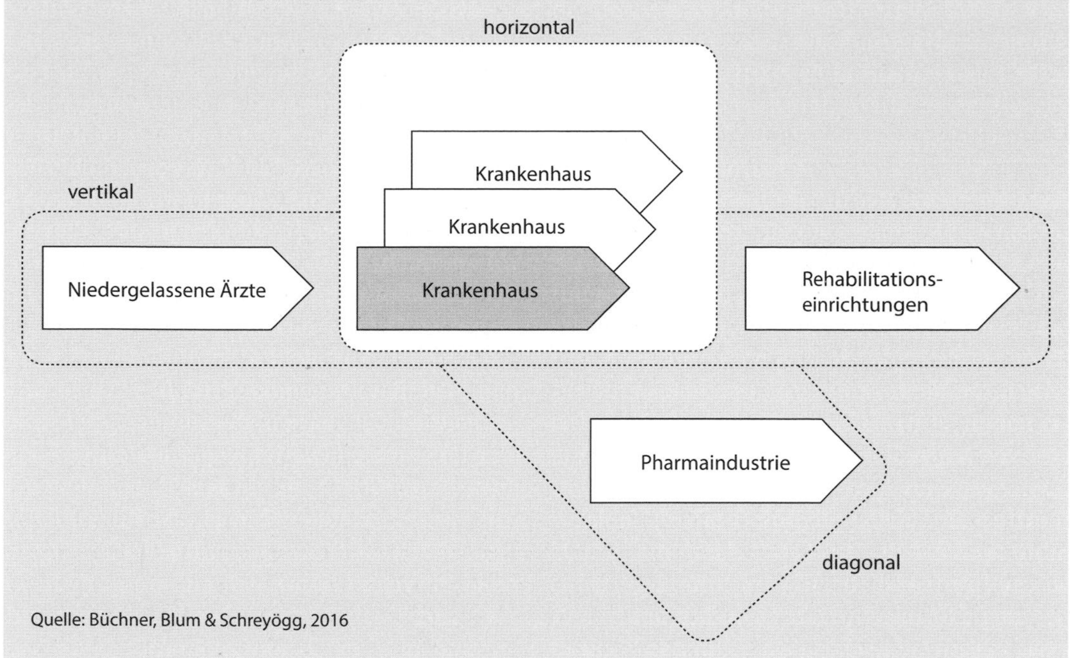

Abb. 2.8 Kooperationsrichtungen von Krankenhäusern

zu weniger formalisierten Zweckverbänden zusammengeschlossen, die Kooperationsdienstleistungen anbieten, z. B. einen gemeinsamen Einkauf oder ein Benchmarking der Behandlungsqualität. Daneben existieren eher **punktuelle Kooperationen** zwischen einzelnen Leistungsbereichen, die formalisiert sein können, z. B. medizinische Kooperationsabkommen für Zentrenbildung zur Erweiterung oder Sicherung des Leistungsangebots im Bereich Kardiologie/Kardiochirurgie, oder informell stattfinden können, z. B. unregelmäßige Treffen zur Abstimmung des Leistungsangebots.

Es konnte in einer Untersuchung gezeigt werden, dass Krankenhauskooperationen nicht in jedem Fall die finanzielle Performanz (u. a. Umsetzrentabilität und operativer Cash Flow) (▶ Abschn. 4.3) erhöhen. Eine horizontale Kooperation ist insbesondere dann lohnend, wenn sie sich auf eine Verbesserung der Logistikprozesse fokussiert. Eine vertikale Kooperation ist insbesondere dann wirkungsvoll, wenn breite Kooperationen mit vielen verschiedenen Leistungserbringern eingegangen werden. Dies ist wirkungsvoller als wenige intensive Kooperationen (Büchner et al. 2015). Der Einfluss von Kooperationen auf die Versorgungsqualität wurde bislang noch nicht untersucht, obwohl die Verbesserung der Versorgungsqualität regelmäßig ein Motiv für Kooperationen darstellt.

Im Vergleich der Wettbewerbsstrategien »Organische Organisationsentwicklung«, »Fusionen« und »Kooperationen« kann keine allgemeine Empfehlung für eine dieser Strategien gegeben werden. Vielmehr sollte der Entscheidung für eine Wettbewerbsstrategie eine umfassende **Umwelt-Wettbewerbs- und Unternehmensanalyse** vorausgehen (Johnson et al. 2011). Eine Fusion bietet zwar zahleiche Chancen, ist aber ein sehr weitgehender Schritt, der u. a. während des Fusionsprozesses sehr viele Ressourcen bindet und verschiedene Unternehmenskulturen berücksichtigen muss. Eine Kooperation kann mit einem hohen Abstimmungsprozess verbunden sein, der je nach Ausgestaltung der Kooperation, den Nutzen der Kooperation übersteigen kann. Daher sollte eine organische Organisationsentwicklung immer auch als Option zur zukünftigen Wettbewerbsstrategie geprüft werden. Ein Überblick zur internationalen Literatur zu den empirischen Auswirkungen verschiedener organisationaler Änderungen in Krankenhäusern auf die Performanz ist in Schreyögg (2019) zu finden.

Leistungsprozessmanagement

Viele deutsche Krankenhäuser haben auf die gestiegenen Wirtschaftlichkeitszwänge insbesondere in den Bereichen Administration und Pflege mit Personalabbau reagiert (Heimeshoff et al. 2014) (vgl. ► Abschn. 4.3). Aufgrund des im internationalen Vergleich niedrigen **Personal-Betten-Verhältnisses** muss angenommen werden, dass die **Effizienz im Personaleinsatz** in vielen deutschen Krankenhäusern bereits relativ hoch ist (Varabyova und Schreyögg 2013). Die Strukturen und Prozesse der Leistungserstellung waren häufig erst zeitversetzt Gegenstand von Maßnahmen zur Restrukturierung, sodass hier noch Produktivitätsreserven erschlossen werden können. Darüber hinaus können die Überarbeitung klinischer Kernprozesse und die Implementierung patientenzentrierter Behandlungspfade bzw. -abläufe einen Beitrag zur Erhöhung der klinischen Qualität bzw. auch der Servicequalität leisten.

Der einfachste Fall der klassischen Produktionstheorie geht von einer einstufigen Produktion eines einzigen Produkts aus, bei dem allein die Menge entscheidungsrelevant ist. Diese Bedingungen treffen im Krankenhausbereich nicht zu, da z. B. im G-DRG-System mehrere hundert Produkte (Fallgruppen oder auch zusammengefasst in Fallklassen) gleichzeitig zu erstellen sind und der Qualität im Vergleich zur Quantität mindestens eine gleichrangige Bedeutung zukommt. Darüber hinaus widerspricht die Annahme der Einstufigkeit der Leistungserstellung im Krankenhaus. In der Realität ist der Transformationsprozess von Produktionsfaktoren in Outputs eine Kette von eng miteinander verknüpften, jedoch auch separierbaren Einzelprozessen. Die Leistungserstellung im Krankenhaus muss daher als Prozess charakterisiert werden.

Unter einem Prozess versteht man allgemein eine Folge von Ereignissen im ursächlichen Zusammenhang bzw. den Ablauf von Teilschritten, die in ihrer Verkettung ein sinnvolles Ganzes ergeben. Ist die Folge von Ereignissen fest vorgegeben, spricht man von einem deterministischen Prozess und anderenfalls von einem stochastischen Prozess. Teilweise wird der Begriff auch aus dem jeweiligen Zeitverbrauch der Teilprozesse abgeleitet. Demnach ist ein stochastischer Prozess dadurch gekennzeichnet, dass die Zeitdauern der einzelnen Tätigkeiten nicht exakt bekannt sind. In Bezug auf die Inhalte kann man im Krankenhauskontext Behandlungs-, Verwaltungs- oder technische Prozesse unterscheiden, wobei insbesondere die Behandlungsprozesse Gegenstand dieses Kapitels sind. Der Behandlungsprozess ist nach beiden Kriterien als stochastischer Prozess zu behandeln, da die Reihenfolge der Teilprozesse nicht fest vorgegeben ist (z. B. Abhängigkeiten vom Zustand des Patienten, Verfügbarkeit von Ressourcen); darüber hinaus sind auch die Zeitdauern nicht im Vorfeld determinierbar. Dieser Charakter erschwert die Beschreibung und insbesondere die Optimierung des Leistungserstellungsprozesses.

Die Reihenfolge von Prozessen wird als Ablauf bezeichnet. Unter **Ablauforganisation** versteht man die Gestaltung und Kontrolle der Reihenfolgen von Tätigkeiten inklusive der zwischengeschalteten Wartezeiten und Zwischenlager innerhalb einer bestehenden Aufbauorganisation. Die Verbesserung der Ablauforganisation im Krankenhaus stellt die in den meisten Krankenhäusern vorherrschende Organisation nach Funktionen (Pflege, Medizin, Verwaltung) nicht in Frage, sondern analysiert und verbessert den Ablauf des Behandlungsprozesses innerhalb dieses Systems. Die Prozessorganisation sieht nicht mehr die Abteilungen im Mittelpunkt des betrieblichen Handelns, sondern den Behandlungsprozess bzw. den Patienten (sog. **patientenzentrierte Behandlungspfade**). Die verschiedenen Funktionen müssen sich um diesen dominanten Faktor anordnen, wobei diese Anordnung jeweils für jeden Prozess neu erfolgen kann. Mit dieser Umorientierung erfolgt eine Abkehr vom »**Silodenken**« der Abteilungen und Funktionen hin zur konsequenten Zusammenarbeit in interdisziplinären Teams, bestehend aus Ärzten, Pflegekräften und medizinisch-technischen Spezialisten.

Ausgehend von der Perspektive der Patienten und deren Bedürfnissen erlauben patientenzentrierte Behandlungsabläufe eine **systematische Ausschöpfung von Effektivitäts- und Effizienzpotenzialen** über alle Stufen den Behandlung hinweg – von der Aufnahme über die Diagnostik, Anästhesie, Operation und Pflege bis hin zur Entlassung. Die Idee, die verschiedenen Abläufe und Schritte der Behandlung patientenzentriert zu einem durchgängigen Behandlungspfad zusammenzufassen und zur Steuerung des Einsatzes der beteiligten Abteilungen und Funktionen zu nutzen, stammt aus den USA. Hier werden patientenzentrierte Behandlungspfade als »**Clinical Pathways**« bezeichnet (Fleßa 2018; Behar et al. 2016).

Gegenstand des Leistungsprozessmanagements sind nicht nur Behandlungspfade, die von der Aufnahme des Patienten über die verschiedenen diagnostischen, therapeutischen und pflegerischen Stationen bis hin zur Entlassung reichen. Der Fokus ist gleichermaßen auf die Planung, Steuerung und Kontrolle von Teilprozessen innerhalb von zentralen Leistungsbereichen gerichtet. Hier ist beispielsweise der Operationssaal (OP) zu nennen, dem im Rahmen der Leistungserstellung eine besondere Bedeutung zukommt. Im OP-Bereich eines Krankenhauses werden unter interdisziplinärem und hochqualifiziertem Mitarbeitereinsatz komplexe Behandlungsabläufe vollzogen, die darüber hinaus durch einen hohen Verbrauch an Sachressourcen gekennzeichnet sind. Demzufolge verursacht dieser Bereich hohe Personal- und Sachkosten, denen ein hohes Erlösvolumen gegenübersteht. Eine zielgerichtete und effiziente Planung dieser Aktivitäten kann zu einer Erhöhung der Wirtschaftlichkeit und gleichzeitig zur Gewährleistung einer hohen Dienstleistungsqualität wesentlich beitragen.

Ein zentraler Schritt des Leistungsprozessmanagements im OP-Bereich ist die Abbildung und Optimierung der Teilprozessschritte sowie der beteiligten Handlungsträger bzw. des Personaleinsatzes.

► Abbildung der Teilprozessschritte und beteiligten Handlungsträger am Beispiel des OP-Bereichs

1. Transport von der Pflegestation zum OP-Bereich
   - Funktionsdienst
2. Einschleusen in den OP-Bereich
   - Pflegekraft
   - Anästhesieassistenz
3. Narkoseeinleitung
   - Anästhesieassistenz
   - Anästhesist
4. Lagern/Narkose
   - Pflegekraft
   - Assistenzarzt
5. Operation/Narkose
   - Pflegekraft
   - Anästhesieassistenz
   - Anästhesist
   - Pflegekraft
   - Assistenzarzt
   - Operateur
6. Narkoseausleitung
   - Anästhesieassistenz
   - Anästhesist
7. Patientenübergabe
   - Pflegekraft
   - Anästhesieassistenz
   - Anästhesist
8. Transport vom Aufwachraum zur Pflegestation
   - Funktionsdienst ◄

Zur Abbildung der Teilschritte bieten sich verschiedene grafische Möglichkeiten an. Das sog. **Teilprozessdiagramm** betont grafisch die Überschneidungen von Teilprozessen und zeigt damit Anknüpfungspunkte für das Schnittstellenmanagement auf (z. B. von Lagern/Narkose zu Operation/Narkose). Es können auch parallele Prozesse und Zulieferprozesse dargestellt werden, wobei sich diese Darstellungsmethode nicht für eine weitergehende quantitative Analyse von komplexen Prozessen eignet.

Das sog. **Ablaufdiagramm** stellt die Abfolge von Teilprozessen mit der Möglichkeit von alternativen Pfaden dar. Hier werden Verzweigungen angegeben, die sich aufgrund von Entscheidungen (z. B. Diagnose oder Therapie) oder von Ereignissen (z. B. Veränderung der Vitalfunktion eines Patienten) ergeben. Dadurch bildet das Ablaufdiagramm den stochastischen Charakter von Krankenhausprozessen besser ab.

Der sog. **Netzplan** hat den Vorteil, dass die zeitlichen Abhängigkeiten gut dargestellt werden können und ist somit ein adäquates Mittel, um eine Struktur-, Zeit-, Kosten- und Ressourcenanalyse durchzuführen. Im Netzplan können beliebig viele Entscheidungen, Ereignisse bzw. Verzweigungen abgebildet werden. Damit ist der Netzplan die komplexeste unter den skizzierten Darstellungsformen.

Die Darstellung von Prozessen ist ein erster Schritt zur Prozessoptimierung. Ein Netzplan kann verwendet werden, um die verschiedenen Tätigkeiten der Mitarbeiter des OP-Bereichs in den verschiedenen Räumen (z. B. Patientenschleuse, Aufwachraum, Operationssaal) grafisch darzustellen, kritische Pfade zu bestimmen und Leerlaufzeiten zu analysieren. Eine nachhaltige Verbesserung der Abläufe wird dadurch nicht induziert. Hierzu wäre es notwendig, beispielsweise die Reihenfolge der Patienten sowie die Raum- und Gerätebelegung durch Patienten bzw. Operationen zu optimieren. Quantitative Methoden der Planung aus dem Operations Research werden bereits in der industriellen Fertigung (z. B. Maschinenbelegung) eingesetzt und können auf den Krankenhauskontext übertragen werden (z. B. Personaleinsatzplanung, Reihenfolgeplanung der Patienten, Kapazitätsplanung unter Berücksichtigung von Notfällen; vgl. Kolisch und Sickinger 2008; Brunner et al. 2009; Sickinger und Kolisch 2009).

Die **Prozesskostenrechnung** ist eine Methode, die sich besonders gut für die kostenrechnerische Erfassung von Behandlungsprozessen eignet. Sie ist ein Verfahren der Vollkostenrechnung und zielt auf eine möglichst genaue Ermittlung der Kosten eines Behandlungsprozesses durch eine detaillierte Abbildung der Teilprozesse ab. In diesem Zusammenhang erfolgt auch die Bestimmung derjenigen Größen, die für die Höhe der Kosten verantwortlich sind (sog. Kostentreiber). Durch die detaillierte Abbildung der Teilprozesse werden eine deutlich verursachungsgerechtere Kostenzuordnung sowie eine erhöhte Kostentransparenz realisiert. Dieses Vorgehen ist durch den starken Anstieg der Gemeinkosten sowie die zunehmende Prozessorientierung insbesondere in Dienstleistungsbereichen notwendig geworden. Die undifferenzierte Schlüsselung von indirekten Kosten in den Endkostenstellen wird stark reduziert und erfolgt stattdessen über die Prozesse. Ein Hindernis in der Umsetzung findet sich in der Ausgestaltung der Kostenrechnung, die in vielen Krankenhäusern auf Kostenstellen und nicht auf Prozesse ausgerichtet ist.

Der klassische Organisationsaufbau eines Krankenhauses und die starke Berufsgruppenorientierung sind nicht förderlich für die Prozessorganisation der Leistungserstellung. Darüber hinaus erfordert das Prozessmanagement ein exaktes Schnittstellenmanagement zwischen den Berufsgruppen, wobei die klare Abgrenzung der Verantwortlichkeiten und Kompetenzen bei den Mitarbeitern durchaus Reaktanz erzeugen kann. Daher können Behandlungspfade nur dann erfolgreich implementiert werden, wenn alle beteiligten Berufsgruppen in besser koordinierten Abläufen und der korrespondierenden Verbesserung der Dokumentation auch eine nachhaltige Verbesserung ihrer persönlichen Situation am Arbeitsplatz bzw. eine Erleichterung ihrer individuellen Tätigkeit wahrnehmen. Ein zentraler Erfolgsfaktor in diesem Zusammenhang ist das nachdrückliche und kontinuierliche Engagement der Krankenhausführung, um die Hindernisse einer erfolgreichen Prozessorganisation bzw. eines erfolgreichen Prozessmanagements zu beseitigen. Von besonderer Bedeutung ist die Bestimmung eines Prozessverantwortlichen, der qualifiziert und motiviert ist, Verantwortung für die Planung, Steuerung und Kontrolle des Gesamtprozesses zu übernehmen. In diesem Kontext kommt die Interdisziplinarität der beteiligten Personen an der Leistungserstellung erschwerend hinzu.

Der individuelle Behandlungsprozess eines Patienten besteht aus einem komplexen Zusammenwirken von einweisenden Ärzten, Notaufnahmen, verschiedenen Fachabteilungen und Gesundheitsberufen unter der Mitwirkung von Familienangehörigen und Seelsorgern. Obwohl ein System immer nur so stark ist wie seine schwächste Stelle, die in jedem der Subsysteme lokalisiert sein kann – z. B. zu späte Einweisung, falsche ärztliche Diagnosestellung oder pflegerisches Fehlverhalten in der Nachbehandlung –, nimmt das ärztliche Diagnose- und Therapiemanagement meist eine Schlüsselrolle ein, da viele Abläufe im Krankenhaus von Ärzten veranlasst werden, auch wenn die Tätigkeiten dann von anderen Berufsgruppen ausgeführt werden.

Die Prozesse im ärztlichen Diagnose- und Therapiemanagement sind oft historisch entstanden und haben sich im Zusammenspiel mit den anderen Abteilungen und externen Versorgungspartnern entwickelt. Innerhalb einer Fachabteilung sind Chef- und Oberärzte maßgeblich für viele therapeutischen Entscheidungen prägend, sei es direkt durch ihre Weisungsbefugnis oder indirekt durch Vorbildfunktion oder durch formale Weiterbildung jüngerer Ärzte, obwohl zahlenmäßig die meisten diagnostischen und therapeutischen Entscheidungen von Assistenzärzten getroffen werden. Chef- und Oberärzte stellen daher als Meinungsführer die wichtigsten Ansatzpunkte für eine erfolgreiche Implementierung von Behandlungspfaden dar.

Eine besondere Bedeutung kommt Medizinischen **Leitlinien** als Grundlage für die Entwicklung von Behandlungspfaden im Krankenhaus zu. Diese stehen an der Schnittstelle zwischen Wirtschaftlichkeit und Qualität (Camli et al. 2001). Leitlinien liefern Entscheidungshilfen über angemessene Vorgehensweisen bei speziellen diagnostischen und therapeutischen Problemstellungen, die im Konsens multidisziplinärer Expertengruppen nach systematischer Recherche und Analyse der wissenschaftlichen Literatur entsprechend den Vorgaben der Evidenzbasierten Medizin entstanden sind (Ärztliches Zentrum für Qualität in der Medizin 2003). Dadurch wird unerwünschte Variabilität in der medizinischen Versorgung, d. h. Über-, Unter- und Fehlversorgung reduziert (zur Evidenzbasierten Medizin und Leitlinienerstellung ► Abschn. 2.1.3). Die Vorteile der Nutzung von Evidenzbasierter Medizin und Leitlinien im Krankenhaus sind in der Übersicht dargestellt.

Vorteile der Nutzung von Evidenzbasierter Medizin und Leitlinien im Krankenhaus (Modell nach Wright und Hill 2003)

Vorteile für den einzelnen Arzt
- Versetzt ihn in die Lage, routinemäßig das Fachwissen auf den neuesten Stand zu bringen
- Verbessert das Verständnis des klinisch praktizierenden Arztes für Forschungsmethoden und macht ihn kritischer im Umgang mit Studiendaten
- Verbessert das Vertrauen in evidenzbasierte Managemententscheidungen
- Verbessert Recherchekenntnisse und Umgang mit Computern
- Verbessert Lesegewohnheiten
- Erhöht die Rechtssicherheit ärztlicher Entscheidungen

Vorteile für klinische Teams
- Liefert dem Team ein Konzept zur Problemlösung und für Fort- und Weiterbildungen
- Ermöglicht es jüngeren Teammitgliedern, sinnvolle Beiträge zu liefern

Vorteile für Patienten
- Leistungen nach dem besten derzeit verfügbaren medizinischen Wissensstand
- Verbesserte Kommunikation zwischen Arzt und Patient über die Hintergründe von Therapieentscheidungen

Vorteile für das Krankenhausmanagement
- Liefert eine solide Datenbasis für die Auswahl von Qualitätsindikatoren und die Entwicklung von klinischen Pfaden
- Rationale Argumente, die eine bessere Akzeptanz von Umstrukturierungsmaßnahmen liefern
- Verbessert die Effizienz der Leistungserstellung durch Prozessorganisation

Die Implementierung von evidenzbasierten Leitlinien und die damit verbundenen Änderungen in den bisherigen Diagnose- und Therapiestrategien in einem Krankenhaus stoßen oft auf Hindernisse. Diese können auf verschiedenen Ebenen liegen:

- Im **Gesundheitssystem**, z. B. wenn die Finanzierungsmethode falsche Anreize für Leistungsanbieter setzt.
- Innerhalb der **Organisation**, z. B. wenn die Qualifikationen der verschiedenen Anbieter in einem Krankenhaus oder in einer Abteilung nicht komplementär sind oder wenn die Organisationskultur Neuerungen nicht unterstützt.
- Innerhalb der **Ärzteschaft als Ganzes**, z. B. wenn die gewünschte Innovation nicht den in dieser Gruppe praktizierten Gewohnheiten entspricht.
- Innerhalb **einzelner Berufsgruppen**, z. B. wenn Krankenschwestern und -pfleger grundsätzlich nicht ausgebildet sind, intravenös Medikamente zu verabreichen.
- Innerhalb der **individuellen Arzt-Patienten-Konsultation**, wenn z. B. in einer völlig überfüllten Notaufnahme aus Zeitmangel wichtige Diagnose- oder Therapieschritte übersehen werden.

Einer erfolgreichen **Implementierungsstrategie** sollte deshalb eine Analyse der fördernden und hemmenden Faktoren vorausgehen, und die Strategie muss dementsprechend vorbereitet und angepasst sein. Als besonders wirksame **Instrumente zur Implementierung** von neuen Forschungsergebnissen in die medizinische Praxis haben sich

- persönliche professionelle Gespräche,
- Therapieerinnerungen (manuell oder automatisiert),
- interaktive Weiterbildungsworkshops und
- facettenreiche Interventionen herausgestellt.

Die alleinige Verbreitung von Fortbildungsmaterial, z. B. Leitlinien, oder Frontalunterricht sind dagegen weitgehend unwirksam (Grimshaw et al. 2001).

Qualitätsmanagement

Unter Qualitätsmanagement versteht man allgemein die bewusste Verfolgung des Ziels der Qualität von Leistungen und Leistungserstellungsprozessen mit Hilfe der Managementfunktionen, d. h. durch Planung, Organisation, Personaleinsatz, Personalführung und Kontrolle. Daraus folgt, dass Qualität im Krankenhaus konzeptionell geplant, umgesetzt und gesichert bzw. kontrolliert werden muss. Hierzu ist ein Gesamtsystem sinnvoll, das die einzelnen Elemente (z. B. Diagnostik, Therapie, Pflege, Logistik, Personalpolitik) miteinander verknüpft sowie anhand von fixierten Regeln umsetzt und bewertet. Das Ergebnis dieser Systematisierung ist ein modernes Qualitätsmanagement im Krankenhaus.

Im Gegensatz zu anderen Industrie- und Dienstleistungsbereichen wurde Qualitätsmanagement im Krankenhausbereich erst relativ spät eingeführt. Insbesondere Ärzte und Pflegekräfte waren schon immer in ihrem Berufsethos der Qualität verpflichtet, die systematische Erfassung, Steuerung und Kontrolle der Qualität ist aber in Deutschland erst durch die Initiativen des Gesetzgebers seit 1988 eingeführt worden (s. o.: »Gesetzliche Vorgaben zur Qualitätssicherung« sowie Fleßa 2018 für eine ausführliche Darstellung).

Die Bewertung der Qualität bzw. der Qualitätsmanagementsysteme im Krankenhaus durch Externe in Form der Akkreditierung bzw. Zertifizierung ist von besonderer Bedeutung, da sie gesetzliche Auflagen erfüllt und eine Auszeichnung im Sinne eines Gütesiegels darstellt. Oftmals ist aber auch eine Zertifizierung mit dem Motiv verbunden, die **technische Effizienz** der internen Abläufe zu erhöhen, da eine Zertifizierung mit einer umfangreichen Bestandsaufnahme und gegebenenfalls Änderung von Betriebsabläufen verbunden ist. Demzufolge zeigt sich, dass die erstmalige Qualitätszertifizierung sowie die Re-Zertifizierung von Krankenhäusern zu einer signifikanten Erhöhung der technischen Effizienz führen (Lindlbauer et al. 2016a).

Eine Vielzahl der deutschen Krankenhäuser entscheidet sich bei der Bewertung durch Externe für ein offiziell anerkanntes **zertifizierungsfähiges System**, z. B. nach **DIN EN ISO 9000 ff (2008) und DIN EN ISO 15224** (aus DIN EN ISO 9001 abgeleitet und seit 2012 speziell für Einrichtungen des Gesundheitswesens, insb. Akutkrankenhäuser, einsetzbar) oder **KTQ**. Aber auch eine Selbstbewertung nach dem System der **European Foundation for Quality Management (EFQM)** wäre möglich, wird aber von wenigen Kliniken genutzt.

Aufgrund seiner Verwendungshäufigkeit wird exemplarisch das **KTQ-System** vorgestellt, das gemeinsam von der Bundesärztekammer, dem GKV-Spitzenverband, der Deutschen Krankenhausgesellschaft, dem Deutschen Pflegerat und dem Hartmannbund speziell für den stationären Bereich in Deutschland entwickelt wurde.

Das KTQ-Bewertungsverfahren wird seit 2002 zur Bewertung des Qualitätsmanagements in deutschen Krankenhäusern eingesetzt. Ziel der KTQ-Zertifizierung ist die Verbesserung und Optimierung von Prozessen und Ergebnissen innerhalb der Patientenversorgung. Die Zertifizierung nach KTQ ist grundsätzlich nur auf der Ebene des Gesamtkrankenhauses möglich, eine Zertifizierung einzelner Abteilungen ist nicht vorgesehen. Zentrales Ergebnis der Entwicklungsarbeit ist der sog. KTQ-Katalog. In diesem Katalog wurden Kategorien zusammengestellt, die im Rahmen der Zertifizierung von Akutkrankenhäusern abgefragt werden, um Aussagen über die Qualität der Prozessabläufe in der medizinischen Versorgung treffen zu können. Die Kriterien wurden in der Version 2021 von 55 auf 48 zusammengefasst, die Kriterien gliedern sich in die folgenden Kategorien (KTQ 2021):

KTQ-Kategorien
- Patientenorientierung
- Mitarbeiterorientierung
- Sicherheit im Krankenhaus
- Informations- und Kommunikationswesen
- Führung im Krankenhaus
- Qualitätsmanagement

Den einzelnen Kriterien wurden jeweils eigene Fragenpakete zugeordnet. Über dieses Verfahren war es möglich, ein Instrumentarium für die Leistungsdarstellung berufsgruppen- und hierarchieübergreifend in einem gesamten Krankenhaus herzustellen. Damit steht für die vorgeschaltete Selbstbewertung und die über die KTQ-Zertifikatsvergabe entscheidende Fremdbewertung eine Systematik als Grundlage zur Verfügung, die eine transparente und nachvollziehbare Bewertung ermöglicht. Das KTQ-Zertifizierungsverfahren, speziell für das deutsche Gesundheitswesen entwickelt, orientiert sich dabei auch an bewährten Systemen wie beispielsweise dem Australian Council on Healthcare Standards.

Die Schritte des KTQ-Bewertungsverfahrens im Einzelnen zeigt die Übersicht (KTQ 2021).

Schritte des KTQ-Bewertungsverfahrens
- Selbstbewertung des Krankenhauses
- Anmeldung zur Fremdbewertung bei einer der KTQ-Zertifizierungsstellen
- Fremdbewertung durch ein KTQ-Visitorenteam
- Zertifizierung und Veröffentlichung des KTQ-Qualitätsberichts

Die Zertifizierung des Qualitätsmanagementsystems erfolgt im Wesentlichen auf Basis von Kriterienkatalogen, die anhand von Ja-Nein-Entscheidungen überprüfen, ob bestimmte qualitätsrelevante Anforderungen erfüllt sind (z. B. Infektionskontrolle implementiert?). Eine Abstufung in der Professionalität der Maßnahme sowie eine Ergebnisorientierung finden in der Regel nicht statt, die Bewertung des Qualitätsmanagements erfolgt losgelöst und relativ technisch.

Patienten wissen häufig nicht, was beispielsweise KTQ oder EFQM bedeutet, und können daher den Wert eines entsprechenden Zertifikates nicht bemessen. Aufgrund der Vielzahl unterschiedlicher Zertifizierungsstandards ist daher fraglich, inwieweit eine Orientierungsfunktion für Patienten bei der Auswahlentscheidung besteht (Hildebrand 2005). Es ist vielmehr anzunehmen, dass der einweisende Arzt einen zentralen Einfluss auf die Patientenentscheidung hat. Eine wichtige Orientierung für den Patienten stellen auch Empfehlungen im Freundes- und Bekanntenkreis dar, und zunehmend mehr Einfluss haben insbesondere bei chronischen Erkrankungen die entsprechenden Selbsthilfegruppen. In diesem Zusammenhang verliert die Zertifizierung gegenüber der wahrgenommenen Qualität an Bedeutung, die auf einer Vielzahl von Erfahrungswerten des Einweisers und der Patienten beruht (Hesse und Schreyögg 2007). Hier sind neben dem Qualitätsmanagement flankierende Maßnahmen des Kommunikationsmanagements erforderlich (vgl. ► Abschn. 3.3).

Die Qualitätsorientierung innerhalb der Leistungserstellung sollte über die gesetzlichen Standards und die Anforderungen der Zertifizierung hinausgehen, um zu einer systematischen Verbesserung der Qualität beizutragen. Grundsätzlich sind weder für das interne Qualitätsmanagement noch für dessen Bewertung durch Externe bestimmte Systeme vorgeschrieben, sodass der Gestaltungsspielraum der Krankenhäuser diesbezüglich groß ist. Die Auswahl des Qualitätsmanagementsystems und der Zertifizierung kann rein nach betriebswirtschaftlichen Kriterien erfolgen. Eine Beschreibung des Aufbaus, der Umsetzung und der Kontrolle sowie der korrespondierenden Erfolgsfaktoren eines umfassenden Qualitätsmanagementsystems im Krankenhaus kann in diesem Kapitel nicht geleistet werden.

Einer anderen Herangehensweise an Qualität, die sich eher an einer Orientierung an den (medizinischen) Ergebnissen orientiert, hat sich beispielsweise die Initiative Qualitätsmedizin IQ^{M} verschrieben (Kuhlen et al. 2010). Hierbei spielen Qualitätsindikatoren, die sich aus den in Krankenhäusern routinemäßig erhobenen Daten berechnen lassen, eine wesentliche Rolle (Mansky et al. 2011). Daneben existieren aber diverse weitere Initiativen.

Logistikmanagement

Die Steuerung materieller und informationeller Flüsse innerhalb von Krankenhäusern ist von besonderer Bedeutung im Hinblick auf die Erreichung einer effizienten und qualitativ hochwertigen Leistungserstellung. Unter Logistikmanagement versteht man den Prozess der Planung, Realisierung und Kontrolle des effizienten Fließens und Lagerns von Waren und Personen sowie der damit zusammenhängenden Informationen vom Liefer- zum Empfangsort unter Berücksichtigung der Anforderungen des Kunden. Gegenstand des Logistikmanagements im Krankenhaus ist demnach die **effiziente Planung, Realisierung und Kontrolle des Patienten-, Material- und Informationsflusses** sowie des konkreten Aufenthalts eines Patienten. Logistikmanagement ist demnach nicht per se wertschöpfend, sodass sich der Erfolg der Anwendung von logistischen Konzepten im Krankenhaus an der Optimierung des Ressourcenverzehrs bemisst. Ein erfolgreiches Logistikmanagement im Krankenhaus ermöglicht eine gute medizinische Versorgung von Patienten unter minimalem Ressourcenverbrauch von nicht wertschöpfenden Prozessen (z. B. Beschaffung, Lagerung, Entsorgung), d. h. von nicht direkt relevanten Aktivitäten für den Heilungserfolg (Fleßa 2018). Bei der Logistik handelt es sich um eine sog. **Querschnittsfunktion**, die die folgenden Ziele verfolgt:

Ziele der Krankenhauslogistik (Siepermann 2004)

- Das richtige Gut bzw. die richtige Dienstleistung,
- am richtigen Ort,
- zur richtigen Zeit,
- in der richtigen Menge,
- in der richtigen Qualität und
- zu den richtigen Kosten.

Die Unternehmenslogistik setzt sich aus verschiedenen Disziplinen zusammen, die auch im Krankenhauskontext relevant sind. Bei einer patientenzentrierten Sichtweise auf die Logistikprozesse ist zu beachten, dass sie teilweise den Patienten direkt und damit die wahrgenommene Servicequalität betreffen (z. B. Patiententransporte). Darüber hinaus lassen sich aus der Verknüpfung mit der primären Leistungserstellung und den potenziellen Auswirkungen auf die Behandlungsqualität Prioritäten für die Optimierung der Logistikprozesse ableiten. Die Beschaffung medizinischen Sachbedarfs ist aus dieser Perspektive bedeutender als die Abfallentsorgung oder die Beschaffung von Büroausstattung.

Disziplinen der Krankenhauslogistik (Fleßa 2018)

Beschaffungslogistik

- dient der Sicherstellung einer mengen-, termin- und qualitätsgerechten Materialversorgung
- beschafft für den Prozess der Leistungserstellung im Krankenhaus Material (z. B. Arzneimittel), Hilfsmittel (z. B. Spritzen) und Betriebsmittel (z. B. Röntgengeräte, Computertomographen)

Produktionslogistik

- befasst sich mit der Planung, Steuerung und Kontrolle des Patientenflusses zwischen Aufnahme in die Klinik, Behandlung in Form von Diagnostik, Therapie, Pflege und Entlassung des Patienten

Distributionslogistik

- ist verantwortlich für die Planung, Steuerung und Kontrolle der Verteilung der Endprodukte an die Abnehmer (bzw. im Krankenhausbereich für die Entlassung von Patienten) sowie angegliederter Prozesse (z. B. Beobachtung und Erfassung von Bettenkapazitäten)

Entsorgungslogistik

- beinhaltet die Aufgaben und Prozesse der Abfallentsorgung über alle Stationen der Logistikkette hinweg
- umfasst das Sammeln, Transportieren, Lagern und Beseitigen von Abfallprodukten, ggf. unter krankenhausinterner oder -externer Vorbehandlung, um der Gefahr der Übertragung von Krankheitserregern vorzubeugen

Transport und Verkehrslogistik

- dient der reinen Beförderung von Gütern (z. B. Essens-, Wäsche- und Bettenservice, Blutprodukte), Personen (z. B. Begleitservice zu Fuß oder via Rollstuhl oder Bett) oder Informationen (z. B. Befunde der Diagnostik, Dokumentationen der Therapien)

In allen genannten Bereichen bestehen Schnittstellen zur **Lagerlogistik** und zum Lagerbestandsmanagement, sodass diese Bereiche auch zentraler Gegenstand der Krankenhauslogistik sind. Ohne eine optimierte Lagerlogistik bzw. ein optimiertes Lagerbestandsmanagement kann beispielsweise im OP-Bereich die zeitnahe Verfügbarkeit von Materialien (z. B. Implantate, Siebe), beim Patiententransport die Verfügbarkeit von Transportmitteln (z. B. Rollstuhl, Kraftfahrzeug) und bei der Terminplanung die simultane Beschaffung der erforderlichen Roh-, Hilfs- und Betriebsstoffe nicht gewährleistet werden.

Die Lagerlogistik umfasst die Bereiche Warenannahme, Lagerung bzw. Lagerhaltung im engeren Sinne, Bestandsführung sowie Kommissionierung und Warenausgabe. Bei der Organisation der Lagerhaltung wird grundsätzlich zwischen zentraler und dezentraler sowie zwischen ein- und mehrstufiger Lagerhaltung unterschieden. Bei der zentralen Lagerhaltung sind alle zur Leistungserstellung benötigten Güter an einem zentralen Ort zusammengefasst (sog. Zentrallager). Dezentrale Lagerhaltung ist dadurch gekennzeichnet, dass die Bevorratung an mehreren Orten im Unternehmen erfolgt. Krankenhäuser in Pavillonbauweise betreiben häufig dezentrale Lager, von denen aus die in den jeweiligen Gebäuden und Gebäudekomplexen angesiedelten Bedarfsstellen versorgt werden. Sind dezentrale Lager unmittelbar an die Bedarfsstelle angebunden, dann spricht man von Bedarfsstellenlager. Die möglichen Kombinationen aus verschiedenen Lagertypen werden durch die Stufigkeit beschrieben. Eine einstufige Lagerhaltung impliziert, dass zwischen Anlieferung und Verbrauch nur eine Lagerstufe liegt. Wenn die für die Leistungserstellung benötigten Güter mehrere Lagerstationen durchlaufen, dann handelt es sich um eine mehrstufige Lagerhaltung.

Die Organisation der Lagerhaltung ist in hohem Maße von den strukturellen Rahmenbedingungen eines Krankenhauses abhängig. Dazu zählen die Krankenhausgröße und v. a. die Bauform des Krankenhauses im Sinne der Anzahl und der räumlichen Anordnung der Gebäude. Kleine und mittlere Krankenhäuser, die häufig auch in einem Gebäude untergebracht sind, betreiben in der Regel ein Zentrallager und je ein Bedarfsstellenlager auf den verschiedenen Stationen und Funktionsbereichen. Große Krankenhäuser, die in vielen Fällen in Pavillonbauweise gebaut oder sogar über mehrere Standorte verteilt sind, setzen statt eines Zentrallagers oft mehrere dezentrale Lager ein (z. B. ein Lager pro Standort, wobei sehr große Kliniken ggf. Zentrallager, dezentrale Lager und Bedarfsstellenlager in Kombination unterhalten).

Gegenstand des **Lagerbestandsmanagements** ist die Festlegung von Bestellmengen und -zeitpunkten für definierte Bedarfspunkte logistischer Systeme, um deren mengen- und termingerechte Versorgung mit Materialien und Erzeugnissen sicherzustellen. Da die Lagerung dieser Güter Kosten (z. B. Lagerkosten und Opportunitätskosten im Sinne von Zinskosten des gebundenen Kapitals) verursacht, ist ein möglichst geringer Lagerbestand anzustreben, wobei noch weitere Ziele (z. B. Verfügbarkeit) Berücksichtigung finden müssen.

In der Regel bedient sich die Logistik zur Lösung dieser Probleme mathematischer Modelle aus dem Operations Research. Hier gibt es verschiedene Planungsverfahren, die eine Optimierung des Lagerbestands ermöglichen. Das Modell von Harris und Andler basiert auf der Infinitesimalrechnung, während die Weiterentwicklung von Wagner-Whitin auf der Dynamischen Programmierung aufsetzt. Dieselben Probleme können auch mit der Linearen Programmierung gelöst werden, die eine höhere Komplexität mit Fehlmengen, Mehrproduktlagern und Verbundbestellungen erlaubt.

Stochastische Lagerhaltungsmodelle werden zumeist mit Hilfe der Simulation und entsprechenden Heuristiken bearbeitet (z. B. Simulated Annealing Evolutorische Algorithmen), die darüber hinaus auch auf Reihenfolge- und Tourenplanungsprobleme angewandt werden. Diese Ansätze können hier nur aufgelistet werden, weitere Details können der entsprechenden Fachliteratur entnommen werden (vgl. Fleßa 2018; Günther und Tempelmeier 2005).

Lagerlogistik und insbesondere Lagerbestandmanagement haben eine Schnittstelle zur Beschaffungslogistik, die eine zentrale Funktion der Logistik im Krankenhaus darstellt. Sie beinhaltet die planenden, steuernden und die ausführenden Aktivitäten, die zur Sicherstellung einer mengen-, termin- und qualitätsgerechten Materialversorgung notwendig sind. Die Zuständigkeit für die Beschaffung der Materialien unterliegt grundsätzlich dem Einkauf. Im Krankenhaussektor wird häufig zwischen dem strategischen und operativen sowie dem zentralen und dezentralen Einkauf unterschieden.

Die Aufgaben des **strategischen Einkaufs** liegen v. a. in der Entwicklung neuer Beschaffungsstrategien, im Beschaffungsmarketing bzw. der -marktforschung, der Entwicklung von Einkaufsrichtlinien, der Produktauswahl und -bewertung, der Lieferantenauswahl und -bewertung und der Verhandlung von Einkaufskonditionen. Der **operative Einkauf** ist in der Regel dem Lager zugeordnet und wird durch die Beschaffungslogistik im Hinblick auf das Bestellwesen, die Disposition, die Auftragserteilung und das Beschaffungscontrolling unterstützt. Häufig kommen hier elektronische Plattformen zum Einsatz (eProcurement), die eine schnelle und effiziente Abwicklung der Bestellprozesse ermöglichen (z. B. Bestellpunktverfahren).

Wird der gesamte Einkaufsprozess für das Krankenhaus von einer Abteilung durchgeführt, dann handelt es sich um einen zentralen Einkauf. Dezentraler Einkauf hingegen heißt, dass die diejenigen Stationen, Funktionsbereiche oder Abteilungen im Krankenhaus, in denen der Bedarf entsteht, für diesen selbst und eigenverantwortlich einkaufen. Beide Formen sind durch Vor- und Nachteile gekennzeichnet, die abhängig von der Krankenhaussituation unterschiedlich gewichtet werden können. Die Zentralisierung ermöglicht die Erzielung günstiger Einkaufspreise und Einkaufskonditionen durch die Bündelung des Bedarfs, d. h. größere Abnahmemengen führen zu Skaleneffekten und Kosteneinsparungen. Darüber hinaus spricht für die Zentralisierung, dass eine Verminderung der Lagerbestände durch ein effizientes Lagerbestandsmanagement und die gemeinsame Disposition mehrfach benötigter Materialien erreicht werden kann. Darüber hinaus kann die Standardisierung der Abläufe im Einkauf und in der der Beschaffungslogistik zur Realisierung von Effizienzreserven führen. Allerdings führt die Zentralisierung zu einer Verlängerung der Instanzenwege und ggf. zu längeren Lieferzeiten, da die Bestellungen nicht direkt vom Bedarfsträger an den Lieferanten weitergeleitet werden, sondern der Zentraleinkauf als Mittler zwischen Verbraucher und Lieferant auftritt. In vielen Krankenhäusern findet deshalb das Modell des dezentralen Einkaufs Anwendung, wobei die Entwicklung in Richtung zunehmender Zentralisierung bzw. Bündelung des Einkaufs geht. Die EDV-gestützte Planung, Steuerung und Kontrolle der Abläufe kann die angesprochenen Nachteile der Zentralisierung minimieren, sodass die Vorteile in Form von Skaleneffekten und Kosteneinsparungen überwiegen (König und Bade 2009; Siepermann 2004; Behar et al. 2016).

Im Bereich der operativen Krankenhauslogistik kommt den **Patiententransporten** eine besondere Praxisrelevanz zu, die beispielhaft für die Bedeutung der Krankenhauslogistik kurz erläutert werden soll. Der Krankenhausaufenthalt eines Patienten macht es erforderlich, dass er auf dem Weg zum Behandlungserfolg eine Vielzahl von diagnostischen, therapeutischen und pflegerischen Stationen durchläuft, die nur durch den Transport des Patienten (als Schiebetransport mittels Rollstuhl, fahrbarem Bett oder Liege, als Begleitservice zu Fuß oder als Fahrtransport) erreicht werden können. Damit hat die effiziente Organisation der Patiententransporte unmittelbare Auswirkungen auf die Planung aller Organisationsbereiche (z. B. OP-Bereich), bekommt aber in der Praxis häufig nicht ausreichend Aufmerksamkeit. Ein verspätetes Erscheinen des Patienten im OP-Bereich führt beispielsweise direkt zu Leerlaufzeiten und zur Verschwendung von Ressourcen. Geringfügige Verschiebungen im OP-Bereich können bereits zu einem völligen Stillstand in den Abläufen führen, da elektive Eingriffe von der Verfügbarkeit von Spezialisten bzw. bestimmten Serviceleistungen (z. B. Operationsvorbereitung durch die Anästhesie) abhängen und demnach eine Vorlaufzeit brauchen. Dies führt dazu, dass freiwerdende Raumkapazitäten nicht kurzfristig genutzt werden können und Leerlaufzeiten verursachen. Wartezeiten der betroffenen Patienten sind eine weitere Folge. Die Optimierung des vergleichsweise wenig komplexen Prozesses der Patiententransporte hat unmittelbare Auswirkungen auf Behandlungs- sowie Servicequalität und die Effizienz der Patientenversorgung.

2.4 Leistungsmanagement in Arztpraxen und Ärztenetzen

Bernhard Gibis

Die Leistungserbringung in der ambulanten Versorgung wird traditionell von dem Bild der Berufsausübung in **Freiberuflichkeit** und **Selbstständigkeit** bestimmt. Nach wie vor heißt dies für den ambulant tätigen Arzt, dass die Berufsausübung in der Regel unabhängig und in medizinischen Dingen nicht weisungsgebunden (freiberuflich) in der eigenen, inhabergeführten Praxis (selbstständig) stattfindet. Neben der persönlichen Fähigkeit, eine solche Einrichtung des Gesundheitswesens leiten zu können, unterliegt die Führung und schließlich das Management einer Praxis vielfältigen Anforderungen, die von Dritten z. B. durch Gesetze und Verordnungen vorgegeben werden.

Das folgende Kapitel beschäftigt sich deshalb zunächst mit den allgemeingültigen Rahmenbedingungen, die als Voraussetzung für den in der ambulanten Versorgung tätigen Arzt gelten und wie sie zunächst durch die **Bundesärzteordnung** und die **Berufsordnung** definiert werden. Da die Leistungserbringung und damit auch das Leistungsmanagement zunehmend in Kooperationsstrukturen zu Lasten unterschiedlicher Kostenträger erbracht wird, werden die Formen der Kooperation von Ärzten so wie das Leistungsmanagement in der privaten und Gesetzlichen Krankenversicherung (**Sozialrecht**) behandelt. Abschließend kommen im Sozialrecht verpflichtend gewordene Prinzipien des **Qualitätsmanagements** für die ambulante Versorgung zur Darstellung.

2.4.1 Gesetzliche und strukturelle Rahmenbedingungen

Voraussetzung für die Leistungserbringung durch Ärzte ist der Zugang zur Berufsausübung. Das Leistungsmanagement wird auf der Leistungserbringerseite durch den Zugang zur ärztlichen Tätigkeit über die Bundesärzteordnung und der darauf begründeten **Approbationsordnung für Ärzte** bestimmt. Die Berufsausübung unterliegt dem Landesrecht, das über die Kammer- und Heilberufsgesetze wesentliche Aufgaben an die Landesärztekammern delegiert. Diese regeln als Satzungsrecht sowohl das Berufsrecht, das die Grundlagen der ärztlichen Berufsausübung festlegt, als auch die weitere Qualifikation (zum Facharzt bzw. Schwerpunkt) im Weiterbildungsrecht sowie die Aufrechterhaltung der Qualifikation über das Fortbildungsrecht – einschließlich einer Verpflichtung zur kontinuierlichen Fortbildung. Insbesondere das Berufsrecht sieht eine »**gewerbsmäßige**« **Berufsausübung** in ausschließlich dem Handel und der Gewinnmaximierung dienenden Formen nicht vor, was den organisatorischen Rahmen des Leistungsmanagements im ambulanten Sektor erheblich beeinflusst.

Ärztliche Tätigkeit in der ambulanten Versorgung wird darüber hinaus durch eine Vielzahl von **rahmensetzenden Gesetzen**, Rechtsverordnungen und Vorschriften bestimmt, die verbindlichen Charakter haben (z. B. Bundesdatenschutzgesetz, Infektionsschutzgesetz, Medizinproduktegesetz).

Die gesetzlichen Grundlagen für die Organisation der ambulanten, gesetzlichen Krankenversorgung ergeben sich aus dem **Sozialgesetzbuch V** (SGB V), das weitreichende Funktionen den Partnern der gemeinsamen Selbstverwaltung, insbesondere der **Kassenärztlichen Bundesvereinigung (KBV)** und dem **GKV-Spitzenverband**, zuweist (Rompf 2004). Während für die Leistungserbringung in der Privaten Krankenversicherung bislang keine weitergehenden, über die berufsrechtlichen hinausgehenden, Auflagen gemacht werden, müssen ambulante Leistungserbringer im Falle des Tätigwerdens für die gesetzlichen Krankenkassen über ein normiertes Zulassungsverfahren (geregelt in der Ärztezulassungsverordnung, eine Rechtsverordnung des Bundesministeriums für Gesundheit [BMG]) **Mitglied einer Kassenärztlichen Vereinigung** werden. Die Kassenärztlichen Vereinigungen stellen die ambulante Versorgung, die die Krankenkassen ihren Mitgliedern als Gegenwert für die geleisteten Beiträge schulden, im Sachleistungsprinzip sicher. Die Zulassung zur Versorgung erlaubt darüber hinaus das Tätigwerden für die Krankenkassen in Versorgungsbereichen, die nicht oder nur in Teilen durch die Kassenärztlichen Vereinigunge organisiert werden – wie z. B. hausarztzentrierten Verträgen nach § 73b SGB V oder der ambulanten, spezialfachärztlichen Versorgung nach § 116b SGB V (2.4.2). In den **Richtlinien des Gemeinsamen Bundesausschusses (G-BA)** als »untergesetzlichen Normen« und in Verträgen und Vereinbarungen, die rechtsverbindlich für Leistungserbringer und Krankenkassen im **Bundesmantelvertrag** zusammengefasst sind, regeln die Selbstverwaltungspartner die Details der vertragsärztlichen Versorgung. Auf Landesebene wird diese Partnerschaft durch die Kassenärztlichen Vereinigungen (KV) und die Landeskrankenkassenverbände fortgesetzt. Zunehmend werden diese Gesamtverträge auf Landesebene durch selektivvertragliche Regelungen ohne KV-Beteiligung ergänzt.

Normenhierarchie in der vertragsärztlichen Versorgung

- Die **gesetzliche Grundlage** für die ambulante, vertragsärztliche Versorgung stellt das SGB V dar, welches, ergänzt um Rechtsverordnungen, die Rahmenbedingungen festlegt und die Legitimation für die Existenz und Funktion der Selbstverwaltungspartner für die vertragsärztliche Versorgung (Spitzen- und Landesverbände der Krankenkassen, Kassenärztliche Vereinigungen und Kassenärztliche Bundesvereinigung) schafft.
- Die Selbstverwaltungspartner können entweder über die **Richtlinien des Gemeinsamen Bundesausschusses** (in der

Form untergesetzlicher Normen) oder als »Partner der Bundesmantelverträge« (in der Form von Verträgen und Vereinbarungen) unmittelbar verbindliche Regelungen für alle Beteiligten vereinbaren. Im Konfliktfall kommt den drei unparteiischen Vorsitzenden eine Schiedsfunktion zu. Beide Regelungsarten werden als Bestandteil der Bundesmantelverträge verbindlich für Ärzte und Kassen einschließlich ihrer Zusammenschlüsse auf Landes- und Bundesebene. Die Tätigkeit der Organisationen auf Bundesebene unterliegt der Rechtsaufsicht von Bundesbehörden, die der Organisationen auf Landesebene der Landesbehörden.

- Der **Bundesmantelvertrag** umfasst neben einem eigentlichen Vertragstext mit Details zur Organisation der vertragsärztlichen Versorgung (Definition von Krankheits- und Behandlungsfall, Überweisungsregelungen, Kooperationsformen, Vordrucke etc.) besondere Versorgungsaufträge (insb. Dialyseversorgung, Mammographie-Screening), Vereinbarungen zur Qualitätssicherung nach § 135 Abs. 2 SGB V, den Einheitlichen Bewertungsmaßstab sowie die Richtlinien des Gemeinsamen Bundesausschusses. Daneben ergeben sich aus dem SGB V konkrete Aufgaben, die in dem Bundesmantelvertrag zu regeln sind (z. B. Inhalte und Umfang der hausärztlichen Versorgung nach § 73 Abs. 1 Satz 2 SGB V oder die Vereinbarung einheitlicher Qualifikationserfordernisse für besondere Leistungen nach § 135 Abs. 2 Satz 1 SGB V). Die Inhalte des Bundesmantelvertrags sind (bis auf die Richtlinien des G-BA) schiedsamtsfähig, können also im Streitfall vor einem paritätisch besetzten und unter neutralem Vorsitz tagenden Schiedsgericht verhandelt werden.
- Der Bundesmantelvertrag findet seine Entsprechung auf Landesebene durch die sog. »**Gesamtverträge**«, die ergänzt um die Inhalte des Bundesmantelvertrags weitere Sachverhalte landesspezifische Verträge abbilden.
- Neben der kollektivvertraglichen Versorgung, sichergestellt über die Kassenärztlichen Vereinigungen, sind weitere Bereiche entstanden, die z. T. ersetzend (z. B. hausarztzentrierte Versorgung nach § 73b SGB V), ergänzend (z. B. spezialfachärztliche Versorgung nach § 116b SGB V) oder z. T. ersetzend oder ergänzend (z. B. besondere Versorgung nach § 140a SGB V) Versicherten Versorgungsangebote zur Verfügung stellen. Vertragspartner der Krankenkassen können hier u. a. Berufsverbände, Praxisnetze, Verbünde oder kommerzielle Anbieter sein. Hierfür gelten die Bestimmungen des G-BA, nicht jedoch zwingend die der vertragsärztlichen Versorgung mit der Ausnahme, dass ambulante ärztliche Leistungserbringer über eine KV-Zulassung verfügen.
- Auf der Grundlage des SGB V geben sich die Krankenkassen sowie ihre Dachverbände und die Kassenärztliche Vereinigungen einschließlich Dachverband KBV eigene **Satzungen**.

Zugang zum Arztberuf

Der Zugang zum ärztlichen Beruf – und damit die Berechtigung zur ärztlichen Berufsausübung (Berufserlaubnisrecht) – wird durch die **Bundesärzteordnung (BÄO)** geregelt. Bundeseinheitlich ist in diesem Gesetz das Verfahren angelegt, wie nach sechsjährigem Studium mit entsprechenden Studieninhalten und Absolvierung von fest gelegten, staatlichen Prüfungen die Approbation als Arzt erteilt werden kann. Die Details der **Approbation** ergeben sich aus der als Rechtsverordnung des BMG in Abstimmung mit den Ländern erlassenen Approbationsordnung für Ärzte (ÄAppO). Neben der Erteilung der Approbation nach vollständiger Erfüllung der Anforderungen sieht die Bundesärzteordnung (§ 5, 6 BÄO) gleichermaßen den Entzug oder das vorübergehende Ruhen der Approbation vor, falls sich der Arzt grober Verstöße schuldig gemacht hat, die seine Zuverlässigkeit zur Ausübung des Arztberufs grundlegend in Frage stellen.

Die Zuständigkeit des Bundesgesetzgebers erstreckt sich grundsätzlich nicht auf Aspekte der nach der Approbation folgenden **Berufsausübung**. Hierzu gehören z. B. die berufliche weiterführende Qualifikation und Spezialisierung, Fortbildung und Qualitätssicherung, die den Regelungen des Landesrechts überlassen sind. In entsprechenden **Kammer- und Heilberufsgesetzen der Länder** werden die Rahmenbedingungen festgelegt, deren konkrete Ausgestaltung den **Landesärztekammern** im Sinne einer professionellen Selbstbestimmung im Rahmen einer weitgehend autonomen ärztlichen Selbstverwaltung überantwortet wird. Landesärztekammern unterstehen der Rechtsaufsicht von Landesministerien und erlassen mit deren Zustimmung als Satzungsrecht die für die jeweiligen Ärztekammermitglieder rechtsverbindliche **Berufs- und Weiterbildungsordnungen.**

Grundlage dieser, für die ärztliche Berufsausübung wesentlichen, Regelungen sind Musterordnungen, die durch die Arbeitsgemeinschaft der Landesärztekammern auf Bundesebene, die Bundesärztekammer, herausgegeben werden. Mit diesen Muster-Ordnungen soll einer überbordenden regionalen Unterschiedlichkeit von grundlegenden Anforderungen vorgebeugt werden.

Die **Muster-Berufsordnung für die in Deutschland tätigen Ärztinnen und Ärzte (MBO-Ä)**, die mit Ausnahmen bundesweit umgesetzt wird, enthält zahlreiche, das Leistungsmanagement unmittelbar berührende, Auflagen (siehe Laufs et al. 2019). Hierzu gehören insbesondere folgende Regelungen:

Regelungen der Muster-Berufsordnung (MBO-Ä)

- Ausübung des Berufs als **freier Beruf**
- Grundsätze zur **Berufsausübung** wie Verpflichtung zur Fortbildung und Qualitätssicherung
- **Pflichten gegenüber Patientinnen und Patienten** (Behandlungsgrundsätze, Aufklärungspflicht, Schweigepflicht, Dokumentation, Honorar- und Vergütungsabsprachen)
- Grundsätze zum **beruflichen Verhalten** (Formen der Kooperation, Kommunikation, kollegiale Zusammenarbeit)
- **Verhaltensregeln** (Umgang mit Patientinnen und Patienten, Behandlungsgrundsätze sowie Umgang mit nicht-ärztlichen Mitarbeiterinnen und Mitarbeitern)

Die Verpflichtung zur Qualitätssicherung beinhaltet insbesondere die Beachtung und Durchführung der durch die Ärztekammern ergriffenen Maßnahmen:

> Ärztinnen und Ärzte sind verpflichtet, an den von den Ärztekammern eingeführten Maßnahmen zur Sicherung der Qualität der ärztlichen Tätigkeit teilzunehmen und der Ärztekammer die hierfür erforderlichen Auskünfte zu erteilen. (§ 5 MBO-Ä)

Exemplarisch sind hierzu Regelungen zur Transfusion, Laboratoriumsmedizin, Zervixzytologie oder der Transplantation zu nennen.

Während in der Berufsordnung die prinzipiellen Anforderungen an die ärztliche Berufsausübung stringent festgehalten sind, wird deren Nichteinhaltung inzwischen sanktioniert. Beispielsweise besteht zur Erhaltung und Weiterentwicklung der Fachkenntnisse für Vertragsärzte eine Fortbildungsverpflichtung (§ 95d SGB V). In Fünfjahresabständen müssen diese ihre Teilnahme an Fortbildungen in Höhe von mindestens 250 Continuing Medical Education (CME)-Punkten (äquivalent zu etwa 250 h) vorweisen. Können Vertragsärzte die erforderlichen Fortbildungspunkte nicht nachweisen, so erfolgt eine Honorarkürzung in Höhe von 10 % für vier Abrechnungsquartale und danach – bis der entsprechende Nachweis erbracht wurde – sogar um 25 %. Wenn nach Ablauf von zwei Jahren der Fortbildungsnachweis nicht erbracht wurde, wird ein Verfahren zum Zulassungsentzug eingeleitet. 2015 haben 97 % aller Vertragsärzte die Fortbildungsanforderung erfüllt. Zwölf Ärzten wurde im

Jahr 2015 aufgrund der Nichterfüllung der Fortbildungspflicht die Zulassung bzw. Anstellungsgenehmigung entzogen (KBV 2016b).

Weitere berufsrechtlich geregelte Qualifikation (»Weiterbildung«)

Die Muster-Berufsordnung legt in Anbetracht der Komplexität der medizinischen Versorgung folgerichtig fest, dass die Ärztinnen und Ärzte »ihren Beruf gewissenhaft auszuüben und dem ihnen bei ihrer Berufsausübung entgegengebrachten Vertrauen zu entsprechen« (MBO-Ä, § 2 Abs. 2) haben. Rechtzeitig sind immer dann andere Ärzte hinzuzuziehen, wenn die eigene Kompetenz zur Lösung der diagnostischen oder therapeutischen Aufgabe nicht ausreicht. Zwar beschreibt die Approbationsordnung des Bundes, dass das Ziel der universitären Ausbildung der »zur eigenverantwortlichen und selbstständigen ärztlichen Berufsausübung« befähigte Arzt ist, gleichwohl reicht das Studium aus fachlicher Sicht heute nicht mehr aus, um sofort selbstständig ärztlich tätig werden zu können (vgl. Miani et al. 2015). Die immer differenziertere und umfassendere Wissensbasis zur Ausübung des ärztlichen Berufs hat es deshalb erforderlich gemacht, das Gesamtfeld der ärztlichen Kompetenz in einer Weiterbildungsordnung darzustellen und festzulegen, welche Arztgruppe welche Versorgungsbereiche übernimmt (s. auch ▶ Abschn. 5.4). Auf der Grundlage der Kammer- und Heilberufsgesetze der Länder, die dem Weiterbildungsrecht besondere Abschnitte einräumen, erlassen die Landesärztekammern deshalb Weiterbildungsordnungen. Analog zur Muster-Berufsordnung und aus ähnlicher Motivation, nämlich der bundesweiten Einheitlichkeit der Anforderungen, werden in der **Muster-Weiterbildungsordnung (M-WBO)** der Bundesärztekammer Mindestanforderungen festgelegt, die Voraussetzungen für die Anerkennung spezifischer **Facharztkenntnisse** (z. B. Facharzt für Chirurgie, Allgemeinmedizin) oder darauf aufbauender, weitergehender **Schwerpunkte** (z. B. Facharzt für Innere Medizin mit Schwerpunkt Angiologie) oder **Zusatzweiterbildungen** (z. B. Allergologie) darstellen. Im Unterschied zur Approbation, die durch staatliche Einrichtungen auf Landesebene erteilt wird, wird die Berechtigung zur Führung der Fachbezeichnung nach erfolgreichem Abschluss der Weiterbildung durch die zuständige Landesärztekammer vergeben.

Es wird davon ausgegangen, dass Leistungen dann erbracht werden sollen, wenn sie zur **Kernkompetenz** des jeweiligen Fachgebiets gehören (Taupitz und Jones 2002). Die **Durchführung fachgebietsfremder Leistungen** ist zwar nicht explizit untersagt, aber gesondert begründungspflichtig (z. B. im unvorhergesehenen Notfall). Die Durchführung beispielsweise chirurgischer Leistungen setzt deshalb in der ambulanten Versorgung einschlägige, durch die Muster-Weiterbildungsordnung festgelegte und an entsprechend qualifizierten Weiterbildungsstätten erworbene Kenntnisse voraus.

Zusammenfassend lässt sich festhalten, dass nach der Approbation für die ambulante Berufsausübung der Erwerb weiterer, spezifischer Kenntnisse erforderlich ist. Diese einmalig erworbenen Kenntnisse sind auf der Grundlage der Berufsordnung ständig zu aktualisieren. Eine formale, regelmäßige Überprüfung dieser Kenntnisse im Sinne einer **Rezertifizierung** existiert bislang nicht. Gleichwohl kann die Verpflichtung zur kontinuierlichen Fortbildung und zu den Frequenz- bzw. Mindestmengenregelungen in ausgewählten Leistungsbereichen, die nunmehr über das Sozialrecht verbindlich wurde, als eine Maßnahme zur Sicherstellung des ärztlichen Wissens im Sinne eines lebenslangen Lernens verstanden werden.

Berufsrechtlich legitimierte Kooperations- und Organisationsformen von Ärzten

Von besonderer Bedeutung ist das Berufsrecht im Hinblick auf die Kooperation von Ärzten. Die Ausübung ambulanter ärztlicher Tätigkeit außerhalb von Krankenhäusern ist an die **Niederlassung in einer Praxis** (Praxissitz) gebunden, soweit gesetzliche Vorschriften nicht andere Formen zulassen (§ 17 Abs. 1 MBO-Ä). Neben dem Praxissitz können zwei weitere Orte der Leistungserbringung (z. B. Zweigpraxen) etabliert werden.

Vorgaben der Muster-Berufsordnung

- Unabhängig von der gewählten Form der Berufsausübung oder Kooperation muss das **Schutzniveau im Arzt-Patienten-Verhältnis gleichartig** sein und der Besonderheit dieses Verhältnisses Rechnung getragen werden.
- Auch bei kooperativer Leistungserbringung ist der **Grundsatz der persönlichen Leistungserbringung** zu beachten.
- Es ist **Transparenz über die Form der Berufsausübung** und Kooperation sowie die daran Beteiligten sicherzustellen.

Neben der üblichen Einzel- oder Gemeinschaftspraxis ist die Bildung von Berufsausübungsgemeinschaften sowie anderen Kooperationsformen (§ 18 MBO-Ä), die Bildung von Ärztegesellschaften in Form von juristischen Personen des Privatrechts (§ 23a MBO-Ä), die Bildung von medizinischen Kooperationsgemeinschaften zwischen Ärztinnen und Ärzten und Angehörigen anderer Fachberufe (§ 23b MBO-Ä) sowie die Bildung von Praxisverbünden (§ 23d MBO-Ä) möglich. Abzugrenzen sind Kooperationsformen, die der gemeinsamen und arbeitsteiligen Berufsausübung dienen, von Organisationsformen, bei denen die gemeinsame Nutzung von Gerätschaften oder Räumlichkeiten Gegenstand der Vereinbarung ist (z. B. Apparategemeinschaften). Damit sind folgende Grundformen der gemeinsamen Berufsausübung von Ärzten zulässig:

Grundformen der gemeinsamen Berufsausübung von Ärzten

- **Berufsausübungsgemeinschaft:** Die Kooperation kann in allen für den Arztberuf zulässigen Gesellschaftsformen, beispielsweise in Form einer Gesellschaft bürgerlichen Rechts, etabliert werden. Mehrere Praxissitze sind möglich, wenn an jedem Praxissitz ein Arzt hauptberuflich tätig wird. Möglich ist die Angehörigkeit in mehreren Berufsausübungsgemeinschaften. Eine klassische Berufsausübungsgemeinschaft stellt die Gemeinschaftspraxis dar.
- Für die ärztliche Berufsausübung stehen die Formen der juristischen Person des Privatrechts wie die **Gesellschaft mit beschränkter Haftung (GmbH)** oder die **Aktiengesellschaft (AG)**, aber auch der **Verein** zur Verfügung. Weiterhin nicht zulassungsfähig sind Gesellschaften, die durch Vollkaufleute geführt werden (z. B. offene Handelsgesellschaften und Kommanditgesellschaften), oder Stiftungen. Um die »Kommerzialisierung« der ambulanten ärztlichen Versorgung, beispielsweise durch rein gewinnorientierte, durch Dritte finanzierte und nicht ärztlich geleitete, ambulante Einrichtungen, zu vermeiden, gelten für die Bildung von Ärztegesellschaften besondere Bedingungen:
  - Die Gesellschaft muss von einem Arzt geleitet werden.
  - Geschäftsführer müssen mehrheitlich Ärzte sein.
  - Dritte dürfen nicht am Gewinn der Gesellschaft beteiligt werden.
  - Die Mehrheit der Gesellschaftsanteile und der Stimmrechte müssen Ärzten zustehen.
- **Medizinische Kooperationsgemeinschaften:** Diese Kooperationsform eröffnet die ambulante Zusammenarbeit von Ärzten mit Angehörigen andere Heilberufe (z. B. Krankengymnasten, Logopäden, Ausnahme: Heilpraktiker), Psychotherapeuten oder auch Naturwissenschaftlern oder Angehörigen sozialpädagogischer Berufe. Als Gesellschaftsform stehen die Rechtsform der Gesellschaft bürgerlichen Rechts, einer juristischen Person des Privatrechts oder in Form einer Partnerschaftsgesellschaft nach dem PartGG zur Verfügung.

Praxisverbünde: Hierunter werden eher lockere Zusammenschlüsse von Praxen verstanden, die untereinander eine Kooperation verabreden und diese schriftlich fixieren. Gegenstand kann beispielsweise die Organisation spezifischer Qualitätsverbesserungsmaßnahmen sein (z. B. Durchführung von Qualitätszirkeln oder Organisation eines spezifischen, aufeinander abgestimmten Serviceangebots für besondere Erkrankungen). Praxisverbünde sollen prinzipiell allen interessierten Praxen offen stehen. Teilnehmen können auch Krankenhäuser, Reha-Kliniken oder andere patientenversorgende Einrichtungen im Gesundheitswesen.

Die ambulante Leistungserbringung in anderen Kooperationsformen ist derzeit berufsrechtlich nicht vorgesehen.

Für alle Kooperationsformen gilt, dass diese der jeweiligen Landesärztekammer anzuzeigen sind, wobei unterschiedliche Anforderungen über das Ausmaß der beizulegenden Dokumente aufgestellt wurden. Ebenso ist die Beschäftigung von ärztlichen und nicht-ärztlichen Angestellten möglich, wobei hierfür gesonderte Regelungen gelten (z. B. angemessene Vergütung, Praxissitz muss vom anstellenden Arzt persönlich wahrgenommen und ausgeübt werden). Durch die Kooperation soll weiterhin die freie Arztwahl für Patienten nicht eingeschränkt werden, ebenso gilt auch hier, dass eine Überweisung gegen Entgelt (also Gewinnbeteiligung an der aus der Überweisung resultierenden Leistungserbringung) nicht statthaft ist (§ 31 MBO-Ä). Sämtliche vorgenannten Ausführungen beziehen sich auf die Anforderungen der Muster-Berufsordnung der Bundesärztekammer, deren Umsetzung in den Landesärztekammern nahezu, aber nicht immer, vollständig erfolgt. Da Regelungen zur Berufsordnung der Landeshoheit unterliegen, sind Abweichungen auf Landesebene möglich.

Bei allen Formen des Zusammenwirkens von Ärzten mit Angehörigen der gleichen Berufsgruppe oder auch solchen anderer Heilberufe gilt der Grundsatz der persönlichen Leistungserbringung. Da die Behandlung auf der Grundlage eines Dienstvertrags des Bürgerlichen Gesetzbuchs (BGB) zwischen Arzt und Patient zustande kommt, schuldet der Arzt dem Patienten die persönliche Durchführung dieser Leistung. Der Delegation von Leistungsanteilen an Dritte setzt neben den allgemeinen Bestimmungen des BGB die Berufsordnung bestimmte Grenzen. Die Regelung folgt dem Grundsatz, dass Ärzte keine Gewerbetreibende sind und in einem besonderen, nicht-gewerblichen Verhältnis zum Patienten ihre Leistung erbringen (»Unvereinbarkeiten« in § 3 MBO-Ä). In einer gemeinsamen Stellungnahme haben Bundesärztekammer und Kassenärztliche Bundesvereinigung im Jahr 2008 die Möglichkeiten und Grenzen der Delegation ärztlicher Leistungen aktualisiert (Bundesärztekammer und Kassenärztliche Bundesvereinigung 2008).

Kooperationen von Ärzten mit anderen Leistungserbringern, die nicht dem Ziel der Verbesserung der Patientenversorgung und der Verschaffung unlauterer Vorteile dienen, werden seit 2016 durch einen eigenen Paragraphen (§ 299a) im Strafgesetzbuch (»Bestechlichkeit im Gesundheitswesen«) geahndet. Das sogenannte Anti-Korruptionsgesetz geht bei Bestechlichkeit im Gesundheitswesen von einem Offizialdelikt aus, für das ein Verdacht ausreicht, um Ermittlungen, auch ohne Anzeige, beginnen zu können. Dies hat zu Verunsicherungen geführt, insbesondere bei den Akteuren kooperativer Versorgungsformen. Das Gesetz ändert nichts am schon vorher bestehenden Grundsatz, dass im Mittelpunkt der angemessenen ärztlichen Vergütung die erbrachte, medizinisch notwendige Leistung stehen sollte – und nicht die Vergütung für Wertschöpfungen, wie sie für Dritte durch ärztliches Handeln entstehen. Mit dem Gesetz werden allerdings die Sanktionsmöglichkeiten ausgeweitet. Einzelne Landesärztekammern haben Clearingstellen eingerichtet, die Ärztinnen und Ärzten in Zweifelsfällen Orientierung geben sollen.

Weitere Anforderungen an die Einrichtung eines Arztsitzes, Digitalisierung

Der Praxisort selbst ist durch ein Praxisschild Name, Fachrichtung, Sprechzeiten und die Zugehörigkeit z. B. zu einer Berufsausübungsgemeinschaft zu kennzeichnen. Ärztinnen und Ärzte, die nicht unmittelbar Patienten versorgen, sind von dieser Verpflichtung ausgenommen. Zur Abgrenzung von konkurrierenden Anbietern von Gesundheitsdienstleistern ist die Leistungserbringung an einem festen Ort von großer Bedeutung und entsprechend berufsrechtlich geregelt. So ist nach § 17, Abs. 3 Musterberufsordnung die »Ausübung ambulanter ärztlicher Tätigkeit im Umherziehen berufsrechtswidrig«. Davon abzugrenzen sind bespielsweise Tätigkeiten im Akut- (z. B. Hausbesuche) oder Notfall (z. B. Rettungsmedizin).

Die Behandlung selbst setzt nach § 7 Abs. 4 Musterberufsordnung den unmittelbaren persönlichen Kontakt in Präsenz voraus wobei Kommunikationsmedien unterstützend eingesetzt werden dürfen. Beides, zwingende Leistungserbringung an einem angekündigten Leistungsort (»Praxissitz«) sowie auch die persönliche Behandlung, sind nur bedingt mit den neuen Möglichkeiten der digitalen Leistungserbringung vereinbar. Weder kommt es bei einer Videosprechstunde oder einem Telekonsil auf eine fixe Praxisstätte noch auf den physischen Kontakt an. Das Berufsrecht wurde deshalb insofern korrigiert, dass auch die ausschließliche Fernbehandlung »im Einzelfall« möglich geworden ist.

Praxistipp

Möglichkeiten und Rahmen der Fernbehandlung

Ärztinnen und Ärzte beraten und behandeln Patientinnen und Patienten im persönlichen Kontakt. Sie können dabei Kommunikationsmedien unterstützend einsetzen. Eine ausschließliche Beratung oder Behandlung über Kommunikationsmedien ist im Einzelfall erlaubt, wenn dies ärztlich vertretbar ist und die erforderliche ärztliche Sorgfalt insbesondere durch die Art und Weise der Befunderhebung, Beratung, Behandlung sowie Dokumentation gewahrt wird und die Patientin oder der Patient auch über die Besonderheiten der ausschließlichen Beratung und Behandlung über Kommunikationsmedien aufgeklärt wird. (§ 17, Abs. 4 Musterberufsordnung Ärzte)

Die Leistungserbringung in ambulanten Einrichtungen unterliegt neben den oben dargestellten berufsrechtlichen Anforderungen mannigfaltigen gesetzlichen Regelungen, deren Nichteinhaltung zur Stilllegung der Betriebsstätte führen kann (Kassenärztliche Bundesvereinigung 2016b). Sowohl die Kenntnis als auch die Einhaltung der entsprechenden Vorschriften ist grundlegende Voraussetzung für das ambulante Leistungsmanagement, wobei aufgrund der zunehmenden Fülle und Komplexität der sich teilweise widersprechenden gesetzlichen Regelungen der finanzielle und zeitliche Aufwand beständig steigt. Der Normenkontrollrat der Bundesregierung hat 2015 die bürokratische Belastung von Arztpraxen, verursacht durch Regulierungen des Gesetzgebers und der Selbstverwaltung und ohne Berücksichtigung von Landesrecht, zusammengefasst mit 14 Mio. Arbeitstagen berechnet (Statistisches Bundesamt 2015). Das **Regelungsgeflecht** ist geprägt von Zuständigkeiten, die auf den unterschiedlichen Ebenen der Versorgungsplanung angesiedelt sind, auf Bundes-, Landes-, kommunaler und Selbstverwaltungsebene. Da eine Darstellung sämtlicher Anforderungen im Rahmen des Lehrbuchs schon allein aus Platzgründen nicht in Frage kommt, soll am Beispiel der **Hygieneanforderungen** für Arztpraxen deutlich gemacht werden, welche Regelungsdichte auf diesem exemplarischen Gebiet eingetreten ist.

► Anforderungen an Arztpraxen am Beispiel der hygienischen Vorgaben

Maßnahmen zur Hygiene dienen der Prävention von Infektionen in der Patientenversorgung. Es ist die Aufgabe des Praxisinhabers, für die Einhaltung grundlegender Anforderungen zur Praxishygiene zu sorgen. Diese finden sich in verschiedenen Gesetzen wie dem Infektionsschutzgesetz, dem Medizinproduktegesetz, dem Arbeitsschutzgesetz, länderspezifischen Regelungen über den öffentlichen Gesundheitsdienst sowie in berufsgenossenschaftlichen Regelungen. Diese Gesetze und Vorschriften begründen Anlässe zur **behördlichen Begehung von Praxen**, wobei die gleiche Praxis zu dem gleichen Sachverhalt, in diesem Fall der Hygiene, aufgrund verschiedener Vorschriften wiederholt begangen werden kann. Zuständig für die behördliche

Überwachung der Hygiene in einer Praxis ist insbesondere das zuständige Gesundheitsamt. Doch alleine schon für die Umsetzung des Medizinproduktegesetzes gelten bundesweit unterschiedliche Zuständigkeiten. Für die Praxen oft hinderlich kommt hinzu, dass in der Regel keine Abstimmung der Behörden untereinander erfolgt. Gleichzeitig ist festzustellen, dass eine regelmäßige Überwachung der Praxen, wie im Krankenhausbereich üblich, derzeit noch nicht in allen Bundesländern vorgenommen wird. ◄

In ◘ Tab. 2.13 wird durch eine exemplarische Auflistung verdeutlicht, welche Normen durch Betreiber einer Arztpraxis zu berücksichtigen sind. Aufschlussreiche Informationen insbesondere zu Hygieneanforderungen in Arztpraxen hält das Robert Koch-Institut (▸ www.rki.de) vor.

Digitalisierung der Arztpraxen

Wie andere Bereiche der Gesellschaft wird auch die ambulante Versorgung durch den tiefgreifenden Transformationsprozess der Digitalisierung erfasst. Ärzte können für ihre digitale Identifikation bei ihren Ärztekammern elektronische Heilberufsausweise (eHBA) beantragen, mit denen sie an der Telematikinfrastruktur zum elektronischen Austausch mit allen an der Versorgung beteiligten Einrichtungen und Gesundheitsberufen teilnehmen können. Der deutsche Ärztetag hat 2018 mit der Novellierung von § 7 Abs. 4 der Musterberufsordnung die Voraussetzungen auch für die ausschließliche Fernbehandlung von Patienten geschaffen, ein gerade vor dem Hintergrund der medizinischen Versorgung in der Corona-Pandemie vorausschauender Schritt. Damit wurde das bis dahin vorliegende berufsrechtliche Verbot ausschließlicher Fernbehandlung, das sich als wesentliches Hemmnis beispielsweise bei der Einführung der Videosprechstunde auswirkte, beseitigt. Während für ausschließlich privatärztlich tätige Praxen die Zugangsvoraussetzung zur Telematikinfrastruktur aktuell noch geschaffen werden, bestehen für Praxen, die für die gesetzliche Krankenversicherung tätig werden, verbindliche Vorgaben zur Teilnahme am elektronischen Datenaustausch.

Zur Teilnahme an der Telematikinfrastruktur benötigen Praxen einen Praxisausweis (SMC-B) der Gematik als Praxisidentifikation, mit der über einen sog. Konnektor im abgesicherten Gesundheitsnetz personenbezogene Daten ausgetauscht oder aber Dokumente in der elektronischen Patientenakte gespeichert werden können. Der Konnektor entspricht dabei einem besonders gesicherten Router, der dem Praxisverwaltungssystem, abgeschirmt vom Internet, den Austausch sensibler Gesundheitsdaten erlaubt. Für eine Datenübermittlung ebenfalls erforderlich sind der eHBA des sendenden Arztes sowie, sofern patientenbezogene Daten bzw. Prozesse betroffen sind, die elektronische Versichertenkarte der Patienten. Die Übertragung selbst erfolgt nach dem sog. KIM-Standard (Kommunikation im Medizinwesen), wofür Praxen einen entsprechenden Dienst abonnieren müssen. Häufig wird dieser vom Hersteller des Praxisverwaltungssystems mit angeboten. Für Vertragsarztpraxen sind sowohl die Verbindung mit der Telematikinfrastruktur als auch die Nutzung einzelner Übermittlungsoptionen (z. B. elektronisches Rezept oder elektronische Arbeitunfähigkeitsbescheinigung) verpflichtend.

2.4.2 Praktische Umsetzung

Die vorgenannten Anforderungen treffen auf alle in der ambulanten Niederlassung tätigen Ärzte zu. In den seltensten Fällen wird jedoch die ärztliche Leistungserbringung ausschließlich zu Lasten des Patienten selbst erbracht. Wesentliche Kostenträger in der ambulanten Versorgung sind die **Private und Gesetzliche Krankenversicherung** sowie weitere Kostenträger wie die **Beihilfe**, die **Berufsgenossenschaften** als Träger der Gesetzlichen Unfallversicherung, **Bundeswehr** oder **Bundespolizei**.

Mit der Leistungserbringung für diese Versicherungen und Kostenträger sind in unterschiedlichem Umfang weitere Auflagen verbunden, die am ausgeprägtesten im Bereich der Gesetzlichen Krankenversicherung zu finden sind. Aber auch Kostenträger wie die Berufs-

2

Tab. 2.13 Ausgewählte gesetzliche Anforderungen, die Begehungen von Arztpraxen begründen können

Bundesgesetze und -verordnungen	
Infektionsschutzgesetz	Infektionsschutzgesetz vom 20. Juli 2000 (BGBl. I S. 1045), zuletzt durch Artikel 1 des Gesetzes vom 22. April 2021 (BGBl. I S. 802) geändert
Medizinproduktegesetz	Medizinproduktegesetz in der Fassung der Bekanntmachung vom 7. August 2002 (BGBl. I S. 3146), zuletzt durch Artikel 223 der Verordnung vom 19. Juni 2020 (BGBl. I S. 1328) geändert
Medizinproduktebetreiberverordnung	Medizinprodukte-Betreiberverordnung in der Fassung der Bekanntmachung vom 21. August 2002 (BGBl. I S. 3396), zuletzt durch Artikel 7 der Verordnung vom 21. April 2021 (BGBl. I S. 833) geändert
Gefahrstoffverordnung	Gefahrstoffverordnung vom 26. November 2010 (BGBl. I S. 1643, 1644), zuletzt durch Artikel 148 des Gesetzes vom 29. März 2017 (BGBl. I S. 626) geändert
Biostoffverordnung	Biostoffverordnung vom 15. Juli 2013 (BGBl. I S. 2514), zuletzt durch Artikel 146 des Gesetzes vom 29. März 2017 (BGBl. I S. 626) geändert
Arbeitsschutzgesetz	Arbeitsschutzgesetz vom 7. August 1996 (BGBl. I S. 1246), zuletzt durch Artikel 1 des Gesetzes vom 22. Dezember 2020 (BGBl. I S. 3334) geändert
Jugendarbeitsschutzgesetz	Jugendarbeitsschutzgesetz vom 12. April 1976 (BGBl. I S. 965), zuletzt durch Artikel 7 des Gesetzes vom 22. Dezember 2020 (BGBl. I S. 3334) geändert
Mutterschutzgesetz	Mutterschutzgesetz vom 23. Mai 2017 (BGBl. I S. 1228), durch Artikel 57 Absatz 8 des Gesetzes vom 12. Dezember 2019 (BGBl. I S. 2652) geändert
Mess- und Eichgesetz	Mess- und Eichgesetz vom 25. Juli 2013 (BGBl. I S. 2722, 2723), zuletzt durch Artikel 87 des Gesetzes vom 20. November 2019 (BGBl. I S. 1626) geändert
Kreislaufwirtschaftsgesetz	Kreislaufwirtschaftsgesetz vom 24. Februar 2012 (BGBl. I S. 212), zuletzt durch Artikel 2 Absatz 2 des Gesetzes vom 9. Dezember 2020 (BGBl. I S. 2873) geändert
Strahlenschutzverordnung	Strahlenschutzverordnung vom 29. November 2018 (BGBl. I S. 2034, 2036), zuletzt durch Artikel 1 der Verordnung vom 20. November 2020 (BGBl. I S. 2502) geändert
Landesgesetze	
Gesundheitsdienstgesetz	Gesundheitsdienstgesetz, Berlin i. d. F. v. 01.07.2006 Gliederungs-Nr neuer Abschnitt 1a mit §§ 4a bs 4f, §§ 9a, 9b, 14a und 14b eingefügt, alter § 19 aufgehoben durch Artikel 18 des Gesetzes vom 12.10.2020 (GVBl. S. 807)
Vorschriften der Berufsgenossenschaften	
Biologische Arbeitsstoffe im Gesundheitswesen und der Wohlfahrtspflege	TRBA 250 Biologische Arbeitsstoffe im Gesundheitswesen und in der Wohlfahrtspflege Ausgabe März 2014, 4. Änderung vom 2. Mai 2018
Vorschriften der gemeinsamen Selbstverwaltung (s. Text)	

genossenschaften richten spezifische Anforderungen an diejenigen Ärzte, die Leistungen im Rahmen der Unfallbehandlung erbringen. Im nachfolgenden Abschnitt werden die Besonderheiten des Leistungsmanagements für die Private und die Gesetzliche Krankenversicherung detaillierter dargestellt.

Management von Leistungen, die zu Lasten der privaten Krankenversicherung erbracht werden

▪ Berechtigung zur Leistungserbringung
Zur Leistungserbringung in der Privaten Krankenversicherung (PKV) sind prinzipi-

ell **alle approbierten Ärzte mit entsprechender Weiterbildung** befugt. Es besteht kein gesondertes Zulassungsverfahren, das zur Leistungserbringung für die Private Krankenversicherung berechtigt. Vorausgesetzt wird, dass der behandelnde Arzt sämtlichen gesetzlichen und berufsrechtlichen Vorschriften nachkommt. Damit stützt sich die PKV im Wesentlichen auf die für alle Ärzte geltenden gesetzlichen und berufsrechtlichen Vorschriften. Eine regelhafte Überprüfung dieser Anforderung im Einzelfall findet nicht statt. Eine Einschränkung im Hinblick auf den Ort der Leistungserbringung findet nicht statt. Ob die ambulante Leistung im Krankenhaus oder in der Arztpraxis erbracht wurde, hat keinen Einfluss auf die prinzipielle Abrechenbarkeit der Leistung.

Leistungsumfang

Im Unterschied zur Gesetzlichen Krankenversicherung (GKV) bestimmt sich der Leistungsumfang nach dem jeweils individuell abgeschlossenen Vertrag des Versicherten mit der privaten Krankenversicherung. In der Regel wird das gesamte Leistungsspektrum von der Prävention bis zur Kuration (einschließlich Palliation) abgedeckt. Einschränkungen bestehen nicht selten bei Maßnahmen der Rehabilitation und der Psychotherapie. Prinzipiell kommen private Krankenversicherungen nur für medizinisch notwendige Behandlungen auf, es sei denn, vertraglich wurde ein **erweiterter Leistungsumfang** vereinbart. Damit besteht kein abgeschlossener Leistungskatalog, wie dies in der GKV der Fall ist. In der Regel werden auch Leistungen übernommen, die nicht von der GKV finanziert werden. Für die Beihilfe gelten gesonderte Leistungsverzeichnisse, die den Leistungsumfang konkretisieren. Leistungen können wie folgt offeriert und abgerechnet werden:

Abrechenbarkeit von Leistungen

- Wenn es sich um wissenschaftlich anerkannte Untersuchungs- und Behandlungsmethoden bzw. Arzneimittel handelt.
- Wenn in der Praxis ebenso Erfolg versprechende, bewährte Methoden und Arzneimittel zur Anwendung kommen.
- Wenn in bestimmten Fällen keine wissenschaftlich anerkannten Untersuchungs- und Behandlungsmethoden zur Verfügung stehen.

> Nicht medizinisch notwendige Leistungen, die auf besonderen Wunsch des Patienten erbracht werden, sind nicht durch die Krankenversicherung abgedeckt. In solchen Fällen hat der Arzt darauf hinzuweisen, dass es sich um eine Behandlung auf Wunsch handelt, für die der Patient selbst aufzukommen hat (sog. »Übermaßbehandlung«) (Bundesärztekammer 2005). Die American Association of Internal Medicine hat für diesen Fall einen Kodex beschlossen, wonach Leistungen, die medizinisch nicht notwendig sind, auch dann nicht angeboten werden sollten, wenn dies der ausdrückliche Patientenwunsch ist. Als deutsches Pendant hat die Deutsche Gesellschaft für Innere Medizin die Aktion »Klug entscheiden« gestartet (Hasenfuß et al. 2016).

Aufgrund der stetig steigenden Inanspruchnahme der Privaten Krankenversicherung geht diese zunehmend dazu über, nicht mehr alle Kostenforderungen zu begleichen. Es obliegt dem behandelnden Arzt, Patienten auf diejenigen Behandlungen gesondert hinzuweisen, für die eine Kostenübernahme der Krankenversicherung wahrscheinlich nicht gewährt wird. Insgesamt ist zu beobachten, dass sich PKV und GKV im Hinblick auf ihr Leistungsspektrum annähern und in manchen Leistungssegmenten die GKV einen weitergehenden Leistungskatalog aufweist (insb. psychotherapeutische Leistungen). Nicht zuletzt aufgrund der Kostenentwicklung, mit steigenden Beiträgen insbesondere für ältere Versicherte, wurde im Jahre 2009 die Private Krankenversicherung verpflichtet, einen sogenannten Basistarif anzubieten, der im Grunde dem Leistungsumfang der Gesetzlichen Krankenversicherung entspricht. Der Tarif entspricht einem Einzelvertragswesen mit deutlich reduziertem Leistungs- und Erstattungsumfang und ist wenig attraktiv für privat Versicherte.

▪ **Rechtsform der Leistungserbringung**
Patienten werden im Rahmen der privaten Krankenbehandlung auf der Grundlage eines zivilrechtlichen **Behandlungs-(Dienst-)Vertrags** behandelt. Leistungsforderungen auf dem Boden des Behandlungsvertrags werden in der Regel über die **Gebührenordnung für Ärzte (GOÄ)** erhoben, sofern andere Gesetze nicht besondere Regelungen vorsehen. Somit besteht kein direktes Vertragsverhältnis zwischen Arzt und privater Krankenversicherung. Ein Anspruch auf Behandlungspflicht, der über die berufsrechtlichen Anforderungen hinausgeht, besteht nicht. Die Gebührenordnung für Ärzte (GOÄ) ist eine Gebührenordnung für die Abrechnung privatärztlicher Leistungen. Die GOÄ wird mit Zustimmung des Bundesrates als Rechtsverordnung der Bundesregierung erlassen und befindet sich seit geraumer Zeit in grundlegender Überarbeitung. Daneben ist z. B. die Gebührenordnung für Zahnärzte (GOZ) und das Bundeseinheitliche Verzeichnis der abrechnungsfähigen zahntechnischen Leistungen (BEL II) Grundlage für die Abrechnung privatärztlicher Leistungen.

▪ **Kooperations- und Organisationsformen**
Es gelten die berufsrechtlich möglichen Kooperationsformen von Ärzten. Auch hier gilt, dass ein **formales Zulassungsverfahren** bei der PKV in der Regel **nicht existiert**. Instrumente zur direktvertraglichen Bindung von Ärzten an die PKV, wie dies beispielsweise in der Kfz-Versicherung mit »Vertragswerkstätten« geschieht, finden vereinzelt Anwendung.

▪ **Besondere Anforderungen**
Über das Berufsrecht hinausgehende Anforderungen bezüglich der medizinischen Leistungserbringung bestehen nicht. Auch bestehen in der Regel keine fixierten Verpflichtungen, Versicherte der Privaten Krankenversicherung schneller oder bevorzugt zu behandeln. Aufgrund der höheren zu erzielenden Vergütungen werden jedoch insbesondere bei Terminen, denen kein Notfall zugrunde liegt, Unterschiede verzeichnet. Nachdem im Sozialrecht immer weitergehende Qualifikationsanforderungen für GKV-Patienten definiert werden (vgl. weiter unten), ergeben sich zunehmend **Unterschiede bezüglich der Qualität der Leistungserbringung**. Da Ärzte aber zumeist gleichzeitig für beide Kostenträger arbeiten, ergibt sich vor Ort in der Regel kein für den Patienten spürbarer Unterschied. Eine der Ausnahmen: Eine Leistungserbringung zu Lasten der GKV wird wegen Nichterfüllung der spezifischen Qualitätsanforderungen ausgeschlossen, und der Arzt bietet die Leistung fortan nur noch privatärztlich an.

Management von Leistungen, die zu Lasten der Gesetzlichen Krankenversicherung erbracht werden

Insbesondere dem der ambulanten GKV-Krankenversorgung zugrunde liegenden Sachleistungsprinzip ist es geschuldet, dass zusätzlich zum bestehenden Berufsrecht weitergehende, organisatorische Regelungen zur Erfüllung dieses Anspruchs gegenüber den Versicherten notwendig wurden. Damit alle Versicherten jederzeit ambulante ärztliche Behandlung in **ausreichendem, zweckmäßigem und wirtschaftlichen Umfang** wahrnehmen können, schließen die gesetzlichen Krankenkassen **Kollektivverträge** mit Kassenärztlichen Vereinigungen ab. Nach den historischen Erfahrungen mit andauernden Konflikten, die Einzelverträgen zwischen Arzt und Krankenkasse geschuldet waren, wurde kollektivvertraglichen Regelungen mit einer körperschaftlich verfassten Ärzteschaft der Vorzug gegeben (Schirmer 1997). Ein Vertrag kommt danach nur noch zwischen Arzt und Kassenärztlicher Vereinigung zustande, die ihrerseits mit den Landesverbänden der Krankenkassen in einem Vertragsverhältnis steht. Die Vertrags-(früher Kassen-)Ärzte verzichten dafür auf Mittel des Arbeitskampfes und übernehmen die **gesamtschuldnerische Verpflichtung** zur Übernahme des **Versorgungsauftrags** »ambulante Versorgung der GKV-Patienten«.

Kassenärztliche Vereinigungen (KVen) werden durch freiberuflich tätige Ärzte oder ärztlich geleitete Einrichtungen gebildet und stellen für die Krankenkassen sicher, dass deren Versicherte die ihnen geschuldeten ambulant-ärztlichen Leistungen erhalten. Mit dem Recht, Kassenpatienten behandeln zu dürfen, gehen auch weitreichende Pflichten einher, die an vielen Stellen über berufsrechtliche Anforderungen hinausgehen und vertraglich geregelt werden.

Im Unterschied zu den Regelungen in der Privatmedizin, die sich hauptsächlich auf das Berufs- und Weiterbildungsrecht der Ärztekammern stützen, existieren deshalb für die ambulante Leistungserbringung der GKV, der sog. **vertragsärztlichen Versorgung**, weit umfassendere Anforderungen, die sich von der Zulassung über die Verpflichtung zur Fortbildung sowie zusätzlichen Qualifikationsanforderungen bis hin zur Rezertifizierung für bestimmte Leistungsbereiche erstrecken. Die wesentliche Ordnungsfunktion nehmen dabei die Kassenärztlichen Vereinigungen ein, die für die Honorarverteilung (▶ Abschn. 4.4), die Sicherstellung der ambulanten ärztlichen Versorgung (bundesweiter Zugang zur ambulanten ärztlichen und psychotherapeutischen Versorgung) und die Steuerung von Leistungen (z. B. Menge, Qualität, auch von sog. veranlassten Leistungen wie Arznei-, Heil- und Hilfsmittel oder Leistungen wie Krankentransport oder Krankenhauseinweisung) verantwortlich sind. Auf die Funktion der KVen und ihrem Zusammenschluss auf Bundesebene, der Kassenärztlichen Bundesvereinigung (KBV), wird im Folgenden immer dann eingegangen, wenn deren Aufgaben berührt werden.

▪ Berechtigung zur Leistungserbringung

Die vertragsärztliche Versorgung wird durch zugelassene Ärzte und Psychotherapeuten, zugelassene medizinische Versorgungszentren sowie durch ermächtigte Ärzte und ermächtigte, ärztlich geleitete Einrichtungen sichergestellt. Detaillierte Ausführungen hierzu sind in ▶ Abschn. 5.4 zu finden.

Die Leistungserbringung von ambulanten medizinischen Leistungen zu Lasten der GKV setzt eine gesonderte **Zulassung** voraus, die über die berufsrechtlichen Anforderungen hinausgeht. Unterschieden wird die reguläre Zulassung von der Ermächtigung. Grundlage der Zulassung sind die §§ 95 und 98 SGB V sowie die Zulassungsverordnung für Vertragsärzte (Ärzte-ZV; Bundesministerium für Gesundheit 2003). Die Ärzte-ZV als bestimmende Norm regelt die

- Einrichtung von Zulassungsbezirken durch die regionale Kassenärztliche Vereinigung und den Landesverbänden der Krankenkassen (bzw. Ersatzkassen),
- Anlage von Arztregistern,
- Feststellung von Über- und Unterversorgung von Zulassungsbezirken mit Ärzten durch einen paritätisch besetzten Landesausschuss (KV und Krankenkassen) mit Beteiligung der Landesaufsicht und von Patientenvertretern,
- Voraussetzungen für Ärzte zur Zulassung zur vertragsärztlichen Versorgung,
- Ermächtigung von Ärzten,
- Vertretung und Anstellung von Ärzten in der Praxis sowie Kooperationsformen (s. Abschnitt »Kooperations- und Organisationsformen«) einschließlich Job-Sharing,
- Einrichtung von Zulassungs- und Berufungsausschüssen, die mit Patientenbeteiligung paritätisch durch Vertreter der Kassenärztlichen Vereinigung und den Landesverbänden der Krankenkassen eingerichtet werden.

In der Folge steigender Niederlassungen in den letzten Jahrzehnten wurde erst nachträglich ein Passus zur **Überversorgung** in die Ärzte-ZV eingefügt. Diese wird angenommen, wenn der als bedarfsgerecht angesehene Versorgungsgrad um 10 % überschritten wird. Die Ermittlung des »allgemein bedarfsgerechten« Versorgungsgrades folgte dabei nicht umfassenden wissenschaftlichen Untersuchungen, sondern wurde normativ in Richtlinien des Bundesausschusses der Ärzte und Krankenkassen (seit 01.01.2004: Gemeinsamer Bundesausschuss G-BA) festgelegt, die erstmals im Jahr 1987 verabschiedet und 1993 noch einmal verschärft wurden. Die **Bedarfsplanungsrichtlinien** werden kontinuierlich weiterentwickelt und angepasst und im Zuge des Versorgungsstrukturgesetzes derzeit grundlegend überarbeitet (Bundesgesundheitsministerium 2011). Hinsichtlich der Arzt-Einwohner-Relation (sog. Verhältniszahlen) und der Beplanung der Psychotherapeuten wurde der Gemeinsame Bundesausschuss erneut mit der

Weiterentwicklung der Bedarfsplanung beauftragt (► Abschn. 5.4).

Zulassungen für einen Vertragsarztsitz können durch den Zulassungsausschuss nur dann erteilt werden, wenn keine Überversorgung vorliegt oder aber eine bestehende Zulassung übernommen wird und die abgegebene Zulassung für die Patientenversorgung erforderlich ist. Anderenfalls ist in einem gesperrten Bezirk die Zulassung durch die Kassenärztliche Vereinigung aufzukaufen. Nachbesetzungen von genehmigten Anstellungen sind dagegen mit einer vergleichsweise unaufwändigen Meldung an den Zulassungsausschuss flexibler und einfacher zu gestalten. Bei Überversorgung sind Wartelisten einzurichten. Ausnahmen wurden im Rahmen der sog. **Sonderbedarfszulassung** geschaffen, die durch die Bedarfsplanungsrichtlinien des G-BA in Verbindung mit § 101 Abs. 1 SGB V für folgende Tatbestände definiert werden:

- Nachweislicher lokaler Versorgungsbedarf
- Nachweis eines besonderen, qualifizierten Versorgungsbedarfs
- Gründung einer Gemeinschaftspraxis mit spezialisierten Versorgungsaufgaben
- Schwerpunktmäßig ambulant operative Tätigkeit
- Dialyseversorgung

Damit bestehen lokale Möglichkeiten, auf den Versorgungsbedarf einer Region individuell einzugehen. Als weitere Option wurde das **Job-Sharing** ermöglicht, wonach zusätzliche Ärzte in eine Praxis eintreten können, wodurch allerdings das bisherige Abrechnungsvolumen um maximal 3 % gesteigert werden darf. Nach 10 Jahren fällt diese Zulassungsbeschränkung weg und der »Job-Sharer« erhält eine vollumfängliche Zulassung. Gesonderte Bestimmungen gelten für sog. **Belegärzte**, die niedergelassene Vertragsärzte sind und Leistungen in Belegabteilungen in Krankenhäusern erbringen. Dies trifft insbesondere auf die operativ tätigen Fächer sowie auf die Geburtshilfe zu. Die Tätigkeit des Belegarztes muss überwiegend ambulant sein.

Das **Verfahren der Zulassung** erfolgt in zwei Schritten. Zunächst muss die Eintragung in das Arztregister vorgenommen werden, danach ist ein erneuter Antrag auf Zulassung zur vertragsärztlichen Versorgung zu stellen:

Antrag auf Eintragung in das Arztregister

Beizufügen sind:

- Geburtsurkunde
- Approbation
- Nachweis über ärztliche Tätigkeit nach bestandener ärztlicher Prüfung
- Urkunden über abgeschlossene Weiterbildungen

Antrag auf Zulassung zur vertragsärztlichen Versorgung

Kriterien sind:

- Eintragung in das Arztregister
- Persönliche Eignung (u. a. Lebenslauf, Polizeiliches Führungszeugnis, kein Vorliegen einer Rauschgift- oder Alkoholsucht)
- Nicht gesperrter Zulassungsbezirk oder
- Nachbesetzung einer bestehenden Zulassung oder
- durch Zulassungsausschuss anerkannter Sonderbedarf

Die zweite Zugangsform zur Leistungserbringung in der vertragsärztlichen Versorgung stellt die sog. »Ermächtigung« von Ärzten dar. Ist für einen Zulassungsbezirk eine Unterversorgung, auch im Hinblick auf die spezialisierte Versorgung von Patienten mit bestimmten Krankheiten, festzustellen und nicht durch zugelassene Vertragsärzte zu beheben, so kann der Zulassungsausschuss i. d. R. Krankenhausärzte, in seltenen Fällen ausschließlich ambulant tätige Privatärzte, zur vertragsärztlichen Versorgung zulassen. Die Zulassung ist zeitlich, räumlich und ihrem Umfang nach zu begrenzen. Genauso ist festzulegen, ob der ermächtigte Arzt direkt oder nur auf Überweisung in Anspruch genommen werden kann. Ermächtigt werden können auch ärztlich geleitete Einrichtungen wie Hochschulambulanzen (§ 117 SGB V), sozialpädiatrische Zentren (§ 119 SGB V) oder psychiatrische Institutsambulanzen (§ 118 SGB V). Ein Sonderfall ist die Ermächtigung qua Gesetz von Allgemeinkrankenhäusern mit selbstständig fachärztlich geleiteten psychiatrischen Abteilungen zur psychiatrischen und psychotherapeutischen

Versorgung bestimmter Gruppen (§ 118 Abs. 2 SGB V). Zusätzlich wurde im Bundesmantelvertrag festgelegt, dass für zytologische Diagnostik von Krebserkrankungen sowie zur ambulanten Untersuchung und Beratung zur Planung der Geburtsleitung im Rahmen der Richtlinien des G-BA ohne Prüfung des Bedarfs Ermächtigungen ausgesprochen werden können.

Die Zulassung zur vertragsärztlichen Versorgung geht mit Rechten (Abrechnung von Leistungen zu Lasten der GKV) und Pflichten (u. a. Präsenzpflicht, Behandlungspflicht, persönliche Leistungserbringung, gesonderte Auflagen zur Qualitätssicherung, Teilnahme am Notdienst, festgelegte Praxisöffnungszeiten, Regelungen zur Wirtschaftlichkeits- und Plausibilitätsprüfung, ggf. mit Regressforderungen, Fortbildungspflicht) einher und bedeutet nicht, dass sämtliche Leistungen des eigenen Fachgebietes automatisch abgerechnet werden dürfen. Zusätzlich müssen Ärzte für ca. 30 % der Leistungen im Einheitlichen Bewertungsmaßstab (EBM; vgl. ► Abschn. 4.4), dem Leistungskatalog der ambulanten GKV-Versorgung, ein gesondertes Qualifikationsniveau nachweisen, um diese Leistungen (z. B. Koloskopie) erbringen zu dürfen. Hierauf wird im Abschnitt »Besondere Anforderungen« gesondert eingegangen. Die Teilnahme an der vertragsärztlichen Versorgung ist auch auf dem Wege der Anstellung möglich. Auch hier sind die Eintragung ins Arztregister sowie die Bebringung weiterer Nachweise wie bei der Zulassung (Führungszeugnis etc.) erforderlich. Frei werdende Vertragsarztsitze können auch durch angestellte Ärzte wahrgenommen werden, wobei diese entweder in einer Praxis mit einem oder mehreren zugelassenen Vertragsärzten oder in einem Medizinischen Versorgungszentrum tätig werden müssen. Ein Sonderfall stellt die Anstellung von Ärzten in einem gesperrten Bezirk dar, die nur im Rahmen des bestehenden Budgets eines zugelassenen Arztes bzw. MVZ möglich ist. Eine Ausweitung des Budgets des zugelassenen Vertragsarztes ist nur in eng umschriebenem Maße möglich (sog. 3 %-Regel). Gleiches gilt für die Job-Sharing-Regelung, wonach ein selbstständiger Arzt (sog. Job-Sharer) zusammen mit einem zugelassenen Arzt innerhalb dessen Budgets tätig wird (s. o.).

In der Folge der Diskussionen um Wartezeiten wurden Vertragsärzte und -psychotherapeuten mit der Übernahme des Versorgungsauftrags zu einem wöchentlichen Sprechstundenangebot von mindestens 25 Stunden verpflichtet. Patientennahe Praxen haben zudem 5 Stunden offene Sprechstunde (ohne Terminvereinbarung) anzubieten. Versicherte haben Anspruch sowohl auf die Vermittlung eines Haus- bzw. Kinderarztes sowie auf Termine bei Augenärzten, Gynäkologen und Psychotherapeuten. Sofern eine fachärztliche Überweisung mit Dringlichkeit durch einen Hausarzt ausgestellt wurde, erhalten Versicherte einen Dringlichkeitscode, der eine Vermittlung eines entsprechenden Facharzttermins in spätetens vier Wochen durch die Terminsservicestelle (TSS, erreichbar unter 116117 oder per Webseite) der Kassenärztlichen Vereinigung sicherstellt. Praxen wiederum haben freie Termine an die Terminsservicestelle zu melden, entsprechend vermittelte Termine werden als Anreiz extrabudgetär vergütet.

▪ Medizinische Versorgungszentren

Infolge des GKV-Modernisierungsgesetzes können seit dem 01.01.2004 außer Vertragsärzten und ermächtigten Ärzten auch »Medizinische Versorgungszentren« zur ambulanten Versorgung der gesetzlich Krankenversicherten zugelassen werden. Im Gesetzestext § 95 SGB V heißt es dazu:

> » Medizinische Versorgungszentren sind medizinische Einrichtungen, in denen Ärzte, die in das Ärzteregister nach Absatz 2 Satz 3 Nr. 1 eingetragen sind, als Angestellte oder Vertragsärzte tätig werden.

Damit wurde erstmals die Zulassung von einzelnen Ärztinnen und Ärzten an eine Personengesellschaft gebunden, die als Träger des MVZ auftritt. Ärztinnen und Ärzte können, wie in anderen Formen der Berufsausübungsgemeinschaft (z. B. Gemeinschaftspraxis), auch als Angestellte an der ambulanten Versorgung teilnehmen. Wesentlicher Unterschied zwischen MVZ und Gemeinschaftspraxis stellen

2

a. die direkte finanzielle Beteiligung Dritter an der ambulanten Versorgungsstruktur,
b. der Institutionsbezug der ärztlichen bzw. psychotherapeutischen Zulassungen dar.

Der Vertragsarztsitz ist also nicht wie in der Einzel- oder Gemeinschaftspraxis an die Person des zugelassenen Arztes, sondern an das MVZ als Institution selbst gebunden. Mit dem Weggang eines angestellten Arztes bleibt die Zulassung des MVZ erhalten, und die Stelle kann grundsätzlich durch das MVZ nachbesetzt werden. Hiermit unterscheidet sich das MVZ grundsätzlich von traditionellen Strukturen der ambulanten Leistungserbringung, die von inhabergeführten kleineren Praxen mit selbständig tätigen Ärztinnen und Ärzten gekennzeichnet sind.

Die Organisationsform der **medizinischen Versorgungszentren** kann als indikationsübergreifende Organisationsform der Integrierten Versorgung klassifiziert werden. Zwischenzeitlich ist es auch möglich, fachgruppengleiche, z. B. hausärztliche MVZ zu gründen. Sie sollen – ähnlich wie Polikliniken – Kompetenzen medizinischer Disziplinen und nicht medizinischer Heilberufe unter einem Dach bündeln und eine **interdisziplinäre Zusammenarbeit** fördern. Eine enge Zusammenarbeit durch die **räumliche Nähe** aller an der Behandlung beteiligten Leistungserbringer soll die Versorgungsprozesse optimieren. Der Gründerkreis eines Medizinischen Versorgungszentrums ist durch das SGB V reglementiert und sieht neben zugelassenen Vertragsärzten auch an der Versorgung teilnehmende Krankenhäuser oder auch Kommunen vor (in einem gesperrten Bezirk werden hierfür Vertragsarztsitze benötigt, die in der Regel durch Übernahme von Zulassungen erworben werden). Dadurch ergibt sich u. a. die Möglichkeit, stationäre und ambulante medizinische Versorgung besser zu verzahnen und somit eine sektorenübergreifende Integration der Versorgung zu realisieren. Ziel ist die umfassende koordinierte Diagnostik und Therapie; gleichwohl stehen empirische Erkenntnisse über die Effizienz von MVZ noch aus. Mit dem Stichtag 31. Dezember 2019 gibt es insgesamt 3539 Medizinische Versorgungszentren; in Bayern, Niedersachsen, Hessen und Nordrhein wurden bislang die meisten MVZ zugelassen. Der überwiegende Teil der MVZ wurde von Krankenhäusern (44 %) oder Vertragsärzten (42 %) gegründet, wobei die bevorzugten Rechtsformen die GmbH und die GbR sind. In den MVZ arbeiten von 167.000 an der vertragsärztlichen Versorgung teilnehmenden Ärzten 21.887 Ärzte, also knapp 12,1 %. 92,3 % sind als angestellte Ärzte und 7,7 % als selbstständige Vertragsärzte mit eigener Zulassung tätig. In einem MVZ arbeiten im Durchschnitt 6,2 Ärzte mit einem Trend zu größeren MVZ. Hausärzte und Internisten sind die Fachgruppen, die in den MVZ am häufigsten vertreten sind. MVZ stellen somit nach wie vor eine Strukturvariante der ambulanten Versorgung mit Wachstumspotenzial dar (◘ Abb. 2.9; siehe auch MVZ-Survey, KBV 2016a).

Zur Gründung eines MVZ sind gründungsberechtigt:

- zugelassene Ärzte,
- zugelassene Krankenhäuser,
- Erbinger nicht-ärztlicher Dialyseleistungen nach § 126 Abs. 2 SGB V,
- anerkannte Praxisnetzen nach § 87b, Abs. 3, Satz 2 SGB V,
- gemeinnützige Träger, die aufgrund von Zulassung oder Ermächtigung an der vertragsärztlichen Versorgung teilnehmen,
- Kommunen

▪ Ambulante Behandlung am Krankenhaus

Unabhängig von der Ermächtigung sowie Gründungsmöglichkeit von MVZ durch Krankenhäuser im Rahmen der vertragsärztlichen Versorgung hat der Gesetzgeber kontinuierlich die Möglichkeiten zur ambulanten Leistungserbringung am Krankenhaus erweitert. Für **ambulante Operationen** gilt, dass das Krankenhaus u. a. den Landesverbänden der Krankenkassen und der KV sein Vorhaben anzeigen muss, um ambulante Operationen nach § 115b SGB V anbieten zu dürfen. Mit dem MDK-Reformgesetz des Jahres 2020 hat der Gesetzgeber den Leistungskatalog auch um stationsersetzende Behandlungen erweitert. Ein neuer Leistungskatalog soll bis zum Frühjahr 2022 durch GKV, KBV und DKG verabschiedet werden. Daneben existiert mittlerweile eine zunehmend unüber-

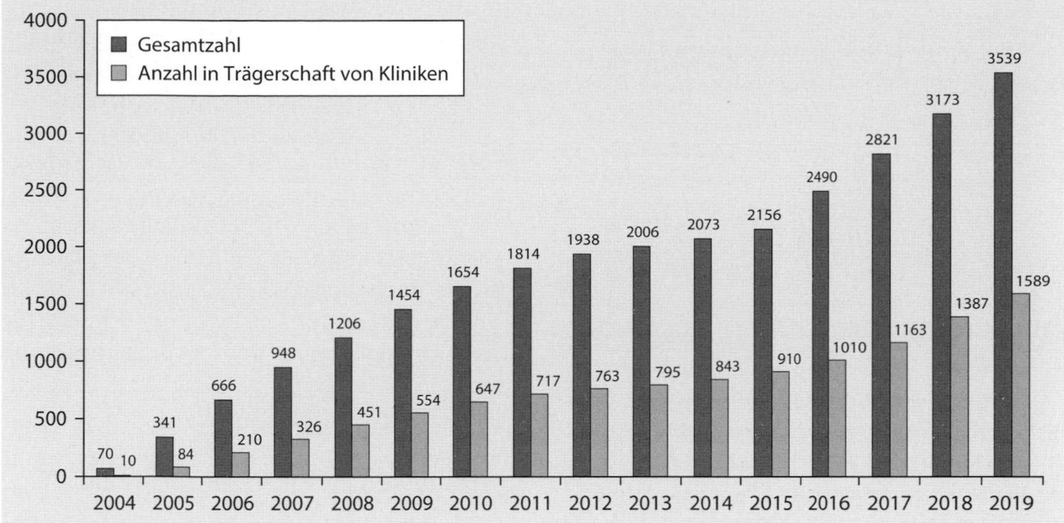

Abb. 2.9 Entwicklung der Anzahl der MVZ von 2004–2019

schaubarer werdende Anzahl von Öffnungstatbeständen; der Krankenhausreport 2016 weist 19 verschiedene Zugänge zur ambulanten Versorgung aus (s. auch Klauber et al. 2016).

Bedingt durch den technischen Fortschritt und den damit neu hinzukommenden Diagnose- und Behandlungsmöglichkeiten hat der Gesetzgeber eine bisherige Form der Krankenhausöffnung (§ 116b SGB V alt) zu einem eigenen Versorgungsbereich weiterentwickelt, der sowohl ambulanten als auch stationären Leistungserbringern das Angebot von hochspezialisierten, in der Regel multiprofessionell und interdisziplinär erbrachten Leistungen erlaubt. Dies ist in der sogenannten ambulanten spezialfachärztlichen Versorgung (ASV) neuer Prägung gemäß 116b SGB V seit 2012 möglich. Krankenhäuser, die nach altem Recht Zulassungen beantragt hatten, dürfen diese zunächst weiter ausüben.

ASV erstreckt sich auf (1) Erkrankungen mit besonderen Krankheitsverläufen, (2) schwere Verlaufsformen von Erkrankungen mit besonderen Krankheitsverläufen, (3) seltene Erkrankungen und Erkrankungszustände mit entsprechend geringen Fallzahlen und (4) hochspezialisierte Leistungen. Bisher sind in der entsprechenden Richtlinie des G-BA folgende Krankheiten und Leistungen aufgeführt:

Krankheiten und Leistungen in der G-BA-Richtlinie

(1) **Erkrankungen mit besonderen Krankheitsverläufen**

a) Onkologische Erkrankungen
- Tumorgruppe 1: gastrointestinale Tumoren und Tumoren der Bauchhöhle
- Tumorgruppe 2: gynäkologische Tumoren
- Tumorgruppe 3: urologische Tumoren
- Tumorgruppe 4: Hauttumoren
- Tumoren der Lunge und des Thorax

b) rheumatologische ErkrankungenTeil 1: ErwachseneTeil 2: Kinder und Jugendliche

(2) **Schwere Verlaufsformen von Erkrankungen mit besonderen Krankheitsverläufen: noch keine**

(3) **Seltene Erkrankungen und Erkrankungszustände mit entsprechend geringen Fallzahlen**

a. Tuberkulose und atypische Mykobakteriose
b. Mukoviszikose
c. Hämophilie
d. Schwerwiegende immunologische Erkrankungen, Erkrankungsgruppe 1: Sarkoidose

e. Biläre Zirrhose (unbesetzt)
f. Primär sklerosierende Cholangitis (unbesetzt)
g. Morbus Wilson
h. Marfan-Syndrom
i. Pulmonale Hypertonie
j. Ausgewählte seltene Lebererkrankungen

(4) **Hochspezialisierte Leistungen: noch keine**

Praxistipp

Eine aktuelle Liste der Indikationen, für die eine ambulante Leistungserbringung am Krankenhaus auf diesem Wege möglich ist, findet sich jeweils unter ► https://www.g-ba.de/richtlinien/80/ (aufgerufen am 03.05.2021).

An der ambulanten spezialfachärztlichen Versorgung (ASV) können bei Nachweis von entsprechenden Qualifikationsanforderungen niedergelassene Ärzte wie auch Krankenhäuser teilnehmen (»Wer kann, der darf«). Eine Budgetierung der Kosten oder eine Bedarfsplanung der zugelassenen Teilnehmer ist nicht vorgesehen. Die Zulassung erfolgt durch sog. Erweiterte Landesausschüsse, die durch die jeweiligen Landeskrankenkassenverbände, die Kassenärztliche Vereinigung und die Landeskrankenhausgesellschaft gebildet werden. Durch den Gemeinsamen Bundesausschuss sind die Leistungen sowie die dazu gehörigen Qualifikationsvoraussetzungen zu erarbeiten. Der Bewertungsausschuss des GKV-Spitzenverbandes und der KBV sollen, ergänzt um die Deutsche Krankenhausgesellschaft, DRG-orientierte Vergütungsgrundsätze entwickeln (Bundesgesundheitsministerium 2011). Insgesamt erfolgt die Entwicklung eher schleppend, sodass nach wie vor nur wenige ASV-Teams zur Versorgung zugelassen waren.

■ **Kooperations- und Organisationsformen**

Die Verpflichtung zur **persönlichen Leistungserbringung** im Kollektivvertrag der vertragsärztlichen Versorgung wird durch den Bundesmantelvertrag explizit festgeschrieben und konkretisiert (§ 15 BMV). Danach ist jeder an der vertragsärztlichen Versorgung teilnehmende Arzt zur persönlichen Leistungserbringung verpflichtet. Persönliche Leistungen sind allerdings auch Leistungen, die durch genehmigte Assistenten und angestellte Ärzte erbracht werden, sofern diese die erforderlichen Qualifikationsvoraussetzungen besitzen. Der Verstoß gegen die persönliche Leistungserbringung kann erhebliche Regressforderungen nach sich ziehen. Selbstverständlich können Anteile der Leistung, die originär für das Zustandekommen der Leistung notwendig sind und keine ärztliche Tätigkeit darstellen, delegiert werden. Hierzu gehört z. B. die Probenaufbereitung im Labor oder aber die Vorbereitung von Patienten auf eine Behandlung.

> Grundsätzlich nicht delegierbare Leistungen sind beispielsweise die Anamnese, die Indikationsstellung, die Aufklärung oder die Therapieentscheidung.

Die KBV und die Bundesärztekammer hatten 1987 zur Frage der **Delegationsfähigkeit von Leistungen** Grundsätze entwickelt, die ärztliche Leistungen in nicht delegationsfähige, persönlich zu erbringende, im Einzelfall delegationsfähige und schließlich in grundsätzlich delegationsfähige Leistungen unterteilt. Die Grundsätze wurden noch einmal aufgegriffen und in einer gemeinsamen Stellungnahme von KBV und BÄK aus dem Jahr 2008 (Bundesärztekammer und Kassenärztliche Bundesvereinigung 2008) weiterentwickelt.

Von besonderer Bedeutung ist dabei die Delegation ärztlicher Leistungen an nichtärztliche Leistungserbringer. Ein sich abzeichnender Ärztemangel, der technische Fortschritt und nicht zuletzt die Diversifizierung des Versorgungsgeschehens erfordern weitergehende Modelle der Zusammenarbeit, in denen Ärztinnen und Ärzte nicht notwendigerweise selbst die jeweils erforderliche Leistung erbringen. In der vertragsärztlichen Versorgung wurden deshalb Regelungen zur Delegation ärztlicher Leistungen definiert. Hierbei geht es nicht um die Veranlassung von Leistungen (z. B. Verordnung von Physiotherapie), sondern um die Delegation ärztlicher Leistungen im engeren Sinne. Hierfür haben KBV und GKV-Spitzenverband Vorgaben von delegierbaren Leistungen im Rahmen des Bundesmantelvertrags entwickelt (Anlagen 8 und 24 des BMV-Ä). Seit 1. Januar 2015 können größere Hausarztpraxen nichtärztliche Praxisassistenten (NäPra) beschäftigen und erhalten hierfür eine Vergütung der Gesetzlichen Krankenversicherung. Die Leistungen umfassen dabei auch Hausbesuche. Es zeichneit sich ab, dass eine ähnliche Entwicklung auch bei Gebietsärzten der vertragsärztlichen Versorgung eintritt.

Leistungen, die der Arzt aufgrund seiner Professions- und/oder Fachgebietszugehörigkeit nicht persönlich erbringen kann und die für die Diagnose und Behandlung erforderlich sind, können in einem geregelten **Überweisungsverfahren** von anderen, zur vertragsärztlichen Versorgung zugelassenen Leistungserbringern angefordert werden. Hierfür wurden im Bundesmantelvertrag Überweisungsregelungen festgelegt, die **vier verschiedene Kategorien** vorsehen:

- Die **Auftragsleistung,** die einen klar umschriebenen Auftrag zur Durchführung einer oder mehrerer Leistungen vorsieht, Beispiel: Laboruntersuchungen.
- Die **Konsiliaruntersuchung,** die der Durchführung von diagnostischen Maßnahmen im Sinne einer Stufendiagnostik zur Eingrenzung einer Verdachtsdiagnose dient, Beispiel: Röntgenuntersuchungen.
- Der **Mitbehandlung,** die der gebietsbezogenen Erbringung begleitender oder ergänzender diagnostischer Maßnahmen dient, über deren Art und Umfang ausschließlich der mitbehandelnde Arzt entscheidet.
- Und schließlich die **Weiterbehandlung,** bei der mit der Überweisung die gesamte diagnostische und therapeutische Tätigkeit an den weiterbehandelnden Arzt übertragen wird.

Diese Regelungen des Zusammenwirkens haben Gültigkeit nur für an der vertragsärztlichen Versorgung teilnehmende Ärzte und Einrichtungen und sind weder im Sozialgesetz noch im Berufsrecht kodifiziert. Eine Überweisung kann nur dann vorgenommen werden, wenn dem überweisenden Arzt die Krankenversichertenkarte vorgelegen hat und das hierfür vorgesehene **Überweisungsformular** verwendet wird (§ 24 BMV).

Digitalisierung des Informationsaustausches und der Kommunikation

Telemedizinische Anwendungen erlauben den Austausch relevanter Informationen zwischen allen an der Versorgung beteiligten Gesundheitsberufen, Einrichtungen und nicht zuletzt den Patienten. Dies kann synchron über Videosprechstunden oder Fallbesprechungen oder asynchron durch Konsile, beispielsweise durch fachärztliche Bewertungen von Fallkonstellationen, geschehen. Nicht zuletzt durch die besonderen Bedingungen der Corona-Pandemie hat die Videosprechstunde breite Anwendung erfahren. Die Voraussetzungen für eine digitalisierte Informationsübermittlung hingegen gelten für die Laborüberweisung schon seit dem Jahr 2017. Erst allerdings mit der Errichtung der Telematikinfrastruktur (TI) wurden die notwendigen Infrastrukturvoraussetzungen dafür geschaffen, dass ein flächendeckender digitaler Zugang und Austausch elektronisch möglich wird. Zur Teilnahme an der TI müssen sich Ärzte und Psychotherapeuten mit ihrem elektronischen Heilberufeausweis (herausgegeben durch die Ärztekammer) sowie mit ihrer Praxis über die sog. SMC-B (security module Card-Typ B, herausgegeben durch die kassenärztliche Vereinigung) ausweisen. Die Chips von eHBA und SMC-B werden in den dafür vorgesehenen slots des Konnektors, einem TI-spezifischen Router (Konnektor), gesteckt, der mit dem Praxisverwaltungssystem (PVS) verbunden ist. Der Austausch selbst erfolgt über den KIM-Standard (Kommunikation im Medizinwesen), der als Modul des PVS Nachrichten entweder an andere TI-Teilnehmer wie andere Ärzte, an spezifische Ablageserver wie den Rezeptserver oder direkt in die elektronische Patientenakte sendet.

Gesetzlich verfügt sind nunmehr sämtliche, bisher als Formulare auf dem Papierweg übermittelten Informationen, zu digitalisieren. Ab dem 01.10.2021 werden Arbeitsunfähigkeitsbescheinigungen elektronisch per KIM an die Krankenkasse übermittelt. Die Bescheinigung

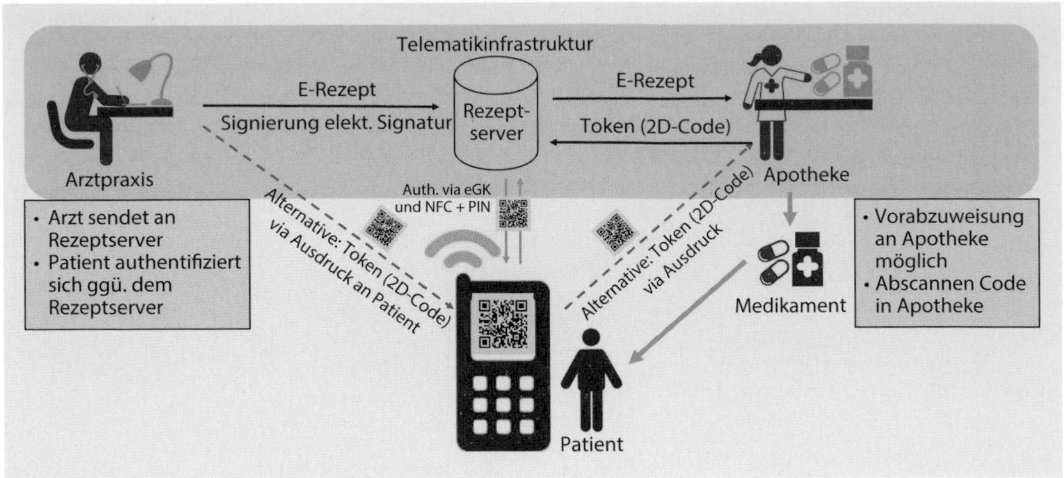

Abb. 2.10 Systemarchitektur des E-Rezepts

für den Arbeitgeber wird zunächst weiterhin ausgedruckt und den Versicherten zur Weiterleitung an den Arbeitgeber mitgegeben. In einem zweiten Digitalisierungsschritt ab dem Jahr 2022 kann die Arbeitgeberbescheinigung durch den Arbeitgeber bei der Krankenkasse der Mitarbeitenden abgerufen werden, womit die Übermittlungspflicht durch Versicherte entfällt. Medikamentenverordnungen (Rezepte) sollen ab dem 01.07.2021 probeweise, ab dem 01.01.2022 verpflichtend an einen Rezeptserver der Gematik übermittelt werden. Versicherte können über eine kostenfrei zur Verfügung gestellte App ihre Rezepte einsehen und in der Apotheke per Barcode abrufen oder per Near Field Communication (NFC) zur Einlösung des Rezepts am Apothekentresen mitteilen. Unbenommen davon besteht weiterhin die Möglichkeit, Barcodes auszudrucken und mitzugeben oder im Hausbesuch ein traditionelles Rezept auszustellen. Voraussetzungen für die digitale Verordnung sind der Anschluss der Praxis an die Telematikinfrastruktur sowie die Verfügbarkeit eines elektronischen Heilberufeausweises eHBA. Dieser ist erforderlich für die Zeichnung der Verordnung mit der qualifizierten, elektronischen Signatur (QES). Weitere Verordnungen wie die der häuslichen Krankenpflege oder von Heil- und Hilfsmitteln sollen folgen. Neue Verordnungsmöglichkeiten ergeben sich durch die sog. Digitalen Gesundheitsanwendungen (DiGAs), die Patienten bei der Krankheitsbewältigung unterstützen und von den Krankenkassen erstattet werden. Aktuell verfügbare DiGAs (»App auf Rezept«) sind im Verzeichnis des zulassenden Bundesinstituts für Arzneimittel und Medizinprodukte (BfArM) eingetragen (► https://diga.bfarm.de/de/verzeichnis).

Begrenzt wird die Entwicklung durch die bislang nur in Ansätzen erfolgte Integration von Krankenhäusern und anderen Leistungserbringern wie Apotheken in die Telematikinfrastruktur. Wesentliche Plattform des künftigen Informationsaustausches wird die elektronische Patientenakte werden, die als patientenbezogene Sammelstelle aller relevanten Dokumente verstanden werden kann. Die Möglichkeit, die Akte mit Einverständnis der Patienten zu befüllen oder Dokumente herunterladen zu können, wird zur Voraussetzung für die Tätigkeit aller Praxen werden, unabhängig von der Versicherungsart (privat oder gesetzlich) (Abb. 2.10).

Praxistipp

Hinsichtlich der Datensicherheitsanforderungen der elektronischen Kommunikation hat der Gesetzgeber die Kassenärztliche Bundesvereinigung beauftragt, eine IT-Sicherheitsrichtlinie für Praxen herauszugeben. Unterschieden werden Anforderungen für Praxen mit bis zu 5 Mitarbeitenden, mittlere Praxen mit bis zu 20 Personen und Praxen mit mehr als 20 Personen. Nähere Informationen finden sich unter ► https://www.kbv.de/html/it-sicherheit.php.

Neben dieser Form des Zusammenwirkens von Vertragsärzten ändern sich die Möglichkeiten der gemeinschaftlichen Berufsausübung rapide. Das am 01.01.2007 in Kraft getretene Vertragsarztrechtsänderungsgesetz (VÄndG) hat zahlreiche, durch die Änderung der Musterberufsordnung schon eingeleitete Flexibilisierungsregelungen aufgegriffen und die Möglichkeiten der Berufsausübung für Vertragsärzte erweitert und flexibilisiert. So kann ein Arzt nun an mehreren Orten gleichzeitig praktizieren. Dies muss nicht in der eigenen Praxis geschehen, sondern ist auch in Anstellung möglich. Arbeitgeber können andere niedergelassene Ärzte, medizinische Versorgungszentren oder auch Krankenhäuser bzw. Kommunen sein. Zusammenschlüsse von Ärzten über Orts-, Praxis- und Fachgebiets- und KV-Grenzen hinweg sind ebenso erlaubt wie Teilzeitarbeit. Altersbeschränkungen wurden zudem gelockert, so dass keine Altersgrenze für die vertragsärztliche Tätigkeit mehr besteht.

Das Vertragsarztrecht setzte bislang den »niedergelassenen Praxissitz« voraus, um eine Zulassung aussprechen zu können. Diesem Niederlassungsgebot folgend üben Ärzte ihre Tätigkeit selbstständig und unabhängig aus (Schirmer 2006). Dies entsprach insbesondere der bisher häufigsten Kooperationsform von niedergelassenen Ärzten, der Gemeinschaftspraxis (s. auch ► Abschn. 5.4). Mit der Einrichtung von **Medizinischen Versorgungszentren (MVZ)** (s. o. und ► Abschn. 5.4) wurden weitere Möglichkeiten des Zusammenwirkens geschaffen, die mit berufsrechtlichen (z. B. Gesellschaftsform, freie Arztwahl) und haftungsrechtlichen Vorschriften in Einklang zu bringen sind. Jedoch stehen nunmehr innovative Kooperationsformen zur Verfügung, die die fachgruppenübergreifende Zusammenarbeit unterschiedlicher Berufsgruppen erlaubt.

Weitere, häufig genutzte Organisationsformen sind die der **Apparategemeinschaft** (in der Ärzte gemeinsame Geräte nutzen) und die der **Laborgemeinschaft** (§ 15 BMV). Laborgemeinschaften sind Gemeinschaftseinrichtungen von Vertragsärzten, die der Durchführung bestimmter Laborleistungen in gemeinschaftlich genutzten Betriebsstätten dienen, die im EBM gesondert ausgewiesen sind. Für solche in Laborgemeinschaften erbrachte Laboranalysen gilt, dass der Grundsatz der persönlichen Leistungserbringung gegeben ist. Besondere Anforderungen an die Anwesenheit und Anstellung von Ärzten regelt der Bundesmantelvertrag (§ 25 BMV). Eine gemeinschaftliche Leistungserbringung im Sinne einer Gemeinschaftspraxis oder anderen Form der Berufsausübungsgemeinschaft besteht nicht.

■ Arztnetze

Der Zusammenschluss von ambulanten, ärztlich geleiteten Einrichtungen auf dem Wege von Praxisverbünden ist ein möglicher Weg, über gemeinsame Absprachen zur Patientenzentrierung und kooperativen Berufsausübung Effizienzgewinne abschöpfen zu können. Solche Praxisverbünde sind nach Berufsrecht bei der jeweiligen Landesärztekammer anzeigepflichtig. Zunächst Ende der neunziger Jahre durch Verträge zur integrierten Versorgung gefördert, haben sich nunmehr qualitativ hochwertige Verbünde herausgebildet, die über vernetzte Strukturen die Integration sowohl innerhalb der ambulanten Versorgung als auch sektorenübergreifend und über das Gesundheitswesen hinaus (z. B. Kooperationen mit Kommunen oder Arbeitgebern) beschleunigen. Die Einkommensquellen waren neben der Erschließung von Wirtschaftlichkeitsvorteilen für die beteiligten Einrichtungen auf Selektivverträge (wie z. B. IV-Verträge) mit einzelnen Krankenkassen sowie sorgsam zu prüfende Absprachen bzw. Verträge beispielsweise mit Arzneimittelherstellern beschränkt.

Im GKV-Versorgungsstrukturgesetz wurde dem integrativen Charakter von Praxisnetzen erneut Rechnung getragen und Kassenärztlichen Vereinigungen die Möglichkeit eingeräumt (§ 87b, Abs. 2 und 4 SGB V), Praxisnetze zu fördern. Neben Gemeinschaftspraxen und Medizinischen Versorgungszentren können seitdem auch Praxisnetze als förderungswürdige Kooperationsformen von Kassenärztlichen Vereinigungen anerkannt werden. Praxisnetze sind solche Netze, die auf der Grundlage der von KBV und GKV-Spitzenverband entwickelten Versorgungsziele und Kriterien durch die Kassenärztliche Vereinigung anerkannt werden (◘ Tab. 2.14). Kassenärztliche Vereinigungen sind verpflichtet, anerkannten Netzen Förderungen zukommen zu lassen. Diese reichen von Fallzuschlägen bis hin zu Einmalzahlungen für Praxisnetze. Im Jahre 2020 sind 84 Praxisnetze zugelassen, ein erstes MVZ wurde durch ein Praxisnetz gegründet.

▪ Umfang der Leistungserbringung

Der Umfang der Leistungserbringung in der vertragsärztlichen Versorgung bestimmt sich nach dem SGB V. Stellvertretend ist hier die zusammenfassende Aufführung des Leistungsumfangs, wie sie im Bundesmantelvertrag aufgeführt wird, in ◘ Tab. 2.15 zusammengefasst. Die abstrakte Aufführung der Leistungsgebiete findet ihre Konkretisierung im Einheitlichen Bewertungsmaßstab (EBM), der einzelne Untersuchungs- und Behandlungsmethoden aufführt. Der EBM wird vom Bewertungsausschuss mit je 7 Mitgliedern der Kassenärztlichen Bundesvereinigung und dem GKV-Spitzenverband festgelegt (§ 87 Abs. 1 und Abs. 3), bzw. wenn dieser keine Einigung erzielen kann, vom Erweiterten Bewertungsausschuss (§ 87 Abs. 4 und Abs. 5). Die derzeit gültige Version des EBM, der sog. EBM 2012, ist zum 01.07.2012 in Kraft getreten (► Abschn. 4.4) und wird ständig aktualisiert, zuletzt zum 01.04.2021.

Der EBM listet sämtliche abrechenbaren vertragsärztlichen Leistungen auf und ordnet ihnen eine fünfstelligen Abrechnungs- bzw. Leistungsziffer sowie einen Punktwert zu Abrechnungszwecken zu (zu Letzterem ► Abschn. 4.4). In der derzeitigen 2-bändigen Fassung sind sowohl Einzelleistungen als auch Pauschalen aufgelistet. Der EBM gliedert sich in 6 Abschnitte mit folgenden Inhalten:

Abschnitt 1 Allgemeine Bestimmungen zur Abrechnung von Gebührenordnungspositionen, zur Leistungserbringung und zu spezifischen Abrechnungskonditionen.

Abschnitt 2 Arztgruppenübergreifende allgemeine Gebührenordnungspositionen wie Leistungen im Notfall, im Rahmen der Prävention sowie Basisleistungen, die nur selten spezifische Qualifikationen erfordern.

Abschnitt 3 Arztgruppenspezifische Gebührenordnungspositionen mit einzelnen, jeweils arztgruppenspezifischen Leistungen. Die Benennung und Gliederung der Arztgruppen richtet sich nach der jeweils gültigen Musterweiterbildungsordnung der Bundesärztekammer.

Abschnitt 4 Auflistung spezieller Leistungen, die von mehreren Arztgruppen berechnet werden können und i. Allg. besondere Anforderungen an Struktur und Erbringung bedingen (z. B. ambulantes Operieren).

Abschnitt 5 Kostenpauschalen zur Erstattung von entstandenen Kosten im Rahmen der Erbringung von Leistungen des EBM wie z. B. Kostenpauschale für den Versand von Laborproben.

Abschnitt 6 Dieser Abschnitt umfasst vier Anhänge mit weitergehenden Informationen beispielsweise zu Einzelleistungen, im Zuge der Zeit zu Pauschalen zusammengefasst und nicht als sog. »individuelle Gesundheitsleistungen« (IGeL) abgerechnet werden dürfen oder aber Auflistungen zu abrechenbaren operativen Leistungen nach dem sog. OPS-Code.

Abschnitt 7 Gebührenordnungspositionen der ambulanten, spezialfachärztlichen Versorgung.

Abschnitt 8 Gebührenordnungspositionen im Rahmen von Erprobungsverfahren nach § 137e SGB V.

Für die einzelnen Arztgruppen bestimmt sich der Leistungskatalog damit aus einer Kombi-

Tab. 2.14 Versorgungsziele und Kriterien für die Anerkennung von Praxisnetzen nach § 87b, Abs. 4 SGB V

Versorgungsziel	Kriterium	Nachweis von
Patientenzentrierung	Patientensicherheit	Maßnahmen zur Arzneimitteltherapiesicherheit, internes Fehlermanagement
	Therapiekoordination/-kontinuität	Fallmanagement für Netzpatienten, Regeln zur Terminvereinbarung für Netzpraxen
	Befähigung/Informierte Entscheidungsfindung	Netzstandards für Patienteninformationen zu häufigen Krankheitsbildern, Schulungsangebote
	Barrierefreiheit im Netz	Zielprozessen zur Umsetzung des barrierefreien Zuganges zu Netzpraxen
Kooperative Berufsausübung	Fallbesprechungen	Regelmäßigen organisierten Fallkonferenzen
	Netzzentrierte Qualitätszirkel	Durchgeführten Netz-Qualitätszirkeln
	Wissensmanagement	Netzadaptieren Behandlungspfaden und Wissensdatenbanken
	Sichere Kommunikation	Datengesicherten, elektronischen Übermittlungsstandards
	Gemeinsame Doku-Standards	Netzstandards zur Patientendokumentation
	Kooperationen	(Kooperations-)Verträgen mit anderen Leistungserbringern (z. B. Krankenhäusern, Pflegediensten)
Verbesserte Effizienz	Darlegungsfähigkeit	Veröffentlichung von Netzberichten
	Nutzung Patientenperspektive	Beschwerdemanagementsystemen und Patientenbefragungen
	Beschleunigte Diagnose- und Therapieprozesse	Geregelten Behandlungsprozessen
	Nutzung von Qualitätsmanagement	Eingeführten QM-Systemen in die Netzpraxen

nation allgemeiner und spezifischer Leistungen, die für jede Fachgruppe gesondert zustande kommt. Grundlage des für einen jeden Arzt zur Verfügung stehenden Budgets ist der je KV berechnete durchschnittliche Fallwert je Arztgruppe. Dieser wird mit der Zahl der kurativen Behandlungsfälle des Vorjahres je Arzt multipliziert und als sog. Regelleistungsvolumen (RLV) bezeichnet. Nicht alle im EBM enthaltenen Leistungen unterliegen diesem RLV, je nach Arztgruppe sind dies zwischen 25 und 95 % des Honorars. Leistungen, die nicht dem RLV unterliegen, sind der Regel solche Leistungen, die gesondert gefördert werden sollen wie beispielsweise Präventionsleistungen oder Leistungen zur Drogensubstitution. Für das Leistungsmanagement sowohl von Praxen als auch Arztnetzen ist das RLV damit eine relevante Planungsgröße.

Mit der Einführung von Verträgen außerhalb des sog. Kollektivvertrags, dessen Flaggschiff der EBM ist, erwachsen zunehmend weitere Einnahmequellen für Praxen (z. B. aus Selektivverträgen nach § 73b oder ehemals § 73c SGB V, jetzt integriert in § 140a SGB V). Die Abrechnung dieser Verträge folgt eigenen Regeln, was den Administrationsaufwand in ambulanten Einrichtungen oder Netzen nicht unerheblich erweitert.

Mit der Zulassung als selbstständiger Arzt oder der Genehmigung als angestellter Arzt geht die Verpflichtung einher, bei einer vollen Zulassung bzw. Genehmigung mindestens

2

Tab. 2.15 Umfang der vertragsärztlichen Versorgung in seinen wesentlichen Anteilen

1.	Ärztliche Behandlung
2.	Ärztliche Betreuung bei Schwangerschaft und Mutterschaft
3.	Ärztliche Maßnahmen zur Früherkennung von Krankheiten
4.	Ärztliche Maßnahmen zur Empfängnisregelung, Sterilisation und zum Schwangerschaftsabbruch, soweit die Leistungspflicht nicht durch gesetzliche Regelungen ausgeschlossen ist
5.	Ärztliche Leistungen zur Herstellung der Zeugungs- oder Empfängnisfähigkeit sowie die medizinischen Maßnahmen zur Herbeiführung einer Schwangerschaft
6.	Verordnung Arznei-, Verband-, Heil- und Hilfsmitteln, von Krankentransporten, von Krankenhausbehandlung, von Behandlung in Vorsorge- oder Rehabilitationseinrichtungen sowie die Veranlassung von ambulanten Operationen, soweit sie in Krankenhäusern durchgeführt werden
7.	Beurteilung der Arbeitsunfähigkeit
8.	Ärztliche Verordnung von ambulanten Vorsorgeleistungen in anerkannten Kurorten
9.	Verordnung von digitalen Gesundheitsanwendungen
9.	Ausstellung von Bescheinigungen und Erstellung von Berichten, welche die Krankenkassen oder der Medizinische Dienst zur Durchführung ihrer gesetzlichen Aufgaben oder welche die Versicherten für den Anspruch auf Fortzahlung des Arbeitsentgelts benötigen
10.	Verordnung von häuslicher Krankenpflege und außerklinischer Intensivpflege
11.	Verordnung von medizinischen Leistungen der Rehabilitation, Belastungserprobung und Arbeitstherapie
12.	Die vom Arzt angeordneten und unter seiner Verantwortung erbrachten Hilfeleistungen anderer Personen
13.	Die psychotherapeutische Behandlung einer Krankheit durch psychologische Psychotherapeuten und Kinder- und Jugendlichenpsychotherapeuten und Vertragsärzte im Rahmen des SGB V und der Richtlinien des Gemeinsamen Bundesausschusses der Ärzte und Krankenkassen
14.	Verordnung von Soziotherapie
15.	Belegärztliche Behandlungen in Krankenhäusern
16.	Die in Notfällen ausgeführten ambulanten Leistungen durch nicht an der vertragsärztlichen Versorgung teilnehmenden Ärzte
17.	Ärztliche Leistungen bei vorübergehender Erbringung von Dienstleitungen gemäß Art. 60 des EWG-Vertrags
18.	Palliativmedizinische Versorgung

25 Sprechstunden pro Woche für gesetzlich Krankenversicherte anzubieten. Die Stundenanzahl verändert sich entsprechend bei der Übernahme eines hälftigen Versorgungsauftrages. Die Kassenärztlichen Vereinigungen sind verpflichtet, die Einhaltung des Versorgungsauftrages regelmäßig zu überprüfen und die Egebnisse dem regionalen Landesausschuss der Ärzte und Krankenkassen vorzulegen.

▪ Rechtsform der Leistungserbringung

Zwischen Vertragsarzt und Patienten kommt ein durch weitere öffentliche Vorschriften, nämlich dem Sozialrecht, überlagerter Dienstvertrag zustande, wobei **Honorarschuldner** nicht der Patient, sondern die **gesetzliche Krankenkasse** ist, bei der der Patient versichert ist. Durch die Teilnahme an der vertragsärztlichen Versorgung übernimmt der Arzt **(kollektiv-)vertragliche Verpflichtungen**, die über das Berufsrecht hinausgehen (z. B.

Francke und Schnitzler 2002). Es dürfen zu Lasten der GKV nur Leistungen angeboten werden, für die eine Zulassung auch innerhalb der vertragsärztlichen Versorgung besteht. Im Unterschied zur Privatmedizin besteht zudem eine **Behandlungspflicht**. Nur in besonderen Ausnahmen kann eine Behandlung verweigert werden.

Das zusätzliche Angebot **privatärztlicher Leistungen für GKV-Patienten** bedarf der besonderen Würdigung. Wenn ein Arzt GKV-Patienten Leistungen privatärztlich anbietet, für die er keine vertragsärztliche Zulassung besitzt, so ist der Patient explizit darauf hinzuweisen. Es ist ebenso darauf hinzuweisen, dass eine Kostenerstattung durch die Krankenkasse prinzipiell nicht möglich ist. Im Regelfall ist für diese Situation die Überweisung des Patienten an einen vertragsärztlichen Kollegen vorgesehen. Hinsichtlich des Angebots von Leistungen, die nicht Bestandteil des EBM sind, ist festzustellen, dass dies häufig Leistungen sind, die **weder evidenzbasiert noch qualitätsgesichert** sind. Es sei diesbezüglich an den Grundsatz der Muster-Berufsordnung erinnert, wonach eine gewerbsmäßige Ausübung des Arztberufs nicht vorgesehen ist. Die Bundesärztekammer hat in einer Schrift die Grundsätze des Angebots solcher »**individuellen Gesundheitsleistungen (IGeL)**« genannten Leistungen dargelegt, um einer unangemessenen Kommerzialisierung vorzubeugen. Das Ärztliche Zentrum für Qualität, eine gemeinsame Einrichtung von BÄK und KBV, hat für Patienten 2009 eine Broschüre herausgebracht, die den Umgang mit diesen für Patienten oft nur schwer durchschaubaren Leistungen erleichtern soll (Ärztliches Zentrum für Qualität 2009).

▪ Leistungserbringung jenseits des Kollektivvertrages

Die Teilnahme an der vertragsärztlichen Versorgung ermöglicht den Zugang zur Abrechnung mit den Gesetzlichen Krankenkassen über die Kassenärztliche Vereinigung im Rahmen des Kollektivvertrags. Die Einnahmen aus dieser Tätigkeit machen nach wie vor den Hauptanteil der Praxiseinkünfte neben den Einnahmen aus privatärztlichen Leistungen aus. Den Kassenärztlichen Vereinigungen kommt dabei die Rolle des Akkreditierers zu, die jedoch nicht nur zur Leistungserbringung im Kollektivvertrag befähigt. Mit der Anerkennung als Vertragsarzt ist die Leistungserbringung für die Krankenkassen in einer Reihe von Vertragsformen möglich, deren Abrechnung entweder direkt mit den Krankenkassen (z. B. **ambulante spezialfachärztliche Versorgung**) oder über Verbände bzw. Dienstleister (**hausarztzentrierte Versorgung** nach § 73b SGB V; s. u.) möglich wird. Mit der Neuordnung der früher »integrierte«, heute »**besondere**« **Versorgung** (§ 140a SGB V; ▶ Abschn. 2.5) genannten multiprofessionellen, sektorenübergreifenden Leistungsangebote hat der Gesetzgeber eine weitere Möglichkeit der Betätigung außerhalb der Honorar-Zuständigkeit der Kassenärztlichen Vereinigungen geschaffen. Ergänzt wird dieses Spektrum durch die Tätigkeit in der **spezialfachärztlichen Versorgung** nach § 116b SGB V. Für all diese Versorgungsbereiche gilt, dass neben dem Berufsrecht die Richtlinien des G-BA Gültigkeit haben, nicht jedoch die Anforderungen der vertragsärztlichen Versorgung im engeren Sinne. So können beispielsweise für Überweisungen oder Teambildungen andere Kriterien gelten als für die vertragsärztliche Versorgung. Gemeinsam ist diesen Bereichen auch, dass die Abrechnung mit einzelnen Krankenkassen erfolgt und bis auf die spezialfachärztliche Versorgung die Verträge in der Regel nur für eine Kasse bzw. Kassenart gelten.

Denkbar ist deshalb, dass mit der Zulassung zur vertragsärztlichen Versorgung nicht mehr notwendigerweise auch die Tätigkeit für die Erfüllung des Sicherstellungsauftrags der Kassenärztlichen Vereinigungen einhergehen muss. Die Zulassung kann beispielsweise auch dafür verwendet werden, als Rheumatologe ausschließlich Leistungen der spezialfachärztlichen Versorgung zu erbringen. Es ist zu erwarten, dass die Trennung der Akkreditierungsrolle der Kassenärztlichen Vereinigungen für die grundsätzliche Teilnahme an der ambulanten Versorgung in der GKV von der Rolle als Sicherstellerin der vertragsärztlichen Versorgung durch Leistungserbringung perspektivisch noch weiter vertieft wird.

2

Anforderungen an die Qualität der Leistungen

Gleichzeitig hat der Gesetzgeber in den letzten Jahren kontinuierlich einerseits den Druck erhöht, andererseits Voraussetzungen auf dem Gesetzeswege geschaffen, besondere **Qualifikationsanforderungen** für die vertragsärztliche Versorgung zu definieren. Schon vor dieser Entwicklung war es die Aufgabe der KVen, im Rahmen der Sicherstellung der Leistungen dafür Sorge zu tragen, dass die durch den Einsatz einer spezifischen Diagnostik oder Therapie zu erwartenden Verbesserungen durch sachgemäße Anwendung unter bestimmten, festzulegenden Voraussetzungen auch bei den behandelten Patienten eintreten können. Um diese potenzielle Lücke zwischen wissenschaftlich erwiesener Wirksamkeit (»efficacy«) und Effektivität in der Routineanwendung (»effectiveness«) möglichst gering zu halten, wurden deshalb schon frühzeitig gesonderte Vereinbarungen mit den Krankenkassen geschlossen, die der Definition eines bestimmten Qualitätsniveaus dienten. So wurde eine Röntgenvereinbarung, die verbindlich für Vertragsärzte war, vor der Schaffung einer Röntgenverordnung durch den Staat abgeschlossen.

Gründe für qualitätsrelevante Vereinbarungen in der vertragsärztlichen Versorgung

- **Technischer Fortschritt:** Rahmenbedingungen müssen für neue Untersuchungs- und Behandlungsmethoden geschaffen werden – Beispiel: Sonographievereinbarung
- **Kassenwettbewerb:** Schaffung gesonderter Angebote für Versicherte; in der Vergangenheit insbesondere Verträge durch Ersatzkassen im Bereich der Onkologie, Schmerztherapie, Diabetes mellitus
- Erfordernis von **Versorgungskonzeptionen:** z. B. Dialysevereinbarung
- Erfordernis von regionalen Vereinbarungen zur **Lösung spezifischer Versorgungsprobleme**
- **Gesetzlicher Auftrag:** z. B. Einführung besonderer Programme für bestimmte Patientengruppen (z. B. Palliativversorgung, Mammographie-Screening)

Rund 30 % der im EBM aufgeführten Leistungen unterliegen auf der Grundlage von § 135 Abs. 2 SGB V und den Richtlinien des G-BA nach § 136 SGB V besonderen Qualitätsauflagen, die über die in der privatärztlichen Behandlung oder Krankenhausbehandlung bestehenden Anforderungen hinausgehen. Die Maßnahmen haben sich traditionell auf die Strukturqualität, nämlich die fachliche Befähigung der zur Leistungserbringung zugelassenen Ärzte und auf Anforderungen an Geräte und Räumlichkeiten, bezogen. Bevor ein Arzt eine entsprechende Leistung abrechnen darf, muss er in einem Verwaltungsverfahren die erforderlichen Qualifikationsnachweise der KV vorlegen und in einem Kolloquium vor fachkundigen Kollegen sein Wissen belegen.

Kontinuierlich ergänzt wurden in den letzten Jahren Auflagen zur Aufrechterhaltung der fachlichen Befähigung. Hierzu gehören Frequenzregelungen (z. B. für Ärzte, die Koloskopien oder Herzkatheteruntersuchungen erbringen), spezifische Fortbildungsnachweise (z. B. Onkologie-Vereinbarung mit den Ersatzkassen), die regelmäßige Begutachtung von Fallsammlungen im Sinne einer Rezertifizierung (z. B. Mammographie) und die kontinuierliche Überprüfung der Qualität durch Stichprobenprüfungen (z. B. Hüftsonographie, Röntgenuntersuchungen).

Zur Vollständigkeit der Leistungserbringung, die Ärzte bei der Abgabe ihrer Honorarforderung an die KV per Unterschrift versichern, gehört automatisch auch die Erfüllung der spezifischen Anforderungen der vertragsärztlichen Versorgung, darunter auch die besonderen Qualitätsanforderungen. Die KBV hat Richtlinien nach § 75 Abs. 7 SGB V herausgegeben, die diese Verfahren regeln. Details zu den einzelnen Regelungen finden sich u. a. in den Qualitätssicherungsvereinbarungen nach § 135 Abs. 2, die auf der Webseite der KBV (► http://www.kbv.de/html/qualitaet.php) recherchiert werden können. In ◘ Abb. 2.11 wird der Standardablauf für die Genehmigung zur Erbringung qualitätsgesicherter Leistungen in der vertragsärztlichen Versorgung gezeigt (Kriedel und Kintrup 2004).

Das Verfahren leidet darunter, dass es jahrzehntelang weitgehend unter Ausschluss der

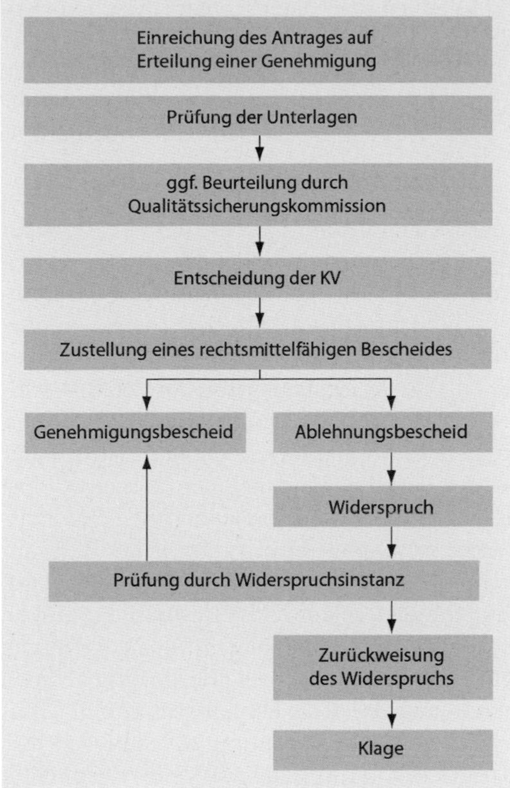

Abb. 2.11 Standard für die Genehmigung zur Erbringung qualitätsgesicherter Leistungen in der vertragsärztlichen Versorgung

Öffentlichkeit durchgeführt wurde. Erst in den letzten Jahren gingen KVen und KBV dazu über, **Transparenz** herzustellen. Der Gesetzgeber hat diesen Ansatz aufgegriffen und die KVen dazu verpflichtet, regelmäßig Berichte über ihre Ziele und Maßnahmen zur Verbesserung der Ergebnisqualität zu veröffentlichen (§ 135b SGB V, Förderung der Qualität durch die Kassenärztlichen Vereinigungen) – eine Verpflichtung, die eigentlich im Selbstinteresse dieser Organisationen liegen sollte. Neben der **Berichtspflicht** zeichnet sich zudem ein Trend ab, wonach die bisher ausschließlich durch KV-Vertreter besetzten Fachkommissionen auch für fachlich versierte Krankenkassenvertreter geöffnet werden. Die gleiche Entwicklung zeichnet sich auch für die Integration von Patientenvertretern in die maßgeblichen Qualitätssicherungsgremien der Selbstverwaltung ab.

Die dabei zum Einsatz kommenden **»Werkzeuge« der Qualitätssicherung** werden in der folgenden Übersicht zusammengefasst.

»Werkzeuge« der Qualitätssicherung

- **Hygiene-Prüfungen/Praxisbegehungen** (z. B. Koloskopie): Zur Aufrechterhaltung der Abrechnungsgenehmigung wird die Praxis in regelmäßigen Abständen auf die Einhaltung der Hygienevorschriften geprüft. Treten Mängel auf, werden Nachprüfungen durchgeführt, die bei Nichtbestehen mit dem Entzug der Genehmigung verbunden ist.
- **Frequenzregelungen** (z. B. invasive Kardiologie): Nur Ärzte, welche die Leistung entsprechend häufig erbringen, dürfen an der Versorgung teilnehmen. Dieses Instrument wird insbesondere bei solchen Maßnahmen zur Voraussetzung gemacht, bei denen ein Mindestmaß an Routine wesentlichen Einfluss auf die Qualität der Leistungserbringung hat.
- **Kontinuierliche Fortbildung** (z. B. Schmerztherapie): Die Behandlung chronisch Schmerzkranker im Rahmen einer Vereinbarung mit den Ersatzkassen setzt den Nachweis einer festgelegten Anzahl von jährlichen Fortbildungen voraus.
- **Interkollegialer Austausch** (z. B. interdisziplinäre Fallkonferenzen beim Mammographie-Screening): Für viele Fragestellungen ist die gemeinsame Besprechung sowohl die Diagnose als auch die sich anschließende Behandlung von großem Nutzen für Patienten. Zunehmend wird dieses im Rahmen von Vereinbarungen zur Voraussetzung der Leistungserbringung gemacht.
- **Feedback-Systeme** (z. B. Hüftsonographie): Ärzte erhalten Auskunft über die Häufigkeit ihrer Diagnosen/Ergebnisse und die daraus resultierenden Therapien und dies im anonymisierten Vergleich zum Durchschnitt ihrer Kollegen. Dies ermöglicht eine Standortbe-

stimmung und zeigt ggf. Verbesserungspotenziale auf.

- **Rezertifizierung** (z. B. Mammographie): Mammographierende Ärzte müssen, um weiter an der Versorgung teilnehmen zu können, zweijährliche Prüfungen durchlaufen.

Mit direkter Auswirkung auf die vertragsärztliche Tätigkeit hat der Gemeinsame Bundesausschuss Richtlinien nach § 136 SGB V erlassen, die Anforderungen an die Erbringung von Röntgen- und kernspintomographischen Leistungen sowie die Einführung eines einrichtungsinternen Qualitätsmanagements betreffen. Die Rolle des G-BA wurde in den letzten Jahren kontinuierlich gestärkt, wodurch auch seine Zuständigkeit für die Qualitätssicherung, insbesondere bei sektorenübergreifenden Maßnahmen, gewachsen ist. Dem G-BA fällt insbesondere die Rolle der Integration der bislang weitgehend unabhängig voneinander entwickelten Qualitätssicherungsansätze des stationären und ambulanten Sektors im Rahmen der sektorenübergreifenden Qualitätssicherung nach § 137 SGB V zu.

Eingeführt wurden ebenfalls Maßnahmen zur indikatorengestützten Qualitätssicherung der Ergebnisqualität der Dialyseversorgung. Nachdem bislang die Qualitätssicherung auf die Struktur- und Prozessqualität beschränkt waren, wird damit der Weg in die Sicherung der Ergebnisqualität geöffnet. Im Unterschied zur stationären Versorgung, wo Vergleiche der Prozess- und Ergebnisqualität blitzlichtartig auf patientenanonymer Basis auf den Zeitraum des stationären Aufenthalts beschränkt werden, wird hier aufgrund des chronifizierten Charakters der Erkrankung ein längsschnittlicher, patientenbezogener Vergleich über mehrere Jahre angestrebt, was erhebliche datenschutzrechtliche Auflagen erforderlich macht. Im Rahmen der sektorenübergreifenden Qualitätssicherung, die der GBA in Gang setzt, sind für ausgewählte Indikationen längsschnittliche Analysen vorgesehen. Die Auswahl und vor allem die Erhebung der erforderlichen Indikatoren dauert an und ist von zahlreichen inhaltlichen bzw. datenschutzrechtlichen Hürden gekennzeichnet.

Die o. g. Qualifikationsanforderungen gelten für alle Ärzte, die an der vertragsärztlichen Versorgung teilnehmen und die entsprechenden Leistungen auch zu Lasten der GKV erbringen. Dieser Umstand ist oft nicht hinreichend bekannt. So dürfen nur Ärzte für die GKV im ambulanten Sektor mammographieren, die sich regelmäßigen Fallsammlungsüberprüfungen unterziehen und zufällig ausgewählte, abgerechnete Aufnahmen zur Kontrolle an ein Fachgremium der KV schicken. Dies hat dazu geführt, dass 10 % der bis 2003 mammographierenden Ärzte nicht mehr an der Versorgung teilnehmen. Gleichwohl ist festzustellen, dass selbst dann noch eine Leistungserbringung auf privatärztlicher Basis angeboten werden darf – und in praxi auch wird. Zunehmend gehen KVen deshalb dazu über, besondere Bescheinigungen für die Erfüllung der Auflage auszustellen. Gleichzeitig nehmen Ärzte aus der Krankenhausversorgung freiwillig an der Überprüfung teil, um sich ihre Treffsicherheit in der Brustkrebs-Diagnostik bestätigen zu lassen.

Sicherstellung und Qualität: Erhöhte Qualifikationsanforderungen können zu einer Reduktion der zur Verfügung stehenden Ärzte führen, sodass ein flächendeckendes Angebot gefährdet wird. Beispielhaft sei die Einführung der präventiven Koloskopie zur Früherkennung des Darmkrebses für Versicherte ab 55 Jahren genannt, die mit einer drastischen Steigerung der Qualifikationsanforderungen einherging. Dies führte zunächst für die Früherkennungskoloskopie zu erheblichen Wartezeiten, die allerdings in Anbetracht des 10-jährigen Untersuchungsintervalls als vertretbar angesehen wurden. Nach Angaben der KVen hat sich eine Entspannung bei den Wartezeiten abgezeichnet (◘ Abb. 2.12).

Neben den Richtlinien und Vereinbarungen zur Verbesserung der Versorgungsqualität führen KVen Maßnahmen zur Förderung der Qualität durch, was durch den Gesetzgeber mit dem GKV-Modernisierungsgesetz zu ihrer ausdrücklichen Aufgabe erklärt wurde (§ 135a SGB V in der Fassung des GMG).

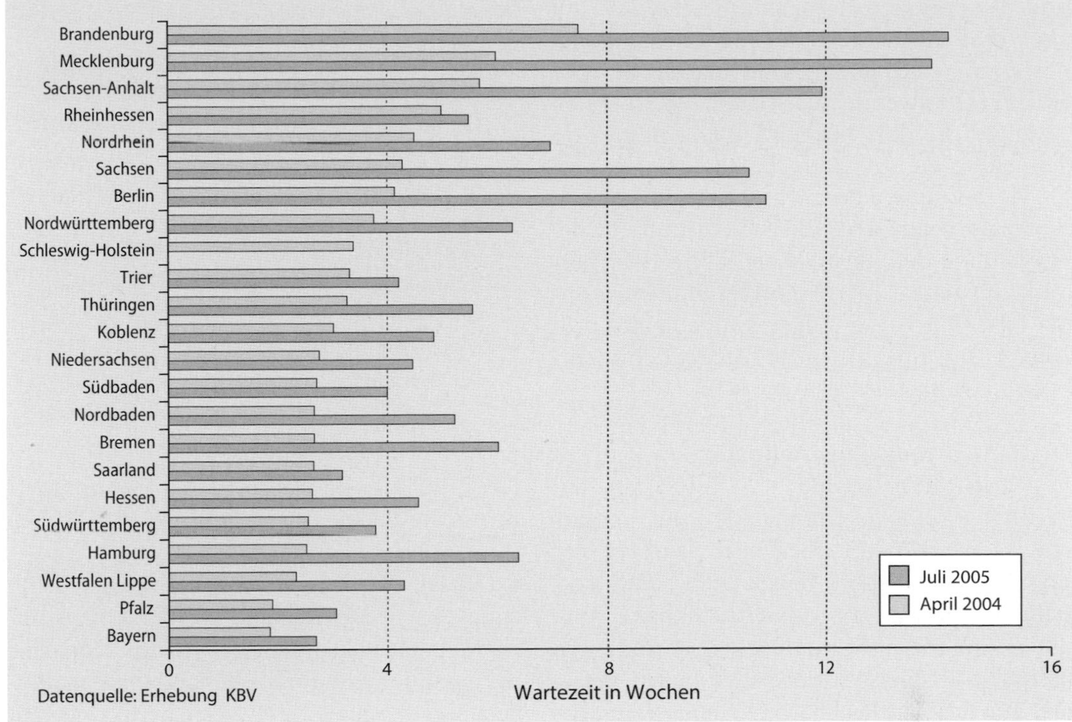

Abb. 2.12 Wartezeiten für Versicherte, die eine Darmspiegelung zur Früherkennung von Darmkrebs durchführen lassen wollen (2004–2005)

Hierzu gehören Qualitätszirkel, die – durch KVen organisiert – unter qualifizierter Moderation regelmäßig stattfinden und dem kollegialen Austausch dienen. Im Rahmen der mittlerweile über 20 Jahre alten Initiative hat die KBV ein Programm zur Ausbildung von Tutoren aufgelegt, die aus der Gruppe der regionalen Moderatoren rekrutiert werden und die regionale Qualitätszirkelarbeit unterstützen. Zusätzlich werden fachwissenschaftliche Lehrinhalte entwickelt, die Inhalt von Qualitätszirkelsitzungen sein können. Themen betreffen die Patientenfallkonferenz, Fehlervermeidung oder aber auch die Anwendung der Evidenzbasierten Medizin in der Praxis.

Rapide an Bedeutungszuwachs erhält das Thema Patientensicherheit nicht nur in der ambulanten Medizin. Mit der Entwicklung von Lehrinhalten für Qualitätszirkel und dem Angebot sog. anonymer Fehlerberichtssysteme (»Critical Incident Reporting Systems«, CIRS), die dem Austausch von Erfahrungen im Umgang mit Fehlern und deren Vermeidung dienen, wird versucht, Schritt für Schritt einen Beitrag zu einer gewandelten Fehlerkultur zu leisten. Vereinfacht gesagt steht dies unter dem Motto »Information ist wichtiger als Informant – Fehler als Ausgangspunkt von Verbesserungsprozessen«.

KBV und Bundesärztekammer haben als gemeinsame Einrichtung das sog. Ärztliche Zentrum für Qualität (ÄZQ) gegründet, das in enger Zusammenarbeit mit den medizinisch-wissenschaftlichen Fachgesellschaften (AWMF) nationale Versorgungsleitlinien herausgibt. Ziel ist es, für die bevölkerungswirksamen Krankheiten wie Diabetes, Depression oder Asthma/chronisch obstruktive Lungenerkrankung (COPD) evidenzbasierte Empfehlungen zur Diagnostik und Behandlung abzugeben. Erstmalig wird damit durch die Ärzteschaft eine fachgruppenübergreifende Leitlinienentwicklung auf evidenzbasierter Grundlage in Angriff genommen. Nachdem die Anwendung evidenzbasierter Leitlinien, insbesondere in der Umsetzung in der Arztpraxis vielfältigen Hürden ausgesetzt war, soll über eine einheitliche, anwenderfreundliche Erstellung und gezielte Information der potenziellen Anwender die Akzeptanz erheblich gesteigert werden. In einer Untersuchung von Schneider et al. (2001) beantworteten von 11.547 befragten Internisten und Allgemeinmedizinern nur 4103 (35,5 %) zutreffend die Frage nach den gegenwärtig gültigen Hypertoniegrenzen (> 149/90 mmHg). Zudem konnten nur 18,8 % der Allgemeinmediziner und 26,6 % der Internisten adäquate Leitlinienkenntnisse nachweisen.

▪▪ Einrichtungsübergreifende Qualitätssicherung

Bedingt durch die Organisation der Versorgung von GKV-Versicherten in Sektoren der Leistungserbringung haben sich Qualitätssicherungsverfahren zunächst nahezu ausschließlich »sektoral« entwickelt. Ausnahmen betreffen beispielsweise das ambulante Operieren, für das vergleichbare Qualitätsstandards in beiden Sektoren, ambulant wie stationär, gelten. In vielen Bereichen der Versorgung besteht damit vergleichsweise wenig Erkenntnis darüber, wo vermeidbare Qualitätslücken bei der sektorenübergreifenden Behandlung von Krankheiten bestehen. Mit dem GKV-Wettbewerbsstärkungsgesetz hat der Gesetzgeber 2007 sektorenübergreifende Maßnahmen zur Sicherung der Qualität der Leistungserbringung zur Aufgabe des Gemeinsamen Bundesausschusses gemacht. Der GBA hat in Richtlinien Maßnahmen zur Qualitätssicherung zu ergreifen, die folgende medizinische Verfahren betreffen:

- Mindestens zwei Sektoren müssen maßgeblichen Anteil am Ergebnis der Behandlung haben (»**sektorenüberschreitende Behandlung**«).
- Die medizinische Behandlung erfolgt gleichermaßen in zwei Sektoren (»**sektorengleiche Behandlung**«).
- Verfahren, die ein Thema betreffen, bei dem die Ergebnisqualität einer erbrachten Leistung durch die Messung zu einem späteren Zeitpunkt überprüft wird, werden als **Follow-up-Verfahren** bezeichnet.

> **Praxistipp**
>
> Zur Operationalisierung des Verfahrens hat der GBA 2018 eine Richtlinie erlassen (▶ https://www.g-ba.de/richtlinien/105/), die im ersten Teil zunächst die Rahmenbedingungen und in einem zweiten Teil themenspezifische Bestimmungen erläutert. Das Institut für Qualitätssicherung und Transparenz im Gesundheitswesen berät den Gemeinsamen Bundesausschuss auf wissenschaftlicher Grundlage zu Aspekten der Qualitätsorientierung (▶ www.iqtig.de).

Der Nutzung von Routinedaten kommt dabei besondere Bedeutung zu (Mansky et al. 2012).

▪ Hausarztzentrierte Versorgung nach § 73b

Nicht nur in Deutschland wird diskutiert, inwieweit die **»unkoordinierte« Inanspruchnahme** der gesamten Bandbreite der ambulanten ärztlichen Versorgung durch Versicherte zu Qualitäts- und Effizienzproblemen führt. Das Aufsuchen mehrerer Ärzte, die oft nicht von den gleichzeitig stattfindenden anderen Besuchen erfahren, wird als eine in mehrfacher Hinsicht teuer zu bezahlende Überversorgung angesehen. Teil dieser Entwicklung ist die zunehmend beobachtete »Vertikalisierung« der Versorgung durch hochspezialisierte, auf umschriebene klinische Fragestellungen beschränkte Versorgungsprogramme unter gleichzeitiger Vernachlässigung der »horizontalen«, sprich primärärztlichen Versorgungsebene.

Der Gesetzgeber hat deshalb zunächst im GKV-Modernisierungsgesetz die Auflage für Krankenkassen geschaffen, Versicherten eine sog. hausarztzentrierte Versorgung anzubieten (Orlowski und Wasem 2004). Versicherte gehen damit freiwillig die Verpflichtung ein, sich für mindestens einen Zeitraum von **1 Jahr an einen Hausarzt zu binden**. Fachärzte (mit Ausnahme von Frauenärztinnen und Augenärzten) können nur noch über den Weg der Überweisung aufgesucht werden. Ein Wechsel des Hausarztes ist nur aus wichtigem Grunde gestattet. Ein Anrecht des Vertragsarztes, bei Erfüllung der Auflagen an dem Vertrag teilnehmen zu dürfen, besteht nicht, was zu erheblichen Diskussionen innerhalb der Hausärzteschaft geführt hat. Bislang waren Verträge zwischen KVen und Krankenkassen davon geprägt, dass ein Anspruch auf Teilnahme für den Arzt immer dann besteht, wenn die erforderlichen Qualifikationen erfüllt sind. Die Verträge sind öffentlich auszuschreiben, sodass Ärzte sich um die Teilnahme bewerben können.

Die in der Gesetzesbegründung zum § 73b genannten Merkmale zusätzlicher Qualifikationen umfassen die derzeit diskutierten und z. T. angewendeten **Qualitätsinstrumente**:

Qualitätsinstrumente nach § 73b

- Teilnahme der Hausärzte an strukturierten Qualitätszirkeln zur Arzneimitteltherapie unter Leitung entsprechend geschulter Moderatoren
- Behandlung nach für die hausärztliche Versorgung entwickelten, evidenzbasierten, praxiserprobten Leitlinien
- Erfüllung der Fortbildungspflicht nach § 95d durch Teilnahme an Fortbildungen, die sich auf hausarzttypische Behandlungsprobleme konzentrieren wie patientenzentrierte Gesprächsführung, psychosomatische Grundversorgung, Palliativmedizin, allgemeine Schmerztherapie, Geriatrie
- Einführung eines einrichtungsinternen, auf die besonderen Bedingungen einer Hausarztpraxis zugeschnittenen, indikatorengestützten und wissenschaftlich anerkannten Qualitätsmanagements.

Gleichwohl ist festzustellen, dass diese Anforderungen auch über andere Rechtsvorschriften mittelbar verpflichtend sind (z. B. § 135a SGB V, § 136 SGB V). Neben dem regulierten Monopol der KVen wurde damit de facto erstmals ein unreguliertes Monopol durch den Berufsverband der Hausärzte (Hausarztverband) gestellt. Bundesweit sichtbar und vergleichsweise gut evaluiert ist der Vertrag des baden-württembergischen Hausarztverbandes mit der AOK Baden-Württemberg, für den erste Auswertungen der Öffentlichkeit im Juni 2012 präsentiert wurden (Übersicht zu Evaluationsergebnissen und Publikationen: Gerlach et al. 2020). Die Ergebnisse zeigen, dass neben dem Kollektivvertrag die Organisation der hausärztlichen Versorgung in Selektivverträgen ohne Nachteile für Versicherte möglich ist. Gleichwohl greifen beide Systeme z. B. bei der Organisation des Bereitschaftsdienstes, in einander. Mit dem GKV-Finanzierungsgesetz hat der Gesetzgeber zudem verfügt, dass die Ausgaben für die hausarztzentrierte Versorgung nicht über denen für die kollektivvertragliche Versorgung im gleichen Zeitraum liegen dürfen.

Mit der Einrichtung der hausarztzentrierten Versorgung wird eine Differenzierung sowohl der Versicherten als auch der Vertragsärzte auf den Weg gebracht. Gab es bislang wenig Unterschiede im Leistungsniveau zwischen den einzelnen Krankenkassen, so können auf diesem Wege, bei funktionierender Vertragsumsetzung, für Versicherte potenziell spürbare Unterschiede entstehen. Diese können mittelbar für Versicherte Grund für eine differenzierte Kassenwahl sein, was dem Wettbewerbsgedanken folgt. Ärzteseitig führt dies dazu, dass nicht mehr alle Vertragsärzte gleichermaßen Anspruch auf einen Vertragsabschluss haben.

▪ Besondere Versorgungsaufträge im Bundesmantelvertrag

Zur Versorgung von besonderen Patientengruppen (z. B. Patienten mit terminaler Niereninsuffizienz) oder der Umsetzung spezifischer Aufträge (z. B. Einführung eines flächendeckenden, qualitätsgesicherten Mammographie-Screenings, besonders qualifizierte und koordinierte Palliativversorgung) haben sich die Partner der Selbstverwaltung (KBV und Spitzenverbände der Krankenkassen) gesonderter Anlagen zum Bundesmantelvertrag bedient, die ihre rechtliche Begründung häufig im § 135 Abs. 2 Satz 1 finden.

Als Beispiel sei die Organisation eines **flächendeckenden, qualitätsgesicherten Mammographie-Screenings** angeführt. Mit dem parteiübergreifenden Bundestagsbeschluss vom 28.06.2002 wurde die Einführung eines qualitätsgesicherten, bundesweiten und be-

Zyklus] nach Deming). Besondere Bedeutung kommt dabei der kontinuierlichen Analyse der Situation über Qualitätsindikatoren und Kennzahlen zu.

Nachdem Qualitätsmanagementansätze zunächst für größere Betriebe vor allem im industriellen Bereich konzipiert wurden, wurden diese zwischenzeitlich auch für kleinere und kleinste Organisationseinheiten wie eine Arztpraxis adaptiert. Im Zuge zunehmender Komplexität und Anforderungen in der vertragsärztlichen Versorgung sah es deshalb der Gesetzgeber als erforderlich und nutzbringend an, dass nach der bereits bestehenden Verpflichtung für Krankenhäuser auch für die ambulante GKV-Versorgung die **Einführung eines einrichtungsinternen Qualitätsmanagements verbindlich** gemacht wird.

Zur Umsetzung dieser in den §§ 135a und 136 SGB V verankerten Anforderung wurde der Gemeinsame Bundesausschuss beauftragt, alles Nähere in Richtlinien zu regeln. Dieser Aufgabe ist der G-BA erstmals mit der Veröffentlichung der Richtlinien zum einrichtungsinternen Qualitätsmanagement in der ambulanten Versorgung am 01.01.2006 im Bundesanzeiger nachgekommen. Zwischenzeitlich (17.12.2015) wurde eine sektorenübergreifende Richtlinie erlassen, die für alle an der GKV-Versorgung beteiligten und im GBA vertetenen Leistungserbringer gilt.

Qualitätsmanagement hat sehr viel mit der Etablierung einer **Qualitätskultur** zu tun: Es lässt sich nicht verordnen, sondern muss gelebt werden. **Qualitätsorientierung** ist dann erfolgreich, wenn sie als Selbstverpflichtung aller an der Versorgung Beteiligter verstanden wird. Diesem Grundsatz folgend wurde die Richtlinie so vereinbart, dass

- ein angemessen langer Zeitraum von 4 Jahren für die Einführung zur Verfügung steht,
- eine verpflichtende Festlegung auf bestimmte Qualitätsmanagementsysteme nicht erfolgte,
- auf eine Sanktionierung für den Zeitraum der nächsten fünf Jahre verzichtet wurde.

Die Richtlinie beschreibt die Grundelemente und Instrumente des einrichtungsinternen Qualitätsmanagements. Im Mittelpunkt steht dabei die **Patientenversorgung**, wobei ebenfalls dem Bereich **Praxisführung**, **Mitarbeiter** und **Organisation** ein hoher Stellenwert eingeräumt wird. Im Unterschied zur im ambulanten Sektor lange etablierten Qualitätssicherung der Struktur- und Prozessqualität, die auf einzelne Untersuchungen und Behandlungen fokussiert, berührt Qualitätsmanagement die gesamte Organisationseinheit »Praxis« mit all ihren relevanten Aufgaben, Zielen, Abläufen und Ergebnissen.

So gesehen kann Qualitätsmanagement als systematisch angewandter Menschenverstand aufgefasst werden: wo erforderlich, soll durch die Anwendung der in der Richtlinie beschriebenen Elemente und Instrumente (Übersicht) die Praxisorganisation optimiert werden. Dies kann die Klärung von Verantwortlichkeiten und Zuständigkeiten für eine komplexe Diagnostik durch eine Ablaufbeschreibung genauso betreffen wie die Anfertigung einer Checkliste für den Notfallkoffer. Relevant ist dabei zum einen die klare Zielorientierung (Welche relevanten Abläufe sollen optimiert werden?) und zum anderen die Angemessenheit der Maßnahmen, die ausgewählt werden. **Aufwand und Nutzen** müssen in einem Verhältnis zueinander stehen, was letztlich machbar ist und tatsächlich zu einer Verbesserung führt. Qualitätsmanagement als Selbstzweck kann im Umkehrschluss den Praxisbetrieb behindern.

Instrumente des Qualitätsmanagements nach den Richtlinien des Gemeinsamen Bundesausschusses

- Festlegung von konkreten Qualitätszielen für die einzelne Praxis, Ergreifen von Umsetzungsmaßnahmen, systematische Überprüfung der Zielerreichung und erforderlichenfalls Anpassung der Maßnahmen
- Erhebung des Ist-Zustandes und Selbstbewertung
- Regelung von Verantwortlichkeiten und Zuständigkeiten
- Prozess- und Ablaufbeschreibungen, Durchführungsanleitungen
- Schnittstellenmanagement
- Teambesprechungen

- Fortbildungs- und Schulungsmaßnahmen
- Patienten- und Mitarbeiterbefragungen
- Beschwerdemanagement
- Patienteninformation und -aufklärung
- Risikomanagement
- Organigramm, Checklisten
- Erkennen und Nutzen von Fehlern und Beinahefehlern zur Einleitung von Verbesserungsmaßnahmen
- Notfallmanagement
- Hygienemanagement
- Arzneimitteltherapiesicherheit
- Schmerzmanagement
- Maßnahmen zur Vermeidung von Stürzen bzw. Sturzfolgen
- Dokumentation der Behandlungsverläufe und der Beratung
- Qualitätsbezogene Dokumentation über Dokumentation der Qualitätsziele und Überprüfung der Zielerreichung z. B. anhand von Indikatoren

Die zur Einführung vorgesehenen Elemente und Instrumente kommen regelhaft schon heute in vielen Praxen zur Anwendung. Die Intention eines planvollen Qualitätsmanagements ist es, dass ihre Anwendung systematisch auf alle relevanten Bereiche der ambulanten Einrichtung ausgedehnt wird. Ausgangspunkt ist eine umfassende Analyse der eigenen Praxis, die durch eine Selbsteinschätzung oder ergänzend mit Hilfe von Befragungen durchgeführt werden kann. Die Umsetzung der ausgewählten Bereiche, für die Elemente und Instrumente des Qualitätsmanagements zur Anwendung kommen, kann nur im Team erfolgen und gelingen. Qualitätsmanagement zielt deshalb auf die verantwortliche Einbindung all derer ab, die an der Leistungserbringung beteiligt sind. Dies bedeutet insbesondere die enge Zusammenarbeit mit den Arzthelferinnen in der Praxis, die häufig eine tragende Rolle bei der Einführung des Qualitätsmanagements einnehmen.

Die zeitliche Abfolge der Einführung orientiert sich am PDCA-Zyklus mit den Schritten: »Planen, Umsetzen, Überprüfen und Weiterentwickeln«. Für die Planungsphase werden zwei Jahre eingeräumt, für die Umsetzung zwei weitere Jahre und schließlich ein Jahr für die Überprüfung des Erreichten. Dieser verhältnismäßig lang gestreckte Zeitraum ermöglicht allen Einrichtungen, ein angemessenes Qualitätsmanagement aufbauen zu können.

Die Rolle der KVen beschränkt sich dabei auf zwei wesentliche Aufgaben: Sie erheben den Stand der Einführung durch Auswertung einer jährlichen Stichprobe aller Vertragsärzte und -psychotherapeuten und sie beraten diejenigen Einrichtungen, die keinen der Richtlinie angemessenen Einführungsstand angeben können. Damit wird deutlich, dass im sensiblen Bereich des Qualitätsmanagements den KVen (noch) keine sanktionierende Funktion zukommt und neue Wege beschritten werden. Die Auswertung wird dem G-BA als Grundlage für die Weiterentwicklung der Richtlinien dienen.

Das Institut für Qualität und Transparenz im Gesundheitswesen (IQTIG) wird methodische Hinweise und Empfehlungen zur Größe des Stichprobenumfangs, zu den Erhebungsintervallen sowie zur Anerkennung von Zertifikaten und Qualitätssiegeln entwickeln. Zwischenzeitlich werden verschiedene Ansätze, die der Etablierung eines praxisinternen Qualitätsmanagements dienen, sowohl durch die Selbstverwaltung (Qualität und Entwicklung als System – QEP der Kassenärztlichen Vereinigungen, KPQM als Einstiegshilfe in ein QM der KV Westfalen Lippe) als auch im kommerziellen Umfeld angeboten: EPA – European Practice Assessment des Heidelberger Aqua-Instituts, EFQM – European Foundation for Quality Management, ISO – International Organization for Standardization und KTQ ambulant, ein Zertifizierungsverfahren der KTQ GmbH, die durch die Bundesärztekammer, die Spitzenverbände der Krankenkassen, den Deutschen Pflegerat und den Hartmannbund getragen wird. Es bleibt den Einrichtungen zunächst selbst überlassen, welchen Weg des Qualitätsmanagements sie gehen wollen. Ein wissenschaftlich valider Vergleich der Systeme im Hinblick auf die tatsächliche erreichte Versorgungsverbesserung liegt bis heute nicht vor – im Zeitalter der evidenzbasierten Medizin des Health Technology Assessments ein Umstand, der wenig zufrieden stellen kann. Als Entscheidungshilfe für praktizierende Ärzte wären diese Erkenntnisse von großer Hilfe.

2.5 Leistungsmanagement in der Integrierten Versorgung

Jonas Schreyögg, Ricarda Milstein, Reinhard Busse

2.5.1 Gesetzliche und strukturelle Rahmenbedingungen

Begriffsbestimmung von Integrierter Versorgung

Die »Integrierte Versorgung« ist eine Form des Versorgungsmanagements, das Leistungserbringer entlang des Behandlungsprozesses zusammenfasst. In Deutschland bezieht sich der Terminus »Integrierte Versorgung« auf eine spezielle Vertragsform, die mittlerweile in der »Besonderen Versorgung« nach § 140a SGB V aufgegangen ist. Sie fand mit dem GKV-Gesundheitsreformgesetz 2000 Einzug, um Sektorengrenzen zu überwinden, ein gemeinsames Verständnis der Leistungserbringung zu fördern und Effizienzreserven beispielsweise durch die Vermeidung von Doppeluntersuchungen auszuloten. International ist der Begriff deutlich weiter gefasst und umfasst verschiedene Formen des Vertragsmanagements, das Leistungserbringer zusammenführt und die gemeinsame Leistungserbringung »integriert«. Diese rangieren von der losen Zusammenarbeit von Leistungserbringern zu einer ausgewählten Indikation bis hin zu umfangreichen populationsbezogenen Versorgungsnetzwerken in größeren Regionen.

Bis heute gibt es keine einheitliche Definition für den **Begriff »Integrierte Versorgung«**. Dieser ist im Kontext von **Managed Care** entstanden und beschreibt unterschiedliche Aspekte der Gestaltung von Versorgung, deren wesentliche Merkmale auf einer besseren Verzahnung der Leistungsanbieter, einer Mobilisierung von Wirtschaftlichkeitsreserven und Maßnahmen zur Qualitätssicherung basiert. Der Begriff der Integration weicht im Kontext des Gesundheitswesens von seiner klassischen betriebswirtschaftlichen Definition ab. Integration bezieht sich nicht nur auf die organisatorische Verzahnung von Organisationen, sondern wird als Leistungssektoren übergreifende und interdisziplinär fächerübergreifende Versorgung verstanden.

Die **wesentlichen Gesichtspunkte** einer Integrierten Versorgung lassen sich mit **fünf zentralen Aspekten** benennen. Der Aspekt der **Integration** (1. Aspekt) stellt den Prozess der Behandlung in den Vordergrund und nicht den Einzelfall, so dass für die Nahtstellen innerhalb sektoraler Grenzen und über die Grenzen des jeweiligen Sektors hinaus Vereinbarungen zwischen den Leistungserbringern getroffen werden müssen. Das stark segmentierte Versorgungsgeschehen muss zu diesem Zweck über die Professionen und Sektoren hinweg neu organisiert werden. Um dies zu erreichen, ist von Seiten der Leistungserbringer **Kooperation** (2. Aspekt) bezüglich der Inhalte und Ziele der Behandlung, **Koordination** (3. Aspekt) der unterschiedlichen Aktivitäten und Disziplinen sowie effiziente **Kommunikation** (4. Aspekt) über die jeweils erfolgte Diagnostik und Therapie notwendig. Ein ganz wesentliches Element stellt in diesem Rahmen auch der **Informationstransfer** (5. Aspekt) dar, der erst vor dem Hintergrund der zunehmenden Vernetzung von Leistungsanbietern in dem erforderlichen Ausmaß möglich wird. Dabei geht der Gesetzgeber davon aus, dass Integrierte Versorgung nur in innovationsorientierten Versorgungsstrukturen möglich ist.

Bei der Ausgestaltung der Integrierten Versorgung kommen wesentliche Elemente von **Managed Care** zur Anwendung, das seine Ursprünge in den USA hat. So kann auch die Definition von Managed Care als Annäherung dienen, geht es doch bei Integrierter Versorgung auch um die Anwendung von Managementprinzipien auf den **Versorgungsprozess**.

Managed Care, Laut Schwartz und Wismar (1998) ist »Managed Care ein Versorgungsprinzip, das auf eine effiziente

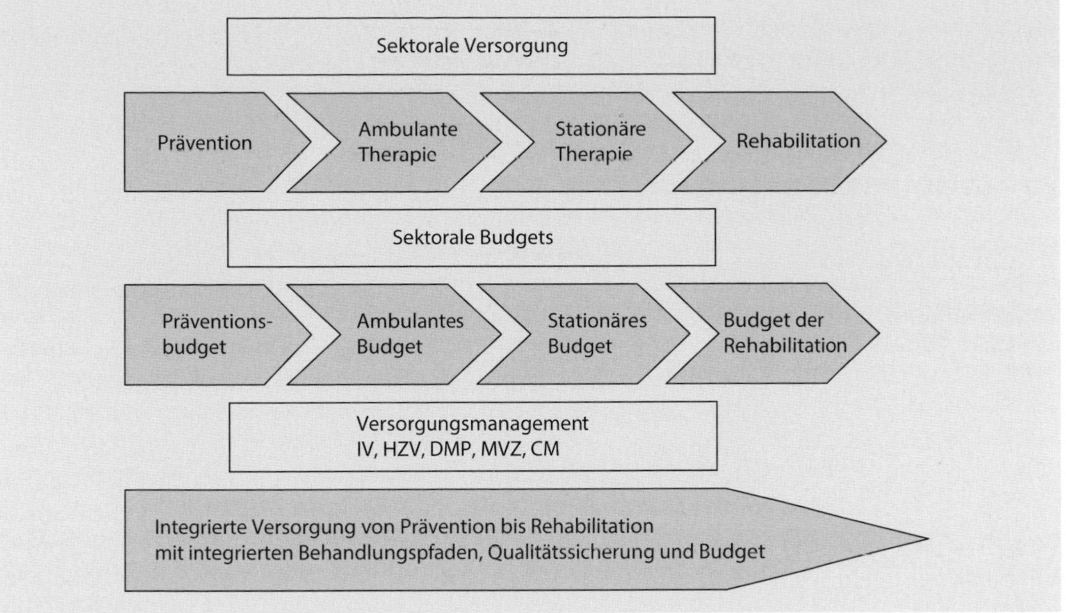

Abb. 2.13 Integrierte versus nicht-integrierte Versorgung

> Allokation von Mitteln und Ressourcen zielt, so dass jeder Patient die richtige ›Art‹ und Menge an präventiven und kurativen medizinischen Leistungen erhält. Überflüssige und fragwürdige Leistungen werden in diesem Prozess ausgeschlossen. Managed Care wird in einer Vielzahl von zum Teil sehr unterschiedlichen Organisationsformen angeboten.« (S. 571)

Kennzeichen dieser Organisationsformen ist, dass die patientenbezogene Leistungserbringung über allen Funktionen des Gesundheitssystems im Mittelpunkt steht (Mühlbacher 2002). Dabei wird sowohl die Leistungserstellung als auch die Finanzierung integriert (Abb. 2.13).

Die Integration des Versorgungsgeschehens findet dabei für **verschiedene Bereiche** der beteiligten Leistungserbringer statt, muss sich jedoch nicht immer über alle Bereiche erstrecken. Beispielsweise ist die gemeinsame Nutzung einer elektronischen Patientenakte nicht zwingend, bezüglich der Informationsflüsse aber zu empfehlen.

Bereiche der Integration

- **Medizinisch:** Versorgung nach gemeinsamen Leitlinien, Qualitätszirkelarbeit, Qualitätsmessung
- **Organisatorisch:** definierte klinische Behandlungspfade über verschiedene Professionen/Sektoren hinweg mit klaren Festschreibungen zu Zuständigkeiten, zeitlichen Abläufen und zum Überleitungsmanagement der Patienten (z. B.: Wann muss ein Patient vom Hausarzt an den Facharzt überwiesen werden)
- **Infrastruktur:** z. B. gemeinsame Nutzung von Geräten, gemeinsame elektronische Patientenakte oder Internetplattform
- **Wirtschaftlich:** gemeinsames Budget der Leistungserbringer, das unter Umständen auch Leistungen abdecken kann, die im Leistungskatalog der GKV nicht (mehr) enthalten sind, gemeinsamer Einkauf von Arzneimitteln
- **Rechtlich:** spezifische Versorgungsverträge, Medizinische Versorgungszentren, Praxisnetze
- **Finanziell**: gemeinsame Vergütung, z. B. durch Bundled payments

2

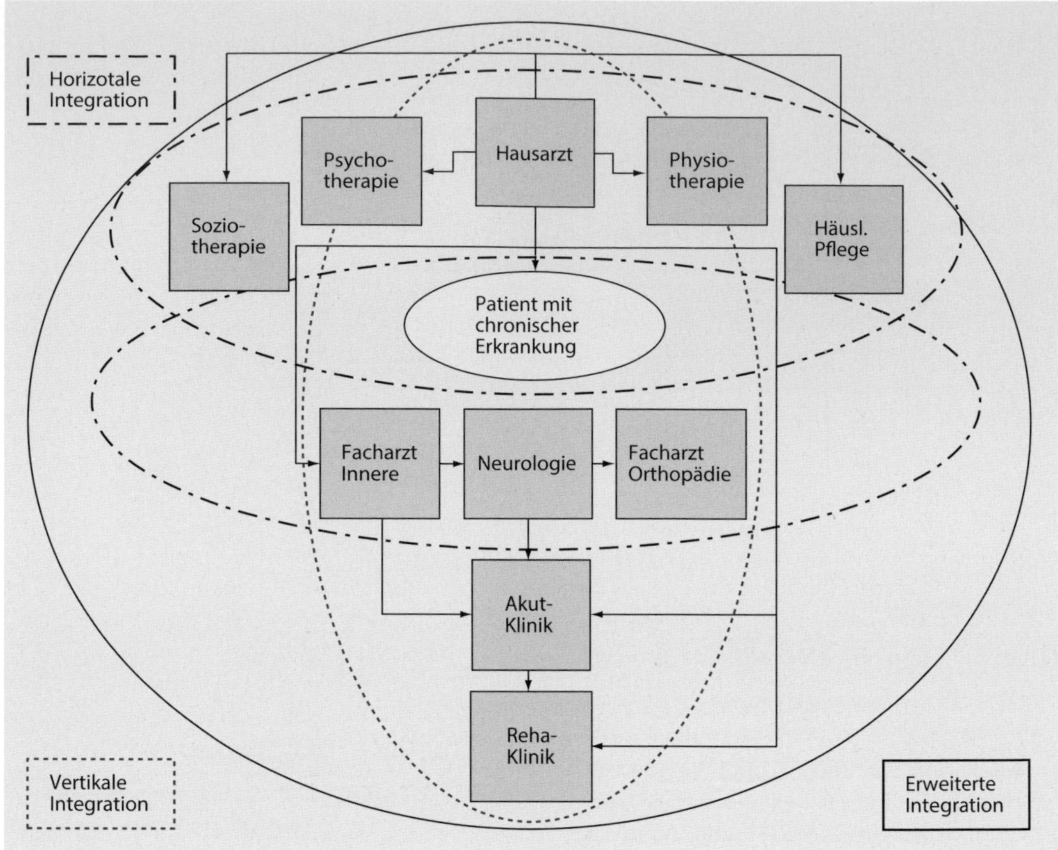

■ **Abb. 2.14** Horizontale und vertikale Integration

Weiterhin kann zwischen **horizontaler und vertikaler Integration** der Versorgung unterschieden werden. Als »horizontal« wird die Integration der Versorgung auf einer Versorgungsebene zwischen unterschiedlichen medizinischen Leistungserbringern sowie sozialen Organisationen bezeichnet. Unter »vertikaler« Integration wird hingegen eine Integration der Versorgung über mehrere Versorgungsstufen hinweg verstanden, z. B. Hausarzt – Facharzt – Klinik – Rehabilitation. Die vertikale und horizontale Integration der Versorgung kann dabei sowohl durch verschiedene Formen der Kooperation als auch durch eine vollständige institutionelle Verschmelzung stattfinden (■ Abb. 2.14).

Eine Netzwerkbildung über mehrere Wertschöpfungsebenen ist deutlich seltener, komplexer zu organisieren und auch eine Performanzmessung dieser Netzwerkform ist deutlich anspruchsvoller zu bewerkstelligen (Carey 2000). Im Gesundheitswesen sowie in anderen Märkten erfolgt eine **vertikale Netzwerkbildung** häufig durch formale Vertragsbeziehungen, z. B. durch einen Vergütungsvertrag für bestimmte Funktionsbereiche. Diese Form des Netzwerks bietet den Vorteil, dass die Marktakteure dem offenen Wettbewerb ausgesetzt sind, und sich somit ohne weiteres ein Marktpreis bilden kann. Ein Problem dieser Netzwerkform ist jedoch, dass durch die Fragmentierung der Versorgungsprozesse eine Steuerung erschwert wird. Die Akteure des Netzwerks erhalten zumeist nur ein unvollständiges Abbild der Versorgungsprozesse, deren Kosten und Outcomes. Die Wirksamkeit des Netzwerks wird somit erheblich geschwächt. Die Steuerung wird zudem durch mögliche Reibungsverluste bei der Abstimmung unter den Netzwerkpartnern aufgrund differenter Organisationskulturen etc.

erschwert. Ein **vollständig vertikal integriertes Netzwerk**, d. h. eine Organisation, die alle Sektoren im Sinne eines internen Netzwerks vereint, löst diese Probleme weitgehend auf, indem es eine Planung und Steuerung aus einem Guss ermöglicht. Der Begriff des **internen Netzwerks** wurde vor allem von Miles und Snow (1992) geprägt. Im Unterschied zu einem **externen Netzwerk** werden alle Netzwerkpartner eines internen Netzwerks durch einen Konzern strategisch geführt. Ein internes Netzwerk bedingt deshalb, dass ein sog. interner Markt gebildet wird, der ähnlich den Marktmechanismen des externen Marktes funktioniert. Ein internes Netzwerk kann gleichzeitig auch Mitglied eines externen Netzwerks sein (Miles und Snow 1992). Wird im Rahmen eines vertikalen Netzwerks eine institutionelle Integration von Ausgabenträgern und Leistungserbringern angestrebt, so wird diese Form der Integration im Folgenden als **erweiterte vertikale Integration** bezeichnet. In Deutschland ist diese Form der Integration aufgrund gesetzlicher Vorgaben außerhalb der Bundesknappschaft nicht möglich (Schreyögg 2008).

Entwicklung der Integrierten Versorgung in anderen Ländern

Modellprojekte mit neuen Formen des Versorgungsmanagements finden sich in nahezu allen OECD-Ländern (OECD 2016). Einen umfassenden Ansatz verfolgten die USA in den 1980er- und 1990er-Jahren mit der Einführung der **Health Maintenance Organizations (HMOs)**. Diese Organisationen vereinen typischerweise Ausgabenträger und Leistungserbringer miteinander. HMOs entwickelten primär unter dem Aspekt der höheren Kosteneffektivität integrative Versorgungskonzepte. Im Allgemeinen waren sie auf Kostensenkungen ausgerichtet und führten zu einem »managed care backlash« (OECD 2016). Nach anfänglich optimistischen Einschätzungen wurden Bedenken über die Qualität laut. Als Reaktion darauf entstanden in den USA umfangreiche Forschungsinitiativen, die im Laufe der Zeit ein differenzierteres Bild zeigten: HMOs – bzw. Managed Care-Organisation – schnitten bezüglich einiger Indikationen und Bevölkerungsgruppen qualitativ schlechter ab (z. B. bei Depression), bei anderen jedoch besser (vgl. Robinson und Steiner 1998). Es folgten Akkreditierungs- und Evaluationsverfahren, Qualitätssicherung und Qualitätsmanagement und neue Vergütungsprogramme.

Während HMOs heutzutage vielfach kritisch gesehen werden, ist es dennoch ausgewählten Organisationen in den USA gelungen, erfolgreiche integrierte Versorgugsstrukturen zu implementieren. Hierzu zählen insbesondere die »Kaiser Permanente« und die »Veteran Health Administration« als Beispiele für Netzwerke mit gelungener erweiterter vertikaler Integration. Während Kaiser Permanente im Wesentlichen auf Kalifornien beschränkt ist und in weiteren Bundesstaaten bisher nicht Fuß gefasst hat, erstreckt sich das Netzwerk der Veteran Health Administration auf die gesamte USA, ist jedoch auf Kriegsveteranen der USA beschränkt (Schreyögg 2008). Im USA-internen Vergleich schneiden beide Netzwerke bei USA-internen Vergleichen hinsichtlich der Prozess- und Ergebnisqualität sowie Kosteneffektivität besser ab als andere Versorgungssysteme, wie beispielsweise Medicare und Medicaid (Kizer 1999; Asch et al. 2004; Khuri et al. 2002; Oliver 2007; Shekelle et al. 2010). Bei einem Vergleich hinsichtlich der Versorgung von Patienten nach Herzinfarkt zwischen der Veteran Health Administration und einer Stichprobe deutscher Krankenhäuser, unter Anwendung von Propensity Score Matching, zeigten sich jedoch kaum Unterschiede hinsichtlich der Mortalität. Die Kosten zur Behandlung eines Falles nach Herzinfarkt waren jedoch in der VHA, verglichen mit deutschen Krankenhäusern, doppelt so hoch. Das heißt, die VHA wies eine deutlich geringere Kosteneffektivität als deutsche Krankenhäuser auf (Schreyögg et al. 2011). Trotzdem existiert eine Vielzahl von Ausprägungen des VHA-Systems, die für Leistungserbringer sowie Krankenkassen in Deutschland interessant sein können.

Innovative Modelle zur integrierten Versorgung in Frankreich

Frankreich führte 2019 mit der Expérimentation d'une incitation à une prise en charge partagée (IPEP) und der Expérimentation d'un paiement en équipe de professionels de santé en ville (PEPS) zwei neue Pilotprogramme ein, um die Leistungserbringung zu verbessern und die Kosteneffizienz zu erhöhen. Das IPEP orientiert sich an den ACOs der USA und den oben aufgeführten Modellen anderer OECD-Länder. Es richtet sich primär an die ambulante Leistungserbringung, steht dabei aber allen Kombinationen von Leistungserbringern aller Rechtsformen offen (beispielsweise Gruppenpraxen, MVZs und Kombinationen von ambulanten und stationären Leistungserbringern), solange diese mindestens 5000 Patienten versorgen. Die neue Vergütung ergänzt die bisherige Vergütung, statt sie zu ersetzen. Sie ist an das Erreichen von Zielparametern geknüpft, beinhaltet ausschließlich Zu- und keine Abschläge und ist nicht zweckgebunden (Ministère des Solidarités et de la Santé und Assurance maladie 2019a). In der ersten Welle beteiligen sich 18 Netzwerke an der neuen Programmform (Ministère des Solidarités et de la Santé 2021a).

Das PEPS geht noch darüber hinaus. Es soll den Zugang zur Gesundheitsversorgung in unterversorgten Gebieten verbessern, die Qualität der Leistungserbringung erhöhen, die medizinische Angemessenheit der Leistungserbringung durch die Vermeidung unnötiger Prozeduren verbessern und die Teamarbeit stärken. Das Programm ersetzt die bisherige Vergütung nach Einzelleistungsvergütung durch Budgets. Das Budget wird auf Basis von Patientinnen und Patienten, die sich dem betreffenden Arzt bzw. der betreffenden Ärztin zuordnen, gewährt – unabhängig davon, ob sie seine/ihre Leistungen in Anspruch nehmen oder nicht. Die Höhe des Budgets wird an die Qualität und Aktivität der Leistungserbringung und geographische Charakteristika angepasst. Die Aufteilung und Verwendung des Budgets steht den Vertragspartnern frei. Eine teilnehmende Gruppe muss aus mindestens fünf niedergelassenen Ärzten, darunter mindestens drei Hausärzten, und einem Pfleger oder einer Pflegerin bestehen. Die Gruppe muss mindestens 250 Patienten versorgen, die von der Vergütung nach Budgets betroffen ist. Derzeit ist das Programm auf drei Patientengruppen zugeschnitten: erstens auf Diabetiker (Typ 1 und 2), zweitens auf Patienten über 65 Jahre bzw. Patienten zwischen 50 und 64 mit einer neurodegenerativen Krankheit sowie drittens alle Patienten, unabhängig von ihrem Krankheitsbild. Die prospektiven Budgets werden risikoadjustiert und können angehoben werden, wenn die Leistungserbringung zu stark vom nationalen Median abweicht. Qualitätindikatoren gehen mit einem Zu- bzw. Abschlag von bis zu 10 % in die Vergütung ein. Nach einem ersten Testlauf mit 25 freiwillig teilnehmenden Leistungserbringernetzwerken wurden 2021 bereits 13 in eine prospektive Vergütung überführt, die anderen folgen 2022 (Ministère des Solidarités et de la Santé 2021b). Sowohl das IPEP als auch das PEPS werden von einer verpflichtenden Evaluation begleitet.

Im Rahmen des Patient Protection and Affordable Care Acts (»Obamacare«) von 2010 wurden die HMOs um **Accountable Care Organisations (ACOs)** ergänzt. Hierbei schließen sich Gruppen von Leistungserbringern auf freiwilliger Basis zusammen, um Patientinnen und Patienten, schwerpunktmäßig chronisch Erkrankten, eine qualitativ hochwertige, evidenz- und leitlinienbasierte und dabei kosteneffektivere Versorgung zu bieten. Ziel der Einführung war eine Abkehr von der auf Einzelleistungen basierenden Vergütung (fee-for-service) zu einer Vergütung auf Basis von Qualität und Effizienz. Im Gegensatz zu HMOs ist die Teilnahme an ACOs für Versicherte freiwillig. Mittlerweile sind ACOs weit verbreitet. Anfang 2016 gab es rund 840 ACOs in den USA und in der jährlichen Umfrage der American Hospital Association gaben knapp 60 % aller Krankenhäuser (community hospitals) an, Teil einer ACO zu sein (Muhlestein und McClellan

2016; American Hospital Association 2018). Die ersten Untersuchungen weisen auf Kostensenkungen und Qualitätsverbesserungen hin, wenngleich die Effektstärke unterschiedlich ist und langfristige Evaluationen noch ausstehen (Trombley et al. 2019; McConnell et al. 2017; McWilliams et al. 2016). Medicare und Medicaid bieten verschiedene Typen von ACOs an. Das Medicare Shared Savings Programm ist das Flagschiff und umfasste 2021 477 ACOs, in denen insgesamt 10,7 Mio. Versicherte eingeschrieben waren (Centers for Medicare and Medicaid Services 2021a). Leistungserbringer erhalten einen Teil der Ersparnisse, wenn sie signifikant unter definierten Ausgabenzielen bleiben. ACOs mit besseren Qualitätsergebnissen erhalten größere Bonuszahlungen.

Das Comprehensive ESRD Care Model richtet sich an Leistungeerbringer für dialysepflichtige Patientinnen und Patienten mit Nierenversagen im Endstatium und umfasst derzeit 33 Leistungserbringer (Centers for Medicare and Medicaid Services 2021b). Am Next Generation ACO Model nehmen 35 ACOs teil (Centers for Medicare and Medicaid Services 2021c). Es bietet ein größeres finanzielles Risiko, aber auch größere Gewinnoptionen als das MSSP. Mit dem 2017 gestarteten und bis Ende 2022 laufenden Vermont All-Payer ACO Model experimentiert Vermont gemeinsam mit privaten Kassen mit alternativen Vergütungsmethoden, um einerseits Ausgaben zu senken und andererseits die Qualität der Leistung zu verbessern (Centers for Medicare and Medicaid Services 2021d). Hierfür stellte CMS dem Bundesstaat 9,5 Mio. US$ zur Verfügung. Bis zum Jahr 2022 sollen 70 % aller versicherten Bürgerinnen und Bürger des Bundesstaates in einer ACO eingeschrieben sein, 50 % der Vergütung soll ab 2018 über alternative Vergütungsmodelle jenseits von fee-for-service ausgeschüttet werden. Das jährlichen Pro-Kopf-Ausgaben sollen nicht stärker als u 3,5 % steigen und die Ausgaben von Medicare mindestens 0,1 bis 0,2 Prozentpunkte unter der nationalen Ausgabensteigerung von Medicare liegen. Gleichzeitig definiert das Vermont All-Payer ACO Model Qualitätsziele. Erste Untersuchungen deuten an, dass Vermont die Kostensteigerungen dämpfen könnte (Rutledge et al. 2019; Atherly et al. 2021). Gleichzeitig sind mit dem Programm auch bestimmte Herausforderungen verbunden, wie beispielsweise der Ein- und Austritt von Versicherungen und die prospektive Festlegung der Vergütung von Leistungserbringern, und es stellt damit einen lehrreichen Testlauf für andere Bundesstaaten dar (Atherly et al. 2021).

Andere OECD-Länder orientieren sich an den USA und implementieren vergleichbare Netzwerke, um die Qualität zu verbessern, Kosten zu senken und die Bedarfsgerechtigkeit ihrer Systeme zu erhöhen. Hierzu zählen beispielsweise Belgien mit dem 2018 gestarteten »Integreo«, welches zwölf Pilotprogramme mit insgesamt 2,52 Mio. Eingeschriebenen umfasst (Santé publique, Sécurité de la Chaîne alimentaire et Environnement 2021), England mit den Primary und Acute Care Systems sowie die Niederlande (Busse und Stahl 2014) (Übersicht »Innovative Modelle zur integrierten Versorgung in Frankreich«).

Entwicklung der Integrierten Versorgung in Deutschland

Das deutsche Gesundheitssystem zeichnet sich durch eine hohe Dichte an Leistungserbringern, ein hohes Leistungsvolumen und im internationalen Vergleich moderate Preise, einen nahezu uneingeschränkten Zugang zur Gesundheitversorgung und geringe Wartezeiten aus. Dies erfolgt jedoch zu Lasten eines starken Ausgabenwachstums und einer Überversorgung in bestimmten Bereichen (Schreyögg und Milstein 2020). Zudem ist es durch **Qualitäts- und Effizienzdefizite** gekennzeichnet (Busse et al. 2017). Die **sektorale Gliederung** des Systems wird als eine wesentliche Ursache dieser Problematik betrachtet. So werden in einer **Verzahnung der Sektoren** und in einer verbesserten **Qualitätssicherung** erhebliche Effizienzreserven vermutet (Sachverständigenrat für die Konzertierte Aktion im Gesundheitswesen 2002, 2003; Sachverständigenrat zur Begutachtung der Entwicklung im Gesundheitswesen 2005). Darüber hinaus kommt der Rat in seinen Gutachten von 2007, 2009 und 2018 zu dem Schluss, dass nur auf dem Weg einer verbesserten Koordination und Kooperation innerhalb der Sektoren, aber auch zwischen diesen die Aufgaben, die eine immer älter werdende Gesellschaft an das Gesundheitssystem stellt, bewältigt werden können (Sachverständigenrat zur Begutachtung der Entwicklung im Gesundheitswesen 2007, 2009, 2018). In diesem Kontext ist auch auf die Bedeutung einer multiprofessionellen Koordination und Kooperation für die integrierte Versorgung zu verweisen.

Traditionell gibt es im deutschen Gesundheitssystem trotz verschiedener politischer Bemühungen eine eingeschränkte Verzahnung der Sektoren, beispielsweise in Form des Belegarztwesens, des ambulanten Operierens und der Polikliniken (in den neuen Bundesländern und an Universitätskliniken). Dies sind jedoch lediglich punktuelle Verzahnungen, ohne systematisches **Management der Versorgungsabläufe**.

Seit dem Ende der 1980er- bzw. dem Beginn der 1990er-Jahre gab es verschiedene Initiativen auf Seiten des Gesetzgebers und seitens der Leistungserbringer, die Versorgung besser zu koordinieren. Dazu gehören auf Seiten des Gesetzgebers der im Rahmen des Gesundheitsreformgesetzes (GRG 1989) entstandene § 115 SGB V über »**Dreiseitige Verträge**« und die im Rahmen des 2. GKV-Neuordnungsgesetzes (2. NOG, 1997) über die »Weiterentwicklung der Versorgung« eingeführten »**Modellvorhaben**« nach §§ 63–65 und »**Strukturverträge**« nach § 73a. Seit der GKV-Gesundheitsreform 2000 und dem GKV-Modernisierungsgesetz (GMG 2004) war »**integrierte Versorgung**« in den § 140a–d SGB V gesetzlich verankert, und seit dem Gesetz zur Reform des Risikostrukturausgleichs von 2002 wurden »**Strukturierte Behandlungsprogramme**« (Disease Management-Programme, DMPs) nach § 137f–g SGB V eingeführt. Das GMG hat außerdem die **ambulante Behandlung im Krankenhaus** für Patienten mit seltenen Erkrankungen und mit besonderen Krankheitsverläufen (§ 116b Abs. 3 Nr. 2) ermöglicht. Das GKV-Versorgungsstärkungsgesetz (GKV-VSG), das in 2015 in Kraft trat, hat verschiedene Normen für selektive Vertragsformen des SGB V neu strukturiert und als »Besondere Versorgung« im neuen § 140a SGB V zusammengefasst. Die neugefasste Passage »Besondere Versorgung« in § 140a SGB V löst die bisherigen Strukturverträge nach § 73a SGB V, die Verträge zur besonderen ambulanten ärztlichen Versorgung nach § 73c SGB V (► Abschn. 2.4) sowie die Verträge zur Integrierten Versorgung nach § 140a–d SGB V ab. Verträge, die in der Vergangenheit über die alten Normen geschlossen worden sind, gelten aber fort.

Die einzelnen Reformansätze unterscheiden sich in ihren Schwerpunkten und ihrer Ausgestaltung (◘ Tab. 2.16).

Auf Seiten der Leistungserbringer wurden ebenfalls verschiedene Formen der Integrierten Versorgung wie beispielsweise Versorgungsnetzwerke oder Klinikkooperationen diskutiert und teilweise implementiert. Dabei wurden unterschiedliche Formen der Organisation realisiert:

Organisationsformen von Versorgungsnetzwerken

- **Ärztenetzwerke** (Integration innerhalb des ambulanten Sektors)
- **Kooperationen von Kliniken** (Akutkliniken und Rehabilitationseinrichtungen)
- Integration innerhalb von **Klinikgruppen** (z. B. Modelle zum endoprothetischen Hüftgelenksersatz)
- (Private) **Dienstleistungen** für die Integrierte Versorgung (z. B. Case Management)
- Einrichtungen der **Bundesknappschaft:** Diese ist traditionell die Krankenkasse der Bergleute. Sie vereint als einzige gesetzliche Krankenkasse in Deutschland Kranken-, Pflege- und Rentenversicherung sowie die entsprechenden Versorgungsstrukturen unter einem Dach.

In Deutschland wird die Integrierte Versorgung seit gut drei Jahrzehnten diskutiert, konnte ihr Potenzial bisher jedoch noch nicht ausreichend entfalten. Als Ursache für die zurückhaltende Umsetzung in Deutschland wird erstens der trotz der zahlreichen gesetzlichen Änderungen und Öffnungen immer noch zu **geringe strukturelle und finanzielle Spielraum**, den das Sozialgesetzbuch für diese Versorgungsformen bisher zuließ, betrachtet. Zweitens gab es bislang darüber hinaus **wenig Anreize**, sowohl auf Seiten der Leistungserbringer als auch auf Seiten der Krankenkassen, solche Konzepte umzusetzen. Auch für Patienten war es bis dato nur wenig interessant, entsprechende Konzepte anzunehmen.

Die heutige Form der in der Besonderen Versorgung aufgegangenen Integrierten Versorgung hat sich in den vergangenen gut 20 Jahren seit ihrer Einführung durch Lockerungen der Anforderungen, Öffnungen und Erweiterungen stark von der ursprünglichen Idee entfernt. Das GKV-Gesundheitsreformgesetz führte die Integrierte Versorgung 2000 ein, um Leistungserbringern und Zahlern die Möglichkeit zu geben, neue Versorgungsprojekte neben der kollektivvertraglich geregelten Regelversorgung anzubieten (Milstein und Blankart 2016). Diese sollten mindestens zwei Sektoren zusammenführen und populationsbezogen sein. Mit dem GKV-Modernisierungsgesetz schuf der Gesetzgeber einen finanziellen Anreiz für die Periode von 2004 bis 2007 (verlängert bis 2008 durch das Vertragsarztänderungsgesetz). Die vorherige Notwendigkeit eines Rahmenvertrages zwischen Kassen und KVen entfiel 2004 ebenso wie die Budgetbereinigung. Letztere wurde 2009 wieder eingeführt und 2015 vereinfacht. 2012 führte der Gesetzgeber die Genehmigungspflicht Integrierter Versorgungsverträge durch das damalige Bundesversicherungsamt (BVA, heute Bundesamt für Soziale Sicherung) ein, nahm diese Anforderung 2015 jedoch wieder zurück. 2015 führte der Gesetzgeber die Notwendigkeit ein, die Wirtschaftlichkeit der Integrierten bzw. Besonderen Versorgung vier Jahre nach Programmbeginn nachzuweisen, löschte diese Anforderung 2020 jedoch mit dem Gesetz zur Verbesserung der Gesundheitsversorgung und Pflege wieder. Seit 2015 müssen Integrierte Versorgungsverträge darüber hinaus nicht mehr sektorenübergreifend, sondern können nun auch interdisziplinär fächerübergreifend sein. Seit 2020 ist es bundeunmittelbaren Kassen möglich, Verträge regional zu beschränken, um auf ausgewählte Regionen zugeschnittene Konzepte zu ermöglichen.

Die Liste der möglichen Vertragspartner hat einige Änderungen erfahren. Im Jahr 2000 standen Integrierte Versorgungsverträge Netzwerken von Haus-, Fach- und Zahnärzten sowie anderen Leistungserbringern der ambulanten Versorgung, KVen, Krankenhäuser und Anbietern von Rehaleistungen offen. 2004 wurden KVen herausgenommen, 2007 wurde die Liste um Pflegekassen und zugelassene Pflegeeinrichtungen ergänzt, 2009 um Praxiskliniken sowie 2011 um pharmazeutische und medizintechnische Unternehmen. Seit 2015 sind KVen wieder als Vertragspartner zugelassen. Im Jahre 2020 kamen nicht-ärztliche Leistungserbringer in jeweiligen Versorgungserbringern, andere Träger von Sozialleistungen außerhalb des SGB V und Dienstleister, die Beratung-, Koordinierungs- und Managementleistungen erbringen, Anbieter digitaler Dienste und Anwendungen hinzu.

Gesetzliche Anforderungen an die Integrierte Versorgung

Nachdem der erste Versuch, die Integrierte Versorgung im Rahmen der GKV-Gesundheitsreform 2000 in Deutschland zu etablieren, auf wenig Resonanz stieß, trieb der Gesetzgeber mit dem GKV-Modernisierungsgesetz (GMG) 2004 sowie mit dem GKV-WSG und dem VÄndG in 2007 die Förderung der Integrierten Versorgung durch Neufassung des § 140a SGB V erneut voran. Dabei wurde zum einen die Bereitschaft zur Implementierung neuer Versorgungsformen durch Setzen finanzieller Anreize vergrößert. Zum anderen wurden die Bedingungen für den Abschluss von Verträgen für alle potenziellen Vertragspartner flexibilisiert (für einen generellen Überblick s. Milstein und Blankart 2016).

Die Versorgung innerhalb der Verträge zur Integrierten Versorgung muss, in Übereinstimmung mit den anderen Versorgungsformen, den **allgemein anerkannten Stand der medizinischen Erkenntnis** und des **medizinischen Fortschritts** erfüllen. Gleichzeitig muss eine **am Versorgungsbedarf der Versicherten orientierte Zusammenarbeit** zwischen allen Leistungsanbietern erfolgen, einschließlich der **Koordination** über **verschiedene Versorgungsbereiche** mit einer jeweils ausreichenden **Dokumentation**, die allen an der Versorgung Beteiligten zur Verfügung steht.

Tab. 2.16 Gesetzesänderungen zur Verbesserung der Integration in der GKV-Versorgung

	Überwindung der sektoralen Trennung (v. a. Belegarztwesen)	Strukturmodelle	Leistungsmodelle	Strukturverträge	Disease Management-Programme	Integrierte Versorgung i. e. S.	Ambulante Behandlung im Krankenhaus	Hausarztverträge	Besondere ambulante ärztliche Versorgung	Modellvorhaben zur Arzneimittelversorgung und zur Versorgung psychisch Kranker
Rechtsgrundlage im SGB V	§ 115, § 121	§ 63 Abs. 1, § 64	§ 63 Abs. 2, § 64	§ 73a a. F.	§§ 137f–g	§ 140a (urspr. §§ 140a–d)	§ 116 b a. F.	§ 73b	§ 73c a. F.	§ 64a, § 64b
Eingeführt durch	GRG (1989)	2. NOG (1997), GKV-VStG (2011)	2. NOG (1997)	2. NOG (1997); nur für Altverträge bis 2015; mittlerweile integriert in § 140a	Gesetz zur Reform des Risikostrukturausgleichs (2002), GKV-VStG (2011)	GKV-Reform (2000, 2009); modifiziert durch GMG (2004), GKV-VStG (2011), GKV-VSG (2015), GPVG (2020)	GMG (2004); seit VStG (2011) überführt in »Ambulante spezialfachärztliche Versorgung«	GMG (2004), GKV-WSG (2007), GKV-VStG (2011)	GKV-WSG (2007); nur für Altverträge bis 2015; mittlerweile integriert in § 140a	GKV-VStG (2011), PsychEntgG (2012)
Art der möglichen Integration	kontinuierliche ambulante und stationäre Versorgung durch Vertragsarzt	u. a. verbesserte Koordinierung der Versorgung durch informationstechnische Kooperationsstrukturen oder Behandlungspfade	nicht primär, ggf. indirekt	Versorgung von Patienten durch einen (interdisziplinären) Verbund von Ärzten, ggf. mit Budget	koordinierte Versorgung über Sektorengrenzen sowie ambulant-stationäre Versorgung durch Krankenhaus	kontinuierliche Versorgung über Sektorengrenze(n) hinweg/innerhalb eines Sektors (integrierte Versorgung), oder in ambulanten Ärztenetzenmit gemeinsamer Vergütung	kontinuierliche ambulante und stationäre Versorgung durch Krankenhaus	Hausarzt als Gatekeeper mit der Aufgabe die Versorgung der Patienten zu koordinieren	Sicherstellung der ambulanten Versorgung durch eine Krankenkasse, Teil- oder Vollversorgung der Versicherten	Durchführung eines Modellvorhabens nach § 63 zur Verbesserung der Qualität und Wirtschaftlichkeit

■ Tab. 2.16 (*Fortsetzung*)

	Überwindung der sektoralen Trennung (v. a. Belegarztwesen)	Strukturmodelle	Leistungsmodelle	Strukturverträge	Disease Management-Programme	Integrierte Versorgung i. e. S.	Ambulante Behandlung im Krankenhaus	Hausarztverträge	Besondere ambulante ärztliche Versorgung	Modellvorhaben zur Arzneimittelversorgung und zur Versorgung psychisch Kranker
Notwendige Vertragspartner (LE = Leistungserbringer)	Landesverbände der Krankenkassen, Landeskrankenhausgesellschaft und KV	Krankenkassen oder ihre Verbände mit allen GKV-zugelassenen LE oder KVen	Krankenkassen oder ihre Verbände mit allen GKV-zugelassenen LE oder KVen	Landesverbände der Krankenkassen mit KVen	Krankenkassen mit allen GKV-zugelassenen LE	Krankenkassen mit allen GKV-zugelassenen LE und Zusammenschlüssen derselben (auch KVen)	Krankenkassen oder ihre Verbände mit mit zugelassenen Krankenhäusern	Krankenkassen primär mit »Gemeinschaften, die mind. die Hälfte der an der hausärztl. Versorgung teilnehmenden Allgemeinärzte vertreten«, erst nachrangig auch mit anderen hausärztl. LE	Krankenkassen mit zugelassenen LE; Gemeinschaften von LE; Trägern von Einrichtungen, die ambulante Leistungen erbringen dürfen oder KVen	KVen und Apotheker auf Landesebene mit Landesverbänden der Krankenkassen
Wissenschaftliche Begleitung/ Evaluation	nicht erforderlich	erforderlich	erforderlich	nicht erforderlich	erforderlich	Bei Förderung durch Innovationsfonds ja	nicht erforderlich	nicht erforderlich	nicht erforderlich	erforderlich
Satzungsänderung der Kasse	nicht erforderlich	erforderlich	erforderlich	nicht erforderlich	nicht erforderlich	nicht erforderlich	nicht erforderlich	nicht erforderlich	erforderlich	nicht erforderlich
Gewährleistung der Beitragssatzstabilität	ja	ja	nein	ja	ja	bis 12/2008 nein	ja	nein	nein	ja
Bereinigung der Vergütung	nicht erforderlich	nicht erforderlich	nicht erforderlich	nicht erforderlich	nicht erforderlich	nicht erforderlich, sofern Aufwand die Bereinigung übersteigt	nicht erforderlich	erforderlich	erforderlich	nicht erforderlich
Aussetzung geltender rechtlicher Regelungen	eigene rechtliche Regelungen	möglich	möglich	nicht möglich	eigene rechtliche Regelungen	möglich	nicht möglich	möglich	teilweise	möglich

Mit dem GMG hat die inhaltliche Definition der **Sektorenintegration** ihre Gültigkeit behalten, wurde jedoch um die **interdisziplinär-fachübergreifende Versorgung** innerhalb eines Sektors ergänzt.

Darüber hinaus haben sich auch die Rahmenbedingungen für die Integrierte Versorgung deutlich geändert. Die Kassenärztlichen Vereinigungen sind als Vertragspartner explizit wieder vorgesehen. Ohnehin können **einzelne Ärzte** und **Medizinische Versorgungszentren** Vertragspartner werden. Krankenkassen können auch Versorgungsverträge mit Managementgesellschaften **unterschiedlichster Rechts- und Gesellschaftsformen** schließen, die nicht selbst Versorger sind. Sie haben somit auch die Möglichkeit, Eigeneinrichtungen zur Integrierten Versorgung zu errichten. Bislang ist jedoch umstritten, ob es sich bei den Integrationsverträgen (IV-Verträge) i. S. § 140a SGB V zwischen Krankenkassen und Vertragspartnern um **öffentlich-rechtliche oder privatrechtliche Verträge** handelt. In der Rechtsprechung werden hierzu gegensätzliche Meinungen vertreten. Gemäß § 140e SGB V enthält die neue Regelung auch eine europäische Dimension. Krankenkassen dürfen nun auch Verträge mit Leistungserbringern **im europäischen Ausland** schließen. Somit können Leistungserbringer aus der gesamten Europäischen Union bzw. dem Europäischen Wirtschaftsraum in die Gesundheitsversorgung eingebunden werden (Henke et al. 2004).

Im Rahmen der Verträge kann vom **Zulassungsstatus** eines Leistungsanbieters abgewichen werden. Der Zulassungsstatus beschreibt dabei, welche Leistungen unter »Normalbedingungen« erbracht werden dürfen. Dadurch kann beispielsweise innerhalb eines IV-Vertrages ein Krankenhaus ambulante Leistungen anbieten, die es außerhalb des Vertrages nicht erbringen dürfte.

Auch bezüglich der **Finanzierung** wurden neue Regelungen getroffen. Krankenkassen konnten ab 2004 bis zu 1 % des ambulanten (ca. 220 Mio. €) und 1 % des stationären Budgets (ca. 460 Mio. €) für Versorgungsverträge zur Integrierten Versorgung einbehalten. Dies entsprach etwa 680 Mio. € pro Jahr. Der **Abzug von der Gesamtvergütung** war jedoch an den Nachweis von Verträgen zur Integrierten Versorgung gekoppelt. Wurden die Mittel nicht binnen 3 Jahren verbraucht, flossen sie an die Kassenärztlichen Vereinigungen und die Krankenhäuser zurück. Zudem wurde für die Zeit der Anschubfinanzierung (2004–2008) der Grundsatz der **Beitragssatzstabilität** (§ 71 Abs. 1 SGB V) für die Krankenkassen ausgesetzt. In den Jahren 2004–2008 hat sich die Anzahl der Verträge zur Integrierten Versorgung mehr als verzehnfacht.

Nachdem sich in der Vergangenheit nur wenige Aktivitäten bezüglich einer besser integrierten und koordinierten Versorgung chronisch Kranker entwickelten, wurden ab 2002 im Rahmen des Gesetzes zur Reform des **Risikostrukturausgleichs** (RSA) (▶ Abschn. 4.2) Disease Management-Programme (DMPs) mit dem RSA verknüpft. Krankenkassen, die diese chronisch Kranken im Rahmen eines DMP versichern, konnten dadurch höhere standardisierte Leistungsausgaben für diese Versicherten im Risikostrukturausgleich geltend machen. Damit sollte ein Wettbewerb der Krankenkassen um eine gute Versorgung der chronisch Kranken initiiert werden (▶ Abschn. 2.2). Zum 01.01.2009 erfolgte eine erneute Umstellung des Risikostrukturausgleichs, der nun nicht mehr nach Einschreibung in Disease Management Programmen, sondern morbiditätsorientiert zuweist. Eine Krankenkasse erhält nun beispielsweise für einen Diabetiker Typ 2 unter Umständen eine höhere Zuweisung, falls dieser neben Diabetes andere definierte Krankheiten aufweist. Daneben erhalten die Krankenkassen weiter Verwaltungspauschalen für ihre DMP-eingeschriebenen Versicherten.

Vor allem durch die **zeitliche Verschiebung** der für die Berechnung des RSA eingehenden Diagnosen ergibt sich für die Kassen auch nach Umstellung des RSA ein **Anreiz**, in Disease Management-Programme oder andere Versorgungsprogramme zu investieren. Wenn es beispielsweise einer Krankenkasse gelingt, in einem gut geführten DMP Diabetes mellitus die Krankenhauseinweisungen für Versicherte mit der RSA-relevanten Hauptdiagnose oder anderen Diagnosen, z. B. Herzinfarkt, zu reduzieren, so erwirtschaftet sie bei gleichbleibender Zuweisung entsprechend den durchschnittlichen Ausgaben aller Kassen bei gesunkenen Leistungsausgaben einen **Überschuss** für diese Versicherten. Das heißt: Die Zuweisungen der Kassen aus dem RSA für das Jahr t werden auf Basis der Diagnosen des Jahres t−1 berechnet. Wenn die Versicherten also im Jahr t gesünder sind als im Jahr t−1 und sich dies in den Leistungsausgaben niederschlägt, dann entsteht voraussichtlich ein Überschuss für die jeweilige Krankenkasse (Göpffarth 2012).

Das 2015 verabschiedete GKV-Versorgungsstärkungsgesetz hat den **Innovationsfonds**, analog zur Anschubfinanzierung 2004–2008, als Instrument zur Förderung der Integrierten Versorgung und Versorgungsforschung in Deutschland geschaffen. Im Rahmen des Innovationsfonds sollten von 2016 bis 2019 akkumulierte Überschüsse der Krankenkassen gezielt zur Förderung innovativer und sektorenübergreifender Versorgungsformen eingesetzt werden. In dieser ersten Phase wurden jährlich 300 Mio. € verausgabt. Von diesen 300 Mio. € war ein Betrag von 225 Mio. € für »**Neue Versorgungsformen**« vorgesehen, während 75 Mio. € für Projekte zur Versorgungsforschung verausgabt wurden. Mit dem Digitale-Versorgungs-Gesetz verlängerte der Gesetzgeber den Innovationsfonds bis zum Ende 2024 und reduzierte das Fördervolumen auf jährlich 200 Mio. €, hiervon 160 Mio. € für Neue Versorgungsformen und 40 Mio. € für Versorgungsforschung.

Über die Verwendung der Mittel beschließt der **Innovationsausschuss**, dessen Träger der G-BA ist. Im Unterschied zur Anschubfinanzierung 2004–2008 entscheidet somit ein zentrales Gremium nach Vorlage von standardisierten Anträgen auf Förderung der Projekte. In der Phase der Anschubfinanzierung konnte demgegenüber jede Kasse selbst entscheiden, welches Projekt gefördert wird. Man erhofft sich von dem neuen Verfahren eine höhere Kosteneffektivität der geförderten Projekte. In der ersten Phase des Innovationsfonds konnten insgesamt 178 Vorhaben der Neuen Versorgungsformen sowie 263 Forschungsprojekte der Versorgungsforschung gefördert werden (Gemeinsamer Bundesausschuss 2021).

2.5.2 Praktische Umsetzung

In Abhängigkeit von der gewählten Form und ihrer konkreten Ausgestaltung kann die Integrierte Versorgung in unterschiedlicher **Integrationstiefe und Indikationsbreite** realisiert werden (◘ Abb. 2.15). Unter **Integrationstiefe** soll der Integrationsgrad des Versorgungsprozesses, von einer Integration einzelner Elemente eines Sektors bis hin zu einer vollständigen Integration des Versorgungsprozesses über alle Sektoren hinweg verstanden werden. Die **Indikationsbreite** definiert ex-ante Abgrenzungskriterien, nach denen Patienten bzw. Versicherte für die Integrierte Versorgung selektiert werden. Die Indikationsbreite kann von einer spezifischen Definition einer Indikation – z. B. Schlaganfallpatienten – bis hin zum Einbezug der gesamten Bevölkerung variieren.

In Bezug auf die Indikationsbreite der Integrierten Versorgung wird primär zwischen indikationsübergreifenden und indikationsbezogenen Ansätzen unterschieden. Als **indikationsübergreifend** sind beispielsweise populationsbezogene (regionale) Versorgungskonzepte zu verstehen, die unter Umständen eine medizinische »Vollversorgung« erreichen wollen. Hierzu stehen verschiedene Organisationsformen wie **Integrationsverträge gemäß § 140a** oder **medizinische Versorgungszentren** zur Verfügung. Auch **Modellvorhaben** nach §§ 63–65 SGB V können weiterhin abgeschlossen werden. Andererseits kann auch eine Verbesserung der Versorgung bei einer spezifischen Erkrankung oder Indikation im Vordergrund stehen. Im Rahmen von **indikationsbezogenen** Ansätzen werden spezielle Krankheitsbilder bzw. Indikationen ausgewählt, für die passende Versichertengruppen gesucht werden. Geeignete Organisationsformen sind Disease Management-Programme oder ebenfalls Verträge zur Integrierten Versorgung gemäß § 140a. Einen Sonderfall stellt das **Case Management** dar, das den Versorgungsprozess eines Individuums mit überdurchschnittlichem Bedarf in den Vordergrund rückt. Auf **medizinische Versorgungszentren** und **Modelle zur hausarztzentrierten Versorgung** wird im Folgenden nicht näher eingegangen, da sich diese Formen der integrierten Versorgung explizit auf den am-

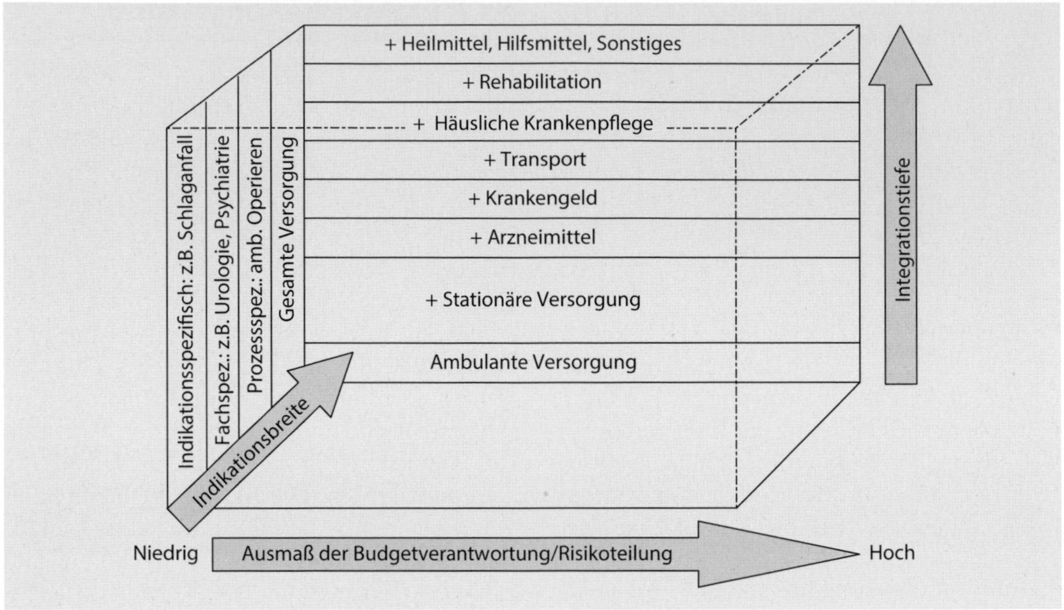

Abb. 2.15 Integrationstiefe und Indikationsbreite der Integrierten Versorgung

bulanten Sektor beschränken. ► Abschn. 2.4 geht auf diese beiden Formen im Detail ein.

Verträge zur Integrierten Versorgung nach § 140a SGB V

Bei der Ausgestaltung der Integrierten Versorgung lässt die Organisationsform der Integrierten Versorgung nach § 140a SGB V den größten Spielraum. Im Unterschied zu den Disease Management-Programmen ist die Indikationsbreite nicht gesetzlich auf bestimmte Indikationen eingeschränkt. In der Regel schließen sich einige Leistungserbringer zu einem Netzwerk der Integrierten Versorgung zusammen und bieten dann einer oder mehreren Krankenkassen die koordinierte Versorgung ihrer Versicherten im Rahmen dieses Netzwerks an. Da die Netzwerke in der Regel die Koordination der Leistungserbringer leisten, entsteht für die Krankenkassen deutlich **weniger Verwaltungsaufwand als bei Disease Management-Programmen**. Allerdings muss um Details mehr mit den Leistungserbringern verhandelt werden. Wie bereits in ► Abschn. 2.2 erwähnt, haben die Krankenkassen die Möglichkeit, individuelle Verträge mit einzelnen Netzwerken zu schließen und den Versicherten besondere Konditionen im Falle einer Teilnahme an diesen zu gewähren. Angesichts des gesetzlichen Spielraums bei der Ausgestaltung der Versorgung nach § 140a müssen Krankenkassen sowie andere Träger zunächst die Entscheidung treffen, ob die zu initiierende Integrierte Versorgung eher indikationsübergreifend oder indikationsbezogen realisiert werden soll.

▪ Indikationsübergreifende versus indikationsbezogene Integrierte Versorgung

Grundsätzlich lässt sich bei beiden Ansätzen ein Potenzial zu einer Senkung von Leistungsausgaben und einer Verbesserung der Versorgungsqualität identifizieren. Allgemein lässt sich jedoch feststellen, dass Krankenkassen überwiegend indikationsbezogene Verträge zur Integrierten Versorgung nach § 140a SGB V schließen. Die Bundesknappschaft ist die einzige Krankenkasse in Deutschland mit einer Struktur, die mit einer HMO vergleichbar ist und einen indikationsübergreifenden Ansatz realisiert. Es spricht eine Reihe von Gründen dafür, dass Kassen auch in Zukunft eher eine indikationsbezogene Integrierte Versorgung verfolgen.

Dies zeigt auch die Aufstellung der Verträge zur Integrierten Versorgung nach Vertragsgegenstand (SVR Gutachten 2007, 2009 und 2012). Dennoch gibt es außerhalb der Bundesknappschaft vereinzelt IV-Verträge, die versuchen, einen populationsbezogenen Ansatz zu realisieren. Eines der bekanntesten Beispiele, die von Seiten der Leistungserbringer initiiert wurden, ist das Projekt »Gesundes Kinzigtal«. Hier wird von einem Ärztenetzwerk, in dem 70 % der ansässigen Ärzte zu einer GmbH zusammengeschlossen sind, mit Ausnahme der zahnärztlichen Versorgung die gesamte Versorgung der Versichertenpopulation der AOK Baden-Württemberg und der Landwirtschaftlichen Krankenkasse Baden-Württemberg dieser Region übernommen, inkl. der Budgetverantwortung. Das Modell »Gesundes Kinzigtal« wird ausführlich in ► Abschn. 2.7 dargestellt.

Bei einer indikationsbezogenen Integrierten Versorgung können die Abläufe konkret auf notwendige Behandlungsabläufe bei bestimmten Krankheitsbildern abgestimmt werden. Dies erleichtert die Entwicklung von **Behandlungsleitlinien** und integrierten **klinischen Behandlungspfaden**. Hinsichtlich des Designs indikationsübergreifender Versorgungskonzepte kann demgegenüber auf Erfordernisse einzelner Indikationen nicht in so starkem Maße eingegangen werden.

Ein weiteres Argument für indikationsbezogene Konzepte ist die **einfachere Evaluierbarkeit**. Zwar existiert auch für indikationsübergreifende Fragestellungen eine Vielzahl aussagekräftiger Evaluationskonzepte (Räbiger et al. 2002; Pimperl et al. 2015), es ist jedoch zu bedenken, dass der Erfolg, d. h. die Festlegung von **Outcome-Parametern** und davon abgeleiteten **Qualitätszielen** eines bestimmten Programms, bei einzelnen Indikationen deutlich einfacher zu ermitteln ist. Beispielsweise können profil- bzw. indikationsspezifische Fragebögen zur Kosteneffektivitätsmessung eingesetzt werden oder Kontrollgruppen für die konkrete Indikation herangezogen werden, die eine vergleichende Evaluation ermöglichen.

Indikationsbezogene Konzepte weisen darüber hinaus **Vorteile hinsichtlich der Steuerbarkeit** auf. Zum einen ermöglicht die Indikationsbezogenheit den Krankenkassen, Versorgungskonzepte gezielt auszuschreiben. Zum anderen ist die Entwicklung eines Zielsystems zur Steuerung einer indikationsbezogenen Integrierten Versorgung deutlich weniger komplex, da krankheitsspezifische Indikatoren herangezogen werden können. Durch das limitierte Leistungsspektrum eines indikationsbezogenen Versorgungsprojektes ist zudem die Kalkulation der Vergütung weniger komplex. Beispielsweise sind die Variation der Behandlungskosten und das damit verbundene finanzielle Risiko bei einer Verbindung von Operation und Rehabilitation im Rahmen der Hüftendoprothetik vorhersehbar. Infolge der Komplexität bei indikationsübergreifenden Verträgen müsste das finanzielle Risiko durch eine morbiditätsorientierte Vergütung abgebildet werden (Schreyögg et al. 2005). Die Einführung des Gesundheitsfonds zum 01.01.2009 mit seinen morbiditätsorientierten Zuschlägen für die Versicherten bietet hierzu die Möglichkeit, falls die Indikation mit einem Zuschlag im RSA belegt ist. Diese Möglichkeit wird jedoch bisher nur selten genutzt. Zusätzlich entstehende Verwaltungskosten sind dadurch jedoch nicht abgedeckt und müssen als Investitionen gesehen werden, die sich über Reduktionen in den Leistungsausgaben amortisieren.

■ Zielgruppenauswahl

Vor der Entscheidung für eine bestimmte Form der Integrierten Versorgung erscheint es aus Sicht von Krankenkassen oder anderen Anbietern sinnvoll, eine **Marktsegmentierung** vorzunehmen und Zielgruppen zu identifizieren, die am besten für eine Integrierte Versorgung geeignet erscheinen, sodass durch eine bessere Verzahnung der Versorgung eine nachhaltige Senkung von Leistungsausgaben realisiert werden kann. Es geht dabei insbesondere um eine gesteigerte Kosteneffektivität der Versorgung. Für die Identifikation von Zielgruppen kann eine Vielzahl von Kriterien herangezogen werden.

Kriterien für die Identifikation von Zielgruppen

- Epidemiologische Kriterien: z. B. Indikation, Schweregrad
- Sozio-ökonomische Kriterien: z. B. Geschlecht, Alter, Beruf und Ausbildung
- Geografische Kriterien: z. B. Bundesländer, Städte und Gemeinden
- Verhaltensorientierte Kriterien: z. B. Einschreibewahrscheinlichkeit, Compliancewahrscheinlichkeit
- Psychografische Kriterien: z. B. Lebensstil, Risikopräferenz und Nutzenvorstellung

Krankenkassen als Hauptanbieter von integrierten Versorgungsprogrammen können eine Vielzahl von Informationen, die für die Auswahl von Zielgruppen relevant sind, aus den Stammdaten der Versicherten bzw. den Routinedaten (Abrechnungsdaten, die den Krankenkassen seitens der Leistungserbringer zur Verfügung gestellt werden) entnehmen. Gemäß § 284 SGB V ist die **Nutzung dieser Daten** für die Vorbereitung und Nutzung von Verträgen zur Integrierten Versorgung **ausdrücklich erlaubt**. Da zum ambulanten, stationären und rehabilitativen Bereich inzwischen relativ umfangreiche Daten bei den Krankenkassen zusammenfließen, ist es möglich, Behandlungsabläufe von Krankheitsgruppen zu analysieren und auf Grundlage der Ergebnisse einerseits die Kosteneffektivität einer Integrierten Versorgung für bestimmte Zielgruppen abzuschätzen und andererseits die Ergebnisse unterschiedlicher Versorgungsformen über die Zeit zu vergleichen.

Die Auswertung von Routinedaten zur Definition einer Integrierten Versorgung wird von amerikanischen Health Maintenance Organizations (HMOs) bereits seit Jahren mit Erfolg genutzt. Anhand dieser Daten werden Krankheitsgruppen identifiziert, für die gezielt ein Versorgungsprogramm entworfen wird. Zudem werden Routinedaten eingesetzt, um regelmäßig den Erfolg einer Integrierten Versorgung durch Periodenvergleiche zu bewerten (Sidorov et al. 2002). Zur Identifikation von Krankheitsgruppen wird in der Regel ein »Top-down-approach« verfolgt, der in ähnlicher Form auch für deutsche Krankenkassen entwickelt wurde und im Folgenden in Grundzügen beschrieben wird. Im Rahmen dieses Verfahrens werden dann auf aggregierter Ebene regionale Besonderheiten identifiziert (z. B. Demographie, Inzidenz von Krankheiten etc.), die dann näher untersucht werden (Solz und Gilbert 2001).

Für die Analyse regionaler Besonderheiten im Mitgliederstamm einer Krankenkasse ist es zunächst sinnvoll, das Tätigkeitsgebiet der betreffenden Kasse in geografische Regionen einzuteilen, innerhalb derer für potenzielle Mitglieder eine Integrierte Versorgung erreichbar wäre. Diese **Versorgungsregionen** sind nicht notwendigerweise mit den Bezirken der Kassenärztlichen Vereinigungen oder Bundesländern identisch, sondern können z. B. als Kreis um potenzielle Anbieter einer Integrierten Versorgung definiert werden. Anschließend kann auf Basis der Mitgliederzahlen festgestellt werden, ob eine Kasse tatsächlich in jeder dieser definierten Regionen über ausreichend Mitglieder verfügt. Bei sehr geringen Mitgliederzahlen in einer Region ist abzusehen, dass der Aufbau einer Integrierten Versorgung aufgrund geringer zu erwartender Einschreibungsquoten für eine einzelne Kasse ohne Kooperationen zu hohe Kosten pro Mitglied mit sich bringt.

Im nächsten Schritt werden die Diagnosedaten der einzelnen Sektoren über die Versichertennummer bzw. den Wohnort der Versicherten den jeweiligen Regionen zugeordnet. Somit lassen sich sog. **league tables** (vgl. auch Nutley und Smith 1998) bilden, die ICD-Diagnosen, die im Rahmen der ICD-Klassifikation zu einer Gruppe aggregiert werden, nach ihren absoluten und relativen Häufigkeiten in eine Rangfolge bringen. Sie erlauben einen Vergleich der **Diagnosehäufigkeiten** in verschiedenen Regionen, die sowohl Hinweise auf besondere regionale Inzidenzen und Prävalenzen als auch auf erste potenziell zu realisierende Einschreibungsquoten für eine Integrierte Versorgung geben können. Um jedoch Krankheitsbilder zu identifizieren, die nicht über Einzeldiagnosen abgebildet werden, z. B. Mukoviszidose, müssen bestimmte Diagnosen zu einem Krankheitsbild gruppiert werden.

Um anonymisierte Versichertengruppen mit bestimmten Diagnosen bzw. Krankheitsbildern in Regionen zu identifizieren, die überdurchschnittlich hohe Leistungsausgaben aufweisen, sind in einem weiteren Schritt die **Leistungsausgaben** einzelner Fälle zu berechnen. Dabei werden die durchschnittlichen Ausgaben in einer Region mit jenen anderer Regionen verglichen, um mögliche Unterschiede hinsichtlich dieser durchschnittlichen Leistungsausgaben in einzelnen Regionen zu erkennen. Hierfür werden den Versicherten mit häufig auftretenden Diagnosen bzw. Krankheitsbildern die in den jeweiligen Leistungsbereichen verursachten Leistungsausgaben einer Periode, eines Jahres, zugeordnet. Dabei ist für die Krankenkassen weniger die Bestimmung der Leistungsausgaben einzelner Versicherter aus bestimmten Diagnosegruppen oder mit bestimmten Krankheitsbildern von Interesse, die als Versicherten- bzw. Patientenkonten bezeichnet werden. Vielmehr sollen auf diese Weise die durchschnittlichen Leistungsausgaben für Versicherte aus bestimmten Diagnosegruppen oder mit bestimmten Krankheitsbildern berechnet werden, um Unterschiede zwischen den Regionen zu identifizieren. Wenn beispielsweise in Region I die Leistungsausgaben für Versicherte aus der Diagnosegruppe »Schizophrenie, schizotype und wahnhafte Störungen (ICD-10: F20–F29)« deutlich höher sind als in Region II, so kann dies auf Versorgungsdefizite in Region I bei der Behandlung von Versicherten dieser Gruppe hinweisen. Um einen systematischen Vergleich zwischen einzelnen Regionen und den Diagnosegruppen bzw. Krankheitsbildern mit den höchsten durchschnittlichen Leistungsausgaben durchführen zu können, ist auch hier die Anwendung von league tables nützlich.

Zwar geben die Leistungsausgaben Hinweise auf mögliche Schwerpunkte in den einzelnen Regionen, sie sind jedoch nicht normalisiert. Unterschiede in den Leistungsausgaben einzelner Krankheitsgruppen aufgrund divergierender Kostenstrukturen oder auch der Verteilung von Krankheitsschweregraden werden bei dieser Methodik nicht sichtbar. So ist es möglich, dass eine bestimmte Krankheitsgruppe in Region I eine gute Versorgung erhält, die **Kostenstruktur** dieser Region allerdings, z. B. aufgrund eines hohen Fallwertes einiger Krankenhäuser oder auch im Schnitt schwerer erkrankter Versicherte, insgesamt zu überdurchschnittlichen Leistungsausgaben führt. Deshalb bedarf es hinsichtlich der identifizierten Krankheitsgruppen einer genaueren Analyse. Dies kann sowohl in Form einer Normalisierung der Leistungskosten anhand des durchschnittlichen Kostenniveaus einzelner Regionen als auch durch die aufwändige Einzelanalyse der Leistungserbringer erfolgen. Die Stratifizierung der Erkrankten/Versicherten nach ihren Morbiditätsrisiken sollte nun sinnvollerweise analog der Morbiditätskategorien im Risikostrukturausgleich erfolgen.

Das beschriebene Vorgehen gibt einen ersten Anhaltspunkt zur Identifizierung möglicher Zielgruppen für eine Integrierte Versorgung. Sie ermöglicht zudem eine regelmäßige Ergebniskontrolle. So sind beispielsweise Periodenvergleiche oder Vergleiche zwischen Versichertengruppen »mit« und Kontrollgruppen »ohne« spezifisches Versorgungskonzept möglich. Insgesamt ist jedoch zu bedenken, dass Routinedaten immer auf die Vergangenheit bezogen sind und somit eine rein retrospektive Sicht des Leistungsgeschehens zulassen. Um die zukünftige Inanspruchnahme von Leistungen einzelner Versichertengruppen abzuschätzen, bedarf es des Einsatzes der Methodik des **Predictive Modelling**. Im Rahmen dieser Methodik werden Algorithmen entwickelt, die auf Krankheitsverläufe aus klinischen Studien und andere Informationen zurückgreifen und somit mögliche zukünftige Krankheitsverläufe abbilden (Schreyögg et al. 2005). Diese Form der Schätzung der zukünftigen Entwicklung von Leistungsausgaben und Outcomes innerhalb einer Integrierten Versorgung wurde bei dem IV-Vertrag »**Gesundes Kinzigtal**« gewählt (► Abschn. 2.7). Mittlerweile liegen umfangreichere Auswertungen der Intervention des IV-Vertrags »Gesundes Kinzigtal« auf Basis von Routinedaten der AOK Baden-Württemberg und LKK Baden-Württemberg der Jahre 2005–2013 vor. Als Kontrollgruppe wurden Versicherte der entsprechenden Kassen, die nicht an dem IV-Vertrag teilgenommen haben, herangezogen. Beide Gruppen wurden im Rahmen eines Propensity Score Matchings homogenisiert. D. h., aus dem Pool der Versicherten ohne IV-Vertrag wurden Versicherte identifiziert, die ähnliche Eigenschaften wie die mit Teilnahme am IV-Vertrag aufwiesen. Im Ergebnis könnten die Teilnehmer am IV-Vertrag eine signifikant höhere Lebensdauer erwarten. Auch wenn sich diese Ergebnisse in weiteren Auswertungen mit mehr Jahren erst noch als robust erweisen müssen, ist dieser Zugewinn an Lebenserwartung bemerkenswert (OptiMedis 2014). Diese ersten Ergebnisse legen nahe, dass populationsorientierte Versorgungsmodelle einen Mehrwert aufweisen. Fraglich ist jedoch, welcher Anteil des positiven Ergebnisses auf den speziellen Kontext des Projektes »Gesundes Kinzigtal« in einem Tal eines ländlichen Gebietes zurückzuführen ist. Um dies zu ergründen, startete im Jahre 2017 mit »**INVEST Billstedt/Horn**« ein ähnlich konzipiertes populationsorientiertes Projekt, das in einem sozio-ökonomisch benachteiligten Stadtteil Hamburgs angesiedelt ist. Mittels eines **Gesundheitskiosks** wird für die Bevölkerung ein niedigschwelliges und unterstützendes Angebot geschaffen, das den Zugang zur Gesundheitsversorgung verbessern soll und besonders präventive und gesundheitsförderde Leistungen anbietet. Sie umfassen beispielsweise Gesundheitsberatungen, die Unterstützung bei administrativen Tätigkeiten, z. B. dem Verstehen und Ausfüllen von Formularen, sowie die Weiterleitung an geeignete andere Leistungserbringer. Der Gesundheitskiosk ersetzt somit keine ärztlichen Leistungen, sondern unterstützt sie vielmehr. Die Leistungserbringung erfolgt durch ein überwiegend nicht-ärztliches Personal, beispielsweise Pflegefachkräfte und Gesundheitswissenschaftler. Die Betreuung erfolgt in der jeweiligen Muttersprache der Inanspruchnehmenden. Letztere erreichen den Kiosk auf eigene Initiative, durch Empfehlungen aus sozialen Einrichtungen oder Überweisungen des behandelnden Arztes bzw. der behandelnden Ärztin. Die Evaluation der ersten Projektphase zeigt eine Zufriedenheit unter den Inanspruchnehmenden sowie eine Zunahme in der Anzahl ambulanter Arztbesuche und eine Reduktion der Zahl Ambulant-Sensitiver Krankenhausfälle (Krankenhauseinweisungen, die durch eine geeignete ambulante Versorgung vermieden werden können) gegenüber der Kontrollgruppe. Aussagen zur Wirtschaftlichkeit sind zum gegenwärtigen Zeitpunkt nur bedingt möglich (Wild et al. 2021).

Selbst wenn eine geeignete Zielgruppe identifiziert wurde, und die genannten Prämissen erfüllt sind, können **strategische Erwägungen** gegen eine Einführung eines integrierten Versorgungskonzepts sprechen. Fraglich ist für eine Krankenkasse in diesem Zusammenhang, ob das geplante Programm aufgelegt werden kann, ohne **schlechte Risiken** als Kassenwechsler von anderen Krankenkassen anzuziehen. Dies ist insbesondere dann problematisch, wenn die potenziellen Neukunden einen negativen Deckungsbeitrag erwarten lassen, d. h., wenn die tatsächlichen Leistungsausgaben des Versicherten die standardisierten Leistungsausgaben zuzüglich der nicht RSA-fähigen Leistungsausgaben, d. h. für Verwaltung und Satzungsleistungen (► Abschn. 4.2), übersteigen. Durch die Morbiditätsorientierung der Finanzierung der Krankenkassenleistungen sollte das Problem der Attrahierung schlechter Risiken jedoch weitgehend gelöst sein, da nun schlechte Risiken überwiegend auch entsprechend aus dem Gesundheitsfonds vergütet werden (wobei allerdings bestimmte seltene, aber teure Erkrankungen außen vor bleiben). Weiterhin ist zu bedenken, ob das Versorgungsprogramm zum **Image** der Krankenkasse passt oder sogar nur aus Imagegründen eingeführt werden soll. Im letzteren Fall wäre dann die oben skizzierte Verwendung von Routinedaten unter Umständen gar nicht notwendig. Abschließend wäre noch die **institutionelle Kompatibilität** zu prüfen, d. h., ob die Krankenhäuser und Arztpraxen einer bestimmten Region für eine Integrierte Versorgung geeignet erscheinen. Beispielsweise könnte der Führungsstil der

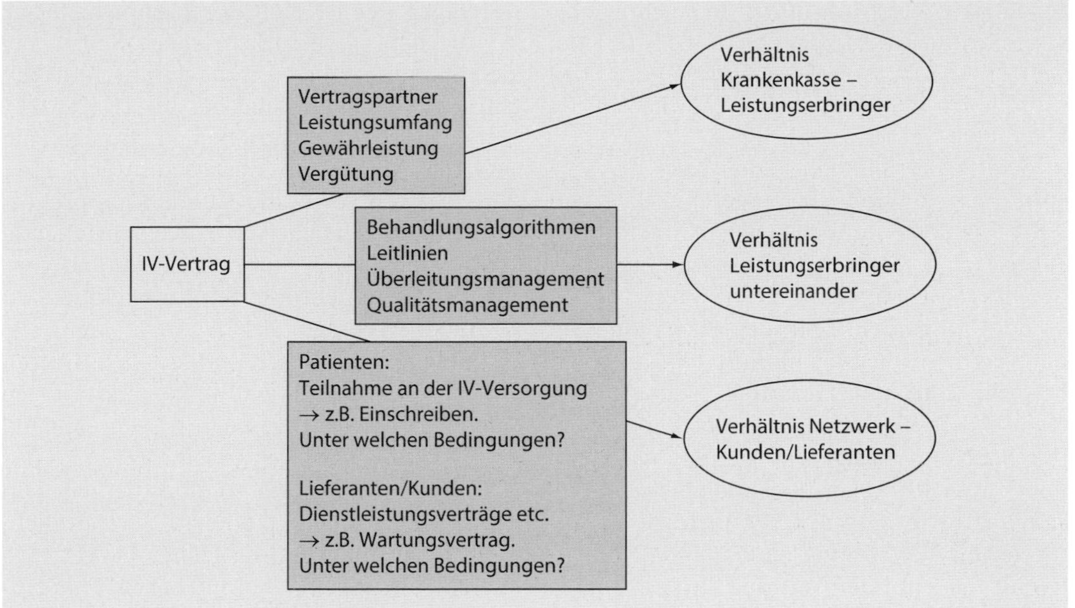

Abb. 2.16 Beziehungsebenen eines IV-Vertrags

Leitung eines Krankenhauses oder die Unternehmenskultur diesem Vorhaben entgegenstehen.

- **Beziehungsebenen**

Verträge, die zu diesem Zweck zwischen Krankenkassen und Leistungserbringern geschlossen werden, haben im Wesentlichen drei Beziehungsebenen zu gestalten (Abb. 2.16): erstens das **Verhältnis der Krankenkasse zu den Leistungserbringern**, zweitens das Verhältnis der beteiligten **Leistungserbringer untereinander** und drittens die **Beziehung des Versorgungsnetzes zu Dritten**, d. h. einerseits zu Patient:innen und andererseits zu Lieferanten wie Medizingeräteherstellern (Kuhlmann 2004). Im Gegensatz zu den Medizinischen Versorgungszentren, bei denen das Verhältnis der Leistungserbringer untereinander gesetzlich geregelt ist, hat der Gesetzgeber im Rahmen der Integrierten Versorgung nach § 140a SGB V keine expliziten Regelungen für das Verhältnis der teilnehmenden Parteien untereinander getroffen.

- **Stand der Umsetzung**

Zur Umsetzung der gesetzlichen Regelungen im Rahmen § 140a SGB V hatten die Kassenärztliche Bundesvereinigung (KBV), die Deutsche Krankenhausgesellschaft (DKG) und die damaligen Spitzenverbände der Krankenkassen an der Bundesgeschäftsstelle Qualitätssicherung (BQS) die Gemeinsame Registrierungsstelle zur Unterstützung der Umsetzung des damaligen § 140d SGB V eingerichtet. Aufgabe der Registrierungsstelle war die Erfassung der Meldungen der Krankenkassen über abgeschlossene Verträge zur Integrierten Versorgung nach § 140a SGB V und die Erteilung von Auskünften über abgeschlossene Verträge an Krankenhäuser und Kassenärztliche Vereinigungen. Mit Auslaufen des Vertrages mit der BQS hat jedoch die Registrierungsstelle ihre Arbeit beendet. Daher ist die Übersicht nach 2009 lückenhaft.

Mit dem Fairer-Kassenwettbewerb-Gesetz 2020 wurde das Bundesamt für Soziale Sicherung mit der Einrichtung einer Vertragstransparenzstelle beauftragt, die eine Übersicht über Verträge nach § 73b und § 140a SGB V, die bundesweit zwischen gesetzlichen Kassen und Leistungserbringern geschlossen wurden, bietet. Das Verzeichnis wurde zum September 2020 veröffentlicht und umfasste zu diesem Zeitpunkt 11.237 Datensätze (Bundesamt für Soziale Sicherung 2020). In einem nächsten Schritt wird es zum September 2021 um weitere Angaben erweitert, beispielsweise den räumlichen Geltungsbereich und die Art der beteiligten Leistungsserbringer.

Die Übersicht über die Zahl an Versorgungsverträgen ist eingeschränkt. Von 2004 bis 2008 mussten sich Anbieter von Integrierten Versorgungsprogrammen bei der Registierungsstelle (BQS) registrieren. In dem folgenden Zeitraum wuchs die Zahl der Verträge von 1477 im Jahr 2004 auf 6407 im Jahr 2008 an (Grothaus 2009). Mittels einer Erhebung bei Krankenkassen erfasste der Sachverständigenrat zur Begutachtung der Entwicklung im Gesundheitswesen im Jahre 2011 insgesamt **6339 Verträge** zur Integrierten Versorgung nach § 140a SGB V, womit die Zahl der Verträge also auch nach dem Auslaufen der **Anschubfinanzierung** konstant geblieben ist. Dies legt den Schluss nahe, dass die Kassen die vom Morbi-RSA ausgehenden **Anreize zur Investition in Versorgungsprogramme** erkennen und nutzen. Ein Anteil von 40 % der Verträge wurde von Ersatzkassen geschlossen, während die Betriebskrankenkassen 22 % und die AOKen 24 % der Verträge verantworten. Der Rest wird durch die sonstigen Kassen getragen. Die Vergütungsvolumina in den IV-Verträgen sind über die Jahre ebenfalls angestiegen und liegen mittlerweile bei 1,35 Mrd. € (Sachverständigenrat zur Begutachtung der Entwicklung im Gesundheitswesen 2012). Von 2012 bis Mitte 2015 mussten Kassen Verträge gemäß § 140a SGB V beim Bundesversichertenamt anzeigen. Dieses vermeldete Ende 2017, dass ihm insgesamt 3626 bekannt geworden seien (Bundesversicherungsamt 2018). 2020 wies das Bundesamt für Soziale Sicherung in der Einrichtung seiner Vertragstransparenzstelle nun 11.237 Verträge aus.

Zum gegenwärtigen Zeitpunkt ist weitestgehend unbekannt, wie hoch die Zahl der Versicherten ist, die in Integrierten Versorgungsverträgen eingeschrieben sind. Im Jahre 2011 lag sie bei **1,9 Mio. Versicherten**. Die durchschnittliche Anzahl an eingeschriebenen Versicherten ist bei vielen IV-Verträgen sehr gering. In Integrierten Versorgungsverträgen der BKKen durchschnittlich nur 63 Versicherte eingeschrieben. Selbst bei den Ersatzkassen waren durchschnittlich nur 249 Versicherte und bei den IKKen 221 Versicherte eingeschrieben. Lediglich die AOKen wiesen mit durchschnittlich 2141 Versicherten sowie die Bundesknappschaft mit 11.667 Versicherten zufriedenstellende Teilnehmerzahlen auf (Sachverständigenrat zur Begutachtung der Entwicklung im Gesundheitswesen 2012). Auch wenn die Teilnehmerzahlen insbesondere der BKKen durch Verträge mit Nullteilnehmern sowie gemeinsame Verträge verzerrt sein dürften (der Median wäre hier angemessener als das arithmetische Mittel), so sind die geringen Teilnehmerzahlen trotzdem erstaunlich, weil allein der Abschluss eines IV-Vertrags für eine Krankenkasse mit **hohen Transaktionskosten** einhergeht, d. h. Ausschreibung, Verhandlung mit Leistungserbringern etc. Sofern ein IV-Vertrag einer Steigerung der **Kosteneffektivität** dienen soll, können mit der Initiierung des IV-Vertrags erhebliche **Investitionskosten**, z. B. Aufbau telemedizinischer Betreuung, verbunden sein. Dabei handelt es sich auch um hohe Fixkostenblöcke, die mit sehr großer Wahrscheinlichkeit nicht durch Minderausgaben von einigen Hundert Versicherten in den Folgejahren gedeckt werden dürften. Es ist aus verschiedenen Studien zu Versorgungsprogrammen bekannt, dass sich ein Programm – natürlich je nach Ausgestaltung – i. d. R. nur amortisiert, wenn einige Tausend Versicherte eingeschrieben sind. Die Zahlen legen außerdem den Schluss nahe, dass viele der IV-Verträge primär aus Imagegründen geschlossen werden, um das Angebotsportfolio für potenzielle Neukunden zu erweitern und bestehende zu halten (▶ Abschn. 3.5).

Disease Management

Auch für Disease Management als Form der Integrierten Versorgung gibt es keine allgemein konsentierte Definition.

Disease Management, International stellt das Disease Management eine **sektorenübergreifende, indikationsbezogene Organisations- bzw. Versorgungsform** dar, die sich an **Patientengruppen** mit **spezifischen Risiken oder Erkrankungen** richtet, auf einer **Evidenz gestützten** Wissensbasis mit entsprechenden **Leitlinien** beruht und im Sinne eines **kontinuierlichen Verbesserungsprozesses** ihren Erfolg an belegten **Outcome-Parametern evaluiert** (de Bruin et al. 2011). Dabei wird in zunehmendem Maß die aktive **Beteiligung der Patienten** am Heilungsprozess in die Definition miteinbezogen (Lauterbach 2001).

Zunächst wurde der damalige **Koordinierungsausschuss** mit der Benennung vordringlicher Indikationen für die Einführung von Disease Management-Programmen (DMPs) beauftragt. Seit Januar 2004 ist der Gemeinsame Bundesausschuss für diese Aufgabe zuständig; seit 2012 regelt er DMPs komplett selbstständig über Richtlinien. Gemäß § 137f Abs. 1 SGB V hat er bei der Auswahl der zu empfehlenden chronischen Erkrankungen die folgenden Kriterien zu berücksichtigen:

Kriterien zur Auswahl der chronischen Erkrankungen

- Zahl der von der Krankheit betroffenen Versicherten
- Möglichkeit zur Verbesserung der Versorgung
- Verfügbarkeit von evidenzbasierten Leitlinien
- Sektoren übergreifender Behandlungsbedarf
- Beeinflussbarkeit des Krankheitsverlaufs durch Eigeninitiative der Versicherten
- Hoher finanzieller Aufwand der Versorgung

Nach Definition der Voraussetzungen für die Ausgestaltung der Programme wurden Anfang Januar 2002 Brustkrebs, Diabetes mellitus, chronische Atemwegserkrankungen und koronare Herzkrankheit als Indikationen empfohlen.

Gemäß § 137f Abs. 2 SGB V müssen Krankenkassen die folgenden Anforderungen bei der Durchführung von Disease Management-Programmen beachten:

- Erstellung eines Verfahrens zur Einschreibung der Versicherten in ein Disease Management-Programm
- Behandlung nach evidenzbasierten Leitlinien unter Berücksichtigung des jeweiligen Versorgungssektors
- Dokumentation der Befunde, therapeutischen Maßnahmen und Behandlungsergebnisse
- Schulungen der Leistungserbringer und der Versicherten
- Durchführung von Qualitätssicherungsmaßnahmen
- Bewertung der Wirksamkeit und der Kosten (Evaluation) des Programms

Von der KV zur DMP-Teilnahme zugelassene Hausärztinnen und Hausärzte (und gegebenenfalls auch Fachärztinnen und Fachärzte) übernehmen beim DMP eine zentrale Rolle. Sie schreiben Patienten ein, vereinbaren Behandlungsziele, koordinieren und dokumentieren den Behandlungsverlauf und überweisen bei Notwendigkeit an eine Fachärztin oder einen Facharzt. Bei Einschreibung in das DMP erfolgt eine umfangreiche Erstdokumentation mit individuellen Zielvereinbarungen für die Behandlung. Im Rahmen des DMPs sind regelmäßige Leistungen festgelegt, die in der Regel quartalsweise oder jährlich zu erbringen sind. Das DMP für Diabetes Mellitus Typ 1 für Diabetiker ohne Folgeschäden sieht beispielsweise eine quartalsweise Dokumentation, Messung des HbA1c und Blutdrucks sowie eine Fußuntersuchung vor. Jährlich sind die Nierenfunktion sowie der körperliche Status zu untersuchen. Zusätzlich sollte einmal pro Jahr eine Untersuchung des Augenhintergrundes erfolgen. Bei Bedarf werden Patientenschulungen empfohlen. Diese Vorgaben leiten sich aus den **evidenzbasierten Leitlinien** der zuständigen medizinischen Fachgesellschaften ab. Durch die strukturierten Behandlungsprogramme sollen Langzeitfolgen, die aus einer unzureichenden Behandlung von Patientinnen und Patienten mit chronischen Erkrankungen resultieren könnten, vermieden werden. Für an Diabetes mellitus Typ 2 erkrankte Personen umfasst dies beispielsweise u. a. die Vermeidung von Symptomen der Erkrankung (z. B. Abgeschlagenheit, Unterzuckerungen), eine Reduzierung des Herzinfarkt- und Schlaganfallrisikos, der Erblindung, des Verlusts der Nierenfunktion und des diabetischen Fußsyndroms (Gemeinsamer Bundesausschuss 2020). Für die zusätzlichen Leistungen erhalten Ärztinnen und Ärzte eine Zusatzvergütung, beispielsweise für die Dokumentation, Schulungen oder komplexe Untersuchungen. Die Höhe ist in Vergütungsvereinbarungen zwischen der zuständigen KV und der jeweiligen Krankenkasse geregelt.

Der grundlegende Unterschied zu der Integrierten Versorgung nach § 140a SGB V ist, dass die Disease Management Programme exakt die in **§ 137f Abs. 2 SGB V** definierten Anforderungen erfüllen müssen. Auch können nur für die Indikationen DMPs nach § 137f Abs. 2 SGB V angeboten werden, die durch den **Gemeinsamen Bundesausschuss** ausgewählt wurden. Zwar können natürlich Disease Management Programme nach **§ 140a SGB V** auch für **jede andere Indikationen** angeboten werden – nur werden diese Programme in Deutschland nicht Disease Management Programme genannt, obwohl es sich im Kern auch um solche handelt. D. h. in Deutschland werden i. d. R. nur die nach § 137f Abs. 2 SGB V angebotenen Programme Disease Management Programme genannt.

Im Oktober 2002 wurde der erste DMP-Vertrag für Brustkrebs zwischen der KV Nordrhein und verschiedenen Krankenkassen geschlossen. Im Juni 2020 waren **8955 Programme** vom Bundesamt für Soziale Sicherung akkreditiert. Die meisten Versicherten waren im DMP Diabetes mellitus Typ 2 (4,4 Mio.) sowie im DMP KHK (1,9 Mio.) eingeschrieben. Insgesamt gibt das Bundesamt für Soziale Sicherung eine Gesamtzahl von **8,5 Mio. eingeschriebenen Versicherten** in DMP-Programmen an. Dabei ist zu berücksichtigen, dass einige dieser Versicherten in mehrere Programme eingeschrieben sind, sodass die Gesamtzahl der DMP-Teilnehmer bei 7,2 Mio. liegt (■ Tab. 2.17) (Bundesamt für Soziale Sicherung 2021). Derzeit werden die DMPs erweitert um die chronischen Erkrankungen chronischer Rückenschmerz, Depression, Osteoporose und Rheumatoide Arthritis.

Der tatsächliche **Erfolg** von Disease Management-Programmen, d. h. eine Erhöhung der Versorgungsqualität und Kosteneffektivität hängt internationaler Evidenz zufolge in erster Linie von den folgenden **Faktoren** ab (Velasco-Garrido und Busse 2003; Hunter und Fairfield 1997; Kestelot 1999; McLoughlin und Leatherman 2003):

Erfolgsfaktoren von Disease Management-Programmen

- Evidenzbasierte Auswahl von Krankheitsbildern, die ausreichend Potenzial für eine Verbesserung der Versorgung mit sich bringen
- Koordinierende Rolle des Hausarztes bzw. der Hausärztin
- Langfristige Ausrichtung des Programms
- Etablierung evidenzbasierter Leitlinien
- Integration von Konzepten, die eine Verhaltensänderung bei Patienten und Leistungserbringern bewirken (auch finanzielle Anreize)
- Balance zwischen ökonomischen und qualitätsorientierten Zielen
- Initiierung eines kontinuierlichen Verbesserungsprozesses
- Regelmäßige Evaluation der Kosteneffektivität des Programms

Im Februar 2005 wurde der erste **Qualitätsbericht zu DMP** in der KV-Region Nordrhein veröffentlicht. Laut Qualitätsbericht wurden beim DMP Diabetes mellitus Typ 2 in Nordrhein deutliche Verbesserungen der zentralen Indikatoren »Blutzuckerwerte« und »Blutdruck« erreicht, beim DMP »Brustkrebs« wurden die definierten Qualitätsziele z. T. deutlich

Tab. 2.17 Zahl laufender DMP-Programme und eingeschriebene Patienten (Stand: Juni 2020)

Indikation	Existiert seit	Anzahl laufender Programme	Anzahl eingeschriebener Versicherter
Asthma	01.01.2005	1496	1.032.672
Brustkrebs	01.07.2002	1446	144.845
Chronisch obstruktive Lungenerkrankung (COPD)	01.01.2005	1507	782.078
Diabetes mellitus Typ 1	01.03.2004	1482	239.117
Diabetes mellitus Typ 2	01.07.2002	1592	4.384.702
Koronare Herzkrankheit (KHK)	01.05.2003	1495	1.935.507
Insgesamt		8955	8.518.921

überschritten. Seit 2014 erfolgen die Evaluationen kassenübergreifend für jede einzelne Indikation. Im Rahmen der Evaluationsberichte sollen eine regelmäßige Berichterstattung über relevante Krankheitsparameter sowie ein Vergleich mit der Versorgung von Patienten, die nicht im Rahmen eines DMPs versorgt werden, erfolgen. Letztere Änderung stellt einen großen Mehrwert zur Einschätzung der Versorgungsqualität durch den Vergleich zur Regelversorgung dar, wurde bisher aber noch nicht umgesetzt. Die Parameter der Evaluation werden vom Gemeinsamen Bundesausschuss in der DMP-Anforderungen-Richtlinie vorgegeben.

Viele der bisherigen routinemäßigen Evaluationen zeigen eine Verbesserung des Gesundheitszustandes. So konnte für das DMP Diabetes mellitus Typ II gezeigt werden, dass durch die Teilnahme am DMP eine Verbesserung der Blutzuckereinstellung (gemessen am Glykohämoglobinwert, HbA1c), die Empfehlung der Raucherentwöhnung sowie der Bluthochdruckkontrolle eingetreten sind. Die meisten routinemäßigen Evaluationen von Disease Management-Programmen der letzten Jahre waren jedoch **wenig aussagekräftig**. Häufig wird die grundlegende Entwicklung der Teilnehmer anhand definierter Charakteristika, z. B. Leistungsausgaben nach Sektoren oder Mortalität, des DMP berichtet. Leider wird in den meisten dieser Berichte, obwohl seit 2014 eigentlich verpflichtend, **kein Vergleich zur Kontrollgruppe** der nicht eingeschriebenen Patienten mit der jeweiligen Indikation gezogen. Der eigentliche Effekt der Intervention Disease Management kann jedoch nur beurteilt werden, wenn die Interventions- mit der Kontrollgruppe der jeweiligen Kasse vor und nach der Intervention verglichen wird und beide Gruppen idealerweise durch ein geeignetes **Matchingverfahren** homogenisiert werden. Der Einsatz eines Matchingverfahrens ist deshalb empfehlenswert, da die Patienten selbst entscheiden, ob sie an einem DMP teilnehmen möchten und so ein **Selektionseffekt** entsteht, d. h., die Patienten im DMP weisen unter Umständen systematisch andere Charakteristika auf als die Patienten, die nicht an dem DMP teilnehmen. Ein übliches Matchingverfahren stellt das **Propensity-Score-Matching** dar. Beim Propensity-Score-Matching wird einem Patienten in einem DMP ein Patient zugeordnet, der nicht in einem DMP eingeschrieben ist. Die Zuordnung kann beispielsweise auf Basis des Alters, Geschlechtes und der Diagnosen sowie weiterer Parameter erfolgen, die sicherstellen sollen, dass beide Gruppen möglichst vergleichbar sind. Im besten Fall steht einer 60-jährigen Nichtraucherin mit Diabetes mellitus Typ 1 ohne weitere Erkrankungen, die in einem DMP eingeschrieben ist, eine 60-jährige Nichtraucherin mit Diabetes mellitus Typ 1 ohne weitere Erkrankungen gegenüber, die *nicht* in einem DMP eingeschrieben ist. Alle weiteren Patientinnen und Patienten, die beispielsweise deutlich älter sind und weitere Nebenerkrankungen haben, werden mangels Vergleichbarkeit ausgeschlossen. Beim Propensity-Score-Matching ist von der korrekten Anwendung aller Details abhängig, da es ansonsten zu einer starken Verzerrung der Ergebnisse führt (Austin 2008; Rubin 2006; Schreyögg et al. 2011). Zudem benötigt es eine große Menge von Nichtteilnehmenden, um aus diesen die bestmöglichen Gegenstücke identifizieren zu können.

Zunehmend kommt daher auch das Entropy Balancing-Verfahren zur Anwendung, das weniger anfällig für Verzerrungen ist und auch bei kleineren Stichproben zum Einsatz kommen kann (Achelrod et al. 2016). Bei diesem Verfahren erfolgt eine Gewichtung, die vereinfachend wie folgt beschrieben werden kann. Die 60-jährige Nichtraucherin mit Diabetes mellitus Typ 1 ohne weitere Erkrankungen, die *nicht* in einem DMP eingeschrieben ist, bekäme ein hohes Gewicht, da sie das ideale Gegenstück zur im DMP eingeschriebenen Patientin bildet. Ein 80-jähriger Patient mit Diabetes mellitus 1 und weiteren Nebenerkrankungen hingegen würde nicht ausgeschlossen, aber mit einem geringeren Gewicht versehen, da er keinen optimalen Vergleich bietet und somit weniger in die Ergebnisse eingehen sollte.

Mittlerweile existieren einige wissenschaftliche Evaluation von DMPs größerer Krankenkassen zu Diabetes mellitus Typ II, die auch Kontrollgruppen berücksichtigen. Diese beziehen sich jedoch vornehmlich auf die Anfangsjahre der DMP-Programme. Insgesamt bleibt das Potenzial, das die Datenerhebung für die Versorgungsforschung bieten könnte, unzureichend genutzt (Bundesversicherungsamt 2017).

Eine telefonische Zufallsbefragung der Gmünder Ersatzkasse (mittlerweile mit der BARMER fusioniert) von Teilnehmern und Nicht-Teilnehmern ergab, dass eine **Verbesserung von Parametern der Prozessqualität** im Vergleich zur Kontrollgruppe der Nicht-Teilnehmer eintrat. Solche Parameter waren u. a. Teilnahme an Schulungen, jährlicher Termin beim Augenarzt, Untersuchungen des diabetischen Fusses. Hinsichtlich der Ergebnisqualität konnte jedoch kein Unterschied zwischen den Gruppen festgestellt werden (Schafer et al. 2010). Eine Studie der BARMER untersuchte für Versicherte mit mindestens drei Verordnungen an Anti-Diabetika in 2005 die Veränderung von **Parametern für Ergebnisqualität** in 2006 (DMP Gruppe: 80.745; Nicht-DMP Gruppe 61.895). Es zeigte sich eine durchgängige Verbesserung der Ergebnisqualität für DMP-Teilnehmer versus Nicht-Teilnehmern, vor allem hinsichtlich von **Amputationen** (Ullrich et al. 2007). Eine Studie basierend auf der Befragung im Rahmen der **KORA-Kohorte** (bevölkerungsbasierte regionale Befragung seit 1985 in der Region Augsburg) für den Zeitraum 2006–2008 ergab ebenfalls verbesserte Werte für DMP-Teilnehmer in bei **Parametern für Prozessqualität** verglichen mit der Kontrollgruppe (85 DMP/64 Nicht-DMP) (Stark et al. 2010). Probleme dieser drei Studien waren, dass der Zeitraum mit 1–2 Jahren zu kurz gewählt, und der Selektionseffekt nicht ausreichend adressiert wurde.

Im Jahre 2008 wurden die Ergebnisse der externen Evaluation, die im Rahmen der ELSID Studie erfolgte, veröffentlicht. Die **ELSID-Studie** untersuchte 11.700 Patienten der AOK mit Typ 2 Diabetes. Von diesen Patienten waren 59,3 % weiblich. 2300 waren in das entsprechende DMP der **AOK** eingeschrieben, 8779 erhielten eine Standard-Versorgung. Die Daten wurden in zwei Bundesländern erhoben (Sachsen-Anhalt und Rheinland-Pfalz). Die **Sterblichkeit** der Patienten, die im DMP eingeschrieben waren, wies im Vergleich zur Standardversorgung ein **signifikant geringeres Niveau auf (11,3 % vs. 14,4 %)** (Miksch et al. 2010). Wichtig ist, dass in dieser Studie ein **Matched-Pair-Verfahren** zum Matching von Interventions- und Kontrollgruppe durchgeführt wird. Außerdem wurde eine Studie der **Techniker Krankenkasse** basierend auf Routinedaten der Techniker Krankenkasse durchgeführt, die ein **Propensity-Score-Matching**-Verfahren zur Reduktion von Selektionseffekten zum Einsatz bringt. In dieser Studie konnten **keine eindeutigen Unterschiede** hinsichtlich auftretender Komorbiditäten, z. B. Amputationen oder Polyneuropatien, gefunden werden. Die Autoren schließen daraus, dass das DMP Diabetes mellitus Typ II hinsichtlich der Ergebnisqualität nicht der

Routineversorgung überlegen ist (Linder et al. 2011). Ein systematischer Review zu Studien, bezogen auf DMP Diabetes mellitus Typ II, von Fuchs et al. (2014) kommt zum Ergebnis, dass positive Tendenzen für die Endpunkte Mortalität und Lebensdauer sowie verbesserte Ergebnisse im Bereich der Prozessparameter existieren. Gleichzeitig wird dazu geraten, die bisherigen Ergebnisse aufgrund des kurzen Zeithorizonts von oftmals unter 3 Jahren mit Vorsicht zu interpretieren.

Letztlich muss konstatiert werden, dass die Durchführung der DMP zwischen den Krankenkassen z. T. deutlich variiert. Einige Krankenkassen investieren in DMPs, z. B. durch die Bereitstellung eines 24 h währenden telefonischen Betreuungsservices, andere bieten keine Zusatzleistungen gegenüber der Regelversorgung. Die Ergebnisse der bisherigen Evaluationen zum DMP Diabetes mellitus Typ II deuten auf Vorteile der DMP bei Parametern der Prozessqualität hin. Hinsichtlich der Ergebnisqualität scheinen die Werte nach Kassen, angewandter Methodik und angewandter Parameter zu variieren. Die bisherigen Studien lassen zumindest keinen eindeutigen Schluss zu, dass das DMP Diabetes mellitus Typ II systematisch der Regelversorgung überlegen wäre. Weitere Studien, auch zu anderen Indikationen, sind dringend notwendig, um mehr Evidenz bei diesen Versorgungsinterventionen zu schaffen.

Eine Studie von Achelrod et al. (2016) untersuchte, basierend auf Daten der **BARMER**, die Kosten-Effektivität des **DMP COPD**. Dabei wurde ein **Entropy-Balancing** in Verbindung mit einer **Difference-in-Difference-Methode** (Vorher-Nachher-Vergleich mit zwischen Interventions- und Kontrollgruppe) verwendet. Es wurde eine Interventionsperiode von drei Jahren beobachtet. Im Ergebnis zeigten sich Vorteile des DMP COPD gegenüber konventioneller Versorgung, bezogen auf **Mortalität, Morbidität und Prozessqualität**. Allerdings lagen die Kosten der Versorgung für die Interventionsgruppe höher als für die Kontrollgruppe. Zukünftige Untersuchungen werden zeigen, ob eine längere Interventionsperiode als drei Jahre zu ähnlichen Ergebnissen führt.

Case Management

Im Gegensatz zum Disease Management und der Besonderen Versorgung ist die **Fallsteuerung (Case Management)** als weitere Organisationsform der Integrierten Versorgung nicht global auf eine bestimmte Zielgruppe bezogen, sondern zielt auf eine Förderung der effektiven Versorgung spezieller Patienten (Schwerkranke, Behinderte, Ältere) ab. Case Management könnte deshalb auch im weitesten Sinne als individualisiertes Disease Management bezeichnet werden. Wesentliche Gemeinsamkeiten und Unterschiede zwischen Disease Management und Case Management werden in ◘ Abb. 2.17 dargestellt.

Für das Case Management werden bestimmte Patienten identifiziert, die durch Besonderheiten in ihrer Versorgungsgeschichte, wie beispielsweise häufige Wiederaufnahme in stationäre Behandlung, wiederholt gescheiterte chirurgische Eingriffe, komplizierte medizinische Verläufe, aufwändige Therapien (z. B. Patienten nach Transplantationen), besonders kostenintensiv sind. Typische Erkrankungen, die im Rahmen einer Fallsteuerung betreut werden, sind HIV/Aids, Schlaganfall, Transplantationen, Kopfverletzungen etc. Die Patienten benötigen i. d. R. ärztliche, psychologische und soziale Betreuung, die von verschiedensten Einrichtungen abgedeckt wird (z. B. Sozialstation, Ärzte, Krankenhaus, Rehabilitationseinrichtungen). Dabei sind die Patienten typischerweise nicht in der Lage, die ihnen zustehende Hilfe ausfindig zu machen, in Anspruch zu nehmen und mit den Dienstleistern Art und Umfang der Leistung abzustimmen. Die Koordination dieser Aufgaben erfolgt deshalb durch einen sog. **Case Manager**, der entweder bei der Krankenkasse selbst oder in einer spezifischen Institution, z. B. einem Krankenhaus, beschäftigt ist. Das **Aufgabenspektrum** eines Case Managers kann sich von der konkreten Koordination des Versorgungsprozesses bis hin zu einer Beratung in sozialen und finanziellen Fragestellungen erstrecken (Mullahy 2016).

Die Fallsteuerung des Case Managers kann sowohl **prospektiv** als auch **retrospektiv** erfolgen. Prospektiv versucht er/sie, bestimmte Einzelpersonen mit terminierten Operationen

2

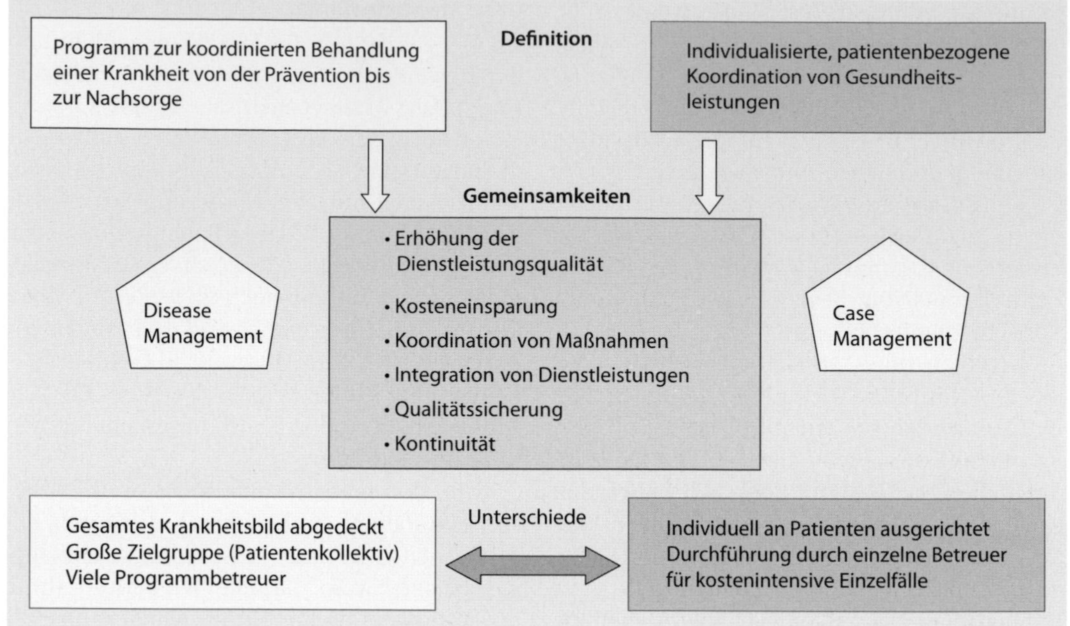

Abb. 2.17 Disease Management versus Case Management

zu begleiten und in Kooperation mit dem zuständigen Krankenhauspersonal eine optimale Behandlung zu gewährleisten. Im Falle eines retrospektiven Fallmanagements werden beispielsweise Personen mit einer hohen Klinik-Einweisungsrate identifiziert, für die dann ein individuelles ambulantes Versorgungsprogramm gestaltet wird, um mögliche zukünftige Einweisungen zu vermeiden (Amelung 2011).

Ähnlich wie bei anderen Formen des Versorgungsmanagements hängt die Kosteneffektivität des Fallmanagements in hohem Maße sowohl von dem **Krankheitsbild** des Patienten als auch von der **Organisation** des konkreten Fallmanagements ab. Während sich in einer Studie von Wagner (1998) herausstellte, dass ein Case Management für Versicherte mit chronischen Erkrankungen sehr effektiv war, konnten Saleh et al. (2002) diese Hypothese bei einem Case Management von Personen mit Medikamentenmissbrauch nicht bestätigen. Als einen häufigen Grund für eine geringe Effektivität des Case Managements führt Mullahy (2016) die sog. Principal-Agent-Problematik an, die sich sowohl in Konflikten zwischen Patient und Case Manager als auch zwischen Krankenkasse und Case Manager niederschlagen kann. Die **Principal-Agent-Problematik** beruht im Wesentlichen auf Informationsasymmetrien zwischen den beiden Parteien und den sich daraus ergebenden Problemen.

Fazit

Seit Beginn des neuen Jahrtausends haben neue Versorgungsformen durch Initiativen des Gesetzgebers und der Leistungserbringer in Deutschland deutlich an Bedeutung gewonnen. Gerade die Integrierte Versorgung bietet Leistungserbringern und Krankenkassen im internationalen Vergleich einen umfassenden Spielraum, um neue Formen der Leistungserbringung zu erproben. Die Lockerung der Anforderungen an Programme der Integrierten Versorgung von sektorübergreifenden Notwendigkeiten hin zu Programmmöglichkeiten, die auch innerhalb eines Sektors eingeführt werden können, hat einerseits sicherlich das Wachstum von neuen Versorgungsprogrammen befördert. Andererseits hat es sich damit auch vom Grundgedanken entfernt.

Aufgrund einer mangelnden Übersicht und einer begrenzten Zahl an Evaluationen ist es jedoch schwierig, konkrete Aussagen zum Beitrag neuer Versorgungsformen für das deutsche Gesundheitswesen zu treffen (Milstein und Blankart 2016). Nicht jedes initiierte Versorgungsprogramm dient tatsächlich einer höheren Effektivität bzw. Kosteneffektivität, wie es vom Gesetzgeber eigentlich gefordert wird. Ein Teil der Versorgungsprogramme wird aus anderen Gründen auferlegt. Beispielsweise versprechen sich viele Kassen einen Imagegewinn durch die Breite der insgesamt abgedeckten Krankheitsbilder in den Versorgungsprogrammen. Diese Entwicklung wird durch entsprechende **Rankings** und **Krankenkassenvergleiche** gefördert. Ein Mittel gegen diesen Trend würden konkrete Vorgaben durch den **Gemeinsamen Bundesausschuss** oder das **Bundesamt für Soziale Sicherung** für das Prozedere der **wissenschaftlichen Evaluation** der angebotenen Programme darstellen. Die meisten der derzeit durchgeführten Evaluationen erschöpfen sich in einer deskriptiven Darstellung der Entwicklung der Interventionsgruppe, d. h. den in das Programm eingeschriebenen Versicherten, hinsichtlich Leistungsausgaben oder Mortalität. So wird bei vielen der durchgeführten Evaluationen kein Vergleich zwischen Interventions- und Kontrollgruppe hinsichtlich der Leistungsausgaben und Behandlungsergebnisse durchgeführt. Wissenschaftliche Methoden, wie beispielsweise Entropy Balancing zur Reduktion des Selektionseffekts, kommen nur selten zum Einsatz. Verpflichtende Vorgaben des Bundesamtes für Soziale Sicherung zur Durchführung der Evaluationen würden hier Abhilfe schaffen. Dies wäre auch deshalb dringend zu fordern, damit sich diejenige Form Integrierter Versorgung durchsetzen kann, die für die Patienten und das System die größten Vorteile im Sinne einer qualitativ hochwertigen Versorgung bringt und der dem Stand der Wissenschaft entsprechenden und dabei wirtschaftlichen Gesundheitsversorgung entspricht. Gleichzeitig muss der Aufwand der Evaluation bei kleinen Projekten der Integrierten Versorgung in Relation zu seinem zu erwartenden Mehrwert stehen, um nicht als weiteres Innovationshindernis verstanden zu werden.

Ein grundlegendes Problem bei der Initiierung von Versorgungsprogrammen ist, dass die Krankenkassen nur bedingt über die Gestaltungsspielräume verfügen, um in ausreichendem Maße in ein Versorgungsprogramm zu investieren. Bereits die Verwaltungskostendeckelung untersagt Krankenkassen, in einem gegebenen Jahr eine erhebliche Summe, beispielsweise als Anschubfinanzierung, in Versorgungsprogramme zu investieren. Die Furcht vor den möglichen negativen Konsequenzen eines höheren Zusatzbeitrages, der als Wettbewerbsparameter heraussticht und dessen Spielraum vorgegeben ist, senkt die Investitionsbereitschaft der Krankenkassen zusätzlich. Zuletzt sind die verschiedenen Aufsichtsbehörden, vor allem das Bundesamt für Soziale Sicherung, aber auch die Aufsichtsbehörden in vielen Bundesländern (bei AOKen) eher an einem kurzfristigen wirtschaftlichen Cash Flow als an nachhaltig aufzubauenden Versorgungsstrukturen interessiert. Daher bedarf es einer Reihe von Maßnahmen, um Versorgungsprogramme als wirkliche Parameter im Wettbewerb für Krankenkassen attraktiv zu machen (zu möglichen Maßnahmen: s. Schreyögg 2014). Zudem bleiben neue Versorgungsformen in der Regel im bisherigen System verhaftet, das von einer getrennten Bedarfsplanung und getrennten Budgetierung und Finanzierung gekennzeichnet ist. Andere OECD-Länder haben mittlerweile eine Reihe von Vorlagen umfassenderer neuer Versorgungsformen entwickelt, die regionale Gesundheitsregionen initiieren, Leistungseinbringer mittels einer gemeinsamen Vergütung zusammenführen und diese an Kosteneinsparungen und Qualitätsanforderungen knüpfen. Diese Modelle können Deutschland als Inspiration für ähnliche Projekte, beispielsweise die Etablierung von Gesundheitsregionen, dienen. Konzepte zur Schaffung von Gesundheitsregionen für Deutschland liegen hierzu bereits vor (Hildebrandt et al. 2021).

2

2.6 Leistungsmanagement in der Arzneimittelindustrie

Tom Stargardt, Jonas Schreyögg

2.6.1 Gesetzliche und strukturelle Rahmenbedingungen

Die rechtlichen Grundlagen für den Umgang mit Arzneimitteln sind im Wesentlichen im SGB V und im **Gesetz über den Verkehr mit Arzneimitteln (AMG)** festgelegt. Das AMG regelt die Zulassung von Arzneimitteln, sowie Transport- und Lagerungsvorschriften, während das SGB V über den Anspruch der GKV-Versicherten auf die Versorgung mit Arzneimitteln bestimmt. Zusätzlich ist das SGB V die rechtliche Grundlage für regulative bzw. kostendämpfende Eingriffe der Gesundheitspolitik in den Arzneimittelmarkt. Weitere gesetzliche Rahmenbedingungen für den Arzneimittelmarkt stellen die **Arzneimittelpreisverordnung** (AMPreisV), die **Betriebsverordnung für pharmazeutische Unternehmer und Arzneimittel- und Wirkstoffhersteller**, das **Heilmittelwerbegesetz**, das **Medizinprodukterecht** und die **Heilberufsgesetze der Länder** dar.

Der Begriff Arzneimittel ist im AMG eindeutig festgelegt. Nach § 2 Abs. 2 AMG sind Arzneimittel Stoffe und Zubereitungen aus Stoffen, die folgende Kriterien erfüllen:

- Krankheiten, Leiden und Körperschäden heilen, lindern und verhüten
- Die Beschaffenheit oder die Funktionen des Körpers erkennen lassen
- Menschlich oder tierisch erzeugte Wirkstoffe ersetzen
- Parasiten, Krankheitserreger oder körperfremde Stoffe abwehren
- Die seelische Funktion des Körpers beeinflussen

Grundsätzlich wird zwischen verschreibungspflichtigen (Rx-Präparaten) und nicht-verschreibungspflichtigen Arzneimitteln (OTC-Präparaten ~ over the counter) sowie zwischen Originalpräparaten, Generika (Nachahmern des Originalpräparats mit identischem Wirkstoff) und Analog- bzw. Me-Too-Präparaten (Nachahmer des Originalpräparates mit geringfügig verändertem Wirkstoff) unterschieden. Bei den biotechnologisch hergestellten Arzneimitteln unterscheidet man zwischen dem sogenannten Biologikum (Äquivalent zum Originalpräparat) und Biosimilaren (Nachahmer des Referenz-Biologikums mit ausreichender Ähnlichkeit bei vergleichbarer Wirksamkeit und Sicherheit).

Lebensmittel, also Stoffe die zum Zwecke der Ernährung oder des Genusses verzehrt werden, Tabakerzeugnisse und kosmetische Erzeugnisse, also Stoffe, die äußerlich am Menschen zur Reinigung, zur Pflege oder zur Beeinflussung des Körpergeruchs verwendet werden, sind dem Arzneimittelbegriff ausdrücklich nicht zugeordnet (§ 2 Abs. 3 AMG, §§ 1 und 4 Lebensmittel- und Bedarfsgegenständegesetz [LMBG]). Negiert die zuständige Behörde bei einer Versagung der Marktzulassung gleichzeitig den Arzneimittelbegriff, handelt es sich bei einem Stoff trotz des Erfüllens der oben aufgeführten Kriterien nicht um ein Arzneimittel (§ 2 Abs. 4 AMG).

Klinische Prüfungen

Vor Beginn des Zulassungsverfahrens muss ein Nachweis der **klinischen Wirksamkeit**, d. h. der Wirksamkeit unter Studienbedingungen, der Verträglichkeit und der Sicherheit eines Arzneimittels in klinischen Prüfungen erbracht werden. Hierbei wird z. B. die Dosierung (Verträglichkeitsgrenze) des Arzneimittels bestimmt und wissenschaftlich abgesichert. Dies erfolgt im Rahmen zahlreicher Studien, wobei sich die Anzahl der Probanden je nach Art und Ziel der Studie unterscheidet.

Die wichtigsten gesetzlichen Grundlagen für klinische Prüfungen bilden die §§ 40–42 AMG und die Verordnung über die Anwendung der guten Klinischen Praxis bei der Durchführung von klinischen Prüfungen mit Arzneimitteln zur Anwendung am Menschen, die sog. GCP-Verordnung. Ziel der gesetzlichen Regelungen ist es, die **Rechte und die Sicherheit der Probanden** zu schützen und einen methodologischen Mindeststandard für den Ablauf von klinischen Prüfungen gesetzlich zu verankern (§ 1 GCP-V). Es existieren darüber hinaus eine Reihe weiterer gesetzlicher Grundlagen (vgl. Deutsch und Spickhoff 2014).

Die Teilnehmer an klinischen Studien müssen mündlich und schriftlich über die mit der Studie verbundenen Risiken und deren Bedeutung aufgeklärt werden. Sie haben das Recht, die Zustimmung zur Teilnahme jederzeit zu widerrufen. Patienten, die aufgrund einer Krankheit keine Willenserklärung abgeben können, dürfen mit Einwilligung des gesetzlichen Vertreters an einer Studie teilnehmen, wenn der erwartete Nutzen des Prüfpräparates die Risiken überwiegt. Eine ähnliche Ausnahmeregelung gilt für Patienten in lebensbedrohlichen Notsituationen, bei denen das Prüfpräparat zur Wiederherstellung der Gesundheit beitragen kann (§ 41 AMG).

Die Durchführung einer klinischen Prüfung ist zunächst bei der für das Arzneimittel zuständigen Bundesbehörde, also entweder dem **Bundesinstitut für Arzneimittel und Medizinprodukte (BfArM)** oder dem **Paul-Ehrlich-Institut** (bei Blut, Blutprodukten, Seren und Impfstoffen), zu beantragen. Gleichzeitig muss ein Antrag bei der Ethikkommission des Bundeslandes eingereicht werden, in dem die Studie durchgeführt wird. Die zuständige Bundesbehörde und die Ethikkommission überwachen die Durchführung der klinischen Studie und müssen stetig über den Verlauf informiert werden. Sollte sich herausstellen, dass eine Weiterführung mit einem unzumutbaren Risiko für die Probanden verbunden ist, können beide Institutionen den Abbruch der Studie verfügen (de la Haye und Gebauer 2008).

Dem Antrag auf Durchführung einer Studie müssen Informationen über die Erfahrung und Qualifikation der Prüfer, genaue Informationen über den Aufbau der Studie, über die mit der Studie verbundenen Risiken und über die Anzahl der Probanden und deren Gesundheitszustand beigefügt werden (§ 7 GPC-V). Des Weiteren wird ein Nachweis über den Abschluss einer Versicherung zugunsten der Probanden verlangt, sodass diese bei Schädigung ihres Gesundheitszustandes angemessen versorgt und entschädigt werden können (§ 40 AMG).

Zulassung bzw. Registrierung von Arzneimitteln

Nach erfolgreichem Abschluss der klinischen Studien beantragt der Hersteller die Zulassung des Arzneimittels. Hierfür sind auf europäischer Ebene die *European Medicines Agency (EMA)* und auf Bundesebene das *Bundesinstitut für Arzneimittel und Medizinprodukte (BfArM)* bzw. das *Paul-Ehrlich-Institut* (bei Blut, Blutprodukten, Seren und Impfstoffen) zuständig.

Ziel des Zulassungsverfahrens ist es, die **Sicherheit, Verträglichkeit und Wirksamkeit** eines Arzneimittels zu überprüfen und den Patienten vor schädlichen Substanzen zu schützen. Zu diesem Zweck reicht der Antragsteller Unterlagen über das Arzneimittel selbst (Name, Bestandteile, Darreichungsform, Anwendungsgebiete, Dosierung, Wirkungen, Nebenwirkungen) und die Ergebnisse pharmakologischer, toxikologischer, biologischer und chemischer Studien, die während der Entwicklung des Arzneimittels durchgeführt wurden, ein.

Bei der Beantragung der Zulassung kann der Hersteller eines Arzneimittels zwischen vier Verfahren wählen:

1. Das europäische Verfahren bei der EMA, das sog. **zentrale Zulassungsverfahren,** ermöglicht die Zulassung des Arzneimittels in allen EU-Mitgliedsstaaten gleichzeitig. Für Arzneimittel aus biotechnologischer Herstellung, Arzneimittel für neuartige Therapien (ATMPs) und neuartige Wirkstoffe, deren Indikationsgebiet im Anhang der EU-Richtlinie 2004/726/EG genannt wird, d. h. Arzneimittel zur Behandlung von Diabetes mellitus, HIV/Aids, Krebs, neurodegenerativen Erkrankungen, Autoimmunerkrankungen und Viruserkrankungen sowie seltenen Erkrankungen, ist das zentrale Zulassungsverfahren verpflichtend. Darüber hinaus ist eine freiwillige Nutzung des Verfahrens auch für neuartige Wirkstoffe anderer als oben genannter Indikationen und Arzneimittel mit signifikanter theurapeutischer, wissenschaftlicher oder technischer Innovation möglich.
2. Zudem ermöglicht das **dezentrale Zulassungsverfahren** (EU-Richtlinie 2004/27/EC) die Einreichung von identischen Zu-

lassungsanträgen in mehreren (beliebigen) EU-Mitgliedsstaaten gleichzeitig, wenn noch keine nationale Zulassung in einem Mitgliedsstaat vorliegt. Im Gegensatz zum zentralisierten Verfahren ist jedoch weiterhin eine nationale Zulassungsbehörde federführend in der Beurteilung des Antrages, deren Entscheidung analog zum Verfahren der gegenseitigen Anerkennung (s. u.) von den anderen betroffenen Staaten anerkannt werden muss.

3. Im **nationalen Zulassungsverfahren** des BfArM erfolgt lediglich die Erteilung der Zulassung für den deutschen Markt. Nach § 27 AMG muss eine Entscheidung innerhalb von sieben Monaten getroffen werden, wobei der Ablauf der Frist während der Behebung von Mängeln an den Zulassungsunterlagen gehemmt ist. Nach der nationalen Zulassung in Deutschland ist eine Zulassung in anderen Mitgliedsstaaten der Europäischen Union im Rahmen des Verfahrens der gegenseitigen Anerkennung möglich.
4. Das **Verfahren der gegenseitigen Anerkennung** (EU-Richtlinie 2001/83/EC) ermöglicht die Übertragung einer bereits bestehenden nationalen Zulassung eines Arzneimittels auf andere EU-Mitgliedsstaaten. Die Anerkennung der Zulassung eines anderen Mitgliedslandes muss innerhalb von 90 Tagen nach Erhalt des Beurteilungsberichts der dortigen Zulassungsbehörde erfolgen, es sei denn, dass schwerwiegende Gründe dagegensprechen (§ 25 Abs. 5b AMG). Die finale nationale Marktzulassung selbst hat anschließend innerhalb von weiteren 30 Tagen zu erfolgen.

In allen vier Verfahren muss die **Sicherheit**, die **Verträglichkeit** und die generelle **Wirksamkeit** des Arzneimittels belegt werden. Die Wirksamkeit eines Arzneimittels gilt als bewiesen, wenn der Antragsteller nach dem jeweils gesicherten Stand der wissenschaftlichen Erkenntnisse nachweisen kann, dass therapeutische Ergebnisse in einer beschränkten Zahl von Fällen erzielt werden konnten (§ 25 Abs. 2 AMG).

Die Kriterien Sicherheit, Verträglichkeit und generelle Wirksamkeit sind für die Zulassung eines Arzneimittels deshalb hinreichend, da der Gesetzgeber mit dem Zulassungsverfahren eine Schädigung der Konsumenten bzw. der Patienten verhindern will, nicht jedoch einen Nachweis über die **Wirtschaftlichkeit bzw. Kosteneffektivität** eines Arzneimittels verlangt. Für eine Marktzulassung reicht es daher aus, dass ein Arzneimittel unter Studienbedingungen (zumeist gegenüber Placebo) wirksam ist, und seine Wirksamkeit in angemessenem Verhältnis zu den mit der Einnahme verbundenen Nebenwirkungen steht. Eine Überprüfung der tatsächlichen Wirksamkeit, d. h. eine Überprüfung der Wirksamkeit (unter Alltagsbedingungen) im Vergleich zur gängigen Standardtherapie, erfolgt im Rahmen des sogenannten AMNOG-Prozesses durch den Gemeinsamen Bundesausschuss (G-BA) und das Institut für Qualität und Wirtschaftlichkeit im Gesundheitswesen (IQWiG).

Ergänzend zu den beschriebenen Verfahren existiert die Möglichkeit einer **beschleunigten Zulassung** für Arzneimittel, die aufgrund ihres potenziellen therapeutischen Nutzens von **hohem öffentlichen Interesse** sind. Hierunter fällt z. B. das sog. »Fast-track-Verfahren« der EMA, welches bei den Covid-19-Impfstoffen Anwendung fand. Auch Wirkstoffe, bei denen zur Beurteilung der generellen Wirksamkeit keine ausreichenden Daten vorliegen, können, bei hohem öffentlichen Interesse und hohem potenziellen Nutzen durch das BMG per Rechtsverordnung und mit Zustimmung des Bundesrates **von der Zulassung freigestellt werden** – mit der Auflage, innerhalb einer bestimmten Frist Daten zur Neubewertung der Wirksamkeit zu sammeln (§ 36 AMG). Die gleiche Möglichkeit existiert bei der EMA für Arzneimittel, die zur Behandlung seltener Erkrankungen vorgesehen sind (sog. »**Orphan Drugs**«). Seltene Erkrankungen sind meist chronisch, lebensbedrohlich und zu 80 % genetischen Ursprungs.

Ein Arzneimittel wird in der EU als Orphan Drug ausgewiesen, wenn es für die Therapie, Diagnose oder Vorbeugung einer Krankheit bestimmt ist, von der nur 5 oder weniger von 10.000 Personen in einem europäischen Land betroffen sind (Verordnung EG Nr. 141/2000). Wurde ein Arzneimittel als Orphan Drug ausgewiesen, so bestehen verschiedene ökonomische

Anreize (Steuererleichterung, Marktexklusivität, Gebührenerlass), um die Erforschung und Entwicklung von Medikamenten für seltene Erkrankungen bei den Pharmaunternehmen zu fördern. Derzeit haben ca. 130 Medikamente von der EMA den Orphan-Drug-Status erhalten (Orphanet 2021).

Bei homöopathischen Arzneimitteln kann anstelle der Zulassung eine mit geringeren Anforderungen verbundene Registrierung der Stoffe erfolgen. Im Gegenzug muss der Hersteller jedoch auf die Nennung von bestimmten Indikationen für das homöopathische Arzneimittel verzichten (§ 38 AMG).

Nach der Zulassung werden die Arzneimittel weiterhin durch das BfArM bzw. die EMA überwacht. Ärzte und Hersteller sind verpflichtet, unerwartete Komplikationen in Verbindung mit der Anwendung des Arzneimittels zu melden. Fünf Jahre nach Erteilung erlischt die Zulassung automatisch, wenn kein Antrag auf Verlängerung seitens des Herstellers gestellt wird. Erfolgt die Ablehnung des Verlängerungsantrags nicht in einem Zeitraum drei Monaten, gilt die Zulassung als verlängert (§ 31 Abs. 3 AMG).

Herstellung und Qualitätssicherung

Bei der Herstellung eines Arzneimittels bzw. eines Wirkstoffes sind zwei Hauptaspekte zu berücksichtigen. Das sog. **Modell**, d. h. die Wirk- und Hilfsstoffe, das Herstellverfahren und die Kontrollmethoden, müssen den Anforderungen der Zulassungsbehörde entsprechen. Zudem muss im Herstellprozess die sog. **Konformität** gewährleistet sein, d. h. jedes auf den Markt gebrachte Arzneimittel muss dieselben Eigenschaften und dieselbe Qualität aufweisen, die mit dem zugelassenen Modell spezifiziert wurden. Die zentrale gesetzliche Grundlage für diesen Prozess stellt die **Betriebsverordnung für pharmazeutische Unternehmer und Arzneimittel- und Wirkstoffhersteller** dar. Die Ermächtigung des Gesetzgebers für eine pharmazeutische Betriebsverordnung wird aus § 54 AMG abgeleitet. Die Betriebsverordnung orientiert sich inhaltlich an diversen EG-Direktiven, dabei insbesondere an den Richtlinien 2001/83/EG, 2004/27/EG, 2004/28/EG und dem Good-Manufacturing-Practice-Leitfaden (EG-GMP-Guidelines). Die Richtlinie 2001/83/EG gilt dabei als besonders wichtig, indem sie fordert, »die Grundsätze und Leitlinien guter Herstellungspraxis für Arzneimittel einzuhalten und als Ausgangsstoffe nur Wirkstoffe zu verwenden, die gemäß den ausführlichen Leitlinien guter Herstellungspraxis für Ausgangsstoffe hergestellt wurden«.

Erstattung von Arzneimitteln, Regulierung von Preisbildung und Vertrieb

Bei der Klassifizierung von Regulierungsformen des Arzneimittelmarktes wird zwischen angebots- und nachfrageseitigen Formen unterschieden. Angebotsseitige Regulierungsformen betreffen die Hersteller, Großhändler und Apotheken, nachfrageseitige setzen hingegen bei Ärzten und Patienten an (Busse et al. 2005). Die verwendeten Regulierungsinstrumente wirken dabei entweder auf den Preis, die verordnete Menge oder das Gesamtvolumen der Arzneimittelausgaben. Außerdem muss grundsätzlich zwischen der Regulierung des Verkaufspreises eines Arzneimittels, d. h. der Beeinflussung der Preissetzung an sich, und der Regulierung des Erstattungspreises eines Arzneimittels, d. h. der Beeinflussung der Leistungspflicht der Gesetzlichen Krankenversicherung, unterschieden werden (Stargardt und Vandoros 2014).

■ Erstattung von Arzneimitteln

»Erstattung von Arzneimitteln« bedeutet die (teilweise) Übernahme der Kosten einer Behandlung für eine (beschränkte) Population oder ein bestimmtes Indikationsspektrum durch die Versicherung, die Krankenkasse oder das nationale Gesundheitssystem. In Deutschland wird dabei nach Art des Arzneimittels unterschiedlich verfahren. **Verschreibungspflichtige Arzneimittel (Rx)** werden mit Ausnahme von Lifestyle-Produkten grundsätzlich erstattet. **Nicht verschreibungspflichtige Arzneimittel (OTC)** sind grundsätzlich von der Erstattung ausgeschlossen. Lediglich eine äußerst begrenzte Zahl von Arzneimitteln ist **nicht verschreibungspflichtig und erstattungsfähig (OTX)**. Diese Arzneimittel sind in der Anlage I zur Arzneimittelrichtlinie aufgeführt. Hierbei handelt es sich um Arzneimittel, die bei bestimmten Indikationsgebieten als Therapiestandard gelten, z. B. Acetylsalicylsäure (ASS) in der Nachsorge von Herzinfarkt oder Schlaganfall.

Bei den Rx-Produkten wird in Deutschland seit dem Inkrafttreten des **Arzneimittelmarktneuordnungsgesetzes (AMNOG)** zum 01.01.2011 die Bewertung des (zusätzlichen) Nutzens von neu in den Markt eingeführten Arzneimitteln vorgenommen. Die Nutzenbewertung erfolgt im Vergleich zu einer sog. zweckmäßigen Vergleichstherapie, die dem allgemein anerkannten Stand der medizinischen Erkenntnisse im Anwendungsgebiet entspricht. Das Ergebnis der Nutzenbewertung hat direkte Auswirkungen auf den Erstattungspreis, welcher in zentralisierten Verhandlungen zwischen dem Spitzenverband Bund der Krankenkassen (SpiBu) und Vertretern des Herstellers bestimmt wird. Somit existieren für die Erstattung von patentgeschützten Arzneimitteln je nach Zeitpunkt des Inverkehrbringens derzeit (noch) zwei Systeme:

a. Für die vor dem 01.01.2011 in den Markt eingeführten Arzneimittel erfolgen **keine Preisverhandlungen**. Alle vor dem Stichtag auf dem Markt befindlichen Arzneimittel sind im Rahmen der Gesetzlichen Krankenversicherung zu ihrem jeweiligen Preis grundsätzlich erstattungsfähig. D. h., diese Arzneimittel können verordnet werden und werden von den Krankenkassen bezahlt. Unter bestimmten Bedingungen kann die Erstattung eines Arzneimittels sowohl preislich als auch auf bestimmte Subgruppen der Bevölkerung beschränkt werden. Die preisliche Begrenzung der Erstattung von Arzneimitteln erfolgt im Wesentlichen über das Instrument der Arzneimittelfestbeträge (für Wirkstoffe, die im Vergleich zu alternativen Behandlungsverfahren keine oder nur geringfügige Verbesserungen aufweisen).
b. Für die nach dem 01.01.2011 in den Markt eingeführten Arzneimittel muss der Hersteller mit Markteintritt ein umfangreiches Dossier über den (zusätzlichen) Nutzen des Produktes beim Gemeinsamen Bundesausschuss (G-BA) einreichen. Auf dessen Basis führt das Institut für Qualität und Wirtschaftlichkeit im Gesundheitswesen (IQWIG) eine **Bewertung über den zusätzlichen Nutzen des Produktes** im Vergleich zur sogenannten zweckmäßigen Vergleichstherapie durch. Die finale Entscheidung zwischen den **sechs möglichen Kategorien** des Zusatznutzens (**»erheblich«, »beträchtlich«, »gering«, »nicht quantifizierbar«, »kein«, »geringerer«**) trifft jedoch der G-BA. Liegt ein Zusatznutzen vor, verhandeln Hersteller und Spitzenverband Bund der Krankenkassen (SpiBu) – auch mit Rückgriff auf die Preise in anderen EU-Ländern – einen GKV-weiten Rabatt auf den Verkaufspreis/den Erstattungspreis. Dieser wird so verhandelt, dass sich ein Zuschlag auf die Jahrestherapiekosten der zweckmäßigen Vergleichstherapie ergibt. Liegt kein Zusatznutzen vor, erfolgt die Einordnung in eine existierende Festbetragsgruppe. Existiert keine geeignete Festbetragsgruppe und ist die Bildung einer Festbetragsgruppe nicht möglich, z. B. weil die zweckmäßige Vergleichstherapie kein Arzneimittel ist, muss der Erstattungspreis so verhandelt werden, dass die Jahrestherapiekosten des neu eingeführten Arzneimittels nicht die Jahrestherapiekosten der zweckmäßigen Vergleichstherapie überschreiten. Sind die Verhandlungen zwischen SpiBu und Hersteller nicht erfolgreich, setzt eine Schiedsstelle den Erstattungspreis fest. Auf Antrag einer der beiden Seiten kann daraufhin eine vollständige Kosten-Nutzen-Bewertung durch das IQWIG erfolgen (◘ Abb. 2.18).
– Der so verhandelte oder festgelegte Preis gilt im Regelfall ab dem 13. Monat nach Inverkehrbringen des Arzneimittels.

Die Einführung einer systematischen Nutzenbewertung stellt einen klaren Fortschritt gegenüber der früheren Praxis (keine Bewertung des zusätzlichen Nutzens, Akzeptanz des vom Hersteller festgelegten Preises) dar. Der AMNOG-Prozess wird jedoch auch von vielen Seiten kritisiert. So spielt z. B. die eigentliche Kosten-Nutzen-Bewertung im Verfahren nur eine untergeordnete Rolle (DGGÖ 2010). Auch ist der Umgang mit dem sich ggf. über mehrere Patientengruppen hinweg ergebenden Mischpreises eines Arzneimittels immer wieder Anstoß zu Diskussionen.

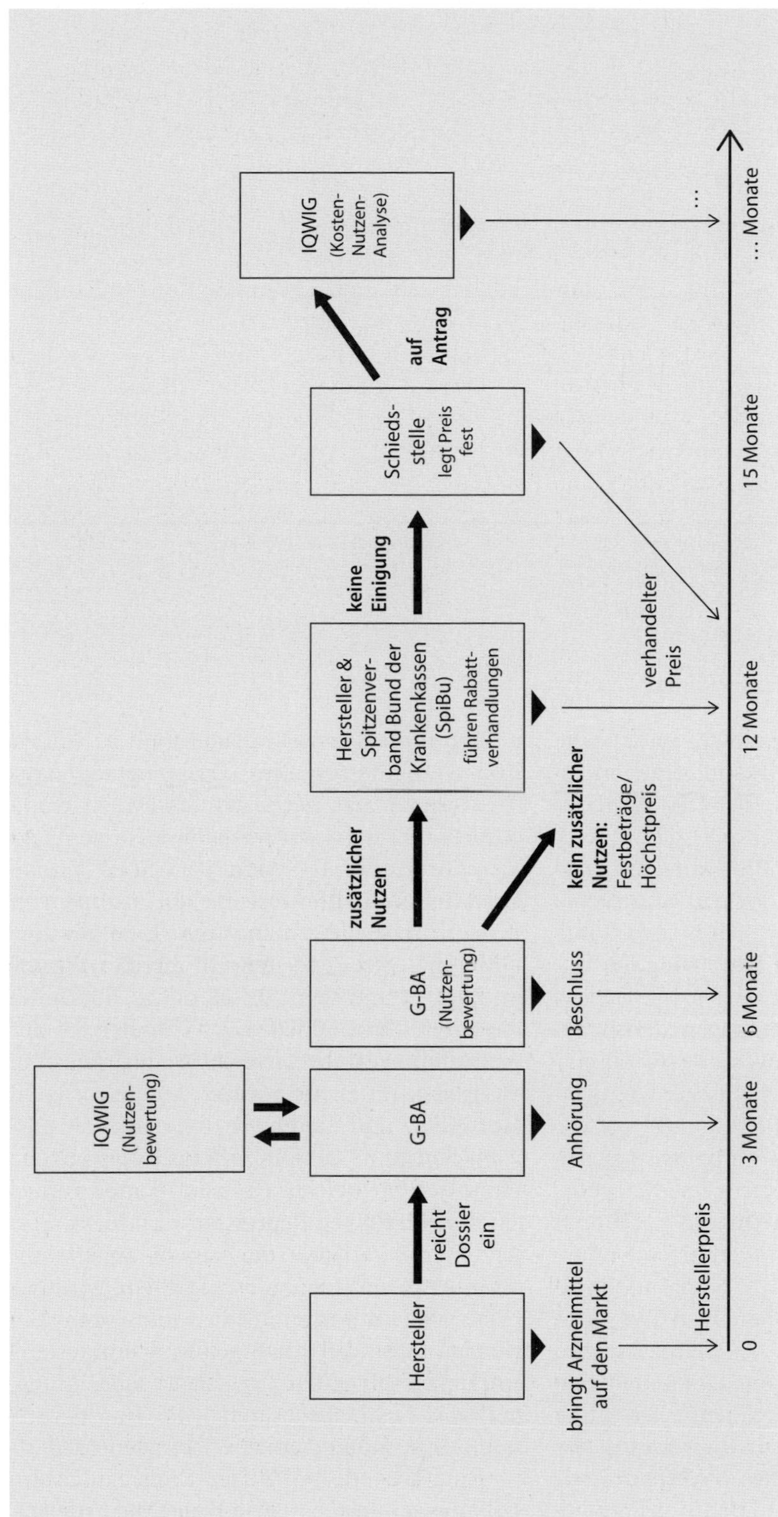

Abb. 2.18 Das Verfahren der Bewertung des zusätzlichen Nutzens durch G-BA/IQWIG

	Arzneimittel (zugelassen)			
	Rx und OTx			OTC/ Lifestyle-Arzneimittel
	Markteinführung vor dem 01.01.2011	Markteinführung nach dem 01.01.2011: Arzneimittel hat zusätzlichen Nutzen	Markteinführung nach dem 01.01.2011: Arzneimittel hat keinen zusätzlichen Nutzen	
Volle Erstattung	●			
Verhandelter Preis		●		
Erstattung bis Festbetrag/Höchstpreis	● 1)		● 2)	
Begrenzung der Patientenpopulation	● 3)		● 3)	
keine Erstattung				●

1) Nach Ablauf des Patentschutzes oder bei Ablauf des Patentschutzes eines vergleichbaren Arzneimittels
2) Für alle Arzneimittel die keinen Zusatznutzen aufweisen, unabhängig vom Patentstatus
3) Theoretisch möglich; selten verwendet.

Abb. 2.19 Erstattung von Arzneimitteln

Dies gilt auch für die Frage, ob der verhandelte Preis nicht bereits rückwirkend gelten solle. Bei vielen Verfahren wird zudem die Wahl der zweckmäßigen Vergleichstherapie und der Endpunkte kontrovers gesehen. Prozessual beklagen Stakeholder die durch den Prozess verursachte Bürokratie und wünschen sich mehr Transparenz. Denn während die Bewertung des Zusatznutzens sehr transparent ist (alle Einreichungen, Beschlüsse und Begründungen können bei ▸ https://www.g-ba.de/bewertungsverfahren/nutzenbewertung/ eingesehen und heruntergeladen werden), sind die Verhandlungen und die Schiedsverfahren, d. h. das Mapping zwischen Zusatznutzen und Preis, de facto eine Blackbox.

Zusätzlich kann auch für die nach dem 01.01.2011 in den Markt eingeführten Arzneimittel eine Beschränkung auf Subgruppen einer Patientenpopulation über einen Eintrag in die Arzneimittelrichtlinie des Gemeinsamen Bundesausschusses erfolgen. Es handelt sich hierbei jedoch um ein vergleichsweise selten eingesetztes Instrument zur Begrenzung der Erstattungsfähigkeit eines Arzneimittels (◘ Abb. 2.19).

▪ Regulierung von Preisbildung

Für Arzneimittel ohne Zusatznutzen oder für Arzneimittel, bei denen der Patentschutz ausgelaufen ist, definiert das System der Arzneimittelfestbeträge nach § 35 SGB V eine **Erstattungsobergrenze** für eine Gruppe von vergleichbaren Arzneimitteln. Eine etwaige Differenz zwischen dem höheren Arzneimittelpreis und dem Festbetrag ist durch die Patienten zu bezahlen. Die Gruppierung der Arzneimittel erfolgt im Gemeinsamen Bundesausschuss unter Anhörung der betroffenen Hersteller und deren Fachverbänden. Danach bestimmt der GKV-Spitzenverband die Höhe der Festbeträge für jede Gruppe mittels eines **mehrstufigen Regressionsverfahrens**. Um Ärzten und Patienten die Auswahl unter mehreren Arzneimitteln zu ermöglichen, wird der Festbetrag so bestimmt, dass mindestens ein Fünftel aller Verordnungen und mindestens ein Fünftel aller Packungen auf oder unterhalb des Festbetrages verfügbar sind (Übersicht »Bestimmung von Festbeträgen«).

Eine weitere Form der Preisregulierung stellt das zeitlich begrenzte **Verbot von Preisstei-**

gerungen (sog. Moratorium) dar. Technisch gesehen handelt es sich bei dem in § 130a Abs. 3a SGB V festgelegten Regulierungsinstrument um einen Rabatt. Dieser ist zu 100 % in Höhe der Preissteigerung im Vergleich zum Preis zu Beginn des Moratoriums von den Herstellern an alle Krankenkassen zu gewähren (»**Kollektivrabatt**«). Aktuell müssen Hersteller aufgrund der inzwischen mehrfach verlängerten Regulierung bis 31.12.2022 Preisänderungen im Vergleich zum Preisstand am 01.08.2009 als Kollektivrabatt an die GKV abgeben. Seit 2018 wird eine jährliche Preisanpassung ermöglicht, die sich am Verbraucherpreisindex des Statistischen Bundesamtes orientiert. Ähnliche Moratorien kamen bereits 1992 bis 1994, 2003 bis 2004 sowie 2006 bis 2008 zur Anwendung. Untersuchungen haben gezeigt, dass sich Moratorien dauerhaft auf den Preispfad auswirken, auch, wenn nach deren Ablaufen mit Aufholeffekten zu rechnen ist (Stargardt 2011).

Zumeist wird das Instrument in Verbindung mit (temporären) weiteren Kollektivrabatten verwendet. Derzeit sind nach § 130a Abs. 1 für nicht festbetragsregulierte Arzneimittel 7 % des Herstellerabgabepreises als Rabatt an die Krankenkassen zu gewähren. Für patentfreie, wirkstoffgleiche Arzneimittel (Generika) fällt nach § 130a Abs. 3b zusätzlich, unabhängig davon, ob das Arzneimittel festbetragsreguliert ist oder nicht, ein Rabatt von maximal 10 % des Herstellerabgabepreises an, wobei sich für festbetragsregulierte Generika der Rabatt nach § 130a Abs. 1 von 7 % auf 6 % reduziert.

Auch Apotheken leisten einen Rabatt an ihren Großkunden, die GKV. Hierbei handelt es sich ebenfalls um einen sog. **Kollektivrabatt**, da dieser allen Krankenkassen gleichermaßen gewährt wird bzw. werden muss. Dieser sollte ursprünglich im Rahmen von jährlichen Verhandlungen so festgelegt werden, dass die Vergütung der Apotheken – unter Berücksichtigung von Art und Umfang der Leistungen und der Kosten der Apotheken – bei wirtschaftlicher Betriebsführung leistungsgerecht ist. Nach mehreren über die Schiedsstelle festgelegten Rabatten, hat der Gesetzgeber nun in § 130 SGB V Abs. 1 1,77 € Rabatt je Fertigarzneimittel sowie 5 % Rabatt für sonstige Arzneimittel als von den Apotheken zu gewährender Rabatt festgeschrieben.

Aufgrund der Verankerung der obigen Rabatte im SGB V sprechen die Hersteller und die Apotheken bei den Kollektivrabatten häufig auch von sogenannten **Zwangsrabatten**. Darüber hinaus können Hersteller und einzelne Krankenkassen nach § 130a Abs. 8 individuelle Rabattverträge schließen (»**Individualrabatte**«).

Eine weitere Form der Preisregulierung stellt die **generische Substitution** dar. Dabei werden teure Markenarzneimittel durch günstigere Generika ersetzt. Nach § 129 Abs. 1 Nr. 1 SGB V sind Apotheker zur generischen Substitution verpflichtet, wenn der Arzt diese nicht ausdrücklich ausgeschlossen hat. Apotheker können in diesem Fall unter den drei preisgünstigsten Arzneimitteln frei wählen. Für die meisten Wirkstoffe besteht jedoch ein **Rabattvertrag** nach § 130a Abs. 8 SGB V zwischen der Krankenkasse des nachfragenden Versicherten und einem oder mehreren Herstellern, denen dadurch ein bevorzugter Belieferungsstatus zugewiesen wird. Apotheken sind rechtlich verpflichtet, Generika von dem- bzw. denjenigen Hersteller/n abzugeben, mit dem die Krankenkasse des nachfragenden Versicherten einen Rabattvertrag abgeschlossen hat. Die Vergabe der Rabattverträge erfolgt durch öffentliche Ausschreibung (**Tendering**). Zumeist werden sog. Molekülverträge abgeschlossen, d. h. Verträge für jeden einzelnen Wirkstoff. Abschlüsse von Portfolioverträgen, d. h. Verträgen über die gesamte Produktpalette eines Herstellers, werden aus vergaberechtlichen Gründen derzeit nicht geschlossen. Im Jahr 2020 lag die Anzahl der abgeschlossenen Rabattverträge bei 32.668; der Marktanteil der über Rabattverträge am generikafähigen Markt abgegebenen Packungen lag bei 70,1 %. In etwa ein Drittel (33,2 %) der von den Krankenkassen ausgeschriebenen Verträge waren sog. Open-House-Verträge. Hier können beliebig viele Hersteller einem Vertrag zu gegebenen Konditionen beitreten. Ein weiteres Drittel (33,6 %) entfällt auf Vertragsmodelle mit einem Rabattvertragspartner. Das letzte Drittel beinhaltet Verträge mit zwei

(7,1 %) oder drei (26,1 %) Rabattvertragspartnern (ProGenerika 2020).

Neben den **Rabattverträgen** für Generika existieren weitere Möglichkeiten zur Vereinbarung von **Individualrabatten** zwischen Herstellern und einzelnen Krankenkassen. Hierbei kann zwischen Cost-Sharing, Risk-Sharing und sog. Mehrwert-Verträgen unterschieden werden (s. auch ► Abschn. 2.7). Beim Cost-Sharing-Vertrag vereinbaren die Vertragspartner eine finanzielle Obergrenze für die Kosten der Versorgung eines Patienten mit einem Produkt in einer Periode. Liegt z. B. die nachgefragte Substanzmenge bei einem Patienten oberhalb der vereinbarten Menge, erstattet der Hersteller die über die Obergrenze hinausgehenden Kosten der Arzneimittelversorgung als Rabatt an die Krankenkasse. Risk-Sharing-Verträge beinhalten hingegen klassische Elemente des Pay-for-Performance. Hierbei wird der Rabatt des Herstellers an das Erreichen bzw. Verfehlen bestimmter Versorgungsziele geknüpft, z. B. Vermeidung von Frakturen bei Osteoporose-Patienten. Aus Sicht der Krankenkasse handelt es sich um eine Art »Geld-zurück-Garantie«; Hersteller können dagegen in stark kompetitiven Märkten von den Empfehlungen der Kasse an ihre Versicherten profitieren. Mehrwert-Verträge können neben einer Rabattkomponente jedoch auch die (teilweise) Übernahme von Versorgungsaufgaben durch Pharmaunternehmen enthalten. Im Gegenzug erfolgt z. B. die bevorzugte Verwendung eines bestimmten Produktes im Rahmen des Versorgungsprogramms. In der Praxis sind derartige Konstruktionen jedoch nicht unumstritten.

Die Förderung von **Parallelimporten** stellt ebenfalls eine Strategie zur Beeinflussung des Arzneimittelpreises dar. Parallelimporteure nutzen Preisunterschiede desselben Produktes auf verschiedenen Märkten. Kostet ein Arzneimittel z. B. in Spanien weniger als sein Pendant in Deutschland, tauschen Parallelimporteure die fremdsprachige Packung sowie die Packungsbeilage gegen eine deutschsprachige aus und verkaufen das neu etikettierte Produkt unter dem ursprünglichen oder unter einem anderen Markennamen auf dem deutschen Markt (Hancher 2004). Der regulative Eingriff zur Förderung von Parallelimporten in Deutschland ergibt sich derzeit aus § 129 Abs. 1 Nr. 2 SGB V, wonach Apotheker zur Abgabe des preisgünstigsten importierten Arzneimittels verpflichtet sind, wenn der Arzneimittelpreis (a) bei einem Abgabepreis von unter 100 € mindestens 15 %, (b) bei einem Abgabepreis zwischen 100 und 300 € mindestens 15 € oder (c) bei einem Abgabepreis von über 300 € mindestens 5 % unterhalb des Preises inländisch verfügbarer Arzneimittel liegt. Eine Konkretisierung der Verpflichtung, z. B. durch Festlegung einer Importquote am prozentualen Umsatzanteil der Apotheken, kann durch Rahmenvereinbarungen zwischen dem SpiBu und dem Deutscher Apothekenverband e. V. erfolgen.

Bei dem Instrument der **Zuzahlung** entrichtet der Patient eine feste Gebühr je verordnetes Arzneimittel. Die Zuzahlungsregelung wurde – seit ihrer Einführung im Jahr 1977 als Gebühr von 0,51 € (1,00 DM) je Verordnung – mehrfach in ihrer Höhe und der Form ihrer Erhebung verändert. Im Zuge der Einführung der Arzneimittelfestbeträge (1989) waren unter die Festbetragsregelung fallende Arzneimittel bis einschließlich 1992 von Zuzahlungen ausgenommen. Im Jahre 1993 orientierte sich die Zuzahlung am Packungspreis, während sie zwischen 1994 und 2003 an die Packungsgröße (klein, mittel und groß) gebunden war.

Im Regelfall beträgt die Zuzahlung nach § 61 SGB V 10 % des Apothekenverkaufspreises. Patienten müssen dabei jedoch mindestens 5,00 und höchstens 10,00 € zahlen. Liegt der Apothekenverkaufspreis eines festbetragsregulierten Arzneimittels oberhalb des Festbetrages, besteht die Zuzahlung aus zwei Komponenten. Zum einen ist die Bemessungsgrundlage für die 10%tige Zuzahlung nach § 61 SGB V der Festbetrag anstelle des Apothekenverkaufspreises. Zusätzlich ist nach § 31 Abs. 2 SGB V die Differenz zwischen dem Apothekenverkaufspreis und dem Festbetrag als Zuzahlung zu entrichten. Liegt der Apothekenverkaufspreis eines festbetragsregulierten Arzneimittels mindestens 30 % unterhalb des Festbetrages, entfällt die Zuzahlung.

Grundsätzlich sind Zuzahlungen wärend jedes Kalenderjahres nur bis zur sogenannten **Belastungsobergrenze** zu leisten. Diese beträgt 2 % des jährlichen Bruttoeinkommens bzw. 1 % für chronisch Kranke (§ 62 SGB V). Kinder und Jugendliche vor Vollendung des 18. Lebensjahres sind von den Zuzahlungen generell befreit (§ 62 SGB V).

Ausnahmen, wie z. B. produktspezifische Ermäßigungen der Zuzahlungen bis hin zum generellen Verzicht auf Zuzahlungen für bestimmte Produkte, können seitens der Krankenkassen nach Abschluss eines Rabattvertrages gewährt werden. Die Ermäßigung der Zuzahlung darf jedoch den vom Hersteller erhaltenen Rabatt nicht übersteigen.

Ein Ziel der Zuzahlungen ist es, den mit dem Konsum von Arzneimitteln verbundenen Moral Hazard zu begrenzen und den Patienten für die Kosten des Arzneimittelkonsums zu sensibilisieren (Zweifel und Manning 2001). Durch die direkte Beteiligung des Patienten verringern sich außerdem die Leistungsausgaben der Krankenkassen, d. h. es ergibt sich auch ein Finanzierungseffekt. Das Volumen der Zuzahlungen betrug im Jahr 2019 2212 Mrd. € – bei einer durchschnittlichen Zuzahlung von 3,00 € je Packung (ABDA 2020).

- **Regulierung der Verordnungsmöglichkeiten und -menge**

Die Steuerung der Verordnungsmenge erfolgt vor allem über die **Beeinflussung des Verordnungsverhaltens**. Mit **Verschreibungsleitlinien** wird versucht, die Arzneimittelauswahl der Ärzte zu steuern. Dabei werden zur Behandlung einer Krankheit Empfehlungen für oder gegen eine Arzneimitteltherapie ausgesprochen. Der unverbindliche Charakter der Vorgaben soll im Einzelfall eine fallspezifische Arzneimitteltherapie ermöglichen. Leitlinienbildung erfolgt durch Fachgesellschaften, Institutionen der Selbstverwaltung und zum Teil durch die Pharmaindustrie selbst. Der Gesetzgeber unterstützt den Prozess der Leitlinienbildung indirekt durch die Einrichtung und Finanzierung des *Instituts für Qualität und Wirtschaftlichkeit*, das durch Evaluationen u. a. von Arzneimitteln zur Leitlinienbildung beiträgt.

Zudem erstellen einige Kassenärztliche Vereinigungen (KV) sogenannte **Me-too-Listen**. Diese enthalten Empfehlungen für die Auswahl eines bestimmten Wirkstoffes innerhalb einer Gruppe von vergleichbaren Wirkstoffen. Zum einen dienen diese Empfehlungen der Deckung eines möglichen Informationsbedarfes der Ärzte; zum anderen erfolgt hierdurch eine Einflussnahme auf die Verordnungstätigkeit im Sinne einer wirtschaftlichen Verordnungsweise. Für das Erreichen bestimmter Verordnungsziele kann im Rahmen der Arzneimittelvereinbarung zwischen den Landesverbänden der Krankenkassen und der jeweiligen Kassenärztlichen Vereinigung eine Belohnung vereinbart werden.

Zusätzlich erlässt der Gemeinsame Bundesausschuss nach § 92 SGB V die »Richtlinien über die Verordnung von Arzneimitteln in der vertragsärztlichen Versorgung«. Hierin wird die Verordnung bestimmter Arzneimittel an Indikationen geknüpft bzw. festgelegt, in welchen Fällen andere Behandlungsverfahren vorrangig erfolgen sollen. Obwohl die Missachtung der Richtlinien durch Gerichtsverfahren sanktioniert werden kann, ist die Wirkung der Richtlinien fraglich, da nur wenige der häufig verordneten Arzneimittel erfasst sind.

Durch **Positiv- und Negativlisten** kann die Vielfalt der Arzneimittel beschränkt werden, die zu Lasten der GKV verordnet werden dürfen. Während die Einführung einer umfassenden Positivliste, also einer Liste aller erstattungsfähigen Arzneimittel, bereits zweimal scheiterte, existieren mehrere Negativlisten, die den Erstattungsanspruch der Versicherten begrenzen. Das Bundesministerium für Gesundheit kann »unwirtschaftliche« Arzneimittel, deren Wirkung nicht mit Sicherheit bewertet werden können, aus dem Leistungskatalog der Krankenkassen ausschließen (§§ 2, 12, 34 Abs. 3 und 70 SGB V). Diese Negativliste wurde erstmals zum 01.10.1991 eingeführt und letztmalig im Jahr 2002 überarbeitet. Sie umfasst derzeit 2200 Arzneimittel. Eine weitere Negativliste zum Ausschluss von Arzneimitteln gegen »geringfügige Gesundheitsstörungen« nach § 34 Abs. 2 ist nicht in Gebrauch, da ein Teil der hierunter fallenden Arzneimittel direkt im SGB V als Leistungen der Krankenkassen ausgeschlossen sind. In § 34 Abs. 1 SGB V sind Versicherte, die das 18. Lebensjahr vollendet haben, von der Versorgung mit

Bestimmung von Festbeträgen

Die **Gruppierung** erfolgt im Gemeinsamen Bundesausschuss für drei Stufen (für eine detaillierte Darstellung s. Stargardt et al. 2005):

1. Arzneimittel mit demselben Wirkstoff (z. B. Originalpräparat und Generika)
2. Arzneimittel, die chemisch, pharmakologisch und therapeutisch vergleichbar sind (z. B. Originalpräparat, Generika, Analogpräparate und deren Generika)
3. Arzneimittel, die aus mehreren Wirkstoffen (Kombinationspräparate) bestehen und chemisch, pharmakologisch und therapeutisch vergleichbar sind

Patentgeschützte Arzneimittel sind grundsätzlich ausgenommen, es sei denn ihre Anwendung bietet keine therapeutische Verbesserung gegenüber dem zum Vergleich herangezogenen Originalpräparat. Das heißt, nach Ablauf des Patentschutzes können Originalpräparate und deren Generika evtl. gemeinsam mit unter Patentschutz stehenden Analogpräparaten gruppiert werden.

Die **Bestimmung der Festbeträge** erfolgt durch den Spitzenverband Bund der Krankenkassen in 3 Schritten:

1. Bestimmung der Standardpackung
2. Normierung aller Wirkstoffstärken/Packungsgrößenkombinationen auf die Standardpackung
3. Bestimmung des Festbetrages für die Standardpackung

Die *Standardpackung* ist die Packung mit der von unterschiedlichen Herstellern am häufigsten angebotenen Wirkstoffstärken- und Packungsgrößenkombinationen. Bei mehreren in Frage kommenden Kombinationen entscheidet die Verordnungshäufigkeit über die Standardpackung.

Da nicht alle Packungen einer Festbetragsgruppe identisch sind, wird zunächst das Preisgefüge innerhalb einer Festbetragsgruppe in Abhängigkeit von Wirkstoffstärke und Packungsgröße abgebildet. Die sogenannte *Normierung aller Wirkstoffstärken/Packungsgrößenkombinationen auf die Standardpackung* erfolgt in einem zweistufigen Regressionsverfahren auf Basis der Potenzfunktion:

$$p = a \times wb \times pkc$$

Dafür wird der Apothekenverkaufspreis der Standardpackung zunächst auf 1 gesetzt. Danach werden die Preise aller anderen Packungen, unabhängig von Wirkstoffmenge und Packungsgröße, in Relation zum Preis der Standardpackung gesetzt. Dies geschieht separat für jeden Hersteller, der eine Standardpackung anbietet. Im Anschluss erfolgt eine erste Schätzung der Potenzfunktion (hier am Beispiel für eine Festbetragsgruppe der Stufe 1) (◘ Tab. 2.18 und 2.19).

◘ **Tab. 2.18** Normierung und Schätzung der Potenzfunktion

Hersteller	Präparat	Wirkstoffmenge (W)	Packungsgröße (pk)	Preis (p)
A	A1	20	20	20
	A2	20	50	40
	A3	30	18	50
B	B1	20	20	18
	B2	30	10	27
C	C1	18	20	18
	C2	30	20	48
	Standardpackung: A1, B1		(20 mg/20 Stück)	

Tab. 2.19 Schätzung

Hersteller und Präparat	Wirkstoffmenge (w)	Packungsgröße (pK)	Normierter Preis
Hersteller A			
Präparat A1	20	20	1
Präparat A2	20	50	2
Präparat A3	30	18	2,5
Hersteller B			
Präparat B1	20	20	1
Präparat B2	30	10	1,5
Schätzung von a, b und c mit Hilfe der logarithmierten Potenzfunktionen (u=Störtem) In(p)=In(a) + b * In(w) + c * In(pk) + u			

Damit auch Daten von Herstellern in die Regressionsfunktion eingehen, die keine Standardpackung anbieten (im obigen Beispiel Hersteller C), wird mit Hilfe der Packung, die der Standardpackung am ähnlichsten ist (im obigen Beispiel Präparat C1) und dem Ergebnis aus der ersten Regression der Preis für eine fiktiven Standardpackung prädiktiert. Danach wird die Parameterschätzung für a, b und c auf Basis aller Packungen der Festbetragsgruppe wiederholt.

Die unterschiedlichen Wirkstoffe bei Festbetragsgruppen der Stufen 2 und 3 werden mit Hilfe von Vergleichsgrößen normiert. Dafür erfolgt eine Gewichtung mit der durchschnittlich verordneten Wirkstoffmenge.

Abschließend wird der Festbetrag für die Standardpackung bestimmt. Um eine hinreichende Therapieauswahl sicherzustellen, hat der Spitzenverband Bund der Krankenkassen einen Indikator entwickelt, der die Versorgungssicherheit misst. Die Maßzahl »M«, die Werte zwischen 0 (die Preise aller Arzneimittel liegen unterhalb des Festbetrages) und 200 (die Preise aller Arzneimittel liegen oberhalb des Festbetrages) annimmt. Sie besteht aus der Summe des prozentualen Anteils der Packungen, die preislich oberhalb des Festbetrages liegen, und dem prozentualen Anteil der Verordnungen, der oberhalb des Festbetrages liegt:

$$M = \frac{Pkz}{Pk} \times 100 + \frac{VOz}{VO} \times 100$$

- Pkz Anzahl der auf dem Markt erhältlichen Fertigarzneimittelpackungen der Festbetragsgruppe oberhalb des Festbetrages
- Pk Anzahl der auf dem Markt erhältlichen Fertigarzneimittelpackungen der Festbetragsgruppe
- VOz Anzahl der Verordnungen oberhalb der Festbetragsgruppe
- VO Anzahl der Verordnungen der Festbetragsgruppe

Die Festbeträge werden so bestimmt, dass M den Schwellenwert von 160 nicht überschreitet. Dabei müssen mindestens 20 % der Verordnungen (1-VOz/VO) und 20 % der Fertigarzneimittelpackungen (1-Pkz/Pk) auf oder unterhalb des Festbetrages verfügbar sein. Die Begrenzung dient der Sicherstellung der Versorgung nach § 35 Abs. 5 SGB V.

Im Beispielfall war das Ergebnis der zweiten Regression

$$p = 0{,}000712 * w^{2{,}410} * pk^{0{,}778}.$$

Die Standardschätzpreise p werden nun für jedes Präparat durch Einsetzen der Packungsgrößen/Wirkstoffkombinationen ermittelt. Danach wird p mit dem Festbetrag der Standardpackung multipliziert. In einem letzten Schritt müssen den auf Basis der Herstellerabgabepreise (HAP) berechneten Festbeträgen noch Großhandels- und Apothekenzuschläge sowie die Mehrwertsteuer hinzugerechnet werden (Tab. 2.20).

2

Tab. 2.20 Berechnung der Festbeträge

Hersteller	Präparat	Wirkstoff-menge	Packungs-größe	Verkaufs-preis	p	Festbetrag HAP-Ebene	Fest-betrag*
A	A1	20	20	20	1,00	11,00	23,69
	A2	20	50	40	2,04	22,45	39,43
	A3	30	18	50	2,45	26,94	45,10
B	B1	20	20	18	1,00	11,00	23,69
	B2	30	10	27	1,55	17,05	32,60
C	C1	18	20	18	0,78	8,54	21,84
	C2	30	20	48	2,66	29,24	48,01

Anmerkung: Als Festbetrag der Standardpackung wurden im Beispiel € 11,00 festgelegt.
* Gemäß der Arzneimittelpreisverordnung

Arzneimitteln gegen Erkältungskrankheiten, mit hustendämpfenden und hustenlösenden Mitteln, mit Abführmitteln und mit Arzneimitteln gegen Reisekrankheit ausgeschlossen.

- **Begrenzung der Gesamtausgaben**

Ein Instrument zur Begrenzung der Gesamtausgaben stellt die **Budgetierung der Arzneimittelausgaben** dar. Die Festlegung eines Arzneimittelbudgets auf Ebene der Kassenärztlichen Vereinigungen war jedoch mit rechtlichen Problemen verbunden, da Regresse infolge von Budgetüberschreitungen auch Ärzte belastet hätten, die im Sinne des SGB V wirtschaftlich verordnet haben und nun für das Verhalten ihrer Kollegen sanktioniert worden wären. Daher wurden die 1993 eingeführten regionalen **Arzneimittelbudgets** im Jahr 2001 abgeschafft und durch **Richtgrößen** auf Praxisebene (§ 84 SGB V) ersetzt. Durch die Änderungen des GKV-Versorgungsstärkungsgesetzes in § 84 SGB V können die Vertragspartner ab 2017 auf Regionalebene Prüfungsarten und -kriterien in Prüfvereinbarungen festlegen und damit die **Wirtschaftlichkeitsprüfung** so gestalten, dass regionale Gegebenheiten berücksichtigt werden.

Zur **Bestimmung der Richtgrößen** werden zwischen den regionalen Verbänden der Krankenkassen und den Kassenärztlichen Vereinigungen unter Beachtung der Zuzahlungen und der Apothekenrabatte i. d. R. regionale Arzneimittelbudgets als Grundlage für die Wirtschaftlichkeitsprüfungen verhandelt. Die Kassenärztlichen Vereinigungen (KV) rechnen diese Budgets auf Basis des Verordnungsvolumens des Vorjahres und in Abhängigkeit von der Spezialisierung auf die einzelnen Arztgruppen in eine Richtgröße je Patient und Quartal herunter. In den meisten KV-Regionen werden die Richtgrößen erneut in eine Richtgröße für Rentner und andere Versicherte unterteilt. Durch die Multiplikation der Richtgrößen mit der Zahl der behandelten Patienten in einem Quartal ergibt sich ex-post ein Budget für die einzelne Praxis.

Auch wenn die Richtgrößen pro Quartal ermittelt werden, findet eine Überprüfung ihrer Einhaltung jährlich statt. Hierfür werden die tatsächlich erfolgten Verordnungen einer Praxis, bereinigt um nicht zu berücksichtigende Verordnungen, mit dem praxisindividuellen Budget verglichen. Bei Überschreitung der praxisindividuellen Budgets um mehr als 15 % erfolgt eine schriftliche Ermahnung bzw. eine Beratung des Arztes. Bei einer Überschreitung des praxisindividuellen Budgets von mehr als 25 % muss sich der Arzt vor einem Prüfungsausschuss rechtfertigen. Bestehen die hohen Arzneimittelausgaben nicht aufgrund von Besonderheiten in der Patientenstruktur des Arztes, z. B. wegen einer überdurchschnittlichen

Anzahl an chronisch kranken Patienten, wird der Arzt gegenüber den Kassen **regresspflichtig**. In der Praxis werden diese Regresse jedoch nur bei einer erheblichen Abweichung von den Richtgrößen tatsächlich durchgeführt. Die Durchführung eines Regresses kann zudem mehrere Jahre dauern (Schreyögg und Busse 2005).

Zusätzlich werden weitere Verschreibungsziele definiert, die den Anteil der verordneten Generika, Parallelimporte und Me-too Produkte an allen Verordnungen des Arztes vorgeben. Das Verfehlen dieser Ziele wird jedoch nicht sanktioniert (zur Wirkung von Arzneimittelbudgets und Richtgrößen auf das Verschreibungsverhalten von Ärzten siehe Fischer et al. 2018).

2.6.2 Praktische Umsetzung

Forschung und Entwicklung

Die Entwicklung eines Arzneimittels ist ein komplexer, äußerst risikobehafteter, personal- und kostenintensiver Prozess. Bis zu dem Zeitpunkt, an dem nach Tausenden von Synthetisierungsversuchen ein Arzneimittel für den Markt zugelassen wird, vergehen im Durchschnitt 13,5 Jahre (VFA 2021). Die Entwicklung eines Arzneimittels wird in mehrere Phasen unterteilt: die Phase der Wirkstoffforschung, die vorklinische Testphase und die drei Phasen der klinischen Studien. Im Anschluss daran erfolgt das Zulassungsverfahren (s. o.) sowie in den meisten europäischen Ländern eine Entscheidung über die Erstattungsfähigkeit des neu zugelassenen Arzneimittels bzw. in Deutschland das AMNOG-Verfahren.

■ Wirkstoffforschung

Im Verlauf der **Wirkstoffforschung** werden zunächst die die Krankheit beeinflussenden Stoffe und die Wirkungsmechanismen biologisch-chemischer Prozesse im Körper identifiziert. Die Wirkstoffsuche konzentriert sich nun darauf, z. B. die an der Krankheit beteiligten, körpereigenen Enzyme und Rezeptoren zu verändern bzw. deren Funktion im Krankheitsprozess zu blockieren. Dafür werden Wirkstoffe entwickelt, die mit den entsprechenden körpereigenen Molekülen eine Bindung eingehen und so die die Krankheit auslösenden Prozesse verhindern oder die Heilung fördernden Prozesse verstärken. Der zu verändernde Zielstoff wird in diesem Zusammenhang »**Target**« genannt.

Die Methodik des Forschens hat sich dabei, vor allem durch die gewonnenen Erkenntnisse im Rahmen der Biotechnologie und der Genetik, in den letzten Jahren stark verändert. Die Bedeutung des Faktors »**Zufall**« bei Experimenten hat deutlich abgenommen. So verlangt die Erforschung neuer Wirkstoffe zwar immer noch systematisches Probieren möglicher Wirkstoffkombinationen; die Wirkstoffforschung insgesamt verläuft jedoch wesentlich zielgerichteter, da das Wissen um die Funktionsweise des Körpers und körpereigener Stoffe zugenommen hat. Sog. Moleküldesigner konstruieren am Computer diverse chemische Verbindungen (»**computer aided drug design**«), die durch Testsysteme auf ihre potenzielle Eignung hin überprüft werden. Aussichtsreiche Substanzen werden anschließend zu Leitsubstanzen erklärt (de la Haye und Gebauer 2008). Danach werden in weiteren Testreihen minimale Änderungen im Aufbau der Erfolg versprechenden Substanz vorgenommen. Dies ist erforderlich, um Nebenwirkungen zu reduzieren oder giftige pflanzliche Stoffe mit der erwarteten heilenden Wirkung für den Menschen anwendbar zu machen. Entsprechend ist vor allem die Entdeckung neuer Pflanzen und Tiere von großer Bedeutung, da sich hierdurch das Spektrum an möglichen Stoffen und Wirkungsmechanismen für die Wirkstoffforschung vergrößert.

Die Wirkstoffforschung muss so organisiert werden, dass auch nach der Identifikation einer Leitsubstanz für das potenzielle Arzneimittel weitere Backup-Kandidaten/-Substanzen erforscht werden. Im Falle eines Rückschlags, dessen Wahrscheinlichkeit mit dem Eintritt in fortgeschrittenere Entwicklungsphasen sinkt, geht somit weniger Zeit verloren. Es existieren dabei diverse Optionen, die Produktivität der Wirkstoffforschung durch Kooperationsmodelle zu erhöhen. Die **Fusion** mehrerer Pharmaunternehmen, die Bildung von **F&E Allianzen** mit anderen Unternehmen oder die

Beteiligung an viel versprechenden Biotechnologieunternehmen können zur Stärkung des Produkt- und Forschungsportfolios bei gleichzeitiger **Kostendegression** und **Verteilung des wirtschaftlichen Risikos** beitragen. Die empirische Evidenz spricht dafür, dass große Pharmaunternehmen ihre Forschungsausgaben produktiver als kleine Unternehmen einsetzen. Dieses Phänomen ist jedoch weniger durch technisch bedingte Skaleneffekte (**economies of scale**), sondern eher durch **economies of scope** und **Wissensspillover** zwischen verschiedenen Projektteams zu erklären (Mahlich 2005). Dies kann auch als Ansatz dienen, die Fusionswelle in der pharmazeutischen Industrie, trotz der bekannten erheblichen organisatorischen und kulturellen Risiken, zu erklären. Danzon et al. (2005) zeigen in einer großangelegten Studie für die USA mit 900 Unternehmen und 1900 Wirkstoffen, dass **F&E Allianzen** die Erfolgswahrscheinlichkeit eines Unternehmens tendenziell erhöhen.

Allerdings besteht auch die Möglichkeit des **F&E Outsourcing**, indem F&E-Wissen von externen Forschungseinheiten, zumeist Contract Research Organisations (CROs), eingekauft wird. Auch wenn arbeitsteilige Kooperationsformen zu Vorteilen führen, z. B. große Flexibilität bei Kapazitätsanpassungen/Fixkostenreduktion, Verlagerung des Forschungsrisikos auf den Partner und ggf. eine größere Geschwindigkeit im Vergleich zu interner Erbringung, ist zu bedenken, dass den Partnern ein sehr großer Einblick in die eigenen (Kern-) Kompetenzen gegeben wird, eine technologische Abhängigkeit entstehen kann und externes Wissen schwieriger als intern generiertes Wissen in den F&E-Prozess zu integrieren ist (Mahlich 2005; Gassmann et al. 2018).

■ Vorklinische Testphase

Nach der Identifikation von 10.000 potenziell wirksamen Substanzen in der Phase der Wirkstoffforschung erreichen lediglich ca. 12–13 Substanzen nach ca. 4,5 Jahren die **Vorklinische Testphase**. Dort wird anhand von **Tierversuchen** untersucht, wie sich der potenzielle Wirkstoff im Organismus verhält (Verteilung im Körper, Veränderungen des Stoffes im Körper, Ausscheidung des Stoffes). Gleichzeitig wird mit toxikologischen Untersuchungen überprüft, inwieweit die Substanzen für eine Anwendung am Menschen in Frage kommen. Nach einem weiteren Jahr treten etwa 8–9 Wirkstoffe in die drei Phasen der klinischen Studien ein (VFA 2021).

Zur Absicherung der Rechte an den potenziellen Arzneimitteln und zur Absicherung weiterer Investitionen erfolgt spätestens mit dem Eintritt in die vorklinische Phase die **Patentierung** der potenziellen Wirkstoffe. Damit sind im Wesentlichen zwei Rechte verknüpft: Zum einen besitzt der Inhaber des Patents das Recht, seine Neuerung wirtschaftlich zu verwerten, zum anderen stellt das Patent ein Mittel dar, Konkurrenten zumindest zeitweise von der Nutzung der Neuerung auszuschließen. Die Gewährung einer zeitlich begrenzten Monopolstellung auf dem Markt durch das Patentrecht stellt den Anreiz für Investitionen in Forschungs- und Entwicklungsaktivitäten dar, da sich nur unter dieser Voraussetzung Rückflüsse zur Refinanzierung der Investitionen erwirtschaften lassen. In Europa garantiert der **Patentschutz** das Recht, die Formel des Arzneimittels 20 Jahre lang allein zu nutzen. Die effektive Patentlaufzeit wird jedoch dadurch halbiert, dass die Sicherung der potenziellen Innovation schon früh im Entwicklungsprozess des Arzneimittels erfolgt ist.

■ Klinische Phasen

Unter Berücksichtigung der gesetzlichen Bestimmungen (► Abschn. 2.6.1) werden die aus der vorklinischen Phase verbliebenen Substanzen nun im Rahmen einer **ersten klinischen Phase** am **Menschen** getestet. Dabei werden zunächst in kleineren Gruppen von Gesunden (60–80 Probanden) die Annahmen zur Verträglichkeit des Wirkstoffes, die aus den Ergebnissen der Tierversuche in der vorklinischen Phase abgeleitet wurden, überprüft. In dieser Phase wird auch eine vorläufige Darreichungsform des zukünftigen Arzneimittels (z. B. Pulver, Tablette oder Dosieraerosol) entwickelt.

In der **zweiten klinischen Phase** werden die verbliebenen Wirkstoffe erstmalig an einer größeren Gruppe Erkrankter (ca. 100–500 Probanden) auf die therapeutische Wirksamkeit hin überprüft. Dabei wird unter Beachtung der Nebenwirkungen auch die zukünftige Dosierung festgelegt. **Die dritte klinische Phase**, bei der das zukünftige Arzneimittel an mehreren tausend Probanden getestet wird, dient zur endgültigen Absicherung der Wirksamkeit unter Studienbedingungen und der Sicherheit des Präparates. Mit der größeren Anzahl der Probanden steigt die Wahrscheinlichkeit, seltenere Nebenwirkungen des Wirkstoffs und Wechselwirkungen mit anderen Arzneimitteln zu entdecken.

Innerhalb der Phase der klinischen Studien reduziert sich die **Anzahl der potenziellen Arzneimittel** von 8–9 auf ca. 1–2 (VFA 2021). Nach dem Zulassungsverfahren (s. o.) ist von den ursprünglich 10.000 Substanzen, die bei den Tests im Reagenzglas eine positive Wirkung mit dem Target erzielt haben, im Durchschnitt ein einziges Arzneimittel markttauglich. Die durchschnittlichen Kosten für die Entwicklung und Zulassung eines Arzneimittels wurden in einem 2016 erschienenen Papier auf US$ 2,6 Mrd. geschätzt. Die zwischen 2003 und 2012 erschienene Literatur kommt auf eine Spanne zwischen US$ 802 Mio. und US$ 2,2 Mrd. (Di Masi et al. 2016). Die Zahlen bieten einen Anhaltspunkt für die Kosten von Forschung und Entwicklung. Dabei ist zu berücksichtigen, dass die verwendete Zahlenbasis zu den Entwicklungskosten letztlich auf Selbstangaben der an den jeweiligen Befragungen teilnehmenden tendenziell größeren Hersteller beruhen und sehr stark von den Zeitkosten, d. h. von der angenommenen Verzinsung des eingesetzten Kapitals, abhängen.

Nachdem das Arzneimittel am Markt zugelassen ist, erfolgen zumeist weitere (klinische) Studien, um die Wirksamkeit und Sicherheit unter Alltagsbedingungen zu testen. Die Ergebnisse dieser Studien können Implikationen für den **Erstattungspreis** des Arzneimittels haben, wenn z. B. bei einem Analogpräparat keine therapeutische Verbesserung gegenüber dem Originalpräparat nachweisbar ist (► Abschn. 2.6.1). Gleichzeitig dienen die Studien der **Bekanntmachung** des Arzneimittels bei Ärzten und Apothekern. Im Rahmen der sich immer stärker entwickelnden **vierten Hürde** (= Entscheidung über die Erstattung eines Arzneimittels) nimmt die Bedeutung der Phase weiter zu, da Arzneimittelhersteller nun vermehrt die Kosteneffektivität ihres Produktes nachweisen müssen.

Die Abstimmung der zahlreichen klinischen Studien aufeinander hat einen entscheidenden Einfluss auf die Entwicklungszeit und somit die Reaktionsgeschwindigkeit. Zudem besteht für das F&E Management in jeder klinischen Phase ein **Trade-off** zwischen der **Dauer** und dem **Umfang** bzw. der **Qualität des Studiendesigns**. Ein aufwendiges Studiendesign erhöht die Validität und Glaubwürdigkeit der Ergebnisse, erfordert aber einen höheren Ressourceneinsatz und kostet mehr Zeit. Grundsätzlich kann zwischen drei möglichen Studiendesigns (Übersicht) unterschieden werden. Innerhalb der Studiendesigns können wiederum verschiedene Varianten der **Randomisierung,** d. h. der zufälligen Anordnung der Patienten zu den Interventionsgruppen, gewählt werden. Zwei gebräuchliche Verfahren sind die **stratifizierte Randomisierung**, die die Gesamtgruppe nach relevanten Ausprägungen – z. B. Alter und Schweregrad der Erkrankung – in Teilgruppen unterteilt, und die **geblockte Randomisierung**, die Teilgruppen mit je gleichen Fallzahlen bildet. Ein weiterer Entscheidungsparameter bei klinischen Studien ist die **Blindungsmethode**, die verhindern soll, dass Ärzte und/oder Patienten zwischen dem zu testenden Arzneimittel und dem Placebo unterscheiden können. Dabei unterscheidet man zwischen dem optimalen Fall der **doppelblinden Studien**, bei der Arzt und Patient nicht wissen, welche Therapie zum Einsatz kommt, den **einfachblinden Studien**, bei der nur der Patient nicht über die Therapieform Bescheid weiß, und den **offenen Studien**, bei denen Arzt und Patient Kenntnis bzgl. der Therapieform haben. Neben den Kosten, der Dauer, den Wirksamkeitskriterien, den angewandten statistischen Verfahren und den Auflagen der Ethikkommission existieren eine Reihe weiterer Faktoren, die in Praxis die Wahl eines Studiendesigns, einer Randomisierungs- und Blindungsmethode determinieren (Dietrich 2001).

Studiendesigns (Dietrich 2001)

- Parallel-Gruppen-Design: Jede Gruppe von Teilnehmern wird lediglich einer Intervention ausgesetzt (z. B. eine Gruppe erhält neuen Wirkstoff, die andere Placebo)
  - Problem: Es ist eine große Anzahl an Probanden nötig, daher sehr kostenintensiv
- Cross-over-Design: Patienten werden in zwei Gruppen aufgeteilt und beide Gruppen erhalten nacheinander jeweils beide Interventionen, d. h. Wirkstoff und Placebo
  - Vorteil: Eine kleinere Anzahl an Probanden ist erforderlich.
  - Problem: Es kann zu »Carry-over«-Effekten kommen, wenn die erste Intervention in die zweite hineinwirkt.
- Faktorielles Design (2×2-Studiendesign): Mehrere unabhängige Fragestellungen werden im Rahmen einer Studie untersucht, (z. B. ein Wirkstoff zur Senkung des Blutdrucks und ein Wirkstoff zur Reduktion des Krebsrisikos werden verabreicht)
  - Vorteil: Kostendegression erfolgt durch mehrfache Nutzung der Ressourcen.
  - Problem: Prämisse der Unabhängigkeit ist nicht immer gegeben.

Aufgrund des enormen Ressourcenverzehrs bei der Forschung und Entwicklung eines Arzneimittels kommt der systematischen Steuerung der Forschungs- und Entwicklungsaktivitäten eines pharmazeutischen Unternehmens eine große Bedeutung zu. Die Entwicklung neuer Arzneimittel ist für den zukünftigen Erfolg des Unternehmens entscheidend. Unter Umständen kann ein Arzneimittel als sog. **Blockbuster**, d. h. mit einem jährlichen Umsatz > US$ 1000 Mio, 50 % des Umsatzes eines Herstellers erwirtschaften. Als zentrale **Ziele eines erfolgreichen F&E Managements** sind der optimale Einsatz des vorhandenen Know-hows, die Maximierung des Ertragspotenzials, die Minimierung der F&E Durchlaufzeiten (Time-To-Market) und die Minimierung von Marktrisiken zu nennen. Um diese Ziele zu erreichen, bietet sich der Einsatz von Forschungs- und Entwicklungsportfolios an. In vielen Fällen wird das **Technologieportfolio nach Pfeiffer** (Metze et al. 1991) herangezogen und für die speziellen Zwecke des Herstellers modifiziert. Eine mögliche Modifizierung des Pfeiffer'schen Technologieportfolios wird in ◻ Abb. 2.20 dargestellt. Das modifizierte F&E Pharmaportfolio stellt im Rahmen einer Matrix die Kriterien Technologieattraktivität und Ressourcenstärke eines Unternehmens gegenüber. Das Ziel des Portfolios ist es, F&E Prioritäten für die Allokation von Ressourcen für konkrete Projekte festzulegen. In einem ersten Schritt wird eine Ist-Analyse des Unternehmens erarbeitet. Anschließend wird die Situation einzelner Produkte oder Wirkstoffe im Portfolio veranschaulicht.

Der potenzielle Rückfluss aus einem neuen Arzneimittel hängt in entscheidender Weise auch von der Art der Innovation ab. Hierbei unterscheidet man zwischen Produkt- und Prozessinnovationen. **Produktinnovationen** stellen Neuerungen im eigentlichen Sinne dar. Hierunter fallen Arzneimittel, deren Wirkungsprinzip neu ist und die für eine bisher kaum behandelte oder nicht behandelbare Krankheit zugelassen sind. Diese, meist Originalpräparat genannten Arzneimittel, stellen das erste auf dem Markt befindliche Produkt einer Gruppe vergleichbarer Arzneimittel dar. **Prozessinnovationen** sind dagegen Verbesserungen bestehender Qualitätsmerkmale. Dabei kann es sich einerseits um Schrittinnovationen handeln, die das Originalprodukt deutlich verbessern (z. B. durch eine Reduktion der Nebenwirkungen oder eine Veränderung in der Darreichungsform und -häufigkeit). Andererseits kann eine Prozessinnovation lediglich marginale Verbesserungen des Originalproduktes beinhalten. In diesem Fall spricht man von sog. **Analog-** bzw. **Me-Too-Präparaten**. Für die Entwicklung eines Analogpräparates sind nur geringfügige Veränderungen am Wirkstoffmolekül des Originalpräparates nötig, da sich der Patentschutz nur auf die chemische Formel und nicht auf das Wirkungsprinzip des Originalpräparates erstreckt. Damit ermöglicht die Entwicklung eines Analogpräparates einen Markteintritt

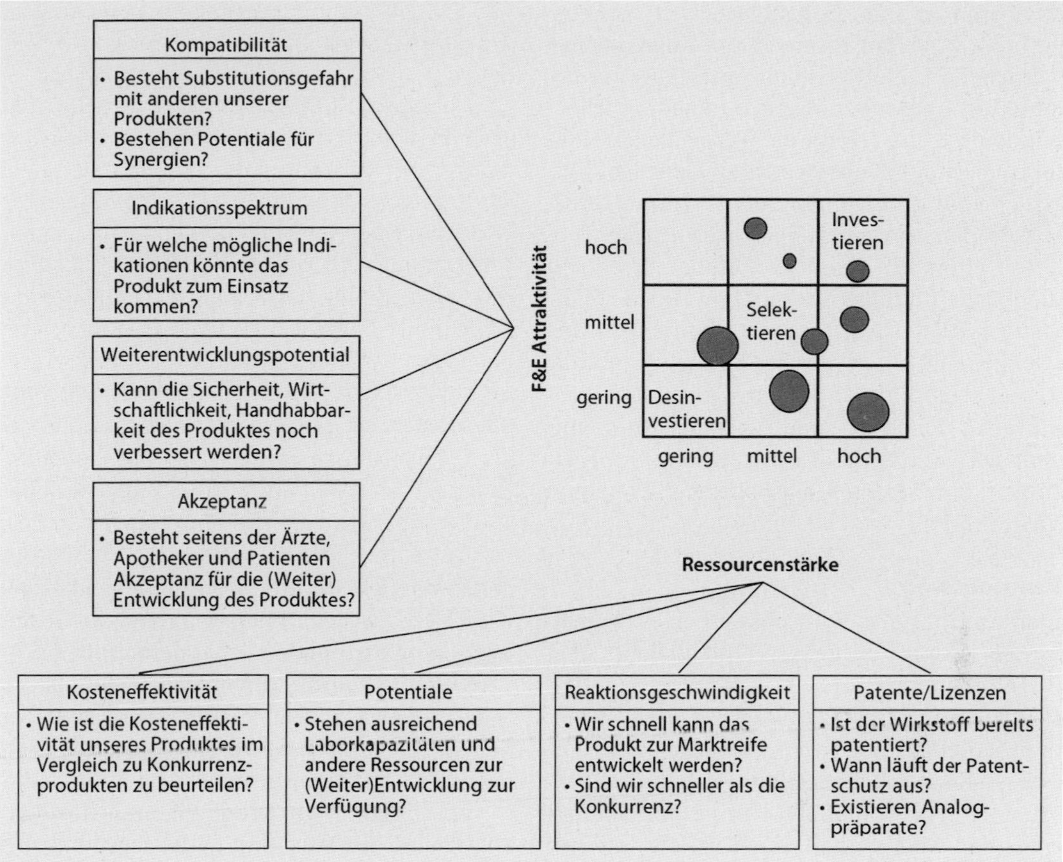

Abb. 2.20 F&E-Pharmaportfolio

vor Ablauf des Patentschutzes des Originalpräparates.

Herstellung und Qualitätssicherung

Die Fertigung von Arzneimitteln erfolgt in der Regel als **Chargenproduktion**. Im Unterschied zu kontinuierlichen Produktionsprozessen (natürliche Fließproduktion) kann die Chargenproduktion als Spezialfall der diskontinuierlichen Produktion charakterisiert werden. Es findet kein kontinuierlicher Materialfluss statt; vielmehr wird zu einem bestimmten Zeitpunkt eine begrenzte Menge an Einsatzgütern (Charge) dem Arbeitssystem als Ganzes zugeführt und ihm als Ganzes nach Abschluss des Produktionsprozesses entnommen (Tempelmeier und Günther 2016).

Je nach Darreichungsform ist der Ablauf des Herstellungsprozesses eines Arzneimittels unterschiedlich strukturiert. Er soll im Folgenden am Beispiel der Produktion von Filmtabletten erläutert werden. Im ersten Schritt erfolgt die **Wirkstoffsynthese**. Die Gewinnung des Wirkstoffs erfolgt in mehreren Synthesestufen, die u. a. aus Isolierung und Trocknen bestehen. Zur Produktion von mikrobiologischen Stoffen wird in Fermentern (Bioreaktoren) mithilfe von Mikroorganismen das Produkt gewonnen. In einem zweiten Schritt erfolgt die **Mischung und Granulierung**. Dabei werden zunächst die Wirk- und Hilfsstoffe in Pulverform durch einen Luftstrom aufgewirbelt, bis sich die Stoffe gleichmäßig vermischt haben. Anschließend wird eine Lösung aufgesprüht, die feuchten Partikel verbinden sich somit zu Granulatkörnern, das Granulat wird gesiebt und in Behältern gesammelt. Im dritten Schritt erfolgt die **Tablettierung,** bei der das Granulat unter hohem Druck zu Tabletten gepresst wird. Im Rahmen der **Ummantelung** werden die Tabletten dann zum Schutz mit Polymerlösungen überzogen. In einem abschließenden Schritt erfolgt die **Verpackung** (Konfektionierung). Dabei wird eine Kunststofffolie erhitzt und durch Druckluft verformt. In die entstandenen Vertiefungen werden die Tabletten eingefüllt. Eine Deckfolie verschließt die fertige Durchdrückpackung (Blister). Die fertigen Blister werden zuletzt mit einem Beipackzettel in eine Faltschachtel gelegt, auf die dann neben anderen Informationen Chargennummer, Herstell- und Verfallsdatum aufgedruckt werden (für ausführliche Informationen zum Herstellungsprozess s. Fahr und Voigt 2021).

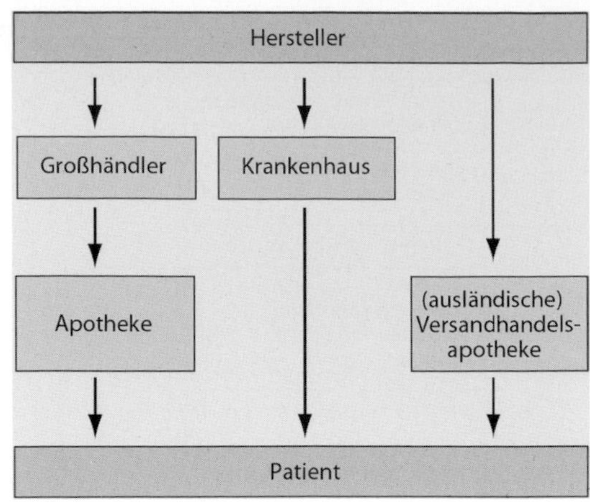

Abb. 2.21 Traditionelle Vertriebswege eines Arzneimittels

Vertriebsweg

Der traditionelle Vertriebsweg eines Arzneimittels verläuft entweder vom Hersteller über die **Großhändler** und die **Apotheker** zum Patienten, vom Hersteller über ein **Krankenhaus** zum Patienten oder vom Hersteller über eine **(ausländische) Versandhandelsapotheke** zum Patienten (Abb. 2.21). Für verschreibungspflichtige Arzneimittel sind Vertriebsoptionen der Hersteller auf die genannten Vertriebswege beschränkt. Für nicht verschreibungspflichtige Arzneimittel besteht, unter Abwägung einer potenziellen Gefährdung für die Gesundheit, der Handhabung und der Aufbewahrung (§ 45 AMG), die Möglichkeit einer Befreiung von der Apothekenpflicht.

Als besondere Vertriebsstrategien für den Vertrieb von nicht verschreibungspflichtigen Arzneimitteln sind jedoch neben dem **Versandhandelsvertrieb** noch der »**Shop in the Shop Vertrieb**« und das »**Franchising von in-store pharmacies**« zu nennen. Beim »Shop in the Shop Vertrieb«, bei dem das **Cross-Selling-Prinzip** im Vordergrund steht, d. h. die Benutzung einer bestehenden Kundenbindung zum Verkauf ergänzender Produkte, errichten Hersteller spezielle Depots mit eigenen Produkten in Apotheken, z. B. Pharmadies von Ratiopharm. Im Rahmen des »Franchising in-store« mieten Hersteller Flächen in Kaufhäusern oder großen Supermärkten, um dort eigene OTC-Apotheken zu errichten. Dies hat die **Etablierung eigener Vertriebsstrukturen im Einzelhandel** zum Ziel (Kerkojus et al. 1999). Während diese Strategie in einigen anderen Ländern, z. B. USA, verbreitet ist, hat sie sich in Deutschland, auch aufgrund gesetzlicher Restriktionen, z. B. das Selbstbedienungsverbot bei Arzneimitteln, bislang nicht durchgesetzt.

Die erweiterten Möglichkeiten des Vertriebs und der Werbung (► Abschn. 3.6) bei OTC-Produkten können als Motiv für einen sog. **Rx-OTC Switch,** d. h. die Überführung eines verschreibungspflichtigen Arzneimittels in die Verschreibungsfreiheit dienen. In Abhängigkeit von der Eignung des jeweiligen Wirkstoffs kann dieser Switch nach einigen Jahren der Marktzulassung beantragt werden.

Preisbildung

Der Begriff »Preis« wird im Zusammenhang mit Arzneimitteln mehrfach verwendet. Dies liegt darin begründet, dass die Preise von Arzneimitteln entlang der Wertschöpfungskette unterschiedlichen Regulierungsformen unterliegen und generell größerer Aufmerksamkeit ausgesetzt sind, als die Zuliefererpreise anderer Güter. Daher wird im ambulanten Bereich zwischen dem **Herstellerabgabepreis**, dem **Großhandelspreis** und dem **Apothekenverkaufspreis** unterschieden. Zusätzlich kann auf jeder Stufe der Wertschöpfungskette eine Unterscheidung zwischen dem **Verkaufspreis**,

■ Tab. 2.21 Beispiele für die Berechnung des Apothekenverkaufspreises (in €)

Herstellerabgabepreis (zzgl. Mehrwertsteuer)	5,00	50,00	100,00
+ Marge Großhändler (0,70 € + 3,15 %)	0,86	2,28	3,85
Großhandelspreis	5,86	52,28	103,85
+ Marge Apotheker (8,35 € + 0,21 € + 3 %)	8,74	10,13	11,68
+ Mehrwertsteuer (19 %)	2,77	11,85	21,95
Apothekenverkaufspreis	17,37	74,26	137,48

also dem durch den jeweiligen Verkäufer bestimmten Preis, und dem **Erstattungspreis** bzw. dem **Festbetrag**, d. h. dem Preis, den die Krankenkassen maximal für ein Arzneimittel bezahlen, gemacht werden.

Während die **Apotheker** als Fachhändler ihre Kunden bei der Auswahl von Arzneimitteln beraten, halten **Großhändler** das gesamte Sortiment vorrätig und beliefern die Apotheken mehrmals am Tag (Dambacher und Schöffski 2008). Mit der Intention, eine möglichst breite Versorgung der Versicherten mit Arzneimitteln zu garantieren, werden die Margen der Großhändler und der Apotheker bei der Preisbildung durch die Arzneimittelpreisverordnung reguliert.

Bei der Preisregulierung erfolgt eine Trennung zwischen verschreibungspflichtigen und nicht verschreibungspflichtigen Arzneimitteln. Bei verschreibungspflichtigen Arzneimitteln ist lediglich der Hersteller in seiner Preisbildung frei. Diese wird jedoch indirekt durch die im Rahmen der Erstattungsregulierung auferlegten/verhandelten Beschränkungen eingeschränkt. Die Margen der Großhändler und der Apotheken sind in der aktuellen Arzneimittelpreisverordnung festgelegt.

Der Zuschlag, den **Großhändler** auf den Herstellerabgabepreis (ohne Berücksichtigung der Umsatzsteuer) erheben dürfen, besteht aus einer Pauschale (0,70 € je Packung) und einem prozentualen Aufschlag in Abhängigkeit von der Höhe des **Herstellerabgabepreises** (3,15 %, höchstens jedoch 37,80 €). Bei den **Apothekern** besteht der in der **Arzneimittelpreisverordnung** festgelegte Zuschlag ebenfalls aus einer Pauschale und einem prozentual am Großhandelspreis (ohne Berücksichtigung der Umsatzsteuer) orientierten Preisaufschlag. Die Apotheker erhalten je verkauftes Fertigarzneimittel pauschal 8,35 €, zuzüglich 0,21 € zur Förderung und Sicherstellung des Notdienstes und 3 % des Großhandelspreises. Die Preisaufschläge für Zubereitungen richten sich nach Art, Menge und Darreichungsform des Arzneimittels (■ Tab. 2.21).

Für **OTCs** (nicht-verschreibungspflichtige Arzneimittel), die zu Lasten der GKV abgegeben werden, erfolgt die Berechnung der Margen/Zuschläge nach der **»alten« Arzneimittelpreisverordnung** mit Stand vom 31.12.2003. Im Gegensatz zur aktuellen Arzneimittelpreisverordnung verfügt die »alte« Arzneimittelpreisverordnung über einen höheren, rein prozentualen Aufschlag für Apotheker. Da der durchschnittliche Preis eines OTCs weitaus niedriger ist, als der eines verschreibungspflichtigen Arzneimittels, wurde die »alte« Arzneimittelpreisverordnung bei Inkrafttreten der derzeit gültigen Arzneimittelpreisverordnung beibehalten, um die Krankenkassen durch den Verzicht auf die 8,35 € finanziell zu entlasten. Die Preise für OTC, die nicht zu Lasten der GKV abgegeben werden, unterliegen auf allen Distributionsstufen der **freien Preisbildung**, insbesondere dem Wettbewerb der Apotheken untereinander (■ Abb. 2.22).

Für die Versicherten ist v. a. der **Apothekenverkaufspreis** entscheidend, insbesondere, da sich bei den zu Lasten der GKV abgegebenen Arzneimitteln hieran in der Regel die **Zuzahlung** bemisst. Aufgrund des minimalen und des maximalen Zuzahlungsbetrages nach § 61 SGB V hat die Zuzahlungsregelung jedoch

2

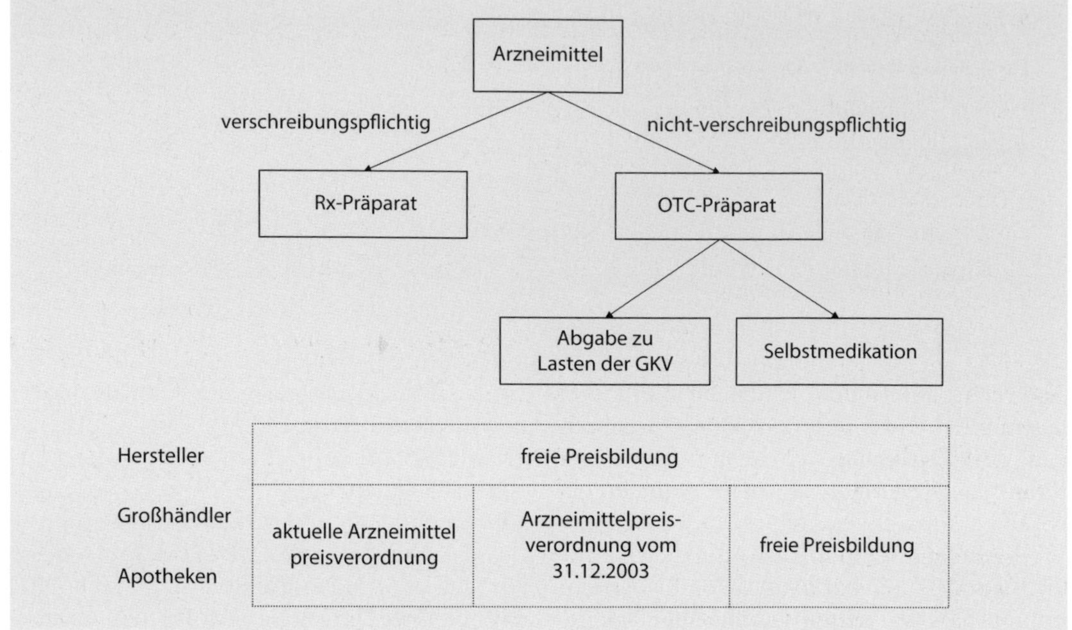

Abb. 2.22 Preisbildung auf unterschiedlichen Distributionsstufen

nur in bestimmten Bereichen der Arzneimittel Wirkung auf den Preis. Der Anreiz, kostengünstigere Arzneimittel zu verwenden, beschränkt sich auf die Preise zwischen 50,00 und 100,00 €. Darüber hinaus können die Zuzahlungsbefreiung für Arzneimittel, deren Apothekenverkaufspreis mindestens 30 % unter ihrem Festbetrag liegt, sowie kassenindividuelle Zuzahlungsbefreiungen aufgrund von Rabattverträgen eine Anreizwirkung entfalten. Additiv zu den »regulären« Zuzahlungen nach § 61 SGB V entstehen weitere Zuzahlungen, wenn der Verkaufspreis eines Arzneimittels den Festbetrag des Arzneimittels übertrifft. Der Patient muss nun beide Zuzahlungen leisten oder auf ein preisgünstigeres Präparat innerhalb derselben Festbetragsgruppe ausweichen (Tab. 2.22).

Durch die Rabattregelungen des SGB V entspricht der Erstattungsbetrag der Krankenkasse (= Erstattungspreis) nicht der Differenz aus Apothekenverkaufspreis und Zuzahlungen durch die Patienten. Hierbei muss für Arzneimittel, die nicht der Festbetragsregulierung unterliegen zusätzlich der **Herstellerrabatt** von 7 % und bei allen Arzneimitteln der Rabatt der Apotheker (1,77 €) berücksichtigt werden. Die auf die Rabatte entfallende Mehrwertsteuer ist darin bereits enthalten, sodass sich aus Hersteller- bzw. Apothekersicht (netto) ein geringerer Rabatt ergibt. Aus Sicht der **Krankenkassen** ist damit der Herstellerabgabepreis bzw. der Festbetrag entscheidend, da den Großhändlern und den Apotheken nach der Festlegung des Herstellerabgabepreises kein Spielraum zur Beeinflussung des Apothekenverkaufspreises besteht (Tab. 2.23).

Abweichend von den durch das Gesetz direkt vorgeschriebenen Rabatten können in Verträgen zur Besonderen Versorgung (§ 140a SGB V) darüber hinausgehende Regelungen mit Apotheken, Großhändlern und Herstellern vereinbart werden. Außerdem können Krankenkassen mit einzelnen Apotheken bei Verträgen zur **hausärztlichen Versorgung** (§ 73b SGB V in Verbindung mit § 129 Abs. 5b SGB V) oder bei **Modellvorhaben** (§ 63 SGB V in Verbindung mit § 129 Abs. 5b SGB V) ergänzende Rabattvereinbarungen schließen. Die Möglichkeit eines zusätzlichen, **kassenindividuellen Rabattes** eines bestimmten

Tab. 2.22 Berechnung der Zuzahlung (in €)

Apothekenverkaufspreis	70,00	60,00	42,00
Festbetrag	60,00	60,00	60,00
Zuzahlung			
Nach § 61 SGB V (10 %)	6,00	6,00	0,00
Nach § 35 SGB V (Festbeträge)	10,00	0,00	0,00
Zuzahlung gesamt	16,00	6,00	0,00

Tab. 2.23 Beispiele für Berechnung des Erstattungsbetrages der GKV für Rx-Präparate (in €)

Apothekenverkaufspreis	17,37	74,26	137,48
Herstellerabgabepreis	5,00	50,00	100,00
Festbetrag	–	74,21	137,48
– Herstellerrabatt (7 %)	0,35	–	–
– Apothekenrabatt	1,77	1,77	1,77
– Zuzahlungen der Versicherten	5,00	7,42	10,00
Erstattungsbetrag GKV	10,25	65,07	125,71

Herstellers ist durch das Abschließen eines Rahmenvertrages nach § 130a Abs. 8 SGB V möglich. Der Anreiz, seitens des Herstellers kassenindividuelle Rabatte zu gewähren, hängt jedoch von den Möglichkeiten der Kasse zur Steuerung der Arzneimittelversorgung ab. Die Apotheken können mit den pharmazeutischen Großhändlern vereinbaren, den Rabatt mit den Herstellern gemäß § 130 Abs. 5 SGB V zu verrechnen.

Dadurch, dass der Apothekenverkaufspreis und der Großhandelspreis letztendlich eine **Funktion des Herstellerabgabepreises** ist, obliegt es dem **Hersteller**, den Endverbraucherpreis seines Produktes gewinnmaximierend zu steuern. Er kann damit sowohl die Wirkung der Festbetragsregelung auf sein Produkt als auch die Wirkung der Zuzahlungsregelung direkt in seine Preiskalkulation mit einbeziehen (Abb. 2.23).

Um den Preis eines Arzneimittels zu bestimmen, bieten sich aus Herstellersicht zwei verschiedene Möglichkeiten an. Je nach **Verordnungsstatus** und **Komplexitätsgrad** des Produktes kann die Preisbestimmung eher auf Basis einer möglichst realistischen Kosteneffektivitätsrechnung (**value-based pricing**) oder einer empirisch ermittelten **Preis-Absatz-Funktion** erfolgen. Während bei klassischen **OTC-Produkten** die **Zahlungsbereitschaft** der Konsumenten für erfahrbare Produkteigenschaften und somit eine Ermittlung der Preis-Absatzfunktion im Vordergrund steht, wird bei **Rx-Produkten** die Kosteneffektivität im Vergleich zu ähnlichen Produkten, sofern vorhanden, ermittelt. Auf Grundlage dieser Ergebnisse wird dann eine mögliche **Preisspanne** bestimmt. Dabei wird auch berücksichtigt, dass es Wechselwirkungen zwischen verschiedenen Märkten bzw. Ländern gibt (z. B. über explizite oder implizite Preisvergleiche bei der Festlegung oder der Verhandlung von Erstattungspreisen oder durch die Möglichkeit von Parallelimporten). Das heißt, dass die oben erwähnte Preisspanne zumeist die Ober- und Untergrenze innerhalb einer Region vorgibt. Die im jeweiligen Land für Marketing verantwortlichen Personen positionieren dann das Produkt entsprechend den lokalen Gegebenheiten und der Regulierung innerhalb dieser Spanne.

Um die tatsächlichen Marktgegebenheiten bei der Bestimmung des Preises zu berück-

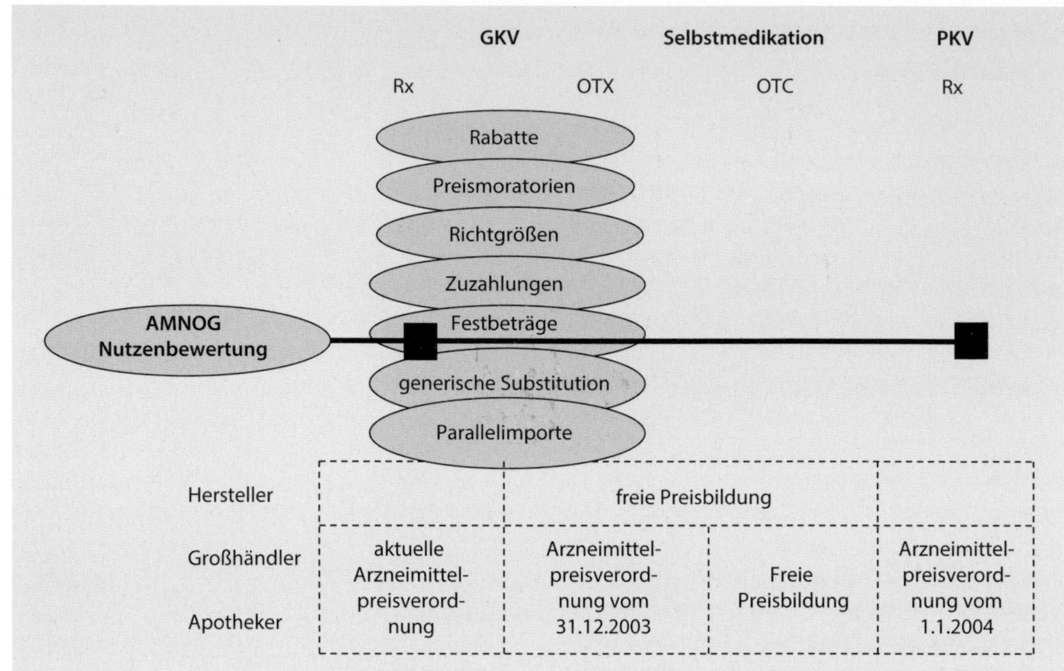

Abb. 2.23 Einflussfaktoren auf die Preisbildung im GKV-Markt und im Markt für Selbstmedikation

sichtigen, d. h. um eine Preis-Absatz-Funktion schätzen zu können, werden häufig zusätzlich die »**Verordnungspräferenzen**« von niedergelassenen Ärzten ermittelt. Dabei wird davon ausgegangen, dass ein Arzt aufgrund von budgetären Restriktionen, d. h. Richtgrößen und anderen Einflussgrößen, den Preis und die Leistungsfähigkeit des Produktes, d. h. die Produkteigenschaften, gegeneinander abwägt. Es könnte sich beispielsweise zeigen, dass ein Arzt bereit ist, ein Arzneimittel mit einem höheren Preis einem anderen vorzuziehen, weil es weniger Nebenwirkungen aufweist. Zur Bestimmung der Preis-Absatz-Funktion werden Verordnungsdaten und, insbesondere bei Produktinnovationen, Daten aus **Experten- oder Stichprobenbefragungen** herangezogen. Ein Problem dieser Formen der Preisbefragungen ist das **atypisch hohe Preisbewusstsein**, das dadurch entsteht, dass der verordnende Arzt ausschließlich nach dem Preis befragt wird (Pirk 2008).

Die Befragungsmethodik der **Conjoint-Analyse** ist nicht mit diesem Problem behaftet, da nicht nur nach dem Preis, sondern nach fiktiven Produktvarianten mit ihrem jeweiligen Preis gefragt wird (Übersicht). Die Conjoint-Analyse hat sich in der Praxis insbesondere bei Produktinnovationen als Instrument zur Bestimmung der Preis-Absatz-Funktion durchgesetzt.

Die Methodik der Conjoint-Analyse (in Anlehnung an Backhaus et al. 2018)

Die Conjoint-Analyse ist ein multivariates Erhebungs- und Analyseverfahren zur Messung des Nutzens von Produkten oder Produktmerkmalen durch Präferenzvergleichen. Es werden Gesamtbeurteilungen von fiktiven Produkten erfragt, die anschließend in Einzelurteile bzgl. der Merkmale und Ausprägungen dieser Produkte zerlegt (dekomponiert) werden. Das Verfahren wird deshalb auch dekompositionell genannt. Es wird dabei unterstellt, dass sich der Gesamtnutzen additiv aus den Einzelurteilen ergibt.

$$Y_k = \sum_{j=1}^{J} \sum_{m=1}^{Mj} \beta_{jm} X_{jm}$$

Tab. 2.24 Ein Beispiel

Eigenschaft	Arzneimittel 1	Arzneimittel 2	Arzneimittel 3
Darreichungsform	Tablette	Kapsel	Saft
Nebenwirkung	Harndrang	Kopfschmerzen	Taubheitsgefühl
Preis pro Tag (in €)	1,30	2,10	0,6

mit:

Y_k: *geschätzter Gesamtnutzenwert für Stimulus k.*

β_{jm}: *Teilnutzenwert für Ausprägung m von Eigenschaft j.*

X_{jm}: *1, falls bei Stimulus k die Eigenschaft j in Ausprägung m vorliegt; sonst 0.*

Vorgehen:

1. Es werden sog. Stimuli definiert, d. h. Kombinationen von Eigenschaftsausprägungen. Eigenschaften eines Produktes können die Darreichungsform, der Preis, die Nebenwirkungen etc. darstellen. So kann z. B. die Eigenschaft Nebenwirkungen die Ausprägungen häufiger Harndrang, Kopfschmerzen oder Taubheitsgefühl ausweisen. Nach der Profilmethode, die weit verbreitet ist, besteht ein Stimulus aus der Kombination je einer Ausprägung, d. h., bei drei Eigenschaften und drei Ausprägungen ergeben sich 27 Stimuli.
2. Anschließend werden den Befragten, computergestützt oder mithilfe von Fragebögen, verschiedene Stimuli (üblicherweise als Paarvergleich) vorgelegt, die sie je nach Präferenz in eine Rangfolge bringen sollen. Ein Beispiel bietet Tab. 2.24.
3. Aus der Information über die Rangfolge werden dann Teilnutzenwerte für alle Eigenschaftsausprägungen ermittelt. Diese geben Aufschluss über die relative Wichtigkeit einzelner Eigenschaften und lassen Gesamtnutzenwerte für einzelne Stimuli ableiten. Aus den Gesamtnutzenwerten der Stimuli kann dann eine Präferenzfunktion erstellt werden, die in Kombination mit Erwartungswerten bezüglich des Absatzes die Ermittlung einer Preis-Absatz-Funktion zulassen.

Einfluss der Erstattungsregulierung auf die Preisbildung

Die der **Nutzenbewertung von Arzneimitteln** folgenden Preis- bzw. Rabattverhandlungen stellen eine der größten Herausforderungen für die Pharmaunternehmen dar. Zum einen müssen mögliche zu gewährende Rabatte ex-ante mit in die Preiskalkulation einbezogen werden. Zum anderen birgt der Prozess und die damit verbundene Unsicherheit bezüglich einzelner Verfahrensschritte sowie der verwendeten Bewertungsmaße großes Fehlerpotenzial.

Ein zentrales Problem ist die durch den G-BA zu bestimmende Vergleichstherapie, da der Hersteller deren finale Auswahl erst im Bewertungsverfahren selbst erfährt. Die Inanspruchnahme eines Beratungsgesprächs beim G-BA ist zwar vorab möglich, die dort getätigten Aussagen sind jedoch unverbindlich. Dies wird damit begründet, dass sich z. B. der Therapiestandard bis zum Beginn des Bewertungsverfahrens noch ändern kann (z. B. aufgrund neuer wissenschaftlicher Erkenntnisse). Für den Hersteller ist das jedoch problematisch, weil (neue) Evidenz zum eigenen Produkt nur durch wissenschaftliche Studien mit zwei bis drei Jahren Vorlaufzeit generiert werden kann. Die Beteiligung von Experten des G-BA bei den Zulassungsberatungsgesprächen der Zulassungsbehörden im Vorfeld der Planung konkreter Designs klinischer Studien soll den Herstellern die Anforderungen beider Institutionen besser vermitteln. Das Kernproblem, die fehlende Verbindlichkeit der Aussagen zur Vergleichstherapie und den im AMNOG-Prozess berücksichtigungsfähigen Endpunkten, bleibt jedoch bestehen.

Daneben hat – zumindest in den ersten Verfahren – die separate Bestimmung des

Nutzens für mehrere Subpopulationen eines Wirkstoffs bei entsprechender Heterogenität der Patientenpopulation für Verwunderung gesorgt. Auch wenn Hersteller eine stärkere Untergliederung bei den jüngeren Verfahren antizipieren konnten, kommt es immer wieder zu Divergenzen zwischen den Einschätzungen der Hersteller, des IQWiG und der finalen Einteilung durch den G-BA. Dies ist deshalb problematisch, da die Darstellung der Evidenz zum Zusatznutzen nach den Subpopulationen getrennt zu erfolgen hat. Bei den ersten 42 AMNOG-Verfahren (bis Juni 2013; bereinigt um noch laufende Verfahren und Verfahren ohne Einreichung eines Dossiers) nahm der G-BA für die 36 Substanzen eine Einteilung in 68 Patientengruppen vor. Für die gleichen Substanzen hatten die Hersteller mit 77 Patientengruppen argumentiert, von denen nur 42 identisch mit denen des G-BA definiert waren. Die in Bezug auf das AMNOG-Verfahren vorläufige Nutzenbewertung des IQWiG arbeitete in denselben Verfahren mit 74 Patientengruppen, von denen 49 identisch mit denen des G-BA definiert waren (Fischer und Stargardt 2014).

Es ist daher nicht verwunderlich, dass sich die Erwartungen bzw. die Aussagen über den Zusatznutzen von Produkten zwischen pharmazeutischen Unternehmen und G-BA stark unterschieden (◘ Abb. 2.24). Die Abbildung basiert auf den im obigen Absatz beschriebenen 68 Einzelentscheidungen des G-BA zu den ersten 36 Wirkstoffen, für die ein Dossier eingereicht wurde, und für die das Bewertungsverfahren zum 15.06.2013 abgeschlossen war.

Im internationalen Vergleich der G-BA-Entscheidungen mit denen des englischen NICE, des schottischen SMC und des australischen PBAC ist festzustellen, dass es nur ein sehr geringes Maß an Übereinstimmung zwischen dem G-BA und den anderen HTA-Agenturen gibt. Zudem ist festzustellen, dass der G-BA strenger bewertet als das englische NICE, auch wenn dies in der unterschiedlichen Konsequenz der jeweiligen Entscheidung begründet sein mag (Fischer et al. 2016). Während eine Negation des Zusatznutzens durch den G-BA zunächst nur Auswirkungen auf den Preis des Arzneimittels hat und erst bei Rücknahme des Arzneimittels vom Markt durch den Hersteller zu einer Einschränkung der Verfügbarkeit für den Versicherten führt, schließt eine negative Entscheidung des NICE die Verfügbarkeit für alle über den englischen NHS versorgten Patienten direkt aus.

Gleichzeitig stellt die Darstellung des Nutzens in mehreren Kategorien (Mortalität, schwere Symptome/Nebenwirkungen, leichte Symptome/Nebenwirkungen, Lebensqualität) und für mehrere Subpopulationen die Verhandler des Rabattes, Vertreter der Hersteller und Vertreter des Spitzenverbandes Bund der Krankenkassen, vor große Herausforderungen aufgrund der Mehrdimensionalität der Nutzenaussagen. Eine deskriptive Auswertung auf Basis von 61 Arzneimitteln, für die zwischen Januar 2011 und Juni 2016 AMNOG-Verfahren mit abgeschlossenen Preisverhandlungen vorlagen, ergab, dass die Preisaufschläge auf die Kosten der Vergleichstherapie für die 31 Arzneimittel ohne Zusatznutzen im Durchschnitt 9,1 % (Median: 0 %), für die 12 Arzneimittel mit geringem Zusatznutzen im Durchschnitt 104,8 % (Median: 35 %), für die 16 Arzneimittel mit beträchtlichem Zusatznutzen im Durchschnitt 444,7 % (Median: 151,2 %) sowie für die 2 Arzneimittel mit nicht quantifizierbarem Zusatznutzen im Durchschnitt 110,1 % betrugen (Lauenroth und Stargardt 2017). Eine weitere Studie, die sich ausschließlich auf den Bereich Krebs konzentrierte, schätzte die aus dem ANMOG-Prozess resultierende Zahlungsbereitschaft auf $ 24.219 je zusätzliches oder progressionsfreies Lebensjahr (Lauenroth et al. 2020).

Zudem hat sich gezeigt, dass sich ein festgestellter Zusatznutzen auch auf das Verordnungsverhalten der Ärzte überträgt. So durchdrangen positiv bewertete Arzneimittel den Markt signifikant schneller als negative bewertete Arzneimittel; ein Unterschied, der sich erst nach Publikation der jeweiligen Bewertung durch den G-BA und nicht per se mit Markteintritt ergab. Zudem ließ sich der monetäre Gegenwert einer positiven Bewertung in Werbeausgaben mit 393,50 € je Arzt bemessen (Blankart und Stargardt 2020).

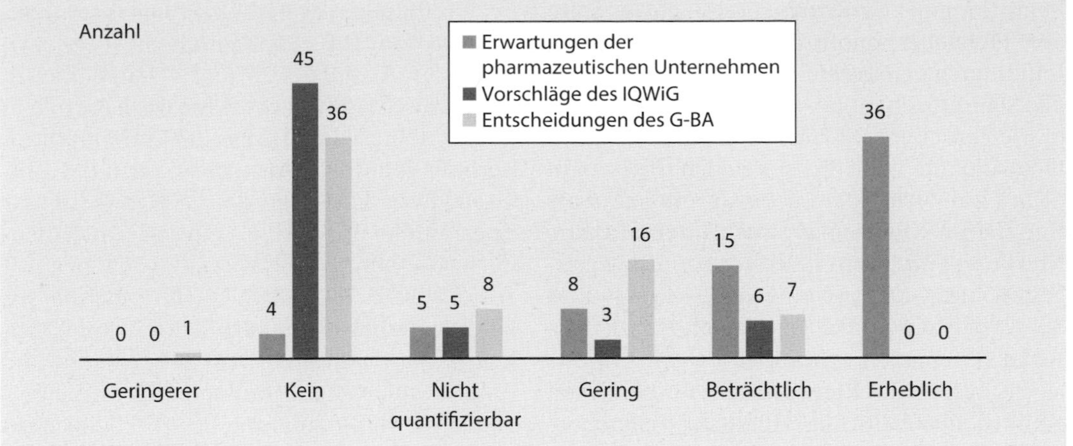

Abb. 2.24 Anzahl des erwarteten bzw. beschiedenen Zusatznutzen vom G-BA identifizierter Patientenpopulation im Vergleich

Bei der **Festbetragsregelung** entscheidet der Hersteller, ob sein Arzneimittel einen Zusatznutzen im Vergleich zu anderen Arzneimitteln derselben Gruppe besitzt, und ob er diesen dem Arzt bzw. dem Patienten kommunizieren kann. Geht der Hersteller hiervon aus, ist eine Preissetzung oberhalb des **Festbetrages** möglich. Dies kommt in der Praxis jedoch eher selten vor, da der G-BA, als höchstes Entscheidungsgremium des GKV-Systems, mit dem Gruppierungsbeschluss genau diesen Zusatznutzen verneint hat. Ist ein Zusatznutzen im Vergleich zu anderen Arzneimitteln der Gruppe nicht vorhanden oder vorhanden, jedoch nicht kommunizierbar, wird der Hersteller den Preis auf die Höhe des Festbetrages senken, sodass der Arzt bzw. der Patient zwischen seinem Produkt und anderen Arzneimitteln, die preislich auf oder unter ihrem Festbetrag liegen, indifferent ist. Entscheidend ist jedoch nicht der tatsächliche Zusatznutzen (z. B. geringere Komplikationen mit anderen Arzneimitteln), sondern nur der vom Arzt bzw. Patient individuell wahrgenommene Nutzen (Kanavos und Reinhardt 2003). Für die Bereiche, in denen die Zuzahlungsregelung einen Anreiz zu preisbewusstem Verhalten hat, gilt dasselbe. Nur dann, wenn der Patient bereit ist, eine höhere **Zuzahlung** zu akzeptieren, wird der Hersteller seinen Preis höher setzen. **Rabatte und Preismoratorien** finden ebenfalls Eingang in die Preiskalkulation der Hersteller. Da dieser bei der erstmaligen Festsetzung seines Abgabepreises frei entscheiden kann, wird er Rabatte oder ein Verbot der Preissteigerung entsprechend berücksichtigen.

Als Instrument zu Steuerung der Gesamtausgaben üben auch die **Richtgrößen** einen indirekten Einfluss auf die Preisfestlegung aus: Ist die Anzahl der Ärzte, die in ihrem Verordnungsverhalten durch die praxisindividuellen Budgets eingeschränkt sind, sehr groß, werden mit hoher Wahrscheinlichkeit preiswertere Alternativen vor dem Einsatz neuer, sehr teurer Arzneimittel bevorzugt. Dies muss vor allem bei der erstmaligen Festsetzung des Herstellerabgabepreises beachtet werden, da dies die Geschwindigkeit der Marktdurchdringung eines Präparates beeinflusst.

Des Weiteren müssen bei der Preissetzung **generische Substitution und mögliche Parallelimporte** berücksichtigt werden. Preisdifferenzen zwischen den EU-Mitgliedsstaaten können durch Parallelimporteure genutzt werden, um dem Hersteller mit seinen eigenen Produkten Konkurrenz zu machen.

Andererseits sind zu niedrige Preise im Hinblick auf die Preisbildungsprozesse in anderen Ländern für die Preispolitik des Herstellers evtl. schädlich. Da Länder wie z. B. Irland, Dänemark und die Niederlande bei der

Ermittlung der **Erstattungspreise**, die teilweise den Herstellerpreisen entsprechen, in ihrem Land durch »**cross-reference-pricing**« auch auf deutsche Großhandels- oder Herstellerabgabepreise zurückgreifen, führen niedrige Preise in Deutschland auch zu sinkenden Preisen in diesen Ländern. Somit üben sowohl nationale Regulierungsformen als auch internationale Marktdependenzen Einfluss auf die Preisgestaltung in Deutschland aus (Stargardt und Schreyögg 2006). Die Interdependenzen zwischen verschiedenen Märkten haben zur Festlegung regionaler Preisbänder bzw. -bereichen geführt. Das heißt, die Hersteller versuchen, die Preise eines Produktes in den Ländern einer Region so festzulegen, dass bestimmte Preisgrenzen nicht über- oder unterschritten werden. Zudem erfolgt zur Verminderung von Parallelimporten eine Überwachung der Bestellmengen von Großhändlern in den exportierenden Ländern einer Region.

2.7 Fallstudien

2.7.1 Fallstudie zum Leistungsmanagement von Krankenkassen im Bereich der Krankenhausrechnungsprüfung

Matthias Bäuml, Jonas Müller

Prüfung von Krankenhausabrechnungen

103 Krankenkassen und 36 private Krankenversicherungsunternehmen bezahlten 2019 knapp 100 Mrd. EUR an 1914 Krankenhäuser für ca. 19,4 Mio. Krankenhausaufenthalte (DESTATIS 2021). Die Finanzierung der Betriebskosten für diese 19,4 Mio. Krankenhausaufenthalte erfolgt in Deutschland seit 2005 hauptsächlich auf Basis von diagnosebezogenen Fallpauschalen (► Abschn. 4.3.1). Diese Fallpauschalen (DRGs) stellen den Kern einer Krankenhausabrechnung dar und hängen von verschiedenen patienten- und krankenhausaufenthaltsspezifischen Eigenschaften ab (► Abschn. 2.3.1).

Die Inhalte der Krankenhausabrechnungen werden auf elektronischem Wege zwischen Krankenhäusern und Krankenkassen ausgetauscht (§ 301 Abs. 1 SGB V). Krankenhäuser sollten die Daten zum Aufenthalt innerhalb von drei Arbeitstagen nach der Entlassung des Patienten an die Krankenkasse übermitteln und i. d. R. einmal pro Kalenderwoche abrechnen (Vereinbarung zu § 301 Abs. 3 SGB V Anlage 5). Krankenkassen sind gesetzlich dazu verpflichtet, die Krankenhausabrechnungen zu überprüfen und unter bestimmten Voraussetzungen eine gutachtliche Stellungnahme des Medizinischen Dienstes einzuholen (§ 275 Abs. 1 SGB V). Leistungen, die nicht notwendig oder nicht wirtschaftlich sind, dürfen Krankenhäuser nicht erbringen und Krankenkassen nicht vergüten (§ 12 SGB V).

Herausforderungen für das Leistungsmanagement

Die Prüfung von Krankenhausabrechnungen ist ein wirtschaftlich bedeutsamer Geschäftsprozess für Krankenkassen. Um alle 19,4 Mio. Krankenhausabrechnungen zu prüfen, werden umfangreiche personelle Kapazitäten auf Seiten der Krankenkassen (geschätzt ca. 5000–7500 Vollzeitbeschäftigte) und auf Seiten von externen Gutachtern des Medizinischen Dienstes (geschätzt ca. 750–1500 Vollzeitbeschäftigte) benötigt. Diese personellen Kapazitäten verursachen wesentliche Verwaltungskosten.

Aktuell werden geschätzt mehr als 75–90 % aller Krankenhausabrechnungen von den Sozialversicherungsfachangestellten der Krankenkassen und mehr als 10 % der Krankenhausabrechnungen von den externen Gutachtern des Medizinischen Dienstes manuell genau geprüft (GKV-Spitzenverband 2014). Statistisch betrachtet führt jede zweite von den externen Gutachtern des Medizinischen Dienstes geprüfte Krankenhausabrechnung zu einer Korrektur des Rechnungsbetrags zugunsten von Krankenkassen (GKV-Spitzenverband 2014; Bundesrechnungshof 2019). In der Summe betrug etwa 2016 die Korrektur des Rechnungsbetrags zugunsten von Krankenkassen ca. 2,2 Mrd. EUR jedes Jahr (Bundesrechnungshof 2019; ca. 2,3 %

der gesamten Rechnungsbeträge). Diese Summe entspricht für Versicherte einer finanziellen Minderbelastung von fast 0,2 Beitragssatzpunkten. Diese 0,2 Beitragssatzpunkte sind wirtschaftlich bedeutsam und entsprechen in etwa einem gesamten Anstieg der vom BMG gem. § 242a SGB V festgelegten durchschnittlichen Zusatzbeiträge von 2020 (1,1 %) auf 2021 (1,3 %).

Krankenkassen, die den Geschäftsprozess rund um die Prüfung von Krankenhausabrechnungen effizient und effektiv gestalten, gewinnen einen wesentlichen Wettbewerbsvorteil durch niedrigere Zusatzbeiträge für ihre Versicherten. Der wirtschaftliche Anreiz zur möglichst effizienten Gestaltung der Prüfung von Krankenhausabrechnungen wird durch einen drohenden Fachkräftemangel durch den demographischen Wandel noch weiter verstärkt.

Die Prüfung von Krankenhausabrechnungen beinhaltet vor allem drei Sachverhalte: Erstens die Notwendigkeit einer vollstationären Aufnahme durch das Krankenhaus (sog. Primäre Fehlbelegung). Zweitens die Notwendigkeit jedes einzelnen Krankenhausbehandlungstages (sog. Sekundäre Fehlbelegung). Drittens die Korrektheit der Dokumentation und Kodierung (sog. Fehlkodierung), z. B. die Anwendung der Deutschen Kodierrichtlinien (DKR).

Im Rahmen von Krankenhausabrechnungen müssen medizinische (z. T. auch komplizierte) Sachverhalte sowohl von Krankenhäusern als auch den Krankenkassen interpretiert werden. Die DKR zielen darauf ab, diese Interpretationen zu vereinheitlichen und den Interpretationsspielraum allgemein zu reduzieren.

Gesetzliche Rahmenbedingungen

Die gesetzlichen Rahmenbedingungen für die Prüfung von Krankenhausabrechnungen sind vor allem in den §§ 275 ff. SGB V verankert. Diese Regelungen wurden maßgeblich durch das Gesetz für bessere und unabhängigere Prüfungen (MDK-Reformgesetz) und das Pflegepersonal-Stärkungsgesetz (PpSG) beeinflusst.

Seit 2020 dürfen Krankenkassen nur noch eine bestimmte Anzahl an Krankenhausabrechnungen unabhängig prüfen lassen (§ 275c Abs. 2 SGB V). Diese Prüfquote (Quotient von Anzahl unabhängig geprüfter Rechnungen im aktuellen Quartal und Anzahl aller eingegangenen Rechnungen aus dem vorletzten Quartal) beträgt bundeseinheitlich im Jahr 2020 – u. a. bedingt durch die Corona-Pandemie – stark reduzierte 5 %, im Jahr 2021 12,5 %. Ab dem Jahr 2022 ist die Prüfquote variabel in Abhängigkeit vom Niveau der erfolgten Korrekturen der Vergangenheit und schwankt zwischen 5 und 15 %.

Für den Fall, dass die Prüfung einer Krankenhausabrechnung zu keiner Korrektur führt, muss die Krankenkasse an das Krankenhaus eine Aufwandspauschale i. H. v. 300 € bezahlen. Für den Fall, dass die Prüfung einer Krankenhausabrechnung zu einer Korrektur führt, muss ab 2022 auch das Krankenhaus an die Krankenkasse eine Strafzahlung in Abhängigkeit vom Niveau der erfolgten Korrekturen der Vergangenheit leisten (§ 275c Abs. 3 SGB V). Diese Strafzahlungen können zwischen 0 und 50 % des Streitwerts (Differenz zwischen dem ursprünglichen und dem geminderten Abrechnungsbetrag) betragen.

◘ Abb. 2.25 fasst die Mechanik der Prüfquote und der Strafzahlungen ab 2022 in Abhängigkeit vom Niveau der erfolgten Korrekturen der Vergangenheit vereinfacht zusammen.

Die Einführung des Pflegepersonal-Stärkungsgesetzes (PpSG) führt dazu, dass – auch wenn eine Krankenhausabrechnung nachweislich nicht korrekt ist – nicht alle Gegenstände einer Krankenhausabrechnung korrigiert werden dürfen. Zum Beispiel werden im Rahmen einer erfolgreichen Prüfung wegen einer primären Fehlbelegung die Pflegeentgelte korrigiert, im Rahmen einer erfolgreichen Prüfung wegen einer sekundären Fehlbelegung werden die Pflegeentgelte hingegen nicht korrigiert (§ 275c Abs. 6 SGB V).

Darstellung des Geschäftsproblems

Insbesondere bei großen Krankenkassen stellt die manuelle Prüfung aller Krankenhausabrechnungen einen wesentlichen Verwaltungsaufwand dar, der unter Umständen nicht mit dem Grundsatz des verantwortungsvollen Umgangs mit den Beiträgen der Versicherten vereinbar sein kann.

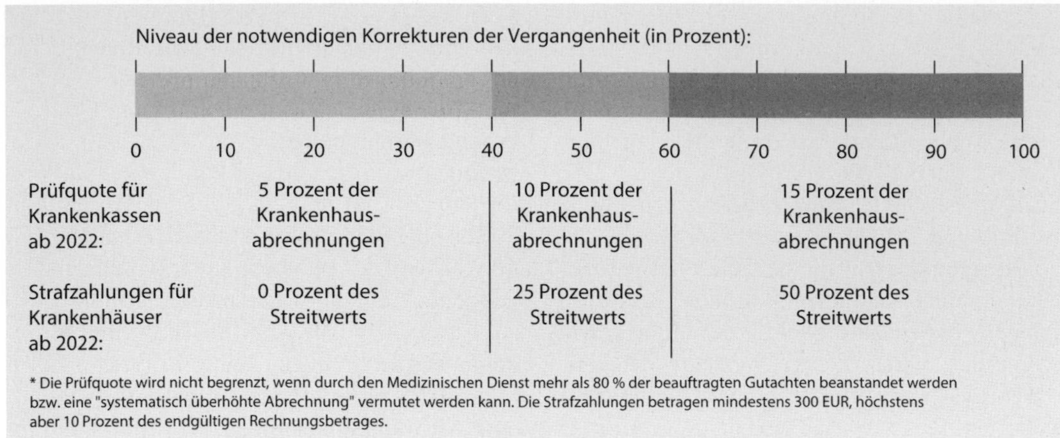

Abb. 2.25 Prüfquote und Strafzahlungen in Abhängigkeit vom Niveau der notwendigen Korrekturen der Vergangenheit (vereinfachte Darstellung*)

Die Herausforderung für das Leistungsmanagement der Krankenkassen ist, die folgenden zwei Kernfragen möglichst erfolgreich zu beantworten:

1. Welche Rechnungen sollten manuell durch die Rechnungsprüfung geprüft werden (Priorisierung/Effizienz)?
2. Mit welchem Ziel sollen die manuell geprüften Rechnungen geprüft werden (Zielorientierung/Effektivität)?

Zur Unterstützung für die Rechnungsprüfung bei der Beantwortung dieser beiden Fragen werden häufig Software-Systeme eingesetzt, die alle eingehenden Krankenhausabrechnungen sichten und über eine manuelle Prüfung oder eine automatische Prüfung entscheiden. Traditionell basieren diese Software-Systeme auf einem Experten-Regelwerk. Seit 2018 gibt es allerdings auch innovative Produkte, die die Priorisierung von Krankenhausabrechnungen zur manuellen Bearbeitung als auch die Zielorientierung einer Prüfung deutlich erfolgreicher gestalten können.

Traditionelle Lösung des Geschäftsproblems mittels Experten-Regelwerk

Ein Experten-Regelwerk besteht aus mehreren einzelnen Regeln (sog. Boole'sche Logik), die auf alle eingehenden Krankenhausabrechnungen angewendet werden. Die Regeln werden von den Anbietern der Software-Systeme bzw. von den Krankenkassen selbst erstellt. Ein Beispiel für eine derartige Regel ist: Wenn die Behandlung inklusiver aller Prozeduren ambulant hätte durchgeführt werden können (siehe auch AOP-Katalog), dann erzeuge für diese Krankenhausabrechnung einen Hinweis mit »Primäre Fehlbelegung«.

Um möglichst alle relevanten Sachverhalte einer Krankenhausabrechnung auch dauerhaft mit einem Experten-Regelwerk abzudecken, ist eine mindestens jährliche Weiterentwicklung zur Anpassung der Regeln an aktuelle Gegebenheiten notwendig (z. B. Weiterentwicklung der vergütungsrelevanten patienten- und krankenhausaufenthaltsspezifischen Eigenschaften im G-DRG [► Abschn. 2.3.1] bzw. die Definition zusätzlicher neuer Prüfschwerpunkte).

Priorisierung/Effizienz

Eine angemessene Steuerung des Leistungsprozesses ist auf Basis eines Experten-Regelwerks schwierig, da die Entscheidung, ob eine manuelle Prüfung oder eine automatische Prüfung erfolgen soll, nur auf Ebene der Regeln möglich ist. Infolgedessen werden die durch Regeln abgebildeten Sachverhalte entweder immer manuell geprüft oder nie manuell geprüft. Eine vielschichtige patienten- und kran-

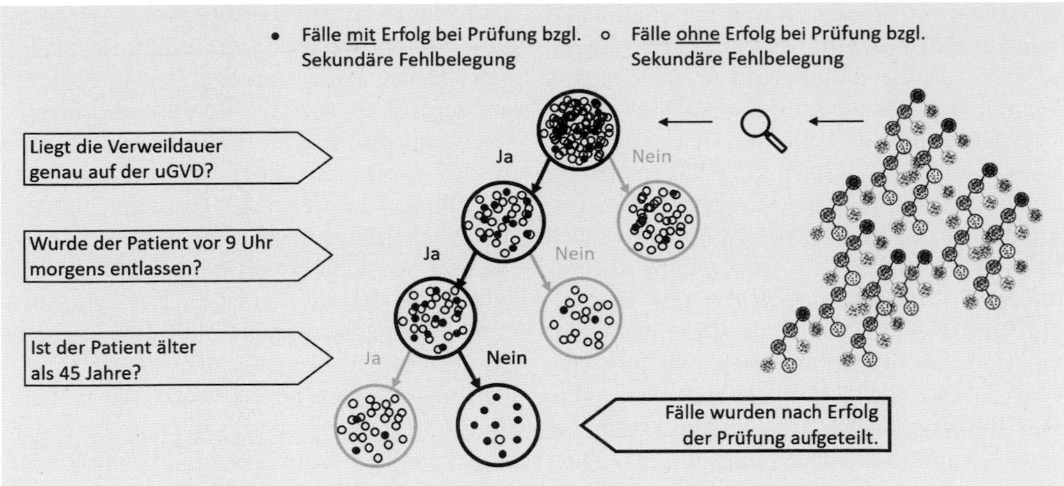

Abb. 2.26 Mini-Ausschnitt aus Algorithmus zur Prüfung bzgl. Sekundäre Fehlbelegung

kenhausaufenthaltsspezifische Unterscheidung ist dabei nur schwer möglich.

Zielorientierung/Effektivität

Ein Experten-Regelwerk ermöglicht hingegen die genaue Definition der Prüfschwerpunkte und – damit verbunden – die Steuerung der Aufmerksamkeit der Rechnungsprüfung. Durch detaillierte Hinweise kann sichergestellt werden, dass die Rechnungsprüfung den jeweiligen einzelnen Sachverhalt zielorientiert evaluiert.

Bewertung

Die Gesamtbetrachtung von Experten-Regelwerken zeigt, dass sich diese Art der Leistungssteuerung nicht zur konsequenten ökonomischen Priorisierung der Rechnungsprüfung eignet, auch wenn umfassend detaillierte Regeln erstellt und regelmäßig weiterentwickelt werden. Nachdem für diese Wartungsarbeiten allerdings sehr große personelle Aufwände einhergehen müssen, haben viele dieser Experten-Regelwerke in der Praxis zahlreiche »blinde Flecken« und keine Garantie für die Aktualität der angezeigten Hinweise.

Innovative Lösung des Geschäftsproblems mittels Machine Learning

Eine innovative Alternative zum Experten-Regelwerk stellt eine datengetriebene Unterstützung mittels Machine Learning dar. Das Ergebnis dieser innovativen Lösung sind Algorithmen, die ebenfalls eine Reihe von Anweisungen darstellen, sich allerdings durch deutlich mehr Komplexitätsvermögen als Experten-Regelwerke auszeichnen.

Die Algorithmen entstehen durch Lernprozesse auf Basis der historischen Prüfprozesse. Die Entscheidungen des Algorithmus können dabei auf eine beliebige Anzahl von patienten- und krankenhausaufenthaltsspezifischen Eigenschaften zurückgreifen, um zu erlernen, welche Krankenhausabrechnungen mit welcher Strategie in der Vergangenheit erfolgreich geprüft wurden bzw. welche monetären Auswirkungen eine etwaige Korrektur hatte. Für die Entscheidungen des Algorithmus können die patienten- und krankenhausaufenthaltsspezifischen Eigenschaften nahezu beliebig komplex verknüpft werden, sodass sehr ausdifferenzierte »Muster« von erfolgreich und nicht erfolgreich zu prüfenden Sachverhalten entstehen.

Abb. 2.26 veranschaulicht die Funktionsweise einer datengetriebenen Unterstützung mittels Machine Learning. Im Anschluss an diese Fallstudie ist zusätzlich noch ein kleiner Exkurs zum Thema Machine Learning zu finden, im Rahmen dessen das grundlegende Vorgehen bei dieser Methode beschrieben wird.

Der Algorithmus lernt auf Basis der historischen Prüfprozesse »Muster«, indem er beliebig viele Fragen zu den patienten- und krankenhausaufenthaltsspezifischen Eigenschaften an die Daten stellt (z. B. Liegt die Verweildauer genau auf der uGVD? [= untere Grenzverweildauer; vergütungsrelevante krankenhausaufenthaltsspezifische Eigenschaft]). Die Antworten auf diese Fragen werden verwendet, um die historischen Prüfprozesse nach Erfolg zu sortieren (z. B. erfolgreiche Korrektur einer Krankenhausabrechnung). Der Algorithmus wählt am Ende diejenige Kombination von Fragen aus, die die historischen Prüfprozesse nach Erfolg am besten sortieren. Das hierbei erlernte »Muster« kann dann auf neue Krankenhausabrechnungen angewendet werden, um die patienten- und krankenhausaufenthaltsspezifischen Erfolgsaussichten zu schätzen.

Priorisierung/Effizienz

Die auf Basis der Erfahrungen aus der Vergangenheit erlernten »Muster« können auf aktuelle Krankenhausabrechnungen angewendet und der zu erwartende Erfolg bei einer Prüfung geschätzt werden. Übersteigt der geschätzte ökonomische Wert aus dieser Prüfung einen bestimmten Schwellenwert (z. B. die Kosten einer manuellen Bearbeitung), kann diese zur manuellen Bearbeitung einer Rechnungsprüfung vorgelegt werden. Ist der zu erwartende Erfolg zu gering, wird die Krankenhausabrechnung automatisch freigegeben.

Wird die Anzahl der möglichen Prüfungen z. B. aufgrund von regulatorischen Rahmenbedingungen (siehe MDK-Reformgesetz oben) eingeschränkt, ist die Krankenkasse auf Basis dieser innovativen Lösung in der Lage, alle eingehenden Krankenhausabrechnungen gemäß ihrem geschätzten ökonomischen Wert zu sortieren. Auf diese Weise können die begrenzten Kapazitäten zur Prüfung optimal genutzt werden, und die Bearbeitungsreihenfolge bzw. -intensität folgt wirtschaftlichen Prinzipien.

Dabei kann ein auf den zu erwartenden Erfolg ausgerichtetes Leistungsmanagement die oben erwähnten Aufwandspauschalen von Krankenkassen an Krankenhäuser effektiv reduzieren.

Zielorientierung/Effektivität

Eine weitere wichtige Eigenschaft der datengetriebenen Unterstützung der Rechnungsprüfung mittels Machine Learning ist, dass der Rechnungsprüfung auch umfassende Details zu den erfolgversprechendsten Prüfstrategien zu ähnlichen Krankenhausabrechnungen aus der Vergangenheit zur Verfügung gestellt werden können. Durch eine Erklärung der relevanten »Muster« kann die Rechnungsprüfung die einzelnen Sachverhalte zielorientiert evaluieren. Die innovativen Lösungen für das Leistungsmanagement mittels Machine Learning umfassen in der Praxis u. a. Patienten- und Krankenhausaufenthalts-spezifische Bewertungen der einzelnen Prüfstrategien (z. B. Kodierung), konkrete Prüfempfehlungen (z. B. Streichen eines bestimmten Diagnose-Kodes) und konkrete Prüfbeispiele (z. B. wegweisendes Vorbild aus Gutachten des MD).

Durch das Erlernen von »Mustern« auf Basis der Vielzahl von Erfahrungen aus der Vergangenheit findet implizit ein Wissenstransfer über Erfolg und Misserfolg über alle Beschäftigten der Rechnungsprüfung einer Krankenkasse hinweg statt, sodass eine einheitlichere manuelle Bearbeitung gemäß Best-Practice-Standards erfolgen kann.

◘ Abb. 2.27 illustriert den ökonomischen Mehrwert von innovativen Lösungen mittels Machine Learning im Vergleich zu Experten-Regelwerken.

Das wirtschaftliche Gesamtergebnis umfasst die Summe der Korrekturen der Rechnungsbeträge zuzüglich Strafzahlungen bzw. abzüglich Aufwandspauschalen und Kosten für die (manuelle) Bearbeitung. Ein Experten-Regelwerk kann die Steuerung des Automatisierungsgrads nur stufenweise vornehmen, wobei eine Stufe eine Regel des Experten-Regelwerks widerspiegelt. Innovative Lösungen mittels Machine Learning können den Automatisierungsgrad hingegen auf Ebene einer einzelnen Krankenhausabrechnung regulieren. Durch den impliziten Wissenstransfer des Best-Practice-Standards sind die bei innovativen Lösungen mittels Machine Learning die Summen der Korrekturen der Rechnungsbeträge bei einem gegebenen Automatisierungsgrad stets größer.

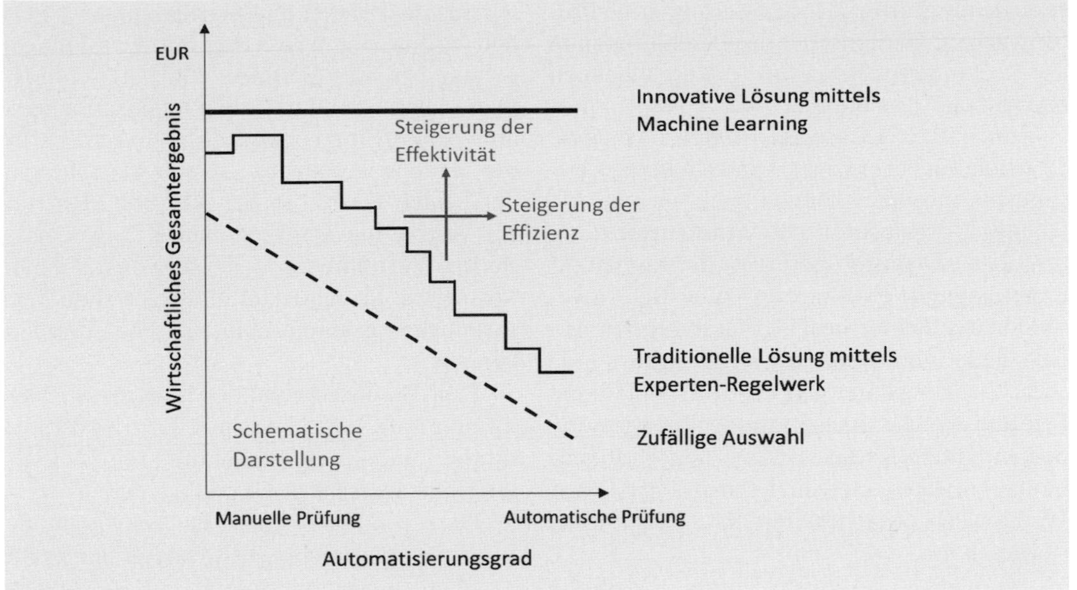

Abb. 2.27 Wirtschaftliches Gesamtergebnis in Abhängigkeit des Automatisierungsgrads (getrennt nach Lösungstechnologie)

Bewertung

Im Ergebnis zeigt sich, dass innovative Lösungen mittels Machine Learning im Vergleich zu Experten-Regelwerken wesentlich umfänglicher und differenzierter Krankenhausrechnungen evaluieren können. Zeitgleich kann der Verwaltungsaufwand für nicht auffällige Krankenhausabrechnungen minimiert werden (so wenig manuelle Bearbeitung wie möglich, aber so viel wie nötig).

Durch statistische Finessen können die Lernprozesse der Algorithmen so gestaltet werden, dass sie ein ökonomisch orientiertes Leistungsmanagement bestmöglich unterstützen. Durch einen fortlaufend angelegten Lernprozess kann eine Anpassung an neue medizinische Gegebenheiten und Sachverhalte sichergestellt werden.

Diskussion

Krankenkassen, die den Geschäftsprozess rund um die Prüfung von Krankenhausabrechnungen effizient und effektiv gestalten, gewinnen einen wesentlichen Wettbewerbsvorteil durch niedrigere Zusatzbeiträge für ihre Versicherten. Die vorliegende Fallstudie hat gezeigt, dass eine Technologie zur Klassifizierung der Krankenhausabrechnungen gemäß wirtschaftlichen Gesichtspunkten für ein effizientes und effektives Leistungsmanagement erfolgsentscheidend ist. Unterstützt durch die Weiterentwicklungen im Bereich der Künstlichen Intelligenz – gepaart mit rigoroser fachlicher Expertise –, sind in den letzten Jahren erste Produkte entstanden, die dieses Geschäftsproblem auf innovative Art und Weise lösen.

Der Einsatz von DRG-Systemen zur Vergütung von Krankenhäusern ist in vielen Gesundheitsystemen verbreitet. Die Unterstützung der Geschäftsprozesse mittels innovativer Technologien kann die systembedingten Verwaltungskosten von Krankenkassen nachhaltig senken. Die Unterstützung der Geschäftsprozesse mittels Machine Learning (als Teilgebiet der Künstlichen Intelligenz) führt auch dazu, dass die menschliche Intelligenz im Leistungsmanagement zielgerichteter und motivierender eingesetzt werden kann. Während die künstliche Intelligenz viele der regelhaften und repetitiven Aufgaben automatisiert übernehmen kann, kann sie im Rahmen von komplexen Einzelfällen vor allem eine vielversprechende Starthilfe für eine erfolgreiche Prüfung geben. Die Tätigkeit der Beschäftigten in der Rechnungsprüfung wird dadurch fachlich merklich anspruchsvoller.

Innovative Lösungen mittels Machine Learning für ein effizientes und effektives Leistungsmanagement können auch als eine Art technisch-organisatorische Weiterentwicklung des oben erwähnten Gesetzes für bessere und unabhängigere Prüfungen (MDK-Reformgesetz) betrachtet werden. Der Grund hierfür ist, dass diese innovativen Lösungen mittels Machine Learning dauerhaft den Aufwand für die Prüfung von Krankenhausabrechnungen auf beiden Seiten (Krankenkassen und Krankenhäuser) maßgeblich reduzieren und den fairen Wettbewerb zwischen den Krankenhäusern stärken kann.

Innovative Lösungen mittels Machine Learning sind über die Krankenhausabrechnung hinaus auch für weitere Prozesse des Leistungsmanagements denkbar. Ein Beispiel hierfür wäre der Bereich Regress (z. B. Aufspüren von Behandlungsfehlern). Algorithmen können die Krankenkassen aber nicht nur dabei unterstützen, ein (voll) digitalisierter Kostenerstatter zu werden. Algorithmen können die Krankenkassen auch dabei unterstützen, ein (voll) digitaler Gesundheitsdienstleister zu werden, indem sie innovative Lösungen mittels Machine Learning z. B. auch in Bereichen des Versorgungsmanagements (aktive Gestaltung der Versorgungsprozesse der Versicherten, z. B. zielorientierte Zweitmeinungsangebote) einsetzen.

2.7.2 Fallstudien zum Leistungsmanagement in der Integrierten Versorgung

Helmut Hildebrandt, Oliver Gröne, Timo Schulte

Ende 2005 startete die **Integrierte Versorgung Gesundes Kinzigtal** in Südbaden mit den Versicherten der **AOK Baden-Württemberg**, ein Jahr später schloss die **LKK Baden-Württemberg** (heute Teil der Sozialversicherung für Landwirtschaft, Forsten und Gartenbau, SVLFG) den Vollversorgungsvertrag mit der Managementgesellschaft Gesundes Kinzigtal GmbH. Diese übernahm damit die Organisationsverantwortung für das Leistungsmanagement für die heute insgesamt ca. 34.500 Versicherten der beiden Kassen in der Region. 2016 trat ein Vertrag mit der Techniker Krankenkasse Baden-Württemberg in Kraft, wonach deren Versicherte im Kinzigtal in ausgewählte Versorgungsprogramme eingeschrieben werden können.

Fünf Besonderheiten der Integrierten Versorgung im Kinzigtal sollen in dieser Fallstudie skizziert und in ihrer Bedeutung für das Leistungsmanagement gewürdigt werden:

1. Die besondere ergebnisbezogene Vergütung der Managementgesellschaft in der Form eines Einsparcontractings
2. Die Bedeutung der Übernahme der Organisationsverantwortung für alle und nicht nur für die eingeschriebenen Versicherten.
3. Die Bedeutung des Datentransfers von Krankenkassen an die Managementgesellschaft
4. Die Geschäftsführung der Managementgesellschaft durch ein gesundheitswissenschaftlich geprägtes Unternehmen als Mitgesellschafter (neben dem Mehrheitsgesellschafter einem Ärztenetz)
5. Die Vergütungsanreize und die Managementkultur innerhalb der Integrierten Versorgung

Daran anschließend wird eine Übersicht über das Leistungsmanagement der entwickelten Programme gegeben und die Fallstudie schließt mit einer kurzen Darstellung der externen wissenschaftlichen Evaluation und einem Blick auf einige der bisherigen medizinischen und wirtschaftlichen Ergebnisse.

Einige Besonderheiten der Integrierten Versorgung im Kinzigtal

Um die Motivation und Arbeitsweise der rund 400 Ärzte und Psychotherapeuten, Kliniken, Physiotherapeuten, ambulanten Pflegedienste, Pflegeheime, Apotheken, sozialpsychiatrischen Einrichtungen, Sportvereine, Fitnessstudios

Grundlegendes Vorgehen bei Machine Learning

Um ein (geeignetes) Geschäftsproblem mittels Machine Learning zu lösen, kann folgendes grundlegendes Vorgehen gewählt werden:

Definition des Ziels der Lösung: Welches (ökonomische) Problem möchte ich mit einem Machine Learning Modell lösen?

»Sage den Erwartungswert für den Erfolg einer Prüfung einer Krankenhausabrechnung voraus.«

Aufbau zum Verständnis über das Geschäftsproblem: Wie wird der Prozess aktuell durchgeführt, und wie entstehen auf diesem Wege maschinell nutzbare Daten? Was möchte ich am Status quo verbessern?

»Die Rechnungsprüfer haben standardisierte Arbeitsprozesse, die eine Priorisierung der Krankenhausabrechnungen nach ökonomischem Potenzial allerdings nicht erlauben. Der aktuelle Prozess ist durch die vorliegenden Daten nachvollziehbar.«

Aufbereitung der Daten: Welche Daten brauche ich dafür, und welche Daten stehen mir zur Verfügung?

»Prozessdaten über die Rechnungsprüfung inkl. der Ergebnisse der Prüfung auf Ebene der einzelnen Krankenhausabrechnung.«

- Sog. »Features«: Was charakterisiert eine Krankenhausabrechnung (z. B. Diagnosen)?
- Sog. »Labels«: Was war das Ergebnis der Prüfung bzw. warum?

Auswahl von Algorithmen: Wie kann ich die vorhandenen Daten in Erkenntnisse verwandeln, die den Status quo zukünftig so verbessern, dass die Definition des Ziels erreicht wird?

»Welche Algorithmen eignen sich besonders für die vorhanden Daten, um das vorgegebene Ziel treffsicher zu erfüllen?«

Eine erfolgreiche Anwendung von Algorithmen zeichnet sich vor allem dadurch aus, dass die Zusammenhänge nicht nur in den Daten zum Lernen erkannt werden, sondern diese Zusammenhänge auch auf den Daten neuer Sachverhalte verlässlich erkannt werden (sog. Generalisierbarkeit). Im Rahmen des iterativen Lernprozesses werden die sog. Hyperparameter dementsprechend angepasst.

und Selbsthilfegruppen, die an dem IV-Modell als Partner teilnehmen, zu verstehen, sollen zunächst einige Rahmenbedingungen des Modells skizziert werden.

Von den im Versorgungsgebiet niedergelassenen Haus- und Fachärzten sowie Psychotherapeuten sind ca. 60 % Leistungspartner von Gesundes Kinzigtal. Darüber hinaus sind weitere Fachärzte in Lahr, Offenburg sowie Schramberg und Villingen-Schwenningen beteiligt. Außerdem mit dabei: über 20 stationäre Einrichtungen (Kliniken und Pflegeeinrichtungen), über 40 kooperierende Vereine, über ein Dutzend Apotheken, mehrere Fitnessstudios sowie drei Dutzend weitere Kooperationspartner aus der Region, darunter u. a. auch diverse Betriebe zum Thema Betriebliches Gesundheitsmanagement.

- **Ergebnisbezogene Vergütung der Managementgesellschaft in der Form eines Einsparcontractings**

Der IV-Vertrag im Kinzigtal beinhaltet eine Reihe von Innovationen; die außergewöhnlichste ist das Finanzierungsmodell: das **Einsparcontracting**. Der wirtschaftliche Ertrag entsteht nicht aus der Anzahl der erbrachten Leistungen, sondern aus dem erzielten Gesundheitsnutzen für die Versicherten der beiden Vertragskassen AOK Baden-Württemberg und LKK/SVLFG, die einen Vollversorgungsvertrag abgeschlossen haben. Entscheidend ist die Entwicklung des Deltas der Versorgungskosten der beteiligten Krankenkassen für alle Versicherten einer Region gegenüber den Einnahmen der Krankenkassen für diese Versicherten aus dem Gesundheitsfonds. Zur Berechnung werden die tatsächlichen Ist-Kosten des Versichertenkollektivs einer Region ins Verhältnis zu den Norm-

2

Kosten gesetzt. Die Norm-Kosten referenzieren auf den **Morbiditätsorientierten Risikostrukturausgleich (Morbi-RSA)** und werden durch einen regionalen Unterschiedsfaktor angepasst. Systemendogene Faktoren wie alters- und geschlechtsbedingte Kosteneffekte und regionale Differenzen in der Inanspruchnahme werden darin ausgeglichen. Beim Einsparcontracting im Kinzigtal teilen sich die **Managementgesellschaft** und die **Vertragskasse** die erwirtschaftete Deckungsbeitragsdifferenz nach einem vorab festgelegten Schlüssel (ausführlicher hierzu inkl. Herleitung des Modells und Kritik an den US-amerikanischen Modellen des Managed Care: Hermann et al. 2006). Dieses Finanzierungsmodell hat einen weiteren positiven Effekt: Es sorgt für eine Interessenübereinstimmung der Kasse und der lokalen Ärzteschaft.

Medizinische oder soziale Aktivitäten, Aufklärung, Bewegungskampagnen oder Programme für spezifische Versichertengruppen, z. B. Patienten mit Herzinsuffizienz oder Osteoporose, werden dadurch zu lohnenden Investitionen in die Gesundheit der Bevölkerung. Dabei ist es entscheidend, möglichst genau und preiswert in die Primär- und Sekundärprävention zu investieren, um einen langfristigen Nutzen zu erzielen. Eine wesentliche Voraussetzung dafür war die langjährige Laufzeit des ursprünglichen Vertrages zwischen Gesundes Kinzigtal GmbH und den beteiligten Krankenversicherungen. Der ursprüngliche Vertrag mit der AOK Baden-Württemberg war von Ende 2005 bis Ende 2015 abgeschlossen; der Vertrag mit der LKK/SVLFG verlängert sich automatisch mit Fortbestehen des AOK-Vertrags. Der Vertrag wurde seit 2016 unbefristet fortgeführt; entsprechend langfristige Kündigungsfristen sorgen weiterhin für Investitionssicherheit. Allerdings befindet sich der Vertrag mit der AOK zurzeit (2021) in einer Überholung und soll umfänglich neu ausgerichtet werden. Die bisherige Langfristigkeit ermöglichte es der Gesundes Kinzigtal GmbH, nachhaltig in den Gesundheitsnutzen der Bevölkerung zu investieren und nicht nur eine kurzfristige Kostensenkungspolitik zu betreiben.

- **Die Übernahme der Organisationsverantwortung für alle Versicherten**

Die meisten IV-Verträge sind abgestellt auf die Übernahme der Organisationsverantwortung für einzelne sich in die IV einschreibende Versicherte. Nicht so der Vertrag im Kinzigtal. Die **Ergebnisverantwortung** bezieht sich im Kinzigtal auf die Ergebnisse aller Versicherten der Vertragskassen, unabhängig davon, ob sie in den Vertrag eingeschrieben sind, und ob sie die Leistungspartner des Vertrags genutzt haben oder nicht. Mit dieser (eigentlich kleinen und unaufwändigen) Regelung werden einige ganz entscheidende Wirkungen angestoßen, die sich sowohl zugunsten der Krankenkasse als auch zugunsten der Managementgesellschaft auswirken:

a. Die Managementgesellschaft hat einen Anreiz, **möglichst alle Leistungserbringer** der Region als Leistungspartner in die IV zu integrieren, um einen möglichst großen positiven Effekt auszulösen. Sie kann sich nicht nur die »Crème« der Leistungserbringer und die »Crème« der Patienten aussuchen, sie kann auch nicht einen lokalen Wettbewerb um die lukrativen Patienten entfachen, sondern muss entsprechend der Methoden des Qualitätsmanagements die Breite graduell positiv bewegen. Auch wenn der Prozentsatz der Veränderung dadurch möglicherweise kleiner wird, ist die Gesamtsumme für die Krankenkasse größer.
b. Dies geht einher mit der Notwendigkeit, spezielles Augenmerk auch auf die **Randgruppen der Gesellschaft**, u. a. die Suchtkranken, die Migranten und die sozial Schwachen, und ihre Gesundheitsprobleme zu legen. Hier sind die möglichen Optimierungsgewinne am höchsten, allerdings auch am schwierigsten zu erreichen.
c. Die Managementgesellschaft muss damit allerdings auch weniger stark befürchten, dass sie einen Teil ihrer Investitionen und Interventionen über den »**Halo-Effekt**« wieder verliert. Internationale Studien und auch erste Auswertungen anderer Krankenkassen im Kinzigtal belegen, dass Ärzte, die sich eine andere Behandlungskultur,

z. B. im Rahmen eines Shared Decision Making, der verstärkten Nutzung von Generika oder der intensiveren Motivierung zum Bewegungstraining angeeignet haben, diese Verhaltensform nicht nach Belieben »an- und abschalten« können, sondern dass sie diese auch auf die Patienten übertragen, die bei anderen Krankenkassen versichert sind (sodass diese als Trittbrettfahrer den Nutzen erhalten, ohne dafür die angemessenen Investitionen zu finanzieren).

d. Einer der wichtigsten Effekte ist die **Interessenangleichung** von Krankenkasse und Managementgesellschaft. Mithilfe der Ergebnisverantwortung für alle Versicherten wird jegliches mögliche Interesse an einer Risikoselektion von guten und schlechten Risiken (auf Seiten der Krankenkasse wie der IV-Gesellschaft) eliminiert. Ansonsten erforderliche Kontrollmechanismen und Konfliktpotenziale werden dadurch vermieden. Beide Seiten können sich ungestört der Arbeit an der Optimierung des Gesundheitsergebnisses für die Gesamtpopulation widmen.

■ Datentransfers von Krankenkassen an die Managementgesellschaft

Eine weitere Besonderheit von Kinzigtal ist die Verfügung über die **GKV-Routinedaten**, die bis zum Jahr 2018 seitens der beteiligten Krankenkassen auf Basis des IV-Vertrags der Managementgesellschaft pseudonymisiert regelmäßig zur Verfügung gestellt werden. Das Datenmaterial setzt sich zusammen aus mehreren Datensätzen über alle Sektoren der Versorgung, die über verschiedene Merkmale verknüpfbar sind. Die Daten liegen versichertenbezogen, aber pseudonymisiert vor und enthalten grundsätzlich nur Bruttokosten (exklusive Zuzahlungen/Rabatte). Seitens der OptiMedis AG werden diese Daten validiert und aufgearbeitet in ein DataWarehouse eingegeben (Pimperl et al. 2016). Die Leitlinien (GPS – Gute Praxis Sekundärdatenanalyse) der Arbeitsgruppe »Erhebung und Nutzung von Sekundärdaten« (AGENS) der Deutschen Gesellschaft für Sozialmedizin und Prävention (DGSMP) bilden die Basis für den Umgang mit den Routinedaten. Aufgrund von Vorgaben des internen Datenschutzes der AOK wurde diese Regelung nach 13-jähriger guter Praxis aufgegeben und durch die Möglichkeit ersetzt, Abfragen an die AOK zu stellen.

Seit 2012 können hausärztliche Leistungspartner-Praxen im Kinzigtal online auf ihr individuelles Versorgungscockpit interaktiv zugreifen. Dieses bildet die **Struktur-, Prozess- und Ergebnisqualität** einer Praxis pro Quartal ab (ausführlicher in Pimperl et al. 2013). Hierzu wurden im Aufbau analog einer **Balanced Score Card** wirtschaftliche Kennzahlen und Qualitätsindikatoren entwickelt, anhand derer die Projektpartner umfangreiche Steuerungsinformationen erhalten. Das Cockpit ermöglicht auf einen Blick den Vergleich (Benchmark) mit den anderen Leistungspartnern (LP) und Nicht-Leistungspartnern (NLP), bei Letzteren allerdings nur für den Durchschnitt (siehe auch unten). Erfahrungen mit der zusätzlichen Integration der Daten aus den Praxisverwaltungssystemen der Arztpraxen – in Verbindung mit der Berechnung von Qualitätskennziffern – zeigen, dass diese Kopplung administrativer und klinischer Daten sowie die Visualisierung im Benchmark gegenüber anderen Praxen für die Veränderungsbereitschaft der Ärzte von ganz entscheidender Bedeutung sind. Die Entwicklung und der Einsatz solcher Instrumente sind im Rahmen der Integrierten Versorgung in Deutschland bisher einmalig, und es ist zu hoffen, dass die Datenschutzbedenken wieder ausgeräumt und im Sinne des Digitalisierungsgutachtens des Sachverständigenrats von 2021 zugunsten einer Gesundheitsnutzen stiftenden Datennutzung zurückgeführt werden können.

■ Die Geschäftsführung der Managementgesellschaft

Eine Besonderheit ist die **Mitgesellschafterrolle** eines gesundheitswissenschaftlich geprägten Unternehmens, hier der OptiMedis AG. Sie hat das Vertragskonzept, den Kontrakt mit den Krankenkassen und das Know-how des Modells entwickelt und hat in dem Ärztenetz MQNK e. V. einen Partner gefunden, der das medizinische Know-how einbringt. Letzterer hat mit zwei Dritteln der Anteile die Mehrheitsbeteiligung an der Gesundes Kinzigtal

GmbH, die OptiMedis AG mit einem Drittel der Anteile die Minderheitsbeteiligung. Allerdings stellte die OptiMedis AG in den ersten 13 Jahren die alleinige Geschäftsführung, sodass sich de facto beide Partner auf Augenhöhe begegneten, gleichzeitig aber auch jeweils aufeinander angewiesen waren. Erst in letzter Zeit wurde dieses Prinzip aufgegeben und eine lokale Geschäftsführung gemeinsam berufen.

Die von den beiden Partnern gegründete **Managementgesellschaft** Gesundes Kinzigtal GmbH trägt mit einer interdisziplinär besetzten Geschäftsstelle die Organisationsverantwortung für den Aufbau und den Ablauf des IV-Projektes, die Reorganisation der Versorgungsabläufe und für die Optimierung der Versorgungssteuerung der eingeschriebenen Versicherten. In der Geschäftsstelle arbeiten derzeit über 30 Voll- und Teilzeitbeschäftigte, die vielseitige Kompetenzen besitzen. Ihr professioneller Hintergrund besteht u. a. aus Public Health, Volks- und Betriebswirtschaft, Sportwissenschaft, Pflege, Home Care, Physio- und Ergotherapie und Psychologie. Deren Arbeit wird komplementiert durch einen ärztlichen Beirat, der die Letztverantwortung für alle medizinischen Sachfragen trägt.

Die Mitarbeiter der Geschäftsstelle bzw. die von der OptiMedis AG gestellte Geschäftsführung verhandeln mit den regionalen Leistungspartnern, schließen mit den Leistungserbringern Verträge ab und arbeiten an der Weiterentwicklung der beteiligten Praxen. Sie planen die einzelnen Projekte, wie beispielsweise diverse Präventions- und Gesundheitsförderungsangebote, und organisieren hierzu Kooperationen mit Vereinen, Kommunen, Stiftungen oder Unternehmen. Ferner ist die Geschäftsstelle für den Betrieb und die reibungslose Funktionalität der elektronischen Kommunikation, u. a. in Form einer zentralen elektronischen Patientenakte, verantwortlich und kümmert sich um die wissenschaftliche Evaluation des IV-Modells.

Ein ganz entscheidender Kern der Arbeit der Geschäftsstelle ist die stetige Kommunikation und damit die Aufrechterhaltung eines hohen »**Achtsamkeits-Levels**«. Sie erfolgt zu Mitgliedern wie zu den Gesundheitsprofessionellen und den anderen Partnern über verschiedene direkte und indirekte Kanäle, so u. a. über die lokale Pressearbeit, über interne Newsletter, über einen Bildschirm im Wartezimmer mit einem Kinzigtal-Informationskanal, eine Mitgliederzeitung und insbesondere zu den Partnern über umfangreiche persönliche Kontakte (so z. B. zweiwöchentlich stattfindende Praxisbesuche), regelmäßige Projekt- und Arbeitsgruppensitzungen, monatliche Meetings, halbjährliche Klausuren, Jahresgespräche etc. Die technische Infrastruktur bildet eine mit einem Industriepartner entwickelte **IT-Netzsoftware**, die den datenschutzkonformen Austausch von Daten sowohl zwischen den Praxen als auch zwischen den Praxen und der Geschäftsstelle ermöglicht. Die Software umfasst u. a. die von Gesundes Kinzigtal entwickelten und evaluierten Behandlungspfade und eine zentrale elektronische Patientenakte. Dies ermöglicht allen an der Behandlung eines Patienten beteiligten Ärzten den Austausch von u. a. Befunden, Medikation oder Bildern. So können unnötige Doppeldiagnosen oder Medikationsinteraktionen vermieden werden (Fuhrmann et al. 2014). Die Managementphilosophie innerhalb von Gesundes Kinzigtal ist geprägt von dem auch in der Zusammenarbeit mit den Patienten angestrebten und insofern sich durch das gesamte Projekt hindurch ziehenden Prinzip der »**Augenhöhe**« (Hildebrandt et al. 2011). Die Versicherten werden durch einen Patientenbeirat repräsentiert. Dieser vertritt die Interessen der Patienten und wird von der Geschäftsführung konsultiert. Eine »Charta der Rechte der Patienten« verpflichtet die Leistungspartner zu einer beteiligungsorientierten Haltung und schafft hierfür einen Anspruch bei den Patienten.

■ Die Vergütungsanreize innerhalb des Modells

Alle Vertragsbeziehungen und Abrechnungswege zwischen der AOK und LKK/SVLFG und den Leistungserbringern bestehen im Kinzigtal weiter fort. Dies gilt vor allem für die Gesamtvergütung an die Kassenärztliche Vereinigung und von dieser an die Niedergelassenen. Letztere stellt die finanzielle Basis der Praxen dar.

Die ärztlichen Leistungspartner erhalten für ihren extra geleisteten Zeitaufwand bereits eine zusätzliche Vergütung von der Managementgesellschaft. Damit werden Leistungen honoriert, von der sich die Managementgesellschaft eine Verbesserung der Versorgungsqualität und der Kostenentwicklung verspricht. Hierzu zählen z. B. Gesundheits-Check-ups, Prognoseberechnungen und Zielvereinbarungen mit Patienten, gesondert vereinbarte Präventions- und Krankheitsmanagementleistungen. Höhe und Umfang der Zusatzvergütung werden zwischen dem Management und dem ärztlichen Beirat der Gesundes Kinzigtal GmbH verhandelt, ein fester Stundensatz pro Arzt- bzw. MFA-Stunde dient dafür als Basis. Die Zusatzvergütung variiert von Praxis zu Praxis und beläuft sich in der Höhe – je nach Engagement – bis auf einen höheren vierstelligen Betrag pro Jahr.

Im Ergebnis kommt das modular zusammengesetzte Vergütungssystem dem bereits 1997 von Krauth et al. vorgeschlagenen Modell einer ergebnisbezogenen Vergütung durchaus nahe (Krauth et al. 1997).

Die Vergütung der anderen Leistungserbringer erfolgt weitestgehend noch nach den jeweiligen Regelversorgungsbedingungen. Eine Ausnahme bilden die Physiotherapeuten, mit denen Zusatzvergütungen für die gezielte Anleitung von Osteoporose-Patienten in Gruppen- und Einzeltherapien vereinbart wurde.

Eine Übersicht über das Leistungsmanagement im Kinzigtal

Das Kernstück der Arbeit im Kinzigtal ist das **Gesundheits- und Versorgungsmanagement** für die Versicherten der beteiligten Krankenkassen. Mit der Verwendung der Begriffe **Gesundheitsmanagement** und **Versorgungsmanagement** soll zum Ausdruck gebracht werden, dass zum einen bei der Erhaltung und Kompetenzsteigerung (health literacy) der Bevölkerung bezüglich ihrer Gesundheit angesetzt wird und zum anderen Gesundes Kinzigtal sich um die Optimierung der Versorgung der bereits erkrankten Versicherten bemüht.

Um für die AOK- und LKK/SVLFG-Versicherten ein maximal positives Gesundheitsdelta zu erreichen, realisiert die Gesundes Kinzigtal GmbH eine zunehmend umfassendere Reorganisation der Versorgungsabläufe, der Informationsweitergabe, der Vernetzung und der Art und Weise der Behandlung und Beteiligung der Patienten, insbesondere der chronisch kranken und multimorbiden Versicherten:

a. **Neuorientierung der Versorgung** am Chronic Care-Modell von E. Wagner: Anstelle reaktiver symptomorientierter Behandlung eine Ausrichtung hin zu einer interdisziplinären, strukturierten und ganzheitlichen Versorgung chronisch Erkrankter.
b. **Reorganisation der Versorgungsabläufe**: Dabei erfolgt Selbsthilfe und Selbstmanagement vor externer Intervention, ambulante Intervention vor stationärer Versorgung, nachhaltig gezielte und mit dem Patienten vereinbarte Intervention vor kurzfristiger Symptombehandlung.
c. **Neuorganisation des Verhältnisses Arzt (Therapeut) – Patient**: In einem salutogenetischen Ansatz wird Gesundung als ganzheitlicher Prozess begriffen, der Patient wird an medizinischen Entscheidungen beteiligt (Shared Decision Making), als Co-Produzent seiner Gesundheit angesehen und auf Augenhöhe beteiligt. Ärzte, Therapeuten und die anderen Gesundheitsberufe werden im Kinzigtal darin unterstützt, sich als Coachs für den Patienten zu verstehen.
d. **Reorganisation und Optimierung der Informationsweitergabe**: Über die digitale Vernetzung der Praxen inklusive zentraler Patientenakte mit datenschutzkonformer Bestimmung durch den Patienten wird eine bessere Informationsweiterleitung und -verarbeitung erreicht.
e. **Vernetzung der beteiligten Praxen, Einrichtungen und Berufsgruppen in der Gesundheitsversorgung**: Organisation von integrierten Behandlungspfaden quer über die Sektoren, z. B. ambulant und stationär, Auflösung von Schnittstellenproblemen, kommunikative Zusammenführung der handelnden Personen.
f. **Reorganisation und Erweiterung der Art und Weise der Behandlung:** etwa durch spezielle Gesundheitsprogramme für Patienten mit Herzinsuffizienz, Osteoporose, Metabolischem Syndrom oder chronischem Schmerz, in denen die betroffenen Personen und z. T. auch die Angehörigen über den

2

Umgang mit ihrem Krankheitsbild geschult und in ihren Fähigkeiten und Ressourcen unterstützt werden, selbst ihre Erkrankung besser zu managen. Sie erhalten Präventions- und Versorgungsoptionen und werden sektorenübergreifend betreut. Seit 2016 arbeitet Gesundes Kinzigtal im Rahmen des Konzeptes »Meine Gesundheit« daran, den Patienten hierbei noch individuellere Gesundheitsangebote vermitteln zu können. Grundlage bildet die Sprechstunde bei qualifizierten Beratern. Damit werden die Leistungspartner-Praxen entlastet, die die Patienten an die Berater überweisen können, die die Versicherten beim Finden geeigneter Angebote der Primär- und Sekundärprävention unterstützen. Darüber hinaus werden in einem Projekt der Initiative für Selbstmanagement und aktives Leben (INSEA) chronisch erkrankte Menschen in ihrer Selbstmanagementkompetenz geschult, u. a. durch Gleichbetroffene. Für die eingeschriebenen Versicherten der Vertragskassen sind diese Programme zumeist kostenlos, zur Anreizsteigerung und zum Nudging wird gelegentlich ein (geringfügiger) Beitrag erhoben, der bei aktiver Mitarbeit dann ganz oder teilweise zurückerstattet wird.

Über die oben beschriebenen Interventionen hinaus entwickelt Gesundes Kinzigtal gesundheitsfördernde bzw. präventive Angebote und Dienstleistungen auch für Unternehmen der Region. So erfolgt aktuell eine Zusammenarbeit im Bereich des betrieblichen Gesundheitsmanagements mit zwei Dutzend klein- und mittelgroßer Unternehmen (KMU) aus der Region. Weiterhin bestehen projektweise Zusammenarbeiten mit Stiftungen, Forschungseinrichtungen und anderen Akteuren bei nationalen oder europäischen Projekten.

Das Arbeits- und Versorgungskonzept ist sowohl bezüglich der Patienten als auch der Unternehmen von einem systemischen Interaktionsansatz geprägt. Patient, Arzt, Therapeut oder sonstige Gesundheitsprofessionelle werden als Teilnehmer und Partner einer Interaktion zugunsten ihrer Gesundheit gesehen. Dabei sind alle Beteiligten jeweils in ihrer Lebenswelt (Setting) eingebettet, die sie beeinflussen können und die wiederum von ihnen beeinflusst werden kann. Gesundes Kinzigtal ist sich insofern bewusst, dass Veränderungen, etwa im Rollenverhältnis von Pflegekräften und Ärzten sowie von Patienten zu Professionellen, Zeit und langfristiges Engagement erfordern.

Die **intersektorale und interdisziplinäre Zusammenarbeit** der Leistungserbringer wird durch gemeinsam entwickelte Behandlungspfade, interdisziplinäre Fallkonferenzen, Qualitätszirkel, vereinbarte und zu über 95 % auch eingehaltene gegenseitige Informationsstandards etc. gewährleistet und durch Schulungen und einen intensiven wissenschaftlichen wie kollegialen Austausch unterstützt. So erfolgt beispielsweise der Austausch mit dem niedergelassenen und stationären Sektor für das Thema Arzneimittelverordnungen durch eine Arzneimittelkommission, die gemeinsam durch Ärzte und Apotheker der lokalen Kliniken wie auch von niedergelassenen Ärzten und Apothekern besetzt ist. Ergebnisse ihrer Arbeit sind u. a., dass inzwischen durchgängig auf den Arztbriefen die generischen Wirkstoffnamen vermerkt werden und dass die Thromboseschutzempfehlung bei Klinikentlassungen sehr viel genauer und differenzierter als früher ausgearbeitet wird. Seit Sommer 2012 findet gleichwohl interdisziplinär ein Arzneimittel-Konsil unter Leitung eines Pharmakologen statt. Ziel des Konsils ist es, die Arzneimittelinteraktionen insbesondere bei älteren, multimorbiden Patienten weiter zu reduzieren. Hierzu haben die teilnehmenden niedergelassenen Ärzte und Klinikärzte Fallbeispiele aus ihrem Alltag darzustellen.

► Fallbeispiel Chronic Care-Modell

Frau Franziska Lehmann, 71 Jahre, körperlich und geistig rege, wird bei ihrem Arzt des Vertrauens mittels eines strukturierten Fragebogens als mögliche Risikopatientin für Osteoporose identifiziert. Dieser erklärt und empfiehlt Frau Lehmann die Teilnahme am Programm »Starke Muskeln – Feste Knochen«. Sie legen gemeinsam die Gesundheitsziele, u. a. Stabilisation des Gesundheitszustandes, fest. Danach überweist der Hausarzt Frau Lehmann zum teilnehmenden Orthopäden. Bei diesem wird sie in das Programm eingeschrieben, d. h., mit ihren Daten wird eine elektronische Datei erstellt, die verschlüsselt an die Geschäftsstelle Gesundes Kinzigtal übertragen wird. In der Datei sind alle Werte hinterlegt, die für eine Führung im Programm notwendig sind.

Beim Orthopäden erhält sie eine Messung der Knochendichte, die DXA-Messung. Je nach Ergebnis der Messung gibt es **zwei unterschiedliche Möglichkeiten**, wie die Präventionssituation weiter gestaltet werden kann:

- Wäre bei Frau Lehmann der **Wert der DXA-Messung größer −1,0** (T-Score), würde sie einer Gruppe mit leichtem Risiko zugeteilt werden, die eine Empfehlung zu Bewegungskursen in einem Fitnessstudio oder einem Verein erhält. Bei den Kooperationspartnern (Fitnessstudios, Turn- und Sportvereine) würde sie dann an Bewegungsangeboten teilnehmen und vermindert auf diese Weise die Sturzgefahr sowie den weiteren Abbau der Knochendichte.
- Bei Frau Lehmann stellt der Orthopäde aber im Zuge der **DXA-Messung einen Wert kleiner als −1,0** (T-Score) fest. Damit wird sie der Gruppe B (= erhöhtes Risiko) zugeteilt. Sie erhält von dem Orthopäden eine angepasste medikamentöse Therapie (Calcium/Vitamin D, Bisphosphonate) und wird ggf. zu einem Physiotherapeuten, der ebenfalls Leistungspartner von Gesundes Kinzigtal und damit auf das Programm geschult ist, überwiesen. Dort erhält sie, je nach Schwere des Befunds, eine Gruppen- oder Einzeltherapie, bei der es ebenfalls um Aufbau der Muskulatur sowie die Stärkung der Knochen durch eine deutlich gezieltere Bewegungsförderung geht.

Sie geht nach drei bzw. sechs Monaten zur Therapiekontrolle und erhält nach spätestens zwei Jahren wieder eine DXA-Messung zur Kontrolle der Knochendichte. Begleitend erhält sie das Angebot für eine Ernährungsschulung, weitere Bewegungsangebote sowie eine Sturzprophylaxe rund um das Programm. Durch die zweijährige Begleitung besteht bei Frau Lehmann eine Bindung an die Bewegungsgruppe bzw. an den Verein oder das Fitnessstudio, sodass sie die Bewegungseinheiten auch nach Beendigung der direkten Programmteilnahme weiterführt. ◄

Bisherige medizinische und wirtschaftliche Ergebnisse

Das IV-Projekt Gesundes Kinzigtal strebt nach der Verbesserung des **Triple Aim**, bestehend aus Gesundheitszustand, Versorgungserleben und Wirtschaftlichkeit (Hildebrandt et al. 2015). Zum Nachweis von Qualität und Effizienz wird das Gesunde Kinzigtal deshalb seit dessen Start im Jahr 2005 umfassend extern sowie auch intern evaluiert. Koordiniert wird die externe Evaluation durch das Institut für Medizin-Soziologie der Universität Freiburg, das seinerseits wiederum zahlreiche Lehrstühle und Forschungsgruppen für bestimmte Evaluationsmodule kontrahiert (► www.ekiv.org). Der PMV Forschungsgruppe der Universität Köln stellen die beiden Krankenversicherer etwa die anonymisierten Sekundärdaten der Versicherten im Kinzigtal sowie eine Vergleichsstichprobe all ihrer Versicherten in Baden-Württemberg zur Verfügung (Schubert et al. 2016). Eine zusätzliche interne Evaluation erfolgt durch die Hamburger OptiMedis AG, die ebenfalls die GKV-Routinedaten der Region Kinzigtal erhält sowie zusätzlich Daten aus den Praxisverwaltungssystemen der ambulant-ärztlichen Leistungspartner extrahiert und mit zahlreichen externen Daten zur Analytik zusammenführt (Pimperl et al. 2016).

Als Folgen der komplexen Intervention (Input) lassen sich gemäß des Throughput-Modells (Pfaff et al. 2017; vgl. auch ► Abschn. 2.2) sowohl Effizienzsteigerungen im Sinne der Stabilisierung bzw. relativen Senkung der Kosten sowie Verbesserungen des Gesundheitsnutzens und der Patientenzufriedenheit für die Versicherten (Output) und damit Verbesserungen in allen Dimensionen des Triple Aim erkennen.

◘ Abb. 2.28 zeigt, dass das Gesundes Kinzigtal 2019 zum 13. Mal in Folge einen **positiven Deckungsbeitrag** erwirtschaftet hat – insgesamt für 2019 für beide Krankenkassen zusammen 6,7 Mio. €. Jeder der 33.910 von dem IV-Projekt erfasstenen Versicherten hat im Schnitt 198 € weniger gekostet, als aufgrund des individuellen Morbiditätsrisikos im

2

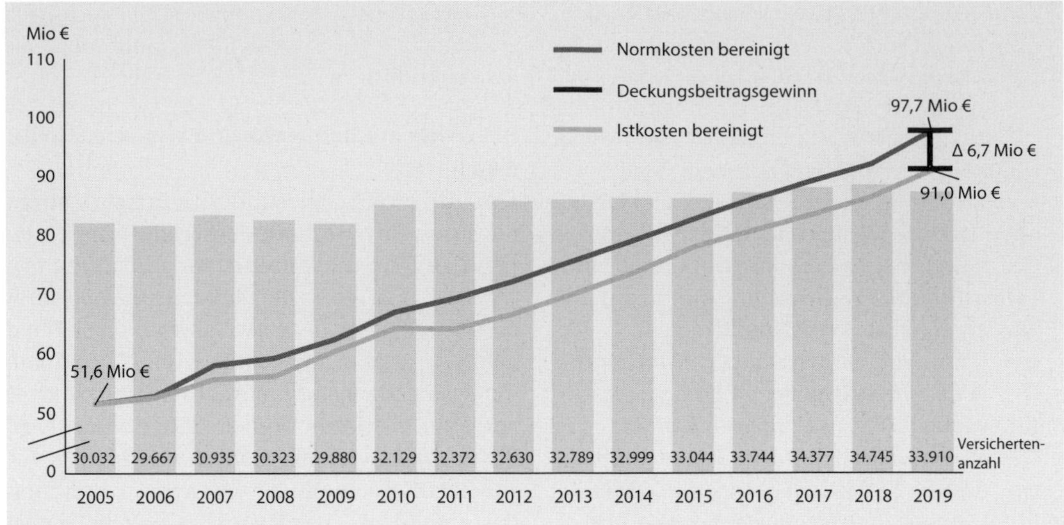

Abb. 2.28 Entwicklung der Normkosten, Istkosten, Deckungsbeitrag und Versichertenzahl der AOK und LKK in Gesundes Kinzigtal

Bundesdurchschnitt indexiert an Kosten zu erwarten gewesen wäre.

Von dieser Brutto-Einsparung ist nach dem Vertragsmodell dann noch die an Gesundes Kinzigtal zu vergütende Bonifizierung abzuziehen, sodass im Endeffekt netto bei den Krankenkassen dennoch immerhin ein ansehnlicher siebenstelliger Betrag an Einsparung verblieben ist.

Beim Versorgungserleben spielen **Patientenzufriedenheit, Gesundheitsverhalten und gesundheitsrelevantes Wissen** eine wesentliche Rolle und werden im Rahmen der Gesundes Kinzigtal Mitgliederbefragung (GeKiM) inzwischen bereits zum dritten Mal primär mittels Fragebögen erhoben und ausgewertet. Die zweite Auswertungswelle ergab u. a. eine konstant sehr hohe Weiterempfehlungsbereitschaft der Mitgliedschaft in der Integrierten Versorgung Gesundes Kinzigtal von 91,8 % sowie ein von 25,6 % auf 30,7 % um 5,2 % signifikant gestiegener Anteil an Patienten, die angaben, nach Einschreibung insgesamt gesünder zu leben als zuvor (OptiMedis 2016 a).

In Bezug auf den Gesundheitszustand bzw. Versorgungsqualität werden sowohl Struktur-, Prozess- als auch einige Ergebnisparameter untersucht.

Im Rahmen einer Studie zum Outcome-Indikator **Mortalität** wurden eine Interventionsgruppe (Mitglieder der IV-Gesundes Kinzigtal) und eine Kontrollgruppe (nicht eingeschriebene Versicherte) über einen Zeitraum von fünf Jahren relativ zur individuellen Einschreibung untersucht. Im Vergleich zu ihrer individuellen Lebenserwartung wiesen die Teilnehmer der Interventionsgruppe signifikant weniger verlorene Lebensjahre auf als die Teilnehmer der Kontrollgruppe, was einem durchschnittlichen **Überlebensvorteil von ca. 1,2 Jahren** entsprach (Pimperl et al. 2017). Bei Frauen ist der Effekt besonders hoch. Das Durchschnittsalter der weiblichen IV-Teilnehmer lag zum Zeitpunkt des Todes 1,8 Jahre über dem Durchschnittsalter der Vergleichsgruppe. Bei den Männern betrug die Differenz hingegen nur 0,6 Jahre. Die Hypothese ist, dass Frauen derzeit von der Integrierten Versorgung wesentlich stärker zu profitieren scheinen und eventuell auch aufgeschlossener für präventive Maßnahmen und Verhaltensweisen sind (OptiMedis 2016b). Ergebnisse der externen Evaluation zur Messung von Über-, Unter- und Fehlversorgung bestätigen die verringerte Mortalität und zeigen zusätzlich ein geringeres Frakturrisiko bei Osteoporose-Patienten in der Region Gesundes Kinzigtal

■ Tab. 2.25 Entwicklung der potenziell vermeidbaren Krankenhausfälle

Region Kinzigtal	Referenzwerte BRD 2012*	2013	2014	2015
Anzahl KH-Fälle pro 1000 Versicherte		245,0	250,1	254,5
Anzahl klassifizierter ASK-Fälle pro 1000 Versicherte		65,5	65,2	64,6
Anteil klassifizierter ASK-Fälle	27,1 %	26,7 %	26,1 %	25,4 %
Anzahl vermeidbarer ASK-Fälle pro 1000 Versicherte		49,8	49,7	48,9
Anteil vermeidbarer ASK-Fälle	20,0 %	20,3 %	19,9 %	19,2 %
*Referenzwerte entstammen der Publikation von Sundmacher et al. (2015)				

(Schubert et al. 2016). Eine Auswertung zur Entwicklung des Anteils an ambulant sensitiven Krankenhausfällen im Längsschnitt gemäß der Liste von Sundmacher et al. (2015) zeigt außerdem, dass die Krankenhaus-Fallzahlen pro 1000 Versicherte im Zeitverlauf im Durchschnitt in der Region Kinzigtal wie auch in Deutschland insgesamt zwar ansteigen, jedoch Anzahl und Anteil der potenziell vermeidbaren Krankenhausfälle demgegenüber rückläufig sind (■ Tab. 2.25).

Als weitere Struktur und Prozessparameter wurden zahlreiche Indikatoren mit Bezug zur Patientenversorgung zwischen den hausärztlichen Praxen der Leistungspartner (LP, d. h. Ärzte, die einen entsprechenden Vertrag mit der Gesundes Kinzigtal GmbH geschlossen haben) und der Nicht-Leistungspartner im Kinzigtal gegenübergestellt. Die praxisindividuellen Ergebnisse werden den teilnehmenden Ärzten in Form von online abrufbaren Feedback-Berichten auch persönlich übermittelt. Untersucht werden alle Patienten aus dem Kinzigtal, die mindestens einen dokumentierten Arzt-Fall im jeweiligen Quartal hatten und mit Originalschein bzw. Überweisungsschein behandelt wurden. Im Ergebnis zeigt sich, dass die Leistungspartner bei den meisten der Kennziffern bessere Ergebnisse als Nicht-Leistungspartner erzielen. ■ Tab. 2.26 zeigt einen Auszug der Kennzahlen, deren Ergebnisse im Folgenden kurz näher beschriebenen werden.

Die Patienten der Leistungspartner weisen gemäß Charlson-Komorbiditäts-Score eine etwas höhere Krankheitslast auf bzw. sind nach Morbi-RSA-Risikoscore überdurchschnittlich risikobelastet (der regionale Durchschnitt wird auf den Wert 1,00 indexiert). Der Vergleich zwischen Leistungspartner und Nicht-Leistungspartner zeigt:

- Leistungspartner stellen **häufiger gesicherte** und weniger häufig nicht näher bezeichnete **Diagnosen** und ermöglichen damit eine gezieltere Behandlung sowie eine genauere Datenanalytik.
- Die Leistungspartner weisen eine **höhere Generikaquote** auf.
- Die Patienten mit Diabetes, die von Leistungspartnern behandelt werden, erhalten häufiger eine Überweisung zum Augenarzt (zur Untersuchung des Augenhintergrunds).
- Die Nicht-Leistungspartner weisen mehr Diabetiker mit Krankenhausaufenthalt und Entlassungsdiagnose Diabetes auf.
- Die Patienten der Leistungspartner haben nach Adjustierung auf Alter, Geschlecht und Krankheitslast **etwas weniger Krankenhaus-Fälle pro 1000 Patienten** als die der Nicht-Leistungspartner
- Die Patienten der Nicht-Leistungspartner verursachen höhere Krankenhauskosten.

2

Tab. 2.26 Vergleich von Indikatoren zwischen Leistungspartnern und Nicht-Leistungspartner im Durchschnitt über acht Quartale

Kennzahlen	LP	NLP	Ø-Differenz LP vs. NLP (in %)
Charlson-Score (Morbidität) pro Patient	1,29	1,13	+14,2
Morbi-RSA-Risikoscore pro Patient	0,99	0,89	+11,2
KH-Kosten pro Patient	310,49	316,05	−1,8
KH-Fälle pro 1000 Patienten	95,19	98,88	−3,7
Generikaquote pro 100 Patienten	86,70	84,80	+2,2
Diabetiker mit KH-Aufenthalt pro 100 Patienten	0,70	0,90	−22,2
Diabetiker beim Augenarzt pro 100 Patienten	67,80	63,00	+7,6
Anteil n.n. bez. Diagnosen pro 100 Patienten	35,50	53,40	−33,5
Anteil Verdachtsdiagnosen pro 100 Patienten	1,40	1,60	−12,5

Diskussion und Ausblick

Eine Erweiterung des Modells auf andere Regionen und andere Kontexte erfordert einige Voraussetzungen. Zentral ist dabei zunächst die Frage der **Anschubfinanzierung**. Da aufgrund der Systematik des Morbi-RSA eine Ergebnisfeststellung erst im Laufe des zweiten Jahres der Intervention erfolgen kann, muss für die ersten zwei Jahre eine Anschubinvestion erfolgen. Im Kinzigtal konnte dafür die Situation der gesetzlich festgelegten IV-Anschubfinanzierung (2004–2008) genutzt werden, seit 2009 steht diese aber nicht mehr zur Verfügung. Seit 2016 steht nunmehr mit dem **Innovationsfonds** ein entsprechendes Instrument zur Anschubfinanzierung zur Verfügung; dabei handelt es sich aber aufgrund der Ausschreibungskriterien um ein sehr selektives Instrument, das zur Hochskalierung des von der OptiMedis AG entwickelten Modells, d. h. die gleichzeitige Ausweitung auf mehrere Regionen, nur in Maßen geeignet ist.

Mit dem Projekt »INVEST Billstedt/Horn« konnte OptiMedis allerdings in zwei sozialräumlich benachteiligten Stadtteilen in Hamburg über den Innovationsfonds eine analoge Vorgehensweise bei einer sehr unterschiedlichen Bevölkerungszusammensetzung umsetzen. Der Evaluationsbericht zur Förderphase des Projektes »INVEST Billstedt/Horn« wurde 2021 veröffentlicht und empfiehlt auf der Basis des Erreichens einiger – aber nicht aller – Evaluationsziele eine Übertragung des Modells in die Regelversorgung (Wild et al. 2021).

Die Finanzierung weiterer Versorgungsnetzwerke dieses Typs ist aber weiterhin unsicher, da die Finanzierung in der Regelversorgung über die Krankenkassen noch nicht geregelt ist. Aus Krankenkassensicht wird dabei infrage gestellt, ob alle Leistungen der Integrierten Versorgung tatsächlich über das SGB V förderfähig sind. Weiterhin müssten Krankenkassen zwei Jahre Investment vorfinanzieren oder Managementgesellschaften wie Gesundes Kinzigtal GmbH aus privatem Kapital diese zwei Jahre selbst vorinvestieren. Da auch die Leistungserbringer dazu kaum in der Lage sein dürften, müsste privates Kapital akquiriert werden. Das dahinterstehende Vergütungsmodell ist aus dem Energieeinsparcontracting bekannt. Auch dort werden Investitionen in eine überlegene, intelligentere (Energie-)Versorgung aus den eingesparten (Energie-)Versorgungskosten über die nächsten 8–10 Jahre refinanziert. Ein Investment aus einem Social Impact Bond (SIB), also einem speziellen Investitionsinstrument zur Finanzierung von Projekten, die soziale Herausforderungen betreffen, wäre ein möglicher Finanzierungsansatz. SIBs sind in den Niederlanden oder in England seit längerer Zeit bekannt, in Deutschland wurde erst im Jahr 2016 der erste SIB im

Gesundheitswesen initiiert (Ruf 2016). Je nach regionaler Voraussetzung, nach Finanzierungsbedarf und Ausschreibungen, z. B. des Innovationfonds, können daher unterschiedliche Fördermöglichkeiten zur Anschubfinanzierung in Betracht gezogen werden. Die Implementierung weiterer populationsorientierter, integrierter Versorgungsnetze wird zurzeit von der OptiMedis AG aktiv im Rahmen der bestehenden Möglichkeiten (Krankenkasse, Innovationsfonds, Social Impact Bond) verfolgt.

Angesichts der demographischen Herausforderungen und der damit einhergehenden Kostensteigerungen der Gesundheitsversorgung bei zunehmendem Anteil von chronischen Erkrankungen und ihres besonderen Organisations- und Betreuungsbedarfs, bedarf es aber für eine weitergehende Multiplikation des OptiMedis-Modells auch systemischer Lösungsansätze. Denn Modellvorhaben haben einen geringen Einfluss auf das gesamte Gesundheitssystem. Durch neue Organisations- und Vergütungsformen in der Gesundheitsversorgung, etwa analog den Accountable Care Organization (ACO-)Regelungen in den USA durch die Obama-Administration oder den Clinical Commissioning Groups im NHS England, könnte eine solche Entwicklung begünstigt werden. Die Orientierung auf Gesundheitsergebnisse (value) statt Gesundheitsleistungen (volume) ist als Kernthema dieser Debatte in der Wissenschaft bereits etabliert und findet zunehmend Eingang in die gesundheitspolitische Diskussion. Ein entsprechender Vorschlag ist 2021 von 19 Gesundheitsexperten veröffentlicht worden (Hildebrandt et al. 2021).

2.7.3 Fallstudie zum Leistungsmanagement von Krankenkassen im Arzneimittelbereich am Beispiel der Techniker Krankenkasse

Tim Steimle, Frank Verheyen

Die gesundheitliche Versorgung der Versicherten der Gesetzlichen Krankenversicherung beruht zum überwiegenden Teil auf **kollektivvertraglichen Regelungen** aller Krankenkassen mit den Leistungserbringern (► Abschn. 2.2). Im Bereich der Arzneimittelversorgung wird dies durch den Rahmenvertrag nach § 129 SGB V und durch die Arzneimittellieferverträge nach § 129 Abs. 2 SGB V sichergestellt. Ziel ist es, die einheitliche und flächendeckende Versorgung der Versicherten nach den gleichen Prinzipien zu erreichen.

Ergänzend oder die kollektivvertraglichen Regelungen zum Teil ersetzend können **individualvertragliche Regelungen** einzelner Krankenkassen mit den Leistungserbringern getroffen werden. Diese sollen zur Optimierung der Qualität beitragen und den Krankenkassen ermöglichen, sich im Wettbewerb zu differenzieren. Die nachfolgende Fallstudie gibt einen Einblick in die Nutzung individualvertraglicher Regelungen im Versorgungsbereich Arzneimittel bei der Techniker Krankenkasse (TK).

Umfassendes Leistungsmanagement

Im Mittelpunkt des Versorgungsgeschehens der Krankenkasse stehen die Versicherten. Die **sachgerechte Arzneimittelversorgung** ist dabei nur einer von verschiedenen Teilaspekten, die ein erfolgreiches Leistungsmanagement ausmachen und auf Vertrags- und Versorgungsmanagement beruhen.

Das Vertragsmanagement schließt dabei Verträge mit pharmazeutischen Unternehmen, pharmazeutischen Dienstleistern und/oder ärztlichen Leistungserbringern. Die vereinbarten »Produkte« sind vielseitig. So kann z. B. die spezielle Beratung/Schulung von Ärzten in Bezug auf den Einsatz und die Verwendung von Arzneimitteln im Mittelpunkt eines Vertrages stehen oder der Preis bzw. der Rabatt auf ein pharmazeutisches Produkt in Abhängigkeit von einem zu definierenden Marktvolumen. Der Abschluss derartiger Verträge beinhaltet somit auch die Implementation von Prozessen zum **Vertragscontrolling**, z. B. einer Abrechnungsprüfung zur Überprüfung der vertragsgemäßen Leistung.

Neben den vertraglichen Grundlagen des Leistungsmanagements sind direkt auch immer Aspekte des Versorgungsmanagements berührt. So umfasst z. B. der Abschluss von Rabattverträgen auch die Kommunikation mit den Patientinnen und Patienten und den Apotheken. Die bevorzugte Abgabe von bestimmten Arzneimitteln in der Apotheke lässt sich nur dann sinnvoll in die Versorgung integrieren, wenn Patientinnen und Patienten darauf vorbereitet sind, ein anderes Arzneimittel zu erhalten. Wenn ihnen vermittelt werden kann, dass ein ausgegebenes rabattiertes Arzneimittel keinen therapeutischen Nachteil bedeutet, wird die Arzneimitteltherapie auch erfolgreich umgesetzt.

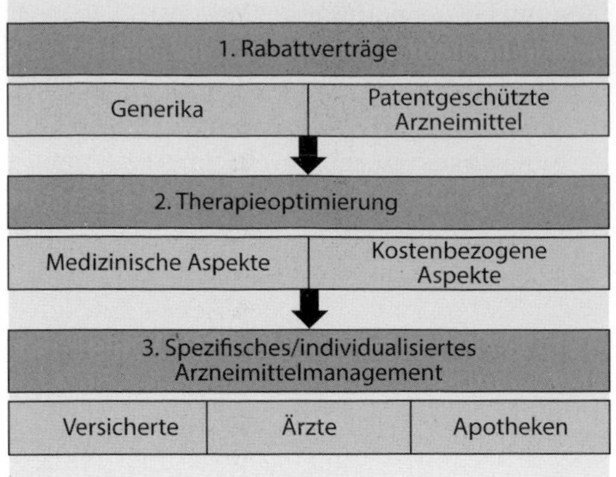

Abb. 2.29 TK-Arzneimittelmanagement – Langfristige Strategie

Strategische Ausrichtung des Leistungsmanagements der TK

Die Kostenreduktion im Arzneimittelbereich durch Rabattverträge ist – wenn auch am meisten von der Öffentlichkeit beachtet – nur ein Baustein für eine kosteneffektive Versorgung mit Arzneimitteln. Von entscheidender Bedeutung ist zudem eine **Therapieoptimierung aus pharmazeutischer/medizinischer Sicht**. Ziel ist es, beide Aspekte sinnvoll miteinander zu verbinden. Im Zweifelsfall haben ökonomische Aspekte hinter medizinischen zurückzustehen. Das Arzneimittelversorgungsmanagement der TK strebt an, die Therapieoptionen der evidenzbasierten Medizin in den Versorgungsalltag zu übertragen und dabei gleichzeitig die Wirtschaftlichkeit der Versorgung zu erhöhen. Die Bemühungen zu kosten- und versorgungsseitiger Optimierung werden durch **zielgruppenspezifische Maßnahmen zur Steuerung der Arzneimittelversorgung** bei Versicherten, in Arztpraxen und Apotheken ergänzt. Das Leistungsmanagement im Arzneimittelbereich bei der TK erfolgt auf drei Ebenen (Abb. 2.29):

1. Kostenoptimierung (Rabattverträge),
2. versorgungsseitige Optimierung (Therapieoptimierung),
3. zielgruppenspezifische Maßnahmen zur Steuerung der Arzneimittelversorgung.

Entwicklung und Umsetzung von Rabattverträgen

Der größte Anteil der Einsparungen mit Rabattverträgen wird derzeit im Generikabereich realisiert. Etwa 80 % aller verordneten Arzneimittel entfallen nach Packungsvolumen auf Generika (30 % nach Umsatz). Davon sind ca. 70 % rabattiert. Gliedert man die Historie der Rabattverträge in unterschiedliche Phasen auf, zeigt sich folgende Entwicklung: Während es sich bei den Rabattverträgen in der ersten Phase eher um **Sortimentsverträge** handelte (d. h. Abschlüsse über das gesamte Sortiment eines Herstellers), werden seit 2011 **wirkstoffbezogene Rabattverträge** abgeschlossen (d. h. Verträge zu einzelnen Wirkstoffen). Diese werden im Rahmen einer europaweiten Ausschreibung an bis zu drei Hersteller vergeben. Zudem haben sich mittlerweile die sogenannten **Open-House-Modelle** durchgesetzt. Während es bei den »klassischen« Rabattverträgen mit Originalpräparaten im Regelfall nur einen Anbieter gibt, können bei den Open-House-Modellen alle Anbieter (z. B. auch Re-Importeure) einen Vertrag mit der Krankenkasse schließen, die den in der Ausschreibung genannten Rabattsatz erfüllen möchten. Dabei werden durchaus signifikante Rabatte vereinbart. Die Rechtmäßigkeit dieser Verfahren wurde durch den europäischen Gerichtshof bestätigt (EuGH 2016).

Ergänzt wird dies durch **Rabattverträge im patentgeschützten Bereich**. Die Herausforderungen liegen hierbei vor allem in der Umsetzbarkeit. Während für rabattierte Generika eine gesetzliche Verpflichtung zur Abgabe der rabattierten Produkte durch die Apotheken besteht (soweit die ärztliche Praxis nicht explizit die Abgabe eines bestimmten Produktes verlangt), gibt es eine vergleichbare Vorgabe im patentgeschützten Bereich nicht. Somit bedarf es weiterer Anreize zum Abschluss von Rabattverträgen für die pharmazeutischen Unternehmen, wie z. B. Steuerungsansätze in Selektivverträgen. Das rabattierte Volumen im patentgeschützten Bereich beträgt ca. 10 % der Gesamtrabattierung nach Packungen sowie knapp 60 % nach Umsatz.

Vertragsoptionen für Krankenkassen und pharmazeutische Industrie

»Klassische« Rabattverträge
Zwischen Krankenkasse und pharmazeutischen Unternehmen werden Rabattsätze auf definierte Arzneimittel vereinbart. Die Verträge werden europaweit ausgeschrieben und beinhalten neben der Rabattierung normalerweise keine weiteren Elemente/Verpflichtungen.

Risk-sharing-Verträge/Pay-for-performance Verträge
Bei Risk-sharing-Verträgen wird versucht, das Risiko eines therapeutischen Misserfolgs durch eine Art »Geld-zurück-Garantie« zwischen den Vertragspartnern zu teilen. Der pharmazeutische Unternehmer bietet beispielsweise an, die Kosten der Arzneimittelversorgung für die Patienten als Rabatt zu gewähren, für die sich ein bestimmter Qualitätsindikator, z. B. der therapeutische Erfolg, nicht einstellt.

Cost-sharing-Verträge
Eine weitere Option bieten die sog. Cost-sharing-Verträge. Durch diese Verträge werden Preisobergrenzen für die pharmazeutischen Gesamtkosten der Versorgung eines Behandelten mit einem Produkt in einer Periode vereinbart.

Capitation-Verträge
Das pharmazeutische Unternehmen erhält einen pauschalierten Betrag für die Versorgung mit Arzneimitteln.

Mehrwert-Verträge
Neben einer Rabattkomponente beinhalten die Verträge die (teilweise) Übernahme von Versorgungsaufgaben durch den Vertragspartner oder einen Dritten. Im Gegenzug für die Rabatte erfolgt z. B. die bevorzugte Verwendung eines bestimmten Produktes im Rahmen des Versorgungsprogramms.

Vor der Ausschreibung von Rabattverträgen wird zunächst die gesamte Indikationsgruppe eines Wirkstoffes analysiert. Marktdaten helfen, die Relevanz des Wirkstoffes für die TK zu ermitteln (Höhe des TK-Umsatzes). Hinzu kommen eine Reihe weiterer Kriterien, wie beispielsweise nahende Patentabläufe, Re-Importanteile und etwaige Überschneidungen mit bestehenden Verträgen. Danach wird eine **europaweite Ausschreibung** für den betroffenen Wirkstoff vorgenommen. Es handelt sich dabei um ein stark reguliertes Verfahren. Persönliche Verhandlungen sind nicht möglich.

Damit entsprechende Umsteuerungsquoten erreicht werden, d. h. ein Wechsel zu Gunsten des rabattierten Produktes erfolgt, werden die ärztlichen Praxen in die Verordnung der rabattierten Arzneimittel mit eingebunden. Dazu werden beispielsweise Informationen über bestehende Rabattverträge in der Praxissoftware der Ärzte hinterlegt. Zusätzlich wird die **Kommunikation mit Arztpraxen, Apotheken und Erkrankten** gestärkt, um eine möglichst breite Akzeptanz für die Umsetzung der Rabattverträge zu erreichen. Es hat sich als sinnvoll erwiesen, nicht nur schriftliches Informationsmaterial bereitzustellen, sondern auch über geschultes Personal zu verfügen, das auf die Anfragen eingehen kann.

■ Therapieoptimierung und Weiterentwicklung der Versorgung

Eine Therapieoptimierung aus pharmazeutischer/medizinischer Sicht erfordert vor allem die leitliniengerechte Verwendung von Arzneimitteln und daher die **Überwachung entsprechender Qualitätsparameter.** Auch bei Arzneimitteln im hochpreisigen Segment (wie z. B. Biologika) ist dieses Vorgehen möglich.

So sehen z. B. die Leitlinien zur Therapie der rheumatoiden Arthritis bei hoher Krankheitsaktivität mehrere Wirkstoffe/-gruppen als gleichwertig an. Dazu gehören Biologika (wie z. B. TNF-a-Inhibitoren oder Interleukine) und Januskinase-Inhibitoren (DGRh 2018; EULAR 2020). Da die Wirtschaftlichkeit eines Arzneimittels durch einen Rabattvertrag kassenindividuell beeinflusst werden kann, bietet sich die Produktgruppe der Biologika zur Verbindung von ökonomischen und therapeutischen Zielen in besonderer Weise an. Die therapeutische Umsetzung setzt voraus, dass auch das ärztliche Personal die bevorzugte Verschreibung von bestimmten Arzneimitteln mitträgt. Dies lässt sich in einer vertraglichen Regelung mit Einzelpraxen oder Ärzteverbünden abbilden, ohne dass die Therapiefreiheit eingeschränkt wird.

Um dies in die Praxis zu implementieren, hat die TK mit dem Berufsverband Deutscher Rheumatologen e. V. (BDRh) und dem Deutschen Apothekerverband (DAV) einen Vertrag zur Besonderen Versorgung in der Rheumatologie »RheumaOne« geschlossen. Ziel ist es, die leitliniengerechte Behandlung und Therapie sowie das Selbstmanagement der Patienten zu stärken. Dazu stehen erweiterte Informationsmöglichkeiten für die Arztpraxen und die Patientinnen und Patienten zur Verfügung. Speziell geschulte TK-Mitarbeitende stehen den Praxen als Ansprechpartner für Fragen zur wirtschaftlichen Verordnungsweise und Vertragsfragen zur Verfügung. In Ergänzung zur ärztlichen Betreuung ist es zudem möglich, dass die Betroffenen den TK-ArzneimittelCoach in Anspruch nehmen. Dieser soll die ärztlichen Informationen verstärken und die Bewältigung von Erkrankung und Therapie unterstützen.

Ein weiterer Kernbestandteil des Vertrags sind die begleitenden Rabattverträge mit pharmazeutischen Unternehmen, die u. a. Biologika im Rahmen der antirheumatischen Therapie anbieten. Die Rabattierung der hochpreisigen Arzneimittel soll einen Anreiz für die ärztlichen Praxen bieten, bevorzugt diese zur verschreiben, ohne dass therapeutische Nachteile entstehen. Zu diesem Zweck wird ein **Ampelschema** eingesetzt, das diesen ermöglicht, ihre Verschreibungen daraufhin auszurichten. Es werden die drei Ampelzonen Rot (kein Rabattarzneimittel), Gelb und Grün (Rabattarzneimittel) ausgewiesen. Für die Gesamtheit der Verschreibenden werden dabei Zielgrößen definiert (◘ Tab. 2.27). Zudem werden die rabattierten Arzneimittel in der Wirtschaftlichkeitsprüfung nicht mit ihrem vollen Preis, sondern nur mit 70 % des Abgabepreises berücksichtigt. Die teilnehmenden Arztpraxen erhalten in regelmäßigen Abschnitten dazu entsprechende Informationen. Zudem werden auch therapiebezogene Informationen zur Verfügung gestellt. Ein ähnlicher Vertrag wurde mit dem Berufsverband der Niedergelassenen Gastroenterologen sowie dem Berufsverband der Deutschen Dermatologen geschlossen.

Die hohe Attraktivität solcher Verträge lässt sich auch daran erkennen, dass bisher rund 30 weitere Krankenkassen RheumaOne beigetreten sind. Diese Aspekte des Arzneimittelmanagements gestalten somit nicht nur die Versorgung der Patienten, sondern entwickeln auch die Vertragslandschaft in der Gesetzlichen Krankenversicherung (GKV) weiter.

Zielgruppenspezifische Maßnahmen zur Steuerung der Arzneimittelversorgung

Neben den beiden bereits genannten Komponenten ist es notwendig, auch Ansätze im Arzneimittelmanagement zu realisieren, die direkt einzelne Leistungsanbieter und insbesondere die Patientinnen und Patienten einbinden. Da die Erkrankten im Mittelpunkt der Arzneimitteltherapie stehen, sind nicht nur Fragen einer adäquaten Arzneimitteltherapie zu berücksichtigen, sondern auch die eigene Einstellung zum Arzneimittel und das soziale Umfeld. Letztlich sollen Patientinnen und Patienten in die Lage versetzt werden, eine **informierte Entscheidung bezüglich ihrer Arzneimitteltherapie** zu treffen und notwendige **Maßnahmen des Selbstmanagements** zu ergreifen. Während dabei auf der Seite der Betroffenen ein möglichst an die individuellen Bedürfnisse orientiertes Arzneimittelmanagement entwickelt werden soll, wird dies auf der Seite der Arztpraxen und Apotheken eine eher

Tab. 2.27 Informationen zur wirtschaftlichen Verschreibung Antirheumatika (fiktives Beispiel)

		3. Quartal 2019		4. Quartal 2019		Soll lt. Vertrag
Präparat	**Wirkstoff**	**Anzahl Packungen**	**Anteil an Ampel**	**Anzahl Packungen**	**Anteil an Ampel**	**Anteil an Ampel**
Imraldi®	Adalimumab	20	76,3 %	26	78,4 %	mind. 60 % Grün
Rixathon®	Rituximab	18		8		
Benepali®	Etanercept	13		21		
Cimzia®	Certolizumab	17		10		
Cosentyx®	Secukinumab	6		5		
Orencia®	Abatacept	7	23,7 %	8	21,6 %	max. 40 % Rot
RoActemra®	Tocilizumab	8		5		

(fach-)gruppenorientierte Vorgehensweise beinhalten.

▪ Arzneimittelmanagement – Patienten

▪▪ TK-Versicherten Information Arzneimittel (TK-ViA)

Um dies zu erreichen, stellt die TK ihren Versicherten Informationen über ihren Arzneimittelkonsum bereit. Seit 2004 wird auf Wunsch daher die »TK-Versicherten Information Arzneimittel (TK-ViA)« zur Verfügung gestellt. Hierfür erstellt die TK auf Basis von Verordnungsdaten eine **Übersicht über alle eingelösten Verordnungen**. Seither wurde die TK-ViA ca. 375.000-mal von TK-Versicherten angefordert. Die Übersicht könnte z. B. seitens des Patienten als Kommunikationsgrundlage für die Diskussion einer adäquaten Arzneimitteltherapie zwischen ihm und der Arztpraxis verwendet werden.

▪▪ Informationen zur Arzneimittelanwendung

Zusätzlich werden seitens der TK-Broschüren zu möglichen Therapieoptionen für eine Vielzahl von Erkrankungen zur Verfügung gestellt. Gerade bei der Versorgung chronisch Erkrankter ist es notwendig, den Versorgungprozess der **Arzneimittelversorgung mit entsprechenden Informationsangeboten** zu **begleiten**. Insbesondere, wenn ein Therapieschema geändert wird, sind umfassende Informationen für die betroffenen Versicherten erforderlich. Beispielhaft kann hier der Pillenreport genannt werden. Darin wird der Frage nachgegangen, ob die modernen »Pillen« der 3. und 4. Generation ein therapeutischer Fortschritt sind und welche Risiken damit verbunden sind (Glaeske und Thürmann 2015).

Des Weiteren werden Informationen zu potenziell inadäquater Medikation von älteren Erkrankten bereitgestellt, die auch helfen sollen, **unnötige patientenseitige Zuzahlungen** zu **vermeiden**. Daneben existiert ein TK-Ärzte-Zentrum, das 365 Tage im Jahr rund um die Uhr besetzt ist und auf telefonische Anfrage den Versicherten spezifische Informationen zu ihrer Arzneimitteltherapie geben kann. Hierfür arbeitet die TK mit der Stiftung Warentest und der Arzneimittelkommission der deutschen Ärzteschaft zusammen.

▪▪ TK-ArzneimittelCoach

Grundlage einer erfolgreichen Arzneimitteltherapie ist, dass Erkrankte regelmäßig das Arzneimittel in der richtigen Dosis einnehmen. Diese **Therapietreue**, auch Adhärenz genannt, trägt entscheidend dazu bei, den individuellen Therapieerfolg zu sichern. Oftmals werden Adhärenzlücken jedoch nicht zwischen Arzt und Patient thematisiert. Dies kann einerseits daran liegen, dass der Betroffene dafür nicht sensibilisiert ist oder dass der Behandelnde nicht den umfassenden **Einblick in das Therapieverhalten** des Patienten hat.

Die Verschreibungsdaten der Krankenkassen können dabei helfen, Versicherte zu identifizieren, die nach Datenlage, eine potenzielle

Über- oder Unterversorgung mit ihrem Arzneimittel aufweisen. Dabei können Abweichungenvon den festgelegten Defined Daily Doses (DDD) oder deutliche Versorgungslücken aufgedeckt werden. Die DDD stellen zwar kein therapeutisches Maß dar, dennoch kann es sinnvoll sein, bei starken Abweichungen, ein Gespräch zwischen Arztpraxis und Versichertem zu initiieren, um mögliche arzneimittelbezogene Probleme zu identifizieren und zu lösen.

Wenn sich aufgrund des Verschreibungsmusters Hinweise ergeben, dass der **Versorgungsgrad** des Erkrankten nicht optimal ist, können sich darin Ansatzpunkte finden, Versorgungsangebote (z. B. individualisierte Schulungen) für spezielle Patientengruppen zu entwickeln. Das Angebot eines Adhärenzmanagements durch die Krankenkasse kann zudem dabei helfen, therapeutische Ergebnisse zu optimieren und das **Selbstmanagement des Einzelnen** zu **stärken**. Als ein Einsatzgebiet bietet sich z. B. die Versorgung von Patientinnen und Patienten mit Diabetes an. Aufgrund der Abrechnungsdaten konnten Betroffene identifiziert werden, die von einem weitergehenden Arzneimittelmanagement profitieren könnten. Analysen zeigten, dass von etwa 200.000 Diabetikerinnen und Diabetikern rund 7000 von einer Optimierung der Arzneimitteltherapie profitieren könnten.

Das Angebot einer Optimierung der Arzneimitteltherapie kann jedoch nur als **freiwilliges Angebot** verstanden werden, das eine intensivere individuelle Betreuung ermöglicht. Das Programm ArzneimittelCoach Diabetes umfasste fünf Module (Übersicht), die darauf abzielen, das Selbstmanagement zu optimieren. Dazu erprobte die TK von Ende 2013 bis Ende 2020 ein gezieltes Medikationscoaching durch motivationspsychologische Gespräche ihrer ArzneimittelCoaches. Jährlich wurden rund 2500 telefonische Coaching-Gespräche mit bis zu 1000 Versicherten geführt.

ArzneimittelCoach Diabetes mellitus Typ 2: Schulungsmodule

- Modul 1: Kennenlernen (Vertrauen des Versicherten gewinnen)
- Modul 2: Informationen zur Erkrankung (Bewertung der Gesundheitskompetenz)
- Modul 3: Arzneimittel und Therapietreue (Risikobewertung der Non-Adhärenz)
- Modul 4: Alltag und Lebensstil (Fördern persönlicher Ressourcen und Selbstwirksamkeitsüberzeugung)
- Modul 5: Ausblick (Festigung des Arzneimittelwissens)

Die TK-Erfahrungen bestätigten, dass durch eine niederschwellige Information die Zufriedenheit mit der Medikation steigt und damit die Basis für die eine erfolgreiche Therapie gegeben ist (◘ Abb. 2.30) (Mühlbauer et al. 2014).

Die Ergebnisse des DiabetesCoachings zeigen, dass 90 % der Patienten, die das TK-Coaching begonnen haben, dieses auch beendeten. 93 % gaben an, dass ihre Fragen durch die ArneimittelCoaches beantwortet wurden, und 86 % haben Tipps erhalten, wie sie besser mit ihrer Erkrankung umgehen können. Auch die extrem hohe Kundenzufriedenheit (insgesamt 95 %) veranlasste die TK dazu, mit den Erkenntnissen aus dem Arzneimittel-Coach ein neues, nun diagnoseübergreifendes Beratungsangebot zur Medikation anzubieten, um die Arzneimitteltherapie weiter individuell optimieren zu können.

▪▪ Weiterentwicklung des Versorgunsgangebotes

Basierend auf den Erfahrungen mit dem TK-ArzneimittelCoach wird ein neuartiges, umfassendes Versorgungsangebot rund um Arzneimittel für TK-Versicherte entstehen. Auf Basis digitaler Angebote, wie der Gesundheitsakte **TKSafe** und der Nutzung des **eRezepts**, sollen verschiedene Module Patienten dabei unterstützen, die alltäglichen Herausforderungen mit der Anwendung ihrer Arzneimittel zu meistern. Die Patientinnen und Patienten können sich eigeninitiativ einschreiben und alle oder nur einzelne Module nutzen.

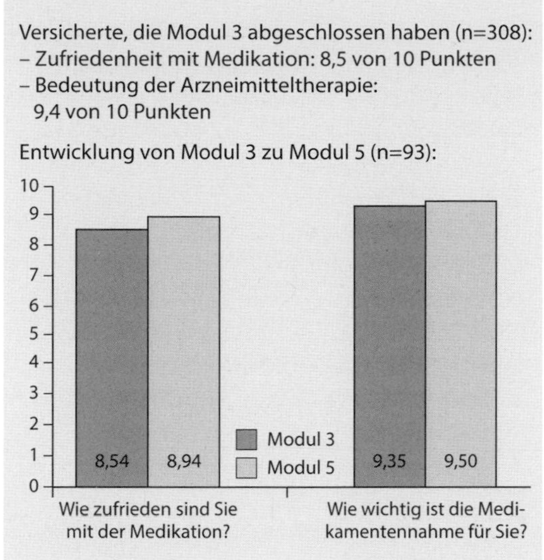

Abb. 2.30 ArzneimittelCoach – Zufriedenheit mit der Medikation

Digitale und persönliche Mehrwertangebote greifen dabei ineinander. So kann z. B. im Rahmen eines Erstgesprächs in der Apotheke mit den Erkrankten herausgefunden werden, welche Informationen und welche Hilfestellungen bezüglich der Indikation oder Medikation benötigt werden. Es werden verschiedene Module entwickelt, die bei der Anwendung von Arzneimitteln Unterstützung bieten können. Die frei wählbaren Module beinhalten z. B.:

- Beratungsangebote durch die Vor-Ort-Apotheke
- Beratungsgespräche mit dem TK-ArzneimittelCoach
- Digitale Anwendungen/App mit Adherence-Gamification-Elementen
- »Telearzt- und Teleapotheker-Service« (24/7)

Arzneimittelmanagement – Ärzte

Umgang mit Innovationen

Die Arzneimittelausgaben steigen kontinuierlich an. Dabei zeigt sich insbesondere bei den patentgeschützten Arzneimitteln ein deutlicher Trend. Die Umsätze nehmen zu, während die Anzahl der Verordnungen stagniert (Schwabe und Ludwig 2020). Dabei wirken neue Arzneimittel oftmals als Kostentreiber, ohne für die Erkrankten einen deutlichen Nutzen zu entwickeln (Korzilius und Osterloh 2016). Im Rahmen des Innovationsreports werden daher die neuen Arzneimittel systematisch in den Kategorien »Verfügbare Therapien«, (Zusatz-)Nutzen und Kosten mittels eines Ampelschemas bewertet. Im Innovationsreport 2020, der die neuen Wirkstoffe des Jahres 2017 bewertet, wird dies deutlich: Von den 31 neuen Arzneistoffen, die im Report bewertet wurden, erhielten nur acht Wirkstoffe die Gesamtbewertung »Grün« und somit – bezogen auf die Kategorien »Verfügbare Therapien«, (Zusatz-)Nutzen und Kosten – die beste Gesamtbewertung (Abb. 2.31).

Der durchschnittliche Packungspreis für neue Arzneimittel hat sich jedoch im Vergleich zum Vorjahr mehr als verdoppelt (von 1298 € auf 3066 €) (Glaeske et al. 2020). Insbesondere der hohe Anteil der onkologischen Präparate hat einen großen Anteil (ca. 60 %) an den Mehrausgaben. Sechs der 31 bewerteten Arzneimittel wiesen einen Packungspreis von mehr als 10.000 € auf. Mit Spinraza® (Wirkstoff: Nusinersen) zur Behandlung der Spinalen Muskelatrophie (SMA) bei Kindern war erstmals ein Präparat mit einem sechsstelligen Packungspreis vertreten. Die zunehmende Anzahl hochspezialisierter ATMPS (Advanced medicinal products), zu denen auch die Gentherapeutika zählen, wird in den nächsten Jahren eine Herausforderung (Schoch et al. 2014) für das deutsche Gesundheitssystem darstellen. Die Erkenntnisse des Reports werden für gezielte Arztansprachen genutzt.

Informationen im Rahmen der Evidenzbasierten Medizin

Aufgrund der Vielzahl an Informationen, die beispielsweise auch durch die pharmazeutische Industrie verbreitet werden, entsteht eine hohe Informationsdichte, die kaum noch im Praxisalltag bewältigt werden kann. Die Fokussierung auf Informationen, die evidenzbasiert sind, hilft nicht nur dabei, eine **rationale Arzneimitteltherapie** zu befördern, sondern trägt ebenfalls zur Kostenoptimierung bei. Entsprechend ist es notwendig, **neutrale Informationen** zur Ver-

2

Wirkstoff Präparat	**Bewertung**				**Besonderheiten nach Markteinführung**
	Verfügbare Therapien	(Zusatz-) Nutzen	Kosten	Gesamt-Score	
Alectinib Alecensa®	○○◉	○◍○	○◍○	○○◉	Indikationserweiterung, in zwei Indikationen bewertet
Atezolizumab Tecentriq®	○◍○	○◍○	○◍○	○◍○	
Avelumab Bavencio® (O)	○◍○	○◍○	○○○	○◍○	bedingte Zulassung, Indikations-erweiterung, Blaue Hand (BH)
Baricitinib Olumiant®	●○○	●○○	○◍○	●○○	Blaue Hand
Brodalumab Kyntheum®	●○○	○◍○	○◍○	○◍○	Drug Safety Mail CED
Cenegermin Oxervate® (O)	○○◉	○◍○	○○○	○◍○	Rote-Hand-Brief (RHB)
Cladribin Mavenclad®	●○○	●○○	○◍○	●○○	Blaue Hand
Dimethylfumarat Skilarence®	●○○	●○○	○◍○	●○○	
Dupilumab Dupixent®	○○◉	○○◉	●○○	○○◉	
Etelcalcetid Parsabiv®	●○○	●○○	○◍○	●○○	
Glecaprevir/Pibrentasvir Maviret®	●○○	●○○	○◍○	●○○	Zul. erweiterg. auf Jugendliche ab 12
Guselkumab Tremfya®	○◍○	○○◉	○◍○	○○◉	
Inotuzumab Ozogamicin Besponsa® (O)	○○◉	○○◉	○○○	○○◉	
Ixazomib Ninlaro® (O)	○◍○	○◍○	○○○	○◍○	bedingte Zul., befr. G-BA-Beschluss
Ixekizumab Taltz®	○◍○	○○◉	○◍○	○○◉	Erw. der Zul. auf Psoriasis-Arthritis, 2 G-BA-Beschl., Drug Safety Mail CED
Lonoctocog alfa Afstyla®	●○○	●○○	○◍○	●○○	
Meningokokken-B-Impfstoff Trumenba®	●○○	○◍○	●○○	●○○	
Midostaurin Rydapt® (O)	○○◉	○○◉	○○○	○○◉	
Nabilon Canemes®	○◍○	●○○	●○○	●○○	
Niraparib Zejula® (O)	○◍○	●○○	○○○	●○○	*Orphan*-AM vor Überschreitung der 50 Mio. €-Grenze
Nonacog beta pegol Refixia®	●○○	●○○	○◍○	●○○	
Nusinersen Spinraza® (O)	○○◉	○○◉	○○○	○○◉	befr. G-BA-Beschluss, 1 RHB
Obeticholsäure Ocaliva® (O)	○○◉	●○○	○○○	●○○	1 RHB
Reslizumab Cinquaero®	●○○	○◍○	○◍○	○◍○	
Ribociclib Kisquali®	●○○	●○○	●○○	●○○	Erw. der Zul. auf prä-/perimenop. Frauen, mehrere G-BA-Beschlüsse
Rolapitant Varuby®	●○○	●○○	○○○	●○○	Außer Vertrieb
Sarilumab Kevzara®	●○○	○◍○	○◍○	○◍○	Blaue Hand
Sofosbuvir/Velpatasvir/Voxilaprevir Vosevi®	●○○	●○○	●○○	●○○	
Tivozanib Fotivda®	●○○	●○○	○○◉	●○○	
Tofacitinib Xeljanz®	●○○	●○○ ○◍○	○◍○	●○○	Erw. der Zul. um Pso.-Arthritis und Col. ulcerosa, mehrere G-BA-Beschlüsse, BH, 3 RHB
Venetoclax Venclyxto®	○◍○	○○◉	○◍○	○○◉	

Abb. 2.31 TK-Innovationsreport: Übersicht neue Wirkstoffe 2017. (Quelle: Glaeske et al. 2020)

fügung zu stellen, die nicht das Ziel haben, produktbezogen zu beeinflussen, sondern die optimale Arzneimitteltherapie zu unterstützen.

Dafür stellt die TK Ärztinnen und Ärzten die »Arzneimittelnews« zur Verfügung. Darin werden spezifische Themen der Pharmakotherapie nach den Grundsätzen der Evidenzbasierten Medizin durch ein unabhängiges Institut aufbereitet.

Jede Ausgabe der Arzneimittelnews enthält:

- ein Top-Thema aus den Bereichen der Arzneimitteltherapie, z. B. direkte orale Antikoagulanzien
- ein Interview mit einem unabhängigen Experten zum Top-Thema
- das AMNOG-Barometer: Hier werden für das Top-Thema relevante Arzneimittel hinsichtlich ihres (Zusatz-)Nutzens, ihrer Kosten und anderer verfügbarer Therapien bewertet.
- Leitlinienreport: Dieser fasst aktuelle Entwicklungen in den wichtigsten Leitlinien des betrachteten Therapiegebiets zusammen.
- TK-News: Wenn es von Seiten der TK Neuigkeiten gibt, werden diese ebenfalls in die Arzneimittelnews aufgenommen. Hierbei kann es sich z. B. um Informationen zur Wirtschaftlichkeit im Zusammenhang mit Rabattverträgen oder Aktuelles zu den TK-Arztverträgen handeln.

Die Arzneimittelnews erscheinen einmal im Quartal als Printversion und können außerdem auf der zugehörigen Internetseite ▸ www.arzneimittelnews.de abgerufen werden. Hier werden einige Interviews auch als Film zur Verfügung gestellt. Darüber hinaus stehen dort Zusammenfassungen für Ärztinnen und Ärzte und z. T. auch für Patientinnen und Patienten zum Download bereit. Zusätzlich erhalten die Arztpraxen dort eine Übersicht über die aktuellen G-BA-Beschlüsse zur frühen Nutzenbewertung und Zusammenfassungen zu ausgewählten Beschlüssen. Zum Teil werden diese auch in einer laienverständlichen Version zur Weitergabe an Patientinnen und Patienten angeboten.

Ergänzt werden die Arzneimittelnews durch individuelle Auswertungen der Verordnungsdaten der jeweiligen Ärzte passend zum jeweiligen Top-Thema.

▪ Arzneimittelmanagement – Apotheken

Zur Ergänzung des TK-ArzneimittelCoaches können Apotheken auf Wunsch der Versicherten mit eingebunden werden. Dadurch wird es möglich, die telefonische Beratung durch den Coach mit einer persönlichen pharmazeutischen Beratung in der Apotheke zu verbinden.

Bei der Versorgung mit Arzneimitteln ist die Apotheke eine entscheidende Schnittstelle. Ansatzpunkte für ein erfolgreiches Management der Arzneimittelversorgung sind zum einen individuelle **Patienteninformationen**, zum anderen die **Kommunikation der Rabattverträge**. Auch in diesem Fall kann die Versicherten-Information über Arzneimittel ein entscheidendes Kommunikationsinstrument sein, um die Arzneimitteltherapie zwischen Patientinnen und Patienten und Apotheke zu diskutieren. Zusätzlich können in der Apotheke auch die nicht-verschreibungspflichtigen Arzneimittel bei der Bewertung der Arzneimitteltherapie berücksichtigt werden.

Ausblick

Zusammenfassend muss ein erfolgreiches Leistungsmanagement im Arzneimittelbereich eine Vielzahl von unterschiedlichen Komponenten berücksichtigen. Hierzu zählen sowohl die **Bereitstellung von Informationen** und die **Steuerung der Patientinnen und Patienten** als auch eine **verbesserte Zusammenarbeit mit den Leistungserbringern**. Dies bedingt auch, dass die strukturelle Organisation der Leistungserbringer den Anforderungen für ein erfolgreiches Vertrags- und Versorgungsmanagement entspricht. Idealerweise sollten nicht mit einzelnen Leistungserbringern, sondern mit großen Gruppen Verträge geschlossen werden. Überdies ist die Entwicklung einheitlicher Informationsstrukturen wünschenswert.

2

Literatur

Literatur zu Abschnitt 2.1

Ärztliches Zentrum für Qualität in der Medizin (Redaktion) im Auftrag von BÄK, AWMF, KBV (2006) Nationale Versorgungs-Leitlinie COPD Langfassung. ÄZQ, Berlin (http://www.copd.versorgungsleitlinien.de/)

Busse R, Nimptsch U, Mansky T (2009) Measuring, monitoring, and managing quality in Germany's hospitals. Health Aff 28(2):w294–w304

Busse R, Blümel M, Spranger A (2017) Das deutsche Gesundheitssystem, 2. Aufl. Medizinisch Wissenschaftliche Verlagsgesellschaft, Berlin

Donabedian A (1986) Criteria and standards for quality assessment and monitoring. Qual Rev Bull 12(3):99–108

Eijkenaar F, Emmert M, Scheppach M, Schöffski O (2013) Effects of pay-for-performance in health care: a systematic review of systematic reviews. Health Policy 110(2–3):115–130

Fleßa S (2013) Grundzüge des Krankenhausbetriebslehre, 3. Aufl. Oldenbourg Wissenschaftsverlag, München

Greenhalgh T (2015) Einführung in die evidenzbasierte Medizin, 3. Aufl. Huber, Bern

Grol R, Grimshaw J (2003) From best evidence to best practice: effective implementation of change in patients' care. Lancet 362:1225–1230

IQTIG (Institut für Qualitätssicherung und Transparenz im Gesundheitswesen) (2016) Qualitätsreport 2015. IQTIG, Berlin

Milstein R, Schreyögg J (2016) Pay for performance in the inpatient sector: A review of 34 P4P programs in 14 OECD countries. Health Policy 120(10):1125–1140

Perleth M, Busse R, Gerhadus A, Gibis B, Lühmann D, Zentner A (Hrsg) (2014) Health Technology Assessment – Konzepte, Methoden, Praxis für Wissenschaft und Entscheidungsfindung, 2. Aufl. Medizinisch Wissenschaftliche Verlagsgesellschaft, Berlin

Schwartz FW, Busse R (2012) Denken in Zusammenhängen: Gesundheitssystemforschung. In: Schwartz FW, Walter U, Siegrist J, Kolip P, Leidl R, Dierks ML, Busse R, Schneider N (Hrsg) Das Public Health Buch, 3. Aufl. Urban & Fischer, München, S 555–582

Shleifer A (1985) A theory of yardstick competition. Rand J Econom 16:319–327

Zentner A, Velasco Garrido M, Busse R (2005) Methoden zur vergleichenden Bewertung pharmazeutischer Produkte – eine internationale Bestandsaufnahme zur Arzneimittelevaluation. HTA-Bericht 13. DIMDI, TU Berlin, Köln, Berlin

Literatur zu Abschnitt 2.2

Amelung VE (2011) Managed Care: Neue Wege im Gesundheitsmanagement, 5. Aufl. Springer Gabler, Wiesbaden

Bäumler M, Schreyögg J, Meissner S, Busse R (2008) Reference pricing for outpatient medical aids in Germany. Eurohealth 14(3):9–11

Birkner B, Buchner F, Wasem J (1999) Wirtschaftswissenschaftliche Zugänge zu den Gesundheitswissenschaften. In: Hurrelmann K (Hrsg) Gesundheitswissenschaften. Springer, Berlin, S 125–177

Bundesministerium für Gesundheit (BMG) (2021) Gesetzliche Krankenversicherung: Mitglieder, mitversicherte Angehörige und Krankenstand – Monatswerte Januar 2021. BMG, Bonn/Berlin

Busse R, Schreyögg J, Schlösser R (2006) Modellierung des Kapitalwertes von Disease Management-Programmen unter Anwendung der Monte-Carlo Simulation. Z Öff Gemeinwirtsch Unternehm 29(3):276–301

Busse R, Blümel M, Spranger A (2017) Das deutsche Gesundheitssystem, 2. Aufl. Medizinisch Wissenschaftliche Verlagsgesellschaft, Berlin

Deutscher Bundestag/ Wissenschaftliche Dienste (2020) Bonusprogramme der gesetzlichen Krankenkassen für Gesundheitsbewusstes Verhalten. Dokumentation WD 9 – 3000 – 090/20. https://www.bundestag.de/resource/blob/815980/d72d4a8d7efb2c0657d0d547f1fb4cb8/WD-9-090-20-pdf-data.pdf. Zugegriffen: 30. Juni 2021

Farny D (2011) Versicherungsbetriebslehre, 5. Aufl. Verlag Versicherungswissenschaft, Karlsruhe

Greß S, Walendzik A, Wasem J (2009) Auswirkungen der Maßnahmen gegen Nichtversicherung im GKV-WSG – Eine Zwischenbilanz. Sozialer Fortschr 58(7):147–154

Grobecker R, Hahn T, Meier U, Oppel K (2001) Management von »sonstigen Leistungskosten« in der gesetzlichen Krankenversicherung. In: Salfeld R, Wettke J (Hrsg) Die Zukunft des deutschen Gesundheitswesens – Perspektiven und Konzepte. Springer, Berlin, S 157–164

Holldorf I, Pütz C (2004) Selbstbehalttarife in der gesetzlichen Krankenversicherung, Modellvorhaben der TK liefert erste Ergebnisse. Gesundheitsökonomie Qual 9:205–208

Karten W (2000) Versicherungsbetriebslehre – Kernfragen aus entscheidungstheoretischer Sicht. Verlag Versicherungswissenschaft, Karlsruhe

Knappe E, Leu RE, Graf v d Schulenburg J-M (1988) Der Indemnitätstarif. Wege zur Sozialverträglichkeit und Wirtschaftlichkeit beim Zahnersatz. Springer, Berlin

Krämer J, Schreyögg J, Busse R (2019) Classification of hospital admissions into emergency and elective care: a machine learning approach. Health Care Manag Sci 22(1):85–105

Lauterbach KW, Wille E (2000) Modell eines fairen Wettbewerbs durch den Risikostrukturausgleich – Sofortprogramm »Wechslerkomponente und solidarische Rückversicherung« unter Berücksichtigung der Morbidität (Gutachten im Auftrag des VdAK, des AEV, des AOK-BV und des IKK-BV)

Malin EM, Richard S, Paquet R, König W (1994) Zwischenbilanz zur Beitragsrückzahlung in der GKV. Sozialer Forschritt 43:141–147

Ozcan YA (2009) Quantitative methods in health care management: Techniques and Applications, 2. Aufl. Jossey-Bass, San Francisco

Sachverständigenrat zur Begutachtung der Entwicklung im Gesundheitswesen (2005) Koordination und Qualität im Gesundheitswesen. Gutachten. Nomos: Baden Baden.

Schreyögg G, Geiger D (2016) Organisation: Grundlagen moderner Organisationsgestaltung, 6. Aufl. Springer Gabler, Wiesbaden

Schreyögg J (2003) Medical Savings Accounts – eine internationale Bestandsaufnahme des Konzeptes der Gesundheitssparkonten und seine Implikationen für Deutschland. Zeitschr f d ges Versicherungsw 92:507–532

Schreyögg J (2014) Kassenwettbewerb durch Versorgungsmanagement. In: Cassel D, Jacobs K, Vauth C, Zerth J (Hrsg) Solidarische Wettbewerbsordnung. medhochzwei, Heidelberg, S 145–170

Schreyögg J, Grabka MM (2009) Copayments for ambulatory care in Germany: a natural experiment using a difference-in-difference approach. Eur J Health Econ 11(3):331–341

Graf v d Schulenburg JM (1987) Selbstbeteiligung. Springer, Berlin

Graf v d Schulenburg JM, Greiner W (2013) Gesundheitsökonomik, 3. Aufl. Mohr-Siebeck, Tübingen

Schwarze J, Andersen HH (2001) Kassenwechsel in der Gesetzlichen Krankenversicherung: Welche Rolle spielt der Beitragssatz? Schmollers Jahrb Z Wirtschaft Sozialwiss 121:581–602

Verband der privaten Krankenversicherung (2020) Zahlenbericht 2019. PKV, Köln

Werblow A, Felder S (2003) Der Einfluss von freiwilligen Selbstbehalten in der gesetzlichen Krankenversicherung: Evidenz aus der. Schweiz Schmollers Jahrb Z Wirtschaft Sozialwiss 123:235–264

Literatur zu Abschnitt 2.3

AQUA (Institut für angewandte Qualitätsförderung und Forschung im Gesundheitswesen) (2011) Qualitätsreport 2010. AQUA-Institut, Göttingen

Ärzteblatt (2021) Politik will Pflegebedarfsbemessung im Krankenhaus auf den Weg bringen. https://www.aerzteblatt.de/nachrichten/123739/Politik-will-Pflegebedarfsbemessung-im-Krankenhaus-auf-den-Weg-bringen

Ärztliches Zentrum für Qualität in der Medizin (2003) Kompendium Q-M-A. Qualitätsmanagement in der ambulanten Versorgung. Deutscher Ärzte-Verlag, Köln

Bäuml M (2021) How do hospitals respond to cross price incentives inherent in diagnosis-related groups systems? The importance of substitution in the market for sepsis conditions. Health Econ. https://doi.org/10.1002/hec.4215

Bäuml M, Kümpel C (2020) Hospital responses to the refinement of reimbursements by treatment intensity in DRG systems. Health Econ. https://doi.org/10.1002/hec.4204

Behar B, Guth C, Salfeld R (2016) Modernes Krankenhausmanagement, 3. Aufl. Springer, Berlin Heidelberg New York

Beivers A, Emde A (2020) DRG-Einführung in Deutschland: Anspruch, Wirklichkeit und Anpassungsbedarf aus gesundheitsökonomischer Sicht. In: Klauber J, Geraedts M, Friedrich J, Wasem J, Beivers A (Hrsg) Krankenhaus-Report 2020 – Finanzierung und Vergütung am Scheideweg. Springer, Berlin, S 3–24

Bundesgeschäftsstelle Qualitätssicherung BQS– (2008) Qualität sichtbar machen. BQS-Qualitätsreport 2007. Bundesgeschäftsstelle Qualitätssicherung (BQS), Düsseldorf

Brunner JO, Bard JF, Kolisch R (2009) Flexible shift scheduling of physicians. Health Care Manag Sci 12(3):285–305

Büchner A, Hinz V, Schreyögg J (2015) Cooperation for a competitive position: the impact of hospitals' cooperation behavior on organizational performance. Health Care Manage Rev 40(3):214–224

Büchner A, Blum K, Schreyögg J (2016a) Kooperationsverhalten im deutschen Krankenhausmarkt: Ergebnisse einer Befragung deutscher Krankenhaus. Krankenhaus 108(6):483–488

Büchner A, Hinz V, Schreyögg J (2016b) Health systems: changes in hospital efficiency and profitability. Health Care Manag Sci 19(2):130–143

Busse R, Geissler A, Quentin W, Wiley M (Hrsg) (2011) Diagnosis-Related Groups in Europe – transparency, efficiency and quality in hospitals. Open University Press, Maidenhead

Busse R, Blümel M, Spranger A (2017) Das deutsche Gesundheitssystem – Akteure, Daten, Analysen, 2. Aufl. Medizinisch Wissenschaftliche Verlagsgesellschaft, Berlin

Busse R, Eckhardt H, Geraedts M (2020) Vergütung und Qualität: Ziele, Anreizwirkungen, internationale Erfahrungen und Vorschläge für Deutschland. In: Klauber J, Geraedts M, Friedrich J, Wasem J, Beivers A (Hrsg) Krankenhaus-Report 2020 – Finanzierung und Vergütung am Scheideweg. Springer, Berlin, S 205–230

Camli C, Rieben E, Conen D (2001) Leitlinien und Clinical Pathways in der Fallkostenkalkulation. In: Lauterbach KW, Schrappe M (Hrsg) Gesundheitsökonomie, Qualitätsmanagement und Evidence-based Medicine. Schattauer, Stuttgart, S 495–501

de Cruppé W, Geraedts M (2018) Mindestmengen unterschreiten, Ausnahmetatbestände und ihre Konsequenzen ab 2018. Komplexe Eingrife am Ösophagus und Pankreas in deutschen Krankenhäusern im Zeitverlauf von 2006 bis 2014. Zentralbl Chir 143(3):250–258. https://doi.org/10.1055/a-0573-2625

Deutsche Krankenhausgesellschaft (2021) Bestandsaufnahme zur Krankenhausplanung und Investitionsfinanzierung in den Bundesländern – Stand: April 2021. Dezernat II Krankenhausfinanzierung und -planung, Deutsche Krankenhausgesellschaft, Berlin

Fleßa S (2018) Systemisches Krankenhausmanagement. Oldenbourg, München

G-BA (2017) Tragende Gründe des Gemeinsamen Bundesausschusses über die Festlegung der Leistungen oder Leistungsbereiche gemäß § 136b Abs 1 Satz 1 Nr. 4 SGB V für Qualitätsverträge nach § 110a SGB V, vom 18. Mai 2017. https://www.g-ba.de/beschluesse/2960/

G-BA (2021) Regelungen des Gemeinsamen Bundesausschusses gemäß § 136b Absatz 1 Satz 1 Nummer 2 SGB V für nach § 108 SGB V zugelassene Krankenhäuser (Mindestmengenregelung, Mm-R), vom 04. Mai 2021. https://www.g-ba.de/downloads/62-492-2480/Mm-R_2021-03-18_iK-2021-05-04.pdf

Geissler A, Scheller-Kreinsen D, Quentin W, Busse R (2011) Germany: understanding G-DRGs. In: Busse R, Geissler A, Quentin W, Wiley M (Hrsg) Diagnosis-related groups in Europe – moving towards transparency, efficiency and quality in hospitals. Open University Press, Maidenhead, S 243–271

GKV-SV, DKG (2018) Vereinbarung über die verbindlichen Rahmenvorgaben nach § 110a Abs 2 SGB V für den Inhalt der Qualitätsverträge nach § 110a Abs 1 SGB V. Rahmenvereinbarung für Qualitätsverträge in der stationären Versorgung vom 16.07.2018. https://www.gkv-spitzenverband.de/media/dokumente/krankenversicherung_1/krankenhaeuser/qualitaetsvertraege/Rahmenvereinbarung_fuer_Qualitaetsvertraege_in_der_stationaeren_Versorgung_16.07.2018.pdf

Greiling D (2000) Rahmenbedingungen krankenhausbezogenen Unternehmensmanagements. In: Eichhorn P, Seelos HJ, v d Schulenburg JM (Hrsg) Krankenhausmanagement. Urban & Fischer, München Jena, S 69–104

Grimshaw J, Ward J, Eccles M (2001) Improving the use of evidence in practice. In: Oxford handbook of public health practice. Oxford University Press, Oxford, S 392–399

Günther HO, Tempelmeier H (2005) Produktion und Logistik, 6. Aufl. Springer, Berlin Heidelberg New York

Heimeshoff M, Tiemann O, Schreyögg J (2014) Employment effects of hospital privatization in Germany – a difference in difference approach with propensity score matching. Eur J Health Econ 15:747–757

Hesse A, Schreyögg J (2007) Determinanten eines erfolgreichen Einweisermarketings für Krankenhäuser – eine explorative Analyse. Gesundheitsökonomie Qual 12(5):310–314

Hildebrand R (2005) Qualitätsberichterstattung in Deutschland heute. In: Klauber J, Robra BP, Schellschmidt H (Hrsg) Krankenhausreport 2004. Schattauer, Stuttgart, S 27–47

Institut für das Entgeltsystem im Krankenhaus gGmbH (InEK) (2016) Abschlussbericht zur Weiterentwicklung des G-DRG-Systems für das Jahr 2017. InEK, Siegburg

Institut für das Entgeltsystem im Krankenhaus gGmbH (InEK) (2020) aG-DRG German Diagnosis Related Groups. Version 2021. Definitionshandbuch Kompaktversion. DRGs A01A-K77Z, Bd. 1. InEK, Siegburg

IQTIG (Institut für Qualitätssicherung und Transparenz im Gesundheitswesen) (2016) Qualitätsreport 2015. IQTIG, Berlin. https://iqtig.org/downloads/berichte/2015/IQTIG-Qualitaetsreport-2015.pdf

IQTIG (Institut für Qualitätssicherung und Transparenz im Gesundheitswesen) (2020) Qualitätsreport 2020. IQTIG, Berlin. https://iqtig.org/downloads/berichte/2019/IQTIG_Qualitaetsreport-2020_2021-02-11.pdf

Johnson G, Scholes K, Whittington R (2011) Strategisches Management: eine Einführung. Pearson Studium, München

Kolisch R, Sickinger S (2008) Providing radiology health care services to stochastic demand of different customer classes. OR Spectr 30:375–395

König A, Bade T (2009) Strategien zur Kostensenkung und Qualitätssteigerung in der Krankenhauslogistik. In: Behrendt I, König HJ, Krystek U (Hrsg) Zukunftsorientierter Wandel im Krankenhausmanagement. Springer, Berlin Heidelberg New York, S 113–125

Krämer J, Schreyögg J (2019) Demand-side determinants of rising hospital admissions in Germany: the role of ageing. Eur J Health Econ 20(5):715–728

KTQ (2021) https://www.ktq.de/index.php?id=9

Kuhlen R, Rink O, Zacher J (Hrsg) (2010) Jahrbuch Qualitätsmedizin 2010. Medizinisch Wissenschaftliche Verlagsgesellschaft, Berlin

Lauterbach K, Lüngen M (2000) DRG-Fallpauschalen: Eine Einführung, Anforderungen an die Adaption von Diagnosis-Related Groups in Deutschland. Schattauer, Stuttgart

Leber WD, Vogt C (2020) Reformschwerpunkt Pflege: Pflegepersonaluntergrenzen und DRG-Pflege-Split. In: Klauber J, Geraedts M, Friedrich J, Wasem J, Beivers A (Hrsg) Krankenhaus-Report 2020 – Finanzierung und Vergütung am Scheideweg. Springer, Berlin, S 111–144

Lindlbauer I, Schreyögg J, Winter V (2016a) Changes in technical efficiency after quality management certification: A DEA approach using difference-in-difference estimation with genetic matching in the hospital industry. Eur J Oper Res 250(3):1026–1036

Lindlbauer I, Winter V, Schreyögg J (2016b) Antecedents and consequences of corporatization: an empirical analysis of German public hospitals. J Public Adm Res Theory 26(2):309–326

Mansky M, Nimptsch U, Winklmair C, Vogel K, Hellerhoff F (2011) G-IQI – German Inpatient Quality Indicators Version 3.1. Technische Universität Berlin, Berlin

Milstein R, Schreyögg J (2016) Pay for performance in the inpatient sector: A review of 34 P4P programs in 14 OECD countries. Health Policy 120(10):1125–1140

Oswald J, Bunzemeier H (2020) Auswirkungen der Personalkostenvergütung auf die Prozesse im Krankenhaus. In: Klauber J, Geraedts M, Friedrich J, Wasem J, Beivers A (Hrsg) Krankenhaus-Report 2020 – Finanzierung und Vergütung am Scheideweg. Springer, Berlin, S 145–168

Roeder N, Franz D (2014) Qualitätsmanagement im Krankenhaus – Aktueller Entwicklungsstand und Ausblick. Gesundheitsökonomie Qual 19(1):16–21

Roeder N, Hensen P, Fiori W, Bunzemeier H, Loskamp N (2004) DRGs, Wettbewerb und Strategie. Krankenhaus 96(9):703–711

Roeder N, Fiori W, Bunzemeier H (2020) Weiterentwicklungsperspektiven des G-DRG-Systems. In: Klauber J, Geraedts M, Friedrich J, Wasem J, Beivers A (Hrsg) Krankenhaus-Report 2020 – Finanzierung und Vergütung am Scheideweg. Springer, Berlin, S 91–110

Sachverständigenrat für die Konzertierte Aktion im Gesundheitswesen (2003) Finanzierung, Nutzerorientierung und Qualität – Gutachten 2003. Nomos, Baden-Baden (2 Bde)

Sachverständigenrat zur Begutachtung der Entwicklung im Gesundheitswesen (2018) Bedarfsgerechte Steuerung der Gesundheitsversorgung. Medizinisch Wissenschaftliche Verlagsgesellschaft, Berlin

Siemens-Betriebskrankenkasse SBK– (2019) Erster Qualitätsvertrag zur Beatmungsentwöhnung geöffnet. Pressemitteilung: Ab sofort können weitere Kliniken und Krankenkassen dem Vertrag der SBK beitreten. https://www.sbk.org/presse/erster-qualitaetsvertrag-zur-beatmungsentwoehnung-geoeffnet/

Schäfer T, Gericke CA, Busse R (2005) Health services research. In: Ahrens W, Pigeot I (Hrsg) Handbook of epidemiology. Springer, Berlin Heidelberg New York, S 1473–1544

Schmola G (2014) Kooperationen aus Krankenhaussicht – Schritt für Schritt zur erfolgreichen Zusammenarbeit. Krankenhaus 8:728–731

Schreyögg J (2017) Vorschläge für eine anreizbasierte Reform der Krankenhausvergütung. In: Klauber J, Geraedts M, Friedrich J, Wasem J (Hrsg) Krankenhausreport. Schattauer, Stuttgart, S 13–24

Schreyögg J (2019) Changes in hospital financing and organization and their impact on hospital performance. Oxford research encyclopedia of economics and finance. Oxford University Press, Oxford https://doi.org/10.1093/acrefore/9780190625979.013.380

Schreyögg J, Milstein R (2016) Expertise zur Ermittlung des Zusammenhangs zwischen Pflegeverhältniszahlen und pflegesensitiven Ergebnisparametern in Deutschland. Bundesministeriums für Gesundheit, Bonn (Gutachten im Auftrag des Bundesministeriums für Gesundheit)

Schreyögg J, Milstein R (2020) Bedarfsgerechte Gestaltung der Krankenhausvergütung Reformvorschläge unter der Berücksichtigung von Ansätzen anderer Staaten. Gutachten im Auftrag der Techniker Krankenkasse. Hamburg Center for Health Economics. https://www.hche.uni-hamburg.de/en/aktuelles/2020-09-10-gutachten-tk/expertise-hche-gesamt-20200825.pdf

Schreyögg J, Bäuml M, Krämer J, Dette T, Busse R, Geissler A (2014) Forschungsauftrag zur Mengenentwicklung nach § 17b Abs. 9 KHG. InEK, Siegburg

Shleifer A (1985) A theory of yardstick competition. Rand J Econ 16:319–327

Sickinger S, Kolisch R (2009) The performance of a generalized Bailey-Welch rule for outpatient appointment scheduling under inpatient and emergency demand. Health Care Manag Sci 12(4):408–419

Siepermann (2004) Stand und Entwicklungstendenzen der Krankenhauslogistik in Deutschland. Empirische Erhebung und vergleichende Analyse. Verlag für Wissenschaft und Forschung, Berlin

Statistisches Bundesamt (2021) Fachserie 12: Gesundheitswesen, Reihe 6.1.1: Grunddaten der Krankenhäuser 2019. DeStatis, Wiesbaden

Tiemann O, Schreyögg J (2012) Changes in efficiency after hospital privatization. Health Care Manag Sci 15(4):310–326

Tuschen KH, Trefz U (2004) Krankenhausentgeltgesetz. Kommentar mit einer umfassenden Einführung in die Vergütung stationärer Krankenhausleistungen. Kohlhammer, Stuttgart

Varabyova I, Schreyögg J (2013) International differences in hospital technical efficiency: a panel analysis of OECD countries. Health Policy 112(1–2):70–79

Velasco-Garrido M, Busse R (2004) Förderung der Qualität in deutschen Krankenhäusern? Eine kritische Diskussion der ersten Mindestmengenvereinbarung. GuS 58(5/6):10–20

Vetter U (2005) Krankenhausplanung – weiterhin Grundlage für die Leistungsplanung im Krankenhaus oder bald Geschichte im Zeitalter der DRGs? In: Vetter U, Hoffmann L (Hrsg) Leistungsmanagement im Krankenhaus: G-DRGs. Schritt für Schritt erfolgreich: Planen – Gestalten – Steuern. Springer, Berlin Heidelberg New York, S 37–45

Wright J, Hill P (2003) Clinical governance. Churchill Livingstone, Edinburgh

Literatur zu Abschnitt 2.4

Ärztliches Zentrum für Qualität in der Medizin, ÄZQ (2003) Kompendium Q-M-A. Qualitätsmanagement in der ambulanten Versorgung. Deutscher Ärzteverlag, Köln

Ärztliches Zentrum für Qualität in der Medizin, ÄZQ (2009) Selbst zahlen? Ein IGeL-Ratgeber für Patientinnen und Patienten 2009. Berlin. http://www.aezq.de/aezq/publikationen/kooperation/igel

Bundesärztekammer (2005) Patientenmerkblatt zur Abrechnung privatärztlicher Leistungen. Bundesärztekammer, Berlin

Bundesärztekammer, Kassenärztliche Bundesvereinigung (2008) Stellungnahme zu delegierbaren Leistungen. www.baek.de/page.asp?his=0.7.47.3225&all=true#top

Bundesgesundheitsministerium (2011) Gesetz zur Verbesserung der Versorgungsstrukturen in der gesetzlichen Krankenversicherung (GKV-Versorgungsstrukturgesetz – GKV-VStG). Bundesgesetzblatt 2011/1(70):2983–3022

Bundesministerium für Gesundheit (2003) Ärztezulassungsverordnung. Bundesgesetzblatt 1:2304, 2343

Francke R, Schnitzler J (2002) Die Behandlungspflicht des Vertragsarztes bei begrenzten Finanzmitteln – Zur Unzulässigkeit der Verweigerung unrentabler Leistungen. Sozialgerichtsbarkeit 49:84–93

Gerlach FM, Szecsenyi J et al. (2020) Evaluation der Hausarztzentrierten Versorgung (HZV) in Baden-Württemberg, Zusammenfassung der Ergebnisse – Ausgabe 2020. www.aok.de/gp/fileadmin/user_upload/Arzt_Praxis/Aerzte_Psychotherapeuten/Vertraege_Vereinbarungen/Hausarztzentrierte_Versorgung/Baden-Wuerttemberg/HZVEvaluation_Broschuere_2020.pdf Zugegriffen: 29. März 2022

Hasenfuß G, Märker-Herrmann E, Hallek M, Fölsch UR (2016) Gegen Unter- und Überversorgung. Dtsch Arztebl 113(13):A-600–602

Kassenärztliche Bundesvereinigung (2016a) 4. MVZ-Survey. KBV, Berlin

Kassenärztliche Bundesvereinigung (2016b) Überwachungen und Begehungen von Arztpraxen durch Behörden. Praxis Wissen Spezial. KBV, Berlin

Klauber J, Geraedts M, Friedrich J, Wasem J (2016) Krankenhausreport 2016. Schwerpunkt: Ambulant im Krankenhaus. Schattauer, Stuttgart

Kriedel T, Kintrup A (2004) Qualitätssicherung in der Vertragsärztlichen Versorgung. Kassenärztliche Bundesvereinigung, Berlin

Laufs A, Kern BR, Rehborn M (Hrsg) (2019) Handbuch des Arztrechts, 5. Aufl. C. H. Becksche Verlagsbuchhandlung, München

Mansky T, Robra BP, Schubert I (2012) Qualitätssicherung: Vorhandene Daten besser nutzen. Dtsch Arztebl 109(21):A-1082/B-928/C-920

Miani C, Hinrichs S, Pitchforth E, Bienkowska-Gibbs T, Disbeschl S, Roland M, Nolte E (2015) Best practice: Medizinische Aus- und Weiterbildung aus internationaler Perspektive. Santa Monica, CA: RAND Corporation. http://www.rand.org/pubs/research_reports/RR622z1.html

Orlowski U, Wasem J (2004) Gesundheitsreform 2004: GKV-Modernisierungsgesetz (GMG). Economica, Heidelberg

Rompf T (2004) Die Normsetzungsbefugnis der Partner der vertragsärztlichen Kollektivverträge. Vierteljahresschr Sozialr 22(4):281–309

Schirmer HD (1997) Ärzte und Sozialversicherung (I) – Der Weg zum Kassenarztrecht. Dtsch Arztebl 94(26):A1790–A1793

Schirmer HD (2006) Vertragsarztrecht kompakt. Deutscher Ärzteverlag, Köln

Schneider CA, Hagemeister J, Pfaff H, Mager G, Höpp HW (2001) Leitlinienadäquate Kenntnisse von Internisten und Allgemeinmedizinern am Beispiel der arteriellen Hypertonie. ZaeFQ 95:339–334

Statistisches Bundesamt (im Auftrag des Normenkontrollrates) (2015) Mehr Zeit für Behandlung. Vereinfachung von Verfahren und Prozessen in Arzt- und Zahnarztpraxen. Abschlussbericht August 2015. Statistisches Bundesamt, Wiesbaden

Taupitz J, Jones E (2002) Zur Abrechenbarkeit fachfremder Leistungen – am Beispiel der Erbringung von MRTs durch Orthopäden. MedR 20(10):497–503

Literatur zu Abschnitt 2.5

Achelrod D, Welte T, Schreyögg J, Stargardt T (2016) Cost-effectiveness of the German Disease Management Programme (DMP) for Chronic Obstructive Pulmonary Disease (COPD) – a large population-based cohort study. Health Policy 120(9):1029–1039

Amelung VE (2011) Managed Care: Neue Wege im Gesundheitsmanagement, 5. Aufl. Gabler, Wiesbaden

American Hospital Association (2018) Accountable care organizations. https://www.aha.org/accountable-care-organizations-acos. Zugegriffen: 1. Juli 2021

Asch SM, McGlynn EA, Hogan M et al (2004) Comparison of quality of care for patients in the veterans health administration and patients in a national sample. Ann Intern Med 141:938–945

Atherly A, van den Broek-Altenburg E, Leffler S, Deschamps C (2021) Despite early success, vermont's all-payer waiver faces persistent implementation challenges: lessons from the first four years. Health Affairs Blog

Austin PC (2008) A critical appraisal of propensity-score matching in the medical literature between 1996 and 2003. Statist Med 27:2037–2049

De Bruin SR, Heijink R, Lemmens LC, Struijs JN, Baan CA (2011) Impact of disease management programs on healthcare expenditures for patients with diabetes, depression, heart failure or chronic obstructive pulmonary disease: a systematic review of the literature. Health Policy 101(2):105–121

Bundesamt für Soziale Sicherung (2020) Vertragstransparenzstelle geht online. https://www.bundesamtsozialesicherung.de/de/service/newsroom/detail/vertragstransparenzstelle-geht-online/. Zugegriffen: 1. Juli 2021

Bundesversicherungsamt (2017) 15 Jahre Strukturierte Behandlungsprogramme – DMP. Pressemittelung Nr. 8/2017. Bonn. http://www.bundesversicherungsamt.de/weiteres/disease-management-programme/zulassung-disease-management-programme-dmp.html

Bundesversicherungsamt (2018) Sonderbericht zum Wettbewerb in der gesetzlichen Krankenversicherung. Bundesversicherungsamt, Bonn

Busse R, Stahl J (2014) Integrated care experiences and outcomes in Germany, The Netherlands, And England. Health Aff 33(9):1549–1558

Busse R, Blümel M, Knieps F, Bärninghausen T (2017) Statutory health insurance in Germany: a health system shaped by 135 years of solidarity, self-governance, and competition. Lancet 390(10097):882–897

Carey K (2000) A multi-level modeling approach to analysis of patient costs under managed care. Health Econ 9:435–446

Centers for Medicare u. Medicaid (2021a) Shared savings program. About the program. https://www.cms.gov/Medicare/Medicare-Fee-for-Service-Payment/sharedsavingsprogram/about. Zugegriffen: 2. Juli 2021

Centers for Medicare u. Medicaid (2021b) Next generation ACO model. https://innovation.cms.gov/innovation-models/next-generation-aco-model. Zugegriffen: 2. Juli 2021

Centers for Medicare u. Medicaid (2021c) Comprehensive ESRD care model. https://innovation.cms.gov/innovation-models/comprehensive-esrd-care. Zugegriffen: 2. Juli 2021

Centers for Medicare u. Medicaid (2021d) Vermont all-payer ACO model. https://innovation.cms.gov/innovation-models/vermont-all-payer-aco-model. Zugegriffen: 2. Juli 2021

Fuchs S, Henschke C, Blümel M, Busse R (2014) Disease-Management-Programme für Diabetes mellitus Typ 2 in Deutschland. Dtsch Arztebl 111(26):453–463

Gemeinsamer Bundesausschuss (2020) Richtlinie des Gemeinsamen Bundesausschusses zur Zusammenführung der Anforderungen an strukturierte Behandlungsprogramme nach § 137f Absatz 2 SGB V in der Fassung vom 20. März 2014, zuletzt geändert am 17. Dezemberr 2020. Gemeinsamer Bundesausschuss, Berlin

Gemeinsamer Bundesausschuss (2021) Der Innovationsfonds. Stand der Dinge. Gemeinsamer Bundesausschuss, Berlin

Göpffarth D (2012) Zweites Jahr Morbi-RSA – Stabilität und Bestätigung. GuS 66(1):8–15

Grothaus F-J (2009) Bericht zur Entwicklung der integrierten Versorgung 2004–2008. BQS Bundesgeschäftsstelle Qualitätssicherung gGmbH, Düsseldorf

Henke K-D, Rich RF, Steinbach A, Borchardt K (2004) Auf dem Wege zu einer integrierten Versorgung: neue sozialrechtliche Rahmenbedingungen unter Berücksichtigung der Erfahrungen aus den USA und am Beispiel Berlins. Diskussionspapier Nr. 12, Wirtschaftswissenschaftliche Dokumentation. Technische Universität, Berlin

Hildebrandt H, Bahrs O, Borchers U, Glaeske G, Griewing B, Härter M, Hanneken J, Hilbert J, Klapper B, Klitzsch W, Köster-Steinebach I, Kurscheid C, Lodwig V, Pfaff H, Schaeffer D, Sturm H, Schrappe M, Wehkamp K-H, Wild D (2021) Integrierte Versorgung – Jetzt! Ein Vorschlag für eine Neuaustischung des deutschen Gesundheitssystems – regional, vernetzt, patientenorientiert. Optimedis, Hamburg

Hunter DJ, Fairfield G (1997) Managed care: disease management. BMJ 315:50–53

Kestelot E (1999) Disease management: a new technology in need of critical assessment. Int J Technol Assess Health Care 15:506–519

Khuri SF, Daley J, Henderson WG (2002) The comparative assessment and improvement of quality of surgical care in the department of veterans affairs. Arch Surg 137:20–27

Kizer KW (1999) The »new VA«: a national laboratory for health care quality management. Am J Med Qual 14:3–20

Kuhlmann JM (2004) Vertragliche Regelungen und Strukturen bei der integrierten Versorgung. Krankenhaus 96(6):417–426

Lauterbach KW (2001) Disease Management in Deutschland – Voraussetzungen, Rahmenbedingungen, Faktoren zur Entwicklung, Implementierung und Evaluation. Gutachten im Auftrag des VdAK/AEK. http://www.medizin.uni-koeln.de/kai/igmg/guta/GutachtenDMP.pdf. Zugegriffen: 14. Aug. 2012

Linder R, Ahrens S, Köppel D, Heilmann T, Verheyen F (2011) The benefit and efficiency of the disease management program for type 2 diabetes. Dtsch Arztebl Int 108(10):155–162

McConnell JK, Renfro S, Chan BKS, Meath THA, Mendelson A, Cohen D, Waxmonsky J, McCarthy D, Wallace N, Lindrooth RC (2017) Early performance in medicaid accountable care organizations. A comparison of oregon and colorado. JAMA Intern Med 177(4):538–545

McLoughlin V, Leatherman S (2003) Quality or financing: what drives design of the health care system? Qual Saf Health Care 12:136–142

McWilliams JM, Hatfield LA, Chernew ME, Landon BE, Schwartz AL (2016) Early performance of accountable care organizations in medicare. N Engl J Med 374:2357–2366

Miksch A, Laux G, Ose D, Joos S, Campbell S, Riens B, Szecsenyi J (2010) Is there a survival benefit within a German primary care-based disease management program? Am J Manag Care 16:49–54

Miles RE, Snow CC (1992) Causes of failure in network organizations. Calif Manage Rev 34:53–72

Milstein R, Blankart CR (2016) The health care strengthening act: the next level of integrated care in Germany. Health Policy 120(5):445–451

Milstein R, Schreyögg J (2020) Empirische Evidenz zu den Wirkungen der Einführung des G-DRG-Systems. In: Klauber J, Geraedts M, Friedrich J, Wasem J, Beivers A (Hrsg) Krankenhaus-Report 2020 – Finanzierung und Vergütung am Scheideweg. Springer, Berlin, S 25–40

Ministère des solidarités et de la santé (2021a) Expérimentation d'une incitation à une prise en charge partagée – IPEP. https://solidarites-sante.gouv.fr/systeme-de-sante-et-medico-social/parcours-des-patients-et-des-usagers/article-51-lfss-2018-innovations-organisationnelles-pour-la-transformation-du/article/experimentation-d-une-incitation-a-une-prise-en-charge-partagee-ipep. Zugegriffen: 1. Juli 2021

Ministrère des Solidarités et de la Santé (2021b) Expérimentation d'un paiement en équipe de professionnels de santé en ville – PEPS. https://solidarites-sante.gouv.fr/systeme-de-sante-et-medico-social/parcours-des-patients-et-des-usagers/article-51-lfss-2018-innovations-organisationnelles-pour-la-transformation-du/article/experimentation-d-un-paiement-en-equipe-de-professionnels-de-sante-en-ville. Zugegriffen: 1. Juli 2021

Ministère des Solidarités et de la Santé, Assurance Maladie (2019a) Cahier des charges. Expérimentation d'une incitation à une prise en charge partagée (Ipep). Ministère des Solidarités et de la Santé, Assurance Maladie, Paris

2

Mühlbacher A (2002) Integrierte Versorgung. Management und Organisation. Huber, Bern

Muhlestein D, McClellan MB (2016) Accountable care organizations in 2016: private and public-sector growth and dispersion. Health Affairs Blog

Mullahy C (2016) The Case Manager's Handbook. 6th edition. Jones and Bartlett, Sudbury

Nutley S, Smith PC (1998) League tables for performance improvement in health care. J Health Serv Res Policy 3:50–57

OECD (2016) Better ways to pay for health care. OECD health policy studies. OECD Publishing, Paris

Oliver A (2007) The veteran health administration: an American success story? Milbank Quarterly 85:5–35

OptiMedis (2014) Ergebnisqualität Gesundes Kinzigtal – quantifiziert durch Mortalitätskennzahlen. OptiMedis, Hamburg

Pimperl A, Schreyögg J, Rothgang H, Busse R, Glaeske G, Hildebrandt H (2015) Ökonomische Erfolgsmessung von integrierten Versorgungsstrukturen – Gütekriterien, Herausforderungen, Best-Practice-Modell. Gesundheitswesen 77(12):e184–e193

Räbiger J, Hasenbein S, Sinha M, Brenner HM, Henke K-D (2002) Konzept für eine standardisierte Evaluation Managed-Care orientierter Versorgungsmodelle in Deutschland: ein Werkstattbericht. In: Preuß K-J, Räbiger J, Sommer JH (Hrsg) Managed Care: Evaluation und Performance-Measurement integrierter Versorgungsmodelle. Schattauer, Stuttgart, S 116–131

Robinson R, Steiner A (1998) Managed healthcare: US evidence and lessons for the NHS. Open University Press, Buckingham

Rubin DB (2006) Matched sampling for causal effects. Cambridge Press, New York

Rutledge RI, Romaire MA, Hersey CL, Parish WJ, Kissam SM, Lloyd JT (2019) Medicare accountable care organizations in four states: implementation and early impacts. Milbank Quarterly 97(2):583–619

Sachverständigenrat für die Konzertierte Aktion im Gesundheitswesen (2002) Gutachten 2000/2001 Band III. Über-, Unter- und Fehlversorgung. Nomos, Baden-Baden

Sachverständigenrat für die Konzertierte Aktion im Gesundheitswesen (2003) Gutachten 2003 Band II. Finanzierung, Nutzerorientierung und Qualität. Nomos, Baden-Baden

Sachverständigenrat zur Begutachtung der Entwicklung im Gesundheitswesen (2005) Gutachten 2005 Koordination und Qualität im Gesundheitswesen. Kohlhammer, Stuttgart

Sachverständigenrat zur Begutachtung der Entwicklung im Gesundheitsweisen (2007) Gutachten 2007 Kooperation und Verantwortung. Nomos, Baden-Baden

Sachverständigenrat zur Begutachtung der Entwicklung im Gesundheitsweisen (2009) Gutachten 2009 Koordination und Integration – Gesundheitsversorgung in einer Gesellschaft des längeren Lebens. Nomos, Baden-Baden

Sachverständigenrat zur Begutachtung der Entwicklung im Gesundheitsweisen (2012) Sondergutachten 2012: Wettbewerb an der Schnittstelle zwischen ambulanter und stationärer Gesundheitsversorgung. http://www.svr-gesundheit.de/fileadmin/user_upload/Gutachten/2012/GA2012_Langfassung.pdf

Sachverständigenrat zur Begutachtung der Entwicklung im Gesundheitsweisen (2018) Bedarfsgerechte Steuerung der Gesundheitsversorgung. Medizinisch Wissenschaftliche Verlagsgesellschaft, Berlin

Saleh SS, Vaughn T, Hall J, Levey S, Fuortes L, Uden-Holmen T (2002) Effectiveness of case management in substance abuse treatment. Care Manag J 3:172–177

Schafer I, Kuver C, Gedrose B, Hoffmann F, Russ-Thiel B, Brose HP, van den Bussche H, Kaduszkiewicz H (2010) The disease management program for type 2 diabetes in Germany enhances process quality of diabetes care – a follow-up survey of patient's experiences. BMC Health Serv Res 10:55

Schreyögg J (2008) Mobilisierung von Netzwerkressourcen in einem vertikal integrierten Gesundheitsnetzwerk – Das Beispiel der US-Veteran Health Administration. In: Amelung V, Sydow J, Windeler A (Hrsg) Vernetzung im Gesundheitswesen im Spannungsfeld von Wettbewerb und Kooperation. Kohlhammer, Stuttgart, S 211–221

Schreyögg J (2014) Kassenwettbewerb durch Versorgungsmanagement. In: Cassel D, Jacobs K, Vauth C, Zerth J (Hrsg) Solidarische Wettbewerbsordnung. medhochzwei, Heidelberg, S 145–170

Schreyögg J, Millstein R (2020) Bedarfsgerechte Gestaltung der Krankenhausvergütung Reformvorschläge unter der Berücksichtigung von Ansätzen anderer Staaten. Gutachten im Auftrag der Techniker Krankenkasse. Hamburg Center for Health Economics. https://www.hche.uni-hamburg.de/en/aktuelles/2020-09-10-gutachten-tk/expertise-hche-gesamt-20200825.pdf

Schreyögg J, Plate A, Busse R (2005) Identifizierung geeigneter Versichertengruppen für die Integrierte Versorgung anhand von GKV-Routinedaten. Gesundheitsökonomie Qual 10(6):349–355

Schreyögg J, Stargardt T, Tiemann O (2011) Costs and quality of hospitals in different health care systems: a multilevel approach with propensity score matching. Health Econ 20(1):85–100

Schwartz FW, Wismar M (1998) Planung und Management. In: Schwartz FW, Badura B, Leidl R, Raspe H, Siegrist J (Hrsg) Das Public Health Buch. Urban & Fischer, München, S 558–571

Service public fédéral Santé publique, Sécurité de la Chaîne alimentaire et Environnement (2021) Des soins intégrés pour une meilleure santé. https://www.integreo.be/fr. Zugegriffen: 1. Juli 2021

Shekelle PG, Asch S, Glassman P, Matula S, Trivedi A, Miake-Lye I (2010) Comparison of quality of care in VA and non-VA settings: a systematic review. Department of Veterans Affairs (US), Washington (DC)

Sidorov J, Shull R, Tomcavage J, Girolami S, Lawton N, Harris R (2002) Does diabetes disease management save money and improve outcomes? Diabetes Care 25:684–689

Solz H, Gilbert K (2001) Health claims data as a strategy and tool in disease management. J Ambul Care Manag 24:69–85

Stark R, Schunk M, Leidl R, Meisinger C, Holle R (2010) Prozessevaluation von Disease Management Programmen bei Typ 2 Diabetes auf Basis einer bevölkerungsrepräsentativen Studie in der Region Augsburg (KORA). Betriebswirtschaftliche Forsch Prax 61:283–301

Trombley MJ, Fout B, Brodsky S, McWilliams JM, Nyweide DJ, Morefield B (2019) Early effects of an accountable care organization model for underserrved areas. N Engl J Med 381:543–551

Ullrich W, Marschall U, Graf C (2007) Versorgungsmerkmale des Diabetes mellitus in Disease-Management-Programmen. Diabetes Stoffwechs Her 16:407–414

Velasco Garrido M, Busse R (2003) Are disease management-programmes effective interventions for improving the quality of health care delivery for the chronically ill? Synthesis report to the health evidence network. WHO Regional Office for Europe Health Evidence Network, Copenhagen

Wagner EH (1998) More than a case manager. Ann Intern Med 129:654–616

Wild E-M, Schreyögg J, Golubinski V, Ress V, Schmidt H (2021) Hamburg Billstedt/Horn als Prototyp für eine Integrierte gesundheitliche Vollversorgung in deprivierten großstädtischen Regionen. Evaluationsbericht. HCHE, Hamburg (Langfassung)

Literatur zu Abschnitt 2.6

ABDA (2020) Die Apotheke – Zahlen, Daten, Fakten 2020. Bundesvereinigung Deutscher Apothekerverbände e. V, Berlin

Backhaus K, Erichson B, Plinke W, Weiber R (2018) Multivariate Analysemethoden: eine anwendungsorientierte Einführung, 15. Aufl. Springer, Berlin Heidelberg

Blankart KE, Stargardt T (2020) The impact of drug quality ratings from health technology assessments on the adoption of new drugs by physicians in Germany. Health Econ 29(S1):63–82

Busse R, Schreyögg J, Henke K-D (2005) Pharmaceutical Regulation in Germany: improving efficiency and controlling expenditures. Int J Health Plan Manag 20(4):329–349

Dambacher E, Schöffski O (2008) Vertriebswege und Vertriebswegeentscheidungen. In: Schöffski O, Fricke F-U, Guminski W (Hrsg) Pharmabetriebslehre, 2. Aufl. Springer, Berlin Heidelberg New York, S 281–296

Danzon P, Nicholson S, Peireira N (2005) Productivity in Biotech-pharmaceutical R&D: the role of experience and alliances. J Health Econ 24(5):317–339

Deutsch E, Spickhoff A (2014) Medizinrecht: Arztrecht, Arzneimittelrecht, Medizinprodukterecht und Transfusionsrecht, 7. Aufl. Springer, Berlin Heidelberg New York

Deutsche Gesellschaft für Gesundheitsökonomie e.V. (2010) Stellungnahme derDeutschen Gesellschaft für Gesundheitsökonomie zum Arzneimittelmarktneuordnungsgesetz. http://file.dggoe.de/presse/2010-10-07-DGGOE-Stellungnahme.pdf. Zugegriffen: 27. Juli 2012

Dietrich ES (2001) Grundlagen der Pharmakoepidemiologie und Pharmakoökonomie. Govi, Eschborn

Fahr A, Voigt R (2021) Pharmazeutische Technologie, 13. Aufl. Deutscher Apotheker Verlag, Stuttgart

Fischer K, Stargardt T (2014) Early benefit assessment of pharmaceuticals in Germany: manufacturers' expectations versus the Federal Joint Committee's decisions. Med Decis Making 34(8):1030–1047

Fischer K, Heisser T, Stargardt T (2016) Health benefit assessment of pharmaceuticals: an international comparison of decisions from Germany, england, Scotland and Australia. Health Policy 120(10):1115–1120

Fischer K, Koch T, Kostev K, Stargardt T (2018) The impact of physician-level drug budgets on prescribing behaviour. Eur J Health Econ 19(2): 213-222 (accepted)

Gassmann O, Schuhmacher A, Zedtwitz M, Reepmeyer G (2018) Leading pharmaceutical innovation, 3. Aufl. Springer, Berlin Heidelberg New York

Hancher L (2004) The European Community dimension: coordinating divergence. In: Mossialos E, Mrazek M, Walley T (Hrsg) Regulating pharmaceuticals in Europe: striving for efficiency, equity and quality. Open University Press, Maidenhead, S 1–37

de la Haye R, Gebauer A (2008) Die Entwicklung eines Arzneimittels. In: Schöffski O, Fricke F-U, Guminski W (Hrsg) Pharmabetriebslehre, 2. Aufl. Springer, Berlin Heidelberg New York, S 105–114

Kanavos P, Reinhardt U (2003) Reference pricing for drugs: is it compatible with U. S. Health care? Health Aff 22(3):16–30

Kerkojus S, Decker R, Güntert B (1999) Innovative Vertriebswege für den deutschen Pharmamarkt. Pharmamarketing J 24(5):158–164

Lauenroth V, Stargardt T (2017) Pharmaceutical Pricing in Germany: How is Value Determined within the Scope of AMNOG? Working paper

Lauenroth VD, Kesselheim AS, Sarpatwari A, Stern AD (2020) Lessons from the impact of price regulation on the pricing of anticancer drugs in Germany. Health Aff 39(7):1185–1193

Mahlich J (2005) Erfolgsfaktoren von forschungsintensiven Firmen am Beispiel der Pharmaindustrie. Betriebswirtschaft 65:396–410

Di Masi JA, Grabowski HG, Hansen RW (2016) Innovation in the pharmaceutical industry: new estimates of R&D costs. J Health Econ 47:20–33

Metze G, Pfeiffer W, Schneider W (1991) Technologie-Portfolio zum Management strategischer Zukunftsfelder. Vandenhoeck & Ruprecht, Göttingen

Orphanet (2021) Verzeichnis der Arzneimittel für seltene Krankheiten in Europa. http://www.orpha.net/orphacom/cahiers/docs/DE/Verzeichnis_der_in_Europa_zugelassenen_Orphan_Drugs.pdf

2

Pirk O (2008) Preisbildung und Erstattung. In: Schöffski O, Fricke F-U, Gumminski W (Hrsg) Pharmabetriebslehre, 2. Aufl. Springer, Berlin Heidelberg New York, S 155–171

ProGenerika (2020) Marktdaten Pro Generika Gesamtjahr 2020 (www.progenerika.de)

Schreyögg J, Busse R (2005) Drug budgets and effects on physicians' prescription behaviour: new evidence from Germany. J Pharm Finance Econ Policy 14(3):77–95

Stargardt T (2011) Modeling pharmaceutical prices in Germany as a function of competition and regulation. Appl Econ 43(29):4515–4526

Stargardt T, Schreyögg J (2006) The impact of cross-reference pricing on pharmaceutical prices – manufacturers' pricing strategies and price regulation. Appl Health Econ Health Policy 5(4):235–247

Stargardt T, Vandoros S (2014) Pharmaceutical pricing and reimbursement regulation in Europe. In: Culyer AJ (Hrsg) Encyclopedia of Health Economics, Bd. 3. Elsevier, San Diego, S 29–36

Stargardt T, Schreyögg J, Busse R (2005) Arzneimittelfestbeträge: Gruppenbildung, Preisberechnung mittels Regressionsverfahren und Wirkungen. Gesundheitswesen 67(7):469–478

Tempelmeier G, Günther H-O (2016) Produktion und Logistik: Supply Chain und Operations Management, 12. Aufl. Springer, Berlin Heidelberg New York

VFA (2021) Pharma in Bewegung – Insights & Images. Verband forschender Arzneimittelhersteller e. V., Berlin

Zweifel P, Manning WG (2001) Moral hazard and consumer incentives in health care. In: Culyer AJ, Newhouse JP (Hrsg) Handbook of health economics, Bd. 1A. Elsevier, Amsterdam, S 409–455

Literatur zu Abschnitt 2.7.1

Bundesrechnungshof (2019) Bericht an den Rechnungsprüfungsausschuss des Haushaltsausschusses des Deutschen Bundestages nach § 88 Abs. 2 BHO über die Prüfung der Krankenhausabrechnungen durch die Krankenkassen der gesetzlichen Krankenversicherung. https://www.bundesrechnungshof.de/de/veroeffentlichungen/produkte/beratungsberichte/2019/2019-berichtkrankenhausabrechnungen-durch-die-krankenkassen-dergesetzlichen-krankenversicherung/@@download/langfassung_pdf. Zugegriffen: 29. März 2022

DESTATIS (2021) Pressemitteilung Nr. 194 vom 16. April 2021. https://www.destatis.de/DE/Presse/Pressemitteilungen/2021/04/PD21_194_231.html. Zugegriffen: 29. März 2022

GKV-Spitzenverband (2014) https://www.gkv-spitzenverband.de/presse/pressemitteilungen_und_statements/pressemitteilung_145280.jsp

Literatur zu Abschnitt 2.7.2

Fuhrmann F, Hildebrandt H, Kardel U, Stunder B (2014) Gemeinsam Versorgung verbessern. Die erste standardisierte und voll integrierte Arztnetzsoftware. In: Duesberg F (Hrsg) e-Health 2014. Informations- und Kommunikationstechnologien im Gesundheitswesen, S 121–127

Hermann C, Hildebrandt H, Richter-Reichhelm M, Schwartz FW, Witzenrath W (2006) Das Modell »Gesundes Kinzigtal«. Managementgesellschaft organisiert Integrierte Versorgung einer definierten Population auf Basis eines Einsparcontractings. GuS 60(5–6):10–28

Hildebrandt H, Michalek H, Roth M (2011) Integriertes Management auf Augenhöhe – Anforderungen an eine konsistente Führungsphilosophie in IV-Systemen am Beispiel Gesundes Kinzigtal. In: Amelung, al (Hrsg) Innovatives Versorgungsmanagement. Medizinisch-Wissenschaftliche Verlagsgesellschaft, Berlin, S 215–226

Hildebrandt H, Pimperl A, Schulte T, Hermann C, Riedel H, Schubert I, Köster I, Siegel A, Wetzel M (2015) Triple-Aim-Evaluation in der Integrierten Versorgung Gesundes Kinzigtal – Gesundheitszustand, Versorgungserleben und Wirtschaftlichkeit. Bundesgesundheitsblatt 58(4–5):383–392

Hildebrandt H et al (2021) Integrierte Versorgung – Jetzt! Ein Vorschlag für eine Neuausrichtung des deutschen Gesundheitssystems – regional, vernetzt, patientenorientiert. https://optimedis.de/files/Zukunftskonzept/Buch_Auftaktartikel_Integrierte_Versorgung_Jetzt_Entwurf.pdf. Zugegriffen: 30. Juni 2021

Krauth C, Schwartz FW, Perleth M, Buser K, Busse R, Schulenburg JM (1997) Zur Weiterentwicklung des Vergütungssystems in der ambulanten ärztlichen Versorgung (Gutachten im Auftrag der Bundestagsfraktion Bündnis 90/Die Grünen)

OptiMedis (2016a) Mitgliederbefragung: Kinzigtal-Mitglieder leben gesünder seit Einschreibung. http://optimedis.de/integrierte-versorgung/gesundheitsnutzen/mitgliederbefragung. Zugegriffen: 30. Juni 2021

OptiMedis (2016b) Gesundes Kinzigtal: Höhere Lebenserwartung für IV-Mitglieder. Newsletter OptiMedium Juli 2016. http://optimedis.de/aktuelles/631-optimedium-juli-2016?start=4. Zugegriffen: 30. Juni 2021

Pfaff H, Neugebauer EA, Glaeske G, Schrappe M (2017) Lehrbuch Versorgungsforschung: Systematik – Methodik – Anwendung, 2. Aufl. Schattauer, Stuttgart

Pimperl A, Schulte T, Daxer C, Roth M, Hildebrandt H (2013) Balanced Scorecard Ansatz: Case Study Gesundes Kinzigtal. Monitor-Versorgungsforschung 6(1):26–30

Pimperl A, Schulte T, Hildebrandt H (2016) Business intelligence in the context of integrated care systems. In: Wilhelm A (Hrsg) Analysis of large and complex data, studies in classification, data analysis, and knowledge organization. Springer, Bern

Pimperl A, Schulte T, Mühlbacher A, Rosenmöller M, Busse R, Gröne O, Rodriguez HP, Hildebrandt H (2017) Evaluating the impact of an accountable care organization on population health: the quasi-experimental design of the German Gesundes Kinzigtal. Popul Health Manag 20(3):239–248

Ruf N (2016) Ziele erreicht: Der erste deutsche Social Impact Bond ist abgeschlossen. Benckiser Stiftung Zukunft. http://www.benckiser-stiftung.org/de/blog/ziele-erreicht-der-erste-deutsche-social-impact-bond-ist-abgeschlossen. Zugegriffen: 4. Okt. 2016

Schubert I, Siegel A, Köster I, Ihle P (2016) Evaluation der populationsbezogenen Integrierten Versorgung Gesundes Kinzigtal (IVGK). Ergebnisse zur Versorgungsqualität auf der Basis von Routinedaten. Z Evid Fortbild Qual Gesundhwes 117: 27-37 https://doi.org/10.1016/j.zefq.2016.06.003

Sundmacher L, Fischbach D, Schuettig W, Naumann C, Augustin U, Faisst C (2015) Which hospitalisations are ambulatory care-sensitive, to what degree, and how could rates be reduced? Results of a group consensus study in Germany. Health Policy 119(11):1415–1423

Wild EM, Schreyögg J, Golubinski V, Ress V, Schmidt H Hamburg Billstedt/Horn als Prototyp für eine Integrierte gesundheitliche Vollversorgung in deprivierten großstädtischen Regionen. Hamburg Center for Health Economics, Universität Hamburg. https://www.hche.uni-hamburg.de/forschung/transfer/invest/2021-03-31-evaluationsbericht-langfassung.pdf

Literatur zu Abschnitt 2.7.3

Deutschen Gesellschaft für Rheumatologie, DGRh (2018) S2e-Leitline: Therapie der rheumatoiden Arthritis mit krankheitsmodifizierenden Medikamenten. https://www.awmf.org/uploads/tx_szleitlinien/060-004l_S2e_Therapie_rheumatoide_Arthritits_krankheitsmod_Med_2018-10_01.pdf. Zugegriffen: 5. Juli 2021

EuGH (2016) Urteil vom 02.06.2016, C-410/14. http://curia.europa.eu/juris/document/document.jsf?text=&docid=179464&pageIndex=0&doclang=DE&mode=lst&dir=&occ=first&part=1&cid=695326. Zugegriffen: 30. Sept. 2016

European League Against Rheumatism (2020) EULAR recommendations for the management of rheumatoid arthritis with synthetic and biological disease-modifying antirheumatic drugs: 2019 update. https://ard.bmj.com/content/79/6/685. Zugegriffen: 5. Juli 2021

Glaeske G, Thürmann P (Hrsg) (2015) Pillenreport – Ein Statusbericht zu oralen Kontrazeptiva. TK, Hamburg. https://www.tk.de/tk/die-richtige-finden/pillenreport/782260. Zugegriffen: 30. Sept. 2016

Glaeske G, Ludwig WD, Thürmann P (Hrsg) (2020) Innovationsreport 2020. TK, Hamburg.

Korzilius H, Osterloh F (2016) Innovationen werden immer teurer. Dtsch Arztebl 113(3):A-57/B-53/C-53

Mühlbauer V, Schoch GG, Schwarz S, Steimle T (2014) Techniker Krankenkasse MedicationCoach for type 2 diabetics – evaluation of the first year. 21. Jahrestagung der Gesellschaft für Arzneimittelanwendungsforschung und Arzneimittelepidemiologie, 9. Deutscher Pharmakovigilanztag, Bonn, 20.–21.11.2014 German Medical Science GMS Publishing House, Düsseldorf

Schoch GG, Blank S, Tamminga M, Steimle T, Stargardt T (2014) Forecasting outpatient pharmaceutical expenditure for cancer treatment in Germany. Value Health 17(7):A621

Schwabe U, Ludwig WD (2020) Arzneiverordnungs-Report 2020. Berlin, Heidelberg: Springer

Kundenmanagement

Jonas Schreyögg, Tom Stargardt, Anja Behrens-Potratz, Christopher Zerres, Vera Winter, Stefan Ingerfurth, Bernd Helmig, David Matusiewicz, Martin Dietrich, Kay Peters, Ralf Zastrau, Birgit Frilling, Kirsten Sommer, Maren Puttfarcken, Ulrich Thiem, Heike Unland, Simon Goeller, Carola Brinkmann-Saß, Fabian Geldmacher, Justin Hecht

Inhaltsverzeichnis

R. Busse, J. Schreyögg, T. Stargardt (Hrsg.), *Management im Gesundheitswesen*,
https://doi.org/10.1007/978-3-662-64176-7_3

3.1 Kundenmanagement im Gesundheitswesen – Einführung und methodische Grundlagen

Jonas Schreyögg, Tom Stargardt

Marketing ist im Gesundheitswesen eine relativ junge Erscheinung. Noch in den 1960er-Jahren und 1970er-Jahren wurde einer Kundenorientierung im Gesundheitswesen wenig Bedeutung geschenkt, da die Nachfrage ohnehin das Angebot überstieg und die Anbieter im Gesundheitswesen eher mit einer Ausweitung ihrer Kapazitäten beschäftigt waren. Als Reaktion auf die ersten **Kostendämpfungsmaßnahmen** und der damit einhergehenden Verknappung der Ressourcen bzw. dem entstehenden Wettbewerb unter den Anbietern in den USA, wurde **Ende der 1970er-Jahre** das **»Health Care Marketing«** geboren, das einige Jahre später auch in Deutschland Einzug hielt (O'Connor und Prasad 2000).

Die traditionellen Ansätze der Marketingtheorie stoßen jedoch in vielen Bereichen des Gesundheitswesens auf Schwierigkeiten. Neben dem **Uno-actu-Prinzip**, d. h. dem zeitlichen Zusammenfall von Leistungserstellung und -inanspruchnahme, das auch für andere Dienstleistungen gilt (vgl. Kleinaltenkamp 2016), ist die Leistungserbringung im Gesundheitswesen von einigen Besonderheiten gekennzeichnet, die wichtige Implikationen für das Kundenmanagement haben.

Besonderheiten von Gesundheitsleistungen

- Ausgeprägte **Informationsasymmetrie** in der Arzt-Patient-Beziehung
- **Kosten für falsche Entscheidungen** auf Seiten des Kunden sind extrem hoch (Behinderung oder Tod).
- **Kundenpräferenzen** sind für medizinische Kernleistungen relativ homogen.
- Leistungserstellung erfordert **aktive Form der Co-Produktion** durch Patienten
- Aufgabe von Privatsphäre; **Offenlegung sensibler Informationen** während des Behandlungsprozesses
- **Third Party Payer-Systeme** in Form der gesetzlichen und privaten Krankenversicherung (oder entsprechender Sicherungssysteme)

Informationsasymmetrien und die dadurch resultierenden Principal-Agent-Problematik bestehen in einigen professionellen Kunden-Dienstleister-Beziehungen, z. B. auch beim Rechtsanwalt oder beim Kfz-Mechaniker. Die Besonderheit in der Arzt-Patient-Beziehung besteht im Ausmaß der Asymmetrie und in der extrem hohen Komplexität der medizinischen Informationen und der Informationsgewinnung.

Um medizinische Informationen zu verstehen, ist ein breites Wissen nötig, das im Medizinstudium und während der nachfolgenden mehrjährigen ärztlichen Weiterbildung erworben wird. Allerdings sind die Prozesse so komplex, dass auch der einzelne Arzt sich für Fragestellungen, die außerhalb seines Fachgebietes liegen, Informationen erarbeiten muss, und selbst dann die Diagnose und Therapie lieber einem Spezialisten dieses Faches überlässt, da ihm oder ihr die nötige klinische Erfahrung in diesem Bereich fehlt. Dies führt zu dem Phänomen der Überweisung.

Die Informationsasymmetrie ist u. a. auch der Grund dafür, dass die Zielgruppen der Arzneimittelindustrie primär die Ärzte und Krankenkassen bzw. die zentralen Organisationen sind, die Entscheidungen über die Erstattung von Produkten treffen und nicht die Patienten. Mit dem in Deutschland eher unüblichen Direct-to-Consumer (DTC)-Marketing für verschreibungspflichtige Medikamente, der Strategie des Rx-OTC-Switch, d. h. der Befreiung von Arzneimitteln aus der Verschreibungspflicht, wurden jedoch neue Strategien entwickelt, um den Patienten als Kunden direkt adressieren zu können.

Die zweite Besonderheit sind die hohen Kosten, die mit falschen Entscheidungen verbunden sind, und bis zu lebenslangen Behinderungen und Tod reichen können. Bei den meisten Produkten und Dienstleistungen außerhalb des Gesundheitswesens können Kunden aus früheren Entscheidungen lernen: ein Schokoladenriegel, der nicht schmeckt, wird beim nächsten Mal nicht mehr gekauft. Dieses klassische Charakteristikum von sog. Erfahrungsgütern ist im Gesundheitswesen häufig nicht gegeben. Wenn man sich für den falschen Chirurgen entscheidet, bekommt man u. U. keine zweite Chance, dieselbe Operation zu versuchen, oder man erfährt den Nutzen der Dienstleistung gar nicht. Deshalb werden viele im Gesundheitswesen erbrachte Dienstleistungen als Vertrauensgüter bezeichnet.

Das letzte Beispiel zeigt auch, dass die Kundenpräferenzen im Gesundheitswesen für viele Kernleistungen relativ homogen sind. Während jeder seine Lieblingsschokolade unter hunderten Sorten hat, ist die Wahl der Therapie bei einer gegebenen Krankheit kaum von der Kundenpräferenz abhängig: für ein gebrochenes Bein wünscht der Patient eine möglichst weitgehende Wiederherstellung der Funktion und des Aussehens. Die Art und Weise, wie diese am besten wieder herzustellen sind (Reposition, Gips, Operation, externe Fixation etc.), wird primär durch die Art des Bruches (und die Fähigkeiten des Arztes) bestimmt und weniger durch die Präferenz des Kunden.

Darüber hinaus gibt es jedoch Fragen, für die Patientenpräferenzen durchaus eine wichtige Rolle spielen. Dies betrifft vor allem Fragen, die mit der Risikobereitschaft des Patienten oder ethischen Grundsätzen zusammenhängen, z. B. bei Entscheidungen zwischen konservativen und invasiven Verfahren oder über nur kurzfristig lebensverlängernde Maßnahmen.

Die Berücksichtigung der Patientenpräferenzen ist auch deshalb von besonderer Bedeutung, da die Leistungserstellung im Gesundheitswesen eine aktive Form der Co-Produktion durch den Patienten erfordert. So bedingt eine erfolgreiche Behandlung zumeist z. B. das Einnehmen von Arzneimitteln, das Durchführen von Anwendungen, Anpassungen in der Ernährung oder die Veränderung von gewohnten Verhaltensmustern. Zudem geht die Behandlung fast immer mit der Aufgabe von Privatsphäre einher, sei es bei der Offenlegung krankheitsbezogener Informationen innerhalb des Arzt-Patienten-Gespräches oder beispielsweise beim (zeitlich begrenzten) Umzug in die Örtlichkeiten des Leistungserbringers für einen Krankenhaus- oder einen stationären Aufenthalt in einer Rehabilitationseinrichtung.

Letztlich sind die Gesundheitssysteme in den meisten industrialisierten Ländern durch Third Party Payment Systeme gekennzeichnet, in denen die finanziellen Kosten für die medizinische Versorgung nicht direkt vom Patienten bezahlt werden, sondern durch eine Form der sozialen Sicherung. Dadurch bedingt, verliert der Patient gegenüber den Leistungserbringern einen Teil seiner Qualität als Kunde, die von der Krankenversicherung übernommen wird.

Aber auch durch das Überweisungs- und Krankenhauseinweisungssystem entstehen neue Kundenbeziehungen. Fachärzte sind Kunden der Hausärzte, beide Arztgruppen sind Kunden der Krankenhäuser. Sogar innerhalb eines Krankenhauses sind einzelne Abteilungen Kunden anderer Abteilungen. Die Kunden des Krankenhauses sind Patienten, einweisende Ärzte, nachbehandelnde Rehabilitationseinrichtungen und die gesetzlichen und privaten Krankenversicherungen. Dieses Geflecht von Kunden-Dienstleister-Beziehungen gestaltet die Anwendung des Marketings auf einzelne Bereiche des Gesundheitswesens sehr komplex.

Um den Besonderheiten des Marketings im Gesundheitswesen gerecht zu werden, soll im Folgenden das Konzept des Kundenmanagements (Relationship Marketing) unterstellt werden.

Kundenmanagement, Kundenmanagement soll definiert werden als Aktivität zur Analyse, Planung, Durchführung und Kontrolle, die der Initiierung, Stabilisierung, Intensivierung, Wiederaufnahme oder Beendigung von Geschäftsbeziehungen zu den Anspruchsgruppen oder Kunden des Unternehmens bzw. der Organisation dienen (Bruhn 2016).

Im Unterschied zu anderen Dienstleistungsbereichen ist das Ziel der Geschäftsbeziehung im Gesundheitswesen nicht nur der gegenseitige Nutzen, sondern häufig auch die Erfüllung eines öffentlichen Auftrags, z. B. die Gewährleistung einer ausreichenden und zweckmäßigen Gesundheitsversorgung gemäß Sozialgesetzbuch.

In Analogie zu dem Produktlebenszykluskonzept beschreibt der Kundenbeziehungslebenszyklus die Stärke bzw. Intensität einer Kundenbeziehung in Abhängigkeit von der Beziehungsdauer. Der Kundenbeziehungslebenszyklus besteht aus drei Phasen:

- In der ersten Phase werden neue Kunden akquiriert, zu denen eine Kundenbeziehung aufgebaut werden soll (**Phase der Kundenakquisition**).
- In der zweiten Phase soll der Kunde an das Unternehmen bzw. die Organisation gebunden werden (**Phase der Kundenbindung**),
- bevor in der dritten Phase im Falle einer (intendierten) Beendigung der Geschäftbeziehung seitens des Kunden Maßnahmen zur Rückgewinnung von Kunden unternommen werden (**Kundenrückgewinnungsphase**) (Meffert et al. 2018).

Auf die einzelnen Phasen wird detailliert am Beispiel von Krankenhäusern in ► Abschn. 3.3 eingegangen.

Am Anfang eines Prozesses zur Initiierung eines Kundenmanagements steht regelmäßig eine differenzierte **Situationsanalyse**, die sowohl das externe als auch das interne Umfeld umfasst. Diese erfolgt in der Regel durch Methoden der Marktforschung (► Abschn. 3.2), die auf Daten aufbauen, die entweder speziell für bestimmte Problemstellungen erhoben werden (**Primärdaten**) oder bereits existieren (**Sekundärdaten**). Die gängigsten Instrumente zur Ermittlung von Präferenzen im Rahmen der Primärforschung sind Befragungen, Beobachtungen und Experimente.

Wenn eine Dienstleistung noch nicht existiert, bietet sich zunächst eine Befragung an. Da sich **bekundete Präferenzen (stated preferences)** in Befragungen jedoch u. U. deutlich von den **beobachteten Präferenzen (observed preferences)**, d. h. dem tatsächlichen Handeln, unterscheiden, kommt der Methode der Beobachtung bei bestehenden Produkten häufig eine große Relevanz zu (vgl. hierzu ausführlich ► Abschn. 3.5).

Aufbauend auf den Ergebnissen der Situationsanalyse bzw. der Marktforschung werden **Ziele** für das Unternehmen bzw. die Organisation formuliert, z. B. Kapazitätsauslastung in Krankenhäusern. Aus den Zielen werden anschließend **Strategien zur Kundenakquisition, -bindung und -rückgewinnung** abgeleitet (Meffert et al. 2018). Die Strategien werden durch den **Marketing-Mix** operationalisiert, der im Gesundheitswesen neben den vier bekannten Bereichen der Leistungs-, Kommunikations-, Distributions- und Kontrahierungspolitik (**Product, Price, Place, Promotion**) durch weitere 3 Ps (Players, Processes und Positioning) erweitert wird. Durch »player« soll zum Ausdruck gebracht werden, dass im Gesundheitswesen eine Berücksichtigung der Erwartungen und Bedürfnisse aller Beteiligten erforderlich ist, während »processes«, das Verständnis der Prozesse, z. B. eines Zulassungsprozesses und die Kenntnis möglicher Vertragspartner, unterstreicht. »Positioning« beinhaltet eine Positionierung, unter besonderer Berücksichtigung der Prozesse, als auch der Akteure (»player«). Die zwei P's »players« und »positioning« werden in reinen Dienstleistungsbereichen des Gesundheitswesens, z. B. Arztpraxen, auch durch die im Dienstleistungsmarketing üblichen »personell« und »physical facilities« substituiert (► Abschn. 3.4). »Personell« soll die besondere Bedeutung der Humanressourcen und somit der Personalpolitik bei der Erbringung von Dienstleistungen herausstellen, während »physical facilities« die Relevanz der Ausstattung in Form zusätzlicher Servicemerkmale unterstreicht (Meffert et al. 2018).

Zur Kontrolle der strategischen sowie der operativen Stoßrichtung empfiehlt sich anschließend eine **Analyse der Kundenbeziehung**. Die Analyse kann sowohl anhand ökonomischer Messgrößen, z. B. Umsatz und Deckungsbeitrag, als auch durch sog. vorökonomische Messgrößen, z. B. Dienstleistungsqualität und Kundenzufriedenheit, erfolgen (vgl. Bruhn und Stauss 2012; Meffert et al.

2018). Die Messung der Qualität von Gesundheitsleistungen erfordert aufgrund ihres hohen Komplexitätsgrades medizinische, psychologische und ökonomische Kenntnisse (vgl. Schöffski und Schulenburg 2011). Die Ergebnisse haben nicht nur Implikationen für die Strategie des Kundenmanagements und deren Operationalisierung, sondern geben gleichzeitig auch wichtige Rückschlüsse für das Leistungsmanagement (► Abschn. 2.1).

In den folgenden ► Abschn. 3.6–3.6 wird auf die **Besonderheiten des Kundenmanagements für die Organisationen in den jeweiligen Sektoren des Gesundheitswesens** eingegangen. Abschließend werden in ► Abschn. 3.7.1 und 3.7.2 zwei Praxisfallstudie, zum Kundenmanagement im Rahmen eines integrierten Versorgungsnetzwerks und zum Kundenmanagement in der Arzneimittelindustrie, präsentiert.

In ► Abschn. 3.2 wird aufgezeigt, welche Instrumente **Krankenkassen für ein Kundenmanagement** zur Verfügung stehen. Insbesondere im Hinblick auf eine adäquate Serviceausgestaltung, bestehen eine Vielzahl von Möglichkeiten auf die Kundenpräferenzen einzugehen und die Kundenbindung zu erhöhen. So kann z. B. über zielgruppenspezifische Wahltarife, die Etablierung neuer Versorgungsformen und einer herausragenden Servicepolitik ein unverwechselbares, wettbewerbsfähiges Profil geschaffen werden.

In ► Abschn. 3.3 wird entlang des Kundenbeziehungslebenszyklus auf das **Kundenmanagement in Krankenhäusern** eingegangen. Zunächst werden, auch vor dem Hintergrund der oftmals fallweisen Entscheidungen über die Zulässigkeit verschiedener Werbemaßnahmen, insbesondere die Instrumente der Kommunikationspolitik beschrieben, die die Krankenhäuser zur Kundenakquisition nutzen können. Neben klassischen Formen wie Werbungen bietet sich eine Vielzahl von unkonventionelleren Formen der Kommunikation an, um einen Erstkontakt zu Zielgruppen herzustellen. Als Instrumente der Kundenbindung werden insbesondere das Beschwerdemanagement und die Nutzung von Internetservices hervorgehoben. Abschließend wird ausführlich auf mögliche Instrumente zur Kundenrückgewinnung eingegangen.

Das ► Abschn. 3.4 **Kundenmanagement in Arztpraxen** zeigt auf, wie eine Marketing-Konzeption in Arztpraxen vor dem Hintergrund der rasanten digitalen Transformation implementiert werden kann. Angefangen bei den gesetzlichen Restriktionen durch die Musterberufsordnung der Ärzte werden die notwendigen Schritte skizziert und anhand von Beispielen veranschaulicht, die zur Implementierung in Arztpraxen erforderlich sind. Dabei wird sowohl auf eine mögliche Gestaltung der Terminvergabe, den Umgang mit digitalen Informationsmöglichkeiten und Sozialen Medien, den Prozess einer kundenorientierten Anamnese als auch auf die Bedeutung von Arztbewertungsportalen eingegangen.

In ► Abschn. 3.5 wird auf das **Kundenmanagement in der Integrierten Versorgung** eingegangen. Der Beitrag beginnt mit den gesetzlichen Rahmenbedingungen für Kundenaquisisition und – bindung für die integrierte Versorgung. Insbesondere vor dem Hintergrund der Notwendigkeit von Innovationsmarketing wird dargestellt, wie Ziele für das Kundenmanagement in der Integrierten Versorgung definiert und aus diesen Strategien abgeleitet werden können. Abschließend wird im Rahmen des operativen Marketings ausführlich auf die Instrumente des Kundenmanagement in der Integrierten Versorgung eingegangen.

In ► Abschn. 3.6 **Kundenmanagement in der Arzneimittelindustrie** wird das Konzept des Customer Relationship Managements (CRM), d. h. die konsequente Umsetzung einer kundenzentrierten Unternehmensstrategie (Customer Centricity) über die Phasen des Kundenlebenszyklus hinweg, vorgestellt. Durch eine kundenindividuelle, bedarfsorientierte und integrierte Marketing-Strategie hat das CRM den systematischen Aufbau und die Pflege dauerhafter, profitabler Kundenbeziehungen zum Ziel.

In ► Abschn. 3.7.1 **Fallstudie zum Kundenmanagement im Rahmen eines integrierten Versorgungsnetzwerks** wird am Beispiel des NetzWerk GesundAktiv beschrieben, wie ein integriertes Versorgungsnetzwerk eine Lösung für den zunehmenden Anteil älterer und hochaltriger Bürgerinnen und Bürger darstellen kann. Das Netzwerk hält Kontakt zu Senioren und Seniorinnen mit erkennbarem geriatrischen Handlungs- und Versorgungsbedarf, erfasst strukturiert individuelle Bedarfe, berät über Möglichkeiten der Unterstützung und informiert über und vermittelt geeignete, gesundheitsfördernde und gesundheitserhaltende Angebote und Dienstleistungen im Quartier.

In ▶ Abschn. 3.7.2 **Fallstudie zum Kundenmanagement im deutschen Generikamarkt** wird am Beispiel des Generikamarktes auf Instrumente des Kundenmanagements eingegangen. Vor allem wird die Veränderung der Kundenfokussierung im Generikamarkt, von Ärzten und Apothekern hin zu Krankenkassen als Folge der Rabattverträge aufgezeigt und auf aktuelle Entwicklungen in Bezug auf die Ausschreibungs- und Vertragsgestaltung eingegangen.

3.2 Kundenmanagement in Krankenversicherungen

Anja Behrens-Potratz, Christopher Zerres

Das duale Krankenversicherungssystem, mit der Gesetzlichen und Privaten Krankenversicherung (GKV und PKV), ist sehr heterogen, und beide agieren in einem unterschiedlichen komplexen rechtlichen und strukturellen Rahmen. In der GKV sind rund 90 % der Bevölkerung versichert. Der folgende Beitrag zum Kundenmanagement in Krankenversicherungen fokussiert daher die GKV. Viele Maßnahmen des Kundenmanagements, insbesondere bezüglich der Services, haben jedoch trotz der unterschiedlichen Rahmenbedingungen sowohl in der GKV als auch in der PKV Relevanz und werden von Marktteilnehmern beider Systeme ergriffen.

3.2.1 Gesetzliche und strukturelle Rahmenbedingungen

Gesetzlicher und struktureller Rahmen des Kundenmanagements in der gesetzlichen Krankenversicherung

Die Krankenversicherung, insbesondere die Gesetzliche Krankenversicherung (GKV), hat gem. § 1 Sozialgesetzbuch – Fünftes Buch (SGB V) den **Auftrag**, »die Gesundheit der Versicherten zu erhalten, wiederherzustellen oder ihren Gesundheitszustand zu verbessern. (…) Die Krankenkassen haben den Versicherten dabei durch Aufklärung, Beratungen und Leistungen zu helfen und auf gesunde Lebensverhältnisse hinzuwirken.« Diese Aufgaben sind im regulierten Gesundheitsmarkt zu erbringen. Für die Entwicklung und Durchführung eines zielgerichteten Kundenmanagements, welches sowohl den gesetzlichen Auftrag erfüllt als auch die wirtschaftliche Perspektive einer Krankenversicherung berücksichtigt, sind der rechtliche und strukturelle Rahmen des Krankenversicherungsmarktes von großer Bedeutung.

Die Reformen im deutschen Gesundheitswesen führen innerhalb der GKV regelmäßig zu Veränderungen und stellen das dortige Management vor große Herausforderungen. So wurden mit Einführung der **Wahlfreiheit** in den 1990er-Jahren erhebliche **Versichertenwanderungen** verzeichnet. Diese Entwicklung führte dazu, dass – vor dem Hintergrund einer überwiegenden Homogenität der Leistungen – der Kunde zunehmend in den Fokus der Managementbemühungen rückte. Ziel war es nun, seine Zufriedenheit und Bindung zu erhöhen bzw. zu stärken, bis hin zu dessen Begeisterung für seine Krankenversicherung. Neben einem attraktiven und stabilen Beitragssatz erfuhr der Service im Rahmen von Kundenmanagement-Maßnahmen erhöhte Aufmerksamkeit. Die **digitale Transformation** der Krankenversicherungen hat die Bedeutung der Services weiter gefördert. So bietet die Digitalisierung die Chance, auf ein breiteres und vertieftes Spektrum an Serviceangeboten zurückzugreifen; aber auch im Bereich des Leistungsangebotes im engeren Sinne bestehen mehr Differenzierungschancen. Krankenversicherungen verstehen sich heute nicht mehr als reiner Kostenerstatter von Leistungen, sondern als »**Partner für Gesundheit**«.

Mit dem **GKV-Wettbewerbsstärkungsgesetz (GKV-WSG)**, insbesondere der Einführung des **Gesundheitsfonds** ab dem 01.01.2009, veränderte sich der Fokus des Managements hinsichtlich der zu ergreifenden Kundengewinnungs- und Kundenbindungsmaßnahmen. Durch die Einführung eines einheitlichen Beitragssatzes für alle gesetzlichen Krankenkassen entfiel der zuvor geltende individuelle Beitragssatz einer Krankenkasse als bis dahin wesentliches Wettbewerbsinstrument und wichtigste Determinante für die Krankenkassenwahl oder deren Wechsel. Zunächst rückte nach dieser Veränderung die Leistungsdifferenzierung inklusive des Kundenservices in den Fokus der Managementbemühungen.

Mit der Einführung und insbesondere der tatsächlichen Erhebung des **Zusatzbeitrages** (§ 242 SGB V) wurde, wie sich durch die dann folgenden Versichertenwanderungen (vgl. ◘ Abb. 3.1) zeigt, ein noch stärkeres wettbewerbsrelevantes Instrument eingeführt. Der Zusatzbeitrag entwickelte sich zur wesentlichen Entscheidungsdeterminante der Wahl und des Wechsels einer gesetzlichen Krankenversicherung. Die wettbewerbliche Bedeutung des Zusatzbeitrags wurde schnell erkannt und führte dazu, dass in der Zeit seit Oktober 2012 bis 2014 keine Zusatzbeiträge durch die Krankenkassen erhoben wurden (GKV-Spitzenverband 2016). Die Differenzierung mithilfe einer gezielten Leistungs- und Servicepolitik erlangte damit weiter zunehmende Bedeutung. Erst mit dem **GKV-Finanzstruktur- und Qualitätsweiterentwicklungsgesetz (GKV-FQWG)**, welches ab dem 01.01.2015 mit der Festsetzung des allgemeinen Beitragssatzes einen einkommensabhängigen Zusatzbeitrag einführte, erheben Krankenkassen wieder Zusatzbeiträge. Während der Zusatzbeitrag zunächst allein durch die Mitglieder der Krankenkassen getragen werden musste, ist dieser seit dem Jahr 2019 mit dem **GKV-Versichertenentlastungsgesetz (GKV-VEG)** paritätisch finanziert und somit je zur Hälfte vom Arbeitgeber und der Arbeitnehmerinnen bzw. Arbeitnehmer zu tragen (vgl. BGBl v. 14.12.2018 zum GKV-VEG). Die Erhebung eines Zusatzbeitrages wirkt seither damit auch auf die Beiträge, die die Arbeitgeber der Krankenkassenmitglieder zu tragen haben. Mit der erstmaligen Erhebung bzw. Erhöhung eines Zusatzbeitrages wird gemäß § 175 Abs. 4 SGB V zudem ein **Sonderkündigungsrecht** für Mitglieder ausgelöst. Seit dem Jahr 2021 besteht grundsätzlich eine 12-monatige Bindungsfrist an die Krankenkassenwahl (davor betrug die Frist 18 Monate), das Sonderkündigungsrecht beinhaltet hingegen ein sofortiges Kündigungsrecht bis zum Ablauf des Monats, in dem der (neue) Zusatzbeitrag erstmals erhoben wird (Ausnahmen bestehen beispielsweise bei Mitgliedern, die in bestimmten Wahltarifen eingeschrieben sind). Die Versichertenbewegungen zwischen den Krankenkassen zum Jahreswechsel 2020/2021 zeigen erneut die Relevanz des Beitragssatzes für die Kundengewinnung und Kundenbindung der Krankenkassen auf (vgl. DfG 2021). Gleichzeitig deuten diese Entwicklungen auf eine weitere Bedeutungszunahme der speziellen Leistungen und Services im Bereich des Kundenmanagements hin. Die verkürzten Bindungsfristen sowie die paritätische Finanzierung des Zusatzbeitrages verdeutlichen das Ziel des Gesetzgebers, den Wettbewerb innerhalb des Krankenversicherungsmarktes, insbesondere in Bezug auf die Leistungs- und Servicepolitik, weiterhin zu fördern. Neben der Differenzierung über den Zusatzbeitrag kann eine gesetzliche Krankenversicherung seit 2007 durch das GKV-WSG gem. § 53 SGB V **Wahltarife**, u. a. **Selbstbehalttarife** oder **Beitragsrückerstattungstarife**, anbieten. Diese ermöglichen dem Mitglied, je nach individueller Situation, eine Gestaltung ihrer/seiner realen Beitragshöhe innerhalb eines Kalenderjahres. Die Krankenkasse kann gem. § 53 Abs. 2 SGB V beispielsweise auch **Prämienzahlungen** oder **Zuzahlungsermäßigungen** für Versicherte in ihrer Satzung vorsehen, die an besonderen Versorgungsformen, wie z. B. nach § 140a SGB V an der Integrierten Versorgung, teilnehmen. Mit dem Angebot von Wahltarifen kann die Krankenkasse Versicherte, die einen

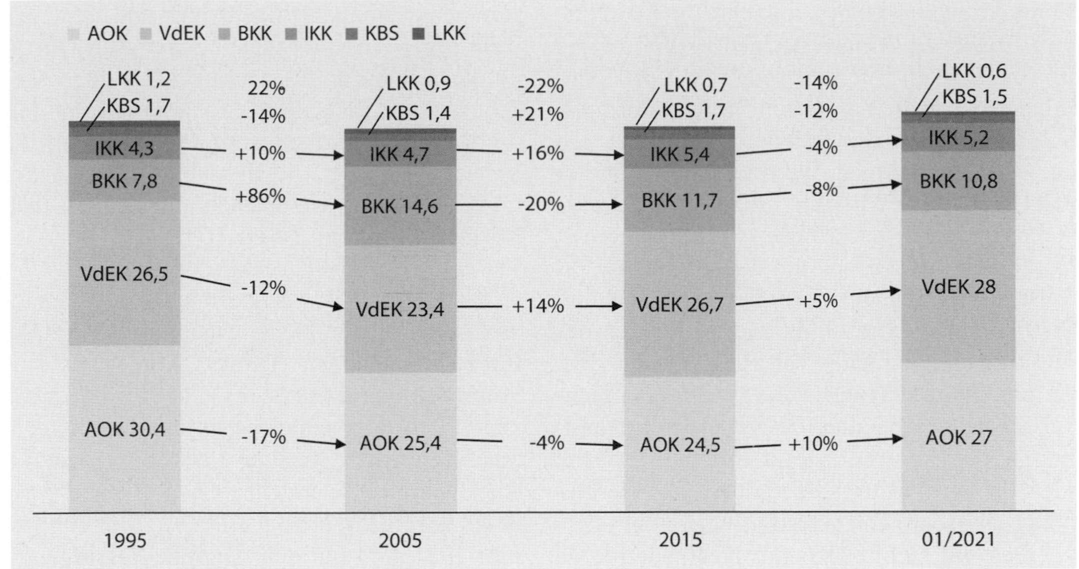

Abb. 3.1 Versicherte nach Krankenkassenverbänden (in Millionen) und Versichertenbewegungen (1995 bis Januar 2021). (Quelle: BMG)

der Tarife wählen, für mehrere Jahre (je nach Tarif) vertraglich an sich binden.

Die Einführung der Wahltarife wirkt jedoch nicht ausschließlich auf die Preispolitik einer GKV, sondern ebenfalls auf deren Leistungspolitik. So lassen sich Abrechnungsprozesse beispielsweise durch das Angebot von **Kostenerstattungstarifen** im Rahmen der Wahltarife individuell auf die Bedürfnisse der Versicherten anpassen. Im Rahmen der Leistungspolitik können gesetzliche Krankenversicherungen zudem eine Differenzierung durch kassenindividuelle Versorgungsangebote erreichen, wie beispielsweise durch die Entwicklung von **Hausarzttarifen** gem. § 73b SGB V oder **Besondere Versorgungen** gem. § 140a SGB V wie die **Integrierte Versorgung**. Auch bei diesen Angeboten handelt es sich um Wahltarife nach § 53 SGB V, die einen Beitragsvorteil durch Prämienzahlungen oder ermäßigte Zuzahlungen ermöglichen. Daneben können Krankenkassen gem. § 194 Abs. 1a SGB V im Rahmen der Leistungspolitik durch Kooperationen mit privaten Krankenversicherungen auf deren Mitgliederstruktur und Bedürfnisse abgestimmte **Zusatzversicherungen** anbieten. Die entsprechenden Gestaltungsmöglichkeiten für individuelle Versorgungsangebote hat der Gesetzgeber im Laufe der Jahre mehrfach angepasst und erweitert. Neufassungen des § 140a SGB V erfolgten z. B. im Jahr 2015 mit dem **GKV-Versorgungsstärkungsgesetz (GKV-VSG)**, im Jahr 2019 mit dem **Digitale-Versorgungs-Gesetz (DVG)** und im Jahr 2021 mit dem **Gesundheitsversorgungs- und Pflegeverbesserungsgesetz (GPVG)**. Die Inhalte des § 140a SGB V sind zwar nicht vollumfassend neu, ermöglichen aber eine Ausweitung des bisherigen selektivvertraglichen Angebotes und damit eine stärkere Differenzierung im Wettbewerb. Damit ergreifen Krankenkassen zunehmend individuelle Maßnahmen des Versorgungsmanagements, deren Treiber nicht nur in das Management von Leistungsausgaben, sondern auch in den Bereich des Kundenmanagements fallen.

Zu den wichtigen gesetzlichen und strukturellen Rahmenbedingungen des Kundenmanagements von Krankenversicherungen zählt die **Digitalisierung**. Die Digitalisierung verändert das Leben der meisten Menschen auf wirtschaftlicher, politischer und gesellschaftlicher Ebene. Die Veränderungen wirken auch auf die Managementbemühungen der Krankenversicherungen, die sich in einer **digitalen Transformation** befinden. Im Rahmen der

Digitalisierung standen zunächst die Erzielung von Effizienzgewinnen bei den Prozesskosten im Vordergrund, mittlerweile wirkt die Digitalisierung in der gesamten Wertschöpfungskette einer Krankenversicherung und hat sich zu einem wichtigen Wettbewerbsparameter mit dem Ziel der Effektivitäts- und Effizienzsteigerungen entwickelt. Sie wirkt bei internen Prozessen, im Bereich des Versorgungs- und Leistungsmanagements, im Bereich Markt und Service und damit umfassend im Bereich des Kundenmanagements (vgl. Radić et al. 2018).

Die digitale Transformation der Krankenversicherung, aber auch des gesamten Gesundheitswesens, wurde zuletzt durch zahlreiche Gesetze und Verordnungen durch den Gesetzgeber gefördert und gefordert.

Das im Jahr 2016 in Kraft getretene **E-Health-Gesetz** (Gesetz für sichere digitale Kommunikation und Anwendungen im Gesundheitswesen) ermöglicht beispielsweise die Integration von **Telemedizin** in die Versorgungsangebote der gesetzlichen Krankenkassen. Mit dem **Terminservice- und Versorgungsgesetz (TSVG)** aus dem Jahr 2019 werden die Krankenkassen u. a. verpflichtet, spätestens ab 2021 **elektronische Patientenakten (ePA)** anzubieten. Mit diesem und den nachfolgenden Gesetzen wird u. a. das Ziel verfolgt, dass Versicherte mit dem Smartphone oder Tablet auf (ihre) medizinischen Daten zugreifen können und digitale Dokumente zwischen Leistungserbringern, Kostenträgern und Versicherten übermittelt werden können (z. B. Arbeitsunfähigkeitsbescheinigungen oder Rezepte und Verordnungen). Zudem dürfen mit dem TSVG digitale Leistungen in Form von Apps im Rahmen von Disease Management-Programmen angeboten werden (vgl. BGBl v. 10.05.2019 zum TSVG). Auch das **Digitale-Versorgungs-Gesetz (DVG)** (Gesetz für eine bessere Versorgung durch Digitalisierung und Innovation) aus dem Jahr 2019 fördert und fordert weiterhin digitale Lösungen und Angebote seitens der Krankenversicherungen. Hierzu zählen Gesundheitsapps auf Rezept, sogenannte **Digitale Gesundheitsanwendungen (DiGAs)** (z. B. für Diabetes oder Bluthochdruck), Videosprechstunden, der Ausbau des digitalen Netzwerks im Gesundheitswesen (verpflichtender und teilweise freiwilliger Anschluss der Leistungserbringer an die **Telematikinfrastruktur [TI]**) oder Angebote der Krankenkassen zur Föderung der digitalen Gesundheitskompetenz bei ihren Versicherten (vgl. BGBl v. 09.12.2019 zum DVG). Mit dem **Gesundheitsversorgungs- und Pflegeverbesserungsgesetz (GPVG)** (Digitale-Versorgung-und-Pflege-Modernisierungs-Gesetz) im Jahr 2020 wird beispielweise geregelt, dass auch in der Pflege sogenannte **Digitale Pflegeanwendungen (DiPAs),** wie Apps zur Sturzprophylaxe oder zur Demenzprävention, angeboten oder telemedizinische Leistungen nun auch durch sonstige Leistungserbringer wie Hebammen erbracht werden können (vgl. BGBl v. 22.12.2020 zum GPVG). Auch für das Jahr 2021 sind mit dem **Digitale-Versorgung-und-Pflege-Modernisierungsgesetz (DVPMG)** Weiterentwicklungen der digitalen Prozesse und des digitalen Angebotes der gesetzllichen Krankenversicherungen angestoßen.

Diese »Digitalisierungsoffensive« führt neben den oben beispielhaft genannten Entwicklungen zu einer Vielzahl neuer Leistungsangebote und zu einem weiteren Ausbau der Services der Krankenversicherungen. Eine Differenzierung wird insbesondere durch **Online-Portale (Online-Geschäftsstellen)**, **elektronische Gesundheitsakten (eGK)**, das Angebot von **Apps** oder der Nutzung digitaler Kanäle wie **Social Media** zur Kontaktpflege angestrebt.

Mit Blick auf die Bedeutung der Arbeitgeber, die die Beiträge der Mitglieder paritätisch finanzieren, wirkt seit 2015 auch das **Präventionsgesetz (PrävG)** (Gesetz zur Stärkung der Gesundheitsförderung und der Prävention) auf das Kundenmanagement einer Krankenversicherung (vgl. BGBl v. 24.07.2015 zum PrävG). Danach werden u. a. die Betriebliche Gesundheitsförderung und der Arbeitsschutz enger verknüpft. Krankenkassen wurden verpflichtet, Betriebe bei der Entwicklung und Umsetzung der **Betrieblichen Gesundheitsförderung (BGF)** gem. § 20b Abs. 1 SGB V zu unterstützen. Aus dieser Verpflichtung resultiert gleichzeitig die Chance, die Analyse, Beratung, Umsetzung und Evaluation von Betrieblicher Gesundheitsförderung in den Betrieben der Mitglieder mit dem Ziel der Differenzierung im Krankenversicherungsmarkt als Service für Arbeitgeber anzubieten (vgl. zu den Leistungen der Betrieblichen Gesundheitsförderung für Arbeitgeber GKV-Spitzenverband [2021a]).

Der skizzierte rechtliche Rahmen und dessen Entwicklung seit der Einführung der Wahlfreiheit in den 1990er-Jahren zeigt, dass der Gesetzgeber die Möglichkeiten der Differenzierung der gesetzlichen Krankenkassen im Wettbewerb stetig ausgebaut hat und damit den Wettbewerb im Krankenversicherungsmarkt gezielt fördert. Anzumerken ist, dass der Gesetzgeber den Wettbewerb weiterhin reguliert, welches beispielsweise das **Fairer-Kassenwettbewerb-Gesetz (GKV-FKG)** aus dem Jahr 2020 (Gesetz für einen fairen Kassenwettbewerb in der GKV) zeigt. Ziele sind u. a. der Abbau von Wettbewerbsverzerrungen und die Vorbeugung von sich abzeichnenden Marktkonzentrationsprozessen in einigen Bundesländern. Das Gesetz beinhaltet u. a. die Weiterentwicklung des MorbiRSA um die Erweiterung auf das gesamte Krankheitsspektrum und um eine regionale Komponente sowie die Einführung eines Risikopools für Hochkostenfälle. Maßnahmen, die der Risikoselektion der Krankenkassen dienen oder fördern, sind unzulässig. Durch die **Krankenkassen-Werbemaßnahmen-Verordnung (KKWerbeV)** werden Verhaltensregeln für den Wettbewerb und insbesondere für Werbemaßnahmen der Krankenkassen genauer gefasst (vgl. BGBl v. 31.03.2020 zum GKV-FKG). Auch hieraus ergeben sich Auswirkungen auf das Kundenmanagement der Krankenkassen, insbesondere im Bereich der Kundengewinnung und der Kundenbindung.

Die Handlungsfelder eines Kundenmanagements, welches hier als Kundenbeziehungsmanagement verstanden wird, resultieren im Wesentlichen aus dem Gestaltungsspielraum in den Bereichen der **Preis- und der Leistungspolitik**. Durch die Ausnutzung des kassenindividuellen Gestaltungsspielraumes erfolgt eine Differenzierung im Krankenversicherungsmarkt.

Notwendigkeit eines Kundenmanagements

Die Notwendigkeit eines gezielten und strukturierten Kundenmanagements lässt sich, wie oben skizziert, aus den **rechtlichen und strukturellen Rahmenbedingungen**, der **hohen Komplexität und Dynamik** im Gesundheitswesen und dem Krankenversicherungmarkt im Einzelnen sowie dem steigenden **Wettbewerb** unter den Krankenversicherungen ableiten. Dabei lassen sich diese Treiber nicht trennscharf voneinander abgrenzen; sie bedingen sich gegenseitig.

Die hohe Dynamik und Komplexität resultieren u. a. aus dem **demographischen Wandel**, dem **medizinisch-technischen Fortschritt** sowie den **politischen und gesellschaftlichen Veränderungen.** Der Blick auf die Gesellschaft zeigt, dass sich Bedürfnisse der Patienten und Versicherten verändern. So ist das Bewusstsein für Gesundheit und Umwelt gestiegen, wodurch Themen der Ernährung, Bewegung oder Nachhaltigkeit an Bedeutung gewinnen; ältere und erkrankte Versicherte wollen heute möglichst (lange) zu Hause versorgt werden, und Kunden erwarten zunehmend individuelle Lösungen. Die Erwartungen, insbesondere an das Kundenmanagement, orientieren sich an den Entwicklungen und Leistungen anderer Branchen, die damit den Maßstab der Kundenerwartungen an die Krankenversicherungen bilden.

Der steigende Wettbewerb unter den Krankenkassen resultiert aus der Regulierung und dem durch den Gesetzgeber angestoßenen Veränderungsdruck, aus der digitalen Transformation, der Konsolidierung des Krankenversicherungsmarktes und den veränderten Kundenerwartungen.

Wichtiger Ausgangspunkt für die Betrachtung des Kundenmanagements – insbesondere des Kundenbindungsmanagements – von gesetzlichen Krankenkassen stellt das **Krankenkassenwahlrecht** dar: Fast alle Versicherungspflichtigen und Versicherungsberechtigten können nach **§ 173 Abs. 2 SGB V** ihre Krankenkasse frei wählen, wobei die Mindestdauer eines Versichertenverhältnisses bei einer Kasse gemäß **§ 175 Abs. 4 SGB V** zwölf Monate beträgt; bei (erstmaliger) Erhebung oder Erhöhung eines Zusatzbeitrages besteht ein Sonderkündigungsrecht.

Nach Einführung des Wahlrechts haben die Betriebskrankenkassen ihre Versichertenzahlen bis 2008 auf einen Marktanteil von über 20 % praktisch verdoppeln können – vornehmlich aufgrund durchschnittlich niedrigerer Beitragssätze. Auch die Innungskrankenkassen und die Ersatzkassen für Arbeiter gehörten bis dahin zu den Gewinnern, während die Ersatzkassen für Angestellte und vor allem die Ortskrankenkassen Versicherte verloren haben (◘ Abb. 3.1). Wesentlicher Wettbewerbsparameter und Treiber für die Versichertenwanderungen war in dieser Zeit die Höhe des individuellen Beitragssatzes einer gesetzlichen Krankenkasse.

Mit der Einführung des **Gesundheitsfonds** und des **Morbiditätsorientierten Risikostrukturausgleichs (Morbi-RSA)** zum 01.01.2009 verfolgte der Gesetzgeber schließlich das Ziel der Schaffung gleicher Wettbewerbsbedingungen für die einzelnen gesetzlichen Krankenkassen sowie die Realisierung von Beitragsgerechtigkeit und Transparenz für die Versicherten. So sollte der Wettbewerb unter den gesetzlichen Krankenkassen nicht mehr um junge und gesunde Versicherte und über niedrige Beitragssätze stattfinden, sondern um die beste Qualität der Leistungserbringung und den besten Service einer Krankenkasse. Insgesamt sollten diese Veränderungen den Versicherten einen höheren Nutzen generieren. Dieses Ziel wird seither kontinuierlich verfolgt, welches zu regelmäßigen Anpassungen des MorbiRSA führt, zuletzt im Jahr 2020 mit dem GKV-FKG (hierzu ► Abschn. 3.2.1.1).

Die Festlegung des kasseneinheitlichen Beitragssatzes (Einführung im Jahr 2009) erfolgt unter Berücksichtigung der Empfehlungen des sog. Schätzerkreises durch die Bundesregierung. Dieser ist beim Bundesamt für Soziale Sicherung (BAS) (bis 2020 Bundesversicherungsamt [BVA]) angesiedelt und setzt sich aus Vertretern des Bundesgesundheitsministeriums, des BAS und des Spitzenverbandes der gesetzlichen Krankenversicherung (GKV-SV) zusammen. Die Experten sollen die Entwicklung der für die Bemessung des Beitragssatzes herangezogenen Daten schätzen. Die Berechnung beruht auf der Höhe der gezahlten Löhne und Gehälter aller GKV-Versicherten und der Zahl der Beschäftigten sowie der Ausgabenentwicklung in der GKV. Die Schätzung dient zudem als Grundlage für die Festlegung des durchschnittlichen Zusatzbeitrages, welcher vom Bundesministerium für Gesundheits (BMG) bestimmt wird (vgl. BAS 2021). Dabei können gut wirtschaftende Krankenkassen ihren Versicherten **finanzielle Vergünstigungen,** beispielsweise durch **Wahltarife**, gewähren. Weniger gut wirtschaftende Krankenkassen müssen bei ihren Mitgliedern hingegen einen **Zusatzbeitrag** erheben.

Das Management der Krankenkassen sollte mithilfe der Einführung des Zusatzbeitrages auf die wettbewerbliche Gestaltung der Leistungspolitik ausgerichtet werden und sich im Wettbewerb auf die Erhöhung der Qualität der Versorgung und des Ausbaus der Serviceleistungen fokussieren. Dabei sollten lediglich die nicht wirtschaftlich geführten Krankenkassen von der Erhebung eines Zusatzbeitrages Gebrauch machen müssen. Differenzen im Beitragsbedarf, die aus der unterschiedlichen Risiko- und Morbiditätsstruktur des Versichertenbestandes einer Krankenkasse resultieren, sollten durch die Zuweisungen aus dem Gesundheitsfond bedarfsgerecht ausgeglichen werden. Mit der Einführung des Zusatzbeitrages im Jahr 2009 konnte dieser zunächst pauschal, also einkommensunabhängig, bis zu einem maximalen Festbetrag erhoben werden; später ebenfalls pauschal, aber in Höhe eines festen Euro-Betrages. Mit dem GKV-Finanzstruktur- und Qualitäts-Weiterentwicklungsgesetz (GKV-FQWG) hat sich der rechtliche Rahmen zur Erhebung von Zusatzbeiträgen zum 01.01.2015 erneut verändert. So wurde der einheitliche Beitragssatz ab 01.01.2015 gesenkt und auf 14,6 % festgesetzt. Den Finanzbedarf, der über diesen festgesetzten Beitragsatz hinausgeht, sollen die Krankenkassen seither über einkommensabhängige Zusatzbeiträge decken. Zunächst wurde der prozentuale, einkommensabhängige Zusatzbeitrag von den Mitgliedern allein getragen, seit 2019 wird dieser paritätisch erhoben (► Abschn. 3.2.1.1). Das BMG hat in diesem Zusammenhang die Aufgabe, auf Empfehlung des GKV-Schätzerkreises jährlich bis zum 1. November eines Jahres jeweils für das Folgejahr den durchschnittlichen Zusatzbeitragssatz festzulegen. Dieser wird unter Berücksichtigung der prognostizierten Einnahmen- und Ausgabenentwicklung der gesetzlichen Krankenversicherung kalkuliert. Der durchschnittliche Zusatzbeitrag im Jahr 2015 betrug 0,9 %, nach leichten Schwankungen in den Zwischenjahren beträgt dieser im Jahr 2021 1,3 %. Der durchschnittliche Zusatzbeitrag ist ein »Richtwert« und bildet nicht den tatsächlichen Durchschnitt aller kassenindividuell erhobenen Zusatzbeiträge ab. Dieser lag im Jahr 2015 bei 0,83 %, im Jahr 2017 bei 1,11 %, im Jahr 2019 bei 0,99 % (vgl. GKV-SV 2021c) und im März 2021 bei rund 1,22 %. Neben der steigenden Tendenz ist eine zunehmende Spannbreite der erhobenen Zusatzbeiträge festzustellen, die zu Beginn des Jahres 2021 von 0,35 % bis hin zu 2,7 % reicht (vgl. GKV-SV 2021c).

Die ersten Krankenkassen erhoben im Jahr 2009 einen Zusatzbeitrag. Als im Jahr 2010 weitere Krankenkassen »nachzogen«, erhielten diese erhöhte öffentliche Aufmerksamkeit, und die Versichertenwanderungen entwickelten sich in den Jahren 2010 und 2011 bei diesen gesetzlichen Krankenversicherungen teilweise dramatisch. So stellte der Sachverständigenrat zur Begutachtung der Entwicklung im Gesundheitswesen in seinem Sondergutachten »Wettbewerb an der Schnittstelle zwischen ambulanter und stationärer Versorgung« im Juni 2012 fest, dass in den Jahren 2000 bis 2009 jährlich rund 5 % der GKV-Versicherten ihre Krankenkasse wechselten (Sachverständigenrat zur Begutachtung der Entwicklung im Gesundheitswesen 2012). Nach der Einführung des Zusatzbeitrags zeigte sich eine höhere **Wechselbereitschaft** unter den Versicherten. Laut Gutachten lassen sich in den Jahren 2010 und 2011 90 % aller Netto-Mitgliederverluste der gesetzlichen Krankenversicherer auf die Erhebung des Zusatzbeitrages zurückführen. Unter den 20 größten Krankenkassen haben in diesen Jahren vier Krankenkassen Zusatzbeiträge erhoben. Allein bei diesen vier gesetzlichen Krankenversicherern hat sich in weniger als zwei Jahren die Mitgliederzahl um durchschnittlich 12,6 % reduziert. Untersuchungen für die Jahre 2010 und 2011 zeigen, dass die Wechselbereitschaft bei Mitgliedern von Kassen mit Zusatzbeitrag bei ca. 10 % lag, während die Wechselbereitschaft bei Mitgliedern von Kassen ohne Zusatzbeitrag bei ca. 3,5 % lag (Eibich et al. 2011). Die Versichertenwanderungen in dieser Zeit belegen, dass die Erhebung oder Nicht-Erhebung eines Zusatzbeitrages sowie die Ausschüttung einer Prämie nach Abschluss eines Geschäftsjahres erhebliche Auswirkungen auf die Kundenbindung und Kundengewinnung haben. Die Entwicklung der Mitgliederwanderungen in den Folgejahren und zuletzt beim Jahreswechsel 2020/2021 zeigen, dass Krankenkassen, die einen vergleichsweise geringen bzw. stabilen Zusatzbeitrag erheben, eher Mitgliederzuwächse und die Kassen mit höheren oder angepassten Zusatzbeiträgen häufiger Mitgliederabgänge verzeichnen (vgl. hierzu GKV-SV 2021b und DfG 2021). Dabei lösten in den Jahren 2010 und 2011 die Erhebung selbst und die Höhe des Zusatzbeitrages, insbesondere bei den jungen, gesunden und gebildeten Personen, eine höhere Wechselbereitschaft aus. Eine Online-Umfrage aus dem Jahr 2019 ($N = 1009$ Befragte) bestätigt dies. Diese zeigt, dass 43 % der Befragten im Alter zwischen 18 und 29 Jahren einen Krankenkassenwechsel planen oder vielleicht durchführen wollen, von den 60 Jahre und älteren Befragten konnten sich dies nur 9 % vorstellen (vgl. Statista 2019). Die durch das GKV-WSG beabsichtigte Verlagerung des Wettbewerbs von einem Preiswettbewerb auf einen Leistungswettbewerb ist somit in der gewünschten Form bisher nicht eingetreten.

Nach den dramatischen Versichertenwanderungen in den Jahren 2010 und 2011 lässt sich zum 01.01.2021 feststellen, dass insbesondere die Betriebskrankenkassen den Zuwachs ihrer Versicherten in den Jahren davor nicht halten konnten und seither kontinuierlich Marktanteile verloren haben. Auch die Innungskrankenkassen zeigen leichte Verluste. Die Ortskrankenkassen konnten ihren Marktanteil seither leicht erhöhen, jedoch nicht an die Marktanteile der 1990er-Jahre anknüpfen. Die Ersatzkassen konnten ihre Marktanteile stetig ausbauen und seit einigen Jahren über dem Niveau der 1990er-Jahre halten (◘ Abb. 3.1). In diesem Zusammenhang ist zu berücksichtigen, dass Zusatzbeiträge zunächst vor allem von den Betriebskrankenkassen und von wenigen großen Ersatzkassen erhoben wurden. Im Jahr 2021 ist hier kein wesentlicher Unterschied mehr festzustellen. Bei den Ersatzkassen erfolgten Versichertenwanderungen häufig zwischen den einzelnen Krankenkassen und zeigen daher geringere Wirkung über die Kassenart hinweg auf. Außerdem ist zu berücksichtigen, dass auch verstorbene Versicherte den Bestand verringern; dies weist u. a. auf die Notwendigkeit einer ausgewogenen Versichertenstruktur hin. Starke Versichertenbewegungen resultieren auch aus kassenartenübergreifenden Fusionen, von denen insbesondere die Ersatzkassen (u. a. durch Fusionen mit Betriebskrankenkassen) profitiert haben. Im AOK-System sind kassenartenübergreifende Fusionen dagegen eher eine Seltenheit. So hat sich der Markt von 960 Krankenkassen im Jahr 1995, in dem das Kassenwahlrecht eingeführt wurde, über 221 Krankenkassen im Jahr 2008 bis hin zu 103 Kassen im Jahr 2021 (Stichtag 01.01.2021) entwickelt (vgl. GKV-SV 2021d). Der größte »Schwund« an Krankenkassen ist unter den »kleineren« Betriebskrankenkassen festzustellen.

Insgesamt scheinen jedoch weniger kassenartenspezifische Merkmale, sondern vielmehr **krankenkassenindividuelle Aspekte**, wie Fusionen oder die Höhe des Zusatzbeitrages, auf die Versichertenwanderungen zu wirken. Die Höhe des Beitrages scheint weiterhin eine relevante Entscheidungsdeterminante bei der Wahl einer Krankenkasse zu sein. Die Entwicklung der Marktanteile zeigt jedoch auch, dass eine erfolgreiche Kundenbindung ausschließlich über die Höhe des Beitragssatzes, insbesondere in Anbetracht der Unbeständigkeit der rechtlichen Rahmenbedingungen, nicht nachhaltig erfolgreich sein kann.

Ziel der gesetzlichen Krankenkassen sollte es vor dem Hintergrund der skizzierten Mitgliederwanderungen sein, ihre Versichertenbeziehungen zu pflegen und damit das **Abwanderungsrisiko** zu reduzieren. Die Pflege der Kundenbeziehungen, insbesondere die Kundenbindung, als ein wesentlicher Wettbewerbsparameter – nicht nur der Mitglieder, sondern auch der aus der Familienversicherung ausscheidenden Versicherten – sollte daher seitens des Managements erhöhte Aufmerksamkeit erhalten. Dabei ist zu berücksichtigen, dass nicht allein die Kundenbindung, sondern auch die Kundengewinnung Ziel des Kundenmanagements sein sollte. Die Größe einer Krankenkasse, gemessen an der Mitgliederzahl, stellt eine wichtige Basis für die Wettbewerbsfähigkeit dar (z. B. aufgrund von Skalen- und Verbundvorteilen; vgl. hierzu Monopolkommission 2017). So können große Krankenkassen häufig ein breiteres und individuelleres Leistungsspektrum anbieten.

Die Bedeutung eines Kundenmanagements resultiert nicht nur aus dem Kassenwahlrecht und der besonderen Bedeutung des (Zusatz-)Beitragssatzes, sondern auch aus der Einführung des Gesundheitsfonds und der Entwicklung des Risikostrukturausgleichs (RSA) hin zum Morbi-RSA. So bestimmen seit 2009 im Wesentlichen Geschlecht, Alter und Morbidität der Versicherten die Höhe der monatlichen Zuweisungen und damit die Höhe der Beitragseinnahmen einer gesetzlichen Krankenkasse. Ein **Kundenmanagement** unterstützt dabei den Versicherten, bedarfsgerechte Leistungsangebote zu unterbreiten und damit zur Stabilisierung der Leistungsausgaben beizutragen. Für eine Krankenkasse erweist es sich trotz des Morbi-RSA als Vorteil, eine ausgewogene **Mitgliederstruktur** anzustreben und damit beispielsweise auch gezielt Berufsstarter, Familien oder Beschäftigte in stabilen Arbeitsverhältnissen in wachstumsstarken Wirtschaftsbereichen und Zukunftsbranchen anzusprechen.

Entscheidend für die Wettbewerbsfähigkeit einer Krankenkasse ist ein positiver **Deckungsbeitrag**: die Differenz aus den Zuweisungen des Gesundheitsfonds (Grundpauschale plus ggf. Zu- bzw. Abschlag aus dem Morbi-RSA) und den tatsächlich anfallenden Leistungsausgaben (vgl. Drösler et al. 2017). Ziel ist es somit, je Versichertem niedrigere tatsächliche Leistungsausgaben als Zuweisungen zu realisieren. Geringere Leistungsausgaben können z. B. aus den Merkmalen des Personenkreises selbst, aus kassenindividuell vereinbarten Versorgungsstrukturen oder aus einer bedarfsgerechten und individuellen Fall-Steuerung zu einer qualitativ hochwertigen Versorgung von Versicherten resultieren. Als attraktiv gelten schließlich die Versicherten, bei denen ein positiver Deckungsbeitrag realisiert werden kann. Dabei sind Maßnahmen, die der Risikoselektion seitens der Krankenkassen dienen, gemäß § 4a SGB V unzulässig; Ziel ist ein Wettbewerb um Qualität und Wirtschaftlichkeit in der Gesundheitsversorgung. Die Stabilisierung und der Zuwachs im Versichertenbestand sowie die Realisierung positiver Deckungsbeiträge führen zu einer höheren Gestaltungsfreiheit im Rahmen der Leistungs- und Servicepolitik, die sich wiederum positiv auf die Attraktivität einer Krankenkasse auswirkt.

Zusammenfassend ist festzustellen: Die Abwanderungsströme verdeutlichen, dass bisher vornehmlich ein attraktiver Beitrag ein wichtiges Instrument zur Sicherung einer nachhaltigen Wettbewerbsfähigkeit darstellt. Neben einem attraktiven Beitrag erhalten jedoch auch die Leistungen, inklusive Services, einer gesetzlichen Krankenkasse wichtige Bedeutung im Wettbewerb. Eine ausgewogene Mitgliederstruktur und eine gezielte, bedarfsgrechete Leistungssteuerung zur Generierung positiver Deckungsbeiträge zeigen sich ebenfalls als wettbewerbsrelevante Aspekte.

Ein **Kundenmanagement** ist somit in mehrfacher Hinsicht von entscheidender Bedeutung: Es wirkt auf die **Höhe des Zusatzbeitrages** und die Höhe der **Deckungsbeiträge** einer Krankenkasse. Durch eine attraktive Leistungspolitik, inklusive Services, kann eine Differenzierung im Markt realisiert werden, die entweder kompensierend (bei Erhebung eines Zusatzbeitrages) oder differenzierend (bei vergleichbarer Beitragshöhe der Konkurrenzunternehmen) wirkt. Krankenkassen sollten die Möglichkeiten zur **Ausgestaltung** ihres **kassenindividuellen Leistungsangebotes** durch in der Satzung geregelte **Zusatzleistungen** nutzen und sich mit dem **Umfang** und der **Qualität** ihrer **Serviceleistungen,** insbesondere auch **digitaler Services** beschäftigen. Hierbei gilt es, mit **zielgruppenspezifischen Angeboten, beispielsweise von Wahltarifen, der Etablierung neuer Versorgungsformen** und einer **herausragenden Servicepolitik** ein unverwechselbares, wettbewerbsfähiges Profil der Krankenkasse zu schaffen. Dabei sind nicht nur die Versicherten selbst, sondern auch die **Arbeitgeber** der Mitglieder in den Blick der Managementbemühungen zu nehmen.

Konzeptionelle Grundlagen des Kundenmanagements

Kundenmanagement wird in ► Abschn. 3.1 »als Aktivität zur Analyse, Planung, Durchführung und Kontrolle, die der Initiierung, Stabilisierung, Intensivierung, Wiederaufnahme oder Beendigung von Geschäftsbeziehungen zu den Anspruchsgruppen oder Kunden des Unternehmens bzw. der Organisation dienen« definiert. Es geht demnach um die Steuerung von Kundenbeziehungen. Meffert et al. (2018) stellen als Ziel der Steuerung der Kundenbeziehungen (auch als Relationship Marketing bezeichnet) die Kundenakquisition, die Kundenbindung und die Kundenrückgewinnung heraus (vgl. Meffert et al. 2018).

Der rechtliche und strukturelle Rahmen sowie die dargestellte Notwendigkeit eines Kundenmanagements in gesetzlichen Krankenversicherungen (► Abschn. 3.2.1.2) verdeutlichen, dass der Kundenbindung besondere Bedeutung bei Krankenkassen zuzuschreiben ist. Im Fokus der folgenden Ausführungen sollen daher die Kundenbindung und das Kundenbindungsmanagement als Ziele des Beziehungsmanagements und damit des Kundenmanagements insgesamt stehen.

Der Begriff der Kundenbindung erfährt in der wissenschaftlichen Literatur unterschiedliche begriffliche Einordnungen.

> **Kundenbindung**, In diesem Kapitel soll der Definition von Kundenbindung nach Homburg und Bruhn (2017) gefolgt werden: Kundenbindung umfasst sämtliche Maßnahmen eines Unternehmens, die darauf abzielen, sowohl die Verhaltensabsichten als auch das tatsächliche Verhalten eines Kunden gegenüber einem Anbieter oder dessen Leistungen positiv zu gestalten, um die Beziehung zu diesem Kunden für die Zukunft zu stabilisieren bzw. auszuweiten.

Kundenbindung bei einer Krankenversicherung beinhaltet damit alle konkreten Maßnahmen, die positiv auf die zukünftige Absicht des Versicherten zum Fortbestand sowie des tatsächlichen Fortbestandes des Versicherungsverhältnisses wirken.

Kundenbindungsmanagement, Kundenbindungsmanagement definieren Homburg und Bruhn (2017) wie folgt: Kundenbindungsmanagement ist die systematische Analyse, Planung, Durchführung sowie Kontrolle sämtlicher auf den aktuellen Kundenstamm gerichteten Maßnahmen mit dem Ziel, dass diese Kunden auch in Zukunft die Geschäftsbeziehung aufrechterhalten oder intensiver pflegen.

Kundenbindung beinhaltet nach Bruhn (2016) darüber hinaus zum einen das **faktische Verhalten**, das sich im Wiederkauf, dem Cross-Buying, der Weiterempfehlung und der Preiserhöhungsakzeptanz zeigt, und zum anderen die **Verhaltensabsicht**, die sich in der Wiederkaufsabsicht, der Cross-Buying-Absicht, der Weiterempfehlungsabsicht und der Preiserhöhungstoleranz zeigt (vgl. Bruhn 2016).

In der GKV geht es insbesondere darum, das Abwanderungsrisiko der Versicherten zu verringern, auch derer, die aus der Familienversicherung ausscheiden. Ziel ist der Aufbau von starken, persönlichen Kundenbeziehungen, die zu einer erhöhten Kundentreue führen. Ein Kundenbindungsmanagement ist stets ganzheitlich an den Kundinnen und Kunden auszurichten. Die Ziele, Bedürfnisse, Erwartungen und Erfahrungen der Kundinnen und Kunden sind individuell zu bedienen. Zur Auswahl von gezielten Maßnahmen ist die Analyse der bestehenden Kundenstruktur erforderlich. Es sind zielgruppenspezifische Informationen sowie Loyalitäts- oder Wechselmotive zu ermitteln.

Als eine wichtige Wirkgröße der Kundenbindung gilt die Kundenzufriedenheit. So wurde durch theoretische als auch empirische Studien mehrfach ein positiver Zusammenhang beider Größen belegt (Meffert et al. 2018). Töpfer (2020) formuliert den Grundsatz: »Hohe Kundenzufriedenheit ist als Basis für eine Kundenbindung wichtig.« Für die Krankenversicherung identifiziert Scheffold (2008) **zwei zentrale Bestimmungsfaktoren**, die den Verbleib eines Kunden bei einer Krankenversicherung bestimmen: die **Kundenzufriedenheit** und der **Nettonutzen**. Als weitere relevante Dimension wird die **kundenorientierte Ausrichtung des Unternehmens** beschrieben, also die Kundenzentrierung, da diese starke Wirkung auf die Kundenzufriedenheit zeigt (vgl. Scheffold 2008).

Kundenzufriedenheit resultiert aus einem Soll-Ist-Vergleich der Erwartungen und der Erfahrungen der Kundinnen und Kunden mit einer Leistung. Werden die Erwartungen durch die (wahrgenommenen) Leistungen erfüllt, resultiert daraus Zufriedenheit. Sind die Erwartungen hingegen höher als die Erfahrungen, erfolgt Unzufriedenheit auf Seiten der Kunden (vgl. hierzu das sog. C/D-Paradigma). Dabei stellen neben den kognitiven Komponenten des Soll-Ist-Vergleichs auch emotionale (affektive) Komponenten eine wichtige Determinante der Kundenzufriedenheit dar. Es gilt heute als gesichert, dass zwischen der Kundenzufriedenheit und dem Wiederkauf ein positiver Zusammenhang besteht. Ebenso zeigt sich auf Basis von experimentellen Daten, dass grundsätzlich ein starker positiver Zusammenhang zwischen Kundenzufriedenheit und der Zahlungsbereitschaft von Kunden besteht (vgl. Homburg 2020; Töpfer 2020). Die konkrete Stärke dieses Zusammenhangs bei einer Krankenversicherung ist nicht bekannt. Denn hier besteht die besondere Herausforderung, dass Leistungen und Services häufig erst bei Eintritt einer Erkrankung oder in bestimmten Lebensphasen wie der Familiengründung nachgefragt werden. Der wechselbereite Personenkreis umfasst jedoch eher gesunde und junge Versicherte, die wenig bis keine Kontaktpunkte zu ihren Krankenversicherungen haben. Die fehlende Nachfrage von Leistungen führt dazu, dass weder Zufriedenheit noch Unzufriedenheit bewusst wahrgenommen wird. Problematisch wird dies dann, wenn sich Beitragssätze erhöhen, die dann zum wesentlichen Kriterium der Kundenzufriedenheit werden können.

Sind Kundinnen und Kunden unzufrieden, kann dies zu einer Beschwerde oder häufig sogar direkt zu einer Abwanderung zu einem anderen Anbieter führen. Gerade wenn unzufriedene Kunden passiv mit Abwanderung reagieren, ist hiermit das Risiko des nicht beeinflussbaren Kundenverlustes verbunden (vgl. hierzu Töpfer 2020; Meffert et al. 2018). Kommt es jedoch zu einer Beschwerde und gelingt es dem Unternehmen, die Kunden im Rahmen der Beschwerdebearbeitung zufriedenzustellen, kann dies wiederum zur Erhöhung der Bindung führen. Wird die Beschwerde dem Anbieter gegenüber nicht geäußert, besteht die Gefahr, dass diese im Familien- und Bekanntenkreis der Kunden vorgebracht und besprochen wird. In diesem Fall sprechen Homburg et al. (2017) von einem **Multiplikatoreneffekt**, durch den die Unzufriedenheit eines Kunden durch Mund-zu-Mund-Kommunikation verbreitet wird und wiederum negativ auf die Bindung bzw. Gewinnung weiterer Kunden wirken kann (vgl. hierzu auch Meffert et al. 2018). Besondere Bedeutung erhalten hier zunehmend **Weiterempfehlungen oder geteilte Unzufriedenheit in den sozialen Netzwerken**. Hier können Erfahrungen innerhalb kürzester Zeit mit einem großen Personenkreis geteilt werden und entsprechende Wirkung auf Kaufentscheidungen entfalten (vgl. Meffert et al. 2018).

> Als wichtige Voraussetzung zur Realisierung von Kundenzufriedenheit wird die Zufriedenheit des Personals diskutiert. Es wird konstatiert, dass unzufriedene Mitarbeiterinnen und Mitarbeiter nur bedingt in der Lage sind, die Wünsche und Anforderungen der Kundinnen und Kunden zufriedenstellend zu erfüllen. So formuliert Töpfer (2020) folgenden Grundsatz: »Mitarbeiterorientierung und Mitarbeiterzufriedenheit sind wesentliche Voraussetzungen für das Erreichen von Kundenzufriedenheit.«

Bei Dienstleistungen erhält die Mitarbeiterzufriedenheit hohe Bedeutung. Diese ergibt sich insbesondere aus den Merkmalen von Dienstleistungen, die durch **Immaterialität**, dem **Uno-actu-Prinzip** (zeitgleiche Leistungserstellung und Leistungsverbrauch), durch **fehlende Lagerfähigkeit** und durch die **Integration des externen Faktors** gekennzeichnet sind. Bei der Erbringung einer Dienstleistung spielen somit die handelnden Akteure, also die Kunden und die Mitarbeiter, wesentliche Rollen (vgl. Scheffold 2008; Meffert et al. 2018, S. 31–36). Stock-Homburg (2013) zeigt auf, dass in der Erstkontaktphase mit dem Kunden neben der Produktqualität die Einstellungen und vor allem die Zufriedenheit, die Verhaltensweisen und die Kundenorientierung der Mitarbeiter zentrale Einflussgrößen der Kundenzufriedenheit darstellen. Im weiteren Verlauf der Geschäftsbeziehung erhalten Mitarbeiter beim Vertrauensaufbau zu Kunden gegenüber dem Anbieter besondere Bedeutung. So wurde festgestellt, dass Persönlichkeitsmerkmale der Mitarbeiter, wie Empathie, Zuverlässigkeit und Freundlichkeit, die Unsicherheit der Kundinnen und Kunden verringern können.

Kommt es im Rahmen einer bestehenden Geschäftsbeziehung zu einer Krise, sind die Kompetenzen des Personals im Umgang mit dem Kunden von herausragender Bedeutung, um die Geschäftsbeziehung zu stabilisieren und eine Abwanderung zu verhindern (vgl. Stock-Homburg 2013). Ein enger Kontakt und eine persönliche Kommunikation zwischen Mitarbeitern und Versicherten dienen demnach dem Aufbau eines Vertrauensverhältnisses, der Förderung der Kundenzufriedenheit und damit der positiven Beeinflussung der Kundenbindung (vgl. Scheffold 2008). In diesem Zusammenhang ist jedoch festzustellen, dass Kundenzufriedenheit eine notwendige, jedoch oftmals noch keine hinreichende Bedingung für eine erfolgreiche Kundenbindung darstellt.

Es kann davon ausgegangen werden, dass eine Person nur dann von einem Anbieter eine Leistung käuflich erwirbt, wenn diese einen positiven Nettonutzen erwartet und dieser Nettonutzen im Vergleich zum möglichen **Nettonutzen** durch Leistungsinanspruchnahme bei einem Konkurrenzunternehmen höher ist. Die Wahrscheinlichkeit, dass sich ein Kunde an ein Unternehmen bindet, wird nur dann hoch sein, wenn der derzeitige bzw. der zukünftig zu erwartende Nettonutzen positiv ist und den

Erwartungen entspricht bzw. die Erwartungen übertrifft (vgl. Scheffold 2008).

Die im Weiteren für die Kundenbindung bedeutende **kundenorientierte Ausrichtung** des Unternehmens erfordert die Kenntnis des Anbieters über die mit der Zahlungsbereitschaft eines Kunden verbundenen Bedürfnisse in allen Wertschöpfungsprozessen. Ziel der kundenorientierten Ausrichtung eines Unternehmens ist die Herstellung von langfristigen profitablen Kundenbeziehungen. Dabei ist von entscheidender Bedeutung, dass die Kundenanforderungen bekannt und als Leistungen des Unternehmens umgesetzt werden. Eine konsequente Ausrichtung der Unternehmensaktivitäten an den Kundenwünschen kann schließlich den Kundennutzen erhöhen, zur Steigerung der Kundenzufriedenheit beitragen und somit die Bindung positiv beeinflussen (vgl. Scheffold 2008).

Es lassen sich eine Vielzahl sog. **moderierender Variablen** benennen, die auf die Kundenbindung wirken. Unterschieden werden kann hier zwischen (vgl. Giering 2000; Meffert et al. 2018):

- Merkmalen der Geschäftsbeziehung (wie beispielsweise Vertrauen, Informationsaustausch, kooperative Zusammenarbeit und Dauer der Geschäftsbeziehung),
- Merkmalen der/s Kund:in (wie beispielsweise Involvement und soziale Beeinflussbarkeit),
- Merkmalen des Produktes (wie die Produktbedeutung und die Produktkomplexität),
- Merkmalen des Anbieters (wie Reputation und Zusatznutzen),
- Merkmalen des Marktumfeldes (wie beispielsweise die Verfügbarkeit von Alternativen oder die Wettbewerbsintensität auf dem Absatzmarkt).

Bei einer Krankenversicherung können zudem das Verhalten und die (wahrgenommene) Kompetenz der Leistungserbringer ein Grund für Unzufriedenheit sein (vgl. Scheffold 2008). Schließlich erbringt eine Krankenkasse die Leistungen in der Regel nicht selbst, sondern Dritte. Es ist anzunehmen, dass die/der Versicherte die Qualität der Leistungen und positive oder negative Erfahrungen mit den Leistungserbringern auf ihre/seine Krankenkasse als Leistungsträger projiziert und davon auch die Bindung an die Krankenkasse berührt wird. So ist die Krankenkasse gefordert, insbesondere im Bereich der Schließung von Selektivverträgen, eine entsprechende Kundenorientierung auch durch die Leistungserbringer sicherzustellen.

Zur strukturierten Maßnahmenplanung empfiehlt sich die Entwicklung einer **Kundenbindungsstrategie**. Homburg und Bruhn (2017) haben hierfür wesentliche Eckpunkte definiert. So sollten zunächst die Festlegung und die Konkretisierung des Bezugsobjektes der Kundenbindung erfolgen. Bei einer gesetzlichen Krankenkasse kann das Bezugsobjekt eine bestimmte Leistung, eine bestimmte Person oder das Unternehmen als Ganzes sein. Im Weiteren sollte der Personenkreis identifiziert werden, der gezielt zu binden ist und als Empfänger der Maßnahmen festgelegt wird. Bei einer gesetzlichen Krankenversicherung ist es von besonderer Bedeutung, genau den Personenkreis zu identifizieren, der eine erhöhte Wechselbereitschaft aufweist. Dies sind vorwiegend junge, gesunde und eher bildungsnahe Personen.

Daneben sollten die Kundensegmente identifiziert werden, bei denen besondere Bindungsmaßnahmen ergriffen werden sollen. Es ist zu analysieren, welche Bindungsgründe für die identifizierten Zielgruppen relevant sind bzw. welche Nutzenkomponenten den Gesamtnutzen einer Mitgliedschaft für diese Personenkreise maßgeblich mitbestimmen. Mit der Festlegung des zu bindenden Personenkreises und ggf. seiner Clusterung in verschiedene Zielgruppensegmente kann schließlich eine gezielte und individualisierte Ansprache verschiedener Kundengruppen erfolgen. Im Rahmen der Entwicklung einer Kundenbindungsstrategie ist in einem weiteren Schritt die Art der Kundenbindung festzulegen. Hiernach ist zu entscheiden, wie Kunden gebunden werden sollen (z. B. situativ, vertraglich, ökonomisch etc.). Aufbauend auf dieser Entscheidung, lassen sich die Kundenbindungsinstrumente festlegen und die Frage beantworten, womit die/der Kundin/Kunde gebunden werden soll (z. B.

durch Dialog, Interaktion, Wechselbarrieren etc.). Im Weiteren gilt es, die Intensität und den Einsatzzeitpunkt der Kundenbindungsaktivitäten festzulegen. Hier ist zu entscheiden, wie oft und wann Maßnahmen ergriffen werden sollen (z. B. bei der Versendung von Mailings). Ergänzend könnte ein Unternehmen bei der Formulierung der Kundenbindungsstrategie auch auf Kooperationsstrategien zurückgreifen und eine Kundenbindung, ggf. durch Kooperationen mit anderen Akteuren im Markt, realisieren. In der Krankenversicherung sind hier Kooperationen mit anderen Leistungsträgern und mit Leistungserbringern von Bedeutung (vgl. Homburg und Bruhn 2017; Scheffold 2008).

Die Maßnahmen des Kundenbindungsmanagements sollten, je nach Personenkreis, gezielt und bedarfsgerecht ausgewählt werden. Dabei ist das Verhältnis zwischen dem Aufwand und dem zu erwartenden Nutzen der Maßnahme relevant. Unterstützend wirkt hierbei die **Einteilung des zu bearbeitenden Personenkreises** in z. B. A-, B- oder C-Kunden. Die **A-Kunden** stellen hierbei die wichtigsten Kundinnen und Kunden für eine Maßnahme dar, also diejenigen, die zwingend eingeschlossen werden sollten. **B- und C-Kunden** stellen, dementsprechend abgestuft, für eine bestimmte Maßnahme weniger wichtige Kundinnen und Kunden dar. Die Einteilung des Personenkreises in A-, B- oder C-Kunden kann nach beliebigen Parametern, je nach Maßnahme, erfolgen (vgl. u. a. Meffert et al. 2018; Esch et al. 2017). Bei der Auswahl der Maßnahmen ist zu berücksichtigen, dass die erhoffte Bindungswirkung nur dann erzielt werden kann, wenn sich der Kunde aus einer langfristigen Beziehung einen Nutzen verspricht. Entscheidend ist, dass die Kontaktaufnahme mit dem richtigen Kunden, über den richtigen Kanal, mit dem richtigen Kommunikationsstil, zum richtigen Zeitpunkt und mit der richtigen Botschaft erfolgt. Der Erfolg der ergriffenen Aktivitäten zur Kundenbindung ist schließlich durch ein Controlling zu messen und zu steuern. Fehlgeschlagene und damit unwirtschaftliche Maßnahmen können so erkannt und ggf. gezielter und effektiver auf die Kundenbedürfnisse ausgerichtet werden.

In der Krankenversicherung stellt die Bindung des grundsätzlich stark wechselbereiten Personenkreises der Jungen und Gesunden eine besondere Herausforderung dar. Denn in der Regel erfolgt ein aktiver Kontakt der Krankenversicherungskundinnen und -kunden mit ihrer Krankenversicherung erst bei Eintreten von Krankheiten und damit dem Bedarf von Beratung bzw. dem Bedarf der Inanspruchnahme von Leistungen. Die Krankenversicherung ist daher gefordert, Maßnahmen zu identifizieren und zu ergreifen, die geeignet sind, auch bei gesunden Versicherten einen positiven Kundenkontakt und eine gute Beziehungsbasis herzustellen. Eine Chance bietet hier die Entwicklung der Digitalisierung, z. B. im Bereich von Gesundheits-Apps und der Social-Media-Kanäle, in Verbindung mit dem Trend der Work-Life-Balance und dem bewussten Umgang mit der Gesundheit. So kann durch zielgruppenspezifisch entwickelte Contents und gezielt gewählte digitale Kanäle ein positiver Kundenkontakt geschaffen und damit ein zielgruppenadäquates Kundenbindungsmanagement betrieben werden (vgl. Töpfer 2020). Diese Maßnahmen nutzen nicht allein der Kundenbindung, sondern dienen auch der Umsetzung der strategischen Ausrichtung der Krankenversicherungen zum »Partner für Gesundheit«.

Die Konsolisierung des Krankenkassenmarktes führt zu einer veränderten **Struktur und Aufbauorganisation** der Krankenkassen, die ebenfalls Anlass für ein gezieltes Kundenmanagement gibt. Die Größe der Krankenkassen nimmt, gemessen am Versichertenbestand, stetig zu, und Krankenkassen optimieren verstärkt ihre Organisationsstrukturen unter Effizienz- und Servicegesichtspunkten. Mit wachsender Größe und gleichzeitiger Spezialisierung innerhalb einer Krankenkasse kommunizieren vermehrt unterschiedliche Abteilungen und Kontaktpersonen mit den Kundinnen und Kunden. Diese Entwicklung birgt die Gefahr, dass im Rahmen von Kundenberatungen nicht alle Informationen über die Kunden verfügbar sind, die Beratungsqualität abnimmt und die Kunden nicht zufriedengestellt werden. Die vielseitigen Kontakte können außerdem zu einer Anonymisierung der

Kundinnen und Kunden führen. Das Kundenbindungsmanagement muss daher zum Ziel haben, Transparenz und Qualität der Kundenkontakte zu schaffen. Hierzu sind Konzepte zu entwickeln, die trotz Veränderung der Organisationsstrukturen eine optimale Kundenorientierung ermöglichen und den Aufbau von individuellen Kundenbeziehungen zur Folge haben.

In diesem Zusammenhang wird häufig der Begriff **Customer Relationship Management** (CRM) verwendet. CRM meint das Management von Kundenbeziehungen, welches eine gesamtunternehmerische Ausrichtung auf den Kunden beinhaltet (Strategie, Prozesse, Technologie und Organisation). Der CRM-Begriff wird in der unternehmerischen Praxis überwiegend mit einer aufwändigen und komplexen IT-Infrastruktur assoziiert, die den gesamthaften Managementprozess der Kundenbeziehungen unterstützt (vgl. u. a. Töpfer 2020; Meffert et al. 2018; Homburg 2020). Diese ermöglicht trotz der Größe eines Unternehmens mit vielfältigen Kundenkontakten in unterschiedlichen Organisationseinheiten eine hohe Kundenorientierung sowie die Schaffung einer individuellen und persönlichen Kundenbeziehung.

Außerdem sei hier das **Customer Experience Management** (CEM) erwähnt, welches ebenfalls das Kundenbeziehungsmanagement zum Inhalt hat. Im Fokus steht hier nach Homburg eine »design-orientierte Planung, Umsetzung und Optimierung von segmentspezifischen Kundenbeziehungen« (Homburg 2020), in deren Zusammenhang der **Customer Journey** hohe Bedeutung zugeschrieben wird. Diese ist als »Kundenerlebniskette« zu verstehen, die die verschiedenen Kontaktpunkte bzw. Touchpoints zwischen anbietenden und nachfragenden bzw. Kunden beinhaltet und in Summe zu einer Kundenerfahrung führt. Ziel des CEM ist es, den Kundinnen und Kunden ein gesamtheitliches positives Kundenerlebnis über die gesamte Customer Journey hinweg zu bieten und damit die Kaufentscheidung und den Kundennutzen positiv zu beeinflussen (vgl. Homburg 2020).

Zusammenfassend lässt sich feststellen, dass gesetzliche Krankenversicherungen bei der Ausgestaltung ihres Kundenmanagements strukturiert, planerisch und individuell vorgehen sollten und hier auf ein vielseitiges Instrumentarium zurückgreifen können. Der folgende Abschnitt beschäftigt sich nun mit der Darstellung möglicher Instrumente und Maßnahmen des Kundenbeziehungs- bzw. Kundenbindungsmanagements. Aus diesen kann eine Krankenkasse je nach Kundenbindungsstrategie wählen.

3.2.2 Praktische Umsetzung

Ausgestaltung eines Kundenmanagements bei Krankenkassen

Die im Folgenden dargestellte Ausgestaltung des Kundenmanagements bei Krankenkassen erfolgt im Sinne eines Kundenbeziehungs- bzw. Kundenbindungsmanagements und fokussiert den Versichertenbestand. Für ein erfolgversprechendes Kundenmanagement in diesem Sinn ist zunächst die Formulierung von **Zielen** und **Strategien** erforderlich. Hierfür sind umfassende Informationen über die Versicherten, etwa im Hinblick auf Alter, Geschlecht, Beruf, Ausbildung, Einkommen, Erkrankungen sowie ihrer Einstellungen und Erwartungen, Voraussetzung. Nur auf Basis dieser Informationen lassen sich gezielte Maßnahmen ergreifen und ein spürbarer Kundennutzen erreichen.

Die erforderlichen Informationen lassen sich durch eine **Kundenstrukturanalyse** und eine **Bedarfsanalyse** bzw. **Anforderungsanalyse** generieren. Aus der Kundenstrukturanalyse lässt sich die Zielgruppe etwa nach Alter, Geschlecht, Haushaltsgröße sowie Schul- und Berufsausbildung definieren. Im Rahmen der Anforderungsanalyse lassen sich die Kundenerwartungen der zuvor segmentierten Kundengruppen ermitteln. Die beste Möglichkeit zur Ermittlung der Kundenwünsche und Erwartungen bietet eine Versichertenbefragung, die eine gezielte Datenermittlung gestattet und zusätzlich einen positiven Kundenkontaktanlass schafft. Diese ist jedoch sehr aufwändig und kostenintensiv, sodass Krankenkassen die erforderlichen Kundeninformationen entweder über Sekundärdaten zu gewinnen versuchen oder auf allgemeine Marktstudien zurückgreifen. Als Kunden der Krankenkasse werden zusätzlich auch die Arbeitgeber in die Analysen einbezogen, da diese auf die Krankenkassenwahl ihrer Arbeitnehmerinnen und Arbeitnehmer Einfluss nehmen können.

Auf Basis der bisherigen Ausführungen und der gesamten strategischen Stoßrichtung einer gesetzlichen Krankenkasse sowie unter Berücksichtigung möglicher Erwartungen der Versicherten an ihre Krankenkassen lassen sich beispielsweise folgende **Ziele** eines Kundenbindungsmanagements gesetzlicher Krankenversicherungen formulieren:

Ziele eines Kundenbindungsmanagements

- Kundenbindung durch aktiven Kontakt und Beziehungsmanagement
- Kundenbindung durch kompetente Beratung
- Kundenbindung durch zielgruppen- bzw. kundenspezifische Informations- und Beratungsangebote in unterschiedlichen Lebensphasen
- Kundenbindung durch außerordentlich gute Erreichbarkeit und schnelle Reaktionszeiten
- Kundenbindung durch »Service-Extras« (beispielsweise Gesundheitstelefon)
- Kundenbindung durch zufriedenes und kompetentes Personal
- Kundenbindung durch außerordentliche Leistungen
- Kundenbindung durch kassenindividuelle Versorgungsverträge (Selektivverträge)
- Kundenbindung durch angemessene Preispolitik
- Kundenbindung durch Kooperationen
- Gezielte Bindung abwanderungsgefährdeter Versicherter
- Gezielte Bindung zielgruppenspezifischer Kundinnen und Kunden (z. B. Studierende, junge Beschäftigte, junge Familien)
- Gezielte Bindung von Beschäftigten bestimmter Berufsgruppen

In vielen der o. g. Aspekten stecken zudem das Ziel der Kundenbindung durch eine hohe Durchdringung bedarfsgerechter digitaler Lösungen im Rahmen der Leistungs- und Servicepolitik sowie das damit verbundene Ziel einer herausragenden Customer Experience.

Die Identifizierung geeigneter Kundenbindungsmaßnahmen in der gesetzlichen Krankenversicherung wird maßgeblich vom wettbewerblichen, durch den Gesetzgeber festgelegten Handlungsspielraum bestimmt. Aktuell lassen sich folgende Wettbewerbsinstrumente in der gesetzlichen Krankenversicherung einsetzen:

- **Preis** (Höhe oder Nicht-Erhebung eines Zusatzbeitrages, Wahltarife mit Wirkung auf den Preis, Bonusprogramme),
- **Leistungsumfang** (insbesondere durch Satzungsleistungen oder teilweise durch Ermessensleistungen),
- **Versorgungsqualität und Versorgungsorganisation** (z. B. durch Selektivverträge),
- **Serviceleistungen** sowie
- **Besondere Leistungen** durch Kooperationen (z. B. durch Vermittlung von Zusatzversicherungen).

In allen der genannten Bereiche nehmen digitale Lösungen, wie digitalisierte Prozesse oder digitale Versorgungs- oder Beratungsangebote, an Bedeutung zu und entwickeln sich zu wichtigen Wettbewerbsparametern. Unter Bezugnahme auf die ergreifbaren Wettbewerbsinstrumente ist festzustellen, dass – wie in ► Abschn. 3.2.1 skizziert – die Instrumente unterschiedliche Wirkungsstärke auf die Kundenbindung entfalten können. Zudem ist je nach dem zu bindenden Personenkreis von unterschiedlicher Bedeutungsstärke der Instrumente auszugehen. Eine Studie von Becker et al. (2021) zeigt, dass Service und Kundenorientierung von hoher Bedeutung sind, gefolgt von einem digitalen Zugang und Kontakt für die Kunden.

Wie die Analyse der Versichertenwanderungen in ▶ Abschn. 3.2.1.2 darlegt, wirkt die Höhe bzw. die Veränderung des Zusatzbeitrages einer Kasse zunächst am stärksten auf die Kundenbindung. Hierbei ist besonders die Heterogenität der agierenden Wettbewerber am Markt relevant. Erheben nur wenige Krankenkassen einen Zusatzbeitrag oder erheben alle in der Höhe stark abweichende Zusatzbeiträge, erhalten die Instrumente Versorgung, Leistungsumfang und Service als Wettbewerbs- und Kundenbindungsinstrumente nachrangige Bedeutung. Besteht hingegen in Bezug auf den Zusatzbeitrag ein vergleichsweise einheitliches Bild im Markt, erhalten die drei Instrumente deutlich höhere Relevanz. Die Analyse der Versichertenwanderungen zeigt auch, dass bei der Erhebung eines überdurchschnittlich hohen Zusatzbeitrages und gleichzeitigem Einsatz anderer Wettbewerbsinstrumente eine Kundenbindung, sogar eine Kundengewinnung, dennoch gelingen kann. Je nach Wettbewerbssituation und Zielgruppe weisen auch die Instrumente Versorgung und Leistungsumfang unterschiedliche Relevanz auf. So könnte für einen jungen und gesunden Versicherten die Kostenbeteiligung an Maßnahmen der primären Prävention höhere wettbewerbliche Relevanz aufweisen als das Angebot von integrierten Versorgungsangeboten in bestimmten Indikationsbereichen.

Die relevante Rangfolge der Wettbewerbsparameter sollte somit bei der Entscheidung und Durchsetzung von Kundenbindungsmaßnahmen je nach Zielgruppe Berücksichtigung finden. Ferner ist bei der Entscheidung über den Einsatz der Maßnahmen zu beachten, in welcher Stärke die Maßnahmen geeignet sind, bei der jeweiligen Zielgruppe Zufriedenheit hervorzurufen und welchen Nettonutzen die/der Versicherte durch die Maßnahmen generieren kann. Aus Sicht der Krankenkassen spielt schließlich die Kosten-Nutzen-Relation der zu ergreifenden Maßnahmen eine außerordentliche Rolle. So können sich kostenintensive Maßnahmen im Bereich der Leistungspolitik wiederum negativ auf die Erhebung eines Zusatzbeitrags auswirken.

Der Blick auf die möglichen Ziele des Kundenbindungs- bzw. Kundenbeziehungsmanagements einer Krankenkasse und die Kenntnis über die Wettbewerbsinstrumente lassen vielfältige **Maßnahmen zur Kundenbindung** erkennen. Hierbei können allgemeine Servicemaßnahmen, auf die Preis- und Leistungspolitik gerichtete Maßnahmen, auf die Mitarbeiterkompetenz und die Beratungsqualität ausgerichtete Maßnahmen sowie gezielte Kundenbindungsmaßnahmen differenziert werden, die durch weitere Aktivitäten, etwa im Rahmen der Presse- und Öffentlichkeitsarbeit, ergänzt werden können. Bei den im Folgenden beschriebenen Maßnahmen handelt es sich um eine beispielhafte Darstellung möglicher Aktivitäten.

Die **allgemeinen Servicemaßnahmen** dienen der Bindung aller Versicherten und Arbeitgeber. Zur Erreichung der Serviceziele können hier eine Vielzahl von Aktivitäten ergriffen werden, die den Kunden im Falle eines Leistungs- oder Beratungswunsches auf kompetentes und erreichbares Personal stoßen lässt. Dabei sollte der Service zur Zielerreichung laufend optimiert und die Qualität der Serviceleistung sichergestellt werden.

Zur Sicherstellung kompetenter Beratungen ist das Personal zur Teilnahme an **Schulungsmaßnahmen** zum professionellen Umgang mit Versicherten sowie zur kompetenten sozialversicherungsrechtlichen bzw. fachlichen Beratung möglichst zu verpflichten, denn jede Art des Kundenkontaktes vermag grundsätzlich die Bindung zu ermöglichen bzw. zu erhöhen.

Eine individuelle Kundenbeziehung lässt sich wirkungsvoll durch ein **flächendeckendes Servicestellennetz** aufbauen. Dies ermöglicht dem Kunden, seine Krankenkasse bei Bedarf persönlich aufzusuchen und sich individuell beraten zu lassen. Im Zuge der digitalen Transformation der Krankenkassen und sich verändernder Kundenbedürfnisse ist anzunehmen, dass sich die Bedeutung eines dichten Servicestellennetzes zukünftig weiter verändern wird und der persönliche Kontakt zunehmend eine Verlagerung in digitale Touchpoints nehmen wird (vgl. hierzu McKinsey 2019). Neben der Kundennähe vor Ort, sind im Hinblick auf den Service **kurze Bearbeitungszeiten** von Anfragen und Anträgen von entscheidender Bedeutung. Werden Leistungsanträge abgelehnt, sollte den Kunden auch aus Kundenbindungsgründen in einer persönlichen Beratung gezielt Alternativen im Rahmen der leistungsrechtlichen Möglichkeiten angeboten werden. Insbesondere bei schwer erkrankten Kunden bietet die Krankenkasse durch den persönlichen Kontakt Unterstützung und fungiert so als »Lotse«.

Bei den allgemeinen Servicemaßnahmen spielt die **Erreichbarkeit** eine herausragende Rolle. Hat ein Kunde ein Anliegen, möchte er dieses in der Regel in kürzester Zeit und ohne großen Aufwand geklärt wissen. Es ist im Rahmen der Anforderungsanalyse zu ermitteln, in welcher Zeit welche Versicherten auf welchem Weg mit ihrer Krankenkasse in Kontakt treten wollen. Das Ergebnis zeigt auf, anhand welcher Maßnahmen die Erreichbarkeit optimiert werden kann. So sollten Krankenkassen eine **Multi-Kanal-Kommunikation** vorsehen, sodass Kunden über mehrere Wege mit ihrer Krankenkasse aktiv in Kontakt treten oder auch Informationen beschaffen können. Becker et al. (2021) belegen, dass Versicherte die verschiedenen Kommunikationskanäle der Krankenkassen als optionale Kontaktmöglichkeiten je nach Anliegen nutzen. Eine Studie des Bundesverbandes Managed Care (2020) zeigt, dass am häufigsten die Kanäle Websites/Kundenportale genutzt werden, gefolgt von E-Mail und Telefon.

Möglichkeiten bestehen in **erweiterten Öffnungszeiten der Servicestellen**, der erweiterten Erreichbarkeit über **Callcenter** sowie dem weiteren ergänzenden Angebot über das **Internet**. Letzteres ermöglicht die Bereitstellung von Informationen »rund um die Uhr«, bei denen keine zusätzliche persönliche Kontaktaufnahme erforderlich ist.

Ein **Customer-Care-Center** mit 24-Stunden-Service an sieben Tagen in der Woche hat sich bereits durchgesetzt. Einen weiteren Service bieten die Krankenkassen im Rahmen von ärztlichen Beratungen mittels einer **Telefon-Hotline**. Hier informieren und beraten Ärzte sowie andere medizinische Fachleute ausführlich zu bestimmten Krankheiten oder Themen, wie Impfungen, und unterstützen die Kunden bei der Arztsuche und anderen Fragestellungen, beispielsweise zu Arzneimitteln oder zur Pflege. Dabei sind befristete Aktionen zu bestimmten Themen oder das dauerhafte Angebot einer kompetenten Beratung bei medizinischen Fragen möglich.

Bei sogenannten **Online-Geschäftsstellen** oder **Online-Portalen** können Kunden durch direkten Zugriff auf ihre Versichertendaten sofort, schnell, in jeder Lebenssituation und von jedem Ort der Welt aus selbstbestimmt Anliegen erledigen. Im Rahmen eines Self-Services werden Anträge zum Ausfüllen bzw. Downloaden bereitgestellt oder die Änderung von Adressdaten, die Anforderung von Beitragsbescheinigungen oder Auslandskrankenscheinen und vieles mehr ermöglicht. Online-Portale werden außerdem als mobile Version in Form von **Service Apps** (Anwendungen für Smartphones und Tablet-Computer) angeboten. Bei aufkommenden Fragen werden durch »Anfragen« oder in Form von Chatservices (Instant Messaging) den Versicherten schnelle bzw. minutengleiche Antworten geliefert. Zudem lassen sich in den Portalen bzw. Service-Apps Dokumente hochladen und Bearbeitungsstände von Anträgen oder andere Korrespondenz mit der Krankenkasse verfolgen. Über Online-Portale sollen Versicherte auch Daten ihrer elektronischen Patientenakte (ePA) verwalten können. Ziel ist es, den Versicherten ein Portal anzubieten, welches alle Services, Gesundheits- und Versorgungsanwendungen der Krankenkasse beinhaltet, auch solche, die in Kooperation mit anderen Partnern erfolgen. Diese digitalen Services werden heute bereits von vielen großen Krankenkassen angeboten und in Anbetracht veränderter Kundenbedürfnisse zukünftig einen wichtigen Differenzierungvorteil liefern (vgl. hierzu McKinsey 2020).

Weitere Kontaktflächen und Services lassen sich durch Unterstützung bei der **Krankenhauswahl**, der **Pflegeheimsuche** und der Unterstützung bei der Vereinbarung von **Facharztterminen** anbieten. Außerdem kann (muss) eine Krankenkasse im Falle von **Behandlungsfehlern** den Versicherten hilfreiche und häufig gewünschte Unterstützung bieten. Ein zusätzlicher Servicebereich, der aktuell und auch zukünftig weiter an Bedeutung gewinnen wird, ist das Angebot bzw. die Verfügbarkeit von

Apps. So können krankenkassenindividuelle **Gesundheitsapps**, wie Fitness Apps, die sich durch kundeneigene Wearables mit Daten füllen lassen, das digitale Serviceangebot erweitern. Auf Basis dieser Daten könnten, soweit die Zustimmung der Versicherten vorliegt, die Kundenbedürfnisse individuell ermittelt und ausgewählte Informations- und Beratungsangebote übermittelt werden. Es können auch Leistungsangebote, wie Präventions- und Bonusleistungen, eingebunden werden. Weitere Gesundheitsapps werden beispielsweise zum Thema Allergie oder als Begleiter für bestimmte Krankheitsbilder wie Diabetes angeboten.

Neben den erwähnten vielfältigen Services werden den Kunden **flexible Beratungszeiten** außerhalb der Servicestellen offeriert. Es wird davon ausgegangen, dass die Kundenbedürfnisse hinsichtlich der Erreichbarkeit nur erfüllt werden können, wenn auch außerhalb der üblichen Geschäftszeiten eine flexible und individuelle Beratung bei der/dem Versicherten zu Hause angeboten werden kann. Attraktiv ist dieses Angebot insbesondere für die Zielgruppenkundinnen und -kunden, die etwa aufgrund ihrer Berufstätigkeit oder durch die Pflege von Angehörigen nicht die Möglichkeit haben, sich in eine Beratungsstelle zu begeben.

Der Qualität des Kundenservices kommt dabei eine entscheidende Bedeutung zu. Ein erfolgreiches Kundenmanagement kann nur durch ein ergänzendes **Qualitätsmanagement** sichergestellt werden. Dieses unterstützt bei der Verbesserung der Dienstleistungsqualität und zielt auf einen kontinuierlichen Verbesserungsprozess. Zur Begleitung dieser Prozesse sollte eine Krankenkasse Servicestandards und Leitlinien formulieren, die die Ziele und Maßnahmen für das Personal nachlesbar dokumentieren. Formulierte Servicestandards beziehen sich dabei unter anderem auf den Telefonservice oder den persönlichen Kontakt mit Versicherten. So wird in den Krankenkassen etwa bei Telefonaten die Begrüßungsformel vorgeschrieben oder Richtlinien zur Schnelligkeit (Servicelevel-Agreements) der Beantwortung von Kundenanfragen formuliert. Danach sind beispielsweise Kundenanfragen per E-Mail oder Kontaktanfragen über die digitalen Services innerhalb weniger Stunden oder noch schneller zu beantworten.

Im Rahmen der besonderen Kundenbindungsmaßnahmen ist die Unterstützung durch ein professionelles **Beschwerdemanagement** unerlässlich (vgl. Töpfer 2020; Homburg 2020). Hier ermöglicht z. B. ein Beschwerde-Callcenter eine adäquate Kontaktmöglichkeit für Versicherte zur Krankenkasse. Das Beschwerde-Callcenter sollte dabei mit Mitarbeiterinnen und Mitarbeitern besetzt sein, die speziell für die Beschwerdebearbeitung geschult sind, Versicherte individuell betreuen und versuchen, trotz der naturgemäß nicht konfliktfreien Beschwerdesituation, einen positiven Eindruck zu hinterlassen. Durch diese Maßnahme kann etwa Kündigungen rechtzeitig entgegengewirkt werden. Die Analyse der Beschwerden gibt darüber hinaus Aufschluss über Verbesserungspotenziale bei den Leistungen der Krankenkasse.

Ein weiterer, in der Praxis jedoch nur von wenigen Krankenkassen angebotener Service kann durch **Repräsentantinnen/Repräsentanten** erfolgen, die in der Regel ehrenamtlich bei den Krankenkassen tätig sind und eine Art »Mittlerfunktion« zwischen den Krankenkassen und den Versicherten einnehmen, indem sie einfache Fragen beantworten und bestimmte Dienstleistungen (z. B. Informationsmaterialien, Anträge und deren Weiterleitung) direkt zur Verfügung stellen. Repräsentantinnen/Repräsentanten sind darüber hinaus häufig die erste Kontaktperson für Interessenten und deshalb nicht nur im Hinblick auf den Kundenservice, sondern auch für den Bereich der Kundenakquisition von entscheidender Bedeutung. Sie übernehmen die Betreuung der Versicherten einer Krankenkasse bei einem bestimmten Arbeitgeber (bei dem sie selbst beschäftigt sind) oder als studentische Beraterinnen und Berater an einer Universität. Sie stehen dabei ihren Kollegen und Kommilitonen mit Rat und Tat bezüglich ihrer Krankenversicherung zur Seite, schaffen einen persönlichen, kollegialen Kontakt und bilden so eine bedeutende Vertrauensbasis zwischen Krankenkasse und Versicherten.

Zur **Bindung der Arbeitgeber** sollte, neben einem guten, partnerschaftlichen Kontakt, ein besonderer Service angeboten werden. Hierzu werden die Firmen regelmäßig mit Fachinformationen und konkreten Hilfestellungen unterstützt, insbesondere, wenn es um die korrekte versicherungsrechtliche Beurteilung von Beschäftigungsverhältnissen, das Ausfüllen der notwendigen Meldevordrucke, die Durchführung des Meldeverfahrens oder die korrekte Beitragsberechnung geht. Es werden Broschüren zu den für die Arbeitgeber interessanten Themen sowie Arbeitgeberseminare zur korrekten sozialversicherungsrechtlichen Beurteilung von Beschäftigten angeboten. Ferner werden komprimierte Informationen für die schnelle Unterstützung bei der täglichen Arbeit von Personalabteilungen zur Verfügung gestellt. Auch Arbeitgeber erhalten durch das Internet den speziellen Service, sich »rund um die Uhr« Informationen und Formulare beschaffen zu können. Daneben werden Programme zur **betrieblichen Gesundheitsförderung** angeboten. Das Angebot kann von der Versorgung mit Informationsmaterialien, über die Durchführung einer Analyse der Arbeitsunfähigkeitssituation in Betrieben, bis zur Durchführung von Maßnahmen reichen, die auf die Reduzierung des Krankenstandes gerichtet sind.

Neben den Arbeitgebern könnten als sonstige Zielgruppe auch die **Leistungserbringer**, wie beispielsweise niedergelassene Ärztinnen und Ärzte, besondere Aufmerksamkeit erhalten. Wie oben skizziert, könnten Leistungserbringer eine Multiplikatorfunktion einnehmen und so eine wichtige Bedeutung im Kundenbindungsmanagement erlangen. Ist der Leistungserbringer mit den Leistungen einer Krankenkasse zufrieden, wirkt sich dies ggf. auch auf die Zufriedenheit des Versicherten selbst aus. Krankenkassen könnten hierzu ein gezieltes Informations- und Beratungsangebot für Leistungserbringer bereitstellen. Dies bietet sich beispielsweise bei gesetzlichen Veränderungen mit Relevanz auf die jeweilige Praxis der Leistungserbringergruppe an. Möglich wären hier auch eine gezielte Zusammenarbeit und Beziehungspflege mit den Kassen(zahn)ärztlichen Vereinigungen und anderen Vereinigungen der Leistungserbringer, auch wenn oder gerade weil hier häufig völlig unterschiedliche Interessen aufeinanderstoßen.

Neben den allgemeinen Servicemaßnahmen lassen sich gezielte Kundenbindungsmaßnahmen durch die Preis- und Leistungspolitik ergreifen. Im Bereich der **Preispolitik** wirken beispielsweise die nach § 53 SGB V angebotenen **Selbstbehalttarife** (§ 53 Abs. 1 SGB V) oder **Beitragsrückerstattungstarife** (§ 53 Abs. 2 SGB V) positiv auf die Kundenbindung. Bei bestimmten Personenkreisen könnte auch das Angebot von **Kostenerstattungstarifen** (§ 53 Abs. 4 SGB V) besondere Relevanz im Rahmen der Kundenbindung aufweisen. Krankenkassen können hierzu in ihren Satzungen individuelle Tarife regeln. Mit dem Abschluss eines Selbstbehalttarifes binden sich Versicherte schließlich durch Vertrag grundsätzlich für drei Jahre an die gewählte Krankenkasse; mit dem Abschluss eines Beitragsrückerstattungstarifes oder eines Kostenerstattungstarifes erfolgt eine Mindestbindungsfrist an die Kassenwahl für ein Jahr. Ein weiteres Kundenbindungsinstrument der Preispolitik gem. § 53 SGB V ist die Gewährung einer **Zuzahlungsermäßigung** bei der Teilnahme der Versicherten an besonderen Versorgungsformen, wie beispielsweise der Hausarztzentrierten Versorgung nach § 73b SGB V oder der besonderen Versorgung nach § 140a SGB V. Anders als bei den Selbstbehaltstarifen und den Beitragsrückerstattungstarifen erfolgt hier keine Bindung an die Krankenkasse durch Vertrag. Der Anreiz bzw. die Bindung wird hier zum einen durch das Leistungsangebot selbst und zum anderen durch den damit verbundenen ökonomischen Vorteil geschaffen.

Ein im weiteren Sinne auf den Beitrag eines Mitgliedes wirkendes Instrument ist die Auszahlung von Boni für gesundheitsbewusstes Verhalten nach § 65a SGB V. Die/der Versicherte kann durch Teilnahme an einem sog. **Bonusprogramm** und der Inanspruchnahme regelmäßiger Früherkennungsuntersuchungen von Krankheiten, durch primäre Prävention (wie beispielsweise Ernährungskurse oder Präventionskurse im Bereich der Bewegung und der Stressbewältigung) oder durch Maßnahmen der betrieblichen Gesundheitsförderung des Arbeitgebers von ihrer/seiner Krankenkasse durch die Zahlung eines kassenindividuellen monetären Bonus belohnt werden.

Im Bereich der **Leistungspolitik** lässt sich die Kundenbindung insbesondere durch die gezielte Ausschöpfung des Leistungsspielraumes im Rahmen der **Satzungs- oder Ermessensleistungen** und durch krankenkassenindividuelle **Selektivverträge,** wie der **Hausarztzentrierten Versorgung** (§ 73b SGB V) oder der **besonderen Versorgung** (§ 140a SGB V), wie beispielsweise der **Integrierten Versorgung,** oder der **Disease-Management-Programme** (§ 137f SGB V), erzielen. Auch im Versorgungsbereich werden zunehmend digitale Angebote von den Krankenkassen entwickelt, wie beispielsweise bei Schmerzen, Rückenleiden oder psychischen Erkrankungen.

Unter Berücksichtigung der definierten Zielgruppe einer Krankenkasse und ihrer Kundenbindungsziele sollte schließlich Spielraum bei der Gewährung von Satzungsleistungen analysiert und individuell ausgenutzt werden. Hat eine Krankenkasse beispielsweise zum Ziel, junge Familien zu binden, so besteht die Möglichkeit, im Bereich der **Haushaltshilfe** nach § 38 SGB V durch eine zusätzliche Satzungsregelung den Leistungsanspruch zu erweitern. Eine weitere sinnvolle Maßnahme zur Bindung einer bestimmten Kundengruppe könnte beispielsweise die Durchführung von **Modellvorhaben** gem. § 63 Abs. 2 SGB V darstellen. Weitere Satzungsleistungen könnten etwa auch im Rahmen einer Kostenbeteiligung an **Reiseschutzimpfungen** oder an **Naturheilverfahren wie Osteopathie** erfolgen. Bei den zuletzt genannten, aber auch bei allen anderen Maßnahmen im Bereich der Leistungspolitik ist festzustellen, dass diese erhebliche Auswirkungen auf die Leistungsausgaben einer Krankenkasse haben können und somit stets einer besonderen Prüfung bedürfen.

Eine an Bedeutung gewonnene Maßnahme der Kundenbindung im Rahmen der Leistungspolitik ist die Vermittlung des Angebotes von **Zusatzversicherungen** durch private Krankenversicherungen. Eine Marktanalyse zeigt, dass nahezu jede gesetzliche Krankenkasse in einer **Kooperation** mit einem privaten Krankenversicherer steht. Durch die Vermittlung der Zusatzversicherungen des Kooperationspartners, beispielsweise in den Bereichen der zahnärztlichen Versorgung, der ambulanten Versorgung oder der stationären Versorgung, wird die Krankenkasse häufig als Kostenträger mit breitem Leistungsportfolio wahrgenommen. Die Krankenkasse erwirkt beim Kooperationspartner für den eigenen versicherten Personenkreis in der Regel besondere Konditionen für den Abschluss einer Zusatzversicherung. So entfällt bei den Zusatzversicherungstarifen, die über eine Krankenkasse angeboten werden, häufig die Risikoprüfung des Versicherungsnehmers, oder es wird auf Wartezeiten bis zum Eintreten einer Leistungspflicht durch den privaten Krankenversicherer verzichtet. Eine Kooperation erhöht somit die Wechselbarrieren für einen Versicherten und eröffnet daneben weitere, auf die Kundenbindung wirkende Serviceleistungen, wie beispielsweise im Bereich der Zahnersatzversorgung die **Abrechnung aus einer Hand**. In diesem Fall reichen Versicherte bei Eintreten eines Leistungsfalles Rechnungen nur bei einem der Kostenträger ein (GKV oder PKV) und erhalten **eine** Erstattung des gesamten Leistungsbetrages. Die Kostenträger rechnen ihren Leistungsanteil schließlich »intern« ab. Die Versicherten erfahren dadurch eine wesentliche Erleichterung im Abrechnungsprocedere und damit einen besonderen bindungswirksamen Service.

Neben den beschriebenen allgemeinen Servicemaßnahmen sowie den preis- und leistungspolitischen Maßnahmen einer gesetzlichen Krankenkasse, werden **gezielte Kundenbindungsmaßnahmen** durchgeführt, die aufgrund ihrer Kostenintensität besonders auf eine zuvor definierte Zielgruppe zu beziehen sind. So lässt sich zur weiteren Selektion der Kunden für eine bestimmte Kundenbindungsmaßnahme die Zielgruppe nach ihrer Kündigungswahrscheinlichkeit gliedern. Danach werden insbesondere die Kunden in die Maßnahmen einbezogen, bei denen die Kündigungswahrscheinlichkeit am größten ist. Auch die Intensität der Maßnahmen lässt sich je nach Kündigungswahrscheinlichkeit differenzieren.

Maßnahmen zur gezielten Kundenbindung erfolgen beispielsweise im Rahmen von aktiven Telefonaten, Mailings und E-Mails. **Aktive Telefonate** sind von den drei genannten die persönlichste und am stärksten wirkende Form der Kundenbindung, gleichzeitig ist es aber auch die mit dem höchsten Ressourceneinsatz. Die Maßnahme soll durch einen Dialog direkte Kundennähe schaffen. Versicherte müssen hierbei spüren, wie wertvoll sie für die Krankenkasse sind. Diese Telefonate sind in der Regel auf bestimmte Anlässe im Leben der Versicherten ausgerichtet (z. B. Ende des Studiums oder der Berufsausbildung, Einschulung, Gesundheitsuntersuchungen, Begrüßungsanruf von Neukunden, Geburt eines Kindes) und beinhalten echten Informationscharakter. Kundenbindungsmaßnahmen in Form von Telefonaten dienen auch zur Information über neue Produkte für bestimmte Kundengruppen, wie beispielsweise Modellprojekte der Krankenkasse.

Im Rahmen der gezielten Kundenbindungsmaßnahmen lassen sich außerdem in Form von **Mailings** ausgewählte Informationspakete an die bestimmten Zielgruppen versenden. Diese beinhalten Informationen über die medizinische Beratungshotline, gesunde Ernährung, Zähne, Stress, Fitness, Babys und viele andere Themen. Auch hier werden individuelle Anlässe der Versicherten als Anstoß genommen. So werden beispielsweise Eltern schriftlich an die erforderlichen Früherkennungs- und Vorsorgeuntersuchungen ihrer Kinder zu diversen Zeitpunkten erinnert, um einen Termin bei ihrem Kinderarzt zu vereinbaren. Außerdem werden Mailings zur Erinnerung an die jährlichen Zahnprophylaxeuntersuchungen oder an den Gesundheits-Check-up zur Früherkennung von Krankheiten versandt. Derartige Mailingprogramme verfolgen mehrere Ziele gleichzeitig: Die Kundinnen und Kunden werden auf wichtige Angebote ihrer Krankenkasse hingewiesen, bei denen es sich um Leistungen handelt, die erheblichen Einfluss auf die Gesundheit der Menschen haben können; gleichzeitig ergibt sich ein Kundenkontakt, der sich positiv auf die Kundenzufriedenheit und die Kundenbindung auswirken kann (beispielsweise bei den jungen und gesunden Versicherten).

Besondere Aufmerksamkeit im Rahmen der gezielten Kundenbindung sollten **Kündigungen** bzw. **Kündigungsandrohungen** erhalten. Zur Verhinderung der angedrohten Kündigungen muss die Krankenkasse eine umfassende und gezielte Haltearbeit einleiten. Hierzu sind persönliche Gespräche mit dem Kunden/der Kundin zu führen, in denen die Schwierigkeiten bzw. eine Beschwerdesituation aufgelöst werden können. In Fällen, in denen bereits eine Kündigung erfolgt ist, sind ebenfalls Gespräche zu führen, die zu einer Rücknahme der Kündigung führen sollen. Dabei werden die Kündigungsgründe genau erfasst und regelmäßig ausgewertet, um weiteren Kündigungen aus gleichen oder ähnlichen Gründen durch gezielte Maßnahmen entgegenwirken zu können.

Im Rahmen der **Presse- und Öffentlichkeitsarbeit** einer Krankenkasse kann ebenfalls positiv auf die Kundenbindung eingewirkt werden. Versicherten wird so eine regelmäßig erscheinende Kundenzeitschrift (ggf. auf unterschiedliche Zielgruppen zugeschnitten) angeboten, in der Informationen über Aktivitäten der Krankenkasse enthalten sind sowie auf allgemeine und spezielle Angebote und Rechte aufmerksam gemacht wird. Die Versicherten erhalten diese Zeitschrift häufig vierteljährlich direkt ins Haus. Zur Ansprache junger oder zu bestimmten Berufsgruppen zugehöriger Personen kann die Krankenkasse auf Messen, an Universitäten oder in Schulen Präsenz zeigen. An Universitäten bietet sich die Kontaktpflege zu studentischen Organisationen, wie dem AStA, Fachschaften oder der Pressestelle, an; außerdem können Anzeigen in Studierendenzeitschriften geschaltet werden. Auch das **Markenmanagement** einer Krankenkasse sowie im Ergebnis die Marke und das Image der Krankenkasse spielen eine entscheidende Rolle bei einer erfolgreichen Kundenbindung.

Das Kundenbindungsmanagement ist schließlich durch eine geeignete **Software** zu unterstützen, bei der der Kontaktübersicht eine wichtige Bedeutung zukommt. Sie ist das Kernstück und liefert schließlich die im Kundenbindungsmanagement dringend erforderliche Transparenz über die vielseitigen Kontakte zwischen Versicherten und Krankenkasse.

Erst die zusammengestellten Daten über alle Kundenkontakte ermöglichen ein effektives und effizientes Kundenbindungsmanagement. Daneben sollte die Software bei der Planung und Durchführung der gezielten Kundenbindungsmaßnahmen unterstützen. Hierzu ist die Suche bzw. Auswahl nach einzelnen Zielgruppen, wie Mitgliedern, Familienversicherten, Interessenten, Studenten etc., nötig. Weitere Unterstützung soll die Software beim Beschwerdemanagement liefern. Die erfassten Beschwerdedaten sollen ausgewertet und durch maschinelle Verknüpfungen auch bei der Planung und Durchführung der gezielten Kundenbindungsmaßnahmen berücksichtigt werden können.

Die Ergebnisse der Maßnahmen gilt es schließlich, im Rahmen eines **Controllings** zu überprüfen und zu steuern (vgl. Zerres 2021). Es werden die Effizienz und die Effektivität der Maßnahmen gemessen. Fehlgeschlagene oder weniger erfolgreiche Maßnahmen können angepasst und bei zukünftigen Aktivitäten zielgerichteter eingesetzt werden. Die Erfolgsmessung der Maßnahmen kann durch direktes Kundenfeedback erfolgen. Hierzu werden beispielsweise die Beschwerdedaten ausgewertet oder Kundenzufriedenheitsanalysen durchgeführt. Die Erfolgsmessung der gezielten Kundenbindungsmaßnahmen erfolgt ebenfalls durch direkte Nachfrage der Akzeptanz der Maßnahmen bei Kundinnen und Kunden. Daneben lässt sich der Erfolg durch die Erhebung der Responsequote oder durch einen Vergleich der Abwanderungsquoten der Kunden, die in die Maßnahmen einbezogen wurden sowie derer, die keine Mailings erhalten haben, messen.

Krankenkassen lassen die Servicezufriedenheitswerte der Bestandskunden auch durch beauftragte Institute kontinuierlich und systematisch erheben. Ein Vergleich der Messwerte aus den Vorperioden und der Mitbewerber zeigt dabei den Erfolg der ergriffenen Maßnahmen. Bei der Analyse werden die Versicherten beispielsweise über das Personal, das Beratungsumfeld und die Organisation befragt. Die Versicherten werden zur Freundlichkeit und Aufmerksamkeit des Personals, deren Empathie und Eingehen auf die Kundenwünsche, der Fachkompetenz und zur Zuverlässigkeit dessen Aussagen befragt. Zum Beratungsumfeld werden Fragen zur Wartezeit in der Geschäftsstelle sowie zur Gesprächsatmosphäre während der Beratung gestellt. Organisationsfragen beziehen sich auf die Flexibilität und Schnelligkeit der Bearbeitung, die Erreichbarkeit, die Gestaltung der Schreiben und Medien sowie die Öffnungszeiten.

Möglichkeiten von Social Media für das Kundenmanagement von Krankenversicherungen

Bedingt durch das sich wandelnde Kommunikations- und Informationsverhalten der Kunden sowie entsprechend veränderten Interaktionsanforderungen gewinnen **Social Media** eine immer wichtigere Rolle für das Kundenmanagement von Krankenversicherern (vgl. o.V. 2016). Allerdings stehen Krankenversicherer aufgrund der rechtlichen Rahmenbedingungen und der spezifischen Eigenschaften der Leistungen vor großen Herausforderungen. Mittlerweile nutzen insbesondere die großen Unternehmen sehr aktiv Social-Media-Kanäle (vgl. Petersohn 2020; Research Tools und VICO Research & Consulting GmbH 2020). Gleichzeitig sind Social-Media-Nutzer gerade bei Krankenversicherungen bezüglich der Interaktion noch vergleichsweise zurückhaltend und nutzen diese vor allem zur Informationsbeschaffung (vgl. McKinsey 2020; Gothaer Konzern 2016).

Neben den Informationen, die eine Krankenversicherung in den verschiedenen Social-Media-Plattformen selbst bereitstellt, sind es insbesondere Meinungen und Bewertungen anderer Nutzer, die im Rahmen der Informationssuche und -bewertung (potenzieller) Kunden zum Tragen kommen. Trotz der beschriebenen Zurückhaltung der Nutzer stellen die unterschiedlichen Social-Media-Plattformen wichtige Interaktionskanäle dar, wobei dies gerade für jüngere Nutzer gilt. Immer häufiger werden Social-Media-Kanäle genutzt, um mit Unternehmen in Kontakt zu treten, etwa um Fragen zu einer bestimmten Leistung zu stellen. Für eine erfolgreiche Gestaltung des Kundendialoges ist ein Verständnis der Customer Journey notwendig (vgl. Carlsen et al. 2019).

Ergänzend zu den bereits oben skizzierten Möglichkeiten der Interaktion und der Bereitstellung von Informationen, bieten Social Media Krankenversicherungen die Möglichkeit, Informationen über Kunden bzw. Interessierte zu sammeln.

Social Media lassen sich aus Sicht der Krankenversicherer dabei u. a. für folgende **Ziele** einsetzen (PwC 2011; Zerres 2020):

- Kundenbindung und Service,
- Vertrieb,
- Marktforschung und
- Personalrecruitment.

Darüber hinaus können Social Media für die Steigerung des Images, der Bekanntheit und für das Markenmanagement eingesetzt werden.

Im Zusammenhang mit dem Erreichen einer Kundenbindung nimmt das **Social-CRM** eine herausragende Rolle ein (vgl. Zerres 2018). Social-CRM kann als eine Erweiterung des klassischen CRM verstanden werden. Dabei wird dieses um Social-Media-Elemente erweitert (vgl. Trainor et al. 2014). Im Kern umfasst Social-CRM einerseits die Kommunikation und Interaktion in den verschiedenen Social-Media-Plattformen, also etwa in Form des Angebotes eines Kundenservices; andererseits gilt es, Daten und damit Informationen aus Social Media zu sammeln und zu verwerten. Wie die nachfolgenden Ziele und Aufgabenbereiche eines Social-CRM deutlich machen, kann dies für alle Phasen einer Kundenbeziehung (Kundenlebenszyklus) eingesetzt werden, also zur Kundengewinnung, Kundenbindung sowie zur Kundenrückgewinnung (Greve 2011; Alt und Reinhold 2016):

- Beobachten (Sammlung von Informationen über Kunden und Nutzer),
- Anreizen (Initiierung von Mundpropaganda),
- Beteiligen (Verbesserung von Produkten und Dienstleistungen durch das Einbeziehen von Kunden in den Produktentwicklungsprozess),
- Kommunizieren (Beteiligung an Onlinekonversationen) sowie
- Unterstützen (Unterstützung der Kunden in der Informations-, Kauf- und Nachkaufphase).

Der Aufbau bzw. die Interaktion eines Social-CRM kann es Krankenversicherern somit ermöglichen, Kundenbeziehungen aufzubauen wie auch bestehende Kundenbeziehungen zu pflegen. Basis hierfür sind Informationen über (potenzielle) Kunden, die in den Social-Media-Kanälen gesammelt und ausgewertet werden. Eine große Herausforderung besteht hier vor allem in einer sinnvollen Verknüpfung der Daten aus dem klassischen CRM-System und den Informationen aus dem Social-CRM (Schoeneberg et al. 2016). Gerade Krankenversicherer verfügen über sehr große Mengen an Daten in ihren CRM-Systemen. Im Gegensatz zu den Daten aus Social Media handelt es sich hierbei allerdings meist um bereits strukturierte Daten, die nun mit den häufig unstrukturierten Daten aus Social Media verknüpft werden müssen (Malthouse et al. 2013).

Ein weiterer wichtiger Aspekt ist gerade bei Krankenversicherern der **Datenschutz**, da es sich in der Regel um sensible Informationen handelt, die nur unter bestimmten Bedingungen erhoben bzw. kommuniziert werden dürfen (vgl. Zerres und Zerres 2018).

Gerade im Hinblick auf das Erreichen einer Kundenbindung kommt dem Service- bzw. Beschwerdemanagement eine bedeutende Rolle zu. Ein derartiges Servicemanagement kann grundsätzlich über einen eigens hierfür eingerichteten Kanal geschehen, wie etwa Allianzhilft bei Twitter (vgl. https://twitter.com/allianzhilft).

Eine weitere Möglichkeit besteht darin, Serviceleistungen in Social-Media-Kanälen anzubieten, die eigentlich für die Markenkommunikation eingesetzt werden. Als Erfolgsfaktoren haben sich hier im Wesentlichen schnelle Reaktionszeiten, ein angemessener und der Plattform gerechter Kommunikationsstil, gut geschultes Personal und ein professionelles (IT-)System zur Bearbeitung der Anfragen herauskristallisiert.

Das hier skizzierte Social-CRM setzt eine dynamische und flexible (Organisations- bzw. Abteilungs-)Struktur voraus, um etwa auf Technologie- oder andere Trendänderungen reagieren zu können. Ähnlich wie dies auch für ein Social-Media-Engagement allgemein gilt, muss auch für ein Social-CRM eine klar

3

definierte Strategie vorliegen und eine entsprechende Abstimmung mit den weiteren Marketing-Maßnahmen erfolgen.

Zusammenfassung und Ausblick

Die gesetzlichen Krankenkassen sehen sich großen wettbewerblichen Herausforderungen gegenüber. Dabei wurde der Wettbewerb durch verschiedene, vom Gesetzgeber eingeführte wettbewerbsrelevante Instrumentarien in den vergangenen Jahren gefördert. Die Versichertenwanderungen zeigen deutlich das Erfordernis der Ausrichtung der gesetzlichen Krankenkassen auf ihre Kunden, die Versicherten, auf. Damit erhalten Maßnahmen des Kundenmanagements herausragende strategische und für die Krankenkassen existenzielle Bedeutung.

Den Krankenkassen stehen im Kontext des Kundenbeziehungs- bzw. Kundenbindungsmanagements, speziell im Hinblick auf die Preis- und Leistungspolitik und einen adäquaten Service, eine Vielzahl von Maßnahmen zur Auswahl (◘ Tab. 3.1). Die Basis für diese Maßnahmen bilden der rechtliche und struktuelle Rahmen der gesetzlichen Krankenversicherung.

Die Wahl der zu ergreifenden Maßnahmen sollte auf Basis eines strukturierten und gezielt geplanten Prozesses erfolgen. Im Rahmen einer Stategie zum Kundenbeziehungs- bzw. Kundenbindungsmanagement sollten das Bezugsobjekt, die Zielgruppe und schließlich die Art sowie die Instrumente der Kundenbindung festgelegt werden. Ausgangsbasis für die Entwicklung einer Kundenbindungsstrategie sollten die grundsätzliche strategische Stoßrichtung und Ausrichtung der jeweiligen Krankenkasse sein. Zur regelmäßigen Überprüfung der Strategie erhält auch ein flankierendes Controlling der Maßnahmen wichtige Bedeutung. Im Weiteren ist bei der Wahl der Maßnahmen zu berücksichtigen, dass diese unterschiedlich starke Wirkung auf die Kundenbindung entfalten (in Abhängigkeit der Zielgruppe oder der Maßnahme selbst) und zudem unterschiedlich hohe Kosten verursachen können. So sollte die Wahl immer unter einer Kosten-Nutzen-Relation betrachtet werden. Besondere Bedeutung für die Kundenbindung kann dem Zusatzbeitrag beigemessen werden. Die Maßnahmen der Leistungs- und Servicepolitik können gegenüber dem Zusatzbeitrag ausgleichend wirken oder erhalten dann Relevanz, wenn die Höhe der erhobenen Zusatzbeiträge der Krankenkassen nur gering voneinander abweichen.

◘ **Tab. 3.1** Möglichkeiten des Kundenbeziehungs- bzw. Kundenbindungsmanagements

Maßnahme	Beispiele
Allgemeine Servicemaßnahmen	Personal schulen; flächendeckendes Servicestellennetz; Customer-Care-Center; Beratungen bei Versicherten zu Hause; Hotline für medizinische Fragen; Internetpräsenz; Online-Geschäftsstellen/Online-Portal; Service-App; kurze Bearbeitungszeiten; Erreichbarkeit; Multi-Kanal-Kommunikation; Gesundheits-Apps; Extra-Services wie Unterstützung bei der Krankenhauswahl, der Pflegeheimsuche oder der Vereinbarung von Facharztterminen; Repräsentanten; Services für Arbeitgeber; Service für Leistungserbringer; Qualitäts- und Beschwerdemanagement ausbauen; Digitalisierung der Prozesse
Preis- und Leistungspolitik	Selbstbehaltstarife; Beitragsrückerstattungstarife; Kostenerstattungtarife; Zahlungsermäßigungen; Bonusprogramm; Zielgruppenspezifische Satzungs- und Ermessensleistungen; Selektivverträge; Vermittlung von Zusatzversicherungen; Unterstützung der Arbeitgeber bei betrieblicher Gesundheitförderung
Gezielte Kundenbindungsmaßnahmen	Aktive Telefonate; Mailings; Kundenhalte-Gespräche; Befragungen; Social-CRM
Presse- und Öffentlichkeitsarbeit	Kundenzeitschriften; Teilnahme an Messen; Öffentlichkeitsarbeit in Schulen und Universitäten; Social Media
Ausbau und Nutzung des Controllings	Gezielte Softwarenutzung; Kundenzufriedenheitsanalysen; Erfolgsmessungen

Besonderer Fokus sollte zukünftig auf digitalen Angeboten und Services liegen. Marktstudien belegen zwar, dass die Nutzung digitaler Services von Krankeversicherungen, die analogen bzw. konventionellen noch nicht »überholt« hat (vgl. BMC 2020), hier ist jedoch mit einer Akzeptanz- und Erwartungszunahme seitens der Versicherten zu rechnen. Andere Serviceindustrien sind bereits deutlich weiter. So bleiben Krankenversicherungen aktuell bezüglich des Angebotes digitaler Services hinter Banken, Stromanbietern oder Mobilfunkanbietern zurück (vgl. McKinsey 2019). Die rasanten Entwicklungen der vergangenen Jahre zeigen jedoch, dass die Krankenversicherungen diese Lücke zunehmend schließen werden.

Hinsichtlich der digitalen Services werden zukünftig voraussichtlich Plattform-Lösungen, die das Ökosystem der Krankenversicherungen abbilden, an Bedeutung zunehmen. Plattformen sollen alle Leistungen der gesundheitlichen Versorgung aller Akteure bündeln und die Versicherten während des gesamten Versorgungsprozesses über alle Sektoren und über alle Endgeräte hinweg begleiten. Bereits heute lässt sich ein Bedarf nach einer derartigen Lösung feststellen (vgl. Becker et al. 2021). Das sektorenübergreifene Management der Kundenbedürfnisse sollte somit zunehmend in den Blick genommen werden.

Die im Rahmen des Customer Relationship Managements und des Customer Expierence Managements vorgesehene, umfassende und ganzheitliche Ausrichtung auf die Kundenbedürfnisse wird zukünftig und mit fortschreitender Digitalisierung weiterhin an Relevanz gewinnen. Mit der Zunahme digitaler Services werden sich jedoch neue Herausforderungen zeigen. So sollten insbesondere auch soziale Aspekte in den Blick genommen werden und vor allem älteren und erkrankten Personen auch in der »digitalen Welt« ein leichter Zugang zur Versorgung und den Services ihrer Krankenkasse ermöglicht werden. Den Krankenkassen, denen es gelingt, analoge und digitale Leistungen und Services bedarfsgerecht und kundenorientiert zu gestalten sowie allen Versichertengruppen zugänglich zu machen, werden im Wettbewerb bestehen und ihrem gesetzlichen Auftrag gerecht werden können.

3.3 Kundenmanagement in Krankenhäusern

Vera Winter, Stefan Ingerfurth, Bernd Helmig

3.3.1 Gesetzliche und strukturelle Rahmenbedingungen

Strukturelle Rahmenbedingungen für das Kundenmanagement im Krankenhaussektor

Das deutsche Gesundheitswesen befindet sich in einem stetigen Veränderungsprozess. Ein allgemeiner Anstieg der Lebenserwartung und immer fortschrittlichere, aber auch teurere medizinische Behandlungsmöglichkeiten und Arzneimittel setzen das auf dem Solidarprinzip basierende Gesundheitssystem unter Druck. Das Krankenhauswesen, das den größten Kostenblock im Gesundheitssystem ausmacht, ist in nahezu allen westlichen Industrienationen mittlerweile einem sich verschärfenden Wettbewerb ausgesetzt. Der Wettbewerbsgedanke wurde insbesondere durch die Einführung des Diagnosis-Related Groups-Systems (DRG-System) im Jahr 2004 – ein Fallpauschalensystem zur Vergütung stationärer Leistungen – verstärkt. Dies führte zu Verdrängungen und Fusionen auf dem Krankenhausmarkt. So sank die Anzahl an Krankenhäusern in Deutschland im Zeitraum zwischen 2000 und 2018 um 317 Krankenhäuser, was einer prozentualen Verringerung um 14 % entspricht (Statistisches Bundesamt 2020).

Die verbleibenden Krankenhäuser konkurrieren um Patientinnen und Patienten, da nur durch hohe Fallzahlen genügend Erlöse generiert werden können, um die laufenden und größtenteils fix anfallenden Kosten zu decken. Dabei treten nicht nur andere stationäre Leistungserbringer als Konkurrenten auf; seit der Jahrhundertwende streben einige Reformbemühungen (z. B. im Rahmen des GKV-Modernisierungsgesetz 2000, 2003; GKV-Wettbewerbsstärkungsgesetz 2007; GKV-Versorgungsstrukturgesetz 2012; GKV-Versorgungsstärkungsgesetz 2015) eine stärkere Verzahnung von ambulantem und stationärem Sektor bzw. eine Verlagerung der Leistungserbringung in den ambulanten Bereich an, sodass Krankenhäuser auch mit ambulanten Leistungserbringern im Wettbewerb um Patientinnen und Patienten stehen.

Der stärkere Wettbewerb um Patientinnen und Patienten wird begleitet von Bemühungen, den Patientinnen und Patienten Entscheidungshilfen für eine leistungsorientierte Krankenhauswahl zu geben. Eines der entscheidenden Ziele der Gesundheitsreform 2007 (GKV-Wettbewerbsstärkungsgesetz 2007) war die Ausweitung der Wahl- und Entscheidungsmöglichkeiten der Versicherten. Im Jahr 2013 trat das »Patientenrechtegesetz« in Kraft, welches die Rechte und Pflichten der Patientinnen und Patienten im Behandlungsverhältnis regelt (Gesetz zur Verbesserung der Rechte von Patientinnen und Patienten 2013). Es basiert auf der Prämisse, dass effektiver Wettbewerb innerhalb des Gesundheitswesens nur funktioniert, wenn mündige Patientinnen und Patienten die Leistungserstellung kritisch hinterfragen und hohe Qualität einfordern (Bundesministerium für Gesundheit 2012). Diese Entwicklungen zeigen den Wandel hin zu mehr Einflussnahme der Patientinnen und Patienten auf, die sich zunehmend nicht nur als passive Empfänger von Gesundheitsdienstleistungen sehen, sondern als aktive Entscheidende in den Gesundheitsleistungserstellungsprozess eingreifen (Brandstädter und Camphausen 2019; Ernst et al. 2014). Bestrebungen, die Gesundheitskompetenz von Individuen zu steigern, d. h. die Fähigkeit, Gesundheitsinformationen zu verstehen und entsprechend aufgeklärt im medizinischen Versorgungssystem zu handeln, wirken sich ebenso auf die Bewertung sowie Auswahl von Angeboten und Leistungserbringern aus (Abel und Sommerhalder 2015; Schaeffer et al. 2016).

In den letzten Jahren ist zudem eine Entwicklung zu besser informierten Patientinnen und Patienten zu beobachten. Verschiedene Informationsquellen sind entstanden und gewinnen weiterhin an Bedeutung. Mithilfe des Internets können sich Patientinnen und Patienten zum einen grundsätzlich und unabhängig von Ärztinnen und Ärzten über Krankheiten und Behandlungsmöglichkeiten informieren. Zum anderen ergibt sich auf Basis verschiedender Informationsquellen eine **steigende Transparenz und Vergleichbarkeit** der Leistungserbringung in Krankenhäusern. Seit 2005 sind Krankenhäuser beispielsweise gesetzlich dazu verpflichtet, Qualitätsberichte zu veröffentlichen, welche einen Überblick über die Strukturen und Leistungen geben. Sie enthalten u. a. Angaben zum Diagnose- und Behandlungsspektrum, zur Häufigkeit einer Behandlung, zur Personalausstattung und Anzahl der Komplikationen sowie zur Barrierefreiheit. Der gemeinsame Bundesausschuss (G-BA) legt im Auftrag des Gesetzgebers fest, welche Informationen Qualitätsberichte enthalten und wie sie gegliedert und bereitgestellt werden müssen (§ 136b Abs. 1 Nr. 3 SGB V). Dass die Qualitätsberichte für Patientinnen und Patienten nützlich sein sollen, unterstreicht auch das Krankenhaus-Strukturreform Gesetz (2016), in dem u. a. festgelegt wurde, dass die Qualitätsberichte der Krankenhäuser patientenfreundlicher gestaltet werden müssen. Bislang ist die direkte Nutzung der Qualitätsberichte durch Patientinnen und Patienten allerdings wenig erfolgreich: Nur wenigen Menschen sind die Qualitätsberichte bekannt, und noch weniger nutzen sie in ihrer Entscheidung für einen Leistungserbringer (de Cruppé und Geraedts 2017; Messer und Reilley 2015; Raab et al. 2020)

Eine weitere Informationsquelle für die Patientinnen und Patienten ist die Weisse Liste (www.weisse-liste.de). Das Portal ist ein gemeinsames Projekt der Bertelsmann Stiftung und der Dachverbände der größten Patienten- und Verbraucherorganisationen. Es greift Informationen aus den Qualitätsberichtsdaten der Krankenhäuser auf und ergänzt diese mit Eigenangaben der Krankenhäuser und Bewertungen der Patientenzufriedenheit mithilfe eines einheitlichen Befragungsinstruments, dem Patients' Experience Questionnaire (PEQ), der für die »Weisse Liste« entwickelt wurde (Geraedts und de Cruppé 2011). Anders als die originären Qualitätsberichte erfreut sich die Weisse Liste seit Jahren wachsender Beliebtheit, auch da hier patientenrelevanten Qualitätskriterien verständlich und einfach zugänglich dargestellt werden (Pross et al. 2017). So konnte sie 2015 2750 tägliche Nutzende und eine jährliche Wachstumsrate zwischen 2013 und 2015 von fast 40 % aufweisen (Pross et al. 2017).

Krankenhaus-Suchmaschinen – z. B. auf den Internetseiten der gesetzlichen Krankenkassen – greifen u. a. sowohl auf die Informationen aus den Qualitätsberichten als auch auf die des PEQ zurück. Inzwischen steht Patientinnen und Patienten eine Vielzahl verschiedener Portale zur Verfügung, die sich in ihrer Ausrichtung und in den bereitgestellten Informationen unterscheiden (Emmert et al. 2016). Gemein ist allen, dass sie es Patientinnen und Patienten ermöglichen, Kliniken gezielt nach bestimmten Informationen auszuwählen und miteinander zu vergleichen. Schließlich kann noch die Informationsquelle der Krankenhausbewertungsportale genannt werden. Die Bedeutung und Verbreitung dieser Klinikbewertungsportale, auf denen Patientinnen und Patienten oder Angehörige über ihre Krankenhauserfahrungen berichten (elektronische Mund-zu-Mund-Propaganda, z. B. www.klinikbewertungen.de), steigt kontinuierlich (Drevs und Hinz 2014; Link und Baumann 2020). Gleiches gilt für Bewertungen auf Social-Media-Portalen, wie z. B. Facebook (Emmert et al. 2020). Durch alle Informationsquellen steigen insgesamt die Möglichkeiten für Patientinnen und Patienten, sich eine fundierte Meinung über einzelne Krankenhäuser zu bilden. Für Krankenhäuser ergibt sich daraus eine steigende Bedeutung, diese Entwicklungen zu berücksichtigen und entsprechend darauf zu reagieren.

Durch diese skizzierten Entwicklungen sieht sich der stationäre Sektor der Herausforderung gegenüber, sich am Markt zu orientieren, Marketing zu implementieren und zu betreiben (Hinz und Ingerfurth 2013; Helmig et al. 2014). Doch gerade im Krankenhaussektor zeigt sich, dass eine Orientierung am Markt bzw. am Kunden immer noch nicht selbstverständlich ist (Helmig et al. 2014; Oppel et al. 2017). Die **Kundenorientierung** wird im Allgemeinen als Teil der Marktorientierung einer Organisation verstanden, wobei im nicht-kommerziellen Bereich auch oft von Gesellschaftsorientierung gesprochen wird.

Der Begriff der Gesellschaft soll dabei weitergehen als eine reine Orientierung am Markt und umfasst die Orientierung an den verschiedenen Kunden- bzw. **Stakeholdergruppen** (Sargeant 2009). Als **Stakeholder** werden all diejenigen bezeichnet, die unmittelbar oder mittelbar durch die Aktivitäten der Organisation beeinflusst werden oder diese beeinflussen. Alternativ kann auch von einem »erweiterten Kundenbegriff« gesprochen werden (Helmig et al. 2009). Diesem Verständnis folgend werden Kundinnen/Kunden und Stakeholder in diesem Beitrag synonym verwendet. Wichtig ist es zu berücksichtigen, dass der Kundenbegriff + nicht nur + Leistungsempfänger umschließt, sondern dass im Krankenhausbereich weitere wichtige Kundengruppen existieren.

Um sich an diesen zu orientieren, müssen daher zunächst die verschiedenen **Kundengruppen** des Krankenhauses identifiziert und nachfolgend deren Wünsche (durch Marktforschung) erkannt und befriedigt werden. Als wichtigste Kundengruppen dürfen dabei neben den (aktuellen und potenziellen) Patientinnen und Patienten auch die für die Fallzahlen eines Krankenhauses wichtige Gatekeeper-Gruppe der einweisenden niedergelassenen Ärztinnen und Ärzte und zudem das Krankenhauspersonal gelten. Daneben gibt es weitere wichtige Anspruchsgruppen, zu denen u. a. die Krankenkassen bzw. -versicherungen, der Staat bzw. die allgemeine Öffentlichkeit oder rehabilitative Einrichtungen bzw. Anschlussheilbehandelnde (AHB) zählen (◘ Abb. 3.2).

Auf Grundlage der Stakeholder-Analyse können dann Strategien entwickelt werden, mit denen die relevantesten Kundengruppen gezielt angesprochen werden, um diese im Sinne eines Kundenmanagements für das Krankenhaus zu akquirieren, zufriedenzustellen und damit langfristig zu binden oder falls nötig auch wieder zurückzugewinnen (Lüthy und Buchmann 2009). Eine so erzielte hohe Kundenorientierung kann die Reputation verbessern und führt somit zu einer stärkeren Wettbewerbsposition, was im heutigen Verdrängungswettbewerb von großer Bedeutung für die Krankenhäuser ist. Die **Kundenorientierung** wird allgemein definiert als der Grad, zu

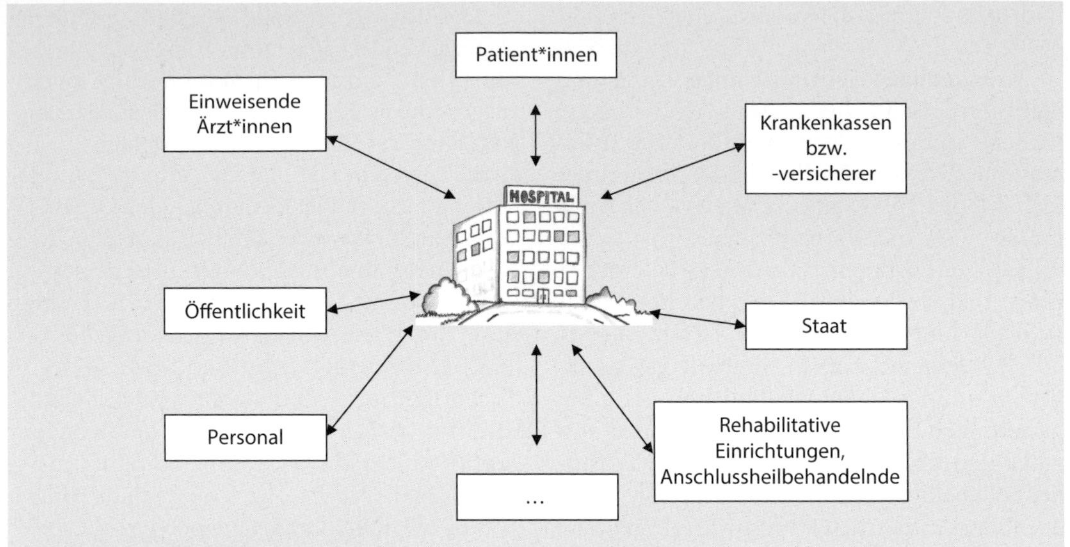

Abb. 3.2 Kundengruppen des Krankenhauses

dem die Organisation Bestrebungen zur Steigerung der langfristigen Kundenzufriedenheit unternimmt. Darunter fallen die Offenheit und der konstruktive Umgang mit Kundenfeedback, ein hohes Commitment, ein Marketingverständnis, das auf die Identifikation und Erfüllung von Kundenbedürfnissen abzielt und ein hoher Stellenwert der Produkt- bzw. Dienstleistungsqualität im Sinne des Kunden (Bruhn 2009; Herrmann und Huber 2009). Um eine hohe Kundenorientierung zu erzielen, ist ein systematisches **Kundenmanagement** unabdingbar, welches Kundenservice und Dienstleistungsqualität umfasst und das Bewusstsein über den Wert der Kundinnen und Kunden organisationsweit transportiert.

Organisationsstrukturelle (funktionale) Einbettung des Kundenmanagements

Das Kundenmanagement ist keine betriebswirtschaftliche Funktion an sich und somit nicht explizit innerhalb der Organisationsstruktur eines Krankenhauses in Form einer Abteilung oder einer Stabstelle verortet. Stattdessen kann es als eine funktions- und abteilungsübergreifende Aufgabe angesehen werden. Beteiligte Abteilungen bzw. Funktionen sind u. a. das Marketing, das Qualitätsmanagement, das Personalmanagement, das Krankenhauscontrolling und das strategische Management. Deren jeweilige Rollen werden im Folgenden ausgeführt.

Einem modernen Verständnis von **Marketing** folgend, besteht das Hauptziel einer am Markt ausgerichteten Unternehmensführung in der optimalen Gestaltung von Kundenbeziehungen (Homburg 2017). Während in den Anfängen des Marketings der Fokus auf den Unternehmensaktivitäten und dem Transaktionsparadigma lag, erfuhr das Marketing später einen Wandel und wird heute als **beziehungsorientierter Ansatz** verstanden, der darauf abzielt, Wert zu kreieren und zu kommunizieren, Kundenbeziehungen zu steuern und die Bedürfnisse von Kunden sowie der Gesellschaft im Ganzen zu erfüllen (Helmig und Thaler 2010). Dieses neuere Verständnis zeigt auf, wie eng Marketing und Kundenmanagement verknüpft sind. Eine optimale Gestaltung der Kundenbeziehung umfasst dabei die Kundenakquisition, die Kundenbindung und die Kundenrückgewinnung. Einen guten Kundenservice sicherzustellen ist ebenso Bestandteil des Krankenhausmarketings. Dadurch wird die Bedeutung des Marketings für ein erfolgreiches Kundenmanagement ersichtlich.

Darüber hinaus beinhaltet das Kundenmanagement die Sicherstellung einer qualitativ hochwertigen Dienstleistungserbringung (► Abschn. 2.3). Die Krankenhausdienstleistung an den Patientinnen und Patienten stellt die Basis aller Geschäftsbeziehungen dar, sodass die Qualität der Dienstleistung das entscheidende Merkmal zur Initiierung, Stabilisierung und Intensivierung der Beziehungen zwischen Kunden und Krankenhaus ist. Somit kommt der Messung und Steuerung der Qualität der Krankenhausleistungen im Hinblick auf die Kundenbeziehung eine hohe Bedeutung zu (Oppel et al. 2017). Dies auch deshalb, weil rechtliche Reglementierungen v. a. preis- und kommunikationspolitischer Instrumente im Krankenhausbereich einen qualitätsorientierten statt preispolitschen Wettbewerb vorsehen (Bruckenberger et al. 2006; Willkomm und Braun 2019).

Gerade im Krankenhaus gilt es aufgrund des großteils fehlenden Preiswettbewerbes, eine maximale Dienstleistungsqualität bei gleichen Preisen zu leisten (Bruckenberger et al. 2006; Ingerfurth 2007). In diesem Zuge wird der Stellenwert des **Qualitätsmanagements** als betriebswirtschaftliche Funktion für das Kundenmanagement deutlich. Gleichzeitig ist aber eine objektive medizinische Qualitätsbeurteilung des Krankenhauses und seiner Behandlung durch die Patientinnen und Patienten als medizinische Laien kaum möglich. Dies bedeutet, dass subjektiv wahrgenommene qualitative Ersatzindikatoren für die Qualitätsbeurteilung eine hohe Bedeutung haben (Emmert et al. 2020; Raab et al. 2020). Insbesondere die Immaterialität von Dienstleistungen bringt es mit sich, dass emotionale Gesichtspunkte im Krankenhausbereich darüber entscheiden, ob eine Leistung überhaupt oder zum wiederholten Mal beansprucht wird. Solche gefühlsbetonten Aspekte, wie etwa das Vertrauen der Patientinnen und Patienten gegenüber dem Krankenhauspersonal, kommen in der Beziehungsqualität und der Patientenzufriedenheit deutlich zum Vorschein (Römer 2008; Oppel et al. 2017; Winter et al. 2019). Eine Möglichkeit, diese subjektiven Qualitätseindrücke einzufangen, liegt darin, gegenwärtliche patient reported outcome measures (PROMs) um so genannte patient reported experience measures (PREMs) zu erweitern (Rudolph et al. 2019). PREMs erfassen Dimensionen wie beispielsweise den Einbezug der Patientinnen und Patienten in ihre Behandlung, angebotene Hilfestellungen und das Gefühl, von Ärztinnen/Ärzten ernstgenommen zu werden. Auch wenn vieles auf eine hohe Relevanz dieser subjektiven Qualitätsmaße hindeutet, steckt die PREM-Forschung in Deutschland bislang noch in den Kinderschuhen (Rudolph et al. 2019).

Marketing und **Qualitätsmanagement** können somit als zwei distinkte Einheiten identifiziert werden, die für das Kundenmanagement elementar sind.

> Das Kundenmanagement sollte jedoch nicht isoliert in einzelnen Abteilungen betrachtet, sondern als eine organisationsweite und übergreifende Aufgabe angesehen werden, um eine hohe Kundenorientierung zu verankern.

Diese Aufgabe ist keine kurzfristige Maßnahme, sondern bedeutet eine strategische Ausrichtung an den Kunden. Als Teil des **strategischen Managements** müssen die Kundenorientierung, entsprechende Werte sowie eine Organisationskultur mit Fokus auf Innovation und Proaktivität implementiert werden. So kann organisationsweit ein Bewusstsein für den Wert jeder einzelnen Kundin bzw. jedes einzelnen Kunden geschaffen werden. Die Dienstleistungserstellungsprozesse müssen an den Kundinnen und Kunden ausgerichtet werden. Aufgrund der Kundenintegration und des Uno-Actu-Prinzips (also des zeitlichen Zusammenfalls von Dienstleistungserstellung und -konsumtion) von Krankenhausdienstleistungen, sollte das Krankenhauspersonal, das in häufigem Kundenkontakt steht, dementsprechend geschult werden.

Somit wird auch das **Personalmanagement** vom Kundenmanagement tangiert (► Abschn. 5.3). Entscheidend sind neben einer ausreichenden quantitativen Ausstattung auch Fragen des Ausbildungsniveaus (z. B. Pflegekräfte mit dreijähriger Ausbildung), das Ausmaß der Beschäftigung von im Ausland

3

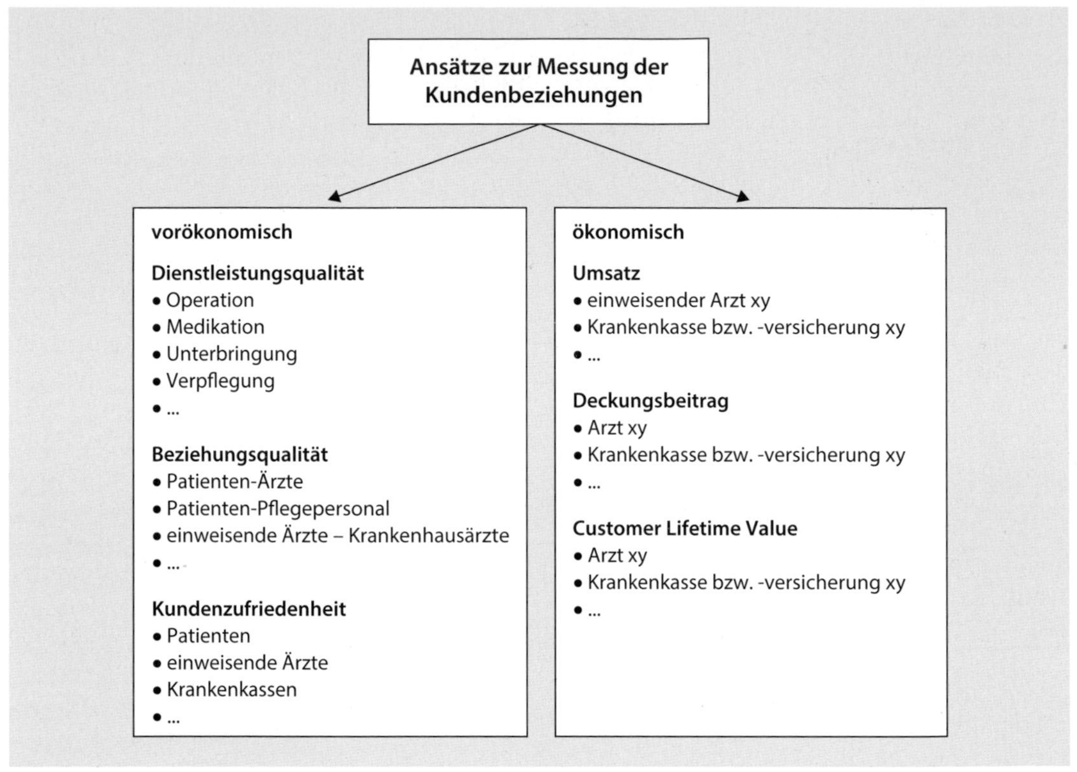

Abb. 3.3 Ansätze zur Messung der Kundenbeziehungen im Krankenhaus

rekrutiertem medizinischen Personal und von Zeitarbeitskräften. Zusätzlich ist es Aufgabe des Personalmanagements, durch strategische Personalmanagementmaßnahmen ein gutes Arbeits- und Teamklima, hohe Personalmotivation und das Bewusstsein für eine an den Bedürfnissen der Patientinnen und Patienten ausgerichtete Haltung zu fördern (Oppel et al. 2017).

Darüber hinaus bedarf ein systematisches Kundenmanagement der Durchführung von Kundenbeziehungsanalysen aus Sicht der Kundinnen und Kunden. Diese Perspektivenübernahme führt zur Generierung wichtiger Informationen und erlaubt ein »Sich-Hineindenken« in die Kundinnen und Kunden (Bruhn 2016). Um die für die Beziehungsanalysen benötigten Informationen zu erhalten, muss das **Krankenhauscontrolling** die entsprechenden Kennzahlen liefern (▶ Abschn. 6.3). Hierzu bieten sich neben ökonomischen v. a. auch vorökonomische Analysen an (◘ Abb. 3.3).

Im Rahmen der **vorökonomischen Kontrollen** können Maße wie Dienstleistungsqualität, Kundenzufriedenheit oder Beziehungsqualität ermittelt werden (Hinz und Ingerfurth 2013; Helmig et al. 2015). Zu den hierfür in Frage kommenden Verfahren gehören merkmalsorientierte sowie ereignis- und problemorientierte Ansätze. Bei ersterem Verfahren kann das Krankenhaus Kenntnis darüber erlangen, wie die Wahrnehmung der Kunden ihm gegenüber ist. Hierbei werden beim Kunden standardisierte Daten bezüglich der Merkmale einer Dienstleistung erhoben. Als typisches Beispiel seien hierbei schriftliche Fragebögen zur Zufriedenheitsmessung genannt, wie sie häufig auch im Hotelbereich verwendet werden. Ereignis- und problemorientierte Verfahren, wie z. B. die »**Critical Incident Technique**«, können im Krankenhausbereich aufgrund der intensiven Einbeziehung der Kunden in den Leistungserstellungsprozess ebenfalls wertvolle Erkenntnisse liefern. Hierbei werden die

Kundinnen und Kunden gebeten, kritische Ereignisse innerhalb der Beziehung zwischen Leistungsempfangenden und Leistungsanbietenden zu schildern, die ihnen im Gedächtnis geblieben sind (Gremler 2004; Meffert et al. 2018). Ebenso eignet sich das »**Patient Journey Mapping**« als ein Instrument zur Einbeziehung der Kundinnen und Kunden in den Wertschöpfungsprozess. Hierbei werden die Pfade, auf denen sich Patientinnen und Patienten von Diagnosestellung bis zum Versorgungsergebnis durch das Gesundheitssystem bewegen, aufgezeichnet und analysiert. Damit sind Patient Journey Maps ein weiterer Ansatzpunkt um Schnittstellenproblematiken und Ineffizienzen aus Kundensicht zu identifizieren (Wolf und Kunz-Braun 2020).

Als Kennzahlen innerhalb einer **ökonomischen Analyse** können Kundenumsätze, deren Deckungsbeiträge oder auch der »Customer Lifetime Value« (insbesondere für die Kundengruppe der einweisenden Ärztinnen/Ärzte und Krankenkassen) Verwendung finden (Bruhn 2016). Dabei sollte der »Customer Lifetime Value« zur Verwendung im Krankenhaus jedoch sehr großzügig interpretiert werden. So sollten hier neben den Zahlungsströmen insbesondere auch die Weiterempfehlungen und Einweisungen von Angehörigen durch zufriedene Kundinnen und Kunden in die Kenngröße integriert werden.

Gesetzliche Restriktionen für das Kundenmanagement in Krankenhäusern

Insbesondere hinsichtlich der Kundenakquisition eines Krankenhauses ist es unerlässlich, sich über die rechtlichen Rahmenbedingungen klar zu werden, innerhalb derer eine Kundenansprache möglich ist. Die grundlegenden Rahmenbedingungen werden durch das **Gesetz gegen unlauteren Wettbewerb (UWG)**, das **Heilmittelwerbegesetz (HWG)** sowie die **Musterberufsordnung für Ärzte (MBO-Ä)** vorgegeben. Bei der Anwendung dieser Regelungen muss unterschieden werden, wer der Absendende der Information ist. So können Informationen vom Krankenhaus als Institution kommen oder vom ärztlichen Personal einer bestimmten Abteilung des Krankenhauses. Diese Unterscheidung ist deshalb von Bedeutung, da das Krankenhaus als werbende Institution insbesondere das UWG sowie das HWG berücksichtigen muss, während das ärztliche Personal das ärztliche Berufsrecht einhalten muss.

Innerhalb des **UWG** werden, neben dem Verbot der irreführenden Werbung und der unzumutbaren Belästigung, auch die Vorschriften zur vergleichenden Werbung geregelt. Im Bereich des Gesundheitswesens gelten dabei generell strengere Maßstäbe bei der Auslegung des Begriffs der »Unlauterkeit«. Als Maßstab für die Anwendung der Generalnorm § 3 UWG gilt eine durchschnittliche fachunkundige Person. Daher gilt fast jede nach Außen gerichtete Handlung als Wettbewerbshandlung im Sinne des UWG.

Ziel des **HWG** ist es, einer Verleitung kranker Personen zur Selbstbehandlung vorzubeugen und irreführende Werbung zu unterbinden. Die Werbung außerhalb der Fachkreise ist durch § 11 HWG äußerst beschränkt. So existieren u. a. Verbote zur Werbung mit Gutachten, Zeugnissen und Fachartikeln, zur »ärztlichen Empfehlung«, zur Wiedergabe von Krankengeschichten, zur bildlichen Darstellung von Personen in Berufskleidung oder von Krankheitszuständen und/oder Vorher-Nachher-Vergleichen, zur Werbung mit Empfehlungsschreiben und zur Abgabe von Arzneimittelmustern/-proben. Insbesondere preispolitische Instrumente sind durch das HWG stark reglementiert. So ist Werbung mit Gutscheinen, Ermäßigungen sowie kostenfreien Zusatzleistungen durch das Verbot von Werbegaben (§ 7 HWG) unmöglich. Ebenso sind Preisausschreiben und Verlosungen verboten.

Generell gelten für ein Krankenhaus zunächst nur das HWG und das UWG. Die **MBO-Ä** dagegen regelt unmittelbar nur die Berufsausübung durch ärztliches Personal und wendet sich somit nicht unmittelbar an Träger von Gesundheitseinrichtungen. Aber ärztliches Personal darf gegen Regelungen der MBO-Ä verstoßende Werbung weder veranlassen noch dulden (§ 27 Abs. 2 MBO-Ä). Mittelbar können sich daher die werberechtlichen

3

Tab. 3.2 Zulässigkeit von Werbemaßnahmen

Verfahren	Tatbestand	Beschluss
BGH, ES-HWG § 3/ Nr. 86	Information über THX-Injektionen: »Hoffnung für Millionen auch bei sog. unheilbaren Krankheiten«	Unzulässig: irreführende Werbung
LG Berlin, ES-HWG § 3/Nr. 111	»Älter werden ohne zu altern, Sie haben es selbst in der Hand«	Unzulässig: irreführende Werbung
BGH, 21.07.2005 AZ: I ZR 94/05	Werbung für Ginseng-Präparat: »Die Chinesen glauben, daß Panax Ginseng C.A. Meyer Krebs bekämpfen kann, den Alterungsprozess verlangsamt, vor Herzinfarkt und vielen Zivilisationskrankheiten schützt.«	Unzulässig: irreführende Werbung
OLG Schl.Holst, Urt. v. 28.03.2006 AZ: 6 U 60/05	Werbung mit Qualitätssiegeln und Zertifizierungen	Zulässig, soweit fachmedizinischer Bezug vorhanden
OVG NRW, Beschluss v. 20.08.2007 AZ: 13 B 503/07	Werbung mit dem Begriff »Spezialist«	Zulässig, soweit Kenntnisse über den Facharzt hinausgehen
KG Berlin 22.02.2011 AZ: 5 U 87/09	Heilmittelwerbung: behaupteter Gewichtsvorteil von Diabetes-Medikament	Unzulässig: irreführende Werbung
KG Berlin, 02.06.2017 AZ: 5 U 196/16	Werbung über Kältetechnik zu Gewichtreduzierung: »Coolsculpting. Wir frieren Ihr Fett weg«	Unzulässig: irreführende Werbung

Regelungen auch auf den Einrichtungsträger auswirken. Die MBO postuliert insbesondere das Gebot der sachlichen berufsbezogenen Werbung, d. h. das Verbot der anpreisenden, irreführenden oder vergleichenden Werbung. Die Ankündigung und Angabe erworbener Qualifikationen und Tätigkeitsschwerpunkte ist zulässig, soweit eine Ausübung nicht nur gelegentlich erfolgt (§ 27 MBO).

Für die Gestaltung einer Krankenhaushomepage gelten neben den oben genannten Gesetzen weiterhin die im Internet generell verbindlichen Vorschriften des **Informations- und Kommunikationsdienste Gesetzes (IuKDG)** sowie des **Medienstaatsvertrags (MStV)**. Unabhängig von den wettbewerbskonformen Inhalten sind die Vorschriften des **Teledienstgesetzes (TDG)** und **Telemediengesetzes (TMG)** zu beachten.

Sofern ein Krankenhaus Informationen kommunizieren bzw. werben möchte, ergeben sich also je nach Absender (Krankenhaus als Institution vs. ärztlichem Personal der Klinik) wie auch nach Empfänger der Information (Personen innerhalb der Fachkreise, z. B. medizinischen Personal, vs. Personen außerhalb der Fachkreise, d. h. Öffentlichkeit/Patientinnen und Patienten) unterschiedliche rechtliche Restriktionen. Dennoch kommt es auf dem Gebiet der Krankenhauswerbung schon seit Beginn der 2000er-Jahre zu einer liberaleren Auslegung der Gesetze, wie u. a. der Beschluss des Bundesverfassungsgerichts vom 26.09.2003 zu erkennen gibt (Bundesverfassungsgericht 2003b). Demnach gelten für Kliniken nicht die gleichen Werbeinschränkungen wie für selbstständige Ärzte. Das Bundesverfassungsgericht begründet diese Entscheidung damit, dass Kliniken aufgrund ihres erhöhten personellen und sachlichen Aufwands sowie laufender Betriebskosten stärker von Werbeeinschränkungen belastet werden würden als niedergelassene Ärzte.

Verschiedene Beschlüsse zur Werbung im Gesundheitswesen demonstrieren allerdings, dass oftmals **fallweise Entscheidungen** über die Zulässigkeit verschiedener Werbemaßnahmen getroffen werden, wie in der folgenden Tabelle zu sehen ist (Tab. 3.2).

3.3.2 Praktische Umsetzung

Organisationale Anpassungen

Die Implementierung einer stärkeren Kundenorientierung ist häufig verbunden mit einer Anpassung der Organisationsstrukturen, der Krankenhauskultur sowie der Managementsysteme. Insbesondere im Bereich der Ablaufprozesse wird immer wieder auf vorhandene Verbesserungspotenziale im Krankenhausbereich verwiesen, da **Organisationsstrukturen** häufig vorrangig für die Erfordernisse des Krankenhausbetriebes, die Arbeitszeiten des Personals oder zur Aufteilung der einzelnen Berufsgruppen im Krankenhaus konzipiert sind (Kieffer-Radwan 2014). Eine Dezentralisierung der Verantwortung, die Einführung von klinischen Pfaden oder die Verwendung von Patient Journey Mapping können helfen, die Produkt- bzw. Prozessorientierung zu steigern. Dadurch verschiebt sich der Fokus der Dienstleistungserstellung von den Abteilungen hin zu den Kundinnen und Kunden, die nun bewusst in den Mittelpunkt der Leistungserstellungsorganisation rücken.

Eine Ausrichtung der **Organisationskultur** auf die Kundschaft und die Beziehung zu den Kundinnen und Kunden erscheint im Krankenhausbereich notwendig. Durch die Einbettung der Patientinnen und Patienten in die Krankenhausleistung bekommen diese oftmals sehr genaue Einblicke in die Krankenhausabläufe. Hiervon betroffen sind insbesondere das Verhalten und die Einstellung des Krankenhauspersonals den Patientinnen und Patienten gegenüber, von denen auf die gesamte Krankenhauskultur geschlossen wird. Dementsprechend ist es wichtig, das Personal angemessen zu schulen und der Beziehungsqualität einen hohen Stellenwert in der Organisationskultur einzuräumen.

Darüber hinaus ist es im Sinne der Dienstleistungsqualität empfehlenswert, eine Fehlerkultur zu implementieren. Fehler sollten nicht ignoriert, versteckt und verdrängt werden, es sollte die Möglichkeit bestehen und aktiv gefördert werden, Fehler (anonym) zu identifizieren, um sie anschließend als Chance für Verbesserungen zu verstehen und zu diskutieren. Ein stark in Öffentlichkeit und Praxis verbreitetes Fehlermanagementinstrument stellt das **Critical Incident Reporting System** (CIRS; Berichtssystem für kritische Zwischenfälle) dar, das die anonyme Meldung von kritischen Ereignissen (critical incident) und Beinahe-Schäden (near miss) in Einrichtungen des Gesundheitswesens implementiert. Die Einführung eines solchen Systems kann die Patientensicherheit entscheidend fördern und trägt zu einer an den Kundinnen und Kunden ausgerichteten Organisationskultur bei.

Auch die **Managementsysteme** müssen an eine Kunden- und Beziehungsorientierung angepasst werden. So gilt es, Determinanten und deren Zusammenhänge herauszufinden, die für eine erfolgreiche Kundenbeziehung von Bedeutung sind. Hierbei ist insbesondere daran zu denken, rein finanziell-orientierte Erfolgsrechnungen um vorökonomische, qualitative Größen zu ergänzen. Dabei spielt das Qualitätsmanagement eine entscheidende Rolle. Um der Herausforderung zu begegnen, die Qualität ihrer Dienstleistungen ständig zu verbessern, sich den Anforderungen und Aufgaben der Kundenzufriedenheit zu stellen und Kosten bei gleich bleibender oder steigender Qualität und Leistung zu senken, gewinnen Qualitätsmanagementsysteme an Bedeutung für Krankenhäuser. Diese beinhalten u. a. das Ermitteln der Kundenerwartungen, die Bestimmung von Qualitätspolitik und -zielen, die Bereitstellung von erforderlichen Ressourcen, die Beurteilung von Wirksamkeit und Wirkkraft sowie die Festlegung von Maßnahmen zur Fehlervermeidung bzw. zur ständigen Verbesserung. Bedeutsam im Krankenhausbereich ist v. a. das EFQM-Modell, das 5 Befähiger- und 4 Ergebnisdimensionen unterscheidet. Dass das Kundenmanagement in diesem Zusammenhang als Bestandteil des Qualitätsmanagements gesehen wird, wird durch die Dimension »kundenbezogene Ergebnisse« deutlich.

Eng im Zusammenhang zu Qualitätsmanagementsystemen steht deren Kommunikation nach außen. Dies kann durch **Zertifizierungen** erreicht werden, die bescheinigen, dass die Krankenhäuser bestimmte definierte Qualitätsanforderungen erfüllen. Eine Zertifizierung ist somit ein Instrument zur

Förderung von Transparenz. Mit einer Bewertung und Zertifizierung im Krankenhaus werden sowohl Innen- als auch Außenwirkungen verfolgt. Die geforderten Qualitätsaspekte beziehen sich u. a. auch auf die Zufriedenheit von Patientinnen und Patienten und Mitarbeitenden (Ingerfurth 2007). Die in Deutschland am weitesten verbreiteten Zertifizierungen im Krankenhauswesen sind die DIN EN ISO und die KTQ (Kooperation für Transparenz und Qualität im Gesundheitswesen) (Lindlbauer et al. 2016).

Kundenintegration im Krankenhausmanagement

Eine Ausrichtung der Prozesse an den Leistungsempfangenden, d. h. im Falle der medizinischen Leistung an Patientinnen und Patienten, sollte unabdingbar eine Auseinandersetzung mit den Kundenintegrationsmöglichkeiten beinhalten, also der Möglichkeit, die Kundinnen und Kunden bewusst in den Leistungserstellungsprozess mit einzubeziehen. Betrachtet man Gesundheitsdienstleistungen und Patientinnen und Patienten als wichtigste Kundengruppe, so ist eine **Integration der Patientinnen und Patienten** sowohl in Form von Informationsmitteilung über Symptome und Befinden als auch hinsichtlich der Umsetzung des Behandlungsplans elementar.

An dieser Stelle soll jedoch die Unterscheidung zwischen einer durch Patientinnen und Patienten initiierten Form der Partizipation und der Mitwirkung, die von Seiten des ärztlichen Personals von ihnen verlangt wird, gemacht werden. Bei ersterer informieren sich Patientinnen und Patienten selbstständig über ihre Krankheit, bringen dieses Wissen in die Behandlung ein oder ergreifen medizinische Behandlungsmaßnahmen. Bei letzterer dienen Patientinnen und Patienten als Informationsquelle (Bericht über Symptome und Befinden) und sollen anschließend ärztliche Anweisungen befolgen. Es kann daher sowohl eine aktive, selbstinitiierte Partizipation als auch eine passive Form der Koproduktion stattfinden.

Eine wichtige Aufgabe des Kundenmanagements besteht in dem **bewussten Management der Integration der Kundinnen und Kunden in den Leistungserstellungsprozess**. Hier zeichnet sich eine stetige Entwicklung ab. Zunächst wurden Patientinnen und Patienten als »Werkstück der Behandlung« gesehen, an denen die Leistung erbracht wurde. Da sie nicht das nötige Wissen besaßen, sich selbst zu helfen, behandelten die Ärzt*innen auf Grundlage eines paternalistisch-autoritären Stils, dem die Patientinnen und Patienten zu folgen hatte. Ab 1970 kam es dann verstärkt zu Maßnahmen der Gesundheitserziehung, um die Bevölkerung in die Gesundheitserhaltung zu integrieren. Jedoch stand auch hier zunächst im Vordergrund, bestimmten ärztlichen Verhaltensvorgaben Folge zu leisten (Schaeffer et al. 2016).

Erst danach zielte die Gesundheitserziehung zunehmend auf die Kompetenzförderung des Einzelnen ab. Die Patientenrolle insgesamt vollzog einen Wandel weg von der Fremd-, hin zu mehr Selbstverantwortung, bei der die Patientinnen und Patienten zum »Mitproduzierenden beim Wiedergewinn von Gesundheit« wurden. Die Entwicklung der stärkeren Integration vollzieht sich dabei unter anderem bei der Behandlungsentscheidung. Hierbei tritt das klassische Modell der paternalistischen Interaktion, bei der die volle Entscheidungskompetenz beim ärztlichen Personal liegt, in zunehmendem Maße hinter Modelle der Patiententeilnahme zurück.

Überdies greifen Patientinnen und Patienten zunehmend aus eigener Initiative in den Erstellungsprozess medizinischer Leistungen ein, indem sie sich über ihre Krankheit informieren und ihre Erkenntnisse mit dem Fachpersonal diskutieren möchten. Damit vollzieht sich ein Wandel von einer intuitiven Form der Integration hin zu einer **partnerschaftlichen Integration** (Helmig et al. 2009). In diesem Zuge sollte z. B. den Patientinnen und Patienten mehr Verantwortung für den eigenen Behandlungserfolg zugesprochen oder Möglichkeiten geschaffen werden, dass Patientinnen und Patienten sich gegenseitig gezielt über Krankheiten, Behandlungsmöglichkeiten oder Therapieerfolge informieren und somit aktiv in den Leistungserstellungsprozess eingebunden werden.

Kundenbeziehungslebenszyklus im Krankenhausmanagement

Im Zentrum des Kundenmanagements aus Marketingperspektive stehen steuernde und koordinierende Aufgaben, die sich mit dem Auf- und Ausbau von Kundenverhältnissen befassen. Die dabei im Fokus der Bemühungen befindlichen Gruppen sind neben den aktuellen auch die potenziellen Kundinnen und Kunden. Als wichtigste Aufgaben des Kundenmanagements können daher die Kundenakquisition zur Initiierung, die Kundenbindung zur Stabilisierung und/oder Intensivierung und die Kundenrückgewinnung zur Wiederaufnahme von Geschäftsbeziehungen angesehen werden. Diese lassen sich auch aus dem **Kundenbeziehungslebenszyklus** (◘ Abb. 3.4) ableiten (Bruhn 2016). Im Folgenden wird der Kundenbeziehungslebenszyklus für die beiden im Fokus des Kundenmanagements stehenden Kundengruppen Patientinnen und Patienten und Einweisende Ärztinnen bzw. Ärzte beschrieben. Für das Krankenhauspersonal umfasst der Beziehungslebenszyklus analog Personalrekrutierung, -bindung und -entwicklung sowie -entlassung; hier sei an dieser Stelle auf ► Abschn. 5.3 verwiesen.

Der abgebildete Verlauf der Kundenbeziehung kann als idealtypisch bezeichnet werden, der in puncto Vorhandensein einzelner Phasen und zeitlicher Länge der Phasen jedoch sehr unterschiedlich sein kann. So ist im Krankenhausbereich ersichtlich, dass bei Notfallpatienten eine Phase längerer Informationssuche entfällt, wogegen bei planbaren Krankenhausaufenthalten diese Phase durchaus sehr intensiv durchgeführt werden kann. Zudem ist zu vermuten, dass die Gefährdungsphasen bei Patientinnen und Patienten, bis sie die Ärztinnen/Ärzte bzw. das Krankenhaus wechseln, wahrscheinlich länger dauern als bei anderen, sofern keine gravierenden Mängel während des Aufenthaltes auftreten. Die Wechsel- bzw. Mobilitätsbarrieren sind generell höher einzustufen als in anderen Dienstleistungsbereichen.

▪ Kundenakquisition im Krankenhausmanagement

Die **Kundenakquisition** als erste Phase des Kundenbeziehungslebenszyklus hat zum Ziel, eine Beziehung zwischen den Kundinnen und Kunden und dem Krankenhaus aufzubauen. Hierbei kann man wiederum zwischen einer Anbahnungs- und einer Sozialisationsphase unterscheiden. Erstere ist vor allem durch die Informationssuche durch die Kundinnen und Kunden und die entsprechende Bereitstellung von Informationen von Seiten des Krankenhauses gekennzeichnet. Die Anbahnungsphase mündet dann durch einen Güter- oder Leistungsaustausch in die Sozialisationsphase. Diese beschreibt die Eingewöhnung in die Beziehung zwischen Kundinnen und Kunden und Krankenhaus, wobei die ersten Erfahrungen mit der Leistungserstellung sowie das Sammeln weiterer Informationen wichtige Merkmale dieser Phase sind.

Unter Berücksichtigung der gesetzlichen Rahmenbedingungen muss es das Bestreben eines jeden Krankenhauses sein, (potenzielle) Kundinnen und Kunden anzusprechen, von sich und der angebotenen Dienstleistung zu überzeugen und zur Aufnahme der Beziehung zum Krankenhaus zu animieren. Somit rückt die Kommunikationspolitik in den Mittelpunkt der Betrachtung. Hierbei gilt es, sich als potenzieller Leistungsanbieter gegenüber anderen Krankenhäusern oder teilweise weiteren Leistungserbringern, z. B. im ambulanten Bereich, vorteilhaft zur präsentieren und somit eine gute Leistungsmenge und damit eine auskömmliche Erlössituation zu erreichen. Aus dem ökonomischen Blickwinkel betrachtet, ist diese Phase für das Krankenhaus zunächst nur mit Kosten verbunden.

Als Ansatzpunkte der Kommunikation können im Krankenhaus wie auch allgemein die Instrumente des **Kommunikations-Mix** herangezogen werden. Zu diesen zählen die klassische Werbung, die Werbung mit neuen Medien, die Verkaufsförderung, die Öffentlichkeitsarbeit (PR), Messen und Events sowie das Sponsoring. Darüber hinaus können Krankenhäuser den zu veröffentlichenden Qualitätsbericht als Marketinginstrument verwenden.

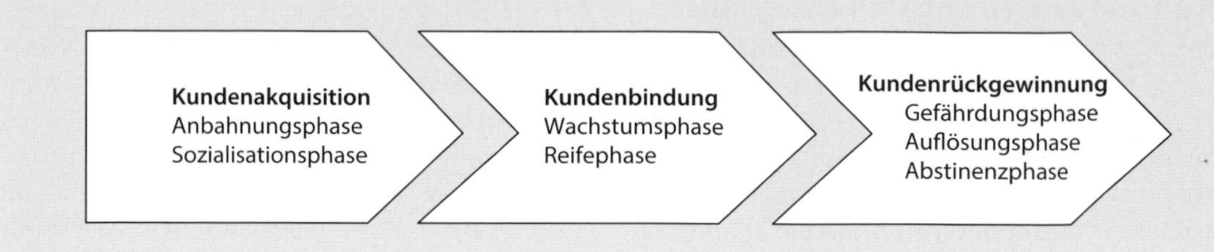

Abb. 3.4 Aufgaben des Kundenmanagements entsprechend dem Kundenlebenszyklus

Unter dem **Begriff der klassischen Werbung** wird gemeinhin die Kommunikation über Medien wie gedruckte Medien, Hörfunk und Fernsehen verstanden. Unterteilt werden kann diese Gruppe wiederum in sog. Insertionsmedien (wie Zeitungen, Publikums- und Fachzeitschriften, Außenwerbung) und elektronische Medien (wie Radio-, Fernseh- oder Kinowerbung) (Bruhn 2018).

Lange Zeit ergaben sich aus den mannigfaltigen gesetzlichen Vorschriften beträchtliche Einschränkungen für die Werbung eines Krankenhauses (Willkomm und Braun 2019). Urteile des Bundesverfassungsgericht im Jahr 2003 haben jedoch eine Lockerung eingeläutet (Bundesverfassungsgericht 2003a, 2003b; Schramm 2013), sodass Werbung für und von Ärztinnen/Ärzten inzwischen keinen Tabubruch mehr darstellt (Papenhoff und Platzköster 2010; Willkomm und Braun 2019). Nichtsdestotrotz spielt die klassische Werbung in Krankenhäusern – vor allem bei den Kernleistungen – eine eher untergeordnete Rolle. Krankenhäuser setzen die klassische Werbung jedoch für Dienstleistungen ein, die dem »zweiten Gesundheitsmarkt« zugeordnet werden können. Unter den zweiten Gesundheitsmarkt fallen beispielsweise Wellnessleistungen, Präventionsseminare, Ernährungsberatungen oder die individuellen Gesundheitsleistungen (IGeL).

Bei der **Werbung mit neuen Medien (Multimediawerbung)** können Kundinnen und Kunden die Abfrage der zu Verfügung gestellten Informationen individuell gestalten. Ein weiterer Vorteil ist, dass dabei verschiedene Medien interaktiv miteinander verknüpft werden können (z. B. Bildsequenzen, Ton, Text usw.). Für ein Krankenhaus bietet sich dabei insbesondere das Internet als Medium an. So dürften mittlerweile die meisten deutschen Krankenhäuser eine eigene Website bereitstellen (Maucher 2010). Dennoch schöpfen derzeit die wenigsten Krankenhäuser die medialen Möglichkeiten voll aus. Eine durchdachte Website kann ein wichtiges Werkzeug im strategischen Marketingkonzept eines Krankenhauses werden und mithilfe von Klinikeinblicken, einfacher Kontaktaufnahmemöglichkeiten und einer klaren Menüführung Verlässlichkeit und Sicherheit vermitteln. Stattdessen finden sich auf Websites noch häufig klobige Textbausteine, die mehr Informationsflut als Aufklärung vermitteln (Hoffmann und Alves 2016).

Zentraler Vorteil einer Website ist dabei die Möglichkeit einer aktuellen, zielgruppengerechten und interaktiven Ansprache. Dies bedeutet, dass Krankenhäuser neben der Ansprache von (potenziellen) Patientinnen und Patienten auch die wichtigen Kundengruppen »einweisende Ärztinnen/Ärzte« oder »Krankenkassen bzw. -versicherungen« mit passenden Informationen (evtl. über eigene Foren) ansprechen können. Auch durch Newsletter oder downloadbare Merkblätter für einweisende Ärztinnen/Ärzte, ehemalige Patientinnen und Patientenen oder Krankenkassen, die Bereitstellung von Informationen zu Fortbildungsangeboten für Ärztinnen/Ärzte oder Informationen zu bestimmten Krankheiten für Patientinnen und Patienten, kann ein Mehrwert erzeugt werden.

Diese Art der Kommunikation bzw. der Aufrechterhaltung selbiger zwischen der Institution Krankenhaus und den wichtigen Kundengruppen, dürfte gemessen an den Steigerungsraten der Internetnutzung sowie der fortschreitenden Digitalisierung (Stichworte »Industrie 4.0« und »Internet der Dinge« [Kaufmann 2015]) in Zukunft weiter an Bedeutung gewinnen. Gesetzlich bietet das Internet als Kommunikationsplattform insbesondere dadurch Vorteile, dass es als »passive Darstellungsform« angesehen wird und demnach nicht den Beschränkungen »unaufgeforderter Werbung« unterliegt (Urteil des BGH am 01.03.2007, I ZR 51/04).

Hierin und in der Verwendung spezieller Interaktionsformen, wie Download-, Bestell- oder Reservierungsmöglichkeiten, besteht bei Krankenhäusern weiterhin noch Nachholbedarf. Gerade aber durch die Möglichkeiten zur Erzeugung von Mehrwerten dürfte dem Internetauftritt eines Krankenhauses im Rahmen der Kundenbindung eine noch größere Bedeutung zukommen als im Bereich der Kundenakquisition.

Unter **Öffentlichkeitsarbeit**, auch **Public Relations** (PR) genannt, versteht man die planmäßige Gestaltung der Beziehung zwischen einem Krankenhaus und den verschiedenen Stakeholdern (aktuelle und potenzielle Patientinnen und Patienten, niedergelassene Ärztinnen/Ärzte, Krankenkassen und Krankenversicherer, Arbeitnehmende, Lieferanten, Kooperationspartner, Staat etc.) zum Zwecke der Einwerbung bzw. Aufrechterhaltung von Vertrauen und Verständnis.

Dabei bildet das Krankenhaus als Ganzes den Gegenstand der Bewerbung und nicht wie bei der klassischen Werbung einzelne (Teil-) Leistungen des Krankenhauses. Zudem zielt PR nicht rein auf die Erhöhung des Absatzes ab, sondern ist mindestens im gleichen Maße darauf ausgerichtet, bei den einzelnen Teilöffentlichkeiten (Zielgruppen) eine vertrauens- und verständnisvolle Einstellung zu erzeugen. Generell können drei Formen von Public Relations unterschieden werden (Meffert et al. 2018):

Formen von Public Relations

- Auf **Leistungsmerkmale bezogene PR** (z. B. Zeitungsartikel über die Inbetriebnahme eines neuartigen Kernspintomographen)
- Auf das **Unternehmen ausgerichtete PR** (z. B. Radiobericht über den veröffentlichten Jahresabschlussbericht einer Krankenhauskette)
- **Gesellschaftsorientierte PR** (z. B. Fernsehinterview eines Chefarztes zum aktuellen Thema »Die Auswirkungen erhöhter Feinstaubpartikelbelastung auf den menschlichen Organismus«)

Der Öffentlichkeitsarbeit kommt im Rahmen der Imagebildung eines Krankenhauses eine herausragende Bedeutung zu. So ist sie ein hervorragendes Mittel, um z. B. eine Imageprofilierungsstrategie unterstützend zu begleiten. Das Krankenhausimage seinerseits spielt aufgrund der Immaterialität der im Krankenhaus angebotenen Leistungen und der damit verbundenen Schwierigkeit zur Beurteilung der Leistungen für den Kunden eine wichtige Rolle.

Da die **Mund-zu-Mund-Kommunikation** im Krankenhausbereich – nicht zuletzt auch aufgrund der geltenden rechtlichen Werbeeinschränkungen – als momentanes Hauptinformationsinstrument angesehen werden kann (Weiterempfehlung von Verwandten, Freundinnen, Freunden etc.), stellt die Öffentlichkeitsarbeit ein elementar wichtiges Instrument zur Verbreitung und Aufrechterhaltung von Vertrauen und Verständnis dar.

Der persönliche Kontakt und die persönliche Kommunikation stehen bei Messen und Events im Vordergrund. Eine **Messe** ist eine zeitlich und örtlich gebundene Veranstaltung, bei der mehrere Anbieter die Möglichkeit nutzen, sich den interessierten Zielgruppen zu präsentieren. In aller Regel vereint eine Messe dabei turnus- und schwerpunktmäßig Anbieter einer oder mehrerer zusammenhängender Wirtschaftszweige. Als die größte Medizinmesse der Welt gilt die MEDICA, die begleitet von Fachkongressen und einem Internetportal jährlich in Düsseldorf stattfindet. Auf dieser, wie auch auf anderen kleineren Messen, findet ein Krankenhaus eine Plattform, um mit einem breiten (Fach-)Publikum in Kontakt zu treten. Darüber hinaus bietet sich auch die Möglichkeit, eigene Messen und Kongresse (z. B. für niedergelassene Ärztinnen und Ärzte der umliegenden Region) zu organisieren.

Events sind dagegen vom Krankenhaus initiierte und organisierte Ereignisse, die persönliche direkte Kontakte mit den angesprochenen Zielgruppen in einem angenehmen und zwanglosen Umfeld stattfinden lassen. Denkbar ist hierbei z. B. ein krankenhauseigener »Weihnachtsmarkt«, der in ungezwungener Atmosphäre den Kontakt zwischen Krankenhauspersonal und Kundschaft fördert. Auch der sog. »Tag der offenen Tür« ist hier zu erwähnen, der ein gutes Instrument zur direkten Kundenansprache und Leistungsdemonstration darstellen kann. Tage der offenen Tür bieten sich beispielsweise auch bei einer Neuöffnung oder nach einem Umbau an. Es gibt darüber hinaus Beispiele von Kliniken, die einen gemeinsamen Tag der offenen Tür organisieren (z. B. die Geburtskliniken der Region Hannover).

Beim **Sponsoring** fördert ein Krankenhaus Organisationen oder Einzelpersonen im Sport-, Kultur-, Sozial-, Umwelt- oder Medienbereich durch Geld- und Sachzuwendungen oder Dienstleistungen, um im Gegenzug einen positiven Beitrag zur Erreichung der Marketing- und Kommunikationsziele zu erreichen. So kann ein Krankenhaus als Sponsoringgeber für einen Handballverein auftreten, indem er einen finanziellen Zuschuss gibt oder die medizinische Betreuung der Spielerinnen/Spieler während der Heimspiele übernimmt und im Gegenzug (z. B. durch die Trikot- oder Bandenwerbung) seine Bekanntheit und evtl. die des angebotenen Leistungsspektrums bei einer sportbegeisterten Öffentlichkeit erhöht. Dies bietet sich vor allem für größere Klinikketten an, die damit ihren Markennamen stärken können. Ebenso ist es allerdings für kleinere bis mittelgroße Krankenhäuser zur Unterstreichung ihrer starken regionalen Verankerung denkbar.

Um den Qualitäts- und Leistungswettbewerb trotz gesetzlicher Einschränkungen und grundlegenden Informationsproblemen bei Gesundheitsdienstleistungen sowie ihrer Komplexität zu fördern, wird die Veröffentlichung von Qualitätsinformationen für die stationäre medizinische Versorgung gesetzlich geregelt (§ 137 SGB V). Der **Qualitätsbericht** dient dabei einerseits als Informations- und Entscheidungshilfe für Versicherte und Patientinnen und Patienten im Vorfeld einer Krankenhausbehandlung sowie als Orientierungshilfe bei der Einweisung und Weiterbetreuung der Patientinnen und Patienten insbesondere für Vertragsärztinnen, -ärzte und Krankenkassen. Andererseits soll er es Krankenhäusern auch ermöglichen, ihre Leistungen nach Art, Anzahl und Qualität nach außen transparent und sichtbar darzustellen. Somit stellt er ein wichtiges krankenhausspezifisches Marketinginstrument dar. Krankenhäuser sollten den Qualitätsbericht nicht nur als reine Dokumentationspflicht sehen, sondern ihn so gestalten, dass die Informationen ansprechend und verständlich für die verschiedenen Adressaten dargestellt werden. Eine patientengerechte Gestaltung könnte bspw. durch die Ergänzung von für den Patienten relevanten Informationen wie Patient Reported Outcomes erreicht werden (Raab et al. 2020).

▪ Kundenbindung im Krankenhausmanagement

Die zweite Phase des Kundenbeziehungslebenszyklus, die Kundenbindung, ist geprägt von der Wachstums- und die Reifephase. So wird das Krankenhaus in der **Wachstumsphase** versuchen, die Potenziale des Kunden nach Möglichkeit auszuschöpfen. Das Ziel ist es also, den Kunden zu einer erhöhten Leistungsnutzung zu bewegen. Dies bedeutet z. B. im Falle einer Krankenhaus-Einweiser-Beziehung, dass das Krankenhaus versuchen sollte, einweisende Ärztinnen/Ärzte davon zu überzeugen, möglichst viele weitere Patientinnen und Patienten zur Behandlung in diesem Krankenhaus statt zu anderen potenziellen Leistungserbringernzu raten. Das Ausschöpfungspotenzial einzelner Patientinnen und Patienten dagegen ist im Krankenhaus wesentlich eingeschränkter als in anderen Branchen. Dennoch können hier über Wahl- oder Selbstzahlerleistungen zusätzliche Potenziale genutzt werden. Ebenso können indirekte Wachstumspotenziale in der Wiedernutzung oder Weiterempfehlung des Krankenhauses liegen, d. h. einer durch die Patientinnen und Patienten initiierte Leistungssteigerung in der Zukunft.

Befindet sich die Kundenbeziehung in der **Reifephase**, so findet bereits eine extensive Leistungsnutzung von Seiten des Kunden statt, sodass das Ziel des Krankenhauses darin besteht, das erreichte Niveau zu halten. Im Rahmen des Kundenmanagements im Krankenhaus kommt besonders der Kundenbindung ein hoher Stellenwert zu. Denn nach erfolgtem Aufbau einer Kundenbeziehung muss es im Interesse des Krankenhauses liegen, die Beziehung aufrechtzuerhalten und zu intensivieren.

Betrachtet man die Nachfragerseite, so kann die Kundenbindung mit Treue gleichgesetzt werden. Somit gilt, dass Kundinnen und Kunden gebunden sind, wenn sie sich gegenüber dem Anbietenden in seinem bisherigen Verhalten loyal gezeigt haben und auch in Zukunft beabsichtigen, loyal zu bleiben. Für diese Bindung zu einem Anbieter gibt es zwei Gründe – die Gebundenheit und die Verbundenheit. Die **Gebundenheit** kann auch im Falle eines Krankenhauses durch Wechselbarrieren vertraglicher (z. B. Vertragskrankenhaus einer bestimmten Krankenkasse), technisch-funktionaler (z. B. stationärer Aufenthalt, verbunden mit anschließenden Nachsorgeterminen im selben Krankenhaus), logistischer (sehr weite Wege zu anderen Leistungserbringern) oder ökonomischer Art (kostenlose Serviceleistungen, für die bei einem Wechsel zu einem anderen Krankenhaus ein Entgelt bezahlt werden muss) temporär hervorgerufen werden. Diese Arten der Bindungen können erst nach Beseitigung der Wechselbarrieren (z. B. Vertragsende) gelöst werden. Durch die gesetzlich verankerte, größtenteils vorherrschende Wahlfreiheit von Krankenhäusern ist die Gebundenheit allerdings durchschnittlich als eher gering einzustufen (Geraedts und de Cruppé 2011).

Die zweite Bindungsart, die **Verbundenheit**, entsteht dagegen aufgrund einer freiwilligen Bindung, deren Motive, wie etwa Kundenzufriedenheit oder Qualität der Beziehung, psychologisch begründet sind. Für ein Kundenmanagement sollte gerade der Aufbau von Verbundenheit im Zentrum der Anstrengungen stehen, denn ohne Verbundenheit ist eine langfristige Kundenbindung nicht möglich. Eine eingängliche Möglichkeit für die Schaffung von Verbundenheit, welche von der Mehrheit der Krankenhäuser erkannt und genutzt wird, stellt die Geburtshilfe dar. Neben zahlreichen Aktivitäten wie dem Angebot von Informationsabenden, geburtsvorbereitenden Kursen und informativ gestalteten Internetseiten (inklusive Imagefilmen) buhlen Kliniken auch mittels Geschenken für die Neugeborenen (z. B. Strampler, Badehandtücher oder Kuscheltiere) um Patientinnen und Patienten. Durch die emotionale Erfahrung besteht hohes Potenzial, die Patientinnen und Patienten und Angehörigen an das Krankenhaus zu binden und für die Inanspruchnahme weiterer Leistungen zu gewinnen.

Allerdings ist eine Anstrengung hin zu einer generellen Kundenbindung nicht zwangsläufig auch ökonomisch sinnvoll. Eine **Konzentration der Kundenbindungsmaßnahmen** ausschließlich auf profitable Kundinnen und Kunden und nicht auf den gesamten Kundenstamm erscheint hierfür zweckmäßig. Dies bedeutet für das Krankenhausmanagement, dass auf Grundlage vorliegender Kundeninformationen zunächst Kundenbindungsmaßnahmen z. B. nur auf solche niedergelassenen Ärztinnen/Ärzte angewendet werden, die als Einweisende für einen Großteil von ökonomisch profitablen Fällen verantwortlich sind. Umgekehrt kann **Demarketing** eingesetzt werden, um bewusst keine Geschäftsbeziehungen zu unprofitablen Kundengruppen aufzubauen bzw. bestehende Verbindungen zu beenden oder einzuschränken (Blömeke und Clement 2009; Miklós-Thal und Zhang 2013).

Eine hohe Relevanz als Ziel- und Steuerungsgröße im Kundenbindungsmanagement nimmt die **Kundenzufriedenheit** ein. Das Vorliegen von Kundenzufriedenheit wird gemeinhin als eine der wichtigsten Voraussetzungen für Kundenbindung gesehen (Homburg et al. 2017). Um die Kundenzufriedenheiten langfristig zu steigern und die Kundinnen und Kunden auf einem hohen Niveau an ein Krankenhaus zu binden, muss die Zufriedenheit der wichtigsten Kundengruppen (Patientinnen und Patienten, Einweisende, Krankenkassen bzw. -versicherer) in regelmäßigen Abständen gemessen und analysiert werden. Denn die Resultate getroffener Verbesserungsmaßnahmen sind nur in längerfristig angelegten Messungen zu beobachten. Zudem sollten die Ziele der Messungen eindeutig und terminiert festgelegt werden (z. B. Steigerung der Gesamtzufriedenheit der einweisenden Ärztinnen/Ärzte bis Jahresende um 10 %). Weiterhin muss die Verantwortung für die Messergebnisse eindeutig zuordbar sein, d. h., dass die Zufriedenheitswerte jeweils nach Abteilungen zu ermitteln sind. Somit lassen sich Abteilungen, mit denen die Kunden zufrieden sind, von weniger zufriedenstellenden Abteilungen trennen. Essenziell notwendig ist in letzter Konsequenz auch, die Aufnahme der Ergebnisse der Zufriedenheitsmessungen als Teil eines umfassenden Krankenhausinformations- bzw. Controllingsystems in das Führungssystem eines Krankenhauses (► Abschn. 6.3).

In den meisten Krankenhäusern sind **Patientenzufriedenheitsmessungen** seit vielen Jahren der Standard (Oppel et al. 2017; Willems und Ingerfurth 2018). Die Patientenzufriedenheit, als ein Teilbereich einer Kundenzufriedenheitsanalyse im Krankenhaus, ist als ein spezieller Fall der Kundenzufriedenheit zu bezeichnen. So befinden sich Patientinnen und Patienten im Falle einer Krankenhausbehandlung in einem extremen Abhängigkeitsverhältnis zum Krankenhauspersonal, sodass sie sich bei einer Zufriedenheitserhebung während des Krankenhausaufenthaltes mit negativer Kritik eher zurückhalten werden (Willems und Ingerfurth 2018). Außerdem führen die Besonderheiten der Dienstleistung »Krankenhausbehandlung« – u. a. die hohe Unfreiwilligkeit, Abhängigkeit, Emotionalität und die Entkopplung von Leistungsinanspruchnahme und -bezahlung – zu einem veränderten Bewerungsverhalten. Dies führt vereinzelt dazu, dass das Anspruchsniveau für die Leistungen von Patientinnen und Patienten nicht so hoch gelegt wird bzw. sich Patientinnen und Patienten weniger als Kundinnen und Kunden und mehr als »Bittstellende« sehen (Berry und Bendapudi 2007; Winter et al. 2019).

Zudem unterscheiden sich die Kriterien für die Zufriedenheit eines Patientinnen und Patienten je nach Behandlungsart zum Teil sehr stark. So kommen z. B. ambulant zu versorgende Patientinnen und Patienten mit weniger Infrastruktur und Personal in Kontakt als stationär zu behandelnde Patientinnen und Patienten. Somit werden für stationäre Patientinnen und Patienten auch z. T. andere Kriterien für die Zufriedenheit in den Vordergrund treten (z. B. Zimmerausstattung, Qualität des Essens, Unterhaltungsangebot) als für ambulante Patientinnen und Patienten (Ausgestaltung des Wartebereichs, Wartezeit etc.). Außerdem dürften auch beim Vergleich von Akutpatientinnen und -patienten mit Rehabilitationspatientinnen und -patienten jeweils andere Qualitätskriterien bestimmend sein. Ebenso besteht in der Art der Behandlung, insbesondere in der Frage, ob eine medizinische oder operative Behandlung durchgeführt wurde, eine wichtige Differenzierung für die Kriterien der Bewertung. Schließlich sind auch die Bedürfnisse und Charakeristika der einzelnen Patientinnen und Patienten von Bedeutung: Hier sind beispielsweise das Alter und die Muttersprache zu nennen.

Insgesamt kann die Patientenzufriedenheit jedoch als ein wichtiger Indikator gesehen werden, ob ein Krankenhaus an seinen Patientinnen und Patienten orientiert ist, also patientennah agiert. Einen der wichtigsten Einflussfaktoren der Patientenzufriedenheit stellt die ärztliche und pflegerische Leistung dar, sodass unter Bedingungen die Zufriedenheit der Patientinnen und Patienten als Indikator der Krankenhausqualität angesehen werden kann (Kim et al. 2017; Willems und Ingerfurth 2018). Gerade aufgrund der eingeschränkten »Kommunikationsmöglichkeiten« für Krankenhäuser kommt der Patientenzufriedenheit als imagebildendem Faktor darüber hinaus eine wichtige Funktion für die Reputation zu. Denn die **Mund-zu-Mund-Kommunikation** von zufriedenen bzw. unzufriedenen Patientinnen und Patienten als Multiplikatoren ist nicht zu unterschätzen. So kann aufgrund von Unzufriedenheit mit dem Krankenhaus negative Mund-zu-Mund-Kommunikation entstehen, die ein negatives Image bei potenziellen neuen Patientinnen und Patienten und niedergelassenen Ärztinnen/Ärzten erzeugt.

Der Effekt der Mund-zu-Mund-Kommunikation verstärkt sich durch die Möglichkeiten des Internets. Hier werden Online-Bewertungen, auch als **elektronische Mund-zu-Mund-**

Kommunikation bezeichnet, langfristig und potenziell weltweit verfügbar gemacht, sodass eine breite Öffentlichkeit dadurch erreicht und beeinflusst werden kann (Wiedmann et al. 2011; Drevs und Hinz 2014). In der Folge negativer Mundpropaganda können die Fallzahlen sinken, was für das Krankenhaus finanzielle Einbußen bedeutet und langfristig zur Schließung ganzer Abteilungen oder auch des kompletten Hauses führen kann. Hier ist insbesondere zu beachten, dass negative Onlinebewertungen nicht immer mit negativen klinischen Ergebnissen einhergehen (Emmert et al. 2020). Entsprechend ist es die Aufgabe des Krankenhauses, gute klinische Versorgungsqualität zu kommunizieren und gleichzeitig die Ursachen für geringe Patientenzufriedenheit und schlechte Bewertungen zu identifizieren und zu beheben.

Eine große Gefahr für die Krankenhausreputation liegt hierbei auch in medienwirksam gewordenen Behandlungsfehlern oder Hygieneproblemen. Diese führen häufig zu substanziellen Einbußen in den Patientenströmen und können auch das Einweise- bzw. Empfehlungsverhalten von einweisenden Ärztinnen/Ärzten negativ beeinflussen. So entstandene negative Reputationen sind nur in langfristigen Maßnahmen und mit gezielter Kommunikation zu beheben.

Aber auch für andere wichtige Kundengruppen, wie die für die Kapazitätsauslastung eines Krankenhauses wichtige Gruppe der **niedergelassenen Ärztinnen und Ärzte** und die für die entgeltliche Begleichung der erbrachten Leistungen **zuständigen Krankenkassen** und -versicherungen sollte die Zufriedenheit erhoben werden. Neben dem tatsächlichen absoluten Niveau der Zufriedenheit kann eine Erhebung, z. B. unter Einweisenden, auch Aufschlüsse darauf geben, welche Aspekte einen besonders wichtigen Einfluss auf die Einweiserzufriedenheit haben. So zeigte eine Studie, dass insbesondere die Einschätzungen der medizinischen und pflegerischen Leistungen sowie der Mitarbeiter und Technik die Einweiserzufriedenheit bestimmten, während u. a. die Kommunikation und auch die fachliche Zusammenarbeit eine untergeordnete Rolle spielten (Hesse und Schreyögg 2007). Damit erhält das Krankenhaus wichtige Hinweise, welche Stellschrauben zur Verbesserung der Zufriedenheit bestehen. Ein nachhaltiges Einweisermanagement mit stabilen Kontaktketten verbessert nicht nur die Zusammenarbeit mit ambulanten Leistungserbringern sondern wirkt sich, dank optimierter Abläufe, auch positiv auf die Versorgungsqualität der Patienten und die eigene Marktposition aus (Weider 2019).

Im Zusammenhang mit der Kundenbindung gilt allgemein, dass die **Kundenzufriedenheit positiv auf die Kundenbindung** (Kundentreue) wirkt (Homburg 2017). Anhand verschiedener empirischer Studien konnte gezeigt werden, dass der Zusammenhang eher einem progressiven oder sattelförmigen Verlauf folgt. Dies bedeutet, dass die Kundentreue mit wachsendem Zufriedenheitsniveau zunächst stark ansteigt, und es im Anschluss einen mittleren Zufriedenheitsbereich gibt, bei dem die Zunahme der Zufriedenheit nur geringe Auswirkungen auf die Kundentreue hat. Über den exakten Verlauf bei Krankenhaus-Kundinnen und -Kunden ist weniger bekannt.

■ Kundenrückgewinnung im Krankenhausmanagement

Die Kundenrückgewinnung, als letzte Phase des Kundenbeziehungslebenszyklus, wird unterteilt in eine Gefährdungs-, Auflösungs- und Abstinenzphase. Bestimmte Ereignisse führen bei Kundinnen und Kunden dazu, die Leistungsnutzung des Krankenhauses in Frage zu stellen, was als **Gefährdungsphase** bezeichnet werden kann. Die Gefährdungsphase ist durch Probleme bzw. Unzufriedenheit der Kundinnen und Kunden mit einer oder mehreren (Teil-)Leistungen des Krankenhauses gekennzeichnet.

Ein direkter Wechsel zu einem Konkurrenzanbieter während der laufenden Behandlung als unmittelbare Konsequenz dürfte je nach betroffener Leistung zwar nicht unbedingt erfolgen, dennoch ist die Gefährdungsphase auch aufgrund potenzieller negativer Folgen durch ausbleibende Wiederinanspruchnahmen und Weiterempfehlungen sehr ernst zu nehmen. Einen Schritt weiter gehen Kundinnen und Kunden dann in der **Auflösungs-**

phase, indem sie beschließen, die Leistung des speziellen Krankenhauses definitiv nicht mehr in Anspruch zu nehmen.

Infolgedessen werden Kundinnen und Kunden die Leistungen bei einem anderen Krankenhaus abrufen und in Bezug auf das vorherige Krankenhaus »abstinent« bleiben (**Abstinenzphase**). Zu einer Beziehungsaufnahme kann es dann erst wieder durch Rückgewinnungsmaßnahmen seitens der Klinik oder durch kundenseitige Meinungsänderungen kommen.

Die frühesten Bestrebungen der Kundenrückgewinnung sollten schon in der Gefährdungsphase ansetzen. Stellen unzufriedene Kundinnen und Kunden die Leistung des Krankenhauses infrage, kann ein **Beschwerdemanagement** eine Abwanderung womöglich verhindern. Wurde während der Leistungserbringung ein Fehler im medizinischen oder administrativen Bereich gemacht, kann eine Rückgewinnung der Kundinnen und Kunden durch Korrektur des Fehlers, sofern möglich, und Wiedergutmachung erfolgen (Burghardt 2016).

Im Bereich der medizinischen und pflegerischen Leistungen eines Krankenhauses ist die direkte leistungsbezogene Korrektur meist aufgrund der Nichtlagerfähigkeit solcher Leistungen nicht möglich, genauso wenig wie eine Reduktion des Preises. Als Wiedergutmachung kann hier versucht werden, nach erfolgter persönlicher Entschuldigung die Aufklärung der ausnahmsweise fehlerhaften Leistung zu beschleunigen sowie die Anstrengung zu einer von nun an wieder korrekten, qualitativ hochstehenden Behandlungsleistung zu kommunizieren und transparent zu belegen, um somit das entzogene Vertrauen des Kunden in das Krankenhaus zurückzuerlangen.

Gleichzeitig muss eine **Fehlerkorrektur** im Rahmen des Möglichen unternommen werden. Als Wiedergutmachung im Bereich nicht-medizinischer Leistungen kann ebenfalls fast ausschließlich eine Leistung anderer Form zu einem nachgelagerten Zeitpunkt angeboten werden, z. B. kostenlose Bereitstellung von Wahlleistungen für die/den Betroffenen, falls das versprochene Einzelzimmer nicht verfügbar war. Lediglich im Bereich einzelner fehlerhafter Wahlleistungen könnte eine Preisreduktion als Entschädigung angeboten werden.

Zur Fehlerkorrektur bzw. Wiedergutmachung im Krankenhaus können somit generell Maßnahmen aus den Marketing-Mix-Bereichen Leistungs-, Kommunikations- und Preispolitik eingesetzt werden. Im Falle der Leistungspolitik können je nach Leistungsart zur Fehlerkorrektur Leistungsnachbesserungen und zur Wiedergutmachung Ersatzleistungen angeboten werden.

Innerhalb der Kommunikationspolitik bieten sich zur Fehlerkorrektur Kundenschulungen und zur Wiedergutmachung eine Entschuldigung evtl. verbunden mit einem Geschenk oder Gutschein an. Im Rahmen der Preispolitik können Preisreduktionen sowohl zur Fehlerkorrektur als auch zur Wiedergutmachung wohl nur beschränkt eingesetzt werden. In Bezug auf die relative Bedeutung dieser drei Bereiche ist der Leistung an sich in diesem Zusammenhang das größte Gewicht beizumessen.

Die schnelle Bearbeitung und gerechte Berücksichtigung von Beschwerden im Rahmen des Beschwerdemanagements kann Kundenzufriedenheit steigern, was schlussendlich zu erhöhter Treue gegenüber dem Krankenhaus führt. Forschung in diesem Bereich konnte zudem ein **paradoxes Phänomen** aufdecken: Im Falle einer erfolgreichen Reaktion auf eine Beschwerde könnten Kundinnen und Kunden im Nachhinein noch zufriedener sein als Kundinnen und Kunden, die keinen Grund zur Beschwerde hatten. Damit kann eine Beschwerde (gesetzt den Fall, dass das Krankenhaus auf diese aus Sicht der/des Betroffenen angemessen reagiert) die Kundenbindung noch mehr stärken als das Ausbleiben von Beschwerdegründen (Matos et al. 2007).

Zudem bedeutet die direkte Kommunikation der Unzufriedenheit bzw. des Fehlers gegenüber dem Krankenhaus eine Chance, das vorliegende Problem eigenständig zu lösen, wodurch mögliche Kosten durch andere Reaktionsformen der Kunden – negative Mund-zu-Mund-Kommunikation, negative Presseartikel, Meidung des Krankenhauses usw. – verhindert werden können.

Gleichzeitig kann durch ein funktionierendes Beschwerdemanagement ein nach außen hin sichtbares Zeichen der Kundenorientierung gesetzt werden und durch die Wiedererlangung von Kundenzufriedenheit und daraus resultierender positiver Mund-zu-Mund-Kommunikation auch Auswirkungen auf die Akquisition potenzieller Kundinnen und Kunden erzielt werden. Des Weiteren ermöglicht das Beschwerdemanagement eine Anpassung der Krankenhausleistungen an die Kundenbedürfnisse. Beschwerden enthalten wichtige Informationen über die von Kundinnen und Kunden wahrgenommenen Probleme mit den Krankenhausleistungen. Sie bieten dadurch Anregungen für Verbesserungen und Innovationen.

Das Beschwerdemanagement kann somit innerhalb des systematischen Qualitätsmanagements und der Dienstleistungsgestaltung Anwendung finden. Voraussetzung dafür ist das Vorliegen von für die Kundinnen und Kunden **leicht zugänglichen Beschwerdekanälen** (z. B. durch die aufgeschlossene Art der Krankenhausmitarbeiter gegenüber Reklamationen der Kundinnen und Kunden im täglichen Umgang, innerhalb regelmäßiger Kundenzufriedenheitserhebungen, Kummerkasten an der Rezeption, Einbindung des Patientenfürsprechers etc.), die Stimulierung zur Beschwerdeabgabe, eine angemessene Beschwerdeaufnahme und -bearbeitung sowie die systematische Auswertung enthaltener Informationen (Stauss 2017). Zusätzlich ist hier die Wichtigkeit einer entsprechenden **Fehlerkultur** im Krankenhaus zu erwähnen: Nur wenn offen über Fehler gesprochen werden kann, können daraus Verbesserungen realisiert werden (Löber 2011).

In der Auflösungsphase kann bei unzufriedenen Kundinnen und Kunden, die ihre Beziehung zum Krankenhaus offen kündigen (Kontaktaufnahme durch Kundinnen und Kunden), bereits in einem persönlichen Kündigungsgespräch versucht werden, eine Rückgewinnung einzuleiten. Im Falle von Patientinnen und Patienten kann dies z. B. innerhalb des üblichen Entlassungsgesprächs geschehen. Auch bei Patientinnen und Patienten, die abwanderungsgefährdet sind, kann solch ein Gespräch das Vertrauen in die Beziehung stärken.

Problematisch ist in diesem Kontext, dass nicht immer bekannt ist, wie unzufrieden Patientinnen und Patienten sind, oder dass die Zeit bzw. Qualifikationen seitens des Personals fehlen, ein entsprechendes Gespräch zu führen. Ist das Vertrauen der Kundinnen und Kunden in die medizinischen Leistungen des Krankenhauses verloren gegangen (insbesondere in das dort arbeitende Personal), so wird das Vertrauen schwerlich nur durch ein persönliches Gespräch zurückzugewinnen sein.

In diesem Fall müssen insbesondere qualitätssteigernde Maßnahmen erfolgen, im Einzelfall verbunden mit einzelnen personellen Veränderungen, bevor eine vertrauensvolle Beziehung wieder möglich ist. Diese Veränderungen müssen dann auch konsequent an die Kundengruppen kommuniziert werden (z. B. mittels Medienmeldungen über die Neuanstellung einer/eines weithin bekannten und anerkannten Herzspezialist/in als Chefärztin/-arzt in der entsprechenden Abteilung des Krankenhauses, oder über die Teilnahme an freiwilligen qualitätssichernden Maßnahmen wie der Initiative Qualitätsmedizin).

Auch bei Kundinnen und Kunden, die dem Krankenhaus nach Abwanderung fernbleiben (Abstinenzphase), kann es für das Krankenhaus sinnvoll sein, Bemühungen zur Rückgewinnung zu starten. Dies ist insbesondere bei Kundengruppen der Fall, die aufgrund ihrer Multiplikatorfunktion wichtig sind (z. B. einweisende Ärztinnen/Ärzte mit großem Patientenstamm). Hier muss geprüft werden, inwiefern im Einzelfall Angebote zur Rückgewinnung unterbreitet werden können (z. B. Rabatte für einen wichtigen Krankenversicherer einräumen) oder eine Zusammenarbeit durch für den Kundinnen und Kunden interessante und nützliche (individualisierte) Leistungen (z. B. regelmäßige kostenlose Fortbildungen für niedergelassene Ärztinnen/Ärzte) wieder angeregt werden kann. In den meisten Fällen dürfte in dieser Phase die Kontaktaufnahme vom Krankenhaus ausgehen. Vor Unterbreitung etwaiger Angebote muss jedoch geprüft werden, ob die dadurch entstehenden Kosten durch die evtl. zurückgewonnene Bindung des

Kundinnen und Kunden auch ökonomisch gerechtfertigt sind.

Die Aufgaben in der Kündigungs- und Abstinenzphase bestehen also darin, die Kündigungsgründe zu ermitteln, im Anschluss die Kundinnen und Kunden von der aktuellen Beseitigung der Gründe zu überzeugen und sie für eine erneute Beziehung zum Krankenhaus zu gewinnen. Dazu können Maßnahmen der in der Gefährdungsphase angesprochenen Marketing-Mix-Bereiche eingesetzt werden. Wichtig erscheint hierbei vor allem, auf die Funktion der Analyse der Kundenabwanderung hinzuweisen (Bruhn und Boenigk 2017).

Durch eine systematische Analyse können wichtige Erkenntnisse bezüglich einer erfolglosen Kundenbeziehung gewonnen werden, die zur Weiterentwicklung und Verbesserung des Kundenbindungsmanagements äußerst wertvoll sind. Zudem können durch solch eine Analyse Indikatoren identifiziert werden, die im Sinne einer Früherkennung auf kündigungs- bzw. abwanderungswillige Kundinnen und Kunden aufmerksam machen. Somit kann dann durch eine gezielte Ansprache versucht werden, diese Kundinnen und Kunden von einem Verbleib zu überzeugen.

Des Weiteren sollten die Erkenntnisse der Kundenabwanderungsanalyse (insbesondere bezüglich der Indikatoren zur Früherkennung) auch den Krankenhausmitarbeitern im Rahmen der Aus- bzw. Fortbildung weitergegeben und der Umgang mit abwanderungswilligen Kundinnen und Kunden geschult werden. Schlussendlich können die kundenseitig vorgetragenen Abwanderungsgründe auch als Hinweise auf unausgeschöpfte Potenziale zur Verbesserung der Krankenhausleistung verstanden werden. Aufgabe des Krankenhauses muss es sein, diese Informationen wahrzunehmen und umzusetzen.

Strategieentwicklung

Das Kundenmanagement sollte nicht punktuell erfolgen, sondern strategisch angegangen werden. Ein strategischer Ansatz umfasst zunächst die systematische Kundenanalyse, die im Krankenhausbereich unter Rückgriff auf vorhandene Daten **(Sekundärmarktforschung)** und durch aktive Datenerhebung **(Primärmarktforschung)** beim Kunden zu erfolgen hat.

Darüber hinaus kann der Erfolg des Kundenmanagements nur beurteilt werden, wenn im Vorhinein entsprechende Ziele definiert wurden. Bei der Zielplanung sind die Kundinnen und Kunden im Sinne einer partnerschaftlichen Kundenintegration in die Überlegungen mit einzubinden. Außerdem kommen neben den kundenbezogenen psychologischen Zielen (z. B. wahrgenommene Krankenhausleistungsqualität, Beziehungsqualität oder Kundenzufriedenheit) aufgrund des direkten Kontaktes zwischen Kundinnen und Kunden und Krankenhauspersonal auch mitarbeiterbezogene Ziele wie die Mitarbeiterzufriedenheit zum Zuge. Diese stellen eine Vorstufe der kundenbezogenen Ziele dar.

Zusätzlich kann eine Einteilung der Kundinnen und Kunden in Segmente auch für Krankenhäuser von Interesse sein. Vorstellbar ist dies insbesondere im Bereich von Wahlleistungen (Lingenfelder und Steymann 2014) oder zusätzlichen nicht-medizinischen Dienstleistungen, bei denen für den finanziellen Erfolg der Dienstleistungen relevante Größen als Kennziffern für die Einteilung herangezogen werden. Dies kann dazu beitragen, den sehr großen Spannweiten bezüglich Profitabilität und Intensität einer Kundenbeziehung gerecht zu werden. Aber auch im Falle der Beziehung zwischen einweisenden Ärztinnen/Ärzte und »ihrer« Klinik kann eine solche Kundensegmentierung wichtige Aufschlüsse geben.

Auf Basis des ermittelten Ist-Zustandes sowie den gesetzten Zielen sind dann für jede Phase des Lebenszyklus Strategien zu entwickeln, in denen die Kundenorientierung deutlich herausgestellt wird. Verfügt eine auf Herzleiden spezialisierte Klinik z. B. über ausreichend freie Kapazitäten, aber nur über einen geringen Marktanteil in diesem Segment, so erscheint eine **Kundenakquisitionsstrategie** angebracht zu sein.

Hingegen ist eine **Strategie zur Kundenbindung** festzulegen, wenn etwa im Falle einer Entbindungsstation das Phänomen auszumachen ist, dass Frauen, die ihr Kind auf dieser Station zur Welt gebracht haben, für eine weitere Geburt in eine andere Klinik wechseln. Verliert eine Abteilung oder Klinik massiv Patientinnen und Patienten oder Einweisende, etwa aufgrund wiederholten medizinischen Fehlverhaltens oder eines anhaltend schlechten Rufes, so müssen **Strategien zur Rückgewinnung** der Kundinnen und Kunden initiiert werden.

Die operative Umsetzung der Strategien erfolgt gemäß den Phasen des Kundenbeziehungslebenszyklus. Somit sind vom Krankenhaus für die Kundenakquisition, Kundenbindung und Kundenrückgewinnung entsprechende, geeignete Maßnahmen zu unternehmen. Im Sinne eines konsequenten Kundenmanagements ist dabei zu beachten, dass in allen Phasen die Beziehungsführerschaft, verstanden als Wettbewerbsvorteil, zu dokumentieren und im Rahmen des Erlaubten zu kommunizieren ist. Nur so können die positiven Effekte einer hohen Kundenorientierung durch ein systematisches Kundenmanagement von im Wettbewerb stehenden Krankenhäusern optimal ausgeschöpft werden.

3.4 Kundenmanagement in Arztpraxen und Ärztenetzen

David Matusiewicz

3.4.1 Gesetzliche und strukturelle Rahmenbedingungen

Strukturelle Rahmenbedingungen

Reichte es für die Arztpraxis früher aus, zu Marketingzwecken ein Schild mit dem Namen des Arztes und den Öffnungszeiten vor die Tür zu hängen, so haben sich durch den Einzug von **marktwirtschaftlichen Elementen** im Gesundheitssystem und nicht zuletzt durch die rasanten **digitalen Möglichkeiten** neue Möglichkeiten rund um das Kundenmanagement in Arztpraxen ergeben.

Der bestehende Wettbewerb zwischen den Arztpraxen, die Konkurrenz zwischen niedergelassenen Ärzten und Krankenhäusern, und die Entstehung neuer Anbieterstrukturen wie beispielsweise medizinische Versorgungszentren oder telemedizinische Anbieter verstärken diesen Trend und gleichzeitig den Konkurrenzdruck, der auf die einzelne Arztpraxis einwirkt. Durch eine zunehmende Anzahl von **Vergleichsportalen** werden Arztpraxen auch online sichtbar, was den regionalen und bei spezialisierten Praxen überregionalen Konkurrenzdruck erhöht. Aus diesem Grund wird das Thema Marketing rund um Arztpraxen bzw. Praxisnetzen immer wichtiger. Bei **Praxisnetzen** bedeuten Koordination und Ausgleich unterschiedlicher Interessen einen zusätzlichen Aufwand im Hinblick auf die Gestaltung des Marketings. Dabei werden netzbezogene Marketing-Aktivitäten für alle beteiligten Praxen gemeinsam gestaltet. Das Marketing für die einzelne Praxis kann jedoch unabhängig erfolgen. Die Fähigkeit zur **Erfüllung von Kundenerwartungen** kann als ein entscheidender **Wettbewerbsvorteil** gesehen werden.

Die Transformation der Arztpraxis und die starke Ausrichtung auf die Kundenbedürfnisse stellt Ärzte im ambulanten Bereich vor große Herausforderungen und Chancen. Die Arztpraxis muss wie ein **klein- bzw. mittelständisches Unternehmen** (KMU) geführt werden und sich auch mit modernen Instrumenten des Kundenmanagements auseinandersetzen. Dies erfordert betriebswirtschaftliche und auch digitale Kenntnisse, die in der Regel nicht während des Medizinstudiums vermittelt werden. Der ambulant tätige Arzt ist heute nicht nur Mediziner, er ist auch Unternehmer und von ihm werden auch Fähigkeiten rund um das Thema Digitalisierung erwartet. Dies wirkt sich unmittelbar auf den Arztberuf und die **Rolle des Arztes** im Gesunheitssystem aus. Die Verbände und Kammern wie die Kassenärztliche Bundesvereingigung (KBV), die jeweiligen Kassenärztlichen Vereinigungen (KVen) und die Bundesärztekammer unterstützen die Ärzte bei ihren Marketingaktivitäten. Hierzu zählen Hinweise zu rechtlichen Grundlagen des Marketings, zur Darstellung des Aussenverhältnisses (bspw. Corporate Identity), einzelnen Marketingmaßnahmen wie der Erstellung eines Marketingplans, Untestützung bei (Online)-Patientenbefragungen, Konzeption und Implementierung einer Praxis-Hompepage oder dem Umgang

3

mit Patientenportalen oder dem Umgang mit Social Media.

In den nachfolgenden Abschnitten wird auf die gesetzlichen Grundlagen des Kundenmanagements in Arztpraxen und Arztnetzen eingeganen und es wird ein Einblick in die praktische Umsetzung der Möglichkeiten der Ausgestaltung des Marketings gegeben.

Gesetzlicher Hintergrund

Als gesetzlicher Hintergrund dient insbesondere die Musterberufsordnung, das Heilmittelwerbegesetz und das Gesetz gegen unlauteren Wettbewerb.

Der Artikel 12 Absatz 1 des Grundgesetzes garantiert die Freiheit der Wahl von Beruf, Arbeitsplatz und Ausbildungsstätte sowie die Freiheit der Berufsausübung. Dieses Grundrecht dient vorrangig der Abwehr hoheitlicher Eingriffe in die genannten Freiheiten. Seine einzelnen Gewährleistungen bilden die Freiheit des Berufs. Ein **Werbeverbot** für Ärzte bedeutet hierbei eine Einschränkung und ist als ein Eingriff in die Berufsausübungsfreiheit der Ärzte zu werten. Eine derartige Einschränkung ist nur dann gerechtfertigt, wenn ein Gemeinwohlbelang wie der Schutz des Patienten diesem gegenübersteht. In diesem Zusammenhang ist allerdings auch dem Interesse des Patienten an Informationen Rechnung zu tragen. Es wird in der Rechtsprechung grundsätzlich auch dem Informationsbedürfnis des Patienten Vorrang eingeräumt (KBV 2021b). Nach Erläuterung des Bundesverfassungsgerichts (Az.: BvR 873/00, Rd.-Nr. 17) soll das Werbeverbot für Ärzte dem Schutz der Bevölkerung dienen und das Vertrauen des Patienten erhalten, dass der Arzt nicht aus Gewinnstreben bestimmte Behandlungen oder Untersuchungen vornimmt oder Medikamente verordnet. Somit steht die medizinische Notwendigkeit im Vordergrund und nicht die ökonomischen Erfolgsparameter.

In diesem Zusammenang spielt die **Musterberufsordnung der Ärzte** (MBO-Ä) eine wichtige Rolle, die von der Bundesärztekammer herausgegen wird. Dies enthält deutschlandweit gültige Berufspflichten und Grundsätze zur Berufsordnung. Sie gibt allgemeine Regeln und Richtlinien vor, welche von den jeweiligen Kammern auf Ebene der Länder spezifiziert werden. Die MBO-Ä ist Ausdruck der von der Ärzteschaft sich selbst aufgetragenen Restriktion der ärztlichen Berufsausübung.

In Paragraph 27 der MBO-Ä (aktuelle Fassung aus 2018) sowie dem **Gesetz gegen unlauteren Wettbewerb (UWG)** ist eine berufswidrige Werbung untersagt. Hierzu zählen als ein Beispiel »anpreisende, irreführende oder vergleichende Werbemaßnahmen«.

> § 27 Absatz 3 MBO-Ä: Berufswidrige Werbung ist Ärztinnen und Ärzten untersagt. Berufswidrig ist insbesondere eine anpreisende, irreführende oder vergleichende Werbung. Ärztinnen und Ärzte dürfen eine solche Werbung durch andere weder veranlassen noch dulden. Eine Werbung für eigene oder fremde gewerbliche Tätigkeiten oder Produkte im Zusammenhang mit der ärztlichen Tätigkeit ist unzulässig. Werbeverbote aufgrund anderer gesetzlicher Bestimmungen bleiben unberührt.

Die KBV erläutert die drei erwähnten Arten von untersagter Werbung wie folgt (KBV 2021a):

- **anpreisende Werbung:** als »anpreisend« wird eine übertriebene Werbung mit reißerischen bzw. marktschreierischen Mitteln bezeichnet. Dies beinhaltet auch Informationen, die für den Patienten keine Aussage oder keinen nachprüfbaren Inhalt beinhalten
- **irreführende Werbung:** als »irreführend« wird Werbung bezeichnet, die bei den Patienten Fehlvorstellungen hervorrufen kann, die in einem Zusammenhang zu einer merklichen Bedeutung für die Wahl des Arztes stehen. Dies beinhaltet Behauptungen zu Alleinstellungsmerkmalen oder Schein-Qualifikationen, die im Vergleich zu nach der Weiterbildungsordnung geregelten Qualifikationen keinen Leistungs- bzw. Kenntniszuwachs bieten.
- **Vergleichende Werbung:** als vergleichende Werbung ist zum einen untersagt, Kollegen in einer negativen Form der Vorstellung des Patienten herabzusetzen, und zum anderen sich selbst in positiver Form, bei der Gunst des Patienten zum eigenen Vorteil, anzupreisen.

Neben den genannten Beispielen ist es außerdem verboten bei anderen Leistungserbringern im Gesundheitswesen bspw. Apotheken auf die eigene Tätigkeit hinzuweisen, eigene Zeitungsbeilagen zu produzieren oder Giveaways außerhalb der Räumlichkeit der eigenen Praxis zu verteilen (KBV 2021a).

Die Berufsordnung der Ärzte erlaubt hingegen im Wesentlichen die nachfolgenden **Marketingaktivitäten** der Ärzte:

- **Medien:** Praxisschilder, Briefbögen, Rezeptvordrucke, Internetpräsentationen und Anzeigen (ohne besonderen Anlass) sind erlaubt. Ebenso ist Rundfunk- und Fernsehwerbung grundsätzlich zulässig.
- **Schwerpunkte:** Neben ihrer Weiterbildung können Zusatzbezeichnungen und Tätigkeitsschwerpunkte angeben werden.
- **Leistungsspektrum:** Ärzte können zudem Flyer, Informationsbroschüren oder Praxiszeitungen mit organisatorischen Hinweisen und Hinweisen zum Leistungsspektrum sowie Angaben zur Person in der Praxis auslegen.
- **Berufsbezogene Informationen:** Es sind sachliche berufsbezogene Informationen erlaubt.
- **Mitgaben:** Give-aways mit geringem Wert wie Kalender oder Kugelschreiber dürfen an die Patienten weitergeben werden.

Zudem darf auf das Thema Qualitätsmanagement und dazugehörige Zertifikate in verschiedenen Medien und dem Praxisschild hingewiesen werden.

Wenn sich die Werbung nicht auf die Arztpraxis als solches bezieht, sondern auf ein konkretes medizinisches Verfahren, gelten zusätzlich zur erwähnten MBO-Ä die Vorschriften des sog. Gesetzes über die Werbung auf dem Gebiete des Heilwesens (**Heilmittelwerbegesetz**). Basierend auf dem Gesetz darf außerhalb der Fachkreise (Angehörige bzw. Einrichtungen der Heilberufe oder des Heilgewerbes, Einrichtungen) für Arzneimittel, Verfahren, Behandlungen, Gegenstände oder andere Mittel nicht geworben. Hierzu zählen nach § 11 des Heilmittelwerbegesetzes (Stand Mai 2021) in verkürzter Form ein Verbot von:

- Ärztlichen Empfehlungen
- Wiedergabe von Krankengeschichten
- Darstellung von Veränderungen des menschlichen Körpers
- vergleichende Darstellung des Körperzustandes oder des Aussehens vor und nach dem Eingriff
- Preisausschreiben, Verlosungen oder ähnliche Verfahren
- Abgabe von Arzneimitteln in Form von Muster, Proben oder Gutscheinen
- Werbemaßnahmen mit der Zielgruppe Kinder und Jugendliche

3.4.2 Praktische Umsetzung

Die Realisierung von Marketing für Arztpraxen oder Ärztenetze sollte in Form einer **Marketing-Konzeption** für die individuelle Organisation erfolgen. Eine Marketing-Konzeption ist ein in sich geschlossener Gesamtplan und stellt einen Kernbereich der Führung eines Unternehmens oder einer Organisation dar. Sie nennt **Marketing-Ziele**, **Marketing-Strategien** und benennt **Marketingmaßnahmen** für die operative Umsetzung im **Marketing-Mix** sowie Instrumente zur Erfolgskontrolle. Nach Meffert und Bruhn (2003) ist Marketing »Die bewusst **marktorientierte Führung des gesamten Unternehmens**, die sich in **Planung, Koordination** und **Kontrolle** aller auf die aktuellen und potenziellen **Märkte ausgerichteten Unternehmensaktivitäten** niederschlägt«. Die Entwicklung einer Marketingkonzeption erfolgt in mehreren Schritten.

Sowohl Kotler et al. (1999) als auch Meffert und Bruhn (2003) machen in ihren Definitionen von Marketing deutlich, dass es sich hierbei um einen zentralen Aspekt der Führung und Steuerung eines Unternehmens handelt. Arztpraxen oder Praxisnetze, die diese Form der Steuerung realisieren, machen den Patienten und die Erfüllung seiner Wünsche zum Zentrum ihrer Aktivitäten. Da der Prozess der Dienstleistungserstellung in Zusammenwirken mit dem Patienten erfolgt, ist die Ausrichtung der Prozesse und Ergebnisse an den Wünschen und Bedürfnissen dieser Patienten ein wirkungsvoller Ansatz, erfordert jedoch oft eine Änderung der Unternehmenskultur

(z. B. Corporate Identity) und Umgestaltung der Leistungsprozesse (Prozessmanagement). Eine Organisation kann zur Erfassung der Kundenzufriedenheit das Verhältnis von Kundenerwartung zu Bedürfnisbefriedigung mittels Patientenbefragungen ermitteln.

Das Kundenmanagement ist in diesem Zusammenhang eine **Fokussierung** des Marketings auf den Kunden. Dabei versuchen die Ärzte eine Kundenbindung aufbauen. In dieser Beziehung stellt sich eine eindeutige Abhängigkeit dar, denn der Patient kann weder alleinige Entscheidungen über medizinische Leistungen treffen noch diese qualitativ beurteilen. Ein Patient kann allerdings zu unterschiedlichen Zeitpunkten verschiedenartige Ansprüche an einen Arzt und seine Praxis stellen. Der Patient ist in seinem Agieren nicht nur bei Produkten sehr dynamisch, sondern vor allem in seinen Bedürfnissen. Dabei können die Patienten beeinflussen, welche **Ausstattungen**, welche **Leistungen** und welche **Personaleigenschaften** vorhanden sein müssen, damit sie eine bestimmte Arztpraxis besuchen und weiterempfehlen. Hierbei zählt nicht allein die zu beurteilende Qualität der Behandlung, sondern auch weitere **Services** wie beispielsweise kurze Wartezeiten einer Arztpraxis (Dumont und Matusiewicz 2019).

Zur Kundenbindung in der Arztpraxis können weiterhin die nachfolgenden Aspekte beitragen:

- **Image** (ein guter Ruf)
- **Markenbildung** (beispielsweise durch die Personenmarke des Arztes)
- **Bekanntheitsgrad** (beispielsweise durch soziale Netzwerke oder Mund-zu-Mund-Propaganda)
- **Zusatzleistungen** (schnelle Terminbuchung, attraktive Praxisöffnungszeiten)
- **Zielgruppen-spezifische Besonderheiten** (unterschiedliche Informationsunterlagen je nach Alter, Geschlecht und Sprachkenntnissen)

> Über den **Kundenbegriff** in der Arztpraxis wird nach wie vor kontrovers diskutiert. Befürworter sprechen sich für den Kundenbegriff aus, um hier die Selbstbestimmung und Autonomie zu unterstreichen. Kritiker bemängeln, dass der sogenannte Kunde zwar Wahlmöglichkeiten gegenüber den Leistungserbringern hat, diese jedoch bei Diagnostik und Therapie auch eingeschränkt seien. Auch bei schwerkranken und sterbenden Patienten sind sie stark eingeschränkt, sodass auch hier die Geschäftsfähigkeit stark vermindert bzw. auf Dritte (Angehörige) übertragen wird. Zwischen dem Kunden- und Patientenbegriff gibt es noch den Begriff des Klienten, der als »Schützling« die Dienste des Gesundheitswesens in Anspruch nimmt und damit wie ein Kompromissvorschlag in der Debatte um den richtigen Begriff wirkt.

Zusammenfassend sind Patienten nicht nur an der technisch korrekten Erstellung der Dienstleistung interessiert, da dies ohnehin zu der wesentlichen Erwartungshaltung dieser zählt. Ein wichtiger Aspekt bei der Beurteilung der Qualität ist die **Stimmung**, die bei der Leistungserbringung herrscht und die Umgangsformen, die in der Organisation gepflegt werden, da sie das Vertrauen des Patienten positiv beeinflussen. Eine positive **Arbeitsatmosphäre** zu gestalten, kann also im Sinne des Marketings gezielt eingesetzt und gefördert werden und somit gleichzeitig dem Kundenmanagement dienen.

Marketingmanagement

Marketingmanagement in der Arztpraxis ist vergleichbar mit einem Arztbesuch eines Patienten. Zuerst erfolgt eine **ausführliche Analyse** (= Anamnese), dann folgen die Diagnose, das Behandlungsziel und die Behandlungsstrategie (= Therapie). Diese wird dann mit dem Patienten besprochen, um ihn einzubinden. Dann folgt der Behandlungsplan, der mithilfe der Praxismitarbeitern umgesetzt wird.

Zum guten Schluss wird das Ergebnis kontrolliert (Checkup), das Ergebnis korrigiert bzw. optimiert, bis schließlich das anvisierte Ziel der vollständigen Heilung erreicht ist. Marketing heißt grundsätzlich die **Bedürfnisse des Patienten** zu befriedigen. Patienten möchten vollständig informiert und in medizinische Entscheidungen eingebunden werden, um aktiv an der eigenen Gesundung mitwirken zu können.

Einzelne Etappen im Praxismarketing sind daher:

- Analyse der Gegebenheiten
- Festlegung einer zielführenden Strategie
- Maßnahmenplanung und
- Umsetzung im Zusammenspiel von Arzt und Patient

In diesem Zusammenhang ist die **Corporate Identity** (CI) wichtig, indem eine Arztpraxis in einem bewussten und **systematischen Prozess** das eigene **Selbstverständnis** (Identität) **erkennt** und mit den Erwartungen und Vorstellungen der Mitarbeiter und Umwelt **abgleicht**. Je nach der Ausrichtung des Unternehmens wird entschieden, ob die Corporate Identity angepasst werden muss. Dabei werden mehrere Elemente eingesetzt, deren stimmiges Zusammenspiel für die Glaubwürdigkeit der CI essenziell ist:

- **Corporate Design**: ist die einheitliche Darstellung der Praxis auf Kommunikationsmedien z. B. durch ein Praxislogo, das sich an mehreren Stellen wiederfindet (Internetauftritt, Kleidung der Mitarbeiter, Raumgestaltung).
- **Corporate Behaviour**: im Rahmen der Corporate Identity werden gemeinsame Werte und Haltungen formuliert, die sich im Verhalten der Mitarbeiter untereinander und gegenüber den Patienten zeigen.
- **Corporate Communication**: durch die Art und Weise wie kommuniziert wird, werden die wesentlichen Werte und Haltungen der CI transportiert.

Die **Corporate Identity** kann Patientenorientierung als wesentlichen Bestandteil des eigenen Selbstverständnisses festlegen. Durch Anwendung der Corporate Communication im Rahmen des Marketing-Mix (folgender Abschnitt) kann die interne und interaktive Kommunikation im Sinne der CI gestaltet werden und damit zur Kundenbindung beitragen.

Marketing-Mix in der Arztpraxis

Vor dem Hintergrund der primären **Ausrichtung der Marketingaktivitäten** an Wesen und Vision der Organisation wird dann mit Hilfe von **Analyseinstrumenten** die aktuelle **Position** bestimmt, **Entwicklungsmöglichkeiten** ermittelt und mit Hilfe strategischer Planung in ein **Marketingkonzept** mit einem ganz konkreten Maßnahmenkatalog (**Marketing-Mix**) übersetzt.

Der Praxisinhaber in der Praxis oder im Verbund eines Ärztenetzes profitiert von der klar definierten Praxismarketingstrategie. Denn: Wer klar kommuniziert, wer welche Ziele in der Entwicklung der Praxis erreichen will, der vermeidet Konflikte, die unter Umständen zur Trennung aus der Praxisgemeinschaft oder zu unnötigen Missverständnissen in der Gründung bzw. im erfolgreichen Fortbestehen eines Ärztenetzes führen. Jene Konflikte sind zudem meist mit enormen finanziellen Verlusten verbunden. Oft wird in moderierten Teambesprechungen deutlich, dass weder der Praxismanager/Erstkraft noch die Praxismitarbeiter wissen, welche Ziele der/die Praxisinhaber erreichen wollen und ob diese überhaupt Ziele für die Praxis haben.

Marketing-Mix für die Arztpraxis

Im klassischen **Marketing** in der allgemeinen Betriebswirtschaftslehre werden Marketingaktionen klassischerweise nach dem klassischen Marketing-Mix ausgestaltet, welcher die nachfolgenden 4P umfasst: **P**rodukt, **P**reis, **P**latzierung und **P**romotion (Werbung). Für das **Dienstleistungsmarketing** hingegen werden drei weitere **P** (**P**ersonal, **P**rozess, **P**hysische Umgebung) zu den **7P** ergänzt. Die Entwicklung einer Marketingkonzeption erfolgt in mehreren Schritten (◘ Abb. 3.5).

Da das Produkt »Dienstleistung« wesentlich durch den Dienstleistungsprozess, den Dienstleister (Arzt und Praxispersonal) und durch die Ausstattung (physischen Umgebung), geprägt ist, spielen diese drei Faktoren, zusammen mit der Kommunikation, beim Dienstleistungsmarketing eine zentrale Rolle. Leistung und Preis können in einer kassenärztlichen Praxis nur im Rahmen des Angebots von sog. **Individuellen Gesundheitsdienstleistunen (IGeL-Leistungen)** im Sinne des Praxismarketings genutzt werden. Die **Marketing-Konzeption** für eine Arztpraxis könnte unter Beachtung der für Dienstleistungen wesentlichen Marketinginstrumente desweiteren folgendermaßen aussehen.

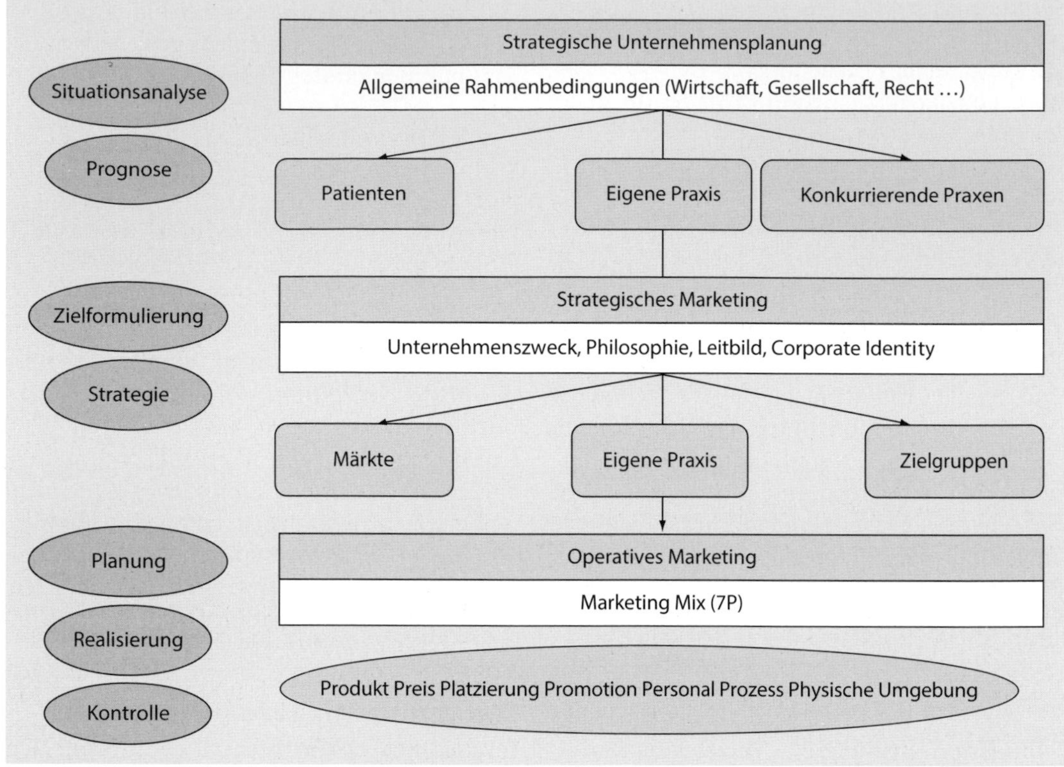

Abb. 3.5 Marketingkonzeption in Arztpraxen

Im Rahmen der Kommunikationspolitik (**Promotion**) ist es für die Arztpraxis wichtig, die Patienten über das eigene Angebot zu informieren. Die Ärzte kommunizieren die Vorteile und stellen ihre Dienstleistungen in der Praxis oder Public-Relations-Maßnahmen vor. Die Bereitstellung von Informationsmaterial zu Prävention und Vorsorge in der Praxis und auf der Internetseite könnte hier von Bedeutung sein. Als ein weiteres Beispiel könnte das Anbieten von Öffnungszeiten außerhalb der üblichen Geschäftszeiten – beispielsweise für Berufstätige – könnte Bestandteil eines Marketingkonzeptes sein. Eine Einführung eines Qualitätsmanagementsystems, Schulung der Mitarbeiter und Zertifizierung der Praxis könnte im Kontext des Prozesses eine wichtige Rolle spielen. Marketing sollte Maßnahmen ermitteln, mit deren Hilfe die Produktivität der Praxis erhöht werden kann (»**process**«) – durch Optimierung organisatorischer Prozesse in der Arztpraxis, kann dieser Aspekt des Dienstleitungsmarketings umgesetzt werden (Prozessmanagement). Es ist beispielsweise sinnvoll, die Praxisorganisation daraufhin zu überprüfen, ob die Terminvergabe optimiert werden kann, um die Wartezeiten der Patienten zu verringern. Marketing sollte die Standardisierung von Dienstleistungen unterstützen (»**personnel**«, »**process**«) – durch Einführung eines Qualitätsmanagementsystems können bestimmte Arbeitsprozesse standardisiert werden. Qualitätsmanagement beinhaltet auch gezielte Personalentwicklung, wie sie beispielsweise durch Schulung der Kommunikationskompetenz der Mitarbeiterinnen zielführend umgesetzt werden kann. Marketing sollte reale Dinge finden, an die die Dienstleistung anknüpfen kann (»**physical facilities**«) – Ausstattung und Ambiente einer Arztpraxis sollten so gestaltet werden, dass sie einerseits eine sehr hohe Funktionalität haben, um optimale Prozessabläufe zu ermöglichen. Andererseits sollten sie eine angenehme Atmosphäre schaffen und hohe Qualitätsansprüche widerspiegeln.

Wesentliches Instrument für Kundenmanagement und Marketingmanagement ist vor allem im medizinischen Dienstleistungsbereich die Kommunikation. **Kommunikation** dient dabei einerseits der Übermittlung von Informationen zur Steuerung von Überzeugungen, Erwartungen und Verhaltensweisen von (potenziellen) Patienten. Andererseits kann sie gezielt im Rahmen von Marketingmaßnahmen eingesetzt werden. Kommunikation ist ohnehin wesentlicher Bestandteil des »normalen Alltagsgeschäfts« einer Arztpraxis. Eine gelungene, d. h. eine klare, offene und respektvolle Kommunikation sowohl innerhalb des Teams als auch mit den Patienten gehört daher gleichzeitig zum **internen** und zum **interaktiven Marketing**.

Eine Arztpraxis sollte deshalb nicht nur **externes Marketing** (z. B. Öffentlichkeitsarbeit) betreiben, sondern einen starken Fokus auf **internes Marketing** legen. Die Mitarbeiter einer Praxis können in diesem Sinne trainiert und motiviert werden, sodass sie in der Lage sind, im Kontakt untereinander und mit den Patienten eine vertrauensvolle Atmosphäre zu schaffen. Eine solche Atmosphäre wirkt im Sinne eines **interaktiven Marketings,** indem sie positive Rückwirkungen auf die Leistungserstellung selbst und auf die **Kundenbindung** hat.

Für **Arztpraxen und Praxisnetze** gilt es bei der Anwendung von Marketing zu bedenken, dass **Kundenorientierung** als Strategie sehr Erfolg versprechend ist. Sie erfordert jedoch die Überprüfung und gegebenenfalls die Neustrukturierung der Prozesse sowie eine veränderte Unternehmenskultur. Darüber hinaus ist das Informationsbedürfnis der Patienten in den vergangenen Jahren gestiegen. Auch den Anforderungen an eine veränderte Rolle des Arztes als unterstützender Partner in der Gestaltung des Heilungsprozesses kann mit Kundenorientierung und optimierter Kommunikation positiv begegnet werden. Trotz des gesteigerten Aufwands lohnt sich dies gerade auch für Arztpraxen, Praxisnetze und andere Dienstleister im Gesundheitswesen, da die erbrachten Leistungen ohnehin sehr stark durch Kommunikation geprägt sind und an diesen Aspekt von Seiten der Kunden sehr hohe Erwartungen gestellt werden.

Terminvergaben

Das Wartezimmer ist ein wesentlicher Bestandteil in einer Arztpraxis und für viele Ärzte kaum vom Praxisalltag wegzudenken. Unabhängig davon, ob es sich um einen Allgemein-, Fach- oder Zahnarzt handelt, müssen Patienten in der Regel erst im **Wartezimmer** Platz nehmen, bevor sie im Behandlungsraum auf den Arzt treffen können. Gesundheitswissenschaftler streiten seit Jahren darüber, was eine angemessene Wartezeit ist. Gegen das Ziel von gar keiner Wartezeit spricht in diesem Zusammenhang, dass die Wartezeit dazu führen kann, dass akute Symptome ggfs. abklingen können ohne voreilige Operationen auf diese Art und Weise vermieden werden können (Wasem 2018). Des Weiteren spielt die Wartezeit des Patienten eine **Schlüsselrolle** bei der Bewertung der **Leistungsfähigkeit des Arztes** (Matusiewicz und Fahimi-Weber 2017). Es gilt, je geringer die Wartezeit, desto höher ist die Patientenzufriedenheit, wodurch die daraus resultierende Behandlungsqualität steigen kann (Meyer et al. 2016). Daher sollte eine Arztpraxis auch aus Marketinggründen die **Minimierung der Wartezeit** anstreben. Eine eher visionäre Sicht ist das Ziel langfristig das Wartezimmer abzuschaffen, was beispielsweise durch Online-Terminierung von Arztterminen erreicht werden könnte (Fahimi-Weber et al. 2019).

Generell sind **zwei Typen von Wartezeit** zu unterscheiden: Der eine Typ von Wartezeit kann als die Zeit verstanden werden, die der Patient ab dem Auftreten der ersten Krankheitssymptome auf einen Arzttermin bzw. bis zu einer Intervention warten muss. Das kann zum Beispiel der Zeitraum sein, bis eine Arztpraxis eine bestimmte medizinische Untersuchung oder Leistung anbietet. Der andere Typ von Wartezeit entsteht unmittelbar bevor oder während der Inanspruchnahme der Gesundheitsleistung selbst. Beispielsweise kann es sich hier um die Zeit vor Ort in der Arztpraxis bzw. im Wartezimmer handeln, um in den direkten Kontakt mit dem behandelnden

Arzt zu kommen. Der zuletzt genannte Typ führt oft zu Stress bei den Mitarbeitern der Arztpraxis, da die Patienten im Wartezimmer ungeduldig werden können. Durch den damit entstehenden Zeitdruck kann es zu Fehlern kommen, die das Behandlungsergebnis beeinflussen. Zusätzlich sinkt die **Compliance** bei den Patienten, wenn sich der Arzt nicht ausreichend Zeit für das Gespräch mit dem Patienten nimmt. Aus Sicht des Patienten sind beide Typen von Wartezeit wichtig.

Die Gründe für die Entstehung von Wartezeit beider Typen sind vielfältig. Zum einen können Wartezeiten aus dem Zusammenspiel von **Angebot und Nachfrage** resultieren. Bei einer zu hohen Nachfrage von Arztterminen – bei einer gleichbleibenden Anzahl von Gesundheitsanbieter – entstehen Ressourcenengpässe und somit Wartezeit. Andererseits kann Wartezeit auch durch einen mangelnden Informationsaustausch versursacht werden. Patienten haben im ambulanten Bereich meist keinen Zugang zu Echtzeitinformationen über die Wartezeit (vgl. Czypionka und Achleitner 2019). Zudem werden einige Termine nicht abgesagt oder sogar vergessen, die der Arzt nicht mehr mit anderen Patienten-Terminen füllen kann und damit eine Lücke im Kalender hinterlässt. Auch kurzfristig freiwerdende Termine sind in der Regel nur schwer wieder zu vergeben und können zu Leerzeiten des Arztes führen. Diese Problematik kann in Zukunft vermehrt durch eine **smarte Terminkoordination** von Unternehmen wie beispielsweise Doctena, Doctolib, Arzttermine.de, dubidoc oder durch Online-Terminbuchungen von Krankenkassen behoben werden.

Des Weiteren spielt die **Reputation der Arztpraxis** und des Arztes selbst eine wichtige Rolle. Neben der persönlichen Weiterempfehlung nehmen vor allem Arztbewertungsportale (► Abschn. 3.4.2.8) im Internet an Bedeutung zu. Beispielsweise werden bei den Bewertungsportalen sowohl die Wartezeit auf den Termin selbst als auch die Wartezeit in der Praxis abgefragt. Dies unterstreicht nochmals die Relevanz beider Typen von Wartezeit. Eine Studie von 2017 ergab, dass sich etwa 60 % der Nutzer von Bewertungsportalen aufgrund dort gefundener Informationen für eine Arztpraxis entschieden haben (vgl. Rischer et al. 2017). Bei der Befragung gab etwa die Hälfte der Teilnehmer an, dass Informationen über die Wartezeiten auf einen Termin und in der Arztpraxis, als auch über die Sprechzeiten und die Kontaktmöglichkeiten gewünscht werden. Dies impliziert, dass Patienten Transparenz über Wartezeit fordern.

Bei Menschen mit chronischen Erkrankungen erhöht sich die Wartezeit nochmals, da diese öfters den Arzt aufsuchen. Die Wartezeit, die die Patienten für die Behandlung in Kauf nehmen, kann zu einem Ungleichgewicht in der **Arzt-Patienten-Beziehung** führen. Es impliziert dabei, dass die Zeit des Arztes wichtiger als die des Patienten ist. Dies wiederum kann sich auf die Compliance des Patienten und somit auf den Therapieerfolg auswirken. Durch digitale Lösungen können sich aber Wartzeiten in der Arztpraxis minimieren bzw. sogar ganz abschaffen lassen. Mithilfe einer App ist es möglich, den Patienten nach der Anmeldung in der Arztpraxis durch beispielsweise Einscannen eines QR Codes über seine Position in der Warteschlange zu informieren. So kann der Patient die Wartezeit außerhalb der Praxis verbringen und zum Beispiel noch einen kleinen Spaziergang oder einen Einkauf erledigen. Die Arztpraxis informiert den Patienten rechtzeitig, damit dieser ausreichend Zeit hat, um wieder zur Arztpraxis zurückzukehren. Dadurch entsteht den Mitarbeitern der Arztpraxis weniger Stress, das Wartezimmer ist nicht mit teils ansteckenden Patienten überfüllt und der Patient kann die Zeit individuell nutzen.

Vorteile einer smarten Terminkoordination auf einen Blick

- Terminvereinbarung, -verschiebung und -absage jederzeit möglich (unabhängig von den Praxisöffnungszeiten)
- Mehr Freiheit bei der Terminwahl durch Einsicht aller zu Verfügung stehenden Termine
- Terminerinnerungen für Patienten und damit Reduktion von Terminausfällen
- Echtzeitinformationen für die Patienten über die genaue Wartezeit

- Transparenz für Arzt, Arztpraxismitarbeiter, Patienten und Angehörige
- Erleichterungen in der Praxisorganisation durch effizientes Zeit- und Ressourcenmanagement
- Erhöhung der Patientenzufriedenheit
- Besseres Image durch sehr gute Bewertungen bei Arztbewertungsportalen

Praxis-Homepage

Die Inanspruchnahme von digitalen Informationsmöglichkeiten hat in den letzten Jahren stark zugenommen und macht auch nicht vor der Arztpraxis bzw. dem Praxisnetz halt. Dadurch hat sich zudem der Zugang zu Gesundheitsinformationen über das World Wide Web für Laien vereinfacht. Es informieren sich immer mehr Menschen im Internet über Gesundheitsthemen. Etwa jede zwanzigste Suchanfrage bei Google hat einen Gesundheitsbezug. Bei Patienten ist somit nicht mehr der Arzt der erste Ansprechpartner, wenn es um gesundheitliche Angelegenheiten geht, sondern »Dr. Google«. Insbesondere bei langer Wartezeit kommen die Patienten bereits gegoogelt in die Arztpraxis, die dann per se schon als Zweitmeinung nach einer ersten digitalen Auskunft ist. Dies hat zur Folge, dass sich das Arzt-Patienten-Verhältnis verändert hat, da der Patient besser informiert zu sein scheint was das **Informationsgefälle zwischen Arzt und Patient** beeinflusst. Es stellt sich die Frage, wie der Arzt seine Online-Präsenz verbessern und wieder zur ersten Anlaufstelle für den Patienten werden kann.

Ärzte können auf ihrer **Internetseite** auf vertrauenswürdige Informationsquellen referenzieren oder selbst qualitätsgesicherte Informationen zur Verfügung stellen. Das gibt dem Patienten die Chance, sich auch außerhalb der Sprechstunden mit seiner Erkrankung näher auseinanderzusetzen. Einige Ärzte verweisen den Patienten nach dem Arzt-Patienten-Gespräch auf den Content ihrer Homepage für häufig gestellte Fragen (Q&A – Questions and Answers) oder Erklärvideos.

Zusammenfassende Vorteile einer Praxis-Homepage sind:

- Bereitstellen von **Praxis-Schwerpunkten** und **Neuigkeiten**
- **Erreichbarkeit und Verfügbarkeit** (24/7 und 365 Tage im Jahr)
- **Öffnungszeiten, Telefonnummer und Google Map Karte** jederzeit abrufbar
- Im Sog. **Responsive-Design** (auch mit dem Smartphone gut lesbare Inhalte)
- Umsetzung der **Corporate Design Strategie** durch Bilder und Layout
- Optimierung durch **Search Engine Optimization (SEO)** – Suchmaschinenoptimierung

Die KBV gibt auf ihrer Homepage ebenso Tipps und Hintergründe für die Praxis-Website hinsichtlich des Konzepts, der Inhalte, Technik und Bassierefreiheit (KBV 2021b).

Anamnese

Der Prozess der **Anamnese** hat aus Gründen der Kundenorientierung ebenso eine wichtige Rolle. Hierbei werden die Symptome und deren Länge des Vorhandenseins abgefragt. In manchen Fällen werden die Patienten direkt zur Notaufnahme oder zu einem Facharzt überwiesen. Falls der Patient noch nicht in der Arztpraxis war, muss er meistens noch im Wartezimmer einen **papierbasierten Aufnahmebogen** ausfüllen, bei dem er beispielsweise nach Allergien, Vorerkrankungen oder vergangenen Operationen gefragt wird und eine Krankengeschichte darlegen soll. Bei älteren oder hilfsbedürftigen Patienten wird die Patientenaufnahme von einem Mitarbeiter der Arztpraxis, der über ein gewisses Maß an medizinischem Wissen verfügt, durchgeführt. In einigen Arztpraxen erfolgt nicht nur die Neuaufnahme eines neuen Patienten über die Mitarbeiter, sondern auch die erste Anamnese. Damit werden begrenzte Ressourcen, wie zum Beispiel die Zeit des Arztes, eingespart. Dabei muss das Personal bei einem hohen Patientenaufkommen die Nachfrage einer großen Anzahl von Personen befriedigen und sich schnell um jeden Einzelnen kümmern. Dies erhöht das Risiko, wichtige Informationen in den Interviewberichten nicht aufzunehmen (Ni et al. 2017).

Oft erschwert sich die Übertragung und Auswertung des papierbasierten Fragebogens durch eine schwerlesbare Schrift des Patienten. Im Falle einer Unlesbarkeit der Antworten muss zusätzlich nochmal durch das Personal beim Patienten nachfragen. Dies führt einerseits zu **Fehlerquellen** bei der Übertragung und andererseits zum Mehraufwand für die Mitarbeiter. Um dies zu vermeiden, sollte der Umstieg auf **digitale Anamnese-Formulare** erfolgen. Dabei kann der Patient beispielsweise eine App auf seinem eigenen Handy runterladen oder die Arztpraxis stellt dem Patienten ein Tablet mit der darauf installierten Software zur Verfügung. Bei der Nutzung der App auf dem Smartphone des Patienten kann der Fragebogen zeit- und ortsunabhängig ausgefüllt werden, so dass die Anamnese-Bogen nicht zwingend im Wartezimmer des Arztes ausgefüllt werden muss. Ein weiterer Vorteil für die Patienten ist, dass sie ihre Angaben korrigieren sowie bei Unklarheit einer Frage einen zusätzlichen Erklärungstext anklicken können. Nachdem der Fragebogen fertig ausgefüllt ist, erfolgt eine automatische Übertragung in die elektronische Patientenakte. Potenzielle Fehlerquellen bei einer manuellen Datenübertragung werden somit eliminiert und es kommt zu Zeiteinsparungen. In der Regel erfolgt dabei noch eine automatische Plausibilitätsprüfung der Daten. Es gibt bereits Lösungen, die dem Arzt einen Report mit den relevanten Daten anzeigen. Dadurch muss sich der Arzt nicht mehr alle Antworten ansehen und hat im Ergebnis mehr Zeit für den Patienten zur Verfügung.

Wenn das Aufnahmegespräch auf **standardisierten Formularen oder Fragebögen** beruht, kann es vorkommen, dass die Fragen nicht ausreichend individuell an den Patienten gestellt sind, um die spezifischen Symptome des Einzelnen widerzuspiegeln. Daraus resultiert einer Verringerung der Effektivität des Gesprächs, was somit die Diagnoseentscheidung negativ beeinflusst. Um dies zu vermeiden, könnten in Zukunft zunehmend Chat- und Voicebots den Prozess der Patientenaufnahme automatisieren. Beispielsweise gibt es den Chatbot »Mandy«, der mit Patienten in natürlicher Sprache interagiert, Patientensymptome versteht und vorläufige Diagnosen dem Arzt zur Entscheidungsunterstützung zur Verfügung stellt (Ni et al. 2017). In Großbritannien wird zum Beispiel der Chatbot »**babylon health**« verwendet, bei dem der Nutzer die Symptome seiner Krankheit eingibt und das System automatisch Krankheitsdatenbanken durchsucht, um entsprechende Handlungsoptionen anzubieten. Bei Bedarf bietet der Chatbot den Nutzern eine **Videokonsultation** mit einem Arzt an, um das Anliegen des Patienten schnellstmöglich zu klären (Czypionka und Achleitner 2019).

Telemedizin und -monitoring

In einigen Fällen ist es nicht notwendig, dass ein Patient die Arztpraxis aufsuchen muss. Beispielsweise können Folgetermine von chronisch kranken Patienten über eine **Videosprechstunde** geklärt werden oder neuerdings laut der Kassenärztlichen Bundesvereinigung auch Krankschreibungen per Videosprechstunde unter bestimmten Bedingungen erfolgen, was der Gemeinsame Bundesausschuss (GBA) im Jahr 2020 beschlossen hat (KBV 2020). Dabei bietet die Unabhängigkeit von Zeit und Ort sowohl dem Arzt als auch dem Patienten mehr Flexibilität im Alltag. Der Arzt kann beispielsweise am späten Nachmittag oder Abend Videokonsultationen für Berufstätige anbieten und somit seine Attraktivität bei den Patienten erhöhen. Gleichzeitig wird ein unnötiges Infektionsrisiko vermieden, und die Patienten ersparen sich einen womöglich langen Anfahrtsweg zur Praxis und die Parkplatzsuche. Gerade in unterversorgten oder ländlichen Regionen kann die Videosprechstunde als Erweiterung des bestehenden Angebots die Versorgung verbessern. Bereits vor der Covid-19-Pandemie wurde von etwa der Hälfte der Patienten eine Videosprechstunde gewünscht. Auch über 70 % der Ärzte halten eine Videosprechstunde für sinnvoll (vgl. Tenbrock 2020). Dabei ist der technische Aufwand, um eine Videosprechstunde anzubieten, ist überschaubar. Es wird lediglich eine Hardware (PC, Laptop, Smartphone oder Tablet) mit Kamera, Lautsprecher und Mikrofon, eine Internetverbindung sowie eine zertifizierte Videokonferenz-Software benötigt. Neben dem **Arzt-Patienten-Gespräch** kann die Videosprechstunde die Kommunikation zwischen Hausärzten, Fachärzten und anderen Heilberufen sowie die sektorenübergreifende Zusammenarbeit verbessern.

Bei bestimmten Patientengruppen kann eine **Überwachung des Gesundheitszustandes** mithilfe von Telemonitoring (Remote Patient Monitoring) erfolgen. Besonders bei chronisch Erkrankten oder älteren Patienten gibt es bereits eine Vielzahl an Programmen, die die Arztpraxis bei der Kontrolle von Vitalparametern unterstützt und eine frühzeitige Verschlechterung des Gesundheitszustandes erkennt. Die erhobenen Messwerte werden dabei automatisch analysiert, sodass der Arzt sofort bei einer negativen Veränderung des Zustands informiert wird. Dadurch kann die Arztpraxis den Patienten kontaktieren, um schnellstmöglich zu intervenieren. Durch **Telemonitoring-Lösungen** müssen Patienten keine händischen Verlaufstagebücher führen und diese nicht mehr persönlich in der Praxis vorzeigen. Der automatische Datentransfer in das System führt zudem zu einer exakten Datenübertragung und eliminiert die Gefahr einer handschriftlichen Datenübertragung bzw. dass Patienten nicht die tatsächlichen Werte dokumentieren. Zudem müssen weniger Präsenzbesuche bei einem gleichbleibenden Gesundheitszustand in der Arztpraxis erfolgen. Viele Anbieter von Telemonitoring Lösungen bieten zusätzliche Features wie Schulungsmaterial oder -videos zu der Erkrankung an. Dies führt zu einem besseren Umgang mit der Krankheit und kann zu einer gesteigerten Compliance der Patienten führen. Des Weiteren erinnert das System den Patienten daran, die Vitaldaten zu erheben sowie die Medikation einzunehmen und dies zu dokumentieren. Bei Fragen oder Anliegen ist es möglich, die Arztpraxis über eine Telemonitoring Plattform zu kontaktieren. Der Arzt kann sich die Trendanalysen der erhobenen Werte ansehen und dementsprechend den Behandlungsplan anpassen. Weitere Vorteile ergeben sich bei der Praxisorganisation, da die Daten nicht selbst aktiv gemonitored werden müssen. In der Regel werden die Daten automatisch in die **elektronische Patientenakte** geladen, sodass der Arzt alle behandlungsrelevanten Informationen zusammen hat.

Ärzte in sozialen Medien

Das Thema Social Media in der Arztpraxis ist auch ein wesentlicher Bestandteil des Kundenmanagements. Arztpraxen befinden sich derzeit in einer Art Transformationsphase. Einige Ärzte bzw. Ärztenetze nutzen Soziale Medien, um mit den Patienten zu kommunizieren und auf ihre Angebote aufmerksam zu machen. Zu den bekanntesten Anwendungen, die eine Arztpraxis nutzen kann, zählen die nachfolgenden Social-Media-Kanäle:

- **Facebook** (Soziales Netzwerk, das sowohl von Privatpersonen als auch von Unternehmen genutzt wird. Hier kann sich die Arztpraxis ein Profil anlegen und eigene Inhalte veröffentlichen).
- **Twitter** (als Microblog, um Kurznachrichten (Zeichen) über die Arztpraxis mit Hashtags zu veröffentlichen.)
- **YouTube** (ist eine Media-Sharing Plattform, bei der insbesondere Filme und Audiodateien veröffentlicht werden können. Diese sollten allerdings professionell aufgenommen und nicht zu lang sein. Es gibt zunehmend Ärzte, die Patienten in kurzen Videos aufklären.)
- **XING oder LinkedIn** (deutschsprachiges Karriereportal als ein berufliches soziales Netzwerk, in dem es ebenso verschiedene Gruppen gibt. Hier tauschen sich »Professionals« untereinander aus.)
- **TikTok** (Videoportal insbesondere für die Lippensynchronisation von Musikvideos und anderen kurzen Videoclips, das zusätzlich Funktionen eines sozialen Netzwerks anbietet und von dem chinesischen Unternehmen ByteDance betrieben wird).

In der nachfolgenden Abbildung sind die Prozessschritte im Kontext einer Social-Media-Kampagne in mehreren Schritten (◘ Abb. 3.6) aufgeführt.

Zu den Potenzialen von Social Media für Arztpraxen zählen **kostengünstige Informationsstreuung**, **schnelle Informationsverarbeitung** und die **Ubiquität von Informationen**, d. h. die Unabhängigkeit von Ort und Zeit. Zu den

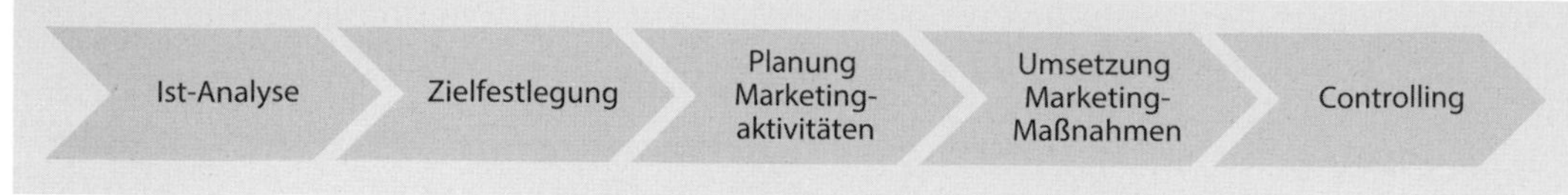

Abb. 3.6 Social Media in der Arztpraxis

Herausforderungen des Einsatzes zählen insbesondere die nachfolgenden Aspekte: Angst, an den öffentlichen Pranger gestellt zu werden, negative Patienten- und Mitarbeitereinträge und Shitstorms, d. h. ein Hereinbrechen von negativen Kommentaren.

Soziale Netzwerke spielen auch in der Medizin eine zunehmend größere Rolle als autonome **Teilöffentlichkeiten** in verschiedenen Ausprägungen bei denen auch Ärzte im Sinne ihrer Praxis oder im Zuge des Personal Brandings (Arzt als Marke) tätig sind. Neben den genannten Social Media Plattfomen gibt es noch weitere Möglichkeiten wie **Wikis, Blogs oder Chaträume** auf denen sich Ärzte untereinander, gemeinsam mit Patienten oder Patienten untereinander austauschen.

Bezüglich des vertrauensvollen Arzt-Patient-Verhältnisses sowie den Anforderungen hinsichtlich des Datenschutzes, hat die Bundesärztekammer eine Handreichung »**Ärzte in sozialen Medien – worauf Ärzte und Medizinstudenten bei der Nutzung sozialer Medien achten sollten**« veröffentlicht. Hierbei geht es insbesondere um die Sensibilisierung hinsichtlich der nachfolgenden Aspekte (Bundesärztekammer 2014):

- **Die ärztliche Schweigepflicht** (welche Informationen sollten ins Internet gestellt werden und welche nicht)
- **Diffarmierung** (es darf nicht zu einer Schädigung der Reputation von Dritten (Patienten, Arztkollegen, anderen Personengruppen) kommen)
- **Arzt-Patienten-Verhältnis** (Schweigepflicht, Weitergabe vertraulicher Daten)
- **Interkollegialer Austausch** (Netiquette)
- **Datenschutz und Datensicherheit** (welche Informationen wem preisgegeben werden dürfen)
- **Produktspezifische Aussagen** (Zurückhaltung, Unterschied Meinungsäußerung und Tatsachenbehauptung)

Zusammenfassend lässt sich zu den Sozialen Medien sagen, dass im Rahmen einer Marketingstrategie auch diese neuen Distributionswege für Praxisinformationen und Praxismarketing systematisch betrachtet werden sollten, um ihr Potenzial für das Kundenmanagement in der Arztpraxis abzuklären.

Überblick über Arztbewertungsportale

Online-Bewertungen von Ärzten unterliegen dem Schutz der Meinungsfreiheit und sind daher zulässig. Heute spielen **Arztbewertungsportale** für die Arztpraxis eine bedeutende Rolle und sind gleichzeitig ein wichtiges Marketinginstrument. In den letzten Jahren haben derartige Portale an Relevanz gewonnnen. Dies liegt auch daran, dass derartige Portale für Patienten eine wichtige Anlaufstelle geworden sind, gerade wenn diese einen ihnen nicht bekannten Arzt suchen oder in eine andere Stadt umgezogen sind. In der nachfolgenden Aufzähung sind einige der Arztbewertungs-Portale exemplarisch aufgeführt:

- Ärzte.de
- Arzt-Auskunft.de
- Die-Arztempfehlung.com
- DocInsider.de
- jameda.de
- med.de

Der Patient, der ein Recht auf freie Arztwahl hat, nutzt derartige Angebote, um einen Überblick über in Frage kommende Ärzte zu erhalten und eine Einschätzung hinsichtlich derer Dienstleistungen. Um gemeinsame Qualitätsstandards zu etablieren, gibt es eine »**Gute Praxis Bewertungsportale**« unter der Herausgeberschaft Bundesärztekammer und Kassenärztliche Bundesvereinigung (ÄZQ 2015). In den letzten Jahren gab es einige Rechtssprechungen, die sich mit der Thematik beschäftigt haben. Grundsätzlich sind Internet-Bewertungen immer dann geschützt, wenn es sich um **Meinungsäußerungen** und nicht um **Tatsachenbehauptungen** (keine objektive Entscheidung möglich, ob etwas wahr oder falsch ist) handelt. Bei Meinungsäußerungen darf hingegen nicht die Grenze der sog. Schmähkritik überschritten werden. Im Jahr 2014 hat der Bundesgerichtshof entschieden, dass ein Arzt auch gegen seinen Willen in ein Bewertungsportal aufgenommen werden kann. Demnach hat er keinen Anspruch auf Löschung dieses Eintrages, denn die Bewertungen betreffen seine berufliche Tätigkeit (**Sozialsphäre**). Der Arzt kann sich somit nicht dem System der Arztbewertung entziehen und muss davon ausgehen, dass seine Tätigkeit von einer Öffentlichkeit wahrgenommen wird. Der Arzt ist allerdings auf der anderen Seite nicht ganz dem Betreiber der Bewertungsportale ausgeliefert. Unwahre Beleidigungen oder falsche Tatsachenbehauptungen sollten zu einer Bitte führen, den entsprechenden Eintrag zu löschen. Zwar besteht kein pauschaler Anspruch auf eine Löschung, jedoch gibt es bei rechtswidrigen Bewertungen einen Löschungsanspruch nach dem Bundesdatenschutzgesetz (KBV 2021b). Zum einen sollte man bei Präsenz der eigenen Praxis in einschlägigen Portalen diese regelmäßig besuchen, um ggf. hier angesprochene Kritik konstruktiv aufzunehmen und Änderungen zu initiieren. Zum anderen kann man beispielsweise bei positiver Rückmeldung der Patienten diese bitten, eine entsprechende Einschätzung in Bewertungsportalen abzugeben.

► Beispiel

Im Jahr 2018 gab es eine Klage einer niedergelassenen Ärztin aus Köln gegen das Bewertungsportal Jameda, da diese dort gegen ihren Willen gelistet war und sie sich in ihrem Recht auf informationelle Selbstbestimmung verletzt fühlte (Az. VI ZR 30/17). Der Fall wurde beim Bundesgerichtshof (BGH) in Köln verhandelt. Dies war nicht der erste Fall. Im Jahr 2014 gab es ein Grundsatzurteil dazu, sodass klargestellt wurde, dass »Patienten ein ganz erhebliches Interesse an Informationen über ärztliche Dienstleistungen« haben (AZ. VI ZR 358/13). In dem geschilderten Fall ging es auch darum, dass Werbeanzeigen anderer Ärzte bei nicht zahlenden Jameda-Kunden (wie die Ärztin aus dem Beispiel) angezeigt wurden. Die klagende Ärztin hat erfolgreich geklagt, sodass ihr Profil vollständig gelöscht werden musste. Hier überwiege das Grundrecht der Frau auf informationelle Selbstbestimmung (im Vergleich zur Meinungs- und Medienfreiheit), argumentierten die Richter. Das Urteil könnte in Zukunft auch Folgen für andere Online-Bewertungsportale im Gesundheitswesen oder außerhalb der Branche haben. ◄

3.5 Kundenmanagement in der Integrierten Versorgung

Martin Dietrich

3.5.1 Gesetzliche und strukturelle Rahmenbedingungen

Das Kundenmanagement in der Integrierten Versorgung umfasst alle Maßnahmen, mit denen ihre bedarfsgerechte und patientenorientierte Ausgestaltung sichergestellt und somit ihre Verbreitung und Akzeptanz unterstützt werden sollen. Aufgrund zweier Problemkreise ist es notwendig, die sektoral geprägten medizinischen Versorgung bedarfsgerecht und patientenorientiert weiterzuentwickeln.

1. Auf Seiten des **Bedarfs** lastet Anpassungsdruck auf der Gesundheitsversorgung durch die demografische Entwicklung mit einem sich wandelnden Krankheitsspektrum hin zu mehr multimorbider und chronischer Krankheitsbilder. Durch den steigenden Anteil verhaltenskorrelierter chronischer Erkrankungen in Form von Volks- und Zivilisationskrankheiten, wie auch durch das sich wandelnde Verständnis von Gesundheitsversorgung, in der sich neben dem Ziel, Gesundheit wiederherzustellen, auch der Erhalt und der Schutz der Gesundheit zunehmend etabliert, steht die Versorgung mit Gesundheitsleistungen vor neuen Herausforderungen. Dies zeigt auch das im Jahre 2015 in Kraft getretene Präventionsgesetz zur Stärkung der Gesund-

heitsförderung und Prävention. Um diesen Herausforderungen begegnen zu können, bedarf es umfassenderer Behandlungskonzepte und einer Anpassung und Ergänzung der vorhandenen Strukturen im Gesundheitswesen, da die gegenwärtige Gesundheitsversorgung diesen Anforderungen immer weniger gerecht wird.

2. Auf Seiten des **Angebots** ist festzustellen, dass sich die an der Gesundheitsversorgung beteiligten Professionen immer mehr spezialisieren, höher qualifizieren und ausdifferenzieren, was zu einer extremen Fragmentierung der arbeitsteilig organisierten Gesundheitsversorgung führt. Diese Differenzierung und Fragmentierung einer auf dem Prinzip der Einzelinterventionen beruhenden Gesundheitsversorgung steht dem Bedarf an umfassenderen, gesundheitsorientierten Behandlungskonzepten diametral gegenüber und bedarf aus Versorgungsperspektive der organisatorischen Integration.

Die Gesundheitsversorgung steht damit vor der Aufgabe, die gegenwärtigen Strukturen um solche Versorgungsformen zu ergänzen, die diesen Anforderungen besser gerecht werden. Der gegenwärtige Wissensstand legt es nahe, dass positive Effekte auf gesundheitliche Outcomes und die Versorgungseffizienz durch Elemente der Primärversorgung erzielt werden können, zu denen u. a. die Zugänglichkeit zur Versorgung, die Kontinuität der Behandlung, die Arzt-Patienten-Beziehung sowie die Behandlungskoordination zählen (Haller et al. 2009; SVRG 2009; WHO 2008). Aspekte der Primärversorgung werden zusammen mit Konzepten von »Managed Care« durch die Integrierte Versorgung angestrebt, um die Qualität und Effizienz der Versorgung sicherzustellen. Entsprechende Versorgungsformen können im Rahmen der Gesetzlichen Krankenversicherung durch direkte Verträge zwischen Leistungserbringern und Krankenkassen realisiert werden. Rechtlich ist dies z. B. in § 140a SGB V (»Besondere Versorgung«) kodifiziert. Der Begriff »Integrierte Versorgung« soll hier jedoch weiter gefasst werden und alle Formen der inter- und intraprofessionellen, sektorenübergreifenden Versorgungkoordination und -kooperation umfassen (► Abschn. 2.5).

Über den aktuellen Stand der Umsetzung der Integrierten Versorgung in Deutschland gibt es wenig gesicherte Informationen (SVRG 2012; Milstein und Blankart 2016). Verfügbare Daten deuten jedoch darauf hin, dass die Integrierte Versorgung nur zögerlich umgesetzt (SVRG 2012) wird und dass es sich bei einem beachtlichen Teil der erfassten Integrierten Versorgung nicht um Integration im eigentlichen Sinne handelt (SVRG 2009). Zudem gibt es Hinweise darauf, dass die ökonomische Bedeutung der Integrierten Versorgung, gemessen an ihrem Anteil an den Gesamtausgaben von Krankenkassen, nur marginal ist.

Neben fehlenden Konzepten zur wirtschaftlichen Bewertung von Geschäftsmodellansätzen der Integrierten Versorgung (Dietrich und Znotka 2017) gehören zu den wesentlichen Problemen bei der Umsetzung der Integrierten Versorgung zu geringe Fallzahlen, d. h., dass sich zu wenig Versicherte in diese Versorgungsform einschreiben (Gersch 2010). Ein gewisser Mangel an Nutzerorientierung, wie er für das Gesundheitswesen bereits an anderer Stelle diagnostiziert wurde (z. B. Dietrich 2005), deutet auch auf diesem Gebiet der Gesundheitsversorgung auf einen ungedeckten Bedarf an professionellem Kundenmanagement hin (ähnlich auch SVRG 2009).

Um das Kundenmanagement in die Integrierte Versorgung einzuordnen, bietet sich als konzeptioneller Bezugsrahmen ein **geschäftsmodellbasierter Ansatz** an.

> **Geschäftsmodell**, Ein Geschäftsmodell stellt zentrale Aspekte einer in sachlicher und formaler Sicht erfolgreichen Umsetzung organisationaler Ziele dar (Wirtz 2021).

In der Literatur ist eine Vielzahl von unterschiedlichen Geschäftsmodellansätzen zu finden (Wirtz 2021). Obwohl der Begriff des Geschäftsmodells in seiner Entstehung erwerbswirtschaftlich geprägt wurde, eignet

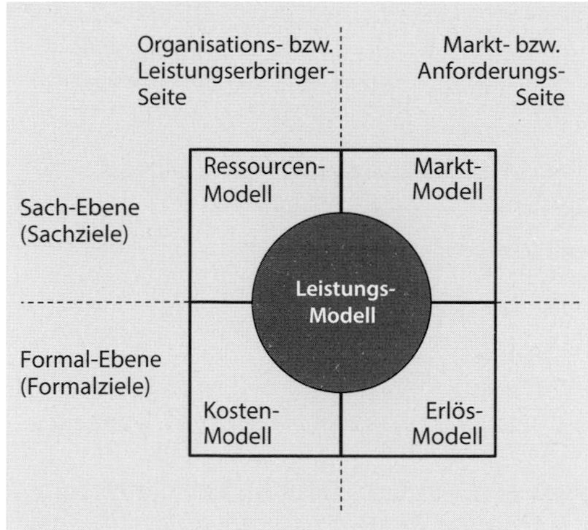

Abb. 3.7 Vereinfachter Geschäftsmodellansatz

sich dieser Ansatz auch zur Analyse für die Organisation der Versorgung im Gesundheitswesen (vgl. z. B. Hwang und Christensen 2008). Dabei bietet sich zur übersichtlichen Darstellung der **vereinfachte Geschäftsmodellansatz** an (Abb. 3.7), der sich in eine Organisations- und in eine Marktseite sowie in eine Sachziel- und in eine Formalziel-Ebene unterteilen lässt.

Der vereinfachte Geschäftsmodellansatz besteht aus **fünf Teilmodellen**. Im Kern von Geschäftsmodellen steht das **Leistungsmodell**, das die Kernidee der sachlichen und formalen Wertschöpfung (»value proposition«) im Rahmen der Leistungserstellung beschreibt. Das Leistungsmodell betrifft die Sach- und Formal-Ebene sowie die Organisations- bzw. Marktseite. Die Wertschöpfung ist einerseits sachlich zu begründen und betrifft die Beschreibung des geleisteten Nutzens, wie sie auch formal zu begründen ist und die Wirtschaftlichkeit der Leistungserbringung erklärt. Auf der Organisationsseite beschreibt der Geschäftsmodellansatz die organisationsspezifischen Aspekte der Leistungserstellung, während auf der Marktseite die spezifischen Nutzenwahrnehmungen und Entscheidungsprozesse der Kunden und Anspruchsgruppen bzw. Nutzer abgebildet werden. Auf Organisationsseite erfolgt weiterhin die Beschreibung von sachlichen Aspekten der Leistungserstellung und wird hier als Ressourcenmodell bezeichnet. Hierzu zählen die organisationsspezifischen Kapazitäten, Fähigkeiten, Prozesse und Kooperationen bzw. Partnerschaften, welche die sachliche Leistungsfähigkeit begründen. Auf der formalen Ebene müssen die sachlichen Aspekte der Leistungserstellung in ein entsprechendes Kostenmodell übersetzt werden. Auf der Markt- bzw. Anforderungsseite stellt das Marktmodell dar, wie aus sachlicher Sicht die Inanspruchnahme einer Leistung durch Nutzer bzw. Nachfrager erklärt werden kann und beinhaltet u. a. Nachfragemodelle. Auf der formalen Ebene erklärt die Marktseite des Geschäftsmodellansatzes, wie sich Nutzungs- und ggf. Zahlungsbereitschaften in Erlös- und Finanzierungsmodelle übersetzen lassen. Die Gegenüberstellung der Kosten- und Erlösmodelle erklärt in Verbindung mit der erbrachten Leistungsmenge die wirtschaftliche Leistungsfähigkeit. Die Teilmodelle in diesem vereinfachten Geschäftsmodellansatz hängen zusammen und bedürfen der gegenseitigen Abstimmung.

Im Rahmen des Geschäftsmodellansatzes bedeutet das Kundenmanagement in der Integrierten Versorgung die Analyse und Gestaltung der Marktseite unter Berücksichtigung der Interdependenzen zu den angrenzenden Teilmodellen. Zur Konkretisierung der Adressaten des Kundenmanagements in der Integrierten Versorgung ist der besondere Aspekt zu berücksichtigen, dass die Integrierte Versorgung – außer die hausarztzentrierte Versorgung nach § 73b SGB V – durch eine **dreiseitige Freiwilligkeit** gekennzeichnet ist. Damit ist gemeint, dass

1. die Leistungsanbieter frei darin sind, sich zu Integrierten Versorgungssystemen zusammenzuschließen,
2. den Krankenkassen und den Leistungserbringern freigestellt ist, integrierte Versorgungsformen vertraglich im Rahmen von Selektivverträgen abzuschließen,
3. den Versicherten freigestellt ist, ob sie sich in integrierte Versorgungsformen einschreiben oder nicht.

Unabhängig davon, ob die Initiative zur Einrichtung einer Integrierten Versorgung von Leistungserbringern oder von Krankenver-

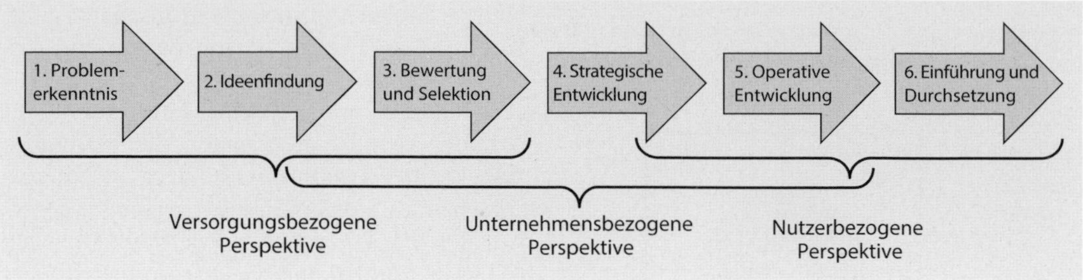

Abb. 3.8 Innovations-Management-Prozesse der Integrierten Versorgung

sicherungen ausgeht (SVRG 2009), ergibt sich daraus als wichtiger Erfolgsfaktor die Sicherung einer hinreichend hohen Zahl von teilnehmenden Versicherten. Die Versorgungs- und Unternehmensperspektive auf das Management der Integrierten Versorgung (Braun et al. 2009) soll hier deshalb explizit um die nutzerorientierte Perspektive erweitert werden, die praktisch mit dem Kundenmanagement in der Integrierten Versorgung umgesetzt wird (s. Abb. 3.8). Wesentliche konzeptionelle Ansatzpunkte für das Kundenmanagement in der Integrierten Versorgung sind die Akquisition von neuen sowie die Bindung bestehender Teilnehmer. Aufgrund ihrer noch geringen Verbreitung spielt das Rückgewinnungsmanagement im Rahmen des Kundenmanagements der Integrierten Versorgung gegenwärtig noch eine untergeordnete Rolle, was sich mit einer weiteren Verbreitung dieser Versorgungsform ändern kann.

Akquisition neuer Teilnehmer – Innovationsmarketing

Die Durchsetzung integrierter Versorgungsformen ist zunächst als Problem des Innovationsmanagements bzw. das Innovationsmarketings anzusehen (vgl. hierzu Hauschildt et al. 2021; Trommsdorff und Steinhoff 2013). Der **Innovations-Management-Prozess** kann in die Phasen

- Problemerkenntnis,
- Ideenfindung,
- Bewertung und Selektion,
- strategische Entwicklung,
- operative Entwicklung,
- Einführung und Durchsetzung

gegliedert werden (ebd.). Im Fall der Integrierten Versorgung sind diese Phasen nicht überschneidungsfrei und müssen zusätzlich aus den unterschiedlichen Perspektiven der relevanten Akteure betrachtet werden (Abb. 3.8). Aus versorgungsbezogener Perspektive führten die ersten drei Phasen zu den Möglichkeiten der Integrierten Versorgung im Rahmen des SGB V, aus unternehmensbezogener Perspektive der Leistungserbringer sind insbesondere die Phasen drei bis fünf relevant, d. h. die Organisation der Integrierten Versorgung aus Sicht der Krankenkassen und Leistungserbringer, während die nutzer- bzw. kundenbezogene Perspektive primär die Phasen fünf und sechs betrifft. Der entscheidende Schritt des Innovations-Management-Prozesses ist die Phase der Einführung und Durchsetzung, in der sich die Nutzer für oder gegen die Teilnahme entscheiden.

Zu diesem besonders kritischen Übergang hat die Innovations-Diffusionsforschung einen Ansatz entwickelt, der aus Sicht der kundenseitigen Adoption der Integrierten Versorgung von unmittelbarer Relevanz ist und durch den (kundenseitigen) **Innovations-Entscheidungs-Prozess** (»innovation decision process«, Rogers 2003, S. 168) beschrieben werden kann. Im Rahmen des kundenseitigen Innovations-Entscheidungs-Prozesses werden fünf Stufen modelliert, die ein (potenzieller) Nutzer bis zur Adaption einer Innovation durchläuft (Abb. 3.9). Zudem werden innerhalb des Innovations-Entscheidungs-Prozesses relevante Faktoren beschrieben, die einen Einfluss auf die Innovations-Diffusion haben, d. h. ob und wie sich eine Innovation

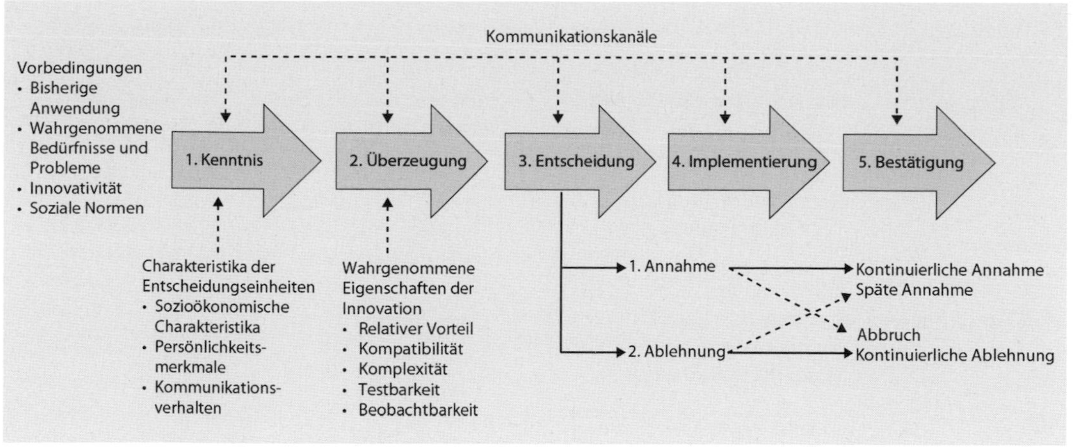

Abb. 3.9 Innovations-Entscheidungs-Prozess

in der Zielpopulation durchsetzt (Oldenburg und Glanz 2015).

Wesentliche Einflussgrößen sind die **wahrgenommenen Eigenschaften** der Innovationen, die **Charakteristika der Entscheidungseinheiten** sowie weitere **situative Vorbedingungen**. Im Rahmen der wahrgenommenen Innovationseigenschaften ist z. B. der wahrgenommene relative Vorteil gegenüber bereits existierenden Lösungen relevant. Dieses Merkmal wird als die »condition sine qua non« für die Durchsetzung von Innovationen verstanden, die notwendig, alleine aber nicht hinreichend ist, um die Akzeptanz und Durchsetzung von Innovationen zu erklären. Wichtig sind auch die **wahrgenommene Kompatibilität** einer Innovation mit den Werten, Normen, Vorstellungen und wahrgenommenen Bedürfnissen seitens der Zielgruppe, die **wahrgenommene Komplexität** einer Innovation hinsichtlich ihrer Nutzungsbedingungen, die **Testbarkeit** einer Innovation vor deren Annahme und ihre **Wahrnehmbarkeit**, nach der solche Innovationen eher durchgesetzt werden können, deren Nutzen und deren positives Ergebnis für die Zielpopulation unmittelbar wahrnehmbar ist.

Als weitere Einflussgrößen der Innovationsdurchsetzung gelten die **Art der Entscheidung**, die optional, gemeinschaftlich oder autoritär getroffen werden kann, die **Kommunikationskanäle**, sowie die **Bemühungen**, die in die Durchsetzung investiert werden (Rogers 2003, S. 222). Da die Integrierte Versorgung als eine komplexe Dienstleistung zu verstehen ist, sind diese Aspekte bei der Akquisition von Teilnehmern in der praktischen Umsetzung zu berücksichtigen. Spezifischen Wahrnehmungs- und Bewertungs-Problemen der Integrierten Versorgung als Dienstleistung, wie z. B. die mangelnde Testbarkeit oder die mangelnde unmittelbare Beobachtbarkeit bzw. Bewertbarkeit, ist besondere Aufmerksamkeit zu schenken. Auch sollte hier zwischen instrumentellen und nicht instrumentellen Adaptionsfaktoren unterschieden werden, die bei bei der Annahme von sozialen Innovationen, wie beispielsweise integrierte Versorgungsformen, von Bedeutung sind (Dietrich et al. 2016).

Mit dem Innovations-Entscheidungs-Prozess verknüpft, ist die Frage nach einer möglichst gezielten Motivation, mit der die Bereitschaft der Nutzer, eine Innovation anzunehmen, erhöht werden kann. Modelle des Gesundheitsverhaltens bieten sich deshalb in besonderem Maße an, um gesundheitliche Innovationen als verhaltensändernde Interventionen zu modellieren. In der Diffusionsforschung wird zur Verhaltensbeschreibung des Innovations-Entscheidungs-Prozesses der Ansatz der »Transactional Theory/Stages of Change« (Prochaska et al. 2015) herangezogen (Rogers 2003). In diesem Ansatz werden Stufen des Verhaltens beschrieben, die sich korrespondierend zum Innovations-Ent-

3

Tab. 3.3 Stufen im Innovations-Entscheidungs-Prozess und Stufen des Wandels. (In Anlehnung an Rogers 2003 und Prochaska et al. 2015)

Stufe	Stufen im Innovations-Entscheidungs-Prozess	Stages of Change/Trans-theoretical Model	Handlungsbezug
1	**Kenntnis-Stufe** – Erinnerung der Information – Verstehen der Information – Wissen oder Fähigkeiten für effektive Übernahme	Precomplentation	Präaktionale Phase
2	**Überzeugungs-Stufe** – Akzeptieren der Innovation – Diskussion des neuen Verhaltens mit anderen – Akzeptanz der Aussage über die Innovation – Bildung eines positiven Images der Aussage und der Innovation – Unterstützung für das innovative Verhalten durch das System	Contemplation	
3	**Entscheidungs-Stufe** – Absicht, zusätzliche Informationen zu suchen – Absicht, die Innovation zu auszuprobieren	Preparation	
4	**Implementierungs-Stufe** – Aneignung zusätzlicher Information – Regelmäßige Nutzung der Innovation – Weiterführende Nutzung der Innovation	Action	Aktionale Phase
5	**Bestätigungs-Stufe** – Erkennen des Nutzens der Innovation – Integration der Innovation in die laufende Routine – Propagieren der Innovation gegenüber anderen	Maintenance	Postaktionale Phase

scheidungsprozess in eine präaktionale (precontemplation, contemplation, preparation), aktionale (action) und postaktionale (maintenance) Phase unterteilen lassen (Tab. 3.3). Für diese Stufen gelten jeweils spezifische Anforderungen an das Kundenmanagement und die Kommunikation, da sich die Wirksamkeit von Interventionsmaßnahmen auf diesen Stufen (z. B. Kommunikationsmaßnahmen) unterscheiden (Oldenburg und Glanz 2015).

Der Innovations-Entscheidungs-Prozess findet keinen eigentlichen Abschluss, sondern geht in der letzten Phase in die kontinuierliche Annahme der Innovation über und markierte den Übergang vom Innovationsmarketing zum Bindungsmanagement. Mit dem Kundenbindungsmanagement soll erreicht werden, dass sich ein Versicherter dauerhaft innerhalb der Integrierten Versorgung behandeln lässt.

Bindung existierender Teilnehmer – Bindungsmanagement

Das Kundenmanagement in der Integrierten Versorgung besteht z. T. aus der Überschneidung mit dem klassischen Management der Kundenbeziehungen bei Dienstleistungen (Bruhn 2022; Meffert und Bruhn 2018; Zeithaml et al. 2018), z. T. sind mit dem Management der Kundenbeziehungen in der Integrierten Versorgung aber auch einige Besonderheiten verbunden (Tscheulin und Dietrich 2010).

Das Kundenmanagement in der Integrierten Versorgung muss die dienstleistungsspezifischen Charakteristika der Intangibilität (also der Immaterialität einer Dienstleistung), der Heterogenität, der simultanen Produktion und Nutzung, der Vergänglichkeit und der Notwendigkeit der Integration eines externen Faktors adressieren (Fitzsimmons und Fitzsimmons 2013; Zeithaml et al. 2018). Eine zentrale Rolle für Dienstleistungen spielt dabei die aus Kundensicht wahrgenommene Qualität, für deren Management sich auf Basis des Confirmation/Disconfirmation Paradigmas (s ▶ Abschn. 3.3) das **GAP-Modell** anwenden lässt, wobei »GAP« eine Lücke bzw. einen Zielkonflikt ausdrückt (Parasuraman et al. 1985). So ist für das GAP-Modell die Zweiteilung in Ebenen charakteristisch, und zwar in die Ebenen (1) Leistungsanbieter und (2) Kunde und die Darstellung von Abweichungen in der Interaktionsbeziehung zwischen Leistungsanbieter und Kunde sowie innerhalb des Leistungsanbieters.

Im Rahmen dieses Modells wird verdeutlicht, wie von den Anforderungen der Kunden aus gesehen die Übersetzung von kundenseitigen Erwartungen in die Spezifikationen der Leistungserbringung erfolgt. Für die Integrierte Versorgung konnte gezeigt werden, welche Kunden-Präferenzen für deren Qualitätswahrnehmung wichtig sind (Andersen 2010). Eine wesentliche Aufgabe des Kundenmanagements in der Integrierten Versorgung besteht darin, diese Erwartungen in der Dienstleistungserstellung zu erfüllen.

Das kennzeichnende Merkmal und der zusätzliche Nutzen der Integrierten Versorgung ist ihr Netzwerkcharakter und die darin angestrebte Koordination und Kooperation der an den Behandlungsprozessen beteiligten Leistungserbringer. Das bedeutet, dass sich eine Vielzahl selbständiger Leistungsanbieter zusammenschließt und in ihrer Gesamtheit die Integrierte Versorgung verkörpern. Verbunden mit der Problematik, dass **Gesundheitsdienstleistungen Erfahrungs- und Vertrauensgüter** sind (Dietrich 2005), ist das Problem, diesen spezifischen Nutzen zu vermitteln und erlebbar zu machen und die Versicherten nicht an einen einzelnen Leistungsanbieter, sondern an ein ganzes Programm bzw. an eine **aus Sicht der Teilnehmer eher abstrakte Versorgungsstruktur** mit einer Vielzahl unterschiedlicher, z. T. auch wechselnder Leistungsanbieter, zu binden (Tscheulin und Dietrich 2010).

Netzwerkeffekte bzw. positiven Effekte der populationsbezogenen Integrierten Versorgung auf die gesundheitlichen Outcomes sind wichtige Argumente für die Teilnahme von Versicherten an der Integrierten Versorgung. Diese positiven Effekte können oft nur dann erreicht werden, wenn das Gesundheitsverhalten der Teilnehmer gezielt beeinflusst wird und sie ihr **Gesundheitsverhalten dauerhaft ändern**, wie z. B. das Rauchen aufgeben, abnehmen, die Ernährung umstellen oder regelmäßig Sport treiben.

Im Rahmen des Bindungsmanagements sind aus dieser Perspektive Gesundheitsverhaltensmodelle nützlich, die erklären, wie ein bestimmtes Gesundheitsverhalten zustande kommt, und auf denen aufbauend Interventionen zur Unterstützung der Verhaltensänderung geplant werden können (Glanz et al. 2015). Neben eher statischen Modellen des Gesundheitsverhaltens, wie dem »**Health Belief Model**« oder der »**Theory of Reasoned Action/Planned Behavior**«, in denen einzelne Variablen wie das Gesundheitsverhalten selbst oder die Verhaltensabsicht erklärt werden, sind auch stufenbezogene Modelle des Gesundheitsverhaltens relevant, z. B. das »**Transtheoretical Model**« oder der Ansatz der »**Stages of Change**«. Je nach Anwendungssituation geben diese Modelle Hinweise auf eine wirkungsvolle Beeinflussung spezifischer Verhaltensvariablen, die zu einer positiven Entwicklung von gesundheitlichen Outcomes beitragen, z. B. die Förderung der wahrgenommenen Selbstwirksamkeit (»self efficiacy«, Bandura 1997), durch die den Teilnehmern Kompetenzen vermittelt werden, welche ihnen das Selbstvertrauen geben, gesundheitsbezogene Handlungsherausforderungen zu bewältigen (Schwarzer 2004).

In Kürze

Wesentlich bei der Betrachtung des Kundenmanagements in der Integrierten Versorgung ist der Trade-Off zwischen Akquisition und der Bindung von Teilnehmern. Da es sich bei integrierten Versorgungsformen noch nicht um umfassend etablierte Versorgungsstrukturen handelt, muss die Akquisition von Teilnehmern im Vordergrund stehen. Sobald sich integrierte Versorgungsformen etabliert haben, ist davon auszugehen, dass Wettbewerb um Teilnehmer der Integrierten Versorgung stattfinden wird. Anbieter von integrierten Versorgungsformen müssen dann das Problem lösen, wie viele Ressourcen in die Akquisition und in die Bindung von Teilnehmern zu investieren sind. Unter den Bedingungen eines intensiven Wettbewerbs gibt es Hinweise darauf, dass die Gewinnung von Neukunden für Nonprofit-Organisationen von größerer Bedeutung ist als für den Unternehmenserfolg im erwerbswirtschaftlichen Bereich (Voss und Voss 2008). Bei zunehmendem Wettbewerbsdruck unter verschiedenen Formen der Integrierten Versorgung wird in Zukunft zudem das Rückgewinnungsmanagement von Teilnehmern relevant (Bruhn 2022; Zeithaml et al. 2018).

3.5.2 Praktische Umsetzung

Für den Erfolg einer Organisation, und somit für deren längerfristige Existenz, ist eine notwendige Bedingung die Markt- und Kundenorientierung. Zentrale Voraussetzung dafür ist eine schlüssig abgeleitete, **unternehmensindividuelle Marketing-Konzeption**, die als Leitplan aufgefasst werden kann, der sich an angestrebten Zielen orientiert, für ihre Realisierung geeignete Strategien wählt und auf ihrer Grundlage geeignete Marketinginstrumente festlegt (Becker 2019). Auch bei Organisationen des Gesundheitswesens als Nonprofit Organisationen und Gesundheitsdienstleister trägt eine strategische Ausrichtung an vorformulierten Zielen zu deren Erhaltung und Weiterentwicklung bei.

Zur Ableitung einer erfolgreichen Marketing-Konzeption im Rahmen des Kundenmanagements einer integrierten Versorgungsform kann der theoretische Bezugsrahmen des Dienstleistungsmanagements Anwendung finden. Auf Grund der Besonderheit von Dienstleistungsunternehmen, dass Leistungen nur unter Einbezug des Nachfragers (**Integration eines externen Faktors**) erbracht werden können, ist eine hohe Kundenorientierung für die dauerhafte Existenz der Organisation unabdingbar (Meffert und Bruhn 2018).

Für das Kundenmanagement von integrierten Versorgungsformen ist auf der strategischen und operativen Ebene zu beachten, dass integrierte Versorgungsformen durch eine Vielzahl von Kundengruppen mit unterschiedlichen Interessen gekennzeichnet sind. Neben den sektorenübergreifenden Leistungserbringern, sind auch die Patienten als Kunden einer Integrierten Versorgung anzusehen. Eine **hohe Patientenorientierung** erfordert z. B. eine Bindung der Patienten an ein Behandlungsprogramm und dessen Beteilligten und weniger an einzelnen Leistungserbringern. Im Nachfolgenden soll unter Berücksichtigung der unterschiedlichen Interessen der verschiedenen Anspruchsgruppen einer Integrierten Versorgung die praktische Umsetzung eines Kundenmanagements dargestellt werden (Tscheulin und Dietrich 2010).

Definition von Marketingzielen in der Integrierten Versorgung

Die Festsetzung von operationalen **Marketingzielen** ist wesentlicher Bestandteil der strategischen Planung eines Kundenmanagements in der Integrierten Versorgung. Durch die explizite Formulierung von Zielen wird eine strukturierte Vorgehensweise angestrebt. So lässt sich anhand des Vergleiches des geplanten mit dem tatsächlichen Zielwert überprüfen, ob die festgelegten Ziele erreicht worden sind (**Kontrollfunktion**). Des Weiteren trägt die Zielformulierung dazu bei, dass die gemeinsame Abstimmung und Ausrichtung der Aufgaben an den Zielen der integrierten Versorgungsform zu einer effizienteren Koordination führt (**Koordinationsfunktion**). Die Formulierung sinnvoller und erfüllbarer Ziele führt durch das Streben der Zielerfüllung zur Motivationsförderung bei allen Beteiligten der Integrierten Versorgung (**Motivationsfunktion**) (Bruhn et al. 2019).

Bevor eine Zielfestlegung stattfindet, muss zunächst die Markt- und Ressourcensituation analysiert werden. Nach Durchführung der

Analyse und der Bestimmung einer Netzphilosophie können **Marketingziele** festgelegt werden, bei deren Formulierung es im Wesentlichen um die Beantwortung folgender Fragen geht (Lingenfelder und Kronhardt 2001):

- **Was** soll im Rahmen des Kundenmanagements der Integrierten Versorgung erreicht werden? Die wesentlichen Ziellkategorien einer Integrierten Versorgung sind Leistungsziele, Beeinflussungsziele, wirtschaftliche Ziele und Potenzialziele (Horak und Heimerl 2007). Des Weiteren kann zwischen Marktstellungs-, Image-, sozialen sowie ökologischen Zielen unterschieden werden (Meffert und Bruhn 2018).
- In welchem **Ausmaß** soll es erreicht werden? Das Zielausmaß lässt sich in Optimierungsziel und Satisfizierungsziel einteilen, wobei bei Ersterem die Zielvariable maximiert oder minimiert wird, z. B. Maximierung der Patientenzahlen, weitere fachspezifische Leistungserbringer (z. B. Therapeuten) gewinnen. Ein Satisfizierungsziel hingegen beinhaltet ein bestimmtes Anspruchsniveau, welches einen als befriedigend betrachtenden Wert darstellt, wie z. B. die Erreichung einer Mindestpatientenzahl (Nieschlag et al. 2002).
- In welchem **Zeitraum** soll es erreicht werden? Der zeitliche Bezug der Zielformulierung im Sinne von kurzfristiger, mittelfristiger und langfristiger Zielverfolgung ist zu spezifizieren.
- Welche **Ziel- bzw. Anspruchsgruppen** sollen durch das Kundenmanagement angesprochen werden? Jede Zielgruppe sollte so gebildet werden, dass die Gruppe innerhalb möglichst homogen, außerhalb möglichst heterogen ist, und beide sich somit klar voneinander abgrenzen. Auf diese Weise können die Marketing-Maßnahmen zielgerichtet und mit geringen Streuverlusten möglichst effizient angewendet werden. Eine denkbare Einteilung der Kundengruppen wäre zunächst die in Leistungserbringer und Leistungsnehmer. Diese könnten auf Leistungserbringerseite weiter in ihre Berufsgruppe unterteilt werden, wie z. B. Ärzte und Therapeuten, und auf Leistungsnehmerseite in indikationsbezogene Patientengruppen wie z. B. Asthma-, Diabetes- oder Osteoporose-Patienten. So könnten konkrete Interessen der einzelnen Anspruchsgruppen berücksichtigt und fokussiert in der Zielgruppe kommuniziert werden.

Nach der Festlegung der einzelnen Ziele in den jeweiligen Kategorien ist **eine Zielhierarchie zu bilden**. Im Falle der Integrierten Versorgung stellen **Sachziele die Hauptziele** und **Formalziele (Wirtschaftlichkeit) die bindenden Nebenbedingungen** dar. So steht bei der Integrierten Versorgung primär die Behandlungsqualität (Sachziel) im Vordergrund bei gleichzeitig sinkenden Kosten durch die effiziente Zusammenarbeit aller beteiligten Akteure (Formalziel). ◘ Tab. 3.4 zeigt wesentliche Zielkategorien auf, die im Rahmen eines Kundenmanagements der Integrierten Versorgung verfolgt werden sollten.

Festlegung von Strategien bei der Integrierten Versorgung zur Zielerreichung

In Abhängigkeit von der Zielformulierung stellt die **strategische Marketingplanung** eine Vielzahl möglicher Strategien bereit, um die Zielerreichung zu fördern. Dabei ist zunächst notwendig, eine generelle strategische Stoßrichtung mit Hilfe von Marktfeldstrategien (z. B. Ansoff-Matrix) zu bestimmen. Hierbei kommt der Ableitung von Wettbewerbsvorteilen eine zentrale Rolle zu. Ein wesentlicher Vorteil der Integrierten Versorgung gegenüber bereits bestehenden Versorgungsformen stellt die Vernetzung der einzelnen Leistungsanbieter und Leistungen dar, da dies u. a. mit geringeren Behandlungskosten wegen des Wegfalls von nicht notwendigen Doppeluntersuchungen (z. B. mehrfaches Anfertigen von Röntgenbildern), höherer Behandlungsqualität und einer effizienteren Terminkoordination (z. B. verminderte Wartezeit auf einen Facharzttermin) einhergeht.

Die sich daraus ergebenden Zeit- und Kostenvorteile können für das Kundenmanagement von integrierten Versorgungsformen als

3

Tab. 3.4 Zielarten. (In Anlehnung an Bruhn et al. 2021 und Lingenfelder und Kronhardt 2001)

Zielkategorie	Erläuterungen	Ziele des Kundenmanagements der Integrierten Versorgung
Leistungsziele	Aktivitäten, die zur Erfüllung der Bedürfnisse der Leistungserbringer und Leistungsnehmer beitragen	Angebot Behandlungs- und Therapieart verbessern, Förderung der Pflegequalität, Steigerung der Mitarbeiterzufriedenheit
Beeinflussungsziele	Änderungen im Denken und Handeln der Anspruchsgruppen hervorrufen	Bei Leistungsnehmern Organisationskultur und somit Organisationsleitlinien näherbringen und auf Leistungsnehmerebene Aufklärungsarbeit, z. B. über Infektionswege einer bestimmten Krankheit oder des Zigarettenkonsums, um so eine Änderung des Gesundheitsverhaltens zu fördern
Wirtschaftliche Ziele	Rentabilität und Gewinn, d. h. im Falle der Integrierten Versorgung als Nonprofit Organisation Kostendeckung bzw. Absicherung der finanziellen Basis	Umsatzsteigerung durch Zusatzangebote z. B. im Selbstzahlerbereich
Potenzialziele	Gewinnung und Sicherung von nicht monetären Ressourcen, Nutzung von Personalressourcen, Fachkompetenzen, sozialen Kompetenzen, kommunikativen Kompetenzen, technologischer Infrastruktur	Beispielsweise behinderten- und pflegegerechte Ausstattung der Räumlichkeiten, Sicherstellung von qualifiziertem Personal
Marktstellungsziele	Marktanteil, Marktgeltung	Beispielsweise Steigerung des Marktanteils gegenüber der Behandlung eines bestimmten Krankheitsbildes
Imageziele	Internes Bild, das die relevanten Anspruchsgruppen haben, angestrebtes Ziel ist hier als einzigartig wahrgenommen zu werden	Beispielsweise als kompetent und gleichzeitig als besonders fürsorglich wahrgenommen werden
Soziale Ziele	Mitarbeiterorientierte Ziele wie z. B. Steigerung der Mitarbeiterzufriedenheit, soziale Sicherheit und gesellschaftsorientierte Ziele wie z. B. der Dialog mit relevanten Anspruchsgruppen	Beispielsweise Steigerung der Mitarbeiterzufriedenheit durch flexible Arbeitszeitmodelle im ärztlichen und pflegerischen Dienst und durch politische Einflussnahme Stärkung der Verhandlungsposition bei Verhandlungen mit den Krankenkassen
Ökologische Ziele	Soziale und gesellschaftliche Verantwortung übernehmen, z. B. durch die Erfüllung ökologischer Auflagen und Normen	Erhöhung des Vertrauens der Anspruchsgruppen durch Verfolgen von ökologischen Zielen

strategischer Vorteil genutzt werden. Auch sollte bei der strategischen Marketingplanung der Herausforderung begegnet werden, dass die Integrierte Versorgung durch den Zusammenschluss von vielen verschiedenen Leistungserbringern geprägt ist, die in ihrem Handeln weitestgehend autonom handeln, aber trotzdem einen Verbund darstellen sollen.

Wesentlich bei der strategischen Marketingplanung ist zunächst die Festlegung einer **Marktteilnehmerstrategie.** Hierbei ist zu unterscheiden zwischen der differenzierten, undifferenzierten und »Segment-of-one«-Marktbearbeitung. Bei einer **undifferenzierten** Strategie werden sämtliche Marktsegmente bzw. Anspruchsgruppen mit einem einheitlichen Marketinginstrumenteneinsatz bearbeitet und so die Besonderheiten der einzelnen Marktsegmente und Anspruchsgruppen nicht miteinbezogen. Bei einer **Differenzierung** werden hingegen ausgewählte Marktsegmente bzw. Kundengruppen durch zielgruppenspezifischen Einsatz der Marketinginstrumente angesprochen. Bei der »**Segment-of-one**« Bearbeitung wird jede Leistung und jede Ansprache gezielt auf einen bestimmten Kunden zugeschnitten. Je höher der Einfluss des Kunden in den Leistungserstellungsprozess ist, desto schwieriger ist eine standardisierte Bearbeitung des Marktes, weil die zu erbringende Leistung im Voraus nicht exakt determiniert werden kann.

Für das Kundenmanagement einer Integrierten Versorgung bedeutet dies aufgrund der verschiedenen Anspruchsgruppen, wie z. B. Leistungserbringer und Leistungsnehmer und deren unterschiedlichen Interessen, dass eine **differenzierte Marktteilnehmerstrategie** verfolgt werden sollte. So wird eine effiziente Zielgruppenansprache innerhalb der einzelnen Anspruchsgruppen gewährleistet. Bei der Durchführung dieser ist eine notwendige Voraussetzung, die entsprechende Anspruchsgruppen hinsichtlich Eigenschaften und Menge mit geeigneten Analysemethoden zu identifizieren. Bei der Anspruchsgruppe »Leistungsnehmer« wird z. B. die Anzahl der Patienten, für die die medizinische Leistung konzipiert werden soll, nach der durchschnittlichen Häufigkeit des Problems einer bestimmten Region in Relation zur Gesamtbevölkerung bestimmt (Weatherly 2008). So könnte z. B. in Regionen mit einem höheren Durchschnittsalter der Patienten auf ein vermehrtes Vorkommen von multimorbiden Krankheitsbildern geschlossen werden und somit die Umsetzung eines integrierten Versorgungskonzepts in diesem Bereich Vorteile schaffen. Innerhalb der Anspruchsgruppe »Leistungsnehmer« käme auch eine »**Segment-of-one**«**-Bearbeitung** in Frage, da jedes Krankheitsbild bei der Erbringung von medizinischen Dienstleistungen einen eigenen Verlauf hat und somit eine standardisierte Behandlung und gleich bleibende Qualität bei unterschiedlichen Patienten schwer realisiert werden kann.

Auf Basis einer Zielgruppendefinition erfolgt die Gewinnung von Neukunden. Dazu ist die Verfolgung einer **Akquisitionsstrategie** empfehlenswert, in deren Rahmen Marketingmaßnahmen eingesetzt werden, die psychologische Wirkungen, wie beispielsweise Interesse und die Bildung eines positiven Images, erzielen. Eine Besonderheit im Rahmen der Akquisitionsstrategie einer Integrierten Versorgung ist, dass es sich hierbei um ein innovatives Versorgungskonzept handelt, welches sich gegenüber bereits etablierten Versorgungsformen am Markt durchsetzen muss. Dazu müssen die spezifischen Merkmale der Innovation genau definiert werden, um die Verbreitung der Innovation erfolgreich voranzutreiben. Beim Verbreitungsprozess sind dabei insbesondere auf die **Charakteristika der Innovation**, die **Charakteristika potenzieller Nutzer (Zielgruppe)** und die **Umfeldfaktoren** zu achten (Rogers 2003; Oldenburg und Glanz 2015). Die Umsetzung wird unter dem Abschnitt zu den operativen Maßnahmen weiter vertieft. Potenzielle Leistungserbringer können durch Hervorheben bestimmter Vorteile, wie etwa Kosten- und Zeitersparnisse, akquiriert werden.

Nach der Akquisition hinreichend vieler Kunden auf Leistungsnehmer- und Leistungserbringerseite muss der längerfristige Erfolg der innovativen Versorgungsform durch eine Strategie gesichert werden, mit der die Kunden an die Versorgungsform gebunden werden. Hierbei wird zwischen den **Bindungsstrategien** »Verbundenheit« und »Gebundenheit« der Kunden unterschieden. Bei der **Gebundenheit** ist der Bindungszustand zur Organisation zeitlich fixiert, was zu einer besseren Planbarkeit der Kapazitäten führt. Jedoch ist darauf zu achten, dass eine Position der positiven Gebundenheit aus Sicht des jeweiligen Mitglieds einer Anspruchsgruppe besteht. Die **Verbundenheit** zur Organisation entsteht dabei auf Basis von Vertrauen und ist somit ein »freiwilliger« Bindungszustand. Bei integrierten Versorgungskonzepten herrscht aber in der Regel nur eine temporäre vertragliche Gebundenheit vor, sowohl bezüglich der teilnehmenden Versicherten als auch der Leistungserbringer. Daher ist es hier notwendig,

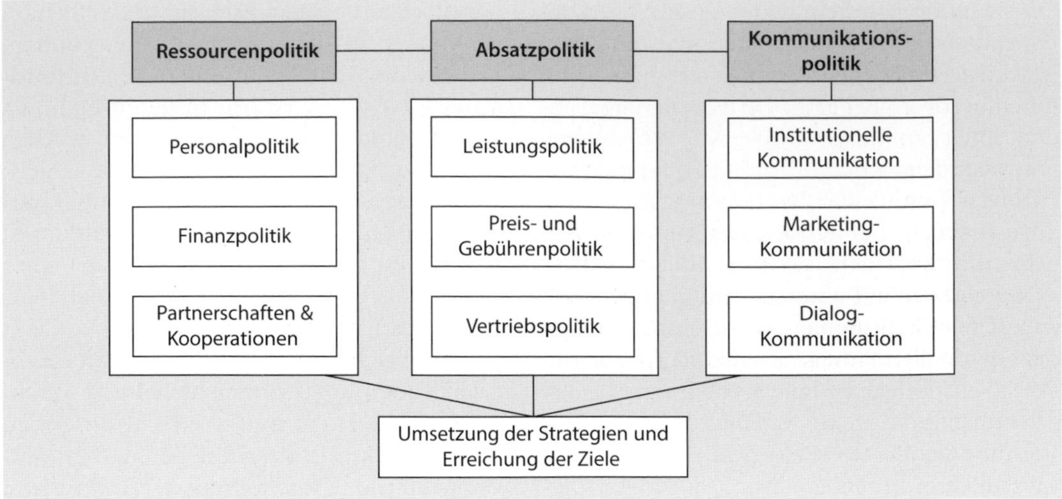

Abb. 3.10 Marketingmix integrierter Versorgungskonzepte

Maßnahmen zu verfolgen, um auch zum Vertragsende die Bindung an die Versorgungsform, z. B. durch eine Vertragsverlängerung, zu erreichen.

Operatives Marketing in der Integrierten Versorgung

Um die formulierten Ziele zu erreichen und die dadurch entwickelten Strategien des Kundenmanagements einer Integrierten Versorgung erfolgreich umsetzen zu können, können die in Abb. 3.10 aufgezeigten **Marketinginstrumente** für Nonprofit-Organisationen zum Einsatz kommen. Die Marketinginstrumente Leistungs-, Kommunikations-, Preis- und Distributionspolitik aus dem Konsumgüterbereich **(4Ps)** werden im Dienstleistungsbereich um die Personal-, Ausstattungs- und Prozesspolitik erweitert und so die produkt- und marktorientierte Sichtweise um die dienstleistungsspezifische und kundenorientierte Sichtweise ergänzt (Grönroos 1989). Um dies zu fördern, sollte ebenfalls das Konzept des »Relationship Marketing« Anwendung finden (Grönroos 1994).

Dabei spielt insbesondere die Personalpolitik eine entscheidende Rolle, da die Mitarbeiter eines Dienstleisters direkten Kundenkontakt haben und das **intangible Gut »Dienstleistung«** repräsentieren. Kunden assoziieren die Eigenschaften der Mitarbeiter mit dem Dienstleistungsunternehmen. Auch die Ausstattungspolitik trägt zum Erlebbarmachen der Dienstleistung bei und wird somit greifbarer für die Kunden. Bei der Prozesspolitik stehen das Verfügbarmachen der Dienstleistung und die Gewährleistung auf eine ständig gleichbleibende Qualität im Vordergrund (Magrath 1986).

Nach Bruhn et al. (2021) wird der **Marketingmix für Nonprofit-Organisationen** in die Ressourcen-, Absatz- und Kommunikationspolitik untergliedert. Alle drei Instrumente bauen aufeinander auf und stehen in einer hierarchischen Beziehung zueinander. Die Ressourcenpolitik dient der Erfüllung der Leistungsbereitstellung (Personal- und Finanzpolitik), deren Absatz (Leistungs-, Preis- und Gebühren-, Vertriebs- und Distributionspolitik) wiederum durch die Kommunikationspolitik gefördert werden soll.

▪ Ressourcenpolitik in der Integrierten Versorgung

In der Integrierten Versorgung spielt im Rahmen der Ressourcenpolitik die Personalpolitik eine wichtige Rolle. Dabei ist zu beachten, dass alle personalpolitischen Maßnahmen in der Integrierten Versorgung durch die einzelnen Leistungserbringer eigenständig erbracht werden. Wichtiger Ausgangspunkt ist hierbei das interne Marketing, welches die gezielte Anwendung von Marketing- und Personalmanagementmaßnahmen beinhaltet. Unter internem Marketing soll ein ganzheitlicher Managementprozess verstanden werden, mit dem sichergestellt wird, dass die Mitarbeiter die Unternehmens- und Organisationsstrukturen genau kennen, sich mit der Organisation identifizieren und verbunden fühlen und dies im Patientenkontakt wiedergeben (George 1990).

Bei der Erbringung medizinischer Leistungen beurteilen Patienten neben der fachlichen Qualität auch die Servicequalität der Dienstleistung (Geraedts 2006). Somit kann eine konsistent hohe Servicequalität einen wesentlichen Wettbewerbsvorteil gegenüber anderen Marktteilnehmern darstellen und sollte im Rahmen des internen Marketings verfolgt werden. Zur erfolgreichen Umsetzung muss auf die Bedürfnisse der Mitarbeiter geachtet werden und für deren Aus- und Weiterbildung gesorgt werden, um so die Mitarbeitermotivation zu fördern (Joseph 1996).

Weil es sich bei der Integrierten Versorgung in der Regel um einen Zusammenschluss unabhängiger Leistungserbringer handelt, besteht die Herausforderung darin, das interne Marketing einer integrierten Versorgungsform unter allen teilnehmenden Leistungserbringern zu verankern und diese trotz ihrer Selbständigkeit zu einem erkennbar einheitlichen Handeln zu motivieren.

Im Rahmen der Finanzpolitik werden durch den Einsatz finanzpolitischer Instrumente die Planung und die Beschaffung von Finanzmitteln gesichert. Im Unterschied zu kommerziellen Unternehmen ist bei der Integrierten Versorgung die Aufgabenvielfalt des Finanzmanagements eingeschränkt (Littich et al. 2003). Aktuell ergeben sich Finanzierungsmöglichkeiten z. B. aus dem Innovationsfonds, der vorsieht, neue Versorgungsformen, die über die bisherige Regelversorgung hinausgehen und die sektorenübergreifende Versorgung verbessern, zu fördern. Die Fördersumme betrug in den Jahren 2016–2019 jeweils 225 Mio. € (§§ 92a und 92b SGB V) (▸ Abschn. 2.5, 4.5).

Ein weiteres wichtiges Instrument der Ressourcenpolitik in der Integrierten Versorgung stellt das Initiieren und Aufrechterhalten von Partnerschaften und Kooperationen dar. Zur Umsetzung kann das Relationship Marketing Anwendung finden. Es befasst sich im Gegensatz zu einem transaktionsorientierten Marketing, dessen Funktion überwiegend in der Anbahnung einzelner Transaktionen liegt, mit der Steuerung von Kundenbeziehungen und somit mit den Beziehungen eines Unternehmens zu seinen Anspruchsgruppen.

Da ein integriertes Versorgungskonzept durch viele verschiedene Teilnehmer gekennzeichnet ist, und deren Beziehung zueinander und zur Organisation maßgeblich vom Funktionieren und Erfolg des Zusammenschlusses abhängen, empfiehlt es sich, die Beziehungen zu den Teilnehmern durch ein Kundenwertmanagement zu unterstützen. Dazu werden individuelle Kundenwerte ermittelt, analysiert und an den beziehungsorientierten Aktivitäten ausgerichtet. Somit werden ein effizienter Marketinginstrumenteneinsatz und eine optimale Ausschöpfung bestehender Kundenpotenziale gewährleistet (Bruhn 2022). Auch im Hinblick auf die knappen Finanz- und Zeitressourcen in der Integrierten Versorgung erscheint eine spezifische Kundenwertanalyse der verschiedenen Anspruchsgruppen bzw. einzelner Individuen als sinnvoll, um darauf aufbauend zielgerichtete Relationship-Marketing Maßnahmen einzuleiten.

■ Absatzpolitik in der Integrierten Versorgung

Im Rahmen der Leistungspolitik werden marktadäquate Leistungen bzw. Lösungen für bestehende Probleme am Markt geschaffen, um daraus einen kunden- bzw. zielgruppenspezifischen Leistungsnutzen abzuleiten (Becker 2019). Bei der Festlegung eines Leistungsprogrammes wird zwischen der Kernleistung und der Zusatzleistung unterschieden. Dabei stellt die Kernleistung die marketingzielgebundene Grundleistung und die Zusatzleistung die Leistungseigenschaften dar, die einen zusätzlichen Nutzen für den Kunden schaffen, jedoch nicht notwendig sind.

Für die Integrierte Versorgung ergibt sich als Kernleistung, die Erbringung und Koordination der medizinischen Leistungen durch den Betrieb einer Netzwerkstruktur, in der die verschiedenen Leistungserbringer zusammengefasst sind und innerhalb derer die Behandlung abgestimmt wird. Zusatzleistungen sind z. B. Informationsveranstaltungen für die Leistungsnehmer über bestimmte Krankheitsbilder oder Weiterbildungsmaßnahmen für die Leistungserbringer. Da das Kundenmanagement in einer Integrierten Versorgung maßgeblich von der Inanspruchnahme der medizinischen Leistungen der Leistungserbringer abhängig ist und dort somit eine strategische und wohlüberlegte Absatzpolitik unabdingbar ist, wird nachfolgend der Fokus auf die Kundengruppe »Leistungsnehmer« gelegt.

Im Rahmen der indikationsübergreifenden Integrierten Versorgung, unter der die Zusammenfassung sämtlicher Krankheitsbilder zu verstehen ist, kann die große räumliche Entfernung einzelner Leistungsanbieter aus Sicht der Leistungsnehmer als Nachteil aufgefasst werden, da viele Patienten die Wahl ihrer Gesundheitsdienstleister in Abhängigkeit von der geografischen Nähe dieser treffen (Geraedts 2006). Somit könnte als Zusatzleitung die distributorische Planung und Koordination der Termine zwischen den Leistungsnehmern und Leistungserbringer durch die Integrierte Versorgung übernommen werden, umso vornehmlich den Patienten zu entlasten.

Zusätzlich sind im Rahmen der Umsetzung einer Akquisitionsstrategie und im Hinblick darauf, dass die Integrierte Versorgung ein innovatives Versorgungskonzept darstellt bei den leistungspolitischen Maßnahmen auf die Charakteristika der innovativen Versorgungsform zu achten. Diese lassen sich einteilen in (Rogers 2003; Oldenburg und Glanz 2015):

- die **relativen Vorteile**, die die neue Versorgungsform gegenüber bereits bestehenden Versorgungsformen hat,
- die **Vereinbarkeit** der innovativen Versorgungsform mit den Werten, Normen, Vorstellungen und wahrgenommenen Bedürfnissen der Anspruchsgruppe (Aubert und Hamel 2001),
- die **Komplexität** der innovativen Versorgungsform, im Sinne von niedrigen Zugangsbarrieren,
- die **Erprobbarkeit** der innovativen Versorgungsform, und
- die **Beobachtbarkeit**, ob der Mehrnutzen, den die innovative Versorgungsform stiftet, von der jeweiligen Anspruchsgruppe direkt wahrgenommen wird.

> Grundlegende Voraussetzung für die Annahme des neuen Versorgungskonzeptes ist die Übereinstimmung mit den Werten, Normen und Vorstellungen und Bedürfnissen der Patienten.

Diese Übereinstimmung ermöglicht es, Vorteile abzuleiten, die die Patienten dazu motivieren, sich für die Wahl eines integrierten Versorgungskonzepts zu entscheiden. Wahrgenommene Vorteile sind u. a. der Wegfall der Suche nach Spezialisten, da die Patienten in eine **organisierte Behandlungskette** eingebunden werden. Auch entfallen lange Wartezeiten, da die Übergänge von ambulanter, stationärer und rehabilitativer Versorgung besser koordiniert werden, Liegezeiten in Krankenhäuser verkürzt werden und viele Krankenversicherungen ihren Versicherten spezielle Boni anbieten, wenn sie an einem integrierten Versorgungsprogramm teilnehmen (Bundesministerium für Gesundheit 2021). Hier muss besonders Wert darauf gelegt werden, dass dieser relative Vorteil gegenüber bereits bestehenden Versorgungskonzepten von den Patienten wahrgenommen wird. Dies ist auch im Hinblick darauf wichtig, da die **Immaterialität der Gesundheitsdienstleistungen** damit einhergeht, dass die Patienten vor Inanspruchnahme der Leistung schwer abschätzen können, wie das Behandlungsergebnis ausfällt.

Daraus ergibt sich, dass **medizinische Leistungen Erfahrungsgüter** (Nelson 1970) darstellen, deren Qualität erst nach längerfristiger Nutzung beurteilt werden kann. Hinzu kommt, dass den Patienten **Vergleichsmöglichkeiten fehlen**, da in der Regel jedes Krankheitsbild individuelle Verläufe hat und somit unterschiedliche Behandlungs- und Therapieformen erfordert, wie z. B. bei chirurgischen Eingriffen (Dierks et al. 2000; Tscheulin und Dietrich 2010). Medizinische Dienstleistungen werden somit zu Vertrauensgütern, da auch nach Inanspruchnahme der Leistung keine objektive Qualitätsbeurteilung seitens der Patienten stattfinden kann (Darby und Karni 1973).

Die **Preis- und Gebührenpolitik** determiniert, zu welchen Bedingungen die medizinischen Leistungen von den Leistungsnehmern nachgefragt werden können (Klausegger et al. 2003). Aufgrund der »Third-Party-Payer-Systematik« zahlen Versicherte nicht unmittelbar für ihre Leistungsinanspruchnahme, womit die direkte Preispolitik den Leistungsnehmern gegenüber keine Rolle spielt. Gegenüber den Krankenkassen bestehen jedoch frei verhandelbare Optionen darüber, wie die Leistungen der Integrierten Versorgung vergütet werden können. Auch werden den Mitgliedern der Integrierten Versorgung spezifische Vergünstigungen geboten und somit finanzielle Anreize gesetzt, wenn sie sich in das Programm einschreiben (Gesundes Kinzigtal 2016), wodurch wiederum preispolitische Maßnahmen in der Integrierten Versorgung Einsatz finden. So wäre eine Gestaltungsmöglichkeit von Vergütungssystemen, dass den Patienten eine Rückerstattung von Versichertenbeiträgen auf Basis der realisierten Kosteneinsparungseffekte der Integrierten Versorgung gewährt wird.

Vorrangiges Ziel der **Vertriebs- oder Distributionspolitik** ist das Verfügbarmachen der Leistung und somit die Sicherstellung, dass die zu erbringenden Leistungen die Kunden erreichen (Becker 2019). Hier muss zwischen **informatorischen** und **physikalischen Prozessen** unterschieden werden. Erstgenannte können unabhängig von einem bestimmten Ort erbracht werden, zweitgenannte sind ortsgebunden und somit von dessen tangibler Ausstattung abhängig. Informatorische Prozesse in der Integrierten Versorgung sind z. B. die administrative Abwicklung eines Behandlungsfalls, die nicht an einen bestimmten Ort gebunden ist. Unter physikalische Prozesse fällt die Behandlung von Patienten, die eine spezielle medizinisch-technische Ausstattung erfordert und somit ortsgebunden, z. B. in einer Arztpraxis oder einem Krankenhaus, erbracht werden muss. Deswegen sollte bei der Integrierten Versorgung im Rahmen der Ausstattungspolitik auf die medizinisch-technische wie auch nicht-medizinisch-technische Ausstattung und sonstige Ausstattungs- und Servicemerkmale geachtet werden.

Aus der Besonderheit, dass **medizinische Dienstleistungen nicht transportfähig** sind, da sie in der Regel spezieller technischer Ausstattung bedürfen und somit in Kliniken oder Praxen erbracht werden müssen, kann ein Differenzierungsmerkmal gegenüber den Anbietern herkömmlicher Versorgungskonzepte abgeleitet werden. So könnte z. B. ein Fahrdienst zwischen den einzelnen Leistungserbringern einer Integrierten Versorgung fungieren oder Wartezeiten auf einen Termin wegen der Vernetzung und besseren Koordination zwischen den Akteuren verkürzt werden.

■ Kommunikationspolitik in der Integrierten Versorgung

Zu den Aufgaben der **Kommunikationspolitik** in der Integrierten Versorgung zählt das institutionelle Erscheinungsbild der Organisation bei den Patienten und anderen relevanten Anspruchsgruppen zu prägen. Auf Basis von **Image- oder Positionierungsanalysen** erfolgt ein Imageaufbau hinsichtlich der angestrebten Positionierung. Bei der Kommunikationspolitik hinsichtlich der Leistungsgsnutzer der Integrierten Versorgung sind die Vermittlung von Qualitätswerten hinsichtlich der Fachkompetenz des medizinischen Personals und ein hoher Servicestandard bei der Erbringung der medizinischen Dienstleistung Beispiele für imagerelevante Aspekte, da diese Faktoren zur positiven Wahrnehmung durch die Patienten beitragen (Geraedts 2006). Die auf die Leistungserbringer bezogene Kommunikationspolitik sollte für die Kundengruppe relevante Aspekte einbeziehen, d. h. finanzielle Vorteile, Entlastung bei der Organisation und Verwaltungsaufgaben und Personalentwicklungsmaßnahmen wie Fortbildungen für die Mitarbeiter der teilnehmenden Organisationen des Gesundheitswesens an der Integrierten Versorgung.

Im Rahmen der **Marketingkommunikation** werden die medizinischen Leistungen in der entsprechenden Zielgruppe kommuniziert.

Ziel ist hierbei, die Patienten über neue Leistungen zu informieren und deren Nutzen für die Anspruchsgruppe herauszustellen. Da neue Angebote im Rahmen der Integrierten Versorgung zunächst noch unbekannt sind, müssen zur Unterstützung des Diffusionsprozesses kommunikationspolitische Maßnahmen eingesetzt werden. Dazu ist es zunächst von großer Bedeutung, die entscheidenden Charakteristika als innovative Versorgungsform den Kundengruppen gegenüber zu kommunizieren, um somit relevante Vorteile für diese herauszustellen.

Um eine zielgruppengerichtete Ansprache während des Diffusionsprozesses zu fördern, kann die von Rogers (2003) aufgestellte Klassifizierung der »Adopter Categories« (z. B. Innovators, Early Adopters) herangezogen werden. Hierbei weist jede Klassifizierung spezielle Merkmale auf, die beim Bekanntmachungsprozess der Innovation zu berücksichtigen sind. So sind z. B. die »Early Adopters« dadurch gekennzeichnet, dass sie als Vorbilder in der sozialen Gruppe gelten, und deren Meinung über die Innovation wichtig ist, um den Diffusionsprozess bei den anderen Mitgliedern zu fördern. Die »Innovators« gelten als sehr risikobereit und offen für Innovationen, sind aber gleichzeitig weniger angesehen als die »Early Adopters« (ebd.). Die »Early Adopters« eignen sich somit besser als Meinungsführer und können durch die Weitergabe von Informationen über die Integrierte Versorgung zum Entscheidungsprozess beitragen.

Bei den Leistungsnehmern stellt der **(Haus-)Arzt oftmals eine Vertrauensperson** dar und kann die Meinungsführerschaft in der Integrierten Versorgung übernehmen und damit zur Patientengewinnung beitragen. Meinungsführer bei den Leistungserbringern stellen renommierte medizinische Einrichtungen dar, die im Gesundheitswesen durch ihre fachliche Expertise etabliert sind. Sie können als Meinungsführer bei der Gewinnung von weiteren Netzwerkpartnern fungieren.

Die **Dialogkommunikation** dient dazu, eine zielgruppengerichtete Ansprache der verschiedenen Anspruchsgruppen der Integrierten Versorgung umzusetzen. Geeignete Kommunikationsmittel sind hierbei z. B. Informationsbroschüren für Patienten im Wartezimmer des Hausarztes oder Informationsschreiben durch die Krankenkassen an potenzielle medizinische Leistungserbringer. Ziel ist hierbei, den Kontakt zu intensivieren und auf geänderte Informationsbedürfnisse einzugehen.

Ebenfalls ein für die Integrierte Versorgung wichtiger Kanal stellen die Formate der **digitalen und Social Media-Kommunikation** dar. Das Social Media-Marketing zielt darauf ab, eigene Vermarktungsziele durch die Benutzung von internet- bzw. onlinebasierten sozialen Kommunikations- und Austauschplattformen zu erreichen. Hierzu zählen neben dialogorientierten Internetplattformen u. a. auch die neuen Medien, Apps und Textnachrichten-Dienste. Da die Integrierte Versorgung als abstrakte Versorgungsform nicht unmittelbar für Teilnehmer wahrnehmbar ist, ergeben sich durch die Social-Media-Kommunikation Möglichkeiten, den Vernetzungsgedanken wirkungsvoller umzusetzen, insbesondere z. B. durch virtuelle Netzwerke und entsprechende Netzauftritte. Dadurch wird die Beobachtbarkeit (»observability«, Rogers 2003) der Integrierten Versorgung unterstützt und ein wichtiger Einflussfaktor zur Akzeptanz von Innovationen verstärkt. Möglichkeiten umfassen z. B. die Veröffentlichung nutzergenerierter Beiträge und andere Formen des Austauschs (Hettler 2010). Die digitale Vernetzung von Patienten und Akteuren der Integrierten Versorgung führt somit zur Förderung des Verbreitungsprozesses der neuen Innovationsform, bei gleichzeitig sinkenden Transaktionskosten (Schachinger 2011). Generell gilt jedoch auch hier, dass rechtliche Rahmensetzungen zu beachten sind, wie z. B. das Heilmittelwerbegesetz (HWG), das Gesetz gegen unlauteren Wettbewerb (UWG) und die Musterberufsordnung für Ärzte (MBO-Ä). Zukünftig wäre jedoch der vermehrte Einsatz von sozialen Netzwerken denkbar, um die für viele Patienten abstrakte Versorgungsform im Markt besser wahrnehmbar zu machen bzw. um bereits bestehende Teilnehmer besser zu binden.

In Kürze
Die unterschiedlichen Instrumente des Kundenmanagements können nicht isoliert voneinander betrachtet werden, sondern müssen gegenseitig abgestimmt werden. Damit soll sichergestellt werden, dass ein kohärentes Gefüge von Maßnahmen umgesetzt wird, das möglichst widerspruchsfrei dazu führen soll, die Ziele des Kundenmanagements zu erreichen. Dabei sind mögliche Interaktionseffekte der unterschiedlichen Instrumente zu berücksichtigen und möglichst auszunutzen. Als Beispiel kann angeführt werden, dass die unmittelbare Wahrnehmbarkeit des Nutzens einer Innovation für deren Akzeptanz im Markt relevant ist. Problematisch dabei ist, dass viele Effekte, die von der Integrierten Versorgung ausgehen, zunächst nicht zeitnah beobachtet werden können, z. B. ist bei präventiven Maßnahmen der Nutzen nur mit erheblicher zeitlicher Verzögerung erlebbar. Wenn sich für die Gesamtheit der Teilnehmer in einer Integrierten Versorgung schon kurzfristig gewisse Einsparungseffekte erzielen lassen, würde als Element der Preispolitik eine (Teil-)Ausschüttung der Kosteneinsparung die Nutzeneffekte der Integrierten Versorgung für die Teilnehmer unmittelbar wahrnehmbar machen und dadurch die Akzeptanz fördern. Zudem können Ergebnisse von Evaluationen dargestellt werden, über die sich die Teilnehmer über verschiedene Kommunikationskanäle informieren können. Dies macht die positiven Effekte der integrierten Versorgungsform sichtbar und könnte einen Anreiz zur Teilnahme darstellen.

3.6 Kundenmanagement in der Arzneimittelindustrie

Kay Peters

3.6.1 Gesetzliche und strukturelle Rahmenbedingungen

Die Einführung in das Kundenmanagement für die Arzneimittelindustrie setzt zunächst eine Definition der Industrie voraus. Um die Besonderheiten des Kundenmanagements in dieser Industrie nachfolgend besser zu verstehen, werden die **Elemente des Kundenmanagements** hier noch einmal explizit erläutert. Die Elemente haben eine hohe Bedeutung für die erfolgreiche Implementierung des Kundenmanagements in den Unternehmen.

Für eine detaillierte Definition des Arzneimittelbegriffs wird auf Stargardt und Schreyögg (▶ Abschn. 2.6) verwiesen. Davon unabhängig wird bei Arzneimitteln hauptsächlich zwischen verschreibungspflichtigen Arzneimitteln (Rx) und nicht verschreibungspflichtigen Arzneimitteln, sog. OTC-Produkten, von denen ein Teil auch im Rahmen einer Verordnung abgegeben werden können (OTX), unterschieden. Daneben wird zwischen Originalpräparat (Produkt des ersten Herstellers eines Wirkstoffes), Me-Too bzw. Analogpräparat (dem Originalpräparat stark ähnelnder Wirkstoff derselben Wirkstoffgruppe) und Generika (wirkstoffgleiche Kopie des Originalpräparats) unterschieden.

Da das Kundenmanagement aus Sicht der Krankenversicherungen, Krankenhäuser, Arztpraxen und Ärztenetzen sowie der integrierten Versorgung bereits in den vorstehenden Abschnitten behandelt wird, beschränken wir uns hier auf die Perspektive des Arzneimittelherstellers. **Stakeholder** aus Sicht des Arzneimittelherstellers sind im Kontext des Kundenmanagements Großhändler, Apotheken, Payer (Krankenkassen, Krankenversicherungen bzw. die an den Erstattungsentscheidungen beteiligten Institutionen, z. B. G-BA und IQWIG), Krankenhäuser und ihre Einkaufsgemeinschaften, Ärzte und ihre Verbände sowie Patienten.

3

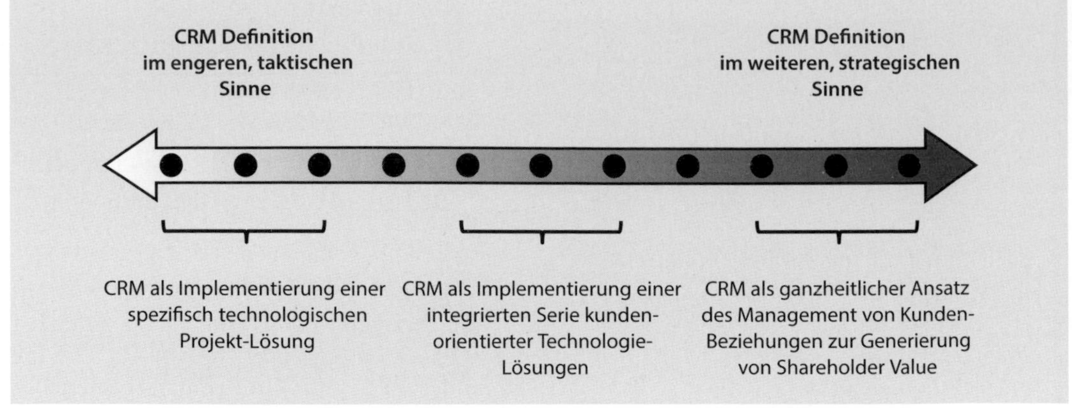

Abb. 3.11 CRM-Kontinuum

Um diese Zielgruppen effektiv betreuen zu können, ist ein systematisches Kundenmanagement erforderlich. Entsprechend werden im nächsten Abschnitt die Elemente des Kundenmanagements oder Customer Relationship Managements (CRM) dargestellt und erläutert. Dies gerade auch, weil sich dessen Ausgestaltung nachhaltig von denen der anderen Akteure im Gesundheitswesen unterscheidet. Nur das CRM für **Medizintechnikprodukte** ist sehr ähnlich ausgestaltet.

Customer Relationship Management

> **Customer Relationship Management**, Customer Relationship Management (CRM) ist die konsequente Umsetzung einer *kundenzentrierten* Unternehmensstrategie (**Customer Centricity**). Durch eine kundenindividuelle, bedarfsorientierte und integrierte Marketing-Strategie hat das CRM den *systematischen* Aufbau und die Pflege dauerhafter, *profitabler* Kundenbeziehungen zum Ziel.

Diese Definition legt eine umfassende Ausrichtung des Unternehmens auf seine (potenziellen) Kunden zugrunde. Sie stellt somit eine Schärfung und **Weiterentwicklung der marktorientierten Unternehmensführung** (Meffert et al. 2018) im Hinblick auf einzelne Kundenziehungen dar. Eine Einführung des CRM in Unternehmen kann verschiedene Ausgestaltungen annehmen. Payne und Frow (2005) ordnen diese auf einem Kontinuum von enger bzw. taktischer bis hin zur umfassenden und strategischen Einführung an (Abb. 3.11).

Im Rahmen dieses Kapitels gehen wir vor allem auf die **strategische Einführung von CRM** in Unternehmen ein (Umsetzung der ganzheitlichen Customer Centricity), da sich die Einführung taktischer Elemente daraus ableiten lässt und wesentlich einfacher ist. Der Erfolg einer CRM-Einführung steigt nachhaltig mit dessen Umfang, jedoch steigen auch die Kosten und der Zeitbedarf erheblich. Deshalb ist es von besonderer Bedeutung, sich zunächst mit den Elementen des CRM näher zu beschäftigen, um einen Überblick über die Erfordernisse zu erhalten (Abb. 3.12).

Entwicklung einer CRM-Strategie

Vor einer jeden CRM-Einführung steht die Entwicklung einer entsprechenden Strategie. *Wesentliche* Aspekte dieser Strategieentwicklung sind die

- systematische und zukunftsorientierte Definition von (potenziellen) Kunden, Mittlern und Stakeholdern,
- Definition eines historischen (für den Beginn) sowie zukunftsorientierten Customer Lifetime Value (CLV)-Ansatzes, dessen Be-

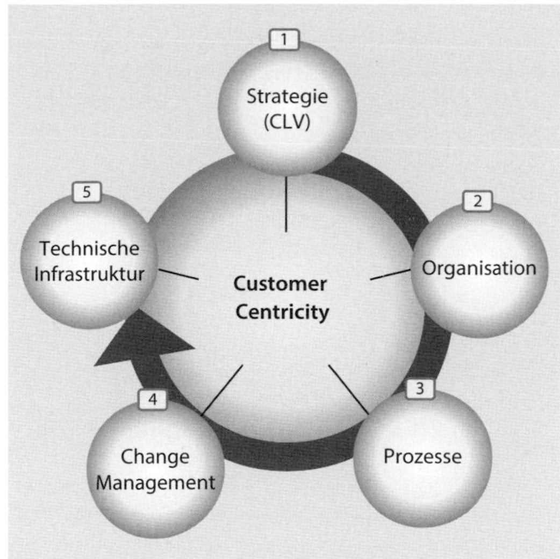

Abb. 3.12 Die Elemente einer CRM-Einführung

rechnung sowie die Überführung der Kunden-CLVs in Customer Equity,

- Definition und Abgrenzung der **Phasen des Kundenlebenszyklus**,
- Prüfung der bisherigen Definitionen von Produkten und Dienstleistungen aus Kundensicht,
- Systematische Prüfung und Erfassung aller aktuellen und zukünftigen Kundenkontaktpunkte des Unternehmens für die Kommunikation,
- Systematische Prüfung und Erfassung aller aktuellen und zukünftigen Absatzkanäle des Unternehmens.

Die Berechnung des **Customer Lifetime Value** (CLV) je Kunde sowie des **Customer Equity** (CE) sind zentral für die Einführung. Zukünftig wird jede kundenindividuelle Maßnahme danach evaluiert, ob sie aus Sicht des Unternehmens im Planungszeitraum (typischerweise 3 Jahre) zu einer höheren Wertigkeit des Kunden führt. Wichtig ist hier, dass von einer dynamischen Betrachtung ausgegangen wird, d. h. die Maßnahme muss sich über die Zeit rechnen. Dies ist gerade für die angemessene Beurteilung von Vertriebs- und Kommunikationsanstrengungen unerlässlich, weil über 90 % des Effekts dieser Marketing-Instrumente sich erst in nachfolgenden Perioden entfalten.

Berechnung des Consumer Lifetime Value (CLV) sowie des Customer Equity (CE):

Der Kundenwert (CLV) wird zukunftsorientiert je Kunde (i) und Periode (t) berechnet. Die Berechnung lässt sich in mehrere Komponenten unterteilen (Kumar 2008, S. 35–57):

$$CLV_{it} = \sum_{t=1}^{T_i} \frac{GC_{it}}{(1+r)^{t/Frequenz_i}} - \sum_{l=1}^{n} \frac{\sum_m MC_{iml}}{(1+r)^l}$$

Für jede zukünftige Periode t und jeden Kunden i wird im ersten Term der oben angeführten Gleichung der erwartete Deckungsbeitrag (GC_{it}) bis zum Ende der Planungsperiode (T_i) prognostiziert (typischerweise 36 Monate). Dieser **Deckungsbeitrag** ergibt sich aus den Umsätzen im Produktportfolio multipliziert mit der jeweiligen Produktmarge je Kauf. Das adäquate Aggregationsniveau dieser Kalkulation (bspw. je Arzneimittel, Verpackungsgröße oder Kategorie) ist ein wichtiges Element, das im Rahmen der Strategie-Entwicklung zu klären ist. Typischerweise beginnt man mit dem Produkt-Niveau, auf dem später auch die Marketing-Instrumente ausgesteuert werden. Der **Kundenwert** selbst wird meist auf mehreren Ebenen ermittelt (z. B. Arzt, Krankenhaus, Einkaufsgemeinschaft). Der Deckungsbeitrag einer Periode wird nun auf einen aktuellen Wert mit dem **Zinssatz** »**r**« (meist zwischen 7 und 15 %) unter Berücksichtigung der Kauffrequenz des **Kunden** »**i**« diskontiert. Die abdiskontierten Deckungsbeiträge werden dann zu einem Nettobarwert aufsummiert.

Im zweiten Term der Gleichung werden von diesem Nettobarwert alle zurechenbaren, ebenfalls diskontierten Marketing-Einzelkosten abgezogen. **MC (ilm)** ergibt sich aus den Einzelkosten des jeweiligen **Marketing-Instruments (m)** multipliziert mit der erforderlichen Anzahl der Kontakte mit diesem Instrument für jede **Periode (l)** bis zum Ende der **Planungs-**

periode (n). Das **Customer Equity (CE)** ist die Summe aller Kundenwerte eines Unternehmens. Ziel ist es, das CE zu maximieren.

Am Anfang ist die Berechnung eines zukunftsorientierten CLV oft zu aufwändig. Als zweitbeste Metrik gilt der vergangenheitsorientierte CLV, für dessen Berechnung historische Käufe und Marketing-Aktivitäten herangezogen werden (Venkatesan und Kumar 2004).

► Praxisbezug

Ein häufiges Beispiel aus der Praxis soll dies verdeutlichen: Ein Hersteller reduziert sein Vertriebspersonal um 20 % und ist erfreut, dass sich kurzfristig ein deutlicher Kostensenkungs- und somit gewinnerhöhender Effekt einstellt. Ebenso erfreulich ist die Tatsache, dass die Umsätze im ersten Jahr stabil sind. Allerdings verzeichnet der Hersteller im zweiten und dritten Jahr einen nachhaltigen Umsatzrückgang. Jedoch ordnet er diese Tatsache nicht mehr seiner Entscheidung zur Kürzung des Vertriebspersonals aus dem dann (vor-)vorletzten Jahr zu. Der gleiche Effekt stellt sich ein, wenn jedes Jahr im November das Kommunikationsbudget kurzfristig gekürzt wird.

Der Einbruch bei neuen **Leads und Bestandskunden** erfolgt zumeist 5–9 Monate später und wird dann dieser Entscheidung nicht mehr zugeordnet. Auch **Distributionsentscheidungen**, z. B. der Aufbau eines E-Commerce-Kanals, sind oft kostenintensiv und können erst nach einiger Zeit bewertet werden, weil sich das Verhalten der Kunden nur langsam ändert. Anders verhält es sich bei Preisentscheidungen, die oft kurzfristige Effekte auslösen. Allerdings sind auch hier langfristige Implikationen wichtig. So können vermehrte Rabattaktionen zum Quartalsende langfristig zum einen den Referenzpreis der Kunden senken und zum anderen deren Bestellverhalten konditionieren. ◄

Das Ziel des Kundenmanagements ist die systematische Erhöhung des CLV und somit nachfolgend des Customer Equity eines Unternehmens. Die nachstehende Abbildung zeigt zum einen die strategische Erhöhung des CLV für jeden Kunden und übersetzt dieses Ziel zugleich in entsprechende Aufgaben entlang der Phasen des Kundenlebenszyklus (◘ Abb. 3.13).

Der obere Teil der Darstellung beschreibt das Ziel, den Wert eines Kunden im Laufe seines Lebenszyklus systematisch zu erhöhen. Dies kann sowohl durch eine **Verlängerung der Lebensdauer** realisiert werden als auch durch eine effizientere Betreuung (Kostenreduktion) oder das **Cross- und Upselling** (Kauf in weiteren Kategorien bzw. höherwertiger Produkte). Diese Maßnahmen und der Zugewinn weiterer profitabler Kunden erhöhen zusammen das CE.

Im unteren Teil der Abbildung wird der Lebenszyklus in Abschnitte unterteilt. Hierzu existieren vielfältige alternative Gestaltungen, und es ist Aufgabe des Unternehmens, im Rahmen der Strategieentwicklung eine adäquate Unterteilung zu finden. Kriterien hierfür sollten eine möglichst einfache Struktur und klare Abgrenzungen der Phasen sein.

Die weiteren Aufgaben sind selbsterklärend, allerdings sollte man zwei Aspekten mehr Bedeutung zugestehen, als sie in der Praxis oft erhalten:

1. Meist wird den Erstkunden zu wenig Beachtung geschenkt, obgleich sie in der Regel einen eigenen initialen Betreuungsansatz brauchen (Migration). Oft gehen 50–80 % der Erstkunden im ersten Jahr wieder verloren, nicht zuletzt, weil sie sofort wie langjährige Bestandskunden behandelt werden.
2. Zudem ist es wichtig, dass sämtliche aufgeführten Aufgaben als lernendes System begriffen und installiert werden. Ein Beispiel aus der Praxis soll dies illustrieren: In der Akquisition strebt das Unternehmen oft nach besonders günstigen Wegen der **Neukundenakquisition**. Das Controlling erfolgt meist auf Basis der Kampagne oder des Kanals (bspw. online). Dabei werden die Kosten ins Verhältnis zur Anzahl der Neukunden gesetzt. Bei einer langfristigen Betrachtung oder Analyse im Rahmen der **Kundenrückgewinnung** zeigt sich jedoch, dass kurzfristig günstige Kanäle meist Kunden mit geringerer Bindungsdauer und/oder niedrigeren Umsätzen (z. B. preisorientierte Käufer) generieren. Dies hat mittelfristig zwei Konsequenzen:

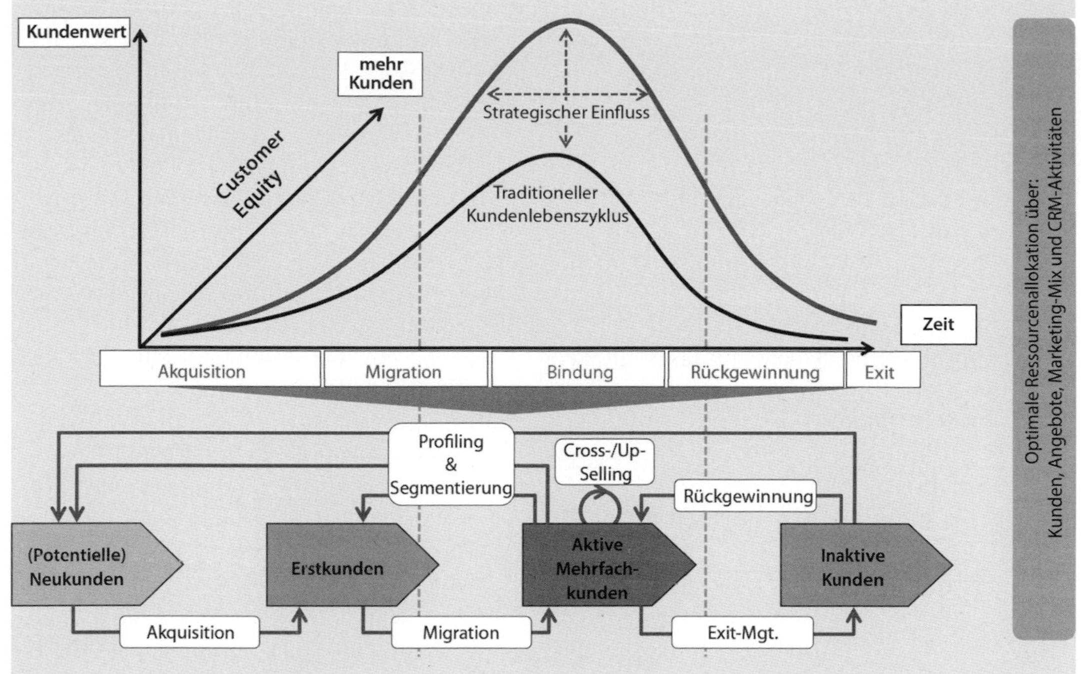

Abb. 3.13 Erhöhung des Customers Equity (CE) und Übersetzung in Aufgaben

a) Die Kosten der Akquisition steigen, weil die Kunden schneller verloren gehen und demnach früher ersetzt werden müssen. b) Zudem steigen die Kosten der Rückgewinnung, weil diese Kunden früher und öfter zurückgewonnen werden müssen. Somit sind diese kurzfristig günstigen Kanäle in der mittelfristigen Betrachtung oft erheblich teurer als zunächst vermeintlich teurere Kanäle. Abhilfe kann hier nur eine kundenzentrierte und dynamische Betrachtung schaffen, die zugleich dafür sorgt, dass Einsichten aus dem Bestandskunden- und Rückgewinnungsmanagement systematisch für die Verbesserung der Neukundenakquise genutzt werden.

- **Organisation, Prozesse und Change Management**

Bei einer ganzheitlichen Einführung des Kundenmanagements ergeben sich für Unternehmen erhebliche Veränderungen, weil sie zumeist geographisch und/oder nach Produktbereichen organisiert sind. Steht allerdings nicht mehr die Region oder der Produktbereich im Fokus, sondern der Kunde, erfordert dies, zumindest in Marketing und Vertrieb, neue Strukturen. Diese Strukturen orientieren sich entweder an Kundengruppen mit ähnlichen Anforderungen bzw. Wertigkeiten oder an den Aufgaben entlang des Kundenlebenszyklus (z. B. Akquisition, Migration, Rückgewinnung). Doch auch andere Bereiche des Unternehmens müssen sich neu organisieren. So muss der Bereich Finanzen/Controlling dafür Sorge tragen, dass Kunden zukünftig als Kostenträger führbar sind und Marketing- und Vertriebseinzelkosten ermittelt und direkt zugerechnet werden.

Neben den Strukturen ändern sich nachfolgend auch Prozesse in einem umfangreichen Maße. Insbesondere ist in neuen Prozessen zu organisieren, wer welche kunden- und marktbezogenen Informationen sammelt, speichert, verarbeitet, und für welchen Zweck diese an wen verteilt werden. Wir gehen hierauf in ► Abschn. 3.6.2 näher ein.

Die erheblichen Veränderungen in Strukturen und Prozessen erfordern ein systematisches Change Management. Dies beinhaltet

3

die frühzeitige und systematische Einbindung aller Stakeholder, Bereiche, Funktionen und Personen im Unternehmen. So müssen nachfolgend nicht nur Bewertungen von Vertriebs- und Kommunikationsmaßnahmen implementiert, sondern auch sensitive Themen wie die Umstellung der Incentivierung des Außendienstes von kurzfristigen Umsatzzielen auf langfristige Wertschaffung adressiert werden.

- **Technische Infrastruktur**

Die technische Infrastruktur umfasst alle IT-Komponenten einer Einführung des Kundenmanagements. Dies beinhaltet Systeme, Datenbanken, Software etc. Oft erlebt man in der Praxis, dass eine Software oder ein CRM-System im ersten Schritt angeschafft wird, weil CRM entweder von den Unternehmen mit Software gleichgesetzt oder die Software von den Anbietern entsprechend positioniert wird. Als Folge stellt sich ggf. erst nach einem erheblichen Investment heraus, dass weder die Datengrundlage oder -qualität vorhanden ist noch wurden organisatorische Prozesse zur Erfassung oder Verwendung der neu generierten Information installiert. Deshalb scheitern die meisten Einführungen von CRM an einer zu frühen Technikorientierung. Dies wurde bereits in mehreren wissenschaftlichen Studien nachgewiesen (Becker et al. 2009; Jayachandran et al. 2005; Reinartz et al. 2004).

> Es ist wichtig, dass die technische Infrastruktur im letzten Schritt geplant wird, weil sie den strategischen und organisatorischen Planungen folgt.

Sehr illustrativ ist der entsprechende Vergleich mit einem Rennwagen: Man hat einen exzellenten Motor, aber weder das geeignete »Datenbenzin« noch das erforderliche Chassis (Strukturen), noch das Handling (Prozesse), noch trainierte Piloten und Boxencrew (Change Management), noch sind die Reifen (Kundenkontaktpunkte) montiert. Im Ergebnis wird die Kraft des Motors nicht auf die Straße gebracht.

- **Quickwins und die sukzessive Einführung des Kundenmanagements**

Allein die organisatorischen Implikationen unterstreichen, dass die Einführung eines ganzheitlichen Kundenmanagements sukzessive erfolgen muss und ein längerer Prozess ist, der hinreichend geplant und systematisch implementiert werden muss. Die Einführung technischer Infrastruktur sollte sich an den langfristigen strategischen und organisatorischen Anforderungen orientieren.

Kaum ein Unternehmen kann es sich jedoch leisten, den Nutzen aus einer solchen Einführung weit in die Zukunft zu verschieben. Bei den oft erheblichen Kosten der Einführung, die überwiegend im organisatorischen Bereich liegen, und den zugleich oft an Quartalsergebnissen orientierten Management-Evaluationen, müssen während der Einführung fortlaufend systematisch »**Quickwins**« generiert werden. Dies bedeutet, dass die Investitionen in das CRM in möglichst überschaubare Einheiten unterteilt werden. Das heißt, man kann sich u. a. auf **Teilfunktionen** des Kundenmanagements oder geographische Einheiten beschränken. Dabei fängt man bei den Funktionen oder Aufgaben an, die den höchsten »return-on-invest« versprechen und langfristig möglichst bedeutsam sind. Die kurzfristigen Erfolge erhalten die Motivation der Mitarbeiter, unterstreichen die finanzielle Leistungsfähigkeit des Ansatzes, lassen den erforderlichen Verhaltensänderungen die nötige Zeit und reduzieren systematisch das Einführungsrisiko. Zugleich können in diesen kleineren Einheiten einfacher systematische Verbesserungen aus den ersten Erfahrungen implementiert werden, bevor ein Rollout auf die gesamte Organisation erfolgt. Ebenso steigt mit Einführung jedes weiteren Teilmoduls die Synergie mit den bereits implementierten Teilen, sodass der relativ abnehmende Hebel nachfolgender Module hierdurch oft überkompensiert wird.

Dieser Ansatz einer realistischen und sukzessiven Einführung des Kundenmanagements lässt sich pragmatisch zusammenfassen: »Analyze and prioritize first – leverage what you've got, learn, optimize, scale it – then expand«.

- **Besondere Herausforderungen der Digitalisierung**

Ein weiterer Aspekt der Einführung, der oft unterschätzt wird, ist die Komplexität, die aus der zunehmenden *Digitalisierung aller Absatz- und Kommunikationskanäle* erwächst.

In Marketing und Vertrieb dominieren heute oft noch die Prozesse und Strukturen der analogen Welt. Somit sind fast alle CRM-Systeme heute eher in relationalen Datenbanken abgebildet, in denen **Kundenstammdaten, Transaktionsdaten und Kommunikationsdaten** in entsprechenden Tabellenstrukturen angelegt sind. Diese Datenstrukturen sind für *strategische Analysen des Marketing* besonders geeignet.

Im Gegensatz dazu stehen die Datenstrukturen von Web-Shops, mobilen Diensten oder sozialen Netzwerken sowie die Anforderungen hochperformanter Realtime-Anwendungen des operativ-taktischen CRM. Diese Anwendungen weisen zum einen andere (semistrukturierte) Datenstrukturen auf und generieren zum anderen eine vielfach höhere Menge an Daten, obgleich sie als operative Systeme direkt auf Nutzeranforderungen reagieren müssen. Beispiele für solche operativ-taktischen Anwendungen sind dynamische Webseiten im Shop, **Recommender-Systeme** wie bei Amazon, Mobile Apps, Suchmaschinen etc. Aufgrund der Anforderungen arbeiten diese Systeme mit anderen, oft verteilten Daten- und Anwendungsstrukturen. Ein Beispiel für solche neuen Umgebungen ist das Framework Hadoop für verteilt arbeitende und skalierbare Software in datenintensiven Umfeldern. Selbst für führende E-Commerce-Unternehmen ist es oft eine Herausforderung, diese beiden Welten systematisch und konsistent in einem Kundenmanagement-System zusammenzuführen.

- **Besondere Rahmenbedingungen für das CRM in der Arzneimittelindustrie**

Für die hier betrachtete Arzneimittelindustrie sind ausgewählte Rahmenbedingungen bei der Implementierung des Kundenmanagements von besonderer Bedeutung. Diese gelten analog für die Medizintechnik-Industrie. Sie geben der Ausgestaltung des kundenindividuellen Marketing-Mix im Gegensatz zu anderen Industrien einen engeren Rahmen vor. Zugleich erfordert ihre rechtssichere Implementierung die Einführung entsprechender Kundenmanagement-Systeme. Dies prägen die praktische Umsetzung von CRM, worauf in ► Abschn. 3.6.2 näher eingegangen wird.

- **Marketing-Mix: Produktgestaltung** Die Produkte unterliegen in wichtigen Bereichen einer Zulassung bzw. Fremdprüfung. Zudem sind Zugaben (s. u.) nur teilweise zulässig. Beides schränkt die Freiheit der Produktgestaltung teilweise nachhaltig ein.
- **Marketing-Mix: Preisgestaltung** Für verschreibungspflichtige Arzneimittel existieren teilweise gesetzliche Restriktionen in der Preisgestaltung (siehe für Details ► Abschn. 2.6).
- **Marketing-Mix: Kommunikation** Das Heilmittelwerbegesetz (HWG) beschränkt die Inhalte der Kommunikation. Der Gesetzgeber fasst den Werbebegriff hier weiter, als es die Marketing- und Vertriebsexperten vornehmen. Insbesondere sind verschreibungspflichtige Arzneimittel nur in Fachkreisen zu bewerben. Publikumswerbung bei nicht-verschreibungspflichtigen Arzneimitteln ist nur als Vertrauenswerbung erlaubt, in der Leistungen oder Erfolge allgemein dargestellt werden. Zudem ist auch für einige nicht-verschreibungspflichtige Arzneimittel, z. B. zur Beseitigung der Schlaflosigkeit oder psychischer Störungen (§ 10 Abs. 2 HWG), sowie für bestimmte Krankheiten (§ 12) Publikumswerbung verboten. Ebenso ist die Werbegestaltung außerhalb von Fachkreisen stark eingeschränkt. So sind z. B. Verfahren, deren Ergebnis vom Zufall abhängt (z. B. Preisausschreiben), Preisnachlässe (Coupons) oder die Abgabe von Produktmustern bzw. Produktproben verboten (§ 11 HWG). Jeder Verstoß gegen das HWG ist außerdem zugleich ein Verstoß gegen den § 1 UWG. Darüber hinaus sind eitle Selbstbilder, Sexualität und Geltungsbedürfnis ansprechende Werbeinhalte untersagt, solange damit die Gesundheit beeinträchtigt wird (Becker 1991, S. 8 ff)
- **Marketing-Mix: Distribution** Zur weiteren Verbreitung des Wissens über ihre Pro-

3

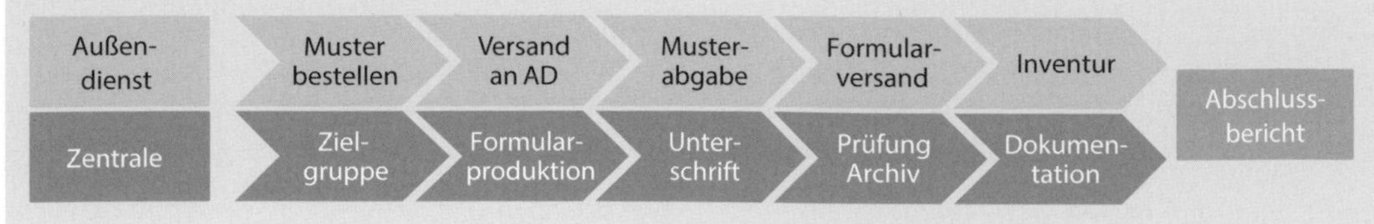

Abb. 3.14 Beispiel für einen lückenlosen Musterverfolgungsprozess

dukte und Leistungen setzen viele Unternehmen Professionell Education (ProfEd), Kongresseinladungen, Aufträge für klinische Studien u. a. ein. Diese Zugaben sind zwar nicht verboten, sie dürfen jedoch nicht in einem unmittelbaren Zusammenhang mit einer Gegenleistung stehen. Dies hat zur Entwicklung zahlreicher **Health Care Compliance (HCC)** – Regeln geführt. Die Codizes basieren dabei zum einen auf rechtlichen Anforderungen, zum anderen auf ethisch-moralischen Grundsätzen. Ihre Prominenz ist (a) eine Folge von Regulierung, (b) Gerichtsprozessen mit hohen Strafen und (c) der Kritik der Medien und der Gesellschaft an dem Verhalten der Pharmakonzerne in der Vergangenheit. Der nachfolgende Kasten informiert über Beispiele zu HCC-Regeln. Abb. 3.14 zeigt ein Beispiel für die heute bei vielen Herstellern installierte lückenlose Musterverfolgung.

Permission

Nach der aktuellen Gesetzeslage ist es zukünftig erforderlich, dass für die Nutzung eines jeden Kommunikationskanals ein Double-opt-in des Kunden vorliegt. Dieses muss nicht nur systematisch eingeholt, sondern auch rechtssicher dokumentiert werden.

Die umfassenden Besonderheiten, die hier in den Grundzügen dargestellt werden, unterstützen somit ebenfalls die Einführung von ganzheitlichen Kundenmanagement-Ansätzen. Sie machen dies jedoch aus der rechtlich-ethischen Perspektive und dienen der Einhaltung und Kontrolle sowie deren rechtlich einwandfreiem und nachvollziehbarem Nachweis gegenüber Dritten. Als Beispiel kann hier das Dokumentationsprinzip aus dem HCC angeführt werden, für das alle dem Kunden zurechenbaren Zuwendungen nachvollziehbar festgehalten werden müssen (Abb. 3.14).

HCC in der Arzneimittel-Industrie (Johnson & Johnson 2009)

Der US-Konzern Johnson & Johnson verfolgt mit seinen HCC-Regeln drei übergeordnete Ziele und ordnet jedem dieser Ziele auf über 36 Seiten detaillierte Vorschriften im Umgang mit Marketing-Instrumenten zu:

1. Freiheit medizinischer Entscheidungen von unangemessener industrieller Einflussnahme
   - Unterhaltung und Geschenke (Referentenbesuche, Unterhaltungsevents, Familienanwesenheit, Ausbildungsbezug der Geschenke)
   - »Fee-for-Service«-Vereinbarungen (regelt alle Leistungen gegen Entgelte, von der Mitgliedschaft in Advisory Boards bis zur Rednervereinbarung)
   - Ausbildungsstipendien und Fellowships (für unabhängige Ausbildungsprogramme und die von Institutionen, Verbänden)
   - Gemeinnützige Zuwendungen und Patienten-Unterstützungsprogramme
   - Produktevaluationen und Sampling
   - Wissenschaftliche Studien (von J&J initiierte Studien, vom Forscher initiierte Studien)
   - Interaktionen mit Behörden

2. Befolgung der gesetzlichen Regulierung bei der Vermarktung eigener Angebote
   - Befolgung der Bestimmungen zu Produktbezeichnungen
   - Umgang mit Ausbildungsprogrammen
   - Reaktion auf Anfragen zur medizinischen Nutzung von »Off-Label«-Nutzungen (Umgang mit Anfragen zu nicht offiziell genehmigten Anwendungen)
   - Produkt-Training
3. Offenlegung von korrekter Preisinformation für die staatliche Erstattung
   - Erstattung
   - Rabatte und Pricing (Dokumentationspflichten zur Ermittlung von Nettopreisen für die staatliche Abrechnung)

3.6.2 Praktische Umsetzung

Im zweiten Teilkapitel wird zum einen insbesondere auf die Einführung und Umsetzung von CRM eingegangen, weil hieran die meisten Implementierungen scheitern. Zum anderen werden im letzten Abschnitt anhand von Erfahrungen aus verschiedenen Projekten die Erfolgspotenziale eines CRM in seiner Anwendung auf ausgewählte Marketing-Aktivitäten aufgezeigt.

Lohnt sich das Kundenmanagement?

Vor der Einführung des Kundenmanagement-Ansatzes stellt sich jedem Unternehmen die Frage, ob es für das betreffende Unternehmen eine betriebswirtschaftlich lohnende Investition darstellt. In der Praxis wird dieser Frage im Vorfeld der Einführung oft nur unzureichend nachgegangen, sondern des Öfteren pauschale Argumente wie bspw. die Steigerung der Kundenzufriedenheit postuliert. Solche Argumente ersetzen jedoch keine finanzielle Quantifizierung von zusätzlichen Erlösen und Kosten über den Investitionszeitraum. Die Vorteilhaftigkeit einer **Investitionsrechnung** steigt mit dem verbundenen Investitionsvolumen. Da der Erfolg einer Einführung jedoch grundsätzlich von umfassenden Änderungen in der Struktur und den Prozessen des Unternehmens abhängt, erreichen selbst auf Teilbereiche des Kundenmanagement fokussierte Implementierungen schnell substanzielle Investitionsvolumina. Dies gilt auch für inkrementelle Erweiterungen des Kundenmanagement-Ansatzes. ◘ Abb. 3.15 skizziert die ungefähre aktuelle Verbreitung von verschiedenen Arten von CRM-Anwendungen in der deutschen Arzneimittelindustrie.

■ Grundstruktur der Wirtschaftlichkeitsrechnung

Die Investitionsrechnung stellt systematisch zurechenbare Erlöse und Kosten des Projekts gegenüber und ermittelt daraus den zusätzlichen Gewinn. Höhere Gewinne können dabei aus Erlöszuwächsen, Vermeidung von Erlösverlusten und niedrigeren Kosten resultieren. Qualitative Verbesserungen (bspw. höhere Kundenzufriedenheit, höhere Weiterempfehlungsquoten, besseres Markenimage) können in diesem Kontext ebenfalls berücksichtigt werden. Als mittelbare Ziele müssen jedoch auch sie nachweislich in zusätzlichen Gewinnen resultieren und entsprechend quantifiziert werden.

In einem ersten Schritt müssen die potenziellen Erlöseffekte strukturiert werden. Hierzu können verschiedene CRM Frameworks aus der internationalen Marketing-Literatur herangezogen werden: Beispielsweise der Kundenlebenszyklus mit seinen Aufgaben (Akquisition, Bindung, Retention, Rückgewinnung, Cross- & Upselling etc.), Kumars »Path to Profitability« (2008) oder »Big Picture« (Kumar et al. 2008a). Für jede dieser Aufgaben des CRM Frameworks ist nun zu ermitteln, welchen positiven Effekt die Kenntnis der Kundeninformation und deren Umsetzung an den Kundenkontaktpunkten auf die Erlöse des Unternehmens haben würde. Aus einer verbesserten Kundenbindung und somit geringeren Abwanderungsquote von Kunden resultieren dabei höhere Erlöse als bisher, weil aktuell unvermeidbare Erlösverluste reduziert werden könnten.

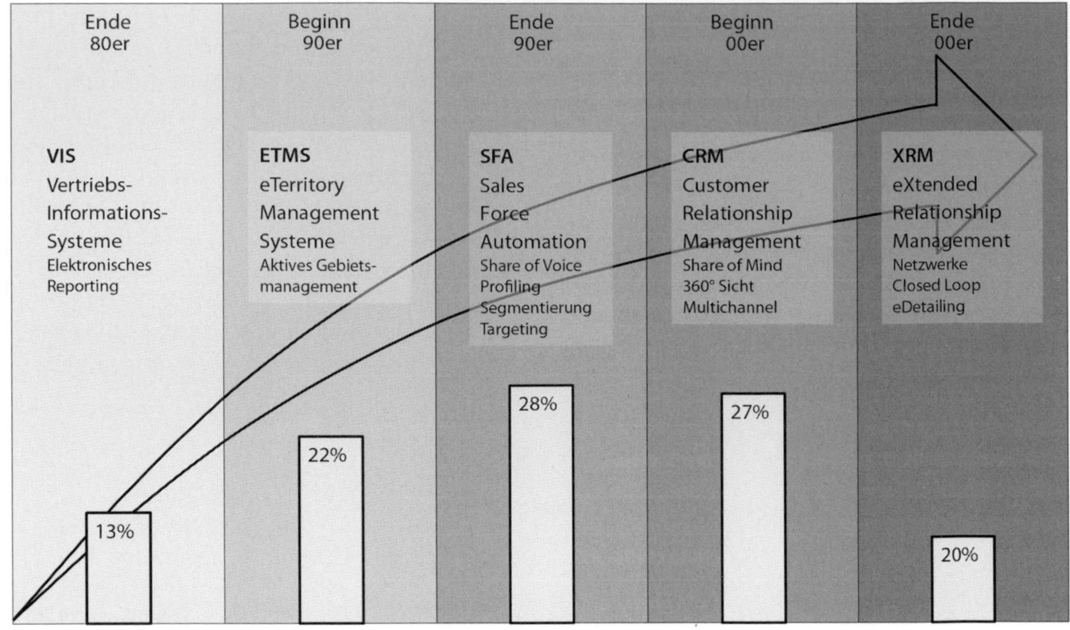

Abb. 3.15 CRM-Arten und deren aktuelle Verbreitung in der Arzneimittelindustrie

Für die systematische Abschätzung der Kosteneinsparungen durch CRM könnten beispielsweise geringere Akquisitionskosten in Betracht kommen, weil die »richtigen« Kunden mit den »richtigen« Offerten über die »richtigen« Medien angesprochen werden. Ebenso könnten die Akquisitionskosten mittelfristig sinken, weil die Bindung und Rückgewinnung von Kunden erfolgreicher verläuft. An diesem Beispiel werden bereits die engen Verzahnungen und möglichen Rückkopplungen der Kundenmanagement-Aufgaben untereinander sichtbar. Deshalb ist eine sehr präzise Abgrenzung dieser Aufgaben erforderlich. Weitere erhebliche Kosteneinsparungen resultieren üblicherweise aus der besseren Abstimmung der Kommunikationskanäle sowie aus der Optimierung der internen Unternehmensprozesse.

Die Investitionskosten setzen sich typischerweise aus mehreren großen Positionen zusammen:

- System (Hardware, Software, Anpassungen, Schnittstellen etc.)
- Implementierungskosten (Struktur- und Prozessumstellungen, Change Management, Trainings etc.)
- Datenbeschaffung, Datenintegration, Datenbereinigung, Datenqualitätssicherungetc.

Im Folgenden werden drei Ansätze vorgestellt, die sich bei der Erstellung von Wirtschaftlichkeitsrechnungen in der Praxis mehrfach bewährt haben:

Delphi-Methode

Die **Delphi-Methode** beinhaltet eine mehrfache Befragung von internen und externen Experten, bei der zwischen zwei Befragungswellen die Ergebnis-Korridore aller Experten offengelegt werden. Die Befragungen werden so oft wiederholt, bis die aggregierten Ergebnisse konvergieren oder keine weiteren Veränderungen mehr auftreten. Dieser Ansatz hat mehrere Vorteile:

- In die Befragung können alle Funktionen (Vertrieb, Finanzen, Controllingetc.) und Hierarchieebenen (Außendienstler, CMO) des Unternehmens einbezogen werden. Dies schafft eine breite Akzeptanz der resultierenden Wirtschaftlichkeitsrechnung.
- Werden die Ergebnisse vom **Management-Board** oder anderen entscheidungsrelevan-

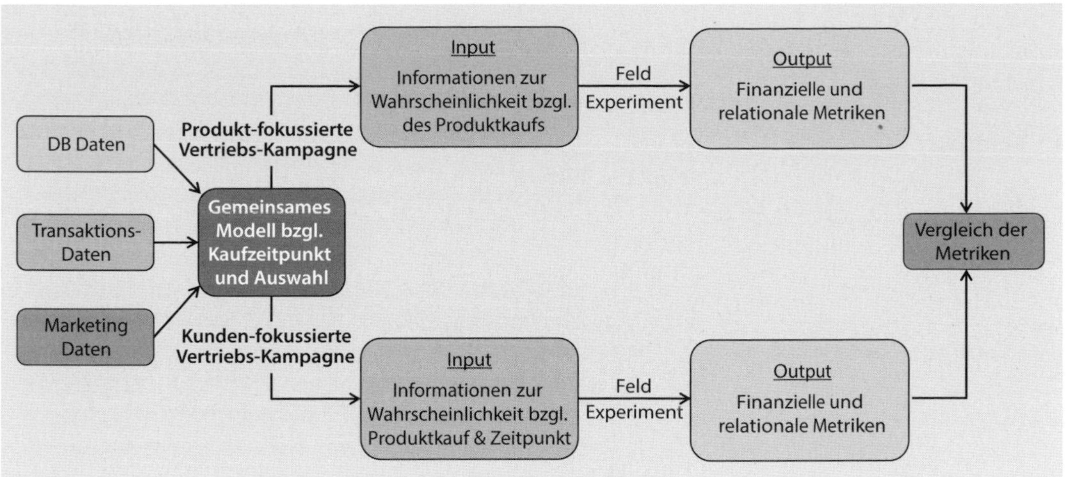

Abb. 3.16 Struktur eines Feldtests. (Mod. nach Kumar et al. 2008b)

ten Personen dennoch in Frage gestellt, so kann die Befragung mit dieser Person wiederholt und deren Ergebnisse eingearbeitet werden. Abweichungen vom Konsens bedürfen einer stichhaltigen Begründung.
- Die Befragung ist innerhalb von 1–2 Tagen durchzuführen, wenig aufwändig und somit kostengünstig.

Die Fragen beziehen sich dabei auf prozentuale Verbesserungen in den Aufgaben des Kundenmanagements gegenüber dem Status Quo. Durch Projektion auf die eigene Kundenbasis werden die prozentualen Verbesserungen in inkrementelle Erlöszuwächse oder Kostenreduktionen umgerechnet. Kennt man bereits die erforderlichen Investitionen, so lässt sich aus diesen Zahlen der erwartete **Return on Investment (RoI)** ableiten. Andererseits ermöglicht die Kenntnis der erwarteten Gewinnzuwächse die Ableitung eines kritischen Investitionsvolumens, bis zu welchem sich die Investition immer noch rechnen würde. Die Unsicherheit lässt sich berücksichtigen, indem die Investition unter der Annahme der jeweils schlechtesten Verbesserungen aus der Delphi-Runde kalkuliert wird oder in dem die gesamte Spannbreite der Expertenschätzungen mit Eintrittswahrscheinlichkeiten gewichtet wird.

- **Berechnungen auf Basis eigener oder fremder Daten**

Um die Expertenschätzungen zu verifizieren, bietet es sich in einem zweiten Schritt an, die aktuelle Kundendatenbank des Unternehmens im Hinblick auf die Kundenstrukturen und Aufgaben des Kundenmanagements hin zu analysieren. Dazu werden die Stamm-, Transaktions- und, sofern vorhanden, die **Kommunikationsdaten des Unternehmens** systematisch zusammengeführt. Aus diesen werden nun beispielsweise die durchschnittliche Anzahl von Neukunden je Periode, Bindungs- oder Rückgewinnungsquoten berechnet. Diese lassen sich auch durch externe Datenquellen ergänzen. Insbesondere auf dem Arzneimittelmarkt sind zahlreiche Dienstleister aktiv, die Daten zu den Verordnungsschwerpunkten regional, z. T. bis auf die PLZ-5-Ebene hinunter, sammeln und ihr Know-how bei dessen Auswertung und der Integration in das Kundenmanagements eines Unternehmens anbieten.

Eine Alternative zu detaillierten Berechnungen entwickeln Wiesel et al. (2008). Sie zeigen, wie man aus relativ wenigen aggregierten Kennzahlen das Customer Equity eines Unternehmens, also die Summe aller individuellen Kundenwerte, berechnen kann. Zieht man nun wiederum die erwarteten Veränderungen in diesen Kennzahlen aus dem Delphi-Verfahren heran, lässt sich die Wertsteigerung des Unter-

3

nehmens im Customer Equity abschätzen und somit ebenfalls eine Validierung anhand der eigenen Unternehmensdaten herbeiführen.

- **Feldtest**

In der dritten Stufe können **Experimente oder Feldtests** mit den eigenen Kunden des Unternehmens empfohlen werden. Kumar et al. (2008b) zeigen an einem Beispiel auf, wie ein solcher Feldtest strukturiert werden sollte (◘ Abb. 3.16) und welche vergleichenden Ergebnisse dabei erzielt werden (◘ Abb. 3.17).

In dem Anwendungsbeispiel wird der Test für zwei Kundengruppen durchgeführt: eine Gruppe mit aktuell vielen und eine Gruppe mit aktuell wenig Kundenkontakten. Statt einer produktorientierten Kampagne werden diese beiden Gruppen nun mit einer kundenfokussierten Kampagne bearbeitet und das Ergebnis anhand der Kontrollgruppen verglichen. Der Test zeigt, dass sich der Deckungsbeitrag je Kunde in beiden Gruppen um ein Vielfaches erhöht – hier im Schnitt um ca. 3000 bzw. 1250 US$.

Abschließend können auch externe Nachweise der Vorteilhaftigkeit die eigenen Ergebnisse unterstützen. Kumar und Shah (2009) zeigen, dass sich durch die Einführung des Kundenmanagements der Börsenwert notierter Unternehmen in den USA nachhaltig um ca. 10–15 % erhöht. Dies gilt sowohl für **B2C- als auch B2B-Unternehmen**. Bei einer positiven Entscheidung ist im nächsten Schritt die Entwicklung einer Strategie erforderlich, um das Kundenmanagement im Unternehmen bestmöglich zu verankern.

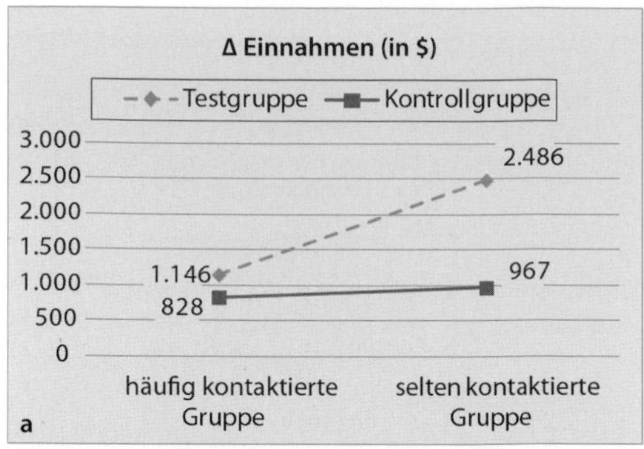

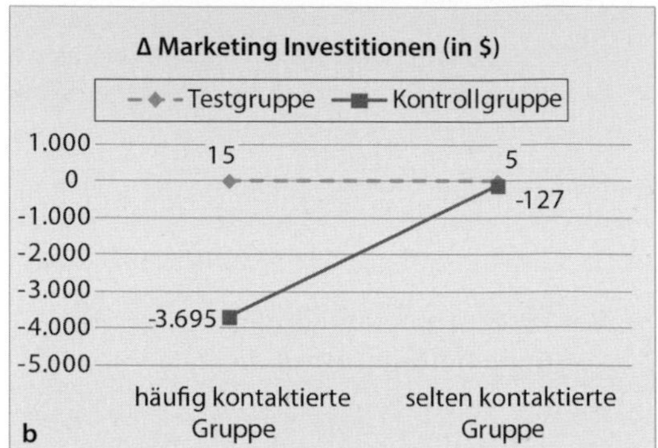

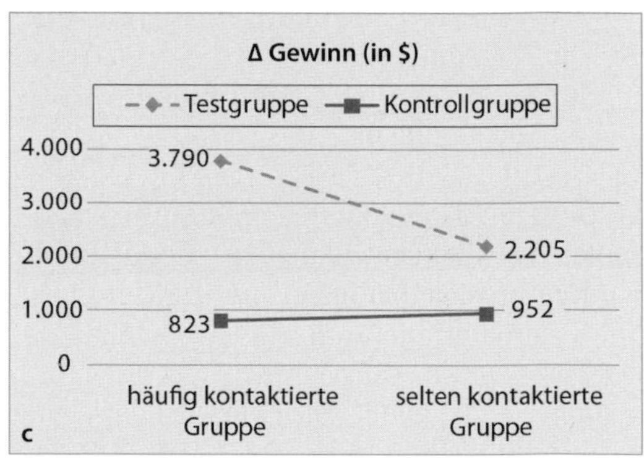

◘ **Abb. 3.17** Ergebnisse des Feldtests. **a** Einnahmen, **b** Marketing-Investitionen, **c** Gewinn. (Mod. nach Kumar et al. 2008b)

Strategie-Entwicklung

- **Kundendefinition**

Die Grundlage der CRM-Strategie-Entwicklung ist die zukunftsorientierte Definition der Kunden des Unternehmens. Diese Definition erfordert eine systematische und hierarchische Abbildung der heutigen und zukünftigen Kundenstrukturen im Markt. Denn nur, wenn nachfolgend jede Maßnahme und jeder Absatz *eindeutig* einem Kunden zugeordnet werden kann, kann der Kundenwert korrekt berechnet werden. Eine Änderung in den Kundenstrukturen würde demnach auch eine entsprechende Änderung im System erfordern. Da diese mit erheblichen Anstrengungen und Investitionen verbunden ist, sollte die Kundenstruktur von Beginn an zukunftsfähig gestaltet werden.

Dies ist in der Praxis nicht so einfach umzusetzen, weil zum einen strategische Intentionen und operative Notwendigkeiten abzugleichen sind und zum anderen die Übergänge zwischen den Kundengruppen fließend sein können. Zwei Beispiele sollen dies illustrieren:

Als Stakeholder der Arzneimittelhersteller haben wir zuvor die Absatzmittler (Großhandel, Apotheken), Payer (KVs und KKs), Krankenhäuser sowie ihre Träger und Einkaufsgemeinschaften (EKGs), Ärzte und ihre Verbände sowie Patienten festgehalten. Der Begriff »Kunde« ist gerade in Bezug auf die Payer und – zumindest in den heutigen Dimensionen seiner Ausweitung – auf die Patienten relativ neu. In der Vergangenheit fokussierten sich die forschenden Hersteller von Arzneimitteln in der Umsetzung Ihrer CRM-Strategien vor allem auf die Ärzte. Dabei stand das Instrument Außendienst im Vordergrund, der diese Zielgruppe umfassend betreute (»Don't waste time and money on researching patients and prescriber's needs, just get the product registered and the sales force will do the rest«). Hersteller von Generika konzentrierten ihre Kundenmanagementaktivitäten vor allem auf die Großhändler und Apotheken. Mit der Einführung der zentralisierten Entscheidung über die Erstattung (und damit Verkaufsfähigkeit) eines Arzneimittels durch das AMNOG (► Abschn. 2.6) bzw. den vermehrten Einsatz von Rabattverträgen seitens der Krankenkassen (► Abschn. 2.7.2) rücken sowohl Krankenkassen, als auch die an den Erstattungsentscheidungen beteiligten Institutionen, z. B. G-BA und IQWIG, in den Fokus der Kundenmanagementaktivitäten.

Generell lässt sich festhalten, dass im Arzneimittelmarkt durch

- das Auseinanderfallen von Verschreiber, Bezahler und Konsument des Arzneimittels,
- die verschachtelten Institutionen (z. B. Krankenhaus und Krankenhausträger, mehrere EKGs),
- die möglichen n:n-Beziehungen von Institutionen und Personen (z. B. Arzt zu Praxis, Krankenhaus, Krankenversicherung, Patient),

im Gegensatz z. B. zu Versandhändlern wie Amazon, bei denen diese Funktionen in einer Person gebündelt sind, sehr komplexe Strukturen entstehen. Dieser Komplexität kann entsprochen werden, wenn in einem ersten Schritt Personen und Institutionen in der Datenbank getrennt werden. Dies erlaubt die multiple Zuordnung von Personen und Institutionen zueinander und hat sich in der Praxis auch bei allen Datenanbietern im Gesundheitsmarkt durchgesetzt. In einem zweiten Schritt ist festzulegen, wem später die Absätze und Umsätze der Arzneimittel zuzuordnen sind. Dies scheint zunächst einfach, wenn man sich an dem Arzt als Entscheider orientiert, da er die Verordnungen ausfertigt, die der Patient in verschiedenen Apotheken einlösen kann.

Eine Zuordnung von Absätzen zum Entscheider ohne Mithilfe der **Absatzmittler** oder Krankenversicherungen ist jedoch schwierig. Der gleiche Arzt kann ggf. als Belegarzt in einem Krankenhaus weitere Arzneimittel verordnen. Dies kann durch den Hersteller jedoch kaum mehr direkt verfolgt werden. Dadurch, dass ein Krankenhaus sich mehreren EKGs anschließen kann und wechselweise mit anderen EKGs bestellt, wird die Zuordnung zum Arzt als Entscheider unmöglich. Auch die Rabattverträge der Krankenkasse erschweren eine Zuordnung von Umsätzen.

Deshalb muss in jedem Einzelfall eine für den jeweiligen Hersteller **adäquate Kundenstruktur erarbeitet werden**, die dessen aktuelle Kundenstruktur im Hinblick auf zukünftige Entwicklungen hinreichend abbildet. Im Kontrast zu solchen strategischen Überlegungen stehen oft die operativen Notwendigkeiten bestehender IT-Systeme. In diesen Systemen erfassen die Unternehmen meist nur diejenigen Institutionen, an die Ware ausgeliefert wird und mit denen Rechnungen beglichen werden. Für einen Arzneimittelhersteller sind dies beispielsweise die zentrale Rechnungsabteilung eines Großhändlers oder eines Krankenhauses (»Bill-to«-Adresse) sowie die Zwischenlager der Großhändler, ggfs. auch Apotheken, an den verschiedenen Standorten (»Ship-to«-Adressen; Konsignationslager). Aus operativer Sicht des Herstellers reichen diese beiden Kernadressen für eine funktionierende Logistik und finanzielle Abrechnung. Auch eine doppelte Erfassung von Standorten ist unproblematisch, solange die Ware ankommt. Aus Sicht des systematischen Kundenmanage-

3

ments sind solche Informationen jedoch unzureichend und eventuell inkonsistent.

- **Abgrenzung der Kundenlebensphasen**

In ◘ Abb. 3.13 wurde bereits die strategische Einteilung des Kundenlebenszyklus in die vier Phasen potenzielle Neukunden, Erstkunden, aktive Mehrfachkunden sowie inaktive Kunden skizziert. Die Umsetzung ist jedoch nur dann einfach, wenn keine vertraglichen Abnahmebindungen bestehen und jedes Individuum ein eindeutig identifizierbarer Kunde ist. In diesem Fall wären potenzielle **Neukunden** all diejenigen, die zuvor noch keine Absätze mit dem Unternehmen getätig haben (Frequency, d. h. Anzahl der Käufe $F = 0$). **Erstkunden** wären jene, die bislang nur einen Kauf getätigt haben ($F = 1$). **Mehrfachkunden** wären alle Kunden, die bereits mehr als einmal gekauft haben ($F \geq 2$). Ob ein Kunde aktiv oder inaktiv ist, legen die meisten Unternehmen statisch fest (bspw. **Recency, d. h. die Zeit seit dem letzten Kauf**, ist größer 24 Monate). Letzteres ist jedoch fahrlässig, da jeder Kunde mit seinem eigenen Rhythmus kauft. Wenn also ein Kunde durchschnittlich alle 36 Monate kauft, wird er fälschlich bereits als inaktiv klassifiziert und zu früh in der Rückgewinnung bearbeitet. Kauft jedoch ein Kunde alle 3 Monate, so ist er bereits 21 Monate überfällig und wahrscheinlich nicht mehr zurückzugewinnen.

Diese Abgrenzungen sind im B2B-Geschäft nur mit viel CRM- und Branchenerfahrung umzusetzen: Auf welcher Ebene sind diese Abgrenzungen festzulegen, auf der Ebene der Krankenhausabteilung, des Krankenhauses, der EKG, oder auf Ebene der Krankenhausträger? Wenn man sich für eine parallele Auswertung auf allen Ebenen entscheidet, sollten die Erkenntnisse hieraus auch auf verschiedenen Ebenen der Organisationen in Konsequenzen münden: Der Außendienstler kümmert sich um die Abteilung, der Regionalvertriebsleiter um die Krankenhausebene, der Key Accounter und nationale Vertriebsleiter um die EKG. Solche Konsequenzen müssen sowohl strukturell als auch prozessual in der Organisation verankert und mit IT-Systemen entsprechend unterstützt werden (◘ Abb. 3.20 für ein Beispiel zur Rückgewinnung).

- **Struktur der Produkte und Dienstleistungen**

Typischerweise werden die Produkte und Dienstleistungen eines Unternehmens im Rahmen der CRM-Einführung kaum beachtet. Dennoch müssen auch deren Strukturen im Vorfeld einer Einführung systematisch geprüft werden. Dies stellt zum einen sicher, dass eine **systematische und konsistente Berechnung von Mengen und Umsätzen für den Kundenwert** erfolgen kann. Zum anderen wird die saubere Aggregation des Produktportfolios in Kategorien und anderen management-relevanten Zwischengrößen (Teilkundenwerte etc.) ermöglicht. Dabei ist explizit sicherzustellen, dass die Abbildung der Unternehmensorganisation (z. B. Business Units, Regionen) in einer separaten Struktur erfolgt, damit bei Änderungen in der Unternehmensstruktur (Zukauf, Verkauf, Reorganisation) ganze Produktbereiche oder einzelne Produkte einfach »umgehängt« werden können, ohne die Vergleichbarkeit über die Zeit (je Kunde, Produkthierarchien) einzuschränken. Weiteres Gewicht sollte auf die konsistente Produktstruktur in Bezug auf Verpackungsgrößen etc. gelegt werden, um Mengen bei Bedarf möglichst konsistent in SKU (Standardmengeneinheiten) umrechnen zu können.

- **Struktur der Kundenkontaktpunkte und Absatzkanäle**

Die zunehmende Vielfalt der digitalen und mobilen Absatz- und Kommunikationskanäle erfordert eine leistungsfähige und zukünftig gut adaptierbare Struktur. Heute sind die in CRM-Systemen vorgesehenen Strukturen oft stark auf offline-Kanäle zugeschnitten, in denen eine überschaubare Menge an (strukturierten) Daten anfällt. Dies ändert sich bereits nachhaltig und hierfür sind entsprechende Vorkehrungen zu treffen. Aufgrund der erforderlichen technischen Kenntnisse würde eine nähere Diskussion hier jedoch zu weit führen.

Organisation, Prozesse und Change Management

Die Organisationen der meisten Arzneimittelhersteller sind eher nach Diagnosefeldern und/oder Regionen strukturiert. Dies führt nicht nur dazu, dass der Kunde je nach Bereich unterschiedliche Ansprechpartner hat, sondern dass der Hersteller aus jedem Bereich heraus den jeweiligen Kunden nur in Teilen betrachtet. Im Extremfall ist der Kunde in einem Bereich Premium-Kunde, während er in dem anderen Bereich mit geringer Nachfrage keine Wertschätzung erfährt. Diese Inkonsistenz führt bestenfalls zu Irritationen, im schlechten Fall eventuell zum Wechsel des Anbieters. Aus Sicht des Herstellers wäre zudem zu prüfen, ob ein konsistentes Kundenmanagement nicht die **Chancen eines erfolgreichen Cross-Selling** erhöhen würde.

In Bezug auf die Ärzteschaft als Kundengruppe ist dieses Problem weniger akut. Hier handelt es sich um Spezialisten, deren Nachfrage sich per se auf bestimmte Indikationengruppen beschränkt. Bei Krankenhäusern, deren Trägern, Einkaufsgemeinschaften sowie zukünftig verstärkt auch bei den Krankenversicherungen ist dies anders. Für diese Kundengruppen wurden in vielen Unternehmen bereits **Key Account-Strukturen** eingeführt, die diese Kunden auf hoher Ebene zentral betreuen und **Business Unit-übergreifende Rahmenvereinbarungen** aushandeln. Die Key-Account-Abteilungen sind oft in sog. »Market Access« Strukturen angesiedelt, die »quer« über Business Units hinweg operieren.

Die strukturellen Veränderungen im Markt führen bereits zu nachhaltigen und **regelmäßigen Reorganisationen** der Hersteller. So werden die vormals zahlreichen Business Units auch international in immer größeren Einheiten zusammengefasst. Nachfolgend werden somit auch der Vertrieb, Pricing, Telesales, Professional Education und andere Abteilungen, die für die Marketing-Instrumente zuständig sind, systematisch zentralisiert und intern zunehmend nach Kundengruppen aufgestellt.

Damit der Kunde im Vordergrund steht, müssen nicht nur die Kundengruppen und Lebenszyklusphasen Eckpunkte der Organisationsstruktur sein, sondern zugleich die verschiedenen Marketing-Instrumente aus Kundensicht organisiert werden. Dabei geht es nicht nur um das gegenseitige Wissen der Abteilungen, wann welcher Kunde welchen Kontakt bezüglich welchen Produkts hatte, sondern um die aktive Koordination dieser Maßnahmen in Bezug auf das »ob«, das »wann«, und in welcher Reihenfolge sie für jeden Kunden einzusetzen sind.

Abschließend soll darauf hingewiesen werden, dass die aktuellen Reorganisationen die Mitarbeiter der Hersteller bereits erheblich fordern. In einigen internationalen Konzernen finden nachhaltige Reorganisationen derzeit ca. alle 2–3 Jahre statt. Eine solche permanente Wandlung von Positionen, Aufgaben und Prozessen erfordert ein erhebliches Maß an Change Management, d. h. die Erwartungsbildung, die fortlaufende Kommunikation über Pläne und Realisierungen, die aktive Einbindung in diese Veränderungen, die systematische Vorbereitung und adäquate Trainings für die kommenden Aufgaben. Als nachhaltiger Erfolgsfaktor wird dieser Part in den meisten CRM-Implementierungen häufig unterschätzt.

Technische Infrastruktur

- **Daten-Grundlage**

Vor der Einführung eines Kundenmanagement-Systems verfügen die meisten Unternehmen lediglich über ein Datawarehouse, welches sich aus den ERP- und Finanzsystemen (meist Legacy-Systeme genannt) speist. Diese Systeme verwalten oft nur sog. »Bill to«- und »Ship to«-Adressen mit den hinzugebuchten Umsätzen. Bei den ersteren Adressen handelt es sich um die Rechnungs-, bei den zweiten um die Lieferadressen. So können für ein großes Krankenhaus in der Verwaltung mehrere Rechnungsadressen (je Standort) und noch mehr Lieferadressen (z. B. Abteilungen an diesen Standorten) hinterlegt sein. Auch wenn sog. »Parents« definiert werden, über die solche Rechnungs- und Lieferadressen einem Kunden zugeordnet sind, so sind diese Daten oft inkonsistent. Dies passiert beispielsweise, wenn der Kunde im Call Center nicht sofort gefunden werden kann und der Agent eine neue Adresse anlegt. Für die Finanzrechnung und Logistik spielt dies zwar keine Rolle, allerdings wird der Umsatz so nicht mehr eindeutig einem

3

Kunden zugeordnet und »verschmutzt« somit die Datenbank.

Für ein funktionierendes Kundenmanagement ist eine konsistente und qualitativ hochwertige Datenbank jedoch unerlässlich. Hierfür müssen mehrere Bedingungen geschaffen werden:

- Eine konsistente Kundenstruktur und -hierachie
- Eine konsistente Produktstruktur und -hierarchie
- Eine konsistente Erlös- und Kostenstruktur auf Kundenebene
- Eine initiale Bereinigung der Datenbank sowie das Aufsetzen und Implementieren von Prozessen zur Sicherstellung der Integrität der Daten
- Prüfung, Sammlung, Zukauf und Einspielung von externen Potenzialmerkmalen

Um eine zukunftssichere Einführung des Kundenmanagements sicherzustellen, müssen sämtliche **Zielgruppen eindeutig definiert und voneinander abgegrenzt** werden. Die eindeutige Erfassung ist für Ärzte relativ einfach, da sie eindeutig über die Arztnummer identifiziert werden können. Bei anderen handelnden Personen ist dies nicht derart eindeutig und einfach. Die Abgrenzung der Institutionen ist oft schwieriger, weil die Übergänge von einer Praxis über eine Gemeinschaftspraxis zum ambulanten Zentrum und Krankenhaus zunehmend fließend sind. Darüber hinaus sind die Personen oft in mehreren Institutionen tätig. Deshalb sollten Personen und Institutionen getrennt geführt und über Verlinkungen zugeordnet werden, wie dies bereits bei professionellen Dienstleistern geschieht (beispielsweise Acxiom, Cegedim oder Insight Health).

Ebenso überraschend ist festzustellen, dass in den Datenbanken der Unternehmen oft keine **eindeutigen Produkthierarchien** abgebildet werden. Obgleich jedes Produkt und dessen Varianten (z. B. Packungsgrößen) meist ähnliche Produktnummernkreise teilen, münden diese auf aggregierter Ebene nicht unbedingt in konsistenten Strukturen. Die Einführung einer konsistenten Produktstruktur im Rahmen der Einführung des Kundenmanagements ist meist problematisch, weil dadurch einerseits Reporting- und somit Machtstrukturen im Konzern berührt werden könnten und andererseits internationale Konzerne den nationalen Einheiten diese Freiheiten nicht geben. Dennoch ist eine konsistente Produkthierarchie notwendig, um später sowohl strategische als auch operative Analysen durchzuführen, die Marketing-Empfehlungen umzusetzen und nachfolgende zu kontrollieren. Deshalb kann es in einigen Fällen angezeigt sein, eine parallele Produktstruktur aufzusetzen und die Absätze bzw. Umsätze, die den ERP-Systemen entnommen werden, in einem Zwischenschritt im Data Warehouse zu bereinigen.

Am Beginn einer CRM-Einführung steht zunächst die Bereinigung der Kundenstammdaten. Dies kann zum großen Teil im Abgleich mit externen Spezialisten automatisch über Fuzzy-Logic-Algorithmen erfolgen, auch wenn die Adressfelder der Tabellen inkonsistent gefüllt wurden (z. B. Name und Straße wurden vertauscht). Die Kosten orientieren sich an der Anzahl der Stammdaten und dem Grad der Verschmutzung, d. h. insbesondere daran, wie viele Adressen nicht automatisch korrigiert werden können. Anschließend ist über **Standard Operating Procedures (SOPs)** an allen Kundenkontaktpunkten sicherzustellen, dass die »saubere« Datenbank nicht wieder innerhalb von Wochen »verschmutzt« wird. Unternehmen scheuen diese notwendige Investition oft, weil sie keinen direkten Mehrwert damit verbinden. Allerdings ist die Einführung des Kundenmanagements ohne eine konsistente Kundendatenbank nicht nur wenig sinnvoll, sondern kann sogar gefährlich sein. Denn die erwartete Veränderung der Wertigkeit eines Kunden steuert später die Investition in diese Kunden. Sind diese Daten fehlerhaft, so resultieren nachfolgend systematische Fehlallokationen.

Die Bereinigung der Stammdaten kann meist gut mit dem Einkauf von externen Potenzialmerkmalen verbunden werden (z. B. Anzahl der Betten, OPS- und ICD-Codes). Im Abgleich mit den eigenen Verkaufszahlen lässt sich nun der eigene **Share-of-Wallet für jeden Kunden** ermitteln, und die Differenz ist **das verbleibende mögliche Absatzpotential**.

Insgesamt kann nicht genug betont werden, dass eine konsistente Datenbank die Grundlage eines erfolgreichen Kundenmanagements ist. Wie hier an Beispielen aufgezeigt wurde, ist dies jedoch nicht allein eine Angelegenheit der Unternehmens-IT, sondern sind nahezu alle Fachabteilungen des Unternehmens gefordert: Marketing, Vertrieb, Finanzen, Controlling etc. Am besten gelingt dies, wenn im Rahmen der Strategie-Entwicklung funktionsübergreifende Teams gebildet werden, die sich den einzelnen Themen gemeinsam aus allen Perspektiven annehmen.

- **Software-Systeme**

In Bezug auf die Systeme sind zwei wesentliche Aspekte zu berücksichtigen. Zum einen die Analyse der vorhandenen System-Landschaft, in die das neue System eingebettet werden muss und zum anderen die Auswahl des geeigneten CRM-Systems selbst.

Ein Unternehmen ist ein fortlaufend wachsendes Gebilde und entsprechend komplex sind oft die IT-Strukturen in punkto Datenflüsse und interagierenden Systemen. Der wesentliche IT-Nervenstrang des Unternehmens ist in der Regel das **Enterprise Resource Planning (ERP)-System**. Aus diesem operativen System zieht das Data Warehouse, das zu Analysen und Reporting genutzt wird, in der Regel seine wesentlichen Daten. Daneben haben Unternehmen vielfältige Anwendungen (z. B. im Call Center, Kampagnen-Management-Tools, Sales Support Anwendungen), die mehr oder weniger autarke Datenstrukturen aufweisen und zu verschiedenen Graden mit anderen Anwendungen interagieren. In internationalen Konzernen kommt darüber hinaus öfter vor, dass Daten oder Anwendungen je Business Unit in unterschiedlichen Ländern gehostet werden. Für ein funktionierendes CRM müssen diese Datenquellen und Systeme zunächst systematisch und konsistent (auch hinsichtlich der Datenqualität) verknüpft werden. Dies kann enorme Anstrengungen erfordern, weil das CRM-System nicht nur Daten sammelt und verarbeitet, sondern auch Empfehlungen wieder über operative Systeme ausliefert und somit neue Schnittstellen zu (operativen) Systemen schafft. Darüber hinaus kann eine nachhaltige und dauerhafte Datenkonsistenz nur dann erreicht werden, wenn sichergestellt wird, dass auch in allen anderen Systemen mit den gleichen Datenstrukturen gearbeitet wird. Es ist jedoch ein immenser Aufwand, dies in ERP-Systemen zu implementieren und gleichzeitig über Standard Operating Procedures (SOPs) sicherzustellen, dass **Kundendaten an allen Kontaktpunkten konsistent gepflegt werden**.

► Ein Beispiel

In einem Konzern werden Bestellungen im Call Center angenommen. Neuanlagen von Kunden werden in Deutschland eingegeben, in Osteuropa über Nacht für ganz Europa umgesetzt und freigegeben, die Daten selbst werden im ERP-System in Großbritannien gehostet. Eine SOP berührt alle drei Länder in drei verschiedenen Abteilungen des Konzerns. Zusätzlich sieht sie nun vor, dass jede neue deutsche Adresse zuvor von einem internationalen Datendienstleister vorgeprüft wird, bevor sie in Osteuropa verarbeitet werden darf. ◄

Alle zuvor genannten strategischen und operativen sowie inhaltlichen, organisatorischen und technischen Rahmenbedingungen und Ziele gehen in die Auswahl von CRM-Systemen ein. Die Auswahl eines geeigneten Systems für das Unternehmen kann demnach erst erfolgen, wenn die zuvor genannten Punkte hinreichend geklärt sind. Grundsätzlich muss eine Software in der Lage sein, den Kundenwert zu berechnen. Dies gelingt heutzutage kaum einem der im Markt angebotenen CRM-Systeme. Darüber hinaus spielen Details wie Oberflächen, Auswertungsalgorithmen, Anpassungsmöglichkeiten etc. eine wesentliche Rolle. Wählt man das CRM-System jedoch aus, ohne alle diese Rahmenbedingungen vorab zu berücksichtigen, so ist eine Fehlinvestition hoch wahrscheinlich. Denn es reicht in diesen integrierten System-Landschaften und Organisationsstrukturen ein Detail (z. B. fehlende Datenkonsistenz, fehlende Prozesse oder SOPs, fehlende Anreizmechanismen für die Mitarbeiter), um den Erfolg des CRM-Ansatzes zu gefährden.

3

		5-1	5-2	5-3	5-4	5-5
Segmentgröße		36,8%	31,7%	16,7%	9,2%	5,7%
Anzahl der Krankenhäuser		543	465	245	135	84
OPS_5_032_REL	Lendenwirbelsäule	0,03%	3,74%	3,07%	9,17%	0,01%
OPS_5_831_REL	Bandscheibe	0,02%	2,83%	2,46%	6,02%	0,01%
Summe		**0,05%**	**6,57%**	**5,53%**	**15,19%**	**0,01%**
OPS_5_144_REL	Linsenkern	0,01%	3,32%	5,44%	0,00%	0,25%
OPS_5_215_REL	Nasenmuschel	1,40%	3,22%	2,56%	0,03%	6,28%
Summe		**1,41%**	**6,54%**	**8,00%**	**0,03%**	**6,53%**
OPS_5_361_REL	Bypass	0,00%	4,89%	0,00%	0,01%	0,00%
OPS_5_399_REL	Gefäße (Arterie/Vene)	1,99%	5,39%	1,59%	0,14%	20,71%
OPS_5_385_REL	Krampfadern	2,58%	1,99%	4,71%	15,13%	0,93%
Summe		**4,57%**	**12,27%**	**6,30%**	**15,28%**	**21,64%**
OPS_5_452_REL	Dickdarm	4,10%	2,49%	2,21%	0,41%	31,79%
OPS_5_469_REL	Darm	6,24%	4,69%	2,70%	0,26%	5,79%
OPS_5_470_REL	Wurmfortsatz	5,32%	3,04%	4,82%	0,39%	0,71%
Summe		**15,66%**	**10,22%**	**9,73%**	**1,06%**	**38,29%**
OPS_5_893_REL	Wundreinigung/Entfernung Gewebe	3,33%	3,87%	5,35%	1,14%	19,56%
OPS_5_916_REL	Weichteildeckung	2,63%	2,52%	4,20%	0,54%	0,47%
Summe		5,96%	6,39%	9,55%	1,68%	20,03%
OPS_5_511_REL	Galle	6,87%	4,10%	4,36%	0,43%	1,23%
OPS_5_513_REL	Galle	4,50%	3,85%	1,88%	0,13%	5,95%
OPS_5_573_REL	Harnblase	3,31%	2,36%	1,68%	0,08%	0,16%
Summe		**14,68%**	**10,31%**	**7,92%**	**0,64%**	**7,34%**

Abb. 3.18 Segmentierung von Krankenhäusern auf der Basis von OPS-Codes (Prozentangaben weisen Anteile am Gesamtvolumen aller OPS-Codes aus; Auszug)

Beispiele zum CRM-orientierten Einsatz des Marketing-Mix

Die vorstehenden Ausführungen widmen sich überwiegend den Grundlagen und den Anforderungen einer Einführung des CRM bei Arzneimittelherstellern. Zum Abschluss illustrieren wir das wertvolle Potenzial des Kundenmanagements anhand ausgewählter anonymisierter Applikationen aus mehreren Unternehmen.

- **Segmentierung (Spezialisierung von KHs)**

Zur systematischen Erkennung von Marktstrukturen oder Potenzialen ist die **Anreicherung der Kundendaten um Potenzialparameter** wichtig. Bei Krankenhäusern können dies z. B. die OPS-Codes aus den Qualitätsberichten sein, bei Apotheken die Diagnosestrukturen in ihren Einzugsgebieten. Hier soll eine exemplarische Auswertung zentraler »5er« OPS-Codes die Aussagekraft illustrieren. Eine Segmentierung nach Größe (Bettenzahl, Belegungen) und chirurgischen OPS-Codes zeigt, dass sich 5 unterschiedliche Segmente identifizieren lassen. Jedes Krankenhaus-Segment erfordert damit einen anderen Angebotsmix von Arzneimitteln, weil sie sich unterschiedlich spezialisieren (siehe graue Markierungen in Abb. 3.18). Da der Kostendruck die Krankenhäuser zu weiterer Spezialisierung zwingen wird, werden solche Analysen immer wichtiger (► Abschn. 4.3).

- **Potenzialerkennung aus OPS/ICD-Codes und regionalen Zuweiser-Daten**

Ein CRM-System kann jedes der einzelnen Krankenhäuser, deren Träger und EKGs aus ▪ Abb. 3.18 identifizieren. Nun kann für jeden OPS- oder ICD-Code (Diagnose) ein typischer Warenkorb an Arzneimitteln hinterlegt werden. Aus dieser Kombination lässt sich der ungefähre Gesamtbedarf eines Krankenhauses (einer EKG, eines Trägers) pro Jahr ableiten. Da der Hersteller gleichzeitig die eigenen Absätze seiner Produkte beim Kunden kennt, ist er über das nicht ausgeschöpfte Potenzial gut informiert. Hat er bereits einen hohen Anteil (Share of Wallet), so ist das Potenzial gering. Besteht ein hohes Potenzial, könnten sich höhere Marketing-Anstrengungen lohnen. In diesem Fall ist zu prüfen, mit welchem Marketing-Mix dieses Potenzial zu welchen Kosten unter Beachtung der HCC-Regeln erschlossen werden kann. Hier helfen Erfahrungen mit ähnlichen Krankenhäusern aus dem gleichen Segment, angereichert um die Response des betreffenden Krankenhauses auf vorherige Anstrengungen des Herstellers. Ebenso können diese Potenzialdaten dazu dienen, die Ausschöpfung von Rahmenvereinbarungen mit EKGs zu prüfen oder im Rahmen zunehmender Tender-(Ausschreibungs-)Prozesse die erwarteten Absatzvolumina zu berechnen. Für Großhändler und Apotheken lassen sich analoge Potenzialberechnungen aus der Kombination regionaler OPS-/ICD-Codes und der Ansässigkeit von Ärzten mit ihren jeweiligen Schwerpunkten durchführen. Die Zuweiserdaten sind wiederum auch für Krankenhäuser hoch interessant, um das Potenzial an zusätzlichen Behandlungen je Diagnose im näheren Umfeld zu ermitteln. Dies ist zum einen für die Spezialisierungsentscheidung relevant; zum anderen für die systematische Gewinnung von Behandlungsfällen im Wettbewerb.

- **Produkteinführungen und das Web**

Die Entwicklung und Einführung von Innovationen ist für originäre Arzneimittelhersteller mit hohem Risiko behaftet. Da nur ein geringer Anteil der Innovationen die Marktzulassung erhält, muss anschließend eine schnelle Verbreitung erfolgen. Dazu ist es hilfreich, die Entscheider-Netzwerke innerhalb des jeweiligen Diagnose-Umfelds zu kennen. Auch hier führt die Nutzung des Internets zu vollkommen neuen Möglichkeiten, die jedoch mit besonderer Vorsicht einzusetzen sind. Dazu lesen innovative Web-Robots systematisch alle öffentlich verfügbaren Daten von Verbänden, Forschungsinstitutionen, Krankenhäusern, Tagungenetc. aus. Aus diesen Daten werden dann soziale Netzwerke abgeleitet (wer hat bei wem habilitiert, mit wem publiziertetc.). die dem Hersteller Hinweise auf Schlüsselentscheider (sog. Key Opinion Leader) für bestimmte Diagnosefelder geben können. Diese Key Opinion Leader haben nachfolgend eine höhere Bedeutung als andere Stakeholder und werden in der Einführungskampagne entsprechend besonders angesprochen. Gerade im Kontext solcher Analysen ist jedoch *unbedingt* auf die Einhaltung der HCC-Regeln hinzuweisen.

- **Cross-Selling**

Das CRM erlaubt auch die systematische Ermittlung von Cross-selling Potenzialen. Im vorliegenden Beispiel werden für jedes Krankenhaus die korrespondierenden OPS-Fallzahlen zu den Arzneimitteln erfasst. Die Eingangshypothese ist, dass Krankenhäuser mit vergleichbaren Fallzahlen-Profilen für die Produkte des Herstellers sollten analoge Nachfragestrukturen aufweisen. Im linken Teil der ▪ Abb. 3.19 werden die OPS-Fallzahlenprofile zweier ähnlicher Krankenhäuser dargestellt. Im rechten Teil der Abbildung werden vom System nun die Verkaufsmengen für die Produkte zu diesen OPS-Codes für diese beiden Krankenhäuser gegenübergestellt. Es wird deutlich, dass Krankenhaus 1 bei den OPS-Codes 6–10 und Krankenhaus 2 bei den OPS-Codes 12–13 bei jeweils gleichem Bedarf mehr Absatz generiert. Das CRM-System vergleicht alle Kunden systematisch miteinander und informiert die beiden jeweils zuständigen Vertriebsmitarbeiter über diese Potenziale. Dies kann auch eine vorgeschlagene Anzahl und Reihenfolge der Besuche für den Außendienst beinhalten und welche Arzneimittel erfolgreich angeboten werden könnten. Allein die systematische Ermittlung

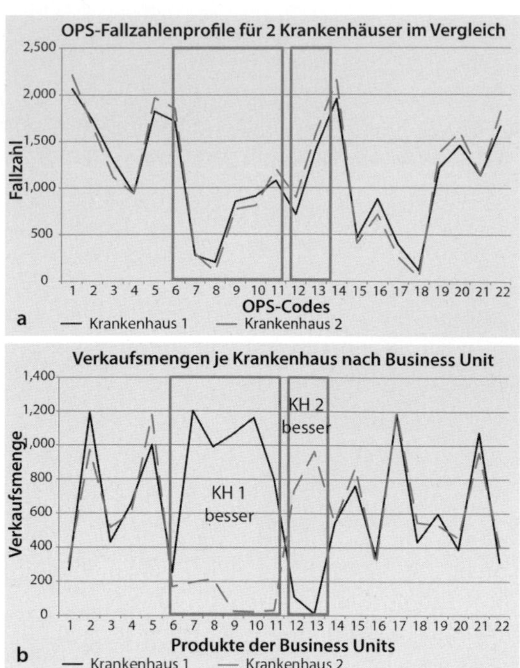

Abb. 3.19 Illustration von Cross-Selling-Potenzialen für Krankenhäuser (verfremdetes Beispiel). **a** OPS-Fallzahlenprofile, **b** Verkaufsmengen

der Ursachen, warum diese Lücken im Absatz bestehen (Preis, persönliche Präferenz des Klinikteams etc.), kann nachfolgend helfen, Probleme eines Produkts in einem Kundenkreis zu identifizieren und zu beheben. Beim Cross-Selling ist jedoch zu berücksichtigen, dass dies nicht für jeden Kunden sinnvoll ist. So haben Shah et al. (2012) in einer empirischen Studie nachgewiesen, dass Kunden mit einem negativen Kundenwert durch Cross-Selling ihre Verluste über die angebotenen Produkkategorien und über die Zeit systematsch ausbauen. Dies ist in der Regel auf vier Verhaltensweisen zurückzuführen: (1) vermehrte Rückgaben, (2) hohe Servicenachfrage, (3) Verteilen des Umsatzes auf immer mehr Produktkategorien und (4) Nutzung von Discounts und Promotions.

Lebenszyklus-Aktivitäten am Beispiel der Rückgewinnung

Die Umsetzung der Lebenszyklen erzeugt direkt umsetzbare Handlungsempfehlungen. Dies soll hier an einem Beispiel für die Rückgewinnung illustriert werden. Bislang verfügte der Hersteller über keine kundenindividuellen Analysen im Sinne der Lebenszyklen. Analog zur strategischen Vorgabe wurde ein Krankenhaus nun jedoch als aktiv eingeordnet, wenn es innerhalb seines langjährigen Bestellzyklus bleibt. Die Kundenbeziehung wurde als gefährdet eingestuft, wenn dieser Zyklus um 50 % überschritten wurde. Wenn der Bestellzyklus um mehr als 50 % überschritten wurde, sollten direkte Rückgewinnungsaktivitäten eingeleitet werden. Der individuelle Bestellzyklus wird über die Interpurchase Time (IPT) gemessen. Diese IPT wird grob errechnet, in dem man die Dauer der Kundenbeziehung durch die Anzahl der Bestellungen teilt oder im Detail, wenn man den Durchschnitt aller Zeiten zwischen den Bestellungen ermittelt. Die letztere Vorgehensweise hat den Vorteil, dass man zugleich eine Standardabweichung berechnen kann, an der sich die individuelle Toleranz von Überfälligkeiten im Bestellzyklus orientiert.

In einem zweiten Schritt berechnet man nun die vergangene Zeit seit der letzten Bestellung in Tagen, die sog. Recency. Setzt man nun für jedes Krankenhaus die Recency ins Verhältnis zur IPT, so erhält man einen Aktivitätsquotienten. Diesen bezeichnen wir hier als »Fehlende Käufe (FK)«. Die grafische Darstellung dieser Überfälligkeiten für eines der Hauptprodukte des Herstellers beeindruckt (Abb. 3.20): Wären in den letzten vier Jahren nur 10 % aller verpassten Käufe systematisch zurückgewonnen worden, so wäre der der Deckungsbeitrag des Herstellers um 60 Mio. € höher gewesen.

Da diese Überfälligkeiten jedoch nicht ermittelt wurden (siehe grau hinterlegter Bereich), konnten Vertrieb und Call Center diesen verpassten Bestellungen nicht nachgehen. Analoge Auswertungen standen dem Hersteller nun für auch für jedes andere seiner Arzneimittel zur Verfügung, in denen ihm ähnliche Volumina unbewusst entgangen waren. Da die Neugewinnung von Kunden meist wesentlich teurer ist als die Rückgewinnung, sind ihm sogar zusätzliche Kosten entstanden, die den Gewinn darüber hinaus überproportional reduziert haben.

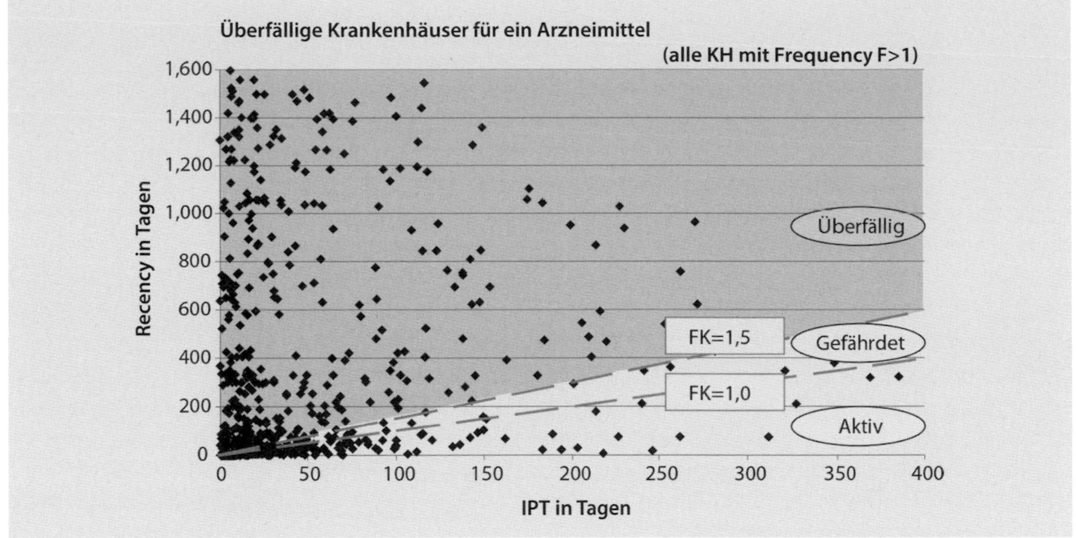

Abb. 3.20 Überfälligkeiten von deutschen Krankenhäusern für ein Arzneimittel (verfremdetes Beispiel)

- **Pricing**

Das CRM erlaubt zugleich neue Analysen zur Optimierung des Pricings. Dabei ist zu berücksichtigen, dass verschiedene Player im Markt mittlerweile eigene Rabattstaffeln aushandeln (z. B. EKGs der Krankenhäuser, Träger von mehreren Krankenhäusern, Krankenversicherungen) oder sogar reguläre Ausschreibungsverfahren (Tender) durchführen. Diese Form des Pricings wird weiter zunehmen und stellt alle Hersteller von Arzneimitteln vor Herausforderungen. Mit Hilfe des CRM und ergänzenden Tools können diese jedoch systematisch adressiert werden. Einige Beispiele sollen dies illustrieren:

Das erste Beispiel zeigt das Diagnosepotenzial des CRM als Basis für ein besseres Pricing auf. Durch individuelle Verhandlungen mit Krankenhäusern bzw. deren EKGs entwickeln sich die Rabattstaffeln im Laufe der Zeit auseinander. Zugleich entwickeln sich Bedarfe, Wettbewerb und die Angebote im Markt weiter. Daher macht es für einen Hersteller Sinn, Rabattstaffeln systematisch und fortlaufend auf ihre Angemessenheit hin zu prüfen. Ein CRM-System erfüllt diese Funktion. In Abb. 3.21 vergleicht das CRM-System die Umsätze eines Krankenhauses zu Listenpreisen (linke Achse) mit den jeweils effektiv gewährten Rabatthöhen in Prozent (rechte Achse). Sortiert man die Krankenhäuser nun beginnend mit dem größten Umsatz absteigend bis zum kleinsten Umsatz und zeichnet die Rabatthöhen ein, so zeigt sich die aktuelle Unangemessenheit der historisch gewachsenen Verteilung der Rabattstaffeln. Durch die sukzessive Anpassung in den anstehenden Verhandlungen (dabei werden solche Vergleiche durchaus eingebracht) lassen sich auf diese Weise größere Millionenbeträge an zusätzlichem Deckungsbeitrag generieren.

Im Rahmen von Preisverhandlungen und Tendern schreibt ein Kunde seinen erwarteten Gesamtbedarf aus. Mehrere Hersteller erstellen nun konkurrierende Angebote. Mit Hilfe des CRM kennt ein Hersteller zum einen das tatsächliche Potenzial des Kunden (s. Abb. 3.18 und 3.19) und kann das Volumen der Ausschreibung besser einordnen. Zugleich kann er über diese Verhandlungen und Tender für sein System lernen, inwieweit er den Bedarf über OPS- oder ICD-Codes korrekt erfassen kann. Über die Rabattstaffeln vergleichbarer Volumina (Abb. 3.21) kann er nun relativ gut ein erstes und **für seine Kundenbasis konsistentes Angebot** erstellen. Darüber hinaus sind bereits erste CRM-Systemerweiterungen bekannt, die

3

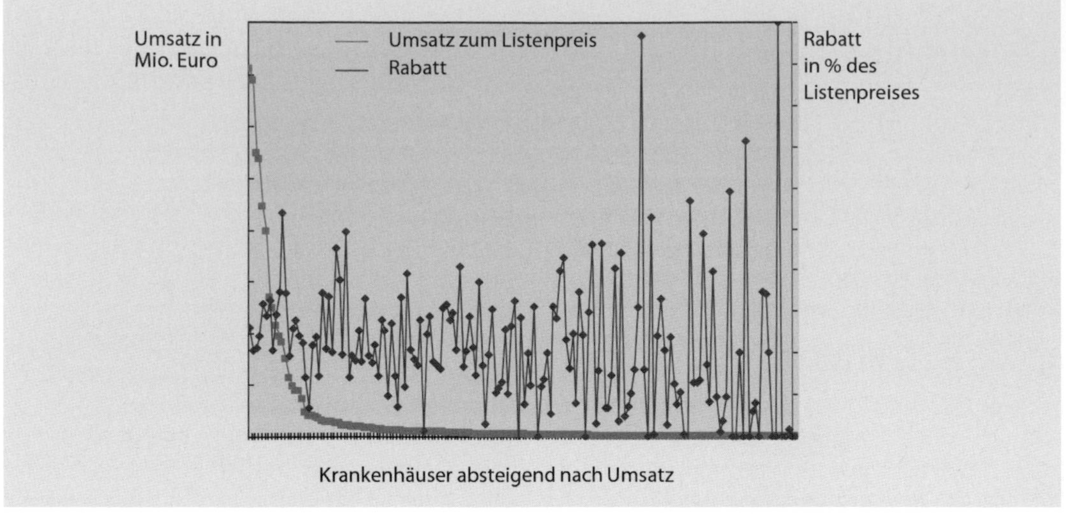

Abb. 3.21 Systematische Analyse von Rabattstaffeln für das Pricing (verfremdetes Beispiel)

neben den eigenen Arzneimitteln auch die Wettbewerbsprodukte und deren Preise systematisch in Datenbanken pflegen. Auf diese Weise können wettbewerbsorientierte Optimierungen der eigenen Angebote erfolgen, um die Erfolgschancen ohne größere Margenreduktionen zu erhöhen.

▪ Optimierung der Kommunikation

CRM-Systeme erlauben ebenso die Optimierung der (internationalen) Kommunikationsaktivitäten. In ihrem Beitrag zeigen Fischer et al. (2011), wie ein Arzneimittelhersteller seine internationalen Marketing-Aktivitäten besser koordiniert und so einen um ca. 680 Mio. € höheren Deckungsbeitrag erzielen kann. Abb. 3.22 zeigt links die berücksichtigten Marketing-Aktivitäten, die sich zum einen an die Zielgruppe Ärzte und zum anderen an die Zielgruppe Patienten richten. Für diese Aktivitäten erfassen sie nun sämtliche **Investitionen je Produkt und Arzneimittel-Diagnosebereich** (hier Diabetes, Infektionskrankheiten, Bluthochdruck, Erektionsstörungen) sowie für jedes Land. Anschließend setzen sie **Absatzreaktionsfunktionen** ein, die auch Preisniveaus, den Wettbewerb und andere wichtige Einflussgrößen berücksichtigen. Als Ergebnis leiten sie eine Reallokation der Marketing-Aktivitäten ab, die zu einer erheblichen Verbesserung des finanziellen Resultats führt (rechts in Abb. 3.22).

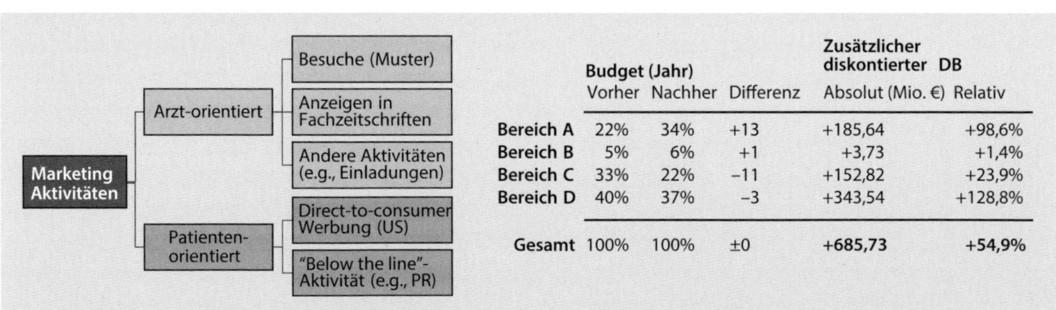

	Budget (Jahr)			**Zusätzlicher diskontierter DB**	
	Vorher	Nachher	Differenz	Absolut (Mio. €)	Relativ
Bereich A	22%	34%	+13	+185,64	+98,6%
Bereich B	5%	6%	+1	+3,73	+1,4%
Bereich C	33%	22%	−11	+152,82	+23,9%
Bereich D	40%	37%	−3	+343,54	+128,8%
Gesamt	100%	100%	±0	**+685,73**	**+54,9%**

Abb. 3.22 Ergebnisse einer internationalen Kommunikationsoptimierung. (Daten basierend auf Fischer et al. 2010)

3.7 Fallstudien zum Kundenmanagement

3.7.1 Länger selbstständig und selbstbestimmt leben: das »NetzWerk GesundAktiv«

Ralf Zastrau, Birgit Frilling, Kirsten Sommer, Maren Puttfarcken, Ulrich Thiem, Heike Unland

Altern im urbanen Setting

Der zunehmende Anteil älterer Bürgerinnen und Bürger in den westlichen Industrienationen ist Resultat ökonomischer und sozialer Entwicklungen und auch ein Erfolg des medizinischen Fortschritts. Aufgrund der ungebrochenen Attraktivität von Städten und Metropolregionen ist damit zu rechnen, dass sich dieser Trend auch in Städten wie Hamburg fortsetzen wird. Die Stadt geht daher in ihrem Demographiekonzept (www.hamburg.de/hamburg2030) davon aus, dass sie als wichtiger Standort für Gesundheitsleistungen im Norden Deutschlands eine große Rolle in der Weiterentwicklung der medizinischen Versorgung spielen wird.

Es besteht Konsens, dass die demographischen Veränderungen deutliche Auswirkungen auf die gesundheitliche und pflegerische Versorgung der Bevölkerung haben werden. Neben Anpassungen in der stationären Versorgung werden schon jetzt neue ambulante Versorgungsformen erprobt. Dabei zeichnet sich ab, dass auch im städtischen Umfeld neue Modelle zur Sicherung der hausärztlichen Betreuung sowie zur gesamtgesundheitlichen Versorgung entwickelt werden müssen. Um der wachsenden Zahl von betagten Personen möglichst lange ein selbstbestimmtes Leben im eigenen häuslichen Umfeld zu ermöglichen, sind gesundheitsfördernde und -erhaltende Maßnahmen im Quartier hilfreich. Präventive Maßnahmen sowie gezielte individuelle Unterstützung können helfen, Pflegebedürftigkeit zu vermeiden und eine stationäre Unterbringung in einem Pflegeheim hinauszuzögern. Weitere Ziele quartiersnaher Angebote können die Verbesserung der Lebensqualität bei Betroffenen sowie langfristig die Reduktion von Ausgaben für die stationäre pflegerische Versorgung sein. Wie sich die neuesten technischen Entwicklungen der Digitalisierung auf das Gesundheitswesen auswirken werden, ist aufgrund der hohen Veränderungsdynamik nicht abzuschätzen. Doch ist absehbar, dass digitale Anwendungen auch in der Versorgung und Pflege von Älteren zunehmende Bedeutung erlangen werden.

Ein neuer Ansatz: das NetzWerk GesundAktiv (NWGA)

Die Entwicklung von Hilfs- und Pflegebedarf im Alter ist durch viele individuelle Faktoren bestimmt. Eine ganzheitliche Erfassung der gesundheitlichen und sozialen Situation der älteren Menschen ist im Gesundheitssystem aktuell jedoch kaum vorgesehen. Es gibt verschiedene Anlaufstationen, z. B. Pflegestützpunkte, Angebote zur psychosozialen Unterstützung, soziale Treffpunkte, Angebote von Sportvereinen usw., die von den Betroffenen aufgesucht werden können. Feste Ansprechpartner, die ältere Menschen gezielt und individuell im Erhalt ihrer Selbstständigkeit unterstützen, sind hingegen nicht etabliert. Diese Lücke soll durch das NetzWerk GesundAktiv (NWGA) geschlossen werden. Das Netzwerk hält Kontakt zu Seniorinnen und Senioren mit erkennbarem geriatrischen Handlungs- und Versorgungsbedarf, erfasst strukturiert individuelle Bedarfe, berät über Möglichkeiten der Unterstützung und informiert über und vermittelt geeignete, gesundheitsfördernde und gesundheitserhaltende Angebote und Dienstleistungen im Quartier.

Zentrale Elemente

Das ***Hamburger Pilotprojekt*** NWGA wurde von der TK als Konsortialführerin gemeinsam mit ihren Konsortialpartnern entwickelt und über vier Jahre – zwischen Anfang 2017 und Januar 2021 – vom Innovationsfonds des Gemeinsamen Bundesausschuss gefördert. Konsortialpartner des Projekts waren neben dem Albertinen-Haus als Träger der Koordinierungsstelle auch die Firma CIBEK technology + trading GmbH, die BARMER, die DAK-Gesundheit, die KNAPPSCHAFT, die Johanniter-Unfall-Hilfe e. V., die Universität Bielefeld sowie die

Forschungsabteilung für Klinische Geriatrie des Albertinen Hauses. Die AG Gesundheitsökonomie und Gesundheitsmanagement der Universität Bielefeld und die Forschungsabteilung für Klinische Geriatrie am Albertinen Haus sind mit der wissenschaftlichen Evaluation des Projekts beauftragt.

Zu Beginn haben die vier teilnehmenden Krankenkassen eigene Versicherte im Alter von 70 Jahren oder älter mit Wohnung im Hamburger Quartier Eimsbüttel angeschrieben und zur Teilnahme am Projekt eingeladen. Das Risiko für funktionelle Einschränkungen und die Entwicklung von Pflegebedürftigkeit wurde mittels LUCAS-Funktionsindex ermittelt. Dieser Fragebogen, bei dem Seniorinnen und Senioren zwölf einfache Fragen zu bestehenden funktionellen Risiken, aber auch bestehenden Ressourcen beantworten, erlaubt eine Einteilung in Personen ohne besonderes geriatrisches Risiko, Personen mit hohem Risiko für die Entwicklung von Abhängigkeit und Pflegebedürftigkeit und eine intermediäre Risikogruppe. Ausgeschlossen wurden Seniorinnen und Senioren, die bereits fortgeschritten pflegebedürftig erschienen, entsprechend einem vorhandenen Pflegegrad 4 oder 5.

Alle interessierten Seniorinnen und Senioren mit vorhandenem Risiko für funktionellen Abbau wurden bei Einschreibung in das Projekt fachärztlich-geriatrisch gesehen und untersucht. Sie durchliefen ein ausführliches geriatrisches funktionelles Assessment, und zudem wurde die soziale Situation durch Fallmanagerinnen und Fallmanager erhoben. Die Ergebnisse dieser Evaluation von körperlich-funktionellen Fähigkeiten, kognitiver und emotionaler Verfasstheit und psychosozialer Versorgung wurden in Fallkonferenzen der beteiligten Berufsgruppen besprochen. Die darin entwickelten individuellen Handlungsempfehlungen wurden den Teilnehmenden sowie ihren behandelnden Hausärztinnen und Hausärzten in Briefform schriftlich mitgeteilt. Auf Basis der Empfehlungen berieten trainierte Fallmanagerinnen/-manager die Teilnehmenden zu Unterstützungsangeboten aus dem Quartier. Als zusätzliche Kommunikationsplattform wurde ein technisches Assistenzsystem genutzt (PAUL = Persönlicher Assistent für Unterstütztes Leben), ein Tablet-PC mit interaktiver Software zur Vernetzung der Teilnehmenden untereinander und mit den Fallmanagerinnen/-managern sowie zur Information über Angebote und Neuigkeiten aus dem Quartier. ◘ Abb. 3.23 veranschaulicht das Grundmodell des »Netzwerk Gesund Aktiv«. Die Übersicht stellt den Ablauf für einen interessierten potenziellen Teilnehmer dar.

Ablauf für einen interessierten Teilnehmer

Einschlusskriterien:

- Alter ≥ 70 Jahre
- Ohne fortgeschrittene Pflegebedürftigkeit, maximaler Pflegegrad 3
- Risiko für funktionellen Abbau nach LUCAS-Funktionsindex

Evaluation des Teilnehmenden:

- Ärztliche Untersuchung

Individuelle Handlungsempfehlungen:

- Fallkonferenz mit Erstellung eines individuellen Unterstützungsplans im interdisziplinären Team (Mediziner, Physiotherapeut, Sporttherapeut, Fallmanager)
- Information an Teilnehmenden und den behandelnden Hausarzt
- Vermittlung von Beratungs- und Unterstützungsangeboten und Diensten im Quartier

Fallbegleitung und Verlaufsbeobachtung durch Fallmanagement:

- Laufende Begleitung durch persönlichen oder telefonischen Kontakt, Kontakte per Video oder/und Hausbesuche
- Vermittlung von Beratungs- und Unterstützungsangeboten und Diensten im Quartier
- Überprüfung und Erhebung sich ändernder Bedarfe in regelmäßigen Abständen
- Einweisung und kontinuierliche Schulung im Umgang mit der digitalen NWGA-Informationsplattform

Gesundheitsförderung und Prävention

Gezielte Präventionsmaßnahmen im NWGA bieten den Teilnehmenden vielfältige Möglich-

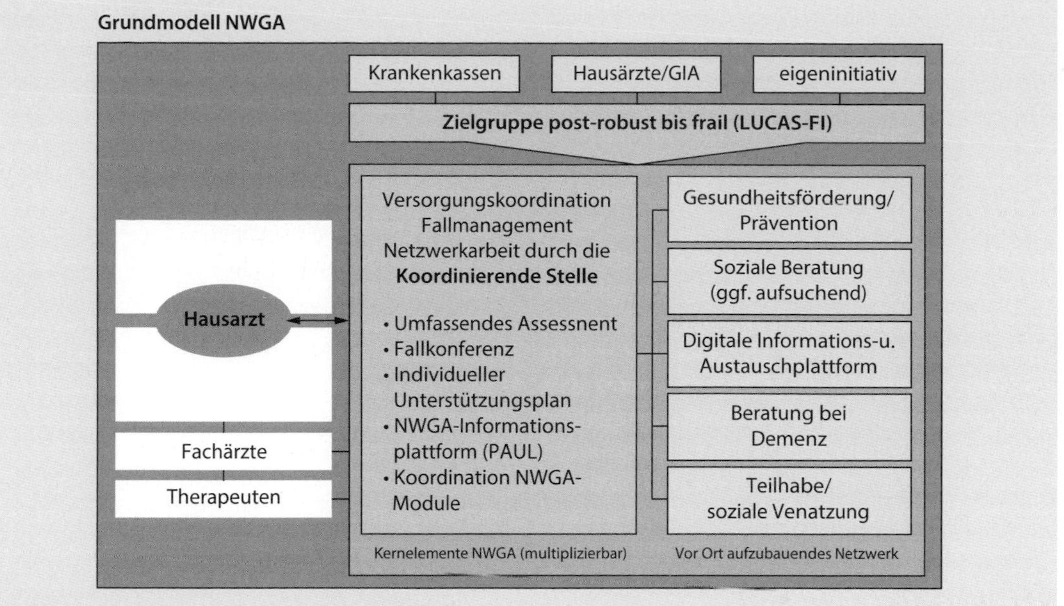

Abb. 3.23 Der Zugang zum NWGA-Angebot erfolgt entweder über die teilnehmende Krankenkasse, über den behandelnden Hausarzt, eine Geriatrische Institutsambulanz (GIA) oder eigeninitiativ (Ehepartner, Nachbar, Verwandte von Teilnehmenden, die bereits im NWGA eingeschrieben sind). Die Aufnahme ins Projekt kann erfolgen, wenn ein Risiko für funktionellen Abbau nach LUCAS-Funktionsindex (LUCAS-FI) erkennbar wird. Die Durchführung der geriatrischen Evaluation mittels geriatrischen Assessments und ärztlicher Untersuchung sowie die Erhebung der sozialen Situation durch Fallmanagerinnen/-manager erfolgen in der Koordinierenden Stelle, die individuelle Handlungsempfehlungen ausspricht. Die Koordinierende Stelle hält außerdem Kontakt zu den Teilnehmenden, vernetzt die Teilnehmenden miteinander und vermittelt Beratungs- und Versorgungsangebote im Quartier

keiten, einer zunehmenden Immobilität und Pflegebedürftigkeit aktiv entgegenzuwirken und ggf. stationäre Pflege hinauszuschieben oder zu vermeiden. Vorhandene Ressourcen werden gestärkt bzw. reaktiviert, indem individuell bedarfsgerechte Angebote vermittelt werden, inkl. der Zusendung von Kontaktadressen in Wohnortnähe. Die gut recherchierten und auf ihre Qualität geprüften Informationsmaterialen als Hilfe zur Selbsthilfe werden von den Teilnehmenden als sehr hilfreich angenommen.

Jeder Teilnehmende erhält einen festen Ansprechpartner (= Fallmanager). Dieser steht mit den Teilnehmenden im regelhaften Austausch. Es finden proaktive Kontaktaufnahmen durch die Fallmanager statt, um zu erfragen, ob weitere Unterstützungsmaßnahmen zur Umsetzung der empfohlenen Maßnahmen erfolgen können. Wurden Maßnahmen nicht umgesetzt, so können das wiederholte Nachhaken, aber auch das wiederholte Erörtern von Möglichkeiten zur Umsetzung die Umsetzungsrate erhöhen.

Die Aktivitäten im NWGA und der rege Austausch der Teilnehmenden untereinander sollen zusätzlich helfen, Isolation im Alter zu vermeiden. Zur Vertiefung dieses Austausches wurden Gruppengespräche initiiert, zu denen die Fallmanagerinnen/-manager die Teilnehmenden in ihre Stadtteile einladen. Sie erfreuen sich einer großen Beliebtheit.

Der Informationsaustausch mit dem behandelnden Hausarzt erfolgt durch Versendung des Arztbriefes mit den erhobenen Befunden und den Empfehlungen. Ein Austausch mit Fachärzten und Therapeuten findet statt, wenn dies vom Teilnehmenden gewünscht wird.

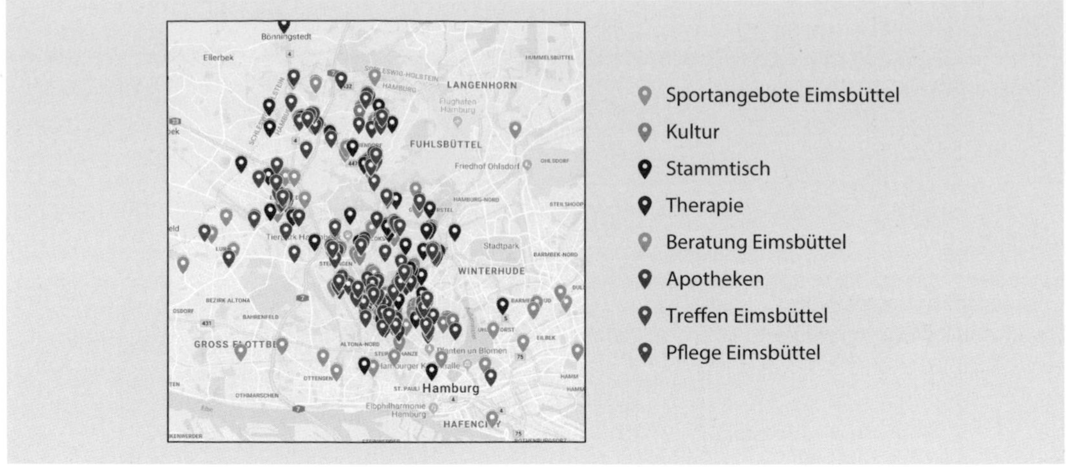

Abb. 3.24 Vereinfachte Übersicht über vorhandene Quartiersangebote

Netzwerkmanagement/ Qualitätsgesicherte Quartiersberatung

Ein Großteil der Teilnehmenden (ca. 70 %) ist noch selbstständig mobil und an aktivierenden Angeboten im Quartier interessiert. Diese sind im Bezirk reichlich und mit ausreichender Qualität vorhanden, aber nirgendwo zentral gesammelt einsehbar oder bewertet. Hierzu bedarf es eines Quartiermanagers, der die o. a. Aufgaben übernimmt, die Angebote regelmäßig überprüft und z. B. in einem Veranstaltungskalender oder auf einer Website aktualisiert, um so eine qualitätsgesicherte Beratung und Information über die vielfältigen Angebote im Bezirk zu gewährleisten. Diese Angebote, die überwiegend aus den Bereichen Gesundheit/Bewegung/Sport und Begegnung/ Austausch stammen, fördern die soziale Teilhabe, die Mobilität und die gesundheitsbezogene Lebensqualität der Teilnehmenden. Insbesondere über die Förderung der Mobilität durch Aktivitäten in den Bereichen Bewegung und Sport kann Pflegebedürftigkeit vermieden bzw. verzögert werden. Somit leistet die qualitätsgesicherte Quartiersberatung einen direkten Beitrag zu den wesentlichen Projekt-Zielen des NWGA.

Um eine einfachere und übersichtliche Darstellung der vorhandenen Angebote im Bezirk Eimsbüttel zu erhalten, wurde von der Netzwerkmanagerin eine Karte erstellt (Abb. 3.24), auf die alle Fallmanagerinnen/-manager Zugriff erhalten und individuell für jeden Teilnehmenden wohnortnahe Angebote identifizieren können. Dies erspart jeder/m einzelnen/m Fallmanagerin/-manager eine Menge Zeit, die sie ansonsten für die Recherche aufbringen müssen.

Digitalisierung

Zur digitalen Unterstützung der Teilnehmenden wird ein Tablet mit einer leicht bedienbaren, seniorenfreundlichen Benutzeroberfläche eingesetzt. »PAUL«, der **p**ersönliche **A**ssistent für **u**nterstütztes **L**eben, dient im NWGA in erster Linie als Kommunikationsplattform (E-Mail, Videotelefonie, Online-Sprechstunde, Veranstaltungen) sowie als Vermittlungsportal für Dienstleistungen.

Aufgrund der Heterogenität der Teilnehmenden hinsichtlich digitaler Erfahrung und Ausstattung wurde nur knapp die Hälfte der Teilnehmenden mit einem PAUL ausgestattet. Die beiden am häufigsten vorkommenden Ablehnungsgründe für die digitale Unterstützung PAUL waren 1.) eine bereits umfangreiche Hardware-Ausstattung (kein Bedarf/Interesse an weiterer Hardware) und 2.) grundsätzlich kein Interesse an Digitalisierung.

Um Berührungsängste bei den Teilnehmenden abzubauen, wurden bereits zu Beginn des

Projektes Kleingruppenschulungen zu PAUL durchgeführt. Fortlaufend findet seitdem wöchentlich das »Café PAUL« im Albertinen Haus statt; es dient als Anlaufstelle und Schulungsort für sämtliche Themen rund um PAUL und Digitalisierung. Darüber hinaus hat sich ein mehrstufiges Support-System etabliert, mit dem den Teilnehmenden bei technischen Problemen zeitnah geholfen werden kann.

Innerhalb der Projektlaufzeit wurde PAUL fortlaufend weiterentwickelt, sodass beispielsweise Inhalte und Funktionen auch hardwareunabhängig als App bzw. über einen Browser für eine breitere Teilnehmerzahl zu Verfügung gestellt werden konnten.

Erste Erfahrungen mit den Teilnehmenden

Insgesamt wurden mehr als 960 Teilnehmende in das Projekt eingeschlossen. Als Gründe für die Teilnahme wurden zumeist angegeben: 1.) ein leichterer Zugang zu Experten, zu individueller Beratung und Planung der eigenen (gesundheitlichen) Versorgung, 2.) Interesse an Gesundheitsförderung, um länger in der eigenen Wohnung bleiben zu können, und 3.) die Entlastung von Angehörigen, z. B. der die potenzielle Pflege übernehmenden Kinder. Etwa zwei Drittel der Teilnehmenden sind Frauen. Das durchschnittliche Alter der Teilnehmenden liegt bei ca. 80 Jahren. Etwa die Hälfte der Personen lebt alleine. Etwa ein Drittel hatte im zurückliegenden Jahr einen stationären Krankenhausaufenthalt, praktisch alle Teilnehmenden hatten mindestens einmal Kontakt zu ihrem behandelnden Hausarzt. Etwa 10 % gaben einen Pflegegrad bis maximal Grad 3 an.

Der Anteil an Personen mit mehr als drei behandlungsbedürftigen Erkrankungen (Multimorbidität) liegt bei etwa vier Fünftel. Knochen- und Gelenkerkrankungen werden in etwa drei Viertel der Fälle am häufigsten beklagt. Dies mag daran liegen, dass Teilnehmende mit Mobilitätseinschränkungen durch die vorliegenden Einschlusskriterien gehäuft selektiert werden. Zum anderen sind Mobilitätsstörungen auch einer der Hauptfaktoren für Hilfs- und Pflegebedarf im Alter. Dazu passt, dass auch andere Erkrankungen mit höherem Risiko für Hilfsbedarf im Teilnehmerkreis überproportional häufig vertreten waren, neurologische Erkrankungen, wie Schlaganfallfolgen oder Morbus Parkinson in ca. einem Drittel der Fälle, oder psychiatrische Erkrankungen, wie Depressionen mit ca. 15 %. Herz-Kreislauf-Erkrankungen waren mit gut einem Drittel eher seltener vorhanden als laut Bundesdurchschnitt zu erwarten.

Erste qualitative Ergebnisse deuten auf eine große Zufriedenheit der Teilnehmenden mit dem NWGA hin. Angebote werden motiviert angenommen und als hilfreich empfunden. Teilnehmende schätzen die Möglichkeiten der Kontaktaufnahme untereinander und mit den Fallmanagerinnen/-managern und schildern positive psychische Folgen der Projektteilnahme. Als Barrieren zur Teilnahme an Angeboten werden genannt: 1.) mangelnde Transportmöglichkeiten bei mobilitätseingeschränkten Teilnehmern, Angebote im Quartier aufzusuchen, 2.) die Notwendigkeit, sich um einen erkrankten bzw. pflegebedürftigen Angehörigen, meist den Lebenspartner, zu kümmern, sowie 3.) finanzielle Zwänge.

Um erste Erkenntnisse darüber zu erlangen, welchen Nutzen die Teilnehmenden durch das NWGA für sich selbst wahrnehmen, erfolgte von April bis Mai 2020 im Rahmen der sozio-technischen Begleitforschung eine Teilnehmerbefragung durch den Kooperationspartner VDI/VDE im Auftrag der Konsortialführung. Die Befragung wurde online über das PAUL-Tablet sowie per Telefon-Interview durchgeführt. Insgesamt haben 295 NWGA-Teilnehmende die Befragung abgeschlossen. Dies entspricht etwa einem Drittel aller NWGA-Teilnehmenden. Folgende Ergebnisse hat die Befragung ergeben:

55 % der Befragten fühlen sich medizinisch besser versorgt; bei 26 % der Befragten wurden bestehende gesundheitliche Auffälligkeiten früher erkannt; 27 % der Befragten sind durch das NWGA sportlich aktiver geworden; bei 31 % der Befragten wurde durch das NWGA die eigene Gesundheit positiv beeinflusst; das Versorgungskonzept (Kombination aus Assessment, Empfehlungsschreiben und Fallmanagement) wurde von 74 % der Befragten

mit sehr gut bis gut bewertet; das NWGA insgesamt wurde von 77 % der Befragten mit sehr gut bis gut bewertet.

Fazit und Ausblick

Soweit bisher beurteilbar, ist das Konzept des Projekts »NetzWerk GesundAktiv« ein vielversprechender Ansatz, ein gesundes und aktives Altern im Quartier zu fördern. In diesem bislang in Deutschland größten Projekt dieser Art ist es gelungen, über die Anbindung an ein Fallmanagement präventive Angebote im ambulanten Bereich an funktionell eingeschränkte und risikobehaftete Seniorinnen und Senioren zu vermitteln und dies wirksam über eine digitale Plattform zu unterstützen. Die Rückmeldung der Teilnehmenden zeigt erste positive Effekte auf Zufriedenheit und Lebensqualität. Weitere wissenschaftliche Untersuchungen müssen zeigen, ob darüber hinaus langfristig durch eine geringere Inanspruchnahme von stationären medizinischen und pflegerischen Leistungen auch eine Kostenreduktion im Gesundheitssystem herbeigeführt werden kann. Sofern die Evaluation des Projekts belastbare positive Effekte zeigt, ist es denkbar, das Modell ggf. auch auf weitere Quartiere in der Stadt zu übertragen. Um eine lückenlose Fortführung der Versorgung nach Ende der Projektförderzeit zu gewährleisten, bis weitere Forschungsergebnisse vorliegen, wurde zwischen den bisher beteiligten Kassen und der koordinierenden Stelle des NWGA am Albertinen Haus ein Selektivvertrag zur besonderen Versorgung nach § 140a SGB V geschlossen, zunächst befristet bis Herbst 2021.

3.7.2 Fallstudie zum Kundenmanagement im deutschen Generikamarkt

Simon Goeller, Carola Brinkmann-Saß, Fabian Geldmacher, Justin Hecht

Hintergrund: Generika

Rezeptpflichtige Arzneimittel bilden das Herzstück der Arzneimittelversorgung – in Deutschland wie überall auf der Welt. Sie lassen sich unterscheiden in Originalpräparate und Generika. Auch die pharmazeutische Industrie ist entsprechend zweigeteilt; die beiden Geschäftsmodelle könnten kaum unterschiedlicher sein.

Originalpräparate (»Erstanbieterpräparate«) werden von forschenden Pharmaunternehmen hergestellt. Diese bringen bei der Markteinführung einen neuartigen Wirkstoff oder eine neue Anwendungsform mit, und die Präparate stellen eine gewisse Innovation dar. Die Forschung hierfür dauert meist viele Jahre, die Zulassung ist aufwändig und der Erfolg ungewiss. Zum Ausgleich für die anfallenden Kosten und als Anreiz für weitere Entwicklungen erhalten forschende Pharmaunternehmen bei der Zulassung eines neuen Präparats einen Patentschutz. Je nach Dauer der klinischen Entwicklung kann dieser ab dem Zeitpunkt der Markteinführung 10–20 Jahre laufen (► Abschn. 2.6).

Während der Patentlaufzeit ist es der Konkurrenz verboten, »Nachahmerpräparate« (Generika) auf den Markt zu bringen. Das forschende Pharmaunternehmen kann also in diesem Zeitraum eine Monopolrente abschöpfen. Nach Auslaufen des Patents können andere Unternehmen generische Formen des Originalpräparats unter einem anderen Markennamen vertreiben. Diese Arzneimittel nutzen den gleichen chemisch definierten Wirkstoff wie das Originalpräparat (Hilfsstoffe können bisweilen unterschiedlich sein) und erzielen die gleiche medizinische Wirkung.

Vor der Zulassung müssen Generikahersteller nachweisen, dass eine Bioäquivalenz zum Originalpräparat vorliegt und dass das Generikum die Qualitäts- und Sicherheitskriterien erfüllt. Hingegen muss die Wirksamkeit des Arzneimittels nicht noch einmal nachgewiesen werden – die vorliegenden Studien des Erstanbieters reichen aus. Da Generika-Unternehmen zwar in die Entwicklung, nicht aber in Forschung investieren müssen, können sie ihre Produkte zu deutlich günstigeren Preisen anbieten. Hierin besteht der zentrale Unterschied zwischen den beiden Geschäftsmodellen.

Ökonomische Relevanz von Generika

Die erheblichen Preisvorteile von Generika haben aufgrund stetig steigender Ausgaben in der **g**esetzlichen **K**ranken**v**ersicherung (GKV)

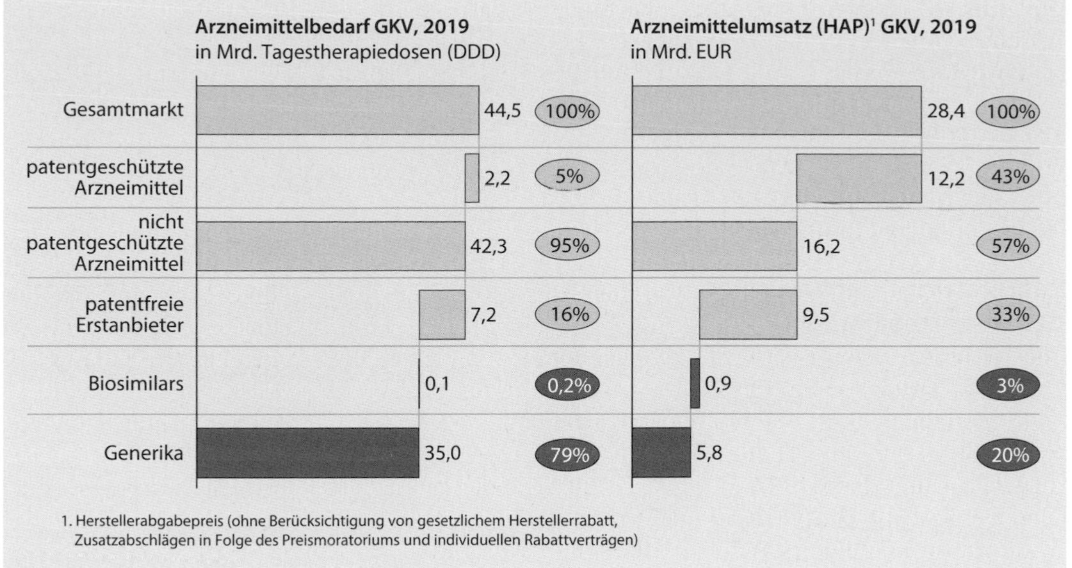

Abb. 3.25 Arzneimittelbedarf und -umsatz in der GKV, 2019. (Quelle: IGES-Berechnungen nach NVI [INSIGHT Health]; Angaben gemäß Pro Generika; McKinsey)

eine große ökonomische Bedeutung für das deutsche Gesundheitssystem. Dies beeinflusst auch den medizinischen Fortschritt und die Verbreitung von sogenannten Biosimilars (Äquivalent zu Generika für biopharmazeutisch hergestellte Arzneimittel). Im Gegensatz zu chemisch synthetisierten Arzneimitteln werden Biopharmazeutika oder Biologika in lebenden Organismen hergestellt. Ihre Produktion ist ungleich komplizierter, und die Präparate sind im Vergleich sehr teuer. Analog zu Generika können Biosimilars nach Auslaufen des Patents des Originalpräparats am Markt angeboten werden und sind mit diesem biologisch gleichwertig (similar, von lat. *similis* = ähnlich/gleich). Da sie nicht chemisch identisch sind, gelten für Biosimilars andere regulatorische Maßgaben.

Analysiert man den Arzneimittelbedarf der GKV im Jahr 2019 anhand der benötigten Tagestherapiedosen (**D**efined **D**aily **D**oses, DDD), zeigt sich, dass nur 5 % (2,2 Mrd. DDD) des 44,5 Mrd. DDD großen Gesamtmarktes auf patentgeschützte Arzneimittel entfallen (Abb. 3.25). Nicht (mehr) patentgeschützte Arzneimittel stellen mit 42,3 Mrd. Tagestherapiedosen fast 95 % der Arzneimittelversorgung. Dieses Segment lässt sich noch weiter unterteilen, denn selbstverständlich können auch Erstanbieter nach Ablauf des Patents ihre Präparate am Markt anbieten. Angesichts der neuen Konkurrenz durch Nachahmerprodukte müssen sie aber erhebliche Preisreduktionen in Kauf nehmen. Die patentfreien Originalpräparate machen mit 7,2 Mrd. Tagestherapiedosen ca. 16 % des Gesamtbedarfs und ca. 17 % des nicht patentgeschützten Marktes aus. Der verbleibende Bedarf verteilt sich auf Generika und Biosimilars. Während Biosimilars mit 0,1 Mrd. Tagestherapiedosen noch einen sehr kleinen Teil ausmachen, machen Generika mit 35 Mrd. Tagestherapiedosen und knapp 79 % des Gesamtbedarfs den Löwenanteil aus.

Wie ökonomisch relevant Generika und Biosimilars sind, wird jedoch erst deutlich bei Betrachtung des damit verbundenen Arzneimittelumsatzes auf Basis des Herstellerabgabepreises (d. h. des Listenpreises ohne Berücksichtigung gesetzlicher oder individueller Rabatte). Obwohl Generika und Biosimilars mehr als drei Viertel der Tagestherapiedosen am Markt ausmachen, stehen sie mit insgesamt ca. 6,7 Mrd. EUR für weniger als ein Viertel des GKV-Arzneimittelumsatzes. Patentgeschützte Arzneimittel hingegen machen 43 % (12,2 Mrd. EUR) des Gesamtarzneimittelumsatzes in Höhe von insgesamt 28,4 Mrd. EUR aus. Im Jahr 2019 betrug der Herstellerabgabepreis für eine Tagestherapiedosis patentgeschützter Arzneimittel im Durchschnitt 5,55 €, für Generika und Biosimilars nur 0,19 €.

Regulierungsmechanismen des Generikamarktes

Die verhältnismäßig geringen Kosten für Generika beruhen jedoch nicht nur auf vermiedenen Forschungs- und Entwicklungsausgaben, sondern maßgeblich auch auf regulatorischen Eingriffen des Gesetzgebers in den vergangenen zwei Dekaden: So schränkte das **A**rzneimittel**v**ersorgungs-**W**irtschaftlichkeits**g**esetz (AVWG 2006) die Vergabe von Rabatten an Apotheker ein, was die Bedeutung der Apotheken im Generika-Kundenmanagement spürbar schmälerte. Zudem wurden mit dem GKV-**W**ettbewerbs**s**tärkungs**g**esetz (GKV-WSG 2007) Rabattregelungen zugunsten der GKV ausgeweitet und die Substitution von Originalprodukten durch GKV-rabattierte Generika in den Apotheken gestärkt.

Vor allem Rabattverträge, die Krankenkassen im Rahmen öffentlicher Ausschreibungen für definierte Moleküle schließen, sorgen für einen starken Preisdruck und Wettbewerb zwischen Generikaherstellern. Die exakte Höhe der Individualrabatte ist nicht bekannt; Schätzungen lassen jedoch vermuten, dass der Netto-Generikamarkt, verglichen mit den ausgewiesenen Listenpreisen, um ca. 25–30 % geringer ausfällt. Zudem entfallen mittlerweile fast 45 % des Generikaumsatzes auf Rabattverträge.

Nutzen und Bedeutung der Rabattverträge für die GKV hinsichtlich der Arzneimittelausgaben sind offensichtlich. Entsprechend überrascht es nicht, dass der Gesetzgeber diese Regelung auch für Biosimilars anvisiert. Mit dem **G**esetz für mehr **S**icherheit in der **A**rzneimittel**v**ersorgung (GSAV 2019) wird u. a. ab 2022 eine Substitutionspflicht auf Apothekenebene für vom G-BA freigegebene Biosimilars eingeführt.

Die regulatorischen Entwicklungen führten auch dazu, dass das Kundenmanagement zwischen forschenden Pharma- und Generika-

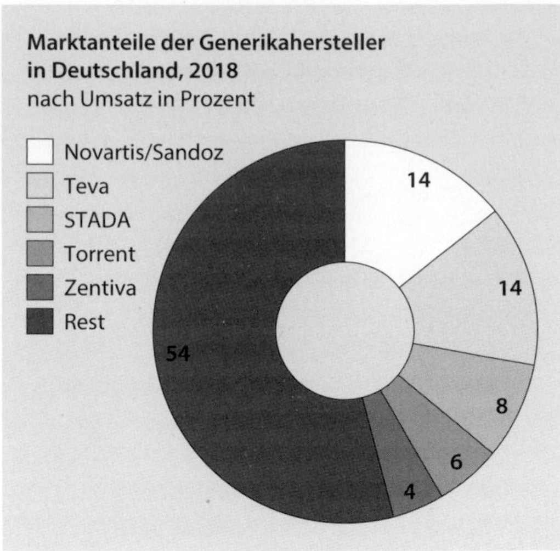

Abb. 3.26 Deutscher Generikamarkt von starkem Wettbewerb gekennzeichnet. (Quelle: INSIGHT Health; Angaben gemäß Statista; McKinsey)

Unternehmen stark divergiert: Anbieter von Originalpräparaten versuchen, mithilfe einer überzeugenden Datenbasis Evidenz hinsichtlich des Patientennutzens zu generieren und diese erfolgreich zu kommunizieren. Kooperationen mit KOLs (**K**ey **O**pinion **L**eaders), Präsenz bei wissenschaftlichen Konferenzen und Weiterbildungen sowie Außendienstaktivitäten bei Ärzten verhelfen ihrem Präparat dabei zum Markterfolg. Für Generikahersteller hingegen sind die Mittel der Wahl vor allem eine verbesserte Teilnahme an Rabattvertragsausschreibungen sowie der Wettbewerb über den Preis.

Der im internationalen Vergleich besonders stark regulierte Generikamarkt in Deutschland zeichnet sich aus durch einen intensiven Wettbewerb vieler Marktteilnehmer (Abb. 3.26). Die am Umsatz gemessen fünf größten Anbieter vereinen weniger als die Hälfte des Marktes auf sich (ca. 46 %). Zu dieser Spitzengruppe zählen die Sandoz-Gruppe als Teil des Mutterkonzerns Novartis (u. a. mit den Marken Hexal und 1A Pharma), Teva (u. a. mit den Marken ratiopharm und AbZ-Pharma), STADA (das einzige deutsche Unternehmen unter den Top 5, u. a. mit den Marken STADA und ALIUD), Torrent (u. a. mit der Marke Heumann) sowie Zentiva. Diesen folgen 10–20 mittelgroße sowie eine Viel-

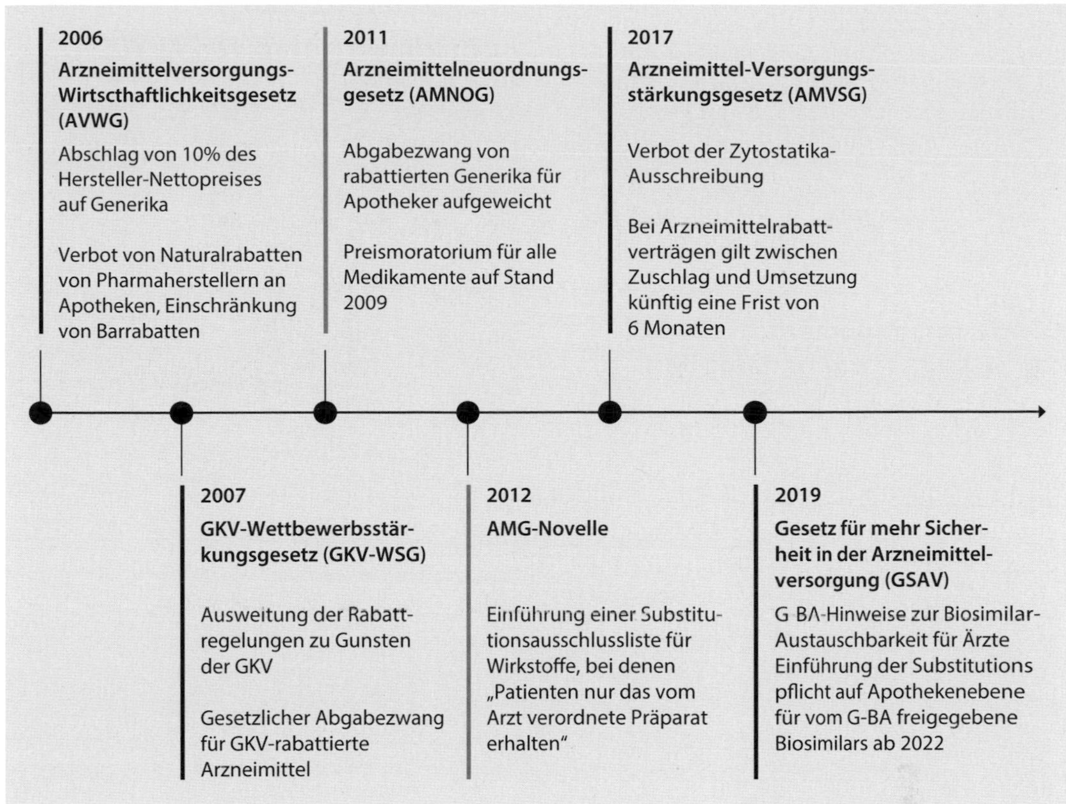

Abb. 3.27 Zahlreiche, zum Teil gravierende Eingriffe des Gesetzgebers – kontinuierliche Anpassungen der Generikahersteller erforderlich

zahl kleinerer, spezialisierter Hersteller. Die relevanten Archetypen der Generika-Unternehmen sind deutlich zu erkennen: zum einen große Spieler mit umfassendem Sortiment und Portfolio, die aufgrund ihrer schieren Größe und resultierender Skaleneffekte Rabattvertragsausschreibungen gewinnen können; zum anderen kleinere Pharma- und Generika-Unternehmen, die sich auf bestimmte Kanäle, therapeutische Anwendungsgebiete oder Technologien spezialisiert haben und sich dem reinen Preiskampf entziehen bzw. einen Wettbewerbsvorteil erzielen können.

Kundenmanagement bei anhaltenden regulativen Eingriffen und Marktdiskontinuitäten

Gemessen am Umsatz, ist der deutsche Generikamarkt der größte in Europa und somit insbesondere für international tätige Unternehmen von Bedeutung. Zugleich gilt hier eine Vielzahl an Gesetzen und Regelungen, die aus Herstellersicht den differenzierten Einsatz eines breiten Spektrums an Instrumenten zur Marktbearbeitung erfordern. Die angesprochenen regulatorischen Anpassungen und veränderten gesetzlichen Rahmenbedingungen haben dabei auch erhebliche Konsequenzen für das Kundenmanagement. Ursache dafür ist die Verschiebung der Rolle und Relevanz der einzelnen Marktteilnehmer, ausgelöst durch Gesetze wie das AVWG (2006) und das GKV-WSG (2007). Eine Gegenüberstellung der Vermarktungsansätze von Generikaherstellern vor und nach Inkrafttreten der beiden Gesetze veranschaulicht diesen Wandel (Abb. 3.27).

Bezüglich der Entscheidungsträger schmälerte das AVWG die Bedeutung der Apotheker. Im Gegenzug erfuhren die Krankenkassen

3

durch das GKV-WSG eine massive Aufwertung, denn sie wurden zum neuen Zielkunden für die Marktbearbeitung der Hersteller. Auf der Prozessebene gewannen der Aufbau von Vertrags- und Verhandlungskompetenzen, Analytics-Expertise sowie Key-Account-Management im Umgang mit den Entscheidungsträgern auf Kassenseite im Rahmen der Rabattverträge an Bedeutung.

Kundenmanagement bis 2006 – klassisches Vorgehensmodell

Bis 2006 hatten insbesondere Ärzte und Apotheker einen großen Einfluss darauf, wie sich der Absatz von Generika entwickelte; die Marktdynamiken im Generikamarkt waren sehr nahe am »klassischen« Pharmamarkt. Entsprechend setzten Generika-Unternehmen ihre Marketing- und Vertriebsinstrumente vor allem bei diesen beiden Gruppen ein. Nicht im Fokus standen dagegen Entscheidungsträger wie Krankenkassen, Großhandel oder Patienten.

Grund dafür war vor allem die in Deutschland gängige Verordnungspraxis: Ärzte verschrieben meist das Präparat eines bestimmten Herstellers, ohne den Wirkstoffnamen anzugeben. Die bedeutendsten Erfolgsfaktoren für den Kontakt zu Ärzten waren ein engagierter Außendienst, der regelmäßig Praxen besuchte und sich um die Loyalität der Ärzte bemühte, in Kombination mit einer Verordnungssoftware, die Ärzten anwenderfreundlich erschien. Die von Generika-Unternehmen gesponserten Softwarepakete präferierten dabei die eigenen Produkte; dieses Vorgehen ist mittlerweile jedoch rechtlich nicht mehr zulässig.

Zudem versuchten Generika-Unternehmen recht erfolgreich, bei wirkstoffgleicher Verordnung des Arztes (in diesem Fall wählte der Apotheker das Präparat für den Kunden aus) Apotheker durch sogenannte Naturalrabatte zur bevorzugten Abgabe der eigenen Produkte zu bewegen: Bei Erwerb einer bestimmten Anzahl von Medikamentenpackungen erhielten Apotheker zusätzliche Gratispackungen, die bei Abgabe von den Kassen erstattet wurden. Auf diese Weise profitierten Apotheker erheblich von der Konkurrenz unter Generikaherstellern.

Kundenmanagement nach Inkrafttreten von AVWG und GKV-WSG

Das AVWG und das GKV-WSG bewirkten tiefgreifende Veränderungen im Kundenmanagement. Die gesetzlichen Krankenkassen wurden zum einflussreichsten Akteur bei der Auswahl des Generikaherstellers. Die größte Veränderung ging von der Durchsetzung der GKV-Rabattverträge aus. Nahezu alle Krankenkassen veröffentlichen mittlerweile Ausschreibungen auf Wirkstoffebene. Laut Gesetz müssen die Apotheken das jeweils rabattierte Arzneimittel abgeben. Für Generikahersteller wird dadurch das Abschließen von Rabattverträgen de facto alternativlos, denn das Absatzvolumen, das ein großer Rabattvertrag beschert, sichert eine gute Marktposition, stabile Erlöse sowie eine verlässliche Auslastung von Produktionsstätten und globalen Supply Chains. 2019 wurden etwa 45 % im generikafähigen Markt (nach Umsatz) im Rahmen und zu Konditionen von GKV-Rabattverträgen abgegeben.

Die durch Rabattverträge veränderten Marktbedingungen nährten Befürchtungen, dass das Geschäftsmodell der Generikahersteller nicht mehr nachhaltig tragfähig sein würde, wenn 100 % der verordneten Menge unter Rabattvertragskonditionen abgegeben würden. Die Sorge war jedoch unbegründet: Seit 2009 werden, gemessen am Umsatz, relativ stabil rund 55 % der Generika nicht zu den Konditionen von Rabattverträgen abgegeben. So wurden zwar einerseits riesige Ersparnisse für das GKV-System realisiert, andererseits blieb aber durch den »Spillover-Effekt« der Markt für Hersteller weiterhin attraktiv und tragfähig.

Ungefähr 15 % des Umsatzes entfallen auf Produkte, die z. B. wegen eines geringen Umsatzvolumens keinen Rabattverträgen unterliegen, weitere rund 5 % auf Produkte, deren besondere Darreichungsformen (z. B. Tabletten mit Spezialbeschichtungen) entweder nicht im Rabattvertrag enthalten sind oder die die Apotheke wegen Lieferschwierigkeiten nicht vorrätig hat. Noch einmal ca. 10 % des Generikamarktes entfallen auf Produkte, die per Aut-idem-Regelung von Rabattverträgen ausgenommen werden; schließt der Arzt auf seinem Rezept eine Substitution in der Apotheke nach Rabattvertrag aus (»Aut-idem-Kreuz«), ist die Abgabe des verordneten Medikaments (Markenname) rechtlich verpflichtend.

Einen Marktanteil von ca. 10 % am Generikamarkt haben verschreibungspflichtige, aber nicht von den GKVen erstattete Produkte, überwiegend »Lifestyle-Produkte«. Nach § 34 Abs. 1 Satz 7 SGB V dürfen Arzneimittel, deren Anwendung vornehmlich eine Erhöhung der Lebensqualität zum Ziel hat, nicht auf Kosten der GKV verordnet werden. Dies gilt insbesondere für Arzneimittel, die z. B. zur Gewichtsreduktion oder Zügelung des Appetits, zur Regulierung des Körpergewichts oder der Behandlung der erektilen Dysfunktion und der Steigerung der sexuellen Potenz dienen. Hierbei handelt es sich um Arzneimittel, die vor allem aufgrund der privaten Lebensführung eingenommen werden, weshalb Verbraucher die Finanzierung selbst übernehmen müssen.

Weitere ca. 5 % des Generikamarktes entfallen auf Produkte, deren Substitution ausgeschlossen ist. Die sogenannte Substitutionsausschlussliste des G-BA legt fest, für welche Wirkstoffe in der jeweils betroffenen Darreichungsform grundsätzlich ein Substitutionsverbot (und damit auch keine Austauschpflicht durch Rabattverträge) besteht. Dies gilt vor allem für Wirkstoffe mit geringer therapeutischer Breite, bei denen bereits eine geringfügige Änderung der Dosis oder Konzentration des Wirkstoffes klinisch relevante Wirkungsveränderungen nach sich zieht.

Schließlich stemmt die **p**rivate **K**ranken**v**ersicherung (PKV) rund 10 % des Gesamtmarktes. Zwar gelten Mechanismen wie die Substitutionspflicht nicht für die PKVen, dennoch schließen sie zunehmend Kooperationsverträge mit Pharmaunternehmen ab und halten Ärzte sowie Pharmazeuten an, statt Originalpräparaten Generika zu verordnen bzw. abzugeben.

Angesichts des heterogenen Marktes halten zahlreiche Unternehmen im Generikamarkt nach wie vor am Arztaußendienst als unverzichtbares Mittel zur erfolgreichen Marktbearbeitung fest – insbesondere in Nischenbereichen und »specialty areas« wie der Neurologie oder bei »*value-added products*« (auch Ausblick). Lediglich einige größere Standardanbieter haben ihren Arztaußendienst substanziell reduziert. Wesentliche Leistungen des Arztaußendienstes werden aufrechterhalten, etwa die Bemusterung mit Produkten und Broschüren sowie der Informations- und Gedankenaustausch über Produkt- und Marktentwicklungen.

Krankenkassen als Zielkunden

Das GKV-WSG erlaubt es also den Krankenkassen, im Rahmen sogenannter Arzneimittel-Rabattverträge Arzneimittel für ihre Versicherten einzukaufen und dabei preismindernde Rabatte auszuhandeln. Größere Kassen sind dabei tendenziell im Vorteil, da sie höhere Nachfragevolumina ausschreiben können. Um mit ähnlicher Marktmacht agieren zu können, schließen sich kleinere Kassen meist über Servicegesellschaften wie spectrumK zusammen. Durch die Rabattverträge sind Apotheken verpflichtet, die rabattierten Produkte an die Versicherten der jeweiligen Kassen abzugeben.

Besonders bei hochvolumigen Arzneimitteln haben Krankenkassen ein großes interesse, Rabattverträge auszuschreiben, um in kurzer Zeit eine möglichst hohe Marktdurchdringung der Generika zu erreichen. Dies lässt sich am Beispiel des Wirkstoffs Quetiapin verdeutlichen. Es handelt sich hierbei um ein atypisches Neuroleptikum, das bei Erkrankungen wie Schizophrenie eingesetzt wird. Bis April 2012 hatte das forschende Pharmaunternehmen AstraZeneca das Patent auf das Produkt mit dem Markennamen Seroquel (◘ Abb. 3.28). Innerhalb von nur 20 Monaten nach Patentablauf stieg der Marktanteil der Nachahmerpräparate auf über 70 %. Gleichzeitig sanken die durchschnittlichen Nettokosten pro Tagestherapiedosis um mehr als 40 % (individuelle Rabattverträge noch nicht eingeschlossen).

Für ein reibungsloses Prozedere teilen die Krankenkassen ihre rabattierten Produkte unter Angabe von Hersteller- und **P**harma**z**entral**n**ummer (PZN) einer zentralen Stelle mit. Anhand dieser Daten erhalten die Apotheken Einträge in ihre Software, die direkt

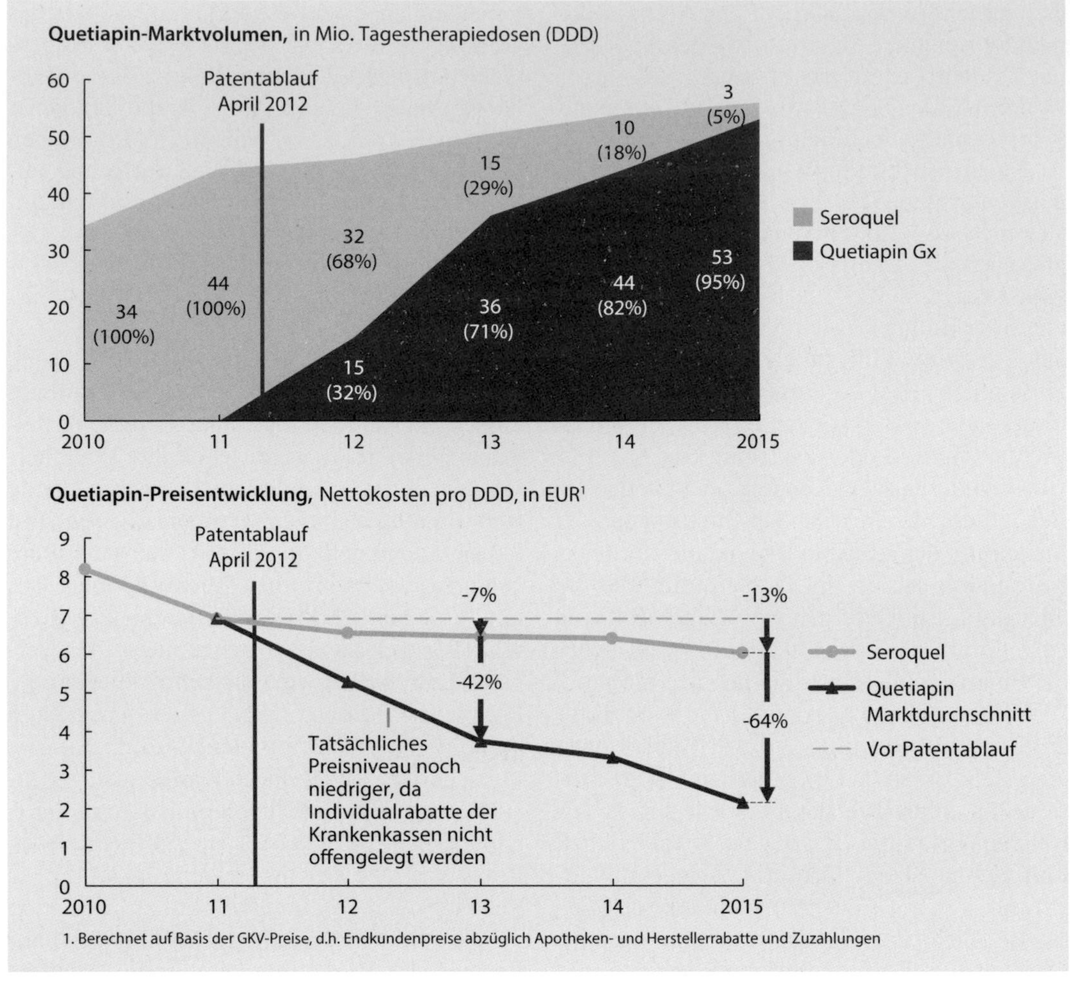

Abb. 3.28 Beispiel Quetiapin – wie schnell Generika nach Patentablauf den Markt durchdringen und Preise beeinflussen. (Quelle: Arzneiverordnungs-Reports; McKinsey)

und eindeutig über die zur Abgabe berechtigten, rabattierten Produkte informieren. Hersteller können daher sicher sein, dass sie bei der Medikamentenabgabe am Point of Sale bevorzugt werden, wenn sie mit den Kassen Rabattverträge abgeschlossen haben. Die nahezu ausschließlich vereinbarten Molekülverträge gewähren dem preisgünstigsten Hersteller (Modell des Liefermonopols) oder zumeist bis zu drei preisgünstigsten Anbietern (Modell des Lieferoligopols oder auch »3-Partner-Modell«) während der Vertragslaufzeit das Recht, die Versicherten exklusiv mit dem jeweiligen Wirkstoff zu versorgen.

Aus der Perspektive von Generikaherstellern ist es bei der Teilnahme an Generikaausschreibungen von immenser strategischer Bedeutung, sich mit den richtigen Präparaten an den richtigen Tendern zu beteiligen. Angesichts der teils hohen Rabatte ist davon auszugehen, dass eine Packung unter Rabattvertragskonditionen quasi zum Selbstkostenpreis veräußert wird. Im Umkehrschluss bedeutet dies, dass der Generikahersteller nur an den nicht rabattierten Packungen etwas verdient. Es gilt also, im Vorhinein analytisch abzuleiten, an welchen Ausschreibungen ein Hersteller teilnehmen kann, um die eigenen Produktionskapazitäten nicht zu überfordern (bei

Nichterfüllung des Vertrags können Vertragsstrafen fällig werden) und gleichzeitig eine gute Rabattvertragsabdeckung zu erreichen.

Demnach scheint es nicht sinnvoll, wahllos Rabattverträge mit möglichst vielen GKVen zu schließen. Ziel muss es vielmehr sein, beim abgedeckten Marktanteil eine kritische Masse zu überschreiten, um sprichwörtlich in allen Apotheken bundesweit auf Lager zu sein. Ein Beispiel:

▶ Beispiel

Hersteller A produziert das Präparat »A-Amlodipin« und hat Rabattverträge mit verschiedenen überregionalen Kassen aus dem Lager der Ersatzkassen. Mit der kleineren Betriebskrankenkasse B besteht kein Rabattvertrag. Kommt nun ein Versicherter von B mit einem Rezept für Amlodipin in die Apotheke, kann es sein, dass diese keines der potenziell rabattierten Arzneimittel vorrätig hat. Da A aber bereits mit mehreren größeren Kassen Verträge geschlossen hat, ist »A-Amlodipin« in der Apotheke lagernd. Wenn nun etwa das Warten auf die Lieferung des Rabattpartners von B medizinisch nicht vertretbar ist oder das Präparat aktuell gar nicht lieferfähig ist, kann »A-Amlodipin« vom Apotheker zum unrabattierten Preis abgegeben werden. Gleiches gilt für Privatversicherte, die mit einer wirkstoffgleichen Verordnung die Apotheke aufsuchen – auch in diesem Fall kann A hoffen, dass sein Produkt zum Listenpreis abgegeben wird. Aus Sicht von A ist dieser »Spillover-Effekt« erwünscht und erhöht Umsatz und Gewinn. ◀

Das Beispiel unterstreicht, dass analytische Fähigkeiten zu den Kernkompetenzen für ein erfolgreiches Bestehen im hochkompetitiven Generikamarkt zählen. Dies zeigt sich auch an anderen Stellen. So ist es von immenser Bedeutung, den Markt regelmäßig und zielgerichtet zu beobachten und sicher vorherzusagen, wann ein Patent ausläuft. In vielen Märkten außerhalb Deutschlands oder Europas gibt es zudem eklatante Vorteile für Präparate, die »first to market« eingeführt werden. Daraus ergeben sich für die Generikahersteller zahlreiche Fragen, z. B.:

- Wie viele andere Anbieter werden nach dem Auslaufen eines Patents ein Generikum auf den Markt bringen?
- Wann müssen wir mit der Entwicklung beginnen, um frühzeitig launchen zu können?
- Ist der Markt für dieses Präparat attraktiv?

All diese Fragen müssen mithilfe gezielter Datenanalysen beantwortet werden.

Neben den herkömmlichen Generika-Rabattverträgen, die über blinde Ausschreibungen in der Regel viermal pro Jahr für einen Zeitraum von 1–2 Jahren vergeben werden, existieren sogenannte »Open-House-Verträge«. Dabei legt die Krankenkasse die Konditionen des Rabattvertrags im Vorfeld fest, schreibt diesen aber nicht aus, sondern öffnet ihn für alle Marktteilnehmer. Diesen steht es dann frei, dem Vertrag beizutreten (daher »Open House«). Da die Hersteller in diesem Szenario nicht im Wettbewerb stehen, muss keine Ausschreibung erfolgen. Für alle Rabattverträge gilt jedoch: Werden ohne triftigen Grund (s. o.) abweichend von den bestehenden Verträgen Medikamente abgegeben bzw. verordnet, drohen dem beteiligten Apotheker Retaxierungen und dem verordnenden Arzt möglicherweise sogar Regressforderungen.

Die Einführung von Arzneimittel-Rabattverträgen stellte für die Generikahersteller eine echte Zäsur dar: Zum einen sehen sie sich nun gezwungen, kontinuierlich die Herstellungskosten zu senken, um auch in einem härteren Preiskampf wettbewerbsfähig und profitabel zu bleiben; zum anderen benötigen sie tragfähige Beziehungen zu den Entscheidungsträgern bei den Krankenkassen. Um diese aufzubauen, müssen sie ein umfassendes und tiefes Verständnis von Geschäftsstrategien, Entscheiderverhalten und Entscheidungsfindungsprozessen der Verantwortlichen bei den Kassen entwickeln. Dies erfordert Kernkompetenzen für Vertragsmanagement, Vertragscontrolling sowie Rabatt- und Konditionsgestaltung. Nur mit diesen Fähigkeiten werden sich künftig maßgeschneiderte Angebote für Teilportfolio- oder Molekülausschreibungen erstellen lassen und Vertragsabschlüsse im zunehmend härteren Bieterwettbewerb möglich sein.

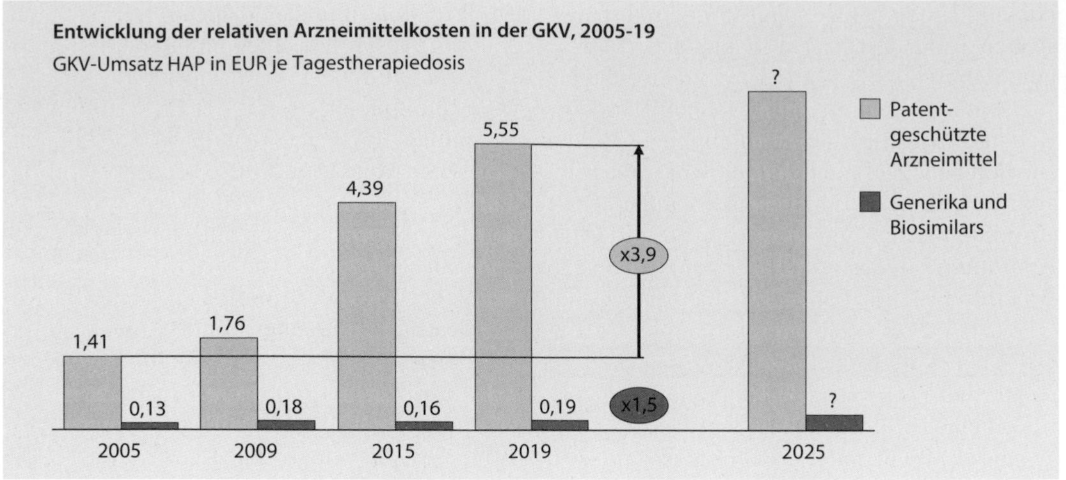

Abb. 3.29 Relative Entwicklung der Kosten je Tagestherapiedosis für patentgeschützte und generische Arzneimittel. (Quelle: IGES-Berechnungen nach NVI [INSIGHT Health]; Angaben gemäß Pro Generika; McKinsey)

Ausblick

Ein Blick auf die zurückliegenden Jahre zeigt, dass die bundesdeutschen Gesundheitsausgaben kontinuierlich gestiegen sind. Zudem wurden Reformen und Gesetzesänderungen auf den Weg gebracht, die den Kostendruck im Gesundheitssystem weiter verstärken dürften. Für die kommenden Jahre ist in Anbetracht steigender Gesundheitsausgaben von einem andauernden Preis- und Kostensenkungsdruck im gesamten deutschen Arzneimittelmarkt auszugehen. Das Auslaufen des Patentschutzes für diverse Blockbuster sowie die wachsenden Versorgungsbedürfnisse einer alternden Bevölkerung mit immer mehr Kranken bereiten den Boden für ein weiteres Vordringen der Generika – zu Lasten der Originalpräparate. Es bleibt abzuwarten, ob sich die relativen Kosten zwischen Originalpräparaten und Generika auch in Zukunft stark auseinanderentwickeln werden (Abb. 3.29).

In dieser Situation dürfte die Entwicklung und Vermarktung schwer herzustellender, aber ertragsstarker Spezialprodukte wie Biosimilars ein mögliches Standbein sein für innovative Generikaanbieter mit hoher Produkt- bzw. Prozessexpertise. Allerdings müssen auf diesem Gebiet erhebliche Herausforderungen gemeistert werden: Selbst wenn die generische Entwicklung und Produktion solcher Arzneimittel gelingt, sind hohe Zulassungshürden zu überwinden, weil der Nachweis der Bioäquivalenz häufig nicht ausreicht. Aktuell funktioniert der Markt für Biologika bzw. Biosimilars analog zum »alten Generikamarkt«: Dem Arzt als Entscheider und dem Apotheker als Mediator kommt wieder die klassische Bedeutung zu. Generikahersteller mit Biosimilar-Kompetenzen haben sich auf dieses hybride Modell eingestellt. Angesichts der Historie des Generikamarktes und der neueren Beschlüsse aus den vergangenen Jahren (GSAV 2019) dürfte es allerdings nur eine Frage der Zeit sein, bis auch Biosimilars regulatorisch in der Apotheke substituierbar werden.

Eine weitere lukrative Nische stellen »*value-added products*« wie Drug-Device-Kombinationen dar. Hierbei geht es nicht in erster Linie um den enthaltenen Wirkstoff, sondern um die Apparatur zu dessen Verabreichung. Hat sich ein Patient an die Handhabung gewöhnt oder bietet ein Device spezifische Vorteile gegenüber denen anderer Marktteilnehmer, wird der Arzt incentiviert, eine »Nec-aut-idem«-Verordnung auszustellen. Der speziell designte Applikator (z. B. besonders leicht zu bedienen, besonders schnelle Applikation oder besonders zuverlässiger Mechanismus) wird in diesen Fällen exklusiv für den Originator oder einen spezifischen Generikahersteller gefertigt und besitzt einen eigenen Patentschutz. Andere Anbieter können ihre generische Konkurrenz nur mit einem anderen Device bzw. Applikator auf den Markt bringen. Bekannte Beispiele sind verschiedene Inhalatoren in der Asthmatherapie oder Injektoren für Diabetiker. Die Zukunft wird zeigen, inwiefern sich auch in diesem Submarkt die Preisspirale nach unten schrauben lässt.

Was kommt nach Generika und Biosimilars? Welche weiteren Mittel und Wege zur Differenzierung lassen sich im Arzneimittelmarkt finden? Wie werden in der nahen Zukunft Themen wie »personalisierte Therapien« oder »Gentherapie« gehandhabt, sobald diese quasi »generisch« geworden sind? Es bleibt ein spannendes Thema, wie es dann im Generikageschäft mit der traditionellen Betreuung von Verordnern weitergeht. Die Fähigkeit zum Wandel und zur raschen Anpassung an sich verändernde Marktverhältnisse – besonders unter widrigen Umständen – wird aller Voraussicht nach auch künftig der Haupterfolgsfaktor von Generikaherstellern sein.

Literatur

Literatur zu Abschnitt 3.1

Bruhn M (2016) Relationship Marketing: Das Management von Kundenbeziehungen, 5. Aufl. Vahlen, München

Bruhn M, Stauss B (Hrsg) (2012) Dienstleistungsqualität, 3. Aufl. Gabler, Wiesbaden

Kleinaltenkamp M (2016) Dienstleistungsmanagement und Service-dominantLogic. In: Corsten H, Roth S (Hrsg) Handbuch Dienstleistungsmanagement. Vahlen, München, S 45–62

Meffert H, Bruhn M, Hadwich C (2018) Dienstleistungsmarketing, 9. Aufl. Spinger-Gabler, Wiesbaden

O'Connor SJ, Prasad KV (2000) Marketing strategies and relationships. In: Blair JD, Fottler MD, Savage GT (Hrsg) Advances in health care management. Elsevier, New York, S 67–108

Schöffski O, Graf vd Schulenburg M (2011) Gesundheitsökonomische Evaluationen, 4. Aufl. Springer, Berlin Heidelberg

Literatur zu Abschnitt 3.2

Allianz Hilft Twitter Kanal (2020) https://twitter.com/allianzhilft?lang=de. Zugegriffen: 24. Nov. 2020

Alt R, Reinhold O (2016) Social Customer Relationship Management. Grundlagen, Anwendungen und Technologien. Springer Gabler, Wiesbaden

Becker A, Weber-Vossen C, Kinder C (2021) Was gesetzlich Versicherte langfristig begeistert. Bain & Company, München Zürich

Bruhn M (2016) Kundenorientierung. Bausteine für ein exzellentes Customer Relationship Management (CRM), 5. Aufl. dtv, München

Bundesamt für Soziale Sicherung (BAS) (2021) Der Schätzerkreis beim Bundesamt für Soziale Sicherung. https://www.bundesamtsozialesicherung.de/de/themen/risikostrukturausgleich/schaetzerkreis/. Zugegriffen: 1. März 2021

Bundesgesetzblatt (BGBl) (2015) Gesetz zur Stärkung der Gesundheitsförderung und der Prävention (Präventionsgesetz – PrävG) vom 17.07.2015, Bundesgesetzblatt Jahrgang 2015 Teil I Nr. 31 ausgegeben zu Bonn am 24.07.2015, S. 1368–1379

Bundesgesetzblatt (BGBl) (2018) Gesetz zur Beitragsentlastung der Versicherten in der gesetzlichen Krankenversicherung (GKV-Versichertenentlastungsgesetz – GKV-VEG) vom 11.12.2018, Bundesgesetzblatt Jahrgang 2018 Teil I Nr. 45 ausgegeben zu Bonn am 14.12.2018, S. 2387–2393

Bundesgesetzblatt (BGBl) (2019) Gesetz für schnellere Termine und bessere Versorgug (Terminservice- und Versorgungsgesetz – TSVG) vom 06.05.2019, Bundesgesetzblatt Jahrgang 2019 Teil I Nr. 18 ausgegeben zu Bonn am 10.05.2019, S. 646–691

Bundesgesetzblatt (BGBl) (2019) Gesetz für eine bessere Versorgung durch Digitalisierung und Innovation (Digitale-Versorgung-Gesetz – DVG) vom 09.12.2019, Bundesgesetzblatt Jahrgang 2019 Teil I Nr. 49 ausgegeben zu Bonn am 18.12.2019, S. 2562–2584

Bundesgesetzblatt (BGBl) (2020) Gesetz für einen fairen Kassenwettbewerb in der gesetzlichen Krankenversicherung (Fairar-Kassenwettbewerb-Gesetz – GKV-FKG) vom 22.03.2020, Bundesgesetzblatt Jahrgang 2020 Teil I Nr. 15 ausgegeben zu Bonn am 31.03.2020, S. 604–639

Bundesgesetzblatt (BGBl) (2020) Gesetz zur Verbesserung der Gesundheitsversorgung und Pflege (Gesundheitsversorgungs- und Pflegeverbesserungsgesetz – GPVG) vom 22.12.2020, Bundesgesetzblatt Jahrgang 2020 Teil I Nr. 66 ausgegeben zu Bonn am 29.12.2020, S. 3299–3310

Bundesverband Managed Care (2020) BMC-Innovationspanel. Chartbook 2020. Bundesverband Managed Care, Berlin

Carlsen O, Dietsch T, Wollenberg S (2019) Die sechs Stufen zur Digitalisierung des Kundendialogs im Versicherungswesen. In: Reich M, Zerres C (Hrsg) Handbuch Versicherungsmarketing, 2. Aufl. Springer, Berlin, S 389–400

Dienst für Gesellschaftspolitik (DfG) (2021) dfg-GKV-Ranking – Liste der deutschen Krankenkassen nach Mitgliederzahlen zum Stichtag 1. Januar 2021. In: BzG Nr. 06/2021

Drösler S, Garbe E, Hasford J, Schubert I, Ulrich V, van den Ven W, Wambach A, Wasem J, Wille E (2017) Sondergutachten zu den Wirkungen des morbidi-

3

tätsorientierten Risikostrkturausgleichs (27.11.2017 Bonn)

Eibich T, Schmitz C, Ziebarth N (2011) Zusatzbeiträge erhöhen die Preistransparenz – Mehr Versicherte wechseln die Krankenkasse. DIW Wochenbericht 51/52: 3-12

Esch F-R, Herrmann A, Sattler H (2017) Marketing. Eine managementorientierte Einführung, 5. Aufl. Vahlen, München

Giering A (2000) Der Zusammenhang zwischen Kundenzufriedenheit und Kundenloyalität. Eine Untersuchung moderierender Effekte. Deutscher Universitätsverlag, Wiesbaden

GKV-Spitzenverband (2016) Zusatzbeitrag 01.01.2009 bis 31.12.2014. https://www.gkv-spitzenverband.de/ krankenversicherung/kv_grundprinzipien/finanzierung/zusatzbeitrag/zusatzbeitrag_seit_2009.jsp. Zugegriffen: 28. Sept. 2016

GKV-Spitzenverband (GKV-SV) (2021a) Betriebliche Gesundheitsförderung. https://www.gkv-spitzenverband.de/krankenver sicherung/praevention_selbsthilfe_beratung/praevention_und_bgf/bgf/BGF_s.jsp. Zugegriffen: 26. Febr. 2021

GKV-Spitzenverband (GKV-SV) (2021b) Krankenkassenliste. https://www.gkv-spitzenverband.de/krankenkassenliste.pdf. Zugegriffen: 1. März 2021

GKV-Spitzenverband (GKV-SV) (2021c) Zusatzbeitragssatz. https://www.gkv-spitzenverband.de/krankenversicherung/ kv_grundprinzipien/finanzierung/zusatzbeitragssatz/zusatzbeitragssatz.jsp. Zugegriffen: 1. März 2021

GKV-Spitzenverband (GKV-SV) (2021d) Daten zum Gesundheitswesen: Versicherte. https://www.vdek.com/presse/daten/b_versicherte.html. Zugegriffen: 1. März 2021

Gothaer Konzern (2016) Aktuelles strategisches Thema 2016: Digitalisierung im Fokus. http://www.gothaer.de/media/ueber_uns_1/presse_neu/mediathek_1/publikationen/geschaeftsberichte_1/2015/imagebroschuere_2016.pdf. Zugegriffen: 7. Sept. 2016

Greve G (2011) Social CRM – Zielgruppenorientiertes Kundenmanagement mit Social Media. In: Bauer C, Greve G, Hopf G (Hrsg) Online Targeting und Controlling: Grundlagen – Anwendungsfelder – Praxisbeispiele. Springer Gabler, Wiesbaden

Homburg C (2020) Marketingmanagement. Strategie, Instrumente, Umsetzung, Unternehmensführung, 7. Aufl. Springer Gabler, Wiesbaden

Homburg C, Bruhn M (2017) Kundenbindungsmanagement – Eine Einführung in die theoretischen und praktischen Problemstellungen. In: Bruhn M, Homburg C (Hrsg) Handbuch Kundenbindungsmanagement. Strategien und Instrumente für ein erfolgreiches CRM, 9. Aufl. Springer Gabler, Wiesbaden, S 3–37

Homburg C, Becker A, Hentschel F (2017) Der Zusammenhang zwischen Kundenzufriedenheit und Kundenbindung. In: Bruhn M, Homburg C (Hrsg) Handbuch Kundenbindungsmanagement. Strategien und Instrumente für ein erfolgreiches CRM, 9. Aufl. Springer Gabler, Wiesbaden, S 99–124

Malthouse EC, Haenlein M, Skiera B, Wege E, Zhang M (2013) Managing customer relationships in the social media era: introducing the social CRM house. J Interactive Mark 27:270–280

McKinsey (2019) Der GKV-Check-up. Trends und Perspektiven

McKinsey (2020) eHealth Monitor 2020. Deutschlands Weg in die digitale Gesundheitsversorgung – Status quo und Perspektiven

Meffert H, Bruhn M, Hadwich K (2018) Dienstleistungsmarketing, Grundlagen, Konzepte, Methoden, 9. Aufl. Springer Gabler, Wiesbaden

Monopolkommission (2017) Stand und Perspektiven des Wettbewerbs im deutschen Krankenversicherungssystem, Sondergutachten 75

O.V. (2016) Krankenkassen: Die Gewinner und Verlierer im Social Web, in: Healthcare Marketing Online. http://www.healthcaremarketing.eu/medien/detail.php?rubric=Medien&nr=43140. Zugegriffen: 16. Sept. 2016

Petersohn M (2020) Versicherungen und Krankenkassen mit der größten Social Media Reichweite im Januar 2020. https://www.as-im-aermel.de/versicherungen-und-krankenkassen-mit-der-groessten-social-media-reichweite-im-januar-2020/. Zugegriffen: 28. Nov. 2020

PwC (2011) Der Einsatz von Social Media in der Krankenversicherung. https://www.pwc.de/de/gesundheitswesen-und-pharma/assets/social-media-in-der-krankenversicherung.pdf. Zugegriffen: 28. Nov. 2020

Radić D, Radić M, Schindler C, Hupfer S, Pohl A-S, Schuldt N, Richter-Worch V (2018) Digitalisierung im Krankenversicherungsmarkt. Stand der Digitalisierung der gesetzlichen und privaten Krankenversicherung 2018. Fraunhofer Zentrum für internationales Management und Wissensökonomie IMW, Hrsg

Research Tools, VICO Research & Consulting GmbH (2020) Studiensteckbrief Studie Social Media-Performance Krankenkassen 2020. https://vico-research.com/2020/04/social-media-studie-performance-krankenkassen/. Zugegriffen: 28. Nov. 2020

Sachverständigenrat zur Begutachtung der Entwicklung im Gesundheitswesen (2012) Wettbewerb an der Schnittstelle zwischen ambulanter und stationärer Gesundheitsversorgung. Sachverständigenrat zur Begutachtung der Entwicklung im Gesundheitswesen, Bonn

Scheffold K (2008) Kundenbindung bei Krankenkassen. Eine marketingorientierte Analyse kassenindividueller Handlungsparameter bei selektivem Kontrahieren auf dem GKV-Versorgungsmarkt. Duncker & Humblot, Berlin

Schoeneberg K-P, Zerres C, Frass A, Igelbrink J (2016) Textmining – Markenführung mittels Social Media Analytics. In: Lang M (Hrsg) Business Intelligence erfolgreich umsetzten. Symposion Publishing, Düsseldorf, S 75–99

Statista (2019) Statista.Umfrage Volkskrankheiten 2019. https://de.statista.com/statistik/daten/studie/661796/umfrage/ umfrage-zu-geplanten-krankenkassenwechsel-in-deutschland-nach-alter/. Zugegriffen: 1. März 2021

Stock-Homburg R (2013) Kundenorientiertes Personalmanagement als Schlüssel zur Kundenbindung. In: Bruhn M, Homburg C (Hrsg) Handbuch Kundenbindungsmanagement. Strategien und Instrumente für ein erfolgreiches CRM, 8. Aufl. Springer Gabler, Wiesbaden, S 485–524

Töpfer A (2020) Strategische Positionierung und Kundenzufriedenheit: Anforderungen, Umsetzung, Praxisbeispiele. Springer Gabler, Wiesbaden

Trainor KJ, Andzulis J, Rapp A, Agnihotri R (2014) Social media technology usage and customer relationship performance: a capabilities-based examination of social CRM. J Bus Res 67(6):1201–1208

Zerres C (2018) Social-CRM. In: Zerres C (Hrsg) Marketing-Methodik, 2. Aufl. Bd. 2. Bookboon, London, S 51–57

Zerres C (2020) Social Media Marketing. In: Holland H (Hrsg) Digitales Dialogmarketing, 2. Aufl. Springer, Wiesbaden, S 1–18

Zerres C (Hrsg) (2021) Handbuch Marketing-Controlling, 5. Aufl. Springer, Wiesbaden

Zerres T, Zerres C (2018) Marketingrecht. Springer, Wiesbaden

Literatur zu Abschnitt 3.3

Abel T, Sommerhalder K (2015) Gesundheitskompetenz/Health Literacy : Das Konzept und seine Operationalisierung. Bundesgesundheitsblatt 58(9):923–929

Berry LL, Bendapudi N (2007) Health care: a fertile field for service research. J Serv Res 10(2):111–122

Blömeke E, Clement M (2009) Selektives Demarketing – Management von unprofitablen Kunden. Schmalenbachs Z betriebswirtsch Forsch 61(7):804–835

Brandstädter M, Camphausen M (2019) Klinikmarketing: Integrierter Marketing-Mix und patientenzentrierte Ansätze statt „Halbgötter in Weiß". In: Matusiewicz D, Stratmann F, Wimmer J, Meffert H (Hrsg) Marketing im Gesundheitswesen. Einführung – Bestandsaufnahme – Zukunftsperspektiven. Springer Gabler, Wiesbaden, S 179–191

Bruckenberger E, Klaue S, Schwintowski H-P (2006) Krankenhausmärkte zwischen Regulierung und Wettbewerb. Springer, Berlin Heidelberg

Bruhn M (2009) Das Konzept der kundenorientierten Unternehmensführung. In: Hinterhuber HH (Hrsg) Kundenorientierte Unternehmensführung. Kundenorientierung, Kundenzufriedenheit, Kundenbindung, 6. Aufl. Gabler, Wiesbaden, S 33–68

Bruhn M (2016) Relationship Marketing: Das Management von Kundenbeziehungen, 5. Aufl. Vahlen, München

Bruhn M (2018) Kommunikationspolitik: Systematischer Einsatz der Kommunikation für Unternehmen, 9. Aufl. Vahlen, München

Bruhn M, Boenigk S (2017) Kundenabwanderung als Herausforderung für das Kundenbindungsmanagement. In: Bruhn M, Homburg C (Hrsg) Handbuch Kundenbindungsmanagement: Strategien und Instrumente für ein erfolgreiches CRM, 9. Aufl. Springer Gabler, Wiesbaden, S 249–272

Bundesministerium für Gesundheit (2012) Gemeinsame Pressemitteilung – Patientenrechte werden greifbar. https://www.bundesgesundheitsministerium.de/fileadmin/Dateien/4_Pressemitteilungen/2012/2012_1/120116_PM_BMG_BMJ_Patientenrechte_werden_greifbar.pdf,Zugriff. Zugegriffen: 2. März 2020

Bundesverfassungsgericht (2003a) Beschluss der 2. Kammer des Ersten Senats vom 17. Juli 2003 – 1 BvR 2115/02 – Rn. (1–22). https://www.bundesverfassungsgericht.de/SharedDocs/Entscheidungen/DE/2003/07/rk20030717_1bvr211502.html. Zugegriffen: 2. März 2020

Bundesverfassungsgericht (2003b) Beschluss der 2. Kammer des Ersten Senats vom 26. September 2003 – 1 BvR 1608/02 – Rn. (1–28). http://www.bundesverfassungsgericht.de/SharedDocs/Entscheidungen/DE/2003/09/rk20030926_1bvr160802.html. Zugegriffen: 2. März 2020

Burghardt K (2016) Direkte Patientenakquisition – Das Management von Patientenbeziehungen als zukünftige Herausforderung im Klinikmanagement. In: Burghardt K (Hrsg) Einweiser- und Patientenbeziehungsmanagement im Krankenhaus. Die Option der direkten Patientenakquisition und -bindung. Springer, Wiesbaden, S 253–315

De Cruppé W, Geraedts M (2017) Hospital choice in Germany from the patient's perspective: a cross-sectional study. BMC Health Serv Res 17(1):720

Drevs F, Hinz V (2014) Who chooses, who uses, who rates: the impact of agency on electronic word-of-mouth about hospitals stays. Health Care Manage Rev 39(3):223–233

Emmert M, Meszmer N, Simon A, Sander U (2016) Internetportale für die Krankenhauswahl in Deutschland: Eine leistungsbereichsspezifische Betrachtung. Gesundheitswesen 78(11):721–734

Emmert M, Becker S, Meszmer N, Sander U (2020) Spiegeln Facebook-Bewertungen die Versorgungsqualität und Patientenzufriedenheit von Krankenhäusern wider? Eine Querschnittstudie am Beispiel der Geburtshilfe in Deutschland. Gesundheitswesen 82(6):541–547

Ernst J, Brähler E, Weißflog G (2014) Beteiligung von Patienten an medizinischen Entscheidungen – ein Überblick zu Patientenpräferenzen und Einflussfaktoren. Gesundheitswesen 76(4):187–192

Geraedts M, Cruppé W de (2011) Wahrnehmung und Nutzung von Qualitätsinformationen durch Patienten. In: Klauber J, Geraedts M, Friedrich J, Wasem J (Hrsg) Krankenhaus-Report 2011 Qualität durch Wettbewerb. Schattauer, Stuttgart, S 93–103

Gremler DD (2004) The critical incident technique in service research. J Serv Res 7(1):65–89

Helmig B, Thaler J (2010) Nonprofit Marketing. In: Taylor R (Hrsg) Third sector research. Springer, New York, S 151–170

3

Helmig B, Michalski S, Thaler J (2009) Besonderheiten und Managementimplikationen der Kundenintegration in Nonprofit-Organisationen. In: Bruhn M, Stauss B (Hrsg) Kundenintegration: Forum Dienstleistungsmanagement. Gabler, Wiesbaden, S 471–492

Helmig B, Hinz V, Ingerfurth S (2014) Extending Miles & Snow's strategy choice typology to the German hospital sector. Health Policy 118(3):363–376

Helmig B, Hinz V, Ingerfurth S (2015) Valuing organizational values: assessing the uniqueness of nonprofit values. Voluntas 26(6):2554–2580

Herrmann A, Huber F (2009) Der Zusammenhang zwischen Produktqualität, Kundenzufriedenheit und Unternehmenserfolg. In: Hinterhuber HH (Hrsg) Kundenorientierte Unternehmensführung. Kundenorientierung, Kundenzufriedenheit, Kundenbindung, 6. Aufl. Gabler, Wiesbaden, S 69–85

Hesse A, Schreyögg J (2007) Determinanten eines erfolgreichen Einweisermarketings für Krankenhäuser – eine explorative Analyse. Gesundh ökon Qual manag 12(5):310–314

Hinz V, Ingerfurth S (2013) Does ownership matter under challenging conditions?: On the relationship between organizational entrepreneurship and performance in the healthcare sector. Public Manag Rev 15(7):969–991

Hoffmann S, Alves E (2016) Dialogisches Internet für Krankenhäuser (Web 2.0). W. Kohlhammer, Stuttgart

Homburg C (2017) Marketingmanagement: Strategie – Instrumente – Umsetzung – Unternehmensführung, 6. Aufl. Springer Gabler, Wiesbaden

Homburg C, Becker A, Hentschel F (2017) Der Zusammenhang zwischen Kundenzufriedenheit und Kundenbindung. In: Bruhn M, Homburg C (Hrsg) Handbuch Kundenbindungsmanagement: Strategien und Instrumente für ein erfolgreiches CRM, 9. Aufl. Springer Gabler, Wiesbaden, S 99–124

Ingerfurth S (2007) Patienten- und Mitarbeiterbefragungen im Kontext der KTQ- und DIN EN ISO-Zertifizierung im Krankenhaus. In: Eichhorn P, Friedrich P (Hrsg) Betrifft Krankenhausmanagement: Mitarbeiterbindung, Qualitätssicherung, Prozessoptimierung und Risikosteuerung. BWV Berliner Wissenschafts-Verl, Berlin, S 137–280

Kaufmann T (2015) Geschäftsmodelle in Industrie 4.0 und dem Internet der Dinge: Der Weg vom Anspruch in die Wirklichkeit. Essentials. Springer Vieweg, Wiesbaden

Kieffer-Radwan S (2014) Management der Prozessproduktivität mit industriellen Dienstleistungen. In: Bornewasser M (Hrsg) Dienstleistungen im Gesundheitssektor. Produktivität, Arbeit und Management. Springer Gabler, Wiesbaden, S 395–413

Kim CE, Shin J-S, Lee J, Lee YJ, Kim M-R, Choi A, Park KB, Lee H-J, Ha I-H (2017) Quality of medical service, patient satisfaction and loyalty with a focus on interpersonal-based medical service encounters and treatment effectiveness: a cross-sectional multicenter study of complementary and alternative medicine (CAM) hospitals. BMC Complement Altern Med 17(1):174

Lindlbauer I, Schreyögg J, Winter V (2016) Changes in technical efficiency after quality management certification: a DEA approach using difference-in-difference estimation with genetic matching in the hospital industry. Eur J Oper Res 250(3):1026–1036

Lingenfelder M, Steymann G (2014) Die patientenorientierte Ausgestaltung des Service Value in Krankenhäusern. In: Bruhn M, Hadwich K (Hrsg) Service Value als Werttreiber: Konzepte, Messung und Steuerung. Springer Gabler, Wiesbaden, S 377–406

Link E, Baumann E (2020) Nutzung von Gesundheitsinformationen im Internet: personenbezogene und motivationale Einflussfaktoren. Bundesgesundheitsbl 63(6):681–689

Löber N (2011) Fehler und Fehlerkultur im Krankenhaus – eine theoretischkonzeptionelle Betrachtung. In: Fließ S (Hrsg) Beiträge zur Dienstleistungsmarketing-Forschung: Aktuelle Forschungsfragen und Forschungsergebnisse. Gabler, Wiesbaden, S 221–251

Lüthy A, Buchmann U (2009) Marketing als Strategie im Krankenhaus. Patienten- und Kundenorientierung erfolgreich umsetzen, 1. Aufl. Kohlhammer, Stuttgart

de Matos CA, Henrique JL, Vargas Rossi AC (2007) Service recovery paradox: a meta-analysis. J Serv Res 10(1):60–77

Maucher T (2010) Das Krankenhaus im World Wide Web: Wie Kliniken erfolgreich im Internet auftreten können. Diplomica, Hamburg

Meffert H, Bruhn M, Hadwich K (2018) Dienstleistungsmarketing: Grundlagen – Konzepte – Methoden, 9.. Aufl. Springer Gabler, Wiesbaden

Messer M, Reilley JT (2015) Qualitätsberichte als Vermittlungsinstanz im Wettbewerb zwischen Krankenhäusern: Patienten als rationale Akteure. Berlin J Soziol 25(1–2):61–81

Miklós-Thal J, Zhang J (2013) (De)marketing to Manage Consumer Quality Inferences. J Mark Res 50(1):55–69

Oppel E-M, Winter V, Schreyögg J (2017) Evaluating the link between human resource management decisions and patient satisfaction with quality of care. Health Care Manage Rev 42(1):53-64

Papenhoff M, Platzköster C (2010) Marketing für Krankenhäuser und Reha-Kliniken: Marktorientierung & Strategie, Analyse & Umsetzung, Trends & Chancen. Erfolgskonzepte Praxis- & Krankenhaus-Management. Springer, Berlin Heidelberg

Pross C, Averdunk L-H, Stjepanovic J, Busse R, Geissler A (2017) Health care public reporting utilization – user clusters, web trails, and usage barriers on Germany's public reporting portal Weisse-Liste.de. BMC Med Inform Decis Mak 17(1):48

Raab A, Fischer S, Mauler T (2020) Objektive oder subjektive Qualität? Gesundh ökon Qual manag 25(04):201–210

Römer S (2008) Vertrauen und Risiko in der Hausarzt-Patient-Beziehung: Analyse der theoretischen Grundlagen und empirische Überprüfung. BWV Berliner Wiss.-Verl., Berlin

Rudolph C, Petersen GS, Pritzkuleit R, Storm H, Katalinic A (2019) The acceptance and applicability of a patient-reported experience measurement tool in oncological care: a descriptive feasibility study in northern Germany. BMC Health Serv Res 19(1):786

Sargeant A (2009) Marketing management for nonprofit organizations. Oxford University Press, Oxford

Schaeffer D, Vogt D, Berens E-M, Hurrelmann K (2016) Gesundheitskompetenz der Bevölkerung in Deutschland: Ergebnisbericht. Universität Bielefeld, Fakultät für Gesundheitswissenschaften

Schramm, A (2013) Rechtsvorschriften für das Klinik-Marketing. In: Schramm A (Hrsg) Online-Marketing für das erfolgreiche Krankenhaus, 1. Aufl. Springer, Berlin, Heidelberg, S 161-175

Statistisches Bundesamt (2020) Grunddaten der Krankenhäuser 2018. Fachserie 12 Reihe 6.1.1.. DeStatis, Wiesbaden

Stauss B (2017) Vermeidung von Kundenverlusten durch Beschwerdemanagement. In: Bruhn M, Homburg C (Hrsg) Handbuch Kundenbindungsmanagement: Strategien und Instrumente für ein erfolgreiches CRM, 9. Aufl. Springer Gabler, Wiesbaden, S 365–388

Weider N (2019) Erfolgreiches Einweisermanagement – Aufbau einer strategischen Vertriebssystematik für nachhaltig wirtschaftende Krankenhäuser. In: Matusiewicz D, Stratmann F, Wimmer J (Hrsg) Marketing im Gesundheitswesen: Einführung – Bestandsaufnahme – Zukunftsperspektiven. Springer, Wiesbaden, S 461–474

Wiedmann K-P, Langner S, Friedlandt J (2011) Welche Kundenrezensionen werden gelesen? In: Wagner U, Wiedmann K-P, von der Oelsnitz D (Hrsg) Das Internet der Zukunft: Bewährte Erfolgstreiber und neue Chancen. Gabler, Wiesbaden, S 329–350

Willems J, Ingerfurth S (2018) The quality perception gap between employees and patients in hospitals. Health Care Manage Rev 43(2):157–167

Willkomm JJ, Braun S (2019) Werberecht im Gesundheitswesen. In: Matusiewicz D, Stratmann F, Wimmer J, Meffert H (Hrsg) Marketing im Gesundheitswesen. Einführung – Bestandsaufnahme – Zukunftsperspektiven. Springer Gabler, Wiesbaden, S 91–103

Winter V, Thomsen MK, Schreyögg J, Blankart K, Duminy L, Schoenenberger L, Ansah JP, Matchar D, Blankart CR, Oppel E, Jensen UT (2019) Improving service provision – the health care services' perspective. SMR 3(4):163–183

Wolf C, Kunz-Braun A (2020) Patient journey. In: Tunder R (Hrsg) Market Access Management für Pharma- und Medizinprodukte: Instrumente, Verfahren und Erfolgsfaktoren. Springer, Wiesbaden, S 433–447

Literatur zu Abschnitt 3.4

ÄZQ (2015) Gute Praxis Bewertungsportale. https://www.aezq.de/aezq/arztbewertungsportale/gute-praxis-bewertungsportale/uebersicht

Bundesärztekammer (2014) Ärzte in sozialen Medien – worauf Ärzte und Medizinstudenten bei der Nutzung sozialer Medien achten sollten. https://www.bundesaerztekammer.de/fileadmin/user_upload/downloads/pdf-Ordner/Telemedizin_Telematik/Neue_Medien/sozialeMedien.pdf

Czypionka T, Achleitner S (2019) Wartezeitenmanagement im niedergelassenen Bereich. Health Syst Watch Ausgabe 1:77–92

Dumont M, Matusiewicz D (2019) Strategisches Marketing für Arztpraxen und Ärztenetze. In: Matusiewicz D, Stratmann F, Wimmer J (Hrsg) Marketing im Gesundheitswesen. FOM-Edition (FOM Hochschule für Oekonomie & Management).. Springer Gabler, Wiesbaden, S 293–303

Fahimi-Weber S, Möllering K, Matusiewicz D (2019) Der Marketingeffekt einer Online-Terminierung für Ärzte. In: Matusiewicz D, Stratmann F, Wimmer J (Hrsg) Marketing im Gesundheitswesen, 1. Aufl. Springer Gabler, Heidelberg/New York, S 333–340

KBV (2020) G-BA ermöglicht Krankschreibung per Video. https://www.kbv.de/html/1150_47112.php

KBV (2021a) Rechliche Grundlagen des Marketings. https://www.kbv.de/html/4400.php

KBV (2021b) Marketing: Bewertungsportalen - Rechte für Ärzte und Psychotherapeuten https://www.kbv.de/html/33983.php

Kotler P, Armstrong G, Saunders J, Wong V (1999) Grundlagen des Marketing. Prentice Hall, München

Matusiewicz D, Fahimi-Weber S (2017) Wird das Wartezimmer digital? Health Care Manag 8(12):73

Meffert H, Bruhn M (2003) Dienstleistungsmarketing. Gabler, Wiesbaden

Meyer C, Bartsch DK, Fendrich V (2016) Korrelation von Wartezeit und Patientenzufriedenheit in einer chirurgischen Poliklinik. Deutsche Gesellschaft für Chirurgie. 133. Kongress der Deutschen Gesellschaft für Chirurgie, Berlin, 26.–29.04.2016 German Medical Science GMS Publishing House, Düsseldorf

Ni L, Lu C, Liu N, Liu J (2017) MANDY: towards a smart primary care chatbot application. Knowledge and Systems Sciences: 18th International Symposium, KSS 2017, Bangkok, November 17–19, 2017 Springer, New York, S 38–52 (Proceedings, J. Chen, T. Theeramunkong, T. Supnithi and X. Tang (eds.),)

Rischer R, Emmert M, Palmowski S, Meszmer N (2017) Arztbewertungen: Patientenerfahrungen sind für Public Reporting im ambulanten Sektor zentral. Spotlight Gesundheit 03/2017. Bertelsmann, Gütersloh

Tenbrock R (2020) Videosprechstunde – Fluch oder Segen? Orthopädie Rheuma 23(1):30–33

Wasem J (2018) Die Versorgungswirklichkeit ist nicht schwarz/weiß – Gesetzliche und private Krankenversicherung in der Versorgung. Z Wirtschaftspolitik 67(1):42–53

Literatur zu Abschnitt 3.5

Andersen H (2010) Kundenmanagement in der Integrierten Versorgung. In: Busse R, Schreyögg J, Tiemann O (Hrsg) Management im Gesundheitswesen, 2. Aufl. Springer, Heidelberg, S 186–197

3

Aubert BA, Hamel G (2001) Adoption of smart cards in the medical sector: the Canadian experience. Soc Sci Med 53(7):879–894

Bandura A (1997) Self-efficacy: the exercise of control. Freeman, New York

Becker J (2019) Marketing-Konzeption, Grundlagen des zielstrategischen und operativen Marketing-Managements, 11. Aufl. Vahlen, München

Braun GE, Schumann A, Güssow J (2009) Bedeutung innovativer Versorgungsformen und grundle-gender Finanzierungs- und Vergütungsaspekte: Einführung und Überblick über die Beiträge. In: Braun GE, Güssow J, Schumann A, Heßbrügge G (Hrsg) Innovative Versorgungsformen im Gesundheitswesen. Konzepte und Praxisbeispiele erfolgreicher Finanzierung und Vergütung. Deutscher Ärzte-Verlag, Köln, S 3–20

Bruhn M (2022) Relationship Marketing. Das Management von Kundenbeziehungen, 6. Aufl. Vahlen, München

Bruhn M, Meffert H, Hadwich K (2019) Handbuch Dienstleistungsmarketing. Planung – Umsetzung – Kontrolle, 2. Aufl. Gabler, Wiesbaden

Bruhn M, Herbst U, Köhler R, Diller R (2021) Marketing für Nonprofit-Organisationen. Grundlagen – Konzepte – Instrumente, 3. Aufl. Kohlhammer, Stuttgart

Bundesministerium für Gesundheit (2021) Glossarbegriff: Wahltarife, Bonusprogramme und Zusatzleistungen. https://www.bundesgesundheitsministerium.de/wahltarife-bonusprogramme-und-zusatzleistungen.html. Zugegriffen: 20. Jan. 2021

Darby MR, Karni E (1973) Free competition and the optimal amount of fraud. J Law Econ 16:67–86

Dierks ML, Schwartz FW, Walter U (2000) Patienten als Kunden – Informationsbedarf und Qualität von Patienteninformationen aus Sicht der Public Health-Forschung. In: Jazbinsek D (Hrsg) Gesundheitskommunikation. Westdeutscher Verlag, Opladen, S 150–164

Dietrich M (2005) Qualität, Wirtschaftlichkeit und Erfolg von Krankenhäusern. Analyse der Relevanz marktorientierter Ansätze im Krankenhausmanagement. Deutscher Universitäts-Verlag, Wiesbaden

Dietrich M, Znotka M (2017) Ideas are easy. Implementation is hard. In: Brandhorst A, Hildebrandt H, Luthe EW (Hrsg) Kooperation und Integration – das unvollendete Projekt des Gesundheitssystems. Gesundheit. Politik – Gesellschaft – Wirtschaft. Springer VS, Wiesbaden, S 139–164

Dietrich M, Znotka M, Guthor H, Hilfinger F (2016) Instrumental and non-instrumental factors of social innovation adoption. Volunt Int J Volunt Nonprofit Organ :1–29

Fitzsimmons JA, Fitzsimmons MJ (2013) Service management: operations, strategy, information technology, 8. Aufl. McGraw-Hill, Boston

George WR (1990) Internal marketing and organizational behavior: a partnership in developing customer-conscious employees at every level. J Bus Res 20:63–70

Geraedts M (2006) Qualitätsberichte deutscher Krankenhäuser und Qualitätsvergleiche von Einrichtungen des Gesundheitswesens aus Versichertensicht. In: Böken J, Braun B, Amhof R, Schnee M (Hrsg) Gesundheitsmonitor 2006. Bertelsmann Stiftung, Gütersloh, S 154–170

Gersch M (2010) Monitoring-IV. Ergebnisse einer Vollerhebung zu den besonderen Versorgungsformen bei Gesetzlichen Krankenversicherungen. Paper presented at the 7. Bundeskongress der Deutschen Gesellschaft für Integrierte Versorgung e. V., Königswinter Bonn

Gesundes Kinzigtal (2016) http://www.gesundes-kinzigtal.de/vorteile-fuer-mitglieder-und-freunde/. Zugegriffen: 26. Sept. 2016

Glanz K, Rimer BK, Viswanath K (Hrsg) (2015) Health behavior and health education. Theory, research and practice, 5. Aufl. Jossey-Bass, San Francisco

Grönroos C (1989) Defining marketing: a market-oriented approach. Eur J Mark 23(1):52–60

Grönroos C (1994) From marketing mix to relationship marketing. Towards a paradigm shift in marketing. Manag Decis 32(2):4–20

Haller S, Garrido MV, Busse R (2009) Hausarztorientierte Versorgung. Charakteristika und Beitrag zur Gesundheit der Bevölkerung – Ein Evidenz-Report. Berlin

Hauschildt J, Salomo S, Schultz C, Kock C (2021) Innovationsmanagement, 7. Aufl. Vahlen, München

Hettler U (2010) Social Media Marketing. Marketing mit Blogs, Sozialen Netzwerken und weiteren Anwendungen des Web 2.0. Oldenbourg, München

Horak C, Heimerl P (2007) Management von NPO's – eine Einführung. In: Badelt C, Meyer M, Simsa R (Hrsg) Handbuch der Nonprofit Organisation. Strukturen und Management, 4. Aufl. Schäffer-Poeschel, Stuttgart, S 178–201

Hwang J, Christensen CM (2008) Disruptive innovation. In: health care delivery: a framework for business-model innovation. Health Aff 27(5):1329–1335. https://doi.org/10.1377/hlthaff.27.5.1329

Joseph WB (1996) Internal marketing builds service quality. Mark Rev 16(1):54–59

Klausegger C, Scharitzer D, Scheuch F (2003) Instrumente für das Marketing in NPOs. In: Eschenbach R, Horak C (Hrsg) Führung der Nonprofit Organisation. Bewährte Instrumente im praktischen Einsatz, 2. Aufl. Schäffer-Poeschel, Stuttgart, S 99–140

Lingenfelder M, Kronhardt M (2001) Marketing für vernetzte Systeme. In: Kreyher VJ (Hrsg) Handbuch Gesundheits- und Medizinmarketing. Chancen, Strategien und Erfolgsfaktoren. Decker, Heidelberg, S 313–338

Littich E, Wirthensohn C, Culen ME, Vorderegger M, Bernhard S (2003) Instrumente für das Finanzmanagement in NPOs. In: Eschenbach R, Horak C (Hrsg) Führung der Nonprofit Organisation. Bewährte Instrumente im praktischen Einsatz, 2. Aufl. Schäffer-Poeschel, Stuttgart, S 175–214

Magrath AJ (1986) When marketing services, 4 Ps are not enough. Bus Horiz 29(3):44–50

Meffert H, Bruhn M (2018) Dienstleistungsmarketing: Grundlagen – Konzepte – Methoden, 9. Aufl. Gabler, Wiesbaden

Milstein R, Blankart R (2016) The health care strengthening act: the next level of integrated care in Germany. Health Policy 120(5):445–451

Nelson P (1970) Information and consumer behavior. J Polit Econ 78(20):311–329

Nieschlag R, Dichtl E, Hörschgen H (2002) Marketing, 19. Aufl. Duncker und Humboldt, Berlin

Oldenburg B, Glanz K (2015) Diffusion of innovations. In: Glanz K, Rimer BK, Viswanath K (Hrsg) Health behavior and health education. Theory, research and practice, 5. Aufl. Jossey-Bass, San Francisco, S 313–333

Parasuraman A, Zeithaml VA, Berry LL (1985) A conceptual model of service quality and its implications for future research. J Mark 49(4):41–50

Prochaska JO, Redding CA, Evers KE (2015) The Transtheoretical model and stages of change. In: Glanz K, Rimer BK, Viswanath K (Hrsg) Health behavior and health education. Theory, research and practice, 5. Aufl. Jossey-Bass, San Francisco, S 97–122

Rogers EM (2003) Diffusion of Innovations, 5. Aufl. Free Press, New York

Schachinger (2011) Was ist Health 2.0? Der Einfluss digitaler Innovationen auf dem Gesundheitsmarkt. Mark Rev St Gallen (6):16–20

Schwarzer R (2004) Psychologie des Gesundheitsverhaltens. Einführung in die Gesundheitspsychologie, 3. Aufl. Hogrefe, Göttingen

SVRG (2009) Koordination und Integration – Gesundheitsversorgung in einer Gesellschaft des längeren Lebens. Sondergutachten 2009. SVRG, Bonn (Kurzfassung deutsch)

SVRG (2012) Wettbewerb an der Schnittstelle zwischen ambulanter und stationärer Gesundheitsversorgung. Sondergutachten 2012. SVRG, Bonn (Kurzfassung deutsch)

Trommsdorff V, Steinhoff F (2013) Innovationsmarketing, 2. Aufl. Vahlen, München

Tscheulin DK, Dietrich M (2010) Das Management von Kundenbeziehungen im Gesundheitswesen. In: Georgi D, Hadwich K (Hrsg) Management von Kundenbeziehungen – Perspektiven, Analysen, Strategien, Instrumente. Gabler, Wiesbaden, S 251–276

Voss GB, Voss ZG (2008) Competitive density and the customer acquisition-retention trade-off. J Mark 72(6):3–18. https://doi.org/10.1509/jmkg.72.6.3

Weatherly JN (2008) Projektmanagement – der Weg. In: Amelung VE, Meyer-Lutter K, Schmid E, Seiler R, Weatherly JN (Hrsg) Integrierte Versorgung und medizinische Versorgungszentren. Von der Idee zur Umsetzung, 2. Aufl. MWV, Berlin, S 77–121

WHO (2008) The world health report 2008: primary health care. Now more than ever. World Health Organization, Genf

Wirtz BW (2021) Business Model Management. Design – Instrumente – Erfolgsfaktoren von Geschäftsmodellen, 5. Aufl. Gabler, Wiesbaden

Zeithaml VA, Bitner MJ, Wilson A, Gremler DD (2018) Services marketing: integrating customer focus across the firm, 7. Aufl. McGraw-Hill, New York

Literatur zu Abschnitt 3.6

Becker H (1991) Kommunikationsstrategien im Pharma-Markt. Dissertation. Paderborn

Becker J, Greve G, Albers S (2009) The impact of technological and organizational implementation of CRM on customer acquisition, maintenance, and retention. Int J Res Mark 26(3):207–215

Fischer M, Albers S, Wagner N, Frie M (2011) Dynamic marketing budget allocation across countries, products, and marketing activities. Mark Sci 30(4):568–585

Jayachandran S, Sharma S, Kaufman P, Raman P (2005) The role of relational information processes and technology use in customer relationship management. J Mark 69(4):177–192

Johnson & Johnson (2009) The right course. Everyday health care compliance – an introductory guide for our employees. http://www.jnj.com/wps/wcm/connect/13445d804f5568a4a06ea41bb31559c7/the-right-course.pdf?MOD=AJPERES

Kumar V (2008) Managing customer for profit. Pearson, Upper Saddle River

Kumar V, Shah D (2009) Expanding the role of marketing: from customer equity to market capitalization. J Mark 73(6):119–135

Kumar V, Pozza ID, Petersen JA, Shah D (2008a) Reversing the logic: the path to profitability. J Interactive Mark 23(2):147–156

Kumar V, Venkatesan R, Reinartz W (2008b) Performance implications of adopting a customer-focused sales campaign. J Mark 72(5):50–68

Meffert H, Burmann C, Kirchgeorg C, Eisenbeiß M (2018) Marketing – Grundlagen marktorientierter Unternehmensführung, Konzepte – Instrumente – Praxisbeispiele, 13. Aufl. Gabler, Wiesbaden

Payne A, Frow P (2005) A strategic framework for customer relationship management. J Mark 69(4):167–176

Reinartz W, Krafft M, Hoyer W (2004) The customer relationship management process: its measurement and impact on performance. J Mark 69(3):293–305

Shah D, Kumar V, Qu Y, Chen S (2012) Unprofitable cross-buying: evidence from consumers and business markets. J Mark 76(3):78–95

Venkatesan R, Kumar V (2004) A customer lifetime framework for customer selection and resource allocation strategy. J Mark 68(5):106–125

Wiesel T, Skiera B, Villanueva J (2008) Customer equity: an integral part of financial reporting. J Mark 72(2):1–14

Finanzmanagement

Jonas Schreyögg, Reinhard Busse, Florian Buchner, Jürgen Wasem, Oliver Tiemann, Vera Antonia Büchner, Jan-Marc Hodek, Wolfgang Greiner, Axel Mühlbacher, Volker Amelung, Gunter Festel, Roman Boutellier, Alexander Henrici, Marc-André Pogonke

Inhaltsverzeichnis

R. Busse, J. Schreyögg, T. Stargardt (Hrsg.), *Management im Gesundheitswesen*,
https://doi.org/10.1007/978-3-662-64176-7_4

4.1 Finanzmanagement im Gesundheitswesen – Einführung und methodische Grundlagen

Jonas Schreyögg, Reinhard Busse

Dem **Finanzmanagement** kommt die Aufgabe zu, die Existenz der Unternehmung durch Erhaltung der **Liquidität** sicherzustellen.

> **Liquidität**, Liquidität bezeichnet die Fähigkeit, fällige Verbindlichkeiten jederzeit uneingeschränkt erfüllen zu können.

Liquiditätsengpässe, d. h. kurzzeitige Liquiditätsprobleme, werden als Vorstufe zur **Zahlungsunfähigkeit** gesehen und können daher die Bonität einer Organisation erheblich beeinträchtigen. Deshalb kommt dem Finanzmanagement innerhalb der Unternehmung bzw. der Organisation eine wichtige Bedeutung zu (Perridon et al. 2016).

Aus dem Hauptziel der Liquiditätssicherung lassen sich die folgenden Teilaufgaben ableiten:

- **Situative Liquiditätssicherung:** tagtägliche Abstimmung von Zahlungsströmen und Bestimmung, Bildung und Auflösung der Liquiditätsreserve
- **Kurzfristige Finanzierung:** Bestimmung des Innenfinanzierungsvolumens und darauf abgestimmt die Zufuhr von Eigen- und Fremdkapital
- **Strukturelle Liquiditätssicherung:** langfristige Finanzierung der Investitionsvorgaben und dabei Vermeidung von Engpässen durch ungleichgewichtige Finanzierungsmaßnahmen.

Neben der Sicherung der Liquidität sind die Rentabilität, die Sicherheit (das Risiko einer Kapitalanlage) und die Unabhängigkeit (Erhaltung der unternehmerischen Dispositionsfreiheit) wichtige Ziele des Finanzmanagements. Als zentrale Bezugsgrößen zur Zielerreichung stehen beim Finanzmanagement die **Zahlungsströme**, d. h. **Ein- und Auszahlungen** bzw. **Einnahmen und Ausgaben,** im Vordergrund. Dem Finanzmanagement obliegt die Planung, Steuerung und Kontrolle dieser Größen (Olfert und Reichel 2008).

Im Unterschied zu anderen Unternehmensfunktionen, z. B. dem Controlling, abstrahiert das Finanzmanagement stärker vom realwirtschaftlichen Umfeld. Bezugsgrößen, die den Unternehmenserfolg betreffen, wie Aufwand und Ertrag bzw. Kosten und Leistungen, finden demnach nur dann Berücksichtigung, wenn sie eine verbesserte Einschätzung der zu erwartenden Zahlungsströme ermöglichen (Hirth 2017).

Im Unterschied zu Unternehmen in wenig regulierten Industriezweigen unterliegen die Zahlungsströme in Organisationen des Gesundheitswesens diversen **Formen der Regulierung**. In vielen Fällen, z. B. bei Krankenkassen, sind die Einzahlungen und Auszahlungen sogar größtenteils vorgegeben. Trotzdem zeigt sich auch hier, dass eine unzureichende oder fehlende **Finanzplanung**, d. h. Prognose der Ein- und Auszahlungen bzw. Einnahmen und Ausgaben, zu unerwarteten Liquiditätsengpässen und sogar zur Zahlungsunfähigkeit führen kann. Eine unzureichende Finanzplanung bzw. Prognoseungenauigkeiten im Krankenkassenmanagement hat sicherlich zur Fusionswelle im Krankenkassenmarkt beigetragen (▶ Abschn. 4.2).

Die Finanzplanung gilt als Kernstück des Finanzmanagements; sie nimmt eine systematische Schätzung, Berechnung und Steuerung der eingehenden und ausgehenden Zahlungsströme vor, die in einer Periode zustande kommen sollen (Perridon et al. 2016). Für die Finanzplanung sind **Prognosewerte** über zukünftige Ein- und Auszahlungen, zu erwartende Umsätze und andere den Erfolg beeinflussende Faktoren erforderlich. Diese Informationen werden auf Grundlage von vergangenheits- und gegenwartsbezogenen Daten gewonnen. Zur Gewinnung dieser Informationen sind im Wesentlichen drei Prognosetechniken zu nennen:

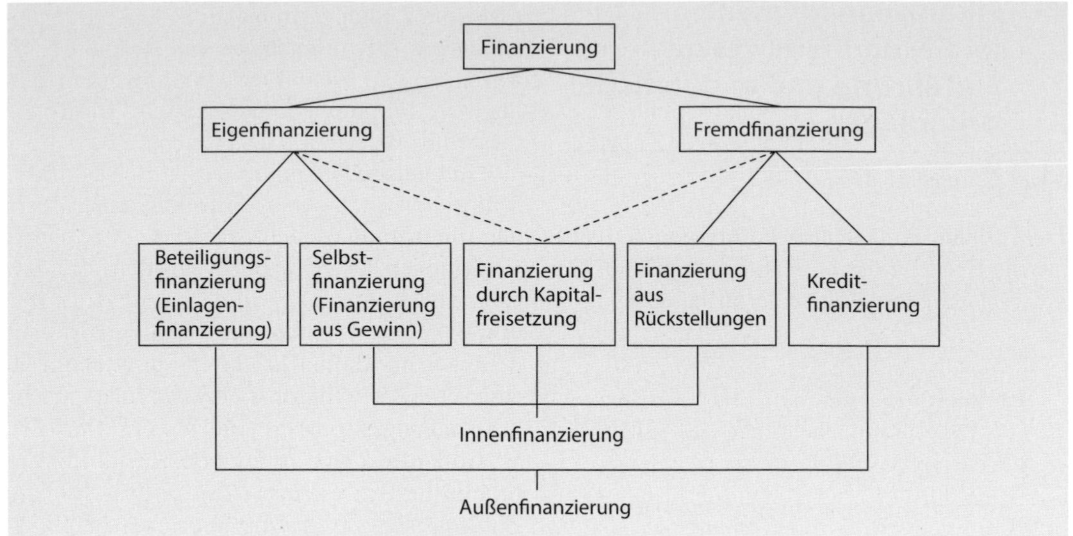

Abb. 4.1 Formen der Kapitalbeschaffung

Prognosetechniken zur Finanzplanung

1. **Subjektive Planzahlenbestimmung:** Prognosewerte werden aufgrund von Erfahrung und Intuition ermittelt, z. B. durch selektive Expertenbefragungen oder durch die Delphi-Methode.
2. **Extrapolierende Verfahren:** Die Analyse von Zeitreihen der Vergangenheit in Bezug auf bestimmte Größen anhand statistischer Verfahren. Festgestellte Gesetzmäßigkeiten werden auch für die zukünftige Entwicklung unterstellt, z. B. durch exponentielle Glättung.
3. **Kausale Verfahren:** Es werden die Ursache-Wirkungszusammenhänge verschiedener Größen untersucht, z. B. durch Regressionsanalysen, um so die zukünftige Entwicklung bestimmter abhängiger Größen schätzen zu können.

Bestimmte Umstände, wie ein negativer Saldo von Ein- und Auszahlungen, lassen eine **Beschaffung von Kapital** notwendig werden. Bei der Beschaffung von Kapital (Kapitalaufbringung) wird grundsätzlich zwischen **Außen- und Innenfinanzierung** bzw. **Eigen- und Fremdfinanzierung** unterschieden (Perridon et al. 2016; Abb. 4.1).

Die Unterscheidung nach Außen- und Innenfinanzierung klassifiziert das Kapital nach seiner Herkunft. Eine Finanzierung aus Rückstellungen wäre demnach eine Form der Innenfinanzierung. Die Unterscheidung nach Eigen- und Fremdkapital charakterisiert hingegen die Rechtsstellung der Kapitalgeber. Da die Unternehmenseigner beispielsweise für Einlagen selbst haften, wird dieses Kapital als Eigenkapital bezeichnet. Im Unterschied dazu wird eine Kreditaufnahme als Fremdkapital bezeichnet.

In Abhängigkeit von der Rechtsform kann die Wahl bzgl. der Formen der Kapitalbeschaffung für Organisationen des Gesundheitswesens eingeschränkt sein. Beispielsweise darf sich eine Krankenkasse gemäß § 220 Abs. 2 SGB V nicht über Fremdkapital finanzieren. Es galt jedoch bis 31.12.2003 eine Ausnahme gemäß § 222 SGB V, die zu einer Fremdkapitalaufnahme von Krankenkassen führte (► Abschn. 4.2).

Neben Fragen der **Kapitalaufbringung** stehen für das Finanzmanagement im Gesundheitswesen insbesondere **Vergütungsaspekte** im Vordergrund. Auch wenn die Vergütung von Organisationen in der betriebswirtschaftlichen Terminologie dem Ertrag entspricht, und somit Vergütungsaspekte eher dem Controlling zugerechnet werden müssten, werden sie im Gesundheitswesen mit dem Finanzmanagement in Verbindung gebracht (Zelman et al. 2014).

Die Ausgestaltung der Vergütung stellt eine wichtige, den Erfolg beeinflussende Rahmenbedingung für das Finanzmanagement der Organisationen im Gesundheitswesen dar. Da diese Rahmenbedingungen teilweise staatlich determiniert werden, wird hier ein Bezug zur **Finanzwissenschaft** als Gebiet der Volkswirtschaftslehre deutlich. Finanzwissenschaft kann als die Lehre von der öffentlichen Finanzwirtschaft definiert werden. Analog zum Finanzmanagement bzw. der betrieblichen Finanzwirtschaft befasst sie sich mit den Einnahmen und Ausgaben der Gebietskörperschaften und Sozialversicherungsträger (Zimmermann et al. 2021).

Im Rahmen der Finanzwissenschaft wird zwischen den Funktionen der **Mittelaufbringung (äußere Finanzierung)** und **Mittelverwendung (innere Finanzierung)** unterschieden. Während die Mittelaufbringung die Art und Weise der aufgebrachten Mittel beschreibt, z. B. über Beiträge, legt die Mittelverwendung die Vergütung von Vertreterorganisationen bzw. die Honorierung von Leistungserbringern fest. So legt die Bundesregierung mit Zustimmung des Bundesrates die Honorierung für privatärztliche ambulante Leistungen über die Gebührenordnung für Ärzte (GOÄ) fest, die neben der Gebührenordnung für gesetzlich Versicherte die Rahmenbedingungen des Finanzmanagements in Arztpraxen in entscheidendem Maße determiniert (▶ Abschn. 4.2).

Aufgrund der unterschiedlichen gesetzlichen Rahmenbedingungen für das Finanzmanagement in Organisationen des Gesundheitswesens lassen sich nur wenige generelle Aussagen treffen. In den ▶ Abschn. 4.2–4.6 wird daher auf die Besonderheiten des Finanzmanagements für die Organisationen in den jeweiligen Sektoren des Gesundheitswesens eingegangen. Abschließend wird in ▶ Abschn. 4.7 eine Praxisfallstudie zum Finanzmanagement in Krankenhäusern präsentiert.

In ▶ Abschn. 4.2 wird das **Finanzmanagement von Krankenkassen** beschrieben. Für das Finanzmanagement in Krankenkassen sind die zentralen Bezugsgrößen die **Deckungsbeiträge der Versicherten**, d. h. die Differenz aus **Zuweisungen und Leistungsausgaben**. Die Bedingungen auf der Einnahmeseite werden durch den **morbiditätsorientierten Risikostrukturausgleich (Morbi-RSA)** determiniert. Die Prognose der Zahlungsströme wird erleichtert, wenn der Mitgliederbestand stabil bleibt und keine Folgen durch Gesundheitsreformen zu erwarten sind.

Als Instrumente der Finanzplanung kommen hier insbesondere **Zeitreihenanalysen von Teilprofilen des Risikostrukturausgleichs** (d. h. nach Alter, Geschlecht und Morbidität), **Analysen aktueller Vertragsabschlüsse** auf der Ausgabenseite und **Prognosen zu den Auswirkungen abgeschlossener Tarifverträge** auf der Einnahmeseite in Betracht. Defizite können üblicherweise durch **Betriebsmittel** und **Rücklagen** kompensiert werden. In vielen Kassen erschweren jedoch Mitgliederzuwächse und -verluste die Finanzplanung der Krankenkassen. Reichen Betriebsmittel und Rücklagen nicht mehr aus, um die Leistungsausgaben zu decken, wurde – und vermutlich wird – z. T. Fremdkapital aufgenommen, was eigentlich illegal ist und in der Vergangenheit vom Gesetzgeber nur nachträglich erlaubt wurde.

Unter Berücksichtigung des zentralen Unternehmensziels von Krankenkassen, d. h. die Erhöhung von Marktanteilen durch Mitgliedergewinne, werden vier **strategische Optionen** zur Sicherung des Gleichgewichts von Einnahmen und Ausgaben unterschieden:

1. Ausgabenmanagement
2. Risikoselektion
3. Preisdumping
4. Fusionen

Abschließend wird auf die Problematik der Altersrückstellungen beim Wechsel zwischen **privaten Krankenversicherungen** eingegangen.

Durch die **duale Krankenhausfinanzierung** in Deutschland ist das **Finanzmanagement von Krankenhäusern** (▶ Abschn. 4.1) mit einer Vielzahl unterschiedlicher Finanzierungsquellen konfrontiert, die eine Finanzplanung sehr komplex gestalten. Es werden daher zunächst Verfahren zur Ermittlung der **Investitionsförderung** thematisiert. Da das **DRG-System und diverse Zusatzentgelte** die zentrale Finanzierungsquelle für Krankenhäuser darstellen, wird auf die Berechnung dieser jährlich angepassten Vergütungskomponenten ausführlich eingegangen. Außerdem wird auf das Pauschalierende Entgeltsystem Psychiatrie und Psychosomatik (PEPP) eingegangen.

Zur Sicherung des finanziellen Gleichgewichts aus Rentabilität und Liquidität kann auf eine Vielzahl von finanzwirtschaftlichen Methoden und Instrumenten zurückgegriffen werden. Zunächst wird anhand der **finanzwirtschaftlichen Analyse** das Vorgehen zur systematischen Beurteilung der finanziellen Gesamtsituation eines Krankenhausunternehmens darstellt. Hierfür wird der **Jahresabschluss** als informationelle Basis eingeführt. Darauf aufbauend erfolgt eine ausführliche Einführung in die **Finanz- und Erfolgsanalyse** von Krankenhäusern.

Anschließend wird thematisiert, wie im Rahmen der **Finanzplanung** eine systematische Schätzung, Berechnung und Steuerung der eingehenden und ausgehenden Zahlungsströme erfolgen kann, die in einer Periode zustande kommen sollen. Zudem wird das Finanzmanagement in Krankenhäusern im Rahmen einer Fallstudie zu den **Liquiditäts- und Ergebnisauswirkungen** eines Krankenhausbudgetabschlusses zwischen Krankenhäusern und Krankenkassen erläutert (► Abschn. 4.7).

Die Rahmenbedingungen für das **Finanzmanagement in Arztpraxen und Ärztenetzen** (► Abschn. 4.2) werden durch die vertragsärztliche **Gesamtvergütung** zwischen Krankenkassen und KVen sowie der **Gebührenordnung für gesetzlich Versicherte (EBM)** zur Vergütung zwischen KVen und Ärzten und der **Gebührenordnung für Privatversicherte (GOÄ)** zur Vergütung zwischen PKVen und Ärzten vorgegeben. Im Rahmen des EBM werden ärztliche Leistungen mittlerweile zu großen Teilen mit festen Preisen entlohnt, zumindest soweit bestimmte **Höchstleistungsmengen** nicht überschritten werden. Als zentrale Bereiche für das Finanzmanagement werden das Kostenmanagement, das Liquiditätsmanagement und das Finanzierungsmanagement genannt. Im Rahmen des **Kostenmanagements** sind eine Transparenz der Kosten- und Leistungsstruktur sowie die Ermittlung von strategischen und operativen Kosteneinflussgrößen von zentraler Bedeutung. Eine strategische Kosteneinflussgröße wäre beispielsweise die Anschaffung von diagnostischen Geräten.

Das Kostenmanagement hat somit Implikationen für das **Liquiditätsmanagement** in Arztpraxen, da die Anschaffung von diagnostischen Geräten eine zuverlässige Prognose der Einnahmen aus der GKV und PKV Vergütung erfordert. In Praxen kommt auch der kurzfristigen Liquiditätsplanung eine besondere Bedeutung zu, da Einzahlungen für privatärztliche Leistungen häufig nicht fristgerecht erfolgen. Deshalb bietet sich hier eine Zahlung per EC-Karte, Kreditkarte oder in bar vor Ort an, um Forderungen gering zu halten und die Liquidität zu erhöhen.

Im Rahmen des **Finanzierungsmanagements** in Arztpraxen ist es insbesondere bei größeren Anschaffungen wichtig, den entsprechenden Bedarf für ein Gerät am Markt zu analysieren und die Folgekosten zu antizipieren, um so die Rentabilität der Investition vorab zu prüfen.

Das **Finanzmanagement von Netzwerken der Integrierten Versorgung** (► Abschn. 4.3) konnte durch die Mittel des Innovationsfonds einen neuen Schub erhalten. Darüber hinaus ist es für das Finanzmanagement eines Netzwerkes zur Integrierten Versorgung wichtig, die Vor- und Nachteile möglicher **Vergütungsformen** für eine Integrierte Versorgung zu kennen, da diese im Falle der integrierten Versorgung zwischen den Kassen und Leistungserbringern frei verhandelt werden können. Dabei wird unterschieden zwischen Vergütungsformen mit **direktem und indirektem Leistungsbezug**. Anschließend werden **Verfahren zur Prognose der Ein- und Auszahlungen bei verschiedenen Vergütungsformen** vorgestellt, um somit eine zuverlässige Finanzplanung für Netzwerke der Integrierten Versorgung sicherzustellen.

Vor dem Hintergrund von veränderten Eigenkapitalanforderungen bei der Fremdkapitalfinanzierung als Folge von Basel II werden in ► Abschn. 4.6 alternative Finanzierungsformen für das **Finanzmanagement in der Arzneimittelindustrie** aufgezeigt. Da sich nach den neuen Bestimmungen die Eigenkapitalanforderungen an der Bonität des jeweiligen Unternehmens orientieren, wird die **klassische Fremdkapital-**

finanzierung insbesondere für die mittelständische Arzneimittelindustrie unattraktiver.

Als alternative Finanzierungsformen wird neben der Finanzierung über **Mezzanine Kapital,** das bilanziell zwischen Fremd- und Eigenkapital angesiedelt ist, auch auf die Bedeutung von **Private Equity** und **Venture Capital** eingegangen, die nach einem Boom Mitte der 2000er-Jahre wieder zurückgegangen ist. Abschließend wird das Konzept eines **Arzneimittel-Entwicklungsfonds** vorgestellt, der zur Überbrückung von Finanzierungsengpässen bei Entwicklungsprojekten eingesetzt werden kann.

4.2 Finanzmanagement in Krankenversicherungen

Florian Buchner, Jürgen Wasem

Den Krankenversicherungen kommt im deutschen Gesundheitswesen eine ganz erhebliche Bedeutung zu: Allein die gesetzlichen Krankenkassen finanzieren knapp 60 % der Gesundheitsausgaben. Die Krankenversicherungen stehen im deutschen Gesundheitswesen in einem erheblichen Wettbewerb untereinander; dies gilt sowohl für die gesetzlichen und privaten Krankenkassen untereinander als auch zwischen beiden Systemen. Die finanzielle Attraktivität, die eine Krankenversicherung für ihre Versicherten hat, ist ein zentraler Wettbewerbsparameter. Da der Wettbewerb von Krankenversicherern für alle Akteure im Gesundheitssystem eine zu berücksichtigende Rahmenbedingung ist, ist ein grundlegendes Wissen über das Finanzmanagement von Krankenversicherern notwendig. Dies steht im Mittelpunkt dieses Kapitels.

Im Folgenden werden als Rahmenbedingungen zunächst die Kalkulationsprinzipien der Krankenversicherung dargestellt. Anschließend geht es mit der Finanzierung durch den Gesundheitsfonds, den Risikostrukturausgleich und den Risikopool um drei Kernelemente der Finanzierung der gesetzlichen Krankenversicherung. Die strategischen Managementoptionen einer Krankenkasse im Finanzmanagement werden aufgezeigt, des Weiteren wird auf den regulativen Rahmen und das Finanzmanagement der privaten Krankenversicherung in Deutschland eingegangen.

4.2.1 Rechtliche und strukturelle Rahmenbedingungen

Optionen zur Kalkulation von Krankenversicherungsbeiträgen

Krankenversicherungen sind – im Gegensatz zu nationalen Gesundheitsdiensten wie dem britischen National Health Service – im Idealmodell rein beitragsfinanzierte Sicherungssysteme. Die Prinzipien, die bei der Kalkulation der Beiträge zugrunde gelegt werden, können sehr unterschiedlich sein, womit zugleich sehr unterschiedliche Ziele realisiert werden können. Für die Analyse von Kalkulationsmodellen von Krankenversicherungen ist zunächst zu klären, inwieweit die individuellen Beiträge vom **versicherungstechnischen Risiko** der einzelnen Versicherten abhängen. Soweit dies nicht der Fall ist, stellt sich die Frage, ob sie für alle Versicherten eines Krankenversicherers gleich sind oder vom **Einkommen** abhängen. Darüber hinaus stellt sich die Frage, auf welchen **Zeitraum** Risiko und Beitragskalkulation zu beziehen sind.

■ Versicherungstechnisches Risiko

Das für den Krankenversicherer zu erwartende Ausgabenrisiko unterscheidet sich zwischen den Versicherten erheblich. Wird ein Bezug auf dieses versicherungstechnische Risiko des Versicherten hergestellt, spricht man von **risikobezogenen Beiträgen**. Dabei wird i. d. R. entweder ein Bezug zu soziodemographischen Parametern wie Alter und Geschlecht oder, noch differenzierter, auch zu Morbiditätsparametern hergestellt: Die Beiträge entsprechen (im Idealmodell) dem erwarteten Risiko, das der Krankenversicherer übernimmt, wenn er einen Versicherten mit den entsprechenden Parametern versichert – es ergeben sich alters- und geschlechtsspezifische Risikoprämien oder morbiditätsadjustierte Risikoprämien.

Wird unter »Risikosolidarität« eine Situation verstanden, in der die »guten Risiken« (z. B. Gesunde oder Junge) hinsicht-

4

lich der Beitragsgestaltung »solidarisch« mit den »schlechten Risiken« (z. B. Kranke oder Ältere) gestellt werden, indem Gesunde oder Junge keine günstigeren Beitragsbedingungen bekommen und so durch ihre Beiträge die Kranken bzw. die Älteren »subventionieren« (van de Ven und Ellis 2000), so umschreibt die Erhebung von Risikoprämien offenbar eine Situation, in der Risikosolidarität allenfalls sehr begrenzt vorliegt. Wird zudem unter »Einkommenssolidarität« eine Situation verstanden, in der die Bezieher höherer Einkommen mit denen niedrigerer Einkommen »solidarisch« sind, indem sie durch höhere Beiträge die finanziellen Belastung für die Bezieher geringer Einkommen vermindern, so liegt auch diese bei Risikoprämien offensichtlich nicht vor. Aufgrund des vielfach festgestellten Befundes, dass mit steigendem Einkommen die Krankheitslast abnimmt (Mielck 2005), ist ceteris paribus mit durchschnittlich niedrigeren Risikoprämien für die Bezieher höherer Einkommen zu rechnen.

Bei den Risikoprämien lassen sich zwei verschiedene Varianten unterscheiden:

1. Der Krankenversicherer kann **in regelmäßigen Abständen** die Einschätzung bezüglich des Gesundheitszustandes (insbesondere anhand der ihm aus dem laufenden Versicherungsverhältnis vorliegenden Daten) überprüfen und die Vertragsbedingungen anpassen, z. B. indem Versicherungsverträge jeweils nur über einen festgelegten Zeitraum abgeschlossen werden.
2. Eine Einschätzung des Risikos und die entsprechende Beitragsfestlegung ist **nur einmalig** zu Beginn des Versicherungsverhältnisses zugelassen.

▪ Einkommensbezug

Werden **einkommensbezogene Beiträge** kalkuliert, so hängen die Beiträge nicht vom Risiko des Versicherten ab; vielmehr besteht eine Anknüpfung an seine wirtschaftliche Leistungsfähigkeit. Eine typische Ausgestaltung ist, dass ein bestimmter Prozentsatz des Einkommens für die Beitragsgestaltung heranzuziehen ist. Es ist zu definieren, welche Einkommensarten zur Beitragszahlung herangezogen werden sollen (z. B. auch Kapitaleinkünfte und Einnahmen aus Vermietung oder nur Arbeitseinkommen und Arbeitsentgelt?) und ob es einen Mindestbetrag oder eine Höchstgrenze für die Beitragsbemessung gibt. Werden einkommensbezogene Beiträge kalkuliert, wird Einkommenssolidarität realisiert, da Personen mit höherem Einkommen höhere Beiträge zahlen. Zugleich wird auch Risikosolidarität realisiert, da die Kränkeren hierbei nicht stärker als die Gesunden belastet werden.

Wird das Einkommen nicht in die Beitragskalkulation einbezogen und auch kein Bezug auf das versicherungstechnische Risiko, das der Versicherte repräsentiert, hergestellt, ergeben sich **pauschale Kopfbeiträge bzw. Kopfprämien:** Hier zahlt (im Idealmodell) jeder Versicherte, unabhängig von seinem Risiko, den gleichen absoluten Beitrag. Dieser hängt damit zwar nicht vom Risiko ab, knüpft aber auch nicht an die wirtschaftliche Leistungsfähigkeit an – falls Kontrahierungszwang gegeben ist, der Versicherer also kein Risiko ablehnen kann – ist Risikosolidarität in vollem Umfang gegeben, hingegen keine Einkommenssolidarität.

▪ Zeitbezug

Es gibt prinzipiell zwei Möglichkeiten eines **Zeitbezugs** für Risiko und Beitrag in der Beitragskalkulation der Krankenversicherung: eine festgelegte (relativ kurze) Kalkulationsperiode oder die Lebenszeit des Versicherten. Dabei kommen zwei grundsätzlich unterschiedliche Kalkulationsverfahren zum Einsatz (Wasem 1997):

1. **Umlageverfahren:** Die Beiträge aller Versicherten werden für eine Periode (zumeist 1 Jahr) so kalkuliert, dass sie ausreichen, die erwarteten Leistungsausgaben zu decken.
2. **Kapitaldeckungsverfahren:** Die Beiträge eines Versicherten werden so kalkuliert, dass sie über den gesamten Versicherungszeitraum bzw. Lebenszyklus ausreichen, die erwarteten Leistungsausgaben über diesen Zeitraum zu decken. Daher wird in jungen Jahren eine Alterungsrückstellung aufgebaut, die mit dem Alter wieder abgebaut wird.

Die beschriebenen Ausgestaltungsformen können unterschiedlich miteinander kombiniert werden. ◘ Tab. 4.1 zeigt, dass die meisten der

Tab. 4.1 Dimensionen der Beitragskalkulation in Krankenversicherungssystemen

Dimension: Risikobezug	Dimension: Einkommensbezug	Dimension: Zeitbezug	
		Periode z. B. 1 Jahr (Umlageverfahren)	Lebenszeit (Kapitaldeckungsverfahren)
kein Risikobezug	Einkommensabhängigkeit	Gesetzliche Krankenversicherung in Österreich Gesetzliche Krankenversicherung Deutschland bis 2008 und seit 2015	Pflegevorsorgefonds in Deutschland (seit 2015)
	Keine Einkommensabhängigkeit	Bürgerversicherung in den Niederlanden GKV Deutschland von 2009 bis 2014	Private Pflegepflichtversicherung in Deutschland
		Bürgerversicherung Schweiz	
mit Risikobezug soziodemographisch		PKV USA (Teilmärkte)	Basistarif (PKV Deutschland)
mit Risikobezug morbiditätsbezogen		PKV USA	PKV Deutschland

idealtypisch möglichen Kombinationen auch realtypisch vorzufinden sind (z. T. als Mischform). Die Tabelle ist so angelegt, dass der Risikobezug der Beiträge von oben nach unten zunimmt.

Traditionell war in den meisten gesetzlichen Krankenversicherungen das Umlageverfahren mit einkommensbezogenen Beiträgen verknüpft, so etwa auch heute noch beispielhaft in Österreich. In Deutschland gilt dies etwa in der sozialen Pflegeversicherung; in der gesetzlichen Krankenversicherung gilt es seit 2015 wieder. In einigen Ländern werden seit einigen Jahren Mischmodelle aus einkommensabhängigen Beiträgen und einkommensunabhängigen Beiträgen im Rahmen des Umlageverfahrens praktiziert – so etwa in den Niederlanden. Von 2009 bis 2014 wurde auch in der deutschen GKV ein Mischmodell praktiziert, wobei der Zusatzbeitrag einer Krankenkasse in 2009 und 2010 von der Kasse wahlweise einkommensabhängig oder einkommensunabhängig ausgestaltet werden konnte und von 2011 bis 2014 zwingend einkommensunabhängig war. In der Schweiz dagegen wird das Umlageverfahren ausschließlich mit Kopfbeiträgen verbunden. Das Ausmaß der Einkommensorientierung hängt offenbar davon ab, inwieweit der Gesetzgeber der Auffassung ist, Einkommensumverteilung sollte über das Steuersystem hinaus auch in den Sozialversicherungssystemen stattfinden.

In der deutschen privaten Krankenversicherung wird das Kapitaldeckungsverfahren mit risikobezogenen Beiträgen verknüpft. Soweit der Gesetzgeber die Private Krankenversicherung jedoch in den Dienst sozialpolitischer Ziele stellen will, schreibt er in seiner Regulierung Abweichungen von risikobezogenen Beiträgen vor – etwa mit der Privaten Pflegepflichtversicherung oder dem Basistarif in Deutschland.

In Deutschland hat sich der Gesetzgeber seit der Verabschiedung des Gesundheitsstrukturgesetzes im Jahr 1992 in der Gesetzlichen Krankenversicherung für ein Wettbewerbsmodell mit Wahlfreiheit der Mitglieder entschieden. Wenn Krankenversicherungen jedoch auf die Kalkulation risikobezogener Beiträge verzichten müssen, haben die miteinander konkurrierenden Unternehmen starke Anreize zur Selektion guter Risiken. Umgekehrt bestehen keine Anreize, sich um chronisch kranke Versicherte zu bemühen (schlechte Risiken). Das gilt insbesondere dann, wenn diese Bemühungen dazu führen, dass – etwa vermittelt über Ärzte – weitere schlechte Risiken sich wegen der guten Versorgung dieser Krankenkasse anschließen würden.

Der Gesetzgeber hat diese Anreizprobleme erkannt und parallel zur Einführung der **freien Krankenkassenwahl** auch einen **Risikostrukturausgleich (RSA)** eingeführt, der die Anreize zur Risikoselektion für die untereinander konkurrierenden Krankenkassen neutralisieren soll. Dies gelingt umso besser, je eher die Transfers in Folge des Risikostrukturausgleichs bei den Krankenkassen eine Situation entstehen lassen, in der risikobezogene Beiträge simuliert werden. Im Idealfall stehen der Krankenkasse, unter Berücksichtigung von Beitragseinnahmen und RSA-Transfers, für jeden einzelnen Versicherten genau die Einnahmen zur Verfügung, die die Krankenkasse an Ausgaben für diesen Versicherten erwartet. Faktisch führt der Risikostrukturausgleich in dieser Idealsituation dann zu einer Simulation risikobezogener Beiträge und zu einer vollständigen Neutralisierung von Anreizen zur Risikoselektion (Van de Ven und Ellis 2000).

Der Risikostrukturausgleich wandelt also aus Sicht der Kassen einkommensabhängige Beiträge in risikoabhängige Beiträge um, bringt somit ein Maximum an Risikobezug in die Zahlungen an die Kassen und nimmt den Einkommensbezug heraus. Ein entscheidender Schritt des Risikobezugs wurde dabei in Deutschland erst zum 01.01.2009 im Zuge der Einführung des Gesundheitsfonds umgesetzt, indem die bis dahin weitgehend soziodemographische Risikoorientierung der Zahlungen in eine zusätzlich morbiditätsorientierte Zahlung umgewandelt wurde.

Bei der Erreichung des Ziels einer Neutralisierung von Risikoselektionsanreizen sind allerdings auch eine Reihe von Nebenbedingungen zu beachten. So sollte der RSA Anreize zu wirtschaftlichem Verhalten möglichst weitgehend bestehen lassen, die Suche nach effektiven und effizienten Versorgungsstrukturen nicht beeinträchtigen und darüber hinaus administrativ handhabbar und manipulationsresistent sein. Zwischen dem Hauptziel (Neutralisierung der Risikoselektion) und den Nebenbedingungen können Zielkonflikte bestehen. So besteht etwa ein Konflikt zwischen dem Ziel, Risikostrukturunterschiede möglichst vollständig auszugleichen und dem Wirtschaftlichkeitsziel. Der am weitesten gehende Ausgleich würde dann erfolgen, wenn für jeden Versicherten seine tatsächlichen individuellen Leistungsausgaben ausgeglichen würden; dann hätte die Krankenkasse jedoch kein Interesse mehr an wirtschaftlicher Leistungserbringung. Ist – wie etwa in Deutschland seit 2021 – ergänzend zum Risikostrukturausgleich ein sog. Risikopool vorgesehen, der einer Krankenkasse jenseits eines Schwellenwertes tatsächliche individuelle Leistungsausgaben weit überwiegend erstattet, wird Risikoselektion weitergehend neutralisiert, Anreize zur Wirtschaftlichkeit werden hingegen stärker beeinträchtigt.

Rechtliche Grundlagen der GKV-Finanzierung

Die rechtlichen Rahmenbedingungen für das Finanzmanagement in den gesetzlichen Krankenkassen werden neben dem auf die GKV bezogenen **Sozialgesetzbuch V** auch durch das allgemeine Aspekte des Haushaltsrechts der Sozialversicherung regelnden **Sozialgesetzbuch IV** sowie ergänzende Rechtsverordnungen und Durchführungsbestimmungen von Ministerien und nachgeordneten Behörden gesetzt. Die rechtlichen Vorgaben beziehen sich etwa in Bezug auf die Versicherten vor allem auf die Ermittlung ihrer beitragspflichtigen Einnahmen und die Tragung und Zahlung der Beiträge. Hinsichtlich der Krankenkassen geht es um die Kalkulation ihrer Zusatzbeiträge und ihre Finanzbeziehungen zum **Gesundheitsfonds** und die daraus erfolgenden Zuweisungen an die Kassen (**Risikostrukturausgleich**) sowie zur **Verwendung und Verwaltung der Mittel.**

■ Finanzströme in der GKV und Gesundheitsfonds

Bis 2008 waren die einzelnen Krankenkassen die Empfänger der Beitragszahlungen für ihre Versicherten. Dies änderte sich mit der Einführung des Gesundheitsfonds im Jahre 2009. Die zur Zahlung von Beiträgen verpflichteten Mitglieder und Arbeitgeber zahlen jetzt ihre

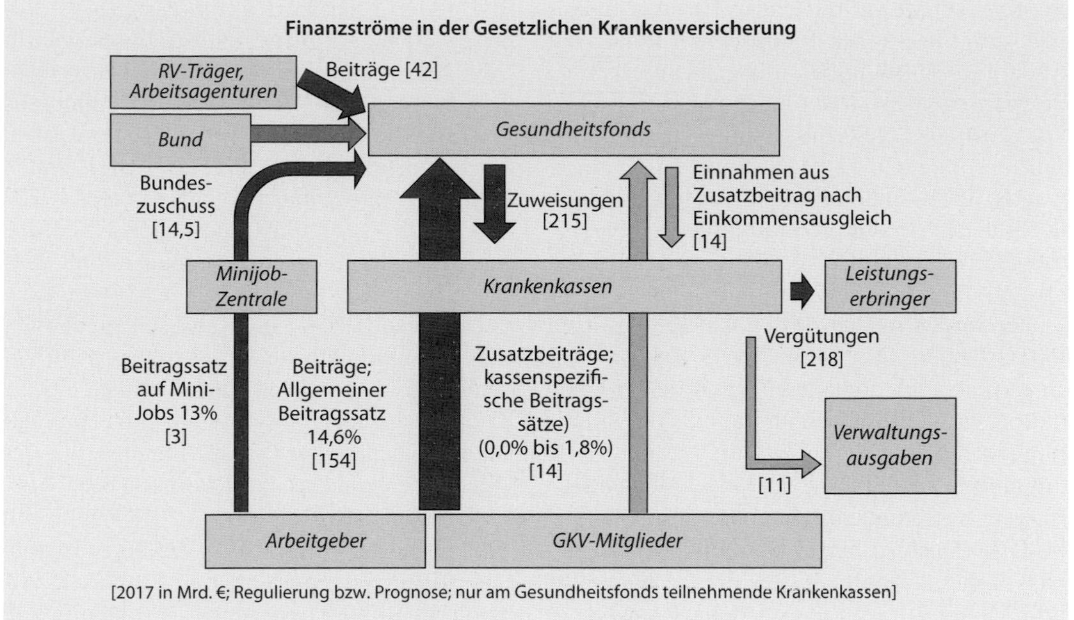

Abb. 4.2 Finanzströme in Gesundheitsfonds

einkommensabhängigen Beiträge über die als Einzugsstellen im Auftrag des Fonds tätigen jeweiligen Krankenkassen, bei denen die Mitglieder versichert sind, an den Gesundheitsfonds (§ 252 SGB V). Am Gesundheitsfonds nehmen alle Krankenkassen bis auf die landwirtschaftliche Krankenversicherung teil, welche im Rahmen der Strukturhilfen des Bundes für die Landwirtschaft gesonderte Zuschüsse erhält. Abb. 4.2 zeigt das aktuelle – etwas vereinfachte – Schema der Finanzströme in der GKV für die am Gesundheitsfonds teilnehmenden Krankenkassen. Für die sog. »Minijobs« zeigt Abb. 4.2 eine gewisse Abweichung, weil hier die Arbeitgeber die Beiträge nicht an die Krankenkasse der Arbeitnehmer, sondern an die Bundesknappschaft als Minijobzentrale entrichten, die sie ihrerseits an den Gesundheitsfonds weiterleitet (§§ 28i u. 28k SGB IV). Rentenversicherungsträger und Arbeitsämter zahlen die Beiträge für Rentner und Arbeitslose direkt an den Gesundheitsfonds (§ 252 SGG V). Schließlich zahlt der Bund – zur Abgeltung sog. »versicherungsfremder« Leistungen – einen Zuschuss an die GKV, der ebenfalls in den Gesundheitsfonds fließt; der Bundeszuschuss wurde 2004 eingeführt und hat aufgrund zahlreicher gesetzlicher Änderungen in der Höhe mehrfach variiert. Im Jahr 2021 beträgt er 19,5 Mrd. € (§§ 221, 221a SGB V).

Der für ein versicherungspflichtiges GKV-Mitglied zu entrichtende Beitrag an den Gesundheitsfonds ergibt sich, indem auf die beitragspflichtigen Einkommen des Mitglieds ein Beitragssatz angewendet wird. Welche Einkommen beitragspflichtig sind, ist in §§ 223 bis 240 SGB V geregelt. Die Einnahmen sind bis zu einer Beitragsbemessungsgrenze beitragspflichtig (§ 223 GB V); diese verändert sich jährlich entsprechend der durchschnittlichen Lohn- und Gehaltsentwicklung und beträgt in 2021 monatlich 4837,50 €. Der »allgemeine« Beitragssatz, der sich z. B. auf Beiträge aus Arbeitsentgelt oder aus Rente der gesetzlichen Krankenversicherung bezieht, ist gesetzlich festgelegt und beträgt 14,6 % (§ 241 SGB V); er wird hälftig (»paritätisch«) von Arbeitgebern (bzw. bei Rentnern: den Rentenversicherungsträgern) und Mitgliedern getragen. Für bestimmte Personengruppen (z. B. versicherungspflichtige Studenten) bestehen gesonderte gesetzlich geregelte Beitragssätze.

Die Mittel des Gesundheitsfonds werden primär für die Zahlung von »Zuweisungen« an die Krankenkassen verwendet. Darüber hinaus soll der Gesundheitsfonds eine Liquiditätsreserve aufbauen, insbesondere um unterjährige Schwankungen in den Einnahmen ausgleichen zu können (§ 271 SGB V). Aufgrund der in den Jahren vor der Covid-19-Pandemie besser als erwartet verlaufenden Einkommensentwicklung der Versicherten ist die Liquiditätsreserve über die gesetzlich geforderten 25 % einer Monatsausgabe angewachsen.

Es werden mehrere Arten von Zuweisungen unterschieden. Den mit knapp 95 % der Zuweisungen absolut dominierenden Anteil machen hierbei die Zuweisungen im Rahmen des morbiditätsorientierten Risikostrukturausgleichs (dazu unten mehr) für die Finanzierung der Pflichtleistungen der Krankenkassen aus (§§ 266 bis 269 SGB V). Darüber hinaus erhalten die Krankenkassen eine Zuweisung, aus der sie Satzungs- und Mehrleistungen finanzieren können (§ 270 Abs. 1 Satz 1 Buchst. a SGB V); diese entspricht je Versichertem den durchschnittlichen Ausgaben aller Krankenkassen für Satzungs- und Mehrleistungen (§ 37 Abs. 4 der Risikostrukturausgleichsverordnung). Auch erhalten sie Zuweisungen zur Finanzierung ihrer Verwaltungsausgaben (§ 270 Abs. 1 Satz 1 Buchst. c SGB V); diese werden zu 50 % entsprechend den durchschnittlichen Verwaltungsausgaben der Krankenkassen je Versichertem ermittelt, die anderen 50 % werden nach der Morbidität der Versicherten zugewiesen (§ 37 Abs. 1 Risikostrukturausgleichsverordnung). Schließlich erhalten sie eine Pauschale für in strukturierten Behandlungsprogrammen (»Disease Management Programme«; §§ 137f und 137g SGB V) eingeschriebene Versicherte (§ 270 Abs. 1 Satz 1 Buchst. b SGB V). Seit 2021 erhalten sie für Versicherte mit Jahresausgaben oberhalb eines Schwellenwerts von 100.000 € 80 % der den Schwellenwert übersteigenden Ausgaben aus dem neu eingeführten Risikopool; der Schwellenwert verändert sich entsprechend der Veränderungsrate der im RSA berücksichtigten Leistungsausgaben. Die Zuweisungen über den Risikopool führen entsprechend zu Kürzungen der über den RSA zugewiesenen Mittel.

Der Gesundheitsfonds soll grundsätzlich keine höheren Zuweisungen an die Krankenkassen ausschütten, als er in einem Jahr an Beitragszahlungen und Bundeszuschuss einnimmt (§ 41 Abs. 2 Risikostrukturausgleichsverordnung). Damit ist allerdings – politisch gewollt – im Durchschnitt keine vollständige Ausgabendeckung möglich. So wurde die Summe aus Leistungsausgaben und Verwaltungsausgaben der Krankenkassen im Jahr 2021 im Rahmen eines dazu einberufenen Schätzerkreises (§ 220 Abs. 2 SGB V) vom BMG auf knapp 275 Mrd. € geschätzt, der Gesundheitsfonds nimmt hingegen voraussichtlich nur rd. 255 Mrd. € ein.[1] Entsprechend decken die Zuweisungen des Gesundheitsfonds an die Krankenkassen durchschnittlich nur rund 93 % der Ausgaben. Da die Krankenkassen verpflichtet sind, ihren Haushalt auszugleichen, müssen sie zur Finanzierung der Differenz einen »Zusatzbeitrag« erheben.

Der Zusatzbeitrag war bis 2018 alleine von den beitragspflichtigen Mitgliedern zu tragen; seit 2019 wird er (wieder) paritätisch von Arbeitgebern und Versicherten getragen (§ 242 SGB V). Er ist seit 2015 einkommensabhängig. Die Höhe des Beitragssatzes für den Zusatzbeitrag kalkuliert jede Krankenkasse individuell, sodass sie damit den Haushaltsausgleich bewerkstelligen kann. Die beitragspflichtigen Einnahmen der Mitglieder sind zwischen den Krankenkassen sehr unterschiedlich. Würden diesen die kassenindividuellen beitragspflichtigen Einnahmen ihrer jeweiligen Mitglieder als Basis für die Zusatzbeiträge zur Verfügung stehen, würden aus der unterschiedlichen Einkommenshöhe der Versicherten unterschiedlich hohe Zusatzbeiträge resultieren. Um dies zu vermeiden, werden auch die Zusatzbeiträge an den Gesundheitsfonds entrichtet, der einen »Einkommensausgleich« durchführt (§ 270a SGB V). Im Ergebnis stehen den Krankenkassen damit Einnahmen aus der Erhebung eines Zusatzbeitrags in der Höhe zur Verfügung, die sich ergäbe, wenn ihre Mitglieder genau durchschnittliche beitragspflichtige Einnahmen hätten (Wasem 2015). Aktuell liegt der Zusatzbeitrag zwischen 0,35 und 1,8 %, im Durchschnitt bei 1,3 %.

1 Der Gesetzgeber hat für das Jahr 2021 Krankenkassen mit überdurchschnittlichen Rücklagen verpflichtet, diese teilweise an den Gesundheitsfonds abzuführen und insoweit die Unterdeckungen zu verringern (§ 272 SGB V).

Haushaltsplan der Krankenkassen

Krankenkassen müssen einen Haushaltsplan bei ihrer jeweiligen Aufsichtsbehörde einreichen (§ 70 SGB IV). In diesem Haushaltsplan müssen die geplanten Ausgaben (einschließlich einer etwaig geplanten Veränderung der Höhe der Rücklage) den geplanten Einnahmen entsprechen. Bei Krankenkassen, die sich auf weniger als vier Bundesländer erstrecken (sogenannte landesunmittelbare Krankenkassen), ist die Aufsichtsbehörde des Bundeslandes, in der die Krankenkasse ihren Satz hat, zuständig. Erstreckt sich die Krankenkasse über mehr als drei Bundesländer, gilt sie als bundesunmittelbar, dann ist das Bundesversicherungsamt als Bundesaufsichtsbehörde zuständig (Art. 87 Abs. 2 Grundgesetz).

Die voraussichtlich erforderlichen Ausgaben sind für den Haushaltsplan sorgfältig zu schätzen. Verwaltungsausgaben werden durch einen Stellenplan und absehbare Veränderungen der Personalkosten geschätzt. Wegen des wesentlich größeren Anteils an den Gesamtausgaben ist vor allem die **Schätzung der Leistungsausgaben** im Haushaltsplan von besonderer Bedeutung. Bei der Schätzung der Ausgaben müssen die Kassen die Auswirkungen gesetzlicher Neuregelungen berücksichtigen, etwa wenn durch eine Gesundheitsreform neue Leistungen beschlossen oder bisherige Leistungen aus dem Katalog gestrichen werden.

Auf der Einnahmeseite stehen den Krankenkassen außer den Zuweisungen aus dem Gesundheitsfonds und etwaigen Zusatzbeiträgen in geringem Umfang noch sonstige Einnahmen zur Verfügung. Dazu zählen etwa Säumniszuschläge oder Mieteinkünfte.

Die Krankenkassen müssen zur Sicherstellung ihrer Leistungsfähigkeit eine **Rücklage** bilden. Die Rücklage soll im Minimum 20 % einer Monatsausgabe betragen (§ 261 Abs. 1 SGB V) und darf einschl. der Betriebsmittel maximal 80 % einer Monatsausgabe betragen (§ 260 Abs. 1 SGB V). Die Rücklage soll zum Ausgleich kurzfristiger Differenzen zwischen Einnahmen und Ausgaben in Anspruch genommen werden. Die Erhebung von Zusatzbeiträgen allein zur Auffüllung der Rücklage ist nicht zulässig (Abs. 4).

Berücksichtigen müssen die Krankenkassen auch einen zu Beginn des Haushaltsjahres vorhandenen Betriebsmittelüberschuss. Nach § 81 SGB IV sind **Betriebsmittel** kurzfristig verfügbare Mittel, die die Krankenkassen zur Bestreitung ihrer laufenden Ausgaben sowie zum Ausgleich von Einnahme- und Ausgabeschwankungen im erforderlichen Umfang bereithalten müssen. Die Betriebsmittelreserve liegt demnach bei einer halben Monatsausgabe. Eine Untergrenze für vorzuhaltende Betriebsmittel ist gesetzlich nicht festgelegt.

Kalkulation des Zusatzbeitrags

Nach der Vorstellung des Gesetzgebers soll grundsätzlich die Festlegung der Höhe des Zusatzbeitrages vor Beginn des Haushaltsjahres erfolgen. Übersteigen während eines Jahres die Ausgaben die Zuweisungen aus dem Gesundheitsfonds, soll die Deckung zunächst durch Betriebsmittel und Entnahmen aus der Rücklage erfolgen. Erst wenn diese Maßnahmen nicht ausreichen, sind **Zusatzbeiträge** auch während des Haushaltsjahres zu erheben (§ 242 Abs. 2 SGB V). Im Normalfall wird die Beitragserhöhung durch eine Änderung der Satzung und damit durch den Verwaltungsrat vorgenommen. Nur wenn die Leistungsfähigkeit der Krankenkasse akut bedroht ist, darf der Vorstand im Vorgriff auf die Änderung der Satzung mit Zustimmung der Aufsichtsbehörde den Beitrag erhöhen. Letztere kann ggf. den Beitrag auch ohne Vorstandsbeschluss erhöhen, wenn dieser nicht zustande kommt. Die Satzungsänderung, mit der der Zusatzbeitrag verändert wird, bedarf der Genehmigung der Aufsichtsbehörde der Krankenkasse (§ 34 SGB IV).

Für die Kalkulation des Zusatzbeitrags (ZB) einer Krankenkasse gelten die in der Übersicht dargestellten Stellgrößen.

Stellgrößen für die Kalkulation des Zusatzbeitragssatzes einer Krankenkasse

- Ausgaben für Pflichtleistungen (AP)
- Ausgaben für Satzungs- und Ermessensleistungen (ASE)

- Ausgaben für Verwaltung (AV)
- Ausgaben für Programmkosten der DMPs (ADMP)
- Sonstige Ausgaben (AS)
- Zuweisungen für Pflichtleistungen an die Kasse (ZP)
- Zuweisungen für Satzungs- und Ermessensleistungen an die Kasse (ZS)
- Zuweisungen für Verwaltungsausgaben an die Kasse (ZV)
- Zuweisungen für DMP-Programmkosten an die Kasse (ZDMP)
- Zuweisungen aus dem Risikopool (ZRP)
- Änderung der Rücklage und Betriebsmittel der Kasse (R, wobei bei Abbau R > 0 sei)
- Sonstige Einnahmen der Krankenkasse (SE)
- Einnahmen aus Zusatzbeitrag (ZB)
- Durchschnittliche beitragspflichtige Einnahmen je Mitglied der GKV (BPEGKV)
- Zahl der Mitglieder der Kasse (M)
- Zusatzbeitragssatz (b)

Da die Krankenkassen einen ausgeglichenen Haushalt erzielen sollen, gilt, dass die Summe ihrer Einnahmen aus Zuweisungen und eventuellem Zusatzbeitrag inklusive möglicher Veränderungen der Rücklagen und Betriebsmittel der Summe der Ausgaben entsprechen soll:

$$ZP + ZS + ZV + ZDMP + ZRP + R + SE + ZB = AP + ASE + AV + ADMP + AS$$

Sofern die Krankenkasse die strukturelle Unterdeckung durch die Zuweisungen aus dem Gesundheitsfonds nicht durch einen Abbau von Rücklagen und Betriebsmitteln finanzieren kann, muss sie also entsprechende Einnahmen durch den Zusatzbeitrag erzielen.

Für die Einnahmen aus dem Zusatzbeitrag gilt, dass sie sich als Produkt aus dem von der Kasse erhobenen Zusatzbeitragssatz und der für die Kasse relevanten Beitragsbemessungsgrundlage ergibt. Diese stellt sich aufgrund des Einkommensausgleichs wiederum dar als Produkt aus den GKV-durchschnittlichen beitragspflichtigen Einnahmen je Mitglied und der Anzahl der Mitglieder der Kasse:

$$ZB = b \times BPEGKV \times M$$

Daraus folgt für den Zusatzbeitragssatz:

$$b = (AP + ASE + AV + ADMP + AS - ZP - ZS - ZV - ZRP - ZDMP - SE - R) / (BPEGKV \times M)$$

Auf diese Weise findet für die Zusatzbeiträge ein Einkommensausgleich statt, die einzelne Krankenkasse hat also auf der Einnahmenseite keinen Vor- oder Nachteil von über- oder unterdurchschnittlichen Einkommen ihrer Mitglieder bzw. von einer unter- oder überdurchschnittlichen Zahl beitragsfrei mitversicherter Familienmitglieder.

Gemäß § 274 SGB V sind die Aufsichtsbehörden (das Bundesamt für Soziale Sicherung (BAS) bzw. die zuständigen Behörden der Bundesländer; ► Abschn. 2.2) für die Prüfung der Geschäfts-, Rechnungs- und Betriebsführung zuständig. Diese Prüfung hat mindestens alle 5 Jahre zu erfolgen und bezieht sich vor allem auf die **Gesetzmäßigkeit und Wirtschaftlichkeit der Verwaltung**.

▪ Morbiditätsorientierter Risikostrukturausgleich

Im Vorfeld der Einführung der Kassenwahlfreiheit ab 1996 hatte der Gesetzgeber für die Zeit ab 1994 den Risikostrukturausgleich eingeführt. Er sollte Anreize zur Risikoselektion für die einzelnen Krankenkassen neutralisieren.

Bei der Einführung des RSA wurden bei den ausgabenseitigen Risikofaktoren berücksichtigt:

- Alter (in 1-Jahres-Schritten),
- Geschlecht,
- Status als Erwerbsminderungsrentner (ja/nein).

Damit wurden die systematischen Morbiditätsunterschiede zwischen den Versicherten allerdings nur sehr grob erfasst. Im Zuge einer **RSA-Reform** beschloss der Gesetzgeber daher 2001, die Morbidität besser zu erfassen. Kurzfristig sollte dies dadurch geschehen, dass ab 2003 eine zusätzliche Variable in den RSA aufgenommen wurde:

- Einschreibestatus in Bezug auf strukturierte Behandlungsprogramme (DMP) (ja/nein).

Der Gesetzgeber ging davon aus, dass Personen, die sich in solche Programme einschreiben, chronisch krank sind und damit überdurchschnittliche Ausgaben für die Krankenkassen verursachen.

Die RSA-Reform von 2001 hatte vorgesehen, die Morbidität mittelfristig anstelle der DMP-Variable direkt mittels Diagnosen oder anderen Morbiditätsindikatoren zu messen (§ 268 SGB V). Diese direkte **Morbiditätsorientierung** ist durch das GKV-WSG zeitgleich mit der Einführung des Gesundheitsfonds im Jahr 2009 implementiert worden. Der RSA sorgt nunmehr insbesondere dafür, dass die Mittel des Gesundheitsfonds entsprechend der Morbidität an die Krankenkassen verteilt werden. Der Grundgedanke hierbei ist: Die Krankenkassen sollen für »Gesunde« weniger Zuweisungen aus dem Gesundheitsfonds erhalten als für »Kranke«. Es bedarf daher eines Messsystems der Kostenintensität der Erkrankungen.

Im Rahmen einer wissenschaftlichen Untersuchung waren 2004 verschiedene Modelle zur Morbiditätsorientierung des RSA empirisch untersucht worden (Reschke et al. 2004). Ein an der Universität Boston entwickeltes Modell (Zhao et al. 2001) war aufgrund seiner statistischen Performance (Fähigkeit, Unterschiede in den Ausgaben zwischen den Versicherten zu erklären) in dem Gutachten empfohlen worden. Der Vorschlag des Gutachtens sah vor, die Morbidität im stationären Bereich mit den Entlassungsdiagnosen der Krankenhäuser und im ambulanten Bereich mit den verordneten Arzneimitteln zu messen.

Das Bundesversicherungsamt hat die Morbiditätsorientierung des RSA auf der Basis des Gutachtens vorgenommen. Im Rahmen der politischen Kompromissbildung in der Großen Koalition war eine Beschränkung des RSA auf höchstens 80 Erkrankungen vorzunehmen. Zur Umsetzung der Krankheitsauswahl wurde ein Wissenschaftlicher Beirat eingerichtet (Wissenschaftlicher Beirat zur Weiterentwicklung des Risikostrukturausgleichs 2007). In seinem Entwurf schlug dieser u. a. die Nutzung der im vertragsärztlichen Sektor dokumentierten Diagnosen vor, welche teilweise durch Verordnungen von Arzneimitteln »validiert« werden, denn aufgrund der Beschränkung auf 80 Erkrankungen war die Messung der ambulanten Morbidität primär durch Arzneimittelverordnungen nicht möglich. Mit der RSA-Reform durch das GKV-FKG von 2020 hat der Gesetzgeber einem Vorschlag des Wissenschaftlichen Beirats entsprechend (Wissenschaftlicher Beirat zur Weiterentwicklung des Risikostrukturausgleichs 2017) ab 2021 die Begrenzung auf 80 Erkrankungen beseitigt; zudem hat er den RSA um einen Set von »Regionalvariablen« ergänzt, mit denen Einflussfaktoren auf die relative Ausgabenhöhe zwischen den Regionen berücksichtigt werden sollen (Wissenschaftlicher Beirat zur Weiterentwicklung des Risikostrukturausgleichs 2018). Demgegenüber hat der Gesetzgeber die bislang verwendeten gesonderten Zuweisungen für Versicherte mit Erwerbsminderungsrenten ab 2021 gestrichen.

Wenn man nun einen genaueren Blick auf die Umsetzung des Morbi-RSA wirft, setzt sich die Zuweisung für einen Versicherten zur Finanzierung der Pflichtleistungen aus den folgenden Komponenten zusammen

- einer für alle Versicherten gleichen Grundpauschale,
- Zu- oder Abschlag für Alter und Geschlecht (in 40 Gruppen, jeweils 20 je Geschlecht in 5-Jahres-Gruppen),
- Zu- oder Abschläge für 8 Regionalvariablen (jeweils mit 10 Ausprägungen),
- ggf. Zuschlag bzw. Zuschläge für bestimmte Krankheiten (derzeit [2021] 495 sog. hierarchisierte Morbiditätsgruppen anhand von Diagnosen und Arzneimittelverordnungen).

Die Grundpauschale stellt den Durchschnittswert der Ausgaben für Pflichtleistungen über alle GKV-Versicherten hinweg dar, während sich Zu- und Abschläge aufgrund einer multivariaten Regressionsanalyse des Zusammenhanges von Alter, Geschlecht, Regionalen Einflussfaktoren sowie Gesundheitszustand (in Form von Hierarchisierten Morbiditätsgruppen) für einen Versicherten und den Ausgaben

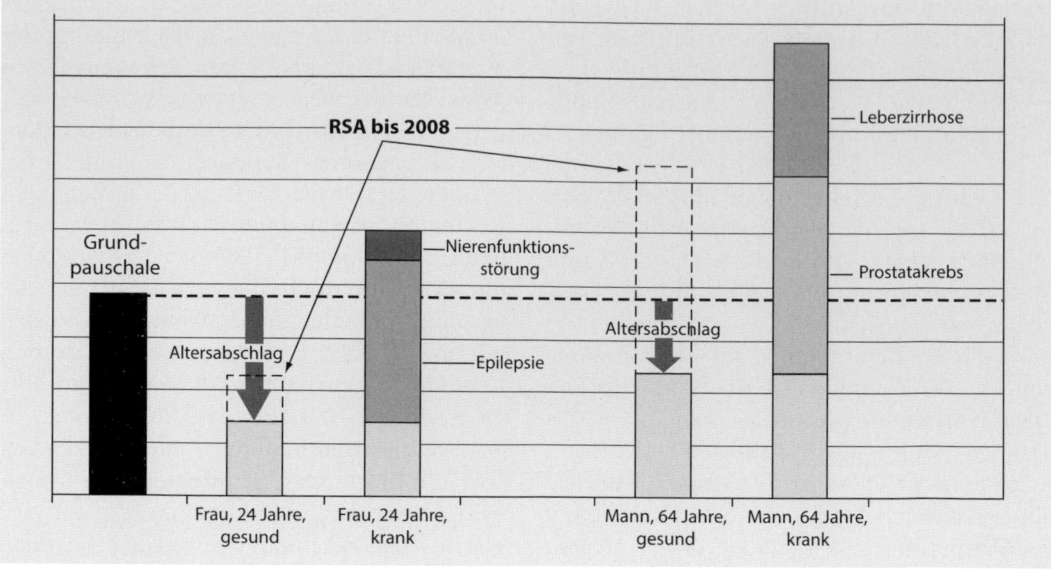

Abb. 4.3 Zuweisungen aus dem Morbi-RSA im Vergleich zum RSA bis 2008. (Quelle: Bundesversicherungsamt 2008)

ergeben (sog. »**Regressionsansatz**«). In der Summe addieren sich die Zu- und Abschläge auf Null. Zur erstmaligen Durchführung dieser Regressionsanalyse stand dem Bundesversicherungsamt ein über alle Krankenkassen und Regionen repräsentativer Datensatz von rd. 4,5 Mio. Versicherten der GKV zur Verfügung. Seit 2012 steht eine Vollerhebung mit den Daten aller Krankenkassen zur Verfügung, zur Vermeidung hoher Rechenzeiten wird ein Teil der Arbeitsschritte bei der jährlichen Weiterentwicklung des Klassifikationssystems aber auf einer 30-Prozent-Stichprobe durchgeführt. Das Modell ist prospektiv ausgestaltet, d. h. die Zuweisungen orientieren sich an den Diagnosen, die die Versicherten jeweils im Vorjahr hatten. In der praktischen Konsequenz bedeutet dies, dass Akuterkrankungen eine vergleichsweise geringe Rolle bei den Morbiditätszuschläge aufweisen; sie werden weitgehend in den Zuweisungen nach Alter und Geschlecht pauschal abgegolten, sehr aufwändige Akuterkrankungen werden seit 2021 aber im Risikopool teilweise ausgeglichen. Die chronischen Krankheiten werden hingegen durch spezifische Zuschläge berücksichtigt, die vielfach beachtliche Höhen, in der Spitze mehrere 100.000 € p. a., erreichen können. Abb. 4.3 zeigt exemplarisch, wie die Zuweisungen aus dem Morbi-RSA im Unterschied zum RSA bis 2008 berechnet wurden.

Eine weitere Besonderheit des eingeführten Morbiditätsklassifizierungssystems besteht darin, dass es hierarchisch aufgebaut ist. Das heißt (etwas vereinfacht), dass es nach Schweregrad einer Krankheit gestaffelt unterschiedliche Morbiditätszuschläge gibt. Für einen Versicherten erhält eine Krankenkasse innerhalb eines solchen Hierarchie-Systems nur den Zuschlag für den jeweils höchsten Schweregrad, der einem Versicherten zugeordnet ist, auch wenn aufgrund der Diagnosen zusätzlich eine Zuordnung von hierarchisch darunterliegenden Morbiditätsgruppen vorliegt.

Zum beschriebenen Vorgehen gibt es drei relevante Ergänzungen:

Kostenerstatter Versicherte haben die Möglichkeit, statt Sachleistungen eine Kostenerstattung zu wählen. In der Regel liegen in diesen Fällen Morbiditätsdaten nicht oder nur unvollständig vor. Daher wird bei Versicherten, die für mindestens 183 Tage im Vorjahr Kostenerstattung gewählt hatten, auf die Zuordnung von HMGs verzichtet, stattdessen werden altersgruppen-stratifizierte Kostenerstatter-Zuschläge berechnet.

dem Markt erzielten Zins aus der Anlage der Alterungsrückstellungen und dem kalkulierten Zins von maximal 3,5 vom Hundert) zu 90 % in die Bildung einer **zusätzlichen Alterungsrückstellung** zu geben (§ 150 VAG); dahinter steckt die Überlegung, dass der Überzins benötigt wird, die Auswirkungen der allgemeinen Inflationsentwicklung auf die Ausgaben der Krankenversicherung durch zusätzliche Alterungsrückstellungen zu begrenzen. Auch müssen die Versicherungen bei Neuverträgen seitdem einen **zusätzlichen Zuschlag** von 10 % erheben, der ebenfalls für die steigenden Krankheitskosten im Alter angespart wird (§ 149 VAG) und konzeptionell als Antwort auf die kostentreibenden Wirkungen des medizinischen Fortschritts gedacht ist (Wasem 1997).

Auch als Reaktion auf die Probleme mit den im Alter steigenden Krankheitskosten hat der Gesetzgeber die **Gewährung des Arbeitgeberzuschusses** zum Beitrag privat Krankenversicherter seit 1994 davon abhängig gemacht, dass die Versicherten in einem Tarif versichert sind, mit dem sie im Alter Anspruch auf einen Wechsel in den sog. Standardtarif hatten, der bei GKV-vergleichbaren Leistungen vorsah, dass der GKV-Höchstbeitrag nicht überschritten werden durfte. Mit der Gesundheitsreform von 2007 (GKV-WSG) hat der Gesetzgeber im Versicherungsaufsichtsrecht vorgeschrieben, dass in Deutschland nur Krankenversicherer die »substitutive Krankenversicherung« (also die Vollversicherung) anbieten dürfen, die den sog. **Basistarif** haben (§ 257 Abs. 2a SGB V). Das Bundesverfassungsgericht hat im Juni 2009 entschieden, dass diese Verpflichtung nicht verfassungswidrig ist. Für den branchenweit einheitlichen Basistarif (§ 152 VAG) ist vorgeschrieben, dass

- dessen Vertragsleistungen in Art, Umfang und Höhe der Leistungen denen der gesetzlichen Krankenversicherung vergleichbar sind,
- Selbstbehaltvarianten von 300, 600, 900 oder 1200 € angeboten werden,
- der Zugang den folgenden Personengruppen offen steht:
  1. allen freiwillig in der gesetzlichen Krankenversicherung Versicherten, und zwar (a) innerhalb von 6 Monaten nach Einführung des Basistarifes und (b) innerhalb von 6 Monaten nach Beginn der Wechselmöglichkeit in einen substitutiven Tarif der privaten Krankenversicherung;
  2. allen nichtversicherten Personen mit Wohnsitz in Deutschland, die nicht in der GKV versicherungspflichtig sind, und
  3. allen Personen mit einem substitutiven Krankenversicherungstarif der privaten Krankenversicherung, deren Vertrag nach dem 31.12.2008 abgeschlossen wurde,
- der Versicherte im Basistarif ohne Selbstbehalt keinen höheren Beitrag als den Höchstbeitrag in der gesetzlichen Krankenversicherung zu zahlen braucht; bei der Berechnung des Höchstbeitrags der gesetzlichen Krankenversicherung ist ggf. zu berücksichtigen, dass der aktuelle allgemeine Beitragssatz die Ausgaben nicht vollständig deckt und daher ein entsprechend höherer Beitragssatz anzusetzen ist und
- keine Risikozuschläge aufgrund von Vorerkrankungen erhoben werden (§ 203 Abs. 1 VVG).

Da die Unternehmen durch die Begrenzung der Versichertenbeiträge unterschiedlich belastet wären, sieht das Gesetz einen Risikoausgleich zwischen den Unternehmen vor. An diesem Risikoausgleich müssen sich alle Unternehmen, die einen Basistarif anbieten, und damit faktisch alle Unternehmen, welche eine substitutive Krankenversicherung anbieten, beteiligen. Dabei werden unterschiedliche Belastungen aufgrund der nicht in Form von Risikozuschlägen in die Prämien für den Basistarif einkalkulierbaren Vorerkrankungen gleichmäßig auf alle im Basistarif Versicherten umgelegt (Weber 2010). Die unterschiedlichen Belastungen durch die Begrenzung der Prämien auf den Höchstbeitrag der gesetzlichen Krankenversicherung werden gleichmäßig auf alle am Ausgleich beteiligten Versicherungsunternehmen verteilt. Dieser Risikoausgleich wird von den Unternehmen organisiert und von der Versicherungsaufsicht überwacht (§ 154 VAG).

Eine erhebliche Veränderung für die deutsche substitutive Krankenversicherung stellt sicherlich die Verpflichtung der Unternehmen dar, für nach dem 01.01.2009 geschlossene Verträge im Falle eines Unternehmenswechsels eines Versicherten die **Alterungsrückstellung** bzw. einen Teil davon zu übertragen. Mit Hilfe des oben beschriebenen branchenweit einheitlichen Basistarifs wird die Höhe des Übertragungswerts in § 146 VAG Abs. 1 Pkt. 5 festgelegt, wobei

> » in dem Versicherungsvertrag die Mitgabe des Übertragungswerts des Teils der Versicherung, dessen Leistungen dem Basistarif (...) entsprechen, bei Wechsel des Versicherungsnehmers zu einem anderen privaten Krankenversicherungsunternehmen vorzusehen ist.

Die Altersrückstellung des Teils der Versicherung, der über die Leistungen des Basistarifs hinausgeht, kann in einen Zusatztarif übertragen werden, welcher allerdings beim Ausgangsunternehmen abgeschlossen werden muss.

Um die langfristige Erfüllbarkeit der Versicherungsverträge zu sichern, sieht das VAG Regelungen zur erforderlichen Kapitalausstattung der Krankenversicherungsunternehmen (§ 89 VAG) sowie zu den zulässigen Anlageformen der Alterungsrückstellungen vor. Ende 2004 hat der Gesetzgeber darüber hinaus zur Sicherung der Ansprüche der Versicherten die PKV-Unternehmen verpflichtet, eine **gemeinsame Sicherungseinrichtung** zu errichten, auf die im Falle drohender Insolvenz eines Versicherers dessen Versichertenbestände übergehen und der Deckungslücken aus Einzahlungen aller PKV-Unternehmen finanziert (§§ 221–231 VAG). Für die **Zusatzkrankenversicherung** ist die Kalkulation nach Art der Lebensversicherung nicht vorgeschrieben. Die Unternehmen können hier also **risikobezogene Prämien** für eine kurze Kalkulationsperiode (z. B. 1 Jahr) kalkulieren.

4.2.2 Praktische Umsetzung

Notwendigkeit zur Sicherung eines ausgeglichenen Haushalts in der GKV

Zur praktischen Umsetzung eines ausgeglichenen Haushalts müssen die Krankenkassen in der Lage sein, die **Einnahmen** und **Ausgaben** im Laufe des Haushaltsjahrs zuverlässig zu **schätzen,** um die unterjährige Erhebung oder Änderung eines Zusatzbeitrages zu vermeiden. Die Krankenkassen orientieren sich bei der Schätzung der Veränderung der Leistungsausgaben an den Veröffentlichungen des Schätzerkreises. Sie haben allerdings zu berücksichtigen, inwieweit bei ihnen aufgrund kassenspezifischer Verhältnisse Abweichungen vorliegen. Bisherige Erfahrungen zeigen, dass eine zuverlässige Schätzung von Einnahmen und Ausgaben unter zwei Voraussetzungen möglich ist:

- Erstens darf es zu keinen deutlichen Mitgliedergewinnen bzw. Mitgliederverlusten kommen. Bisher fehlen den Krankenkassen die Instrumente, um die Folgen nennenswerter Mitgliederwanderungen zuverlässig prognostizieren zu können (zu den Gründen s. u.).
- Zweitens ist eine zuverlässige Schätzung von Einnahmen und Ausgaben nur dann möglich, wenn im jeweiligen Haushaltsjahr keine Folgen größerer Gesundheitsreformen umzusetzen sind.

Normalerweise kalkulieren die Krankenkassen die finanziellen Auswirkungen von Gesundheitsreformen in ihre Haushalte ein, die auch vom Gesetzgeber in den jeweiligen Gesetzentwürfen geschätzt werden. Diese Schätzungen haben sich jedoch in der Vergangenheit regelmäßig als unzuverlässig erwiesen – was sich dann auch in den Kalkulationen der Krankenkassen auswirken musste.

Sind diese beiden Voraussetzungen gegeben – stabiler Mitgliederbestand und keine größeren finanziellen Folgen von Gesundheitsreformen – reichen die vorhandenen Instrumente der Krankenkassen i. d. R. aus, um wie vom Gesetzgeber beabsichtigt die Einnahmen und Ausgaben des Haushaltsjahres zuverlässig zu prognostizieren. Zu diesen Instrumenten zählen insbesondere die Analyse des Zeittrends von RSA-Teilprofilen (d. h. nach Alter und Geschlecht sowie Morbidität) und die Analyse aktueller Vertragsabschlüsse auf der Ausgabenseite sowie Prognosen über die Auswirkungen neu abgeschlossener Tarifverträge auf der Einnahmenseite. Ungenauigkeiten in den Prognosen können bei einem stabilen Marktumfeld i. d. R. problemlos durch Betriebsmittel und Rücklagen kompensiert werden.

In den letzten Jahren hat sich jedoch auch gezeigt, dass auf einem dynamischen Markt eine Reihe von Krankenkassen keine zuverlässige Prognose von Einnahmen und Ausgaben vorgenommen hat. Das galt sowohl für Krankenkassen mit hohen Mitgliedergewinnen als auch für Krankenkassen mit hohen Mitgliederverlusten. Verantwortlich für diese Probleme war vor allem die **Zeitverzögerung** zwischen Eingang der **Beitragseinnahmen (bzw. Zuweisungen aus dem Gesundheitsfonds)** und Fälligkeit der **Leistungsausgaben**.

Hat eine Krankenkasse hohe Mitgliederzuwächse zu verzeichnen, kann sie zu Beginn des Haushaltsjahres sofort mit den zusätzlichen Beitragseinnahmen (bzw. Zuweisungen aus dem Gesundheitsfonds) dieser neuen Mitglieder kalkulieren. Die Leistungsausgaben für diese neuen Mitglieder werden jedoch erst mit Zeitverzögerung im Laufe des Haushaltsjahres fällig. In der Vergangenheit wurden die Folgen dieser Zeitverzögerung regelmäßig unterschätzt, u. a. dadurch, dass neue Mitgliederzuflüsse den Effekt zumindest zeitweise kompensieren konnten. Letztendlich mussten aber die zu Beginn des Haushaltsjahres kalkulierten Beitragssätze (jetzt: Zusatzbeiträge) ceteris paribus spätestens zum Ende des Haushaltsjahres zu Defiziten führten, die Betriebsmittel und Rücklagen schnell aufzehrten. Die gesetzlichen Vorschriften hätten zu Beginn des neuen Haushaltsjahres eine Beitragssatzerhöhung notwendig gemacht. Diese Erhöhungen unterblieben jedoch in vielen Fällen, um nicht den Verlust von Mitgliedern zu riskieren. Stattdessen wurden von einigen Krankenkassen gesetzlich nicht zulässige Kredite aufgenommen. Da die Aufsichtsbehörden nur zu Prüfungen alle fünf Jahre verpflichtet sind – und dieser Prüfungspflicht auch nicht häufiger nachgekommen sind – blieb diese Verschuldung zunächst unbemerkt.

Nicht nur Krankenkassen mit schnell wachsenden Mitgliederbeständen, sondern auch solche Kassen mit schnell schrumpfenden Mitgliederbeständen hatten Probleme, Einnahmen und Ausgaben im Laufe des Haushaltsjahres zu prognostizieren. Wieder hängen diese Probleme mit der Zeitverzögerung zwischen Beitragseinnahmen und Fälligkeit der Leistungsausgaben zusammen. Zu Beginn des Haushaltsjahres gingen die betroffenen Krankenkassen vom Fehlen sowohl der Beitragseinnahmen als auch Leistungsausgaben der abgewanderten (bzw. verstorbenen) Mitglieder aus. Diese Annahme traf zwar für die Beitragseinnahmen zu, jedoch nur zeitverzögert für die Leistungsausgaben. Bis zum Ende des Haushaltsjahres wurden mit einem rechnerisch nicht deckenden Beitragssatz Defizite aufgebaut. Auch in diesem Fall nahmen einige der betroffenen Krankenkassen Kredite auf, um weitere Mitgliederverluste als Folge eines gestiegenen Beitragssatzes zu vermeiden.

Als Folge der **Kreditaufnahme** sowohl der schrumpfenden als auch der wachsenden Krankenkassen sanken die Beitragssätze nach Implementierung des **GKV-Modernisierungsgesetzes (GMG)** in wesentlich geringerem Ausmaß als vom Gesetzgeber beabsichtigt. Offensichtlich nahmen die verschuldeten Krankenkassen die ihnen gesetzlich auferlegte Pflicht zur Entschuldung gemäß § 222 Abs. 5 SGB V ernst. In den letzten Jahren sind keine Fälle von sich verschuldenden Krankenkassen mehr bekannt geworden.

Strategische Optionen des Finanzmanagements in der GKV

Unter den derzeitigen gesetzlichen Rahmenbedingungen – insbesondere vor dem Hintergrund der Tatsache, dass gesetzliche Krankenversicherungen keine Gewinne erzielen dürfen – besteht das **zentrale Unternehmensziel** der Unternehmung Krankenkassen im **Ausbau von Marktanteilen** durch Gewinnung neuer Versicherter. Zumindest aber will eine Krankenkasse vermeiden, dass sie Versicherte und Marktanteile verliert. Verschiedene Untersuchungen aus der Zeit vor Einführung des Gesundheitsfonds haben gezeigt, dass die Konsumenten des Produktes gesetzlicher Krankenversicherungsschutz in Deutschland in der Vergangenheit sehr sensibel auf Änderungen des Beitragssatzes reagieren: Senkungen des Beitragssatzes führten demnach mit hoher Wahrscheinlichkeit sehr schnell zu steigenden Marktanteilen der entsprechenden Krankenkasse, Anhebungen des Beitragssatzes sehr schnell zu sinkenden Marktanteilen (Schwarze und Andersen 2001; Tamm et al. 2007). Der Beitragssatz scheint der zentrale Parameter zu sein, auf den die Versicherten bei Kassenwahlentscheidungen reagieren, wobei die unterschiedlichen Gestaltungen der Finanzarchitektur Einfluss auf die Preiselastizität der Versicherten haben (Schmitz und Ziebarth 2016). In der Welt mit Gesundheitsfonds bedeutet das: Krankenkassen, die überdurchschnittlich hohe Zusatzbeiträge benötigen, müssen mit Mitgliederverlusten rechnen, und Krankenkassen, die unterschiedliche Zusatzbeiträge haben, mit Mitgliedergewinnen.

Aus dieser Perspektive lassen sich **vier zentrale Strategien zur Wahrung einer günstigen Zusatzbeitragssituation** und damit der Wettbewerbsfähigkeit unterscheiden:

Strategische Optionen des Finanzmanagements

- Ausgabenmanagement
- Risikoselektion
- Preisdumping
- Fusionen

Alle Krankenkassen haben einen starken Anreiz zum **Ausgabenmanagement**, weil sich die Zuweisungen aus dem Gesundheitsfonds an (regressionsanalytisch ermittelten) inkrementellen Durchschnittsausgaben für einzelne Erkrankungen und nicht an den tatsächlich entstehenden Ausgaben der einzelnen Krankenkasse orientiert und die ausgabenorientierten Zahlungen aus dem Gesundheitsfonds in der Gesamtsumme eine geringere Rolle spielen. Zur Verfügung steht zunächst die Beeinflussung der eigenen Verwaltungskosten, die allerdings nur von untergeordneter Bedeutung ist, da die Verwaltungsausgaben weniger als 5 % der Gesamtausgaben einer Krankenkasse ausmachen. Kein großes Gewicht kommt auch den Satzungs- und Ermessensleistungen mehr zu (da immer mehr dieser Leistungen in den Kernleistungskatalog übergehen, wie z. B. 2007 eine Reihe von Impfungen), auch wenn eine Reihe von Krankenkassen zur Vermeidung von Zusatzbeiträgen bei diesen Ausgaben in der jüngsten Zeit Kürzungen vorgenommen hat.

Deutlich größeres Gewicht kommt aber der Beeinflussung der Ausgaben bei den Pflichtleistungen zu. Zwar werden die meisten Ausgabenblöcke durch kollektive Vereinbarungen geregelt (► Abschn. 2.2), aber einzelne Preise können die Krankenkassen insbesondere im Rahmen von Einzelverträgen beeinflussen – etwa bei den Arzneimitteln durch Rabattverträge oder bei den Hilfsmitteln durch Ausschreibungen. Zur Steuerung der Mengen stehen einerseits Instrumente wie ein Fallmanagement andererseits ebenfalls vertragliche Arrangements zur Verfügung, etwa Verträge zur Integrierten Versorgung (► Abschn. 2.5), in denen Krankenhausaufenthalte zugunsten ausgabengünstigerer ambulanter Behandlung vermieden werden.

Bis zur Einführung der Morbiditätsorientierung der Zuweisungen aus dem Gesundheitsfonds war die Strategie der **Risikoselektion** aus der betriebswirtschaftlichen Perspektive einer Krankenkasse vergleichsweise leicht zu konzeptualisieren. Risikoselektion basiert erstens darauf, dass Versicherte mit günstigen Merkmalen durch geeignete Maßnahmen entweder attrahiert oder gehalten werden. Zweitens werden Versicherte mit ungünstigen Merkmalen durch geeignete Maßnahmen entweder abgeschreckt oder sogar zum Verlassen der Krankenkasse bewegt. Zu den angesprochenen »geeigneten Maßnahmen« gehören insbesondere selektives Marketing, Direktvertrieb, Unterschiede im Service und der Leistungsgewährung und risikoabhängige Provisionen für Versicherungsmakler. Unter dem damaligen Risikostrukturausgleich hieß Risikoselektion insbesondere, »Gesunde« zu werben und »Kranke« nicht aktiv zu umwerben – denn da der Ausgleich den Gesundheitszustand nicht berücksichtigte, waren »Kranke« in jedem Falle »schlechte Risiken«, da sie höhere Ausgaben verursachten als in der Zuweisung von Beitragsbedarf des RSA berücksichtigt war.

Unter den Rahmenbedingungen des morbiditätsorientierten RSA, wie er seit 2009 realisiert ist, ist eine Strategie der Risikoselektion deutlich komplexer. Dies gilt mit dem Fortfall der Beschränkung des RSA auf 80 Erkrankungen und die zusätzliche Aufnahme eines Sets von Regionalvariablen in den RSA noch einmal verstärkt. Allerdings ist bei den meisten Erkrankungen die Varianz der Ausgaben sehr hoch, und es mag möglich sein, Subgruppen von Versicherten mit systematisch vom Durchschnitt einer Morbiditätsgruppe abweichenden Ausgaben zu identifizieren. Besonders relevant mag das bei Krankheiten mit sehr hohen Ausgaben sein – in diesem Fall beschränkt der neu eingeführte Risikopool entsprechende finanzielle Anreize deutlich. Systematisch gute Risiken bleiben allerdings »Gesunde«, da die nach Alter und Geschlecht für sie berechneten Sockelzuweisungen die tatsächlichen Leistungsausgaben übersteigen.

Die **Strategie Preisdumping** beruht auf der Gewinnung von Marktanteilen durch die absichtliche Kalkulation rechnerisch nicht deckender Zusatzbeiträge. Offensichtlich entstehen durch den Wettbewerbsdruck und die hohe Abwanderungsbereitschaft der Versicherten Anreize, zumindest kurzfristig die gesetzliche Pflicht zur Wahrung eines ausgeglichenen Haushalts zu Gunsten einer Vermeidung von Zusatzbeitragseinführung oder -erhöhung zu verletzen. Folge ist die Aufzehrung von Rücklagen und die gesetzlich eigentlich nicht zulässige Aufnahme von Krediten. Diese Strategie ist hoch riskant, weil die Zinsen und Tilgung der Kredite nur dann ohne Beitragserhöhung refinanziert werden können, wenn durch den geringen Zusatzbeitrag ausreichend neue Mitglieder mit günstiger Risikostruktur gewonnen und gehalten werden können. Faktisch beruht die Strategie Preisdumping damit auf einer Kombination mit der Strategie Risikoselektion, ist aber im Hinblick auf die mittelfristigen Effekte ungleich riskanter als die alleinige Anwendung von Risikoselektion.

In der **Strategie Fusionen** schließt sich eine Krankenkasse, die in einer ungünstigen finanziellen Situation ist, mit einer anderen Krankenkasse, deren finanzielle Situation sich als günstiger darstellt, zusammen. So ist offensichtlich, dass eine Krankenkasse, deren Zuweisungen aus dem Gesundheitsfonds überproportional geringer als ihre Ausgaben sind und die bei fortgesetztem Abbau ihrer Rücklagen einen überdurchschnittlichen Zusatzbeitrag benötigen würde, diesem entgeht, wenn sie mit einer hinreichend großen Krankenkasse fusioniert, die umgekehrt eine positive Deckungsquote hinsichtlich der Zuweisungen aus dem Gesundheitsfonds erzielt. Allerdings ist eine solche Krankenkasse nur unter spezifischen Voraussetzungen an der Fusion interessiert – z. B., weil sie ihre regionale Flächendeckung und damit Marktmacht in einer für sie günstigen Weise ausbauen kann. In jedem Falle wird die aufnehmende Krankenkasse eine sorgfältige Finanzprüfung der fusionsinteressierten Krankenkasse vornehmen, um das finanzielle Risiko, was sie eingeht, abschätzen zu können.

Verbesserungen bei den Wechselmöglichkeiten in der Privaten Krankenversicherung

Während die Beitragssatzkalkulation in der Gesetzlichen Krankenversicherung unter dem Einfluss möglicher Abwanderungen von Mitgliedern besteht, ist dieses Risiko für die Unternehmen der Privaten Krankenversicherung bis zum Ende des Jahres 2008 deutlich geringer gewesen. Denn in der **Vollversicherung** haben die Versicherten beim Unternehmenswechsel die bislang angesammelten Alterungsrückstellungen verloren, da diese als »Storno« bereits prämienmindernd für die verbleibenden Versicherten einkalkuliert wurden. Wechsel nach längerer Versicherungsdauer waren daher im Allgemeinen für die Versicherten mit erheblichen finanziellen Mehrbelastungen verbunden, da sie beim neuen Versicherer zum jetzt erreichten Eintrittsalter eingestuft wurden.

Seit den 1980er Jahren wird eine intensive Diskussion über eine Änderung der rechtlichen Rahmenbedingungen geführt, inwieweit es Versicherten ermöglicht werden kann, ohne Nachteile das PKV-Unternehmen zu wechseln. Bei dem auf den ersten Blick naheliegenden Vorschlag, die Unternehmen beim Wechsel zur »Mitgabe« der Alterungsrückstellungen zu verpflichten, gab es starke Bedenken, dass nur »gesunden« Versicherten der Wechsel ermöglicht würde, wenn der neue Versicherer eine Gesundheitsprüfung zu Beginn des Versicherungsverhältnisses vornehmen würde. Sofern nur »Gesunde« wechseln könnten, »Kranke« hingegen nicht, würde eine Destabilisierung des Versicherungsmarktes befürchtet (Monopolkommission 1998). Jüngere Studien kommen zu einem differenzierten Ergebnis (Wasem et al. 2016).

Für Verträge, die ab dem 01.01.2009 abgeschlossen werden, gilt nun das Recht, zumindest einen Teil der Alterungsrückstellung im Falle eines Unternehmenswechsels in das neu gewählte Unternehmen mitzunehmen. Dazu wurde – wie bereits beschrieben – ein Tarif mit branchenweit einheitlichen Kalkulationsgrundlagen, der sog. Basistarif, eingeführt. Beim Wechsel eines Unternehmens wird nun der Teil der Alterungsrückstellung übertragen, welcher den Leistungen des Basistarifs entspricht. Der Übertragungswert ist unabhängig vom Gesundheitszustand des Versicherten und unabhängig von den Rechnungsgrundlagen des betroffenen Versicherungsunternehmens. Er hängt daher nur vom Eintrittsalter in den ursprünglichen Tarif und vom Alter bei Unternehmenswechsel ab und kann unabhängig von unternehmensindividuellen Daten bestimmt werden. Den Teil der Altersrückstellung, der über den Basistarif hinausgehenden Leistungen entspricht, kann der Versicherte bei seinem ursprünglichen Versicherungsunternehmen in einen Zusatztarif übertragen. Inwieweit dieser erste Schritt einer Mitgabe der Alterungsrückstellung bei Versicherungswechsel tatsächlich Bewegung in den Markt der Bestandsversicherten bei den PKV-Vollversicherten bringen wird – und damit, welche Auswirkungen sich für das Finanzmanagement der Unternehmen ergeben – bleibt abzuwarten. In jedem Fall ist von der Politik ein Schritt vollzogen worden, der von den Experten schon seit langem angemahnt wurde.

Durch die derzeitige Regelung ergibt sich allerdings die Möglichkeit der folgenden finanztechnischen »Strategie« eines Versicherungsunternehmens: Bei kostenintensiven Risiken kann der laufende Vertrag in einen **Basistarifanteil** und einen **Zusatzanteil** aufgeteilt werden. Bei einem Transfer des Versicherten in den (unternehmenseigenen) Basistarif wird eine durchschnittliche Alterungsrückstellung übertragen, obwohl individuell eine überdurchschnittliche Altersrückstellung notwendig wäre (und in der Zukunft dem Versicherungsunternehmen im Ursprungstarif durch den kostenintensiven Versicherten bei einem Verbleib des Versicherten im Ursprungstarif überdurchschnittlich hohe Kosten entstehen würden). Das Unternehmen müsste nur noch für die Leistungen im Zusatzanteil voll aufkommen und könnte in seinem Volltarif auf diese Weise eine Portfolioverbesserung anstreben. So kann ein Teil der Kosten von kostenintensiven Versicherten über den eingerichteten Risikoausgleich und damit außerhalb der Verantwortung des einzelnen Unternehmens finanziert werden. Eine Strategie, die finanzpolitisch aus unternehmensindividueller Sicht Sinn macht, aus Gesamtsystemsicht aber sehr bedenklich ist. Allerdings haben die PKV-Unternehmen den Risikoausgleich zum Basistarif so ausgestaltet, dass diesen Anreizen tendenziell entgegengewirkt wird.

Weiterhin wichtig bleibt es für die Unternehmen der PKV, insbesondere durch ausdifferenzierte Techniken der Risikoeinstufung, aktives Leistungsmanagement sowie Optimierung von Vertriebsstrukturen und Ablaufprozessen für das Neugeschäft attraktive Prämien zu erzielen. Möglicherweise müssen sich PKV-Unternehmen in Zukunft deutlich mehr mit den Konsequenzen der Abwanderung insgesamt und besonders guter Risiken auf die Bestandszusammensetzung befassen als bisher – insbesondere, wenn die derzeitigen Systemmängel in den nächsten Jahren durch den Gesetzgeber noch ausgebügelt werden.

4.3 Finanzmanagement in Krankenhäusern

Oliver Tiemann, Vera Antonia Büchner

Aus **funktionaler Perspektive** umfasst das Finanzmanagement die Planung, Durchführung und Kontrolle von Finanzierungs- und Investitionsentscheidungen im Krankenhaus. Während sich **Finanzierungsentscheidungen** mit der Frage nach der optimalen **Finanzmittelherkunft** (Kapitalbeschaffung) befassen, behandeln **Investitionsentscheidungen** die Frage nach der optimalen **Finanzmittelverwendung** (Kapitalverwendung). Aus **institutioneller Perspektive** bezieht sich das Finanzmanagement auf Führungskräfte, welche Verantwortung für die Entscheidungsfindung und die Umsetzung von Finanzierungs- und Investitionsentscheidungen im Krankenhaus tragen. In kleineren Krankenhausunternehmen übernimmt die kaufmännische Geschäftsführung häufig gemeinsam mit anderen Managementfunktionen das Finanzmanagement. Demgegenüber ist das Finanzmanagement in mittleren und größeren Krankenhausunternehmen vielfach als eigene Abteilung bzw. als ein eigener Unternehmensbereich (z. B. Finanz- und Rechnungswesen) organisiert (Pape 2011, S. 22 ff).

Im Sinne der langfristigen Existenz- und Erfolgssicherung besteht die zentrale Zielsetzung des Finanzmanagements in der **Sicherung des finanziellen Gleichgewichts** zwischen **Rentabilität** und **Liquidität** (die Begriffe Rentabilität und Rendite werden im Weiteren synonym verwendet).

> **Rentabilität**, Die Rentabilität einer finanzwirtschaftlichen Maßnahme ergibt sich aus ihrem Ergebnis, gemessen in einer Erfolgsgröße (z. B. Gewinn, Jahres- oder Zahlungsüberschuss) im Verhältnis zum eingesetzten Kapital.

Die **Rentabilität** erfasst die Verzinsung des unternehmerischen Kapitaleinsatzes und kann unabhängig von der Rechtsform (wie Eigenbetrieb, Verein, Stiftung, GmbH oder AG) und der Trägerschaft (öffentlich, privat nichtprofitorientiert bzw. freigemeinnützig, privat profitorientiert; vgl. ► Abschn. 2.3) sowie dem steuerlichen Status (gemeinnützig oder gewerblich) als relevante Zielgröße angesehen werden. Abhängig von der Höhe der Rentabilitätsziele im Rahmen der finanzwirtschaftlichen Unternehmenszielsetzung ist das Ausmaß des **Rentabilitätsstreben** zwischen den Krankenhausunternehmen unterschiedlich, wobei hier z. B. die Trägerschaft ein moderierender Faktor ist (Tiemann und Schreyögg 2009, S. 125 ff; Shen et al. 2007, S. 41 ff; Perridon et al. 2009, S. 7 ff).

Unter dem Begriff **Liquidität** versteht man die Fähigkeit, fällige Verbindlichkeiten fristgerecht uneingeschränkt erfüllen zu können. **Liquiditätsengpässe,** d. h. kurzzeitige Liquiditätsprobleme, werden als Vorstufe zur **Zahlungsunfähigkeit** gesehen und können daher die Bonität eines Krankenhausunternehmens stark negativ beeinträchtigen. Die Aufrechterhaltung der Liquidität hat damit eine grundlegende Bedeutung für die Existenzsicherung, steht aber in einem engen Spannungsverhältnis zum Ziel der Rentabilität. Im Rahmen des Finanzmanagements erfolgt daher die Abstimmung zwischen Rentabilitäts- und Liquiditätsziel unter Berücksichtigung der übergeordneten Unternehmensziele.

> Die Sicherung einer angemessenen Rentabilität ist das für die langfristige finanzwirtschaftliche Erfolgssicherung notwendige Hauptziel, während die Liquiditätssicherung eine zwingende Nebenbedingung zur langfristigen Existenzsicherung des Krankenhausunternehmens ist (Perridon et al. 2009, S. 7 ff).

Es ist wichtig, zu berücksichtigen, dass die **finanzwirtschaftlichen Ziele (Formalziele)** in einer permanenten Wechselbeziehung mit den **leistungswirtschaftlichen Zielen (Sachziele)** des Krankenhausunternehmens stehen. Im Gegensatz zu wenig regulierten Dienstleistungsmärkten kommt den leistungswirtschaftlichen Zielen im Krankenhausmarkt eine übergeordnete Bedeutung zu, da sie den gesetzlichen Auftrag und damit die Legitimation eines Krankenhauses widerspiegeln. Dementsprechend besteht die originäre Funktion von Krankenhausunternehmen in der Produktion von Gesundheit, d. h. in der Erbringung von Dienstleistungen, die einen Beitrag zur Wiederherstellung oder Aufrechterhaltung der Gesundheit von Patienten leisten. Die jeweiligen unternehmerischen Formalziele müssen daher notwendigerweise im Einklang mit den Sachzielen eines Krankenhausunternehmens stehen. Im Unterschied zu Unternehmen in wenig regulierten Dienstleistungsmärkten, unterliegen die Zahlungsströme in Krankenhausmarkt diversen **Formen der Regulierung**. Charakteristisch für die Finanzierung von Krankenhäusern in Deutschland ist die **duale Krankenhausfinanzierung**, die im ersten Abschnitt »Strukturelle und rechtliche Rahmenbedingungen« (► Abschn. 4.2.1) vorgestellt wird.

Zur Sicherung des finanziellen Gleichgewichts aus Rentabilität und Liquidität greift das Finanzmanagement in der praktischen Umsetzung auf eine Vielzahl von betriebswirtschaftlichen Methoden und Instrumenten zurück, wobei hier die **finanzwirtschaftliche Analyse und Planung** als Kernstücke gelten. Dabei nimmt die finanzwirtschaftliche Analyse eine systematische Beurteilung der finanziellen Gesamtsituation eines Krankenhausunternehmens vor, während im Rahmen der Finanzplanung eine systematische Schätzung, Berechnung und Steuerung der ein- und ausgehenden Zahlungsströme erfolgt, die in einer Periode zustande kommen sollen. Darüber hinaus ist aus unternehmerischer Perspektive die Frage relevant, in welches Vorhaben investiert werden soll, um Erfolgspotenziale zu sichern oder diese aufzubauen. Im Mittelpunkt der Investitionsentscheidung stehen daher Beschreibung und Systematisierung sowie Analyse von Investitionsvorhaben. Mithilfe von Investitionsrechenverfahren (z. B. Kapitalwertmethode) kann die für das Krankenhaus optimale Investitionsalternative bestimmt werden. Eine weitere Problemstellung besteht in der Deckung des Finanzmittelbedarfs, wobei die Krankenhausunternehmen hier zwischen einer Vielzahl alternativer Finanzierungsinstrumente wählen können.

Da die Einführung in die Grundlagen des Finanzmanagements in Krankenhäusern notwendigerweise kompakt bleiben soll, abstrahieren die nachfolgenden Ausführungen von konkreten Investitionsvorhaben und Finanzierungsmaßnahmen. Im zweiten Abschnitt »Praktische Umsetzung« (► Abschn. 4.2.2) werden die finanzwirtschaftliche Analyse und Planung auf Krankenhausebene in den Mittelpunkt der Ausführungen gestellt.

4.3.1 Gesetzliche und strukturelle Rahmenbedingungen

Mit der Verabschiedung des Krankenhausfinanzierungsgesetzes (KHG) im Jahr 1972 wurde in Deutschland die **duale Krankenhausfinanzierung/Dualistik** eingeführt, dieses duale Prinzip unterscheidet die Investitionskostenfinanzierung auf der einen und die Betriebskostenfinanzierung auf der anderen Seite. Aufbauend auf dem Grundgedanken der Daseinsvorsorge wird die Vorhaltung der stationären Krankenversorgung als Aufgabe des Sozialstaates wahrgenommen, die Investitionskosten (z. B. Kosten für die Krankenhausimmobilie oder deren Ausstattung) der in den Krankenhausplan und das Investitionsprogramm der Bundesländer aufgenommenen Krankenhäuser werden aus allgemeinen Steuermitteln finanziert. Die Vergütung der erbrachten Krankenhausleistungen wird nicht als primäre staatliche Aufgabe aufgefasst, sondern durch die Versichertengemeinschaft getragen. Die Finanzierung der Betriebskosten für die medizinisch-pflegerische Leistungserstellung erfolgt aus Beiträgen bzw. Prämien der gesetzlichen Krankenkassen und privaten Krankenversicherungsunternehmen (◘ Abb. 4.7).

Neben diesen zwei zentralen Finanzierungsquellen haben Krankenhausunternehmen gemäß § 17 Abs. 1 Krankenhausentgeltgesetz (KHEntgG) die Möglichkeit, zusätzliche Einnahmen durch die direkte Abrechnung von Entgelten für empfangene Leistungen zu generieren. Als sog. Selbstzahler trägt der Patient die in Anspruch genommenen Leistungen voll, oder er wird im Rahmen einer Kostenbeteiligung zu ihrer Finanzierung teilweise herangezogen. Unterschieden werden medizinische

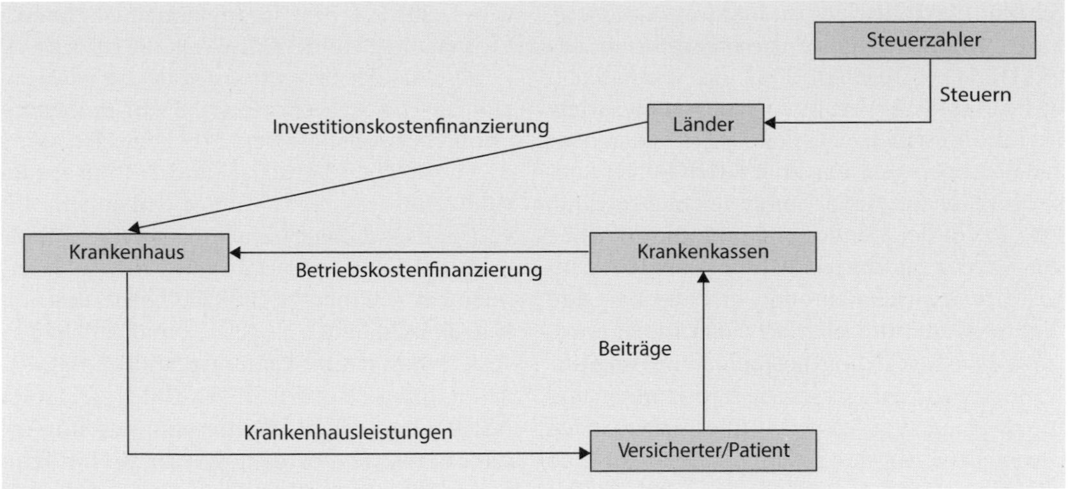

Abb. 4.7 Die Systematik der dualen Krankenhausfinanzierung

Wahlleistungen (z. B. Chefarztbehandlung, zusätzliche diagnostische oder gesundheitsfördernde Maßnahmen) und nicht-medizinische Komfortleistungen (Ein-/Zweibettzimmer, Fernseher/Telefon oder Internet, besondere Serviceangebote wie Wäscheservice). In sehr geringem Umfang werden Krankenhausleistungen über Fundraising und Spenden finanziert, die z. B. von Stiftungen oder Privatpersonen an Krankenhausunternehmen fließen. Aufgrund ihrer übergeordneten Bedeutung werden in den weiteren Ausführungen nur die zwei zentralen Finanzierungsquellen der dualen Krankenhausfinanzierung betrachtet (Neubauer und Zelle 2000, S. 548 ff).

Investitionskostenfinanzierung

Für die Finanzierung der Krankenhausinvestitionen aus Steuermitteln sind die jeweiligen Bundesländer zuständig, die nach dem KHG die ausreichenden und zweckmäßigen Investitionsmittel bereitzustellen haben, damit die Krankenhäuser ihr Leistungsspektrum sowie die korrespondierenden Betriebsstrukturen und -abläufe entsprechend ausgestalten können. Die Investitionsfinanzierung hat damit nicht nur unmittelbare Auswirkungen auf die Betriebskosten eines Krankenhauses, sondern auch auf die Leistungsausgaben der Krankenversicherungen, die die laufenden Betriebskosten in Folge von Investitionsentscheidungen finanzieren müssen. In den meisten Bundesländern wird diesem Zusammenhang durch sog. Krankenhausplanungsausschüsse Rechnung getragen, in denen neben Vertretern der Länder auch Repräsentanten der Krankenhäuser und der Krankenversicherungen vertreten sind, um gemeinsam den Krankenhausplan auf Landesebene sowie das korrespondierende Investitionsprogramm abzustimmen. Die Aufnahme eines Krankenhauses in den Krankenhausplan auf Landesebene als sog. **Plankrankenhaus** beinhaltet zwei zentrale Privilegien. Zum einen erwirbt ein Krankenhaus Anspruch auf **Investitionsförderung**, und zum anderen müssen die Krankenkassen mit dem Krankenhaus einen **Versorgungsvertrag** abschließen. Allerdings ist die Aufstellung des Krankenhausplans ein Verwaltungsakt ohne unmittelbare Rechtswirkung nach außen. Der Krankenhausplan wird erst durch den sog. **Feststellungsbescheid** der zuständigen Landesbehörde verbindlich, der den konkreten Versorgungsauftrag des Krankenhauses i. d. R. näher konkretisiert. Die Planungstiefe der Krankenhauspläne zwischen den Bundesländern ist sehr unterschiedlich (vgl. ausführlicher zur Krankenhausplanung ► Abschn. 2.3) (DKG 2020, S. 23 ff; Bruckenberger 2003, S. 97 f).

Die Investitionsförderung erfolgte bis Ende 2011 in den meisten Bundesländern ausschließlich auf Basis von zwei verschiedenen Ver-

4

fahren, der **Pauschal-** und **Antragsförderung**. Das **Krankenhausfinanzierungsreformgesetz** (KHRG) eröffnet seit 2012 die Möglichkeit, das alternative Verfahren der **leistungsorientierten Investitionspauschale** auf Länderebene einzusetzen (vgl. § 10 Abs. 2 KHRG). Der Umstieg ist für die Bundesländer nicht zwingend. Das Recht der Länder, eigenständig zwischen der Förderung durch leistungsorientierte Investitionspauschalen und der Pauschal- und Antragsförderung zu entscheiden, bleibt unberührt. Die Investitionskostenfinanzierung auf Länderebene erfolgt vor diesem Hintergrund in verschiedenen Ausgestaltungsformen, nach denen Investitionen im Krankenhausbereich gefördert werden (vgl. Grabow 2012). Die jährliche **Pauschalförderung** nach § 9 Abs. 3 KHG fließt den Plankrankenhäusern zur Deckung von kleineren, regelmäßig anfallenden Investitionen (Wiederbeschaffung kurzfristiger Anlagegüter sowie Vornahme kleineren baulichen Maßnahmen) ohne Antrag gemäß ihrer Funktion im Krankenhausplan zu. Die Pauschalförderung setzt sich meistens aus einem Pauschalbetrag je Planbett und einer fallbezogenen Leistungspauschale zusammen, im Rahmen einer definierten Zweckbindung ist das Krankenhaus in deren Verwendung grundsätzlich frei (DKG 2020, S. 76 ff).

Die **Antragsförderung** nach § 9 Abs. 1 und 2 KHG wird ausschließlich auf Antrag des Krankenhauses zur Finanzierung von Großinvestitionen gewährt und ist darüber hinaus auch für weitere Fördertatbestände vorgesehen, u. a. zur Schließung von Krankenhäusern oder Krankenhausabteilungen oder deren Umstellung auf andere Aufgaben. Als Großinvestitionen gelten beispielsweise Investitionskosten für die Errichtung (Neubau, Umbau oder Erweiterung) von Krankenhäusern sowie die Erstausstattung oder Wiederbeschaffung von den für den Betrieb notwendigen Anlagegütern (durchschnittliche Nutzungsdauer von mehr als drei Jahren). Die Planungsautoritäten auf Länderebene bringen die gestellten Anträge in eine Rangfolge und stellen den Krankenhäusern die vom Finanzministerium bewilligten Mittel in Form eines Investitionsprogramms zur Verfügung, wobei i. d. R. deutlich mehr Anträge gestellt als Mittel zugewiesen werden (DKG 2020, S. 76 ff; Graumann und Schmidt-Graumann 2011, S. 62 ff; Wolke 2010, S. 36 f).

Die Art der Investitionsförderung wurde in einigen Ländern reformiert. In Brandenburg erfolgt beispielsweise seit 2013 keine Trennung mehr zwischen Pauschal- und Antragsförderung, stattdessen gibt es eine einheitliche Investitionspauschale für alle Fördertatbestände nach § 9 KHG. Das Land Nordrhein-Westfalen hat z. B. bereits 2008 die Förderung von Einzelmaßnahmen eingestellt und gemäß § 18 Abs. 1 Nr. 1 Krankenhausgestaltungsgesetz des Landes Nordrhein-Westfalen (KHGG NRW) das gesamte Fördervolumen im Anschluss an eine Übergangszeit bis 2011 in Baupauschalen überführt. Demzufolge erhalten die Krankenhäuser in Nordrhein-Westfalen für bauliche Investitionen pauschale Beträge, die sich in ihrer Höhe insbesondere nach Volumen und Schwere der Fälle richten (Blum et al. 2015).

Zur Umstellung auf eine leistungsorientierte Investitionsförderung wurde durch das KHRG in § 10 KHG die Entwicklung bundeseinheitlicher Investitionsbewertungsrelationen (IBR) ermöglicht. Die näheren Einzelheiten des Verfahrens legen der Bund und die Länder fest. Die Systematik ist analog zum DRG-Abrechnungssystem ausgestaltet (Abschn. »Betriebskostenfinanzierung«), indem Fällen ein Relativgewicht zugeordnet und dieses mit dem ermittelten Investitionsfallwert multipliziert wird, der den durchschnittlichen Investitionsbedarf für einen Behandlungsfall abbildet. Durch die Selbstverwaltungspartner auf Bundesebene wurde das InEK mit der Berechnung der IBR beauftragt. Der erste IBR-Katalog wurde für das Jahr 2014 vorgelegt und wird seither jährlich angepasst. Auf dieser Grundlage beträgt für das Jahr 2020 die für den DRG-Entgeltbereich verwendete Bezugsgröße als mittlere Investitionskosten je Fall 331,68 € (Vorjahr: 339,90 €). Berlin hat als erstes Bundesland die IBR zum 1. Juli 2015 eingeführt. Seit 2016 erfolgt die Investitionskostenförderung auch in Hessen über pauschalierte DRG-Zuschläge. Neben der grundsätzlichen Entscheidung zur Einführung von IBR obliegt auch die spezifische Umsetzungsform den einzelnen Bundesländern (DKG 2020, S. 7 f; Coy und Schreiner 2016, S. 15; Augurzky 2012, S. 67 f).

Krankenhausunternehmen sind sehr investitionsintensive Gesundheitsbetriebe. Im internationalen Vergleich zeigt sich, dass die Investitionsförderung in Deutschland deutlich geringer ausfällt als in anderen Industrienationen. Im Jahr 2015 betrugen die Pro-Kopf-Investitionen in der Schweiz 199 €, gefolgt von Dänemark mit 99 € und Frankreich mit 76 € sowie den Niederlanden mit 77 € im Jahr 2014. Demgegenüber lag die Investitionssumme je Einwohner 2015 in Deutschland bei 34 €. Selbst unter Einbeziehung der geschätzten Eigeninvestitionen deutscher Krankenhausunternehmen ergibt sich ein deutlich geringer Wert für Deutschland von 58 € pro Einwohner (Augurzky et al. 2017). Die Höhe der von den Bundesländern bereitgestellten Investitionsfördersumme ist seit Jahren rückläufig. Aus den niedrigen jährlichen Fördermittelsummen resultiert eine Förderlücke, die zu einem investiven Nachholbedarf in deutschen Krankenhäusern geführt hat. Der über die Zeit entstandene kumulierte Investitionsstau ist schwierig zu bemessen und wird in Studien in sehr unterschiedlicher Höhe beziffert. Die Deutsche Krankenhausgesellschaft ermittelte mithilfe der veröffentlichten Investitionsbewertungsrelationen auf Basis der relevanten DRG-Fallmenge und ergänzt um den BPflV-Bereich einen Investitionsbedarf von 6,4 Mrd. € für das Jahr 2018. Abzüglich der tatsächlichen Investitionsfördersumme von 3,04 Mrd. € ergäbe sich demnach eine Förderlücke von 3,36 Mrd. € für das Jahr 2018 (DKG 2020, S. 8 f).

Die bisherigen Schätzungen des jährlichen Investitionsbedarfs wurde allerdings auf der Basis der derzeitigen Krankenhauslandschaft durchgeführt. Durch Strukturbereinigungsmaßnahmen (z. B. Abbau von Überkapazitäten [vor allem in Ballungsräumen], effizientere Nutzung von Gebäuden sowie Operations- und Großgeräten durch Konzentrationsmaßnahmen sowie verstärkte Ambulantisierung von Krankenhausleistungen) könnte der Investitionsbedarf langfristig verringert werden, auch wenn kurzfristig zusätzliche Investitionen für Strukturveränderungen benötigt würden. Nach Schätzungen des Gutachtens des Leibniz-Instituts für Wirtschaftsforschung (RWI) ergibt sich ein Investitionsbedarf von rund 11 Mrd. €, um bundesweit die Soll-Krankenhausstruktur zu erreichen (Augurzky et al. 2017).

Vor dem Hintergrund sinkender Fördermittel der Länder gewinnen Investitionen aus Eigenmitteln für die Kliniken an Bedeutung. Die Herkunft der Investitionsmittel für die Jahre 2012–2014 lässt sich laut einer Befragung von Krankenhäusern wie folgt darstellen:

- Einzel-/Antragsförderung 27 %
- Pauschalfördermittel 23 %
- Eigenmittel 34 %
- Kapitalmarkt 11 %
- sonstige Quellen (wie Fundraising, Spenden oder Fördervereine) 4 %

Laut Studie finden etwa die Hälfte der geplanten Investitionen im Bereich Gebäude, gefolgt von Medizintechnik (30 %) und IT (10 %) Verwendung. Da nur etwa die Hälfte der Krankenhausinvestitionen aus öffentlichen Fördermitteln bestritten werden können, sind Krankenhäuser somit zunehmend gezwungen, Investitionen in substanziellem Umfang aus Eigenmitteln oder durch eine Fremdfinanzierung über den Kapitalmarkt zu decken. Weiterhin wurde festgestellt, dass drei von vier Krankenhäusern in Deutschland nicht ausreichend investitionsfähig sind, d. h., durch die Umsätze der Krankenhausunternehmen konnten nicht ausreichend finanzielle Mittel erwirtschaftet werden, um die Abschreibungen des bestehenden Sachanlagevermögens und die Kapitalkosten zu decken (Blum et al. 2015).

Der abnehmende Anteil der öffentlichen Investitionsförderung am gesamten erforderlichen Investitionsvolumen erhöht den wirtschaftlichen Druck auf Krankenhäuser, durch Erlöse aus DRGs, Zusatzentgelten und Wahl-/Komfortleistungen zusätzliche Eigenmittel zu erwirtschaften, die in Investitionen fließen können. Angebotsinduzierte Nachfrageausweitung ist eine mögliche Konsequenz, die eine unzweckmäßige Inanspruchnahme medizinisch-pflegerischer Leistungen bedeutet. Neben anderen Faktoren liefert die Kompensation der Förderlücke einen Erklärungsansatz für die Ausweitung der Fallmenge in der stationären

Versorgung. Die Investitionsförderung mittels IBR verstärkt durch den Fallbezug darüber hinaus den Anreiz einer medizinisch nicht indizierten Mengenausweitung zugunsten zusätzlicher Umsätze (Schreyögg et al. 2014).

Betriebskostenfinanzierung

Seit 2004 erfolgt die Finanzierung der Betriebskosten der medizinischen Leistungserstellung im Krankenhaus auf Basis von diagnosebezogenen Fallpauschalen (sog. **Diagnosis Related Groups – DRGs**). DRGs stellen ein System zur Klassifizierung und Vergütung von stationären Behandlungsfällen dar. Die Fallzuordnung im deutschen Fallpauschalensystem **G-DRG** (German-Diagnosis Related Groups) basiert auf einem Gruppierungsalgorithmus, nach welchem jeder Behandlungsfall anhand verschiedener Kriterien des Entlassungsdatensatzes einer der verschiedenen **abrechenbaren Fallgruppen (DRGs)** zugeordnet wird (▶ Abschn. 2.3 für eine ausführliche Darstellung des Patientenklassifikationssystems). Auf Basis dieser Zuordnung erhält jeder Behandlungsfall einen entsprechenden Abrechnungspreis.

> Der Abrechnungspreis resultiert aus der Multiplikation von Relativgewicht und Basisfallwert sowie der Berücksichtigung von Sondertatbeständen, die über Zu- und Abschläge abgerechnet werden.

Jeder DRG-Fallgruppe ist ein **Relativgewicht** (auch Bewertungsrelation, Kostengewicht oder Cost Weight) zugeordnet. Das Relativgewicht ist auf einen Referenzfall mit dem Wert 1,0 bezogen und gibt das Verhältnis zum Referenzfall an, der die durchschnittlichen Kosten eines nach DRGs vergüteten Krankenhausfalls darstellt. Ein Relativgewicht von 2,0 bedeutet z. B., dass diese Leistung doppelt so aufwändig ist wie der Referenzfall.

Der **Basisfallwert** (auch: Base-Rate oder Basisfallrate) gibt den Grundpreis für eine Leistung mit dem Relativgewicht 1,0 an. Das Relativgewicht ist seiner Funktion mit der **Punktzahl** und der Basisfallwert mit dem **Punktwert** bei der Bewertung von vertragsärztlichen Leistungen im ambulanten Sektor vergleichbar (▶ Abschn. 4.2). Die jährlich zwischen dem GKV-Spitzenverband, dem Verband der privaten Krankenversicherung und der Deutschen Krankenhausgesellschaft ausgehandelte **Fallpauschalenvereinbarung (FPV)** legt die Abrechnungsbestimmungen fest, soweit diese nicht im **Krankenhausentgeltgesetz (KHEntgG)** vorgegeben sind. Gleichzeitig stellt die Fallpauschalenvereinbarung einen Entgeltkatalog dar, da sie für jede DRG das dazugehörige Relativgewicht auflistet. Die Auflistung der abrechenbaren DRGs erfolgt im jeweils gültigen **Fallpauschalenkatalog**, wobei hier zudem eine Liste mit DRGs enthalten ist, bei denen die Kalkulation eines Relativgewichts nicht möglich war und die Vergütung somit krankenhausindividuell zu vereinbaren ist – die sog. **unbewerteten DRGs**.

Der **Fallpauschalenkatalog** weist für jede DRG eine obere und untere **Grenzverweildauer (GVD)** aus. Patienten, deren Krankenhausaufenthalt sich innerhalb dieser Grenzverweildauer bewegt, nennt man **Normallieger** bzw. **Inlier**. Wird die Grenzverweildauer unterschritten, spricht man von **Kurzliegern** – wird sie überschritten, spricht man von **Langliegern**. Das angegebene Relativgewicht ist nur gültig, wenn die Grenzverweildauern eingehalten werden. Wird sie überschritten, erhält das Krankenhaus eine zusätzliche Vergütung pro Tag (sog. **tagesbezogene Zuschläge**). Wird sie unterschritten, wird von der Vergütung etwas abgezogen (sog. **tagesbezogene Abschläge**). Das heißt: Das Relativgewicht erhöht oder vermindert sich. Dieses veränderte Relativgewicht wird als **effektives Relativgewicht** bezeichnet. Zählt man die **Summe aller Relativgewichte bzw. effektiven Relativgewichte** eines Krankenhauses zusammen, so erhält man dessen **(effektiven) Case-Mix (CM)**. Teilt man den **(effektiven) Case-Mix** durch die Anzahl der Fälle, so erhält man den **(effektiven) Case-Mix-Index (CMI)**, der die durchschnittliche Fallschwere eines Krankenhauses angibt (bzw. auch einer einzelnen Krankenhausabteilung, wenn nur deren Fälle herangezogen werden). Für das Leistungsmanagement und das Controlling eines Krankenhauses sind der Case-Mix und der Case-Mix-Index wichtige Kennziffern

Tab. 4.2 Beispielrechnung für eine kardiologische Fachabteilung auf Grundlage des Fallpauschalenkatalogs 2021

DRGs	Anzahl Fälle	Relativgewicht	Summe Relativgewichte	Abschläge pro Tag unterhalb GVD	Anzahl Tage unterhalb GVD	Summe Abschläge	Zuschläge pro Tag oberhalb GVD	Anzahl Tage oberhalb GVD	Summe Zuschläge
F01C	11	3,365	37,015	0,71	28	19,88	0,062	43	2,666
F17A	31	1,396	43,276	0,21	14	2,94	0,071	46	3,266
F24A	45	2,319	104,355	0,307	23	7,061	0,076	34	2,584
F60A	53	1,266	67,098	0,302	32	9,664	0,067	51	3,417
Summe	140		251,744		97	39,545		174	11,933

Case-Mix: 251,744.
Case-Mix-Index: 251,744 (CM) / 140 (Anzahl Fälle) = 1,798.
Effektiver Case-Mix: 251,744 (CM) − 39,545 (Summe Abschläge) + 11,933 (Summe Zuschläge) = 224,132.

Tab. 4.3 Beispiele für DRGs, Relativgewichte und Preis der Fallpauschale. (Laut DRG-Fallpauschalenkatalog und durchschnittlichem Basisfallwert ohne Ausgleiche von 3740 € [Bayern] für 2021)

DRG	Partition	Bezeichnung	Relativgewichte	Preis für Fallpauschale in €
H07A	O	Cholezystektomie mit sehr komplexer Diagnose oder komplizierender Konstellation	2,521	9428,54
H07B	O	Cholezystektomie ohne sehr komplexe Diagnose, ohne komplizierende Konstellation	1,591	5950,34
H08A	O	Laparoskopische Cholezystektomie mit komplexer oder komplizierender Diagnose	1,627	6084,98
H08B	O	Laparoskopische Cholezystektomie ohne komplexe Diagnose, ohne komplizierende Diagnose	1,611	6025,14

(▶ Abschn. 6.3). Eine vereinfachte Beispielrechnung hierfür zeigt Tab. 4.2.

Tab. 4.3 illustriert anhand von 4 DRGs zur Gallenblasenentfernung aus dem Fallpauschalenkatalog 2021, welcher Preis sich beim durchschnittlichen Basisfallwert von 3740 € ergibt.

Die grundsätzliche Form der Preisermittlung für eine Fallpauschale (Relativgewicht × Basisfallwert) muss im Kontext der gesamten Regulierung gesehen werden. Die Vergütung der Krankenhäuser richtet sich nach dem **KHEntgG**, wobei Krankenhäuser und Abteilungen für **Psychiatrie**, **Psychosomatik** und **psychotherapeutische Medizin** davon ausgenommen sind. Diese wurden bis 2017 weiterhin, wie vormals alle Krankenhäuser, nach der **Bundespflegesatzverordnung** vergütet. Infolge des KHRG wurde die Vergütung dieser Einrichtungen in ein tagesbezogenes Fallpauschalensystem überführt, das nach mehrmaligem zeitlichen Aufschub durch das Gesetz zur Weiterentwicklung der Versorgung und Vergütung für psychiatrische und psychosomatische Leistungen (PsychVVG) seit 2018 für alle Einrichtungen verpflichtend ist. Das

Vergütungssystem wird Pauschalierendes Entgeltsystem Psychiatrie und Psychosomatik (PEPP) genannt, und eine Fallpauschale wird als PEPP bezeichnet. Wie die Einführung des G-DRG-Systems wurde auch die Einführung des **PEPP-Entgeltsystems** durch eine gesetzlich verpflichtende Begleitforschung gemäß § 17d Abs. 8 KHG flankiert. Mittlerweile wurden die Ergebnisse der Begleitforschung publiziert (Schreyögg et al. 2020). Mit dem PsychVVG sind die Rahmenbedingungen für die Anwendung eines pauschalierenden Entgeltsystems für die Leistungen psychiatrischer und psychosomatischer Einrichtungen weiterentwickelt worden. Zusammengefasst war das Ziel des PsychVVGs, dass der Bereich Psychiatrie und Psychosomatik transparenter und leistungsfähiger und eine bessere Verzahnung zwischen ambulanten und stationären Leistungen in diesem Bereich gefördert wird. Im Gegensatz zur ursprünglichen Zielsetzung ist das Entgeltsystem nicht als Preissystem mit einer über fünf Jahre vorgesehenen Annäherung an landeseinheitliche Entgeltwerte (die sogenannte Konvergenz), sondern als **kostenorientiertes Budgetsystem** zur Finanzierung psychiatrischer und psychosomatischer Krankenhausleistungen ausgestaltet worden. Vergütungs- und Budgetbemessungsinstrumente des PEPP-Entgeltsystems sind die PEPP-Entgelte (analog DRG-Entgelte), die das InEK jährlich entwickelt. Da die Entgelte aufwandsgerecht kalkuliert werden sollen, werden Kalkulationsdaten aus einer Kostenträgerrechnung von Krankenhäusern benötigt. All diese Daten führt das InEK zusammen, um über einen Gruppierungsalgorithmus aufwandshomogene Gruppen (die PEPP-Entgelte) bilden zu können, die dann je nach den individuellen Patientendaten zur Abrechnung kommen. Bis Ende 2019 war die Anwendung noch budgetneutral, d. h., die Gewinne oder Verluste durch PEPP gegenüber tagesgleichen Pflegesätzen wurden vollständig ausgeglichen. Die Umstellung hat damit seit 2020 auch ökonomische Auswirkungen für die PEPP-Krankenhäuser. Die Budgetierung erfolgt weiterhin krankenhausindividuell zur besseren Abbildung regionaler Bedingungen und struktureller Besonderheiten, seit 2020 unter Berücksichtigung der Personalmindestvorgaben des G-BA. Die »Personalausstattung Psychiatrie und Psychosomatik-Richtlinie« (PPP-RL) löst die seit 1991 bestehende Psychiatrie-Personalverordnung (Psych-PV) ab, sie ist jedoch selbst kein Personalbemessungsinstrument. Wesentliche Elemente der Psych-PV-Systematik wurden in die neue Richtlinie überführt (Berufsgruppen, Minutenwerte etc.) (DKI 2020, S. 12; Hauth und Deister 2016, S. 56; Klever-Deichert et al. 2016).

Mit dem **Pflegepersonal-Stärkungsgesetz (PpSG)** vom 11. Dezember 2018 wurde zum Jahr 2019 die Herausnahme der Pflegepersonalkosten der bettenführenden Stationen aus den DRG-Fallpauschalensystem beschlossen. Mit dem PpSG soll das Pflegepersonal spürbare Verbesserungen im Alltag durch eine bessere Personalausstattung und bessere Arbeitsbedingungen in der Pflege erfahren. Ab dem Vereinbarungszeitraum 2020 wird das sogenannte **Pflegebudget** als gesondertes Budget ausgewiesen und per Selbstkostendeckungsprinzip erstattet.

Im Jahr 2020 mussten Krankenhäuser den Vertragsparteien eine detaillierte Darstellung der Ist-Personalkosten und eine umfassende Differenzierung der Kostenanteile nach einzelnen Berufsgruppen für das vorangegangene Jahr 2019 vorlegen. Ab 2021 werden die Ist-Personaldaten des vergangenen Jahres sowie des laufenden Jahres und die Forderung für den Vereinbarungszeitraum maßgeblich sein. Eine Überprüfung der Stellenbesetzung erfolgt jeweils bis zum 30. April des Jahres durch unabhängige Wirtschaftsprüfer.

Neben den Pflegepersonalkosten können zudem neu eingeführte pflegeentlastende Maßnahmen, beispielsweise aus dem Bereich Technik oder IT (Stand 2021: maximal 4 % der Gesamtpersonalkosten), geltend gemacht werden.

Die Zuordnung des Pflegepersonals zum Pflegebudget wurde an die Begriffsdefinitionen Pflegefachkraft und Pflegehilfskraft der Pflegepersonaluntergrenzen-Verordnung (PpUGV) angepasst. Diskussionen im Jahr 2020 zwischen Krankenkassen und Krankenhäusern konnten somit teilweise beendet werden; z. B. werden medizinische Fachangestellte nun auch unter sonstigen Bereichen akzeptiert.

Bis die Krankenhäuser erstmalig die Pflegebudgetverhandlungen mit krankenhausindividuellen Pflegeentgelten für 2020 abgeschlossen haben, wurde für den Zeitraum vom 01. Januar 2020 bis zum 31. März 2020 je Belegungstag und vollstationärem Fall ein Pflegeentgeltwert in Höhe von 146,55 € festgelegt. Die SARS-CoV-2-Pandemie führte dazu, dass der vorläufige Pflegeentgeltwert vom 1. April bis zum 31. Dezember 2020 auf 185 € je Belegungstag und vollstationären Fall erhöht wurde. Für das Jahr 2021 wurde ein gesetzlicher Pflegeentgeltwert auf eine Höhe von 163,09 € mit dem Dritten Gesetz zum Schutz der Bevölkerung bei einer epidemischen Lage von nationaler Tragweite festgelegt.

Mit Wirkung zum 1. Januar 2019 trat die **Pflegepersonaluntergrenzen-Verordnung (PpUGV)** in Kraft. Für pflegesensitive Bereiche nimmt diese Verordnung Vorgaben zur Mindestbesetzungen für die Tag- und Nachtschicht des Pflegedienstes für pflegesensitive Bereiche vor. Die Untergrenzen sind je Station sowie Schicht im Monatsdurchschnitt einzuhalten.

Gemäß der PpUGV gab es im Jahr 2019 Pflegepersonaluntergrenzen für folgende Fachabteilungen: Geriatrie, Kardiologie, Unfallchirurgie und Intensivmeldzin. Als pflegesensitiver Bereich wird eine Fachabteilung der genannten Bereiche definiert, wenn diese als Fachabteilung mit einer entsprechenden Schwerpunktbezeichnung ausgewiesen ist oder 40 % der Indikatoren-DRGs gemäß Anlage zur PpUGV der Gesamtfallzahl aufweist.

Im Bereich der Intensivstationem gelten diejenigen Stationen als pflegesensitive Bereiche, wenn sie mindestens 400 Fälle mit den intensivmedizinischer Komplexcodes OPS 8-980 oder 8-98 ff vorweisen.

Für 2020 sollten die Vorgaben der PpUGV auf weitere Fachabteilungen ausgeweitet werden, wurden durch die Corona-Pandemie allerdings zum 01. März 2020 bis Ende 2020 ausgesetzt. Ab dem 01. August 2020 wurden die Pflegepersonaluntergrenzen für die Bereiche Geriatrie und Intensivmedizin wieder ein Kraft gesetzt.

Ab dem 1. Februar 2021 gelten darüber hinaus Pflegepersonaluntergrenzen in folgenden Bereichen: Innere Medizin und Kardiologie, allgemeine Chirurgie und Unfallchirurgie, Herzchirurgie, Neurologie, Neurologische Frührehabilitation, Neurologische Schlaganfalleinheit, Pädiatrische Intensivmedizin und Pädiatrie.

In ◘ Abb. 4.8 sind die verschiedenen Entgelte für akutstationäre Aufenthalte im Überblick dargestellt. Klar wird auch, wie sie sich danach unterscheiden, ob sie bundeseinheitlichen Vorgaben oder krankenhausindividuellen Verhandlungen unterliegen. Außerdem verdeutlicht die Abbildung durch die Umrandung der Felder, welche Einnahmen Bestandteil des sog. **Erlösbudgets** nach § 4 Abs. 1 KHEntgG oder der sog. **Erlössumme** nach § 6 Abs. 3 KHEntgG sind. Erlösbudget und Erlössumme werden zu einem Gesamtbetrag zusammengefasst, der Ausgleichsregelungen unterliegt, um die Über- bzw. Unterschreitung vereinbarter Mengen durch einen Ausgleichsbetrag zu berücksichtigen (vgl. für eine detailliertere Beschreibung des Krankenhausbudgets Behrends 2013, S. 145 ff, sowie Rau 2015 zu den Auswirkungen des Krankenhausstrukturgesetzes).

Das **Erlösbudget** beinhaltet die Summe der Erlöse aus bundeseinheitlich bewerteten DRG-Fallpauschalen (einschließlich Zu- und Abschlägen für Lang- bzw. Kurzlieger; B1, B2 und B3), bundeseinheitlich bewerteten Zusatzentgelten (C1, z. B. für Dialyse oder Behandlung von Hämophiliepatienten mit Blutgerinnungskonzentraten) und ist um die Summe der Abschläge aus Nichtteilnahme an der Notfallversorgung (A1) zu verringern.

Zu den Entgelten innerhalb der **Erlössumme** gehören:

- Fallpauschalen ohne bundeseinheitliche Bewertung, die zwar bundeseinheitlich definiert sind, aber kein Relativgewicht besitzen (D1),
- Zusatzentgelte nach dem auf Bundesebene vereinbarten Entgeltkatalog als Vergütungen für Leistungskomplexe, die in die DRG-Fallpauschalen nicht eingerechnet werden können, da sie z. B. nur bei wenigen Patienten angewendet werden und für die es keine bundeseinheitliche Bewertung gibt (D2),
- Entgelte für teilstationäre Leistungen (D3) sowie
- Zusatzentgelte für nicht sachgerecht vergütete, hochspezialisierte Leistungen (D4).

Zu den **sonstigen Einnahmen** des Krankenhauses gehören:

1. Bundeseinheitlich vereinbarte Zuschläge für Begleitpersonen (A2) sowie für Qualitätssicherung (letzteres ggf. auch als Abschläge; A3)
2. Krankenhausindividuell verhandelte Entgelte für neue Untersuchungs- und Behandlungsmethoden (NUB), die noch nicht in die auf Bundesebene vereinbarten Entgeltkataloge aufgenommen worden sind (E1). Diese Leistungen unterscheiden sich von den oben genannten dadurch, dass es sich hierbei um Innovationen handelt. Dies soll helfen, die Finanzierung von Innovationen zu sichern.
3. Krankenhausindividuell vereinbarte Zuschläge für Zentren und Schwerpunkte, Ausbildung, Sicherstellung, Hygiene und Pflege (E2 bis E6)
4. Leistungen für ausländische Patienten, die mit dem Ziel einer Krankenhausbehandlung in die Bundesrepublik Deutschland einreisen (E7).

Selbst bei der bereits recht komplexen ■ Abb. 4.8 handelt es sich nicht um eine erschöpfende Liste aller Vergütungsentgelte, die ein Krankenhaus erhalten kann. Darüber hinaus kann der Umsatz eines Krankenhauses noch weitere Tatbestände umfassen. Zu nennen sind dabei z. B. die folgenden:

1. Forschungs- und Lehrleistungen (dies ist vor allem bei Hochschulkrankenhäusern von Bedeutung), die aus Mitteln der Landesministerien vergütet werden.
2. Ambulante Leistungen des Krankenhauses, soweit das Krankenhaus bzw. seine Ärzte zur vertragsärztlichen Versorgung zugelassen sind (vgl. ► Abschn. 2.4 sowie Smitmans et al. 2015, S. 1046 ff).
3. Vor- und nachstationäre Behandlung nach § 115a SGB V und ambulante Operationen und sonstige stationsersetzende Eingriffe nach § 115b SGB V.
4. Wahlleistungen.

Letztere dürfen nur berechnet werden, wenn die allgemeinen Krankenhausleistungen durch die Wahlleistungen nicht beeinträchtigt werden, und die gesonderte Berechnung mit dem Krankenhaus vereinbart ist (§ 17 Abs. 1 KHEntgG). Wahlleistungen werden entweder vom Patienten selbst oder von einer privaten Krankenversicherung vergütet. Es ist zwischen Wahlleistung »Unterkunft« und der ärztlichen Wahlleistung »Chefarztbehandlung« zu unterscheiden. Erstere eröffnet die Möglichkeit, anstatt der Unterbringung im Mehrbettzimmer, die Unterbringung in einem Zweibett- bzw. Einzelzimmer zu wählen. Bei der Chefarztbehandlung erfolgt die Behandlung durch einen liquidationsberechtigten Arzt und die Abrechnung damit über die Gebührenordnung für Ärzte (GOÄ) (Tuschen und Trefz 2004, S. 117).

4.3.2 Praktische Umsetzung

Die **finanzwirtschaftliche Analyse** bestehend aus **Finanz- und Erfolgsanalyse** und ist auf die Beurteilung der finanziellen Gesamtsituation eines Krankenhausunternehmens anhand seiner **Finanz- und Ertragslage** ausgerichtet. Hierfür werden sowohl in der Theorie als auch in der Praxis eine Vielzahl von Kennzahlen abgeleitet, die hier nicht im vollen Umfang abgebildet werden können, sodass im Rahmen dieser Einführung eine Auswahl vorgestellt wird (vgl. ausführliche Darstellungen in der betriebswirtschaftlichen Literatur zur Bilanz- und Jahresabschlussanalyse z. B. Perridon et al. 2009 oder Coenenberg et al. 2009). Mit der in ■ Abb. 4.9 dargestellten Systematik lassen sich die vorgestellten Kennzahlen innerhalb der Interpretation inhaltlich verknüpfen, sodass eine getrennte Beurteilung der Finanz- und Ertragslage erfolgen kann. Insgesamt können fünf Analysebereiche unterschieden werden. Die Bereiche **Erfolg** und **Rentabilität** ermöglichen eine Einschätzung der Ertragssituation, während die Bereiche der **kurz-** und **langfristigen** sowie **dynamischen Liquidität** Aussagen zur finanziellen Lage zulassen. Die Auswahl der Kennzahlen, die in diesem Kapitel diskutiert werden, geht im Wesentlichen auf den allgemeinen Teil des **Rentabilitäts-Liquiditäts-Kennzahlensystems** zurück, das 1977 von Reichmann und Lachnit entwickelt wurde, um den Zielpluralismus im Hinblick auf Rentabi-

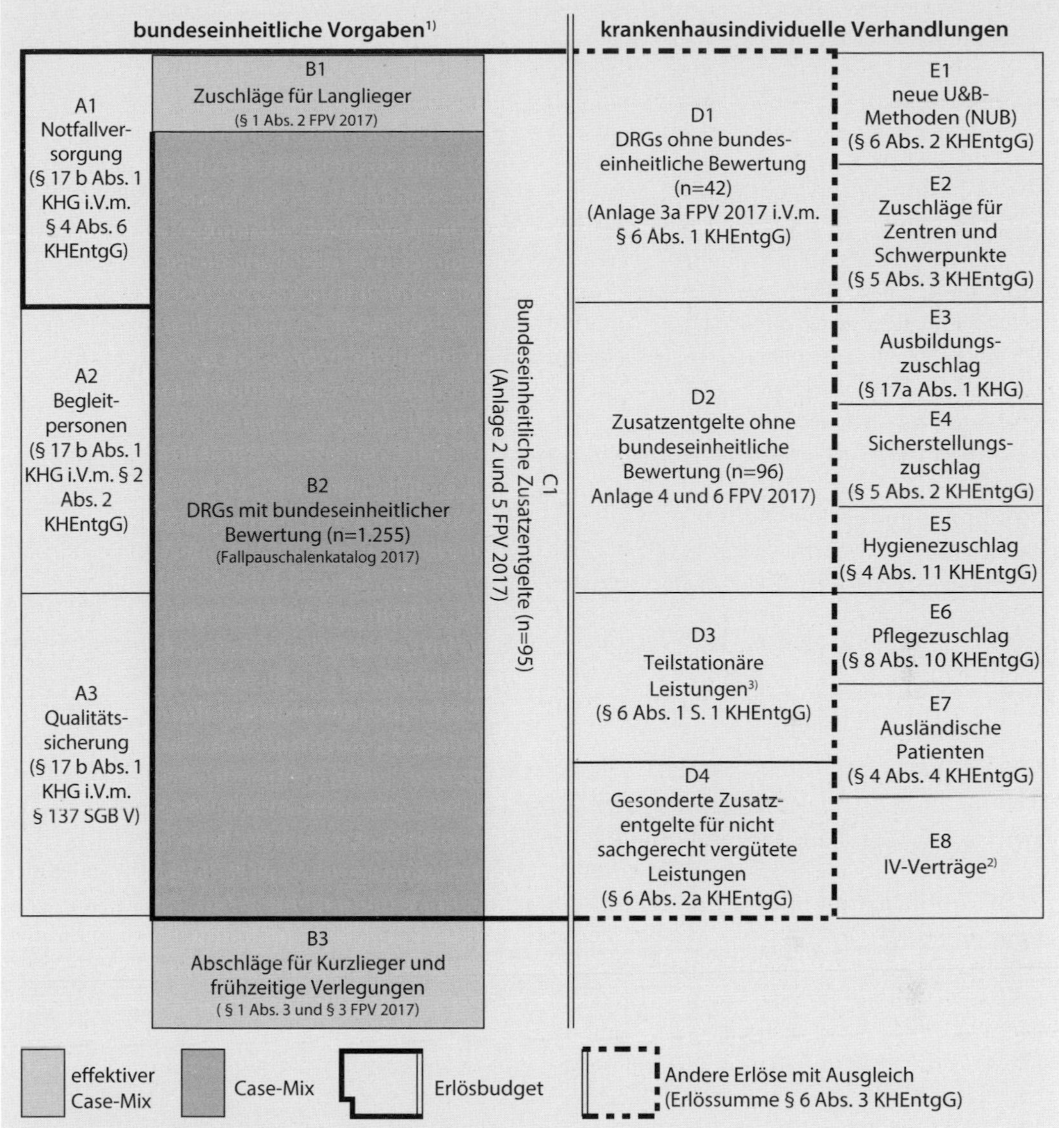

Abb. 4.8 Bestandteile der Krankenhausvergütung nach Erlösarten und Zu- und Abschlägen für stationäre Aufenthalte

lität und Liquidität in Unternehmen adäquat abzubilden (Reichmann 2001, S. 104).

Sowohl der Finanz- als auch Erfolgsanalyse können eine Vielzahl unterschiedlicher Ziele zugeordnet werden, die maßgeblich durch das spezifische Informationsbedürfnis des Adressaten bestimmt werden. Wird die Analyse durch das betreffende Krankenhausunternehmen selbst durchgeführt, spricht man von **interner Finanz- bzw. Erfolgsanalyse**. Wird sie demgegenüber von Personen außerhalb des Krankenhauses erstellt, so handelt es sich um eine **externe Finanz- bzw. Erfolgsanalyse**. Auf Basis der internen Analyse erhält die Unternehmens-

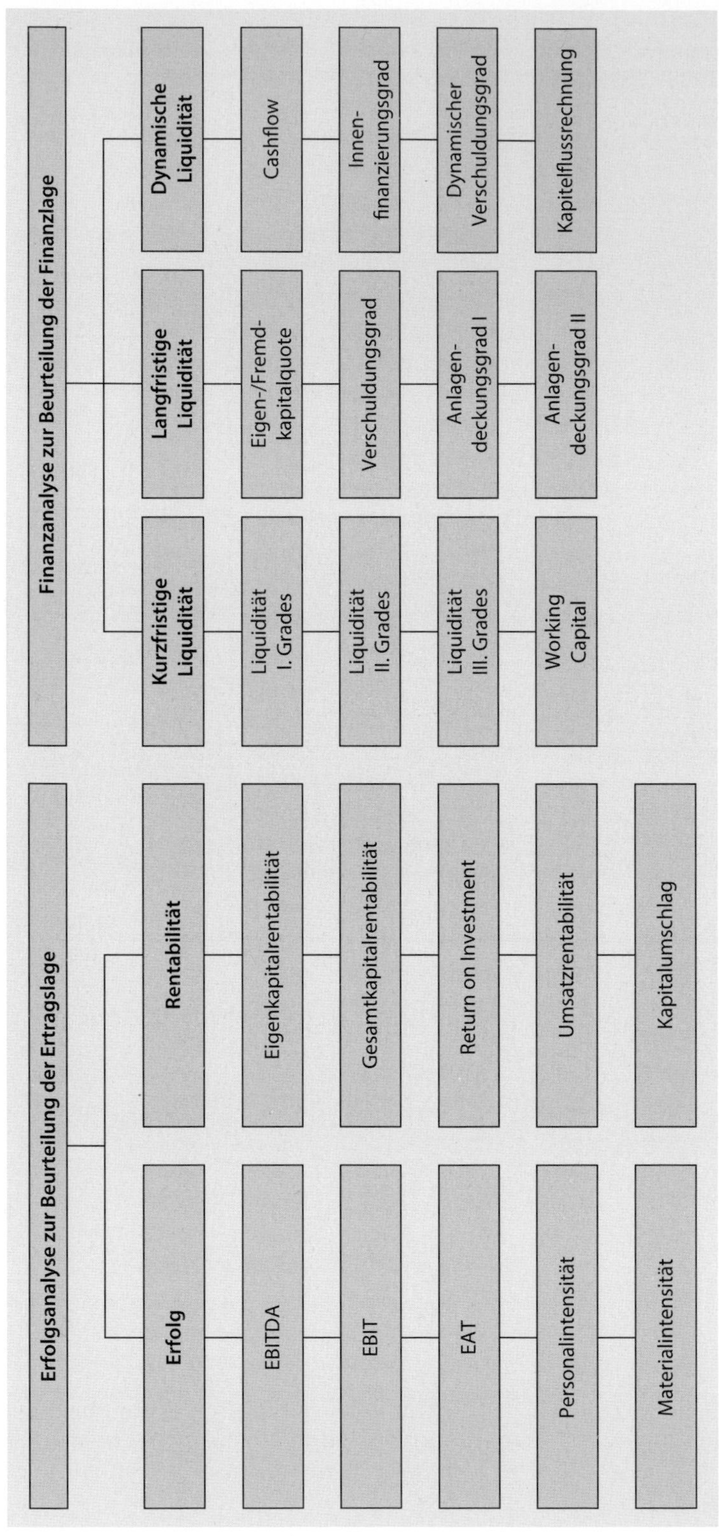

Abb. 4.9 Kennzahlensystematik (Erläuterungen im Text unter »Erfolgsanalyse« und »Finanzanalyse«)

leitung (Geschäftsführung bzw. Management) detaillierte Planungs-, Steuerungs- und Kontrollinformationen zur Fundierung von Managemententscheidungen. Die im Rahmen der externen Analyse zur Verfügung stehenden Informationen sind im Regelfall deutlich begrenzter als bei einer internen Analyse. Der Informationsumfang ist jedoch fließend und steigt mit der Machtposition des Analysten. So verlangen z. B. Kreditinstitute weiterführende betriebswirtschaftliche Auswertungen wie etwa Planungsrechnungen, um diese Informationen einfließen zu lassen. Auf diese Weise kann auch der Großaktionär eines Krankenhausunternehmens einen Informationsstand erlangen, der dem der Unternehmensleitung entspricht. Externe interessieren sich vor allem für gegenwärtige oder zukünftige Anteilseigner (z. B. GmbH-Teilhaber, Aktionäre) oder Gläubiger (z. B. Banken, Lieferanten) für die finanzielle Situation eines Krankenhausunternehmens, aber auch der Staat (z. B. Finanzverwaltung, Krankenhausplanungsautoritäten), Konkurrenten, Kunden bzw. ihre Vertreter (z. B. Patientenverbände) sowie Arbeitnehmer bzw. ihre Vertreter (z. B. Betriebsrat oder Gewerkschaften). Im Vordergrund der externen Analyse stehen grundsätzlich sowohl Liquidität als auch Rentabilität, allerdings sind die Schwerpunkte in der Beurteilung je nach Interessengruppe graduell unterschiedlich. Anteilseigner sind mehr auf die Ertragskraft fokussiert, während bei Gläubigern die Beurteilung der Zahlungsfähigkeit im Vordergrund steht. Die finanzwirtschaftlichen Kennzahlen richten sich demnach an eine Vielzahl unterschiedlicher Adressaten, die Führungsverantwortung im Krankenhausunternehmen besitzen, Ansprüche an das Unternehmen haben oder in sonstiger Weise mit selbigem in Verbindung stehen. Auch wenn die vorgegebene Aufzählung nicht abschließend ist, wird die besondere Bedeutung finanzwirtschaftlicher Kennzahlen für das Krankenhausunternehmen selbst und sein Verhältnis zum Unternehmensumfeld deutlich (Graumann und Schmidt-Graumann 2011, S. 575 ff; Perridon et al. 2009, S. 561 f; Pape 2011, S. 243 ff).

Informationsgrundlage

Zentrale Informationsbasis der **Finanz- und Erfolgsanalyse** ist der Jahresabschluss des Krankenhausunternehmens. Die Verpflichtung, einen **Jahresabschluss** zu erstellen, besteht unabhängig von der Rechtsform, der rechtlichen Selbstständigkeit und der Kaufmannseigenschaft für jedes Krankenhausunternehmen, das in den Anwendungsbereich des KHG fällt und somit den Vorschriften der Krankenhausbuchführungsverordnung (KHBV) unterliegt. Aus den gesetzlichen Rahmenbedingungen nach KHBV kann die Verpflichtung zur Erstellung eines Jahresabschlusses auch für rechtlich-unselbstständige öffentliche Krankenhausunternehmen (siehe ► Abschn. 2.3 für eine ausführliche Vergleichsdarstellung der Rechtsformen) abgeleitet werden. Inhaltlich besteht der Jahresabschluss eines Krankenhausunternehmens gemäß § 4 Abs. 1 KHBV aus den Komponenten Bilanz (Anlage 1 KHBV), Gewinn- und Verlustrechnung (GuV) (Anlage 2 KHBV) sowie Anhang (Anlage 3 KHBV), die generell im Rahmen der Analyse des Jahresabschluss ausgewertet werden können und bei Konzernabschlüssen gemäß § 297 Abs. 1 Handelsgesetzbuch (HGB) um die Kapitalflussrechnung (KFR) erweitert sind. Die wichtigsten Kennzahlen werden auf Basis der aus Bilanz, Gewinn- und Verlustrechnung sowie ggf. Kapitalflussrechnung entstammenden Informationen ermittelt. Anhang und Lagebericht liefern nur ergänzende Informationen.

Für den Jahresabschluss von Krankenhausunternehmen besteht keine Verpflichtung zur allgemeinen Offenlegung. Die Publizitätspflicht richtet sich nach der Rechtsform, sodass im privatrechtlichen Bereich folgende Unternehmen offenlegungspflichtig sind:

1. Kapitalgesellschaften und ihnen gleichgestellte Personengesellschaften, bei denen keine natürliche Person persönlich haftender Gesellschafter ist (§ 264a HGB),
2. nach § 1 Publizitätsgesetz (PublG) zur Rechnungslegung verpflichtete Unternehmen (§ 9 PublG), die in drei aufeinander folgenden Geschäftsjahren zwei der folgenden Merkmale erfüllen: Bilanzsumme > 65 Mio. €, Umsatzerlöse > 130 Mio. € und durchschnittlich > 5000 Mitarbeiter,

3. eingetragene Genossenschaften (eG) und Partnerschaftsgesellschaften (PartG).

Demnach besteht im privatrechtlichen Bereich für alle Nicht-Kapitalgesellschaften, die zugleich auch Kaufleute gem. §§ 1–2 HGB sind, eine Offenlegungspflicht der Jahresabschlüsse, wenn die fixierten Grenzen im PublG überschritten sind.

Im öffentlich-rechtlichen Bereich sind folgende Unternehmen offenlegungspflichtig:

1. Stiftungen, Körperschaften oder Anstalten des öffentlichen Rechts mit Kaufmannseigenschaft nach § 1–2 HGB.
2. Für öffentlich-rechtlich unselbständige Regie- oder Eigenbetriebe richtet sich die Publizitätspflicht nach den jeweiligen Landesgesetzen.

Zusammenfassend ist für Krankenhäuser, die unter o. g. Regelungen fallen, die Offenlegung von Jahresabschlussinformationen über den Bundesanzeiger (► www.bundesanzeiger.de, kostenlos bereitgestellt vom Bundesministerium der Justiz und für Verbraucherschutz) verpflichtend, sodass die Informationen für externe Interessenten einfach zugänglich sind. Der Umfang der Offenlegung und einzureichenden Unterlagen ist für Kaufleute in den §§ 325–328 HGB geregelt. Eine Besonderheit stellen die öffentlich-rechtlich unselbstständigen Krankenhausunternehmen dar, deren Veröffentlichungspflicht auf Landesebene in den jeweiligen Landesgesetzen geregelt ist. Hier besteht tendenziell auch eine generelle Offenlegungspflicht, allerdings mit einer deutlich eingeschränkten Reichweite (z. B. Offenlegung durch öffentliche Auslage für einen definierten Zeitraum in der betreffenden Gemeinde). Über die gesetzlichen Regelungen zur Publizitätspflicht hinaus, veröffentlichen einige Krankenhausunternehmen freiwillig ihren Jahresabschluss (z. B. über die eigene Internetseite) (Burkhart et al. 2010, S. 164).

Interpretation finanzwirtschaftlicher Kennzahlen

Die Interpretation finanzwirtschaftlicher Kennzahlen ist **ohne einen sinnvollen Vergleichsmaßstab nur begrenzt möglich**, da die Aussagekraft einer isolierten Information bei der Unternehmensanalyse gering ist (wie beispielsweise die Aussage, dass ein Krankenhaus 2 Mio. € Gewinn erwirtschaftet oder eine Eigenkapitalrentabilität von 6 % besitzt). Daher werden zur Interpretation finanzwirtschaftlicher Kennzahlen Vergleichsmaßstäbe herangezogen, die Zeit-, Unternehmens-, Branchen- oder Soll-Ist-Vergleiche ermöglichen.

Beim **Zeitvergleich** wird die Entwicklung der Kennzahlen des analysierten Krankenhausunternehmens im Zeitablauf untersucht (z. B. Gewinnentwicklung über die letzten drei Jahre). Der Zeitvergleich besitzt den Vorteil, dass insbesondere bei mehrjährigen Analysezeiträumen Trends oder Zyklen in Bezug auf die Entwicklung identifiziert werden können. Als Nachteil erweist sich, dass hierbei nur krankenhauseigene Daten miteinander verglichen werden können. Die Einordnung der Unternehmenslage anhand eines externen Vergleichsmaßstabs erfolgt nicht.

Beim **Unternehmens- oder Branchenvergleich** werden die Kennzahlen des analysierten Krankenhauses mit den Zahlen eines vergleichbaren Krankenhausunternehmens oder mit den korrespondierenden Zahlen der gesamten Krankenhausbranche oder beispielsweise eines Regionalmarktes verglichen. Dieser Vergleichstyp ermöglicht eine Einordnung, inwieweit die wirtschaftliche Leistungsfähigkeit des analysierten Krankenhauses den als Benchmark dienenden Branchen- oder Unternehmenswerten entspricht. Beim Krankenhausvergleich ist die Sicherstellung der **Vergleichbarkeit des Referenzkrankenhauses** (z. B. hinsichtlich Wettbewerbsposition und -intensität sowie Leistungsportfolio) erforderlich, um zu einer validen Einschätzung zu kommen. Ein passendes Referenzkrankenhauses ist i. d. R. jedoch schwierig zu finden, sodass in der Praxis häufig auf den Branchenvergleich zurückgegriffen wird. Der Vorteil eines Unternehmens- oder Branchenvergleichs besteht darin, dass die Entwicklung eines Krankenhausunternehmens anhand externer Maßstäben untersucht werden kann. Allerdings beschränkt sich die Analyse auf die Beurteilung relativ zur Konkurrenz, da keine normativen Vorgaben einbezogen werden.

Beim **Soll-Ist-Vergleich** werden die für das Krankenhausunternehmen ermittelten Istwerte den zuvor ermittelten Planwerten gegenübergestellt. Im Rahmen der Erfolgsanalyse wird z. B. die Gesamtkapitalrentabilität des Krankenhausunternehmens (Istwert) mit den zuvor als Mindestrenditeforderung abgeleiteten Kapitalkosten (Sollwert) verglichen. Auf diese Weise wird überprüft, ob die bei der finanzwirtschaftlichen Planung aufgestellten Sollwerte erreicht worden sind. Wenn Sollvorgaben nicht erfüllt wurden, können die Ursachen für die abweichenden Istwerte im Rahmen der **Abweichungsanalyse** bestimmt werden. Auf Basis der Soll-Ist-Vergleiche erfolgt eine Verzahnung der finanzwirtschaftlichen Planung mit der finanzwirtschaftlichen Analyse. Darüber hinaus bieten Sollwerte die Voraussetzung dafür, dass sich Krankenhausunternehmen an anspruchsvollen Zielvorgaben messen lassen. Die finanzierungstheoretische bzw. empirische Ableitung der Sollwerte ist allerdings als problematisch anzusehen, da sich normative Zielgrößen für die meisten finanzwirtschaftlichen Kennzahlen nicht begründen lassen. Aus diesem Grund werden die Planwerte mangels theoretischer Fundierung in der Krankenhauspraxis häufig auf Basis empirisch ermittelter Branchenwerte abgeleitet (Pape 2011, S. 255 f; Wolke 2010, S. 82; Perridon et al. 2009, S. 563 f).

Erfolgsanalyse

Die Erfolgsanalyse (◘ Abb. 4.9) widmet sich der Beurteilung der Erfolgs- bzw. Ertragslage anhand von **absoluten und relativen Erfolgskennzahlen**, wobei diese Kennzahlen grundsätzlich sowohl für das Gesamtkrankenhausunternehmen als auch für einzelne Geschäftsbereiche oder andere Teileinheiten ermittelt werden. **Absolute Erfolgskennzahlen** sind betriebswirtschaftliche Gewinngrößen (z. B. Betriebsergebnis oder Jahresüberschuss), die sich in verschiedener Weise abgrenzen lassen. Die zentralen Unterschiede zwischen den Gewinnbegriffen bestehen in Art und Umfang der einbezogenen Ertrags- und Aufwandsgrößen. Die Kennzahl **Earnings before Interest, Taxes, Depreciation and Amortization (EBITDA)** umfasst das Ergebnis vor Zinsen, Steuern, Abschreibungen auf das Sachanlagevermögen sowie Abschreibungen auf immaterielle Vermögenswerte, insbesondere den Unternehmenswert. EBITDA ist eine absolute Erfolgskennzahl, die für den Unternehmens- oder Branchenvergleich besonders geeignet ist, da der Einsatz unterschiedlicher Abschreibungsmethoden und bilanzpolitischer Maßnahmen sowie Effekte aus der Kapitalstruktur und der Besteuerung nicht zu einer verzerrten Aussagekraft führen. Grundsätzlich besitzen Kennzahlen vor Abzug der genannten Aufwandstatbestände eine höhere zwischenbetriebliche Vergleichbarkeit. Allerdings müssen Krankenhausunternehmen mittel- bis langfristig auch diese betrieblichen Aufwandspositionen erwirtschaften, sodass EBITDA nicht als alleinige Erfolgskennzahl verwendet wird. Im Sinne der Investitionsfähigkeit hat z. B. die Erwirtschaftung der Abschreibungen in Krankenhäusern aufgrund des Rückgangs der Investitionsförderung in den letzten Jahren stark an Bedeutung gewonnen. Da die Kennzahl EBITDA Ähnlichkeiten mit dem betrieblichen Cashflow aufweist, ist sie weniger eine rein erfolgs- als vielmehr eine liquiditätsorientierte Kennzahl (vgl. dynamische Liquiditätskennzahlen). Das Einsatzgebiet ist vor diesem Hintergrund an der Schnittstelle zwischen Finanz- und Erfolgsanalyse anzusiedeln (Pape 2011, S. 257 f; Augurzky et al. 2020, S. 195 ff, 47, 165–176, 190).

Die Erfolgskennzahl **Earnings before Interest and Taxes (EBIT)** umfasst das Ergebnis vor Zinsen und Steuern und wird daher weder durch die unternehmenseigene Finanzierungs- noch durch dessen Steuerpolitik beeinflusst. Das EBIT informiert sämtliche Adressaten der Kennzahlenanalyse über den aus der laufenden Geschäftstätigkeit erwirtschafteten operativen Gewinn bzw. Verlust, indem eine Berücksichtigung der Abschreibungen erfolgt. Im Rahmen der Ausführungen wird das **EBIT** mit dem handelsrechtlichen Gewinnbegriff **Betriebsergebnis** gleichgesetzt, wobei für das EBIT keine verbindliche Berechnungsvorschrift existiert, und die Interpretierbarkeit durch unterschiedliche Methoden zur Berechnung dieser Kennzahl eigeschränkt sein kann. Die finanzierungs- und besteuerungsunabhängige Kennzahl ermöglicht z. B. den Vergleich von Krankenhausunternehmen mit unterschiedlicher Finanzierungsstruktur. In diesem Zusammenhang ist zu berücksichtigen, dass die Steuerbelastung zwischen Krankenhausunternehmen u. a. aufgrund des möglichen Gemeinnützigkeitsstatus unterschiedlich sein kann. Daher findet auch die Kennzahl **Earnings before Taxes (EBT)** vielfach Anwendung, da hier der Gewinn bzw. Verlust vor Steuern erfasst wird (Pape 2011, S. 257 f; Henke et al. 2003, S. 20 ff).

Earnings after Taxes (EAT) ist eine weitere zentrale Erfolgskennzahl, die den Überschuss bzw. Fehlbetrag der Erträge nach Abzug sämtlicher Aufwendungen in der Betrachtungsperiode (z. B. Geschäftsjahr) umfasst. Die Kennzahl EAT bildet den Unternehmenserfolg unter Berücksichtigung sämtlicher Ertrags- und Aufwandspositionen ab und ist als Residualgewinn insbesondere für die Eigentümer des Krankenhausunternehmens relevant. Das EAT wird im Rahmen der Ausführungen mit dem handelsrechtlichen Gewinnbegriff **Jahresüberschuss** gleichgesetzt, wobei grundsätzlich auch für die Kennzahl EAT keine verbindliche Berechnungsvorschrift existiert, und darin Abweichungen begründet sein können. Weitere Einschränkungen in der Interpretierbarkeit resultieren aus möglichen Verzerrungen durch bilanzpolitische Maßnahmen sowie die fehlende Aufspaltung nach Erfolgsquellen durch die **Unterscheidung von Betriebs- und Finanzergebnis sowie außerordentlichem Ergebnis**. Das **Finanzergebnis** beinhaltet die Erträge aus der Anlage von Geldern (finanzielle Erträge) sowie die Aufwendungen aus der Aufnahme von Fremdkapital (finanzielle Aufwendungen).

Zur weiteren Analyse der Erfolgskomponenten des EAT gehören auch Kennzahlen zur Aufwands- und Ertragsstruktur, die einzelne Positionen der GuV ins Verhältnis setzen, so z. B. die Personal- und Materialintensität. Da zwischen diesen Kennzahlen sehr große branchenabhängige Unterschiede, wie z. B. die sehr hohe Personalaufwandsquote im Krankenhausmarkt von mindestens 70 %, bestehen, sind aussagekräftige Vergleiche nur innerhalb der Krankenhausbranche möglich (Pape 2011, S. 258; Perridon et al. 2009, S. 575 ff).

$$\text{Personaufwandsquote} = \frac{\text{Personalaufwand}}{\text{Umsatz}}$$

$$\text{Materialaufwandsquote} = \frac{\text{Materialaufwand}}{\text{Umsatz}}$$

Absolute Erfolgskennzahlen sind insbesondere für den Kennzahlenvergleich zwischen Krankenhausunternehmen nur bedingt geeignet, da die Aussagekraft aufgrund mangelnder Vergleichbarkeit (z. B. Krankenhausunternehmen mit unterschiedlicher Größe bzw. Kapitalausstattung) eingeschränkt ist. Die Erfolgsanalyse nutzt daher ergänzend **Rentabilitäts- bzw. Renditekennzahlen**, die die Gewinngrößen ins Verhältnis zum eingesetzten Kapital setzen und somit die **Effizienz des Kapitaleinsatzes** ermitteln. Sowohl in der Theorie als auch in der Praxis weit verbreitete Rentabilitätskennzahlen sind die **Gesamt- und Eigenkapitalrentabilität** sowie der **Return on Investment**. Zur Bestimmung der **Gesamtkapitalrentabilität** wird als Bezugsgröße für die Gewinngröße das Gesamtkapital (Eigen- und Fremdkapital) verwendet, d. h. die gesamten Finanzmittel, die dem Krankenhausunternehmen durch Eigen- und Fremdkapitalgeber zur Verfügung gestellt werden. Im Zähler wird eine Gewinngröße vor Zinsen (d. h. vor Abzug der Fremdkapitalzinsen) eingesetzt, da auch die Fremdkapitalzinsen durch das investierte Kapital erwirtschaftet worden sind, und nur so die Vergleichbarkeit zwischen Krankenhausunternehmen mit unterschiedlicher Finanz- und Kapitalstruktur sichergestellt werden kann. Je nach Analysezweck wird eine unterschiedliche Erhebungsmethodik genutzt, indem verschiedene Gewinngrößen für die Ermittlung der Gesamtkapitalrentabilität verwendet werden. Die hier vorgestellte Berechnungsformel wird vielfach verwendete und erfasst auf Basis des EAT die Gesamtkapitalrentabilität nach Steuern, wobei alternativ auch eine Vorsteuerbetrachtung möglich wäre (Pape 2011, S. 260 f; Perridon et al. 2009, S. 585 f; Coenenberg et al. 2009, S. 1145 ff).

$$\text{Gesamtkapitalrentabilität} = \frac{(\text{EAT} + \text{Fremdkapitalzinsen})}{\text{Gesamtkapital}}$$

Die **Gesamtkapitalrentabilität** eines Krankenhausunternehmens informiert über dessen finanziellen Gesamterfolg und ist daher grundsätzlich für sämtliche Adressaten der Kennzahlenanalyse von Interesse. Darüber hinaus ermöglicht die Gesamtkapitalrentabilität, wie auch andere Rentabilitätskennzahlen, den Vergleich mit Zielrenditen (Soll-Ist-Vergleich). Unter Berücksichtigung der übergeordneten Unternehmensziele kann das Rentabilitätsziel entweder als Optimierungsbedingung im Sinne einer Rentabilitätsmaximierung oder als Anspruchsforderung im Sinne einer Mindestrentabilität formuliert werden. Zur Ableitung der Mindestrentabilität dienen i. d. R. die unternehmensspezifischen Kapitalkosten. Wenn die durchschnittlichen Gesamtkapitalkosten nach Steuern (als gewichteter Durchschnitt aus Eigen- und Fremdkapitalkosten) eines Beispielkrankenhausunternehmens bei 8 % liegen, muss das Unternehmen eine Gesamtkapitalrentabilität von mindestens 8 % erwirtschaften, um langfristig existieren zu können. Allerdings ist im Krankenhauskontext zu berücksichtigen, dass sich die Kapitalkosten zwischen den verschiedenen Krankenhausträgern systematisch unterscheiden. Während das Eigenkapital bei privaten profitorientierten Krankenhausunternehmen marktüblich verzinst werden muss, um es für Investitionszwecke einsetzen zu können, steht öffentliches oder bei privaten nicht-profitorientierten Krankenhausunternehmen z. B. kirchliches Kapital zu günstigeren Konditionen oder eventuell sogar kostenlos zur Verfügung. Damit ist die relevante Frage, ob es dem betreffenden Krankenhausunternehmen gelingt, seine spezifischen Kapitalkosten zu erwirtschaften (Pape 2011, S. 17; Augurzky et al. 2020, S. 195 ff, 47, 165–176, 190).

Die Aussagekraft der Kennzahl Gesamtkapitalrentabilität ist nicht durch Finanzierungs- und Kapitalstruktureffekte verzerrt. Jedoch kann die Steuerbelastung zwischen Krankenhausunternehmen sehr unterschiedlich sein. Für eine bessere Vergleichbarkeit zwischen den Krankenhausunternehmen wird daher häufig der **Return on Investment (ROI)** als weitere Rentabilitätskennzahl auf Basis des Gesamtkapitals verwendet, da hier der Gewinn vor Zinsen und Steuern zur Ermittlung der Gesamtkapitalrentabilität herangezogen wird. Diese relative Erfolgskennzahl ist für den Vergleich von Krankenhausunternehmen geeignet, wobei auch hier je nach Analysezweck Unterschiede in der Erhebungsmethodik im Hinblick auf die eingesetzte Gewinngröße möglich sind. I. d. R. wird in der Berechnungsformel des ROI das EBIT als Gewinngröße im Zähler eingesetzt (Pape 2011, S. 261 f; Perridon et al. 2009, S. 586 ff; Coenenberg et al. 2009, S. 1144 ff).

$$\text{ROI} = \frac{\text{EBIT}}{\text{Gesamtkapital}}$$

Ebenso wie die Gesamtkapitalrentabilität ermittelt der ROI die Verzinsung des gesamten investierten Kapitals, indem der Gewinn vor Zinsen und Steuern durch das investierte Gesamtkapital dividiert wird. Für den Soll-Ist-Vergleich dienen analog die Gesamtkapitalkosten vor Steuern als Vergleichsmaßstab. In der Praxis ermöglicht die Aufspaltung des ROI in die Komponenten **Umsatzrentabilität** und **Kapitalumschlag** die Ermittlung von Ursachen für Abweichungen.

$$\begin{aligned}\text{ROI} &= \text{Umsatzrentabilität} \times \text{Kapitalumschlag}\\ &= \left(\frac{\text{EBIT}}{\text{Umsatz}}\right) \times \left(\frac{\text{Umsatz}}{\text{Gesamtkapital}}\right)\end{aligned}$$

Die **Umsatzrentabilität** errechnet sich, indem das EBIT durch den Umsatz der Betrachtungsperiode dividiert wird. Sie gibt an, wie viel Gewinn dem Krankenhausunternehmen vom Umsatz bleibt. Entscheidenden Einfluss auf die Umsatzrentabilität haben die Preisstruktur des Absatzmarktes (im Krankenhausmarkt: G-DRG System) sowie die Aufwands- und Kostenstruktur des Krankenhausunternehmens. Damit ist die Umsatzrentabilität eine zentrale Kennzahl zur Bewertung der Rentabilität der unternehmerischen Geschäftstätigkeit.

Der **Kapitalumschlag** ist der Quotient aus Umsatz und dem durchschnittlich investierten Gesamtkapital. Diese Kennzahl gibt an, wie häufig das investierte Kapital z. B. im Laufe eines Geschäftsjahres umgeschlagen wird. Die Aufspaltung des ROI in Umsatzrentabilität und Kapitalumschlag ist häufig erst der Ausgangspunkt einer detaillierten Ursachenforschung für die Entwicklung des ROI. Durch eine weitere Aufspaltung des ROI bzw. den Kennzahlen Umsatzrentabilität und Kapitalumschlag lässt sich ein ganzes **Kennzahlensystem** (z. B. Du-Pont-Kennzahlensystem) ableiten (Perridon et al. 2009, S. 592 ff; Pape 2011, S. 262 ff).

4

Eine weitere häufig eingesetzte Rentabilitätskennzahl ist die **Eigenkapitalrentabilität**. Diese Kennzahl ermittelt die Verzinsung, die mit dem von den Eigentümern eingesetzten Eigenkapital erwirtschaftet wurde. Da hier das Eigenkapital als Bezugsgröße dient, wird als Gewinngröße der den Eigentümern zustehende Gewinn nach Abzug der Fremdkapitalzinsen eingesetzt (z. B. das Ergebnis vor Steuern, Jahresüberschuss). I. d. R. wird die Eigenkapitalrentabilität errechnet, indem das EAT bzw. der Jahresüberschuss durch das Eigenkapital dividiert wird (Pape 2011, S. 259 f; Coenenberg et al. 2009, S. 1134 ff).

$$\text{Eigenkapitalrentabilität} = \frac{\text{EAT}}{\text{Eigenkapital}}$$

Die Eigenkapitalrentabilität ist als Erfolgskennzahl insbesondere für die Eigentümer eines Krankenhausunternehmens von Interesse, da sie über die Verzinsung des Eigenkapitals informiert. Auch für die Eigenkapitalrentabilität kann das angestrebte Zielniveau operationalisiert werden. Als Mindestanforderung dienen hier die Eigenkapitalkosten des Krankenhausunternehmens. Nach dem Opportunitätskostenprinzip leiten sich die Eigenkapitalkosten aus der besten alternativen Kapitalverwendungsmöglichkeit ab, auf welche Eigentümer verzichten, wenn einem Unternehmen Eigenkapital zur Verfügung stellt (Pape 2011, S. 259 f).

► Kennzahlenberechnung am Beispiel der Beispiel-Klinikum AG

Anhand der Beispiel-Klinikum AG (BSP) werden verschiedene Kennzahlenberechnungen exemplarisch durchgeführt. Dafür sind die erforderlichen Informationen aus Bilanz und GuV von BSP für die Geschäftsjahre 2019 und 2020 in ◘ Tab. 4.4 und 4.5 zusammengefasst. Als regional tätiger Träger von drei Akutkrankenhäusern beschäftigt BSP ca. 1900 Mitarbeiter und generierte 2020 einen Umsatz von 127,5 Mio. €.

Ausgangspunkt der Erfolgsanalyse ist die GuV von BSP, die insgesamt eine positive Ergebnisentwicklung zeigt. Die verschiedenen Gewinngrößen konnten im Jahr 2020 gegenüber dem Vorjahr substanziell gesteigert werden. Anhand des EBIT (Betriebsergebnisses), das sich auf 9,9 Mio. € (Vorjahr: 9,1 Mio. €) beläuft, kann die erfolgreiche Entwicklung der operativen Geschäftstätigkeit festgestellt werden. Die positive Ergebnisentwicklung gegenüber dem Vorjahr zeigt sich auch am EBT (Ergebnis vor Steuern) von 8,7 Mio. € (Vorjahr: 8,0 Mio. €) sowie beim EAT (Jahresüberschuss bzw. Ergebnis nach Steuern) von 7,3 Mio. € (Vorjahr: 6,6 Mio. €).

Hierbei ist festzuhalten, dass der Jahresüberschuss größtenteils das Ergebnis der gewöhnlichen Geschäftstätigkeit ist und nicht auf ein außerordentliches Ergebnis zurückzuführen ist. BSP hat im Jahr 2020 einen Jahresumsatz von 127,5 Mio. € erzielt. Gegenüber dem 2019 mit 116 Mio. € war das eine Steigerung von absolut 11,5 Mio. € bzw. ein Wachstum des Gesamtumsatzes von 9,9 %. Im Verhältnis zum Umsatzwachstum konnte das EAT im Jahr 2020 proportional gesteigert werden. Der Umsatzanstieg ist auf eine gestiegene Auslastung der bestehenden Behandlungskapazitäten zurückzuführen. Zur weiteren Analyse der Erfolgskomponenten werden die **Personal- und die Materialaufwandsquote** bestimmt. Die Personalaufwandsquote misst die Personalintensität anhand der Wirtschaftlichkeit des Einsatzes des Faktors Arbeit. Dabei setzt sich der Personalaufwand aus den folgenden Positionen zusammen: Gehälter, Sozialabgaben, Aufwendungen für Altersvorsorge und Unterstützung.

In Anbetracht steigender Personalkosten und eines stärkeren Wettbewerbs um Personalressourcen, besitzt die Personalintensität der Leistungserbringung eine entscheidende Bedeutung. Trotz substanziell gestiegener Personalkosten ist die Personalaufwandsquote zwischen 2019 und 2020 mit ca. 60 % nahezu konstant geblieben. Zwischen Personal- und Materialaufwand besteht eine Wechselwirkung, da z. B. Outsourcing den Personalaufwand re-

■ Tab. 4.4 Gewinn- und Verlustrechnung der BSP-Klinikum AG für 2019 und 2020

	Positionen in Mio. €	2020	2019
	Umsatzerlöse	127,6	116,1
–	Personalaufwand	75,7	69,0
–	Materialaufwand	32,9	29,8
+	Sonstige Erträge	9,0	8,2
–	Sonstige Aufwendungen	12,6	11,3
=	**EBITDA**	**15,4**	**14,2**
	Abschreibungen und Wertminderungen	5,5	5,1
=	**EBIT (Betriebsergebnis)**	**9,9**	**9,1**
+	Finanzierungserträge	0,4	0,3
	Finanzierungsaufwendungen	1,6	1,4
=	**EBT (Ergebnis vor Steuern)**	**8,7**	**8,0**
	Ertragssteuern	1,5	1,4
=	**EAT (Jahresüberschuss)**	**7,3**	**6,6**

duziert und gleichzeitig den Materialaufwand erhöht. Aber auch die Materialaufwandsquote ist trotz gestiegener Energiekosten nur marginal von 25,6 % auf 25,8 % gestiegen.

Eine weitergehende Analyse erfolgt auf Basis der relativen Erfolgskennzahlen bzw. Rentabilitätskennzahlen von BSP. Hierzu werden in Ergänzung auch die Bilanzdaten von BSP verwendet, die in ■ Tab. 4.5 zusammengefasst sind.

Zur Ermittlung der Eigen- und Gesamtkapitalrentabilität werden im Nenner dieser beiden Rentabilitätskennzahlen Durchschnittswerte des Eigen- und Gesamtkapitals verwendet. Das durchschnittliche Kapital errechnet sich aus den Bilanzwerten zu Beginn bzw. zum Ende des jeweiligen Geschäftsjahres. BSP konnte die Gesamtkapitalrentabilität auf Basis des ROI im Vergleich von 6,6 % (2019) und 6,7 % (2020) marginal um 0,1 % steigern. Demgegenüber hat sich die Eigenkapitalrentabilität um 0,5 % von 9,4 % (2019) auf 9,9 % (2020) erhöht. Als Vergleichsmaßstab für die Rentabilitätskennzahlen dient der jeweilige Branchendurchschnitt. Die jeweilige Rendite der beiden Geschäftsjahre bewegt sich oberhalb des Branchendurchschnitts und ist im Zeitvergleich angestiegen, obwohl bereits die Vorjahreswerte über den jeweiligen Vergleichsmaßstäben lagen.

BSP hat in den Geschäftsjahren 2019 und 2020 eine Umsatzrentabilität von 7,8 % realisiert. Die Umsatzrentabilität bewegt sich auf einem verhältnismäßig niedrigen Niveau, sodass das Krankenhausunternehmen nur durch eine hohe Kapazitätsauslastung rentabel arbeiten kann. Ein wichtiger Faktor ist dabei die Auslastung der Krankenhausbetten, da diese eine Kerngröße des Umsatzes sind. Die Bettenauslastung ist in beiden Geschäftsjahren mit über 90 % auf einem hohen Niveau und konnte gegenüber dem Vorjahr weiter gesteigert werden. Zusammenfassend kann die Ertragslage von BSP als positiv bewertet werden. Das Krankenhausunternehmen hat eine überdurchschnittliche Verzinsung des eingesetzten Kapitals erwirtschaftet. ◄

Finanzanalyse

Auf Basis der **Finanzanalyse** (■ Abb. 4.9) kann eine Beurteilung der Finanz- bzw. Liquiditätslage des Krankenhausunternehmens erfolgen, die für die Existenzsicherung von besonderer Bedeutung ist, da die Zahlungsunfähigkeit (Illiquidität) ebenso einen Insolvenztatbestand

4

Tab. 4.5 Bilanzdaten der BSP-Klinikum AG für 2019 und 2020

Aktiva in Mio. €	**2020**	**2019**
Immaterielle Vermögenswerte	17,3	17,0
Sachanlagen	91,4	80,0
Sonstige Vermögenswerte	1,1	1,2
Langfristige Vermögenswerte	**109,8**	**98,2**
Vorräte	2,4	2,3
Forderungen aus Lieferungen und Leistungen	18,6	18,8
Sonstige Forderungen	1,4	1,3
Zahlungsmittel und Zahlungsmitteläquivalente	20,8	22,3
Kurzfristige Vermögenswerte	**43,2**	**44,7**
Bilanzsumme	**153,0**	**143,0**
Passiva in Mio. €	**2020**	**2019**
Gezeichnetes Kapital	17,3	17,3
Erwirtschaftetes Kapital	57,4	53,9
Eigenkapital	74,7	71,2
Finanzschulden	46,2	34,9
Sonstige Verbindlichkeiten	2,1	3,0
Langfristiges Fremdkapital	**48,3**	**37,9**
Finanzschulden	3,5	8,4
Verbindlichkeiten aus Lieferungen und Leistungen	7,7	6,1
Kurzfristige Rückstellungen	1,1	1,2
Sonstige Verbindlichkeiten	17,7	18,3
Kurzfristiges Fremdkapital	**30,0**	**34,0**
Bilanzsumme	**153,0**	**143,0**

darstellt wie die Überschuldung. Im Rahmen der Analyse werden die kurz- und langfristige sowie dynamische Liquidität unterschieden. Die kurzfristige oder auch situative Liquidität ist auf die Gewährleistung einer jederzeitigen Zahlungsfähigkeit ausgerichtet, während sich die langfristige bzw. strukturelle Liquidität auf die Sicherung einer ausgeglichenen Finanzierungs- bzw. Kapitalstruktur bezieht. Die kurz- und langfristigen Liquiditätskennzahlen werden unter Verwendung von stichtagsbezogenen Bilanzdaten errechnet und erfassen daher die Liquiditätssituation zu einem bestimmten Zeitpunkt. Diese bestandsorientierten Liquiditätskennzahlen (z. B. kurzfristige Liquiditätsgrade, langfristige Kapitalstruktur) werden im Rahmen der dynamischen Liquiditätsanalyse um stromgrößenorientierte Liquiditätskennzahlen (z. B. Cashflow) ergänzt, die zahlungswirksame Veränderungen während eines Betrachtungszeitraums, z. B. während eines Geschäftsjahres, abbilden. Innerhalb der Finanzanalyse kommen sowohl absolute als auch relative Kennzahlen zum Einsatz. Unter absoluten Liquiditätskennzahlen werden einzelne Bestands- oder Stromgrößen (z. B. liquide Mittel, Cashflow) erfasst, während relative Liquiditätskennzahlen zwei Bestands- und Stromgrößen ins Verhältnis setzen (z. B. Liquiditätsgrade, dynamischer

Verschuldungsgrad) (Graumann und Schmidt-Graumann 2011, S. 577; Pape 2011, S. 268 ff; Olfert und Reichel 2008, S. 423 ff).

■ Kurzfristige Liquidität

Kennzahlen zur kurzfristigen Liquidität errechnen sich durch Gegenüberstellung von Zahlungsverpflichtungen und liquiden Mitteln, die aus liquiditätsbezogenen Bestandsgrößen der Bilanz ermittelt werden. Mittels dieser Kennzahlen kann die Frage beantwortet werden, inwieweit das Krankenhausunternehmen seine fälligen Zahlungsverpflichtungen erfüllen kann. Absolute Kennzahlen (z. B. liquide Mittel, Working Capital) werden hier ebenso eingesetzt, wie relative Kennzahlen (z. B. Liquiditätsgrade). **Liquide Mittel** sind für die Beurteilung der Zahlungsfähigkeit von zentraler Bedeutung und erfassen Vermögensgegenstände von unmittelbarer Geldnähe, wie z. B. den Kassenbestand oder das Bankguthaben des Krankenhauses.

Die Analyse der liquiden Mittel im Zeitverlauf liefert einen Anhaltspunkt für die Liquiditätsentwicklung im Krankenhausunternehmen. Eine umfassende Einschätzung der situativen Liquidität ist auf Basis dieser isolierten Information nicht möglich, da neben den liquiden Mitteln weitere Bilanzpositionen existieren, die sich relativ kurzfristig in Zahlungsmittel umwandeln lassen (z. B. Forderungen, Wertpapiere). Darüber hinaus wird mit dieser absoluten Bestandskennzahl kein Bezug zu den zu erfüllenden Zahlungsverpflichtungen hergestellt.

Mit der Berechnung von verschiedenen **Liquiditätsgraden,** die unterschiedliche Liquiditätsgrößen ins Verhältnis zu den Zahlungsverpflichtungen setzen, wird eine umfassendere Analyse der Liquiditätslage möglich. I. d. R. werden drei verschiedene Liquiditätsgrade ermittelt, die sich im Hinblick auf die im Zähler eingesetzte Liquiditätsgröße unterscheiden, wobei im Nenner jeweils die kurzfristigen Verbindlichkeiten bzw. das kurzfristige Fremdkapital verwendet werden (Pape 2011, S. 269 ff; Perridon et al. 2009, S. 571 f).

$$\text{Liquidität I. Grades} = \frac{\text{liquide Mittel}}{\text{kurzfristiges Fremdkapital}}$$

$$\text{Liquidität II. Grades} = \frac{\text{monetäres Umlaufvermögen}}{\text{kurzfristiges Fremdkapital}}$$

$$\text{Liquidität III. Grades} = \frac{\text{kurzfristiges Umlaufvermögen}}{\text{kurzfristiges Fremdkapital}}$$

Die **Liquidität ersten Grades** ist ein erster Indikator für die Liquidität bzw. Zahlungsfähigkeit des Krankenhausunternehmens. Die liquiden Mittel werden hier vielfach als Summe aus Kassenbestand und Bankguthaben ins Verhältnis zu den kurzfristigen Verbindlichkeiten des Krankenhauses wie Kontokorrentkredite oder Verpflichtungen gegenüber Lieferanten mit einer Restlaufzeit von weniger als einem Jahr gesetzt. Die **Liquidität zweiten Grades** wird ermittelt, indem das monetäre Umlaufvermögen (Umlaufvermögen abzüglich Vorräte, d. h. primär bestehend aus liquiden Mitteln und Forderungen aus Lieferungen und Leistungen) durch die kurzfristigen Verbindlichkeiten dividiert wird. Die **Liquidität dritten Grades** errechnet sich aus der Division des kurzfristigen Umlaufvermögens (mindestens innerhalb eines Jahres liquidierbare Teile) und der kurzfristigen Verbindlichkeiten.

Grundsätzlich gilt bei der Interpretation der drei vorgestellten Kennzahlen, dass je höher die ermittelten Prozentsätze ausfallen desto positiver ist die Liquidität bzw. Zahlungsfähigkeit des Krankenhausunternehmens einzuschätzen.

> Eine hohe Liquidität wirkt sich häufig negativ auf die Rentabilität aus.

Die durchschnittliche Liquidität ersten Grades liegt daher in der Praxis mit 10 bis 20 % relativ niedrig, da die kurzfristigen Verbindlichkeiten nicht in vollem Umfang stichtagsbezogen fällig werden und Krankenhausunternehmen über Forderungen sowie weitere kurzfristige Vermögensgegenstände (z. B. Wertpapiere) Liquiditätszuflüsse zur Deckung der kurzfristigen Verbindlichkeiten generieren können.

Vor diesem Hintergrund ist es de facto nicht erforderlich, die gesamten kurzfristigen

Verbindlichkeiten durch liquide Mittel abzudecken. Daher werden neben der Liquidität ersten Grades die zwei weiteren Liquiditätsgrade bestimmt. Für die Liquidität zweiten und dritten Grades werden Werte um 100 % bzw. von bis zu 200 % gefordert. Wenn beispielsweise die Liquidität dritten Grades unter 100 % liegen sollte, dann wird gegen den **Grundsatz der Fristenkongruenz** verstoßen, da ein Teil des langfristigen Anlagevermögens kurzfristig finanziert wird.

Die Aussagekraft der Liquiditätsgrade wird vor allem durch die **Stichtagsbezogenheit der Kennzahlen** eingeschränkt, da sich die einbezogenen Bilanzpositionen und damit die Liquiditätslage des Krankenhausunternehmens seit dem Bilanzstichtag bereits erheblich verändert haben können. Darüber hinaus beziehen die Liquiditätsgrade keine zahlungsorientierten Größen ein. Die Auswirkungen zukünftiger Auszahlungen (z. B. Material- oder Gehaltszahlungen) werden aufgrund der Stichtagsbezogenheit der Bilanz nicht erfasst. Diese Einschränkungen gelten insbesondere bei der externen Finanzanalyse, da bei der internen Finanzanalyse Plan-Bilanzen auf der Basis von Planungsrechnungen aufgestellt werden können. Grundsätzlich ermöglichen die Liquiditätsgrade insbesondere im Zeitvergleich eine erste Einschätzung der Liquiditätsentwicklung im Krankenhausunternehmen (Pape 2011, S. 269 ff; Perridon et al. 2009, S. 571 f).

Das **Working Capital** ist eine weitere, in der Analysepraxis häufig eingesetzte absolute Liquiditätskennzahl. Diese Kennzahl erfasst den Überschuss des kurzfristig gebundenen Umlaufvermögens über die kurzfristigen Verbindlichkeiten und wird daher auch als Nettoumlaufvermögen bezeichnet. Alternativ lässt sich das Working Capital errechnen, indem man die Summe aus Eigen- und langfristigem Fremdkapital um das Anlagevermögen reduziert (Pape 2011, S. 272).

Working Capital
= kurzfristiges Umlaufvermögen
– kurzfristiges Fremdkapital

Working Capital
= Eigenkapital + langfristiges Fremdkapital
– Anlagevermögen

In Bezug auf die Interpretation lässt sich das Working Capital mit der Liquidität dritten Grades vergleichen. Ein Working Capital von Null entspricht einer Liquidität dritten Grades von 100 %. Bei einem positiven Working Capital ist die Liquidität dritten Grades größer als 100 %, während sie bei einem negativen Working Capital kleiner als 100 % ist.

Unter Liquiditätsgesichtspunkten ist ein möglichst hohes Working Capital anzustreben, da ein positives Working Capital ausdrückt, dass ein Teil des Umlaufvermögens durch Eigen- bzw. langfristiges Fremdkapital finanziert wird. Da die Zinssätze kurzfristiger Verbindlichkeiten i. d. R. unter den langfristigen Zinssätzen liegen, erscheint unter Kosten- bzw. Rentabilitätsgesichtsaspekten ein hohes Volumen an kurzfristigen Verbindlichkeiten sinnvoll. Im Gegensatz zum Liquiditätsziel spricht das Rentabilitätsziel für ein möglichst geringes Working Capital. Dies zeigt daher ein weiteres Mal den **Zielkonflikt zwischen Rentabilität und Liquidität**. Ein allgemeingültiger Zielwert für die optimale Höhe des Working Capital existiert nicht, sodass dem Finanzmanagement die Aufgabe zukommt, die beiden gegenläufigen Ziele im Hinblick auf das Working Capital unternehmensindividuell zu optimieren (Pape 2011, S. 272 ff).

■ Langfristige Liquidität

Analog zu den kurzfristigen Liquiditätskennzahlen werden auch die Kennzahlen zur langfristigen Liquiditätssituation eines Krankenhausunternehmens unter Verwendung stichtagsbezogener Bestandsgrößen aus der Bilanz ermittelt. Anhand der langfristigen Liquiditätsanalyse kann die Frage beantwortet werden, inwieweit das Krankenhausunternehmen eine ausgewogene **Finanzierungs- bzw. Kapitalstruktur** aufweist.

Die entscheidende Basis für die Ableitung von Handlungsempfehlungen sind drei relative **Kapitalstrukturkennzahlen**, die den Anteil von Eigen- und Fremdkapital sowie den Verschuldungsgrad des Unternehmens erfassen (Pape 2011, S. 273; Wolke 2010, S. 83).

$$\text{Eigenkapitalquote} = \frac{\text{Eigenkapital}}{\text{Gesamtkapital}}$$

$$\text{Fremdkapitalquote} = \frac{\text{Fremdkapital}}{\text{Gesamtkapital}}$$

$$\text{Verschuldungsgrad} = \frac{\text{Fremdkapital}}{\text{Eigenkapital}}$$

Die **Eigenkapitalquote** misst die Ausstattung des Krankenhausunternehmens mit haftendem Eigenkapital im Verhältnis am Gesamtkapital, während die **Fremdkapitalquote** den Anteil des Fremdkapitals am Gesamtkapital des Krankenhausunternehmens beschreibt. Der **Verschuldungsgrad** ist eine weitere korrespondierende Kennzahl, die das Fremdkapital im Verhältnis zum Eigenkapital erfasst.

Es ist unmittelbar ersichtlich, dass die verschiedenen Kennzahlen denselben Sachverhalt in Form der Kapitalstruktur bzw. der relativen Verschuldung unter Verwendung einer jeweils anderen Dimension bzw. im Verhältnis zu einer anderen Bezugsgröße abbilden. Vor diesem Hintergrund ist die Auswahl einer der drei Kennzahlen eine Frage der Darstellung und weniger eine inhaltliche.

Analog zu anderen finanzwirtschaftlichen Kennzahlen lassen sich auch die Kapitalstrukturkennzahlen nur durch einen Zeit-, Unternehmens-, Branchen-, oder Soll-Ist-Vergleich sinnvoll interpretieren. Es ist jedoch zu berücksichtigen, dass die Verschuldung zumeist nicht unabhängig von der Rechtsform des Krankenhausunternehmens ist. Kapitalgesellschaften haben im Durchschnitt eine höhere Eigenkapitalausstattung gegenüber Personengesellschaften. Das früher von Banken geforderte Verhältnis von Eigen- zu Fremdkapital von 1:1 wurde in den letzten Jahrzehnten zu einer 1:2-Regel abgeschwächt (Pape 2011, S. 273 f; Perridon et al. 2009, S. 565 f).

Die **Anlagendeckungsgrade** stellen eine Beziehung zwischen der Finanzmittelverwendung (Investition) und der Finanzmittelherkunft (Finanzierung) her, um den **Grundsatz der Fristenkongruenz** abzubilden. Dieser Grundsatz beinhaltet, dass die Kapitalüberlassungsdauer und die Kapitalbindungsdauer übereinstimmen sollen. Das heißt, dass Finanzierungsinstrumente erst fällig werden sollten, wenn das in den Vermögensgegenständen gebundene Kapital wieder freigesetzt worden ist. Die Einhaltung dieses Grundsatzes soll die Aufrechterhaltung der Liquidität des Krankenhausunternehmens, d. h. der jederzeitigen Erfüllbarkeit von Zahlungsverpflichtungen gegenüber den Gläubigern, garantieren. Eine Operationalisierung des Grundsatzes stellen die Anlagendeckungsgrade I und II dar (Pape 2011, S. 274 f).

$$\text{Anlagendeckungsgrad I} = \frac{(\text{Eigenkapital} + \text{langfristiges Fremdkapital})}{\text{Anlagevermögen}}$$

$$\text{Anlagendeckungsgrad II} = \frac{(\text{Eigenkapital} + \text{langfristiges Fremdkapital})}{\left(\begin{array}{c}\text{Anlagevermögen} + \text{langfristig gebundene Teile}\\ \text{des Umlaufvermögens}\end{array}\right)}$$

Für das Erreichen von Fristenkongruenz sollten beide Anlagendeckungsgrade mindestens 100 % betragen. In der unternehmerischen Praxis zählt allerdings nicht nur das Anlagevermögen zum langfristig gebundenen Vermögen, da auch Teile des Umlaufvermögens langfristig genutzt werden. Dieser Sachverhalt wird im **Anlagendeckungsgrad II** abgebildet, indem die langfristig gebundenen Teile des Umlaufvermögens in die Analyse der Kapitaldeckung einbezogen werden. Eine Ermittlung dieses Teils des Umlaufvermögens ist im Rahmen der externen Finanzanalyse nur sehr eingeschränkt möglich.

Im Hinblick auf die Interpretation der Anlagendeckungsgrade lässt sich wieder ein Zusammenhang mit dem Working Capital herstellen. Wenn der Quotient größer als 100 % ist, dann verfügt das Krankenhausunternehmen über ein positives Working Capital. In diesem Fall deuten beide Kennzahlen auf eine positive Liquiditätssituation des Krankenhausunternehmens hin (Pape 2011, S. 274 ff; Perridon et al. 2009, S. 570 f).

■ Dynamische Liquidität

Die bereits vorgestellten **bestandsorientierten Liquiditätskennzahlen** basieren auf stichtagsbezogenen Bilanzdaten und erfassen daher lediglich die Liquiditätssituation zu einem bestimmten Zeitpunkt. In Ergänzung zu den bestandsorientierten Liquiditätskennzahlen werden im Rahmen der Finanzanalyse **stromgrößenorientierte Liquidi-**

tätskennzahlen verwendet, die zahlungswirksame Veränderungen während einer bestimmten Periode (vorrangig z. B. ein Geschäftsjahr oder auch ein Quartal) erfassen. Die zentralen stromgrößenorientierten Liquiditätskennzahlen basieren auf dem **Cashflow**. Neben dem Cashflow als absoluter Liquiditätskennzahl, werden weitere relative Kennzahlen im Rahmen der Finanzanalyse eingesetzt, die den Cashflow ins Verhältnis zu anderen Bestands- und Stromgrößen setzen (Pape 2011, S. 276; Perridon et al. 2009, S. 580).

> **Cashflow**, Die Kennzahl Cashflow erfasst den Finanzmittelüberschuss für einen bestimmten Betrachtungszeitraum, z. B. von einem Quartal oder einem Geschäftsjahr.

Der Cashflow kann grundsätzlich direkt oder indirekt ermittelt werden. Die direkte Ermittlungsmethodik bezieht sich explizit auf Zahlungsströme und errechnet den Cashflow als Saldo aus den betrieblichen Ein- und Auszahlungen, sodass das Vorgehen unmittelbar den Charakter des Cashflows als **Einzahlungsüberschuss** erfasst.

Da die direkte Ermittlung aufgrund fehlender Informationen über die Zahlungswirksamkeit einzelner Tatbestände vielfach nicht adäquat ist, wird der Cashflow im Rahmen der Finanzanalyse mehrheitlich indirekt ermittelt. Dies gilt insbesondere für externe Finanzanalysen. Bei der indirekten Ermittlung errechnet sich der Cashflow, indem das EAT bzw. der Jahresüberschuss um nicht zahlungswirksame Aufwendungen erhöht und um nicht zahlungswirksame Erträge vermindert wird.

Vereinfachend wird der Jahresüberschuss vielfach lediglich um die bedeutendsten zahlungsunwirksamen Erfolgsgrößen bereinigt. Auf Basis der vereinfachten indirekten Ermittlung errechnet sich der Cashflow, indem der Jahresüberschuss um die Abschreibungen sowie die Nettozuführungen zu den langfristigen Rückstellungen erhöht wird. Darüber hinaus werden einzelne zahlungsunwirksame Aufwands- oder Erfolgsgrößen mit einem besonders hohen Volumen berücksichtigt (Pape 2011, S. 276; Perridon et al. 2009, S. 580).

Direkte Ermittlung:

Cashflow
= betriebliche Einzahlungen
– betriebliche Auszahlungen

Indirekte Ermittlung:

EAT ± Abschreibungen
Zuschreibungen auf das Anlagevermögen
± Abschreibungen bzw.
Zuschreibungen auf das Anlagevermögen
± Zu- bzw. Abnahme der Rückstellungen
± Veränderung weiterer
zahlungsunwirksamer Erfolgsgrößen
= Cashflow aus GuV

Die Ermittlung des Cashflows dient der Bestimmung der **betrieblichen Innenfinanzierungskraft**, die aus der laufenden Geschäftstätigkeit resultiert. Da der Cashflow eine zeitraum- und keine zeitpunktbezogene Größe ist, ist der erwirtschaftete Finanzmittelüberschuss im Laufe des Betrachtungszeitraums bereits wieder verwendet worden. Die alternativen Verwendungsmöglichkeiten bestehen in der Finanzierung von Ersatz- oder Erweiterungsinvestitionen, der Bedienung von Fremdkapitalgebern in Form von Zins- und Tilgungszahlungen sowie ggf. in der Gewinnausschüttung an Eigenkapitalgeber.

Der Cashflow eines Krankenhausunternehmens aus der laufenden Geschäftstätigkeit sollte grundsätzlich ausreichend sein, um neben der Bedienung der Fremdkapitalgeber zumindest die Ersatzinvestitionen (wie der Ersatz eines veralteten C-Bogens) zu finanzieren. Darüber hinaus sollte der Cashflow insbesondere bei profitorientierten Krankenhausunternehmen eine Gewinnausschüttung ermöglichen. Zur Finanzierung umfangreicher Erweiterungsinvestitionen (wie der Aufbau eines zweiten Herzkatheterlabors) reichen die durch den Cashflow abgebildeten Finanzmittel der Innenfinanzierung häufig nicht aus, sodass Maßnahmen der Außenfinanzierung genutzt werden müssen, um die selbst erwirtschafteten Finanzmittel zu ergänzen.

Wie bereits ausgeführt, ist bei der externen Finanzanalyse zu berücksichtigen, dass die

Höhe des EAT bzw. Jahresüberschuss von der jeweiligen Ausnutzung zulässiger Bewertungsspielräume abhängig ist. Demgegenüber ist der Cashflow durch bilanzpolitische Maßnahmen in erheblich geringerem Umfang verzerrt, wobei Abschreibungen und Rückstellungen einen echten Aufwand darstellen.

Trotzdem sollte der Cashflow im Rahmen des Unternehmens- bzw. Branchenvergleichs nicht schematisch angewandt werden. Krankenhausunternehmen, die sehr viel Anlagevermögen besitzen, weisen höhere Abschreibungen auf als solche mit niedrigem Anlagevermögen und damit bei sonst gleichen Voraussetzungen einen höheren Cashflow. Beeinträchtigt wird die Aussagekraft des Cashflows durch die unzureichende Berücksichtigung bestimmter zahlungsunwirksamer Vorgänge, wobei hier die Kapitalflussrechnung auf Basis des Cashflows sehr aussagekräftige Ergebnisse zur Beurteilung der Finanzlage liefert (Pape 2011, S. 276 f, Perridon et al. 2009, S. 580 f).

Als liquiditätsbezogene Zeitraumrechnung ermöglicht die **Kapitalflussrechnung (KFR)** auf Basis des Cashflows eine umfangreiche Analyse der dynamischen Liquidität im Krankenhausunternehmen, indem die Investitions- und Finanzierungsvorgänge und ihre Auswirkungen auf die Liquidität retrospektiv und prospektiv abgebildet werden. Im Rahmen der externen Finanzanalyse erfolgt eine retrospektive Betrachtung, die auf einer **Beständedifferenzbilanz** (Aktiv- und Passivposten der Bilanz) basiert.

Diese Bilanz ist grundsätzlich wie die Stichtagsbilanz gegliedert und wird durch die Saldierung der Bestände zweier aufeinanderfolgender Zeitpunktbilanzen generiert, wobei positive Differenzbeträge Bestandsmehrungen und negative Bestandminderungen bedeuten (z. B. Differenzen zwischen den Bilanzpositionen vom 31.12.2019 und dem 31.12.2020).

Da sich die ursprünglichen Bilanzinformationen eines Jahres nur auf einen Zeitpunkt beziehen, wird durch die Differenzenbildung der Bilanzpositionen eine Vergleichbarkeit mit der GuV im Hinblick auf den Zeitbezug hergestellt (z. B. Geschäftsjahr 2020). Durch die Differenzen werden weiterhin die zahlungsmittelunwirksamen Vorgänge, die beim Cashflow aus der GuV bisher nicht berücksichtigt wurden, adäquat abgebildet. Darüber hinaus werden die Investitions- und Finanzierungsvorgänge dargestellt.

Die zentrale Zielsetzung der KFR besteht in der Abbildung der Fähigkeit des Krankenhausunternehmens Finanzmittelüberschüsse zu erwirtschaften, die zu Investitionszwecken, zur Schuldentilgung sowie ggf. zur Gewinnausschüttung verwendet werden können. Damit entspricht die KFR grundsätzlich den Eigenschaften des Cashflows, geht aber in Bezug auf die Beurteilung der Finanzlage deutliche über die Aussagekraft des Cashflow hinaus. Zudem ist die KFR nach § 297 Abs. 1 HGB ein Pflichtbestandteil des Konzernabschluss, wobei das HGB keine Vorschriften für deren Aufbau und Inhalt enthält (Wolke 2010, S. 92; Perridon et al. 2009, S. 607 ff; Coenenberg et al. 2009, S. 778).

Die KFR (■ Tab. 4.6) gliedert sich in die folgenden drei Bestandteile:

1. Der **operative Cashflow** erfasst den Cashflow aus GuV, korrigiert um die Veränderungen der kurzfristigen Bilanzpositionen (Umlaufvermögen und kurzfristiges Fremdkapital). Durch diese Korrektur werden zahlungsmittelunwirksame Vorgänge aus der operativen Tätigkeit berücksichtigt, die vorher bei der Berechnung des Cashflows unberücksichtigt geblieben sind, z. B. der Barkauf von Vorräten, der zu einem Zahlungsmittelabfluss führt, welcher aber durch den Cashflow aus GuV nicht abgebildet wird. Durch die Berücksichtigung der Veränderungen im Umlaufvermögen wird dieser Zahlungsmittelabfluss im Rahmen der KFR erfasst.
2. Der **Cashflow aus Investitionstätigkeit** resultiert aus Veränderungen im Anlagevermögen. Eine Erhöhung des Anlagevermögens durch Investitionen geht mit einem Zahlungsmittelabfluss einher, während eine Reduktion des Anlagevermögens i. d. R. mit Zahlungsmittelzuflüssen in Zusammenhang steht.
3. Der **Cashflow aus Finanzierungstätigkeit** erfasst die Veränderungen des Eigen- sowie des langfristigen Fremdkapitals. Hierzu zählt eine Vielzahl von Tatbeständen, wie z. B. die Aufnahme eines Bankkredits, durch den ein Zahlungsmittelzufluss von außen erfolgt.

Tab. 4.6 Vereinfachte Darstellung des Aufbaus einer Kapitalflussrechnung inkl. Beispielrechnung

Berechnungsschritte einer Kapitalflussrechnung – Positionen in Mio. €	
7,25	EAT
5,45	+/− Abschreibungen/Zuschreibungen auf das Anlagevermögen
0,04	+/− Zunahme/Abnahme der Rückstellungen
12,74	**= Cashflow aus GuV (1)**
−0,88	−/+ Zunahme/Abnahme der Vorräte, Forderungen aus Lieferungen und Leistungen sowie anderer Aktiva, die nicht der Investitions- oder Finanzierungstätigkeit zuzuordnen sind
−0,94	+/− Zunahme/Abnahme der Verbindlichkeiten aus Lieferungen und Leistungen sowie anderer Passiva, die nicht der Investitions- oder Finanzierungstätigkeit zuzuordnen sind
10,92	**= Cashflow aus operativer Geschäftstätigkeit (2)**
0,63	+ Einzahlungen aus Anlageabgängen
−16,43	− Auszahlungen für Anlageinvestitionen
−15,80	**= Cashflow aus Investitionstätigkeit (3)**
0,00	+ Einzahlungen aus Zuführungen von Eigenkapital
−2,26	− Auszahlungen an Unternehmenseigentümer
19,81	+ Einzahlungen aus Aufnahme von Finanzverbindlichkeiten
−14,20	− Auszahlungen aus Rückzahlung von Finanzverbindlichkeiten
3,35	**= Cashflow aus Finanzierungstätigkeit (4)**
−1,53	Zahlungswirksame Veränderungen des Finanzmittelbestands (Summe der Cashflows, d. h. Cashflows (2), (3) und (4))
22,25	+ Finanzmittelbestand am Anfang des Geschäftsjahres
20,72	**Finanzmittelbestand am Ende des Geschäftsjahres**

Die Summe der genannten drei Cashflows ergibt den **Liquiditätsnachweis**, der verdeutlicht, wie sich der liquide Finanzmittelbestand bestehend aus Kasse und Bankguthaben durch die verschiedenen Aktivitäten des Krankenhauses verändert haben. Das Ergebnis des Liquiditätsnachweises entspricht dabei der Differenz der liquiden Mittel zwischen den jeweiligen Bilanzstichtagen (z. B. liquide Mittel vom 31.12.2020 minus Bestand vom 31.12.2019) (Wolke 2010, S. 93).

Auf Basis des Cashflows können weitere relative Kennzahlen gebildet werden, die eine Beziehung zwischen der im Cashflow erfassten Finanzmittelherkunft und der jeweiligen Mittelverwendung herstellen. In diesem Zusammenhang sind insbesondere der **Innenfinanzierungsgrad** und der **dynamische Verschuldungsgrad** relevant.

$$\text{Innenfinanzierungsgrad} = \frac{\text{Cashflow}}{\text{Nettoinvestitionen}}$$

$$\text{Dynamischer Verschuldungsgrad} = \frac{\text{Nettoverschuldung}}{\text{Cashflow}}$$

Der Innenfinanzierungsgrad wird ermittelt, indem der betriebliche Cashflow durch die Nettoinvestitionen dividiert wird. Die Nettoinvestitionen erfassen die Differenz aus den Zu- und Abgängen im Anlagevermögen. Da der aus laufender Geschäftstätigkeit erwirtschaftete Cashflow ein Maß für die Innenfinanzierungskraft darstellt, gibt der Innenfinanzierungsgrad wieder, inwieweit ein Krankenhausunternehmen seine Neuinvestitionen aus Mitteln der Innenfinanzierung bestreiten kann. Je höher der prozentuale Wert ist, desto weniger ist das

Krankenhausunternehmen auf Finanzmittel von außen angewiesen und damit finanziell unabhängiger.

In Geschäftsjahren, in denen das Krankenhausunternehmen primär **Ersatzinvestitionen** tätigt, sollte der Innenfinanzierungsgrad größer als eins sein. Demgegenüber wird der Innenfinanzierungsgrad in Geschäftsjahren, in denen das Krankenhausunternehmen **Erweiterungsinvestitionen** tätigt, regelmäßig kleiner als eins sein. Hier dienen i. d. R. Maßnahmen der Außenfinanzierung zur Finanzierung dieser Investitionen.

Der **dynamische Verschuldungsgrad** stellt eine Ergänzung der stichtagsbezogenen Kapitalstrukturkennzahlen dar und erfasst die Verschuldungsfähigkeit eines Krankenhausunternehmens. Er errechnet sich, indem die Effektiv- bzw. Nettoverschuldung durch den betrieblichen Cashflow dividiert wird. Bei der Nettoverschuldung handelt es sich um die Differenz aus Fremdkapital und dem monetären Umlaufvermögen. Aus dieser Kennzahl lässt sich erkennen, wie lange es dauern würde, bis das Krankenhausunternehmen seine Schulden aus selbst erwirtschafteten Mitteln getilgt hätte. Der dynamische Verschuldungsgrad ist regelmäßig Bestandteil von Kreditverträgen und wird hier häufig mit einer Obergrenze von ca. 4 bis 6 Jahren vereinbart (Pape 2011, S. 277 f, Perridon et al. 2009, S. 584).

► Finanzanalyse am Beispiel der Beispiel-Klinikum AG

Am **Beispiel von BSP** werden im Rahmen der Finanzanalyse auf Basis der Bilanzdaten zunächst die kurzfristigen Liquiditätsgrade ermittelt. Für das Geschäftsjahr 2020 weist BSP ein kurzfristiges Fremdkapital von 30 Mio. € (Vorjahr: 34 Mio. €) aus. Diesen kurzfristigen Verbindlichkeiten stehen kurzfristige Vermögenspositionen gegenüber. In der Bilanz von BSP sind im Jahr 2020 liquide Mittel von 20,8 Mio. € (Vorjahr: 22,3 Mio. €) erfasst. Die Höhe der Vorräte liegt bei 2,4 Mio. € (Vorjahr: 2,3 Mio. €), während das Umlaufvermögen insgesamt 43,3 Mio. € (Vorjahr: 44,7 Mio. €) beträgt. Das monetäre Umlaufvermögen, das dem Umlaufvermögen abzüglich Vorräte entspricht, liegt demnach bei 40,8 Mio. € (Vorjahr: 42,4 Mio. €). Anstatt des kurzfristigen Umlaufvermögens wird bei der Berechnung der Liquidität dritten Grades sowie des Working Capital das komplette Umlaufvermögen eingesetzt, da auf Basis der vorliegenden Informationen keine längerfristigen Bestandteile erkennbar sind.

Die Liquidität ersten Grades von BSP beträgt in 2020 69,3 % (Vorjahr: 65,6 %), sodass die kurzfristigen Verbindlichkeiten (z. B. Verbindlichkeiten aus Lieferung und Leistung sowie Finanzverbindlichkeiten) zu ca. 70 % durch liquide Mittel gedeckt sind. Die Liquidität zweiten Grades beträgt im Jahr 2020 136 % (Vorjahr: 124 %) und ist im Vergleich zum Vorjahreswert deutlich angestiegen. Genauso wie auch die Liquidität dritten Grades, die von 132 % in 2019 auf 144 % in 2020 gestiegen ist. Zusammenfassend haben sich im Vergleich zu den Vorjahreswerten die Liquiditätsgrade von BSP substanziell verbessert. Insbesondere die Liquidität ersten und zweiten Grades liegt deutlich über den Zielvorgaben von 20 % bzw. 100 %. Zusätzlich zu den Liquiditätsgraden wird das Working Capital als Differenz aus kurzfristigem Vermögen und kurzfristigem Fremdkapital bestimmt. Das Working Capital von BSP beträgt 13,2 Mio. € für das Jahr 2020 (Jahr 2019: 10,8 Mio. €) und ist damit für beide Geschäftsjahre positiv. Auf Basis der vorliegenden Kennzahlen stellt sich die kurzfristige Liquiditätssituation von BSP positiv dar. Die Werte liegen oberhalb branchenüblicher Vergleichswerte und haben sich darüber hinaus im Zeitverlauf positiv entwickelt. Fraglich ist, ob die relativ hohen Liquiditätsreserven notwendig sind, die sich in den ersten beiden Liquiditätsgraden und im Working Capital widerspiegeln. Ein Teil der »überschüssigen« Liquidität könnte z. B. zur Ablösung von Verbindlichkeiten genutzt werden, um eine Verbesserung des Finanzergebnisses zu erzielen.

Im nächsten Schritt werden die langfristigen Kapitalstrukturkennzahlen bestimmt, die sich zum einen auf das Eigenkapital und zum anderen auf das Fremdkapital bestehend aus den Positionen kurzfristiges und langfristiges Fremdkapital beziehen. Das Eigenkapital stellt mit 74,7 Mio. € (Vorjahr: 71,2 Mio. €) und einer Eigenkapitalquote von 48,8 % in

2020 (Vorjahr: 49,8 %) einen wesentlichen Bestandteil der Kapitalstruktur dar. Die Eigenkapitalquote ist im Vergleich zum Vorjahr um 1 % gesunken, sodass sich die Sicherheit durch das haftende Eigenkapital in Bezug auf die Rückzahlung des Fremdkapitals in diesem Umfang verringert. Allerdings spiegelt die Eigenkapitalquote, ebenso wie die korrespondierende Fremdkapitalquote von 51,2 % (Vorjahr: 50,3 %) und der Verschuldungsgrad von 1,05 (Vorjahr: 1,01), eine eher risikoneutrale Kapitalstruktur wider.

Die Grade der Anlagendeckung zeigen, in welchem Umfang das langfristige gebundene Vermögen des Krankenhausunternehmens durch die Summe aus Eigenkapital und langfristigem Fremdkapital finanziert wird. Für BSP ergibt sich in 2020 ein Wert von 112 % (Vorjahr: 111 %), sodass die Fristenkongruenz unter Berücksichtigung des Anlagendeckungsgrads I erfüllt ist. Dies gilt auch für dennlagendeckungsgrad II. Angesichts fehlender Informationen kann der langfristig gebundene Teil des Umlaufvermögens nicht exakt bestimmt werden, wird aber auf weniger als 25 % des Anlagevermögens geschätzt, sodass die Überdeckung von 12 % hier ausreichend ist. Auf Basis dieser Kennzahlenergebnisse ist die langfristige Liquidität überdurchschnittlich gut abgesichert. Unter Liquiditäts- und Rentabilitätsgesichtspunkten könnte sogar eine höhere Verschuldung gerechtfertigt werden, da das Krankenhausunternehmen Kosten- und Steuervorteile realisieren könnte, wenn es einen Teil des Eigenkapitals durch Fremdkapital ersetzen würde.

Um ein umfassendes Bild der Finanzlage von BSP zu erhalten, werden abschließend noch zwei relative Cashflow-Kennzahlen bestimmt sowie eine Kapitalflussrechnung durchgeführt, um die dynamische Liquidität abzubilden. Zur Ermittlung des Innenfinanzierungsgrads wird der betriebliche Cashflow des Jahres 2020 ins Verhältnis zu den Nettoinvestitionen von 10,5 Mio. € gesetzt. Für BSP ergibt sich aus der GuV von 2019 und 2020 ein Cashflow nach der indirekten Methode von 12,74 Mio. € (Vorjahr: 11,76 Mio. €). Mit einem Innenfinanzierungsgrad von 1,21 im Jahr 2020 wird der Sollwert von 1,0 übertroffen, d. h. BSP hätte das 1,21-fache seiner Nettoinvestitionen aus eigener Kraft finanzieren können.

Die Nettoverschuldung errechnet sich als Differenz aus Fremdkapital sowie monetärem Umlaufvermögen und beträgt 37,5 Mio. € in 2020 (Vorjahr: 29,4 Mio. €). Aus den genannten Zahlen errechnet sich für das Jahr 2020 ein dynamischer Verschuldungsgrad von 2,9 (Vorjahr: 2,5). Unter der Voraussetzung, dass der Cashflow konstant bleibt, kann BSP seine Nettofinanzschulden innerhalb von ca. drei Jahren tilgen. Im Ergebnis deutet der dynamische Verschuldungsgrad darauf hin, dass das Krankenhausunternehmen über eine nicht ausgenutzte Verschuldungskapazität verfügt, da in Bezug auf diese Kennzahl Werte von ca. 4 bis 6 Jahren akzeptiert sind.

Für BSP liegen Bilanzdaten vom 31.12.2019 sowie 31.12.2020 vor, sodass eine KFR für den Zeitraum von einem Jahr erstellt werden kann (s. ◘ Tab. 4.6). Der liquide Finanzmittelbestand von BSP zum Jahresende 2020 in Höhe von 22,25 Mio. € hat gegenüber dem Vorjahr (20,73 Mio. €) um 1,52 Mio. € bzw. 6,83 % abgenommen. Dies ist auf die umfangreiche Investitionstätigkeit im abgelaufenen Geschäftsjahr bzw. den negativen Cashflow aus Investitionstätigkeit von 15,80 Mio. € zurückzuführen. Demgegenüber hat BSP aus seinem Kerngeschäft, der medizinischen Leistungserbringung, einen hohen positiven Cashflow von 10,92 Mio. € erwirtschaftet. Allerdings wurden damit mehr als diese erwirtschafteten Zahlungsmittel investiert. Zwei Drittel der Differenz von 4,88 Mio. € wurden durch den positiven Cashflow aus Finanzierungstätigkeit von 3,36 Mio. € (insbesondere durch Einzahlungen aus Aufnahme von Finanzverbindlichkeiten) ausgeglichen, während ein Drittel der Differenz aus dem liquiden Finanzmittelbestand finanziert wurde. Insgesamt können die finanzwirtschaftlichen Aktivitäten bzw. die dynamische Liquidität von BSP als sehr gut eingeschätzt werden.

Zusammenfassend kann die Finanzlage von BSP als ähnlich positiv wie die Ertragslage bewertet werden. ◄

Finanzplanung

Im Gegensatz zu Intuition und Improvisation, bedeutet der Begriff der Planung die gedankliche Vorwegnahme (Vorausschau) und die aktive Gestaltung (Festlegung der Handlungsweise) zukünftiger Ereignisse, um die Unsicherheit und somit die Gefahr, dass Handlungsfolgen vom angestrebten oder erwarteten Ergebnis abweichen, zu reduzieren. In diesem Sinne nimmt die Finanzplanung eine **systematische Schätzung, Berechnung und Steuerung der eingehenden und ausgehenden Zahlungsströme** vor, die aufgrund der geplanten Aktivitäten eines Krankenhausunternehmens in einer Periode zustande kommen sollen.

Neben der Aufrechterhaltung der Liquidität, ist es Aufgabe der Finanzplanung, den Kapitalbedarf des Unternehmens auf kurze und lange Sicht zu bestimmen. Daneben gibt es eine Vielzahl weiterer Teilpläne im Krankenhausunternehmen (z. B. einen Leistungsmengen-, Investitions- oder Stellenplan). Änderungen in einem Teilplan (z. B. Erhöhung der Leistungsmenge) führen zu Änderungen in anderen Teilplänen (z. B. höhere Einzahlungen im Finanzplan, aber auch höhere Auszahlungen durch höheren Personal- und Materialbedarf).

Auf Basis dieser Abhängigkeiten entsteht die Forderung nach **simultaner Planerstellung**, die sich aber in der Praxis kaum verwirklichen lässt. Daher kommt der **sukzessiven Finanzplanung** eine hohe praktische Bedeutung zu. Hier wird die Planung mit dem Teilplan begonnen, dem man die höchste finanzwirtschaftliche Relevanz zuordnet. Häufig ist die Leistungs- und Umsatzplanung Ausgangspunkt für die betriebliche Finanzplanung. Der Finanzplan wird dann durch schrittweise Zusammenführung der übrigen Teilpläne weiterentwickelt.

Die betrieblichen Teilpläne lassen sich in erfolgswirtschaftliche und finanzwirtschaftliche Pläne unterteilen. Dabei besitzen insbesondere folgende erfolgswirtschaftliche Pläne eine Relevanz für die Finanzplanung: Leistungsmengen- und Umsatzplan, Beschaffungs-, Personal- sowie Investitionsplan.

Innerhalb der finanzwirtschaftlichen Pläne sind insbesondere folgende für die Finanzplanung bedeutsam: Finanzierungspläne, Tilgungs- und Zinspläne, Steuerpläne und Verträge, in denen zukünftige Zahlungsbeträge und -zeitpunkte festgelegt sind (z. B. Versicherungsverträge). Im Rahmen der Finanzplanung wird die finanzielle Durchführbarkeit der Teilpläne geprüft und sichergestellt (Perridon et al. 2009, S. 631 f; Olfert und Reichel 2008, S. 109 f).

Finanzplanungsarten

1. kurzfristige Finanzplanung (Liquiditätsplanung)
   - Planungshorizont: bis 1 Jahr
   - Planperiode: Woche oder Monat
   - Recheneinheit: Zahlungsströme
2. langfristige Finanzplanung (Kapitalbedarfsplanung)
   - Planungshorizont: 3–6 Jahre
   - Planperiode: Jahr
   - Recheneinheit: Bilanzbestände

Es gibt zwei zentrale **Finanzplanungsarten**, die anhand von **Planungshorizont** und **Planperiode** sowie **Recheneinheit** unterschieden werden können:

Die **kurzfristige Finanzplanung** dient der Sicherung der Liquidität und befasst sich mit der laufenden, bei Bedarf wöchentlichen Abstimmung der betrieblichen Ein- und Auszahlungen. Als Planungsinstrument dient der kurzfristige Finanzplan, der i. d. R. die monatlichen Ein- und Auszahlungen systematisch erfasst. Zu diesem Zweck werden die Zahlungen in **ordentliche** (z. B. aus Lieferungen und Leistungen, Gehaltszahlungen) und **außerordentliche** betriebliche Zahlungen (z. B. Gewinnausschüttung) und in den **Kreditplan** (z. B. Kreditaufnahme und Tilgung) eingeordnet. Innerhalb des Planungshorizonts muss zu jedem Zeitpunkt die folgende Bedingung erfüllt sein:

$$\text{Finanzmittelbestand} + \text{Einzahlungen} \\ - \text{Auszahlungen} \geq \text{Liquiditätsreserve}$$

Sofern im Rahmen der Finanzplanung Abweichungen festgestellt werden, wird eine kurzfristige Liquiditätssicherung initiiert, indem z. B. nicht zwingend notwendige Auszahlungen verschoben oder Liquiditätsreserven aufgelöst werden. Die Reservebildung in der Finanzplanung kann sowohl direkt als auch indirekt erfolgen.

Die direkte **Bildung von Liquiditätsreserven** erfolgt unter Berücksichtigung von Vergangenheitswerten (z. B. Stabilität des Umsatzes, prognostizierte Entwicklung der Auszahlungen) und wird als Puffer für den operativen Bereich, für laufende Zahlungsverpflichtungen oder Bonitätsanforderungen verwendet. Eine indirekte Reservebildung wird durch risikoäquivalenten Ansatz von Planwerten realisiert.

Die kurzfristige Liquiditätsplanung wird durch die **langfristige bzw. strukturelle Finanzplanung** ergänzt. Aufgabe der strukturellen Finanzplanung ist die langfristige Abstimmung von Investitionsprojekten und Finanzierungsmaßnahmen, um das finanzielle Gleichgewicht des Unternehmens sicherzustellen. Hierzu erfolgt vor allem eine Abstimmung der **Fristigkeit der Finanzmittelbeschaffung** mit der **Kapitalbindungsdauer**.

Im Mittelpunkt der strukturellen Finanzplanung steht der Grundsatz, dass langfristige Investitionsprojekte durch langfristige Finanzierungsmaßnahmen zu finanzieren sind. Dadurch soll verhindert werden, dass ein Finanzierungsinstrument (z. B. ein Kredit) zur Rückzahlung fällig wird, bevor die aus den Investitionsprojekten erwarteten Einzahlungen dem Krankenhausunternehmen zugeflossen sind (Pape 2011, S. 19 f; Wolke 2010, S. 100 f; Perridon et al. 2009, S. 639).

Die Finanzplanung ist grundsätzlich auf die Zukunft ausgerichtet, woraus sich Unsicherheiten ergeben, die die Aussagekraft und die Genauigkeit beeinträchtigen. Aus dieser Erkenntnis heraus wurden einige Verfahrensweisen entwickelt, die hieraus resultierenden Auswirkungen adressieren: **Prognosemethoden, elastische sowie rollierende Finanzplanung**.

Die Prognosemethoden sind insbesondere für die kurzfristige Finanzplanung von besonderer Bedeutung, da hier eine möglichst exakte Vorausbestimmung der zukünftigen Ein- und Auszahlungen, finanzwirksamen Veränderungen von Bilanzpositionen, zu erwartenden Umsätze sowie der anderen den Erfolg beeinflussenden Faktoren erforderlich ist. Die entsprechenden Prognosewerte werden durch die Verarbeitung von Vergangenheits- und Gegenwartsdaten ermittelt.

Die Aussagekraft und die Genauigkeit der Ergebnisse der Finanzplanrechnungen sind damit sehr stark von der Qualität der in den Berechnungsmodellen verwendeten Daten bzw. von detaillierten Analysen des jeweiligen Ist-Zustands abhängig. Im Rahmen der kurzfristigen Finanzplanung kommen grundsätzlich verschiedene **Prognosetechniken zur Planzahlenbestimmung** zum Einsatz, wobei sie in (1) **subjektiv-pragmatische** und (2) **statistisch-formale Methoden** (bestehend aus (a) extrapolierenden und (b) kausalen Methoden) unterteilt werden können.

1. Bei den subjektiv-pragmatischen Verfahren werden die Prognosewerte aufgrund von Erfahrung und Intuition ermittelt (z. B. durch selektive Expertenbefragungen oder durch die Delphi-Methode).
2. Im Gegensatz dazu werden bei den statistisch-formalen Methoden die Prognosewerte aus einer überprüfbaren, funktionalen Beziehung abgeleitet.
   a. Bei den extrapolierenden Verfahren erfolgt die Fortschreibung einer Zeitreihe in die Zukunft, wobei durch die Analyse der Zeitreihe in der Vergangenheit mittels statistischer Verfahren Gesetzmäßigkeiten festgestellt werden, die dann auch für die zukünftige Entwicklung unterstellt werden (z. B. durch konstante Exploration oder Trendexploration).
   b. Die Prognose bei kausalen Verfahren beruht auf logischen Ursache-Wirkungszusammenhängen, die für verschiedene Größen analysiert werden, um die zukünftige Ausprägung der Prognosegröße abzuleiten (z. B. durch Regressionsanalysen, um so die zukünftige Entwicklung bestimmter abhängiger Größen schätzen zu können) (Perridon et al. 2009, S. 641; Olfert und Reichel 2008, S. 118–121).

Die **elastische Finanzplanung** basiert darauf, dass für zukünftig mögliche Entwicklungen im

Umfeld (z. B. demographische Entwicklung, medizinisch-technischer Fortschritt, Mindestmengen) oder im Krankenhausunternehmen selbst (z. B. Ausweitung des Leistungsspektrums) Anpassungsspielräume geplant werden, um auf Abweichungen zwischen der erwarteten und der tatsächlichen Situation reagieren zu können. Hierbei werden üblicherweise drei Szenarien geplant, die die ungünstige Entwicklung als Worst Case, die wahrscheinliche Entwicklung als Most likely Case und die günstige Entwicklung als Best Case erfassen.

Die **rollierende Finanzplanung** bezeichnet eine periodenorientierte Planungsform, bei der nach bestimmten Zeitintervallen eine bereits erfolgte Finanzplanung aktualisiert, konkretisiert und überarbeitet wird. Dabei ist der Detaillierungsgrad solcher Aktivitäten, die in der nahen Zukunft stattfinden, erheblich genauer als von Vorhaben späterer Perioden. Beispielsweise wird Anfang 2019 eine initiale Planung der nächsten drei Jahre vorgenommen (2019–2021). Zu Beginn des Jahres 2020 erfolgt eine Revidierung der vorausgegangenen Planung. Dabei werden die in der Zwischenzeit gewonnenen, neuen Daten berücksichtigt. Die Aktualisierung der ursprünglichen Planung im Rahmen der zweiten Planung bezieht sich ebenfalls auf drei Jahre, also auf den Zeitraum von 2020 bis 2022. Analog werden die dritte und alle weiteren Planungen vorgenommen (Olfert und Reichel 2008, S. 118–121).

4.4 Finanzmanagement in Arztpraxen und Ärztenetzen

Jan-Marc Hodek, Wolfgang Greiner

4.4.1 Gesetzliche und strukturelle Rahmenbedingungen

Das Management ambulanter Arztpraxen befindet sich seit einiger Zeit in einem Umbruch. Davon ist insbesondere das Finanzmanagement betroffen. Während bis Ende der 1970er-Jahre steigende Ansprüche und Kosten durch gleichfalls steigende Umsätze im GKV-Bereich ausgeglichen wurden, hatten die nachfolgenden Budgetierungen dieses Sektors einen dämpfenden Effekt auf den durchschnittlichen Praxisumsatz. Dies führte zunächst zu einem **höheren Kostenbewusstsein** und mehr **Kostenmanagement** in den Praxen, z. B. durch das stärkere Ausnutzen von Preisdifferenzen beim Praxisbedarf. In den 1990er-Jahren rückte das Marketing der eigenen Leistungen stärker in den Mittelpunkt, um insbesondere vom stark wachsenden Selbstzahlermarkt zu profitieren.

Seit den 2000er-Jahren kommen nun Tendenzen zu einer stärkeren Vernetzung und Integration der Leistungserbringer hinzu. Dies zeigt sich insbesondere durch den Trend zu größeren Betriebseinheiten in Form von **Praxisgemeinschaften** oder **Gemeinschaftspraxen.** Seit einigen Jahren besteht ferner die Möglichkeit der Gründung eines Medizinischen Versorgungszentrums (MVZ) oder der Beteiligung an einem solchen (Hodek 2020). Die hierdurch ausgelösten Veränderungen der durchschnittlichen Betriebsgröße hatten und haben kaum zu überschätzende Auswirkungen auf das betriebswirtschaftliche Umfeld des Unternehmens Arztpraxis, denn es ist im Gegensatz zu früher auf wesentlich mehr Kooperation, Information und Investition angewiesen. Um die anvisierten Skaleneffekte tatsächlich realisieren zu können, stellt die Kooperation mit weiteren Ärzten auf gleicher Hierarchiestufe oder mit Krankenhäusern im Sinne einer vertikalen Integration (Grenz und Männle 2015) andere Anforderungen an das Finanzmanagement als eine klare, auf nur einen einzigen Praxisinhaber zugeschnittene Arbeits- bzw. Produktionsweise.

Dies zeigt sich auch in der Informationsgewinnung und -weitergabe (z. B. vom papiergebundenen Arztbrief hin zur integrativen elektronischen Gesundheitsakte) oder bei Investitionsvorhaben, die gemeinsam genutzt, entschieden und finanziert werden müssen. Wachsende Betriebsgrößen erfordern daher ein ausgeprägteres Finanzmanagement als eine Einzelpraxis mit durchschnittlich geringerem Kosten- und Erlösvolumen. Ein Beispiel für den permanenten Wandel, die Innovationskraft und die damit einhergehenden finanzwirtschaftlichen Überlegungen stellt auch die Digitalisierung ambulanter Arztpraxen dar. So dürfen Ärzte seit Abschaffung des sogenannten Fernbehandlungsverbots ihre Patienten nun auch ausschließlich aus der Ferne behandeln. Zuvor war die Behandlung per Telefon oder Videochat nur dann zulässig, wenn zunächst ein persönlicher Erstkontakt in Präsenz stattgefunden hatte. Mittlerweile ist es erlaubt – in dafür geeigneten Fällen – die vollständige Beratung/Behandlung per Video-Sprechstunde durchzuführen. Arztpraxen, die diesen Weg gehen wollen, stehen vor dem Aufbau entsprechender Infrastruktur: Finanzmanagement kann diesen Prozess von Anfang an begleiten. Beispiele sind Investitionsrechnungen zur Ermittlung der Amortisationsdauer einer Investition in Technik, die Abwägung verschiedener Finanzierungsoptionen oder die Ermittlung benötigter Fallzahlen per Break-Even-Analyse.

Gesetzliche Grundlagen des Finanzmanagements in Arztpraxen

- Vorschriften zur Vergütung im Bereich der GKV (§§ 85–87e SGB V)
- Vorschriften zur Vergütung im Bereich der PKV (GOÄ gemäß § 11 der Bundesärzteordnung)
- Vorschriften zur Gewinnermittlung bei Freiberuflern (u. a. Einnahme-Überschuss-Rechnung gemäß § 4 Abs. 3 Einkommensteuergesetz)

In der Folge sollen zunächst die Grundzüge der Honorierung ärztlicher Leistungen beschrieben werden. Da etwa 90 % der Patienten (wenn auch nicht des Praxisumsatzes) aus dem System der Gesetzlichen Krankenversicherung (GKV) stammen, kommt den rechtlichen Vorgaben des SGB V für die Erlösseite des Finanzmanagements besondere Bedeutung zu. Das Vergütungssystem im ambulanten Bereich stellt dabei ein Mischsystem aus Pauschal-, Mengenbegrenzungs- und Einzelleistungsvergütungselementen dar. Die starke Anbindung an das **Kollektivvertragssystem** zwischen Kassenärztlichen Vereinigungen (KV) und den Landesverbänden der Krankenkassen lässt bei Mengen und Preisen wenig Raum für marktwirtschaftliche Aushandlungsprozesse. Die Budgetierung des ambulanten Sektors bestimmt stattdessen sowohl den Preis als auch (zu einem großen Teil) die Menge.

■ Regelungen auf Bundes- und Landesebene

Die Höhe und Entwicklung der Honorare niedergelassener Ärzte (und anderer vergleichbarer Anbieter wie MVZ) wird in einem ersten Schritt auf Bundesebene zwischen der Kassenärztlichen Bundesvereinigung und dem GKV-Spitzenverband verhandelt (KOMV 2019). Auf dieser Stufe werden vom sog. Bewertungsausschuss (als paritätisch von Ärzten und Krankenkassen besetztes Gremium) Empfehlungen zur jährlichen Anpassung des bundeseinheitlichen **Orientierungswertes** (Preiskomponente) sowie der **Veränderungsrate der Morbidität** (Mengenkomponente) verhandelt. Die Mengenkomponente setzt sich dabei aus einem diagnosebedingten und einem demographischen Teil zusammen. Diese Verhandlungsergebnisse auf **Bundesebene** (die jährlich bis zum 31. August für das folgende Jahr abgeschlossen sein sollen) dienen anschließend als Ausgangsbasis für die weiteren regionalen Verhandlungen zwischen der jeweiligen regionalen KV und den Verbänden der Krankenkassen auf **Landesebene** (die wiederum bis spätestens 31. Oktober finalisiert sein sollen). Der Orientierungswert und die morbiditätsorientierten Veränderungsraten werden unter Beachtung der regionalspezifischen Besonderheiten auf KV-Ebene ausverhandelt, hierzu zählt z. B. die finale Gewichtung von Demographie- und Diagnoserate oder die Beachtung von Verlagerungspotenzialen zwischen stationärer und ambulanter Leistungserbringung. Auch ggf. zu zahlende Zuschläge auf den Orientierungswert für besonders förderungswürdige Leistungen bzw. Leistungserbringer werden auf dieser Ebene festgelegt (GKV-Spitzenverband 2017). Neben historisch bedingten unterschiedlichen Ausgangswerten führt insbesondere dieser regionale Gestaltungsspielraum zu teils deutlichen Unterschieden bezüglich der Höhe und des Verteilungsmechanismus der Honorare zwischen den KVen (Neumann et al. 2014).

▪ Elemente des GKV-Honorars

Die Gesetzlichen Krankenkassen stellen für die ambulante Versorgung ihrer Versicherten die sog. (vertragsärztliche) **Gesamtvergütung** zur Verfügung, welche zunächst an die einzelnen Kassenärztlichen Vereinigungen fließt, die wiederum den Auftrag haben, die vereinbarte Gesamtvergütung an die Ärzte, Psychotherapeuten, MVZ und ermächtigten Einrichtungen zu verteilen. Inhalt und Höhe der Vergütung einer einzelnen Arztpraxis bestimmen sich in erster Linie aus den Regelungen des **Einheitlichen Bewertungsmaßstabes (EBM)** sowie des **Honorarverteilungsmaßstabes (HVM)**. Für den einzelnen Arzt sind die Regelungen zur Honorarverteilung und Mengenbegrenzung dabei gegenüber der Festlegung der Höhe der Gesamtvergütung von größerer Bedeutung. Die Regelungen des HVM werden auf regionaler KV-Ebene bestimmt, sodass individuelle Landesregelungen für einen gewissen Gestaltungsspielraum sorgen. Die im Folgenden beschriebenen Grundsätze der Vergütung sind jedoch in allen KVen ähnlich.

Insbesondere die Kriterien zur Honorarverteilung und Mengensteuerung auf Arztgruppen- sowie individueller Arztebene liegen derzeit weitgehend bei den einzelnen KVen, nachdem sie zwischenzeitlich auch schon einmal stärker zentralistisch auf Bundesebene verantwortet wurden. Welche Facharztgruppe bzw. welcher einzelne Arzt also wie viel Geld erhält, wird maßgeblich durch die Regelungen des jeweiligen Honorarverteilungsmaßstabes einer KV festgelegt (GKV-Spitzenverband 2017).

Die Gesamtvergütung lässt sich dabei grob in zwei Bereiche gliedern: Mit ca. 70 % wird der Großteil der ambulanten Leistungen aus der **morbiditätsbedingten Gesamtvergütung (MGV)** honoriert. Da die MGV eine mit befreiender Wirkung von den Gesetzlichen Krankenkassen entrichtete, jeweils prospektiv festgelegte Vergütung darstellt, unterliegen die der MGV zugeordneten Leistungen einer Mengensteuerung. Ziel ist es, eine übermäßige, medizinisch nicht zu begründende Mengenausweitung zu vermeiden. Wenn der einzelne Arzt allerdings eine bestimmte Summe bzw. Leistungsmenge im Abrechnungsquartal überschritten hat, werden die darüber hinaus gehenden Leistungen nur zu einem abgestaffelten Preis vergütet. Wie diese Abschläge genau vorgenommen werden, kann je nach Regelung im regionalen HVM unterschiedlich ausfallen. Typische Beispiele für Leistungen innerhalb der MGV sind die arztspezifischen Versicherten- bzw. Grundpauschalen, Gesprächsleistungen oder die Basisdiagnostik (GKV-Spitzenverband 2017).

Das MGV trennt dabei die Bereiche der haus- und der fachärztlichen Versorgung, indem separate Vergütungsvolumen ausgewiesen werden. Hieraus werden anschließend sog. Arztgruppentöpfe gebildet und die den Fachgruppen zugeordneten Leistungen vergütet. Dies geschieht über verschiedene Elemente, die sich aus Regelleistungsvolumen (RLV), qualifikationsgebundenen Zusatzvolumen (QZV), freien Leistungen und Kostenpauschalen (für z. B. Versandmaterial oder Fotokopien) zusammensetzen können (hierzu an späterer Stelle mehr).

Der mit derzeit ca. 30 % kleinere Teil der Leistungen wird außerhalb der morbiditätsbedingten Gesamtvergütung in der Regel zu festen Preisen der Euro-Gebührenordnung und ohne Mengenbegrenzung vergütet. Dieser Part stellt die sog. **extrabudgetäre Gesamtvergütung (EGV)** dar (GKV-Spitzenverband 2017). Zu dieser Einzelleistungsvergütung außerhalb der MGV zählen einige als besonders förderungswürdig deklarierte Leistungen, wie Mutterschaftsvorsorge, Früherkennungsuntersuchungen, ambulante Operationen, die ambulante-spezialfachärztliche Versorgung (ASV) oder Impfungen.

▪ Einheitlicher Bewertungsmaßstab zur Abrechnung auf Arztpraxisebene

Zur konkreten Abrechnung reicht der Arzt quartalsweise seine Leistungen für alle behandelten Patienten bei der KV ein. Grundlage dieser Abrechnung vertragsärztlicher Leistungen für Patienten der Gesetzlichen Krankenversicherung ist der sog. **Einheitliche Bewertungsmaßstab (EBM)**. Lange Zeit galt für die ambulante ärztliche Vergütung im GKV-Bereich ein System, in dem die Ärzte mit den KVen keine Geldbeträge in monetären Größen abrechneten, sondern Bewertungsrelationen in Form von Punkten, die im EBM für die jeweiligen Leistungen festgelegt waren. Jeder Leistung sind in diesem Katalog eine Gebührenordnungsposition sowie ein Punktwert zugeordnet. Gemäß § 87 Abs. 2 SGB V bestimmt der EBM »den Inhalt der abrechnungsfähigen Leistungen und ihr wertmäßiges, in Punkten ausgedrücktes Verhältnis zueinander«. Eine Leistung, die beispielsweise mit 100 Punkten bewertet wird, ist halb so viel wert wie eine Leistung mit 200 Punkten. Die Bewertung der Sachkosten kann abweichend in Euro erfolgen. Die KVen haben anschließend das (mit den Krankenkassen ausgehandelte) Budget auf die abgerechneten Punkte verteilt und den Ärzten ausgezahlt. Hierbei konnte der Wert eines Punktes sehr verschieden sein. Daraus ergab sich infolge **systemimmanenter Ausweitungstendenzen** – z. B. infolge des technischen Fortschritts, der demographischen Entwicklungen (Breyer 2015) und angebotsinduzierter Nachfrage (Schulenburg und Greiner 2013) –, dass entweder der Punktwert immer mehr verfiel oder seitens der KVen eine Höchstanzahl abrechenbarer Punkte pro Praxis festgelegt wurde, ggf. ergänzt durch Abstaffelungen der Punktwerthöhe in Abhängigkeit vom Punktevolumen.

Heute ist die Grundidee der Vergütung über EBM-Punkte im Prinzip immer noch dieselbe, jedoch wurde die Honorarsystematik im Bereich der vertragsärztlichen Versorgung einheitlicher gemacht. Ärztliche Leistungen werden nun zu großen Teilen mit festen Preisen entlohnt, zumindest soweit bestimmte **Höchstleistungsmengen** nicht überschritten werden. Die hinter den einzelnen Leistungen stehenden Preise der **Euro-Gebührenordnung** ergeben sich aus der Multiplikation der Punkte einer Leistung mit dem jeweiligen regional gültigen Punktwert. Der Orientierungswert ist dabei die Grundlage für die Vereinbarung eines regionalen Punktwertes auf KV-Ebene, wo auch Zu- oder Abschläge auf den Punktwert vereinbart werden können, um den je nach Region unterschiedlichen Kosten- und Versorgungsstrukturen (z. B. Unter- über Überversorgung) Rechnung zu tragen. Erstmals wurde der Orientierungswert für das Jahr 2009 mit 3,5001 Cent ermittelt, im Jahr 2013 wurde er dann auf einen Wert von 10 Cent angeglichen. Da im Gegenzug die Punktzahlen der EBM-Positionen proportional reduziert wurden, resultierte hieraus nahezu keine Änderung der Honorarhöhe in Eurobeträgen. Im Jahr 2021 lag der Orientierungswert bei 11,1244 Cent pro Punkt.

Ziel dieser Maßnahme war es, durch die festen Europreise die Kalkulation der Einnahmen für Vertragsärzte zu erleichtern und Planungsunsicherheiten aufgrund von in der Vergangenheit stark schwankenden (»floatenden«) Punktwerten zu beheben. Abgerechnet werden die je Quartal geleisteten Behandlungen dabei zu weiten Teilen über fallpauschalartige Leistungskomplexe. Hierbei bleibt die Anzahl der Behandlungen im Quartal weitgehend ohne Relevanz. Zusätzliche Untersuchungen führen somit nur begrenzt zu Mehreinnahmen, was für das Finanzmanagement der Arztpraxis eine Besonderheit darstellt. Der Grad der Honorar-Pauschalisierung wurde inzwischen wieder etwas zurückgenommen, um als besonders förderungswürdig erachteten Einzelleistungen und Leistungskomplexen mehr Gewicht zu geben. Die Pauschalen können darüber hinaus je nach Alters- und Krankheitsstruktur der Patienten weiter differenziert werden.

▪ Regelleistungsvolumen und weitere Steuerungsinstrumente

Im Normalfall wird für jeden Arzt pro Quartal ein sog. arzt- und praxisbezogenes **Regelleistungsvolumen** (RLV) ermittelt. Dies ist die von einem Arzt je Quartal abrechenbare Menge der vertragsärztlichen Leistungen, die mit den in der Euro-Gebührenordnung enthaltenen Preisen zu vergüten sind. Gemäß § 87b Abs. 2 SBG V hat der Verteilungsmaßstab

> » Regelungen vorzusehen, die verhindern, dass die Tätigkeit des Leistungserbringers über seinen Versorgungsauftrag hinaus übermäßig ausgedehnt wird; dabei soll dem Leistungserbringer eine Kalkulationssicherheit hinsichtlich der Höhe seines zu erwartenden Honorars ermöglicht werden.

Für die regionalen KVen ist eine Anwendung der RLV (und noch dazu ihre konkrete Kalkulation und weitere Ausgestaltung) zwar nur

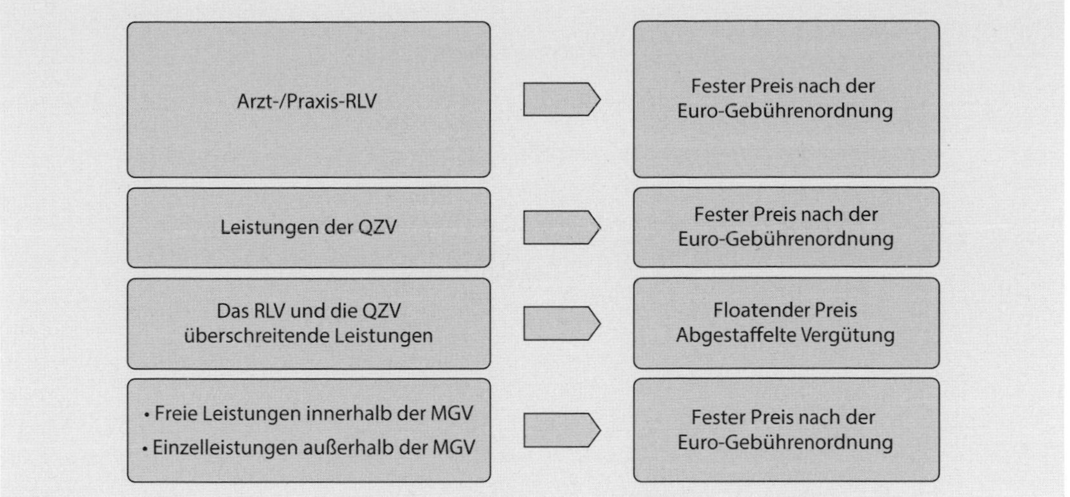

Abb. 4.10 Schema der ärztlichen Honorarverteilung. (Mod. n. GKV-Spitzenverband 2017)

eine mögliche Variante, um diese Vorgabe umzusetzen. Doch nutzt der Großteil der KVen genau diese Systematik mit dem Ziel der Mengen- und Zuwachsbegrenzung (Ullmann und Busch 2016). Rechnerisch ergibt sich die Höhe des individuellen Praxisbudgets/Regelleistungsvolumens üblicherweise aus der Fallzahl des jeweiligen Arztes im Vergleichsquartal des Vorjahres und dem KV-bezogenen arztgruppenspezifischen Fallwert. Um Unterschiede in der Morbiditätsstruktur der Versicherten auszugleichen, wird zudem der Gewichtungs- bzw. Morbiditätsfaktor »Alter« eingerechnet. Regelleistungsvolumina und Komplexpauschalen sind die Fortführung des schon im stationären Bereich feststellbaren Trends zu mehr Pauschalisierung bei der Honorierung. Damit wird ein Mittelweg zwischen Einzelleistungsvergütung und Fall- oder Kopfpauschale beschritten. Die Höhe des Regelleistungsvolumens wird den Ärzten prospektiv zu Quartalsbeginn mitgeteilt.

Die innerhalb des RLV erbrachten Leistungen werden in voller Höhe zu den Preisen der Euro-Gebührenordnung vergütet. Überzieht der Arzt anschließend sein zuvor ermitteltes Regelleistungsvolumen im aktuellen Quartal, so werden die zusätzlich erbrachten Leistungen nur noch abgestaffelt honoriert, wobei die Details, wie oben dargestellt, je nach Kassenärztlicher Vereinigung differieren. Die endgültige Honorierung ergibt sich erst nach Ende des Quartals. Je mehr Leistungen oberhalb der Grenze der arztindividuellen Regelleistungsvolumina abgerechnet werden, desto geringer fällt der tatsächliche Betrag aus, den ein Arzt für entsprechende Leistungen erhält.

Neben diesen Hauptbestandteilen des ambulanten ärztlichen Honorars gibt es auch noch einige weitere Bausteine, die zusammen die Einkünfte der Arztpraxis bestimmen (Abb. 4.10): Zusätzlich sind sog. **Qualifikationsgebundene Zusatzvolumina (QZV)** möglich, die ebenfalls arztgruppenspezifisch gebildet werden und aus denen besondere Leistungen aufgrund spezieller Qualifikationen – wie z. B. die Akupunktur oder Schmerztherapie – vergütet werden. Wird die Obergrenze des Gesamtvolumens aus RLV und QZV überschritten, so werden die oberhalb dieses Budgets erbrachten Leistungen wiederum nur abgestaffelt vergütet (Ullmann und Busch 2016). Darüber hinaus sind freie, also in der Menge nicht begrenzte Leistungen möglich, die einem Arzt zusätzlich zum Regelleistungsvolumen vergütet werden. Diese sind zwar nicht von vornherein mengenbegrenzt, für ihre Vergütung stehen jedoch im jeweiligen Arztgruppentopf nur beschränkte Mittel zur Verfügung. Abb. 4.11 gibt einen Überblick zur Verteilung des vertragsärztlichen Honorars und stellt den Bereich der morbiditätsbedingten Gesamtvergütung noch etwas differenzierter dar.

4

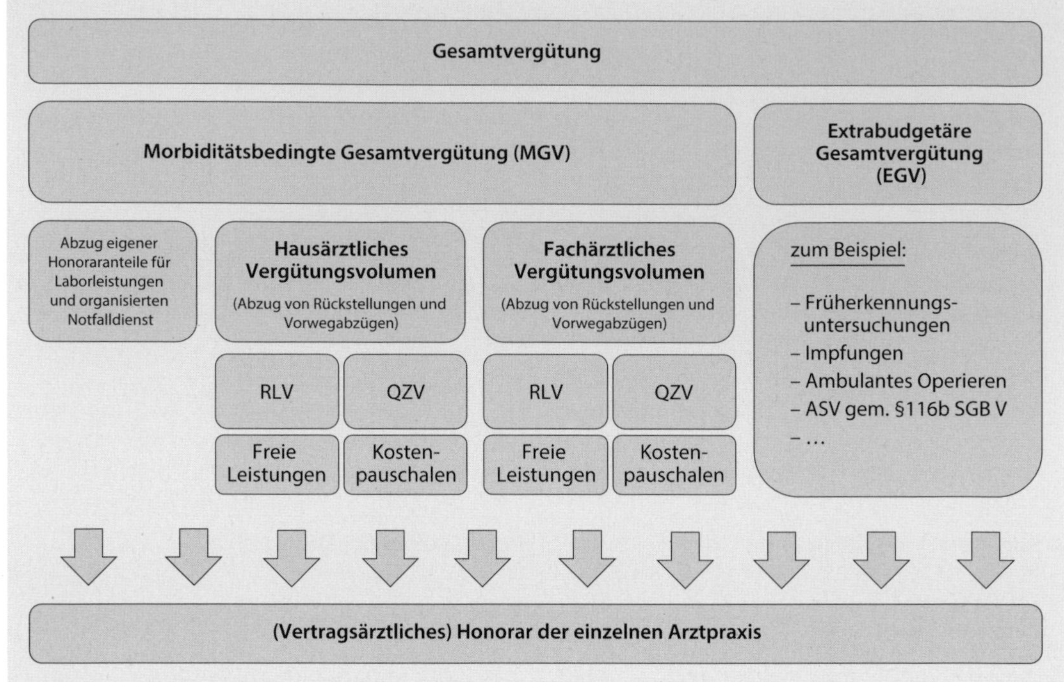

Abb. 4.11 Vertragsärztliche Honorarverteilung. (Mod. nach GKV-Spitzenverband 2017)

Bei der Honorierung von ambulanten Leistungen unterscheiden sich die PKV und GKV in mehrfacher Hinsicht, wie aus Tab. 4.7 deutlich wird.

Das **Honorierungsverfahren der GKV** wird als **zweistufig** bezeichnet, da das Honorar (anders als bei der PKV) von den Krankenkassen in Form einer Gesamtvergütung mit befreiender Wirkung an die Kassenärztlichen Vereinigungen gezahlt wird, die dann die Verteilung gemäß einem **Honorarverteilungsmaßstab (HVM)** an die Ärzte vornehmen. Das Verfahren ist schematisch in Abb. 4.12 dargestellt.

Demgegenüber erfolgt die Zahlung für Privatversicherte zunächst durch den Patienten selbst, der die Leistungen dann – je nach Versicherungsvertragsgestaltung – ganz oder teilweise mit seiner PKV abrechnet (Abb. 4.12). Eine Zwischenstufe ergibt sich nur für den Fall, dass der Arzt das Inkasso einem Dritten (sog. Privatärztlichen Verrechnungsstellen, in Abb. 4.13 mit gestrichelter Linie angegeben) übertragen hat. Aber auch in diesem Fall läuft die Zahlung nicht direkt vom Krankenversicherer an den Leistungserbringer, sondern nimmt den Umweg über den Patienten. Durchschnittlich kommt etwa ein Viertel aller Einnahmen einer Haus- oder Facharztpraxis von Privatversicherten, obwohl diese gerade einmal ein Zehntel aller Patienten ausmachen. Der Hauptgrund hierfür liegt im Preiseffekt: Die Privatversicherten verursachen Mehrumsatz im Vergleich zur gleichen Behandlung eines gesetzlich Versicherten, weil die Behandlungen höher vergütet werden.

In der GKV dürfen grundsätzlich nur ambulante Leistungen abgerechnet werden, die im EBM beschrieben sind. Für die Aufnahme weiterer Leistungen in den EBM bedarf es einer entsprechenden Einigung der KBV mit dem Spitzenverband Bund der Krankenkassen (§ 87 SGB V). Da beispielsweise bestimmte Vorsorgeleistungen oder neuartige Diagnose- und Behandlungsmethoden von den Krankenkassen nur begrenzt oder gar nicht erstattet werden, haben auch privat bezahlte Zusatzleistungen (sog. »**Individuelle Gesundheitsleistungen**« – **IGeL**) eine gewisse Bedeutung für den finanziellen Erfolg und das wirtschaftliche Gleich-

◻ **Tab. 4.7** Honorierung ambulanter Leistungen in der Privaten (PKV) und Gesetzlichen Krankenversicherung (GKV)

	GKV	PKV
Honorierungsverfahren	Zweistufig	Einstufig
Gebührenordnung	Einheitlicher Bewertungsmaßstab (EBM)	Gebührenordnung für Ärzte (GOÄ)
Abrechnungsvoraussetzung	Kassenzulassung	Approbation
Abrechenbare Leistungen	Festgelegt durch Gemeinsamen Bundesausschuss (G-BA)	Gemäß Stand der wissenschaftlichen Forschung
Honorarhöhe	Abhängig vom Punktvolumen, welches mit einheitlichem Orientierungswert multipliziert wird, sowie der Höhe des Regelleistungsvolumens (als Obergrenze) und weiterer Abstaffelungen	In der Regel 2,3-facher Satz der GOÄ, teilweise 3,5-facher Satz oder mehr bei besonderer Schwierigkeit. Durch Vereinbarung kann aber auch eine von der GOÄ abweichende Gebührenhöhe festgelegt werden (§ 2 GOÄ)

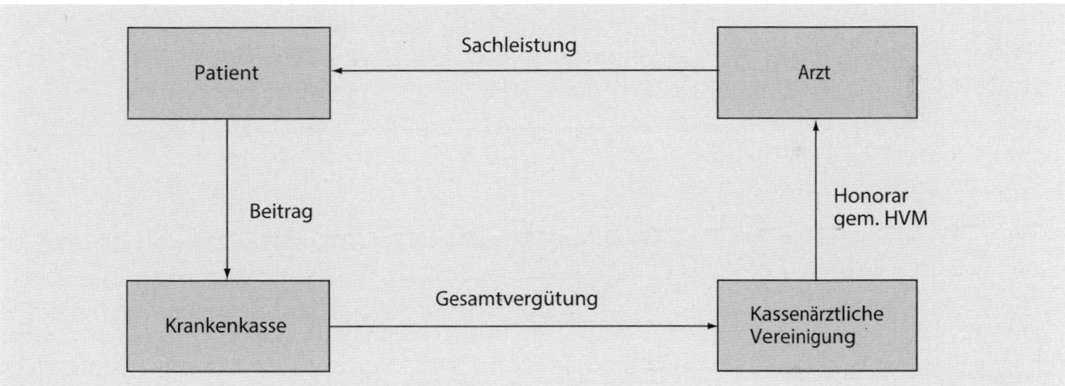

◻ **Abb. 4.12** Zweistufiges Honorarverfahren

gewicht ambulanter Praxen. Das Spektrum reicht hier von Akupunktur, einigen Krebs-Früherkennungsuntersuchungen über Botox-Kuren gegen Schwitzen bis hin zur Laser-Behandlung von Krampfadern. Zuletzt bekam mehr als jeder vierte gesetzlich Versicherte (konkret: 29 %) mindestens einmal im Jahr eine IGeL von seinem Arzt angeboten. Schätzungen zufolge beträgt der Gesamtumsatz mit IGeL in Deutschland insgesamt circa eine Milliarde € jährlich. Durchschnittlich kostet eine individuelle Gesundheitsleistung dabei rund 74 € (Zok 2019). Studien zeigen die Bereitschaft der Patienten, eigene finanzielle Ressourcen für die Gesundheit aufzuwenden. Um an dieser Stelle Missverständnisse und Konflikte zu vermeiden, ist insbesondere die richtige Kommunikation beim Vertrieb von IGeL zu beachten (Assmann et al. 2008). Zudem führen Leistungsausweitungen im GKV-Bereich nach Überschreitung der Regelleistungsvolumina nur noch zu abgestaffelten Umsatzgewinnen und (entsprechende Kostenstrukturen vorausgesetzt) geringeren Deckungsbeiträgen. In ◻ Abb. 4.14 ist dieser Zusammenhang schematisch dargestellt.

Zusatzleistungen im IGeL-Bereich (und/oder eine Ausweitung des PKV-Anteils) können die Umsatz- und Gewinnkurven gegenüber einem ausschließlich auf GKV-Einnahmen basierenden Umsatz verschieben, aber auch hier bestehen Grenzen durch die begrenzten zeitlichen Kapazitäten des Praxisinhabers und

4

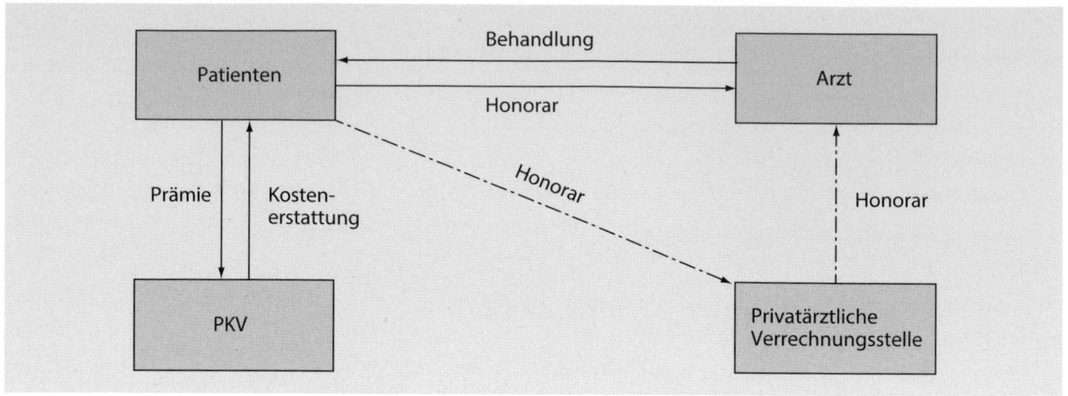

Abb. 4.13 Einstufiges Honorarverfahren

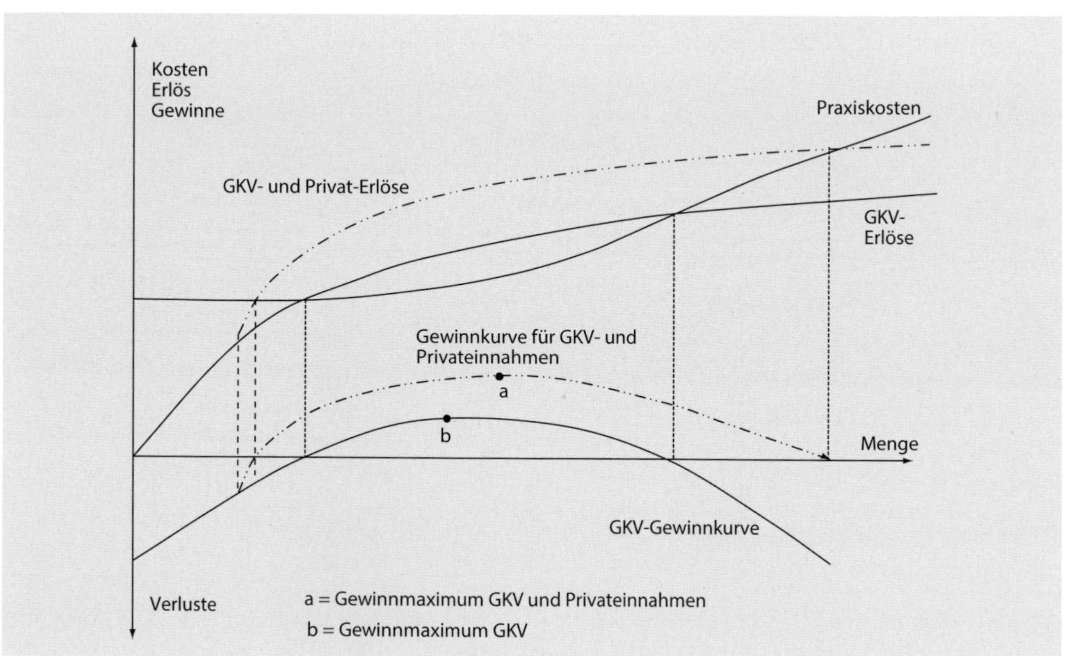

Abb. 4.14 Kosten und Erlöse in ambulanten Arztpraxen

durch steigende Grenzkosten der Zusatzangebote. So bedeutet die Aufnahme weiterer Leistungen i. d. R. auch höhere Investitionen in:
- die **Qualifikation der Mitarbeiter** und **des Arztes** selbst,
- zusätzliche **Geräte** und **Räumlichkeiten**,
- **Marketingmaßnahmen** und **Informationsvermittlung** an die Patienten.

Das Gewinnmaximum entspricht daher nicht dem theoretisch möglichen Umsatzmaximum.

Bei einer **ergebnisabhängigen Honorierung**, die z. B. im Rahmen der Integrierten Versorgung (§ 140a SGB V) oder in Modellvorhaben (§§ 63–65 SGB V) möglich ist, werden Behandlungsergebnisse bei der Vergütung der Praxen mitberücksichtigt. Obwohl diese Form der Honorierung derzeit noch nicht sehr verbreitet ist, wird ihr seitens der Gesundheitspolitik hoher Stellenwert eingeräumt. Es ist zu erwarten, dass auch diese Form der Vergütung zukünftig finanzwirtschaftlich bedeutsamer wird. Praxen mit einem überdurchschnittlichen Behandlungsergebnis könnten beispielsweise einen **Honorarzuschlag** erhalten.

4.4.2 Praktische Umsetzung

Zu einem umfassenden Finanzmanagement gehört eine geeignete Kosten- und Leistungsrechnung sowie eine möglichst genaue Investitionsrechnung.

> **Kosten**, Kosten sind bewerteter Verzehr von Gütern und Diensten zur Erstellung betrieblicher Leistungen, d. h., sie haben eine Mengen- und eine Bewertungskomponente, die getrennt erfasst werden sollten.

Zunächst erfolgt dazu eine möglichst übersichtliche **Kostenartenrechnung**, d. h. die Aufteilung der Gesamtkosten u. a. in Personal- und Materialkosten. Darauf aufbauend sollte unterschieden werden, ob die Kosten mit der produzierten Menge – z. B. der Zahl der behandelten Patienten – variiert (variable Kosten) oder nicht (fixe Kosten). In Arztpraxen bestehen i. d. R. hohe Fixkostenanteile, die sich durch die Personalintensität der Dienstleistungen sowie die häufig hohen Investitionen in die apparative Ausstattung (insbesondere bei Fachärzten) ergeben. Diese Kostenblöcke sind kurzfristig fix und nur mittel- bis langfristig überhaupt veränderbar.

Darüber hinaus ist z. B. in größeren Gemeinschaftspraxen oder Medizinischen Versorgungszentren auch eine **Kostenstellenrechnung** sinnvoll, die die Kostenarten einzelnen Abteilungen zurechnet, z. B. den verschiedenen Disziplinen innerhalb der Großpraxis oder der Röntgendiagnostik oder im eigenen Labor. Dies kann notwendig sein, um zumindest für einzelne Leistungen eine Kalkulation in der Planungsphase zusätzlicher Angebote oder eine Abschätzung der Profitabilität bestehender Leistungen durchzuführen. So kann beispielsweise berechnet werden, wie sich eine IGe-Leistung auf den Praxiserfolg auswirkt.

Als letzten Schritt können die ermittelten Daten der Kostenarten und -stellenrechnung in einer **Kostenträgerrechnung** den einzelnen Leistungseinheiten mit einem entsprechenden Schlüssel zugewiesen werden. Im Fall einer ambulanten Arztpraxis stellen die Patienten bzw. einzelne Behandlungen an den Patienten diese Kostenträger dar (im Fall eines Industrieunternehmens wären es die einzelnen Produkte). Auf diese Weise kann ermittelt werden, ob einzelne Leistungen profitabel erbracht werden und in welchem Ausmaß die Behandlung bestimmter Patienten zum betriebswirtschaftlichen Erfolg der Arztpraxis beiträgt. Idealerweise unterscheidet diese Berechnung »je Leistungseinheit« dabei die unterschiedlichen Arten (GKV-Versicherter, PKV-Versicherter, IGeL-Kunde) und Bedürfnisse (vorhandene Erkrankungen, notwendige Untersuchungen etc.) der Patienten und unterteilt diese dadurch in Zielgruppen.

Den **direkt zurechenbaren Kosten** (Einzelkosten, z. B. Verbrauchsmaterialien) werden die **Gemeinkosten** in einer Kostenträgerrechnung mittels Schlüsselung hinzugerechnet. Diese Gemeinkosten-Schlüsselung (z. B. für die Personalkosten des Praxisempfangs oder auch die kalkulatorischen Kosten der ärztlichen Arbeitszeit) kann nach verschiedenen Kriterien erfolgen, um eine möglichst **verursachungsgerechte Kostenverteilung** zu erreichen. Bei der sog. summarischen Zuschlagskalkulation wird beispielsweise eine Verhaltensproportionalität zwischen ausgewählten Einzelkosten- und Gemeinkostenartengruppen unterstellt. Leistungen, die hohe Einzelkosten aufweisen, werden demnach auch hohe Gemeinkosten zugewiesen. Bei der erweiterten Zuschlagskalkulation werden dagegen einzelne Kostenstellenbereiche noch weiter aufgeschlüsselt, um so noch detailliertere Gemeinkostensätze und Verursachungsbezüge zu ermöglichen. Wenn beispielsweise bekannt ist, dass für die Durchführung einer bestimmten Leistung vergleichsweise viel ärztliche Arbeitszeit erforderlich ist, sollten die kalkulatorischen Kosten des Arztes für seine Arbeitszeit auch stärker bei der Zuschlüsselung dieser Gemeinkostenart ins Gewicht fallen.

Eine leistungsfähige Kosten- und Leistungsrechnung ist Voraussetzung für ein effektives Finanzmanagement ambulanter Praxen.

Dieses besteht aus drei Bereichen, die durchweg auf Daten der Kosten- und Leistungsrechnung aufbauen und im Folgenden eingehend vorgestellt werden sollen (s. Übersicht).

Bereiche des Finanzmanagements in ambulanten Praxen

- Kostenmanagement
- Liquiditätsmanagement
- Investitions- und Finanzierungsmanagement

Kostenmanagement

Unter **Kostenmanagement** werden alle Maßnahmen verstanden, die das Kostenniveau der Praxis nachhaltig beeinflussen. Dazu müssen die Informationen aus dem Kostenrechnungssystem hinreichend umfassend sein, um beeinflussbare Kostengrößen zu identifizieren. Im Hinblick auf die im Vergleich zu industriellen Betrieben eher kleinen Betriebsgrößen, aber auch wegen der individualisierten Leistungserstellung bei der Behandlung von Patienten ist eine standardisierte Produktionsplanung in Arztpraxen bislang höchstens in Teilgebieten anzutreffen (z. B. in Funktionsbereichen wie dem Labor). Ansonsten erfolgt der Leistungserstellungsprozess i. d. R. eher als Einzelfertigung und situativ. Andererseits könnten pauschalisierte Honorierungsverfahren zu einer stärkeren Standardisierung der Leistungserstellung führen. Dies gilt insbesondere für spezialisierte medizinische Leistungen wie Hautkrebs-Screenings, Gesundheits-Check-Ups oder Hyposensibilisierungen, für die zum überwiegenden Teil bereits Standards und vereinheitlichte Prozessabläufe gelten.

Neben der Schaffung einer ausreichenden **Transparenz der Kosten- und Leistungsstruktur** der Praxis ist insbesondere die **Ermittlung von strategischen und operativen Kosteneinflussgrößen** von großer Bedeutung für ein erfolgreiches Kostenmanagement (Frodl 2016). Zu den strategischen, also allenfalls mittel- bis langfristig veränderbaren Größen, gehören die Produktionstiefe und -breite (beispielsweise die Entscheidung über die Vorhaltung von diagnostischen Geräten wie Röntgen- und Ultraschalleinrichtungen) und die baulichen Gegebenheiten (wozu vor allem die Höhe der Mietzahlung zählt). Zu den operativen Kosteneinflussgrößen gehören alle Faktoren, die zur Produktion des aktuellen Leistungsprogramms eingesetzt werden, insbesondere also

- ein verschwenderischer Umgang mit Ressourcen (**Mengenkomponente**) sowie
- eine zu kostenintensive Beschaffung der Ressourcen (**Preiskomponente**).

Beide Komponenten müssen sowohl im Hinblick auf die personellen als auch auf die sachlichen Produktionsfaktoren analysiert werden. Allerdings sind Kostensenkungspotenziale i. d. R. zügiger bei den sachlichen Ressourcen zu heben, da eine kurzfristige Reduktion von Personal bzw. alternativ eine Senkung des Lohnniveaus häufig weder rechtlich ohne Weiteres möglich noch betriebswirtschaftlich sinnvoll ist. Aus ökonomischer Sicht geht der Praxis durch Personalabgang immer auch Humankapital, also spezialisierte Kenntnisse über betriebliche und medizinische Abläufe verloren, die später erst mit hohem Aufwand wieder durch Schulungen o. Ä. aufgebaut werden müssten. Zudem kann eine zu kurzfristig angelegte **Personalplanung** bzw. -reduktion auch zur Überforderung und Demotivation des verbliebenen Personals führen. Die Ausnutzung der natürlichen **Mitarbeiterfluktuation** bietet hier i. d. R. ausreichende Möglichkeiten, mittelfristig zu einer ggf. günstigeren Kostenstruktur zu kommen. Dies kann durch einen flexibleren Personaleinsatz, z. B. mit Teilzeitkräften, durch den Ersatz älterer ausscheidender Mitarbeiter durch jüngere, oder durch Neuorganisation der personellen Abläufe und Verzicht auf Ersatz nach einem Ausscheiden, realisiert werden.

Daneben bestehen im personellen Bereich weitere Möglichkeiten zum Kostenmanagement, wie beispielsweise die **Anpassung der Qualifikationsstruktur** (z. B. Ersatz einer Arzthelferin am Praxisempfang durch nichtmedizinisches Personal) oder die **Befristung von Arbeitsverträgen**. Diese Maßnahmen ermöglichen mittelfristig mehr Flexibilität bei der weiteren Praxisplanung und eine Senkung der langfristigen Fixkosten, ggf. unterstützt durch ein **Outsourcing von Leistungen**, v. a. im nichtmedizinischen Bereich (z. B. Reinigung der Praxisräume, EDV-Wartung, Betreuung der Praxishomepage).

Bei den Sachmitteln bestehen ebenfalls eine ganze Reihe von Möglichkeiten, die im Rahmen des Kostenmanagements regelmäßig überprüft werden sollten. So kann häufig der administrative Beschaffungsaufwand durch die **Reduktion der Lieferanten** und Artikel gesenkt werden. Durch **Bildung von Einkaufsgemeinschaften** können Gruppen von Praxen darüber hinaus eine höhere Einkaufsmacht entwickeln und Preisverhandlungen zu ihren Gunsten gestalten. Dabei können auch häufigere Liefertermine vereinbart werden, um so Lager- und andere Vorhaltekosten zu senken. Auch Medizinische Versorgungszentren (oder kurz: MVZ) zielen u. a. in diese Richtung: Sie sind ein Beispiel für den betriebswirtschaftlichen Trend in Richtung Fusion bzw. Marktkonzentration, der auch im ambulanten Sektor um sich greift.

Medizinische Versorgungszentren, Die häufigste Betriebsform in der ambulanten ärztlichen Versorgung ist die klassische **Einzelpraxis**. Neuere Betriebsformen, insbesondere mit angestellten Ärzten, nehmen allerdings zu. Hier gibt es verschiedene Varianten der Zusammenarbeit, wobei insbesondere die **MVZ** zu nennen sind. Dies sind ärztlich geleitete Einrichtungen, in denen mehrere Ärzte als Angestellte oder Vertragsärzte unter einem Dach zusammenarbeiten. Oft arbeiten sie fachübergreifend mit mindestens zwei Ärzten unterschiedlicher Facharzt- oder Schwerpunktbezeichnungen. Inzwischen sind aber auch arztgruppengleiche Einrichtungen zulässig. Erst seit dem Jahr 2004 ist es überhaupt erlaubt, MVZ zu errichten. MVZ können von zugelassenen Ärzten/-innen und Krankenhäusern sowie von einigen sonstigen Trägern gegründet werden. Die Besonderheit besteht also auch darin, dass Krankenhäuser (und einige andere Träger) mit angestellten Ärzten an der vertragsärztlichen Versorgung teilnehmen können. Die Zahl der MVZ ist inzwischen auf über 3500 angestiegen. Mittlerweile sind es über 20.000 Ärzte, der Großteil davon im Angestelltenverhältnis, die in einem MVZ beschäftigt sind (KBV 2020). Genau wie selbstständig niedergelassene Vertragsärzte nehmen MVZ ganz regelhaft an der ambulanten vertragsärztlichen Versorgung für gesetzlich (und privat) Versicherte teil. Im Wesentlichen gelten für sie die gleichen Regeln der Leistungserbringung und Abrechnung. Anders als die klassische Einzel- oder Gemeinschaftspraxis haben MVZ häufig eine eigene kaufmännische Leitung, die sich auch um das Finanzmanagement kümmert.

Die Bildung solcher Gruppen von Praxen hat zudem den Vorteil, das eigene Prozessmanagement mit dem anderer Praxen im Sinne eines **Benchmarkings** zu vergleichen. Dieses Konzept bezeichnet einen strukturierten Prozess des Lernens auf der Basis von Leistungs- und Ergebnisvergleichen verschiedener Unternehmen. Benchmarking gewinnt auch im Gesundheitswesen zunehmend an Bedeutung. Voraussetzung ist jedoch die Bereitschaft zum Erfahrungsaustausch (Hensen 2016). Dazu gehört in Bezug auf ambulante Praxen, dass man einzelne, immer wieder vorkommende Prozesse, wie das Anlegen eines Neu-Patienten in der Praxis-EDV oder das Erstellen von Röntgenbildern, als einheitlichen Prozess (mit den zugehörigen Teilprozessen) aufgliedert, fixe und variable Kosten dieses Prozesses erhebt und dann mit den zuständigen Mitarbeitern darüber berät, wie der Prozess durch organisatorische Maßnahmen weiter optimiert werden kann. Durch die ständige Überprüfung der Leistungsprozesse werden beispielhafte Strukturen hinsichtlich der Leistungsfähigkeit und Wirtschaftlichkeit ermittelt, die dann zum Standard erhoben werden. Zunächst gilt es dabei, die relevanten Prozesse zu identifizieren. Darauf folgt die Suche nach internen und externen Vergleichsmaßstäben. Wenn die **interne Optimierung** abgeschlossen ist, kann das Ergebnis mit den Kosten und Leistungen anderer Praxen für gleiche Prozesse verglichen werden (z. B. Vergleich der Terminsteuerung verschiedener Praxen) oder sogar ein branchenexterner,

d. h. **generischer Vergleich**, stattfinden (z. B. der Empfang einer Arztpraxis im Vergleich zu dem eines Hotels).

Der Vergleich mit anderen Arztpraxen setzt allerdings ein großes Vertrauen einzelner Praxen untereinander voraus. Mangelnde Konfliktkultur und eine fehlende strategische Ausrichtung der Praxen haben in der Vergangenheit dazu geführt, dass sich nur wenige Kooperationen ergeben haben, die auch betriebswirtschaftliche Zusammenarbeit (im Sinne des oben beschriebenen Benchmarkingansatzes) umfassen (Lange et al. 2012). Der zunehmende Kostendruck und die erweiterten Möglichkeiten der Integrierten Versorgung lassen aber für die Zukunft ein grundsätzliches Umdenken der jeweiligen Praxisinhaber erwarten. Der Austausch von Daten und ein gemeinsamer Einkauf stellen für Arztnetze nur den Anfang einer **umfassenderen Kooperation** dar, z. B. bei der gemeinsamen Nutzung von Räumlichkeiten, Geräten und Personal. Kostenvorteile von MVZs basieren i. d. R. genau auf dem Prinzip der gemeinsamen Nutzung von Ressourcen durch größere Einheiten. So geschaffene **Synergien** gehören ebenfalls zu den strategisch bedeutsamen Kosteneinflussgrößen und stellen damit ein wichtiges Potenzial für ein zukunftsorientiertes Finanzmanagement ambulanter Praxen dar (Hodek 2016).

Liquiditätsmanagement

Das **Liquiditätsmanagement** von Arztpraxen umfasst alle Maßnahmen, die darauf gerichtet sind, fällige Verbindlichkeiten termingerecht bedienen zu können, ohne dass dadurch betriebliche Abläufe gestört werden. Zur Sicherung der Zahlungsfähigkeit ist es notwendig, die zu erwartenden **Zu- und Abgänge an liquiden Mitteln** möglichst gut zu **prognostizieren**. So macht es aus ökonomischer Sicht genauso wenig Sinn, ständig hohe Geldbeträge vorzuhalten (um Liquiditätsprobleme auf jeden Fall vermeiden zu können), wie die wiederholte Inanspruchnahme nicht geordneter Überziehungskredite. Im ersten Falle sollte die überschüssige Liquidität besser rentabel und fristgerecht angelegt werden (bzw. sollten bestehende Verbindlichkeiten getilgt werden). Im zweiten Falle sollten Liquiditätsreserven aufgebaut werden, die der Fristigkeit der prognostizierten Verbindlichkeiten entsprechen. Solche Liquiditätsreserven könnten sowohl Bankguthaben als auch freie Kreditlinien oder liquidierbare Wertpapiere sein.

Da ein Großteil der Praxisausgaben fix ist, geht es bei der **Liquiditätsplanung** in ambulanten Praxen sowohl um die Planung der Löhne für Mitarbeiter und Privatentnahmen des Praxisinhabers als auch um die möglichst zutreffende Voraussage der GKV- und PKV-Umsätze. Da die GKV-Umsätze in aller Regel der größte Umsatzträger sind, muss dieser Bereich besonders gut abgeschätzt werden. In den Zeiten floatender Punktwerte wurden die Praxen nicht selten von unvorhergesehen niedrigen Zahlungen durch die Kassenärztlichen Vereinigungen überrascht. Diese Situation hat sich durch die Vorgabe von Regelleistungsvolumina mit weitgehend festen Eurobeträgen zumindest aus planerischer Sicht etwas verbessert. Damit ist jedoch noch keine Aussage über die Auskömmlichkeit der GKV-Zahlungen getroffen.

Wenn die Umsatzentwicklung im Bereich der PKV bzw. der übrigen Selbstzahler für das Gesamtergebnis der Praxis an Bedeutung gewinnt, so steigt auch deren Bedeutung für die Erlösprognose. Die **kurzfristige Liquiditätsplanung** dient dazu, die aus der Finanzbuchhaltung zur Verfügung stehenden Informationen über die laufenden Forderungen an Patienten zu erfassen. Um hier die Außenstände gering zu halten, bietet sich die Zahlung von privatärztlichen Leistungen direkt am Praxisempfang an (in bar, per EC- oder Kreditkarte). Ansonsten sollten aus den Rechnungsdaten und nach Erfahrungswerten die zu erwartenden Zuflüsse abgeschätzt werden. So kann z. B. nach einiger Zeit die mittlere Dauer von Rechnungsstellung bis Zahlung (ggf. nach Personengruppen differenziert) ermittelt und dann bei der weiteren Liquiditätsplanung genutzt werden.

Die sog. **Liquiditätskontrolle** überwacht, ob die prognostizierten Finanzströme in etwa den tatsächlichen entsprechen oder ob z. B. überschüssige liquide Mittel rentabel angelegt bzw. Termingelder aufgelöst werden sollten, um Sollzinsen zu vermeiden. Um Engpässe zu verhindern, sollten sich die Privatentnahmen des Praxisinhabers daher unbedingt auch an der zur Verfügung stehenden Liquidität orientieren.

Investitions- und Finanzierungsmanagement
Investitionen sollten unter Abwägung vieler verschiedener Aspekte beurteilt werden. Beispielsweise erfolgt die Auswahl medizinischer Geräte nach dem Stand der Technik sowie den bestmöglichsten Leistungseigenschaften. Außerdem wird der Arzt versuchen, diejenige Ausstattung zu wählen, die seine eigene Leistung ideal unterstützt und gleichzeitig unter Marketingaspekten die Erwartungen des Patienten erfüllt. Nicht zuletzt ist jede Investition jedoch auch von der finanziellen Seite zu betrachten, denn neben (zusätzlichen) Erlösen bindet diese auch Kapital und erzeugt Finanzierungsbedarf sowie Folgekosten für die Instandhaltung (Frodl 2012). Ein weiterer integraler Bestandteil des Finanzmanagements in ambulanten Praxen ist also das **Investitions- und Finanzierungsmanagement**, das insbesondere bei größeren Investitionsmaßnahmen zum Tragen kommt und mit dem entsprechende Vorhaben vorab auf ihre Wirtschaftlichkeit geprüft werden.

Aufbauend auf den Ergebnissen der Kostenrechnung ist es wichtig, bei dieser Investitionsplanung eine sog. **Break-Even-Analyse** durchzuführen. Dies ist eine Methode zur Ermittlung jener Absatzmenge, bei der ein Anbieter seine Kosten gedeckt hat und in die Gewinnzone eintritt (**Gewinnschwelle/Break-Even-Point**). An diesem Punkt werden die Fixkosten von den durch den Absatz erzielten Deckungsbeiträgen (also dem Preis abzüglich variabler Kosten) vollständig gedeckt. Wird die Schwelle überschritten, so erzielt der Leistungserbringer Gewinne. Im umgekehrten Fall generiert er Verluste, da die Absatzmenge nicht ausreicht, um die mit der Leistung verbundenen Fixkosten zu decken. So kann aus den Anschaffungskosten, der voraussichtlichen Nutzungsdauer, dem Erhaltungsaufwand und den laufenden Kosten (z. B. Energiebedarf) eines medizinischen Gerätes darauf geschlossen werden, wie viel Nutzungen angesichts des voraussichtlich erzielbaren Erlöses für die Leistung erforderlich sind, um die Gewinnschwelle zu erreichen. Dies gilt z. B. nicht nur im Falle der Entscheidung über die Anschaffung neuer Geräte, sondern auch bezüglich der Investition in Fortbildungen oder der Einführung neuer Leistungen im Selbstzahlerbereich (wenn diese mit Investitionen verbunden sind).

Der Entscheider, der i. d. R. der Praxisinhaber ist, muss sich dann Informationen verschaffen, ob ein entsprechender Bedarf am Markt überhaupt erkennbar und der erforderliche Umsatz erzielbar ist. Wenn die Mindestauslastung des Gerätes nicht erreichbar scheint, sollte die Investition, soweit möglich, unterbleiben oder ggf. mit einem Kollegen zusammen durchgeführt werden, um die erforderliche Auslastung zu erreichen. Im Anschluss an die Investition sollte eine Nachkalkulation mit den tatsächlich aufgetretenen Ist-Kosten erfolgen, um betriebswirtschaftliche Fehlentwicklungen frühzeitig zu erkennen. In ◘ Abb. 4.15 ist das Prinzip der Break-Even-Analyse graphisch aufbereitet. Die zum Erreichen der Gewinnschwelle erforderliche Absatzmenge entspricht dem Schnittpunkt der Kosten- und der Erlöskurve (Punkt X). Die Differenz zwischen dem Erlös (Preis der Leistung) und den variablen Stückkosten ist der sog. (Stück-)Deckungsbeitrag je Mengeneinheit.

Eine wichtige Voraussetzung ist, dass fixe und variable Kosten separat erfasst werden. Die i. d. R. sehr hohen – und nur langfristig zu beeinflussenden – Fixkostenanteile einer ambulanten Arztpraxis lassen der Break-Even-Analyse in diesem Sektor eine besonders hohe Bedeutung zukommen. Eine sorgfältige Berechnung, auf Basis der Kostenrechnung mit Ist- und Planwerten, dient der Abschätzung der Erfolgsträchtigkeit neuer Ideen. Zudem können auch die bereits existierenden Angebote von Zeit zu Zeit auf ihren Erfolgsbeitrag hin untersucht werden. Insbesondere durch die regelmäßigen Veränderungen der Vergütung, sollte auf diese Weise ermittelt werden, ob Leistungen evtl. nicht mehr kostendeckend angeboten werden können und dementsprechend – soweit es die rechtliche Lage gestattet – auch nicht mehr durchgeführt werden.

Die Organisation ambulant tätiger Arztpraxen muss immer stärker auch wirtschaftlichen Zielen entsprechen, um die Existenz des Betriebes langfristig nicht in Frage zu stellen. Aufgabe des Finanzmanagements ist es dabei,

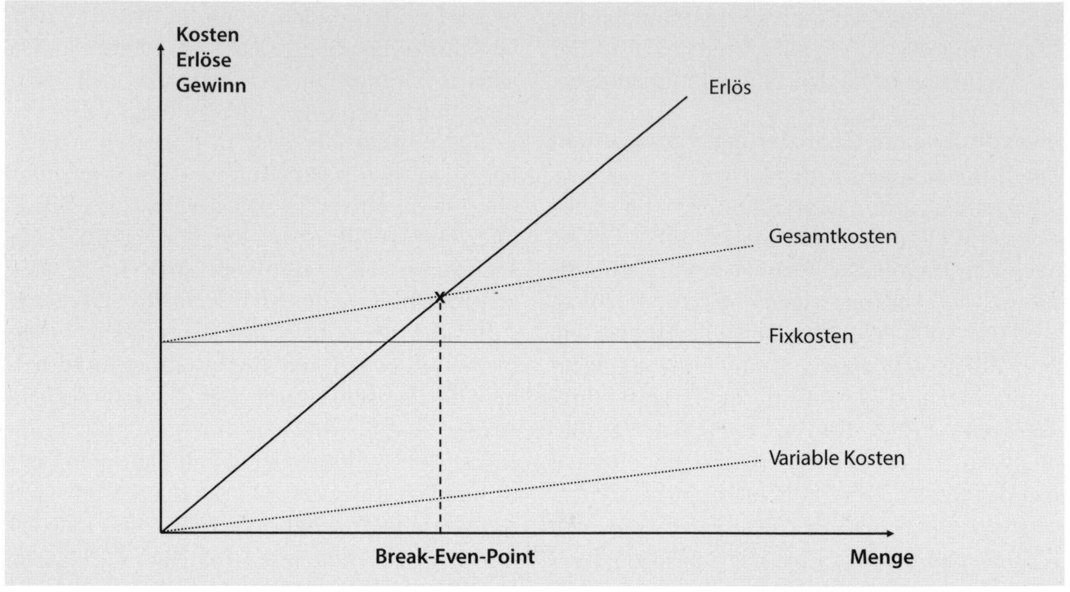

Abb. 4.15 Break-Even-Analyse

die erforderlichen Finanzinformationen zu generieren und Instrumente zur Verfügung zu stellen, die die Rentabilität und Liquidität sichern. Es schafft somit Anknüpfungspunkte zum Kundenmanagement (► Abschn. 3.4), zum Personalmanagement (► Abschn. 5.4) und anderen wichtigen Funktionsbereichen, was die zentrale Bedeutung des Finanzmanagements für den Gesamterfolg der Praxis verdeutlicht. Finanzmanagement ist insofern eine notwendige (wenn auch gewiss nicht hinreichende) Voraussetzung für eine hohe medizinische Leistungsqualität.

4.5 Finanzmanagement in der Integrierten Versorgung

Axel Mühlbacher, Volker Amelung

4.5.1 Gesetzliche und strukturelle Rahmenbedingungen

Gesetzliche Grundlagen der Integrierten Versorgung

Seit dem GKV-Modernisierungsgesetz des Jahres 2004 können Krankenkassen **Verträge über eine sektoren- oder interdisziplinär fachübergreifende Versorgung** direkt mit Leistungserbringern (§ 140a Abs. 1 SGB V) abschließen. Der Gesetzgeber hat damit parallel zum Kollektivvertragssystem ein eigenständiges Einzelvertragssystem etabliert. Die Finanzierung dieser Versorgungsform wurde durch das GKV-Modernisierungsgesetz in Form einer **Anschubfinanzierung** ermöglicht; bis zu 1 % des jährlichen GKV-Budgets stand dafür zwischen 2004 und 2008 zur Verfügung. Diese Mittel wurden von der an die Kassenärztlichen Vereinigungen zu zahlenden Gesamtvergütung und von den Abrechnungen der Krankenhäuser für voll- und teilstationäre Leistungen einbehalten. Die Anschubfinanzierung war jedoch an den Nachweis von Verträgen zur Integrierten Versorgung gekoppelt. Die Konzeption und Umsetzung von Verträgen der Integrierten Versorgung bedarf erheblicher Investitionen. Deshalb galt für Verträge, die bis zum 31.12.2008 geschlossen wurden, nicht der **Grundsatz der Beitragssatzstabilität.**

Die Integrierte Versorgung muss sich seit dem 01.01.2009 finanziell selbst tragen. Aufgrund dieser Regelung kommt dem § 140a SGB V bei der Finanzierung der Integrierten Versorgung eine besondere Bedeutung zu. Auf die anderen gesetzlichen Normen zur Integrierten Versorgung wird deshalb nicht im Besonderen eingegangen (vgl. ► Abschn. 2.5).

Das Gesetz zur Stärkung der Versorgung in der Gesetzlichen Krankenversicherung (GKV-Versorgungsstärkungsgesetz) vom 16. Juli 2015 sah eine systematische Weiterentwicklung der selektiven Vertragsmöglichkeiten für alle Leistungserbringer vor. Die bisher an unterschiedlichen Stellen im Sozialgesetzbuch V geregelten Vertragsformen wurden durch das Gesetz neu strukturiert. Unter dem Oberbegriff der »Besonderen Versorgung« werden alle Vertragsformen nun im neuen § 140a SGB V zusammengefasst. Die Paragraphen 140b bis 140d SGB V sind mit dem GKV-Versorgungsstärkungsgesetz entfallen. Die »Besondere Versorgung« soll zukünftig auch Verträge über innovative Leistungen ermöglichen, die noch keinen Eingang in die Regelversorgung gefunden haben. Das Gleiche gilt für Managementverträge über reine Organisationsleistungen. Da auch der neue § 140a SGB V eine verschiedene Leistungssektoren übergreifende oder eine interdisziplinär fachübergreifende Versorgung als »integrierte Versorgung« beschreibt, wird in diesem Kapitel weiterhin diese Bezeichnung verwendet.

Mit dem Gesetz zur Verbesserung der Gesundheitsversorgung und Pflege (GPVG) vom 22.12.2020 führte der Gesetzgeber weitere Spielräume für den Abschluss von Selektivverträgen nach § 140a SGB V ein. Seitdem können weitere Vertragspartner in die Integrierte Versorgung eingebunden werden. Dies betrifft nicht-ärztliche Leistungserbringer mit ihren jeweiligen Versorgungsbereichen, andere Träger von Sozialleistungen außerhalb des SGB V sowie Dienstleister, die Beratungs-, Koordinierungs- und Managementleistungen erbringen. Außerdem wurden explizit auch regional begrenzte Versorgungsverträge zugelassen, womit bundesunmittelbaren Kassen ermöglicht wurde, Leistungen nur einem (regional abgegerenzten) Teil ihrer Versicherten anzubieten. Nicht zuletzt wurde mit dem GPVG die bis dato geltende Regelung gestrichen, dass die Wirtschaftlichkeit der Integrierten/Besonderen Versorgung spätestens vier Jahre nach dem Wirksamwerden der zugrunde liegenden Verträge nachweisbar sein muss.

Die Versorgungsverträge zur Integrierten Versorgung können kassenindividuelle Vergütungsregelungen enthalten und auch ohne die Beteiligung der Kassenärztlichen Vereinigung abgeschlossen werden. Die möglichen Vertragspartner der Krankenversicherungen werden im § 140a Abs. 3 SGB V in einer Auflistung aufgeführt. Seit dem 01.01.2011 werden pharmazeutische Unternehmen oder Hersteller von Medizinprodukten als direkte Vertragspartner genannt.

Die Vergütung der Integrierten Versorgung ist nicht im Gesetz beschrieben, sondern muss im Vertrag geregelt werden. Der Gesetzgeber gibt weder für die Höhe noch die Art der Vergütung eine Orientierung vor. Die Vergütung kann bezogen auf die Einzelleistungen oder budgetiert nach Pauschalen vereinbart werden, wobei alle möglichen Vergütungsregelungen denkbar sind:

Die Budgetverantwortung kann insgesamt oder für definierte Teilbereiche auf die Leistungserbringer übertragen werden. Neben der **Integration der Versorgungsfunktion** zielen Verträge der Integrierten Versorgung nach § 140a SGB V auch auf die teilweise **Integration der Versicherungsfunktion,** da das Morbiditätsrisiko auf die Leistungserbringer übertragen werden kann. Bei der Berechnung des Budgets ist die Risikostruktur der Versicherten zu berücksichtigen. Damit soll das Risiko der Vertragsparteien begrenzt und die Risikoselektion vermieden werden. Mit der vereinbarten Vergütung sind alle Leistungen der eingeschriebenen Versicherten, soweit im vertraglich vereinbarten Versorgungsauftrag dokumentiert, abgegolten. Dies gilt auch für Leistungen, die durch Leistungserbringer erbracht werden, die nicht an der Integrierten Versorgung teilnehmen. Es gilt jedoch festzuhalten, dass Versicherte nicht das Versorgungssystem beliebig verlassen und fremde Leistungen beanspruchen dürfen. Versicherte können Leistungen außerhalb des Versorgungsauftrages der Integrierten Versorgung nur dann in Anspruch nehmen, wenn sie an die nicht teilnehmenden Leistungserbringer überwiesen wurden oder

4

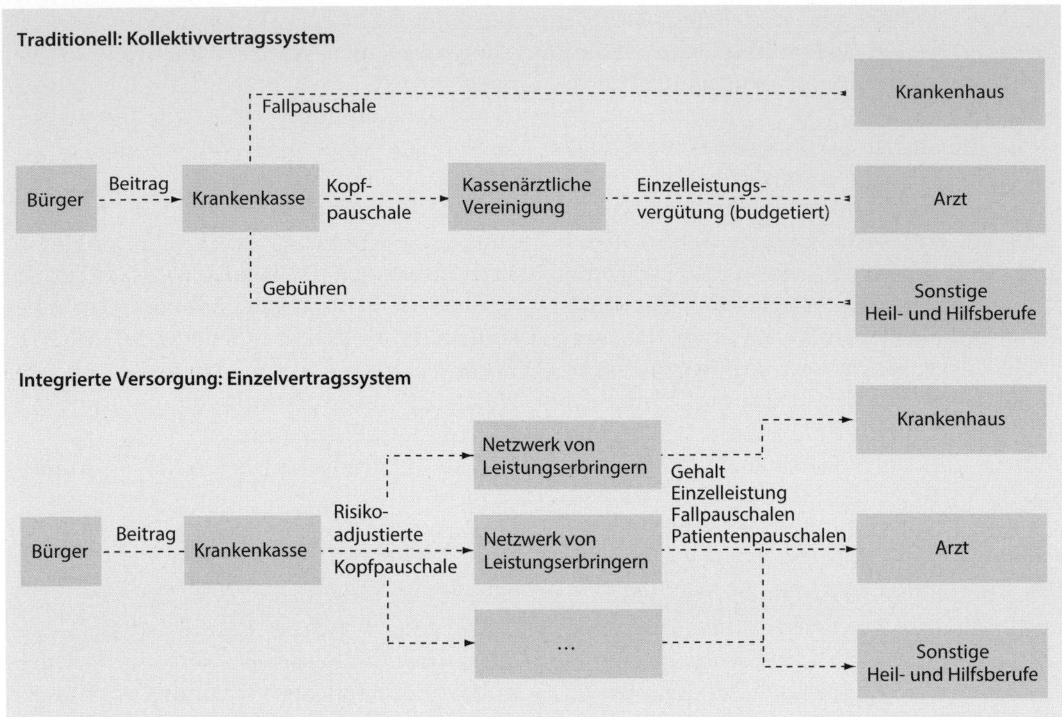

Abb. 4.16 Ebenen der Finanzierung und Vergütung

sie durch die Verträge zur Inanspruchnahme außerhalb stehender Leistungserbringer bevollmächtigt sind.

Es kann davon ausgegangen werden, dass die **Allokation der Ressourcen** auf der Ebene Arzt-Patient auch durch die Ausgestaltung der Regelungen zur Finanzierung und Vergütung beeinflusst wird. Der Einsatz von Ressourcen ist oftmals abhängig von den diagnostischen und therapeutischen Entscheidungen der Ärzte im niedergelassenen und stationären Sektor. Im Kontext dieser Entscheidungsprozesse – Einschätzung des Gesundheitszustandes, Feststellung der Diagnostik und der Festlegung von medizinisch-pflegerischen Maßnahmen – spielen auch ökonomische Anreize eine Rolle (Edelmann et al. 2019). Diese Zahlungsströme werden durch die Vereinbarungen über den **Leistungsumfang** und die **Leistungsvergütung** beeinflusst. Aufgrund der Anreize, die durch Vergütungsverträge gesetzt werden, ist eine Betrachtung der Vergütungsformen für die ökonomische Analyse eines Systems bzw. einzelner Versorgungsformen von enormer Bedeutung.

Finanzierungsebenen und Aufgaben eines zielorientierten Vergütungssystems

Die Prozesse der Finanzierung, Vergütung und Honorierung von medizinischen Leistungen können grob in einem **mehrstufigen Modell** beschrieben werden (Abb. 4.16). Auf der **ersten Ebene (Finanzierung)** werden Versicherungsprämien, Beiträge oder Steuereinnahmen zur Finanzierung der Gesundheitsversorgung an die Kostenträger abgeführt. Auf der **zweiten Ebene (Vergütung)** schließen diese Kostenträger Verträge mit Vertreterorganisationen der Leistungserbringer (z. B. Unternehmensnetzwerke der Integrierten Versorgung) ab. Diese Verträge konkretisieren die Vergütungsform sowie Art und Umfang der Versorgungsleistungen für eine zuvor definierte Bevölkerungsgruppe bzw. ein vertraglich vereinbartes Versichertenklientel. Die Vertreterorganisationen stehen ihrerseits in der Pflicht, die einzelnen Leistungserbringer für ihre Dienstleistungen zu honorieren – diese Transaktionen können als **dritte Ebene (Honorierung)** bezeichnet werden. Während **Versorgungsverträge** die Art und den

Umfang von Versorgungsleistungen festlegen, sind bei der Vergütung und Honorierung von Leistungserbringern der Auszahlungszeitpunkt und die Risikoübernahme die entscheidenden Punkte. Im Rahmen des § 140a SGB V bietet sich die Möglichkeit zum Abschluss von direkten Einzelverträgen – ein Novum, da im deutschen Gesundheitssystem erst mit Hilfe dieser Neuerung ein Markt für Versorgungsverträge etabliert werden konnte (weiterführend: Mühlbacher 2007; Amelung 2021).

In den USA erhalten Managed-Care-Organisationen (MCOs) häufig eine **risikoadjustierte Kopfpauschale** (von einzelnen Bereichen abgesehen, wie z. B. psychiatrischer und psychotherapeutischer Versorgung), um eine **sektorenübergreifende Vollversorgung** für die eingeschriebenen Versicherten sicherzustellen (Amelung 2021). In Deutschland kommt diese Funktion im Normalfall den Kassen zu. Sie erhalten risikoadjustierte Beitragszuweisungen aus dem Gesundheitsfonds. Diese Zuweisungen setzen sich aus einer Grundpauschale pro Versichertem und variablen Zu- und Abschlägen (nach Alter, Geschlecht, Krankheit, Erwerbsminderung) zusammen (»morbiditätsorientierter Risikostrukturausgleich«; ► Abschn. 4.2). Die Finanzierung entspricht einer risikoadjustierten Kopfpauschale.

Nach § 140a SGB V könnten heute auch Netzwerke der Integrierten Versorgung im Rahmen von Versorgungsverträgen eine sektorenübergreifende Vollversorgung sicherstellen. Von dieser Möglichkeit wird allerdings nur selten Gebrauch gemacht.

Innovative Organisationstypen – wie z. B. Unternehmensnetzwerke der Integrierten Versorgung – werden durch neue Vergütungs- bzw. Vertragsformen finanziert und aufgrund dieser Entwicklung auch mit neuen unternehmerischen Risiken konfrontiert. Im Zuge dieser Entwicklung stehen für die Leistungserbringer verstärkt betriebliche Interessen im Mittelpunkt – aus einer **gesellschaftlichen Perspektive** gilt es jedoch, auch die Zielsetzungen des Gesundheitssystems bei der praktischen Ausgestaltung der Reformüberlegungen im Auge zu behalten. Bei der Finanzierung von Versorgungsleistungen bzw. Honorierung von ärztlichen oder pflegerischen Dienstleistungen müssen die Zielsetzungen des Gesundheitssystems Berücksichtigung finden. Die im Versorgungsstrukturgesetz 2011 und dem Versorgungsstärkungsgesetz 2015 erarbeiteten Ziele zur Verbesserung der Versorgungsstrukturen sollten in einem zielorientierten Vergütungs- und Honorierungssystem für eine Integrierte Versorgung berücksichtigt werden. Die Herausforderung besteht darin, effiziente institutionelle Arrangements und optimale Vergütungsformen zu finden. Nach Güssow (2007) sind die Funktionen dafür:

Funktionen eines zielorientierten Vergütungs- und Honorierungssystems (Bundesgesetzblatt 2011)

- **Finanzierungsfunktion:** Bedarfsgerechte, wirtschaftliche und zweckmäßige Struktur und Ausstattung von Gesundheitseinrichtungen, unter Berücksichtigung der sozialen Tragfähigkeit
- **Rationalisierung:** Vermeidung von ineffizienten medizinischen Maßnahmen
- **Steuerungsfunktion:** Bedarfsgerechte Versorgung von leistungsfähigen Anbietern sowie deren Gesundheitsleistungen unter Berücksichtigung von Zweckmäßigkeit und Wirtschaftlichkeit
- **Betriebswirtschaftliche Aspekte:** Effiziente Behandlung in einer ökonomisch optimalen Allokation finanzieller Ressourcen
- **Volkswirtschaftliche Aspekte:** Stabilisierung der Gesundheitsausgabenquote bzw. Erreichen einer Beitragsstabilität im Sozialversicherungssektor

4.5.2 Praktische Umsetzung

Vergütungsformen für eine Integrierte Versorgung

Unabhängig vom Kostenträger gibt es nur eine begrenzte Anzahl von Möglichkeiten, wie Leistungserbringer für ihre erbrachten Leistungen vergütet werden können. Die Vergütungsformen können grob in **Vergütungsformen mit direktem** und **indirektem Leistungsbezug** unterteilt wer-

Tab. 4.8 Klassifikation von Vergütungsformen der Integrierten Versorgung

Vergütungsform	Leistungsbezug	Kalkulationszeitpunkt	Zahlungszeitpunkt	Pauschalisierungsgrad	Leistungstiefe
Gehalt (»salary«)	Indirekt	Kalkulation erfolgt unabhängig von den tatsächlich erbrachten Leistungen	Bezahlung erfolgt unabhängig von den tatsächlich erbrachten Leistungen	Umfassend über alle Leistungen des Angestellten	Leistungserbringer
Einzelleistungsvergütung (»fee for service«)	Direkt	Prospektive Festlegung der Gebührenordnung	Retrospektiv; Kostenerstattungsprinzip oder Gebührenordnung	Einzelleistung	Leistungserbringer
Fallpauschalen (»case rate«)	Direkt	Prospektiv	Retrospektiv	Fall, organisationsintern	Leistungserbringer
Fallkomplexpauschalen (»global fee«/»bundled payment«)	Direkt	Prospektiv	Retrospektiv	Fall, organisationsübergreifend	Netzwerk von Leistungserbringern
Patientenpauschalen (»contact capitation«)	Indirekt	Prospektiv	Retrospektiv	Vollversorgung, indikationsspezifisch	Netzwerk von Leistungserbringern
Kopfpauschalen (»capitation«)	Indirekt	Prospektiv	Prospektiv	Vollversorgung, indikationsübergreifend	Netzwerk von Leistungserbringern

den. Bei den Vergütungsformen mit **direktem Leistungsbezug** existieren mehrere Varianten, die Höhe der Vergütung steigt jedoch immer, je mehr Leistungen erbracht werden. Bei Vergütungsformen mit **indirektem Leistungsbezug** werden die Leistungserbringer für die Bereitstellung ihrer Arbeitskraft oder pro eingeschriebenem Versicherten vergütet, unabhängig von der Anzahl der erbrachten Leistungen.

Vergütungsformen können anhand der folgenden Unterscheidungsmerkmale klassifiziert werden (Tab. 4.8):

- Leistungsbezug
- Kalkulationszeitpunkt
- Zahlungszeitpunkt (prospektiv vs. retrospektiv)
- Pauschalisierungsgrad bzw. Leistungsumfang
- Leistungstiefe (Vergütung von Netzwerken oder einzelnen Leistungserbringern)

Vergütungsformen mit direktem Leistungsbezug

Vergütungsformen mit direktem Leistungsbezug können auf den tatsächlich entstandenen Kosten, auf den Gebührensätzen der Leistungserbringer und auf prospektiv kalkulierten Pauschalen beruhen (Rothgang 2009). Basiert die Vergütung auf den **Kosten** (»cost-based reimbursement«), sind die Kostenträger damit einverstanden, auf der Basis des Kostendeckungsprinzips die tatsächlich bei der Leistungserbringung entstandenen Kosten zu begleichen (weiterführend: Mühlbacher 2007).

Das **Kostendeckungsprinzip** garantiert den Leistungserbringern die Übernahme der Gesamtkosten (»total cost«) durch die Kostenträger. Im Normalfall erhalten die Leistungserbringer eine Vorauszahlung (»interim payment«). Am Ende der Vertragsperiode wird ein Abgleich mit den tatsächlich angefallenen

Kosten auf Basis der Buchhaltung der Leistungserbringer durchgeführt.

Bei **prospektiven** Vergütungsformen werden die Vergütungsraten der Kostenträger festgelegt, bevor die Leistungen durch die Leistungserbringer erbracht werden. Diese Raten haben im engeren Sinne keinen Bezug zum Kostendeckungsprinzip – die Zahlung wird vorab kalkuliert und zwischen den Vertragspartnern zu Beginn einer Vertragsperiode verhandelt. Im Allgemeinen orientiert sich diese Vergütungsform an vier alternativen Bezugsgrößen: Prozeduren oder einzelne Leistungseinheiten, Diagnosen, Behandlungstagen oder einem umfassenden Leistungskomplex (Rothgang 2009; weiterführend: Mühlbacher 2007).

Bei der **Einzelleistungsvergütung** (»fee for service«) werden die erbrachten Leistungen einzeln (nicht pauschaliert), d. h. auf Basis einer eng abgegrenzten Arbeitseinheit, durch die Kostenträger vergütet. Bei der Einzelleistungsvergütung werden ex post alle nach Art und Umfang der Versorgung zu rechtfertigenden Leistungen nach Menge und Preis abgerechnet. Die Einzelleistungsvergütung basiert auf dem Kostendeckungsprinzip. Der Leistungserbringer stellt die Kosten, ausgehend von den angefallenen Ist-Kosten, in Rechnung. Die Höhe der Rechnung erfolgt nach seinem Ermessen und orientiert sich an den Faktorkosten. Der Rechnungsbetrag kann mit den Durchschnittswerten verglichen werden, um zu kontrollieren, inwieweit die Höhe der Rechnung den realen Gegebenheiten (UCR: **u**sual, **c**ostumary and **r**easonable) entspricht (Amelung 2021). Die Einzelleistungsvergütung kann jedoch zu einer unerwünschten Leistungsausweitung in einem Bereich führen, da die Behandlungen vorrangig aus ökonomischen Gesichtspunkten durchgeführt werden könnten (Bohle 2008). Sinnvoller ist eine betriebswirtschaftlich kalkulierte Gebührenordnung, durch die der relative Ressourcenverbrauch als Leistung mit Punkten vergütet wird. Diese Punkte werden mit einem Umrechnungsfaktor (conversion factor) in einen Geldbetrag umgerechnet – in den USA orientieren sich die Managed Care Organisation (MCOs) an der Resource-Based Relative Value Scale. In Deutschland wird dieses Verfahren auch bei der Vergütung ambulanter Leistungen im Rahmen des Einheitlichen Bewertungsmaßstabes (EBM) oder der Gebührenordnung für Ärzte (GOÄ) verwendet (► Abschn. 4.2).

Bei der **Fallpauschale** (»case rate«) zahlen die Kostenträger eine regional vereinbarte Pauschale pro Behandlungsfall eines Patienten nach Beendigung der Behandlung (ex post) an die Leistungserbringer. Der einzelne Fall ist die Bezugsbasis der Vergütung. Die Abrechnung der Leistung erfolgt über die Fallmenge, multipliziert mit der vorab kalkulierten Fallpauschale, aber unabhängig von den tatsächlich erbrachten Einzelleistungen. Aufgrund der **Volatilität des Ressourcenverbrauches** und der großen Unterschiede im Behandlungsaufwand ist es erforderlich, die Fallpauschalen zu differenzieren. Die Patienten können somit anhand der Art der Krankheit nach der Hauptdiagnose, dem Schweregrad oder den erwarteten Komplikationen einer Erkrankung, dem Stadium der Erkrankung, der Art der Behandlungsdurchführung und nach Alter und Geschlecht klassifiziert werden, wobei die Leistungserbringer entsprechend dieser Klassifikation entlohnt werden.

Im deutschen Gesundheitssystem erscheint es sinnvoll, die Fallpauschale von der **Fallkomplexpauschale oder Leistungskomplexpauschale** (»global fee«, auch »bundled payment«) anhand des Pauschalisierungsgrades zu unterscheiden. Die Fallpauschale (z. B. die DRGs im stationären Bereich) bezieht sich auf den Behandlungsfall innerhalb einer Leistungseinheit (z. B. Krankenhaus), während sich die Fallkomplexpauschale auf einen sektoren- oder leistungsstellenübergreifenden Behandlungs- bzw. Versorgungsprozess bezieht. Die für die Behandlung eines Patienten notwendigen Leistungen werden zu Komplexen zusammengefasst. Diese pauschalierten, indikationsbezogenen Vergütungsformen beziehen sich entweder auf bestimmte Erkrankungsfälle oder auf medizinische Prozeduren, auf deren Basis die Höhe der Vergütung prospektiv kalkuliert wird. Auch die Fall- und Fallkomplexpauschalen können anhand der prognostizierten Inanspruchnahme differenziert werden. Eine Differenzierung nach Alter, Schweregrad und anderen Risikofaktoren ist denkbar. Besonders intensiv werden aktuell die Potenziale von bundled payments diskutiert (z. B. Porter und Kaplan 2016; Struijs et al. 2020; Amelung et al. 2021). Mit ihrem direkten Indiktions- und Periodenbezug (z. B. die Versorgung von x Diabetispatienten für zwölf Monate) kombinieren sie verschiedene Vergütungskomponenten.

Dagegen vergütet die **Tagespauschale** den Aufenthalt eines Versicherten in einem Krankenhaus, unabhängig von den tatsächlichen Kosten, pro Tag. Diese Pauschale kann auch nach dem Schweregrad und der Art der erbrachten Leistung differenziert werden und so dem unterschiedlichen Ressourcenaufwand Rechnung tragen.

▪ Vergütungsformen mit indirektem Leistungsbezug

Alle oben genannten Ansätze vergüten die Leistungserbringer auf Basis der zu erbringenden bzw. der erbrachten Leistungen. Die Leistung selbst mag durch einen Arztbesuch, eine Diagnose oder einen Krankenhaustag etc. definiert sein. All diesen Vergütungsformen ist gemeinsam, dass letztlich die Bezahlung mit der Menge der erbrachten Leistungen zunimmt (Amelung 2021; weiterführend: Mühlbacher 2007).

Unabhängig von den direkt erbrachten Leistungen können die Leistungserbringer auch für die Bereitstellung ihrer **Arbeitskraft** entlohnt werden. Wird ein Leistungserbringer mit einem **Gehalt** (»salary«) für die Erbringung seiner Leistungen vergütet, erhält er ein Fixum für einen bestimmten Zeitraum. Die Vergütung bezieht sich auf eine zuvor definierte Zeitperiode, während der ein Leistungserbringer Leistungen im Auftrag des Kostenträgers erbringen muss.

Die Vergütung auf Basis der **eingeschriebenen Versicherten** selbst ist auch eine prospektive Vergütungsform, jedoch mit einem ganz anderen Vergütungsansatz. Im Rahmen der **Capitation** (Kopfpauschale) zahlen die Kostenträger im Voraus (ex ante) einen regional differenzierten Betrag pro Mitglied und Monat oder Jahr (z. B. eine PMPM-Rate, d. h. per member per month) mit befreiender Wirkung an die Leistungserbringer (z. B. Netzwerk der Integrierten Versorgung). Der Kostenträger kauft vorab die Option, im Krankheitsfall seiner Versicherten definierte Leistungen in Anspruch nehmen zu können. Die Vergütung erfolgt unabhängig von der tatsächlichen Inanspruchnahme und den tatsächlich anfallenden Einzelleistungen. Je nach Ausgestaltung des Versorgungsvertrages kann die Kopfpauschale Leistungen der ambulanten und stationären Versorgung sowie Arznei-, Heil- und Hilfsmittel umfassen.

Die Capitation bezieht sich auf eine zuvor definierte Bevölkerungsgruppe und einen zuvor definierten Leistungskatalog. Die Auszahlung ist unabhängig von der tatsächlichen Inanspruchnahme der Versicherten. Bei der Capitation handelt es sich damit um einen prospektiv kalkulierten und deshalb festen Pauschalbetrag für die Leistungserbringer. Die Höhe der morbiditätsorientierten Pauschale ist abhängig vom Leistungskatalog bzw. Leistungsumfang und dem Morbiditätsrisiko der Versichertenklientel. Im Gegenzug für die Kopfpauschale verpflichtet sich das Versorgungsnetzwerk der Integrierten Versorgung, den eingeschriebenen Versicherten die notwendige und vertraglich vereinbarte medizinische Vollversorgung im Erkrankungsfall zu gewähren. Der Gesamtgewinn eines Netzwerks von Leistungserbringern errechnet sich aus der Summe aller Kopfpauschalen der eingeschriebenen Patienten abzüglich der Kosten für medizinisch notwendige Leistungen, der medizinisch nicht notwendigen Leistungen und der Kosten der Administration/sonstiger Leistungen. Die Leistungserbringer übernehmen teilweise die Versicherungsfunktion der Krankenkassen (»risk sharing«); eine vollständige Verlagerung der Risiken (»risk delegation«) ist denkbar.

Gewinnkalkulation bei der Vergütung durch Kopfpauschalen (Wiechmann 2003)

Σ Kopfpauschalen der eingeschriebenen Patienten
– Σ Kosten der medizinisch notwendigen Leistungen
– Σ Kosten der medizinisch nicht notwendigen Leistungen
– Σ Kosten der administrativen und sonstigen Leistungen
= Gesamtgewinn

Bei der **indikationsspezifischen Kopfpauschale** oder **Patientenpauschale** (Contact-Capitation) handelt es sich um einen Spezialfall der Capitation. Hier wird ebenso eine zuvor definierte Bevölkerungsgruppe durch einen Versorgungsvertrag abgesichert. Ähnlich der Capitation erfolgt die Vergütung durch einen prospektiv kalkulierten Preis, dieser wird aber erst ex post im Fall der Inanspruchnahme aufgrund einer spezifischen Erkrankung ausbezahlt. Diese Vergütungsform ist indikationsbezogen und erfolgt nur im Falle der Inanspruchnahme bei einem speziellen Krankheitsfall. Der Umfang der Leistungen bezieht sich auf einen prospektiv vereinbarten Leistungskatalog während einer vertraglich vereinbarten Vertragslaufzeit. Der Unterschied einer Fallkomplexpauschale zur Contact-Capitation liegt in dem Spektrum der angebotenen Leistungen: im Rahmen der Contact-Capitation werden alle notwendigen indikationsbezogenen Leistungen, die ein Versicherter benötigt, umfassend abgedeckt. Die Fallkomplexpauschale bezieht sich zwar auf einen organisations- oder sektorenübergreifenden Behandlungsfall, ist aber nicht als umfassendes Versorgungsprogramm konzipiert, sondern bezieht sich auf die medizinischen/klinischen Prozeduren bzw. Prozesse.

Vermeidung finanzieller Risiken durch Prognose der Ein- und Auszahlungen

Ein wesentliches Hindernis bei der praktischen Umsetzung von Versorgungsverträgen ist die Prognose der Einzahlungen und Auszahlungen aufgrund der versicherungstechnischen Risiken einer Versichertenpopulation. Finanzierungs- und Vergütungsvereinbarungen, die auf einem prospektiv festgelegten Pauschalpreis beruhen, haben einen bedeutenden Nachteil: es ist sehr schwer, die Unterschiede im Gesundheitszustand der Bevölkerung bzw. der Inanspruchnahme unterschiedlicher Versichertenklientel zu berücksichtigen, wobei aufgrund besserer Datenverfügbarkeit diese Probleme zunehmend geringer werden. Kopfpauschalen vergüten ex ante eine zukünftig zu erwartende populationsbezogene Krankheitslast – bzw. die dadurch resultierenden Auszahlungen. Grundsätzlich besteht für die Vertragspartner **Unsicherheit** hinsichtlich des Eintrittszeitpunktes und der Höhe der tatsächlich entstehenden Versorgungskosten. Bei der prospektiven Pauschalvergütung wird ein großer Teil des **Morbiditätsrisikos** auf die Vertragspartei der Leistungserbringer übertragen.

Werden diese Risiken nicht bzw. nicht ausreichend morbiditätsadjustiert an die Leistungserbringer weitergegeben, besteht die Gefahr, dass Leistungserbringer unter- oder aber auch überbezahlt werden. Tatsache ist, dass sie nicht mit einer konstanten Bezahlung für ihre Dienstleistungen rechnen können. Kostenträger mit einer durchschnittlich gesünderen Klientel können so Überschüsse generieren, da die eingeschriebenen Versicherten unterdurchschnittlich wenig Gesundheitsdienstleistungen in Anspruch nehmen. Kostenträger mit durchschnittlich kränkeren Personen erwirtschaften Verluste, da ihre Klientel überdurchschnittlich viele (Frequenz) und komplexe (Intensität) Leistungen in Anspruch nimmt. Aufgrund der bereits angesprochenen schnelleren und umfassenderen Datenverfügbarkeit und der Entwicklung valider Qualitätsindikatoren schwächen sich diese Ungenauigkeiten und Risiken ab (Amelung 2021).

■ Einflussgrößen auf die Ein- und Auszahlungen

Entsprechen die Kopfpauschalen nicht hinreichend genau den zu erwartenden individuellen Kosten, besteht auf der Ebene des Gesundheitssystems die Gefahr der Risikoselektion. Auf der Ebene der Leistungserbringer muss von einer **morbiditätsspezifischen Verlustwahrscheinlichkeit** ausgegangen werden, d. h. konkret, wenn durch eine unzureichende Kalkulation der individuellen Pauschalen das versicherungstechnische Risiko nicht umfassend abgedeckt werden kann und dadurch das Budget für die Versorgung der eingeschriebenen Versichertenklientel nicht ausreicht, wird das Netzwerk der Leistungserbringer Verluste erwirtschaften und auf Dauer nicht wettbewerbsfähig sein. Die zu erwartenden Versorgungskosten müssen deshalb abgeschätzt werden, damit die Verlustwahrscheinlichkeit begrenzt und das versicherungstechnische Risiko mit einer entsprechenden **Risikoprämie** abgelöst werden kann. Es bedarf einer Kalkulationsmethode, die im Rahmen der Vertragsgestaltung eine sinnvolle Risikoanalyse und ein darauf abgestimmtes Finanzmanagement erlaubt. Dieses kann mit Hilfe eines Modells der Finanzströme (»financial model«) umgesetzt werden.

Die **Kalkulationsmodelle** über Finanzströme erlauben die Analyse von Einzahlungen und Auszahlungen und eines Versorgungsprogramms auf Basis potenzieller Risikofaktoren unter Berücksichtigung der erwarteten klinischen Resultate. Die Analyse der Volatilitäten, also der Abweichungen der Ein- und Auszahlungen, muss die Effekte der Risikofaktoren einzeln und im Zusammenhang aufzeigen. Der Aufbau dieser Modelle kann einfach oder sehr komplex sein – komplexere Formen erlauben aussagekräftige Analysen durch die Einbeziehung mehrerer Risikofaktoren. Die Genauigkeit erfordert aber einen hohen administrativen Aufwand. Ein Modell der Finanzströme und Risikofaktoren kann die folgenden Annahmen und Informationen beinhalten:

Annahmen und Informationen eines Models der Finanzströme und Risikofaktoren

- Informationen über das Versicherungsklientel: Gruppierung nach Alter, Geschlecht, regionalen Spezifika und anderen für die Krankheit wichtigen Entstehungs- und Verbreitungsfaktoren
- Informationen über die vertraglich vereinbarten Behandlungsleitlinien im Bedarfsfall
- Informationen über die Organisation: Struktur und Ausstattung im Netzwerk der Leistungserbringer
- Informationen über den Vergütungsansatz: Höhe der Vergütung pro Behandlungsfall, -komplex oder pro Versichertem und sonstige vertragliche Vereinbarungen
- Informationen über die Prävalenz in jeder Versichertengruppe: Personen, die eine bestimmte Krankheit bereits haben und behandelt werden
- Annahmen über die Inzidenzen in jeder Versichertengruppe: Personen, bei denen eine bestimmte Krankheit neu diagnostiziert wird
- Annahmen über die Mortalitätsrate in jeder Versichertengruppe: Überlebenswahrscheinlichkeit der Versicherten
- Annahmen über die Migration in jeder Versichertengruppe: Fluktuation der eingeschriebenen Versicherten
- Annahmen über die Inanspruchnahme in jeder Versichertengruppe: tatsächliche Nachfrage von Versorgungsleistungen
- Annahmen über die Anzahl möglicher Komplikationen und die Kosten eventueller zusätzlicher Versorgungsleistungen
- Annahmen über Veränderungen in der Technologie und Entwicklung neuer Behandlungsleitlinien
- Annahmen über Veränderungen in der Behandlungs- bzw. Verweildauer
- Kennzahlen für den Vergleich (Benchmarking) der Inanspruchnahme und der Kosten von Versorgungsleistungen

In ◘ Abb. 4.17 werden die Annahmen und Informationen, die für ein Modell der Finanzströme und Risikofaktoren relevant sein können, verdeutlicht.

Ein solches Kalkulationsmodell kann die potenzielle Volatilität der Inanspruchnahme (z. B. Inzidenz und Komplikationen) und die Schwankungsbreite der Auszahlungen (z. B. Innovationen, Kosteninflation oder demographischer Wandel in der Bevölkerung) abschätzen und den Einzahlungen gegenüberstellen. Einen wesentlichen Einfluss auf die Finanzierungsströme haben die vertraglichen Vereinbarungen über Versorgungsverträge. Die unterschiedliche Ausgestaltung von Versorgungsverträgen resultiert in unterschiedlichen Risikozuweisungen und Finanzströmen. Die **Adjustierung (Anpassung)** von Verträgen auf das Risikopotenzial der eingeschriebenen Versichertenklientel ist ein wesentlicher Aspekt für die potenziellen Gewinne oder Verluste für beide Vertragspar-

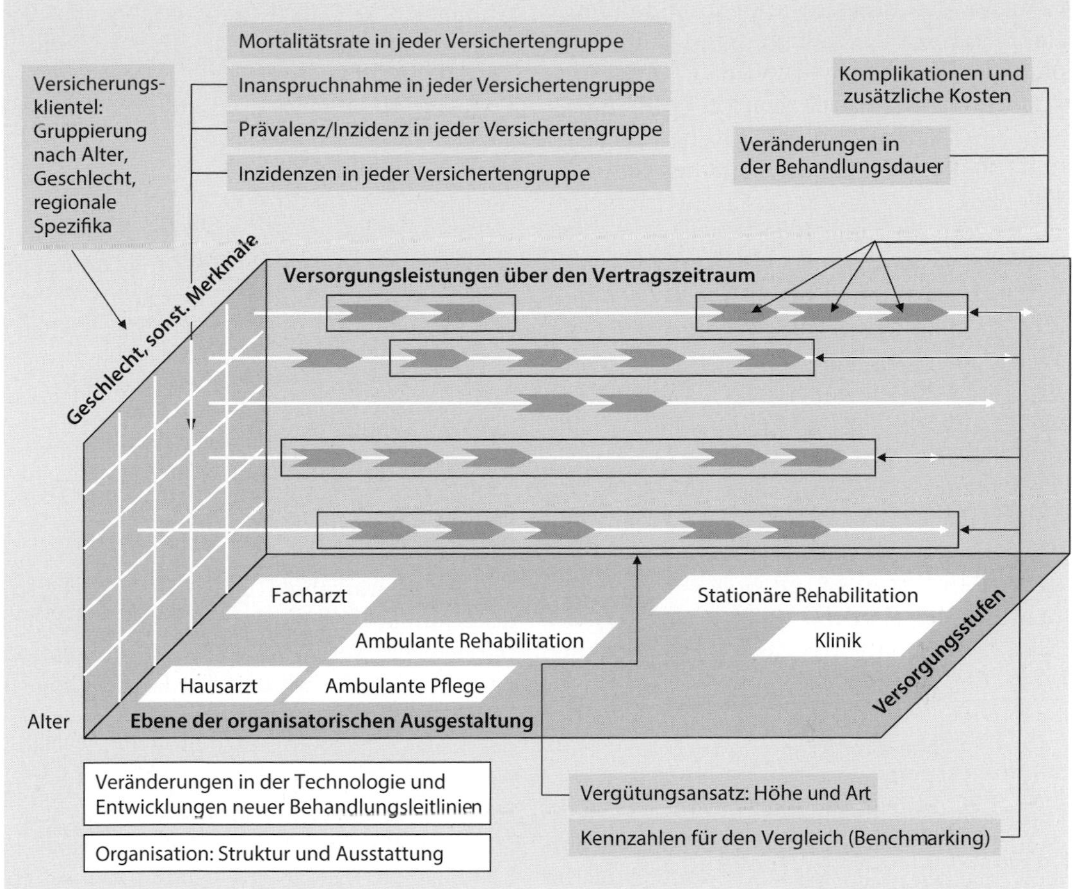

Abb. 4.17 Informationen im Modell der Finanzströme und Risikofaktoren

teien – Kostenträger und Leistungserbringer (weiterführend: Mühlbacher 2007; Juhnke et al. 2016).

- **Berechnung der Ein- und Auszahlungen bei Pauschalen**

Netzwerke der Integrierten Versorgung, die über Pauschalen vergütet werden, kalkulieren mit einem Gesamtbudget für die Leistungserbringer, entweder pro Behandlungsfall (Fall- oder Fallkomplexpauschalen, Patientenpauschalen) oder pro Versichertem (Kopfpauschale). Die Summe der individuellen Kopfpauschalen aller Versicherten entspricht dem für die Versorgung zur Verfügung stehenden Budget. Dieses Budget sollte, dem Äquivalenzprinzip entsprechend, auf Basis der zu erwartenden Kosten der einzelnen Versicherten kalkuliert werden. Für die Kalkulation der individuellen Kopfpauschalen stehen unterschiedliche Verfahren zur Verfügung. Die Verfahren unterscheiden sich hinsichtlich der Prognosegenauigkeit, des Aufwandes und der notwendigen Informationen, die verwendet werden. Die Ein- und Auszahlungen bei Fallpauschalen können allgemein nach folgenden Formeln bestimmt werden:

Formeln für Fallpauschalen

- Einzahlungen = Fall (Frequenz) × Pauschale pro Fall (erwartete Intensität)
- Auszahlungen = [Inanspruchnahme (Intensität, Frequenz) × Kosten] + administrative Kosten

Die **Frequenz** beschreibt die Kontakthäufigkeit, also wie oft ein bestimmter Fall pro Bevölkerungsgruppe über einen bestimmten Zeitraum auftritt – z. B. Häufigkeit innerhalb einer Vertragsperiode (Monat oder Jahr) pro 1000. Für stationäre Patienten kann die Frequenz durch die Zahl der Einweisungen in ein Krankenhaus pro 1000 Personen pro Jahr beschrieben werden.

Die **Intensität** bezieht sich auf das Volumen und die damit verbundene Komplexität der Dienstleistungen innerhalb des Betrachtungszeitraums. Für die stationäre Versorgung kann die Intensität durch die Länge des Aufenthalts erfasst werden. Die **Kosten** müssen sich auf die Maßeinheiten beziehen, welche für die Erfassung der Leistungen verwendet werden. Für Patienten der stationären Versorgung können die Kosten z. B. pro Tag definiert werden. Die **administrativen Kosten** können auf den Behandlungsfall oder die Versicherten herunter gebrochen werden.

Für die Vertragspartner ist es wichtig, dass die Höhe der Vergütung (eventuell Fallpauschale, Fallkomplexpauschale oder Kopfpauschale) nicht die historischen Kosten, sondern die erwarteten Versorgungskosten widerspiegelt. Dies gilt insbesondere für die Vertragspartei, welche die finanzielle Verantwortung übernimmt. Nicht die vergangenheitsbezogenen Daten sind wichtig, sondern die Vertragspartner sollten sichergehen, dass die Preise für die medizinischen und pflegerischen Dienstleistungen auch zukünftig zu erwartende Tendenzen (Entwicklung der Anzahl der Krankheitsfälle, Innovationen in der Versorgung) in die Kalkulation mit einbeziehen. Eine Zunahme des Versorgungsumfanges sowie unerwartet anfallende Kosten müssen während der Vertragsverhandlungen antzipiert und berücksichtigt werden. Die Auszahlungen für administrative und sonstige Kosten sollten ebenfalls in die Kalkulation der Pauschale mit einbezogen werden.

Durch die Kalkulation von Umsatzzielen können Verhandlungen zwischen Kostenträgern und Netzwerken der Leistungserbringer zielführend unterstützt werden. Um die Verhandlungsprozesse zu vereinfachen, sollten sich die Vertragsparteien auf gemeinsame Annahmen bezüglich der Komponenten der Umsatzformel einigen. Für diese Annahmen müssen die Prävalenzen und Inzidenzen, die Frequenz, die Intensität und die betrieblichen Kosten der Versorgungsprozesse quantifiziert werden. Diese werden im Allgemeinen getrennt für jeden Kostenfaktor (z. B. stationäre Verweildauer, Liegetag etc.) und für jede Versorgungsleistung (Leistungskategorie: stationäre Versorgung, ambulante Versorgung, Arzneimittelversorgung) berechnet. Anschließend sollten die Kosten über alle Versorgungsleistungen (Dienstleistungskategorien) und Patiententypen summiert werden, um letztendlich die Gesamtkosten ermitteln zu können.

Bei der Abschätzung von Umsatzzielen bzw. benötigtem Mindestumsatz eines Versorgungsvertrages sollte die Kalkulation der erwarteten Auszahlungen die Besonderheiten des Krankheitsbildes, des Versorgungssystems und die im Vertrag abgedeckte Population berücksichtigen. Jede einzelne Erkrankung ist durch spezifische Besonderheiten gekennzeichnet. Dabei müssen Verträge über Fallpauschalen garantieren, dass eine bedarfsgerechte Versorgung für die Patienten bereitgestellt wird. Der Preis für diese Versorgung ist prospektiv kalkuliert und vereinbart – damit transferiert dieser Vertragstypus das Risiko eines hohen Behandlungsaufwandes und steigender Behandlungskosten auf die Seite der Leistungserbringer. Dieser **Risikotransfer** bedarf insbesondere dann einer genaueren Analyse, wenn Vergangenheitsdaten zeigen, dass die Kosten einer spezifischen Erkrankung tendenziell stärker steigen als die allgemeinen Krankheitskosten.

▪ Berechnung der Ein- und Auszahlungen bei Kopfpauschalen

Verträge über Kopfpauschalen (»capitation contracts«) garantieren zwar einen fixen Preis pro Patient, beinhalten aber auch das versicherungstechnische Risiko (Morbiditätsrisiko bzw. Abweichungen in der Prävalenz und Inzidenz) der vertraglich abgesicherten Bevölkerung. Auch bei gewöhnlichen Krankheiten, die im Rahmen von Versorgungsverträgen abgedeckt werden, kann davon ausgegangen werden, dass die Prävalenz und Inzidenz aufgrund zufälliger statistischer Varianz variieren. Es kann außerdem davon ausgegangen werden, dass die Varianz bei seltenen Erkrankungen höher ist. Bei Verträgen über Kopfpauschalen, bei denen sich der Umsatz über die monatliche Rate pro eingeschriebenem Versicherten berechnet, bietet sich die folgende Grundlagenformel zur Darstellung der Ein- und Auszahlungen an:

Grundlagenformel

- Einzahlungen = Versicherte × Pauschale pro Versicherten (erwartete Frequenz, Intensität)
- Auszahlungen = [Prävalenz × Inanspruchnahme (Frequenz, Intensität) × Kosten] + [Inzidenz × Inanspruchnahme (Frequenz, Intensität) × Kosten] + administrative Kosten

Die Prävalenz bezieht sich auf den Anteil der im Vertrag eingeschriebenen Versicherten, die eine betreffende Krankheit bereits haben und auch zukünftig behandelt werden müssen. Die Inzidenzen beschreiben die Versicherten, bei denen die betreffende Krankheit erst diagnostiziert wird und für die im Bedarfsfall eine vertraglich spezifizierte Behandlung vorgesehen ist. Prävalenzen und Inzidenzen beeinflussen das Ergebnis der Kalkulation wesentlich und dürfen deshalb nicht vernachlässigt werden.

▶ Beispiel zum Finanzmanagement der Integrierten Versorgung

Es wird davon ausgegangen, dass ein Versorgungsvertrag über die Behandlung einer Erkrankung über einen Vertragszeitraum von einem Jahr abgeschlossen wurde. Die Behandlungsdauer dieser Erkrankung beläuft sich auf 6 Monate. Der Versorgungsvertrag bezieht sich dann nicht nur auf die Personen, die während des Vertragszeitraumes diagnostiziert werden (Inzidenz: Hier können 100 % der Inzidenzen des ersten Halbjahres und annäherungsweise 50 % der Inzidenzen des zweiten Halbjahres einbezogen werden), sondern auch auf die Personen, die während der letzten 6 Monate des vergangenen Basisjahres behandelt wurden (Prävalenz: Hier können annäherungsweise die Hälfte der letztjährig erkrankten Personen, bereinigt um die Mortalität und die Migration innerhalb der Versichertengruppe, einbezogen werden). Es wird angenommen, dass die Anzahl der Versicherten um 20 % steigt und die Versichertenzahl im Basisjahr bei 20.000 Versicherten lag. Die Prävalenz lag im Basisjahr bei 10 %. Die Inzidenz im Vertragszeitraum wird voraussichtlich bei 15 % liegen. Wie hoch ist die Anzahl der zu versorgenden Patienten?

Prävalenz und Inanspruchnahme im Basisjahr: 10 % von 20.000 Versicherten = 2000. Davon ist aber nur noch ca. die Hälfte in Behandlung = 1000 Versicherte. Auf diese 1000 Versicherten wird nur noch die Hälfte der Inanspruchnahme respektive der Kosten entfallen (50 % der Kosten).

Inzidenz und Inanspruchnahme im Vertragszeitraum: 15 % von 24.000 Versicherten = 3600. Davon wird die eine Hälfte über die gesamten 6 Monate und die andere Hälfte anteilig mit ca. 50 % der Inanspruchnahme im Vertragszeitraum versorgt werden müssen. 1800 Versicherte müssen in vollem Umfang versorgt werden (100 % der Kosten). 1800 Versicherte müssen nur zur Hälfte in dieser Periode versorgt werden (50 % der Kosten). ◀

Fazit

Die vorangegangenen Ausführungen legen nahe, dass Vergütungssysteme immer ein Korrektiv durch andere Instrumente benötigen. Sobald die eine Seite der Medaille unter Kontrolle zu sein scheint (z. B. unangemessene Mengenausweitungen), ist die andere Seite offen (z. B. Qualität). Insofern ist es unabdingbar, Vergütungssysteme immer mit anderen Instrumenten zu kombinieren und vor allem auch permanent zu hinterfragen und anzupassen. Somit gibt es kein optimales Vergütungssystem, sondern es bedarf kontinuierlicher Anpassungen und Abstimmungen mit anderen Steuerungsinstrumenten. Und vor allem sollten Vergütungssystem fast grundsätzlich zweistufig sein, d. h., Instrumente sollten so miteinander kombiniert werden, dass die negativen Effekte kompensiert werden.

4.6 Finanzmanagement in der Arzneimittelindustrie

Gunter Festel, Roman Boutellier

4.6.1 Gesetzliche und strukturelle Rahmenbedingungen

Die Arzneimittelindustrie befand sich viele Jahre in einer Phase der Konsolidierung. Zwischen 1981 und 2004 stieg der Marktanteil der 15 umsatzstärksten Arzneimittelhersteller von 23 % auf 67 % (◘ Abb. 4.18). Trotz weiterer Konsolidierungstendenzen bei den klassischen Pharmaunternehmen lag dieser Wert im Jahr 2018 allerdings wieder bei 44 %. Das liegt vor allem daran, dass es eine Reihe von Biotechnologieunternehmen wie AbbVie, Amgen, Gilead Sciences und Novo Nordisk in die Liste der Top-15-Pharmaunternehmen geschafft haben.

Die Triebkraft für weitere Übernahmeaktivitäten ist der Wunsch nach Wachstum. Bevorzugt werden vor allem Transaktionen in wachstumsstarken Bereichen wie Generika und zunehmend im Bereich der biotechnologischen Produkte (Biologics) – im Gegensatz zu den klassischen, chemisch hergestellten niedermolekularen Wirkstoffen (Small Molecules), die weniger Wachstum versprechen. Unternehmensgröße ist zwar noch nicht der Garant für Erfolg, gleichwohl bietet sie über **Kostendegression** und Zusammenlegung von funktionalen Einheiten potenzielle Wettbewerbsvorteile. Einen großen Einfluss hat aber auch die stark angewachsene Liquidität: 2020 standen weltweit über $ 1600 Mrd. »Dry Powder« für Private-Equity-Projekte zur Verfügung (THE Economist, 5. Mai 2020, More Money, More Problems).

Die Rahmenbedingungen, insbesondere für den Pharmamittelstand in Deutschland, haben sich in den letzten Jahren damit deutlich verschlechtert. Auf der einen Seite nehmen die Sparmaßnahmen im Gesundheitswesen stetig zu, und auf der anderen Seite steigt der Druck aufgrund zunehmender Kosten, insbesondere bei der Forschung und Entwicklung (FuE). Die Problematik wird noch durch lange Zulassungszeiten und Parallelimporte verstärkt. Zudem treten aufgrund der zunehmend globalen Ausrichtung des Pharmageschäfts neue Wettbewerber in bestehende Märkte ein.

Die Innovationsfähigkeit der Pharmaindustrie wird von den verschlechterten Rahmenbedingungen beeinträchtigt (Nusser 2005). Insbesondere mittelständische Pharmaunternehmen sind durch ungenügende Finanzierungsmöglichkeiten immer weniger in der Lage, Innovationen zu realisieren. Dazu trägt vor allem bei, dass die bisher üblichen Geldquellen für FuE-Projekte zunehmend versiegen. Eigene Finanzmittel nehmen aufgrund der verschlechterten Ertragslage ab, und Bankkredite sind aufgrund von Basel II teurer und schwerer zugänglich. Banken müssen ihre Risiken stärker mit Eigenkapital hinterlegen. Daher sind für den Pharmamittelstand alternative Finanzierungsmöglichkeiten notwendig, um auch in Zukunft vielversprechende Projekte finanzieren zu können (Festel und Boutellier 2009; Festel 2011).

Um sich in diesem stark verändernden Umfeld behaupten zu können, kommt dem Finanzmanagement in der Arzneimittelindustrie eine zunehmende Bedeutung zu. Externes Kapital kann dabei nicht nur in Form von Bankkrediten, sondern beispielsweise auch über **Private Equity-Gesellschaften** oder in Form staatlicher Fördermittel, dem Unternehmen zufließen. Im Folgenden sollen daher ausgewählte Aspekte der Finanzierung betrachtet werden. Da in Deutschland die Arzneimittelindustrie sehr stark mittelständisch geprägt ist, liegt ein Schwerpunkt auf den Besonderheiten und **Belangen des Mittelstandes.**

4.6.2 Ausgewählte Finanzierungsmöglichkeiten

Innenfinanzierung

Im Rahmen der Innenfinanzierung werden dem Unternehmen keine Finanzmittel von außen zugeführt, sondern die aus den betrieblichen Leistungsprozessen entstehenden Erträge verwendet. I. d. R. finanziert ein Arzneimittelhersteller in der Entwicklung befindliche Produkte durch den **operativen Cashflow**, der

Top 15 Pharmafirmen 1981*				Top 15 Pharmafirmen 2004*				Top 15 Pharmafirmen 2014**		
Platz	Name	Umsatz (Mio. USD)	Markt-anteil (%)	Platz	Name	Umsatz (Mio. USD)	Markt-anteil (%)	Platz	Name	Umsatz (Mio. USD)
1	Hoechst	2.559	3,7	1	Pfizer	46.133	10,5	1	Novartis	47.101
2	Ciba-Geigy	2.103	3,0	2	Sanofi-Aventis[1)]	31.518	7,2	2	Pfizer	45.708
3	Merck & Co	2.060	2,9	3	GlaxoSmithKline	31.419	7,2	3	Roche	39.120
4	Roche	1.480	2,1	4	Merck &Co	22,939	5,2	4	Sanofi	36.437
5	Pfizer	1.454	2,1	5	Johnson & Johnson	22.128	5,0	5	Merck & Co	36.042
6	Wyeth	1.424	2,1	6	AstraZeneca	20.866	4,7	6	Johnson & Johnson	32.313
7	Sandoz	1.418	2,1	7	Novartis	18.497	4,2	7	GlaxoSmithKline	29.580
8	Eli Lilly	1.356	1,9	8	Roche	17.481	4,0	8	Astra Zeneca	26.095
9	Bayer	1.225	1,8	9	Bristol-Myers Squibb	15.482	3,5	9	Gilead Sciences	24.474
10	SmithKlineBeecham	1.220	1,7	10	Abbott Laboratories	13.270	3,0	10	Takeda	20.446
11	Boehringer Ingelheim	1.100	1,6	11	Eli Lilly	13.059	3,0	11	AbbVie	20.207
12	Takeda	1.082	1,6	12	Wyeth	13.021	3,0	12	Amgen	19.327
13	Upjohn	1.042	1,5	13	Takeda	10.286	2,3	13	Teva	18.374
14	Johnson & Johnson	1.008	1,4	14	Amgen	9.977	2,3	14	Lilly	17.266
15	Bristol-Myers	1.000	1,4	15	Boehringer Ingelheim	9.419	2,1	15	Bristol-Meyer Squibb	15.879
	Top 10	**16.299**	**23,4%**		**Top 10**	**239.733**	**67%**		**Top 10**	**337.316**

1) Umsatz ist proforma
Quellen: *JP Morgan Equity Research, Revenue Reports **PMLive http://www.pmlive.com/top_pharma_list/global_revenue, Zugriff zuletzt 22.02.1017s

Abb. 4.18 Konzentrationsprozess in der Pharmaindustrie: Vergleich der Jahre 1981, 2004 und 2018

durch bereits eingeführte Produkte generiert wird. Der Finanzierungseffekt der Cashflow-Finanzierung ergibt sich dadurch, dass in einem Unternehmen in einer Periode den Einzahlungen geringere Auszahlungen gegenüberstehen. Der Cashflow ergibt sich dabei durch die drei Quellen Gewinne, Abschreibungen und Rückstellungen. Die Vorteile der Cashflow-Finanzierung gegenüber anderen Finanzierungsformen, wie Fremdkapitalfinanzierung, sind die Unabhängigkeit gegenüber Banken und Investoren und die damit verbundene freie Disposition über die Finanzmittel.

Je ausgewogener das Produktportfolio ist, desto unwahrscheinlicher sind Finanzierungsengpässe durch Einnahmeausfälle. Daher kommt dem **Portfoliomanagement** eine große Bedeutung zu (Harpum 2010). Das bedeutet, dass Umsatz- und Gewinnpotenziale der einzelnen im Markt befindlichen Produkte und damit der Cashflow im Rahmen eines langjährigen Planungshorizontes realistisch abgeschätzt werden sollten. Mittels Szenarien und Sensitivitätsanalysen können damit wichtige Informationen, insbesondere zu Investitionsentscheidungen und anderen grundlegenden Strategieentscheidungen, erhalten werden.

Das Pipelinemanagement, welches sich mit den in der FuE befindlichen Arzneimitteln beschäftigt, ergänzt diese Betrachtungsweise. Nur mit einer starken Pipeline, d. h. aussichtsreichen Arzneimittelkandidaten, können auch in Zukunft ausreichende Cashflows erwirtschaftet werden. Letztendlich werden sich nur jene Unternehmen im Wettbewerb erfolgreich behaupten, denen es gelingt, ihr Portfolio aus FuE-Projekten und am Markt bereits etablierten Produkten aktiv zu steuern.

Fremdkapitalfinanzierung

Insbesondere bei mittelständischen Unternehmen, denen oft die kritische Größe in ihren Marktsegmenten fehlt, kann es passieren, dass die operativen Zuflüsse nicht ausreichen, um den Finanzierungsbedarf der kostspieligen Arzneimittelentwicklung zu decken. Die Fremdfinanzierung durch Kredite hat in diesen Fällen einen hohen Stellenwert. So finanzieren sich bislang Unternehmen etwa zu zwei Drittel über Bankkredite. Mit der schwindenden Ertragskraft mittelständischer Arzneimittelhersteller hat sich jedoch die in der Vergangenheit meist gute Bonität verschlechtert. Dies ist vor dem Hintergrund der Eigenkapitalregelungen der Banken durch Basel II problematisch, da Basel II nach Inkrafttreten Ende 2006 die Rahmenbedingungen für die Kreditfinanzierung verändert hatte. Durch Basel II wird der Zugang zu Kapital über das **Rating** der Kreditwürdigkeit der Kapitalnehmer sehr viel differenzierter als bisher gesteuert. Ausschlaggebend sind die Vorgaben für Banken, dass sie bei höheren Risiken auch mehr Eigenkapital hinterlegen müssen.

> Die Eigenkapitalbindung hängt vom individuellen Rating des jeweiligen Kreditnehmers ab. Bei einem guten Rating muss die Bank weniger Eigenkapital hinterlegen, hat also geringere Kosten und kann die Finanzierung entsprechend günstiger anbieten.

Die Folge insbesondere für mittelständische Arzneimittelhersteller war, dass Finanzierungsspielräume eingeschränkt wurden oder Fremdkapital nur zu höheren Zinssätzen und mit zusätzlicher Besicherung von den Banken und dem Kapitalmarkt bereitgestellt wurde. Insbesondere Investitionskredite waren schwerer zu beziehen, was zur Folge hatte, dass notwendige Investitionen nicht getätigt wurden und dass das Unternehmenswachstum entsprechend geringer ausfiel.

Mezzanine-Finanzierung

Die zur Erhaltung der Wettbewerbsfähigkeit erforderlichen Finanzmittel sind für viele mittelständische Arzneimittelhersteller mit bisherigen Finanzierungsmodellen nicht mehr oder nur zu verschlechterten Konditionen erhältlich. Daher erkennen deutsche Arzneimittelhersteller zunehmend, dass sie auch andere Finanzierungswege zur Stärkung der Kapitalbasis nutzen müssen. Hierbei kann Mezzanine ein geeignetes Finanzierungsinstrument sein. Es kann sehr flexibel eingesetzt werden, da **Mezzanine-Kapital** bilanziell gesehen zwischen Eigen- und Fremdkapital steht.

Bei Mezzanine ist generell eine flexible Vertragsgestaltung möglich, da dieses Finan-

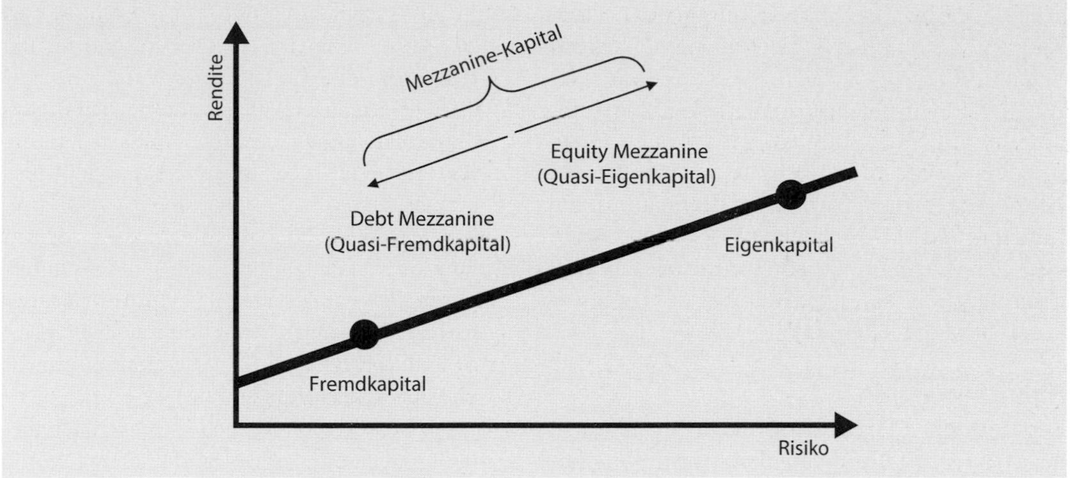

Abb. 4.19 Schließen der Lücke zwischen Eigen- und Fremdkapital durch Mezzanine-Kapital

zierungsinstrument bislang nicht gesetzlich reglementiert ist, und im Gegensatz zur Beteiligung als Vollgesellschafter keine Änderung der Gesellschafterstruktur erforderlich ist. **Formen von Mezzanine** sind z. B. Nachrangdarlehen, Gesellschafterdarlehen oder stille Beteiligungen in typischer oder atypischer Variante, Genussrechtskapital sowie Wandel- und Optionsanleihen. Entscheidend für die Auswahl der richtigen Mezzanine-Finanzierung ist die konkrete bilanzielle Situation des Unternehmens und der zu erwartende Cashflow. Dementsprechend wird zwischen **Equity Mezzanine** (Quasi-Eigenkapital) und **Debt Mezzanine** (Quasi-Fremdkapital) unterschieden (Abb. 4.19).

Debt Mezzanine wird aufgrund der Nachrangigkeit zwar wirtschaftlich wie Eigenkapital, bilanziell aber wie Fremdkapital bewertet. Die häufigste Form ist das **Nachrangdarlehen**. Dieses in Form von Krediten oder Anleihen verbriefte Kapital muss erst nachrangig zurückgezahlt werden, d. h., erst wenn die Ansprüche aus vorrangingen Darlehen bedient wurden, besteht ein Anspruch auf Rückzahlung. Das höhere Risiko wird mit einem Aufschlag auf die Kreditzinsen oder anderen Vorteilen bedacht. So sind häufig eine Gewinnbeteiligung oder Aktienoptionen vorgesehen.

Equity Mezzanine, wie z. B. **stille Beteiligungen oder Genussrechtskapital**, ist wirtschaftlich und bilanziell wie Eigenkapital zu sehen. Das bedeutet, dass Equity Mezzanine auch eventuell anfallende Verluste trägt und im Insolvenzfall die Kapitalgeber zwar vor den Gesellschaftern, jedoch erst nach den übrigen Gläubigern bedient werden. Genau dieser Aspekt bestimmt das Rendite-Risiko Verhältnis. Wie bei einer direkten Beteiligung als Gesellschafter, stellen die Kapitalgeber echtes Risikokapital zur Verfügung.

Allerdings verbleibt die unternehmerische Entscheidungsgewalt vollständig beim Unternehmer, da der Kapitalgeber i. d. R. kein Mitspracherecht erhält. Für die Inkaufnahme von Verlusten in wirtschaftlich angespannten Zeiten wird dem Kapitalgeber dafür in wirtschaftlich guten Zeiten eine höhere Rendite zugestanden, und er kann an den Gewinnen des Unternehmens überdurchschnittlich partizipieren. Beide Seiten sollten sich daher von vornherein im Klaren darüber sein, dass es sich um ein langfristiges Investment handelt, bei welchem beide Seiten eine Wagnisgemeinschaft eingehen.

Mezzanine-Kapital ist als Finanzierungsform gerade für kapitalsuchende mittelständische Unternehmen interessant, da sie zur Deckung einer Finanzierungslücke, meist zu Expansionszwecken, relativ kleine Volumina suchen, die der Kapitalmarkt i. d. R. nicht anbietet. Equity Mezzanine ist dabei bei einer niedrigen Eigenkapitalquote anzuraten, während Debt Mezzanine bei einem geringen Verschuldungsgrad eine interessante Finanzierungsform für Wachstumsvorhaben darstellt, um die Eigenkapitalbasis zu schonen. Entsprechend können die Renditeerwartungen der Investoren, je nach Stellung in der Bilanz, nach Laufzeit und vor allem nach Risiko zwischen 5 und 20 % variieren: Je stärker die Mezzanine-Finanzierung als Eigenkapital zählt, umso höher sind die Zinssätze.

Finanzinvestoren

In der gegenwärtigen Konsolidierungsphase in der Arzneimittelbranche bleibt für mittelständische Unternehmen meist nur die Möglichkeit, das Überleben durch **Allianzen** zu sichern oder sich auf einzelne Teilsegmente zu konzentrieren – mit der Gefahr allerdings, dass solche Nischen oftmals nicht verteidigt werden können. In diesem Umfeld kommt **Finanzinvestoren** eine zunehmende Bedeutung zu, da diese Finanzmittel insbesondere für Wachstumsstrategien nach erfolgreichen Restrukturierungsanstrengungen zur Verfügung stellen (Festel 2003; Festel und Schiereck 2003).

Ein nicht unerheblicher Teil dieser Investitionen fließt in **Management-Buyouts** in Form von **FuE-Spin-offs,** d. h. die Ausgründung von FuE-Einheiten. Das kann in vielen Fällen eine geeignete Möglichkeit sein, um FuE-Aktivitäten fortzuführen und die Ergebnisse zielgerichtet zu kommerzialisieren (Festel 2004). Insbesondere kann bei reduzierter Managementkomplexität durch Loslösung vom Mutterunternehmen die unternehmerische Energie des Managementteams für die Kommerzialisierung genutzt werden.

Ein wichtiger Aspekt ist dabei auch, dass beim Mutterunternehmen die Fixkosten sinken, und die vorhandenen Finanzmittel fokussierter eingesetzt werden können. Dies erfolgt u. a. durch eine Verbesserung der Kooperationsmöglichkeiten und die Steigerung der Motivation der Mitarbeiter. Damit können FuE-Spin-offs einen wichtigen Beitrag zur Flexibilisierung und Erhöhung der Effektivität und Effizienz in der Pharma-FuE leisten. Die folgenden Beispiele sollen die große Palette an Finanzierungsmöglichkeiten verdeutlichen.

► Beispiele für Finanzierungsmöglichkeiten

Beispiel 1: Accovion als Dienstleister im Bereich klinische Entwicklung wurde im Jahr 2002 als Management Buyout aus den Abteilungen Klinische Forschung, Medical Writing, Pharmacovigilance, Biostatistik und Datenmanagement von Aventis Pharma in Frankfurt gegründet. 3i hat als externer Investor den Spin-off ermöglicht und hielt in der Anfangsphase 30 % der Anteile. 40 % der Anteile lagen bei dem ehemaligen Mutterunternehmen Aventis und die restlichen 30 % beim Management und den Mitarbeitenden.

Beispiel 2: Das Biotech-Unternehmen metaGen mit Fokus auf Krebsforschung wurde 1996 gegründet und 2001 mit rund 60 Mitarbeitern von Schering abgespalten. Die Finanzierung erfolgte durch Apax als externem Investor (47,7 % Apax, 46,2 % Schering, 6,1 % metaGen Management). Das Unternehmen wurde Ende 2003 mit Astex Technology fusioniert.

Beispiel 3: Das Biotech-Unternehmen BioXell mit Fokus auf Immunologie wurde 2002 von Hoffmann-La Roche in Mailand abgespalten. Hier handelte es sich um eine typische VC-Finanzierung, bei der in zwei Finanzierungsrunden fast 40 Mio. € von MPM Capital, NIB Capital Private Equity, Index Ventures, Life Sciences Partners und der italienischen Investmentbank Investimenti Piccole Imprese investiert wurden. 2010 übernahm Cosmo Pharmeceutical 99 % der Aktien von BioXell. ◄

Die Strukturierung der Finanzierung hängt generell stark von der **Cashflow-Charakteristik** des Unternehmens ab. Aufgabe des **Financial Engineering** ist es, durch die Wahl und Kombination geeigneter Finanzierungsinstrumente und den Einbezug verschiedener Kapitalgeber mit unterschiedlichen Rendite-Risiko-Erwartungen ein tragfähiges Finanzierungskonzept auszuarbeiten. Die Anforderungen der Finanzinvestoren an die Eigenkapital-Rendite liegen i. d. R. bei über 20 % pro Jahr.

An den Kapitalmärkten können allerdings im Rahmen eines Börsenganges wesentlich höhere Renditen erzielt werden, da der Exit-Erlös für den Finanzinvestor im Vergleich zu einem Verkauf deutlich höher ist. Erst der **Exit**,

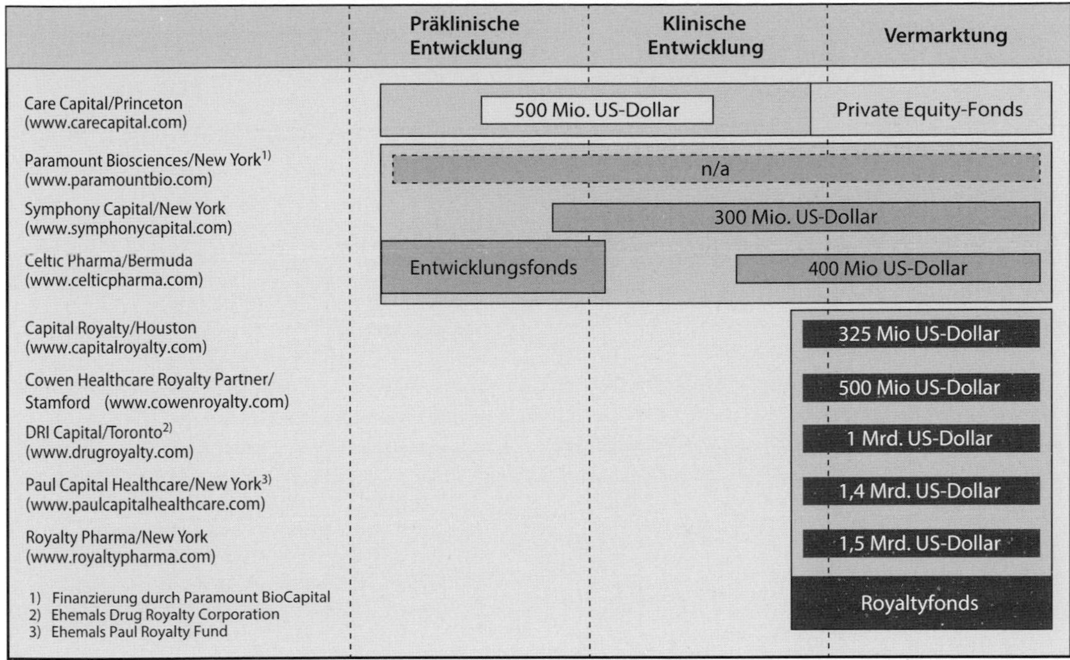

Abb. 4.20 Pharmaentwicklungs- und Royaltyfonds in Nordamerika

d. h. die erfolgreiche Trennung von einem Investment, entscheidet aus Sicht eines Finanzinvestors über Erfolg oder Misserfolg einer Investition. In Zeiten schlechter Stimmung an den Kapitalmärkten funktioniert der Exit über einen Börsengang jedoch nicht. Das Management und die Investoren sind also gut beraten, Alternativen, z. B. die Veräußerung des Unternehmens an einen strategischen Käufer, zu entwickeln.

Projektfinanzierung

Während Mezzanine zur Finanzierung von laufenden Geschäftstätigkeiten eine gute Alternative darstellt, sieht die Situation bei reinen FuE-Projekten oftmals anders aus, da Mezzanine-Kapitalgebern Pharma-FuE-Projekte zu risikoreich erscheinen. Zur Überbrückung von Finanzierungsengpässen ist eine projektgebundene Finanzierung durch Finanzinvestoren, z. B. in Form eines Entwicklungs- oder Royaltyfonds, möglich.

Der Unterschied zu herkömmlichen Finanzierungskonzepten ist die gezielte Finanzierung von Pharma-FuE-Projekten und nicht von ganzen Unternehmen im Rahmen des bekannten Private Equity- bzw. Venture Capital-Geschäftsmodells. Der Fonds vergibt FuE-Aufträge an FuE-Partner und kommerzialisiert die Ergebnisse bzw. die Intellectual Property (IP). Im Gegensatz zu unternehmenseigener FuE erfolgt dabei eine ausschließliche Nutzung externer FuE-Ressourcen und nur das Projektmanagement ist intern angesiedelt.

In Nordamerika gibt es schon zahlreiche Beispiele für Pharmaentwicklungs- und Royaltyfonds (Meyer 2008; van Brunt 2007). Die typische Fondsgröße bei den Entwicklungsfonds liegt bei unter US-$ 500 Mio. und diejenige bei den Royaltyfonds zwischen US-$300 und 1,5 Mrd. (Abb. 4.20).

Zur Abgrenzung dieser Geschäftsmodelle von anderen Modellen wurden die analysierten Unternehmen und Fonds entsprechend der zwei Dimensionen Organisation der operativen Entwicklungstätigkeit und der Finanzierungsquellen bewertet (Abb. 4.21).

▪ Entwicklungsfonds

Ziel ist die Einlizenzierung von Projekten in der präklinischen und/oder den klinischen Phasen und der Weiterentwicklung durch

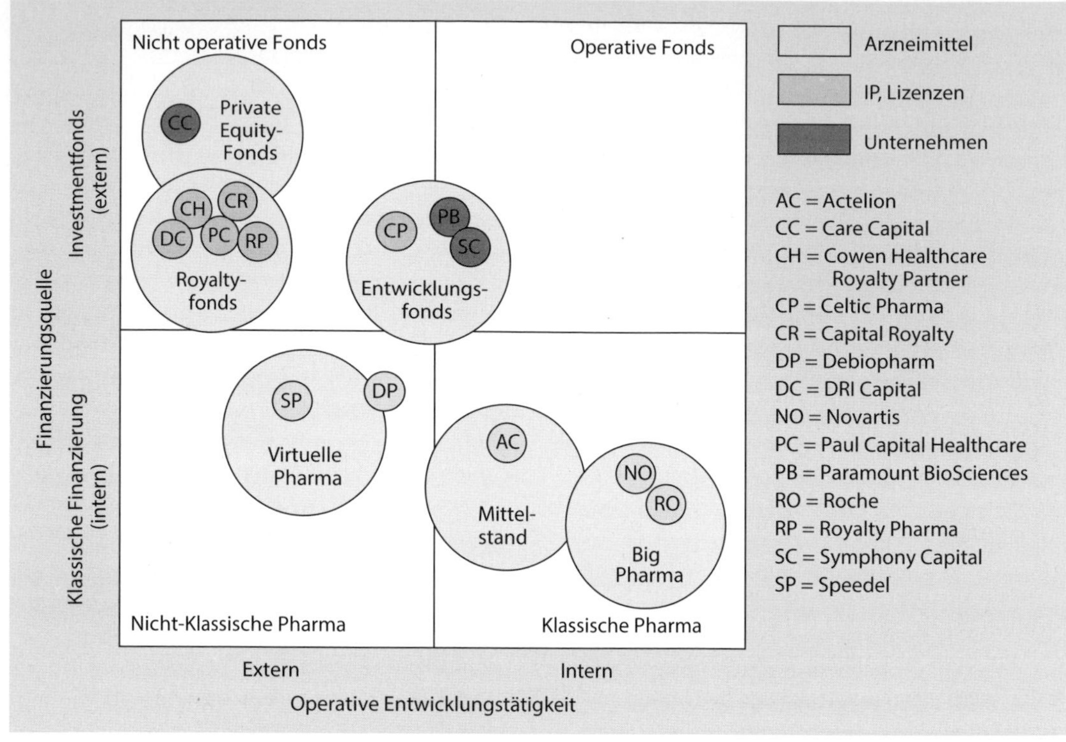

Abb. 4.21 Geschäftsmodelle in der Arzneimittelindustrie

eigene Ressourcen oder Partnerunternehmen. Zur operativen Unterstützung besitzt der Fonds bzw. die Managementgesellschaft i. d. R. die Expertise und Ressourcen. Verläuft das Projekt erfolgversprechend, erfolgt die Rekrutierung eines Managementteams und die Gründung von neuen Unternehmen (z. B. bei Paramount Biosciences und Symphony Capital) oder die Auslizenzierung oder der Verkauf an etablierte Pharmaunternehmen (z. B. bei Celtic Pharma).

Neben diesen Fondsgesellschaften wird dieses Geschäftsmodell auch von nicht-klassischen Pharmaunternehmen realisiert, die oft als virtuelle Pharmaunternehmen bezeichnet werden. Im Gegensatz zu integrierten Pharmaunternehmen, die alle Funktionen von der Forschung bis zur Vermarktung von Arzneimitteln abdecken, erfolgt auch hier eine Fokussierung auf das Projektmanagement innerhalb der Pharmaentwicklung. Es ist allerdings festzustellen, dass mit zunehmendem Wachstum dieser Unternehmen eine Entwicklung in Richtung klassischer Pharmaunternehmen erfolgt (z. B. Debiopharm und Speedel).

- **Royaltyfonds**

Hier erfolgt der Kauf von Rechten an i. d. R. bereits zugelassenen Arzneimitteln. Die Einnahmen werden dann durch zukünftige Lizenz- und Verkaufserlöse erzielt. Diese Fonds (z. B. Capital Royalty, Cowen Healthcare Royalty Partner, DRI Capital, Paul Capital Healthcare und Royalty Pharma) sind in erster Linie finanzorientiert, und die Wertschöpfung erfolgt durch Financial Engineering und nicht durch operative Entwicklungstätigkeit.

- **Private Equity-Fonds**

Hier erfolgen Investitionen in bereits existierende Biotech- und Pharmaunternehmen nach dem Private Equity- (bzw. Venture Capital-) Modell, d. h. durch den Kauf von Unternehmensanteilen. Neben vielen Generalisten gibt es auch auf die Pharmaindustrie fokussierte Gesellschaften, die ihre Portfoliounternehmen intensiv operativ unterstützen (z. B. Care Capital).

Bei geeigneter Konstruktion können signifikante Steuervorteile beim Lizenzgeschäft realisiert werden. Mithilfe eines Entwicklungsfonds ist nämlich die Verlagerung von Gewinnen an einen steuergünstigen Ort möglich, da die Trennung zwischen operativer FuE und den Eigentumsrechten an den Ergebnissen bzw. der IP möglich ist. Mit solchen Modellen können bei geeigneter Strukturierung insbesondere Steuerersparnisse beim Lizenzgeschäft realisiert werden. Allerdings sind auch negative Steuerfolgen zu beachten, da Royaltyfonds in Deutschland gegenüber Venture-Capital-Fonds steuerlich benachteiligt sind.

4.7 Fallstudie zum Finanzmanagement in Krankenhäusern

Alexander Henrici, Marc-André Pogonke

▪ Liquiditäts- und Ergebnisauswirkungen eines Krankenhausbudgetabschlusses

▪▪ Allgemeines

Die jährlichen Budgetverhandlungen zwischen Krankenhaus und Kostenträgern werden von den Kliniken im Allgemeinen als einer der wichtigsten Termine des Jahres wahrgenommen. Kaum etwas kann die finanzielle Situation eines Hauses so sehr beeinflussen wie diese Verhandlungen. Dies bezieht sich dabei sowohl auf den Ergebniseffekt, welcher unmittelbar auch den Jahresabschluss beeinflusst, als auch die daraus resultierenden Liquiditätsauswirkungen.

Insbesondere dieser Liquiditätseffekt wird aber sehr häufig unterschätzt, denn in der Regel gibt es ein großes Ungleichgewicht der Zahlungsströme vor Genehmigungszeitpunkt eines Budgets und danach.

▪▪ Beispiel

Um diesen Mechanismus einmal deutlich zu machen, wird dieser anhand eines einfachen Beispiels für den Fixkostendegressionsabschlag (FDA) erläutert. Hierbei gehen wir im nachfolgenden Beispiel davon aus, dass die Klinik für das laufende Jahr einen FDA in Höhe von −1.200.000,00 € vereinbaren möchte. Als Genehmigungszeitpunkt des aktuellen Budgets wird der 01. September avisiert (◘ Abb. 4.22; ◘ Tab. 4.9).

Rein aus Ergebnissicht ist bei linearer Leistungsmenge somit für jeden Monat des laufenden Jahres ein FDA von −100.000,00 € im jeweiligen Monatsabschluss zu berücksichtigen. Betrachtet man aber die Liquidität, so wird die gesamte Summe im Zeitraum September bis Dezember wirksam. Das bedeutet: Für die Monate bis August hat die Klinik abweichend vom buchhalterischen Ergebnis 800.000 € mehr Liquidität zur Verfügung. Dieser Betrag fließt liquiditätsmäßig nun in den Monaten September bis Dezember ab. Für diesen Zeitraum bedeutet dies aus Ergebnissicht weiterhin einen monatlichen Effekt von −100.000 €. Aus Liquiditätssicht entsteht hier nun neben der tatsächlichen Verpflichtung des aktuellen Monats zusätzlich eine Nachzahlungsverpflichtung i. H. v. monatlich −200.000 €, sodass in Summe für die letzten vier Monate des Jahres −800.000 € weniger Liquidität als aus Ergebnissicht zur Verfügung stehen.

Würde sich der Budgetabschluss weiter nach hinten verschieben, so würde der Differenzbetrag für den Restzeitraum entsprechend ansteigen. Im extremsten Fall einer Umsetzung des Budgets zum 01.12. würden im Dezember −1.100.000 € Liquidität weniger zur Verfügung stehen als geplant.

Auch aus der Ergebnissicht ist eine frühzeitige Prognose wichtig, um so monatsgerechte Abgrenzungen vorzunehmen. Im obigen Beispiel würde dies bei nicht Berücksichtigung dazu führen, dass das Septemberergebnis auf einmal um −800.000 € schlechter wird, als es operativ tatsächlich ist.

Dieses einfache Beispiel zeigt auf, wie wichtig es ist, die geplanten Ergebnisse einer Budgetverhandlung bereits frühzeitig in einer Liquiditätsplanung zu berücksichtigen. Auch auf den gewählten Zeitplan einer Budgetverhandlung kann dies Einfluss haben, sodass es unter Umständen zu einer Entscheidung zwischen Ergebnis und Liquidität kommen kann, wenn

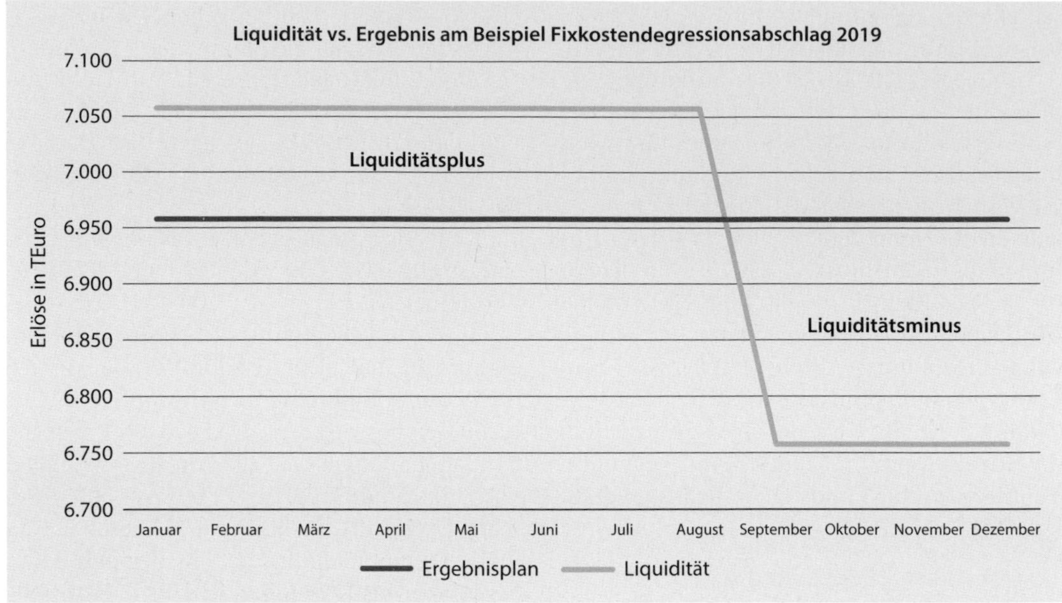

Abb. 4.22 Liquiditätseffekt Fixkostendegressionsabschlag

Tab. 4.9 Planungsprämissen – Beispiel Fixkostendegressionsabschlag

Prämissen	
Landesbasisfallwert	3528,55 €
Leistungsvolumen in Case-Mix Gesamtjahr	24.000
Leistungsvolumen in Case-Mix je Monat	2000
FDA-pflichtige Mehrleistungen Gesamtjahr	500
Bewertete FDA-Mehrleistungen Gesamtjahr	−1.200.000 €
Genehmigung Budgetabschluss	01.09.2019

aufgrund von Liquiditätsengpässen ein ausstehender Zahlungszufluss vereinbart werden muss, dies aber aufgrund noch nicht eingetretener Leistungsentwicklungen der Planung der zu vereinbarenden Leistungsmenge entgegensteht.

Der im Beispiel angeführte Effekt kann auch umgekehrt wirken, sodass für den Restzeitraum deutlich mehr Liquidität zur Verfügung steht. Dies ist beispielsweise dann der Fall, wenn ein Zuschlag erstmalig finanziert wird oder eine Weitergeltung aus dem Vorjahr nicht vereinbart war. Diese Tatsache kann beispielsweise für eine externe Zwischenfinanzierung von großer Bedeutung sein.

Insgesamt gibt es eine Vielzahl von zahlungswirksamen Zu- und Abschlägen, die im Rahmen der Budgetverhandlungen vereinbart werden und die einen Einfluss auf die Liquidität haben. Im Folgenden werden die wichtigsten hiervon kurz erläutert.

▪ Erlösausgleiche

▪▪ Erlösausgleiche für Vorjahre

In jedem Budget können für Vorjahre Ausgleichsbeträge eingestellt werden. Diese Beträge und die der Berechnung zugrunde liegenden Prozentsätze sind im Krankenhausentgeltgesetz fixiert. Abweichend hiervon können individuelle Prozentsätze zwischen den Vertragsparteien für das jeweilige Budgetjahr in der Entgeltvereinbarung festgelegt worden sein. Einen großen Anteil machen regelhaft die Belegungsausgleiche aus, die im Fall von Mindererlösen mit 20 % der Mindereinnahmen zugunsten des Krankenhauses und bei Mehrerlösen mit 65 % zugunsten der Kostenträger ausgeglichen werden.

Diese Ausgleiche können final erst im jeweiligen Jahresabschluss berechnet werden, da zu ihrer Ermittlung die im Budget vereinbarten Summen mit den tatsächlich geflossenen Erlösen verglichen werden müssen. Bei der Abzahlung dieses Zu- und Abschlagstatbestandes handelt es sich vollständig um periodenfremde Erlöse/Aufwendungen, die bei korrekter Ermittlung und bilanzieller Berücksichtigung im Entstehungsjahr lediglich einen Liquiditätseffekt darstellen und im Falle der Abzahlung gegen die entsprechenden Forderungen/Rückstellungen gebucht werden müssen.

▪▪ Ausgleiche nach § 15 Abs. 3 KHEntgG für das laufende Jahr

Der Ausgleich nach § 15 Abs. 3 KHEntgG umfasst einen Zahlungsausgleich, der durch die Änderung die tatsächlich abgerechneten Beträge bis zum Vereinbarungszeitpunkt nicht korrekt dargestellt wurde. Insbesondere der Ausgleich für das unterjährige In-Kraft-Treten des Landesbasisfallwertes sei hierbei hervorgehoben. Ist dieser bis zum 01.01. nicht genehmigt, gilt der Landesbasisfallwert des Vorjahres ohne Ausgleiche und Berichtigungen bis zum Genehmigungszeitpunkt des neuen Wertes als Abrechnungsgröße. Je nach Veränderung des Landesbasisfallwertes kann dies einen erheblichen Einfluss auf die Liquidität haben. Ein Beispiel hierfür ist das Bundesland Sachsen aus dem Jahr 2020. Der Landesbasisfallwert ist dort im Vergleich zum Vorjahr 2019 um rund 3,8 % gestiegen. Eine Genehmigung erfolgte zum 01.03.2020. Dies bedeutet, dass für Januar und Februar 3,8 % der stationären DRG Erlöse nicht auf dem Konto des Krankenhauses verbucht werden konnten. Ein Ausgleich dieser Summe erfolgt über dem Budgetabschluss 2020. Aufgrund der Covid-19-Pandemie, aber auch der Unsicherheiten aller Vertragsparteien durch die erstmalige Verhandlung des Pflegebudgets konnte dies durchaus erst im Jahr 2021 der Fall sein. Somit ist in solchen Fällen im Jahr 2020 gar kein Liquiditätszufluss aufgrund des erhöhten Landesbasisfallwertes erfolgt.

Neben dem Ausgleich für den Landesbasisfallwert werden hier auch, je nach Vorgehensweise der einzelnen Bundesländer, die Liquiditätsausgleiche für die Verrechnung der Jahresüberlieger verrechnet.

Ebenfalls Berücksichtigung finden hier Wechsel der Preise für die im Rahmen der Budgetverhandlungen individuell zwischen den Vertragsparteien zu verhandelnden Entgelten (z. B. unbepreiste DRG-Fallpauschalen oder individuelle Zusatzentgelte). Die Vereinbarung dieser Preise gilt in der Regel immer für das gesamte Budgetjahr, also selbst bei einer retrospektiv getroffenen Vereinbarung für das bereits abgelaufene Jahr.

▪▪ Verrechnung

Für den Liquiditätszufluss nach 2.1 und 2.2 sieht der Gesetzgeber im Übrigen einen Deckel von maximal 15 % (im Rahmen der Covid-19-Pandemie zeitlich begrenzt auch 30 %) vor. Dieser Deckel existiert für den Liquiditätsabfluss bei Zahlungsverpflichtungen des Krankenhauses im Übrigen nicht. Das bedeutet in der Praxis, dass der Zuschlag für die Ausgleiche im Restzeitraum maximal 15 % des Rechnungsbetrages betragen darf. Hierbei hat die Länge des Restzeitraums eine elementare Bedeutung. Je kürzer dieser ist, umso größer ist die Wahrscheinlichkeit, dass über die Kappung Ausgleichsbeträge und damit Liquidität in den nächsten Pflegesatzzeitraum verschoben werden. Dies ist auch vor dem Hintergrund eines Dominoeffektes problematisch, nämlich dann, wenn im Folgejahr erneut eine späte Vereinbarung geschlossen wird oder andere Tatbestände in Kombination mit dem Nachholeffekt der Kappung die vorgegebene Obergrenze erneut überschreiten.

▪ Zu- und Abschläge

Allgemeines

Zwar wird im Rahmen der jährlichen Budgetverhandlungen in der Regel für viele dieser Tatbestände eine Weitergeltung über den Budgetzeitraum hinaus vereinbart, dies führt aber nicht zwangsläufig zu einer adäquaten Finanzierung des jeweiligen Sachverhaltes. Der Weitergeltungsbetrag wird im Normalfall dadurch ermittelt, dass der jahresdurchschnittliche Satz ab dem 01. Januar des Folgejahres bis

4

zur Vereinbarung des Folgebudgets abgerechnet wird. Auch der gegenteilige Effekt ist möglich. Entfällt beispielsweise im Folgejahr die Anspruchsgrundlage (z. B. durch Kündigung eines förderfähigen Mitarbeiters) so erfolgt die Finanzierung dennoch bis zum Budgetabschluss. Dies hat zur Folge, dass im Zeitraum bis zur Budgetvereinbarung Liquidität fließt, die für den Restzeitraum ab Vereinbarung vollständig zurückgeführt werden muss.

■■ Fixkostendegressionsabschlag

Je nach Leistungsentwicklung ist der Fixkostendegressionsabschlag (FDA) einer der größten Posten, die Ergebnis und vor allem Liquidität beeinflussen. Der FDA ist bei einer Mehrvereinbarung im Bereich der DRG-Fallpauschalen zu zahlen. Er beträgt regelhaft 35 % der mehr vereinbarten Erlöse. Diverse Ausnahmetatbestände können aber in Summe zu einem anderen Berücksichtigungssatz führen. Er ist bei Vereinbarung im laufenden Jahr sowie bei jeweiliger Weitervereinbarung auch in den beiden Folgejahren zu entrichten. Die Zahlung ist unabhängig von den tatsächlichen Mehrleistungen. Im Falle einer Vereinbarung ist immer der vereinbarte Betrag zu entrichten. Somit können, bei einem kontinuierlichen Wachstum, in einem Kalenderjahr für bis zu drei Jahre FDA zum Tragen kommen.

Da sich der FDA bei der Berechnung immer auf die vereinbarten Leistungsmengen bezieht, erfolgt die Verrechnung in der Regel erst ab dem Budgetabschluss, welches – wie im Beispiel unter ► Abschn. 4.7.1.1 dargestellt – erhebliche Auswirkungen haben kann. Auch die Prognose des zu entrichtenden Fixkostendegressionsabschlages sollte man mit Blick auf Ergebnis und Liquidität bis zur Budgetverhandlung fortlaufend anhand der Ist-Leistungsentwicklung modifizieren und seine eigenen Zielsetzungen für die Budgetverhandlungen entsprechend anpassen.

■■ Hygieneförderprogramm § 4 Abs. 9 KHEntgG

Während viele weitere Zu- und Abschläge über die Jahre nahezu konstante Größen sind, ist das Hygieneförderprogramm ein weiteres gutes Beispiel dafür, wie sich Förderbeträge von einem Jahr zum nächsten ändern können. Ein großer Bestandteil der förderfähigen Kosten sind Fort- und Weiterbildungen. Diese sind oft nur einmalig förderfähig, maximal aber bis zur Beendigung der jeweiligen Maßnahme. Hier besteht bei der Weitergeltung eines Abrechnungsbetrages das Risiko einer Überfinanzierung, das bedeutet, dass man aufgrund des aktuell ermittelten Abrechnungssatzes bis zur nächsten Budgetvereinbarung weiterhin Zahlungen erhält: Sind nun aber Maßnahmen ausgelaufen, so sind diese Beträge vollständig zurückzuzahlen. Dieser Effekt hat mehrere Auswirkungen. Zum einen steht bis zum Zeitpunkt der Budgetvereinbarung mehr Liquidität zur Verfügung, dies ändert sich mit der Budgetgenehmigung, da diese Mehrliquidität dann vollständig über den Restzeitraum zurückgeführt werden muss. Auf der anderen Seite sind die erhaltenen Zahlungen von Jahresbeginn an ergebniswirksam zurückzustellen. Wird dies unterlassen, droht mit Budgetabschluss eine große Ergebniskorrektur, die im Zweifel die Monats- und Quartalsabschlüsse deutlich verschlechtern wird.

■■ Weitere Zu-/Abschläge

Neben den bereits angeführten Zu- und Abschlägen gibt es noch eine Reihe weiterer Tatbestände, die einen mehr oder weniger großen Einfluss auf die Liquidität haben. Die wichtigsten hiervon sind:

- Förderprogramm zur Verbesserung der Vereinbarkeit von Pflege, Familie und Beruf (§ 4 Abs. 8a KHEntgG)
- Zu- und Abschläge für die vereinbarten Notfallstufen zur Teilnahme oder Nichtteilnahme an der Notfallversorgung
- Zuschlagsfinanzierung nach § 5 Abs. 3c KHEntgG der QFR-RL
- Vergütungsabschlag nach§ 4 Abs. 1 PpUG-Sanktions-Vereinbarung
- Telematikzuschlag nach § 291a Abs. 7a SGB V

■ Pflegebudget

Ein elementarer Bestandteil der Krankenhausfinanzierung ist seit dem Jahr 2020 das Pflegebudget. Hierbei werden dem Krankenhaus die Ist-Kosten der Pflege am Bett erstattet. In einem ersten Schritt wird hierbei ein Pflegebudget im Rahmen der Budgetverhandlungen vereinbart. Wichtig hierbei ist, dass die getroffene Vereinbarung aber nicht letztverbindlich ist. Zwar gibt es viele Tatbestände innerhalb des Pflegebudgets, die hier verbindlich vereinbart werden, der dem Haus zustehende Betrag wird aber erst durch das obligate Testat eines Wirtschaftsprüfers ermittelt.

Auf Basis der getroffenen Vereinbarung wird über einen Zahlpflegeentgeltwert die Finanzierung des vereinbarten Pflegebudgets berechnet. Hat man in den Budgetverhandlungen mehr Leistungen vereinbart als tatsächlich bis Jahresende erreicht werden, führt dies dazu, dass der ermittelte Pflegeentgeltwert zu niedrig bemessen wurde und so eine Finanzierungslücke zu den tatsächlichen Kosten entsteht. Das Gleiche gilt beispielsweise, wenn man im Rahmen der Verhandlungen ein zu niedriges Pflegebudget abgeschlossen hat. Zwar wird die jeweilige Differenz mit dem nächsten Pflegebudget ausgeglichen. Die Liquidität aber fehlt bis dahin. Und das nicht nur im laufenden Jahr, sondern auch im Folgejahr bis zur Vereinbarung eines neuen Pflegeentgeltwertes, denn bis zu diesem Zeitpunkt gilt der aktuelle Pflegeentgeltwert ohne Ausgleiche und Berichtigungen weiter.

Hier ist ein permanentes Monitoring der Leistungsentwicklung im Zusammenspiel mit dem Pflegeentgeltwert unerlässlich, um finanziellen Engpässen auch vor der Budgetverhandlung schon entgegenwirken zu können.

▪ Fazit

Im Rahmen der Finanzierung eines Krankenhauses ist die alljährliche Budgetverhandlung mit den Krankenkassen ein entscheidender Faktor, und somit sollte sich jedes Krankenhaus ausreichend Zeit nehmen, sich professionell auf diesen Termin vorzubereiten. Die Auswirkungen des Budgetabschlusses auf die Liquidität und das Ergebnis eines Krankenhauses sind sehr groß. Anhand einiger Praxisbeispiele wurden hier die Auswirkungen eines Budgetabschlusses auf die Liquiditäts- und Ertragslage beschrieben. Zudem wurde die Notwendigkeit herausgestellt, diese potenziellen Auswirkungen bereits frühzeitig im Berichtswesen abzubilden und zu monitoren, damit Überraschungen nach Abschluss des Budgets minimiert werden.

Literatur

Literatur zu Abschnitt 4.1

Hirth H (2017) Grundzüge der Finanzierung und Investition, 4. Aufl. Oldenbourg, München

Reichel OKC (2008) Finanzierung, 14. Aufl. Kiehl, Ludwigshafen

Perridon L, Steiner M, Rathgeber A (2016) Finanzwirtschaft der Unternehmung, 17. Aufl. Vahlen, Wiesbaden

Zelman W, McCue MJ, Glick ND, Thomas MS (2014) Financial management in health care organizations, 4. Aufl. Blackwell, Malden

Zimmermann H, Henke K-D, Broer M (2021) Finanzwissenschaft, 13. Aufl. Vahlen, München

Literatur zu Abschnitt 4.2

Bohn K (1980) Die Mathematik der deutschen privaten Krankenversicherung. Verlag Versicherungswirtschaft, Karlsruhe

Bundesversicherungsamt (2008) So funktioniert der neue Risikostrukturausgleich im Gesundheitsfonds

Mielck A (2005) Soziale Ungleichheit und Gesundheit. Huber, Bern

Monopolkommission (1998) Marktöffnung umfassend verwirklichen. Zwölftes Hauptgutachten der Monopolkommission. Bundestags-Drucksache 13/11291

Reschke P, Sehlen S, Schiffhorst G, Schräder W, Lauterbach K, Wasem J, unter Mitarbeit von Behrend C, Deckenbach B, Gomez D, Greß S, Höer A, Hofmann J, Lüngen M, Ryll A, Steffen S, Stock S, Tolksdorff K (2004) Klassifikationsmodelle für Versicherte im Risikostrukturausgleich, Untersuchung zur Auswahl geeigneter Gruppenbildungen, Gewichtungsfaktoren und Klassifikationsmerkmale für einen direkt morbiditätsorientierten Risikostrukturausgleich in der gesetzlichen Krankenversicherung im Auftrag des Bundesministeriums für Gesundheit und soziale Sicherung. http://www.bmgs.bund.de/download/broschueren/F334.pdf, Bundesministerium für Gesundheit und soziale Sicherung

Schmitz H, Ziebarth NR (2016) Does framing prices affect the consumer price sensitivity of health plan choice? J Hum Resour. https://doi.org/10.3368/jhr.52.1.0814-6540R1

Schwarze J, Andersen HH (2001) Kassenwechsel in der Gesetzlichen Krankenversicherung: Welche Rolle spielt der Beitragssatz? Schmollers Jahrb 121(4):581–602

Tamm M, Tauchmann H, Wasem J, Greß S (2007) Elasticities of market shares and social health insurance choice in Germany: a dynamic panel data approach. Health Econ :243–256

Ulrich V, Wille E, Thüsing G (2016) Die Notwendigkeit einer regionalen Komponente im morbiditätsorientierten Risikostrukturausgleich unter wettbewerbspolitischen und regionalen Aspekten. Bayerisches Staatsministerium für Gesundheit und Pflege, München

Unabhängige Expertenkommission zur Untersuchung der Problematik steigender Beiträge der privat Krankenversicherten im Alter (1997) Zu den Altersbeiträgen der Privatversicherten. Verband der privaten Krankenversicherung e.V., Köln (Gutachten der Unabhängigen Expertenkommission)

van de Ven WPMM, Ellis R (2000) Risk Adjustment in competitive health plan markets. In: Culyer AJ, Newhouse JP (Hrsg) Handbook of health economics. Elsevier, Amsterdam, S 755–845

Wasem J (1997) Die »Alterungsproblematik« als Herausforderung für die Absicherung des Krankheitskostenrisikos. In: v d Schulenburg JM, Balleer M, Hanekopf S (Hrsg) Allokation der Ressourcen bei Sicherheit und Unsicherheit. Nomos, Baden-Baden, S 65–92

Wasem J (2015) GKV-Finanzarchitektur als Eckpfeiler der Wettbewerbsordnung: Stand und Weiterentwicklung. GuS Jg. 69(2–4):28–33

Wasem J, Buchner F, Walendzik A, Schröder M (2016) Qualitative Analysen zur harmonisierten Berechnung einer Altersrückstellung und der verfassungskonformen Ausgestaltung ihrer Portabilität. IBES-Diskussionspapier 218. Universität Duisburg Essen, Essen

Wasem J, Buchner F, Lux G, Schillo S Health Plan Payment in Germany. In: McGuire T & van Klef R (Hrsg.): Risk Adjustment, Risk Sharing and Premium Regulation in Health Insurance Markets. 2018, 295-318

Weber R (2010) Risikoausgleichsverfahren in der privaten Krankenversicherung. In: Göpffarth D, Greß S, Jacobs K, Wasem J (Hrsg) Jahrbuch Risikostrukturausgleich 2010 – Von der Selektion zur Manipulation? medhochzwei Verlag, Heidelberg, S 117–135

Wissenschaftlicher Beirat zur Weiterentwicklung des Risikostrukturausgleichs, Busse R, Drösler S, Glaeske G, Greiner W, Schäfer T, Schrappe M (2007) Wissenschaftliches Gutachten für die Auswahl von 50 bis 80 Krankheiten zur Berücksichtigung im morbiditätsorientierten Risikostrukturausgleich. Wissenschaftlicher Beirat zur Weiterentwicklung des Risikostrukturausgleichs, Bonn

Wissenschaftlicher Beirat zur Weiterentwicklung des Risikostrukturausgleichs, Drösler S, Hasford J, Kurth B-M, Schaefer M, Wasem J, Wille E (2011) Evaluationsbericht zum Jahresausgleich 2009 im Risikostrukturausgleich. Wissenschaftlicher Beirat zur Weiterentwicklung des Risikostrukturausgleichs, Bonn

Wissenschaftlicher Beirat zur Weiterentwicklung des Risikostrukturausgleichs, Sondergutachten zu den Wirkungen des morbiditätsorientierten Risikostrukturausgleichs. Bonn. 2017

Wissenschaftlicher Beirat zur Weiterentwicklung des Risikostrukturausgleichs, Gutachten zu den regionalen Verteilungswirkungen des morbiditätsorientierten Risikostrukturausgleichs. Bonn. 2018

Zhao Y, Ellis RP, Ash AS, Calabrese D, Ayanian JZ, Slaughter JP, Weyuker L, Bowen B (2001) Measuring population health using inpatient diagnoses and outpatient pharmacy data. Health Serv Res 36(6 part II):180–193

Literatur zu Abschnitt 4.3

Augurzky B (2012) Duale Krankenhausfinanzierung. Gesundh ökon Qual manag 17(2):67–68

Augurzky B, Beivers A, Emde A, Halbe B, Pilny A, Straub N, Wuckel C (2017) Stand und Weiterentwicklung der Investitionsförderung im Krankenhausbereich. Gutachten im Auftrag des Bundesministeriums für Gesundheit. Endbericht. RWI – Leibniz-Institut für Wirtschaftsforschung. https://www.bundesgesundheitsministerium.de/fileadmin/Dateien/5_Publikationen/Ministerium/Berichte/Gutachten_Investitionsfoerderung_Krankenhausbereich.pdf

Augurzky B, Krolop S, Pilny A, Schmidt CM, Wuckel C (2020) Krankenhaus Rating Report 2020 – Ende einer Ära. Aufbruch ins neue Jahrzehnt. medhochzwei, Heidelberg

Behrends B (2013) Praxishandbuch Krankenhausfinanzierung, 2. Aufl. Medizinisch Wissenschaftliche Verlagsgesellschaft, Berlin

Blum K, Morton A, Offermanns M (2015) Mangelnde Investitionsfähigkeit der deutschen Krankenhäuser. Krankenhaus 107(12):1162–1165

Bruckenberger E (2003) Wettbewerb und Planung. In: Arnold M, Klauber J, Schellschmidt H (Hrsg) Krankenhaus-Report 2002, Schwerpunkt: Krankenhaus im Wettbewerb. Schattauer, Stuttgart, S 93–102

Burkhart M, Friedl C, Schmidt H (2010) Jahresabschlüsse der Krankenhäuser, 3. Aufl. Fachverlag Moderne Wirtschaft, Frankfurt am Main

Coenenberg AG, Haller A, Schultze W (2009) Jahresabschluss und Jahresabschlussanalyse, 21. Aufl. Schäffer-Poeschel, Stuttgart

Coy P, Schreiner K (2016) Leistungsorientierung statt Antragsverfahren. Ku Gesundheitsmanagement :14–16

DKG (Deutsche Krankenhausgesellschaft) (2020) Bestandsaufnahme zur Krankenhausplanung und Investitionsfinanzierung in den Bundesländern. https://www.dkgev.de/fileadmin/default/Mediapool/2_Themen/2.2_Finanzierung_und_Leistungskataloge/2.2.3._Investitionsfinanzierung/2.2.3.1._Investitionsfoerderung_der_Krankenhaeuser/2019_DKG_Bestandsaufnahme_KH-Planung_Investitionsfinanzierung.pdf (Erstellt: 12.2019)

DKI (Deutsches Krankenhaus Institut) (2020) Psychiatrie Barometer (Umfrage 2019/2020). https://www.dki.de/sites/default/files/2020-12/Psych-Barometer_2019_2020_final_1.pdf

Grabow J (2012) Umstellung von der Einzelförderung auf leistungsorientierte Pauschalen. Krankenhaus :816–818

Graumann M, Schmidt-Graumann A (2011) Rechnungslegung und Finanzierung der Krankenhäuser, 2. Aufl. NWB, Neuwied, S 220–224

Hauth I, Deister A (2016) Auf dem Weg zu einem zukunftsfähigen Finanzierungssystem. Ku Gesundheitsmanagement :54–57

Henke KD, Berhanu S, Mackenthun B (2003) Die Zukunft der Gemeinnützigkeit von Krankenhäusern. Diskussionspapier No. 2003/14. Technische Universität Berlin, Berlin

Klever-Deichert G, Rau F, Tilgen M (2016) PsychVVG Weiterentwicklung von Versorgung und Vergütung für psychiatrische und psychosomatische Leistungen. Krankenhaus :753–760

Neubauer G, Zelle B (2000) Finanzierungs- und Vergütungssysteme. In: Eichhorn P, Seelos HJ, Graf v d Schulenburg JM (Hrsg) Krankenhausmanagement. Urban & Fischer, München, S 545–557

Olfert K, Reichel C (2008) Finanzierung, 13. Aufl. Kiehl, Ludwigshafen (Rhein)

Pape U (2011) Grundlagen der Finanzierung und Investition, 2. Aufl. Oldenbourg, München

Perridon L, Steiner M, Rathgeber (2009) Finanzwirtschaft der Unternehmung, 14. Aufl. Vahlen, München

Rau F (2015) Das Krankenhausstrukturgesetz in der Gesamtschau. Krankenhaus 107(12):1121–1139

Reichmann T (2001) Controlling mit Kennzahlen und Managementberichten, 6. Aufl. Vahlen, München

Schreyögg J, Bäuml M, Krämer J, Dette T, Busse R, Geissler A (2014) Forschungsauftrag zur Mengenentwicklung nach § 17b Abs. 9 KHG Endbericht. Hamburg Center for Health Economics. https://www.g-drg.de/Datenbrowser_und_Begleitforschung/Begleitforschung_DRG/Forschungsauftrag_gem._17b_Abs._9_KHG

Schreyögg J, Stargardt T, Marx JF et al (2020) Begleitforschung zu den Auswirkungen der Einführung des pauschalierenden Entgeltsystems für psychiatrische und psychosomatische Einrichtungen. Auftrag nach § 17d Abs. 8 KHG: Endbericht für die Datenjahre 2011–2018. Hamburg Center for Health Economics. https://www.g-drg.de/content/download/9722/70528/version/1/file/20200818_Endbericht_FZ2.pdf

Shen YC, Eggleston K, Lau J, Schmid C (2007) Hospital ownership and financial performance: what explains the different findings in the empirical literature? Inquiry 44(1):41–68

Smitmans MG, Bach B et al (2015) Liquide Potenziale im Ambulanzbereich. Führen Wirtsch Krankenh 32:1046–1051

Tiemann O, Schreyögg J (2009) Effects of ownership on hospital efficiency in Germany. Bur – Bus Res 2:114–145

Tuschen KH, Trefz U (2004) Krankenhausentgeltgesetz. Kohlhammer, Stuttgart (Kommentar mit einer umfassenden Einführung in die Vergütung stationärer Krankenhausleistungen)

Wolke T (2010) Finanz- und Investitionsmanagement im Krankenhaus. Medizinisch Wissenschaftliche Verlagsgesellschaft, Berlin

Literatur zu Abschnitt 4.4

Assmann C, Hodek JM, Greiner W (2008) Praxisführung: IGeL ohne Stachel. Dtsch Arztebl 105(46):12–17 (Suppl PRAXIS Computer und Management)

Breyer F (2015) Demographischer Wandel und Gesundheitsausgaben: Theorie, Empirie und Politikimplikationen. Persp Wirtschaftspol 16(3):215–230

Frodl A (2012) Finanzierung und Investitionen im Gesundheitsbetrieb: Betriebswirtschaft für das Gesundheitswesen. Gabler, Wiesbaden

Frodl A (2016) Praxisführung für Ärzte: Kosten senken, Effizienz steigern, 2. Aufl. Springer Gabler, Wiesbaden

GKV-Spitzenverband (2017) Faktenblatt Ambulante Versorgung – Systematik Ärztehonorare. Vom 06.11.2017 (als PDF-Datei verfügbar auf der Internetseite des GKV-Spitzenverbands unter: www.gkv-spitzenverband.de)

Grenz J, Männle P (2015) Krankenhaus-MVZ im Fokus: Vom vernachlässigten Stiefkind zum wirtschaftlichen Standbein. KPMG-Gesundheitsbarometer 8(27):14–17

Hensen P (2016) Kapitel 14.3 Benchmarking-Prozess. In: Qualitätsmanagement im Gesundheitswesen: Grundlagen für Studium und Praxis. Springer Gabler, Wiesbaden, S 423–429

Hodek JM (2016) Ambulante Leistungen am Krankenhaus – Betriebswirtschaftliche Anreize und Versorgungsrelevanz am Beispiel MVZ. Krankenhaus 10/2016:856–860

Hodek JM (2020) Das deutsche Gesundheitssystem für Dummies. Wiley-VCH, Weinheim

KBV (2020) Medizinische Versorgungszentren aktuell – Statistische Informationen zum Stichtag 31.12.2019

Kommission für ein modernes Vergütungssystem (KOMV) (2019) Empfehlungen für ein modernes Vergütungssystem in der ambulanten ärztichen Versorgung. Bericht der wissenschaftlichen Kommission im Auftrag des BMG, Berlin. https://www.bundesgesundheitsministerium.de/fileadmin/Dateien/3_Downloads/K/KOMV/Bericht_der_Honorarkommission__KOMV__-_Dezember_2019.pdf

Lange A, Braun S, Greiner W (2012) Ökonomische Aspekte der integrierten Versorgung. Bundesärzteblatt 44:643–651

Neumann K, Gierling P, Albrecht M, Dietzel J, Wolfschütz A (2014) Reform der ärztlichen Vergütung im ambulanten Sektor – Prüfung der Machbarkeit. IGES Abschlussbericht, Berlin

Graf v d Schulenburg JM, Greiner W (2013) Gesundheitsökonomik, 3. Aufl. Mohr Siebeck, Tübingen

Ullmann A, Busch D (2016) Ärztliche Großpraxis. Springer, Berlin

Zok K (2019) Private Zusatzleistungen in der Arztpraxis – Ergebnisse einer bundesweiten Repräsentativ-Umfrage unter gesetzlich Versicherten. WIdO-Monitor

Literatur zu Abschnitt 4.5

Amelung V (2021) Managed care, 6. Aufl. Springer, Heidelberg

Amelung V, Stein V et al (2021) International handbook integrated care, 2. Aufl.

Bohle T (2008) Integrierte Versorgung. Economica, Berlin

Bundesgesetzblatt (2011) GKV-Versorgungsstrukturgesetz. Bundesanzeigerverlag, Berlin

Edelmann E, Schuch F, Kalthoff L, Zinke S (2019) Vertragsentwicklung der Selektivverträge in der Versorgungslandschaft Rheuma. Z Rheumatol 78(5):429

Güssow J (2007) Vergütung Integrierter Versorgungsstrukturen im Gesundheitswesen – Weiterentwicklung pauschaler Vergütungsansätze zur Förderung prozessorientierter Strukturen unter besonderer Berücksichtigung der Krankenhausperspektive. GWV, Wiesbaden

Juhnke C, Bethge S, Mühlbacher A (2016) A review on methods of risk adjustment and their use in integrated healthcare systems. Int J Integr Care 16(4):4

Mühlbacher A (2007) Die Ausgestaltung von Versorgungsverrägen: Eine Vertragstheoretische Analyse. Jahrbücherf Natl U Stat 227:5+6

Porter ME, Kaplan RS (2016) How to pay for health care. Harv Bus Rev 94:88–98, 100, 34

Rothgang H (2009) Theorie und Empirie der Pflegeversicherung. LIT, Münster

Struijs JN, de Vries EF, Baan CA et al (2020) Bundled-payment models around the world: how they work and what their impact has been

Wiechmann M (2003) Managed Care: Grundlagen, internationale Erfahrungen und Umsetzung im deutschen Gesundheitssystem. Deutscher Universitätsverlag, Wiesbaden

Literatur zu Abschnitt 4.6

Van Brunt J (2007) Financial wizards concoct new potions. Signals-online magazine of biotechnology industry analysis

Festel G (2003) Aktuelle Trends und innovative Kooperationsmodelle zwischen Industrie und Finanzinvestoren bei Management Buyouts am Beispiel der Chemie- und Pharmaindustrie. M&A Rev :316–321

Festel G (2004) Auszug der Hexenküchen: F+E-Spin-offs in der Chemie-, Pharma- und Biotechindustrie. Finance Magazin April: 30–31

Festel G (2011) Alternative FuE-Finanzierungsmöglichkeiten in der Pharmaindustrie. Wissenschaftsmanagement 17(1):36–39

Festel G, Boutellier R (2009) Steigerung der Innovationsfähigkeit bei mittelständischen Pharmaunternehmen durch alternative Finanzierungsmöglichkeiten. Pharmind – Die Pharm Ind 71(2):210–217

Festel G, Schiereck D (2003) Die Alchemie von Buyouts – Management Buyouts in der Chemie- und Pharma-Industrie. Shaker

Harpum P (2010) Portfolio »Program, and Project Management in the Pharmaceutical and Biotechnology Industries«. John Wiley & Sons, New York

Meyer C (2008) A seller's market. The Deal Newsweekly

Nusser M (2005) Pharma-Innovationsstandort Deutschland: Leistungsfähigkeit, Innovationshemmnisse und Handlungsempfehlungen. G+G Wissenschaft 5(3):15–27

Personalmanagement

Tom Stargardt, Paul M. Kötter, Thomas Dorn, Christian Albrecht, Julia Oswald, Dirk-R. Engelke, Christoph Winter, Barbara Schmidt-Rettig, Thomas Kopetsch, Danny Wende, Veronika Golubinski, Fenja Hoogestraat, Eva-Maria Wild, Vera Winter, Linda Kirchner, Manfred Blobner, Jens O. Brunner, Christopher N. Gross, Jan Schoenfelder

Inhaltsverzeichnis

R. Busse, J. Schreyögg, T. Stargardt (Hrsg.), *Management im Gesundheitswesen*,
https://doi.org/10.1007/978-3-662-64176-7_5

5.1 Personalmanagement im Gesundheitswesen – Einführung und methodische Grundlagen

Tom Stargardt

» Die Zeiten, in denen die Personalwirtschaft als betriebliche Funktion bzw. Personalwirtschaftslehre als akademische Disziplin ein Schattendasein fristete, sind endgültig vorbei. Es geht nicht länger mehr nur um die möglichst effiziente Abwicklung lästiger Personalverwaltung, sondern um ein professionelles Personalmanagement, das angesichts zunehmender Anforderungen laufend bessere und individuell angepasste Problemlösungen liefern muss. (Scholz 2013)

Während sich Personalbeziehungen als wechselseitiges Rechte- und Pflichtenverhältnis zwischen Arbeitgeber und Arbeitnehmer verstehen (Klimecki und Gmür 2001), widmet sich die Sachfunktion des Personalmanagements dem Umgang mit der **Ressource Personal**. Wie auch in anderen Industriebereichen hängt die Aufteilung der Funktionen des Personalmanagements von der Größe der betrachteten Unternehmung ab. Während in Arztpraxen die Wahrnehmung von Führungsfunktionen ausschließlich der Linie überlassen wird, folgen größere Einheiten, wie Krankenhäuser und Arzneimittelhersteller, einer Aufteilung der Funktionen des Personalmanagements zwischen Linie und eines eigens dafür geschaffenen Personalressorts (Schreyögg und Koch 2020).

Die **Human Ressourcen** einer Organisation sind die zentrale Basis für die Entwicklung von **Wettbewerbsvorteilen** in Form von **Wissen und Kompetenzen**. Dem Personalmanagement bzw. sog. Human Ressource Management kommt in der Unternehmensführung eine zentrale Rolle zu, insbesondere seine strategische Bedeutung wird im Gesundheitswesen kaum mehr in Frage gestellt. Die Tatsache, dass es sich bei den Gesundheitsberufen um hochqualifizierte Mitarbeiter handelt (sog. **Expertenorganisationen**), erhöht die Bedeutung noch im Vergleich zu anderen Industrien. Die ausgeprägte Interdisziplinarität im Personalgefüge macht die adäquate Verwendung von Anreizmechanismen noch komplexer. In vielen Unternehmen des Gesundheitswesens werden v. a. personenbezogene Dienstleistungen, d. h. Dienstleistungen, die untrennbar mit der konsumierenden Person verbunden sind und unter Anwesenheit und Mitwirkung des Kunden bzw. des Patienten erfolgen, erstellt. Dies erfordert, neben der fachlichen Qualifikation, zusätzlich eine ausgeprägte Sozial- und Kommunikationskompetenz der Mitarbeiter.

Die Abhängigkeit von speziell ausgebildeten Fachkräften vergrößert dabei die Herausforderungen, die auf die im Gesundheitsmarkt tätigen Unternehmungen aufgrund der demographischen Entwicklung zukommen. Nicht nur wird grundsätzlich ein Ansteigen der Nachfrage von Gesundheits(dienst)leistungen erwartet. Zunehmend ist der aufgrund der Alterung der Gesellschaft, insbesondere der für die GKV zugelassenen Ärzteschaft, entstehende **Fachkräftemangel** deutlich spürbar. Bereits jetzt kann in verschiedenen Gesundheitsberufen die Nachfrage nach qualifiziertem Personal (z. B. Ärzte, Pflegepersonal) nicht vollständig befriedigt werden, was in bestimmten ländlichen Regionen Deutschlands bereits zu einem Problem geworden ist. In diesem Kontext sind die Bedürfnisse und Motive der Mitarbeiter zentrale Dimensionen bei der Personalgewinnung, -entwicklung und -erhaltung. Zudem erhält das Personalmarketing, als Maßnahme zur Steigerung der Attraktivität des Arbeitgebers und dessen Arbeitsplatzangeboten bei potenziellen Arbeitnehmern, mehr Bedeutung.

Ein modernes Personalmanagement kann bei der Bewältigung der angesprochenen Herausforderungen einen wichtigen Beitrag leisten. Eine besondere Bedeutung kommt der expliziten **Beteiligung der Führungkräfte** an den Personalaufgaben zu. Hier bestehen noch ungenutzte Potenziale, da viele Organisationen sich diese **doppelte Rolle** des Personalmanagements nicht bewusst machen oder diese nicht adäquat umsetzen. So verweisen z. B. Krankenhausmitarbeiter auf Nachfrage, wer für das Personalmanagement zuständig sei, in vielen Fällen ausschließlich auf die Personalabteilung. Diese Antwort ist ein Spiegel der

Realität und zeigt auf, dass die Umsetzung eines modernen Personalmanagements noch nicht weit fortgeschritten ist.

Das Personalmanagement wird nach wie vor durch die Arbeit des Personalwesens geprägt. Dies ist u. a. darauf zurückzuführen, dass andere Akteure – damit sind v. a. die Führungskräfte angesprochen – die von ihnen wahrzunehmenden Rollen nicht oder nur teilweise ausfüllen. Ein Grund liegt sicherlich in der mangelnden Qualifikation, die häufig auf fehlende Inhalte in der Ausbildung (z. B. bei leitenden Ärzten oder bei leitendem Pflegepersonal) zurückzuführen ist. Darüber hinaus ist vielfach zu beobachten, dass Führungskräfte aufgrund von historisch gewachsenen Hierarchien nicht mit in die Personalarbeit und in die korrespondierenden Entscheidungsprozesse einbezogen werden.

Ein modernes Personalmanagement basiert jedoch auf genau dieser Arbeitsteilung. Kernaufgabe der Personalabteilung ist es, eine Personalpolitik im Interesse einer effizienten und effektiven Unternehmensführung zu entwerfen und umzusetzen. Diese betrieblichen Aufgaben sind von der Systematik her mit der Finanzierung oder dem Vertrieb vergleichbar, sodass man von der **Sachfunktion »Personal«** sprechen kann. Darüber hinaus sind Personalaufgaben zu nennen, die jede Führungskraft als Teil ihrer Führungsaufgabe (in unterschiedlichem Umfang) wahrzunehmen hat. Dies ist systematisch mit Planung, Kontrolle, Organisation und Führung gleichzustellen und als **Managementfunktion »Personaleinsatz«** zu bezeichnen. Die Funktion umfasst all diejenigen Aktivitäten, die darauf abzielen, im Verantwortungsbereich einer Führungskraft einen qualifizierten und engagierten Personalbestand sicherzustellen.

Die beiden Aufgabenbereiche lassen sich nicht völlig unabhängig voneinander sehen, im Gegenteil: Es existieren erhebliche Interdependenzen. Allerdings sollte das Personalwesen auf die Unterstützung der Führungskräfte in der Wahrnehmung ihrer Personalarbeit ausgerichtet sein, wobei die Schwerpunktsetzung der Aufgabenteilung in der Praxis sehr unterschiedlich ausfällt. Die Kernaktivitäten zur Erfüllung der Sach- und Managementfunktion lassen sich wie folgt zusammenfassen (Schreyögg und Koch 2020):

Sachfunktion
- Personalbeschaffung und -freisetzung (Personalplanung, Anforderungsanalyse, Rekrutierung und Auswahl)
- Personalentwicklung (Aus- und Weiterbildung, Personalbeurteilung und Karriereplanung)
- Personalerhaltung (Entlohnung, Anreizsysteme, Sozialleistungen, Personalverwaltung und Personalinformationssysteme)

Managementfunktion
- Personalauswahl
- Personalbeurteilung und -entwicklung
- Entlohnung

Zu den Kernaktivitäten der Führungskräfte gehören wiederum eine Reihe von Teilfunktionen, die aufgrund ihrer Bedeutung kurz vorgestellt werden. Die Personalauswahl zielt auf eine Auslese unter den Bewerbenden für eine zu besetzende Stelle ab. Im Kern geht es darum, eine Prognose zu erstellen, wer für eine bestimmte Stelle oder einen bestimmten Aufgabenkreis die beste Eignung hat. Zentrale Voraussetzung für einen fundierten Auswahlprozess ist die Erstellung eines **Anforderungsprofils** sowie eines **Fähigkeitenprofils.** Aus dem Vergleich von beiden Profilen ergibt sich ein **Eignungsprofil**, das eine Entscheidungsgrundlage für die Auswahl darstellt.

Es ist unabhängig von der Güte der Auswahlentscheidung, inwieweit sich ein dauerhafter Leistungserfolg des Stelleninhabers einstellt. Führungskräfte brauchen fortlaufend Informationen über den Stand und die Entwicklung der Mitarbeiter in ihrem Verantwortungsbereich. Stelleninhaber brauchen ebenfalls ein kontinuierliches Feedback für ihre persönliche Fortentwicklung. Daher besteht die zweite wichtige Personalfunktion von Führungskräften in der **Gewinnung und Kommunikation von Leistungsinformationen** und daraus abgeleiteter Maßnahmen zur Personalentwicklung.

Der dritte große Aufgabenbereich von Führungskräften in der Wahrnehmung ihrer Personalfunktion ist die Entlohnung. In dem Maße, in dem Vorgesetzte auf die Entlohnung ihrer Mitarbeiter Einfluss nehmen können – das ist auch im Gesundheitswesen immer mehr der Fall –, steigt die Bedeutung dieser Managementaufgabe. Die Entlohnung erfüllt in diesem Kontext verschiedene Funktionen:

- als Entgelt für geleistete Arbeit,
- als Anteil an der kollektiven Wertschöpfung,
- als Motivationsinstrument, aber auch
- als Indikator von Status – Bedeutung sowohl der Position als auch der Person.

Abschließend soll betont werden, dass die Managementfunktion Personaleinsatz auch im Gesundheitswesen immer mehr an Bedeutung gewonnen hat. Allerdings können hier bisher noch ungenutzte Potenziale erschlossen werden, indem man die Aufgabenteilung zwischen Personalressort und Führungskräften im Sinne der Unternehmensziele verbessert (vgl. für eine ausführliche Erläuterung: Schreyögg und Koch 2020).

In den folgenden ► Abschn. 5.2–5.6 werden die spezifischen Anforderungen an ein modernes Personalmanagement in den am Gesundheitsmarkt tätigen Unternehmungen und Institutionen dargestellt. In ► Abschn. 5.2 werden die Herausforderungen an das **Personalmanagement in gesetzlichen Krankenkassen** beschrieben. Vor allem der starke Wettbewerbs- und Kostendruck haben zu einer Veränderung des Aufgabenspektrums – und somit auch des Personalbedarfes – bei den Krankenkassen geführt. Neben einer stärkeren Kundenorientierung stehen vor allem Kommunikationsstärke und Vertriebskompetenz im Mittelpunkt der Arbeit, da sie entscheidend für den Unternehmenserfolg geworden sind. Damit wird die **Personalentwicklung** des Personalbestandes zur zentralen Aufgabe. Aufgrund der Zunahme der jenseits des Kollektivvertragssystems abzuschließenden kassenindividuellen Verträge ist zudem zunehmend **komplexes Spezialistenwissen** erforderlich.

In ► Abschn. 5.3 werden allgemeine Fragen des Personalmanagements in **Krankenhäusern**, vor allem die verschiedenen Verfahren zur **Personalbedarfsermittlung** in Folge der Einführung pauschalisierter Entgeltsysteme, ausführlich dargestellt. Aufbauend auf den Ergebnissen der Personalbestands- und -bedarfsanalyse werden auf strategischer Ebene Maßnahmen zur Personalveränderung vorgestellt. Systematisch wird hierbei zwischen der Personalbeschaffung, der Personalentwicklung und der Personalfreisetzung unterschieden und auf **Strukturen und Systeme des Personalmanagements** in Krankenhäusern eingegangen. Dies beinhaltet sowohl Fragen der Leitungsorganisation, der Anreizsysteme als auch der Führungsstile und Führungsgrundsätze. So wird z. B. die **Balance zwischen der zentralen Führung eines Krankenhauses bzw. der dezentralen Führung von Fachabteilung** diskutiert. Vor dem Hintergrund der sich aus dem Fachkräftemangel und den »alternden Belegschaften« ergebenden Herausforderungen und der Diversität im Personalbestand werden abschließend Maßnahmen zum **Demographie- und Diversitymanagement** vorgestellt, z. B. der Erhalt der physischen und psychischen Leistungsfähigkeit durch eine gezielte Organisation der Arbeitsinhalte sowie die Flexibilisierung der Arbeitszeit und des Arbeitsortes.

Die Fallstudie zur **softwaregestützten Prozessoptimierung in der Personaleinsatzplanung** in ► Abschn. 5.7 zeigt am Beispiel der Anästhesiologie, wie der Einsatz von mathematischen Modellen und Methoden des Operations Research/Management genutzt werden kann, um den komplexen Prozess der Personaleinsatzplanung im Krankenhaus zu verbessern. Dabei wurden neben den arbeitsrechtlichen und -vertraglichen Rahmenbedingungen auch die Bedarfe für Dienste und Arbeitsplätze, die Qualifikationen der Ärzte, die notwendigen Ausbildungsstationen der Assistenzärzte sowie die Dienstwünsche und Abwesenheiten der Mitarbeiter berücksichtigt.

In ► Abschn. 5.4 werden die Personalstruktur und verschiedene Organisationsformen der vertragsärztlichen Versorgung auf der Ebene der **Arztpraxen, Medizinischen Versorgungszentren (MVZ) und Kassenärztlichen Vereinigungen** ausführlich dargestellt sowie deren Bedeutung für Personalstrukturen und

-anreize erläutert. Außerdem wird detailliert auf die Veränderungen in der **Bedarfsplanung**, die gemeinsam von Kassenärztlicher Vereinigungen und Krankenkassen durchgeführt wird, eingegangen. Je nach Arztgruppe wird **auf unterschiedlichen Versorgungsebenen** eine Planung vorgenommen, wobei jeder Ebene eine konkrete Raumeinheit zur Bestimmung der Größe der Planungsregion zugewiesen wird. Je nach Mitversorgungsfunktion bzw. Verdichtung wird dann mit unterschiedlichen Verhältniszahlen zur Abschätzung der Bedarfe gearbeitet. **Regionale Abweichungsmöglichkeiten** ermöglichen die Berücksichtigung von Sonderbedarfen und Sondertatbeständen zur Feinsteuerung. Zuletzt wird auf Instrumente und Anreizsysteme eingegangen, die darauf abzielen, die Unterversorgung im ambulanten Bereich in ländlichen Regionen zu verhindern. Von den vom Gesetzgeber ermöglichten **Sicherstellungszuschlägen** und von der Möglichkeit zur finanziellen Förderung von Neuniederlassung in ambulant nicht ausreichend versorgten Gebieten, wird in den KV-Regionen in unterschiedlichem Umfang Gebrauch gemacht.

In ► Abschn. 5.5 werden die Spezifika des Personalmanagements in der Integrierten Versorgung dargestellt. Insbesondere der Widerspruch zwischen den hierarchisch strukturierten Akteurinnen und Akteuren eines Netzwerkes (teilnehmende Praxen, Krankenhäusern oder andere Gesundheitseinrichtungen) und dem **heterarchischen Charakter von Netzwerken** der Integrierten Versorgung schränken die Möglichkeiten für das Personalmanagement ein. Dadurch dass an Integrierten Versorgungssystemen immer mehrere rechtlich und wirtschaftlich selbstständige Akteure und Akteurinnen bzw. Leistungserbringer und Leistungserbringerinnen beteiligt sind, bei denen **wirtschaftliche Eigeninteressen** im Vordergrund stehen, sind traditionelle Personalmanagementansätze nur bedingt in der Integrierten Versorgung anwendbar. Daher bedarf es strategischer Maßnahmen in den Bereichen **Personalplanung und -auswahl** sowie **Personalentwicklung**, die einen wesentlichen Beitrag dazu leisten können, die integrative Zusammenarbeit der verschiedenen Akteure in einem Versorgungsnetzwerk zu fördern und damit die Kontinuität der Versorgung zu sichern.

In ► Abschn. 5.6 wird das Personalmanagement in der **Arzneimittelindustrie** beschrieben. Die Besonderheit in diesem hochregulierten Sektor liegen dabei in den besonderen Anforderungen an Arbeitssicherheit und Arbeitsschutz, und darin, dass die Wahrung von Wissen über Produkte, Verfahren und Substanzen der Schlüssel zum Gesamterfolg von pharmazeutischen Unternehmen ist. Damit kommt der **Personalbeschaffung und -erhaltung**, aber auch einer kontinuierlichen Personalentwicklung **im Zuge neuer Anforderungen** große Bedeutung zu. Die besonderen Herausforderungen leistungsorientierter Anreizsysteme an das Personalmanagement werden genauso thematisiert, wie mögliche Maßnahmen zur Sicherung des Personalbestands in Zeiten zunehmender **Internationalisierung** und **Unternehmensfusionen und -übernahmen**.

5.2 Personalmanagement in Krankenversicherungen

Paul M. Kötter, Thomas Dorn, Christian Albrecht

5.2.1 Gesetzliche und strukturelle Rahmenbedingungen

Das Personalmanagement in den Krankenkassen war lange Zeit maßgeblich von öffentlich-rechtlichen Rahmenbedingungen und vom tradierten Grundverständnis hoheitlicher Aufgabenerfüllung geprägt. Der veränderte Handlungsrahmen, insbesondere der Wettbewerb zwischen den Kassen, hat allerdings auch die Personalarbeit nachhaltig verändert: Personalbereiche in Krankenkassen stehen wie in der Privatwirtschaft vor der Aufgabe, das Management der Humanressourcen wertschöpfend am Unternehmenserfolg auszurichten und zur Kostenreduktion die administrativen Prozesse effizient zu gestalten.

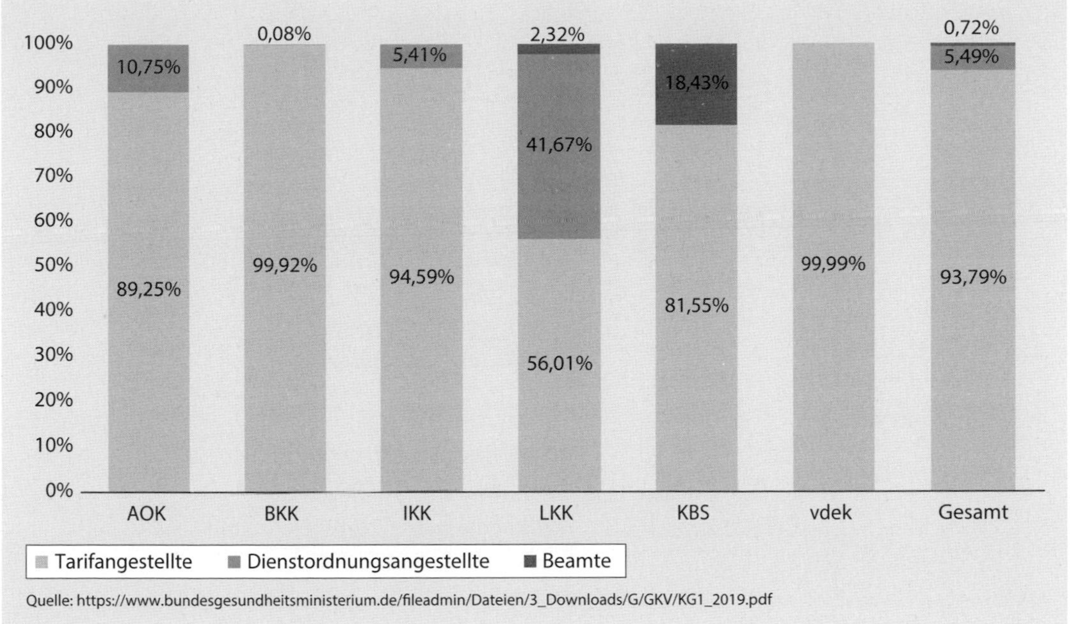

Abb. 5.1 Anteil der Beschäftigtengruppen nach Kassenart 2019. (Mod. n. BMG 2021)

Regelungen der Arbeitsbedingungen

Der Anteil der **Beamten** in den Kassenarten der Gesetzlichen Krankenversicherung (GKV) ist mit unter 1 % sehr gering. Lediglich die Knappschaft-Bahn-See (KBS), die Landwirtschaftliche Krankenkasse (LKK) und die Betriebskrankenkassen (BKK) beschäftigen noch vereinzelte Beamte. In den Allgemeinen Ortskrankenkassen (AOK), den Innungskrankenkassen (IKK) und der Landwirtschaftlichen Krankenkasse (LKK) werden zudem Dienstordnungsangestellte beschäftigt, deren Arbeitsbedingungen sich nach den Dienstordnungen der jeweiligen Krankenkassen richten. Das Dienstordnungsrecht ist an beamtenrechtliche Rahmenbedingungen angelehnt. Die meisten Beschäftigten (rd. 94 %) sind jedoch Angestellte, deren Arbeitsverhältnisse i. d. R. tarifvertraglich geregelt sind (Abb. 5.1).

Tarifsysteme in der GKV

Die Vergütungspolitik der Krankenkassen für die Tarifangestellten wird grundsätzlich gemeinsam mit den **Gewerkschaften** bestimmt. Gleichwohl überwachen die zuständigen Aufsichtsbehörden die Tarifabschlüsse unter dem Gesichtspunkt der Wirtschaftlichkeit. Neben den Tarifangestellten beschäftigen die Krankenkassen im oberen Management **außertarifliche** Angestellte. Innerhalb der GKV existiert ein diversifiziertes Tarifsystem für die Tarifangestellten der einzelnen Krankenkassenarten. Für das AOK-System gibt es den an den ursprünglichen **Bundesangestellten-Tarif (BAT; heute TVÖD bzw. TV-L)** angelehnten Manteltarifvertrag für die Beschäftigten der Tarifgemeinschaft der AOK (BAT-AOK-Neu). Bei den Ersatzkassen existieren in der Regel **Haustarifverträge** (z. B. bei der TK, Barmer, DAK und KKH). Für die BKK Beschäftigten sind die tariflichen Arbeitsbedingungen im Tarifvertrag der BKK-Tarifgemeinschaft e. V. oder in den Tarifverträgen der Mutterunternehmen (z. B. Tarifverträge der IG Metall) geregelt. Daneben gibt es in Einzelfällen bei BKKen auch **eigenständige Tarifverträge** (z. B. Deutsche BKK). Im IKK-Bereich existiert für die sechs bestehenden IKKen ein Manteltarifvertrag der Tarifgemeinschaft der Innungskrankenkassen.

5

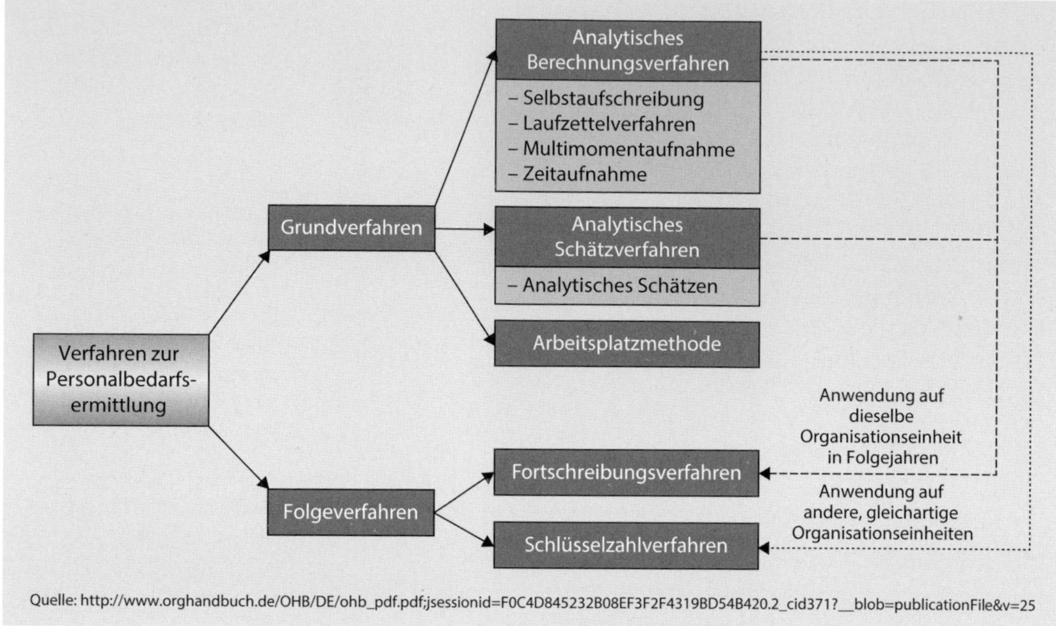

Abb. 5.2 Verfahren der Personalbedarfsermittlung. (Darstellung in Anlehnung an BMI/BVA 2018)

Personalplanung und -bemessung

Die wesentlichen Grundlagen für die Personalplanung und -bemessung der Krankenkassen finden sich in § 69 SGB IV. So verpflichtet Abs. 6 die Sozialversicherungsträger, Planstellen und Stellen nur dann auszubringen, soweit diese unter Anwendung angemessener und anerkannter Methoden der **Personalbedarfsermittlung** begründet sind. Die Erforderlichkeit der im Haushalt ausgebrachten Planstellen und Stellen ist regelmäßig zu überprüfen und wird von den Aufsichtsbehörden aktiv überwacht.

Es ist nicht abschließend geregelt, welche Methoden der Personalbemessung »angemessen und anerkannt« sind; eine wichtige Grundlage liefert dabei das »Handbuch für Organisationsuntersuchungen und Personalbedarfsermittlung«, das vom Bundesminister des Innern/Bundesverwaltungsamt herausgegeben und laufend aktualisiert wird. Die dort skizzierten Methoden zeigt im Überblick Abb. 5.2.

Ergänzend verpflichtet § 69 Abs. 5 SGB IV die Krankenkassen, in geeigneten Bereichen ein **Benchmarking** durchzuführen. Unterstützt vom steigenden Wettbewerbsdruck, der zur bestmöglichen Ausschöpfung von Effizienzpotenzialen zwingt, haben sich unterschiedliche Ansätze eines Personalbenchmarkings etabliert, die auf Prozesskennzahlen für operative wie unterstützende Prozesse beruhen. Dieser Leistungsvergleich zwischen (teilnehmenden) Krankenkassen untersucht vor allem Quantität und Kosten des eingesetzten Personals; aus den Ergebnissen lassen sich nicht nur Rückschlüsse auf eine effiziente Organisations- bzw. Prozessgestaltung ableiten, sondern auch auf eine wettbewerbsfähige Personalbemessung.

Strategische Personalplanung

Während die Regelungen und Methoden der Personalplanung und -bemessung den wesentlichen Fokus auf die Grundsätze der »Wirtschaftlichkeit und Sparsamkeit« (§ 69 Abs. 2 SGB IV) legen, wächst zunehmend die Erkenntnis, dass daneben für eine wirksame mittel- bis langfristige Steuerung der Krankenkassen andere Aspekte immer wichtiger werden. Die Etablierung einer Personalplanung zielt vor allem auf die **Vermeidung**

von personellen Über- oder Unterdeckungen ab, gesamthaft für die Kasse oder auch in spezifischen Aufgabenbereichen. Derartige Über- oder Unterdeckungen sind erst mittelfristig wirksam, stellen aber **erhebliche Risiken** für die Qualität der Leistungserbringung und/ oder für die Entwicklung der Verwaltungskosten dar.

Zum einen sind dabei die wesentlichen Einflussfaktoren auf den Personalbedarf einzubeziehen; hierzu zählen vor allem **Szenarien der Geschäftsentwicklung**, der Entwicklung der Versicherten nach Zahl und Struktur sowie Auswirkungen der Produktivitätsentwicklung durch Prozessoptimierung/Digitalisierung. Zum anderen sind Faktoren der Verfügbarkeit von Personal zu berücksichtigen. Hierfür ist eine Transparenz über die Entwicklung der bestehenden Belegschaft die wichtigste Grundlage (z. B. Alters- und Qualifikationsstrukturen); es werden aber auch wichtige **Entwicklungen am externen Arbeitsmarkt** berücksichtigt (z. B. Verfügbarkeit spezifischer Kompetenzen).

Unter den Produktionsfaktoren stellen Arbeit und Wissen vergleichsweise »träge« Ressourcen dar. So liegen zwischen der Bedarfsermittlung, der ggf. notwendigen externen Gewinnung und Einstellung, der Ausbildung und Qualifizierung einerseits und dem tatsächlichen produktiven Einsatz von Personal andererseits oftmals mehrere Jahre. Daher umfasst die strategische Personalplanung in der GKV in der Regel einen Zeithorizont von 5–10 Jahren und betrachtet dabei die Mitarbeitergruppen auf aggregierten Qualifikationsniveaus (sog. **Jobfamilien**), um sowohl qualitative als auch quantitative Effekte aufzeigen zu können.

Unter Fortschreibung des bestehenden Personalbestandes und der Abbildung verschiedener Szenarien der Geschäftsentwicklung kann die strategische Personalplanung die Auswirkungen in einzelnen Geschäftsbereichen und z. B. die Gefahr von kritischen Kompetenzverlusten mit hohem Vorlauf aufzeigen. In der Folge bleibt ausreichend Zeit, um systematisch Gegenmaßnahmen zu entwickeln, die nicht auf das Themenfeld Personal beschränkt sein müssen.

Exemplarische Faktoren für eine strategische Personalplanung

- Erhöhter Arbeitsanfall im Leistungsbereich durch Anstieg der Renteneintritte (Baby-Boomer-Jahrgänge) seit 2020
- Steigender Personalbedarf durch nachhaltiges Wachstum der Versichertenzahlen
- Deutliche Reduktion einfacher Sachbearbeitungstätigkeiten durch umfassende Digitalisierung von Geschäftsprozessen
- Erhöhter Bedarf an IT-Qualifikationen zur Planung, Implementierung und Steuerung von digitalisierten Prozessen
- Anstieg der Personalkosten bei Digitalkompetenzen aufgrund der mangelnden Verfügbarkeit am Arbeitsmarkt
- Altersstruktur der Belegschaft führt zu einem Renteneintritt von einem hohen Anteil der mittleren Führungskräfte eines spezifischen Geschäftsbereichs in den nächsten 5 Jahren
- In 5–8 Jahren Deckungslücke bei den Auszubildenden aufgrund der rückläufigen Zahl von Schulabgängern

Verwaltungs- und Personalkosten

Seit Einführung des Gesundheitsfonds zum 01.01.2009 erhalten die Krankenkassen gemäß § 270 Abs. 1 lit. c) SGB V aus dem Gesundheitsfonds neben den Zuweisungen für die standardisierten Leistungsausgaben und DMP-Programmen auch solche zur Deckung ihrer **standardisierten Verwaltungskosten**. Die Höhe dieser Zuweisungen wird dabei vom Bundesversicherungsamt (BVA) gemäß § 13 Abs. 1 RSAV für jede Krankenkasse für jedes Ausgleichsjahr im Voraus ermittelt. Die Berechnung der Höhe der Zuweisung für jede Kasse erfolgt zu 50 % anhand der Verwaltungskosten aller Krankenkassen inklusive der satzungsmäßigen Mehr- und Erprobungsleistungen. Die individuelle Zuweisungshöhe einer Krankenkasse wird hierbei nach Maßgabe ihrer Versichertenzeiten bestimmt. Der verbleibende Anteil an den Gesamtverwaltungskosten wird nach Maßgabe der Zuweisungen gemäß § 266 Abs. 2 S. 1 SGB V (Zuweisungen für standardisierte Leistungsausgaben – morbiditätsabhängig) errechnet.

Ob die Morbidität der Versicherten, die für die Zuweisungen für die standardisierten Leistungsausgaben maßgeblich ist, einen entscheidenden Einfluss auf benötigte Personalressourcen hat, ist allerdings fraglich. Kommen Krankenkassen nicht mit den zugewiesenen Mitteln aus dem Gesundheitsfonds aus, müssen Zusatzbeiträge von den Mitgliedern erhoben werden. Der durchschnittliche Zusatzbeitrag liegt derzeit bei 1,3 % (Stand: Mai 2021).

Die Betrachtung der Nettoverwaltungskosten je Versichertem ergab für 2019 im GKV-Durchschnitt einen Aufwand von rd. 153 € (BMG 2020a). Bezogen auf die Krankenkassenarten lag die Bandbreite der Nettoverwaltungskosten im gleichen Zeitraum zwischen rd. 137 € und rd. 225 € je Versichertem (BMG 2020a). Vergleicht man jedoch die einzelnen Krankenkassen direkt miteinander, ist die Schere noch deutlich weiter geöffnet. Im Jahr 2019 lag die günstigste Krankenkasse bei Verwaltungskosten von rd. 72 €, während diejenige mit dem höchsten Verwaltungskostensatz dreimal so hohe Aufwendungen auswies (rd. 222 €). Dass die Verwaltungskosten je Mitglied eine angemessene Steuerungsgröße darstellen, muss wegen der unterschiedlichen Familienkoeffizienten jedoch hinterfragt werden. Obschon sich diese deutlichen Unterschiede zwischen den Kassen nicht allein aus der Versichertenstruktur rechtfertigen lassen dürften.

Die Nettoverwaltungskosten der Krankenkassen beliefen sich im Jahr 2019 auf ca. 4,4 % der Gesamtausgaben. Der Anteil der **Personalkosten an den Nettoverwaltungskosten** der Krankenkassen liegt zwischen ca. **70 und 90 %** und ist auch vom Anteil der von Dritten wahrgenommenen Aufgaben, insbesondere im Bereich der Datenverarbeitung und Serviceunterstützung, abhängig.

Bei geschlossenen BKKen, d. h. Betriebskrankenkassen, deren Satzung keine Öffnungsklausel nach § 144 Abs. 2 S. 1 SGB V enthält, nach der eine Betriebskrankenkasse von allen Versicherungspflichtigen und Versicherungsberechtigten gewählt werden darf, kann der Arbeitgeber gemäß § 149 Abs. 2 S. 1 SGB V das Personal auf seine Kosten bestellen. Bei Öffnung einer BKK, die durch eine Satzungsänderung auf der Grundlage von § 144 Abs. 2 S. 1 SGB V erfolgt, entfällt diese Möglichkeit. Ein Unternehmen kann die Übernahme der Kosten des für die Führung der Geschäfte erforderlichen Personals der Betriebskrankenkasse gemäß § 149 Abs. 2 S. 4 SGB V für die Zukunft ablehnen, was bei (inter-)nationalen Konzernen in den letzten Jahren vermehrt zu beobachten ist und zu einer starken Beeinträchtigung der Wettbewerbsfähigkeit einer BKK führt. In der Folge haben sich Fusionstendenzen bei den BKKen deutlich verstärkt.

Grundsätzlich ist erkennbar, dass innerhalb der GKV die Bereitschaft der Mitglieder zum Kassenwechsel deutlich zugenommen hat. So erleiden Krankenkassen mit deutlich überdurchschnittlichen Zusatzbeitragssätzen Wanderungsverluste (IKK classic oder DAK), während Kassen mit unterdurchschnittlich niedrigen Zusatzbeitragssätzen diesen Faktor in ein starkes Mitgliederwachstum ummünzen können (AOK Plus oder hkk). Es ist davon auszugehen, dass der Druck auf die Verwaltungskosten, deren wesentlicher Faktor die Personalkosten sind, daher insgesamt weiter zunehmen dürfte.

Die Unterschiede zwischen den Nettoverwaltungskosten der einzelnen Krankenkassen finden ihren Ausdruck ebenfalls in der jeweiligen **Dienstleistungsproduktivität**. Diese spiegelt das Verhältnis von Versicherten zu Beschäftigten wider. Hinsichtlich der Produktivität der Mitarbeitenden existieren ebenfalls erhebliche Unterschiede. Die Produktivitätskennzahlen – dies meint die (Vollzeit-)Mitarbeiterkapazitäten im Verhältnis zu den Versicherten – bewegen sich geschätzt zwischen ca. 1:500 und 1:1000. Diese Produktivitätsunterschiede lassen sich aus der Versichertenstruktur und der Größe der Krankenkassen sowie der leicht unterschiedlichen Verwendung für die Definitionen des Begriffs (Vollzeit-) Mitarbeiterkapazität bzw. Vollzeitkraft allein nicht erklären. Sie hängen vielmehr mit der **Organisationsstruktur**, den **Prozessabläufen** und deren **Digitalisierungsgrad**, den **Datenver-**

arbeitungsanwendungen und der **Qualität des Personals** der einzelnen Kassen zusammen.

5.2.2 Praktische Umsetzung

Personalsituation in der GKV

Die quantitative Personalsituation in der GKV ist im Bericht über Personal- und Verwaltungskosten (2019) des Bundesministeriums für Gesundheit (BMG) beschrieben (BMG 2021). Danach waren in allen gesetzlichen Krankenkassen im Jahr 2019 insgesamt **134.217 Menschen beschäftigt**. Mit 42,4 % sind die meisten Arbeitnehmer bei den Allgemeinen Ortskrankenkassen und danach bei den Ersatzkassen (31,8 %) beschäftigt. Danach folgen BKK (13,2 %), IKK (7,7 %), Bundesknappschaft (3,7 %) und die Landwirtschaftliche Krankenkasse (1,2 %).

Schwankende Anzahl der Beschäftigten in der GKV

Für das gesamte Bundesgebiet ist die Zahl der Beschäftigten in der GKV von 2002 bis 2019 von 149.738 auf 134.217 gesunken. Dies entspricht einem Rückgang von 10,4 %. Nach einem deutlichen Rückgang der Beschäftigtenzahl zwischen 2002 und 2006 um insgesamt 12,1 % hat sich der Rückgang abgeschwächt und schwankt seitdem jährlich zwischen Abbau- und Aufbauphasen im niedrigen einstelligen Prozentbereich. Kassenartenbezogen fällt eine deutliche Reduzierung der Beschäftigtenzahlen zwischen den Jahren 2004 und 2005 bei den Allgemeinen Ortskrankenkassen um 7,3 % (von 60.504 auf 56.094) und in den Ersatzkassen für Angestellte um 7,4 % (von 45.568 auf 42.193) auf. Bei den BKKen reduzierten sich die Beschäftigtenzahlen um 11 % bzw. 10 % in den Jahren 2009 (von 22.548 auf 19.994) und 2012 (von 20.531 auf 18.405). Für das Jahr 2019 setzt sich der Trend des leichten Personalrückgangs fort (◘ Abb. 5.3).

Dem **Absinken der Beschäftigtenzahl in der GKV um 7,0 %** steht im Zeitraum von **2004 bis 2019** ein Anstieg bei den **Versichertenzahlen von 4 %** gegenüber (von 70,27 auf 73,1 Mio.). Interessant ist das Verhältnis von Versicherten und Beschäftigten zwischen den Kassenarten. So beschäftigen einzelne Krankenkassenarten überdurchschnittlich mehr Mitarbeitende, als deren Anteil an Versicherten vermuten lässt. Im Jahr 2019 beschäftigten die AOKen 42,4 % aller in der GKV tätigen Personen, obwohl nur 36,7 % aller GKV-Versicherten dort versichert sind (Differenz: 5,7 Prozentpunkte).

Die Ersatzkassen mit 38,4 % aller GKV-Versicherten haben einen Beschäftigtenanteil von 31,8 % (Differenz: −6,6 Prozentpunkte). Auch die BKKen haben einen höheren Anteil an Versicherten als Beschäftigte. Hier liegt die Differenz bei −1,8 Prozentpunkten (BMG 2020b).

Auch bei diesen Differenzen ist anzunehmen, dass allein der Verweis auf unterschiedliche Personalstrukturen, z. B. durch abweichende Teilzeitquoten, zu kurz greift und die Befunde sich nicht allein darauf zurückführen lassen.

Steuerung/Anpassung von Personalkapazitäten

Die Steuerung der Personalkapazitäten ist eine strategische Herausforderung. Eine Steigerung der Leistungsproduktivität der Krankenkassen ist aufgrund des zunehmenden Wettbewerbs, der Digitalisierung und des wachsenden Kostendrucks unvermeidbar mit der Konsequenz eines **abnehmenden Personalbedarfs** verbunden. Je nach Mitgliederentwicklung sind die Kassen unterschiedlich betroffen. Insbesondere Krankenkassen mit abnehmenden Mitgliederzahlen versuchen diese Entwicklung über natürliche Fluktuation einschließlich Vorruhestandsregelungen zu vollziehen, was zunehmend an monetäre und personalstrukturelle Grenzen gelangen wird. Verschärft wird diese Situation durch die **weitgehend geschlossenen Arbeitsmärkte**, insbesondere für spezifische Berufsbilder wie den Sozialversicherungsfachangestellten. Berufliche Entwicklungen außerhalb der Krankenkassen bleiben den Beschäftigten häufig versperrt.

Einige Krankenkassen werden daher einen **aktiven Personalabbau** betreiben müssen. Eine Personalanpassung durch betriebsbedingte Kündigungen scheint in dem öffentlich-rechtlichen Umfeld der Krankenkassen einschließlich ihrer Selbstverwaltungsstrukturen nahezu ausgeschlossen. Bisherige Beispiele

5

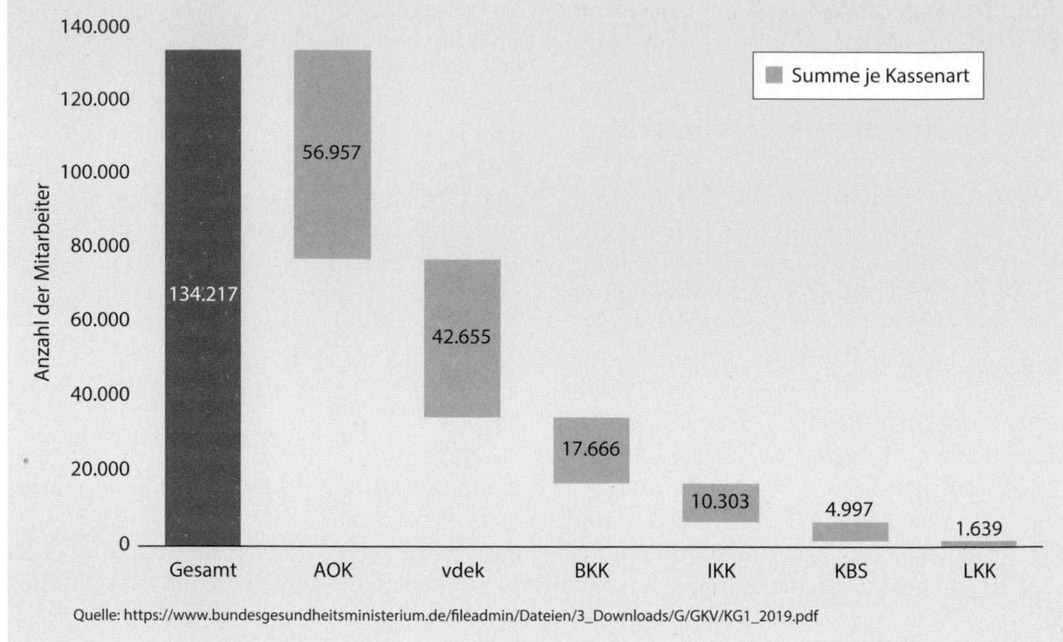

Abb. 5.3 Anzahl der Mitarbeitenden in den verschiedenen Kassenarten 2019. (Mod. n. BMG 2021)

für Beschäftigungssicherungsvereinbarungen sind hilfreich, verschaffen letztlich aber nur Zeit. Nachhaltige Ansätze zur veränderten Personalbewirtschaftung und innovativen Beschäftigungsmodelle, um drohende Personalüberhänge zu vermeiden, sind derzeit kaum in Sicht.

Krankenkassen mit kontinuierlich sinkendem Personalbestand werden über Jahre hinaus nur wenig Spielraum für eine Nachwuchsförderung haben, da keine ausreichenden Stellenvakanzen zu erwarten und somit Entwicklungs- und Karrierewege verbaut sind. Dieser Effekt wirkt gleichzeitig auf die demographische Struktur des existierenden Personalbestandes, welcher von einer zunehmenden Alterung betroffen sein wird, da Spielräume für externe Einstellungen fehlen. Als Konsequenz kann die **Arbeitgeberattraktivität** einiger Krankenkassen langfristig **gefährdet** sein.

Ausbildungssysteme in der GKV

In der GKV wird bei allen Krankenkassenarten die traditionelle Ausbildung zum **Sozialversicherungsfachangestellten** (Sofa) mit der Fachrichtung allgemeine Krankenversicherung angeboten. Hierbei handelt es sich um eine stark verwaltungsjuristisch geprägte Ausbildung mit dem Schwerpunkt der Anwendung von Rechtsnormen auf dem Gebiet der sozialen Krankenversicherung. Etwa 68,3 % der Auszubildenden in diesem Berufsbild werden in der GKV ausgebildet (4512 im Jahr 2019). Daneben existiert seit dem Jahr 2001 insbesondere bei Ersatzkassen, aber auch einigen AOKen, die Ausbildung zum **Kaufmann im Gesundheitswesen (KiG)**. Dieses Berufsbild findet sich in Unternehmen des Gesundheitsbereichs (u. a. Krankenhäuser, Krankenkassen, Pflege- und Rehabilitationseinrichtungen). Die Schwerpunkte liegen im kaufmännischen Bereich des Gesundheitswesens sowie in der Entwicklung und Steuerung von Dienstleistungen im Gesundheitssektor. Im Jahr 2019 bildeten die gesetzlichen Krankenkassen etwa ein Viertel der rd. 5640 Kaufleute im Gesundheitswesen aus. Gegenüber dem Sofa weist der KiG eine deutlich höhere Durchlässigkeit in andere Branchen auf und schafft damit eine Grundlage, zur Erhöhung der Flexibilität des Personalbestandes in der GKV. Darüber hinaus bilden die Krankenkassen u. a. zum

Ausbildungsberufe	Fortbildungen	Förderung durch Aus- und Fortbildung
– Sozialversicherungsfachangestellter (Sofa) – Kauffrau/-mann im Gesundheitswesen (KiG) – Kauffrau/-mann für Bürokommunikation – Fachinformatiker für Systemintegration – Kaufleute für Dialogmarketing	– AOK-Betriebswirt – Krankenkassenbetriebswirt (IKK, BKK) – Krankenkassenfachwirt (IKK)	– Krankenversicherungsmanagement (B. A.) – Health Management (B. A.) – Gesundheitsökonomie – Wirtschaftsinformatik (B. Sc.) – Informationstechnik (B. A.) – Angewandte Informatik (B. Sc.)

Abb. 5.4 Ausbildung, Fortbildung und Weiterbildungsförderung in den Krankenkassen

Kaufmann bzw. Fachangestellten für Bürokommunikation und zum **Fachinformatiker für Systemintegration** (z. B. TK) sowie auch **Kaufleute für Dialogmarketing** aus (z. B. Barmer, AOK).

Die Krankenkassen betreiben darüber hinaus eigene oder in Kooperation durchgeführte Fortbildungen. AOK, BKK und IKK verfügen über eigene Ausbildungseinrichtungen, in denen u. a. die Abschlüsse **AOK-Betriebswirt, Krankenkassenbetriebswirt** (IKK, BKK) und **Krankenkassenfachwirt** (IKK) erworben werden können.

In Kooperationen mit **Fachhochschulen** und staatlich anerkannten **Berufsakademien** (BA) fördern die Krankenkassen die **Aus- und Fortbildung** ihrer Mitarbeitenden z. B. im Bachelor-Studiengang Krankenversicherungsmanagement B.A. (AOK), im Bachelor-Studiengang Health Management B.A. (AOK, KKH), Ausbildungsstudium Gesundheitsökonomie (SBK), Bachelor-Studiengänge Wirtschaftsinformatik B.Sc. (TK, KKH) oder B.A. (AOK), Informationstechnik B.A. (AOK) bzw. Angewandte Informatik B.Sc. (TK). Diese Weiterbildungen dienen in erster Linie dem Bedürfnis der Krankenkassen nach **betriebswirtschaftlich ausgebildeten Fach- und Führungskräften** (Abb. 5.4).

Frauenanteil

Der **Anteil der beschäftigten Frauen** in den Unternehmen der GKV liegt zwischen **ca. 50 und 70 %**. Dieser bereits hohe Frauenanteil wird durch den überproportionalen Anteil von jungen Frauen in den Ausbildungsberufen der Krankenkassen (z. T. über 80 %) zukünftig noch weiter ansteigen. Zurückzuführen ist dieser Trend vor allem darauf, dass die Tätigkeit in einer Krankenkasse und insbesondere der Beruf des Sozialversicherungsfachangestellten in der öffentlichen Wahrnehmung weiterhin als typische Tätigkeitsfelder für Frauen wahrgenommen werden und zudem vergleichsweise gute Rahmenbedingungen für die Vereinbarkeit von Familie und Beruf bietet.

Der hohe Anteil der weiblichen Beschäftigten hat eine Reihe von Auswirkungen, deren Folgen für die Unternehmen noch gar nicht ausreichend abzusehen sind: Frauen streben (wegen Kindererziehung und zunehmend Pflege) verstärkt **Teilzeitarbeit** an – der Frauenanteil an Teilzeitbeschäftigten in den Kassen beträgt regelmäßig über 90 %. Der Teilzeitquotient liegt heute zwischen 10 und 30 % mit steigender Tendenz. Insbesondere nach Elternzeiten ist erkennbar, dass Frauen häufig dauerhaft bei einer Teilzeitbeschäftigung verbleiben. Einzelne Kassen erwarten, dass in den kommenden Jahren der Anteil von Teilzeitbeschäftigten weiter zunehmen wird. Dies bringt Auswirkungen für die Organisation der betrieblichen Prozesse und in der Folge für das Personalmanagement mit sich.

Frauen in Führungspositionen sind in den Krankenkassen stark unterrepräsentiert. Insbesondere Frauen mit einer Teilzeitstelle werden bisher nicht oder nur sehr ungenügend bei der Besetzung von Führungspositionen berücksichtigt. In Organisationen mit einem derart hohen Frauenanteil können die Führungs- und Nachwuchspotenziale aber überwiegend nur bei Frauen liegen. Es gehört daher zu den wichtigsten Anforderungen des Personalmanagements, **Frauen künftig systematisch an Führungsaufgaben und Spezialistenpositionen** heranzuführen und hierzu neue Karrierewege und -muster zu entwickeln, die die Vereinbarkeit von beruflicher und privater Lebensplanung verbessern.

Veränderte Anforderungen an die Mitarbeitenden

Historisch betrachtet hatte das Personal der gesetzlichen Krankenkassen, neben der Information und Beratung der Mitglieder, in erster Linie Verwaltungsakte gemäß dem Sozialgesetzbuch in Beitrags- und Leistungsthemen zu erlassen. Die Anforderungen an die Mitarbeitenden waren entsprechend und erstreckten sich auf die korrekte Anwendung von Rechtsnormen aus dem Beitrags- und Leistungsrecht des Sozialgesetzbuchs und dem damit verbundenen »hoheitlich« geprägten Umgang mit den Mitgliedern und Versicherten.

Spätestens mit der Einführung der freien Krankenkassenwahl veränderte sich das Anforderungsprofil an die Mitarbeitenden in der GKV. Seitdem stehen eine umfassende **Kunden- und Serviceorientierung (nach außen und innen)**, **Kommunikationsstärke,** die **Vertriebskompetenz sowie die Fähigkeit zur Leistungssteuerung** der Mitarbeitenden im Mittelpunkt ihrer Arbeit. Eine Qualifizierung des Personals hinsichtlich dieser neuen Anforderungen muss sichergestellt sein. Auch hier sind die systematische **Leistungsbeurteilung, Kompetenzeinschätzung und Zielvereinbarung sowie die zielgerichtete Entwicklung der Kompetenzen** der Mitarbeitenden notwendige Ansätze des strategischen Personalmanagements.

Daneben werden im Zuge von Restrukturierungen und Fusionen eine höhere Flexibilität sowie eine größere Bereitschaft zur Mobilität gefordert. Mit der fortschreitenden Digitalisierung von Prozessen und dem Ausbau von Online-Services ist mittelfristig auch eine spürbare Kompensation einfacherer Tätigkeiten zu erwarten. Insofern ist die Arbeitsplatzsicherheit nicht mehr im gleichen Maße gegeben wie in der Vergangenheit und erfordert zunehmend mehr Bereitschaft, den wirtschaftlichen Bedürfnissen der Krankenkassen als Arbeitgeber entgegenzukommen.

Analog zu der öffentlich-rechtlichen Tradition ist die Verweildauer der Mitarbeitenden in den Krankenkassen sehr hoch. Die Mehrzahl der Beschäftigten bleibt von der Ausbildung bis zum Eintritt in das Rentenalter in einem Unternehmen. Aufgrund dieser sehr **geringen Fluktuation** kommen der Personalauswahl und der **Ausbildung zukünftiger Mitarbeitender** herausragende Rollen bei der Sicherung der Qualität des Personals zu. Gerade vor dem Hintergrund demographischer Rahmenbedingungen mit einer langfristigen Abnahme junger, qualifizierter Fachkräfte muss die Auswahl der Bewerberinnen und Bewerber nach Kriterien erfolgen, die langfristig sicherstellen, dass die leistungs- und potenzialstärksten Kandidatinnen und Kandidaten selektiert werden. Von 2011 bis 2025 wird die Zahl der Schulabgängerinnen und Schulabgänger um rd. 17 % merklich sinken, allerdings mit großen regionalen Unterschieden. Insbesondere in den westdeutschen Flächenländern wird der Rückgang knapp ein Viertel betragen, während für die ostdeutschen Flächenländer und die Stadtstaaten ein Anstieg der Abgängerzahlen prognostiziert wird (+33 % bzw. +6 %). Parallel wird in zunehmendem Maße komplexes **Spezialistenwissen** notwendig, etwa für die Erarbeitung neuer Versorgungslösungen oder die Weiterentwicklung der IT-Infrastruktur. In steigendem Maße kann dieses Know-how nicht intern abgerufen werden, sondern muss zukünftig verstärkt vom externen Arbeitsmarkt gewonnen werden.

Strategische Herausforderungen für die Personalarbeit

Erfolgreiche Unternehmen richten ihr Personalmanagement auf die Erreichung der **unternehmerischen Zielgrößen** aus. Dem Personalmanagement kommt damit die Aufgabe der unmittelbaren und mittelbaren Steigerung des Unternehmenserfolges zu. Personalarbeit muss somit einen **quantifizierbaren Wertschöpfungsbeitrag** für die Abnehmerinnen und Abnehmer der Leistungen nachweisen, der sich an den spezifischen Herausforderungen des Unternehmens orientiert. Für die Frage der

Ausgestaltung des Personalmanagements von Krankenkassen ist deshalb maßgeblich, vor welcher unternehmerischen Herausforderung die jeweiligen Krankenkassen im Wettbewerb stehen.

Generell leiten sich die Herausforderungen des Personalmanagements zunächst aus den allgemeinen Herausforderungen der gesetzlichen Krankenkassen ab.

Überblick über strategische Herausforderungen der Krankenkassen mit Auswirkung auf die Personalarbeit

- Wettbewerb zwischen den Kassen
- Kostendruck insbesondere auch auf die Verwaltungskosten
- Zwang zu Produktivitätssteigerungen
- Restrukturierungen in den Krankenkassen
- Fusionen zwischen Krankenkassen
- Digitalisierung

Voraussichtlich wird sich der Wettbewerb zwischen den Kassen neben der Höhe des jeweiligen Zusatzbeitrags im Wesentlichen über die **Qualität und Kundenorientierung** im Service gegenüber den Mitgliedern entscheiden. Servicequalität und Kundenorientierung werden ganz wesentlich von den Mitarbeitenden der Kassen geprägt. Sie stehen somit unmittelbar im Handlungsfokus der Personalarbeit. Der Einfluss des Personalmanagements auf die Ausgabenstruktur ist hingegen deutlich komplexer zu beurteilen.

Wenn Einsparungen bei den Verwaltungskosten erforderlich werden, sind wegen ihres hohen Anteils zuerst die Personalausgaben betroffen. Die Zuweisung der Verwaltungskosten bewirkt somit unmittelbar eine Begrenzung des Personaleinsatzes und -aufwandes, der sich insbesondere bei Kassen mit stagnierenden oder gar sinkenden Mitgliederzahlen niederschlägt.

In der Konsequenz sind **Maßnahmen zur Produktivitätssteigerung** unumgänglich und in fast allen Kassen im Gange. Organisatorische, wie auch prozessuale Restrukturierungen unter Gesichtspunkten der Effizienz und Qualität sowie der angebotenen Produkte und Dienstleistungen haben immer auch Auswirkungen auf die Personalarbeit in der jeweiligen Organisation. Zudem treten weiterhin **Fusionen** zwischen Krankenkassen auf. Dies ist mit spezifischen Anforderungen an Veränderungs- und Integrationsmanagement verbunden.

Die grundlegenden Veränderungen bei den gesetzlichen Krankenkassen haben vielfältige Auswirkungen auf die Organisation, das Management und das Personal der Kassen. Diese reichen von veränderten **Kompetenzanforderungen** (z. B. Vertriebskompetenz, Kundenorientierung, Leistungssteuerungs-Know-how, Prozessmanagement, IT-Know-how, Projektmanagement) über neue Herausforderungen im Management von Restrukturierungen und Fusionen bis hin zur Realisierung von Verwaltungskostensenkungen einschließlich schwieriger Prozesse zur Reduzierung von Personalkapazitäten.

Überblick über die strategischen Aufgaben im Personalmanagement in Krankenkassen

- Führungskompetenz
- Arbeitgeberattraktivität
- Gesundheitsmanagement
- Digitalisierung
- Management von Veränderungen

▪ Führungskompetenz

Die Führungskräfte in Krankenkassen sehen sich deutlich veränderten Anforderungen ausgesetzt. War das Führungssystem historisch stark von den verwaltungsrechtlichen Vorschriften geprägt und die fachlich besten Mitarbeitenden häufig prädestiniert für die Übernahme einer Führungsaufgabe, ist es nun erforderlich, unternehmerisch zu denken, zu handeln und zu führen sowie ein Management zu implementieren, das mit dem der Privatwirtschaft vergleichbar ist. Für die Führungskompetenz in den Krankenkassen hat dies grundlegende Anpassungsbedarfe auf verschiedenen Ebenen zur Folge. Für das Personalmanagement erwächst daraus die Aufgabe, bestehende Führungssysteme gezielt den Markterfordernissen anzupassen sowie eine **systematische Führungskräfteentwicklung** zu etablieren.

Eine wesentliche Herausforderung ist dabei die systematische **Nachwuchssicherung**, speziell auch für Führungspositionen. Die zu erwartenden Fachkräfteengpässe im Vergleich mit der zum Teil begrenzten Wettbewerbsfähigkeit auf den externen Arbeitsmärkten (insbesondere bei erfolgskritischen Kompetenzen wie z. B. Digitalisierung) machen ein umfassendes **Talentmanagement** erforderlich, das Kompetenzen, Leistungen und Potenziale aller Nachwuchskräfte transparent macht und die Talente in den Kassen gezielt entwickelt und fördert. Die traditionell starke Erstausbildung in der GKV bietet dafür eine gute Grundlage.

Eine weitere Herausforderung stellt die angemessene Ausgestaltung der **Vergütungssysteme** für (Fach- und) Führungskräfte dar, wobei sich ein spezifisches Spannungsfeld zeigt. Einerseits muss die Vergütung grundsätzlich die Wettbewerbsfähigkeit auf den externen Arbeitsmärkten sicherstellen, andererseits aber den Anforderungen des Systems GKV in Bezug auf Angemessenheit und Kostenbegrenzung entsprechen. Zugleich soll im Sinne eines »unternehmerischen« Managements eine stärkere Orientierung am tatsächlichen Wertbeitrag einer (Führungs-)Position erreicht werden. Dabei spielen derzeit – wie in Teilen der Wirtschaft auch – leistungsabhängige Elemente eine eher geringere Rolle als in den vergangenen Jahren; hingegen richten sich die Bemühungen auf veränderte Stellenbewertungen (Grading), die den sich verändernden Aufgabenfeldern entsprechen und den spezifischen Wertbeitrag besser abbilden sollen.

Führungskräfte müssen zudem deutlich stärker als bisher Arbeitsmenge und Leistungserbringung (Produktivität) ihrer Verantwortungsbereiche **mittels Kennzahlen steuern** und dafür die relevanten Informationen erhalten, insbesondere Personalinformationen. Das (Personal-)Controlling ist somit gefordert, beispielsweise über Data-Warehouse Lösungen die entsprechenden Informationen fokussiert, zeitnah und empfängerorientiert bereitzustellen.

- **Arbeitgeberattraktivität**

Der Personalgewinnungsfokus liegt in den Krankenkassen bei einer ausreichenden Anzahl qualifizierter Auszubildender als auch Beschäftigter in Spezialistenfunktionen. Hier konkurrieren die Krankenkassen mit allen Arbeitgebern zukünftig verstärkt am knapper werdenden Arbeitsmarkt um die besten Köpfe. Das **Personalmarketing** erlangt somit strategische Bedeutung, denn es muss den Aufbau und die Pflege einer **attraktiven Arbeitgebermarke** für die relevanten Zielgruppen sicherstellen. Die Arbeitgebermarke stellt die Basis für eine ausreichende Zahl an qualifizierten Bewerberinnen/Bewerbern. Erfolgreiche Initiativen im Kontext von Arbeitgeberwettbewerben zeigen, dass Krankenkassen mit den vorhandenen Arbeitsbedingungen den direkten Vergleich mit Arbeitgebern aus der Privatwirtschaft keinesfalls scheuen müssen.

So sollen beispielsweise Schulkooperationen und ein gezieltes **Employer Branding für Auszubildende** die Attraktivität der GKVn als Arbeitgeber vermitteln und potenzielle Bewerberinnen/Bewerber (gerade im regionalen Umfeld) schon früh für das Unternehmen interessieren. **Digitale Bewertungsportale** für Arbeitgeber schaffen eine wachsende Transparenz, sodass »Luftschlösser« zeitnah erkannt werden. Eine nachhaltige und professionelle Arbeitgebermarkenführung kann nur gelingen, wenn in der Folge natürlich die Ausbildung bzw. die Tätigkeit selbst den kommunizierten Ansprüchen genügt und veränderte Anforderungen in Inhalt und Form berücksichtigt werden.

Die zentrale Herausforderung wird darin liegen, **Differenzierungspotenzial** zu entfalten und **positive Emotionen** für eine Krankenkasse als potenziellen Arbeitgeber auszulösen.

- **Gesundheitsmanagement**

Das Thema Gesundheit hat aufgrund des Geschäftszwecks in den Krankenkassen einen natürlichen hohen Stellenwert, auch in Bezug auf die eigenen Beschäftigten. Hierbei wird ein klarer Zusammenhang zwischen der Gesundheit und der Leistungsfähigkeit gezogen, beide Faktoren sind zentral für den Unternehmenserfolg. Die Kernfrage lautet: Wie kann die Arbeits- und Leistungsfähigkeit alternder Belegschaften erhalten bleiben? In den vergangenen Jahren haben zahlreiche Kassen vor dem Hintergrund des steigenden Durchschnittsalters und tendenziell steigender Fehlzeiten das **interne Gesundheitsmanagement** weiter **professionalisiert** und systematisiert. Dabei setzt sich zunehmend die Überzeugung durch, dass nur mit umfassenden Ansätzen Fehlzeiten dauerhaft zu senken und damit spürbare positive Effekte auf die Produktivität einer Krankenkasse zu erzielen sind. Neben der Verbesserung der **gesundheitsförderlichen Rahmenbedingungen** der Arbeit (z. B. Büroausstattung) wird daher auch der Aufbau von **dezentralen Netzwerkstrukturen** als ein erfolgversprechender Ansatz gesehen. In solchen Netzwerken identifizieren die Beschäftigten eigeninitiativ die im Arbeitskontext befindlichen Belastungsfaktoren. In Zusammenarbeit mit den Führungskräften werden Optimierungsansätze entwickelt. Zentrale Aufgabe des Personalmanagements ist es, derartig entwickelte »best practices« innerhalb der Unternehmen transparent zu machen und die Netzwerke in ihrer Arbeit zu unterstützen. Übergeordnet wird eine Grundhaltung in der Belegschaft befördert, welche neben das betriebliche Gesundheitsmanagement die individuelle Eigenverantwortung für die Gesundheit stellt.

- **Digitalisierung**

Analog zu anderen Branchen arbeiten viele Krankenkassen daran, die Potenziale der Digitalisierung für die Weiterentwicklung ihrer Geschäftsmodelle zu nutzen. Die Digitalisierung von Geschäftsprozessen wird einer der wichtigsten und vor allem von den Kassen selbst proaktiv zu gestaltenden Treiber für die eigene Leistungsfähigkeit und Produktivität; sie wird somit auch zur wesentlichen Einflussgröße für den qualitativen und quantitativen Personalbedarf der Zukunft.

Die Kassen stehen vor der Herausforderung, neben der Digitalisierung der Versicherten- und Arbeitgeberinteraktionen insbesondere auch die komplexen Beziehungen mit den unterschiedlichen Leistungserbringern zu digitalisieren – und das vor dem Hintergrund der im Gesundheitssystem besonders sensiblen Anforderungen hinsichtlich Datenschutz und Datensicherheit. Noch ist unklar, in welchen Bereichen (Prozessen), in welchem Maße und in welchen Zeiträumen sich die Digitalisierung auswirken wird. Dementsprechend ist derzeit auch noch nicht absehbar, welche konkreten Anforderungen auf die Personalarbeit zukommen werden; einige Aspekte zeichnen sich aber deutlich ab.

Zum einen geht es um die **Verfügbarkeit der Kompetenzen** zur Entwicklung und Umsetzung der digitalen Welten; hier stehen die Krankenkassen in einem sich weiter verschärfenden Wettbewerb nicht nur innerhalb des Gesundheitssystems, sondern auch mit privaten Unternehmen und Start-ups. Neben der aktiven Gestaltung der Arbeitgeberattraktivität wird das Personalmanagement voraussichtlich auch neue, flexible Wege möglich machen müssen (Stichwort NewWork); deren Ausgestaltung ist im öffentlich-rechtlichen System der GKV eine spezifische Herausforderung.

Zum anderen steht die Frage im Mittelpunkt, wie digitale Kompetenzen in der bestehenden Organisation und deren Beschäftigten entwickelt und gestärkt werden können. Hierbei geht es nicht nur um digitale Qualifizierungsmaßnahmen (z. T. auch zur umfassenden Nutzung bereits bestehender IT-Infrastrukturen und ihrer Potenziale), sondern insbesondere auch um den **digitalen und agilen »Mind-Set«** zur Etablierung von Digitalisierung als organisationale Kompetenz. Dies bezieht sich sowohl auf Mitarbeitende als auch auf Führungskräfte. Eine wichtige Frage ist die Verankerung in den Führungs- und Managementstrukturen und den relevanten Entscheidungsprozessen; erste Krankenkassen haben hierfür z. B. einen Chief Digital Officer (CDO) auf erster Führungsebene etabliert.

Eine weitere Herausforderung ist die Anpassung der **Ausbildungsinhalte** und -systeme der Kassen inkl. der analogen Fort- und Weiterbildungsstrukturen. Neben der Verankerung von Digitalisierung in Lerninhalten und insbesondere Lernformen stellt sich auch die

Frage, ob die Ausprägung einer spezifischen Krankenkassen-Informatik sinnvoll sein kann (analog z. B. dem Krankenkassen-Betriebswirt).

▪ Management von Veränderungen

Die Veränderungsprozesse im Zuge von **Restrukturierungen** und von Fusionen bedürfen einer engen personalwirtschaftlichen Begleitung. Zunächst bedarf es der aktiven Gestaltung der Arbeitsbedingungen, insbesondere, wenn mit den Restrukturierungen örtliche Veränderungen der Arbeitsplätze verbunden sind und Versetzungen von Mitarbeitenden erfordern. Einige Kassen haben hierfür **spezifische Tarifverträge oder Dienstvereinbarungen** abgeschlossen. Um einen unmittelbaren Arbeitsplatzabbau, insbesondere betriebsbedingte Kündigungen, zu vermeiden, sind derartige Vereinbarungen z. T. mit Klauseln zur Beschäftigungssicherung verbunden, z. B. einer befristeten Reduzierung der Arbeitszeit ohne Lohnausgleich.

Im Zuge der weiterhin stattfindenden **Fusionen von Kassen** ist das Personalmanagement erheblich gefordert. Es beginnt mit der systematischen Stärken-/Schwächen-Analyse der personellen Ressourcen sowie der Prozesse des Fusionspartners im Rahmen einer Human Resources Due Diligence Prüfung, d. h. einer sorgfältigen Analyse, Prüfung und Bewertung der personellen Ressourcen. Darüber hinaus zielt ein fusionsbegleitendes Integrationsmanagement auf das Zusammenwachsen zweier teils unterschiedlicher und kassenartenübergreifender Organisationen auf Ebene der Prozesse, des Personaleinsatzes und letztlich auf die Etablierung einer gemeinsamen Unternehmenskultur ab.

Strategische Herausforderungen für das System der Gesetzlichen Krankenversicherung

Im Gesamtsystem der GKV agieren die einzelnen Kassen in ihrem Personalmanagement geprägt durch den **steigenden Wettbewerbsdruck**. Im Zuge dieses Wettbewerbs werden diejenigen Krankenkassen erfolgreich sein, die mit ihrem Personalmanagement direkt auf die Erreichung von Unternehmenszielen ausgerichtet sind. Der erzielte **Wertschöpfungsbeitrag** zum Unternehmenserfolg resultiert aus der Fähigkeit des Personalmanagements, die Veränderungen in den Krankenkassen zu steuern, die Kompetenzen der Mitarbeitenden auszubauen und die Führungskompetenzen der Führungskräfte zu stärken. Als zusätzliches Differenzierungsmerkmal im Wettbewerb wird in den kommenden Jahren die Digitalisierung und Agilisierung als Antwort auf ein zunehmend dynamisches Wettbewerbsumfeld eine große Rolle spielen, für die das Personalmanagement mit dem notwendigen Kompetenzaufbau sowie der Gestaltung von flexibleren Arbeitsformen einen wichtigen Beitrag zu erbringen hat.

Der Wettbewerb führt zu **unterschiedlichen Mitgliederentwicklungen** einzelner Krankenkassen, die innerhalb der GKV insgesamt in hohem Maße lediglich Wechselbeziehungen innerhalb des Systems darstellen. Allen Akteuren würde daher eine höhere Flexibilität und Durchlässigkeit an der Schnittstelle zum Arbeitsmarkt helfen. Aus Sicht des Personalmanagements würde eine stärkere **Vereinheitlichung** der derzeit **kassenspezifischen Ausbildungs- und Qualifizierungsabschlüsse** den wesentlichen Beitrag leisten und dadurch die Kosten des Gesamtsystems verringern.

Insbesondere müssen vermehrt Berufsbilder geschaffen werden, die auch in anderen Bereichen des Gesundheitswesens und der Sozialversicherungen anerkannt und zunehmend etabliert sind. Ein positives Beispiel stellt der Kaufmann im Gesundheitswesen dar, der in der Erstausbildung den klassischen Sozialversicherungsfachangestellten zunehmend ergänzt bzw. sogar ersetzt.

Eine **verstärkte Durchlässigkeit** zum **externen Arbeitsmarkt** dient nicht nur der flexibleren Anpassung an einen voraussichtlich sinkenden Personalbedarf, sondern trägt auch zur notwendigen Sicherung der Attraktivität der Kassen als Arbeitgeber bei. Dies wird voraussichtlich insbesondere auch für die zukünftig erfolgskritischen digitalen Berufsbilder im komplexen System der Gesundheitsversorgung gelten.

5.3 Personalmanagement in Krankenhäusern

Julia Oswald, Dirk-R. Engelke, Christoph Winter, Barbara Schmidt-Rettig

5.3.1 Gesetzliche und strukturelle Rahmenbedingungen

Personal im Krankenhaus

Der stationäre Sektor beschäftigt ca. 1,2 Mio. Menschen und stellt damit einen der wichtigsten Beschäftigungsbereiche in Deutschland dar. ◘ Tab. 5.1 belegt die beschäftigungspolitische Bedeutung des Krankenhauses und vergleicht die Beschäftigungsentwicklungen für den Zeitraum zwischen 2008 und 2018. In diesem Zeitraum stieg die Anzahl der Beschäftigten in den Krankenhäusern um rd. 16 %. Während die Anzahl der Vollkräfte in den Gesundheitsberufen zwischen rund 10 und 28 % anstieg, nahm die Anzahl der Beschäftigten in den Wirtschafts- und Versorgungsdiensten, technischen Diensten und dem klinischen Hauspersonal weiter ab. Der Beschäftigungsanteil der Verwaltungsdienste und Sonderdienste entwickelte sich nach oben.

Im gleichen Zeitraum nahm die Anzahl der Krankenhäuser (−7,6 %) und Krankenhausbetten (−1,0 %) ab, während sich, u. a. bedingt durch die sinkenden Verweildauern, die Fallzahlen deutlich erhöhten (+10,7 %) (Statistisches Bundesamt 2020b). Der Anstieg der medizinischen Beschäftigten im Krankenhaussektor ist damit primär durch die Fallzahlsteigerung zu erklären. Ergänzend sei darauf hingewiesen, dass der Personalrückgang bei den technischen Diensten und den Versorgungsdiensten z. T. durch **Outsourcing**

◘ **Tab. 5.1** Entwicklung des Krankenhauspersonals (Beschäftigte umgerechnet in Vollkräfte) von 2008 bis 2018. (Mod. n. Statistisches Bundesamt 2020a)

Berufsgruppen	2008		2018		Abs. Veränd. 2008–2018	Veränd. in % 2008–2018
	Anzahl	Anteil in %	Anzahl	Anteil in %		
Ärzte	128.117	16,1	164.636	18,1	36.519	28,5
Pflegedienst	300.417	37,7	331.370	36,4	30.953	10,3
Medizinisch-technischer Dienst	125.438	15,7	154.788	17,0	29.350	23,4
Funktionsdienst	88.414	11,1	112.386	12,3	23.972	27,1
Klinisches Hauspersonal	13.063	1,6	9476	1,0	−3587	−27,5
Wirtschafts- u. Versorgungsdienst	46.002	5,8	37.141	4,1	−8860	−19,3
Technischer Dienst	17.681	2,2	16.332	1,8	−1349	−7,6
Verwaltungsdienst	57.326	7,2	65.019	7,1	7693	13,4
Sonderdienste	4017	0,5	5238	0,6	1220	30,4
Sonstiges Personal	17.080	2,1	13.981	1,5	−3098	−18,1
Personal insgesamt (VK)	797.554	100,0	910.366	100,0	112.813	14,1
Schüler/-innen, Auszubildende	73.891		84.424		10.533	14,3
Personal insgesamt (Köpfe)	1.078.212		1.251.765		173.553	16,1

5

Tab. 5.2 Personalkosten 2018. (Mod. n. Statistisches Bundesamt 2020b)

Kostenart	2018	
	Personalkosten in T€	Anteil in %
Ärzte	21.397	32,7
Pflegedienst	19.852	30,3
Medizinisch-technischer Dienst	9158	14,0
Funktionsdienst	6922	10,6
Klinisches Hauspersonal	365	0,6
Wirtschafts- u. Versorgungsdienst	1629	2,5
Technischer Dienst	1005	1,5
Verwaltungsdienst	4174	6,4
Sonderdienste	345	0,5
Sonstiges Personal	607	0,9
Personal insgesamt	65.453	100,0

von Leistungsbereichen verursacht wurde, die nunmehr durch externe Dienstleister erbracht werden.

Die Personalkosten machten im Jahr 2018 insgesamt 61,1 % der gesamten Kosten eines Krankenhauses aus (Statistisches Bundesamt 2020b). Die Aufteilung der Personalkosten auf die einzelnen Berufsgruppen stellt Tab. 5.2 dar.

Gestaltungsfelder des Personalmanagements

Ebenen des Personalmanagements

In Anlehnung an das Managementkonzept von Bleicher (1991) und Abbeglen und Bleicher (2021) kann im Personalmanagement zwischen »normativem Management«, »strategischem Management« und »operativem Management« unterschieden werden. Aufgrund der Anforderungen an das Krankenhausmanagement, die sich aus den Besonderheiten der Krankenhausleistung und -produktion ergeben und als Spannungsverhältnis zwischen klinischer Selbststeuerung und betriebswirtschaftlicher Unternehmenssteuerung äußern, ist eine Erweiterung des Managementansatzes um das dispositive Management vorzunehmen (Abb. 5.5). Das dispositive Management bezieht sich in der Regel auf einzelne Fachabteilungen/Zentren. Die eher mittelfristigen Entscheidungen werden durch die Krankenhausleitung allein oder gemeinsam in Abstimmung mit der Bereichsleitung im Rahmen der strategischen Vorgaben getroffen. Strategische Entscheidungen betreffen hingegen häufig das gesamte Krankenhaus. Das operative Management umfasst die kurzfristigen, ablauforientierten Entscheidungen im Rahmen der dispositiven Vorgaben (s. ausführlich: Oswald et al. 2017).

Personalmanagement auf der Ebene des **normativen Managements** beinhaltet insbesondere die Entwicklung der Unternehmensverfassung mit Regelungen zu den wirtschaftlichen Gestaltungsspielräumen und -grenzen der Führungskräfte, der Unternehmenspolitik, dessen Bestandteil die Personalpolitik ist, sowie der Unternehmenskultur (gelebte Werte und Normen), die auf die Stärkung der Identifikation der Führungskräfte und Mitarbeiter mit dem Unternehmen ausgerichtet ist. Auf dieser normativen Grundlage werden die Grundausrichtungen für Organisations- und Managementsysteme, Geschäftsfelder sowie Verhaltensgrundsätze abgeleitet.

Auf der **strategischen Ebene** können die Gestaltungsfelder des Personalmanagements (Personalbedarf, -beschaffung, -veränderung, -kostenmanagement und -führung) unter den Aspekten der Unternehmensziele und der externen und internen Rahmenbedingungen (Strukturen, rechtliche und ökonomische Einflüsse, Innovation etc.) bestimmt werden. Mit der Festlegung der Versorgungsschwerpunkte des Krankenhauses werden auch die Art, die Struktur und die Qualität der Patientenversorgung bestimmt. Daraus folgt die Potenzialplanung, die u. a. die Planung des Krankenhauspersonals beinhaltet. Das bedeutet, dass das strategische Personalmanagement aus den strategischen Grundsatzaufgaben des Krankenhauses personalwirtschaftliche Ziele ableitet und Personalstrategien konkretisiert, diese

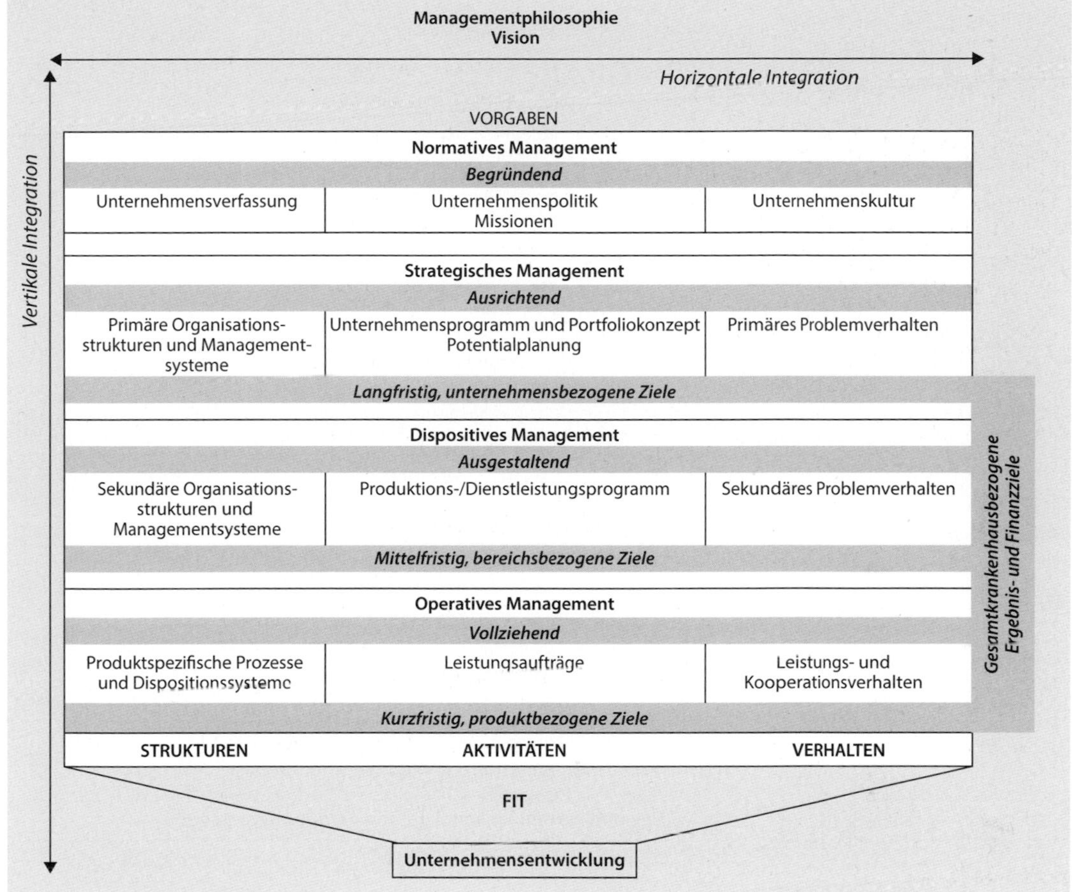

Abb. 5.5 Zusammenhang von normativem, dispositivem, strategischem und operativem Management. (Eichhorn und Oswald 2017, in Anlehnung an Bleicher 1991 bzw. Abbeglen und Bleicher 2021)

implementiert und ihre Umsetzung in dispositive und operative Handlungsprogramme sicherstellt.

Die **dispositive Ebene** befasst sich mit der bereichs-, team- oder berufsgruppenspezifischen Ausgestaltung der personalbezogenen Funktionen. Es geht um die Definition von Aufgaben, Kompetenzen und Verantwortung, die Festlegung von Verfahrensgrundsätzen und Methoden sowie die Konkretisierung der Anreizsysteme und der Führungsstile- und grundsätze.

Auf der **operativen Ebene** können den Gestaltungsfeldern des Personalmanagements dann die ausführungsbezogenen, kurzfristigen Maßnahmen zugeordnet werden.

Dieses Kapitel konzentriert sich im Folgenden auf mögliche Gestaltungsfelder und exemplarische Konkretisierung des Personalmanagements auf der strategischen, dispositiven und operativen Ebene (Abb. 5.6).

▪ Externe und interne Rahmenbedingungen des Personalmanagements auf strategischer Ebene

Die strategischen Gestaltungsfelder des Personalmanagements werden durch die Unternehmensziele sowie die externen und internen Rahmenbedingungen bestimmt. Der Krankenhausmarkt wird, insbesondere durch die Krankenhausfinanzierung, in Form von

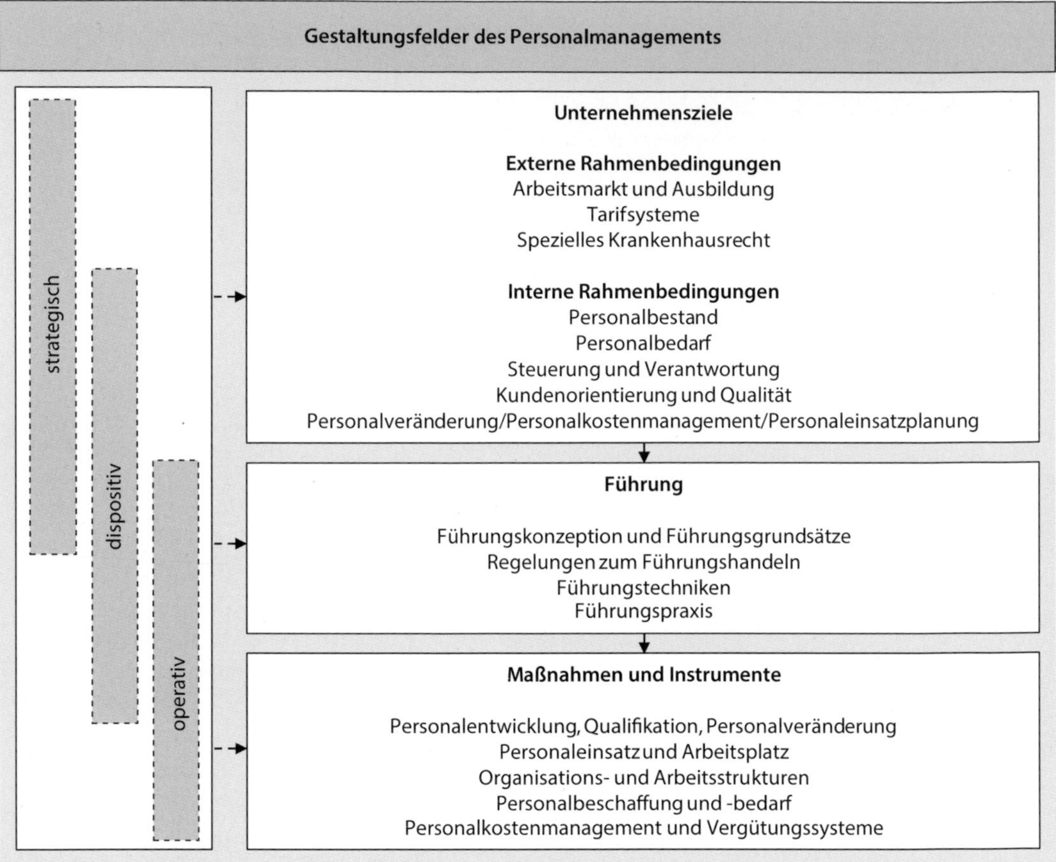

Abb. 5.6 Gestaltungsfelder des Personalmanagements auf strategischer, dispositiver und operativer Ebene. (Engelke und Oswald 2017)

einheitlichen Preisen für jeweilige Krankheitsartengruppen – den **Diagnosis Related Groups (DRGs)** unter Berücksichtigung von Systemmodifikationen (z. B. Vergütung der Pflegepersonalkosten über das Pflegebudget), dem **Entgeltsystem Psychiatrie, Psychotherapie und Psychosomatik (PEPP)** und den Nachfrageverschiebungen infolge der »**Integrierten Versorgung**« und der »**Ambulantisierung**« der Medizin geprägt. Dabei wird es sowohl zu erheblichen Verschiebungen in der Leistungsmenge (Kapazitäten) als auch zu Veränderungen bei der Art der Leistungserbringung kommen. Diese Rahmenbedingungen werden zukünftig zu einer Auflösung der bisher bestehenden sektoralen Trennung zwischen ambulanter, stationärer und rehabilitativer/pflegerischer Versorgung führen. Von einem Vorrang der ambulanten vor der stationären Versorgung ist auszugehen.

Die Aufgaben des Personalmanagements werden damit ausgehend von den aktuellen Strukturen insbesondere durch **Neuausrichtungen des Versorgungsangebotes** (Unternehmensentwicklungen der Krankenhäuser) bestimmt sein. Weiterhin werden durch fallpreisorientierte Entgeltsysteme zur Erhaltung der Wettbewerbsfähigkeit die Kosten und Erlöse für die verschiedenen Leistungsbereiche und Produkte (**DRG-Fallgruppen, PEPP-Fallgruppen**) zu analysieren sein, um nachhaltig die **Erhaltung der Wettbewerbsfähigkeit** zu gewährleisten. Darüber hinaus wird der Aspekt »**Qualität**« der Leistung einen zunehmend wichtigeren »Wettbewerbsfaktor« darstellen (siehe hierzu auch die gesetzlichen Anforderungen zur internen und externen Qualitätssicherung gemäß den Bestimmungen des Sozialgesetzbuches V [SGB V] sowie zur qualitätsorientierten Krankenhausplanung und -finanzierung auf Grundlage des Krankenhausstrukturgesetz, das im Jahr 2016 in Kraft getreten ist) (vgl. auch ► Abschn. 2.3).

Diese Entwicklungen der externen Rahmenbedingungen werden nachhaltig einen flexiblen Anpassungsbedarf an die Umwelt auslösen. Krankenhäuser können unter solchen Bedingungen nur dann überleben, wenn sie intern eine organisatorische und führungsbezogene Stabilität aufweisen, d. h., der bisher hohe (nicht wertschöpfende) Integrations-, Harmonisierungs- und Koordinationsaufwand muss zugunsten **effektiver** und **effizienter patientenorientierter Behandlungs- und Geschäftsprozesse** reduziert werden.

Krankenhäuser müssen dabei als Expertenorganisationen verstanden werden. **Expertenorganisationen** sind dadurch gekennzeichnet, dass der einzelne Mitarbeiter infolge seines qualitativ hochwertigen individuellen Fachwissens als sog. Experte eine hohe Handlungsautonomie besitzt, wobei sein großes fachliches Spezialwissen Voraussetzung für die Ausübung seiner Expertentätigkeit ist. Dabei bildet die Leistungsfähigkeit des Experten die Grundlage für das Wissenskapital der Organisation. Organisationstheoretisch besteht die Schwierigkeit darin, die fachlich autonomen Experten (im Krankenhaus die sog. klinische Autonomie der leitenden Ärzte) organisatorisch und finanziell in den gesamten Betrieb einzubinden. Dies ist besonders deshalb schwierig, weil die Expertentätigkeit in öffentlichen Betrieben in aller Regel mit einem unkündbaren Arbeitsverhältnis verbunden ist (Schmidt-Rettig 2017).

Die Anforderungen an das Personalmanagement unter veränderten externen Rahmenbedingungen und zukunftsweisenden Managementstrukturen zielen daher auf eine **Intensivierung der Management- und Führungskompetenz** auf allen Leistungsebenen des Krankenhauses. Diese Anforderungen lassen sich durch sechs Schwerpunkte charakterisieren (Schmidt-Rettig 2002):

Anforderungen an das Personalmanagement

1. Berücksichtigung der Besonderheiten von Krankenhäusern als Expertenorganisationen
2. Berücksichtigung der veränderten Managementanforderungen an Ärzte und Pflegende
3. Berücksichtigung der veränderten Anforderungen an den kaufmännisch/administrativen Bereich
4. Berücksichtigung von Bedürfnissen und Anreizmechanismen der verschiedenen Berufsgruppen, insbesondere der Personalentwicklung
5. Berücksichtigung der erforderlichen Sozial- und Kommunikationskompetenz für die Dienstleistungen eines Krankenhauses
6. Berücksichtigung der veränderten Wahrnehmungen personalpolitischer Fragestellungen

Die für das Personalmanagement relevanten externen Rahmenbedingungen umfassen insbesondere die folgenden Bereiche:

Externe Rahmenbedingungen

- Arbeitsmarkt und Ausbildung
- Technologische Entwicklung und Behandlungsmethoden
- Individuelles und kollektives Arbeitsrecht
- Tarifsysteme
- Spezielles Krankenhausrecht

Eine Beobachtung des **externen Arbeitsmarkts** stellt eine erste wichtige strategische Personalmanagementaufgabe dar. Hierzu gehören die Analysen von Veröffentlichungen der Arbeits- und Statistikämter, Berufsverbände und Stellenanzeigen. Dabei ist von Bedeutung, inwieweit der Arbeitsmarkt kurz- und mittelfristig ausreichend den Anforderungen der Organisation entsprechende Arbeitskräfte zur Verfügung stellt und andererseits auch freigesetzte

Arbeitskräfte absorbiert. Für die Personalbeschaffung ist dabei auch die **Attraktivität des eigenen Unternehmens** für externe Bewerber von erheblicher Bedeutung.

In Ergänzung zur Beobachtung der Arbeitsmarktentwicklung ist eine Beobachtung und Analyse von Ausbildungsinhalten, insbesondere im Hinblick auf die an die Bewerber gestellten Qualifikationsanforderungen (z. B. eine Spezialisierung in bestimmten Bereichen), wichtig. Anzumerken ist hier prinzipiell, dass für Gesundheitsberufe Ausbildungsinhalte gesetzlich geregelt sind, z. B. durch die Bundesärzteordnung und das Krankenpflegegesetz.

Für die Umsetzung von Personalveränderungen sind weiterhin auch die **technologischen Entwicklungen und neue Behandlungsmethoden** einer Bewertung zu unterziehen, um Maßnahmen zur Innovation und Flexibilisierung der Produkte und/oder der Geschäftsfelder realisieren zu können. Hierbei ist auch die Rolle und Kompetenz des Gemeinsamen Bundesausschusses nach § 91 SGB V hinsichtlich der Zulassung bzw. Nichtzulassung von Behandlungsmethoden für die Leistungsgewährung im Bereich der Gesetzlichen Krankenversicherung zu beachten.

Personalmanagement wird neben den strategischen Zielsetzungen des Unternehmens insbesondere auch durch die **arbeitsrechtlichen Regelungen** bestimmt. Die zu beachtenden Vorschriften werden in Deutschland in einer Vielzahl von Gesetzen und Verordnungen sowie durch vertragliche Regelungen der Tarifvertragsparteien bestimmt und durch jeweils aktuelle Rechtsprechungen weiter konkretisiert. Systematisch ist hierbei zwischen dem **Individualvertragsrecht** und dem **kollektiven Arbeitsrecht** zu unterscheiden.

Durch das **Betriebsverfassungsgesetz** werden dabei Fürsorge- und Unterrichtspflichten des Arbeitgebers, z. B. zum Arbeitsplatz oder im Fall einer Kündigung, bestimmt. Durch das **kollektive Arbeitsrecht** stehen den Beschäftigten gesonderte Mitwirkungs- und Mitbestimmungsrechte durch die Einsetzung einer entsprechenden Interessenvertretung (Betriebsrat) zu. Dieses Recht beinhaltet die Beteiligung (Beratung oder Mitbestimmung) an der Personalplanung, bei der Ausschreibung von Arbeitsplätzen, bei Auswahlrichtlinien sowie bei personellen Einzelmaßnahmen (z. B. Eingruppierung). Durch die Unternehmensmitbestimmung (Betriebsverfassungsgesetz, Mitbestimmungsgesetz) werden weiterhin verschiedene Beteiligungsformen von Arbeitnehmervertretern in den Leitungs- und Kontrollorganen der Unternehmen vorgegeben. Zu den wichtigsten arbeitsrechtlichen Normen gehören das Arbeitszeitgesetz, das Betriebsverfassungsgesetz, das Bundesdatenschutzgesetz, das Entgeltfortzahlungsgesetz, das Kündigungsschutzgesetz, das Jugendarbeitsschutzgesetz, das Personalvertretungsgesetz und das Tarifvertragsgesetz.

Dem Personalmanagement kommt dann die Aufgabe zu, die gesetzlichen Regelungen bei strategischen, dispositiven und operativen Entscheidungen zu berücksichtigen und – soweit möglich – durch vertragliche Ausgestaltungen mit den Arbeitnehmervertretern Gestaltungsspielräume unter Einbeziehung der unternehmensinternen Bedingungen und Interessen des Unternehmens zu nutzen.

Das deutsche Vergütungssystem ist insbesondere durch **Flächentarifverträge** für bestimmte Branchen bestimmt. Im Krankenhaussektor ist das Vergütungssystem wesentlich durch die Tarifsysteme des öffentlichen Dienstes beeinflusst, die in den wesentlichen Merkmalen bisher auch von den freigemeinnützigen Krankenhausträgern angewandt wurden. Insbesondere in Veränderungsphasen und bei sinkenden Einnahmen stellen die bestehenden Tarifsysteme Restriktionen für notwendige Anpassungsprozesse zur Entwicklung leistungsfähiger Unternehmen dar. Insbesondere private und freigemeinnützige Krankenhausträger haben vor diesem Hintergrund in den letzten Jahren eigene **Haustarifverträge** abgeschlossen, in denen neue Entgeltformen und leistungsbezogene Entgeltbestandteile vereinbart wurden.

Ein strategisches Personalkostenmanagement der Krankenhäuser wird vor dem Hintergrund der volkswirtschaftlichen Rahmenbedingungen, der Entwicklungen im Bereich der Krankenhausfinanzierung und den neuen Wettbewerbsbedingungen damit zukünftig auch neue Grundsätze der Lohn- und Gehaltspolitik entwickeln und umsetzen müssen.

Die Krankenhauswirtschaft ist dabei weiterhin noch als ein **stark ordnungspolitisch** regulierter Wirtschaftszweig zu typisieren. Dies betrifft insbesondere die Regularien zur Krankenhausplanung (Festlegung der Standorte und Leistungsbereiche/Fachdisziplinen) für den Marktzugang und die »regulierte« Preisbildung durch die Festlegungen der zugelassenen Produkte, der Bestimmung der Bewertungsrelationen und der Festlegungen des »Preisniveaus« durch Vereinbarungen der Selbstverwaltung bzw. im Nicht-Einigungsfall durch Schiedsämter (zu Details der Krankenhausplanung und Vergütung ► Abschn. 2.3 und 4.3).

Hiermit werden »normativ« vorgegebene Erlösstrukturen bestimmt, die durch die Krankenhäuser hinsichtlich ihrer Leistungs- und Kostenplanung zu berücksichtigen sind. Dies beinhaltet, dass Entscheidungen für den möglichen Ressourceneinsatz, insbesondere Personaleinsatz, durch die extern vorgegebenen **Preisstrukturen** nicht über den Markt im Preis abbildbar sind. Darüber hinaus werden die Personaleinsatzplanung und Arbeitsplatzgestaltung durch **gesetzliche Vorgaben zum Krankenhausbetrieb** (räumliche und personelle Vorgaben, Betriebstechnik, Ausstattung) und **Vorschriften zur Berufsausübung** bestimmt. Der Gestaltungsspielraum der Krankenhäuser im Bereich des Personalmanagements wird somit auch durch diese Rahmenbedingungen reguliert. Weitere gesetzliche Vorgaben hinsichtlich von Qualitätsstandards (z. B. Mindestmengenregelungen, Qualifikation) müssen ebenso im Rahmen von Personalmanagementstrategien und Geschäftsbereichsstrategien berücksichtigt werden (vgl. ► Abschn. 2.3). Darüber hinaus bestehen für bestimmte Leistungsbereiche (z. B. psychiatrische Versorgung) gesetzlich vorgegebene Personalzahlen, die – aufbauend auf einer Patientenklassifikation – den spezifischen Personaleinsatz nach Menge und Qualifikation vorgeben.

Werden durch diese normativen, gesetzlichen Vorgaben die Handlungsspielräume im Personalmanagement (Personalbedarf, -einsatz) eingeengt, so muss umso mehr versucht werden, durch gezielte Abstimmung zwischen den Geschäftsbereichen beim Management des Personalbestands und -bedarfs, **qualitative und wirtschaftliche Synergien** zu erzielen.

Dem Personalmanagement kommt dann insbesondere die Bedeutung zu, für den »Potenzialfaktor Personal« Bewertungen hinsichtlich des Personalbestandes, des Personalbedarfs, der Personaleinsatzplanung und der Personalkosten unter **strategischen Zielsetzungen** und **dispositiven Konkretisierungen** durchzuführen und hierfür **operative Maßnahmen** umzusetzen.

Nachfolgend werden exemplarisch für die Bereiche der Personalbedarfsermittlung, der Personalentwicklung, des Personal-Controllings, der Leitungsorganisation eines Krankenhauses und seiner Abteilungen, des Designs von Anreizsystemen und der Ausgestaltung von Führungsstilen und -grundsätzen mögliche Handlungsoptionen des Personalmanagements dargestellt.

5.3.2 Praktische Umsetzung

Personalbedarfsermittlung als Instrument des Personalmanagements

▪ Ziele der Personalbedarfsermittlung

Das Hauptziel der Personalbedarfsermittlung besteht in der Anpassung der Personalkapazitäten an den jeweils aktuellen Bedarf.

Grundlagen für die Personalbedarfsermittlung

- Leistungsplanungen nach Art und Umfang
- Räumlich-funktionale Verhältnisse
- Technische Ausstattung
- Informations- und kommunikationsbezogene Ausstattung und Regelungen
- Ablauforganisation
- Zeitliche Anforderungen (24-h-Bereitschaft, Arbeitsspitzen etc.)
- Arbeitsrechtliche Vorschriften
- Spezifische krankenhausbezogene Gesetze und Verordnungen
- Qualitätsbezogene Standards
- Mitarbeiterbezogene Vereinbarungen

Hierbei sollen durch einheitliche und valide Kriterien und Bewertungsverfahren nachvollziehbare und verlässliche Kalkulationsverfahren zum Personalbedarf bestimmt werden. Die Personalbedarfsberechnungen sind damit auch eine Grundlage für die anschließenden dispositiven Maßnahmen zur Optimierung der Arbeitsabläufe und Arbeitsorganisation, wie die Erarbeitung von Stellen- und Personaleinsatzplänen, die Definition von Arbeitsinhalten (Verantwortung, Aufgaben, Stellenbeschreibung), die Gestaltung des Arbeitsplatzes und die Gestaltung von Arbeitszeitregelungen. Hierbei stehen, neben der Optimierung der internen Ressourcenverteilung im Rahmen der Budgetplanung, das Erreichen von Planungszielen für die geplante Leistungsentwicklung sowie Qualitätsstandards im Vordergrund. Mit der Personalbedarfsermittlung werden damit auch folgende Aspekte aufgenommen:

Aspekte der Personalbedarfsermittlung

- Leistungsbezogenheit und Leistungsfähigkeit
- Finanzierbarkeit
- Akzeptanz und Nachvollziehbarkeit durch die unternehmensinternen Mitarbeiter sowie durch die externen Kunden (Krankenkassen, Versicherte, Patienten)

▪ Grundlagen der Personalbedarfsermittlung im Krankenhaus

Die Verfahren der Personalbedarfsermittlung beinhalten fünf Ansätze:

Verfahren der Personalbedarfsermittlung

1. Unternehmensinterne Leistungsermittlung und -bewertung nach der Leistungseinheitsrechnung
2. Anhaltszahlen und Kennzahlen
3. Arbeitsplatzmethode
4. Erlösorientierte Personalbedarfsermittlung
5. Gesetzliche Verordnungen zur Ermittlung des Personalbedarfs

Zur **unternehmensinternen Leistungsermittlung und -bewertung** werden durch den Einsatz **arbeitswissenschaftlicher Methoden** unter Berücksichtigung der jeweiligen räumlich-funktionalen Gegebenheiten, der Art und des Umfangs von Aufgaben bzw. ggf. von Zusatztätigkeiten, der Dienstplangestaltung und der Arbeitsablauforganisation, Bewertungen der Mitarbeiter durchgeführt (Staehle et al. 2017; REFA 1997; Friesdorf et al. 1994; Kaminsky 1980). Auf dieser Grundlage wird dann – unter Beachtung weiterer Rahmenbedingungen, wie z. B. tariflicher Arbeitszeiten, Fehlzeiten, der Finanzierbarkeit, des Arbeitsmarktes und des Arbeitsrechts – eine **unternehmensinterne Personalbedarfsermittlung** abgeleitet.

Ziel der Leistungseinheitsrechnung ist die Feststellung des Arbeitsaufwandes, der zur Ausführung einer bestimmten Leistung anfällt. Dazu werden der Zeitaufwand je Leistungseinheit und die Häufigkeit der Leistungseinheiten innerhalb einer Periode ermittelt. Als Ergebnis wird der **errechnete Zeitaufwand zu den Soll- oder Ist-Zeiten der den Leistungsaufgaben zugewiesenen Arbeitskraft** in Relation gesetzt. Die Leistungseinheitsrechnung kann nur bei Leistungsaufgaben angewandt werden, die als Grundlage die Zeit für die einzelne Leistung beinhalten, wie z. B. bei Leistungen der Anästhesie, des Labors, der Küche oder der Wäscherei.

Bei **Anhaltszahlen und Kennzahlen** besteht im Krankenhausbereich die Tradition, die Personalbedarfsermittlung sowohl für die interne Personalplanung als auch teilweise für die externe Budgetverhandlung mit den Sozialversicherungsträgern durchzuführen. Anhaltszahlen wurden Mitte der 1960er Jahre wesentlich von der Deutschen Krankenhausgesellschaft für verschiedene Berufsgruppen und Leistungsbereiche auf der Grundlage von Untersuchungen in Krankenhäusern entwickelt und systematisiert. In den Folgejahren wurden sie unter Berücksichtigung von z. B. Arbeitszeitentwicklungen fortgeschrieben (Deutsche Krankenhausgesellschaft 1974).

Anhaltszahlen basieren dabei einerseits auf der Ermittlung eines Leistungsbedarfs für die Versorgung einer bestimmten Anzahl von Patienten und ggf. für die Bereitstellung von Sekundärleistungen, wie z. B. der Speisenversorgung oder der Wäsche. Sie werden nach Dienstarten (Ärztlicher Dienst, Pflegedienst, Medizinisch-technischer Dienst) und/oder Bewertungen für Leistungseinheiten in den verschiedenen Funktions- und Versorgungsbereichen (Röntgendiagnostik, Labor, Wäscherei, Schreibdienst etc.) unter Berücksichtigung der tariflichen Arbeitszeiten und Ausfallzeiten differenziert. Weiterhin sind bei der Kennzahlenbesetzung der zeitliche Umfang der Leistungserstellung und -bereitschaft (24-h-Leistungsbereitschaft, Bereitschaftsdienste, Schichtdienste, Übergabezeiten) sowie mögliche Kriterien für Mindestbesetzungen zu berücksichtigen (Plücker 2012; Daul und Vahlpahl 1995).

Methodisch wird dabei häufig ein sog. **Basisbedarf** für allgemeine Routineleistungen, wie z. B. Aufnahmeuntersuchung, Visiten, Gespräche mit Patienten oder Kontrolluntersuchungen zugrunde gelegt, der ggf. differenziert wird nach

- **fallfixen** (Aufwand für Anamnese, ärztlich vorbehaltener Dokumentation, Aufklärungsgespräche, die zwar fachabteilungsspezifisch unterschiedlich, aber grundsätzlich unabhängig davon sind, ob der Patient 3 oder 6 Tage im Krankenhaus verbleibt) und
- **verweildauervariablen Zeitwerten** (z. B. Visiten, Dienstbesprechungen).

Diese Leistungsberechnungen können ergänzt werden in Form von

- **Zuschlägen für medizinische oder pflegerische Einzelleistungen** (z. B. Operationsleistungen, funktionsdiagnostische Leistungen, Laborleistungen, spezielle behandlungspflegerische Leistungen).

Auf diese Weise können auch Leistungsverdichtungen unter Beachtung, des fallvariablen Aufwands (Aufwand, der abhängig von der fachspezifischen Art der Erkrankung und der hieraus notwendigen Leistungen im Rahmen der Diagnostik und Therapie ist), sowie des Case-Mix-Index (Mehr- oder Minderaufwand, der durch die Schwere der Erkrankung entsteht) berücksichtigt werden (Plücker 2012).

Die zuvor angeführten **Kennzahlensysteme haben keinen gesetzlich verbindlichen Charakter**.

Bei der **Arbeitsplatzmethode** wird je Arbeitsplatz die Anwesenheitszeit für die Woche oder das Jahr festgelegt, der erforderliche Zeitaufwand errechnet und in Relation zu der Soll- oder Ist-Zeit einer Kraft gesetzt. Dieses ist notwendig, um die täglich und wöchentlich erforderliche Anwesenheitszeit zur Ausführung bestimmter Leistungen festzustellen. Angewandt wird die Arbeitsplatzrechnung bei Arbeitsplätzen, die eine andauernde Anwesenheit des Personals erfordern, das zu verschiedenen Zeiten in unterschiedlichem Umfang in Anspruch genommen wird, wie z. B. in der Krankenhausaufnahme, in der Telefonzentrale und bei Bereitschaftsdiensten. Schwierig wird diese Form der Personalbedarfsermittlung, wenn an verschiedenen Wochentagen mehrere Personen mit unterschiedlichen Arbeitszeiten anwesend sein müssen.

Die gesetzlichen Vorgaben zur Finanzierung des Personalbedarfs sind für somatische und für psychiatrische Krankenhäuser unterschiedlich geregelt.

Mit der Umstellung der Krankenhausfinanzierung im somatischen Bereich auf ein Entgeltsystem mit administrierten Preisen (G-DRG-System) etablierte sich die **erlösorientierte Personalbedarfsermittlung**. Hierbei wird der berufsgruppenbezogene Personalbedarf aus den empirisch ermittelten Erlösanteilen der Fallpauschalen auf der Grundlage der jährlich mit dem G-DRG-Reportbrowser veröffentlichten InEK-Kalkultationsmatrix abgeleitet. Aus den Berechnungen wird eine personelle Über- bzw. Unterdeckung ermittelt, wenn mehr oder eben weniger Vollkräfte eingesetzt werden als über Erlöse finanziert sind (Plücker 2015). Es wird damit kein Bezug zum tatsächlichen Personalbedarf in den einzelnen Krankenhäusern hergestellt.

Um die nicht über die Investitionsförderung der Länder notwendigen Investitionen und die ebenfalls nicht vollständig über das Vergütungssystem gedeckten Tarifsteigerungen refinanzieren zu können, wurde dieses Verfahren in einer Vielzahl von Krankenhäusern in den letzten Jahren ausgebaut. Die durchgeführten erlösorientierten Personalbedarfsermittlungen und -entscheidungen sowie der Fachkräftemangel in der Pflege führten dazu, dass ein Personalaufbau in den letzten Jahren eher in den erlösnahen Arztbereichen und ein Personalabbau in erlösfernen Berufsgruppen wie Pflege erfolgten (Oswald und Bunzemeier 2020; Augurzy et al. 2016).

Aufgrund dieser Entwicklungen wurden in jünster Zeit seitens der Gesundheitspolitik verschiedene Maßnahmen ergriffen, die Anreize zur Verbesserung der Personalausstattung und -finanzierung der Pflege in den Krankenhäusern setzen sollen. Diese betreffen gemäß der Personaluntergrenzenverordnung (PPUGV) und des Pflegepersonal-Stärkungsgesetz (PpSG):

- Pflegepersonaluntergrenzen in sogenannten pflegesensitiven Bereichen;
- Einführung eines Pflegepersonalquotienten mit einer Untergrenze, der das Verhältnis des Gesamtpflegeaufwandes eines Krankenhauses zu den Vollkräften in der Pflege darstellt (Gesamthausansatz);
- vollständige Finanzierung von Tarifsteigerungen in der Pflege;
- Herauslösen der Pflegepersonalkosten aus den G-DRGs und Einführung eines Pflegebudgets nach dem Selbstkostendeckungsprinzip;
- getrennte Vergütung von Pflegepersonalkosten und sonstigen Betriebskosten.

Da diese Verordnungen zur Mindestausstattung und die Finanzierung des Pflegepersonals keinen Leistungsbezug aufweisen, fordern gegenwärtig zahlreiche Organisationen und Verbände von der Politik bedarfsgerechte Vorgaben zur Personalbesetzung im Pflegedienst der Krankenhäuser. In diesen wird die **Pflegepersonal-Verordnung (PPR)** in modifizierter Form (PPR 2.0) als geeignetes internes und externes Leistungserfassungsintrument gesehen.

Die **PPR** galt von 1993 bis 1996 als verbindliche Vorgabe für die Finanzierung und wird seitdem auf freiwilliger Basis für interne Zwecke des Personalmanagements in einigen Krankenhäusern sowie zur Kalkulation der G-DRGs eingesetzt. Die PPR von 1992 basiert dabei auf einem Klassifikationssystem, in dem der Patient hinsichtlich verschiedener Merkmale der Pflegeabhängigkeit und Pflegeintensität für Grundleistungen, erweiterte Leistungen und besondere Leistungen eingestuft wird. Für die jeweiligen Einstufungsgruppen sind **Minutenwerte** hinterlegt, die dann die Grundlage für die Ermittlung des Leistungsbedarfs und die Überleitung für den Personalbedarf bilden. Sie geht von einem theoriegeleiteten, unter pflegewissenschaftlicher Beratung erstellten patientenorientierten Ansatz aus.

Mit der **PPR 2.0** legten die Deutsche Krankenhausgesellschaft (DKG), der Deutsche Pflegerat (DPR) und die Vereinte Dienstleistungsgewerkschaft (ver.di) dem Bundesministerium für Gesundheit (BMG) im Jahr 2020 ein grundlegend überarbeitetes Konzept zur Personalbessmessung in der Pflege vor. Die Modifikationen der PPR beziehen sich auf eine Aktualisierung der Grund- und Fallwerte. Außerdem erfolgte eine (Neu-)Bewertung der fachlich-inhaltlichen Leistungsinhalte der allgemeinen und speziellen Pflege. Erwartet wird seitens der Herausgeber eine verbindliche Einführung des Instrumentes durch den Gesetzgeber zur Ermittlung des Pflegepersonalbedarfs eines Krankenhauses für die unmittelbare Patientenversorgung auf allen bettenführenden Stationen bei gleichzeitigem Verzicht auf die gesetzlich festgelegten Pflegepersonaluntergrenzen (PUG) und ihre Ausweitung. **Allerdings kann aufgrund der derzeitigen Arbeitsmarktlage nicht zwingend davon ausgegangen werden, dass Krankenhäuser zukünftig ihre Personalausstattung in der Pflege erhöhen und erweitern (können).**

Einen **erweiterten Ansatz** zur analytischen Herleitung des Pflegebedarfs könnte in Form einer Kostendefinition je Behandlungsfall auf der Basis von interdisziplinären Behandlungspfaden erfolgen. Hierzu sind die Pflegeleistungen je Behandlungspfad zu definieren und, davon ausgehend, die fallfixen und verweildauerabhängigen Personalkosten des Behandlungsfalls zu ermitteln (Schmidt-Rettig 2017).

Ähnlich wie die Pflegepersonal-Verordnung stellt die **Psychiatrie-Personalverordnung (Psych-PV**, vom 18. Dezember 1990 zuletzt geändert am 21. Juli 2014) ein Klassifikationssystem der Patienten nach Behandlungsbereichen für die Erwachsenen- sowie für die Kinder- und Jugendpsychiatrie dar, dem je Behandlungsbereich und für verschiedene Berufsgruppen Arbeitszeiten zugeordnet werden. Auf der Grundlage der **Einstufung der Patienten** wird der Personalbedarf ermittelt und im Rahmen der Pflegesatzverhandlungen budgetwirksam zwischen Krankenhaus und Krankenkassen vereinbart. Die gesetzlichen Regelungen zum neuen Budgetsystem mit pauschalen Tagesentgelten in der Psychiatrie (PEPP-System) ab 2017 sahen zunächst weiterhin eine Umsetzung verbindlicher Mindestvorgaben zur Personalausstattung der Kliniken auf der Basis der Psych-PV vor. Am 01.01.2020 wurde die Psych-PV durch die **Richtlinie über die personelle Ausstattung der stationären Einrichtungen der Psychiatrie und Psychosomatik (PPP-RL)** abgelöst. Die Richtlinie definiert verbindliche Mindestvorgaben zur Personalausstattung in psychiatrischen und psychosomatischen Kliniken in Abhängigkeit spezifischer Kriterien zur bedarfsgerechten Behandlung der Patienten. Die festgelegten Mindestvorgaben sollen so einen Beitrag zu einer leitliniengerechten Behandlung leisten. Da es keine Anhaltszahlen sind, können die Einrichtungen zur Qualitätssicherung darüber hinausgehen und mehr Personal vorhalten. Der G-BA verweist außerdem darauf, dass auch personelle Ausfallzeiten (z. B. aufgrund von Fortbildungen oder für Aufgaben von Hygienebeauftragten) sowie Besonderheiten der strukturellen und organisatorischen Situation eines Krankenhauses bei den Budgetverhandlungen vor Ort berücksichtigt werden können (G-BA 2019).

Aktivitäten und Maßnahmen des Personalmanagements im Bereich Personalveränderung

Als Ergebnis der Personalbestands- und -bedarfsanalyse ergeben sich dispositive Maßnahmen zur Personalveränderung im Rahmen der strategischen Vorgaben. Systematisch ist hierbei zwischen der Personalbeschaffung, der Personalentwicklung und der Personalfreisetzung zu unterscheiden. Personalveränderungsprozesse können dabei z. B. durch nachfolgende Situationen ausgelöst werden:

- quantitative Über-/Unterdeckung des Personalbedarfs,
- qualitative Über-/Unterdeckung des Personalbedarfs,
- Personalbedarf bei Einbeziehung von zukünftigen Unternehmensentwicklungen,
- Personalkostenmanagement.

Auf der operationalen Ebene des Personalmanagements sind entsprechende Maßnahmenplanungen des dispositiven Managements in Bezug auf die Personalbeschaffung, die Personalentwicklung und Personalfreisetzung umzusetzen. Nachfolgend wird der Bereich der Personalentwicklung weiter konkretisiert.

> **Personalentwicklung**, Diese hat das Ziel, Diskrepanzen zwischen vorhandenen Fähigkeiten und Anforderungen entsprechend der Unternehmensziele (Geschäftsfelder, Leistungsfähigkeit) auszugleichen. Das kann als grundsätzliche Strategie, unabhängig von der externen Arbeitsmarktsituation, verfolgt werden. Personalentwicklung bietet sich jedoch gerade besonders dann an, wenn nicht durch Personalbeschaffung oder -freisetzung die notwendigen Personalressourcen realisiert werden können.

Die **Personalentwicklung** beinhaltet daher insbesondere Maßnahmen zur Aus-, Fort- und Weiterbildung sowie Aktivitäten zur allgemeinen Mitarbeiterförderung. Ausgangspunkt für die Personalentwicklung stellt eine Analyse der Anforderungsprofile der benötigten personellen Ressourcen und des Fähigkeitsprofils der vorhandenen Ressourcen dar. Die Analyse zeigt, inwieweit sich diese »Fähigkeitslücken« hinsichtlich bestimmter Merkmale auf einzelne Mitarbeiter, Beschäftigtengruppen oder das Gesamtpersonal beziehen. Die möglichen Aktivitätsfelder der Personalentwicklung können dabei wie folgt untergliedert werden.

Mögliche Arbeitsfelder der Personalentwicklung

- Vorbereitung auf neue und/oder erweiterte Tätigkeiten
- Maßnahmen zur Gestaltung am Arbeitsplatz und zur Gestaltung der Arbeitsaufgaben

- Erweiterung von Wissen und Fähigkeiten im Bereich der (bisherigen) Aufgaben und Verantwortlichkeiten
- Vorbereitung im Hinblick auf Verlassen des Unternehmens, (Vor-)Ruhestand

Nach Abschluss der Maßnahmen sollte deren Erfolgsträchtigkeit und Wirksamkeit bewertet werden.

Aufgabe des **dispositiven Managements** ist die Planung und Entscheidung über Inhalt und Umfang der **Personalentwicklungsmaßnahmen**. Hierzu gehört die Entwicklung eines systematischen Aus-, Fort- und Weiterbildungskonzeptes unter Berücksichtigung aller Leistungsbereiche, Leistungsstellen und Berufsgruppen sowie den jeweils bestehenden und zukünftigen Bildungsbedarf. Das schließt die Festlegung von Laufbahnmodellen mit ein, die eine typische Abfolge von Funktionen und Stellen definieren, die die Mitarbeiter von der unteren bis zur höheren Hierarchie durchlaufen sollen. Darüber hinaus sollte die Abstimmung von Nachfolgeplänen in Form spezieller Stellungsbesetzungspläne für einzelne Mitarbeiter (z. B. Abteilungsleitung »Controlling«) durch die Krankenhausleitung entschieden werden (Eichhorn und Schmidt-Rettig 1995).

In der nachfolgenden tabellarischen Zusammenstellung (◘ Tab. 5.3) werden die Aktivitätsfelder in Bezug auf dispositive Maßnahmen sowie Instrumente/Verfahren/Rahmenbedingungen exemplarisch zusammengestellt.

Gegenstand des operativen Personalmanagements sind ablauf- und ausführungsbezogene Maßnahmen. Die eher kurzfristigen Entscheidungen sind im Rahmen der dispositiven Vorgaben zu treffen und umfassen routinemäßige Aufgaben zur der Personalentwicklung, -qualifikation und -veränderung. Einen Überblick über Maßnahmen (exemplarisch) nach Aktivitätsfeldern gibt ◘ Tab. 5.4.

Personal-Controlling

Damit die Sicherung des quantitativen und qualitativen Potenzials an Arbeitsleistungen unter Beachtung der Finanzierbarkeit in effektiver Weise geplant, gesteuert und kontrolliert werden kann, ist die Bereitstellung von Informationen zur Entscheidungsunterstützung des Personalmanagements durch das Personal-Controlling notwendig. Dies gilt umso mehr vor dem Hintergrund der Veränderungen der Versorgungsstrukturen (ambulant und stationär), der Behandlungsmethoden und -prozesse, der Qualifikation des Personals sowie der Marktstrukturen und Finanzierungsmöglichkeiten, die wesentliche Herausforderungen für das Krankenhausmanagement darstellen. Auch zu externen Argumentationszwecken (z. B. Verhandlung des Pflegebudgets nach § 6a KHEntgG) und zur Erfüllung rechtlicher Nachweispflichten (z. B. Nachweisvereinbarung zur Erfüllung der Pflegepersonaluntergrenzen nach § 137i Abs. 4 SGB V) greift die Krankenhausleitung auf personalwirtschaftliche Informationen zurück.

Controlling ist ein Teilbereich des Managements. Es unterstützt die unternehmenszielbezogene Steuerung des Krankenhauses im Sinne des Regelkreisprinzips durch die Mitwirkung bei der Planung und Kontrolle sowie der Bereitstellung der dafür notwendigen Informationen. Damit ist das Controlling spiegelbildlich zum Management zu entwickeln. In Bezug auf die Personalmanagement-Funktion ergeben sich für das Personal-Controlling dann folgende inhaltlichen Schwerpunkte (Oswald 2018a):

- Das **normative Personal-Controlling** erstreckt sich u. a. auf das Abschätzen der Folgen personalpolitischer Entscheidungen, z. B. über Analysen zur Mitarbeiterzufriedenheit und -loyalität.
- Das **strategische Personal-Controlling** liefert insbesondere Informationen zur Festlegung der Anforderungen an die Menge und Qualifikation des Krankenhauspersonals und umfasst die Früherkennung personalwirtschaftlicher Entwicklungen (Trends im personalrelevanten Umfeld, Ergebnisse der Personal- und Arbeitsmarktforschng), die in die strategische Gesamtplanung des Krankenhauses einfließen, sowie die strategische Kontrolle als Erfolgsüberwachung der strategischen Zielgrößen der Personalstrategie.
- Das **dispositive Personal-Controlling** beinhaltet die Planungsvorbereitung und Kon-

■ **Tab. 5.3** Dispositives Personalmanagement im Bereich Personalentwicklung, Qualifikation und Personalveränderung. (Mod. n. Engelke und Oswald 2017)

Ziele/Aktivitäten	Dispositive Maßnahmen	Instrumente, Verfahren, Rahmenbedingungen
Vorbereitung auf neue erweiterte Geschäftsfelder, Aufgaben, Tätigkeiten, Personalentwicklung	Entscheidung über Inhalte, Umfang und Organisation der Personalentwicklung – Bereich (Strukturen und Prozesse) – Arbeitsgruppe/Team – Person/Mitarbeiter – Aufbau Kompetenzmanagement – Entwicklung Einarbeitungskonzept – Gestaltung Demographiemanagement/Diversity Management	Personalentwicklungsbedarfsanalyse Bildungscontrolling Kosten-/Nutzencontrolling
Maßnahmen zur Gestaltung am Arbeitsplatz und zur Arbeitsaufgabe/Laufbahnplanung	Arbeitsstrukturierung und Personalförderung in Bezug auf – Job Enrichment (vertikale Ausweitung der Arbeitsinhalte/Höherqualifizierung, Sonderaufgaben) – Job Enlargement (neue qualitativ gleichwertige Aufgaben) – Job Rotation (Arbeitsplatztausch mit Zielsetzung zusätzlicher Qualifikationen) – On-the-Job-Maßnahmen (Sonderaufgaben, Projektarbeit, Einsatz als Stellvertreter u. a.) – Near-the-Job-Maßnahmen (Projektarbeit, Lernstatt, Qualitätszirkel u. a.) – Off-the-Job-Maßnahmen (externe Bildungsveranstaltungen, Inhouse-Schulungen) Entwicklung Karriereprogramm (Beteiligte, Rollen, Abläufe) Ergonomische Arbeitsplatzgestaltung	Tätigkeitsanalysen Stellenbeschreibungen Mitarbeitergespräche Zielvereinbarungen
Erweiterung von Wissen und Fähigkeiten im Bereich der (bisherigen) Aufgaben und Verantwortlichkeiten/Immaterielle Anreize	Gestaltung Aus-, Fort- und Weiterbildungsprogramme Aufbau von Informations- und Dokumentationsmanagementsystemen Ausgestaltung des Anreizsystems Strukturierung des Nachfolgemanagementprozess	Mitarbeiterbefragungen Einrichtung von bereichsübergreifenden/multidisziplinären Arbeitsgruppen/Projektgruppen Zielvereinbarungen
Personalfreisetzung/Outplacement, Vorbereitung in Hinblick auf Verlassen der Unternehmung	Festlegung von Regelungen zur Freisetzung/Anpassung des Personalbestands – Örtliche Maßnahmen: Versetzung, Umsetzung, Änderungskündigung, z. B. Einsatz in Tochtergesellschaft – Quantitative Maßnahmen: Einstellungsstop, Aufhebungsverträge, befristete Arbeitsverträge, (Änderungs)Kündigungen – Qualitative Maßnahmen: Umschulung, Fortbildung, Aufgabenstrukturierung – Zeitliche Maßnahmen: Urlaubsgestaltung, Abbau von Überstunden, Arbeitszeitveränderungen – Freisetzung der Mitarbeiter	Personalfreisetzungsplanung und -kontrolle Evaluation des Anpassungsprozesses/Auswertung von Gesprächen mit ausscheidendem Personal Rechtliche Rahmenbedingungen (betriebsbedingt, personenbedingt, verhaltensbedingt)

trolle mittelfristiger, weniger komplexer Entscheidungstatbestände im Hinblick auf die bereichsbezogene Personalsicherung unter Berücksichtigung der Personalpolitik und der personalstrategischen Vorgaben durch einen reibungslosen Informationsaustausch.

Tab. 5.4 Operatives Personalmanagement im Bereich Personalentwicklung, Qualifikation und Personalveränderung. (Mod. n. Engelke und Oswald 2017)

Ziele/Aktivitäten	Operative Maßnahmen	Instrumente, Verfahren, Rahmenbedingungen
Vorbereitung auf neue erweiterte Geschäftsfelder, Aufgaben, Tätigkeiten, Personalentwicklung	Einführung von neuen Mitarbeitern Durchführung arbeitsplatzbezogener Qualifizierungsmaßnahmen, u. a. – Praktikum – Berufsausbildung – Trainee-Programme – Fort- und Weiterbildung – Coaching	Einarbeitungskonzept Beurteilungsbogen Personalgespräche
Maßnahmen zur Gestaltung am Arbeitsplatz und zur Arbeitsaufgabe/Laufbahnplanung	Installation neuer Software Laufende Abstimmung über Arbeitsinhalte Terminierung Laufbahnplanung	Arbeitsstättenverordnung Stellenbeschreibung Mitarbeiterbeurteilung Rückkopplungsgespräche
Erweiterung von Wissen und Fähigkeiten im Bereich der (bisherigen) Aufgaben und Verantwortlichkeiten/ Immaterielle Anreize	Routinemäßige Pflege der Wissensdatenbank Verwaltung Mitarbeiterbiliothek Zeitplanung interner Weiterbildungsangebote/Seminare Durchführung von Fallstudien und Rollenspielen	Internet/Intranet Videokonferenzen Gesprächs- und Fragetechniken
Personalfreisetzung/Outplacement Vorbereitung im Hinblick auf Verlassen der Unternehmung	Administrative Organisation der Anpassungsmaßnahmen (z. B. Zeitplan) Prüfung rechtlicher Rahmenbedingungen Kommunikation an Mitarbeiter Kontinuierliche Mitarbeiterbetreuung Personalfreisetzung von Mitarbeitern mit kurzfristig gültigen Arbeitsverträgen	Hintergründe für Personalfreisetzung Rechtliche Rahmenbedingungen (betriebsbedingt, personenbedingt, verhaltensbedingt)

- Das **operative Personal-Controlling** ist an den ablaufbezogenen Entscheidungsprozessen sämtlicher Bereiche mit Personalverantwortung ausgerichtet. Es liefert Informationen zur Steuerung kurzfristiger personalwirtschaftlicher Entscheidungen über Kennzahlen und Indikatoren, insbesondere zu den Personalkosten und zum Personalbestand, zum regelmäßigen Personaleinsatz, zu den Fehlzeiten des Personals, zu den Überstunden der Mitarbeiter und zur Umsetzung der Personalentwicklung (Aus-, Fort- und Weiterbildung) sowie im Hinblick auf Maßnahmen der Personalwerbung.

Ausgehend von diesen grundsätzlichen Schwerpunkten zum Personal-Controlling erfordert die Implementierung eines **Konzepts zum Personal-Controlling** geeignete Rahmenbedingungen bezüglich der Führungs- und Informationssysteme und eine strukturierte Vorgehensweise, die sich in drei Phasen einteilen lässt (Oswald 2018a):

1. Analyse der personalwirtschaftlichen Entscheidungen
2. Ableitung des Informationsbedarfs, der vom Personal-Controlling zu decken ist
3. Ableitung von relevanten Controlling-Tools und Gestaltung des Berichtswesens

Anschließend können die funktionalen Gestaltungsfelder eines Personal-Controllings unter Berücksichtigung der strategischen, dispositiven und operativen Managementebenen konkretisiert werden. Eine exemplarische Darstellung für den Bereich Personalbestand und -bedarf zeigt ◘ Tab. 5.5.

Die **Organisation des Personal-Controllings** muss auf die Sicherstellung einer effektiven und effizienten Durchführung der Koordina-

Tab. 5.5 Management und Controlling von Personalbestand und Personalbedarf

	Steuerungsziel und Entscheidung	Informationsbedarf	Verfahren/Methoden	Kennzahlen/Indikatoren
Personalbestand und Personalbedarf	Steuerungsziel: – Ermittlung des zur Zielerreichung erforderlichen Personalbestandes und Ausweis einer zukünftig zu erwartenden personellen Über- oder Unterdeckung Entscheidung: – Entscheidungen zur zukünftigen Anzahl und Qualifikation des Personals in Abhängigkeit von Leistungsveränderungen – Strategisch: Gesamtes Leistungsspektrum des Krankenhauses – Dispositiv und operativ: Leistungsspektrum der Leistungsstellen (FA/Z u. a.)	– Informationen über aktuellen Personalbestand und seine zukünftige Entwicklung (Anzahl, Qualifikationen, Kosten) – Leistungsinformationen (Art und Umfang geplanter Arbeitsleistungen und Einzeltätigkeiten) – Informationen über bauliche und technische Gegebenheiten – Informationen zum Arbeitszeitprofil – Informationen über Mindestkapazitäten – Informationen über erforderliches Personal (Anzahl, Qualifikation, Kosten) und seine Finanzierbarkeit – Zeit- und -Rauminformationen in Bezug auf den Personaleinsatz (Umfang, Ort und Zeit der geforderten Leistung und der Freizeit)	– Expertenbefragungen – Aufgabenanalyse der Einzeltätigkeiten durch Arbeitsstudien (z. B. REFA-Schema) – Zeitstudien – Gap-Analyse – Personal-Portfolios – Balanced-Scorecard – Planungsmethode(n) – Arbeitsplatzmethode – Anhaltzahlen/ Kennzahlen – Leistungsorientierte Verfahren – Gesetzlich verordnete Verfahren – Personalstellenplan – Dienstplan	– Qualifikationsstruktur – Durchschnittsalter – Durchschnittsdauer der Betriebszugehörigkeit – Frauen-/Männeranteil – Nationalitätenstruktur – Personal nach Altersgruppen – Anteil befristeter Arbeitsverträge – Personalbestand (Köpfe, Vollkräfte) – Brutto- und Nettopersonalbedarf – Anwesenheitszeiten – Fehlzeiten – Arbeitsvolumen/ Arbeitszeit – Anteil unbesetzter Stellen – Anteil offener Schlüsselpositionen – Personalkosten nach Kostenstellen, Berufsgruppen u. a.

tions- und Unterstützungsaufgaben abzielen. Dabei bilden die konkreten Steuerungsziele und damit die Entscheidungen des Personalmanagements den Anknüpfungspunkt für die organisatorische Verankerung der Personal-Controlling-Funktion. Geht man davon aus, dass die Planung und Kontrolle des Personalmanagements im engeren Sinne die Personalarbeit betrifft, im weiteren Sinne jedoch mit anderen betriebswirtschaftlichen Zielen und Funktionen verknüpft ist (z. B. Leistungserstellung, Kostenmanagement, Finanzierung), folgt daraus eine unterschiedliche Zuordnung der Personal-Controlling-Aufgaben: Zum einen ist Personal-Controlling ein Element und damit Aufgabe des Personalbereichs, zum anderen aufgrund der funktionalen Vernetzung Inhalt und Aufgabe des Unternehmenscontrollings. Das im Personalbereich angesiedelte Personal-Controlling hat eine Informationsfunktion die Personaldaten betreffend gegenüber den jeweiligen Unternehmensbereichen (Fachabteilungen und Zentren, Unternehmensführung, sonstige Bereiche) – in Abhängigkeit von deren Steuerungszielen. Aufgabe des Unternehmenscontrollings dagegen ist die Verknüpfung der Personaldaten mit Daten der übrigen Bereiche zur funktionenübergreifenden Bereichs- und Unternehmenslenkung (z. B. Finanzierung des Personalbedarfs). Somit liefert der Personalbereich die aus Bereichs- und Unternehmenssicht entscheidungsrelevanten Daten an das Unternehmenscontrolling zur Verarbeitung für

5

komplexe Personal- und Unternehmensentscheidungen (Übersicht) (Oswald 2018a).

Organisatorische Zuordnung der Personal-Controlling-Aufgaben (in Anlehnung an Oswald 2018a)

Aufgaben des Controllings

- Entscheidungsvorbereitung für das Personalmanagement durch die Vernetzung von Leistungs-, Kosten-, Erlösdaten zu entscheidungsrelevanten Informationen, u. a. für
  - regelmäßige Ermittlung des Personalbedarfs
  - periodische Planung der Personalkosten und der Kosten der Personalabteilung im Kontext der Gesamtplanung des Krankenhauses
  - Kontrolle der Budgetvorgaben im Personalmanagement und Analyse der Abweichungen
  - Bewertung der Produktivität der Personalarbeit
  - Messung des Erfolgsbeitrags der Personalarbeit zum Unternehmenserfolg
- Fallweise Sammlung und Verknüpfung von quantitativen und qualitativen Daten bei strategischen Fragestellungen (Sonderaufgaben), u. a. für
  - die Aufstellung von Führungskonzepten
  - die Ableitung der Personalstrategie aus der Gesamtstrategie des Krankenhauses
  - die Gestaltung von Anreizsystemen (monetär und nicht-monetär)
  - die Auswahl von Führungskräften

Aufgaben des Personalmanagements

- Pflege und Weiterentwicklung des Personalinformationssystems (PIS)
- Durchführung von Mitarbeiterbefragungen zur Ermittlung der Arbeitszufriedenheit
- Abgabe verdichteter Informationen aus dem PIS an das Controlling entsprechend der Controlling-Vorgaben zur Vernetzung mit anderen Unternehmensdaten
- Abgabe verdichteter Informationen aus dem PIS an die Fachabteilungen und Zentren zur Unterstützung der operativen Personalentscheidungen
  - Regelmäßige Übermittlung von Personalkennzahlen
  - Unterstützung bei der Interpretation der übermittelten Informationen

Strukturen und Systeme des Personalmanagements

▪ Bedeutung des Personalmanagement im Rahmen von Management- und Leitungsstrukturen

Voraussetzung für ein Konzept des Personalmanagements – entsprechend dem Managementansatz von Bleicher (1991; sh. auch Abbeglen und Bleicher 2021) und dem integrierten Krankenhausmanagementansatz von Eichhorn und Oswald (2017) – mit den Ebenen

- normatives Personlmanagement und -controlling,
- strategisches Personalmangement und -controlling,
- dispositives Personalmanagement und -controlling und
- operatives Personalmanagement und -controlling

sind Management- und Leitungsstrukturen, die den entsprechenden Organisations- und Führungsrahmen setzen.

Dabei muss es gelingen, einen Musterwechsel der Steuerung zu erreichen. Dieser kann in einer Balance zwischen zentraler Steuerung eines Krankenhauses und einer dezentralen Führung von Fachabteilungen/Zentren liegen (s. auch Schmidt-Rettig 2003; Schmidt-Rettig 2017). Dies kann ein gangbarer Weg sein, um eine Selbststeuerungskompetenz auf der Ebene des mittleren Managements zu entwickeln, die letztlich die Voraussetzung für ein kontinuierliches strategisches Management bildet. Dabei werden ggf. folgende organisatorische und führungsbezogene Entwicklungen der

Dezentralisierung das Personalmanagement zukünftig prägen:

- Die Fachabteilungen/Zentren werden neben der Leistungs-, Qualitäts- und Organisationsverantwortung auch die Kosten- und Erlösverantwortung übernehmen müssen, um sich und das Krankenhaus am Markt etablieren zu können.
- Die Finanzverantwortung muss jeweils auf Fachabteilungsebene an Medizin und Pflege delegiert werden, um diese in die Lage zu versetzen, am Markt für stationäre Leistungen erfolgreiche Geschäftspolitik im Rahmen der strategischen Unternehmensziele zu betreiben.
- Die Prozessverantwortung, sowohl für die Geschäftsprozesse der eigenen Leistungsstellen als auch für die Behandlungsprozesse der Patienten, muss – begleitet vom Qualitätsmanagement – auf Fachabteilungsebene/Zentrumsebene etabliert werden. Dies ist auch mit Blick auf mögliche Geschäftsfeldstrategien bezüglich der integrativen Vernetzung mit anderen Leistungserbringern im stationären und nichtstationären Markt notwendig.
- Eine integrative Versorgung von Patienten über Sektoren hinweg erfordert auch intern eine integrative Vernetzung von Fachdisziplinen.

Die wichtigsten Folgen einer derartigen Definition der Krankenhausmanagementaufgaben und -verantwortungen betreffen auch die **Positionierung des Arztes** im Management. Ebenso geht es um eine **Positionierung der Pflege** im Rahmen des patienten- und prozessorientierten Fachabteilungs-/Zentrumsmanagements. Daher stellt sich zunächst die Frage, wie Leitungsstrukturen auf verschiedenen Unternehmensebenen gestaltet werden sollten und über welche Qualifikationen Führungskräfte des Krankenhauses verfügen müssen, um diesen Wandel zu bewältigen. Zur Förderung der Effektivität und Effizienz der Dezentralisierung empfiehlt es sich, auf **Fachabteilungs-/Zentrumsebene** eine konsequente **divisionale Aufbauorganisation** vorzusehen.

Hauptcharakteristikum ist die **Dezentralisierung** sowohl der **Entscheidungsautonomie** als auch der **Entscheidungsverantwortung** auf der Bereichsebene. Die auf diese Weise gebildeten »Geschäftsbereiche« werden als **Erfolgs-, Ergebnis-, Profit-Center** oder auch **Ergebnisorientierte Leistungszentren** bezeichnet. Der Leitende Arzt einer Fachabteilung leitet seinen Geschäftsbereich weitgehend eigenverantwortlich.

Dieses Konzept schließt die Produkt-, Qualitäts-, Budget- und Ergebnisverantwortung ein. Alle **anderen Bereiche** des Krankenhauses könnten als **Cost-Center** abgebildet werden. Das Cost-Center-Konzept beinhaltet die Produkt-, Qualitäts- und Budgetverantwortung.

Zur Unterstützung der einzelnen Ergebnisorientierten Leistungszentren (ELZ) sollten den jeweiligen Fachabteilungen oder Gruppen von Fachabteilungen **Bereichscontroller** zugeordnet werden. Neben der Wahrnehmung der traditionellen Aufgaben des Controllings sowie des Medizincontrollings sollte das Bereichscontrolling die Fachabteilungen dabei unterstützen, die Prozesse **fachabteilungs- und leistungsstellenübergreifend** zu gestalten, mit dem Ziel, Qualität, Zeit und Kosten – im Rahmen der strategischen Vorgaben – zu optimieren.

Für diese ergebnisorientierten Leistungszentren bietet sich eine **duale** Leitung an (Medizin und Pflege). Das bedeutet, dass Aufgaben klar abgegrenzt werden, und die Zuständigkeiten und Verantwortungen hinsichtlich der Medizin und der Pflege unverändert bleiben.

Über eine enge Kooperation wird angestrebt, einvernehmliche Regelungen für alle nicht direkt die Medizin oder die Pflege betreffenden Entscheidungen auf Fachabteilungs-/Zentrumsebene zu treffen. Es gibt jeweils Einzelaufgaben und Entscheidungen in der Medizin und in der Pflege, als auch gemeinsame Aufgaben und Entscheidungen. Zu den gemeinsamen Aufgaben gehören u. a. die Umsetzung der strategischen, dispositiven und operativen Planungen auf Fachabteilungsebene, die Entwicklung, Umsetzung und Evaluierung des Produkt- und Qualitätsmanagements auf Fachabteilungsebene, die Belegungssteuerung unter Berücksichtigung medizinischer, pflegerischer, personeller und wirtschaftlicher Erfordernisse und die Planung und Koordination der Personalentwicklungsmaßnahmen einschließlich der Definition von Weiterbildungszielen.

Ziel dieser dualen Abteilungsleitung ist es, organisatorische Rahmenbedingungen für die **Zusammenarbeit zwischen Medizin und Pflege** unter Einbeziehung des Patienten aufzustellen und deren Einhaltung abzusichern. Auf diese Weise sollen die notwendigen diagnostischen, therapeutischen und pflegerischen Leistungen (ggf. auch soziale, psychologische und seelsorgerische Betreuung) patientenbezogen integriert und zeitlich aufeinander abgestimmt in den Behandlungsprozess einfließen. Im Vordergrund steht daher die inhaltliche und zeitliche Harmonisierung sowie Koordination des patientenbezogenen Leistungsgeschehens auf Fachabteilungsebene und mit den anderen Leistungsbereichen (z. B. Diagnostik).

Dabei zeigt sich die duale Leitung der Fachabteilungen, insbesondere in der Wahrnehmung der gemeinsamen Leitungsaufgaben. Die Aufgaben und die Verantwortung der ärztlichen Abteilungsleitung werden sich stärker als bisher auf Managementaufgaben verlagern. Auf Seite der pflegerischen Abteilungsleitung werden die pflegefachlichen Aspekte sowie die Prozessverantwortung für den Ablauf der Behandlung stärker in den Vordergrund rücken.

Mit Blick auf die Wahrnehmung der strategischen Managementaufgaben sowie die berufsgruppenspezifische Fachabteilung-/Zentrumsstruktur empfiehlt es sich, die **Krankenhausleitung funktionsbezogen** auszurichten. Dazu bieten sich, in Abhängigkeit von Größe und Leistungsspektrum sowie von besonderen Gegebenheiten des einzelnen Krankenhausträgers, folgende Modelle an:

Modelle der Krankenhausleitung
- Einrichtung einer Position der Geschäftsführung (Singularinstanz) unter Beibehaltung des Direktoriums oder
- Einrichtung einer funktionsbezogenen Leitungsstruktur (Pluralinstanz) unter Wegfall des Direktoriums, aber gleichzeitiger Einrichtung einer dualen Abteilungsleitung.

Hauptaufgabe des Krankenhausdirektoriums im Rahmen einer Singularinstanz ist es, das berufsspezifische Know-how als beratende Funktion vor allem in die strategischen Managemententscheidungen einfließen zu lassen. Wird die singuläre Führungsfunktion in Form des Kaufmännischen Geschäftsführers wahrgenommen, dann bietet sich je nach Situation und Größe des Krankenhauses an, die Position des Ärztlichen Direktors im Direktorium im Hauptamt zu besetzen.

Der hauptamtliche **Ärztliche Direktor** ist Manager mit ärztlicher Expertenqualifikation und Managementqualifikation. Er ist Vorgesetzter aller Ärzte und operativ im Krankenhausmanagement tätig. Bei Entscheidungen, die das medizinische Leistungsgeschehen betreffen und deren Durchführung, bringt er seinen ärztlichen Sachverstand und damit die ärztliche Sichtweise ein.

Eine funktionale Leitungsstruktur als Pluralinstanz bildet die betriebswirtschaftlichen Funktionen ab:
- Finanzen
- Personal
- Produktion/Dienstleistung
- Service/Hotelleistung

Darüber hinaus bietet sie die Voraussetzungen, die strategischen Managementaktivitäten auf der ersten Leitungsebene fachabteilungs-/zentrumsübergreifend funktionsbezogen wahrzunehmen. Dabei wird insbesondere einer einheitlichen Produkt-/Leistungsverantwortung in Form eines **Geschäftsführers/Vorstandes Klinische Produktion/Dienstleistung** auf Krankenhausebene Rechnung getragen. Dessen Aufgaben sind Entscheidungen, Planung, Organisation und Kontrolle des Leistungsgeschehens in den Fachabteilungen/Zentren und den Sekundärleistungsbereichen der Diagnostik, Therapie und der Pflege unter strategischen Gesichtspunkten. Bei seinen Entscheidungen und Handlungen muss er die technologischen, gesellschaftlichen, sozialen, ökonomischen und gesetzlichen Rahmenbedingungen und Entwicklungen beachten.

Bei Festlegung der Geschäftsordnung für den Vorstand muss Sorge getragen werden, dass die gesamteinheitliche Leitung des Krankenhauses nicht vom Ressortinteresse des Bereichs Klinische Produktion/Dienstleistung dominiert wird. Bei der Lösung auftretender Konflikte entscheidet letztendlich das alle Aspekte des Krankenhausleistungsgeschehens betreffende Gesamt- bzw. das Trägerinteresse.

Die Überlegungen zur Neustrukturierung der Leitungsorganisation von Krankenhäusern, die eine funktionale Pluralinstanz auf der Ebene eines Krankenhauses oder eines Krankenhausverbundes und eine konsequente Divisionalisierung auf Fachabteilungs- bzw. Zentrumsebene beinhalten, sind als Gesamtkonzept zu verstehen, mit dem eine Balance zwischen der zentralen Steuerung eines Krankenhauses und der dezentralisierten Führung von Fachabteilungen/Zentren erreicht werden kann. D. h., eine **funktionale Struktur** ist nur Ziel führend, wenn auf Fachabteilungs- bzw. Zentrumsebene eine **duale Abteilungsleitung** eingerichtet wird. Die Einrichtung einer dualen Fachabteilungsleitung lässt umgekehrt erst eine funktionsbezogene Leitungsinstanz auf Krankenhausebene zu.

Ein derartiger Paradigmenwechsel im Management von Krankenhäusern und in der Struktur der Krankenhausleitung ist jedoch nur dann zu bewältigen, wenn man parallel dazu die Notwendigkeit der Managementqualifikation für die Mitglieder der Krankenhausleitungsorgane sowie die dazu notwendigen Anforderungen an die Managementausbildung der Mitglieder dieser Leitungsorgane überdenkt und neu definiert. Angesichts dieses Musterwechsels im Krankenhausmanagement wird offensichtlich, dass mit dem notwendigen Wandel der Krankenhausorganisation hohe Anforderungen an das Personalmanagement entstehen. Das Personalmanagement selbst wird einschneidende **Struktur- und Qualifikationsentwicklungen** durchlaufen müssen.

▪ Anreizsysteme

Die im Rahmen des normativen Krankenhausmanagements entwickelte Vision und Unternehmenspolitik werden über Leitbilder vermittelt. Dem zugrunde liegen die spezifischen Werthaltungen des Krankenhausträgers und der Krankenhausleitung, die aufgrund des sich im Zeitablauf vollziehenden **Wertewandels** immer wieder aufs Neue zu überdenken und bei der Weiterentwicklung der Unternehmenskultur zu berücksichtigen sind (Oswald 2018b). Das betrifft in jüngster Zeit insbesondere die **Wertschätzung der Pflege**, die – u. a. aufgrund des Fachkräftemangels – stark an Bedeutung gewonnen hat. Diese veränderte Wertschätzung der Leistungen in der Pflege sowie die Bemühungen seitens der Politik, die Profession Pflege zu stärken, z. B. über eine gesonderte Finanzierung im DRG-System (▶ Abschn. 5.3.2.1), können normativ aufgenommen und abgebildet und damit Gegenstand der gelebten Unternehmenskultur im Krankenhaus werden.

Eingang finden **Werte und Normen** in die Unternehmenskultur des Krankenhauses generell sowohl passiv, d. h. unbemerkt über die unterschiedlichsten Informations- und Kommunikationskanäle, vor allem aber durch die Einstellung neuer jüngerer Pflegekräfte, als auch aktiv, d. h. bewusst über eine explizite Berücksichtigung in den personalpolitischen Zielen und den damit verbundenen Führungsgrundsätzen und organisatorischen Regelungen.

Davon ausgehend entwickelt das Krankenhausmanagement berufsgruppen- und hierarchieübergreifende Maßnahmen, die die Krankenhausmitarbeiter dazu motivieren sollen, diese Ziele zu verwirklichen. Im Alltag des organisatorischen Krankenhausgeschehens geht es darum, die Leistungsbereitschaft der Mitarbeiter durch geeignete Maßnahmen anzuregen. Die Instrumente, die die Motive der Mitarbeiter aktivieren und damit ihre Bedürfnisse befriedigen sollen, bezeichnet man als Anreize (s. auch Eichhorn und Schmidt-Rettig 1990).

Unter einem Anreizsystem versteht man die Summe aller bewusst gestalteten Bedingungen der Krankenhausarbeit, die bestimmte Verhaltensweisen der Mitarbeiter durch **positive Anreize** (**Belohnungen**) verstärken und durch **negative Anreize** (**Strafen**) die Wahrscheinlichkeit des Auftretens anderer Verhaltensweisen mindern. Im Zusammenhang mit der Planung, Entwicklung und Implementierung von Anreizsystemen bedarf es für das Krankenhausmanagement folgenden Entscheidungen:

- Was soll mit dem Anreizsystem erreicht werden?
- Welche Mitarbeiter sollen motiviert werden?
- Welche Anreize sollen eingesetzt werden?
- Wie kann die Wirkung der mit einem Anreiz verbundenen Belohnung auf die Aufgabenerfüllung beurteilt werden, und wonach richtet sich die Höhe der Belohnung?
- Welches sind die organisatorischen Rahmenbedingungen für die Durchführung des Anreizsystems?
- Wie sind die Effektivität und Effizienz des Anreizsystems zu kontrollieren?
- Wie sind die mit dem Anreizsystem verbundenen Aufwendungen zu finanzieren?

Die nachstehenden Elemente, die die Struktur und den Ablauf eines Anreizsystems und damit die betriebliche Anreizpolitik determinieren, gehen aus den Entscheidungen zu o. g. Fragen hervor:

Elemente der Anreizpolitik für Krankenhäuser

- **Motivationsziele:** Diese ergeben sich aus den allgemeinen und den trägerspezifischen Zielvorstellungen des Krankenhauses und dienen als Bezugspunkt für die Anreizpolitik.
- **Adressatenkreis:** Diejenige Gruppe von Mitarbeitern (oder diejenigen Mitarbeiter), die zur Leistung eines (bestimmten) produktiven Beitrags motiviert werden sollen.
- **Anreize:** Diejenigen Elemente eines Anreizsystems, die in der Lage sind, die Motive der Krankenhausmitarbeiter zu aktivieren, die ihnen im Rahmen des Gesamtgeschehens der Krankenhausproduktion übertragenen Aufgaben zu erfüllen.

Nach den Anreizquellen unterscheidet man dabei zwischen extrinsischen und intrinsischen Anreizen. Extrinsische Anreize werden als Belohnung für die Aufgabenerfüllung gewährt und fungieren als Mittel zum Zweck der Bedürfnisbefriedigung. Der klassische extrinsische Anreiz ist das Entgelt.

Intrinsische Anreize ergeben sich unmittelbar aus den Aktivitäten eines Mitarbeiters im Krankenhaus in Form von persönlichen Erfolgs- und Misserfolgsergebnissen. Nicht nur das Arbeitsergebnis hat motivierenden Charakter, weil es über internalisierte Normen Bedürfnisbefriedigung gewährt, sondern auch die Tätigkeit im Krankenhaus selbst. Voraussetzung dafür ist eine entsprechende Gestaltung der Rahmenbedingungen, die den Mitarbeitern die Realisierung eigener Fähigkeiten, Fertigkeiten und damit Selbstbestätigung erlaubt. Des Weiteren sollen die Mitarbeiter die Möglichkeit haben, im Zuge ihrer Mitarbeit im Krankenhaus nach eigenen Wertvorstellungen und Überzeugungen zu leben und somit ihre Selbstidentität zu finden. Voraussetzung dafür ist die Internalisierung der Werte des Krankenhauses und die Übernahme der Krankenhausziele in das eigene Wertesystem.

Aufbau eines Wertesystems

1. **Beurteilungsindikatoren:** Maßstäbe, die Aussagen darüber ermöglichen, ob und inwieweit es gelungen ist, über die Anreize das Verhalten der Krankenhausmitarbeiter im Hinblick auf die Erfüllung vorgegebener Aufgabenziele des Krankenhauses zu motivieren; ferner, ob und in welchem Umfang die in Aussicht gestellten Belohnungen gewährt werden können.
2. **Organisation:** Betrifft zum einen die Aufbaustruktur, d. h. die Einrichtung der dafür erforderlichen Stellen sowie die Definition der Aufgaben, Kompetenzen und Verantwortung dieser Stellen. Zum anderen müssen die Entscheidungsregeln für die Ablauforganisation aufgestellt werden, insbesondere die Definition der Aufgabenziele, die Definition und Festlegung der Belohnung, die Definition der Zeitspanne, für die die Erreichung der Aufgabenziele beur-

teilt wird, die Festlegung der Kontrollinstanz sowie die Festlegung des Einsatzzeitraumes für das Anreizsystem.
3. **Kontrolle:** Dient der Beurteilung der Wirkung des Anreizsystems im Hinblick auf die erzielte Motivationswirkung bei den Mitarbeitern.
4. **Finanzierung:** Prüfung und Kalkulation des geschätzten Aufwandes und Festlegung der Quellen der Finanzierung. Die Aufwendungen des Anreizsystems betreffen sowohl den Einmalaufwand der Planung, Entwicklung und Implementierung als auch den laufenden Aufwand der Organisation, der Kontrolle und der Belohnung.

Der Erfolg des Personalmanagements von Krankenhäusern wird daran gemessen werden, inwieweit es gelingt, die Interessen und das Handeln aller Mitarbeiter und die von ihnen verfolgten Ziele an den Unternehmenszielen auszurichten.

■ Führungsstile und Führungsgrundsätze

Führung als weiterer Begriff im Personalmanagement kann als Form der Verhaltenssteuerung zur Realisierung von Unternehmens- und Mitarbeiterzielen definiert werden. In diesem Sinne beinhaltet »Führen« die persönliche Beeinflussung einer Gruppe oder einer Person zur Realisierung gemeinsamer Ziele. Diese persönliche Beeinflussung kann dabei einerseits durch nicht formalisierte Eigenschaften in Form von Persönlichkeit, Fachlichkeit oder Autorität und andererseits durch formalisierte Führungsrichtlinien sowie formalisierte Managementansätze (Staehle et al. 2017; Scholz 2014) erfolgen. Grundlagen für »Führungsstile« werden dabei durch die **Unternehmenskultur** bestimmt (Oswald 2018b), wobei hierbei wiederum verschiedene Ansätze über »Kulturmodelle und Kulturprinzipien« zur Erklärung und Systematisierung herangezogen werden.

Eine Grundlage für die Bedeutung von **Führungsmodellen** resultiert aus den Inhaltstheorien über Motivation und damit über die Bedürfnis- und Antriebsstrukturen der Menschen. Hierzu zählen die **Bedürfnisschichten nach Maslow** (Physiologische Grundbedürfnisse, Sicherheitsbedürfnisse, Wertschätzungs- und Selbstverwirklichungsbedürfnisse), die Grundannahmen über Menschenbilder, verhaltenstheoretische Grundlagen (**Anreiz-Beitrags-Theorie**), Inhalts- und Prozesstheorien sowie insbesondere die Arbeiten zu transaktionalen Führungsmodellen (Staehle et al. 2017; Scholz 2014).

In diesen Forschungs- und Gestaltungsansätzen zu Führungsmodellen werden insbesondere die Dimensionen »**Sachorientierung**« und »**Menschenorientierung**« als Kriterien für Führungsstile herausgestellt. Die Sachorientierung beinhaltet dabei eine vorrangige Ausrichtung auf Produktion und Ergebnisse, während der Menschenorientierung das Verständnis und Bedeutung der Mitarbeiter herausstellt (Staehle et al. 2017; Scholz 2014).

Diese duale Klassifizierung ist jedoch als unvollständig zu bezeichnen, da sie situative Umfeldbedingungen nicht berücksichtigt. In neuen Ansätzen wird dieses Modell so insbesondere um Aspekte des »**Reifegrades der Mitarbeiter**« erweitert. Im Ergebnis werden unter den Dimensionen Beziehungsorientierung, Aufgabenorientierung und Reifegrades des Mitarbeiters nach Hersey und Blanchard vier Grundführungsstile (Verhaltenstypen) einer Führungskraft unter situativen Bedingungen bestimmt (Hersey et al. 1996, S. 208; Hersey und Blanchard 1982). Steigt der Reifegrad des Mitarbeiters, lässt sich die Aufgabenorientierung reduzieren und die Beziehungsorientierung verstärken (◘ Abb. 5.7).

Führungsstile nach Hersey und Blanchard (1982)

1. **Anweisen** (»Telling«): Direkte Anweisungen durch den Vorgesetzten, welche Aufgaben wie, warum, wann und wo auszuführen sind; Kommunikation in eine Richtung.
2. **Argumentieren** (»Selling«): Vorgabe durch »Vermittlung«; Kommunikation in beide Richtungen.
3. **Beteiligen** (»Partizipating«): Gemeinsamer Entscheidungsprozess, kaum

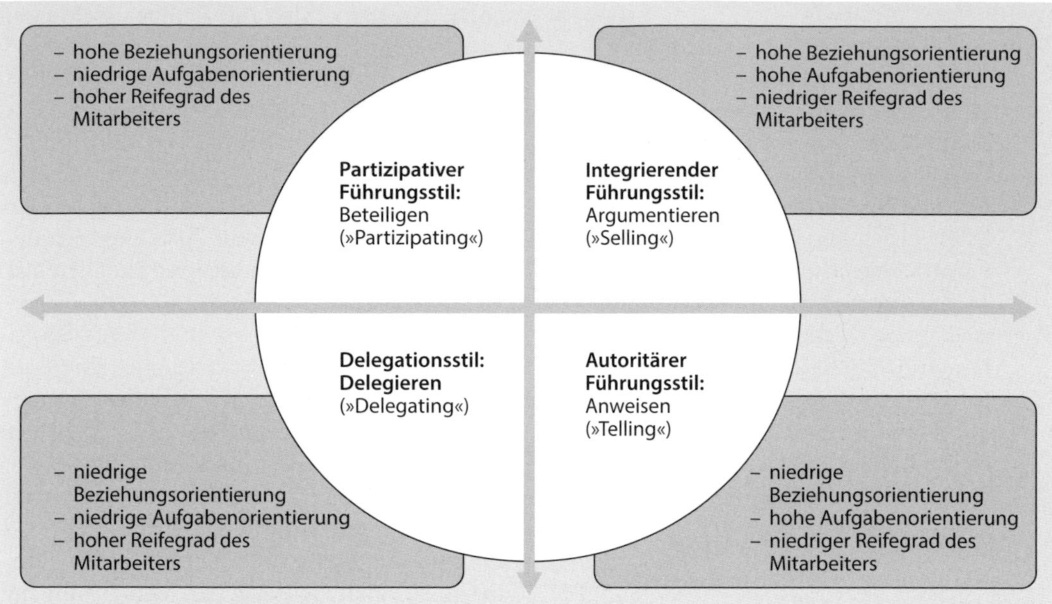

Abb. 5.7 Grundelemente der situativen Führung. (Mod. n. Hersey und Blanchard 1982)

direkte Anweisungen durch den Vorgesetzten.

4. **Delegieren** (»Delegating«): Eigenverantwortliche Durchführung der Aufgabe durch den Mitarbeiter; Überwachung der Ausführung und Ergebnisse durch den Vorgesetzten.

Die Ansätze nach Hersey und Blanchard klassifizieren Grundelemente für Führungsstile. Eine Entscheidung und Konkretisierung des jeweiligen Führungsstils beinhaltet damit insbesondere Festlegungen der Ausgestaltung der Aufgabenorientierung (einfache oder komplexe Tätigkeiten, Verantwortungsbereich, innovative/kreative Aufgaben) und Umfeldsituationen. Darauf aufbauend sind dann Personalentwicklungsmaßnahmen (Qualifikation etc.) für die Mitarbeiter und Grundsätze und Verhalten für Führungsstile zu bestimmen.

Auf dieser Grundlage werden weitere Führungsmodelle (und Führungsstile) abgeleitet und konkretisiert (Staehle et al. 2017; Scholz 2014). Hierzu zählen exemplarisch:

- die charismatische Führung als Modell für eine personenzentrierte Aktivierung der Mitarbeiter (vermitteln von Werten und Visionen),
- die visionäre Führung zur Gestaltung der Zukunft,
- die intellektuelle Führung zur Steigerung von Fertigkeiten und Kooperation,
- die fördernde Führung durch Coaching (Personalentwicklung) und Beratung.

Weiterhin können primär gruppenorientierte **Führungsansätze/-techniken** oder Managementansätze aufgeführt werden, die das Verhältnis von Führungskraft und Mitarbeiter bestimmen. Hierzu zählen die **diskreten Managementmodelle** sowie die **stetigen Managementmodelle,** die eine situationsspezifische Ausgestaltung der Führung beinhalten (Scholz 2014).

Diskrete Managementmodelle

- **Management by Objektives (MbO)**: MbO ist dabei ein Führungskonzept, in dem Vorgesetze und (nachgeordnete) Mitarbeiter gemeinsame Ziele und Verantwortungsbereiche festlegen.

- **Management by Exception (MbE):** Bei dem MbE erfolgt eine Mitteilung an den Vorgesetzen nur dann, wenn definierte Ziele im Rahmen einer Bandbreite abweichen.
- **Management by Results (MbR):** MbR beinhaltet eine regelmäßige Berichterstattung über die erzielten (vereinbarten) Ergebnisse.
- **Management by Decision Rules (MbDR):** Bei dem MbDR werden den untergebenden Bereichen weiterhin bestimmte Entscheidungsregelungen vorgegeben.

Stetige Managementmodelle

- **Management by Systems (MbS):** MbS beschreibt den Technisierungsgrad der Steuerung und Kontrolle (z. B. computergestützte Steuerung).
- **Management by Delegation (MbD):** MbD beschreibt den Grad der Übertragung an Entscheidungsverantwortung an untergeordnete Mitarbeiter, die Letztentscheidung verbleibt jedoch beim jeweils Ranghöheren.
- **Management by Participation (MbP):** MbP beinhaltet die Teilnahme untergeordneter Mitarbeiter an Entscheidungs- oder Zielfindungsprozessen.

Aus den Managementmodellen lassen sich durch Kombination wiederum erweiterte und komplexere Führungsmodelle ableiten.

In Ergänzung zu diesen individual- und gruppenorientierten Ansätzen können Elemente für eine **standardisierte Führung** (Führungsgrundsätze) (Beispiele z. B. bei Scholz 2014, S. 1021 ff.) aufgeführt werden. Unternehmensgrundsätze wenden sich an Mitarbeiter, Führungskräfte oder Geschäftspartner in schriftlich fixierter Form, um Ziele und Grundsätze des Unternehmens sowie damit verbundene **Verhaltensgrundsätze** zu bestimmen. Hierzu zählen z. B. Grundsätze und Zweck der Personalführung, die Rolle der Führungskräfte und die Aufgaben und Pflichten der Mitarbeiter (Eichhorn und Schmidt-Rettig 1995).

Bezogen auf die Managementebenen lässt sich für das Feld der **Personalführung** zusammenfassend folgende Zuordnung vornehmen:

Normatives Management Entwicklung von Leitsätzen/Leitbilder und daraus abgeleitet grundsätzliche Verhaltensregelungen für die Entscheidungen und Handlungen der Krankenhausführungskräfte und -mitarbeiter.

Strategisches Management Entwicklung einer Führungskonzeption, d. h. Festlegung von Grundsätzen in Bezug auf den Führungsstil (z. B. kooperative Führung), die anzuwendenden Managementansätze (z. B. Management-by-Objektives) sowie die institutionalisierte Form der Zusammenarbeit und Konfliktbewältigung (Eichhorn und Schmidt-Rettig 1995), formalisiert in den Führungsgrundsätzen des Krankenhauses.

Dispositives Management Übersetzung der Führungsgrundsätze in konkrete Regelungen und Maßnahmen zum Führungshandeln und Präzisierung/Ausgestaltung von Führungstechniken, um das Verhalten der Führungskräfte entsprechend der strategisch vorgesehenen Führungskonzeption zu unterstützen.

Operatives Management Umsetzung des Aktivitätenplans in die Führungspraxis (Mitarbeiterführung, Fortbildung, Coaching usw.).

Aktuelle Entwicklungen des Personalmanagements

Der Erfolg der Personalsuche, der Personalauswahl und der Personaleinstellung ist wesentlich abhängig von dem grundsätzlich vorhandenen Angebot an Fachkräften auf dem Arbeitsmarkt. Hier konkurrieren Krankenhäuser mit sonstigen Gesundheits- und Pflegeeinrichtungen um das vorhandene Arbeitskräfteangebot. Aufgrund der in den kommenden Jahren weiter zunehmenden Nachfrage nach Pflege- und Gesundheitsleistungen wird die Nachfrage nach Arbeitskräften, die diese Leistungen erbringen sollen, weiter zunehmen. Aktuelle Prognosen der Statistischen Ämter des Bundes und der Länder sagen für die Jahre 2010 bis 2030 eine weitere Zunahme der Krankenhausfälle um 1,5 Mio. auf insgesamt 19,3 Mio. stationäre Fälle voraus. Dies entspricht einer Steigerungsrate von 9 %. Im gleichen Zeitraum wird die Anzahl der Pflegebedürftigen, die ambulant oder stationär in Heimen versorgt werden müssen, um eine weitere Million, oder 42 % (!), auf insgesamt 3,4 Mio. ansteigen. Da das Gesundheitswesen ein Dienstleistungssektor ist, steigt folglich bei wachsender Nachfrage der Bedarf nach Fachkräften in den einschlägigen auf diesem Sektor tätigen Berufsgruppen (vgl. ◘ Tab. 5.1).

Der **Fachkräftemangel** wird sich nach Studien der Unternehmensberatung PricewaterhouseCoopers (PwC) aus den Jahren 2010 und 2012 weiter verschärfen und könnte nach Ansicht von PwC im Extremfall zu einem »Kollaps des deutschen Gesundheitswesens führen«. Bis zum Jahr 2030 wird sich die Differenz zwischen Angebot und Nachfrage im schlechtesten Fall auf rund 76.000 erhöhen, sodass ein massiver Ärztemangel prognostiziert wird.

Die Entwicklung auf dem Arbeitsmarkt für nicht-ärztliche Fachkräfte stellt sich noch dramatischer dar. Auch hier wird die Nachfrage nach Fachkräften weiter ansteigen. Allerdings wurde bereits für 2020 ein Fachkräftemangel in Höhe von fast 200.000 auf dem Arbeitsmarkt für nicht-ärztliche Fachkräfte prognostiziert. Den wesentlichen Anteil repräsentieren dabei die Pflegefachkräfte.

Diese Entwicklung führt für das Personalmanagement im Krankenhaus zu einer weitreichenden Umstellung der Schwerpunkte in der Personalarbeit (Naegler 2021). Fachkräftemangel und die sich ebenfalls aus dem demographischen Wandel ergebenden »alternden Belegschaften« im Krankenhaus erfordern eine sog. Cross-Funktion über alle Elemente des Personalmanagements – das Demographiemanagement. Somit kommt dem verstärkten Einsatz von Instrumenten der Personalentwicklung auf das vorhandene Personal größere Bedeutung zu.

▪ Demographiemanagement

Die sich aus dem Fachkräftemangel und den »Alternden Belegschaften« ergebenden Anforderungen für das Personalmanagement werden im Rahmen des Demographiemanagement bearbeitet und betreffen alle wesentlichen Elemente des Personalmanagements. Während der Fachkräftemangel weiter anwachsen kann, wird zeitgleich der Altersdurchschnitt der im Krankenhaus Beschäftigten zukünftig weiter steigen; in vergleichbarem Maße wie beim demographischen Wandel der gesamten Gesellschaft. In einem repräsentativen mittelgroßen Beispielkrankenhaus beträgt das durchschnittliche Alter der Belegschaft heute 45 Jahre. In 15 Jahren wird der Altersdurchschnitt derselben Belegschaft bereits 57 Jahre betragen. Dieser Alterungsprozess einer Mitarbeiterschaft wird als »Blockalterung« bezeichnet.

Typische Eigenschaften, die Mitarbeitern über 50 unterstellt werden, erfordern aufgrund der persönlichen und beruflichen Sozialisationsphase der Beschäftigten andere Antworten und Perspektiven in der Praxis des Personalmanagements als für eine Belegschaft, die im Durchschnitt noch 15 Jahre jünger ist. Unterstellte Handicaps werden auf den Feldern der körperlichen Leistung (z. B. Einschränkung der Wahrnehmung, Abnahme von Kraft, Beweglichkeit und Reaktion), der psychologischen Leistung (z. B. Resignation, Einbußen beim Gedächtnis und im Wahrnehmungstempo) und der Qualifikation (z. B. Wissensveralterung, unterentwickelte Teamfähigkeit und Lernmotivation) beschrieben. Gleichzeitig werden Vorteile gegenüber jüngeren Mitarbeitenden gesehen, wie beispielsweise die Geübtheit motorischer Abläufe, Verantwortungsbewusstsein und menschliche Reife sowie Erfahrungswissen und Zuverlässigkeit.

Als langfristig erfolgsversprechendes Konzept wurde daher das **Konzept des Demographiemanagements** entwickelt, das einer neuen Personalstrategie mit verschiedenen Handlungsfeldern gleichkommt. Doppler und Lauterburg (2014) empfehlen folgenden Einführungsprozess dieses Konzeptes, der nach einer Situationsanalyse und der Bewusstseinsschaffung vorsieht, krankenhausindividuell den Veränderungsbedarf und die -ziele festzulegen. Darauf folgen die Festlegung von Veränderungsmaßnahmen, Maßnahmenumsetzung und die Evaluation des Konzeptes. Dabei bezieht das Demographiemanagement alle Elemente des Personalmanagements ein (Deller et al. 2008).

»Toolbox« des Demographiemanagements

Personalbeschaffung

Falls der Fachkräftemarkt zunehmend unergiebig wird und der sog. »war for talents«, der Wettbewerb um qualifizierte Fachkräfte weiter zunimmt, werden besondere Anforderungen an die Personalbeschaffung gestellt. Diese wird sich auch auf ausländische Arbeitsmärkte ausdehnen müssen (Naegler 2021). Der Erfolg der Personalbeschaffung hängt wesentlich von der Attraktivität eines Krankenhauses als Arbeitgeber ab und inwieweit die Organisation auf dem Arbeitsmarkt als positive »Arbeitgebermarke« wahrgenommen wird. Diese, auch als »employer branding« bezeichnete Markenqualität (Olesch 2014), wird in anderen Sektoren der Wirtschaft schon seit einigen Jahren durch unabhängige externe Systeme bewertet und zertifiziert. Hier ist vor allem die vom Handelsblatt ins Leben gerufene Initiative »Great place to work« zu nennen, die jährlich Deutschlands besten Arbeitgeber auszeichnet. Daneben wird im Audit »Beruf und Familie« die Attraktivität von Unternehmen insbesondere als familienfreundlicher Arbeitgeber testiert.

Personalentlohnung

Die Personalentlohnung ist zukünftig, nicht wie jahrelang üblich, nach dem sog. Senioritätsprinzip zu gestalten, das höhere Gehälter aufgrund des zunehmenden Lebensalters vorsieht. Vielmehr sind im Demographiemanagement Gehaltskomponenten vorzusehen, die die Vorzüge langjähriger und erfahrener Mitarbeiter im Krankenhaus wertet. So könnten beispielsweise erfahrenen Pflegekräften neben dem Fixgehalt variable Zulagen für perfekte Stationsorganisation, Erfahrung oder Zuverlässigkeit gezahlt werden.

Personalführung und Kultur

Im Demographiemanagement ist speziell in der Personalführung und allgemein in der Unternehmenskultur ein Klima zu schaffen, das die allgemeine Wertschätzung der Belegschaft, die wertschöpfende Zusammenarbeit von Jung und Alt sowie Verhaltensmuster, Rituale und Symbole mit dem Fokus auf langjährigen Erfolg von Mitarbeitern vorsieht. Die seit Mitte des 20. Jh. widerlegte »Defizithypothese«, die alternde Mitarbeiter als Problemgruppe ansieht, ist heute durch ressourcenorientierte Ansätze wie dem »**Kompetenzmodell**« abgelöst. Dieses Modell geht davon aus, dass kein ständiger altersabhängiger Abbau von Kapazitäten erfolgt, sondern ein Wechselspiel von Kapazitäten-Gewinn und -Verlust über das gesamte Leben stattfindet – also kein ausschließlicher Leistungsabbau, sondern vielmehr ein Leistungswandel erfolgt. In der Personalführung sind daher die unterschiedlichen Anforderungen verschiedener Lebensphasen der Mitarbeiter zu berücksichtigen; es wird auch von der sog. »Altersgerechten Führung« gesprochen (Kloimüller 2014). Diese spiegelt sich auch in den daran ausgerichteten Führungstrainings (z. B. »Jung führt Erfahrung«) und in den zu aktualisierenden Führungsgrundsätzen wider.

Personalentwicklung

Die Personalentwicklung ist im Demographiemanagement altersgerecht bzw. altersintegriert zu gestalten und muss den Prozess des lebenslangen Lernens und damit des lebenslangen Fort- und Weiterbildens unterstützen. Es ist nicht ausschließlich in jüngere, häufig fortbildungsbereitere Mitarbeitende zu investieren, sondern dauerhaft in Mitarbeitende jeder Altersklasse. Dabei sieht der altersintegrierte Ansatz die Gleichwertigkeit der Säulen Bildung, Arbeit und Freizeit über alle Lebensphasen vor. Er löst den altersdifferenzierten Ansatz ab, nach dem im jungen Alter die Bildung, im mittleren Alter die Arbeit und im höheren Alter die Freizeit jeweils von größter Bedeutung war.

Personalaustritt

Das Ziel der Potenzial-Nutzung einer älteren Belegschaft kann beispielsweise bei der geplanten Gestaltung des Personalaustritts einen gleitenden Übergang in die Rente vorsehen oder die Weiterbeschäftigung von bereits verrentungsfähigen Mitarbeitenden bzw. die Beschäftigung ehemaliger Mitarbeitender ermöglichen.

Wissensmanagement

Das Wissensmanagement im Krankenhaus hat das Ziel, das Risiko des Wissensverlustes beim Ausscheiden älterer und erfahrener Mitarbeitender zu mildern. Vielfach wird das Erfahrungswissen langjähriger Mitarbeitender als die entscheidende Ressource für die Wettbewerbsfähigkeit eines Krankenhauses angesehen. Daher muss das erfolgskritische Wissen dokumentiert und durch geeignete Schulungsmaßnahmen von Alt an Jung weitergegeben werden. Dies ist beispielsweise durch altersgemischte Teams, sog. Tandems, oder ein routinemäßiges Coaching bzw. Mentoring durch Ältere möglich. Ein Chirurg wird z. B. in höherem Alter an seine Leistungsgrenzen stoßen, doch für ein Krankenhaus ist es ratsam, sich das solide Kapital seines Wissens und seiner Erfahrung auf oben beschriebene Weise zunutze zu machen.

Arbeitsgestaltung

Das Demographiemanagement beabsichtigt u. a. den Prozess des lebenslangen Lernens durch eine lernförderliche Arbeitsgestaltung anzuregen. Diese soll den optimalen Rahmen für den Erhalt und den Ausbau der physischen und psychischen Leistungsfähigkeit der Belegschaft bilden. Dies kann durch Organisation der Arbeitsinhalte (z. B. Job-enrichment oder -rotation) durch eine Flexibilisierung des Arbeitsortes oder der Arbeitszeit erreicht werden. Sollte sich letztere an dem Lebensphasenmodell orientieren, so kann der Arbeitgeber durch Berücksichtigung seiner individuellen (Lebensphasen-)Bedürfnisse eine hohe Motivation der Mitarbeiterschaft erreichen. Sog. Sabbaticals können helfen, eine »Midlebenskrise« zu überwinden. Lebensarbeitszeit- oder Zeitwertkonten können dem Mitarbeitenden die Verwirklichung etwaiger Lebensträume ermöglichen.

Gesundheitsförderung

Mit dem Konzept der betrieblichen Gesundheitsförderung, als Bestandteil eines umfassenden Betrieblichen Gesundheitsmanagements (Stock-Homburg 2019), soll im Rahmen des Demographiemanagements versucht werden, die Arbeitsfähigkeit der Belegschaft langfristig zu sichern. Dies kann durch die Module Verhaltensprävention oder der angebotsbezogenen Verhaltensänderung erreicht werden. Der Arbeitgeber schafft eine gesundheitsförderliche Arbeitsumwelt, bei der sich der Mitarbeitende gesund an seinem Arbeitsplatz verhält, Gesundheitsrisiken ausgeschaltet werden, und er – häufig durch positive Beispiele – zu einem persönlichen gesundheitsförderlichen Lebensstil animiert wird. Die große Palette möglicher Instrumente reicht von Gesundheitstrainings (z. B. Rückenschule) über ergonomische Arbeitshilfen (z. B. Hebehilfen) bis hin zu gesunderhaltender Verköstigung im eigenen Betriebsrestaurant. Zur Vermeidung des, insbesondere in pflegerischen Berufen, gefürchteten »Ausbrennens« (»Burn Out«), können darüber hinaus Hilfen zur emotionalen Bewältigung von Belastungen wie Supervisionen oder Balintgruppen beitragen.

■ **Diversity Management**

Die Schwierigkeit der Personalbeschaffung innerhalb des Gesundheitswesens auf einem sich verschärfenden Arbeitsmarkt für Fachkräfte erfordert auch neue Formen der Personalakquise. Durch den demographischen Wandel (»alternde Belegschaften«), durch die Globalisierung (»Ärzte und Pflegekräfte mit unterschiedlicher Nationalität, Ethnie und Religion«), durch sich ändernde Familien- und Lebensformenbilder (»Singletum«, »gleichgeschlechtliche Partnerschaften«), durch Weiterentwicklung des Bildungssystems (»unterschiedliche Berufs- und Ausbildungswege«) sowie durch die verstärkte Erwerbstätigkeit von Frauen (»Feminisierung der Medizin«) haben Unternehmen mit einer zunehmenden Vielfalt oder »**Diversität**« **von Mitarbeitenden** zu tun (Stock-Homburg 2019). Diese wird zur Realität im Krankenhaus werden. Sie findet ihren sicht- und spürbaren Ausdruck in vielfältigen Ausprägungen der Persönlichkeit, der Werte, der Arbeits- und Kommunikationsstile, der Einstellungen oder des individuellen Wissens der Mitarbeitenden. Auf der einen Seite können daraus Probleme entstehen, die Auswirkungen auf die soziale Leistungserbringung und damit auf die Dienstleistungsqualität haben: Kommunikations- und Koordinationsprobleme, Teamkonflikte durch Vorurteile und Misstrauen, Unzufriedenheit, hoher Zeitaufwand und Produktivitätsverluste. Auf der anderen Seite bietet die Vielfalt innerhalb der Belegschaft gemäß Informationsverarbeitungstheorie die Chancen für eine verbesserte Entscheidungsfindung und Problemlösungsfähigkeit, einer höheren Kreativität und Innovationsfähigkeit, einem besseren Kundenverständnis sowie dem wechselseitigen Lernen und der gegenseitigen Motivation.

Da durch die Diversität sowohl positive als auch negative Wirkungen auf die Leistungsfähigkeit der Belegschaft entstehen, muss die Krankenhausleitung diese aktiv managen. Wenn es gelingt, die Attraktivität des Krankenhauses als Arbeitgeber zu steigern, indem den Mitarbeitenden trotz ihrer Unterschiedlichkeit ein Gefühl von Integration, Eingebundensein und Wertschätzung innerhalb der Leistungsgemeinschaft gegeben wird, dann sind die Ziele des Diversity Managements in wesentlichen Zügen erreicht. Böhm (2012) sieht in dem diversitäts-orientierten Personalmanagement positive Einflüsse auf die Rekrutierung und Führung, positive Folgen für den einzelnen Mitarbeitenden (Zufriedenheit, psychische Gesundheit etc.) sowie für das gesamte Krankenhaus (geringe Fluktuation, Arbeitgeberattraktivität etc.). Mit dem Allgemeinen Gleichbehandlungsgesetz (AGG) hat der Gesetzgeber die Basis für den Schutz und die Förderung von Vielfalt geschaffen. Im negativen Sinne verbietet das AGG Diskriminierung und Benachteiligung von Individuen und Gruppen. Es ermöglicht jedoch im positiven Sinne die Schaffung wertschätzender Arbeitsbedingungen für die gesamte Belegschaft eines Krankenhauses.

5.4 Personalmanagement in Arztpraxen und Ärztenetzen

Thomas Kopetsch, Danny Wende

5.4.1 Gesetzliche und strukturelle Rahmenbedingungen

Die ambulante Versorgung der gesetzlich Krankenversicherten erfolgt in Deutschland durch zugelassene Ärzte (Vertragsärzte, Normalfall), zugelassene Medizinische Versorgungszentren, ermächtigte Ärzte und ermächtigte ärztlich geleitete Einrichtungen (Sonderfälle). Die Zulassung ist demnach Voraussetzung für die Eröffnung oder Übernahme einer Praxis durch einen Arzt zur Versorgung gesetzlich Krankenversicherter.

Voraussetzungen für die Zulassung von Vertragsärzten

Die Zulassung von Vertragsärzten ist Ergebnis eines zweistufigen Verfahrens.

1. Im **ersten Schritt** muss die Eintragung des Arztes in ein Arztregister erfolgen.
2. Im **zweiten Schritt** erfolgt die Zulassung durch den zuständigen Zulassungsausschuss.

Diese beiden Stufen des Verfahrens werden im Folgenden näher erläutert.

- **Eintragung in das Arztregister**

Arztregister sind **Datenbanken**, die von den Kassenärztlichen Vereinigungen neben den Registerakten für jeden Zulassungsbezirk geführt werden (§ 95 Abs. 2 SGB V, § 1 Ärzte-Zulassungs-Verordnung [Ärzte-ZV]). Darin enthalten sind die Daten aller Ärzte, die an der vertragsärztlichen Versorgung teilnehmen sowie die Daten der Ärzte, die die Voraussetzungen zur Eintragung erfüllen und eine Eintragung beantragt haben (§ 1 Abs. 2 Ärzte-ZV). Zu jedem Arzt sind im Arztregister u. a. Angaben zu Adresse, Fachgebiet, Zulassung, Niederlassung und Approbation enthalten (§ 2 Ärzte-ZV).

Voraussetzungen für die Eintragung in ein Arztregister nach § 95a Sozialgesetzbuch (SGB) V in Verbindung mit (i. V. m.) § 3 Ärzte-ZV sind zum einen die **Approbation** als Arzt und zum anderen der erfolgreiche **Abschluss** einer **allgemeinmedizinischen Weiterbildung**, einer **Weiterbildung in einem anderen Fachgebiet** oder die Anerkennung von im **Ausland erworbenen analogen Befähigungsnachweisen** (§ 95a Abs. 5 SGB V).

> Der Arzt ist in das Arztregister des Zulassungsbezirkes einzutragen, in dem sein Wohnort liegt. Die Eintragung muss also nicht in dem Arztregister des Zulassungsbezirkes erfolgen, in dem der Arzt eine Zulassung anstrebt.

Ist der Arzt im Falle der Zulassung nicht in das für den Zulassungsbezirk maßgebende Register eingetragen, erfolgt eine Umschreibung in das für den Vertragsarztsitz geführte Register.

- **Zulassung durch den zuständigen Zulassungsausschuss**

Wenn der Arzt in ein Arztregister eingetragen ist, kann er beim zuständigen **Zulassungsausschuss einen Antrag auf Zulassung** stellen. Dabei muss er angeben, für welchen Vertragsarztsitz (genauer Ort), und unter welcher Arztbezeichnung (z. B. Urologe) er die Zulassung beantragt.

Über die Gewährung einer Zulassung beschließt der Zulassungsausschuss. Dieser besteht für jeden Zulassungsbezirk aus sechs Mitgliedern (§ 34 Ärzte-ZV), drei Vertretern der Ärzte sowie drei Vertretern der Krankenkassen. Er beschließt über den Antrag in einer Sitzung nach mündlicher Verhandlung (§§ 36, 37 Ärzte-ZV), an der auch der betroffene Arzt teilnehmen kann. Weitere Verfahrensregeln sind in den §§ 38–43 Ärzte-ZV festgeschrieben.

Voraussetzungen für die Zulassung sind ein Eintrag im Arztregister, die persönliche Eignung des Arztes sowie das Nichtentgegenstehen bedarfsplanerischer Restriktionen. Ungeeignet für die Ausübung einer vertragsärztlichen Tätigkeit sind Ärzte, wenn geistige oder sonstige in der Person des Arztes liegende schwerwiegende Mängel (§ 21 Ärzte-ZV) oder eine nichtehrenamtliche Tätigkeit vorliegen, durch die der Arzt für die Versorgung der Versicherten persönlich nicht in erforderlichem Maße zur Verfügung stehen würde (§ 20 Abs. 1 Ärzte-ZV).

Wenn der Arzt nicht die Praxis eines ausscheidenden Vertragsarztes übernehmen will, sondern die Gründung einer neuen Praxis anstrebt, darf der Zulassungsbezirk nicht gesperrt sein. Ein **Zulassungsbezirk wird gesperrt**, wenn die Arztdichte (**Arzt-Einwohner-Relation**) in einem Zulassungsbezirk für eine Arztgruppe eine festgelegte Grenze überschreitet. Die Niederlassung weiterer Ärzte dieser Arztgruppe ist in diesem Zulassungsbezirk dann nicht mehr gestattet (§ 103 SGB V i. V. m. § 16b Ärzte-ZV).

- **Berufungsausschuss**

Gegen den Bescheid des Zulassungsausschusses kann beim Berufungsausschuss schriftlich Widerspruch eingelegt werden (§ 44 Ärzte-ZV). Für das Verfahren beim Berufungsausschuss gelten die Vorschriften entsprechend den Regelungen zum Zulassungsausschuss (§§ 36–43 Ärzte-ZV). Außer je drei Vertretern der Ärzte und der Krankenkassen, gehört dem Berufungsausschuss ein Vorsitzender mit der Befähigung zum Richteramt an (§ 97 Abs. 2 SGB V i. V. m. § 35 Abs. 1 Ärzte-ZV). Der Vorsitzende wird von den übrigen sechs Mitgliedern bestimmt.

Niederlassungsformen

Die Niederlassung als Vertragsarzt ist in drei Organisationsformen möglich.

1. Zum ersten gibt es die klassische Form der Niederlassung in einer **Einzelpraxis** (Möglichkeit der Teilzulassung seit 2007),
2. Zum zweiten existiert die Niederlassung in Form einer **Berufsausübungsgemeinschaft in einer Gemeinschaftspraxis**.
3. Zum dritten ist seit 2004 auch die Berufsausübung als Vertragsarzt in einem **Medizinischen Versorgungszentrum (MVZ)** möglich.

Die zweite und dritte Möglichkeit werden im Folgenden erläutert.

▪ Gemeinschaftspraxis

Vertragsärzte können sich zur gemeinsamen Ausübung ihrer vertragsärztlichen Tätigkeit zusammenschließen. Der Zusammenschluss bedarf der vorherigen Genehmigung durch den Zulassungsausschuss. Die Genehmigung darf nur versagt werden, wenn die Versorgung der Versicherten beeinträchtigt wird oder landesrechtliche Vorschriften über die ärztliche Berufsausübung entgegenstehen (§ 33 Abs. 2 Ärzte-ZV).

Eine Möglichkeit der **Zulassung in einem gesperrten Zulassungsbezirk** ist die Bildung einer **Jobsharing-Praxis**, bei der der neu hinzukommende Arzt die vertragsärztliche Tätigkeit gemeinsam mit einem dort bereits tätigen Vertragsarzt desselben Fachgebiets ausüben kann, sofern sich die Partner der Gemeinschaftspraxis gegenüber dem Zulassungsausschuss zu einer **Leistungsbegrenzung** verpflichten, die den bisherigen Leistungsumfang nicht wesentlich überschreitet (§ 101 Abs. 1 Nr. 4 SGB V i. V. m. § 40 Bedarfsplanungs-Richtlinie).

▪ Medizinisches Versorgungszentrum (MVZ)

Seit Januar 2004 besteht die Möglichkeit, als Vertragsarzt in einem **Medizinischen Versorgungszentrum** tätig zu werden. Medizinische Versorgungszentren sind ärztlich geleitete Einrichtungen, in denen Ärzte als Angestellte oder Vertragsärzte tätig sein können **(§ 95 Abs. 1 S. 2 SGB V**). Der ärztliche Leiter muss in dem Medizinischen Versorgungszentrum selbst als angestellter Arzt oder als Vertragsarzt tätig sein; er ist in medizinischen Fragen weisungsfrei. Nach § 72 Abs. 1 S. 2 SGB V finden Vorschriften, die für die Vertragsärzte gelten, auch auf Medizinische Versorgungszentren Anwendung.

Medizinische Versorgungszentren können sich analog zu Ärzten um eine vertragsärztliche Zulassung bewerben. Die Ärzte des Medizinischen Versorgungszentrums müssen als Voraussetzung dafür in das Arztregister eingetragen sein (§ 95 Abs. 2 S. 5 SGB V). Ebenso besteht die Möglichkeit, dass ein zugelassener Arzt seine Zulassung in ein Medizinisches Versorgungszentrum einbringt.

Ausgangspunkt für die Frage der **Rechtsform** Medizinischer Versorgungszentren ist § 95 Abs. 1a SGB V demzufolge sich die Medizinischen Versorgungszentren seit dem 01.01.2012 nur noch in der Rechtsform einer Personengesellschaft, einer eingetragenen Genossenschaft oder einer Gesellschaft mit beschränkter Haftung gründen können.

Bezüglich der **Trägerschaft** Medizinischer Versorgungszentren hat sich durch das GKV-Versorgungsstrukturgesetz eine Änderung ergeben. Gemäß § 95 Abs. 1a Satz 1 SGB V können Medizinische Versorgungszentren nur noch von zugelassenen Ärzten, von zugelassenen Krankenhäusern, von Erbringern nichtärztlicher Dialyseeinrichtungen oder von gemeinnützigen Trägern, die auf Grund von Zulassung oder Ermächtigung an der vertragsärztlichen Versorgung teilnehmen, gegründet werden. Die Zulassung von medizinischen Versorgungszentren, die am 01. Januar 2012 bereits zugelassen sind, gilt unabhängig von der Trägerschaft und der Rechtsform des Medizinischen Versorgungszentrums fort.

Durch das Versorgungsstärkungsgesetz ist zum 23. Juli 2015 die Möglichkeit geschaffen worden, dass Kommunen in begründeten Ausnahmefällen mit Zustimmung der Kassenärztlichen Vereinigung Medizinische Versorgungszentren gründen können. Ein begründeter Ausnahmefall kann insbesondere dann vorliegen, wenn eine Versorgung auf andere Weise nicht sichergestellt werden kann (§ 105 Abs. 5 SGB V). Zudem ist durch das gleiche Gesetz das Kriterium »fächerübergreifend« entfallen, sodass ab diesem Zeitpunkt auch »fachgleiche« Medizinische Versorgungszentren zulässig sind (bspw. reine Hausarzt-MVZ).

5.4.2 Praktische Umsetzung

Ärztliche Praxen

Ärztliche Praxen haben eine zentrale Funktion in der ambulanten Versorgung von Patienten. Gleichzeitig waren sie 2020 dauerhaft oder vorübergehend Arbeitsstätte von rund 40 % der berufstätigen Ärzte. Dabei sind Ärzte, die sich in freier Praxis niedergelassen haben, von denen zu unterscheiden, die in einer Praxis oder einem MVZ angestellt oder nur vorübergehend tätig sind.

Arztpraxen, respektive Medizinische Versorgungszentren, sind in Deutschland infolge ihrer regionalen Verteilung, mit Ausnahme ländlicher Regionen vor allem in den neuen Bundesländern im Allgemeinen gut erreichbar. Damit schaffen sie erst die Voraussetzung, dass alle in der Gesetzlichen Krankenversicherung Versicherten das im Sozialgesetzbuch V festgeschriebene **Recht auf freie Arztwahl** faktisch auch ausüben können. Darüber hinaus kommt den Ärzten in freier Praxis in der Gesundheitsversorgung eine **Schlüsselstellung** zu. Sie erbringen oder veranlassen durch **Verordnung oder Überweisung** einen Großteil der Versorgungsleistungen.

Die überwiegende Mehrheit der niedergelassenen Ärzte nimmt als **Vertragsarzt** an der Versorgung der Versicherten der GKV teil. Im Jahr 2020 betrieben nur gut 13.900 der niedergelassenen Ärzte eine reine Privatpraxis und waren damit nicht den Regelungen des SGB V unterworfen. An der ambulanten Versorgung von GKV-Versicherten sind in gewissem Umfang auch **ermächtigte Ärzte** beteiligt, die meist in Krankenhäusern angestellt sind und keine eigene Praxis betreiben.

Insgesamt nahmen 2020 150.850 Ärzte an der vertragsärztlichen Versorgung teil. Darunter waren 100.933 Vertragsärzte, 579 Partner-Ärzte in Jobsharing-Praxen, 40.311 angestellte Ärzte sowie 9027 ermächtigte Ärzte.

Insbesondere die Zahl der angestellten Ärzte im ambulanten Bereich ist in den letzten Jahren förmlich explodiert; betrug deren Zahl im Jahre 2004, dem Jahr in dem die Gründung von Medizinischen Versorgungszentren mit angestellten Ärzten, die keiner Leistungsbeschränkung unterliegen, ermöglicht wurde, doch erst 8048. Im Jahre 2020 konnte die Bundesärztekammer dagegen 46.543 angestellte Ärzte im ambulanten Sektor registrieren. Die entspricht einer Zunahme um 478 % (◘ Abb. 5.8).

Organisationsformen

Die ärztliche Praxis wird überwiegend als Einzelpraxis, d. h. von einem Praxisinhaber betrieben, ggf. unter Mitwirkung von Assistenzpersonal; 56,5 % der Vertragsärzte waren 2020 in Einzelpraxen tätig, nur 43,5 % in Gemeinschaftspraxen (◘ Tab. 5.6).

Bei den Gemeinschaftspraxen sind 81,5 % fachgleich, d. h., sie werden von Ärzten der gleichen Fachrichtung betrieben. Lediglich 18,5 % der Gemeinschaftspraxen sind, bezogen auf die Hauptgebiete, fachübergreifend (z. B. Chirurg mit Anästhesist) tätig.

Das GKV-Modernisierungsgesetz hat zum 01.01.2004 die Gründung und Betreibung von Medizinischen Versorgungszentren (MVZ) möglich gemacht. ◘ Abb. 5.9 macht die Entwicklung in diesem Bereich deutlich. Mittlerweile (Stand: Ende 2019) sind **3539 Medizinische Versorgungszentren** zugelassen, in denen 21.887 Ärzte tätig sind, 20.212 davon als angestellte Ärzte. Der Trend, Medizinische Versorgungszentren vor allem mit angestellten Ärzten zu betreiben, wird in ◘ Abb. 5.10 deutlich. Insbesondere seit 2016 ist ein starker Anstieg bei der Gründung von Medizinischen Versorgungszentren zu verzeichnen, der dadurch begründet ist, dass seitdem fachgleiche Medizinische Versorgungszentren möglich sind. 18,4 % der MVZs haben die Rechtsform der GbR gewählt und 66,2 % die der (g)GmbH. Bezüglich der Trägerschaft ergibt sich folgendes Bild: 41,2 % sind in der Trägerschaft von Vertragsärzten, 43,1 % in der von Krankenhäusern und 15,7 % in der von sonstigen Leistungserbringern. Im Durchschnitt sind in einem MVZ 6,2 Ärzte tätig.

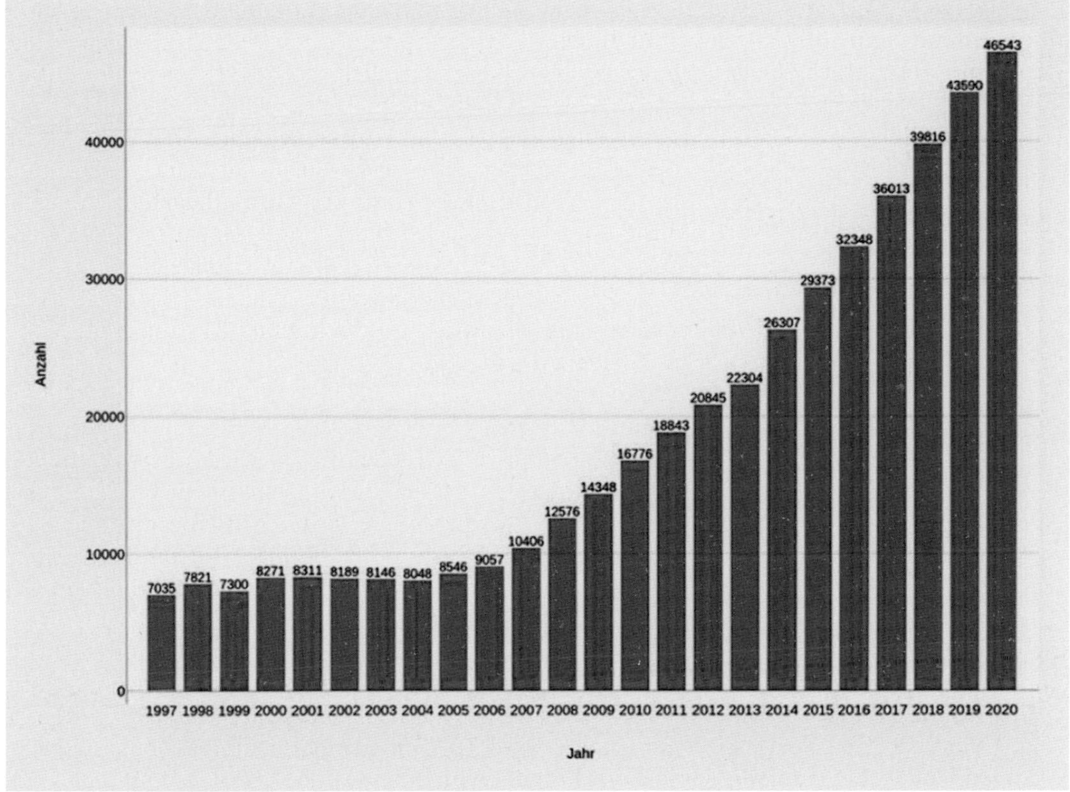

Abb. 5.8 Entwicklung der Zahl der angestellten Ärzte im ambulanten Bereich. (Nach Daten der Bundesärztekammer)

Mit Inkrafttreten des Vertragsarztrechtsänderungsgesetzes zum 01. Januar 2007 wurde es Vertragsärzten ermöglicht – analog zu Medizinischen Versorgungszentren – in nicht gesperrten Planungsbereichen Ärzte anzustellen, ohne dass die Praxis einer Leistungsbegrenzung unterliegt. Seit der Einräumung der Möglichkeiten einer Anstellung im ambulanten Bereich (MVZ und Praxis) ist die Zahl der angestellten Ärzte in diesem Sektor drastisch angestiegen (Abb. 5.8). Mittlerweile (2020) erfolgt der Einstieg ins KV-System zu 70,7 % als angestellter Arzt und nur noch zu 29,3 % als selbstständiger Vertragsarzt (Abb. 5.11). Im Jahre 2013 betrug der entsprechende Anteil der Ärzte, die sich niedergelassen haben, noch 36,3 %.

Vertragsärzte nach Fachgebieten und Versorgungsbereichen sowie Alter und Geschlecht

In Tab. 5.6 ist auch die Fachgebietsstruktur der Vertragsärzte im Jahr 2020 widergespiegelt. Die mit Abstand größte Facharztgruppe ist mit 30.712 Ärzten die Gruppe der Allgemeinmediziner und Praktischen Ärzte, gefolgt von den Internisten (18.723) und den Frauenärzten (8404).

Bei der Verteilung der Vertragsärzte auf den **hausärztlichen und den fachärztlichen Versorgungsbereich** kann festgestellt werden, dass die Zahl der Ärzte, die im fachärztlichen Versorgungsbereich an der vertragsärztlichen Versorgung teilnehmen, seit 2013 um 8,3 % gestiegen ist, von 81.242 auf 88.024 im Jahre 2020. Darin spiegelt sich auch die »Ambulantisierung« der medizinischen Versorgung wider, derzufolge zunehmend eine Verlagerung der Erbringung

Tab. 5.6 Anzahl der Vertragsärzte und der vertragsärztlichen Praxen. (Bundesarztregister der KBV, Stand: 31.12.2020)

Fachgebiet	1 Arzt	2 Ärzte	3 Ärzte	Über 4 Ärzte	Summe Praxen	Gesamtzahl Vertragsärzte
Allgemeinmediziner/ Praktische Ärzte	18.192	3480	465	96	22.233	30.712
Anästhesisten	1152	207	63	57	1479	2181
Augenärzte	2053	457	96	71	2677	3740
Chirurgen und Orthopäden	3265	944	287	189	4685	7439
Frauenärzte	5357	1046	173	71	6647	8404
HNO-Ärzte	1960	484	100	36	2580	3445
Hautärzte	1762	387	58	22	2229	2842
Internisten	8804	1919	449	256	11.428	18.723
Kinderärzte	2894	821	151	43	3909	5286
Kinder- und Jugendpsychiater	648	85	11	1 bis 5	747	889
Laborärzte	51	7	1 bis 5	1 bis 5	64	150
Mund-Kiefer-Gesichts-Chirurgen	704	115	24	7	850	1058
Nervenärzte	2596	422	101	63	3182	4130
Neurochirurgen	243	45	7	11	306	472
Pathologen	94	45	29	33	201	466
Radiologen	155	111	66	72	404	1619
Nuklearmediziner	108	29	7	1 bis 5	149	436
Urologen	1162	323	110	66	1661	2514
Ärztliche Psychotherapeuten	5502	65	1 bis 5	0	5568	5765
Humangenetiker	30	0	1 bis 5	0	32	47
Physikal. u. Rehabilit.-Mediziner	279	7	1 bis 5	0	287	378
Strahlentherapeuten	37	17	7	12	73	203
Transfusionsmediziner	24	1 bis 5	0	0	26	34
Fachübergreifende Praxen	0	2174	718	408	3300	–
Gesamt	57.072	11.018	2212	1115	71.417	100.933

Hinweise: Die 59 Gemeinschaftspraxen zwischen Ärzten und Psychologischen Psychotherapeuten sind in dieser Darstellung nicht berücksichtigt. Die Vertragsärzte in MVZ werden nur in der Spalte »Gesamtzahl Vetragsärzte« berücksichtigt. Die Ärzte in fachübergreifenden Praxen werden in der Spalte »Gesamtzahl Vertragsärzte« so gezählt, dass jeder einzelne Arzt in seinem Fachgebiet berücksichtigt wird. Aus Datenschutzgründen wurde bei allen Datenzellen, die einen Wert zwischen 1 und 5 aufweisen, der tatsächliche Wert durch die Angabe »1 bis 5« ersetzt.

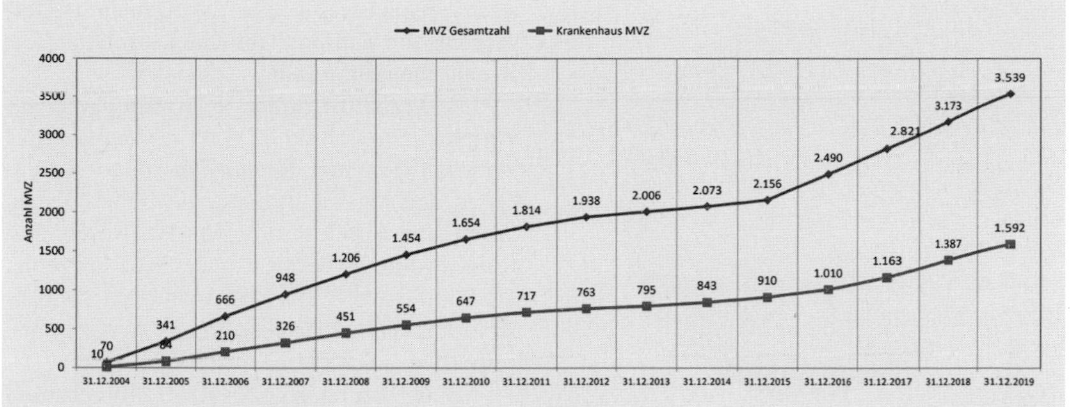

Abb. 5.9 Entwicklung der Medizinischen Versorgungszentren. (Quelle: Kassenärztliche Bundesvereinigung, Stand: 31.12.2019)

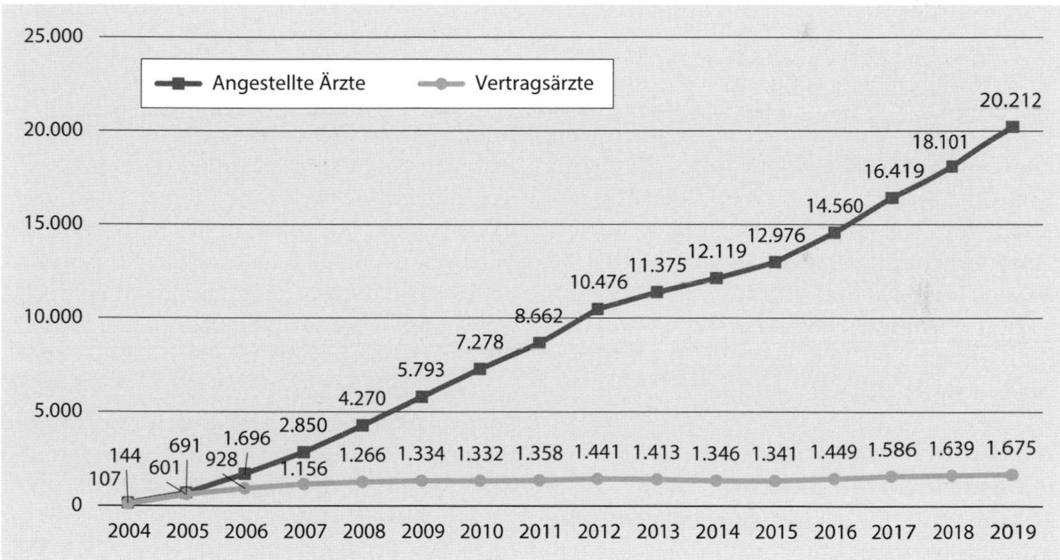

Abb. 5.10 Entwicklung der Verteilung der Vertragsärzte und angestellten Ärzte in allen Medizinischen Versorgungszenten. (Quelle: Kassenärztliche Bundesvereiniung)

medizinischer (fachärztlicher) Leistungen vom stationären in den ambulanten Sektor erfolgt.

Das Durchschnittsalter der niedergelassenen Ärzte ist seit Einführung der Bedarfsplanung 1993 von 47,5 Jahre auf 54,5 Jahre im Jahr 2020 angestiegen. Da es kaum noch Niederlassungsmöglichkeiten für junge Ärzte gibt, altert das »Kollektiv« der Vertragsärzte insgesamt.

Der Anteil der **Ärztinnen** an allen Vertragsärzten ist seit Bestehen der statistischen Erfassung permanent angestiegen: von 18 % im Jahr 1979 auf 22,7 % im Jahr 1992 in den alten Bundesländern. Bedingt durch die Wiedervereinigung – in der DDR war der Anteil an Ärztinnen deutlich höher (im Jahr 1989 betrug der Anteil der Ärztinnen an allen berufstätigen Ärzten in der DDR 53,5 %) – stieg der Anteil an Ärztinnen auf 31 % und ist seitdem weiter auf 44,7 % im Jahr 2020 angewachsen. Der Anteil an Ärztinnen ist jedoch stark von der Facharztgruppenzugehörigkeit abhängig. Mit

5

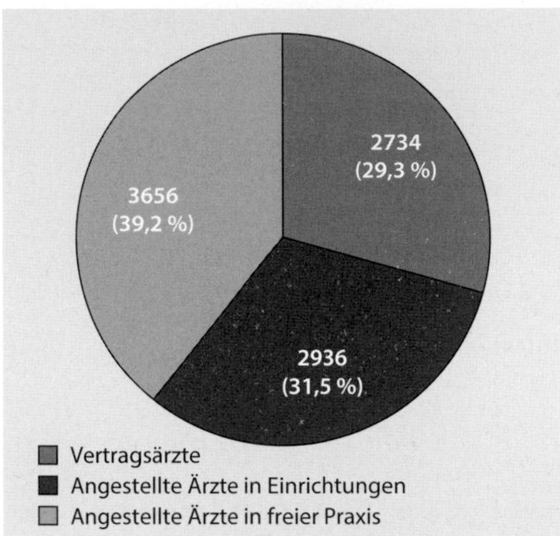

Abb. 5.11 Einstieg ins KV-System nach Vertragsärzten und angestellten Ärzten 2020. (Nach Bundesarztregister)

68,9 % ist der Frauenanteil bei den Frauenärzten am höchsten, gefolgt von den ärztlichen Psychotherapeuten (66,3 %) und den Kinderärzten (51,3 %). Am niedrigsten ist er bei folgenden Facharztgruppen: Urologie (10,4 %) sowie Chirurgie und Orthopädie (10,9 %). Bei den Hausärzten beträgt er 42,7 %, bei den (Fach-)Internisten hingegen nur 20,1 % (Bundesarztregister der KBV 2020).

Die Bedarfsplanung des ambulanten Sektors

Die zum 01.01.1993 eingeführte **ambulante Bedarfsplanung** wurde unter dem Primat der Ärzteschwemme und der Ausgabendeckelung in der Gesetzlichen Krankenversicherung eingeführt. Der Kernpunkt dieser Regelung betrifft die Definition und Feststellung von Überversorgung sowie die daraus resultierende arztgruppenbezogene **Sperrung von Planungsbereichen**. Diese, im Vergleich zu der Vorläuferregelung, stringentere Form der **Bedarfsplanung** wurde als unverzichtbar angesehen, um die Finanzierbarkeit der Gesetzlichen Krankenversicherung zu erhalten. Der Gesetzgeber ging davon aus, dass die steigende Zahl der Vertragsärzte maßgeblich die Kostenentwicklung im Gesundheitswesen mit verursacht hat. Denn der **Vertragsarzt entscheidet** neben dem Umfang seiner Leistungen auch beispielsweise über die **Arzneimittelversorgung**, die Zahlung von **Krankengeld** und die **Krankenhauseinweisung**.

Die **Verhältniszahlen je Arztgruppe** (Zielvorgabe: Einwohner je Arzt – insgesamt 14 verschiedene) **und Regionstyp** (neun Raumtypen der sog. siedlungsstrukturellen Kreistypen des Bundesamtes für Bauwesen und Raumordnung (BBSR) sowie das Ruhrgebiet als Sonderregion) wurden seinerzeit so konzipiert, dass das Wachstum der Arztgruppen zeitnah an seine Grenzen stoßen musste.

Mit der **Begrenzung des Arztzahlwachstums** war das Ziel der Eindämmung der GKV-Ausgaben verbunden. Obgleich das Arztzahlwachstum im Zentrum der politischen Diskussion stand, sicherte die Bedarfsplanung bereits damals einen vergleichbaren Zugang zur ambulanten Versorgung für alle Einwohner eines Raumtyps, wobei versucht wurde, Mitversorgereffekte zu berücksichtigen. In den vergangenen Jahren war eine Verschiebung der ambulanten Versorgungssituation zu beobachten, die sich auch in der politischen Diskussion niederschlug. Vor allem in der hausärztlichen Versorgung und in Teilen auch in der fachärztlichen Grundversorgung können zunehmend freiwerdende Arztsitze nicht wiederbesetzt werden (Kopetsch 2010).

Unter diesen Vorzeichen eines sich abzeichnenden Arztmangels war es erforderlich, die Planungs- und Steuerungsinstrumente an die neuen Herausforderungen anzupassen.

Vor diesem Hintergrund forderte der Gesetzgeber im Jahr 2011 mit dem **GKV-Versorgungsstrukturgesetz (GKV-VStG)** wichtige Weichenstellungen in der Versorgungsstruktur (für eine detaillierte Darstellung der Änderungen durch das GKV-Versorgungsstrukturgesetz: Kopetsch et al. 2015). Das vorderste Ziel war, dass das deutsche Gesundheitswesen auch zukünftig allen Menschen eine hochwertige, bedarfsgerechte und wohnortnahe medizinische Versorgung gewährleistet. Das Gesetz zur Verbesserung der Versorgungsstrukturen im Gesundheitswesen zielte vor diesem Hintergrund darauf ab:

- auch zukünftig eine flächendeckende wohnortnahe medizinische Versorgung zu sichern,

- das System der vertragsärztlichen Vergütung durch Zurücknahme zentraler Vorgaben **zu flexibilisieren und zu regionalisieren**,
- die Verzahnung der Leistungssektoren ambulant und stationär zu verbessern,
- einen schnellen Zugang zu **Innovationen sicherzustellen** und,
- mit einer Stärkung wettbewerblicher Instrumente, Qualität und Effizienz der medizinischen Versorgung weiter zu erhöhen.

Innerhalb dieses breiten Spektrums an Maßnahmen betraf ein Schwerpunkt des Gesetzes den Bereich der **Sicherstellung der ambulanten ärztlichen Versorgung**. Seither wird die Bedarfsplanungsrichtlinie kontinuierlich überprüft und anhand von Änderungsbeschlüssen weiterentwickelt. Ein wesentlicher Meilenstein war hierbei die am 20.12.2012 in Folge des GKV-VStG in Kraft getretene Novellierung. Diese ermöglichte, insbesondere die **regionalen Besonderheiten in Deutschland,** durch eine flexible Ausgestaltung der Bedarfsplanung mit erweiterten Einwirkmöglichkeiten der Länder zielgenauer zu adressieren. Wurden vorher nur Arztgruppen beplant, in denen sich mehr als 1000 Ärzte befanden (14 Gruppen), so ist nunmehr die Beplanung aller Arztgruppen grundsätzlich möglich. Seither unterscheidet die Bedarfsplanung vier Versorgungsebenen mit 23 Arztgruppen und jeweils eigenen Planungsbereichen. Diese sind zudem nicht mehr an die Grenzen von Stadt- und Landkreisen gebunden. Vielmehr hat der Gemeinsame Bundesausschuss die Aufgabe erhalten, Planungsbereiche so zu gestalten, dass eine »flächendeckende Versorgung« (§ 101 Abs. 1 Satz 6 SGB V) sichergestellt ist. Darüberhinausgehende regionale Besonderheiten können durch Sonderbedarfszulassung als Instrument zur Feinsteuerung der Versorgungsplanung zielgerichteter beachtet werden.

Zusätzlich hatte der Gesetzgeber den Gemeinsamen Bundesausschuss seinerzeit mittels GKV-VStG beauftragt, die geltenden Verhältniszahlen zu überprüfen und hierauf aufbauend die Bedarfsplanung weiterzuentwickeln. Das Ziel war dabei, neben den Aspekten der flächendeckenden wohnortnahen Versorgung, auch die **Bedarfsgerechtigkeit** weiter zu fördern.

Mit dem Beschluss vom 16.05.2019 hat der Gemeinsame Bundesausschuss in einem weiteren Meilenstein den Willen des Gesetzgebers umgesetzt und die Verhältniszahlen überprüft. Darin wurden die Verhältniszahlen als regionspezifisches Planungsinstrument im Hinblick auf eine bedarfsgerechte Versorgung weiterentwickelt. Seither ergänzt ein zweistufiges Berechnungsverfahren die Verhältniszahlen um **Abstufungen nach Altersgruppen, Geschlecht und Krankheitslast in den Planungsbereichen**. Das Versorgungsniveau eines Planungsbereiches wird hierbei kontinuierlich anhand der Einwohnerzahl fortgeschrieben und alle zwei Jahre an die regionale Morbiditätsstruktur angepasst – gemessen anhand der genannten Kriterien.

Neben diesen Konkretisierungen in Bezug auf die Weiterentwicklung der Bedarfsplanung hatte der Gesetzgeber im GKV-VStG weitere Maßnahmen beschlossen. Diese sollten insbesondere die **Niederlassung im ländlichen Raum** bzw. in weniger gut versorgten Regionen unterstützen. Dazu gehörten u. a.:

- die Aufhebung der Residenzpflicht (die Residenzpflicht besagte, dass Vertragsärzte bis auf wenige Ausnahmen ihren Wohnsitz in der Nähe ihrer Praxis zu wählen hatten),
- Vergütungszuschläge in Regionen, in denen (drohende) Unterversorgung bzw. zusätzlicher lokaler Versorgungsbedarf festgestellt wurde,
- bevorzugte Berücksichtigung von Ärzten, die mindestens fünf Jahre in Regionen tätig waren, für die (drohende) Unterversorgung oder zusätzlicher lokaler Versorgungsbedarf festgestellt wurde, bei der Nachbesetzung von Arztsitzen in gesperrten Planungsbereichen.

Mit dem **Terminservice- und Versorgungsgesetz (TSVG)** aus dem Jahr 2019 kam eine weitere Möglichkeit hinzu, offene Arztsitze im Bedarfsplan aufzuführen. Die obersten Landesbehörden können seither in ländlichen oder strukturschwachen Gebieten eine bestehende Zulassungssperre für bestimmte Arztgruppen oder Fachrichtungen aufheben, um den regionalen Bedarfen besser gerecht zu werden.

Der Bedarfsplan bleibt dennoch das zentrale Instrument der ambulanten Bedarfsplanung in Deutschland. Die konkrete Ausgestaltung der Vorgaben des Gesetzgebers wird in der Bedarfsplanungsrichtlinie regelmäßig durch den Gemeinsamen Bundesausschuss aktualisiert und der Öffentlichkeit zur Verfügung gestellt. Im Folgenden werden die Regelungen der Bedarfsplanungsrichtlinie, in der zuletzt am 05.12.2019 geänderten Fassung, dargestellt.

Die Weiterentwicklung der Bedarfsplanungsrichtlinie

Mit dem Versorgungsstrukturgesetz hatte der Gesetzgeber dem Gemeinsamen Bundesausschuss den Auftrag erteilt, im Rahmen einer Neukonzeption der Bedarfsplanungsrichtlinie vorhandene Defizite zu beheben. Der Gemeinsame Bundesausschuss berät hierzu auf Basis der Empfehlungen eines umfangreichen Gutachtens, eigener Modellrechnungen und unter der Berücksichtigung des Terminservice- und Versorgungsgesetzes mit Beteiligung der Ländervertreter über Anpassungen der Richtlinie. Bei der Evaluation und Konzeption der Bedarfsplanungsrichtlinie stehen folgende **Prämissen** im Vordergrund:

- Sicherstellung eines gleichmäßigen Zugangs zur ambulanten medizinischen Versorgung für alle GKV-Versicherten,
- Versorgungsplanung auf Basis von empirischen Befunden aus der Versorgungs- und Regionalforschung,
- zentraler Regelungsrahmen, der gleichzeitig einen größtmöglichen regionalen Gestaltungsspielraum zulässt,
- konkrete Ausgestaltung einer transparenten und funktionalen Planungsmechanik,
- hohe relative Planungssicherheit für Vertragsärzte und -psychotherapeuten bei der Niederlassung.

Die Bedarfsplanung ist ein lernendes System, welches sich immer wieder auf die aktuellen Erfordernisse anpassen und dabei im Wesentlichen **vier Kernfragen** beantworten muss:

1. Die Einteilung von Arztgruppen: In welchen Gruppen werden Ärzte und Psychotherapeuten beplant?
2. Die Gliederung der Planungsbereiche: Wie sollen die Planungsräume der einzelnen Arztgruppen geschnitten werden und welche Arztgruppen werden in welchen Planungsräumen beplant?
3. Festlegung der Verhältniszahlen: Welches Versorgungsniveau (ausgedrückt als Verhältnis Einwohner je Arzt bzw. Psychotherapeut) soll in den Planungsbereichen angestrebt werden?
4. Sonderbedarf und zusätzlicher lokaler Versorgungsbedarf: Auf Basis welcher Kriterien soll eine Zulassung aufgrund von Sonderbedarf erfolgen? In welchen Fällen kann zusätzlicher lokaler Versorgungsbedarf geltend gemacht werden?

Obgleich alle vier Fragestellungen stark interdependent sind, werden die grundsätzlichen Neuregelungen und die dahinterstehenden Überlegungen zu jeder der Fragen im Folgenden einzeln dargestellt:

■ Die Einteilung der Arztgruppen

In einer Arztgruppe werden auf Basis fachlicher und versorgungsorientierter Erwägungen Ärzte und Psychotherapeuten bestimmter Fachgruppen zusammengefasst und gemeinsam als Gruppe beplant. Die Einteilung der Arztgruppen kann grob (viele Facharztgruppierungen werden gemeinsam beplant) oder detailliert (alle Facharztgruppen werden einzeln beplant) erfolgen. Um gleichzeitig den administrativen Aufwand der Planung überschaubar zu halten und die regionale Planungssicherheit zu gewährleisten, erfolgt die Bedarfsplanung **auf der Ebene der Facharztkompetenzen**, sodass darüber hinausgehende Schwerpunkte zunächst nicht weiter berücksichtigt wurden. Insgesamt werden in der Bedarfsplanungsrichtlinie **23 Fachgruppen** berücksichtigt. Im Kern hat sich diese Regelung bewährt. Dennoch konnte beobachtet werden, dass es in der Zulassungspraxis zu Häufungen einzelner Subspezialisierungen zu Lasten anderer gekommen ist. Zum Beispiel ist die Gruppe der Fachinternisten, u. a. Kardiologen, Gastroenterologen, Diabetologen, Rheumatologen und Endokrinologen, zwar heterogen, wird aber aufgrund des Zielkonfliktes zwischen Planungssicherheit einer insgesamt kleinen Fachgruppe und Wohnortnähe zum Patienten, als eine Arztgruppe beplant. Die Verteilung einzelner Spezialisierungen, insbesondere

■ Tab. 5.7 Zuordnung der Planungsgruppen zu den Versorgungsebenen

	Hausärztliche Versorgung	Allg. fachärztl. Versorgung	Spezialisierte fachärztl. Versorgung	Gesonderte fachärztl. Versorgung
Raumeinheit	Mittelbereich	Kreis	Raumordnungsregion	Kassenärztliche Vereinigung
Anzahl	883	372	97	17
Verhältniszahlen	Eine	Fünf	Eine	Eine
Arztgruppen	Hausärzte	Augenärzte Chirurgen Frauenärzte HNO-Ärzte Hautärzte Nervenärzte Psychotherapeuten Orthopäden Urologen Kinderärzte	Fachinternisten Anästhesisten Radiologen *Kinder- und Jugendpsychiater*	*Physikalische- und Rehabilitativmediziner* *Nuklearmediziner* *Strahlentherapeuten* *Neurochirurgen* *Humangenetiker* *Laborärzte* *Pathologen* *Transfusionsmediziner*

Die bisher nicht beplanten Arztgruppen sind hier kursiv dargestellt.

Diabetologie und Rheumatologie, wurde den Bedarfen in der Region nicht ausreichend gerecht. Um diesem Problem abzuhelfen, bekam der Gemeinsame Bundesausschuss mit dem Terminservice- und Versorgungsgesetz die erweiterte Möglichkeit innerhalb einzelner Arztgruppen Quoten festzulegen. Zum 30.06.2019 wurden daher erstmals **Quotenregelungen zur Steuerung von Spezialisierungen** innerhalb der Nervenärzte und Fachinternisten angewandt und bestehende Regelungen für Psychotherapeuten weiterentwickelt.

■ Die Gliederung der Planungsbereiche

Die Beplanung der 23 Arztgruppen soll gemäß Versorgungsstrukturgesetz so erfolgen, dass eine »flächendeckende Versorgung sichergestellt ist«. Diesem Ziel Rechnung tragend, konnte nicht für alle Arztgruppen die gleiche räumliche Planungsgrundlage gelten. Während eine **wohnortnahe hausärztliche Versorgung erklärtes Ziel** der Bedarfsplanung ist, kann dies beispielsweise aufgrund ihrer Rolle in der Versorgung für die Strahlentherapeuten kaum gewährleistet werden. Vor diesem Hintergrund werden die Arztgruppen **vier unterschiedlichen Versorgungsebenen** zugeordnet, die vor allem den Spezialisierungsgrad der Arztgruppen innerhalb einer Versorgungsebene abbilden. Dabei wächst die Größe des Planungsraums mit zunehmender Spezialisierung einer Versorgungsebene. Dies ist die Voraussetzung für eine angemessene, fachgruppenbezogene Erreichbarkeit für die Patienten. Während also bspw. **Hausärzte relativ kleinräumig beplant** werden, werden **Strahlentherapeuten einen größeren Raum** versorgen. Insgesamt sind vier Versorgungsebenen angezeigt:

- die hausärztliche Versorgung,
- die allgemeine fachärztliche Versorgung,
- die spezialisierte fachärztliche Versorgung,
- die gesonderte fachärztliche Versorgung.

Die Zuordnung der 23 Arztgruppen zu den vier Versorgungsebenen erfolgte auf Basis empirischer Analysen aus den ambulanten Versorgungsdaten. Den vier Versorgungsebenen wurden **konkrete Raumtypen** zugewiesen (■ Tab. 5.7). Dabei stützt sich das Planungskonzept u. a. auf die Arbeiten des Bundesinstituts für Bau-, Stadt- und Raumforschung (BBSR), dessen Konzepte auch in anderen gesellschaftlichen Zusammenhängen, wie der Daseinsvorsorge, Anwendung finden (BMVBS 2010). Die Aufteilung der Versorgungsebenen und Zuordnung der Fachgruppen haben sich seither bewährt. Eine umfassende wissenschaftliche Evaluation von Sundmacher et al. (2018) konnte dies bestätigen. Aufgrund der zunehmenden Verstädterung kommt das Konzept jedoch zukünftig an seine Grenzen. Um die Planungssicherheit weiterhin zu gewährleisten, entsteht die Notwendigkeit dünn besiedelte ländliche Räume entgegen dem Gedanken der wohnortnahen Versorgung durch großflächige Planungsräume abzubilden. Seit der Novellierung der Bedarfsplanungsrichtlinie im Jahr 2019 wird das Ziel der wohnortnahen Versorgung daher zusätzlich durch **Erreichbarkeitsschwellen** gesichert. 95 % der Bevölkerung sollen Hausärzte in maximal 20 min, Kinder- und Jugendärzte in maximal 30 min sowie Augenärzte und Frauenärzte in maximal 40 min erreichen können.

■ Die hausärztliche Versorgung

Insbesondere in der hausärztlichen Versorgung haben die Erfahrungen aus der bisherigen Bedarfsplanung gezeigt, dass die Kreise für eine Beplanung dieser Gruppe – häufig als Folge von Gebietsreformen – vielfach zu groß geschnitten sind. Gleichzeitig erwiesen sich die Gemeinden meist als zu klein und im bundesweiten Maßstab als viel zu heterogen, um eine stabile Beplanung der Hausärzte zu ermöglichen. Vor diesem Hintergrund wurden die sogenannten **Mittelbereiche** gewählt. Ein Mittelbereich ist der **Verflechtungsbereich eines Mittel- oder Oberzentrums**, welches zwingend den räumlichen Nukleus darstellt. Im Mittelbereich ist gemäß dem Konzept des Bundesinstituts für Bau-, Stadt- und Raumforschung der Zentralort verantwortlich das ihm zugehörige Umland mit Funktionen der gehobenen Daseinsvorsorge zu versorgen. Vergleichbar damit sind auch Erwartungen der Bevölkerung an die hausärztliche Versorgung. Die Größe (Fläche und Einwohnerzahl) der **883 Mittelbereiche** ist als raumordnerisches System vergleichsweise homogen, sodass sie stabile Einheiten für die Planung der Hausärzte bilden. (Dabei ist zu berücksichtigen, dass aufgrund der Möglichkeit regionale Besonderheiten diese Zahl bei der tatsächlichen Bedarfsplanung abweichen kann.) Empirische Untersuchungen zeigen, dass im hausärztlichen Bereich nur geringe Mitversorgungseffekte zwischen den unterschiedlichen Regionen bestehen. Die Mittelbereiche des Bundesinstitutes für Bau-, Stadt- und Raumforschung sind bereits so geschnitten, dass Mitversorgungsaspekte über Konzept der zentralen Orte berücksichtigt werden. Die bundeseinheitliche Verhältniszahl für Hausärzte sichert somit für jeden Mittelbereich einen flächendeckenden und wohnortnahen Zugang.

In den wenigen Fällen, in denen sich der Mittelbereich über die Grenzen einer Kassenärztlichen Vereinigung erstreckt, sind die Teile der Mittelbereiche getrennt zu beplanen. Zum Zweck einer homogenen und stabilen Versorgung kann regional eine abweichende Raumgliederung vorgenommen werden. Beispielsweise können kleine Mittelbereiche zusammengelegt oder große Städte weiter in Stadt- oder Ortsteile untergliedert werden.

■ Die allgemeine fachärztliche Versorgung

Die allgemeine fachärztliche Versorgung in Deutschland wiederum ist von starken Mitversorgereffekten der Städte für das Umland geprägt, sodass die Städte mehr und das Umland weniger Ärzte und Psychotherapeuten dieser Versorgungsebene benötigen. Die Raumgliederung und die Verhältniszahlen müssen deshalb diese funktionsräumlichen Verknüpfungen zwischen den Gebieten möglichst genau abbilden. Obgleich die Kreise mit Blick auf ihre Größe (Fläche und Einwohner) oft eine angemessene Erreichbarkeit für die Patienten und **ausreichend große Einzugsbereiche der Ärzte und Psychotherapeuten** sicherstellen, bilden sie die konkreten Mitversorgereffekte aufgrund ihrer unterschiedlichen Struktur nur begrenzt ab.

Die aktuelle Bedarfsplanungsrichtlinie sieht vor, dass die Kreise und kreisfreien Städte anhand ihrer Mitversorgungsfunktion einem von fünf Versorgungstypen zugeordnet werden. Ein sechster Regionstyp, der Polyzentrische Verflechtungsraum, wurde im Jahr 2018 ergänzt, um den Besonderheiten von dicht besiedelten Agglomerationsräumen gerecht zu werden (◘ Tab. 5.8).

Tab. 5.8 Versorgungstypeneinteilung

Versorgungstyp	Rolle in der Versorgung
Stark mitversorgend (Typ 1)	Größere Städte in zentraler Lage, die eine erhebliche Mitversorgungsleistung für die umliegenden Regionen erbringen.
Dual-Versorgung (Typ 2)	Die Einwohner dieser Regionen nehmen Versorgungsangebote in anderen Regionen (i. d. R. Kernstädte) wahr. Gleichzeitig erbringen die Dual-Versorger Mitversorgungsleistungen für das Umland.
Stark mitversorgt (Typ 3)	Klassischer »Speckgürtel« mit starker Verflechtung zur Kernstadt. Ein erheblicher Anteil der Bevölkerung wird durch die Kernstadt mitversorgt.
Mitversorgt (Typ 4)	Regionen mit weniger Verflechtung zu mitversorgenden Regionen. Teilweise wird die Bevölkerung hier mitversorgt. Ansonsten findet Eigenversorgung statt.
Eigenversorgung (Typ 5)	Peripherer, eher ländlicher Raum mit wenig/keiner Beziehung zu mitversorgenden Regionen. Versorgung findet hier aus der Region heraus statt.
polyzentrischer Verflechtungsraum (Typ 6)	Regionen mit besonders hoher Verdichtung mit ausgeprägten intraregional wechselseitigen Versorgungsbeziehungen, die weder als mitversorgend noch als mitversorgt gegenüber anderen Regionen eingeteilt werden können. Eine solche Region ist das Ruhrgebiet, welches in Bezug auf Verdichtung, Urbanität, Krankenhausdichte und Binnenverflechtung einzigartig ist. Das Ruhrgebiet hat hierbei keinen ambulante Mitversorgungseffekt für das Umland.

Die Typisierung erfolgte auf der Basis des **Konzeptes der Großstadtregionen des Bundesinstitutes für Bau-, Stadt- und Raumforschung**, das durch den Gemeinsamen Bundesausschuss weiterentwickelt wurde. Nach diesem Konzept wird mitversorgten Planungsregionen eine geringere Arztdichte und mitversorgenden Planungsregionen eine etwas höhere Arztdichte zugebilligt. Bei Bedarf ist es den Landesausschüssen zudem möglich, größere Städte weiter zu untergliedern oder auch Planungsbereiche zusammenzulegen.

Auch hier besteht bei Bedarf für die Landesausschüsse die Möglichkeit, größere Städte weiter zu untergliedern oder auch Planungsbereiche zusammenzulegen.

- **Spezialisierte und gesonderte fachärztliche Versorgung**

Die Fachgruppen, die der spezialisierten und der gesonderten fachärztlichen Versorgung zugewiesen wurden, werden in der Regel nur von einem geringen Anteil der Bevölkerung in Anspruch genommen oder sind nicht von einem direkten Patientenkontakt (z. B. Laborärzte, Pathologen) geprägt. Sie sind deshalb durch große Einzugsbereiche gekennzeichnet. Ziel der Beplanung der Ärzte dieser Gruppe war es, eine möglichst gute Erreichbarkeit sicherzustellen, sodass die »zentralen Orte« der Raumplanung hier in den Fokus rücken. Die Bedarfsplanungsrichtlinie sieht für die Beplanung der Arztgruppen dieser Versorgungsebenen die **Raumordnungsregionen** (spezialisierte fachärztliche Versorgung) bzw. die Regionen der Kassenärztlichen Vereinigungen (gesonderte fachärztliche Versorgung) vor. Raumordnungsregionen sind, mit Ausnahme der Stadtstaaten, großräumige, funktional abgegrenzte Raumeinheiten für die Raumordnungsberichterstattung des Bundes. Im Prinzip werden ein ökonomisches Zentrum und sein Umland beschrieben, wobei hierfür insbesondere Pendlerverflechtungen herangezogen werden. Während die Raumordnungsregionen im Wesentlichen eine Zusammenfassung von kreisfreien Städten und deren umliegenden Kreisen darstellen, bilden die **Kassenärztlichen Vereinigungen** die flächenmäßig größtmögliche Planungseinheit der Bedarfsplanung.

Beide Raumtypen bilden in sich relativ geschlossene Raumkonstrukte, die über entsprechende »zentrale Orte« und das dazu gehörige Umland verfügen und die sich im Wesentlichen selbst versorgen. Vor diesem Hintergrund sind die Mitversorgereffekte bei beiden Planungstypen eher gering, sodass die Beplanung analog zum hausärztlichen Bereich auf Basis einer bundesweit einheitlichen Verhältniszahl erfolgt.

5

■ **Festlegung der bundesweiten Verhältniszahlen**

Basis für die **Festlegung der Verhältniszahl** kann entweder ein Stichtag sein, an dem die Versorgung als »angemessen« definiert wird, oder ein wissenschaftliches Gutachten, das ein versorgungsadäquates Verhältnis Einwohner je Arzt/Psychotherapeut (differenziert nach Arztgruppen) festlegt. Mit Blick auf Letzteres muss festgestellt werden, dass die Versorgungsforschung weltweit bisher keine evidenzbasierten Verhältniszahlen Einwohner je Arzt/Psychotherapeut definieren konnte. Vor diesem Hintergrund hat man sich für die Festlegung eines Stichtages entschieden, an dem die bundesweite Zahl der Ärzte und Psychotherapeuten einer Fachgruppe als **Ausgangspunkte für die weitere Bedarfsplanung** definiert werden.

Bereits im Jahr 1990, dem Aufsatzjahr für die »alte« Bedarfsplanung, war das ambulante Versorgungsniveau in Deutschland weltweit einzigartig. Die bisherigen Soll-Versorgungsniveaus des jeweiligen Aufsatzjahres der Fachgruppen wurden deshalb weiterhin als zweckmäßig und ausreichend für eine flächendeckende Versorgung angesehen. Für bis dato nicht beplante Arztgruppen wurden die Arzt- und Bevölkerungszahlen des Jahres 2010 verwendet. Für alle Arztgruppen wurden die bestehenden Verhältniszahlen auf Basis der aktuellen bundesweiten Verteilung der Ärzte/Psychotherapeuten und Einwohner weiterentwickelt.

Bei der Berechnung der Verhältniszahlen der Arztgruppen der gesonderten fachärztlichen Versorgung wurde das **Versorgungsniveau der diese Arztgruppen umfassenden Versorgungsebene** bereits als überdurchschnittlich eingeschätzt. Daher hat der Gemeinsame Bundesausschuss dieses Versorgungsniveau mit einem Versorgungsgrad von 110 % bewertet und darauf basierend die Verhältniszahlen für den Versorgungsgrad 100 % ermittelt.

Bei der Arztgruppe der Psychotherapeuten wurde ein Sonderweg gegangen. Die Ermittlung der Verhältniszahlen wie bei allen anderen Arztgruppen führte bei den Psychotherapeuten wegen der historisch begründeten stadtzentrierten Verteilung nicht zum gewünschten Ergebnis eines angemessenen Zugangs zur Versorgung. Im Typ 5 wurde deshalb das Soll-Versorgungsniveau für diesen Regionstyp auf das bundesweit durchschnittliche Niveau angehoben. Gleichzeitig wurde das Versorgungsniveau für den Typ 4 auf Basis des durchschnittlichen Unterschieds zwischen den Verhältniszahlen der Typen 3 und 4 aller anderen Arztgruppen der allgemeinen fachärztlichen Versorgung angehoben. Damit wurde das Versorgungsniveau der ländlichen Regionen für die Arztgruppe der Psychotherapeuten aufgewertet.

Bei der Überprüfung der Verhältniszahlen stellte der Gemeinsame Bundesausschuss fest, dass das **Mitversorgungskonzept bei den Kinder- und Jugendärzten nur eingeschränkt Gültigkeit hat**. Die Eltern mit erkrankten Kindern suchen regelhaft keine zentralen Orte, sondern die Versorgung in Wohnortnähe auf, während die spezialisierte Versorgung, z. B. Kinder-Pneumologie oder Kinder-Kardiologie, überwiegend von zentralen Orten aus geschieht. Um diesem Umstand gerecht zu werden, wurden die Verhältniszahlen der Regionstypen 2 bis 6 bundesweit vereinheitlicht, die Verhältniszahl in den Kernstädten (Typ 1) hingegen beibehalten. Gleichzeitig wurden alle Verhältniszahlen dieser Fachgruppe um 15 % gesenkt, d. h. das Versorgungsniveau entsprechend erhöht. Ziel ist es, das Versorgungsniveau in der Kinder- und Jugendmedizin, unter dem Trend einer gesteigerten Versorgungs- und Präventionsnachfrage, zu erhalten.

Weiterhin konnte festgestellt werden, dass auch bei den Psychotherapeuten und Nervenärzten das relative Versorgungsniveau von den regionalen Versorgungstypen (Typen 1 bis 6) stark abweicht. Besonders in Regionen der Typen 2 bis 4 lag das ausgewiesene Versorgungsniveau im Vergleich zu den übrigen Regionen sehr niedrig. Aus diesem Grund hat der Gemeinsame Bundesausschuss die Verhältniszahlen der Typen 2 bis 6 an das durchschnittliche Niveau der anderen Arztgruppen der allgemeinen fachärztlichen Versorgung in den jeweiligen Typen angeglichen. Ferner wurden die Verhältniszahlen aufgrund hoher Nachfragen und langer Wartezeiten bei Nervenärzten um weitere 15 % und die Verhältniszahl bei den Psychotherapeuten um weitere 9 % gesenkt – aufgrund des hohen Ver-

■ Tab. 5.9 Verhältniszahlen der allgemeinen fachärztlichen Versorgung

Arztgruppe	Verhältniszahlen der Versorgungstypen					
	Typ 1	Typ 2	Typ 3	Typ 4	Typ 5	Typ 6
Augenärzte	12.463	18.817	23.003	20.605	19.221	19.013
Chirurgen und Orthopäden	9071	14.007	16.864	15.903	14.632	13.466
Frauenärzte	3853	5800	6819	6576	6237	5734
Hautärzte	21.205	34.886	41.839	40.963	39.124	34.917
HNO-Ärzte	17.371	26.480	33.878	32.503	31.222	24.898
Nervenärzte	13.454	20.613	24.773	23.561	22.307	20.201
Psychotherapeuten	3171	5313	6385	6073	5750	5207
Urologen	26.206	41.597	48.633	45.621	43.427	34.248
Kinder- und Jugendärzte	2043	2862	2862	2862	2862	2862

sorgungsniveaus in Kernstädten jedoch nicht in Typ 1-Regionen.

Im Leistungsspektrum der Fachinternisten zeichnete sich seit Jahren eine starke Differenzierung und zunehmende **Verlagerung von Leistungen aus dem stationären in den ambulanten Bereich ab**. Die notwendigen Kapazitäten wurden hierzu vermehrt durch Sonderbedarfszulassungen etabliert, während die Verhältniszahlen die eigentliche Versorgungsnotwendigkeit immer schlechter abbilden konnten. Zuletzt wurde in nahezu allen Planungsbereichen ein Versorgungsgrad von über 140 % ausgewiesen, obwohl ein Bedarf unbestritten vorhanden ist. Um die Verhältniszahl als einheitliches Maß zu erhalten, wurde diese im Jahr 2019 um 30 % gesenkt.

Alle bundesweiten Verhältniszahlen in der Bedarfsplanungsrichtlinie werden an die, mit der demografischen Entwicklung einhergehend veränderten Versorgungsbedarfe, angepasst. Hierbei wird die Bevölkerungsstruktur **alle zwei Jahre mit der Bevölkerungsstruktur zum Stichtag abgeglichen** (Entwicklung der Alters- und Geschlechtsstruktur im Vergleich zum historischen Stichtag 31.12.2010). Dies führt in jeder Arztgruppe zu einer regelhaften Anpassung der bundesweiten Verhältniszahlen.

Die aktuellen Verhältniszahlen gestalten sich dabei wie folgt: In der hausärztlichen Versorgung beträgt die Verhältniszahl **1 Hausarzt zu 1609 Einwohnern**. Die Verhältniszahlen in der allgemeinen fachärztlichen Versorgung finden sich in ■ Tab. 5.9. Der Versorgungsgrad der Frauenärzte wird bezogen auf die weibliche Bevölkerung ermittelt. Der Versorgungsgrad der Kinderärzte wird auf der Basis der Bevölkerung bis unter 18 Jahre ermittelt.

In der spezialisierten fachärztlichen Versorgung gelten die Verhältniszahlen gemäß ■ Tab. 5.10. Die Verhältniszahl der Kinder- und Jugendpsychiater bezieht sich auf die unter 18-Jährigen.

Im Bereich der gesonderten fachärztlichen Versorgung gestalten sich die Verhältniszahlen wie in ■ Tab. 5.10 dargestellt.

■ Festlegung der regionalen Verhältniszahlen

Die unterschiedliche Altersstruktur in den Planungsregionen sowie die generelle **kontinuierliche Alterung der Bevölkerung sollte auch in der Bedarfsplanung eine Berücksichtigung** finden. Ab dem Jahr 2013 wurden die Verhältniszahlen hierzu um einen Demografiefaktor modifiziert. Der Demografiefaktor basierte auf dem Verhältnis des Behandlungsbedarfs der 65-Jährigen und älteren Bevölkerung zu dem der bis 65-Jährigen. Dieses Vorgehen hat sich als zu ungenau erwiesen.

Mit der Reform 2019 wurde der Demografiefaktor zu einem **Morbiditätsfaktor** wei-

5

Tab. 5.10 Verhältniszahlen der spezialisierten und der gesonderten fachärztlichen Versorgung

Arztgruppe	Verhältniszahl
Anästhesisten	45.974
Radiologen	48.688
Fachinternisten	14.437
Kinder- und Jugendpsychiater	16.895
Humangenetiker	563.887
Laborärzte	92.038
Neurochirurgen	143.829
Nuklearmediziner	105.897
Pathologen	108.695
Physikalische und Rehabilitations-Mediziner	152.951
Strahlentherapeuten	151.695
Transfusionsmediziner	1.197.735

terentwickelt und durch ein statistisches Verfahren ergänzt, welches anstelle der bisherigen zwei Altersgruppen nun vier Altersgruppen (unter 20, 20 bis unter 45, 45 bis unter 75, 75 und älter), das Geschlecht (m, w) und die Morbidität (erhöht morbide, nicht erhöht morbide auf der Basis von 16 Erkrankungen) unterscheidet. Neben der Verwendung des Morbiditätsfaktors zur zeitlich regelhaften Anpassung der bundesweiten Verhältniszahlen erfolgt dabei zusätzlich eine **Regionalisierung der Verhältniszahlen je Arztgruppe**. Hierbei werden die bundesweiten Verhältniszahlen entsprechend der regionalen Morbiditätsstruktur im Planungsbereich angepasst. Die regionalen Verhältniswerte bilden in der Folge die sich aus der Morbiditätsstruktur ergebenden Abweichungen in den Versorgungsbedarfen der Einwohner ab. Während Regionen mit ungünstiger Morbiditätsstruktur mehr Ärzte zugebilligt bekommen, werden Regionen mit günstigeren Morbiditätsstrukturen entsprechend weniger Ärzte zugeordnet.

■ Zusätzliche lokale und qualifikationsbezogene Sonderbedarfsfeststellungen

Ab einem Versorgungsgrad von 140 % soll der Zulassungsausschuss eine Nachbesetzung einer Praxis nicht stattgeben, falls die Praxis aus Versorgungsgründen nicht erforderlich ist bzw. keine Privilegierungstatbestände nach § 103 Absatz 3a SGB V (Verwandter oder Praxispartner des Arztes etc.) vorliegen. Dies gilt seit dem GKV-Versorgungsstärkungsgesetz von 2015. Dennoch kann es nötig sein, dass Fördermaßnahmen für unterversorgte Teilregionen auch in gesperrten Planungsbereichen aufgelegt werden müssen. Die Förderung kann hierbei aus zusätzlichen Niederlassungsmöglichkeiten (auf 5 % der Vertragsärzte einer Fachgruppe je Kassenärztlichen Vereinigung begrenzt) und auf die Förderung der Tätigkeit der bereits Praktizierenden entfallen. Seit der Reform von 2019 beinhaltet dies ebenfalls die Förderung von mobilen und telemedizinischen Versorgungsangeboten und des barrierefreien Zugangs. Hinzu kommt, dass die Zulassungsausschüsse bestehend aus Vertretern der Ärzte und Krankenkassen zusätzliche Niederlassungsmöglichkeiten in Form von Sonderbedarfen geltend machen können.

Bei der Etablierung von **Sonderbedarfen** in der Bedarfsplanungsrichtlinie steht die Erarbeitung von klaren, einheitlichen Regelungen im Vordergrund, die insbesondere auch die aktuelle Rechtsprechung berücksichtigen. Damit verbunden sind klarere Abgrenzungen des lokalen und des qualifikationsbezogenen Sonderbedarfs. Bei beiden Arten des Sonderbedarfs sind folgende Punkte zu berücksichtigen:

1. Abgrenzung einer Region, die vom beantragten Ort der Niederlassung aus versorgt werden soll und Bewertung der Versorgungslage (Feststellung einer unzureichenden Versorgungslage);
2. der Ort der Niederlassung muss für die beantragte Versorgung geeignet sein (Erreichbarkeit, Stabilität u. a.) und **strukturelle Mindestbedingungen erfüllen**; der Einzugsbereich muss über eine ausreichende Anzahl an Patienten verfügen; dabei sind die Auswirkungen auf bestehende Versorgungsstrukturen zu berücksichtigen.

Insbesondere der zusätzliche lokale Versorgungsbedarf wurde im Rahmen der Reformen der Bedarfsplanungsrichtlinie substanziell weiterentwickelt. Dabei sollen in einer zuvor definierten Bezugsregion, d. h. in Teilen des Planungsbereichs, die **Kriterien der Unterversorgung Anwendung finden**. Deutlich erweitert wurde das Spektrum an Kriterien, die bei einer Prüfung auf zusätzlichen lokalen Versorgungsbedarf berücksichtigt werden können. Standen ursprünglich nur die Einwohner- und Arztstruktur im Fokus der Prüfung, spielen nun auch die Morbidität, soziodemografische Faktoren, lokale Erreichbarkeiten und die räumlichen Besonderheiten eine Rolle. Darüber hinaus werden Konstellationen beschrieben, bei denen der zusätzliche lokale Versorgungsbedarf zur Anwendung kommen kann, um dessen Anwendungsbreite deutlich zu machen. Mit der Reform von 2019 hat der Gemeinsame Bundesausschuss in Anlage 7 der Bedarfsplanungsrichtlinie die Verwendung von Geografischen Informationssystemen (GIS) bei der Prüfung auf Sonderbedarf angemerkt. Dargelegt ist ein Rahmen für mögliche Indikatoren (z. B. Gravitationsmodell als probabilistisches oder deterministisches Modell), die in den jeweiligen Zulassungsgremien ausgestaltet und ermittelt werden können. Ziel ist die Verbesserung der Versorgungssituation insbesondere in Bezug auf die Erreichbarkeit der Praxen in nicht unterversorgten Planungsbereichen.

- **Regionale Abweichungsmöglichkeiten**

Mit dem Versorgungsstrukturgesetz wurde die Systematik der Bedarfsplanung um eine weitere Ebene ergänzt. Zuvor wurden die Vorgaben der bundesweit einheitlich geltenden Bedarfsplanungsrichtlinie in den Kassenärztlichen Vereinigungen eins zu eins umgesetzt. Lediglich auf lokaler Ebene bestand durch das Instrument des Sonderbedarfs die **Möglichkeit der lokalen Feinsteuerung im Einzelfall**.

Mit dem Versorgungsstrukturgesetz wurde – auch auf Bestreben der Länder hin – anerkannt, dass ein bundesweiter Regelungsrahmen nicht allen regionalen Besonderheiten der Versorgungsstruktur Rechnung tragen kann. Für viele regionale Besonderheiten können keine abstrakt-generellen Regelungen geschaffen werden, ohne dass dadurch negative Auswirkungen in anderen Regionen ausgelöst werden würden. Aus diesem Grund gibt es nun, regional auf Ebene der Kassenärztlichen Vereinigungen die Möglichkeit, von den Bundesvorgaben abzuweichen und besondere Versorgungserfordernisse zu berücksichtigen. Unabhängig davon beschreibt die Bedarfsplanungsrichtlinie eine **vollumfängliche funktionale Planungssystematik ohne Regelungslücken**. Es ist somit möglich, auch ohne regionale Abweichungen eine rechtskonforme Bedarfsplanung umzusetzen.

Die neuen regionalen Abweichungsmöglichkeiten finden ihre rechtliche Grundlage in § 99 Abs. 1 Satz 3 SGB V. Darin heißt es:

> » Soweit es zur Berücksichtigung regionaler Besonderheiten, insbesondere der regionalen Demografie und Morbidität, für eine bedarfsgerechte Versorgung erforderlich ist, kann von den Richtlinien des Gemeinsamen Bundesausschusses abgewichen werden.

In der Gesetzesbegründung wird hierzu ergänzend klargestellt, dass der Gemeinsame Bundesausschuss keine Befugnis hat, zu regeln, in welchen Fällen und in welcher Form vom regionalen Abweichungsrecht Gebrauch gemacht werden kann. Insofern ist das **regionale Abweichungsrecht sehr umfassend** und kann durch den Gemeinsamen Bundesausschuss nicht beschränkt oder konkretisiert werden. Um die Abweichungen rechtssicher zu gestalten, benennt die Bedarfsplanungsrichtlinie in § 2 beispielhaft mögliche regionale Besonderheiten, die mittels regionaler Abweichungen berücksichtigt werden können.

Regionale Besonderheiten können sein

- Die regionale Demografie (z. B. ein über- oder unterdurchschnittlicher Anteil von Kindern oder älteren Menschen)
- Die regionale Morbidität (z. B. auffällige Prävalenz- oder Inzidenzraten)

- Sozioökonomische Faktoren (z. B. Einkommensarmut, Arbeitslosigkeit und Pflegebedarf)
- Räumliche Faktoren (z. B. Erreichbarkeit, Entfernung, geographische Phänomene wie Gebirgszüge oder Flüsse, Randlagen, Inseln)
- Infrastrukturelle Besonderheiten (u. a. Verkehrsanbindung)
- Berechnung der Verhältniszahlen
- Definition der Planungsbereiche als Kreise und kreisfreie Städte
- Ausnahmeregelungen hinsichtlich qualitätsbezogener Sonderbedarfsfeststellungen

Der Gesetzgeber hat **keine Einschränkungen vorgenommen, an welchen Orten, in welchen Fällen und in welcher Art und Weise** von der Bedarfsplanungsrichtlinie abgewichen werden kann. Dennoch müssen diese Abweichungen begründet sein: Es muss deutlich werden, warum gerade die vorgenommenen Abweichungen unter Berücksichtigung »der regionalen Demografie und Morbidität« für »eine bedarfsgerechte Versorgung erforderlich« sind (§ 99 Abs. 1 S. 3 SGB V). Insbesondere müssen die Begründungen für die regionalen Abweichungen auch einer gerichtlichen Überprüfung standhalten. Vor diesem Hintergrund ist eine methodisch saubere und – soweit möglich – empirisch abgesicherte Argumentation zielführend.

▪ Weitere Regelungen

Auch in Krankenhäusern tätige Ärzte können vom Zulassungsausschuss **zur Teilnahme an der vertragsärztlichen Versorgung ermächtigt** werden (§ 116 SGB V). Anders als die Sonderbedarfszulassung ist diese Regelung jedoch vorübergehend als ein Mittel zur Linderung von Versorgungsdefiziten anzuwenden (meist auf zwei Jahre begrenzt). Dies geschieht zumeist in Bezug auf besondere Untersuchungs- und Behandlungsmethoden, welche bevorteilt durch die Kenntnisse eines Krankenhausarztes erbracht werden können. Für weitere Einrichtungen sind zudem institutionelle Ermächtigungen für spezielle Aufgabengebiete im SGB V verankert.

Mit dem Terminservice- und Versorgungsgesetz des Jahres 2019 gibt es die Möglichkeit der Quotierung innerhalb einzelner Arztgruppen. Hierbei werden für Fachgebiete, Facharzt- oder Schwerpunktkompetenzen Mindest- oder Höchstversorgungsanteile festgelegt, welche bei Zulassung, Anstellung und Nachbesetzung zu berücksichtigen sind. **Mindestquoten** erlauben es, dass zusätzliche Sitze gezielt mit Fachgebieten besetzt werden, in denen das Versorgungsniveau als nicht ausreichend bewertet wird oder in denen eine heterogene räumliche Verteilung vorliegt. **Maximalquoten** verhindern die Verdrängung von Kleingruppen durch größere und setzen somit auch ein Zeichen für die Spezialisierungswahl in der Weiterbildung von Ärzten. Anwendung finden die Quotierungen aktuell bei Fachinternisten, Nervenärzten und Psychotherapeuten. In der Gruppe der Fachinternisten werden Rheumatologen mit einer Mindestquote von 8 % berücksichtigt, sodass sich auch in für Fachinternisten gesperrten Planungsbereichen Rheumatologen niederlassen können, wenn die Quote nicht erfüllt ist. Innerhalb der Fachdisziplin der Nervenärzte gilt nach Abzug der Ärzte mit doppelter Weiterbildung in Neurologie und Psychiatrie eine Mindestquote von jeweils 50 % für Neurologen und Psychiater. Zudem hat der Gemeinsame Bundesausschuss eine Mindestquote von 50 % für Psychosomatiker innerhalb der schon bestehenden Mindestquote für ärztliche Psychotherapeuten beschlossen.

Anreizsysteme für Ärzte in ländlichen Gebieten

Zurzeit kann ein **Mangel** an Ärztinnen und Ärzten in Teilbereichen der Versorgung festgestellt werden (Kopetsch 2010). Dieses Phänomen beruht auf einer Zangenbewegung: Die deutsche Ärzteschaft überaltert und hat zugleich ein **Nachwuchsproblem**. Dies wird sich auch im ambulanten Bereich auswirken. Unterversorgte Gebiete lassen sich im Moment in fast allen Bundesländern identifizieren.

Im Rahmen des Ausbaus der Instrumente zur Sicherstellung der ärztlichen Versorgung wurden durch das GKV-Versorgungsstrukturgesetz Regelungen zur **Steuerung des Niederlassungsverhaltens von Vertragsärztinnen und -ärzten über Vergütungsanreize** weiterentwickelt. Bereits zuvor hatten die Kassenärztlichen Vereinigungen alle geeigneten finanziellen und sonstigen Maßnahmen zu ergreifen, um die Sicherstellung der vertragsärztlichen Versorgung zu gewährleisten, zu verbessern oder zu fördern (§ 105 Abs. 1 SGB V). Von diesen Möglichkeiten wurde von den Kassenärztlichen Vereinigungen in unterschiedlicher Weise Gebrauch gemacht.

Um flexibel insbesondere finanzielle Anreize für die Niederlassung in ambulant nicht ausreichend versorgten Gebieten setzen zu können, haben die Kassenärztlichen Vereinigungen durch das GKV-Versorgungsstrukturgesetz die Möglichkeit erhalten, einen Strukturfonds einzurichten (§ 105 Abs. 1a SGB V). Mit dem Terminservice- und Versorgungsgesetz wurde diese Kann-Regelung zu einer Verpflichtung. Die Kassenärztlichen Vereinigungen haben den Fond mit Finanzen in Höhe von 0,1–0,2 % der morbiditätsbedingten Gesamtvergütungen einzurichten. Die Krankenkassen ergänzen den Beitrag in gleicher Höhe. Die möglichen Einsatzgebiete des Fonds sind:

- Förderung und Zuschüsse zu Investitionskosten bei Neuniederlassung, Praxisübernahmen oder Gründung von Zweigpraxen, Eigeneinrichtungen nach § 105 Absatz 1c SGB V und Gesundheitszentren für die medizinische Grundversorgung,
- Zuschläge zur Vergütung zur Ausbildung, Stipendien,
- Förderung der Erteilung von Sonderbedarfszulassungen,
- Förderung des freiwilligen Verzichts auf Zulassung als Vertragsarzt (insb. Verzicht auf einen Nachbesetzungsantrag (§ 103 Absatz 3a Satz 1 SGB V) und Entschädigungszahlungen nach 103 Absatz 3a Satz 13 SGB V),
- Förderung des Betriebs der Terminservicestellen.

Zusätzlich zu dem Strukturfond können **Sicherstellungszuschläge für Regionen** mit bestehender oder drohender Unterversorgung oder mit festgestelltem lokalen Versorgungsbedarf aufgelegt werden (§ 105 Absatz 1 Satz 1 SGB V). Mit dem Terminservice- und Versorgungsgesetz sind die Zahlungen in jenen Regionen verpflichtend gemacht worden, um die dortige ärztliche Versorgung auch weiterhin sicherstellen zu können. Die Landesausschüsse entscheiden hierbei über Höhe und Anforderungen der Sicherstellungszuschläge. Die Finanzmittel werden von den Vertragspartnern jeweils zur Hälfte bereitgestellt.

Weiterhin können die Kassenärztlichen Vereinigungen nach § 105 SGB V Eigeneinrichtungen errichten. Für diese Einrichtungen waren bisher Krankenkassen ins Benehmen zu setzen. Nach den Regelungen des Terminservice- und Versorgungsgesetzes entfällt das Benehmen der Kassen. Zudem dürfen nunmehr auch in Kooperationen untereinander und gemeinschaftlich mit Krankenhäusern Eigeneinrichtungen betrieben werden; z. B. Eigeneinrichtungen mit mobilen und telemedizinischen Versorgungsangeboten. Wird eine Unterversorgung in einem Planungsbereich festgestellt, sind nach spätestens sechs Monaten Eigeneinrichtungen zu errichten.

5.5 Personalmanagement in der Integrierten Versorgung

Veronika Golubinski, Fenja Hoogestraat, Eva-Maria Wild

5.5.1 Strukturelle und gesetzliche Rahmenbedingungen

Während der Gesetzgeber einen allgemeinen gesetzlichen Rahmen für Verträge zur Integrierten Versorgung in § 140a SGB V Besondere Versorgung vorgibt, obliegt die vertragliche Ausgestaltung der Rechte und Pflichten in einem Integrierten Versorgungsprojekt den jeweiligen Vertragsparteien. Demnach erfolgt die konkrete Ausrichtung eines Integrierten Versorgungsprojektes unter Einhaltung der gesetzlichen Rahmenbedingungen entsprechend den inhaltlichen, organisatorischen und ökonomischen Zielsetzungen des Projektes. Da der gesetzliche Rahmen Spielraum für die Umsetzung innovativer Versorgungsansätze bietet, ergeben sich projektspezifische Anforderungen an das Personalmanagement.

Die Besondere (Integrierte) Versorgung nach **§ 140a SGB V** gilt als fester Bestandteil der Gesundheitsversorgung, da insbesondere die sektorenübergreifende Zusammenarbeit als entscheidend für die Überwindung der historisch gewachsenen Sektorengrenzen und der daraus resultierenden Versorgungsdefizite angesehen wird. Die sektorale Trennung und die damit verbundene Diskontinuität in der Behandlung von Patientinnen und Patienten führt insbesondere bei chronischen Erkrankungen nicht nur zu einer ineffizienten Versorgung, sondern häufig auch zu Qualitätseinbußen und gesundheitlichen Langzeitfolgen für die Patientinnen und Patienten (Demmer et al. 2021). Im Mittelpunkt des Integrierten Versorgungskonzeptes steht daher **der patientenzentrierte Behandlungsprozess**, der im Rahmen der kooperativen Leistungserbringung über die Grenzen einzelner Gesundheitseinrichtungen sowohl vertikal als auch horizontal hinausgeht. Mit dem GKV-Gesundheitsreformgesetz wurde im Jahr 2000 erstmals die gesetzliche Grundlage (§ 140a–h SGB V a. F.) für die Integrierte Versorgung als neue Versorgungsform in Deutschland geschaffen. Das neue Vertragsmodell wurde aufgrund geringer struktureller und finanzieller Gestaltungsmöglichkeiten jedoch nur vereinzelt genutzt. Daher erfolgte im Rahmen des GKV-Modernisierungsgesetzes im Jahr 2004 die Überarbeitung des § 140a–h SGB V a. F. zu § 140a–d SGB V a. F. Im Zuge dessen wurde das Vertragsrecht flexibilisiert und eine Anschubfinanzierung für Projekte der Integrierten Versorgung eingeführt, was zu einer verstärkten Umsetzung geführt hat. Mit Inkrafttreten des GKV-Versorgungsstärkungsgesetzes im Jahr 2015 wurden der § 140a–d SGB V a. F. und weitere Normen für selektive Vertragsformen zusammengefasst und durch den heute gültigen § 140a SGB V Besondere Versorgung ersetzt. Während eine verbesserte medizinische Qualität seit der Etablierung der neuen Versorgungsform einen wichtigen Bestandteil der Zielsetzung darstellt, hat die ökonomische Effizienz insbesondere seit dem Auslaufen der Anschubfinanzierung zum 31. Dezember 2008 an Bedeutung gewonnen.

In Deutschland ist vor dem Hintergrund des demographischen Wandels ein steigender Anteil älterer, chronisch kranker und multimorbider Menschen in der Bevölkerung zu beobachten. Die daraus resultierende Zunahme der **Komplexität des Versorgungsbedarfes** führt dazu, dass die Anzahl der an einem Behandlungspfad beteiligten Leistungserbringerinnen/-erbringer und der Aufwand für die intersektorale Koordination der Patientenversorgung steigen. Insbesondere die Versorgung von Patientinnen und Patienten mit komplexen Krankheitsverläufen erfordert eine **integrative Zusammenarbeit** von einer Vielzahl an Leistungserbringerinnen/-erbringern (Sonntag und Reibnitz 2017). Die Vernetzung der Leistungserbringerinnen/-erbringer ist dabei geprägt durch die **Interdisziplinarität der Personalstruktur** und den daraus resultierenden hohen Kommunikationsbedarf. Die Optimierung von Kommunikationsprozessen zwischen den beteiligten Leistungserbringerinnen/-erbringern stellt daher eine Grundvoraussetzung für eine effiziente Versorgung dar (Göbel 2020). Entscheidend dafür ist die Förderung der **Interaktion zwischen Leistungserbringerinnen/-erbringern** und die Gewährleistung eines strukturierten und kontinuierlichen Informationsflusses (Busetto et al. 2017).

In Integrierten Versorgungsprojekten kooperieren Praxen, Krankenhäuser, Einrichtungen der Pflege und Rehabilitation sowie weitere Leistungserbringerinnen/-erbringer. Dabei entwickeln sie **intersektoral vernetzte Strukturen**, um eine verbesserte Koordination der Behandlungsprozesse und eine Reduzierung von Schnittstellen zu erreichen (Sterly und Hasseler 2015). Bei einzelnen Leistungserbringerinnen/-erbringern umfasst das Leistungsspektrum meist nur einen Teil der Leistungen, die eine Patientin bzw. ein Patient im Laufe der Behandlung benötigt. Durch die Vielfalt und Interdisziplinarität der Leistungserbringerinnen/-erbringer in einem Integrierten Versorgungsnetzwerk soll daher sichergestellt werden, dass das gesamte Spektrum der Gesundheitsbedürfnisse von Patient:innen berücksichtigt und aufeinander abgestimmt wird (Mühlbacher 2007). Da die beteiligten Akteurinnen und Akteure **wirtschaftlich und rechtlich selbstständig** sind und zudem neben den Zielen des entsprechenden Versorgungsprojektes auch wirtschaftliche Eigeninteressen verfolgen, ist die Etablierung hierarchischer Strukturen in Versorgungsnetzwerken nur in eingeschränktem Umfang möglich (Luthe 2017). Zwischen den beteiligten Akteurinnen/Akteuren besteht daher in der Regel kein klar definiertes Über- oder Unterordnungsverhältnis, sodass Integrierte Versorgungssysteme durch eine relativ **heterarchische Netzwerkstruktur** gekennzeichnet sind (Sydow 2010). Diese Besonderheit in den Strukturen Integrierter Versorgungsnetzwerke stellt eine Herausforderung für die Gestaltung grundlegender Managementstrukturen dar, beispielsweise für die Gestaltung des Personalmanagements (Hellge 2019). Anders als beim betrieblich ausgerichteten Personalmanagement einer einzelnen Organisation ist das Personalmanagement in der Integrierten Versorgung auf mehrere Organisationen bzw. rechtlich und wirtschaftlich selbstständige Akteurinnen/Akteure des Netzwerkes ausgerichtet, die aber gemeinsame Ziele, Prozesse und vertragliche Vereinbarungen verfolgen. Vor diesem Hintergrund ist es wichtig, dem Personalmanagement nicht nur fundierte Einblicke in die Strategie und die Ziele des Versorgungsprojektes zu geben, sondern es auch aktiv an dessen Entwicklung und Ausrichtung zu beteiligen. Auf diese Weise gewinnt das traditionell eher administrativ bzw. operativ ausgerichtete Personalmanagement zunehmend an normativer und strategischer Bedeutung (Rosenberger 2017).

Neben der zentralen Rolle, die die Ressource Personal im Gesundheitswesen im Allgemeinen spielt (Haubrock 2017), kommt den Mitarbeiterinnen und Mitarbeitern in Projekten der Integrierten Versorgung eine besondere Schlüsselrolle zu (Neumeyer 2018). Ihr Tätigkeitsfeld umfasst nicht nur die herkömmlichen medizinischen, betriebswirtschaftlichen und administrativen Aufgaben, sondern ist verstärkt durch die interprofessionell-fachübergreifende intersektorale **Koordination, Kooperation und Kommunikation** geprägt. Im Zusammenhang mit der Personalauswahl steht das Personalmanagement daher vor der Herausforderung, Mitarbeiter:innen einzustellen (Behar et al. 2018), die den spezifischen Anforderungen der neuen Versorgungsform entsprechen (Busetto et al. 2017; Rees et al. 2020). Budgetrestriktionen und der vorherrschende Fachkräftemangel erschweren es dem Personalmanagement, die benötigte Anzahl an Mitarbeiter:innen mit den entsprechenden fachlichen und sozialen Kompetenzen einzustellen (Busetto et al. 2017).

In der Diskussion um die Integrierte Versorgung werden die Herausforderungen und die Komplexität, die mit der Entwicklung, dem Management, der Implementierung und der Operationalisierung der Integrierten Versorgung verbunden sind, oftmals hervorgehoben. Aus der Integration der Sektoren ergeben sich im Gegenzug dazu aber insbesondere im Hinblick auf die **Weiterentwicklung des traditionellen Rollenverständnisses** in der Gesundheitsversorgung neue Perspektiven und Gestaltungsmöglichkeiten (Plochg et al. 2017). Dass die ärztliche Versorgung nach wie vor den Kern der Leistungserbringung darstellt, spiegelt das Festhalten an den professionellen Zuständigkeiten im Gesundheitssystem wider. Gleichzeitig gehen aber Veränderungen im Gesundheitswesen wie die beginnende Akademisierung nicht-ärztlicher Gesundheitsberufe mit einem Paradigmenwechsel einher und stellen neue Anforderungen an die Gesundheitsversorgung (Szepan 2017). Eine kontinuierliche Kompetenzentwicklung und Erweiterung der Verantwortungsbereiche von Mitarbeiterinnen und Mitarbeitern ist erforderlich, um die Leistungserbringung in Richtung einer integrierten, patientenzentrierten Versorgung zu verändern. Die Fokussierung auf die Personalentwicklung und -planung ist daher ein wichtiger Bestandteil der Entwicklung Integrierter Versorgungprojekte (Akehurst et al. 2021). Anstatt lediglich integrierte Systeme rund um das traditionelle Rollenverständnis der Gesundheitsberufe aufzubauen, kann die Integrierte Versorgung weitaus mehr leisten und durch eine Weiterentwicklung des medizinischen Berufsstandes dazu beitragen, den veränderten Anforderungen gerecht zu werden (Plochg et al. 2017).

5.5.2 Praktische Umsetzung

Die größte Besonderheit des Personalmanagements in Integrierten Versorgungsprojekten bzw. -netzwerken ergibt sich durch die integrative Zusammenarbeit von Akteurinnen und Akteuren aus unterschiedlichen Berufsgruppen, Organisationen und Sektoren (Antoni 2010). Das können beispielsweise ambulante und stationäre Ärztinnen und Ärzte sowie Mitarbeiterinnen und Mitarbeiter von Krankenkassen, Managementgesellschaften oder sozialen Einrichtungen sein. Aufgrund unterschiedlicher Organisationskulturen, Hierarchien und wirtschaftlicher Eigeninteressen ist eine erfolgreiche Zusammenarbeit und Implementierung gemeinsamer Projekte besonders herausfordernd (Bromley et al. 2018; Antoni 2010). Traditionelle Personalmanagementkonzepte setzen in der Regel eine hierarchische Organisationsstruktur voraus, weswegen sie nur eingeschränkt in der Integrierten Versorgung anwendbar sind. Die disziplinarische Personalverantwortung verbleibt zwar üblicherweise bei den einzelnen Akteurinnen und Akteuren des Netzwerkes, allerdings verfügen Integrierte Versorgungssysteme häufig über ein **Netzwerkmanagement**, welches dafür zuständig ist, dass ein Integriertes Versorgungsnetzwerk jenseits der medizinisch-inhaltlichen Versorgungsleistungen funktioniert. In den Zuständigkeitsbereich des Netzwerkmanagements fallen auch Aspekte des Personalmanagements (Meier und Diener 2007). Dabei kommen dem Netzwerkmanagement verschiedene Aufgaben zu, welche weit über die Verwaltung des Personalbestandes hinausgehen. Diese Aufgaben erstrecken sich über die normative, strategische, dispositive und operative Managementebene, sodass sich eine Vielzahl an Gestaltungsfeldern für das Personalmanagement ergibt (vgl. auch ► Abschn. 5.3.1). Auf der normativen und strategischen Ebene eines Integrierten Versorgungsprojektes werden der langfristige Handlungsrahmen wie beispielsweise die Personalstrategie sowie die übergeordneten Ziele des Versorgungsprojektes definiert. Auf der operativen Ebene erfolgt die Umsetzung der zuvor definierten Ziele und strategischen Leitlinien im Rahmen der dispositiven Vorgaben. Aufgrund der heterarchischen Netzwerkstruktur und der übergeordneten Rolle des Netzwerkmanagements ist eine strikte Trennung der einzelnen Managementebenen jedoch kaum möglich. Es besteht vielmehr eine ausgeprägte Überschneidung der einzelnen Ebenen, sodass das Erreichen langfristiger Projektziele über alle Managementebenen hinweg eine zentrale Rolle spielt. Die strategische Ausrichtung des Personalmanagements stellt damit eine wesentliche Voraussetzung für die nachhaltige Umsetzung der Projektstrategie dar. Durch gezielte Maßnahmen und Ansätze kann das strategische Personalmanagement einen wichtigen Beitrag zum Erfolg eines Integrierten Versorgungsnetzwerkes leisten.

Ansätze und Erfolgsfaktoren für das Personalmanagement in der Integrierten Versorgung

Inhaltlich umfasst das Personalmanagement in Integrierten Versorgungsprojekten insbesondere die Bereiche **Personalplanung und -auswahl** sowie **Personalentwicklung**. Maßnahmen zur Rekrutierung und Schulung geeigneter Mitarbeiterinnen/Mitarbeiter sollen einen wichtigen Beitrag zum übergeordneten Ziel der Integrierten Versorgung leisten, d. h. die integrative Zusammenarbeit der unterschiedlichen Akteurinnen/Akteure in einem Versorgungsnetzwerk fördern und die Kontinuität in der Versorgung von Patientinnen und Patienten sicherstellen. Für die erfolgreiche Umsetzung einer innovativen Versorgungsform wie die der Integrierten Versorgung ist es grundsätzlich wichtig, dass das leitende Netzwerkmanagement den Mitarbeiterinnen und Mitarbeitern ein hohes Maß an Vertrauen entgegenbringt und ihnen ausreichend Gestaltungsspielräume gewährt. Auf diese Weise können sie entsprechend ihrer Erfahrung flexibel auf Besonderheiten und Bedürfnisse, die sich bei der Patientenversorgung in Integrierten Versorgungsprojekten ergeben, reagieren (Rosenberger 2017).

Die Gestaltungsfelder des Personalmanagements in der Integrierten Versorgung sind in ◘ Abb. 5.12 zusammenfassend dargestellt und werden im Folgenden näher erläutert.

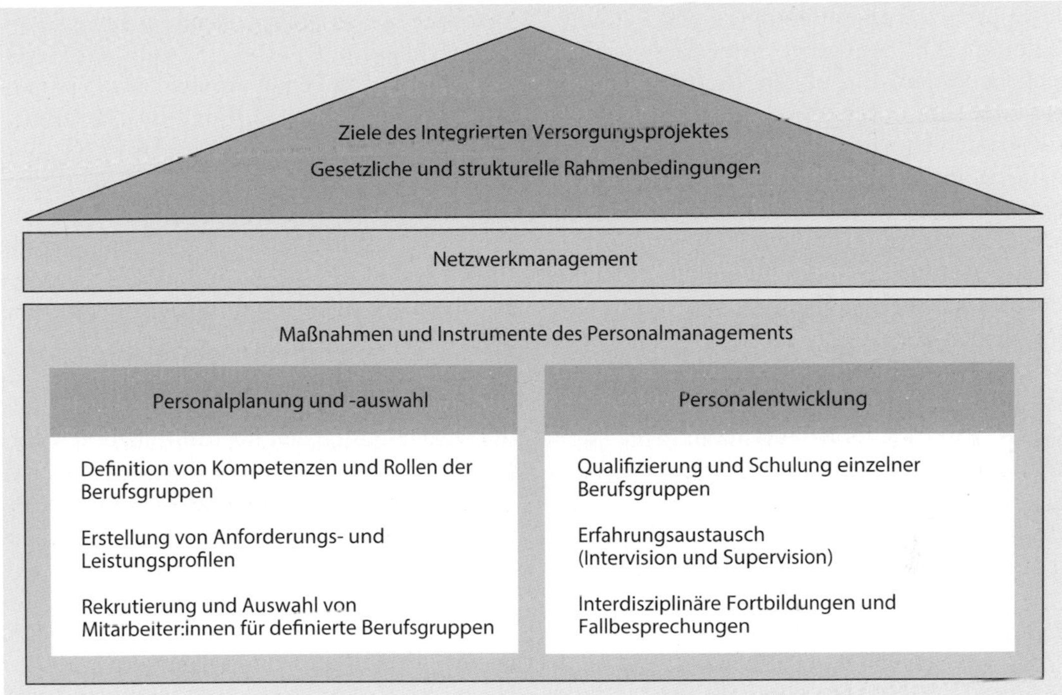

Abb. 5.12 Gestaltungsfelder des Personalmanagements in der Integrierten Versorgung

▪ Personalplanung und -auswahl

Ausgehend von den strukturellen und gesetzlichen Rahmenbedingungen sowie den spezifischen Zielen eines Integrierten Versorgungsprojektes werden auf der normativen und strategischen Managementebene die benötigten **Kompetenzen und Rollen der verschiedenen Berufsgruppen** definiert. Dabei ergeben sich Gestaltungsmöglichkeiten und Chancen, traditionelle Rollenbilder von Pflegefachpersonen weiterzuentwickeln und neue Berufsbilder einzuführen, die sich an den spezifischen Anforderungen des Integrierten Versorgungsprojektes orientieren. So werden beispielsweise »**Case Managerinnen und Manager**« und »**Care Managerinnen und Manager**« als Koordinatoren in einem Integrierten Versorgungsnetzwerk eingesetzt, um Versorgungbrüche durch eine ganzheitliche Sicht auf die Behandlungspfade der Patientinnen und Patienten zu verhindern. Dabei steuern Case Manager:innen **individuelle** Patientenfälle, sind als Kontaktpersonen zwischen Patient:innen und Leistungserbringern tätig und unterstützen Patient:innen insbesondere bei den Übergängen an den Sektorengrenzen. Care Managerinnen/Manager hingegen befassen sich mit der **überindividuellen** populations- oder indikationsbezogenen Koordination der Versorgung (SVR 2007). Neben Care und Case Managerinnen/Managern gewinnt das neue Berufsbild der »**Community Health Nurse**« (CHN) nach internationalem Vorbild auch in der Integrierten Versorgung im deutschsprachigen Raum zunehmend an Bedeutung. CHN werden beispielsweise in angelsächsischen und skandinavischen Ländern bereits seit vielen Jahren in der Primärversorgung eingesetzt. Bei CHN handelt es sich in der Regel um hochqualifizierte Pflegefachpersonen mit akademischem Abschluss (sog. »Advanced Practice Nurses«), die autonom in definierten Handlungsfeldern populations- oder indikationsbezogen tätig sind und zentrale Koordinations-, Steuerungs- und Leitungsfunktionen übernehmen. Im Gegensatz zu Care bzw. Case Managerinnen bzw. Managern sind CHN aktiv am Behandlungsprozess von Patientinnen und Patienten beteiligt. Die Aufgaben von CHN richten sich nach dem Einsatzfeld (Setting), in dem sie tätig sind und hängen zum einen von den Gesundheitsproblemen ab, die in der Zielgruppe vorherrschen, und zum anderen von den spezifischen Interventionsstrategien des jeweiligen Integrierten Versorgungsprojektes. Dabei werden die Handlungsschwerpunkte der CHN beispielsweise in strukturschwachen ländlichen Gebieten bedarfsgemäß anders gesetzt als in städtischen sozial benachteiligten Räumen. Unabhängig vom Setting gelten für CHN folgende Kernaufgaben (Weskamm et al. 2019):

Kernaufgaben von Community Health Nurses

- Sicherung der Primärversorgung und Versorgungskontinuität
- Begleitung von Programmen zur Gesundheitsförderung und Prävention
- Durchführung von Wiederholungs- und Kontrolluntersuchungen
- Veranlassung von Screenings im Rahmen der Krebsvorsorge und anderen Check-ups
- Behandlung von Bagatellerkrankungen
- Steuerung des Monitorings und Managements chronischer Krankheiten (Disease Management)
- Unterstützung des Selbstmanagements der Patient:innen durch Beratung und Anleitung
- Versorgungskoordination und Vermittlung an Einrichtungen des Versorgungsnetzwerkes

Nach der systematischen Erarbeitung eines Aufgaben- und Leistungsprofils erfolgt die **Rekrutierung und Auswahl** von qualifizierten und engagierten Mitarbeiterinnen und Mitarbeitern. Neben fachlichen Qualifikationen spielen zusätzlich ausgeprägte Sozial- und Kommunikationskompetenzen eine wichtige Rolle. Insbesondere neu geschaffene Berufsbilder wie das der CHN gehen mit spezifischen Anforderungen und Kriterien zur Besetzung vakanter Stellen einher. Auch im Integrierten Versorgungsprojekt »INVEST Billstedt/Horn« wurden entsprechende Ansätze zur Personalplanung und -auswahl durch das Netzwerkmanagement implementiert. »INVEST Billstedt/Horn« versteht sich als ein integriertes, sektorenübergreifendes und patientenorientiertes Versorgungnetzwerk zur Verbesserung der Gesundheitsversorgung in den Hamburger Stadtteilen Billstedt und Horn, die aufgrund sozioökonomischer Bedingungen schlechtere Lebens- und Gesundheitschancen aufweisen als andere Hamburger Stadtteile. Im Rahmen der wissenschaftlichen Begleitevaluation wurde eine qualitative Fallstudie durchgeführt, um die entscheidenden **Charakteristika der beteiligten Akteurinnen/Akteure** bzw. Mitarbeiterinnen/Mitarbeiter bei der Implementierung des Integrierten Versorgungsnetzwerkes zu identifizieren (Wild et al. 2021). Dabei wurde das Versorgungsprojekt maßgeblich durch die Bereitschaft zur aktiven Beteiligung und Veränderung verschiedener Akteurinnen und Akteure vorangebracht. Darüber hinaus wurden das Interesse der Akteurinnen und Akteure an den inhaltlichen Zielen des Projektes und Erfahrungen im Change Management bzw. in der Entwicklung eines neuen Versorgungsnetzwerkes als förderlich identifiziert. Das Interesse der Akteurinnen und Akteure an den inhaltlichen Zielen des Projektes hat sich gegenüber einem rein wirtschaftlichen Gewinninteresse (z. B. in Form einer Teilnahmevergütung) als entscheidend erwiesen. Zusammengefasst wurden folgende vier Erfolgsfaktoren als besonders relevant eingestuft. Neben den spezifischen fachlichen Qualifikationen sollten diese Faktoren bei der Erstellung von Anforderungsprofilen und bei der Personalauswahl in einem Integrierten Versorgungsprojekt besonders berücksichtigt werden.

Anforderungsprofil für Mitarbeiter:innen der Integrierten Versorgung

- Bereitschaft zur aktiven Beteiligung
- Bereitschaft zur aktiven Veränderung
- Interesse an den inhaltlichen Zielen des Integrierten Versorgungsprojektes
- Erfahrung im Change Management

- **Personalentwicklung**

Das Aufgaben- und Kompetenzspektrum von Mitarbeiter:innen in der Integrierten Versorgung erfordert eine besondere Qualifizierung, Schulung und kontinuierliche Weiterentwicklung zur Sicherstellung und Optimierung einer integrierten und patientenzentrierten Versorgung. Entsprechende Personalentwicklungsansätze haben sich zum einen innerhalb der neu geschaffenen Berufsbilder für Pflegefachpersonen und zum anderen zwischen den verschiedenen medizinischen und therapeutischen Leistungserbringerinnen/-erbringern eines Integrierten Versorgungsnetzwerkes etabliert.

Um eine vertiefte **Qualifizierung für neu geschaffene Berufsbilder** für Pflegefachpersonen in der Integrierte Versorgung sicherzustellen, werden an vielen Universitäten bereits Masterstudiengänge im Bereich Pflege (Nursing Science) angeboten. Darüber hinaus ist es allerdings wichtig, Mitarbeiterinnen und Mitarbeiter in Bezug auf das Einsatzfeld, die spezifischen Gesundheitsprobleme der Zielgruppe und Interventionsstrategien des jeweiligen Integrierten Versorgungsprojektes zu schulen. Auch im Integrierten Versorgungsprojekt »INVEST Billstedt/Horn« wurden Ansätze zur Personalentwicklung implementiert (Wild et al. 2021). Dabei wurden Schulungen zu spezifischen Themen, wie beispielsweise zur systemischen Gesprächsführung in der Beratung von Patientinnen/Patienten und eine regelmäßige Vor-Ort-Gesprächsbegleitung, für einzelne CHN angeboten. Durch die kontinuierliche Gruppen- und Einzelsupervision wurde ein Rahmen geschaffen, in dem CHN offene Fragen aus der Patientenberatung ansprechen konnten. Mögliche Barrieren im Beratungsprozess konnten auf diese Weise schnell erkannt und professionell überwunden werden. Darüber hinaus wurden regelmäßige Gruppentreffen der CHN organisiert, um den Erfahrungsaustausch untereinander (Intervision) und den Blick von außen (Supervision) auf Beratungsabläufe, Barrieren und Konflikte zu ermöglichen. Im Dialog konnten Lösungen erarbeitet, umgesetzt und reflektiert werden.

Darüber hinaus besteht zusätzlicher Personalentwicklungsbedarf in Bezug auf die Kommunikation zwischen den medizinischen und therapeutischen Leistungserbringerinnen in einem Integrierten Versorgungsnetzwerk und die Zusammenarbeit bei der Patientenbehandlung. Zur Förderung einer patientenorientierten und wirtschaftlichen Versorgung im Netzwerk können für die Leistungserbringerinnen/-erbringer kontinuierlich **interdisziplinäre Fortbildungen und Fallbesprechungen** zu verschiedenen Themenbereichen, wie beispielsweise die Optimierung der Arzneimitteltherapie bei multimorbiden Patientinnen/Patienten, durchgeführt werden (Busetto et al. 2017). Auf diese Weise wird die Interaktion zwischen den Leistungserbringerinnen/-erbringern angeregt und der Rahmen für einen kontinuierlichen Austausch geschaffen, um praktische Lösungen für auftretende Schwierigkeiten im Behandlungsprozess von Patient:innen zu entwickeln.

Fazit

Für die Integration von Versorgungssektoren und Leistungserbringer:innen gibt es keinen universellen Ansatz. Vielmehr gibt es unterschiedliche Wege zur Integration, die sich jeweils in spezifischen Ansätzen des strategischen Personalmanagements widerspiegeln. Insbesondere Maßnahmen in den Bereichen Personalplanung und -auswahl sowie Personalentwicklung können einen wesentlichen Beitrag dazu leisten, die integrative Zusammenarbeit der verschiedenen Akteurinnen und Akteure in einem Versorgungsnetzwerk zu fördern und damit die Kontinuität der Versorgung zu sichern. Erst durch das Zusammenspiel dieser Maßnahmen lässt sich eine Vernetzung der Leistungserbringerinnen/-erbringer erreichen, was sich wiederum positiv auf die Koordination der Behandlungsprozesse auswirkt. Ein umfassendes Personalmanagementkonzept, welches die strukturellen Rahmenbedingungen sowohl bei der Auswahl einzelner personalwirtschaftlicher Maßnahmen als auch bei der Kombination von Maßnahmen berücksichtigt, hat das Potenzial zur erfolgreichen Integration der Leistungserbringerinnen/-erbringer und zur Überwindung der sektoralen Grenzen.

5

5.6 Personalmanagement in der Arzneimittelindustrie

Eva-Maria Wild, Vera Winter, Linda Kirchner

5.6.1 Gesetzliche und strukturelle Rahmenbedingungen

Gesetzliche Rahmenbedingungen für das Personalmanagement in der Arzneimittelindustrie

Neben den allgemeinen gesetzlichen Bestimmungen, welche für alle privatrechtlichen Arbeitsverhältnisse in Deutschland gelten, gibt es einige spezifische Gesetze, welche sich zusätzlich auf das Personalmanagement auswirken, speziell in der Arzneimittelindustrie. Bei diesen Gesetzen handelt es sich nicht notwendigerweise um arbeitsrechtliche Normen, sondern um **Bestimmungen, welche die Industrie und ihre Produkte betreffen** und sich dabei auch **auf die Personalarbeit auswirken**.

Die Gesetze und Verordnungen haben beispielsweise Einfluss auf die Personalbeschaffung, indem sie **bestimmte Qualifikationen** vorgeben. Auch können sich aus ihnen Anforderungen an Training und Entwicklung der Mitarbeitenden (beispielsweise in Form von zu besuchenden **speziellen Schulungen**) ergeben. Gesetze und Verordnungen wirken sich zusätzlich auf die Art und Weise des **Personaleinsatzes** und die **Arbeitsbedingungen**, die Personalführung und arbeitsmedizinische Untersuchungen aus. Letztlich wird auch die Personalplanung berührt, welche durch die strengen Vorschriften teilweise eine **hohe Flexibilität bei der Personalplanung** erfordert. Dies gilt beispielsweise für Mutterschutzrichtlinien, welche häufig frühzeitige Beschäftigungsverbote für werdende Mütter in Pharmaunternehmen bedingen, sodass das Personalmanagement im Falle von Schwangerschaften und dadurch bedingten Ausfällen von Mitarbeiterinnen eine systematische Personal(ersatz)planung aufweisen sollte. In ◘ Tab. 5.11 sind einige der Gesetze sowie beispielhaft für das Personalmanagement relevante Inhalte aufgeführt.

Zusätzlich hat die Fürsorgepflicht der Arbeitgebenden in der Arzneimittelindustrie eine große Bedeutung für das Personalmanagement, derer sich Mitarbeitende der Personalabteilung und betriebliche Vorgesetzte gleichermaßen bewusst sein müssen, um die entsprechenden Maßnahmen (beispielsweise die Einschaltung des Betriebsarztes) leisten zu können.

◘ Tab. 5.11 Ausgewählte Gesetze, Verordnungen und Richtlinien mit Relevanz für das Personalmanagement in der Arzneimittelindustrie

Gesetz	Für das Personalmanagement relevante Inhalte
Arzneimittelgesetz (AMG)	Legt verschiedene Qualifikationsanforderungen und zu besetzende Stellen fest (z. B. erforderliche Sachkenntnis in § 15 für Chargenverantwortliche, § 75 für Pharmaberater, § 63a für Stufenplanbeauftragte und in § 74a für Informationsbeauftragte)
Arzneimittel- und Wirkstoffherstellungsverordnung (AMWHV)	Gibt Hygienevorschriften, Anforderungen an das Qualitätsmanagement, die Erfordernis eines Stufenplanbeauftragten und die erforderlichen Sachkenntnisse einer sachkundigen Person vor
Gentechnikgesetz (GenTG)	Schreibt vor, dass für die Durchführung gentechnischer Arbeit oder Freisetzungen »Projektleiter sowie Beauftragte oder Ausschüsse für Biologische Sicherheit« (§ 6 Absatz 4) bestellt werden müssen
Allgemeine und spezielle Gesetze und Verordnungen für Arbeitssicherheit und Arbeitsschutz	Beispielsweise Chemikaliengesetz, Betäubungsmittelverordnung, Biostoffverordnung, Arbeitsstättenverordnungen, Arbeitsschutzgesetz, Arbeitssicherheitsgesetz, Unfallverhütungsvorschriften; geben Maßnahmen und einzuhaltende Vorschriften zur Arbeitssicherheit und zum Arbeitsschutz vor
Allgemeine und speziell formulierte Mutterschutzrichtlinien	Bedingen häufig Beschäftigungsverbote für werdende Mütter

■ Tab. 5.12 Qualifikationsniveau der sozialversicherungspflichtig Beschäftigten in Deutschland

	Pharmazeutische Industrie		Verarbeitendes Gewerbe	
	2013	2017	2013	2017
Helfer:in	10 %	11 %	14 %	15 %
Fachkraft	51 %	48 %	60 %	59 %
Spezialist:in	20 %	23 %	15 %	15 %
Expert:in	19 %	19 %	11 %	12 %
Nachrichtlich: Anzahl der sozialversicherungspflichtig Beschäftigten	137.882	146.082	6.544.148	6.797.172

Quelle: Bundesagentur für Arbeit; Institut der deutschen Wirtschaft

Struktur des Personals

Wie in jeder Branche reflektiert die Struktur des Personals auch in Pharmaunternehmen die Besonderheiten der erbrachten Leistung. Im Fall der Arzneimittelindustrie spiegeln Struktur und Berufsgruppen vor allem den hohen Innovationsdruck, die große Bedeutung eines leistungs- und kundengerechten Marketing- und Vertriebssystems sowie den Status als produzierende Industrie wider. Eine vergleichsweise große inhaltliche und zahlenmäßige Bedeutung kommt damit den Bereichen Forschung und Entwicklung, Marketing und Vertrieb sowie Produktion zu. Vor allem die Rolle der Pharmareferentinnen wandelt sich kontinuierlich im Zuge neuer digitaler Vertriebskanäle und Kundenwünsche. Neben den klassischen Vertriebskompetenzen werden weitere Fähigkeiten gefordert. Moderne Pharmareferentinnen werden zu digitalen Expertinnen mit ausgeprägten Kompetenzen in Projektmanagement und cross-funktionaler Zusammenarbeit. Neben den klassischen Kernfunktionen gewinnen auch immer mehr unterstützende Funktionen wie z. B. IT, Data Analytics, Innovationsmanagement oder Geschäftsentwicklung zunehmend an Relevanz und können für den Marktvorteil entscheidend sein.

Insgesamt ist die Arzneimittelindustrie geprägt von einem im Vergleich zum verarbeitenden Gewerbe überdurchschnittlich **hohen Frauenanteil** (ca. 40 %) und einem **überdurchschnittlichen Anteil (hoch-)qualifizierter Arbeitskräfte** (Diel und Kirchhoff 2018). Letztere sind unterschieden nach vier Qualifikationsstufen in ■ Tab. 5.12 dargestellt. Die Beschäftigungsstruktur der Arzneimittelindustrie zeigt, dass der überwiegende Teil der Beschäftigten trotz der komplexen Tätigkeiten und ihrer überdurchschnittlich hohen Forschungsintensität eine berufliche und keine akademische Qualifikation vorweist. Die Verschiebung hin zu Höherqualifizierten entspricht dem allgemein beobachtbaren Trend zur Akademisierung (Diel und Kirchhoff 2018). Im Vergleich zum verarbeitenden Gewerbe wird in der Arzneimittelindustrie der Zuwachs eher vom Bereich der Spezialistinnen anstatt vom Bereich der Expertinnen getrieben. Ein Vergleich der Beschäftigten nach Berufshauptgruppen nach ISCO-08 zwischen der Arzneimittelindustrie und dem verarbeitenden Gewerbe in den großen Pharmastandorten (Deutschland, Vereinigten Königreich, Frankreich, Italien und Spanien; zusammen 61 % der europäischen Pharmabeschäftigten) zeigt ein ähnliches Bild mit einem überdurchschnittlich hohen Anteil an Führungskräften, akademischen Berufen, Technikerinnen und gleichrangige Berufen, einem durchschnittlichen Anteil an Bürokräften und unterdurchschnittlich vielen Handwerks- und verwandten Berufen sowie Hilfsarbeitskräften (Diel und Kirchhoff 2020).

Auch in Bezug auf die Ausbildung bzw. Berufsgruppen findet sich eine breite Vielzahl in

5

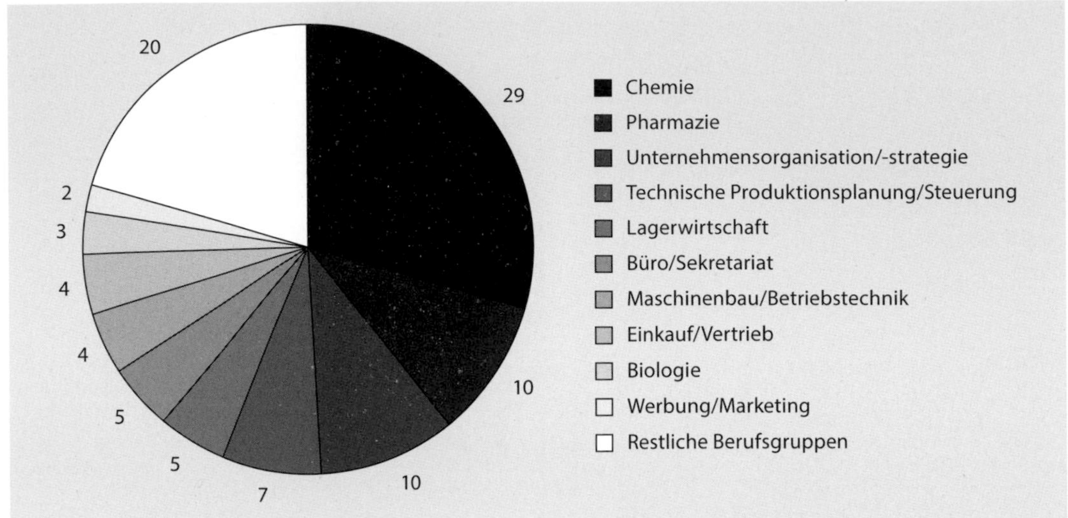

Abb. 5.13 Berufsgruppen in der pharmazeutischen Industrie: Anteil der Berufsgruppen an der Anzahl der sozialversicherungspflichtig Beschäftigten im Jahr 2017 in Prozent. (Quelle: Bundesagentur für Arbeit; Institut der deutschen Wirtschaft)

der Arzneimittelindustrie, unter denen einige Schwerpunkte hervorgehoben werden können (Abb. 5.13). So sind fast 40 % der sozialversicherungspflichtig Beschäftigten der Pharmaindustrie den Berufsgruppen »Chemie« und »Pharmazie« zuzuordnen. Insbesondere die Chemischen Berufe umfassen Beschäftigte aller Qualifikationsstufen (Helferinnen, Fachkräfte, Spezialistinnen und Expertinnen beiderlei Geschlechts), während in der Pharmazie Hochqualifizierte dominieren (Diel und Kirchhoff 2018). Etwa ein Viertel der Mitarbeitenden lassen sich dem strategischen, operativen und administrativen Management (Unternehmensorganisation/-strategie, Büro/Sekretariat, Lagerwirtschaft, Einkauf/Vertrieb, Werbung/Marketing) zuordnen; auch hier sind die Qualifikationsstufen in Abhängigkeit der Berufsgruppe divers.

Die Mehrheit der Beschäftigten ist dabei in kleineren Betrieben (mit weniger als 100 Mitarbeitenden; in 2018 67 % der Beschäftigten) beschäftigt; allerdings zeichnet sich über das letzte Jahrzehnt eine leichte Verschiebung zu anteilig mehr Beschäftigten in mittleren (100–500 Mitarbeitende; in 2018 24 % der Beschäftigten) und großen Betrieben (mit über 500 Mitarbeitenden; in 2018: 10 % der Beschäftigten) ab (Statistisches Bundesamt 2021).

Die **Personalstruktur** (d. h. die genaue Verteilung der Mitarbeiteranteile auf die o. g. Bereiche) **hängt dabei stark von dem Produktprogramm des Pharmaunternehmens ab**. Wie bereits in ► Abschn. 2.6 beschrieben, ist eine Unterteilung von Arzneimitteln in verschreibungspflichtige und nichtverschreibungspflichtige Präparate sowie in neuartige Originalpräparate, den Originalpräparaten sehr ähnliche Präparate (sogenannte »Metoo«-Produkte) und Generika sinnvoll. Bei forschenden Pharmaunternehmen allgemein und Biotechnologieunternehmen, die auf die Herstellung von neuartigen Originalpräparaten abzielen, liegt der Fokus vor allem auf dem Bereich Forschung und Entwicklung. Die Hersteller von Generika auf der anderen Seite sind aufgrund des stark umkämpften Markts vor allem auf die möglichst kostengünstige Produktion und ein effizientes und gut organisiertes Marketing- und Vertriebsnetz angewiesen. Die Personalzahlen von zwei verschiedenen Pharmaunternehmen verdeutlichen dies: Während beim Generikaspezialisten STADA Arzneimittel AG der Bereich Produktentwicklung knapp 6 % der

Tab. 5.13 Durchschnittliche Anzahl der Beschäftigten bei STADA nach Funktionsbereichen bzw. Teilfunktionsbereichen in 2019. (Quelle: Geschäftsbericht 2019 der STADA Arzneimittel AG)

Technical Operations (Herstellung/Qualitätsmanagement/Logistik/ Beschaffung/Lieferkette)	Produktentwicklung	Marketing/Vertrieb	Verwaltung/Finanzen/ IT	Gesamt
6613	708	3938	1042	12.301
54 %	6 %	32 %	8 %	100 %

Tab. 5.14 Durchschnittliche Anzahl der Beschäftigten nach Funktionsbereichen bzw. Teilfunktionsbereichen bei Boehringer Ingelheim in 2019. (Quelle: Unternehmensbericht 2020 der Boehringer Ingelheim GmbH)

Produktion	Forschung und Entwicklung	Marketing und Vertrieb	Administration	Auszubildende	Gesamt
16.590	9154	18.463	6104	704	47.501
33 %	18 %	36 %	12 %	1 %	100 %

Beschäftigten ausmacht, sind bei Boehringer Ingelheim ca. 18 % der Beschäftigten im Bereich Forschung und Entwicklung eingesetzt (Tab. 5.13 und 5.14).

Aktuelle Entwicklungen in der Arzneimittelindustrie

Neben den gesetzlichen und strukturellen Rahmenbedingungen lassen sich eine Reihe von aktuellen Entwicklungen in der Arzneimittelindustrie ausmachen, welche sich auch auf die Ausgestaltung und die Anforderungen an das Personalmanagement auswirken. Einige der wichtigsten Entwicklungen werden im Folgenden skizziert.

▪ Internationalisierung

Die Unternehmen der Arzneimittelindustrie sind zunehmend international tätig (Diel und Kirchhoff 2018; Kirchhoff 2016; Kirchhoff und Schumacher 2021). Zu den **Treibern der Internationalisierung** von Pharmaunternehmen gehört die zunehmende **Konsolidierung** der Industrie. Beispiele für große Zusammenschlüsse und Übernahmen in den letzten Jahren sind die Akquisition von Celgene durch Bristol-Myers Squibb 2019 und der Zusammenschluss von Allergan und AbbVie im Jahr 2020. Durch die Konsolidierung steigt die Anzahl der Produkte, Standorte und oft auch Länder, in denen die Unternehmen aktiv sind, sowohl als Produzent wie auch als Anbieter. Strukturell muss sichergestellt werden, dass entstehende **Synergien,** wie beispielsweise durch die Zusammenlegung von zentralen Funktionen wie Compliance, genutzt werden können, ohne dass im Prozess produkt- oder länderspezifische Kompetenzen aus einem der Unternehmen verlorengehen. Auch müssen ggf. unterschiedliche organisationale Aufbaustrukturen – der gleiche Bereich kann in einem Unternehmen stark lokal mit einer zentralen Kontrolleinheit, in einem anderen durch eine zentrale Funktion mit regionaler Weisungsbefugnis organisiert sein – konsolidiert und integriert werden.

Aber auch für nicht von Konsolidierung betroffene Pharmaunternehmen ergeben sich zumeist eine zunehmende **Internationalisierung** und die Ausweitung der inhaltlichen und regionalen Tätigkeitsfelder auf andere Bereiche.

Bei allen Maßnahmen zur Internationalisierung muss gleichzeitig den **lokalen Gegebenheiten Rechnung getragen** werden. Aktivitäten wie Compliance oder Marketing und Vertrieb unterliegen strengen, in der Regel länderspezifischen Gesetzen, welche sich zum Teil auch auf das Personalmanagement auswirken.

Durch den Trend zur Internationalisierung sowie im Rahmen von großen Übernahmen, werden die Themen **Unternehmenskultur** und **organisatorisches Veränderungsmanagement** immer wichtiger. Denn die hierdurch notwendigen Veränderungsprozesse (z. B. durch Konsolidierung von Prozessen oder Einheiten) und die in der Regel geforderte hohe Anpassungsgeschwindigkeit gelingen nur, wenn sie durch ein professionelles »Change Management« begleitet und gesteuert werden. Mitarbeitende und Führungskräfte müssen gleichermaßen transparent informiert, mitgenommen und befähigt werden, sowie sich einer gemeinsamen Unternehmenskultur mit gleichen Werten zugehörig fühlen. Damit Unternehmen und Teams sich rasch und effektiv in einem globalen Netzwerk zusammenschließen, benötigen sie darüber hinaus interkulturelle Kompetenz. Diese Themen werden in der Regel vom Personalmanagement getrieben.

▪ Wettbewerb um Top-Talente

Insbesondere forschende Pharmaunternehmen sind darauf angewiesen, ihre **Innovationskraft durch Spitzenforschung** zu erhalten (Gehrke et al. 2015; Diel und Kirchhoff 2018). Entscheidend ist dabei, aus dem vergleichsweise kleinen Pool von potenziellen Mitarbeitenden in vor allem forschungsrelevanten Bereichen **Top-Talente identifizieren, gewinnen, entwickeln und halten** zu können – ein Ziel, welches die Unternehmen teilen und welches in steigendem Wettbewerb um Mitarbeitende resultiert (der sogenannte War for Talents). Mit der zunehmenden Internationalisierung der Industrie und der Arbeitsmärkte findet dieser Wettbewerb immer mehr auf internationaler Ebene statt und verschärft sich. Insbesondere im Bereich Forschung und Entwicklung konkurrieren beispielsweise große Hersteller mit kleineren, schnell wachsenden Biotechnologieunternehmen.

Wer sich als Unternehmen die besten Talente sichern will, muss zunehmend dem Wunsch nach einer sinnstiftenden Arbeit und einem starken Unternehmenszweck nachkommen und dies im Personalmarketing und in der Rekrutierung klar herausstellen (Bersin 2020). Ebenso spielt immer mehr eine mitarbeiterzentrierte Unternehmenskultur eine Schlüsselrolle, in der klare und zeitnahe Entwicklungsmöglichkeiten sowie fördernde, moderne Führungsansätze vorherrschen.

Aber auch in anderen Bereichen und Berufsgruppen drohen bei unzureichendem strategischen Personalmanagement Engpässe; beispielhaft können hier mittelqualifizierte Fachkräfte in der Chemie genannt werden (Diel und Kirchhoff 2018).

Der Wettbewerb um Köpfe ist dabei teilweise nicht nur auf Unternehmen der Arzneimittelbranche beschränkt, sondern bezieht sich auch auf Unternehmen in anderen Industriezweigen (Diel und Kirchhoff 2018). Damit ergibt sich für Pharmaunternehmen die Herausforderung, Attraktivität der Industrie sowie Attraktivität des eigenen Unternehmens in Kombination mit Attraktivität des Standorts herauszuarbeiten und sicherzustellen.

Als Maß für einen möglichen Fachkräftemangel kann auf die sog. Engpassrelation zurückgegriffen werden, die die Anzahl Arbeitsloser ins Verhältnis zu der Anzahl der gemeldeten offenen Stellen setzt. Von einem Engpassberuf spricht man, wenn dieses Verhältnis kleiner als zwei ist. Dies betrifft in der Arzneimittelindustrie 219 von 666 tätigen Berufsgattungen, in denen 38 % der Beschäftigten tätig sind (Diel und Kirchhoff 2018). Zusätzlich zeigt eine Differenzierung nach Qualifikationsniveau, dass Fachkräfte überdurchschnittlich häufig in Engpassberufen tätig sind. Da knapp die Hälfte aller sozialversicherungspflichtig Beschäftigten in der Arzneimittelindustrie Fachkraftniveau haben (vgl. ◘ Tab. 5.12), scheinen strategische Personalrekrutierungsstrategien auch bezogen auf diese Zielgruppe ratsam.

▪ Out- bzw. Insourcing

Es gibt wenige Bereiche in der Arbeit von Pharmaunternehmen, welche nicht zu einem bestimmten Grad outgesourct, d. h. zur Durchführung an externe Dienstleister übergeben werden können, um Fixkosten zu reduzieren. Die Risiken und Chancen, die sich daraus ergeben, hängen stark vom Bereich ab. Während im Bereich der Verwaltung das **Outsourcing** (alternativ zur **Auslandsverlagerung,** dem Umzug bestimmter Bereiche an kostengünstigere

Orte) **administrativer Tätigkeiten relativ weit verbreitet** ist und ein vergleichsweise geringes Risiko darstellt, sind **im Bereich Forschung und Entwicklung gravierende Risiken zu bedenken**: Dazu gehört das Risiko, dass externe Unternehmen die notwendigen Volumina (plötzlich) nicht mehr erbringen können und es so **zu Verzögerungen** im Entwicklungsprozess kommt. Ebenso ergeben sich **Qualitäts- und Compliance-Risiken** sowie potenzielle Risiken in Bezug auf **proprietäre Daten und geistiges Eigentum**. Risiken wie diese haben in einigen Bereichen bereits wieder zu **Insourcing** geführt, d. h. zu einer Rückverlegung von Teilen der outgesourcten Bereiche in das Unternehmen.

- **Veränderungen im Vertrieb und Key Account Management**

Vor dem Hintergrund des zunehmenden Kostendrucks im Arzneimittelmarkt (Deloitte & Touche 2011; Fischer und Breitenbach 2020) kam es in den vergangenen Jahren zu starken Veränderungen im Vertrieb und in der Betreuung von Großkunden (Key Account Management). So wurden massive **Einsparungen im personalintensiven Vertriebsbereich** vorgenommen. Damit beläuft sich der Vertrieb nicht mehr – wie es klassisch war – auf den Außendienst, sondern Vermarktungen finden nun vermehrt auf anderen Kanälen statt. Insbesondere wenn Präparate als nicht verschreibungspflichtiges OTC-Produkt direkt verkauft werden können (▶ Abschn. 3.6), wurde der kostenintensive Außendienst durch neuere technische Möglichkeiten des Vertriebs ersetzt, z. B. durch **Call Center** oder **E-Detailing**. E-Detailing stellt dabei eine internetgestützte Form des E-Learnings bzw. der Produktschulung dar, das von Pharmaunternehmen im Vertrieb eingesetzt wird und die klassische Beratung durch den Außendienst ergänzt. Aber auch die stärkere Ausrichtung auf individuelle Kundenbedürfnisse- und Ansprachen im Pharmamarketing führt zum verstärkten Einsatz von **Omnichannel**, bei welchem die direkte, traditionelle Ansprache durch verschiedene digitale Kanäle und Formate (z. B. E-Mail, Plattformen, Telefonie) ergänzt wird. Mit der im Jahr 2020 eingesetzten globalen Corona-Pandemie hat der Omnichannel-Ansatz weiter Auftrieb erlebt (M'lika et al. 2020).

Darüber hinaus haben sich die **Aufgaben, das Profil und die Anforderungen an die Qualifikationen und Kompetenzen des Außendienstes stark gewandelt**. Dies ergibt sich u. a. daraus, dass Ärztinnen und Ärzte in ihrer Rolle als Verordner der Produkte eines Pharmaunternehmens immer unbedeutender werden, denn wichtige Entscheidungen, welche die Produktverordnungen beeinflussen, werden zunehmend von institutionalisierten Marktteilnehmern wie dem Gemeinsamen Bundesauschuss (G-BA), dem Spitzenverband Bund (SpiBu) und dem Dachverband der Krankenkassen getroffen. Damit ist ein Wandel des bisherigen Flächenvertriebs mit einer durchschnittlichen Kundenzahl von 35 zu einem **Key Account Management** mit einer Konzentration auf Schlüsselkundinnen und -kunden erforderlich. Zur Realisation nachhaltiger Vertriebserfolge bedarf es einer umfassenden Kundenbetreuung, welche nicht nur den Vertrieb von Waren und Dienstleistungen umfasst, sondern die **Optimierung der Kundenprozesse sowie die Ergebnisverbesserung bei den Kundinnen und Kunden** zum Ziel hat (siehe Omnichannel-Ansatz). Dabei ist eine Fokussierung auf umsatzstarke Schwerpunktkundinnen und -kunden zu empfehlen, für die individuelle Kundenentwicklungspläne erstellt werden. Für den Vertrieb gewinnen Qualifikationen und Fähigkeiten im Bereich des Projektmanagements oder digitaler Kompetenz daher zunehmend an Bedeutung.

Zusätzlich bringt eine **Erweiterung der Zielgruppen** wesentliche Veränderungen für den Vertrieb mit sich. Während bisher der Fokus der meisten Unternehmen auf niedergelassenen Ärztinnen und Ärzten sowie Kliniken lag, kommen jetzt verstärkt Apotheken, Krankenkassen sowie Arzt- und Apothekengemeinschaften hinzu – und in steigendem Umfang auch Patientinnen und Patienten. Infolgedessen kommt es nicht nur zu einem quantitativen Anstieg, sondern vor allem zu einer **Veränderung in den qualitativen und kommunikativen Ansprüchen der Zielgruppen** (Deloitte & Touche 2011).

- **New Work – neue Arbeitsmodelle und Flexibilität**

Im Kampf um die besten Talente und im Zuge der Internationalisierung und Digitalisierung im Pharmabereich, werden die Schaffung von mehr Flexibilität für Mitarbeitende und die damit einhergehende nachhaltige Veränderung von Arbeitsprozessen immer wichtiger. Mitarbeitende wünschen sich einen attraktiven Arbeitsplatz, der mit flexiblen Arbeitszeiten und -orten ein effektives und an verschiedene Situationen angepasstes Arbeiten ermöglicht. Internationale Unternehmen setzen immer mehr auf standortübergreifende, globale Teams. Die Digitalisierung bietet entsprechende Instrumente für Video-Konferenzen und kollaboratives Arbeiten, unabhängig vom Standort. Die globale Corona-Pandemie hat diesen Umbruch in der Arbeitswelt noch weiter in Gang gesetzt. Viele Unternehmen haben angefangen, eine größere Flexibilität an Homeoffice-Optionen anzubieten und planen dies auch künftig beizubehalten. So stellt bspw. Novartis seinen Mitarbeitenden frei, in Absprache mit den Vorgesetzten über das Ausmaß an Homeoffice zu entscheiden. Diese Entwicklung stellt neue Anforderungen an Führungskräfte (z. B. virtuelle Führungskompetenz), Mitarbeitende (z. B. Selbstmanagement) und Organisationen (z. B. Rahmenbedingungen schaffen, Vertrauenskultur). Für das Personalmanagement gilt es, die Einführung und den weiteren Ausbau neuer Arbeitsmodelle zu begleiten und die entsprechenden Rahmenbedingungen schaffen.

5.6.2 Praktische Umsetzung

Aufgabenstruktur und organisationsstrukturelle Einbettung: Strategische und administrative Rollen des Personalmanagements

Gerade im Kontext der beschriebenen Herausforderungen kommen dem modernen Personalmanagement verschiedene **Aufgaben zu, welche über die bloße Verwaltung des Personalkörpers hinausgehen**. Aufbauend auf den einflussreichen Arbeiten von David Ulrich (z. B. Ulrich 1997) werden weithin vier Arten von Rollen des Personalmanagements differenziert. Diese vier Rollen unterscheiden sich grundsätzlich in Bezug auf die benötigten Kompetenzen, die Aufhängung im Unternehmen sowie die Möglichkeiten zur Standardisierung und Outsourcing, welche mit zunehmender strategischer Bedeutung und Komplexität abnimmt.

Als **HR Business Partner** übernimmt das Personalmanagement strategische Aufgaben in enger Abstimmung mit dem Management (Krings 2015). Im Mittelpunkt steht die Wertschöpfung aus der Personal-, Kultur-, und Organisations-Dimension des Unternehmens. Von den oben beschriebenen Aufgaben gehören beispielsweise die Planung neuer Aufgabenprofile nach Restrukturierungen und Akquisen dazu sowie die proaktive Identifikation und Entwicklung von Talenten innerhalb der Organisation. Insgesamt sind folgende Kernfragen zentral: Welche Talente brauche ich heute? Welche Talente habe ich heute? Und welche Talente brauche ich morgen? Alle Aufgaben zahlen letztendlich darauf ein. Im Kampf um die besten Talente gilt es also mit den richtigen Botschaften und innovativen Maßnahmen externe Talente zu gewinnen und im Unternehmen identifizierte, interne Talente bestmöglich zu begeistern, zu entwickeln und so an das Unternehmen zu binden. Diese Rolle kann nur in enger und strategischer Partnerschaft mit dem Management übernommen werden und ist integraler Bestandteil der Organisationsentwicklung.

Als **Change Agent** kann das Personalmanagement in Veränderungsprozessen ebenfalls eine strategische Rolle übernehmen. Hierbei geht es insbesondere um einen Beitrag zur Steuerung der Veränderungsprozesse auf Personalseite, wie beispielsweise die interne Kommunikation und Aufnahme von Trainings- und Entwicklungsbedarfen sowie die Umsetzung der entsprechenden Programme. Durch Internationalisierung und Digitalisierung werden zudem in immer kürzerer Abfolge Veränderungsprozesse notwendig, die komplexe Anforderungen an die Belegschaft stellen. Der Change Agent stellt die professionale Change-Management-Expertise bereit, die mittlerweile zu einer entscheidenden Kompetenz in Unternehmen geworden ist.

Um strategische Aufgaben erfüllen zu können, muss das Personalmanagement auch als

administrativer Experte für die reibungslose Umsetzung von Personalmanagementprozessen fungieren. Dazu gehört neben der gesetzeskonformen Abwicklung der Personalprozesse auch die kontinuierliche Suche nach einer Vereinfachung und Verbesserung des Zugangs zu Personalmanagementinstrumenten für die internen Kunden.

Schließlich hat das Personalmanagement auch eine **Rolle in der Vertretung der Mitarbeitenden**. Deren Zufriedenheit regelmäßig, beispielsweise durch Befragungen, einzuschätzen und geeignete Maßnahmen zu ihrer Verbesserung zu planen und umzusetzen ist die vierte Rolle des Personalmanagements (Weckmüller 2013).

Personalmanagementsysteme in Pharmaunternehmen

Inhaltlich umfasst das Personalmanagement in Pharmaunternehmen wie auch in anderen Unternehmen und Organisationen die drei Bereiche **Personalbeschaffung, Training und Entwicklung sowie leistungsorientierte Anreizsysteme** (Kolb 2010). Wenn die Personalstrategie und das Personalmanagement zur Erreichung der Unternehmensziele beitragen sollen, ist die Ausrichtung dieser Teilbereiche auf die Unternehmensziele und Herausforderungen erfolgsentscheidend. Demnach gilt es, die oben beschriebenen strukturellen und organisationalen Herausforderungen in der praktischen Umsetzung in den drei Teilbereichen entsprechend zu berücksichtigen, eine Aufgabe, die das Personalmanagement in seinen strategischen Rollen als HR Business Partner und Change Agent fordert.

Unter Berücksichtigung der verschiedenen **Berufsgruppen** in Pharmaunternehmen (s. o.) lässt sich eine Unterteilung in der Ausgestaltung der drei Bereiche hinsichtlich der genannten Unternehmensbereiche, Forschung und Entwicklung und Marketing- und Vertriebsorganisation feststellen. Dabei lassen sich **berufsgruppenspezifische und berufsgruppenübergreifende Inhalte** unterscheiden.

Im Bereich **Forschung und Entwicklung** bilden die Zielgruppe des Personalmanagements größtenteils Mitarbeitende mit naturwissenschaftlichem und medizinischem Hintergrund. Diese Berufsgruppe lässt sich neben fachlichen Qualifikationen auch durch ein hohes Maß an Kreativität und Innovationskraft charakterisieren. Neben Führungskräften überwiegen hier vor allem Expertenprofile mit umfangreichem Fachwissen (z. B. Laborwissenschaftler). Dem Wunsch nach Weiterentwicklung mit starker fachlicher Ausrichtung ohne dem Bestreben nach Führungsverantwortung gilt es durch entsprechende Fachlaufbahnen oder Entwicklungsprogramme (z. B. internationale Entsendungen für Projektarbeiten) Rechnung zu tragen, um so die Talente langfristig zu halten.

Im Bereich **Marketing und Vertrieb** bilden die Zielgruppe des Personalmanagement vorwiegend Mitarbeitende des Außendienstes/Vertriebs, deren Aufgabe es ist, Informationen vom Arzneimittelhersteller zu Anwendenden zu bringen (hierunter kann man sowohl Ärztinnen/Ärzte oder Apothekerinnen/Apotheker als auch Patientinnen/Patienten verstehen). In diesem Bereich spielen Pharmareferentinnen/-referenten eine wichtige Rolle. Dies beruht auf § 75 AMG, das festlegt, dass Angehörige von Heilberufen nur durch Personen mit der erforderlichen Sachkenntnis über Arzneimittel informiert werden dürfen. Neben den Pharmareferentinnen/-referenten spielen die Regionalleitenden im Außendienst sowie Fach- und Führungskräfte im Innendienst eine Rolle. Hier lässt sich die zunehmende Wichtigkeit einer stärkeren digitale Kompetenz und cross-funktionalen Zusammenarbeit mit dem Außendienst, dem Medizinischen Bereich, Digital, und Market Access beobachten sowie den damit einhergehenden Innovations- und Kollaborationsmethoden. Die Entwicklungswege, die Fachkompetenzen und auch das Kompetenzprofil der Mitarbeitenden sind häufig sehr unterschiedlich ausgeprägt. Herkömmliche Silo-Karrieren, in denen man z. B. vom Junior Brand Manager, zum Brand Manager und dann zum Senior Brand Manager aufsteigt und dabei ausschließlich im Innendienst bleibt, verlieren durch die stärkere cross-funktionale Ausrichtung von Teams an Bedeutung und werden durch breite Entwicklungswege abgelöst. Das dadurch erlangte vielseitige Erfahrungswissen und Verständnis um verschiedene Funktionen und ihr Zusammenspiel stellt für die weitere Führungskarriere einen klaren Vorteil dar.

Personalbeschaffung

Die Personalbeschaffung umfasst die Aufgaben **Rekrutierung und Auswahl** und dient grundsätzlich der bedarfsgerechten Beschaffung von potenziell geeigneten Arbeitskräften (Kolb 2010). Der Personalbedarf ist dabei an die Budget- und Geschäftsplanungen durch das Unternehmensmanagement gekoppelt. Aus dem Abgleich des quantitativen und qualitativen Bruttopersonalbedarfs mit dem quantitativen und qualitativen Personalbestand wird der Nettopersonalbedarf ermittelt. Aus dem Nettopersonalbedarf lassen sich anschließend Informationen hinsichtlich der **Personalbedarfsdeckung** ableiten (Personalfreisetzung, Personalbeschaffung, Personalentwicklung, Personalzuweisung). Dabei wird in der qualitativen Personalbedarfsermittlung genau definiert, welches Kompetenzprofil, also Qualifikation, Berufserfahrung, Know-how und Führungsfähigkeiten, für eine erfolgreiche Stellenbesetzung benötigt wird. Hierbei ist es für Pharmaunternehmen essenziell, die sich aus den gesetzlichen Vorschriften ergebenden Qualifikationsanforderungen, beispielsweise an Pharmaberaterinnen/-berater oder Chargenverantwortliche (► Abschn. 5.6.1), zu berücksichtigen. Zunehmend wichtiger wird auch die Passung von Bewerber/innen zu Unternehmenskultur und Werten, die im Rahmen des Rekrutierungsprozesses geprüft wird. So wird dies bspw. durch entsprechende Interviewfragen, durch Fallbeispiele oder das Einbinden von potenziell künftigen Kolleginnen/Kollegen oder Führungskräften aus anderen Bereichen während des Auswahlprozesses geprüft.

Als wichtige **Personalrekrutierungsmaßnahme** kann ein **zielgruppenspezifisches Marketing** angesehen werden. Dies bedeutet für die Rekrutierung von Mitarbeitenden für den Bereich Forschung und Entwicklung beispielsweise die Präsenz auf Hochschulmessen. Weitere Möglichkeiten, Studierende auf das Unternehmen aufmerksam zu machen und deren fachliche Eignung zu beurteilen, ergeben sich für Pharmaunternehmen durch die Ansprache über **Social Media**, das Angebot von **Kreativwettbewerben**, oder durch die Vergabe von **Praxisabschlussarbeiten**, Praktika oder Werkstudierendentätigkeiten Für ein erfolgreiches Personalmarketing ist es unabdingbar, die für die verschiedenen Berufsgruppen spezifischen Bedürfnisse und Motivationen zu kennen und gezielt anzusprechen. Dies könnte für Mitarbeitende im Bereich Forschung und Entwicklung die Hervorhebung kreativer und innovativer Arbeit mit der Möglichkeit einer strukturierten und internationalen Karriere sein. Für Mitarbeitende im Bereich Marketing und Vertrieb bietet sich beispielsweise eine Betonung des kommunikativen Fokus der Arbeit in Verbindung mit der Option flexibler Arbeitsmodelle an. Um eine ausreichende Anzahl an geeigneten Bewerberinnen und Bewerber sicherzustellen, können Pharmaunternehmen auch **interne und externe Kandidatenpools** aufbauen.

Ebenso wirksam ist die Nutzung der Netzwerke bestehender Mitarbeitender durch z. B. Empfehlungsprogramme. Neben **fachlichen Kriterien** sollte zudem die **soziale Eignung der Kandidatinnen/Kandidaten** geprüft werden. Im Bereich Forschung und Entwicklung kann dies die Prüfung der Teamfähigkeit, des Durchhaltevermögens und der interkulturellen Kompetenz beinhalten. Für Mitarbeitende im Bereich Marketing und Vertrieb sind das Kommunikationsgeschick und die Überzeugungskraft elementar. Somit bieten sich aus verschiedenen Instrumenten bzw. verschiedenen Bewerbungsrunden bestehende Auswahlprozesse an. In den letzten Jahren ist in diesem Kontext die Verbreitung von **umfassenden Assessmentcentern** immer mehr gestiegen. Viele Pharmaunternehmen haben – basierend auf den Erfahrungen von externen Anbietern – die standardisierten Verfahren an die spezifischen Anforderungen ihres Unternehmens bzw. ihrer Unternehmensbereiche angepasst. Beispielhafte Maßnahmen im Bereich Personalbeschaffung sind differenziert nach den beiden Unternehmensbereichen Forschung und Entwicklung sowie Marketing und Vertrieb in ◘ Tab. 5.15 zusammengefasst.

Neben den allgemeinen Anforderungen an die Personalbeschaffung in Pharmaunterneh-

■ Tab. 5.15 Personalmanagement im Bereich Personalbeschaffung

Unternehmensbereich	Beispielhafte Maßnahmen
Forschung und Entwicklung	Präsenz auf Hochschulmessen Kreativitätswettbewerbe und generelle Ansprache über Social Media Verstärkte Rekrutierungsaktivitäten in Asien Vergabe von Praxisabschlussarbeiten und Praktika
Marketing und Vertrieb	Einführung eines Kompetenzmodells Umfangreiche Assessmentcenter mit Fokus auf veränderten Anforderungen

men wirken sich auch die oben beschriebenen Herausforderungen und Entwicklungen in der Arzneimittelindustrie maßgeblich auf die Personalbeschaffung aus.

Im Kontext der Internationalisierung, beispielsweise als Folge eines Zusammenschlusses oder einer Akquise von Unternehmen, ist das Personalmanagement in der Regel in das **Management von Umstrukturierungen involviert**. Dies beginnt bei der Personalbedarfsermittlung: Basierend auf den neuen Strukturen, muss die Entwicklung der **neuen Aufgaben und Anforderungsprofile** für die Mitarbeitenden stattfinden. Dies ist eine zentrale Personalmanagementaufgabe, welche als HR Business Partner in Zusammenarbeit mit dem strategischen Management sowie den einzelnen Unternehmensbereichen ausgeführt wird. Komplett neue Aufgabenprofile können aus der Zusammenführung entstehen, beispielsweise in der Koordination verschiedener geographischer Gruppen und Produktgruppen. Bestehende Aufgaben- und Anforderungsprofile müssen ggf. auf veränderte Unternehmensabläufe und die daraus resultierenden Ansprüche angepasst werden. Dazu können **inhaltliche Anforderungen**, beispielsweise in Bezug auf neue Produkte und Produkttypen, oder andere **persönliche Fähigkeiten, wie interkulturelle oder sprachliche Kompetenz** oder Führungskompetenzen, wie sie beim Projektmanagement zum Tragen kommen, gehören. Die neuen Anforderungen müssen in der Personalrekrutierung Beachtung finden, indem Personal entweder extern rekrutiert oder intern entwickelt wird.

Auch der **steigende Wettbewerb um Top-Talente**, insbesondere im Bereich Forschung und Entwicklung, macht **strategische Anpassungen der klassischen Personalbeschaffungsmaßnahmen** nötig. Dazu kann beispielsweise eine Veränderung der Zielgeographien für die Personalrekrutierung gehören (wie die verstärkte Aktivität in Asien). Auch kann das Personalmanagement proaktiv Veränderungen im Marktumfeld nutzen.

Die Out- und Insourcing-Wellen, welche es, wie oben beschrieben, in der Arzneimittelindustrie in der jüngeren Vergangenheit gab, sind für das Personalmanagement ebenfalls mit Herausforderungen verbunden: Ein **Schlüsselfaktor für den Erfolg von Outsourcing** ist das **Management der Partnerschaften**, welches Mitarbeitende mit speziellen Kompetenzen erfordert, was wiederum in der Personalbedarfsplanung und -rekrutierung beachtet werden muss. Auch sind Auslandsverlagerung und Outsourcing in der Regel **mit Personalabbau** verbunden, welcher durch die Personalabteilung u. a. administrativ und kommunikativ mitgesteuert wird. Im Falle des Insourcings ergibt sich häufig ein konzentrierter Einstellungsbedarf. Hier ist zu überprüfen, ob vorab in anderen Unternehmen eingestellte mit den Aufgaben betreute Mitarbeitende übernommen werden können. In jedem Fall sollte jede Insourcing-Aktivität von einer vorausschauenden Personalplanung begleitet werden.

Die beschriebenen **Veränderungen in den Kompetenzprofilen der Pharmareferentinnen/-referenten** haben im Bereich Marketing und Vertrieb signifikante Auswirkungen auf das Thema Personalbeschaffung. Mit der Veränderung und Erweiterung der Zielgruppen geht ein Umdenken im Verkaufsgespräch einher. Der bisherige Vertriebsansatz war vorwiegend auf Ärztinnen und Ärzte abgestimmt, welche die Therapieentscheidungen treffen und entsprechende Arzneimittelverordnungen ausstellen.

Heute jedoch werden diese Entscheidungen vermehrt an anderer Stelle getroffen. Damit schlüpfen Ärztinnen und Ärzte immer weiter aus der Rolle der Kundinnen und Kunden in die der Geschäftspartnerinnen/-partner, die eine andere Form der Ansprache erwarten. Beispielsweise wünschen Ärztinnen/Ärzte innovative Formate für Produktpräsentationen, wie den Einsatz neuer Medien, z. B. zur Durchführung virtueller Veranstaltungen (Deloitte & Touche 2011). **Pharmareferentinnen/-referenten** sind dabei zunehmend als **Kompetenzträger** gefordert. Die Entwicklung geht weg von Produktverkaufenden und hin zu **kompetenten Lösungsanbietenden**. Reine Produktinformation ist heute nicht mehr interessant, vielmehr erwarten Ärztinnen und Ärzte von Pharmareferentinnen/-referenten eine **Beratung über Chancen, Risiken und Kosten** der neuen Arzneimittel. Dieses neue Aufgabenspektrum steht weiterhin im Einklang mit der bestehenden Ausbildungsordnung für Pharmareferentinnen/-referenten, nach der sie »Angehörige von Heilberufen fachlich, kritisch und vollständig über Arzneimittel unter Beachtung der geltenden Rechtsvorschriften informieren«. Als kritisch zu beurteilen ist an dieser Stelle jedoch, dass sich die Änderungen in den Fähigkeiten und Kenntnissen nur in sehr begrenztem Umfang in der Ausbildung niederschlagen. Die **Veränderungen in den Anforderungsprofilen der Pharmareferentinnen/-referenten** sind entsprechend bei der **Personalauswahl** zu berücksichtigen. Gerade vor dem Hintergrund des Kostendrucks und des daraus resultierenden Rückgangs der Mitarbeitenden im Außendienst/Vertrieb ist es von zunehmender Bedeutung, die richtigen Außendienstmitarbeitenden auszuwählen, um die gleichen Effekte zu erzielen. An dieser Stelle ist die Einführung eines **Kompetenzmodells** eine zunehmend gewählte Maßnahme, um Aufgaben, Kompetenzen und Verantwortungen (AKV-Prinzip) ableiten und Job-Designs mit präzisen Anforderungsprofilen an die gewünschten Mitarbeitenden formulieren zu können.

Das Anbieten einer **erhöhten Flexibilität** in der Arbeitsgestaltung, z. B. durch den vermehrten Einsatz von Homeoffice, spricht vermehrt vor allem junge Talente an und kann die wahrgenommene Unternehmensattraktivität erhöhen. Diese Unternehmen können als innovativer, moderner und personalzentrierter wahrgenommen werden und so einen entscheidenden Vorteil im Kampf um die besten Talente ausspielen. Ein Modell, was vor allem junge, digital geprägte Biotechunternehmen und Start-ups im Healthcare Bereich anbieten. Aber auch Big Pharma Unternehmen wie z. B. Novartis im Jahr 2020 haben neue flexible Arbeitsbedingungen als Standard etabliert. Dass sich der Umfang an möglichen neuen Mitarbeitenden bzw. die externe Talentbasis erweitert, da diese je nach Rolle standortunabhängig arbeiten können, ist ein weiterer Vorteil.

Training und Entwicklung

Der Bereich Training und Entwicklung umfasst die auf die Bedarfe und Bedürfnisse des Unternehmens abgestimmte **berufseinführende, berufsbegleitende und arbeitsplatznahe Aus- und Weiterbildung** von Mitarbeitenden sowie die Ableitung geeigneter Maßnahmen und Strategien aus den Unternehmenszielen, die eine **Qualifizierung des Personals** zum Ziel haben. Dabei sind Aspekte der **Organisationsentwicklung** und die Bedürfnisse der verschiedenen Anspruchsgruppen des Unternehmens zu berücksichtigen (Kolb 2010). Training, Entwicklung und die damit verbundenen **Entwicklungs- und Karrieremöglichkeiten** im Unternehmen sind nicht zuletzt auch als Instrument zur **Bindung von Talenten** entscheidend. So können Karrierepfade und ein gezieltes Talentmanagement dazu führen, dass die Mitarbeitenden bei der Planung der nächsten Karriereschritte ihre Entwicklungsmöglichkeiten im eigenen Unternehmen stärker als bei einem Unternehmenswechsel wahrnehmen.

Grundsätzlich lassen sich berufsgruppenspezifische und berufsgruppenübergreifende Trainings- und Entwicklungsmaßnahmen unterscheiden. Als wichtige **berufsgruppenübergreifende Trainings- und Entwicklungsmaßnahme** kann ein systematisches Angebot zu überfachlichen Themen angesehen werden. Softskill-Trainings oder Teamentwicklungsmaßnahmen mit dem Ziel, die Zusammenarbeit zwischen Mitarbeitenden unterschiedlicher Funktionsbereiche und/oder Hierarchiestufen zu verbessern, stellen dabei mögliche Trainings- und Entwicklungsmaßnahmen dar, die überfachliche Themen zum Inhalt haben und damit berufsgruppenübergreifend Relevanz besitzen. So wird z. B. cross-funktionale Zusammenarbeit von Mitarbeitenden verschiedener Fachbereiche (z. B. Marketing, Vertrieb, Medical Affairs und Medizinischem Außendienst, Market Access) für die Vorbereitung und Umsetzung von Produkteinführungen immer mehr zum kritischen Erfolgsfaktor. Eine weitere Möglichkeit zur unternehmensspezifischen Qualifizierung des Personals stellen hausinterne Weiterbildungen und Schulungen dar. Diese ermöglichen die Weiterentwicklung der Mitarbeitenden im Hinblick auf unternehmensspezifische Inhalte und Prozesse und tragen damit zur Sicherstellung von Wettbewerbsvorteilen bei. Digitale Lernplattformen gewinnen zunehmend an Bedeutung, ebenso die Eigenverantwortung der Mitarbeitenden für die Gestaltung ihrer Entwicklung.

Für **berufsgruppenspezifische Trainings- und Entwicklungsmaßnahmen** ist die Abstimmung mit dem Qualifizierungsbedarf der jeweiligen Berufsgruppen sowie den unternehmensbereichsspezifischen Anforderungen erfolgsentscheidend. Dabei bieten sich für beide Unternehmensbereiche formale Curricula über Aus- und Weiterbildung sowie deren Ziele an. Die Inhalte sind je nach Anforderungen und Aufgaben der jeweiligen Berufsgruppen zu gestalten. Zentrale Aufgabe des Bereichs Training und Entwicklung ist es, das Personal im Hinblick auf **inhaltliche Anforderungen**, wie beispielsweise neue Produkte und Produkttypen, oder im Hinblick auf **persönliche Fähigkeiten**, wie interkulturelle und sprachliche Kompetenzen sowie Führungskompetenzen entsprechend zu schulen und weiterzuentwickeln. Hierzu bieten sich Maßnahmen wie interkulturelle Trainings, Fachfortbildungen oder Trainings an, welche die Generierung und Sicherung von Spezialistenwissen über Produkte, Verfahren und Substanzen zum Ziel haben. Aber auch kreative Innovationsmethoden wie Design Thinking oder Agile Ansätze werden zunehmend berücksichtigt.

Zentrale Aufgabe der Personalentwicklung für die Berufsgruppen im Bereich **Marketing- und Vertriebsorganisation** ist hingegen die Qualifizierung und Schulung des Personals im Hinblick auf **Vertragsverhandlungen, regionales Networking, Projektmanagement oder digitalen Kompetenzen**. Da sich die Änderungen in den erforderlichen Fähigkeiten und Kenntnissen nur in sehr begrenztem Umfang in der Ausbildung niederschlagen, besteht demnach ein starker Handlungsbedarf in der Weiterbildung der Pharmareferentinnen/-referenten im Unternehmen selbst. Große Pharmaunternehmen führen beispielsweise **Workshops für ihre Außendienstmitarbeitenden** durch, um diese spezifisch für den Umgang mit den geänderten Kundenbedürfnissen zu qualifizieren. Darüber hinaus sind in großen Pharmaunternehmen Spezialisierungen des ehemals uniformen Pharmareferentinnen/-referenten auf einzelne Indikationen (z. B. Neurologie), Fachzielgruppen (Klinik- oder Apothekenaußendienst) und zunehmend auch auf weitere Kundengruppen wie Krankenkasse und Patientinnen/Patienten zu beobachten. Als weitere wichtige Trainings- und Entwicklungsmaßnahme für Mitarbeitende des Bereichs Marketing und Vertrieb ist die Implementierung von **Kommunikations- und Präsentationsschulungen** zu nennen. Hierdurch können Außendienstmitarbeitende im Hinblick auf die geänderte Zielgruppenansprache entsprechend trainiert und qualifiziert werden.

Beispielhafte Maßnahmen im Bereich Training und Entwicklung sind differenziert nach den beiden Unternehmensbereichen Forschung und Entwicklung sowie Marketing und Vertrieb in ◘ Tab. 5.16 zusammengefasst.

Die zunehmende Internationalisierung bringt für das Personalmanagement die Herausforderung mit sich, neu entstandene Weiterbildungsbedarfe zu identifizieren und ggf. auch angepasste Unternehmensziele zu berücksichtigen. Auch müssen **die berufsgruppenspezifischen und -übergreifenden Trainings- und Entwicklungsmaßnahmen** ggf. angepasst werden – wenn beispielsweise aufgrund neuer (geographischer) Tätigkeitsbereiche neue Compliance-Richtlinien beachtet werden müssen. Auch lassen sich ggfs. Fähigkeiten und Qualifikationen intern entwickeln, wodurch sich die meist kostenintensivere Rekrutierung von neuem/externem Personal reduzieren lässt. In

5

Tab. 5.16 Personalmanagement im Bereich Training und Entwicklung

Unternehmensbereich	Beispielhafte Maßnahmen
Forschung und Entwicklung	Interkulturelle Trainings für Abteilungen, die in internationalen Strukturen arbeiten Fortbildung zur Erhaltung der Kenntnisse durch Methoden-/Technikwandels Möglichkeit zur Teilnahme an weltweiten Kongressen und Fachvorträgen Kreativitätstechniken, Innovationsworkshops
Marketing und Vertrieb	Fortbildung zu neuen Verkaufstechniken Workshops zur Kundenorientierung und -ansprache Training zu Kommunikations- und Präsentationstechniken

diesem Kontext kann auch ein starkes internes, international aufgestelltes Talentmanagement, welches die Förderung von (internationaler) Vernetzung und Mobilität beinhaltet, einen wichtigen Erfolgsbeitrag leisten.

In einem internationalen Unternehmen bedarf die internationale Ausrichtung von Trainings- und Entwicklungsmaßnahmen einer entsprechenden Unterstützung durch ein ebenfalls international ausgerichtetes Personalmanagement, das sich um alle grenz- und funktionsübergreifenden Personalmaßnahmen für die Personal- und Organisationsentwicklung kümmert. So werden beispielsweise internationale Versetzungen und Entsendungen von Mitarbeitenden angestoßen, abgewickelt und begleitet. Zu beachten ist, dass sich das Personalmanagement auch bei der Konsolidierung und Vereinheitlichung von Trainings- und Entwicklungsmaßnahmen im Spannungsfeld zwischen der Nutzung von Synergien bzw. den Vorteilen zentraler Monitoring-Instanzen und dem Erhalt länder- und produktspezifischer Kenntnisse und Fähigkeiten befindet.

Auch im Kontext des steigenden Wettbewerbs um Top Talente ist ein starkes internes Talentmanagement mit angepassten Trainings- und Entwicklungsinhalten entscheidend. Die interne Förderung und Weiterentwicklung von Talenten gewinnt in diesem Kontext an Bedeutung – einerseits, um die bestehenden Stellen zu füllen, andererseits aber auch zur Personalbindung, um Perspektiven zu schaffen und den Verlust von Talenten zu verhindern. Digitale Lösungen in Form von globalen Lernplattformen, die eine Selektion eigener Lernschwerpunkte aus einem umfangreichen Angebot ermöglicht, sowie interne Karriere- und Projektbörsen, können hierzu ergänzend beitragen.

Leistungsorientierte Anreizsysteme

Leistungsorientierte Anreizsysteme umfassen **materielle und immaterielle Anreize** für Mitarbeitende und werden als Führungsinstrument eingesetzt. Sie sollen vor allem die Motivation und langfristige Bindung an das Unternehmen fördern. Dabei gilt es zunehmend, einen marktgerechten Vergütungsstandard zu beachten und sich als Arbeitgeber zu diesem zu positionieren (Kolb 2010). Voraussetzung für leistungsorientierte Anreizsysteme ist eine **regelmäßige und standardisierte Leistungsbeurteilung**. Diese umfasst dabei die **Potenzialbeurteilung und Personalbeurteilung** und bezieht sich auf Leistungen und Verhalten der Vergangenheit (ebd.). Die Leistungsbeurteilung sollte dabei anhand von langfristigen und ergebnisorientierten sowie **von den Unternehmenszielen abgeleiteten Kriterien** erfolgen. Darüber hinaus bieten sich **Multi-Rater-Feedbackmethoden**, wie beispielsweise das 360-Grad-Feedback, an. Dabei handelt es sich um eine Methode zur Einschätzung der Kompetenzen und Leistungen von Mitarbeitenden und Führungskräften aus unterschiedlichen Perspektiven, z. B. aus dem Blickwinkel der Vorgesetzten, der Kolleginnen und Kollegen, Teammitglieder oder Kundinnen/Kunden. Dies unterstützt das Aufdecken von Stärken wie auch die Identifizierung von Entwicklungsfeldern, die im Anschluss mit Hilfe von richtiger Zielsetzung aber auch Entwicklungsplänen ausgebaut werden können.

Im Hinblick auf die Gestaltung von Anreizsystemen sind in der Arzneimittelindustrie bestimmte **Besonderheiten** zu berücksichtigen. Beispielsweise sind die Anforderungen zu betrachten, welche in Zeiten von sich konsolidierenden Märkten im Rahmen von Unternehmenszusammenschlüssen spezielle Vergütungsbausteine zur Erhöhung der Personalbindung mit sich bringen können. Neben dem Grundgehalt finden demnach zunehmend **variable Vergütungsbausteine** Anwendung. Die Gestaltung der Anreizsysteme erfolgt dabei weniger im Hinblick auf die unterschiedlichen Berufsgruppen Forschung und Entwicklung sowie Marketing und Vertrieb. Leistungsorientierte Anreizsysteme werden vielmehr unter Berücksichtigung der Hierarchieebenen/Karrierestufen der Mitarbeitenden berufsgruppen- bzw. unternehmensbereichsübergreifend eingesetzt.

Beispielsweise wird für **Führungskräfte** ein Teil der Gesamtvergütung als variabler Anteil gestaltet. Die variable Vergütung reicht in der Regel von 10 % bis zu 50 % zusätzlich zum Jahresgrundgehalt. Der **Bonus** setzt sich aus dem Unternehmensergebnis zusammen und wird in Verbindung mit der individuellen Performance des Mitarbeitenden vergütet. Ab einem bestimmten Management-Level werden zudem jährliche **Performance Shares bzw. Stock Options** vergeben. Diese Elemente bilden ein Anreizsystem, das der langfristigen Bindung von Schlüsselpersonen dient, die direkt am Unternehmenserfolg beteiligt werden. Die Langfristigkeit der **Bindung von Schlüsselkräften** gewinnt gerade in einer Phase der Marktkonsolidierung für die Unternehmen eine zusätzliche Bedeutung. Für besonders hochkarätige Führungskräfte, auf deren Know-how man auf keinen Fall verzichten möchte, kann als zusätzliches Instrument der Personalbindung und Motivation in Zeiten eines Zusammenschlusses oder einer Übernahme ein Bonus ausgezahlt werden, der an eine zeitliche Bindung an das Unternehmen geknüpft ist. Diese **Stay-Boni** werden in der Regel individuell mit einzelnen Top-Führungskräften vereinbart und nicht als flächendeckendes Instrument eingesetzt. Die genannten Anreizsysteme können dabei sowohl für Personal des Bereichs Forschung und Entwicklung als auch des Bereichs Marketing und Vertrieb eingesetzt werden. Weitere materielle Anreize für Mitarbeitende können Firmenwagen, Firmenhandy oder -tablet, sowie die Finanzierung exklusiver Weiterbildungen (z. B. MBA) darstellen.

Neben finanziellen und vergütungsorientierten Anreizen bieten sich auch **immaterielle leistungsorientierte Anreizsysteme** an. Als mögliche Beispiele, welche unternehmensbereichsübergreifend eingesetzt werden können, sind dabei **flexible Arbeitszeitmodelle (z. B. Langzeitkonten, Sabbaticals)** oder **unternehmenseigene Kindertagesstätten** zu nennen (Gehrke et al. 2015).

Unternehmensbereichsübergreifendes Personalmanagement im Bereich leistungsorientierte Anreizsysteme

Beispielhafte Maßnahmen:

- Variable Vergütung (z. B. 10–50 % zusätzlich zum Jahresgehalt) für Führungskräfte
- Performance Shares/Stock Options
- Stay Bonus für High-Potential-Trägerinnen und -Träger
- Betriebliche Altersversorgung
- Immaterielle Anreize (z. B. flexible Arbeitszeitmodelle)

Ggf. müssen **Anreizsysteme gezielt auf einzelne Bereiche/Stellen angepasst werden**, um die Beschaffung geeigneten Personals sowie dessen mittel- bis langfristige Bindung an das Unternehmen zu unterstützen. So können einzelne Instrumente, wie beispielsweise die Beteiligung am Unternehmenserfolg als Teil der Vergütung, gezielt in den Bereichen angeboten werden, in welchen die größten Schwierigkeiten bei der Rekrutierung bestehen. Auch können Sign-on Boni bei der Einstellung von gefragten Fach- und Führungskräften entscheidend beitragen. Es empfiehlt sich, diese an eine zeitliche Bindung des neuen Personals zu koppeln. Zudem können leistungsorientierte Anreizsysteme gezielt zur Imagestärkung und Positionierung einer Arbeitgebermarke eingesetzt werden. Beispielsweise können Anreize wie flexible Arbeitszeitmodelle oder die Möglichkeit zur arbeitsortnahen Kinderbetreuung die Attraktivität des Unternehmens als Arbeitgeber erhöhen und damit als Überzeugungskriterien für potenzielle Bewerberinnen und Bewerber fungieren.

5

5.7 Fallstudie zur softwaregestützten Prozessoptimierung in der Personaleinsatzplanung

Manfred Blobner, Jens O. Brunner, Christopher N. Gross, Jan Schoenfelder

▪ Einleitung: Operative Personaleinsatzplanung im Krankenhaus

Die Einsatzplanung des Personals ist für die unterschiedlichsten Industrien von enormer Bedeutung für den Unternehmenserfolg, da die **Personalkosten meist einen der größten Kostenblöcke einnehmen**. Insbesondere Krankenhäuser müssen ihre Leistungserbringung effektiv und effizient durchführen und benötigen hierfür qualifiziertes Personal in der Pflege und im ärztlichen Dienst. Weiterhin ist die Personalplanung in Krankenhäusern von zentraler Bedeutung bei der medizinischen Versorgung der Patienten. **Fehlplanungen führen zu Über- und Unterbelegungen** mit negativen Effekten. Zu viel Personal treibt die Kosten in die Höhe, während zu wenig Personal die Versorgungsqualität mindert.

Obgleich auf dem Markt eine Vielzahl an **Software zur Personaleinsatzplanung** existiert, unterstützt nur ein Bruchteil davon eine Automatisierung der Dienst- und Tagesplanung im Krankenhaus. Diese Software ist üblicherweise auf Produktionsunternehmen ausgelegt, in denen sich die Personaleinsatzplanung aufgrund einer geringeren Anzahl an Spezialisierungen und Qualifikationsniveaus des einzuplanenden Personals wesentlich einfacher gestaltet. Diese Software wird weitestgehend unverändert auf die Dienst- und Tagesplanung im Krankenhaus angewandt. Daraus resultiert, dass die verwendeten **Algorithmen zur Automatisierung**, wenn es diese überhaupt gibt, **mit der Komplexität der Regeln und der Vielfalt an Qualifikationen im Krankenhaus überfordert** sind. In der Folge werden diese existierenden Softwarelösungen von den Planern nicht eingesetzt.

Die vorliegende Fallstudie beschreibt eine erfolgreiche Implementierung einer automatisierten Personaleinsatzplanung im Krankenhaus mit einem Fokus auf den **Kliniken für Anästhesiologie**. Diese nehmen im Krankenhaus viele Aufgaben wahr und fungieren als wichtige Dienstleister im Versorgungsprozess. Folglich zählen sie häufig zu den Abteilungen mit den meisten Mitarbeiterinnen und Mitarbeitern. Da viele Aufgaben der Anästhesiologie an unterschiedlichen Orten zu erledigen sind, welche oft räumlich weit voneinander entfernt sein können, ist es unerlässlich, eine detaillierte operative Personaleinsatzplanung vorzunehmen. Zusätzlich sind verschiedenste (Übernacht-)Dienste durch die Ärztinnen und Ärzte zu besetzen.

Im Kern der Fallstudie geht es um die **kosteneffiziente** und **bedarfsorientierte** Einsatzplanung des richtigen Personals, mit der notwendigen Ausbildung, zum geforderten Zeitpunkt am Arbeitsplatz der Leistungserbringung unter den tarifrechtlichen Regelungen und individuellen Dienstvereinbarungen. Weiterhin sollen bei der Planung Wünsche des Personals und Fairnessaspekte Berücksichtigung finden. Aufgrund der Vielzahl der Mitarbeiter ist die Erstellung des konkreten Einsatzplans von Hand eine **zeitintensive** und **hochkomplexe** Aufgabe. Hierdurch wird wertvolle Zeit gebunden, welche nicht für die Patientenversorgung eingesetzt werden kann. Da die Planung keine wertschöpfende Tätigkeit ist und heutzutage leicht von Computern erledigt werden kann, scheint es sinnvoll, Einsatzpläne mithilfe von Individualsoftware automatisiert generieren zu lassen. Die vorliegende Fallstudie zeigt die erfolgreiche Entwicklung und Implementierung einer Software zur Personaleinsatzplanung in der Anästhesiologie, die durch **mathematische Optimierung Dienst- und Tagespläne** automatisiert erstellt. In diesem Kontext definieren Dienstpläne, welche Ärztinnen und Ärzte an welchen Tagen bestimmte (Bereitschafts-)Dienste, die außerhalb der regulären Arbeitszeit eine Arbeitsleistung meist mit

Anwesenheit erfordern, übernehmen. Die Berücksichtigung der richtigen Qualifikation ist bei der Zuweisung essenziell. Weiterhin stehen die Wünsche des Personals, insbesondere bei Übernachtdiensten, im Vordergrund, um eine Work-Life-Balance zu fördern. In den Tages- oder Arbeitsplatzplänen wird festgelegt, welcher Arzt an welchem Tag auf welchem Arbeitsplatz arbeitet. In Ausbildungskrankenhäusern ist es essenziell, die Weiterbildungsordnung bei der Zuweisung zu berücksichtigen.

- **Ausgangssituation und Modellentwicklung: Von der manuellen Dienst- und Tagesplanung zu einer mathematisch optimierten Planung**

In der betrachteten Klinik für Anästhesiologie am Klinikum Rechts der Isar in München wurden mehrere Ärzte für die **Dienst-** und **Tages-/ Arbeitsplatzplanung** eingesetzt. Zu berücksichtigen waren nicht nur tarifvertragliche Vorgaben, wie ausreichende Zeitabstände zwischen den 24-Stunden-Diensten und Spätschichten, sondern auch, dass jeder Arzt und jede Ärztin entsprechend seiner und ihrer Qualifikation und Erfahrungsstufe eingeteilt werden sollte. Kurzfristige Dienstplanänderungen aufgrund von Krankheit sowie eine mittel- und langfristige Planung von Urlauben und Fort-/Weiterbildungen mussten ebenfalls ermöglicht werden. Das (manuelle) Vorgehen war wie folgt: Vor Erstellung des monatlichen Dienstplans hingen für jede Dienstgruppe Papierzettel aus, auf denen sich die Ärzte für Dienste eintragen konnten bzw. Tage markieren konnten, an denen sie sich dienstfrei wünschten. Diese Zettel wurden dann mit ausreichend Vorlauf zur Erstellung des Dienstplans vor dem Planungszeitraum eingesammelt. Die darin vorhandenen Informationen wurden manuell in eine Excel-Datei übertragen. Alle **Dienstwünsche wurden in einer Art First-Come-First-Served-Prinzip erfüllt**.

Dies führte zu einer hohen Unzufriedenheit in der Belegschaft. Mithilfe eines Excel-Makros wurden dann die restlichen Lücken im Dienstplan automatisch aufgefüllt (die programmierte Logik basierte auf dem Durchgehen von sortierten Listen, beispielsweise einer alphabetischen Ordnung der Belegschaft). Der hieraus resultierende **Dienstplan war oft von geringer Qualität** und musste von Hand umfangreich angepasst werden. Hierbei konnten häufig Fehler entstehen, da die Excel-Datei u. a. keine Validierung für Qualifikationen und arbeitsrechtliche Regelungen enthielt. Zur Weiterbildung der Ärzte wurde ein Weiterbildungsplan in einer zweiten Excel-Datei ebenfalls manuell gepflegt. Dieser legte insbesondere fest, welcher Assistenzarzt im jeweiligen Quartal auf welchem Arbeitsplatz eingeteilt werden sollte, um möglichst gut in seiner Weiterbildung zum Facharzt voranzukommen. Vor Beginn jeder Woche (meist am Donnerstag der Vorwoche) wurden die Tagespläne mit Arbeitsplatzzuweisungen der Ärzte für die entsprechende Woche auf Basis des Weiterbildungsplans und des Dienstplans erstellt. Auch hierfür gab es eine Excel-Datei, die mittels eines Excel-Makros Ärzte auf Arbeitsplätze einsetzte, wobei versucht wurde, den Weiterbildungsplan bestmöglich zu erfüllen. **Auch der Tagesplan erfuhr noch nachträgliche (umfangreiche) manuelle Anpassungen**. Die Tätigkeit der Planung nahm in Summe monatlich ca. zwölf Arbeitstage von Oberärzten in Anspruch. Die mühevoll erstellten Dienst- und Tagespläne zeigten dennoch diverse Schwächen in Form der Nichterfüllung von Mitarbeiterwünschen oder der Verletzung von arbeitsrechtlichen und klinikindividuellen Regelungen auf.

Da ersichtlich wurde, dass das bestehende System aufgrund des (manuellen) Planungsaufwandes und der suboptimalen Ergebnisse verbesserungsbedürftig war, entschied man sich, neue flexiblere Planungsmöglichkeiten zu entwickeln und anzuwenden. Folglich sollte das bestehende System auf Excel-Basis komplett ersetzt werden. Das Forschungsprojekt sollte **mathematische Modelle und Methoden des Operations Research/Management Science zur automatisierten Dienst- und Tagesplanung** entwickeln. Bei der Erstellung von Dienst-, Tages- und Weiterbildungsplänen können die Modelle und Verfahren mehrere Faktoren berücksichtigen und unterschiedlich gewichten. So können neben den arbeitsrechtlichen und -vertraglichen Rahmenbedingungen auch die Bedarfe der jeweiligen Kliniken für Dienste und Arbeitsplätze, die einzelnen Qualifikationen der Ärzte, die notwendigen Ausbildungsstationen der Assistenzärzte sowie die Dienstwünsche und Abwesenheiten aller Mitarbeiter berücksichtigt werden. Diese Regeln wurden in Absprache mit der Abteilung in ein individuelles mathematisches Modell transferiert, das auch **unterschiedliche Zielfunktionen** (maximiere die Präferenzerfüllung; minimiere die Unterbesetzung; maximiere die Fairness) individuell berücksichtigen kann. Die wissenschaftlichen Erkenntnisse sollten in einem entscheidungsunterstützenden System umgesetzt werden, um für die Praxis nutzbar zu sein.

- **Implementierung einer Individualsoftware zur automatisierten Dienst- und Tagesplanung**

Für den Betrieb der mathematischen Modelle und Verfahren war allerdings Spezialsoftware erforderlich. Zudem mussten die Eingabedaten (Dienstwünsche, Abwesenheiten, Bedarfe etc.) in das Modellformat transformiert werden, um eine korrekte Lösung zu erhalten. Hierbei wurde auch offensichtlich, dass mit der manuellen Abfrage der Dienstwünsche monatlich ein hoher Zeitaufwand entstand, um die Daten in das System zu übertragen. Somit fiel die Entscheidung, eine Individualsoftware zu entwickeln, die für alle Mitarbeiter der Klinik zugänglich ist. In dieser Software können die Ärzte direkt ihre Dienstwünsche eintragen und sofort nach Erstellung des Plans nachverfolgen, welche davon berücksichtigt werden konnten. Dies ermöglicht es den Ärzten auch, bis unmittelbar vor Planerstellung ihre Wünsche zu bearbeiten. Der Planer verfügt stets über den letzten Stand aller abgegebenen Wünsche und Präferenzen. Nach einigen konzeptionellen Vorüberlegungen zur Machbarkeit wurde mit der Umsetzung der Individualsoftware als Web-basierte Applikation im Intranet des Klinikums begonnen. Durch eine enge Kooperation, agile Entwicklungsmethoden und zweiwöchentliche Meetings der Projektpartner gelang es innerhalb eines Jahres, eine Softwareversion zu erreichen, die produktiv eingesetzt werden konnte. Die Dienst- und Tagesplanung erfolgt mittels einer automatisierten Entscheidungsunterstützung auf Basis von mathematischen Optimierungsmodellen und ist seither im Produktiveinsatz.

Nach einer erfolgreichen Testphase wurden weitere Funktionalitäten implementiert, um den Anwendungsnutzen der Software zu erhöhen. Zu Beginn des Projekts wurden Urlaubsanträge manuell auf Papier gestellt, bewilligt und nachträglich als Abwesenheit manuell in die Software eingegeben. Dies führte teilweise zu inkonsistenten Datenständen, da bewilligte Urlaube versehentlich nicht oder falsch eingetragen wurden. Die Software wurde um ein Modul zur **Personalkontingentberechnung** und **Urlaubsbeantragung** erweitert. Die Software errechnet damit automatisch, wie viele Mitarbeiter an welchem Tag zum Betrieb der Klinik benötigt werden und zeigt jedem Arzt mithilfe einer Ampelfunktion individuell an, ob in seinem Arbeitsbereich (und in Bezug auf sein Qualifikationsprofil) noch Urlaubsplätze vorhanden sind oder nicht. Der Arzt kann dann direkt über die Software den Urlaubsantrag digital stellen, welcher dem Vorgesetzten in der Software sofort angezeigt und zur digitalen Genehmigung vorgelegt wird. Über eine Schnittstelle kann der genehmigte Antrag direkt in die Personalverwaltung übermittelt und mit dem Urlaubsanspruch des Mitarbeiters verrechnet werden.

Eine weitere Zeitersparnis findet durch automatisierte Informationsverteilung über die Software statt. Für Planer sind **Umplanungen**, welche täglich aufgrund von Krankheit oder anderen ungeplanten Abwesenheiten anfallen, sehr zeitintensiv. Da diese Umplanungen sehr kurzfristig stattfinden, kann man von den betroffenen Mitarbeitern nicht erwarten, sich über einen Blick auf den Einsatzplan darüber zu informieren. Hier bietet die Software die Möglichkeit, von einer Umplanung betroffene Mitarbeiter automatisch über die Änderungen zu informieren. Vor der Umstellung bedeutete die Information der Mitarbeiter einen großen Aufwand für den Planer, da alle Planänderungen telefonisch durchgegeben werden mussten. Nun können alle Mitarbeiter per Knopfdruck über unterschiedlichste Medien (z. B. E-Mail) informiert werden. Die Software wurde ständig weiterentwickelt, um die Tätigkeiten aus Sicht eines Planers zu digitalisieren und zu automatisieren. Das umgesetzte Konzept zur mehrstufigen Planung ermöglicht, zu unterschiedlichen Zeitpunkten Pläne in unterschiedlichen Konkretisierungsstufen zu erstellen. So werden ein Urlaubs- und Abwesenheitsplan weit in die Zukunft, ein Dienstplan nur wenige Monate im Voraus und eine konkrete Arbeitsplatz- und Aufgabenzuweisung lediglich wenige Tage in die Zukunft erstellt.

- **Erfahrungen aus dem Projekt**

Nach mehreren Monaten Produktiveinsatz der Software ließ sich eine deutliche Arbeitserleichterung und Zeitersparnis für die planenden Ärzte feststellen. Die auf mathematischer Optimierung basierende Automatisierung der Dienst- und Tagesplanung erspart **mehrere Arbeitstage pro Monat**. Zudem ist eine **deutliche Qualitätssteigerung** der generierten Pläne im Vergleich mit den manuell erstellten Plänen zu beobachten. Mit der Software werden rund 150 Mitarbeiter mit Voll- und Teilzeitverträgen geplant. In einem Zeitraum von 18 Monaten nach Einführung wurden insgesamt rund 14.200 Dienstwünsche verarbeitet. Die **optimierte Einsatzplanung konnte 87 % der Dienstwünsche automatisiert erfüllen**. Wünsche nach einem dienstfreien Tag, die in der Software auch möglich sind, konnten sogar zu 99 % automatisiert berücksichtigt werden; diese Spezialwünsche hatten im mathematischen Optimierungsmodell eine höhere Priorität. Durch den Entfall der manuellen Tätigkeiten (z. B. Einsammeln der Dienstwünsche, Übertragung von Daten in Excel-Dateien, telefonische Verteilung von Information etc.) wird **weitere wertvolle Arbeitszeit für die ärztliche Tätigkeit** zur Verfügung gestellt. Zudem entlastet die Software durch Digitalisierung und Restrukturierung von Verwaltungsprozessen maßgeblich die Sekretariate. Beispielsweise konnten mehrere tausend Abwesenheitsanträge über das System digital bearbeitet werden.

Durch den Einsatz der maßgeschneiderten Software werden diverse Vorteile durch die optimierte Dienst- und Tagesplanung in Bezug auf Effizienz, Kostenersparnis, Dokumentation und Fairness realisiert. Mit der Software wird eine automatisierte, individualisierte und schnelle (operative) Personaleinsatzplanung ermöglicht, die die Dienstplanung effizienter gestaltet, Opportunitätskosten senkt und das Planungsniveau erhöht. Durch die Effizienz, Transparenz und Qualität der Software werden Zeit und Kosten gespart, und es wird durch die hohe Erfüllungsquote von Dienstwünschen eine gestiegene Mitarbeiterzufriedenheit und Planungssicherheit für die einzelnen Ärzte gewährleistet. Zusammenfassend profitieren alle Stakeholder wie die Klinikleitung, die Dienstplaner und die einzelnen Ärzte in erheblichem Maße.

- **Fazit und Ausblick**

Die faire und präferenzbasierte Personaleinsatzplanung im ärztlichen Dienst ist ein nicht zu unterschätzender Faktor und ein entscheidender Wettbewerbsvorteil bei der Rekrutierung qualifizierter Ärzte. In der aktuellen Implementierung wird immer nur innerhalb eines Planungszeitraums, z. B. einem Monat, eine gerechte Verteilung der Dienstwünsche erreicht. Eine mögliche Erweiterung ist die Betrachtung einer Fairnesskomponente über einen beliebig wählbaren Zeitraum. Denkbar sind auch Erweiterungen, dass jeder Mitarbeiter eine limitierte Punktezuteilung für Wünsche bekommt, sodass eine selbstständige Gewichtung der einzelnen Wünsche möglich ist.

Neben den Herausforderungen einer sich ändernden Arbeitswelt mit einem Fokus auf Work-Life-Balance (z. B. durch Erhöhung Teilzeitverträge, Integration von Präferenzen etc.), die den Arzt als wertvolle Personalressource in den Mittelpunkt stellen, werden die Planer und das Klinikmanagement auch durch tarifvertragliche Gegebenheiten vor schier unlösbare Aufgaben gestellt. Beispielsweise einigten sich in der letzten Tarifrunde zum TV-Ärzte TdL im März 2020 der Marburger Bund und die Tarifgemeinschaft deutscher Länder auf Anpassungen der Entgelte sowie **umfangreiche Vereinbarungen zur Gestaltung von Dienstplänen**, insbesondere im Bereich der Bereitschaftsdienste und Wochenendarbeit. Eine manuelle Planung kann diesen Anforderungen im Klinikalltag nicht mehr gerecht werden, während die Software diese Änderungen einfach berücksichtigen kann.

Die Fallstudie zeigt eindrucksvoll, dass automatisierte Planungsmethoden auf Basis von mathematischer Optimierung eine echte Alternative darstellen und in Form einer maßgeschneiderten Software einen erheblichen Mehrwert für die Praxis liefern. Im Rahmen des Projekts wurden die Ergebnisse auch in wissenschaftlichen Zeitschriften veröffentlicht: Gross et al. (2019), Gross et al. (2017) und Fügener et al. (2015). Eine weitere Fallstudie zur mathematischen Optimierung der Dienst- und Tagesplanung einer kleineren Anästhesieabteilung findet sich bei Schoenfelder und Pfefferlen (2018). Im Zentrum stehen die strukturierte Übersicht der Plananforderungen und die Entwicklung eines Excel-basierten Entscheidungsunterstützungssystems. Weiterhin wurde das konkrete Verbesserungspotenzial mithilfe von Kennzahlen beschrieben und präzise quantifiziert.

Literatur

Literatur zu Abschnitt 5.1

Klimecki R, Gmür M (2001) Personalmanagement: Strategien, Erfolgsbeiträge, Entwicklungsperspektiven, 3. Aufl. Lucius & Lucius, Stuttgart

Scholz C (2013) Personalmanagement: Informationsorientierte und verhaltenstheoretische Grundlagen Personalmanagement, 6. Aufl. Vahlen, München

Schreyögg G, Koch J (2020) Management: Grundlagen der Unternehmensführung, 8. Aufl. Gabler, Wiesbaden

Literatur zu Abschnitt 5.2

Bundesministerium des Innern / Bundesverwaltungsamt BMI/BVA (Hrsg) Handbuch für Organisationsuntersuchungen und Personalbedarfsermittlung (Stand Februar 2018). http://www.orghandbuch.de/OHB/DE/ohb_pdf.pdf?__blob=publicationFile&v=25

Bundesministerium für Gesundheit (Hrsg) Gesetzliche Krankenversicherung Vorläufige Rechnungsergebnisse 1.–4. Quartal 2019 (Stand März 2020a). https://www.bundesgesundheitsministerium.de/fileadmin/Dateien/3_Downloads/Statistiken/GKV/Finanzergebnisse/KV45_1-4_Quartal_2019_Internet.pdf

Bundesministerium für Gesundheit (Hrsg) Gesetzliche Krankenversicherung Mitglieder, mitversicherte Angehörige und Krankenstand Jahresdurchschnitt 2019 (Stand April 2020b). https://www.bundesgesundheitsministerium.de/fileadmin/Dateien/3_Downloads/Statistiken/GKV/Mitglieder_Versicherte/KM1_JD_2019_bf.pdf

Bundesministerium für Gesundheit (Hrsg) Gesetzliche Krankenversicherung Personal- und Verwaltungskosten 2019. (Stand Mai 2021). https://www.bundesgesundheitsministerium.de/fileadmin/Dateien/3_Downloads/G/GKV/KG1_2019.pdf

Literatur zu Abschnitt 5.3

Augurzky B, Bünnings C, Dördelmann S, Greiner W, Hein L, Scholz St, Wübker A (2016): Die Zukunft der Pflege im Krankenhaus. Heft 104. Rheinisch-Westfälisches Institut für Wirtschaftsforschung (Hrsg.), Düsseldorf

Bleicher ACK (2021) Das Konzept integriertes Management: Visionen-Missionen-Programme, 10. Aufl. Campus, Frankfurt am Main

Bleicher K (1991) Das Konzept integriertes Management: Visionen-Missionen-Programme. Campus, Frankfurt am Main

Böhm S (2012) Diversity climate. Vortragsmanuskript St. Gallener Leadership-Tag 2012.

Daul G, Vahlpahl B (1995) Praktikerhandbuch zur Krankenhausbewertung, Leitfaden für Kassenfachleute. Verlag Niedersachsen, Hannover

Deller J, Kern S, Hausmann E, Diederichs Y (2008) Personalmanagement im demographischen Wandel. Springer, Heidelberg

Deutsche Krankenhausgesellschaft (1974) Personalanhaltszahlen. Deutsche Krankenhausgesellschaft, Düsseldorf

Doppler K, Lauterburg C (2014) Change Management: Den Unternehmenswandel gestalten. Campus Verlag, Frankfurt/New York

Eichhorn S, Oswald J (2017) Entwicklung der Krankenhaus-Managementlehre. In: Oswald J, Schmidt-Rettig B, Eichhorn S (Hrsg) Krankenhaus-Managementlehre, 2. Aufl. Kohlhammer, Stuttgart

Eichhorn S, Schmidt-Rettig B (1990) Motivation im Krankenhaus. Robert Bosch Stiftung, Materialien und Berichte 35. Bleicher Verlag, Gerlingen

Eichhorn S, Schmidt-Rettig B (1995) Mitarbeitermotivation im Krankenhaus. Bleicher, Gerlingen (Robert Bosch Stiftung (Hrsg))

Engelke D-R, Oswald J (2017) Personalmanagement. In: Oswald J, Schmidt-Rettig B, Eichhorn S (Hrsg) Krankenhaus-Managementlehre, 2. Aufl. Kohlhammer, Stuttgart

Friesdorf W et al (1994) Ärztliche Tätigkeiten in der Vormittagsroutine einer Intensivstation. Eine arbeitswissenschaftliche Analyse. Anasth Intensivmed 35(4):110–118

G-BA (2019) Beschluss des Gemeinsamen Bundesausschusses über eine Personalausstattung Psychiatrie und Psychosomatik-Richtlinie vom 19. September 2019. https://www.g-ba.de/downloads/39-261-4005/2019-09-19_PPP-RL_Erstfassung_BAnz.pdf

Hersey P, Blanchard K (1982): Management of Organizational Behavior. 4. Auflage. Prentice-Hall, New Jersey 1982

Hersey P, Blanchard K, Dewey E-J (1996) Management of organizational behavior. Utilizing human resources. Prentice Hall, Upper Saddle River

Kaminsky G (1980) Praktikum der Arbeitswissenschaft. Analytische Untersuchungsverfahren beim Studium menschlicher Arbeit. Hanser, München

Kloimüller I (2014) Arbeitsfähigkeit und längeres Arbeitsleben. In: Naegler H (Hrsg) Personalmanagement im Krankenhaus. Personalmanagement im Krankenhaus, 3. Aufl. Medizinisch Wissenschaftliche Verlagesgesellschaft, Berlin

Naegler H (2021) Personalmanagement im Krankenhaus. Personalmanagement im Krankenhaus, 5. Aufl. Medizinisch Wissenschaftliche Verlagesgesellschaft, Berlin

Olesch G (2014) Der Weg zum attraktiven Arbeitgeber. Haufe-Lexware, Freiburg

Oswald J (2018a) Personalwirtschaft im Krankenhaus. Kohlhammer, Stuttgart

Oswald J (2018b) Krankenhauskultur – eine Frage der Entscheidung. Warum gelebte Werte und Normen entscheidend sind. In: KU-Gesundheitsmanagement, Special Juni 2018, S 16–20

Oswald J, Bunzemeier H (2020) Auswirkungen der Personalkostenvergütung auf die Prozesse im Krankenhaus. In: Klauber J, Geraedts M, Friedrich J, Wasem J (Hrsg) Krankenhaus-Report 2020 – Finanzierung und Vergütung am Scheideweg. Springer, Berlin

Oswald J, Schmidt-Rettig B, Eichhorn S (2017) Krankenhaus-Managementlehre, 2. Aufl. Kohlhammer, Stuttgart

Plücker W (2012) Personalbedarfsermittlung im Krankenhaus. DKI, Wuppertal

Plücker W (2015) Personalbedarf. In: Zapp W (Hrsg) Krankenhausmanagement. Organisatorischer Wandel und Leadership. Kohlhammer, Stuttgart

REFA (Verbund für Arbeitsgestaltung, Betriebsorganisation und Unternehmensentwicklung) (1997) Methodenlehre der Betriebsorganisation. Datenermittlung. REFA, München

Schmidt-Rettig B (2002) Anforderungen an das Personalmanagement im Krankenhaus. In: Arnold M, Klauber J, Schellschmidt H (Hrsg) Krankenhaus-Report 2001: Schwerpunkt Personal. Schauttauer, Stuttgart, New York

Schmidt-Rettig B (2003) Evolutionäre Wege in die Zukunft. Krankenhausumschau 4:318–322

Schmidt-Rettig B (2017) Managementstrukturen und Leitungsorganisation. In: Oswald J, Schmidt-Rettig B, Eichhorn S (Hrsg) Krankenhaus-Managementlehre, 2. Aufl. Kohlhammer, Stuttgart

Scholz C (2014) Personalmanagement. Vahlen, München

Staehle WH, Conrad P, Sydow J (2017) Management. Eine verhaltenswissenschaftliche Perspektive. Vahlen, München

Statistisches Bundesamt (2020a) Fachserie 12: Gesundheitswesen. Reihe 6.1.1: Grunddaten der Krankenhäuser 2018. Statistisches Bundesamt, Wiesbaden

Statistisches Bundesamt (2020b) Fachserie 12: Gesundheitswesen. Reihe 6.3: Kostennachweis der Krankenhäuser 2018. DeStatis, Wiesbaden

Stock-Homburg R (2019) Personalmanagement, 4. Aufl. Springer Gabler, Wiesbaden

Literatur zu 5.4

BMVBS (2010) Standardvorgaben der infrastrukturellen Daseinsvorsorge. Bundesministerium für Verkehr, Bau und Stadtentwicklung, Bonn

Kopetsch T (2010) Dem deutschen Gesundheitswesen gehen die Ärzte aus! Studie zur Altersstruktur- und Arztzahlentwicklung, 5. Aufl. KBV und BÄK, Berlin

Kopetsch T, John S, Gibis B, Schöpe P (2015) Die Neukonzeption der Bedarfsplanung auf der Basis des GKV-Versorgungsstrukturgesetzes. GuS 69:20–26. https://doi.org/10.2307/26766150

Sundmacher L, Schang L, Schüttig W, Flemming R, Frank-Tewaag J, Geiger I, Franke S, Weinhold I, Wende D, Kistemann T, Höser C, Kemen J, Hoffmann W, van den Berg N, Kleinke F, Becker U, Brechtel T (2018) Gutachten zur Weiterentwicklung der Bedarfsplanung i.S.d. §§ 99 ff. SGB V zur Sicherung der vertragsärztlichen Versorgung. order by Gemeinsamen Bundesausschusses (GBA)

Literatur zu Abschnitt 5.5

Akehurst J, Stronge P, Giles K, Ling J (2021) Making a difference: workforce skills and capacity for integrated care. J Integr Care (ahead of print)

Antoni CH (2010) Interprofessionelle Teamarbeit im Gesundheitsbereich. Z Evid Fortbild Qual Gesundhwes 104(1):18–24

Behar BI, Guth C, Salfeld R (2018) Innovatives Personalmanagement als Schlüssel zum Erfolg. In: Behar BI, Guth C, Salfeld R (Hrsg) Modernes Krankenhausmanagement, 4. Aufl. Springer Gabler, Berlin:, S 103–126

Bromley E, Figueroa C, Castillo EG, Kadkhoda F, Chung B, Miranda J, Menon K, Whittington Y, Jones F, Wells KB, Kataoka SH (2018) Community partnering for behavioral health equity: public agency and community leaders' views of its promise and challenge. Ethn Dis 28(Suppl 2):397–406

Busetto L, Calciolari S, Ortiz LG, Luijkx K, Vrijhoef B (2017) Integrated care and the health workforce. In: Amelung V, Stein V, Goodwin N, Balicer R, Nolte E, Suter E (Hrsg) Handbook integrated care. Springer, Cham, S 209–220

Demmer T, Groß M, Rühle N, Jürgens TP, Junghanß C, Hermann A (2021) Intersektoralität. In: Groß M, Demmer T (Hrsg) Interdisziplinäre Palliativmedizin. Springer, Berlin, Heidelberg, S 93–107

Göbel H (2020) Erfolgreich gegen Kopfschmerzen und Migräne. Ursachen beseitigen, gezielt vorbeugen, Strategien zur Selbsthilfe, 9. Aufl. Springer, Berlin, Heidelberg

Haubrock M (2017) Sozioökonomische Herausforderungen für die Pflege. In: Bechtel P, Smerdka-Arhelger

I, Lipp K (Hrsg) Pflege im Wandel gestalten – Eine Führungsaufgabe. Lösungsansätze, Strategien, Chancen, 2. Aufl. Springer, Berlin, Heidelberg, S 3–13

Hellge V (2019) Personalmanagement in Unternehmensclustern. Empirische Analyse zur Konzeption eines Anforderungskataloges. Springer, Wiesbaden

Luthe E-W (2017) Dimensionen von „Integration", „Kooperation" und „Dezentralisierung". In: Brandhorst A, Hildebrandt H, Luthe EW (Hrsg) Kooperation und Integration – das unvollendete Projekt des Gesundheitssystems. Springer, Wiesbaden, S 33–76

Meier U, Diener HC (Hrsg) (2007) Integrierte Versorgung in der Neurologie. Integrierte Versorgungskonzepte und kooperative Versorgungsstrukturen. Thieme, Stuttgart

Mühlbacher A (2007) Die virtuelle Organisation: Der Schlüssel zur Integrierten Versorgung in Deutschland. In: Wagner K, Lenz I (Hrsg) Erfolgreiche Wege in die Integrierte Versorgung. Eine betriebswirtschaftliche Analyse, 1. Aufl. Kohlhammer, Stuttgart, S 100–124

Neumeyer H (2018) Integrierte Versorgung und Medizintechnik. Leitfaden zur Weiterentwicklung des Geschäftsmodells durch Versorgungsinnovation. Springer, Wiesbaden

Plochg T, Ilinca S, Noordegraaf M (2017) Beyond integrated care. J Health Serv Res Policy 22(3):195–197

Rees GH, Crampton P, Gauld R, MacDonell S (2020) Rethinking workforce planning for integrated care: using scenario analysis to facilitate policy development. BMC Health Serv Res 20(1):429

Rosenberger B (2017) Einleitung: Personalmanagement – ein Zukunftsprojekt. In: Rosenberger B (Hrsg) Modernes Personalmanagement. Strategisch – operativ – systemisch, 2. Aufl. Springer, Wiesbaden, S 15–34

Sonntag K, von Reibnitz C (2017) Interne Vernetzung und Überleitungsmanagement. In: Bechtel P, Smerdka-Arhelger I, Lipp K (Hrsg) Pflege im Wandel gestalten – Eine Führungsaufgabe. Lösungsansätze, Strategien, Chancen, 2. Aufl. Springer, Berlin, Heidelberg, S 179–194

Sterly C, Hasseler M (2015) Integrierte Versorgung. In: Thielscher C (Hrsg) Das System der medizinischen Versorgung, 2. Aufl. Medizinökonomie, Bd. 1. Springer, Wiesbaden, S 663–684

SVR (2007) Gutachten 2007 des Sachverständigenrates zur Begutachtung der Entwicklung im Gesundheitswesen. Kooperation und Verantwortung – Voraussetzungen einer zielorientierten Gesundheitsversorgung. Deutscher Bundestag Drucksache 16/6339

Sydow J (Hrsg) (2010) Management von Netzwerkorganisationen. Beiträge aus der „Managementforschung", 5. Aufl. Gabler, Wiesbaden

Szepan N-M (2017) Schlusslicht Deutschland? – Der steinige Weg zur Weiterentwicklung der Versorgung in Deutschland. In: Bechtel P, Smerdka-Arhelger I, Lipp K (Hrsg) Pflege im Wandel gestalten – Eine Führungsaufgabe. Lösungsansätze, Strategien, Chancen, 2. Aufl. Springer, Berlin, Heidelberg, S 27–38

Weskamm A, Marks F, Mücke P (2019) Community Health Nursing in Deutschland: Eine Chance für die bessere Gesundheitsversorgung in den Kommunen. 2. Auflage, Berlin. Deutscher Berufsverband für Pflegeberufe, Agnes-Karll-Gesellschaft, Robert Bosch Stiftung. https://www.dbfk.de/media/docs/Bundesverband/CHN-Veroeffentlichung/chn_kurzbroschuere_2019-07.pdf

Wild E-M, Schreyögg J, Golubinski V, Ress V, Schmidt H (2021) Evaluationsbericht zum Projekt INVEST Billstedt/Horn (Förderkennzeichen: 01NVF16025). Hamburg Billstedt/Horn als Prototyp für eine Integrierte gesundheitliche Vollversorgung in deprivierten großstädtischen Regionen. https://www.hche.uni-hamburg.de/forschung/transfer/invest.html (Vorläufige Version)

5

Literatur zu Abschnitt 5.6

Bersin J (2020) HR Predictions for 2021. https://joshbersin.com/hr-predictions-for-2021/

Deloitte & Touche GmbH Wirtschaftsprüfungsgesellschaft (2011) Effizienz im Pharma-Marketing. Veranstaltungsmanagement zwischen Kostendruck & Marketingerfolg. Mit Unterstützung von Gregor Elbel, Gudrun Hans, Dirk Hasselhof, Ernst Hoffman, Astrid Hübner, Frauke Sander, Susanne Uhlmann. http://www2.deloitte.com/content/dam/Deloitte/de/Documents/life-sciences-health-care/de_C_Effizienz_Pharmamarketing_030111.pdf

Diel A, Kirchhoff J (2018) Gibt es einen Fachkräfteengpass in der deutschen Pharmaindustrie? Iw-trends-vierteljahresschrift Zur Empirischen Wirtschaftsforsch 45(3):79–95

Diel A, Kirchhoff J (2020) Beschäftigungsstruktur der europäischen Pharmaindustrie: Ein Indikator für die Attraktivität eines Standorts? IW-Report, No. 2/2020. Institut der deutschen Wirtschaft (IW), Köln

Fischer D, Breitenbach J (Hrsg) (2020) Die Pharmaindustrie. Einblick – Durchblick – Perspektiven, 5. Aufl. Springer, Berlin Heidelberg New York Tokyo

Gehrke B, von Haaren-Giebel F, Carlsson S, Dreier L, Häfner L, Ingerwesen K (2015) Branchenanalyse Pharmaindustrie: Geschäftsmodelle von Lohnherstellern und deren Auswirkungen auf Beschäftigung und Arbeitsbedingungen. Study der Hans-Böckler-Stiftung, No. 305. ISBN 978-3-86593-212-9.

Kirchhoff J (2016) Pharmaindustrie in Deutschland – Positive Entwicklung in 2015. Institut der deutschen Wirtschaft, Köln

Kirchhoff J, Schumacher S (2021) Pharmaindustrie unter Pandemie-Bedingungen stabil: Konjunkturelle Entwicklung der pharmazeutischen Industrie im Jahr 2020

Kolb M (2010) Personalmanagement. Grundlagen und Praxis des Human Resources Managements. Springer, Berlin Heidelberg New York Tokyo

Krings T (2015) Erfolgsfaktoren strategischen Personalmanagements. Springer, Wiesbaden

M'lika A, Mong J, Peters N, Salazar P (2020) Ready for launch: reshaping pharma's strategy in the next normal. McKinsey & company. https://www.mckinsey.com/industries/pharmaceuticals-and-medical-products/our-insights/ready-for-launch-reshaping-pharmas-strategy-in-the-next-normal

Statistisches Bundesamt (2021) Anteile der Größenklassen deutscher Pharmaunternehmen nach Mitarbeiterzahl in den Jahren 2007 bis 2018. Statista, Hamburg

Ulrich D (1997) Human resource champions: the next agenda for adding value and delivering results. Harvard Business School Press, Brighton

Weckmüller H (2013) Exzellenz im Personalmanagement: neue Ergebnisse der Personalforschung für Unternehmen nutzbar machen. Haufe Gruppe, Freiburg, München

Literatur zu Abschnitt 5.7

Fügener A, Brunner JO, Podtschaske A (2015) Duty and workstation rostering considering preferences and fairness: a case study at a department of anesthesiology. Int J Prod Res 53(24):7465–7487

Gross C, Fügener A, Brunner JO (2017) Online rescheduling of physicians in hospitals. Flex Serv Manuf J 30(1–2):296–328

Gross CN, Brunner JO, Blobner M (2019) Hospital physicians can't get no long-term satisfaction – an indicator for fairness in preference fulfillment on duty schedules. Health Care Manag Sci 22:691–708

Schoenfelder J, Pfefferlen J (2018) Decision support for the physician scheduling process at a German hospital. Serv Sci 10(3):215–229

Informationsmanagement und Controlling

Jonas Schreyögg, Gabriele Moos, Frank Brüggemann, Steffen Fleßa, Wolfgang Weber, Stefan Sohn, Katharina Gudd, Hanswerner Voss, Oliver Schöffski, Axel Mühlbacher, Alexander Henrici, Rico Schlösser, Marc-Andrè Pogonke, Maik Büscher, Martin Steigleder, Manfred G. Krukemeyer

Inhaltsverzeichnis

R. Busse, J. Schreyögg, T. Stargardt (Hrsg.), *Management im Gesundheitswesen*,
https://doi.org/10.1007/978-3-662-64176-7_6

6.1 Informationsmanagement und Controlling im Gesundheitswesen – Einführung und methodische Grundlagen

Jonas Schreyögg

Obwohl der Begriff **Controlling** sehr weit verbreitet ist, werden die Aufgaben und Ziele des Controllings sehr unterschiedlich interpretiert. Die Bandbreite reicht von der reinen Bereitstellung von Kosten- und Leistungsinformationen bis hin zu einer vollumfassenden Führungsfunktion, die sich über alle Bereiche einer Organisation erstreckt.

Im Folgenden soll die Funktion des Controllings als **Koordinationsfunktion** verstanden werden. Controlling ist demnach als Teilsystem der Unternehmensführung zu verstehen, das das Informations-, Planungs- und Kontrollsystem sowie die Organisation und das Personalführungssystem aufeinander abzustimmen hat (Küpper et al. 2013; ◘ Abb. 6.1).

Als Unternehmenssubsystem dient die Koordinationsfunktion des Controllings vor allem der Entscheidungsunterstützung des Führungsgesamtsystems. Während die **Koordination der Teilsysteme** als originäre Aufgabe des Controllings betrachtet wird, kann die **Koordination der Informationsversorgung**, die auch als **Informationsmanagement** bezeichnet wird, als derivative Controllingaufgabe bezeichnet werden (Fischer 2000).

Im Unterschied zum **Finanzmanagement** beschäftigt sich das **Controlling** nur am Rande mit der Sicherung der Zahlungsfähigkeit bzw. mit Zahlungsströmen. Im Mittelpunkt des Controllings steht die **Gewinnerzielung**. Dies gilt jedoch nur für Unternehmen mit privater Rechtsform. Hier sind private Krankenhäuser, Arztpraxen und Unternehmen der pharmazeutischen Industrie zu nennen. Für Non-for-profit-Organisationen im Gesundheitswesen, die weder erwerbswirtschaftlich orientierte noch öffentliche Organisationen sind, kann Controlling als Konzept zur Entscheidungsunterstützungsfunktion **des Handelns im Hinblick auf Wirtschaftlichkeit und Qualität** gesehen werden. In Bezug auf öffentliche Organisationen, d. h. Behörden oder Körperschaften, kann Controlling darüber hinaus sogar als Instrument zur Daseinsvorsorge und Zukunftssicherung gesehen werden. Es erfüllt in diesem Kontext immer sowohl **unternehmensbezogene bzw. eigenwirtschaftliche Aufgaben** als auch **gesellschaftliche bzw. gemeinwirtschaftliche Aufgaben** (Eichhorn 1997).

Während die Ein- und Auszahlungen bzw. Einnahmen und Ausgaben die zentralen Bezugsgrößen für das Finanzmanagement darstellen, stehen dem Controlling **Aufwand und Ertrag** bzw. **Kosten und Erlöse** als entsprechende Bezugsgrößen bei der Zielerreichung zur Verfügung. In Grenzbereichen wie dem Investitionscontrolling verschwimmen jedoch die Grenzen zwischen Finanzmanagement und Controlling bzw. den jeweiligen Bezugsgrößen.

In der Regel wird Controlling hinsichtlich seiner Aufgaben und Instrumente in strategisches und operatives Controlling unterschieden. Das **strategische Controlling** unterstützt die Unternehmensführung beim Aufbau und der Steuerung von Erfolgspotenzialen. Hierfür müssen eigenständige Konzeptionen entwickelt und zukünftige Marktentwicklungen antizipiert werden. Es ist langfristig orientiert (i. d. R. 3–5 Jahre) und betrifft die Unternehmung als Ganzes. Es erfordert eine fundierte Kenntnis der Markt-, Konkurrenz- und Kundenverhältnisse.

Das **operative Controlling** konzentriert sich hingegen auf Erfolgsziele innerhalb eines kurzfristigen Planungshorizontes (i. d. R. 1 Jahr), der aus strategischen Planvorgaben abgeleitet worden ist. Das operative Controlling beschäftigt sich im Wesentlichen mit der Erstellung von Plänen für das kommende Geschäftsjahr und führt dazu Kontrollen und Abweichungsanalysen durch. Neben dieser generellen Abgrenzung existieren diverse Unterschiede im Detail (Ossadnik und Corsten 2009; ◘ Tab. 6.1).

Zu den **Instrumenten** des **operativen Controllings** gehören insbesondere die Bereitstellung von Informationen im Rahmen der kurzfristigen Erfolgsrechnung und die Koordination über Budgetierung, Kennzahlensysteme und Verrechnungspreise. Im **strategischen Controlling** kommen vor allem Portfolioana-

6

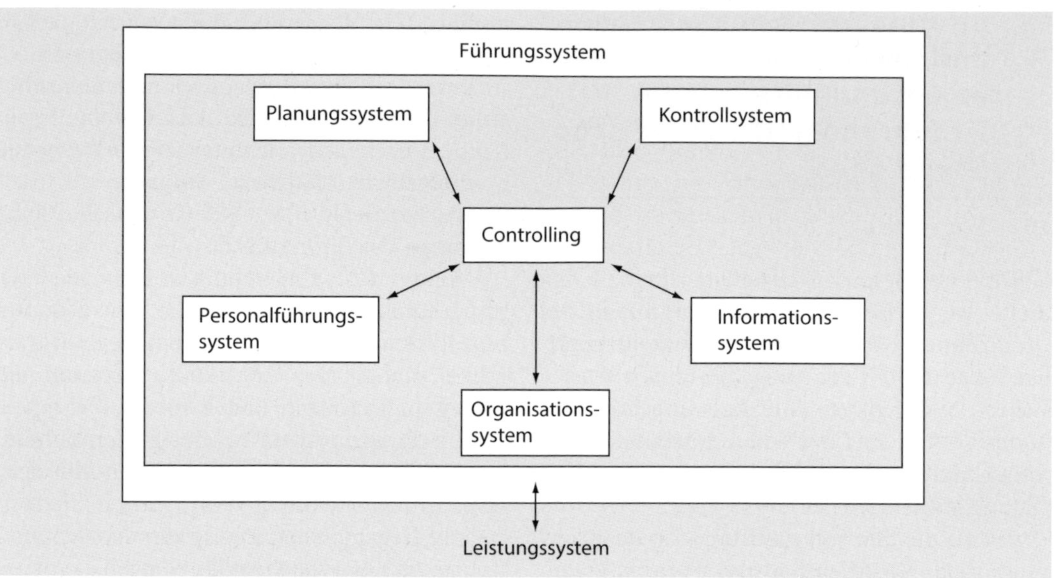

Abb. 6.1 Die Koordinationsfunktion des Controllings

Tab. 6.1 Abgrenzung des strategischen und operativen Controllings. (Mod. nach Ossadnik und Corsten 2009)

Strategisches Controlling	Operatives Controlling
– Nachhaltige Existenzsicherung durch Schaffung und Erweiterung von Erfolgspotenzialen – Einbeziehung der Umwelt – Weiche Daten/Fakten – Offener zeitlicher Horizont – Primär qualitative Größen – Ungenau definierte Problemstellungen	– Gewinnorientierte Steuerung bzw. Steuerung des Handelns im Hinblick auf Wirtschaftlichkeit und Wirksamkeit – Primär unternehmensinterne Ausrichtung – Harte Daten – Kurz- bis mittelfristige Planung – Quantitative Größen – Wohldefinierte Problemstellungen

lysen und Formen der strategischen Budgetierung als Koordinationsinstrumente zum Einsatz.

Daneben können multikriterielle Verfahren, z. B. AHP und Fuzzy-Control, zur Unterstützung bei strategischen Entscheidungen zur Anwendung kommen (Ossadnik und Corsten 2009; Reichmann et al. 2017). Einige Instrumente, u. a. Optimierungsverfahren und die Balanced Scorecard, die jeweils in den ▶ Abschn. 6.3 bzw. 6.2 vorgestellt werden, können je nach Ausgestaltung sowohl dem strategischen als auch dem operativen Controlling zugerechnet werden. Eine umfassende Darstellung von nutzbaren Controllinginstrumenten wird in Tab. 6.6 des ▶ Abschn. 6.3 gegeben. Diese können im Prinzip in allen Bereichen des Gesundheitswesens zur Anwendung kommen. In den letzten Jahren spielt der Einsatz von Verfahren zur künstlichen Intelligenz (KI) und speziell von Maschinellem Lernen (ML) im strategischen sowie im operativen Controlling von Organisationen des Gesundheitswesens eine zunehmend wichtige Rolle (▶ Abschn. 6.7.2).

Die **organisatorische Verankerung** des Controllings in Unternehmen bzw. Organisationen des Gesundheitswesens variiert sehr stark. Kleinere bzw. mittelständige Betriebe – z. B. Arztpraxen, Netzwerke der Integrierten Versorgung oder kleine Krankenkassen – bevorzugen eher eine **Nicht-Institutionalisierung** des Controllings, d. h., sie schaffen keine eigenen

Stellen für Controller, sondern integrieren die Controllingfunktionen in die bestehenden Arbeitsgebiete.

Größere Betriebe – z. B. Krankenhäuser und Unternehmen der Arzneimittelindustrie – neigen dazu, das Controlling zu institutionalisieren, indem sie eigene Controllingstellen in die Aufbauorganisation integrieren. Die **Institutionalisierung** kann in Form einer Stabs- oder Linienstelle bzw. einer Matrixorganisation erfolgen. In großen Unternehmen z. B. der Arzneimittelindustrie existieren neben dem Konzerncontrolling sogar institutionalisierte Controllingstellen in verschiedenen Geschäftsbereichen (▶ Abschn. 6.6).

In den ▶ Abschn. 6.2–6.6 wird auf die Besonderheiten des Controllings in Organisationen des Gesundheitswesens eingegangen. Abschließend wird in ▶ Abschn. 6.7 eine Praxisfallstudie zu Controlling in Krankenhäusern präsentiert.

In ▶ Abschn. 6.2 wird auf das **Controlling in Krankenversicherungen** eingegangen. Es wird aufgezeigt, wie das Instrument der **Balanced Scorecard** in Krankenkassen implementiert werden kann. Da die Balanced Scorecard den Anspruch hat, neben harten Finanzkennzahlen subjektive und qualitative Faktoren (weiche Faktoren) zu messen, erscheint sie vor dem Hintergrund des komplexen Zielsystems von Krankenkassen als geeignetes Controllinginstrument. Es wird exemplarisch aufgezeigt, wie für alle vier Perspektiven der Balanced Scorecard strategische Ziele, Messgrößen, operative Ziele und Aktionen abgeleitet werden können.

In ▶ Abschn. 6.3 sind einige Instrumente und Einsatzgebiete des operativen und strategischen **Controllings in Krankenhäusern** dargestellt. Nach einer Erläuterung der controllingrelevanten Grundlagen des DRG-Entgeltsystems wird auf die Anwendung der klassischen Kosten- und Erfolgsrechnung als Instrument des operativen Controllings eingegangen. Weiterhin werden interne Budgetierung, Wirtschaftlichkeitsanalysen und Methoden des Benchmarkings am Beispiel der Data Envelopment Analysis als Instrumente des operativen Controllings thematisiert. Neben anderen Instrumenten des strategischen Controllings wird ein Modell zur Leistungsprogrammplanung in Krankenhäusern vorgestellt, das sich der linearen Programmierung bedient. Dieses Modell ermöglicht Krankenhäusern, solche Fälle bzw. Fallgruppen zu identifizieren, die ihren Deckungsbeitrag maximieren.

Im Rahmen von ▶ Abschn. 6.4 »**Controlling in Arztpraxen und Ärztenetzen**« wird zwischen **medizinischem und ökonomischem Controlling** differenziert. Nach der Erläuterung von Güteanforderungen an Qualitätsindikatoren für das medizinische Controlling werden ausgewählte Indikatorensets sowie Indikatoren vorgestellt. Anschließend werden geeignete Kennzahlen für ein ökonomisches Controlling von Ärztenetzen dargestellt. Abschließend werden die Chancen und Risiken von Informationsmanagement und Controlling für Arztpraxen und Ärztenetze erläutert.

Das ▶ Abschn. 6.5 »**Controlling in der Integrierten Versorgung**« widmet sich insbesondere dem **Risikomanagement** als Teilfunktion des Controllings, das finanzielle Risiken frühzeitig aufzeigt und somit zu einer Vermeidung von Risiken beitragen soll. Es wird erläutert, inwieweit die Integration der Versorgungs- und Versicherungsfunktion für Netzwerke der Integrierten Versorgung Risiken bergen kann. Entlang der Phasen des Risikomanagements, die aus **Risikoanalyse**, **Risikosteuerung** und **Risikokontrolle** bestehen, wird eingehend erläutert, welche Schritte Netzwerke zur Integrierten Versorgung ergreifen sollten, um möglichen finanziellen Risiken begegnen zu können.

▶ Abschn. 6.6 »**Controlling in der Arzneimittelindustrie**« differenziert bezüglich der Ausgestaltung von Controllingsystemen in der Arzneimittelindustrie zwischen funktionaler (inhaltlicher) Ausrichtung, organisatorischer Strukturierung und instrumenteller Ausstattung. In diesem Kontext wird auch auf die wichtigsten Instrumente der jeweiligen Controllingstellen eingegangen.

▶ Abschn. 6.7.1 »**Fallstudie zum Controlling in Krankenhäusern**« zeigt, wie ein Management by Objectives (MbO) in Krankenhäusern implementiert werden kann. Das Beispiel der Charité zeigt die Disaggregation von Planerlösen von der Top-Ebene auf einzelne Zentren und Kliniken.

► Abschn. 6.7.2 »**Fallstudie zum Machine Learning zur Entscheidungsunterstützung in Krankenkassen**« zeigt am Beispiel der DAK-Gesundheit exemplarische Anwendungsmöglichkeiten von KI und speziell von Maschinellem Lernen (ML) als Werkzeug zur Entscheidungsunterstützung für das Controlling im GKV-Markt.

6.2 Informationsmanagement und Controlling in Krankenversicherungen

Gabriele Moos, Frank Brüggemann

6.2.1 Gesetzliche und strukturelle Rahmenbedingungen

Die Träger der Gesetzlichen Krankenversicherung – die (gesetzlichen) Krankenkassen – sind öffentlich-rechtlich organisiert. Ihre lange Tradition als (mittelbare) Staatsverwaltung hat dazu beigetragen, dass haushaltsübergreifende Controllinginstrumente erst sehr zögerlich Anwendung finden. Nur eine Minderheit von Krankenkassen verfügt über eine ganzheitlich orientierte Controllingabteilung. Dies führt in der Praxis dazu, dass für die Entscheidungen des Managements häufig nicht genügend gesicherte Informationen zur Verfügung stehen.

Die nur zögerliche Umsetzung ist allerdings auch auf die Frage nach der Übertragbarkeit der vorhandenen Instrumente des Controllings auf die Krankenkassen zurückzuführen. Während der Fokus des Controllings in erwerbswirtschaftlichen Unternehmen auf eine Steigerung des Unternehmenswertes, der sich am finanziellen Erfolg bemisst, liegt, ist für eine Krankenkasse zu beachten, dass ihre primäre Zielrichtung das **gemeinwirtschaftliche Verwaltungshandeln** ist. Für den Einstieg von Krankenkassen in ein erfolgreiches Controlling muss daher zunächst der Begriff des **Unternehmenswertes** bestimmt werden.

Ausgangspunkt der erforderlichen Definition ist, dass sich Krankenkassen den normativen Rahmenbedingungen – speziell der Sozialgesetzgebung (SGB) – dergestalt zu unterwerfen haben, als dass alle im SGB und seinen Ausführungsvorschriften nicht ausdrücklich zugelassenen Aktivitäten verboten sind. Eine derartige Beschränkung ergibt sich aus der Tatsache, dass sich das Handeln aller Krankenkassen gleichermaßen als sog. Leistungsträger auf die Umsetzung vordefinierter (Dienst-)Leistungen richten muss (vgl. §§ 12, 21 SGB I). Gerade das **Fehlen von Freiheitsgraden** bei der Bestimmung von originären (Dienst-)Leistungen ist ein eindeutiges Indiz für die **starke Verrechtlichung** der Gesetzlichen Krankenversicherung insgesamt und führt in ihrer Konsequenz dazu, dass es eine Bestimmung des Unternehmenswertes einer Krankenkasse nur in Einklang mit den bestehenden Restriktionen geben kann.

Diesem Gedanken folgend ist die **Schaffung und Steigerung von Kundennutzen** die zentrale Zielsetzung, da in der gesetzlichen Krankenversicherung v. a. (Dienst-)Leistungen angeboten werden müssen, die in ihrer Konsequenz zum Erhalt, zur Wiederherstellung oder Besserung ihres Gesundheitszustandes beitragen (vgl. § 1 SGB V).

Zwar sind finanzielle Kriterien wie Sparsamkeit und Wirtschaftlichkeit (vgl. § 2 Abs. 1 S. 1 SGB V) ebenfalls zu beachten. Allerdings sind diese Kriterien nicht mit der finanziellen Erfolgsnotwendigkeit eines erwerbswirtschaftlichen Unternehmens gleichzusetzen, da z. B. ein Aktionär sein Eigenkapital auf freiwilliger Basis in die Gesellschaft einbringt bzw. dieser Gesellschaft wieder entzieht, sofern der finanzielle Erfolg (die erwartete Rendite) ausbleibt.

Im Gegensatz dazu bedeutet »Gesetzliche Krankenversicherung« für einen großen Anteil der GKV-Beitragszahler lediglich aufgrund ihrer Zwangszahlungen an einen Gesundheitsfonds, Mitglied einer Krankenkasse zu sein. Folgerichtig orientiert sich auch unter betriebswirtschaftlichen Aspekten der Unternehmenswert in der Gesetzlichen Krankenversicherung einzig an der Schaffung und Steigerung von Kundennutzen.

Gleichwohl ist zu beachten, dass die einzelnen Krankenkassen sowohl in der Vergangenheit in einem wettbewerblichen Umfeld als auch unter der Regie des neuen Gesundheitsfonds agieren. Ein kurzer Abriss der wesentlichen Ereignisse macht dies deutlich.

Die vom Gesetzgeber Mitte der 1990er-Jahre implementierte **Wahlfreiheit** für GKV-Mitglieder führte zu einer auf Wachstum (= Zugewinn von Mitgliedern) ausgerichteten solidarischen Wettbewerbsordnung. Ziel war es, einen **Wettbewerb um Mitglieder** unter den Krankenkassen zu initiieren, indem, im Vergleich zu den Mitbewerbern, qualitativ bessere (Dienst-)Leistungen erbracht werden.

In der praktischen Ausgestaltung dieses wachstumsorientierten Wettbewerbs zeigte sich jedoch sehr schnell eine andere Konsequenz. Denn aus der Perspektive eines Mitglieds waren dadurch, dass ca. 95 % der Leistungen gesetzlich fixiert, also größtenteils identisch waren, von Beginn an keine merklichen Unterschiede zwischen den einzelnen Krankenkassen in ihren erbrachten (Dienst-)Leistungen zu erkennen. Da für eine zielführende, solidarische Wettbewerbsordnung die erforderlichen Alleinstellungsmerkmale in der (Dienst-)Leistung also fehlten, fokussierte sich das Mitglied bei seiner Entscheidung über die Ausübung des Wahlrechts folgerichtig auf das einzig erkennbare Unterscheidungsmerkmal im Kundennutzen – den kassenindividuellen Beitragssatz.

Die damit einhergehenden spürbaren **Versichertenwanderungen** innerhalb der Gesetzlichen Krankenversicherung, die in einigen Fällen zu dramatischen Wachstums- und Verlustraten führte (Stichwort: Wachstums- oder virtuelle Kassen), hatte vielfach Krankenkassen von der eigentlichen gesetzgeberischen Intention, im Wettbewerb um die beste (Dienst-)Leistung zu stehen, abgebracht. An ihre Stelle trat ein **ruinöser Beitragssatzwettbewerb**, der für die hohe Verschuldung der Gesetzlichen Krankenversicherung nach Ablauf des Geschäftsjahres 2003 mitverantwortlich war.

Nach Abbau des Schuldenberges in den Jahren 2004–2008 hat der Gesetzgeber mit dem 01.01.2009 den Gesundheitsfonds in die Gesetzliche Krankenversicherung eingeführt. Faktisch überweisen alle GKV-Beitragszahler gemäß dem vom Gesetzgeber festgelegten einheitlichen Beitragssatz ihren Beitrag an diesen Fonds. Die Krankenkassen wiederum erhalten aus dem Fonds Zuweisungen entsprechend der Struktur ihrer Versichertenklientel (Stichwort: Morbi-RSA).

Der einzelnen Krankenkasse war es daneben gestattet, bei hohen finanziellen Rücklagen eine kassenindividuelle Prämienausschüttung an ihre Mitglieder vorzunehmen oder, sofern sie mit den Zuweisungen (inklusive der vorhandenen Betriebsmittel) aus dem Gesundheitsfonds ihre Ausgaben nicht decken konnte, einen kassenindividuellen Zusatzbeitrag von ihren Mitgliedern zu erheben (Details ► Abschn. 4.2).

Mit dem 01.01.2015 hat der Gesetzgeber die kassenindividuelle Prämienausschüttung bzw. den kassenindividuellen Zusatzbeitrag abgeschafft. Seit diesem Zeitpunkt wird das Gesamtvolumen der Zuweisungen an die GKV – letztlich an die einzelne Krankenkasse – deutlich unter dem Niveau der tatsächlichen Ausgaben gehalten. Den Differenzbetrag – die sogenannte künstlich erzeugte Fondsunterdeckung – muss dann die einzelne Krankenkasse durch die Erhebung eines kassenindividuellen, lohnabhängigen Zusatzbeitrags (= Zusatzbeitrags**satz**) ausgleichen. Hintergrund dieser Rückkehr zum kassenindividuellen Beitragssatz ist die Erfahrung, dass die kassenindividuelle Erhebung eines absoluten Betrags zu massiven Versichertenverlusten und letztlich zu Kassenschließungen geführt hat. Insbesondere die Umstände rund um die Schließung der City BKK dürften dies befördert haben.

Aus Sicht einer Krankenkasse gilt nunmehr die Prämisse, dass es ihr gelingen muss, die wettbewerbliche Ausrichtung derart zu bewältigen, dass sie die im Rahmen ihrer (Dienst-)Leistungen anfallenden Kosten mit den Zuweisungen aus dem Gesundheitsfonds so decken kann, dass der Differenzbetrag nicht höher liegt als die künstlich erzeugte Fondsunterdeckung. Idealerweise sollte es ihr im Vergleich mit anderen Krankenkassen gelingen, einen merklich günstigeren Preis (z. B. keinen oder einen unterdurchschnittlichen Zusatzbeitragssatz) von ihren Mitgliedern zu verlangen. Konkret ist das Handeln gesetzlicher Krankenkassen seit der Einführung des Gesundheitsfonds (2009) auf einen **Zusatzbeitrags(satz)wettbewerb** ausgerichtet. Für die einzelne Krankenkasse hat dies zur Folge, dass ihr Unternehmenswert, der sich eigentlich an der Schaffung und Steigerung des Kundennutzens bemisst, auch weiterhin den Einsatz von betriebswirtschaftlichen Steuerungsinstrumenten erforderlich macht.

Dabei müssen sich die Krankenkassen in ihrem Controlling im Wesentlichen durch eine systematische Beobachtung der Differenzen zwischen Soll- und Ist-Größen selbst steuern. Für diese Feststellung von Planabweichungen benötigt das Controlling ausgewählte Kennzahlen. Auch im Bereich der Gesetzlichen Krankenversicherung muss der Trend immer mehr in Richtung **integrierter Controllingsysteme** gehen. Die einzelne Krankenkasse ist aufgefordert, sich nicht mehr nur durch klassische Kennzahlen aus der jährlichen Haushaltsbetrachtung zu kontrollieren und zu steuern, sondern alle Leistungsebenen der Organisation messbar und durch Datenanalysen bewertbar zu machen. Hierbei geht es insbesondere darum, die aggregierten, qualitativen Wirkungsdaten (z. B. Zufriedenheit der Versicherten mit einer Versorgungsleistung) mit betriebswirtschaftlichen Daten aus der Finanzbetrachtung (z. B. Zuordnung der Versicherten in die hierarchisierten Morbiditätsgruppen des Morbi-RSA und die finanziellen Zuweisungen im Vergleich zu den tatsächlichen Leistungsausgaben) so zu verknüpfen und anzureichern, dass sich für die verschiedenen Ebenen einer Krankenkasse Aussagen treffen lassen, die dem jeweiligen Informations- und Steuerungsbedarf entsprechen.

Im Rahmen seiner Koordinationsaufgabe muss das Controlling mit Unterstützung des Vorstandes sicherstellen, dass ausreichend detaillierte strategische und operative Planungen vorliegen, aus denen Teilpläne und Teilziele abgeleitet werden können. Im Bereich der Gesetzlichen Krankenversicherung zeigt sich, dass insbesondere die gesetzlich verankerte (Finanz-)Planung, die lediglich die Folgeperiode umfasst, strategische Planungsansätze (3–5 Jahre) be- bzw. verhindert. Auch die häufig dominierenden tagesaktuellen Verwaltungsaufgaben erschweren zusätzlich die Einführung von ganzheitlich ausgerichteten Instrumenten des Controllings. Insgesamt gesehen fehlt es immer noch an dem zwingend notwendigen »langen Atem«, strategische Ansätze zu erarbeiten und deren Erfolg mit ganzheitlichen Controllinginstrumenten messbar zu machen.

6.2.2 Praktische Umsetzung

Die Balanced Scorecard als integratives Controllinginstrument

- **Grundkonzept**

In den letzten Jahren haben sich viele Unternehmen des Gesundheitswesens mit der Einführung der Balanced Scorecard (BSC)als **Managementinformations- und Kennzahlensystem** befasst (Kaplan und Norton 1996; Friedag und Schmidt 2015). Da die BSC ein häufig eingesetztes Controllinginstrument in Krankenkassen darstellt, soll im Folgenden herausgehoben und in seiner praktischen Anwendung beschrieben werden. Die BSC geht auf Kaplan und Norton zurück, die eine konsequente **Verbindung von Vision, Strategie und operativer Geschäftsplanung** in ihrem Modell erreicht haben. Nicht nur Finanzgrößen, sondern auch Kundenbeziehungen, Geschäftsprozesse und Mitarbeitende bzw. die Innovationskraft eines Unternehmens rücken in den Mittelpunkt der Betrachtung. Mit der Ableitung von Zielen aus der Vision werden Kennzahlen und Maßnahmen entwickelt, die dem Controlling und damit der Unternehmensleitung zur Überwachung dienen. Die BSC hat eine lange vorherrschende Vergangenheitsorientierung von Finanzkennzahlen abgelöst und durch eine **zukunftsorientierte Betrachtungsweise** ersetzt.

Vor dem Hintergrund des weiterhin anhaltenden Wettbewerbs in der Gesetzlichen Krankenversicherung wird die Bedeutung der Strategieorientierung für den Erfolg offensichtlich. Wer Wettbewerbsvorteile erzielen will, muss die Erfolgswirksamkeit seiner Strategien regelmäßig überprüfen. Sind wir mit unserer Strategie erfolgreich? Erfolgt ihre Umsetzung plangemäß? Sind unsere Entscheidungen tatsächlich an einer Strategie ausgerichtet?

Die BSC kann einer Krankenkasse helfen, ihre Ziele besser zu erreichen. Unter der Voraussetzung, dass eine Krankenkasse ihre strategischen Ziele kennt, kann sie mit Hilfe dieses Instruments eine Ergebnisbewertung

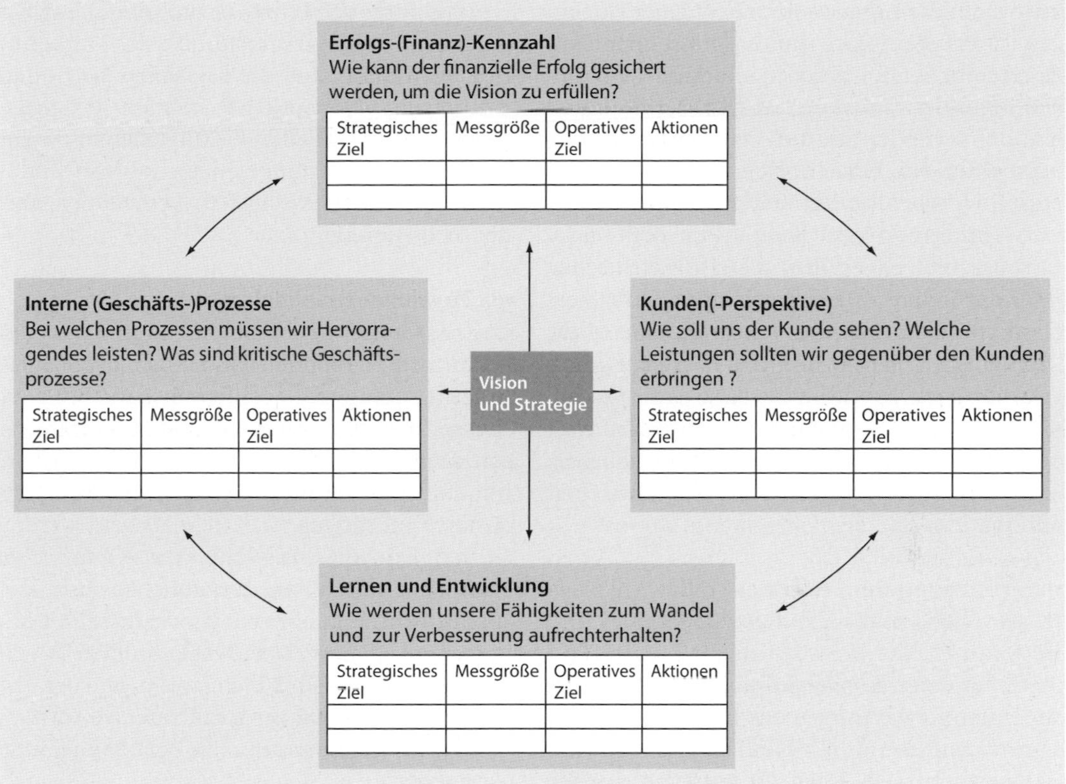

Abb. 6.2 Exemplarische BSC für eine gesetzliche Krankenkasse

und Messung der Zielerreichung vornehmen. Ziele, die sich nicht messen lassen, eignen sich nicht zur Geschäftssteuerung.

Die BSC baut auf einer Vision für die Organisation auf. Es wird davon ausgegangen, dass aus der Vision klar formulierte und messbare strategische Ziele abgeleitet werden und diese – in den erfolgsbestimmenden Perspektiven ausbalanciert – dem Management aber auch den Mitarbeitenden die Richtung weisen. Der Ansatz ist insbesondere für den Krankenversicherungsbereich interessant, weil finanzielle mit nicht-finanziellen Erfolgsgrößen verknüpft werden. Gerade im Bereich der Gesetzlichen Krankenversicherung sind neben den **harten Finanzkennzahlen** auch die subjektiven und qualitativen Faktoren (**weiche Faktoren**) zu messen.

Erst die Verknüpfung von langfristigen und kurzfristigen Zielen mit Kennzahlen macht die BSC zu einem umfassenden Führungssystem. Die BSC soll die Führung einer Organisation durch Konzentration auf die wichtigsten Zielgrößen und für alle Hierarchieebenen mit verbindlichen Kennzahlen unterstützen. Ausgehend von der formulierten Vision und der Strategie müssen immer eindeutig messbare Ziele abgeleitet werden. Die Voraussetzung für das Arbeiten mit der BSC liegt darin, dass alle Führungsebenen und die Mitarbeitenden mit den entscheidenden Steuerungsgrößen und den wichtigsten Kennzahlen vertraut gemacht werden. Über die Ziele einer Organisation müssen klare Vorstellungen herrschen.

Die BSC unterscheidet vier Perspektiven (Abb. 6.2):

1. Finanzen
2. Kunden
3. Interne Prozesse
4. Lernen und Entwicklung

Die **Finanzperspektive** beschreibt typischerweise die für das jeweilige Geschäft relevanten finanziellen Erfolgsgrößen. Die **Kundenperspe-**

6

ktive stellt die Frage, welche Kundenerwartungen zu erfüllen sind, um die gesteckten Ziele zu erreichen. Hier tauchen allgemeine Größen wie Kundenbindung, Marktanteile sowie Kundenzufriedenheit auf. Die **interne Prozessperspektive** soll beantworten, bei welchen Prozessen Hervorragendes geleistet werden muss, um Kundinnen und Kunden zu begeistern. Voraussetzung ist dabei, die erfolgskritischen Prozesse in der Organisation zu identifizieren. Die **Lern- und Entwicklungsperspektive** ist die langfristige Quelle des Unternehmenserfolges. Hier steht die Frage im Vordergrund, wie Flexibilität und Fähigkeiten zur laufenden Verbesserung aufrechterhalten werden können, z. B. über Mitarbeitendenzufriedenheit und Motivation.

- **Ermittlung der Leistungstreiber**

In der BSC sind alle **Leistungstreiber** von Bedeutung, die zum Erfolg beitragen. Auf der Ebene der **Kundenperspektive** werden die zentralen Erwartungen der Kundensegmente abgetragen und durch Kennzahlen operationalisiert. In der **Finanzperspektive** werden diese Kundenerwartungen nun mit Kennzahlen verknüpft, die über entsprechende Umsätze, Erlöse, Kosten, Finanzierungsgrößen etc. Auskunft geben. Insofern steuert die Finanzperspektive die Ertrags- und Kostensituation der Organisation vor dem Hintergrund entsprechender Markt- und Kundenziele. Sowohl die Zufriedenheit der Kundinnen und Kunden als auch eine zufriedenstellende betriebswirtschaftliche Situation sind mit der **Prozessperspektive** verknüpft. Die Kennzahlen auf der Prozessebene helfen dabei vor allem bei der Überprüfung und Verbesserung von Verfahren in der internen Ablauforganisation. Die interne Prozessperspektive identifiziert somit die kritischen internen Prozesse, welche den größten Einfluss auf die Kundenzufriedenheit und die Unternehmenszielerreichung haben.

Doch die Optimierung interner Prozesse setzt Kompetenzen voraus, die auf der vierten Ebene als **Lern- und Entwicklungsperspektive** beleuchtet werden. Im Mittelpunkt steht die Frage: Welche Mitarbeitendenkompetenzen und welche Entwicklungsschritte sind zur Optimierung der Prozesse, und damit zur Erreichung der langfristigen Ziele der Organisation notwendig? Auf der Ebene der Lern- und Entwicklungsperspektive können beispielsweise die Mitarbeitendenzufriedenheit oder die Managementkompetenzen des Vorstandes einer Krankenkasse durch Kennzahlen verdeutlicht werden.

- **Ziele und Kennzahlen**

Das Konzept der BSC bleibt nicht auf der Stufe der Zielbenennung stehen, sondern verlangt weiterhin festzulegen, anhand welcher Messgrößen und welcher Zielwerte der Zielerreichungsgrad bewertet werden soll. Darüber hinaus ist zu bestimmen, mit welchen Maßnahmen (Aktionen) die Ziele erreicht werden sollen. Für die Auswahl von Kennzahlen einer BSC sind neben den üblichen Kriterien für Kennzahlen folgende Besonderheiten anzumerken (Halfar et al. 2014):

- Die Kennzahlen sollen bereits in Managementfunktionen der Krankenkasse vorhanden sein, also nicht extra erhoben werden müssen.
- Die Kennzahlen sollen nicht als rückwärtsgewandte Indikatoren informieren, sondern zukunftsweisende Leistungstreiber darstellen.
- Die Kennzahlen sollen so gewählt werden, dass sie nicht nur ihre »eigene« Zieldimension messen, sondern mit mindestens einer Zieldimension einer anderen Perspektive systematisch verknüpft sind. Die Veränderung eines durch eine Kennzahl gemessenen Zielwertes muss insofern zusätzlich für mindestens eine andere Kennzahl einer anderen Perspektive relevant sein.
- Es sollen nur solche Kennzahlen ausgewählt werden, die durch die Organisation auch beeinflusst werden können.
- Es sollen relativ wenige Kennzahlen ausgewählt werden, damit eine zielgerichtete Steuerung nicht durch einen »Kennzahlenfriedhof« verhindert wird. **Als Faustregel gilt: 4 Perspektiven mit je 5 Kennzahlen.**

Die Umsetzung der Balanced Scorecard

Aufgabe der BSC ist es vor allem, die strategische Führung einer Krankenkasse zu unterstützen und zu optimieren. Die Umsetzung der BSC erfordert folgende Schritte:

Umsetzungsschritte der BSC

1. Entwicklung einer Unternehmensvision, auf deren Basis die strategischen Grundausrichtungen für die Krankenkasse formuliert werden.
2. Visionen und Strategien werden den Mitarbeitenden vermittelt und im Krankenversicherungsmarkt kommuniziert.
3. Auf Krankenkassenebene und dann auf einzelnen Organisationsebenen werden die strategischen Ziele in Balanced Scorecards umgesetzt. Ziele werden formuliert, mit Kennzahlen operationalisiert und in Aktionen umgesetzt. Aus diesen Zielformulierungen entstehen letztlich Leistungsvereinbarungen innerhalb der Organisation sowie aus den formulierten Aktionen Verantwortlichkeiten für operative Tätigkeiten.
4. Feedback und Initiierung von Lernprozessen: Die Krankenkasse beobachtet, kontrolliert und steuert sich nun über die Kennzahlen aus der BSC. Sie überprüft hierbei insbesondere die Erreichung einzelner Unternehmensziele.
5. Umsetzung in Managementfunktionen: Aus gemessenen Abweichungen zu definierten Zielwerten entsteht für die Organisation ein Warnsignal, das unterschiedliche Unternehmensbereiche betreffen kann. Solche Warnsignale können Hinweise für das Marketing, für das Vertragsmanagement, für das Personalmanagement, für die Kundenberatung oder auch für das strategische Management geben.

Die Struktur der BSC zwingt die Entscheidungsträger und -trägerinnen implizit dazu, sich mit den zuvor schon angesprochenen **Ursache-Wirkungs-Ketten der Leistungserbringung** ihrer Krankenkasse zu beschäftigen. Dies ergibt sich aus der vorgegebenen Verknüpfung von strategischen Zielen, Messgrößen, Zielwerten und Maßnahmen.

Die konsequente Umsetzung der Erkenntnis, wonach die **Kunden- und Qualitätsorientierung** in allen Unternehmensprozessen und Initiativen systematisch und konsequent verfolgt werden muss, bereitet vielen Krankenversicherern jedoch noch erhebliche Probleme. Um die Umsetzung strategischer Ziele überhaupt verfolgen zu können, bedarf es einer systematischen Verknüpfung der Strategie mit Mitarbeitendenzielen, deren Fehlen meist ein erhebliches Hindernis zur erfolgreichen Strategieumsetzung darstellt.

Die Strategieorientierung setzt eine entsprechende strategische Willensbildung im Sinne einer Vision und langfristiger strategischer Ziele voraus. Gerade in diesem Bereich haben viele Krankenkassen einen erheblichen Nachholbedarf, da die operative Planung meist dominiert.

Selbst wenn Krankenkassen über ein vergleichbar gutes Informations- und Entscheidungssystem verfügen, und möglicherweise sogar Teile davon kennzahlenbasiert funktionieren, so fehlt häufig eine Gesamtstrategie für die Krankenkasse. Insgesamt lassen sich folgende Aussagen ableiten:

- Die Strategie einer Krankenkasse bildet den Grundstein und ist damit Voraussetzung für die erfolgreiche Umsetzung des Ansatzes der BSC.
- Die Beschränkung auf einige wenige relevante Steuerungsgrößen ist, insbesondere auch im Hinblick auf den Aufbau eines Berichtswesens, entscheidend für die erfolgreiche Einführung der BSC.
- Für die Einführung und Umsetzung der BSC ist ausreichend Zeit einzuplanen. Wer sich für die Einführung dieses Instrumentes entscheidet, der sollte vor allem viel Zeit für die Erhebung der Kennzahlen und für die inhaltliche Diskussion zur Verfügung stellen.

Als Zwischenergebnis kann festgehalten werden, dass die BSC nicht nur für privatwirtschaftliche Unternehmen, sondern auch für alle Krankenkassen ein wirkungsvolles Managementinstrument ist. Die besondere Stärke der BSC ist im **mehrdimensionalen Ansatz** zu sehen, der über die alleinige finanzielle Perspektive hinausgeht. Die Vorteile der BSC hinsichtlich Transparenz und Präzisierung haben die Kehrseite, dass sie eine klare Top-Down-Umsetzung mit sich bringen und den Freiheitsgrad der einzelnen Mitarbeitenden einschränken. Die BSC löst aus diesem Grund häufig Widerstand aus, da sie mit Kontrolle assoziiert wird.

- **Definition einer Vision**

Neben den Problemen, die aus der praktischen Einführung von betriebswirtschaftlichen Instrumenten in erwerbswirtschaftlichen Unternehmen bekannt sind und in der Phase der Implementierung gelöst werden müssen, bedarf es, um die komplexe Steuerungsfunktion im Interesse der Steigerung des Unternehmenswertes ausfüllen zu können, in Analogie zu den Bedingungen der BSC von Beginn an einer **»controllbaren« Umgebung**. Das heißt: Es muss eine mit Realitätsbezug behaftete Vision für eine Krankenkasse formuliert werden, die einerseits auf Analysen und daraus abgeleiteten Trends basiert sowie andererseits auf einem Vorstellungsvermögen, das auf Ideen und Konzepten beruht (Ziegenbein 2012).

Außerdem muss die **Top-Down-Ausrichtung** der BSC in Einklang mit den gesetzlichen Vorgaben für Krankenkassen gebracht werden. Hierauf weist insbesondere die gesetzlich verankerte **Richtlinienkompetenz des Vorstandes** (vgl. § 35 Abs. 2 SGB IV), die diesen verpflichtet, die Bestimmung der Vision für »seine Kasse« zu formulieren. Gleichwohl darf nicht außer Acht gelassen werden, dass auch der Verwaltungsrat einer Krankenkasse zumindest mittelbar in seiner Zuständigkeit berührt sein wird. Ein theoretischer Diskurs darüber, ob die Formulierung einer Vision in die Richtlinienkompetenz des Vorstandes gehört oder aber von grundsätzlicher Bedeutung ist, folglich in die **Entscheidungskompetenz des Verwaltungsrates** fällt (vgl. § 197 Abs. 1 S. 1b SGB V), erscheint hierbei eher nachrangig. Denn in der praktischen Ausgestaltung wird dem Verwaltungsrat insbesondere dann ein Mitspracherecht nicht zu verweigern sein, wenn sich aus der formulierten Vision letztlich konkrete Maßnahmen z. B. in Form von satzungsrelevanten Sachverhalten, ergeben (vgl. § 197 Abs. 1 S. 1 SGB V).

Trotzdem wird zunächst der Vorstand einer Krankenkasse die Vision (vor-)formulieren. Hierbei wird er neben der Frage der Existenzsicherung auch auf den Unternehmenswert und damit auf die Schaffung und Steigerung des Kundennutzens abheben müssen, der sich aus den Komponenten (Dienst-)Leistung und Preis zusammensetzt. **Eine Vision** könnte demnach wie folgt formuliert werden:

► Fallbeispiel für die Formulierung einer Vision für die Balanced Score Card

»Um im Wettbewerb des GKV-Marktes bestehen zu können, werden wir unseren Weg des profitablen Wachstums weitergehen. Profitables Wachstum heißt, dass unsere Versichertengemeinschaft zu den 50 größten gesetzlichen Krankenkassen zählt und 85 % unserer Kunden und Kundinnen (Versicherten) einen Wertbeitrag für unsere Versichertengemeinschaft leisten.

Damit wir dies erreichen, werden wir im Rahmen unserer gesetzlichen Möglichkeiten unsere tägliche Arbeit stärker auf unsere derzeitigen Kunden und Kundinnen und deren Bindung an uns ausrichten. Wir werden unser Profil mit Hilfe unserer Kerngeschäftsprozesse dahingehend schärfen, dass wir von der Kundschaft als Krankenversicherungsdienstleister, der eine komplette Kundenlösung anbietet, wahrgenommen werden. Ziel ist es, alle Kundinnen und Kunden, die einen Wertbeitrag zur Versichertengemeinschaft leisten, mit diesem Angebot langfristig an uns zu binden. Unser Angebot einer kompletten Kundenlösung fokussiert sich zumindest auf die Vollständigkeit der Lösung, einen jederzeit außergewöhnlichen Service und eine ausgesprochen hohe Qualität der Kundenbeziehung zu bieten.

Da unsere erfolgreiche Kundenbindung nicht ausreichen wird, um zu den 50 größten gesetzlichen Krankenkassen zu gehören, werden wir weiterhin auf Fusionen mit anderen gesetzlichen Krankenkassen setzen. Wir werden darauf achten, dass unsere Identität und unsere Strategie hierdurch nicht verloren gehen.

Aufgrund der spürbaren finanziellen Restriktionen, die der Gesundheitsfonds mit sich bringt, sind wir gehalten, unsere tägliche Arbeit dem Wirtschaftlichkeitsgebot zu unterwerfen. Unser wirtschaftliches Handeln werden wir daran messen, dass wir maximal einen GKV-üblichen Zusatzbeitragssatz erheben. Betriebswirtschaftliches Handeln ist somit die maßgebliche Grundlage für unsere erfolgreiche Kundenbindung und Partnersuche.« ◄

■ **Ausgestaltung der einzelnen Controllingperspektiven**

Mit der Formulierung einer Vision endet die Verantwortung des Vorstandes jedoch nicht. Im Anschluss muss für jede der Controllingperspektiven die strategische Grundausrichtung bestimmt werden. Danach gilt es, die damit einhergehenden strategischen Ziele, Messgrößen, operativen Ziele und entsprechenden Aktionen zu benennen, die dazu beitragen sollen, die Vision umzusetzen.

Mit Blick auf die inhaltlichen Schwerpunkte der vom Vorstand formulierten Vision, erscheint es im o. g. Sinne zweckmäßig, sich zunächst mit der **Kundenperspektive** auseinanderzusetzen. Hierbei wird deutlich, dass sich der Vorstand über »seine« Kasse bereits grundsätzliche Gedanken gemacht hat. Die Frage, ob er mit »seiner« Kasse im GKV-Markt auftreten möchte

- als Kostenführer (= die erforderlichen Dienstleistungen anbieten, die ordnungsgemäß, zeitnah und preiswert sind) oder
- als Produktführer (= Dienstleistungen anbieten, welche den bestehenden gesetzlichen Rahmen, z. B. durch Modellprojekte, häufig überschreiten) oder
- als Anbieter einer kompletten Kundenlösung (= das beste Gesamtpaket) oder
- als Anbieter, der eine hohe Kundenbindung durch besondere Zusatzangebote erzeugt,

beantwortet er mit der Absicht, als Anbieter einer kompletten Kundenlösung zu agieren.

Mit dieser Entscheidung geht einher, dass die Kundenperspektive vier Schwerpunkte in der Formulierung der strategischen Ziele setzen kann:

1. Die Vollständigkeit der Kundenlösung (Qualität und Verfügbarkeit),
2. den außergewöhnlichen Service,
3. die Qualität der Kundenbeziehung,
4. die Kundenprofitabilität (Preis).

In ◘ Tab. 6.2 werden diese Ziele aufgegriffen und beispielhaft mit Messgrößen, operativen Zielen und Aktionen (Maßnahmen) versehen.

In der konkreten Umsetzung wäre es sinnvoll, die von den Versicherten in Anspruch genommenen Leistungen auf der Ebene der Lieferanten von Leistungen (Leistungserbringer) zu verdichten. Dies wäre der Ausgangspunkt, um das strategische Ziel zu verfolgen, die Position in Vertragsverhandlungen zu verbessern. Denn hierdurch erhält die Krankenkasse ein transparentes Bild über »ihre« Lieferanten.

Dieses Vorgehen stellt wiederum die Basis für ein **fundiertes Vertragsgeschäft** dar, weil das Wissen um die vorhandenen Leistungsvolumina dazu genutzt werden kann, a priori günstigere Vertragskonditionen auszuhandeln. Auch bestünde die Gelegenheit, mithilfe der Vertragsgestaltung zukünftige »Stückzahlen« zu verhandeln, sodass z. B. ein bisher eher unbedeutender Vertragspartner, der eine bessere Qualität bei einem günstigeren Preis anbieten kann, durch eine steuernde Einflussnahme der Krankenkasse ein höheres Kontingent erhält. Um einen Überblick über die Gewichtung der Lieferanten zu erhalten, wäre eine Kennzahl sinnvoll, welche die »Stückzahl« pro Lieferant in einer Leistungssparte abbildet. Auch könnte dieser Wert dazu genutzt werden, zukünftige Stückzahlen, Lieferzeiten und Preise, die in den Vertragsverhandlungen mit einem Lieferanten ausgehandelt werden sollen, festzulegen. Exemplarisch wäre hier die Versorgung von Versicherten mit einem Hilfsmittel durch ein Sanitätshaus zu nennen. Aufgrund einer vertraglich vereinbarten Mindestabnahme könnte der Hilfsmittellieferant zu einer umgehenden Lieferung verpflichtet werden. Gleichzeitig könnte ein im Vergleich zu anderen Lieferanten deutlich günstigerer Preis ausgehandelt werden.

Für das strategische Controlling wären allerdings nicht nur die verhandelten Stückzahlen von Bedeutung, sondern auch die Fähigkeit der zuständigen Leistungsabteilung, das Vertragswerk »in die Tat« umzusetzen. Von daher wäre es erforderlich, dass die aus-

Tab. 6.2 Kundenperspektive einer gesetzlichen Krankenkasse

Strategisches Ziel	Messgröße	Operatives Ziel	Aktionen
Die Verhandlungsposition ggü. Leistungserbringern verbessern	»Stückzahl« pro Lieferant in einer Leistungssparte p. a.	»Stückzahl« pro Lieferant erhöhen, um bessere (= Qualität, Verfügbarkeit und Preis) Vertragskonditionen zu erzielen	Kooperationen Strategische Allianzen Fusion
Kundensteuerung ausbauen	Anzahl der Versicherten, die vom prioritären Lieferantenpool betreut werden, im Verhältnis zu der Gesamtzahl aller Versicherten	Individuelle Steuerung morbider Kunden gemäß HMG- und DMP-Zuordnung im Morbi-RSA in den prioritären Lieferantenpool	Vorhandene Informationen prüfen, um dann die notwendigen Steuerungsaktivitäten einzuleiten; ggf. organisatorische Veränderungen vornehmen, die eine Sparten übergreifende Steuerung ermöglicht
Kundenwünsche von Kundinnen und Kunden, die keine Leistungen in Anspruch nehmen, verstehen	Anzahl telefonischer Kontakte mit diesem Kundenstamm, im Verhältnis zu allen Kunden dieses Kundenstamms	Persönliche Kundenbeziehung mit diesem Kundenstamm aufbauen	Jeden Telefonkontakt im CRM-System dokumentieren Direkten Kundenkontakt für weiterführende Produktinfos nutzen
Fehlerquote im Kundenkontakt minimieren	Fehlerhaft versendete Serienbriefe, im Verhältnis zu allen Serienbriefen	Keine Versendung von fehlerhaften Serienbriefen	Internes Kontrollsystem für jeden Serienbrief entwickeln

gehandelten Kontingente von Versicherten der Krankenkasse nachgefragt werden. Folglich muss die Krankenkasse das strategische Ziel verfolgen, eine **Steuerungsfunktion bei der Inanspruchnahme von Leistungen** zu übernehmen (= sinnhaftes Versorgungsmanagement). Insbesondere Versicherte mit Erkrankungen analog dem Katalog der hierarchisierten Morbiditätsgruppen (HMG) aus dem Morbi-RSA und Chroniker, die in strukturierten Behandlungsprogrammen eingeschrieben sind (sog. DMP-Versicherte), sollten in einem ersten Schritt von Interesse sein – d. h. Versicherte, für die Zuschläge aufgrund von definierter Morbidität gezahlt werden (vgl. ► Abschn. 4.2). Denkbar wäre, dass die Vertragsabteilung der Krankenkasse einen Pool von Lieferanten, der das gewünschte Leistungsspektrum abbilden kann, vertraglich gebunden hat, und eine operative Steuerungseinheit der Krankenkasse wiederum verpflichtet wäre, die identifizierten Versicherten mit Hilfe dieses Pools zu steuern. Als Kennzahl könnte die Anzahl der HMG-(oder DMP-)Versicherten, die so versorgungsseitig betreut werden, an der Gesamtzahl aller HMG- (oder DMP-) Versicherten herangezogen werden.

Neben den Versicherten, die im Versorgungsgeschehen intensiv betreut werden, sollte auch die Kundenbeziehung zum Kundenstamm, der keine Leistungen in Anspruch nimmt, nicht aus dem Blick geraten. Denn gerade dieser Kundenstamm ist für den in der o. g. Vision formulierten Kundenwertbeitrag von herausragender Bedeutung. Die Krankenkasse könnte ihre Präsenz bei diesem Kundenstamm erhöhen, indem sie verstärkt den telefonischen Kontakt sucht, um eine persönliche Kundenbeziehung aufzubauen. Die Anzahl telefonischer Kontakte mit diesen, im Verhältnis zu allen anderen dieses Kundenstamms, wäre sicherlich eine geeignete Messgröße.

Da sich die Vision des Vorstandes auf das Halten der vorhandenen Kundschaft beschränkt, und das Versichertenwachstum über Fusionen generiert werden soll, bietet sich als

▪ Tab. 6.3 Finanzperspektive einer gesetzlichen Krankenkasse

Strategisches Ziel	Messgröße	Operatives Ziel	Aktionen
Deckungsbeitrag pro Kunde/Kundin erhöhen	Durchschnittlicher Deckungsbeitrag pro Versicherten in €	Steigerung des durchschnittlichen Betrages um 1 % gegenüber dem Vorjahr	Deckungsbeitragsrechnung aufbauen Erträge aus dem Gesundheitsfonds optimieren Ausgaben kontrollieren
Nettoverwaltungskosten unter den Anteil der Zuweisung aus dem Gesundheitsfonds für Verwaltung senken	Abweichung der Nettoverwaltungskosten von der Zuweisung in €; für Kassenvergleiche sollte der absolute €-Betrag in »€ pro Versicherten« ausgewiesen werden	»0-Runde«	Kosten- und Leistungsrechnung (KORE) und Betriebsabrechnungsbogen (BAB) einführen
Steuerung des täglichen Liquiditätsbedarfs	Erwirtschaftete Rendite im Verhältnis zum Euribor in Prozentpunkten	Steigerung der Differenz um 0,1 Prozentpunkte gegenüber dem Vorjahr	Eine Liquiditätsplanung für das Geschäftsjahr implementieren
Ausgabendeckung	Zuweisungen aus dem Gesundheitsfonds + sonstige Einnahmen/Ausgaben insgesamt	≤ durchschnittlicher GKV-Zusatzbeitragssatz	Eine unterjährige Bilanzierung einführen und, darauf aufbauend, eine Prognose für das Geschäftsjahr erstellen

weiteres strategisches Ziel die **Fehlerminimierung im Kundenkontakt** an. Um dieses Ziel zu erreichen, könnte auf der operativen Ebene das Ziel ausgegeben werden, dass alle Serienbriefe fehlerfrei den Kunden erreichen. Zur Sicherstellung dieses Ziels wird die Maßnahme initiiert, dass alle Serienbriefe mit einem funktionierenden internen Kontrollsystem (IKS) belegt werden, welches die Anzahl der fehlerhaft versendeten Serienbriefe im Verhältnis zu allen Serienbriefen auf 0 % reduziert.

Neben der Kundenperspektive ist es natürlich auch die **Finanzperspektive**, die das Controlling einer Gesetzlichen Krankenkasse im Allgemeinen maßgeblich beeinflusst und aufgrund der zuvor beispielhaft ausgeführten Vision speziell deren zweiten Eckpfeiler bedeutet (Stichwort: Wertbeitrag). Grundsätzlich besteht die Möglichkeit, den Schwerpunkt in der Finanzperspektive in einer Wirtschaftlichkeitsstrategie oder einer Wachstumsstrategie zu setzen. Da das vom Vorstand der Kasse beabsichtigte (Versicherten-)Wachstum durch Fusionen erreicht werden soll, kann sich die Kassenorganisation selbst auf die Verbesserung der Kosten- und Ertragsstruktur fokussieren. Beispiele für strategische Ziele; Messgrößen, operative Ziele und Aktionen sind ▪ Tab. 6.3 zu entnehmen.

In einem ersten Schritt bietet es sich daher an, eine **Deckungsbeitragsrechnung (DBR) pro Versicherten** aufzubauen. Hierbei werden die entstandenen Leistungsausgaben, die von einem Versicherten in einer Zeitperiode (z. B. Geschäftsjahr) verursacht wurden, mit den Zuweisungen, die die Krankenkasse für diesen Versicherten aus dem Gesundheitsfonds für potenzielle Leistungsaufwendungen erhält, saldiert. Dieser saldierte Betrag gibt Aufschluss darüber, ob der Versicherte kostengünstiger (positiver Deckungsbeitrag) oder -intensiver (negativer Deckungsbeitrag) in einer Zeitperiode war, als ein vergleichbarer durchschnittlicher GKV-Versicherter. Für die Akquisitionstätigkeit lässt sich folglich im Vorfeld klarer bestimmen, welche Kundensegmente prioritär von Interesse sind sowie im Nachgang beurteilen, ob die Gewinnung eines Neukunden tatsächlich zum finanziellen Erfolg beigetragen hat. Auch lassen sich konkrete finanzielle Effekte aus der täglich praktizierten Vertragstätigkeit und Leistungssteuerung abbilden und geben zusätzlich Hinweise zur weiteren Vorgehensweise. Als Kennzahl, die Aufschluss über die Gesamtentwicklung geben soll, bietet sich ein durchschnittlicher Deckungsbeitrag pro Versicherten an, der sich dem strategischen Ziel folgend durch die eingeleiteten Aktivitäten im Zeitverlauf positiv entwickeln muss.

Obwohl die **(Netto-)Verwaltungskosten** im Vergleich zu den tatsächlichen Leistungsausgaben ein eher untergeordnetes Finanzvolumen in der Gesetzlichen Krankenversicherung ausweisen, sind diese nicht nur weitestgehend von einer Krankenkasse selbst beeinflussbar, sondern auch von politischem und gesetzgeberischem Interesse. In Anlehnung an die strategische Grundausrichtung bietet es sich von daher an, das strategische Ziel zu verfolgen, diese zumindest unterhalb der Zuweisungen aus dem Gesundheitsfonds für die Verwaltung zu halten oder zu senken. Als unterstützende Instrumente müsste zumindest eine Kosten- und Leistungsrechnung (KORE), die auch vom Gesetzgeber gefordert ist, aufgebaut werden. Idealerweise könnte auch ein Betriebsabrechnungsbogen (BAB) erstellt werden, der in einem ersten Schritt die entstandenen Verwaltungskosten auf die entsprechenden Kundencenter (Geschäftsstellen) verteilt. Diese würden dann in einem zweiten Schritt wiederum auf die Kunden, die in dem jeweiligen Kundencenter betreut werden, z. B. analog dem Verteilungsschlüssel aus dem Gesundheitsfonds (50 % morbiditätsorientiert und 50 % pauschal pro Versichertem) verteilt, sodass eine Deckungsbeitragsrechnung zweiter Ordnung entstehen kann.

Neben einer genaueren Bestimmung des Deckungsbeitrags pro Versichertem könnten damit auch die zukünftigen Verwaltungskosten, die im Rahmen der Akquise eines Neukunden entstehen, näherungsweise ermittelt werden.

Freilich sind in der Finanzperspektive nicht nur für die klassischen Bilanzposten, sondern auch für das tägliche Finanzgeschäft strategische Ziele zu formulieren. Hierbei ist das **Liquiditätsmanagement** (vgl. ► Abschn. 4.2) von besonderer Bedeutung, weil es nicht nur die Aufgabe hat, die Zahlungsfähigkeit einer Krankenkasse sicherzustellen (denn gesetzliche Krankenkassen sind insolvenzfähig), sondern auch darüber hinausgehende liquide Mittel zinsbringend bzw. strafzinsvermeidend anzulegen. Um dieses zu gewährleisten, sollte zunächst eine Liquiditätsplanung für den Folgemonat aufgebaut und implementiert werden. Darauf aufgesetzt wäre auch eine (Grob-)Planung für das folgende Geschäftsjahr – z. B. im Rahmen der Haushaltsplanung – sinnvoll, da eine Prognose, die auch gesetzliche Neuerungen im Liquiditätsbedarf abbildet, das »Überraschungsmoment« deutlich minimiert (z. B. Umstellung von saisonal abhängigen Beitragseingängen auf kontinuierliche Zuweisungen aus dem Gesundheitsfonds). Ein erfolgreiches Liquiditätsmanagement ist jedoch auch immer abhängig von den am Markt üblichen Konditionen, sodass sich als Kennzahl die von der Krankenkasse erwirtschaftete Rendite z. B. im Vergleich zum EURIBOR (ein für Termingelder in Euro ermittelter Zwischenbankenzins) auf Jahresbasis anbietet.

Das finale strategische Ziel in der Finanzperspektive einer Krankenkasse sollte mindestens die **Ausgabendeckung** sein (vgl. § 69 SGB IV). Um den Finanzstand und seine Entwicklung kontinuierlich und zeitnah abzubilden, sollte eine monatliche Bilanzierung (gemäß Standard des Kontenrahmens der Gesetzlichen Krankenversicherung) eingeführt und auf dieser Basis eine Prognose für das Geschäftsjahr (voraussichtliches Rechnungsergebnis) erstellt werden. Als hausinterne Kennzahl sollte der erwirtschaftete Überschuss in € gewählt werden, der unter Berücksichtigung des bereits vorhandenen Vermögens Auskunft darüber gibt, wie hoch der kassenindividuelle Zusatzbeitragssatz ist. Daneben kann der eigene, aus dem Prognoseergebnis rechnerisch ermittelte Zusatzbeitragssatz wiederum mit dem für die GKV prognostizierten durchschnittlichen Zusatzbeitragssatz verglichen werden.

Praktische Erfahrungen mit der BSC haben gezeigt, dass die **Perspektive der internen (Geschäfts-)Prozesse** als Bindeglied zwischen der Kunden- und Finanzperspektive ein entspre-

Tab. 6.4 Perspektive der internen Geschäftsprozesse einer gesetzlichen Krankenkasse

Strategisches Ziel	Messgröße	Operatives Ziel	Aktionen
Standardisierte, manuelle Abläufe automatisieren	Anteil der automatisierten Prozesse an der Gesamtzahl aller automatisierungsfähigen Prozesse	Steigerung der Quote von 50 % (laufendes Jahr) auf 60 % (Planung Folgejahr)	– Einsatz eines Spezialistenteams zwecks Prozessanalyse und -kategorisierung – Intensiver Einsatz von EDV-Lösungen, indem z. B. ein Dokumentenmanagementsystem ab Poststelle eingeführt wird
Nicht wertschöpfende Tätigkeiten reduzieren bzw. beseitigen	Prüfroutinen in nicht kundenrelevanten Prozessen, im Verhältnis zu allen nicht kundenrelevanten Prozessen	Reduzierung der Quote um 10 P. p.	– Kontrollaufgaben in den Prozessen ohne Kundenkontakt auf das gesetzlich vorgeschriebene Maß reduzieren
Wissen über den Kundenstamm aufbauen	Anzahl der Geschäftsprozesse, in denen die Clusterung berücksichtigt wird, im Verhältnis zu allen Geschäftsprozessen	Der Anteil beträgt 70 %	– Definition der einzelnen Kundencluster gemäß Kundenbeziehungserfordernis vornehmen – Aktualisierungsroutinen festlegen – Kundenclusterung in den Kundenprozessen integrieren
Die Arbeitsplätze (»Schreibtisch«) der Mitarbeitenden auf die Arbeitsbedürfnisse und -erfordernisse ausrichten	Notensystem von 1 (optimal) bis 6 (ungeeignet)	Notendurchschnitt von 2,0 (gut)	– Fragenkatalog entwickeln – Befragungsperioden festlegen

chendes Gewicht erlangt. Während auf der einen Seite die Serviceangebote für spezielle Kundengruppen ausgebaut werden sollen, wird es auf der anderen Seite angestrebt, die (Verwaltungs-)Kosten zu senken. In diesem Spannungsfeld kommt es der Prozessperspektive zu, für den notwendigen Ausgleich zwischen den beiden Kernperspektiven zu sorgen. Dies geschieht, indem die

- Dienstleistungsprozesse (Standardisierung/Automatisierung von Prozessen),
- Kundenmanagementprozesse (Prozesse, die den Wert für den Kunden steigern),
- Innovationsprozesse (Prozesse, die neue Dienstleistungen schaffen) und
- sozialen Prozesse (Kontroll- und Sicherheitsprozesse)

das Sowohl-als-auch nachvollziehbar austarieren.

In Tab. 6.4 ist mit Blick auf die bereits mit Leben gefüllten Perspektiven nachfolgende inhaltliche Ausgestaltung möglich.

Zunächst bietet es sich an, das strategische Ziel zu verfolgen, die **internen Abläufe auf eine Eignung zur Automatisierung** hin zu prüfen. Mit Hilfe dieser klassischen Prozessbeschreibungen (Workflow) könnten wiederum IT-Lösungen zum Einsatz gebracht werden, welche die Tagesroutinen von manueller Handhabung befreien und beschleunigen. Angesichts des anhaltenden Fortschritts – insbesondere in der IT – auf der einen und der Änderungen unterworfenen Bearbeitungsinhalte (z. B. durch Gesetzgebung) auf der anderen Seite, müsste diese Prüftätigkeit periodisch wiederholt werden. Ausgehend von der jeweiligen Bestandsaufnahme würde sich eine Kennzahl anbieten, welche die Abweichung von automatisierten zu automatisierungsfähigen Geschäftsprozessen darstellt. Um Aufschluss über die Entwicklung der Automatisierung insgesamt zu geben, wäre es weiterhin sinnvoll, das Verhältnis von automatisierten zu standardisierten Prozessen darzustellen.

Mit der Beschreibung der Geschäftsprozesse könnte weiterhin eine Bewertung derselben vorgenommen werden. Das heißt, dass es ein weiteres strategisches Ziel sein sollte, alle Prozesse oder Teile von **Prozessen, die nicht der Wertschöpfung** dienen, zumindest auf das erforderliche Maß zu reduzieren. Neben Aufgaben, die als »nice to have« deklariert werden können, müssen auch Kontrollaufgaben, die durchaus im Einklang mit gesetzlichen Maßgaben stehen, im Rahmen ihrer Ausführungsintensität auf Sinnhaftigkeit überprüft werden. Als Kennzahl könnte hierbei die Anzahl der Prüfroutinen in den Geschäftsprozessen im Verhältnis zu Anzahl zu allen Prozessen dienen. Da jedoch im konkreten Beispiel beabsichtigt ist, dass Prüfroutinen in kundenrelevanten Prozessen (Stichwort: IKS) aufgebaut werden sollen, beschränkt sich die Kennzahl auf die Messung von Prüfroutinen in nicht kundenrelevanten Prozessen im Verhältnis zu allen nicht kundenrelevanten Prozessen. Um diese Kennzahl als zukunftsgerichteten Leistungstreiber zu definieren, sollte auf einen Soll-Ist-Abgleich mit der operativen Zielsetzung abgestellt werden (= Reduzierung der Quote um 10 %), deren Abweichung auf den Zielerreichungsgrad schließen lässt.

In Kundenmanagementprozessen geht es auch darum **den Kundenstamm (besser) kennenzulernen**. Als Auftakt ist sicherlich eine Clusterung des Kundenstamms (z. B. A-B-C) nach kassenindividuellen Kriterien sinnvoll. Nachdem der Aufbau der Clusterung gelungen ist, sollte diese auch im Tagesgeschäft ihren Eingang finden. Um den Einsatz im Tagesgeschäft messbar zu machen, kann z. B. eine Kennzahl, die den Anteil der Geschäftsprozesse mit und ohne Clusterung misst, erhoben werden. Wie im vorangegangenen Abschnitt beschrieben, ist auch in diesem Fall ein Soll-Ist-Abgleich, der auf operative Zielsetzungen abstellt, sinnvoll.

Neben der Analyse und Umgestaltung von Prozessen hat die Praxis gezeigt, dass **die Arbeitsplätze der Mitarbeitenden** gleichsam auch als Basis einer erfolgreichen Prozessgestaltung angesehen werden müssen. Eine periodisch durchgeführte Mitarbeitendenbefragung, die zum Ziel hat, Bedürfnisse und Erfordernisse am Arbeitsplatz zu erfragen, hat sich als erfolgreiches Instrument entpuppt. Um die Ergebnisse der Befragung messbar zu machen, kann ein Punktesystem entwickelt werden, an dessen Ende eine Notenvergabe steht. Dass die Mitarbeitenden ihre Arbeitsplätze im Durchschnitt als gut ausgestattet einschätzen, kann dann z. B. als operatives Ziel ausgegeben werden.

Auch wenn die **Lern- und Entwicklungsperspektive** als Letzte der vier Perspektiven vorgestellt wird, sollte ihr Gewicht nicht unterschätzt werden. Denn sie ist als langfristige Quelle des Unternehmenserfolges anzusehen. Um sich ihr in der praktischen Umsetzung zu nähern, muss zunächst eine strategische Grundausrichtung gefunden werden für

- das Humankapital (die Mitarbeitenden),
- das Informationskapital (das IT-Portfolio, Datenbanken) und
- das Organisationskapital (die Kultur), die für die Realisierung der Vision besonders relevant sind.

Daraus werden dann die strategischen Ziele etc. abgeleitet. Dies könnte für das Controlling, wie in ◘ Tab. 6.5 dargestellt, ausgestaltet werden.

1. Als erstes strategisches Ziel wäre eine **zweckmäßige Personalentwicklung** erforderlich, deren Aufgabe darin besteht, Weiterbildungsmaßnahmen zu implementieren, welche sich – angesichts der hier formulierten Vision – im Wesentlichen mit der Kundenorientierung befassen. Für das Controlling des auf Personalentwicklung ausgerichteten strategischen Ziels bietet sich eine Kennzahl an, welche zunächst die Anzahl der Weiterbildungsmaßnahmen, die sich mit der Kundenorientierung befassen, an der Gesamtzahl aller Weiterbildungsmaßnahmen beschreibt. Um die dadurch ermittelte (rückwärtsgewandte) prozentuale Quote als zukunftsgerichteten Leistungstreiber zu gestalten, ist es weiter-

Tab. 6.5 Lern- und Entwicklungsperspektive einer gesetzlichen Krankenkasse

Strategisches Ziel	Messgröße	Operatives Ziel	Aktionen
Die Weiterbildungsmaßnahmen auf Kundenorientierung ausrichten (Humankapital)	Anzahl dieser Maßnahmen an der Gesamtzahl aller Weiterbildungsmaßnahmen	70 % der Maßnahmen sind für die Förderung der Kundenorientierung durchzuführen	– Weiterbildung für Mitarbeitende einführen, welche die Notwendigkeit der Kundenorientierung vermitteln – Weiterbildung für Mitarbeitende einführen, welche die praktische Umsetzung der Kundenorientierung befördern – Weiterbildung einführen, welche die Kundenorientierung in der täglichen Arbeit erhalten
Die Motivation der Mitarbeitenden steigern (Humankapital)	Fluktuationsquote	Reduzierung der Quote um 10 %	– Transparente Erfolgsprämien für die Zielerreichung einführen – Mitarbeitende in die Projektarbeit verantwortlich einbinden
Die Kommunikation zwischen den einzelnen Organisationseinheiten ausbauen (Organisationskapital)	Anteil der interdisziplinären Fachmeetings an der Gesamtzahl aller Meetings	Steigerung der Quote um 50 %	– Die Themen aller Meetings sowie die dort erarbeiteten Lösungen (Vorschläge) richten sich am Erreichen der Vision aus
Die Reaktionsgeschwindigkeit erhöhen (Informationskapital)	Anzahl der im CRM-System aktualisierten Kundenstammdaten, im Verhältnis zu allen Kundenstammdaten im CRM-System	70 % der Kundenstammdaten sind p. a. zu aktualisieren	– Prozessumgestaltungen – Kontinuierliches Coaching der Mitarbeitenden

hin notwendig, die operative Zieldefinition als Vergleichsparameter zu berücksichtigen. Dieser Soll-Ist-Abgleich führt dann zu einer (Abweichungs-)Kennzahl, welche die noch erforderlichen Aktivitäten operationalisiert.

2. Als zweites strategisches Ziel wäre es sicherlich notwendig, die **Motivation der Mitarbeitenden zu steigern**, nicht nur um deren Produktivität zu erhöhen, sondern auch um die anstehende Veränderung bewältigen zu können. Hierbei wäre es von Vorteil, die Mitarbeitenden in die anstehende Projektarbeit einzubinden. Darüber hinaus könnte die mit der BSC beschriebenen Ziele bzw. Zielerreichungsgrade an Erfolgsprämien gekoppelt werden, um eine generell motivierende Akzeptanz zu schaffen. Als Kennzahl würde sich die Fluktuationsquote (als Teil der Fluktuationsstatistik) anbieten, da sie zu den ständig verfügbaren Kennzahlen einer Personalstatistik gehört und als Prozentzahl Auskunft über die Abgänge der Belegschaft pro Betrachtungszeitraum gibt. Hieraus könnte wiederum eine bereinigte Fluktuationsquote gebildet werden, die sich aus der Differenz zwischen »normalen« und situationsbedingten Abgängen berechnet. Um diese Kennzahl als zukunftsgerichteten Leistungstreiber zu definieren, sollte ebenfalls auf einen Soll-Ist-Abgleich mit der operativen Zielsetzung abgestellt werden (= Reduzierung der Quote um 10 %), deren Abweichung auf den Zielerreichungsgrad schließen lässt. Neben der Fluktuationsquote, wäre als zusätzliche Kennzahl sicherlich die Gesundheits-

quote (= Anteil der gesunden Mitarbeiter am Gesamtbestand) verfügbar.

3. Als drittes strategisches Ziel bietet es sich an, die **Kommunikation zwischen den einzelnen Organisationseinheiten zu erhöhen**, insbesondere deshalb, weil sich damit klassische Schnittstellenprobleme routinemäßig beheben lassen. Dabei wird es vor allem von Bedeutung sein, die Themen aller Besprechungen sowie die dort erarbeiteten Lösungen auf die Steigerung des Unternehmenswertes auszurichten. Als Kennzahl könnte der Anteil der interdisziplinären Fachbesprechungen an der Gesamtzahl aller Besprechungen herangezogen werden. Um Vermeidungsstrategien seitens der Belegschaft gerade zu Beginn der Umsetzung der Vision vorzubeugen, könnte in Erweiterung dieser Kennzahl eine qualitative Auswertung der zu den Besprechungen erstellten Ergebnisprotokolle erfolgen, welche die Klassifizierung der Besprechungen unterstützt.
4. Das vierte strategische Ziel setzt sich konkret mit der **zeitnahen Realisierung von Kundenwünschen** auseinander. Als Vorgabe wäre denkbar, dass die Kundenstammdaten allzeit aktuell gehalten werden, damit eine zeitlich direkte Ansprache des Kundenstamms (z. B. per E-Mail oder Telefon) möglich ist. Um die Aktualität der Stammdaten messen zu können, kann als Kennzahl die Anzahl der im CRM-System aktualisierten Kundenstammdaten im Verhältnis zu allen Kundenstammdaten im CRM-System genutzt werden. Um diese Kennzahl zukunftsgerichtet auszugestalten, empfiehlt sich eine prozentuale Vorgabe, die von den Mitarbeitenden der Kasse eingehalten werden muss (Soll-Ist-Abgleich).

Sicherlich könnte eine BSC in der Praxis durch weitere Perspektiven ergänzt werden. So ist z. B. eine Umweltperspektive möglich, die der Abhängigkeit der Krankenkassen von gesetzlichen Regelungen stärker Rechnung trägt (Stichwort: Lobbyarbeit). Auch könnte die dargestellte Kundenperspektive aufgefächert werden in eine Kundenperspektive, die sich insbesondere mit strategischen Zielen rund um die Versichertengemeinschaft befasst, und einer Lieferantenperspektive, die sich mit den Erfordernissen der vorgegebenen (Dienst-)Leistungen, auch im Zusammenspiel mit den jeweiligen Verbänden (Stichwort: Rahmenverträge), auseinandersetzt.

- **Einsatz einer geeigneten BSC-Informationsplattform**

Um die Inhalte der BSC dauerhaft erfolgreich in der Kasse zu kommunizieren, bedarf es einer geeigneten Informationsplattform. Auf dem Software-Markt werden von verschiedenen Firmen Produkte angeboten, die eine Komplettlösung rund um die BSC (einschließlich einer Informationsplattform) beinhalten. Natürlich gibt es auch die Möglichkeit, eine hauseigene Lösung mit Hilfe eines Open Source Produktes zu entwickeln.

Als praxisnahes Beispiel wurden die zuvor dargestellten Perspektiven (◘ Tab. 6.2 bis 6.5) in ein solches Produkt (Eigenentwicklung einer gesetzlichen Krankenkasse) eingefügt und in der folgenden Abbildung als Strategy Map aufgebaut (◘ Abb. 6.3).

Die obige Abbildung der Strategy Map zeigt, dass die strategischen Ziele sowohl mit Ampeln als auch mit Trendpfeilen ausgestattet sind. Die Boxen mit den strategischen Zielen können durch den Anwender innerhalb der Strategy Map beliebig verschoben werden. Die Verbindungen bleiben dabei bestehen. Dies ermöglicht, die Zielbeziehungen aus verschiedenen Blickwinkeln zu betrachten. Die Pfeile zwischen den strategischen Zielen symbolisieren dabei die wichtigsten Ursache-Wirkungs-Beziehungen. Beim Überfahren der Pfeile mit dem Mauszeiger wird ein Hinweis zur Wirkrichtung und zur Stärke des Zusammenhangs zwischen den strategischen Zielen aufgeblendet. Die Ampeln (Hintergrund zu den Trendpfeilen) stellen den Zielerreichungsgrad des Ziels dar (z. B. Schwellenwerte: ≥ 100 % = grün; 70 % ≤ 100 % = gelb; < 70 % = rot). Die Trendpfeile zeigen die Entwicklung zum jeweiligen letzten Stichtag (meist monatliche Erhebungsfrequenz) an. Ziel der entwickelten Darstellung ist es, der Unternehmensführung auf einen Blick die wesentlichen

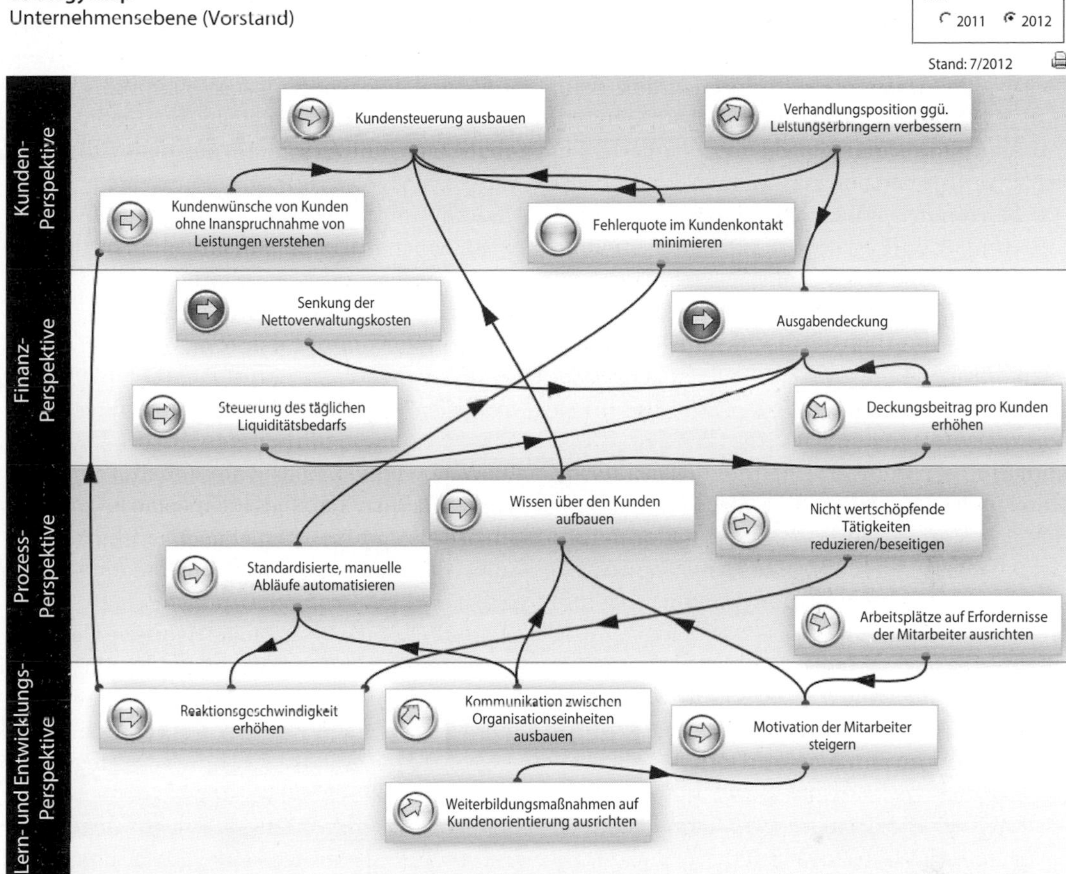

Abb. 6.3 Strategy Map einer Balanced Scorecard

Informationen anhand der Ableitung aus der Strategie einfach und nachvollziehbar zu veranschaulichen. Mit einem Doppelklick auf das strategische Ziel werden weitere Informationen graphisch eingeblendet, z. B. die Zusammensetzung der Messgrößen eines strategischen Ziels.

Für Endanwender und -anwenderinnen sind auf einen Blick tabellarisch die strategischen Ziele (Abb. 6.4), Messgrößen, Einheiten der Messgrößen, Basiswerte (Startwerte), Zielwerte, Ist-Werte und Zielerreichungsgrad zu erkennen. Der Zielerreichungsgrad ist ebenfalls farblich mit der bekannten Einstufung hinterlegt. Darüber hinaus wird direkt ein Trendverlauf angezeigt. Dieser kann vergrößert werden, sodass der Anwender/die Anwenderin die Informationen der Scorecard im Längsschnitt erhält. Für einen besseren Überblick werden sowohl die (kumulierten) Ist- und Sollwerte, als auch der Zielerreichungsgrad graphisch veranschaulicht. Zu jedem Datenpunkt werden beim Überfahren mit der Maus noch die konkreten Werte aufgeblendet. Auch die Darstellung von jahresübergreifenden Trends ist möglich.

Zur durchgängigen Implementierung der BSC-Logik in einer gesetzlichen Krankenkasse bedarf es auch einer an Anwendern und Anwenderinnen orientierten, funktionsfähigen Informationsplattform. Diese ist somit neben anderen gewichtigen Punkten eine weitere kritische Erfolgsgröße bei der Einführung bzw. im Echtbetrieb einer gesetzlichen Krankenkasse.

6

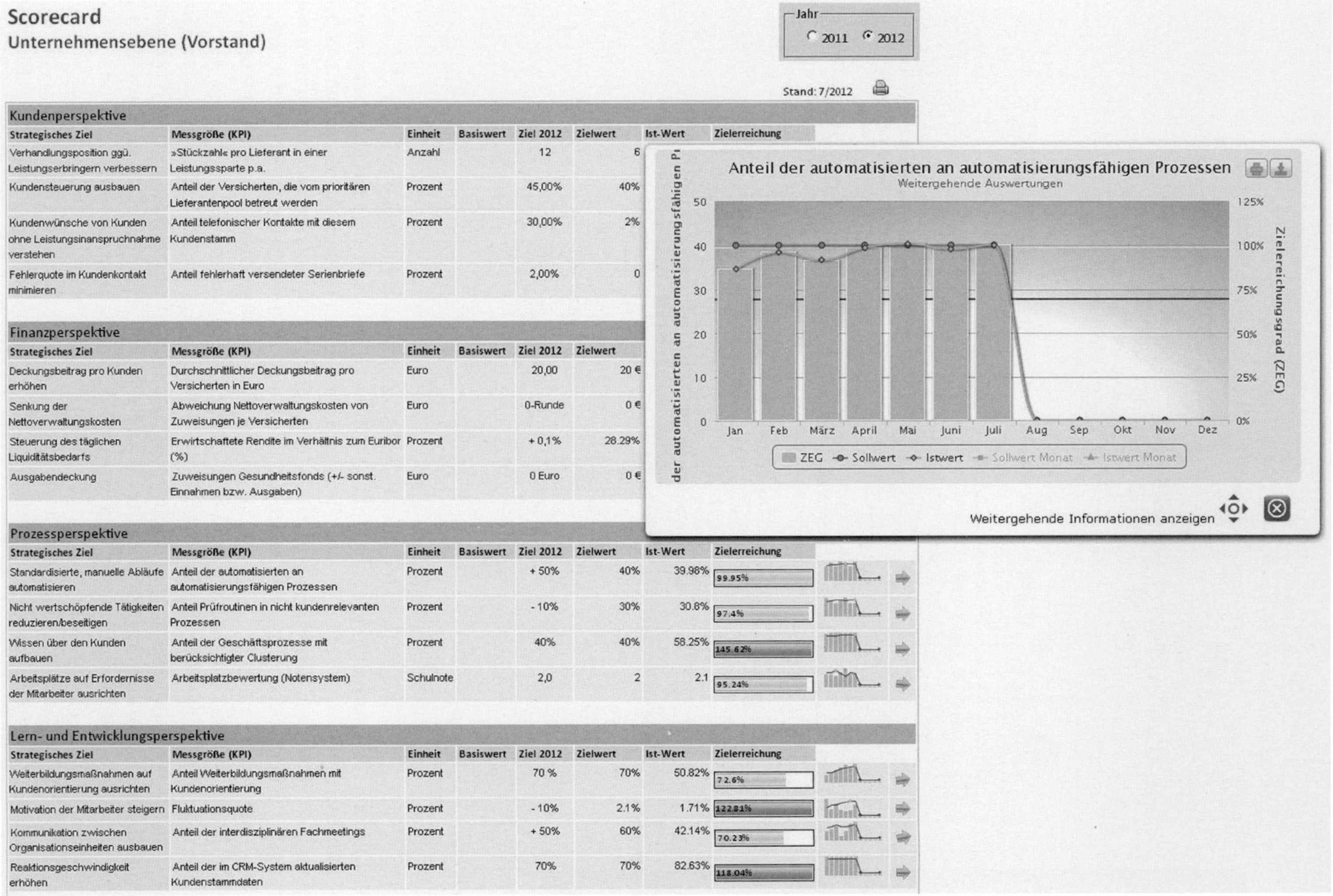

Scorecard
Unternehmensebene (Vorstand)

Jahr: 2011 / 2012

Stand: 7/2012

Kundenperspektive

Strategisches Ziel	Messgröße (KPI)	Einheit	Basiswert	Ziel 2012	Zielwert	Ist-Wert	Zielerreichung
Verhandlungsposition ggü. Leistungserbringern verbessern	»Stückzahl« pro Lieferant in einer Leistungssparte p.a.	Anzahl		12	6		
Kundensteuerung ausbauen	Anteil der Versicherten, die vom prioritären Lieferantenpool betreut werden	Prozent		45,00%	40%		
Kundenwünsche von Kunden ohne Leistungsinanspruchnahme verstehen	Anteil telefonischer Kontakte mit diesem Kundenstamm	Prozent		30,00%	2%		
Fehlerquote im Kundenkontakt minimieren	Anteil fehlerhaft versendeter Serienbriefe	Prozent		2,00%	0		

Finanzperspektive

Strategisches Ziel	Messgröße (KPI)	Einheit	Basiswert	Ziel 2012	Zielwert
Deckungsbeitrag pro Kunden erhöhen	Durchschnittlicher Deckungsbeitrag pro Versicherten in Euro	Euro		20,00	20 €
Senkung der Nettoverwaltungskosten	Abweichung Nettoverwaltungskosten von Zuweisungen je Versicherten	Euro		0-Runde	0 €
Steuerung des täglichen Liquiditätsbedarfs	Erwirtschaftete Rendite im Verhältnis zum Euribor (%)	Prozent		+ 0,1%	28.29%
Ausgabendeckung	Zuweisungen Gesundheitsfonds (+/- sonst. Einnahmen bzw. Ausgaben)	Euro		0 Euro	0 €

Prozessperspektive

Strategisches Ziel	Messgröße (KPI)	Einheit	Basiswert	Ziel 2012	Zielwert	Ist-Wert	Zielerreichung
Standardisierte, manuelle Abläufe automatisieren	Anteil der automatisierten an automatisierungsfähigen Prozessen	Prozent		+ 50%	40%	39.98%	99.95%
Nicht wertschöpfende Tätigkeiten reduzieren/beseitigen	Anteil Prüfroutinen in nicht kundenrelevanten Prozessen	Prozent		- 10%	30%	30.8%	97.4%
Wissen über den Kunden aufbauen	Anteil der Geschäftsprozesse mit berücksichtigter Clusterung	Prozent		40%	40%	58.25%	145.62%
Arbeitsplätze auf Erfordernisse der Mitarbeiter ausrichten	Arbeitsplatzbewertung (Notensystem)	Schulnote		2,0	2	2.1	95.24%

Lern- und Entwicklungsperspektive

Strategisches Ziel	Messgröße (KPI)	Einheit	Basiswert	Ziel 2012	Zielwert	Ist-Wert	Zielerreichung
Weiterbildungsmaßnahmen auf Kundenorientierung ausrichten	Anteil Weiterbildungsmaßnahmen mit Kundenorientierung	Prozent		70 %	70%	50.82%	72.6%
Motivation der Mitarbeiter steigern	Fluktuationsquote	Prozent		- 10%	2.1%	1.71%	122.81%
Kommunikation zwischen Organisationseinheiten ausbauen	Anteil der interdisziplinären Fachmeetings	Prozent		+ 50%	60%	42.14%	70.23%
Reaktionsgeschwindigkeit erhöhen	Anteil der im CRM-System aktualisierten Kundenstammdaten	Prozent		70%	70%	82.63%	118.04%

Abb. 6.4 Beispiele für Strategische Ziele und Messgrößen einer Balanced Scorecard

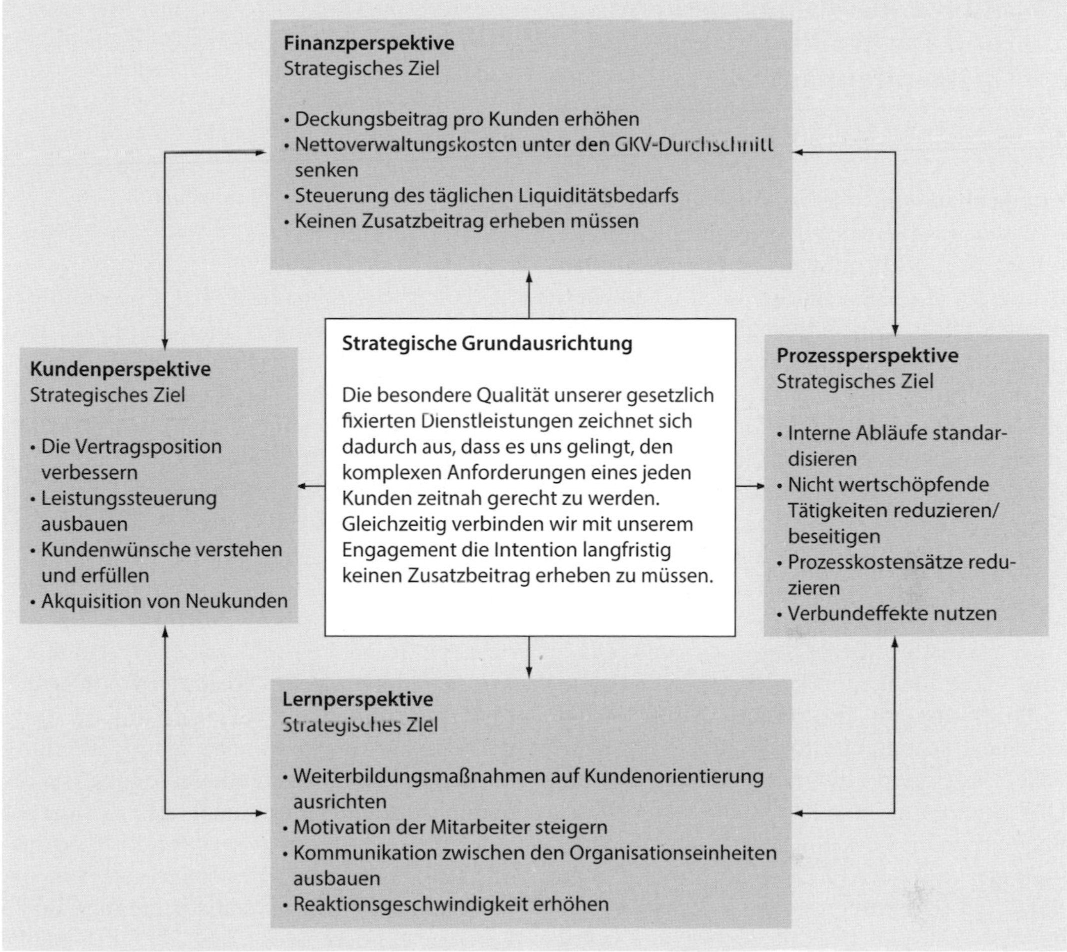

Abb. 6.5 Exemplarische BSC für eine gesetzliche Krankenkasse

- **Ein ordnender Rahmen für gesetzliche Krankenkassen**

Insgesamt wird deutlich, dass die BSC in der Welt der Gesetzlichen Krankenversicherung einen ordnenden Rahmen für ein sinnvolles strategisches Controlling schaffen kann, sofern der Vorstand einer Krankenkasse eine strategische Grundausrichtung definiert, auf deren Basis innerhalb der verschiedenen Perspektiven adäquate strategische Ziele formuliert werden können (Abb. 6.5).

Es zeigt sich, dass die mit den benannten strategischen Zielen jeweils verbundenen Kennzahlen, welche als zukunftsgerichtete Leistungstreiber fungieren können, weitestgehend in der Gesetzlichen Krankenversicherung verankert sind. Darüber hinaus könnten zusätzliche Kennzahlen für die verschiedenen Perspektiven definiert werden, sofern eine stärkere betriebswirtschaftliche Ausrichtung vom Vorstand vorgegeben wird. Mithilfe einer geeigneten Informationsplattform besteht schließlich die Möglichkeit, den Kassenmitarbeitenden einen kontinuierlichen Überblick über das Erreichen ihrer Ziele zu bieten und so die Akzeptanz gegenüber der BSC nachhaltig zu fördern.

6.3 Informationsmanagement und Controlling in Krankenhäusern

Steffen Fleßa, Wolfgang Weber

Krankenhauscontroller ist ein neuer Beruf, der sich seit Einführung des Gesundheitsstrukturgesetzes 1993 stürmisch entwickelt hat. Bis heute ist die Nachfrage nach Controllern in stationären Gesundheitseinrichtungen ungebrochen, und die Stellenanzeigen in den Krankenhausfachzeitschriften »KU-Gesundheitsmanagement«, »Das Krankenhaus« und »Führen und Wirtschaften im Krankenhaus« werden immer zahlreicher, da viele Hospitäler Krankenhauscontroller einstellen wollen. Es scheint, als ob der Bedarf an dieser Berufsgruppe in der Medizin auch in absehbarer Zeit noch groß sein wird.

Umso erstaunlicher ist jedoch, dass bislang eine klare Definition des Krankenhauscontrollings aussteht. Betrachtet man die Stellenanzeigen, so nehmen Krankenhauscontroller viele Positionen und Hierarchieebenen ein. Das Spektrum erstreckt sich vom Finanzbuchhalter bis zum Kodierer, vom Qualitätsmanager bis zum EDV-Beauftragten, vom Personalfachmann bis zum internen Unternehmensberater. Die hierarchische Einordnung reicht von niedrigeren Linienstellen über Stabsstellen hin zu Leitungsstellen. Controlling im Krankenhaus bedarf dringend einer Definition und Synchronisation mit dem betriebswirtschaftlichen Controllingbegriff.

Bislang wird diese Aufgabe jedoch weder von der Praxis noch von der Wissenschaft zufriedenstellend erfüllt. Controlling wird entweder zur Funktion, wie z. B. der Kostenrechnung, degradiert oder aber mit Management gleichgesetzt und damit seines Propriums beraubt.

> **Controlling**, Kuntz definiert beispielsweise in seinem Buch »Krankenhauscontrolling in der Praxis« Controlling als »Planung und Steuerung der Prozesse nach betriebswirtschaftlichen Kriterien« (Kuntz 2002), eine Definition, die kaum einen Unterschied zwischen Controlling und Management erlaubt. Und die Liste der Aufgaben und Instrumente von Krankenhauscontrollern, die Schirmer (2017) dieser Berufsgruppe zuweist, umfasst alle Aufgaben und Methoden, die der Betriebswirtschaft insgesamt zur Verfügung stehen.

In diesem Beitrag werden das Proprium des Controllings im Krankenhaus expliziert und einige wichtige Instrumente diskutiert. Der Leser muss sich vergegenwärtigen, dass Controlling im Krankenhaus eine Innovation bedeutet, die sich noch nicht überall als Routinelösung durchgesetzt hat, so wie insgesamt Controlling ein junges Forschungs- und Praxisfeld darstellt. Controlling hat sich außerhalb des Gesundheitswesens in den 50er-Jahren des letzten Jahrhunderts entwickelt. Sein ursprüngliches Feld war die Kostenrechnung, und nicht selten wurde die klassische Abteilung für Kostenrechnung einfach in eine Controllingabteilung umbenannt (sowie manche Absatzabteilung in dieser Zeit zur Marketingabteilung wurde, ohne essenziell Unterschiedliches zu tun). In den 1960er-Jahren wurde dann das Controlling um das gesamte Berichtswesen bzw. die betriebswirtschaftliche Statistik ergänzt. Beide Bereiche fanden jedoch erst 30 Jahre später Eingang in die Krankenhäuser. Viele Hospitäler sind auf dieser Ebene stehen geblieben, sodass Krankenhauscontroller in der Praxis v. a. Kosten- und Leistungsrechnung durchführen.

Der nächste Schritt in der Reifung des Controllings war die Entwicklung einer wissenschaftlichen Controllingkonzeption im Sinne einer umfassenden Koordination und Information im Unternehmen während der 1970er- und 1980er-Jahre. Information wurde als Produktionsfaktor entdeckt, Managementinformationssysteme bis hin zu Entscheidungsunterstützungssystemen entwickelt. Hier waren die Krankenhäuser etwas schneller in der Adaption. Sie verfügen durch die medizinische Dokumentationspflicht über große Datenmengen, die sie jedoch nur spärlich analysieren konnten. Deshalb entwickelte sich die medizinische Informatik schnell zu einem anerkannten und praxisrelevanten Wissenschaftszweig, der große Nähe zum Controlling aufweist. Echte Entscheidungsunterstützungssysteme für das Topmanagement der Krankenhäuser sind zwar bis heute selten, aber Controller übernehmen immer mehr Aufgaben der zentralen Informationsbeschaffung für die Krankenhausleitung.

Die Entwicklung hin zu einem **strategischen Controlling**, die in der Industrie während der 70er- und 80er-Jahre stattfand, wurde jedoch im Krankenhaus bislang kaum nachvollzogen. Controller sind mit wenigen Ausnahmen von der Gestaltung der Unternehmenspolitik ausgeschlossen und bislang kaum von Bedeutung für die langfristige Anpassung an Umweltveränderungen, da das strategische Denken erst mit vorsichtigen Schritten Einzug in die Krankenhäuser findet. Langsam erst geht der Planungshorizont der Krankenhäuser über das mit den Krankenkassen ausgehandelte Jahresbudget hinaus, langsam entwickelt sich ein **Qualitätscontrolling**, ein **Personalcontrolling**, ein Leistungscontrolling, ein **Benchmarking** etc., das sich an langfristigen Perspektiven orientiert. Krankenhauscontrolling ist derzeit im Großen und Ganzen operativ.

In der betriebswirtschaftlichen Theorie (z. B. Klein und Scholl 2011) finden sich drei grundsätzliche **Konzeptionen des Controllings**: (1) Zum einen wird Controlling als Informationswirtschaft verstanden. Der Controller ist der »Zahlenknecht«, der eine **Servicefunktion** für das Unternehmen wahrnimmt. Dies impliziert eine große Nähe zum Krankenhausinformationssystem auf EDV-Basis. (2) Umfassender kann Controlling als Wahrnehmung der **Koordinationsfunktion** im Unternehmen verstanden werden, und zwar Koordination zwischen den Managementfunktionen Planung, Organisation, Personalauswahl, Personalführung, Kontrolle (**horizontale Koordination**), zwischen den Managementebenen (**vertikale Koordination**) und zwischen den zeitlichen Ebenen (**zeitliche Koordination**). Die Informationswirtschaft ist damit ein Teilgebiet des Controllings, sie wird jedoch in den Dienst der Koordination gestellt. (3) Schließlich wird Controlling mit **Unternehmensführung** gleichgesetzt.

Im Folgenden wird – wie im gesamten Buch – Controlling als die Wahrnehmung der Koordinationsfunktion verstanden. Die reine Bereitstellung von Information ist nur dann Controlling, wenn sie der Abstimmung von Plänen, Prozessen oder Ergebnissen dient. Krankenhauscontrolling erfährt damit eine Aufwertung gegenüber der Praxis des »Zahlenknechtes«, weil es wie Planung, Organisation, Personalführung, Personalauswahl und Kontrolle eine eigenständige Managementfunktion ist. Koordination bzw. Controlling ist Aufgabe jeder Führungskraft, die Controllingabteilung stellt lediglich Instrumente für die Wahrnehmung dieser Aufgabe zur Verfügung. Nach dieser Controllingkonzeption umfasst das Controlling gleichzeitig die Informationsversorgungsfunktion, da die Koordination evidenzbasiert sein muss, was nur auf Grundlage einer soliden Datenbasis möglich ist.

Nach dieser definitorischen Einordnung werden im nächsten Abschnitt die Notwendigkeit und die gesetzlichen Voraussetzungen des Controllings betrachtet. Im zweiten Abschnitt folgt die praktische Umsetzung im operativen Controlling. Dieser Teil hat ein großes Gewicht, da er die derzeitige Praxis und die zukünftigen Herausforderungen aufzeigt. Im letzten Teil wenden wir uns dem strategischen Controlling zu und diskutieren Instrumente, die zwar bislang im Krankenhauswesen selten angewendet, jedoch in Zukunft von großer Bedeutung sein werden.

6.3.1 Gesetzliche und strukturelle Rahmenbedingungen

Die strukturellen Veränderungen der Krankenhauslandschaft erfordern ein umfassendes operatives und strategisches Controlling. Die wichtigsten derartigen Änderungen sind:

- Konzentrationsprozesse,
- Dezentralisierung,
- Ausweitung des Planungshorizonts.

Die durchschnittliche Betriebsgröße der deutschen Krankenhäuser ist in den letzten Jahren gestiegen. Dies führt zu einem überproportionalen **Bedarf an Koordination**, sodass dem Krankenhauscontrolling als Koordinator eine Schlüsselrolle im Management zukommt.

Verstärkt wird dieser Effekt noch durch einen grundlegend erhöhten Koordinationsbedarf in Krankenhäusern als Betriebstyp mit sehr heterogener Leitungsstruktur. Ärzte, Psychologen, Pflege-, Verwaltungs- bzw. Funktionskräfte, etc. haben sehr unterschiedliche Vorstellungen von der Krankenhausführung. Hinzu kommt eine einflussreiche Trägerstruktur. Insbesondere kirchliche Träger fordern, dass ihr **spezifisches Wertesystem** umgesetzt wird. In der Vielzahl von Stakeholdern, Werten, Zielen und Auffassungen kommt es leicht zu Missverständnissen, die der Abstimmung auf ein gemeinsames Ziel hin entgegenstehen. Die Vermeidung oder Lösung eines Konfliktes zwischen Medizin und Pflege, zwischen Patientenbezogenheit und Deckungsbeitrag, zwischen Theologie und Sachgerechtigkeit erfordert eine intensive Koordination, die nur durch das Controlling wahrgenommen werden kann.

Weiterhin hat der **Delegationsgrad** innerhalb der Krankenhäuser in den letzten Jahren stark zugenommen. Im Rahmen von Dezentralisierungsprozessen werden Stationen immer stärker zu Profit Centers, ganze Organisationen mutieren zu fraktalen Unternehmen. Nicht nur Klinikketten, sondern auch größere Einzelkrankenhäuser werden divisional organisiert, um mehr Entscheidungsfreiheit, Motivation und Basisnähe in den Kliniken zu ermöglichen. Die Gefahr dieser Entwicklung besteht darin, dass die einzelnen Einheiten in ihrem Abteilungsegoismus das Gesamtziel aus den Augen verlieren. Deshalb wird es notwendig, die Aktivitäten der einzelnen Einheiten zu koordinieren. Diese Aufgabe fällt dem Controlling zu.

Schließlich hat sich der Planungshorizont der Krankenhäuser von der magischen Jahresbudgetplanung hin zu mehrjährigen Planungen verschoben. Die Einführung der Diagnosis Related Groups (DRGs) mit einer Konvergenzphase bis 2009 bzw. 2010 (vgl. ► Abschn. 2.3) war für viele Krankenhäuser der erste zwingende Anlass, sich mit Planungen jenseits der Jahresgrenze auseinanderzusetzen. Die Zukunft gehört zweifelsohne den strategischen Planern, die ihre Geschäftsfelder über Jahrzehnte hinweg geistig vorwegnehmen und ihre Investitionen am freien Kapitalmarkt langfristig finanzieren, obschon die duale Krankenhausfinanzierung weiter Bestand hat und die Krankenhausträger zumindest teilweise aus ihrer Investitionsverantwortung entlassen werden. Die Aufnahme der langfristigen Planung zusätzlich zu der bestehenden kurz- und mittelfristigen Planung erfordert jedoch eine Koordination dieser Pläne. Einzelpläne müssen in ihrer Wichtigkeit abgestuft und Unternehmensgesamtmodelle entwickelt werden. Diese Aufgaben sind dem Controlling zuzuordnen.

Die strukturellen Rahmenbedingungen verlangen folglich die Entwicklung und Intensivierung des Krankenhauscontrollings. Ein weiterer Impulsfaktor für die Stärkung der Controllingabteilungen in den Krankenhäusern sind zudem die gesetzlichen Anforderungen. Im Prinzip ist das Controlling ein Instrument des internen Managements, das wie die anderen Managementinstrumente keiner gesetzlichen Regelung unterliegt. In der Praxis übernimmt insbesondere das operative Krankenhauscontrolling jedoch zahlreiche Aufgaben, die gesetzlich vorgeschrieben sind. Eine kurze Erörterung der gesetzlichen Vorgaben ist deshalb unabdingbar.

Mit dem Gesundheitsstrukturgesetz 1993 (GSG 93) wurden wichtige Änderungen an der Krankenhausbuchführungsverordnung (KHBV), dem Krankenhausfinanzierungsgesetz (KHG), der Bundespflegesatzverordnung (BPflV), der Abgrenzungsverordnung (AbgrV) und dem Fünften Sozialgesetzbuch (SGB V) vorgenommen (vgl. Keun und Prott 2008). Insbesondere wurde die Einführung einer Kosten- und Leistungsrechnung (vgl. auch Schirmer 2017) als Kern eines operativen Krankenhauscontrollings vorgeschrieben (mit Ausnahme von Krankenhäusern bis 100 Betten). Der Kontenrahmen nach Krankenhausbuchführungsverordnung (Anlage 4 und 5) beinhaltete zwar bereits eine Kostenartenrechnung (Klasse 4–8) sowie eine Betriebsbuchhaltung (Klasse 9), die sich in der Praxis jedoch auf eine Kostenstellenrechnung erschöpfte. Eine Kostenträgerrechnung existierte nur in Ausnahmefällen.

Die Einführung von Sonderentgelten und Fallpauschalen sowie die Ermittlung der

Selbstkosten der Leistungen ab 1993 überforderten deshalb die meisten Krankenhäuser. Beispielsweise wurde 1993 vorgesehen, die Selbstkosten der durch Fallpauschalen und Sonderentgelte abgerechneten Patienten von den Gesamtkosten abzuziehen (Kostenausgliederung), um die pflegesatzrelevanten Kosten zu ermitteln, aus denen sich die Pflegesätze berechnen ließen. Bis zum Jahr 2000 vollzog jedoch noch immer die überwiegende Zahl der Krankenhäuser einen Erlösabzug, d. h., statt der tatsächlich angefallenen Ressourcenverbräuche wurden die Erlöse zur Ermittlung der pflegesatzfähigen Kosten abgezogen, sodass Verluste im Fallpauschalen- und Sonderentgeltbereich durch höhere Pflegesätze ausgeglichen wurden. Der Erlösabzug führte damit den Willen des Gesetzgebers, Anreize zur Effizienz zu geben, ad absurdum.

Gemäß § 8 der Krankenhausbuchführungsverordnung bestehen die in der Übersicht genannten **Aufgaben für die Kosten- und Leistungsrechnung in Krankenhäusern**.

Aufgaben der Kosten- und Leistungsrechnung im Krankenhaus

- Betriebsinterne Steuerung
- Beurteilung der Wirtschaftlichkeit und Leistungsfähigkeit
- Ermittlung der pflegesatzfähigen Kosten
- Erstellung der Leistungs- und Kalkulationsaufstellung als Grundlage der Entgeltverhandlung mit den Krankenkassen

Es wird damit deutlich, dass das Krankenhauscontrolling erstens in der Kosten- und Leistungsrechnung ihr primäres Feld mit großem Aufgabenspektrum fand, und zweitens der Krankenhauscontroller überwiegend als »Zahlenknecht« für die Entgeltverhandlungen fungierte. Die Einführung der Diagnosis Related Groups (DRG) sowie der entsprechenden Formblätter (Aufstellung der Entgelte und Budgetberechnung) für die Entgeltverhandlungen mit den Krankenkassen seit 2004 hat diese Entwicklung noch verstärkt.

Trotz dieser Indienstnahme des Controllings durch den Gesetzgeber erkennen immer mehr Krankenhausmanager den **Wert des Controllings** für die Unternehmensführung. Controlling wird als Erfolgsfaktor identifiziert. Beispielsweise wird die Vor- und Nachkalkulation von Fällen nicht nur als lästige Pflicht gegenüber den Krankenkassen gesehen, sondern als Voraussetzung für eine Produktionsprogrammplanung unter DRGs. Die Auswahl von deckungsbeitragsstarken Fällen, die Spezialisierung bei gleichzeitiger Aufrechterhaltung des Versorgungsauftrages im räumlichen Verbund sowie die vertikale Integration sind nur möglich, wenn ausreichend Daten für die Entscheidungsfindung zur Verfügung stehen. Die Kosten- und Leistungsrechnung wird damit zu einer selbständigen Funktion, mit deren Hilfe Erlös-, Leistungs- und Geschäftsfeldplanung sowie die Planung von Akquisition und Merger koordiniert werden. Hier beginnt das »echte« Controlling im Krankenhaus im Sinne einer **evidenzbasierten Koordination** der Unternehmensebenen, -prozesse und -pläne.

Organisatorisch entwickelt sich deshalb das Controlling auch immer mehr zu einer eigenen Abteilung im Krankenhaus, die nicht nur der Kostenrechnung zugeordnet wird. Das Krankenhauscontrolling erhält umfangreiche Aufgaben der Koordination, insbesondere der Budgetierung, des Berichtswesens, der Informationsbeschaffung und der Optimierung. In kleinen Krankenhäusern wird die Controllingaufgabe oftmals in personeller und räumlicher Einheit mit der Finanzbuchhaltung (vgl. Koch 2014) oder der betrieblichen Datenverarbeitung wahrgenommen.

Von dem betriebswirtschaftlichen Controlling ist das nicht ganz klar umrissene Berufsbild des Medizincontrollers abzugrenzen. Seine Funktion besteht in der Qualitätssicherung der medizinischen Dokumentation und in der Optimierung medizinischer Prozesse. Im Zeitalter der DRGs erwächst ihm auch die Aufgabe der Überwachung der regelgerechten Eingruppierung der Patienten in die richtige Fallklasse. **Medizincontroller sind überwiegend Ärzte mit betriebswirtschaftlicher Zusatzausbildung**. In vielen Krankenhäusern sind Medizin-

Tab. 6.6 Controllinginstrumente im Krankenhaus

Planungs-, Rechnungs- und Kalkulationsverfahren	– Kosten- und Leistungsrechnung (Plan-Kostenrechnung, Ist-Kostenrechnung, Kostenarten-, Kostenstellen-, Kostenträgerrechnung, Prozesskostenrechnung, Deckungsbeitragsrechnung) – Investitionsrechnung
Analyseverfahren	– Potenzialanalyse – Stärken- und Schwächenanalyse – ABC-Analyse – Portfolioanalyse – Abweichungsanalyse – Imageanalyse
Optimierungsverfahren	– Ablauf- und Wegeoptimierung – Methoden der Zielfusion – Monte-Carlo-Simulation, Wahrscheinlichkeitsrechnung – Mathematische Programmierung
Koordinierungsverfahren	– Kennzahlensysteme, Balanced Scorecard – Interne Budgetierung – Leistungsverrechnung, interne Verrechnungspreise
Informationssystem	– Informationsbedarfsanalyse – Informationsbeschaffung – Organisation des Berichtswesens – Dokumentationsstandards
Moderationstechniken	– Metaplan – Rollenspiele – Mind Mapping
Kreativitätsverfahren	– Szenariotechniken – Brainstorming – Brainwriting

controlling und Qualitätsmanagement in einer Abteilung vereint.

Tab. 6.6 zeigt die betriebswirtschaftlichen Controllinginstrumente im Krankenhaus nach Schirmer (Schirmer 2017). Die Mächtigkeit dieses betriebswirtschaftlichen Rüstzeugs lässt erahnen, dass das Controlling nicht mehr der »Zahlenknecht« der Krankenhausführung bleiben muss, sondern selbst ein Führungsinstrument werden kann. Controlling wird damit die Indienstnahme der genannten Instrumente für die Koordination im Unternehmen. Gleichzeitig wachsen die Anforderungen an den Controller. Er kann nicht mehr der »Rechner« im stillen Kämmerchen sein, sondern bedarf Integrationsfähigkeit, Überzeugungskraft, Initiative und Weisheit, um die zahlreichen Berufsgruppen, Ziele, Dezentralisierungsprozesse und zeitlichen Pläne zu koordinieren.

6.3.2 Praktische Umsetzung

Aus der großen Fülle von Instrumenten und Einsatzgebieten des Controllings müssen wir uns hier auf wenige exemplarische Anwendungen beschränken. Im ersten Unterabschnitt werden einige Perspektiven des operativen Controllings diskutiert, im zweiten Unterabschnitt folgen einige exemplarische Modelle des strategischen Controllings.

Operatives Controlling

Die kurz- und mittelfristige Steuerung im Krankenhaus erfolgt durch Kosten und Leistungen, wobei definitionsgemäß den stationären Leistungen ein besonderes Gewicht zukommt. Um die Aufgaben des operativen Controllings, und vor allem die neuen Herausforderungen durch das veränderte Entgeltsystem an das Control-

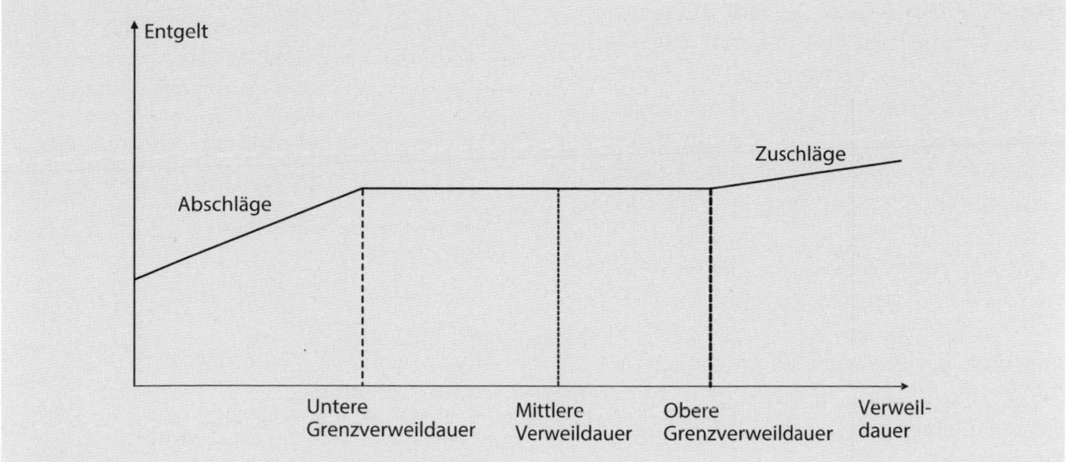

Abb. 6.6 Zu- und Abschläge bei Verweildauerüber- und -unterschreitung

ling, zu verstehen, müssen zuerst einige controllingrelevante Grundlagen gelegt werden (vgl. auch ► Abschn. 2.3 und 4.3). Hierbei muss zwischen dem »klassischen« G-DRG-System (bis 31.12.2019) und dem aG-DRG System (seit 01.01.2020) unterschieden werden. Anschließend wird die Steuerung des Krankenhausbetriebes im DRG-System diskutiert.

- **Controllingrelevante Grundlagen des G-DRG-Systems**

Bis zum 31.12.2019 wurden Krankenhausfälle in deutschen Krankenhäusern grundsätzlich nach dem German Diagnosis Related Groups (G-DRG) System abgerechnet. Der Pflegenotstand führte u. a. dazu, dass die Kosten der Pflege aus den G-DRGs herausgenommen wurden und – stark vereinfacht – pauschal erstattet werden. Die folgenden Ausführungen beziehen sich auf das G-DRG System, sind jedoch grundlegend auch auf das aG-DRG-System übertragbar. Im Anschluss legen wir die Grundlagen des aG-DRG-Systems dar.

Im G-DRG-System wird jeder Patient einer Fallklasse bzw. einer **Diagnosis Related Group (DRG)** zugeordnet. Jeder Fallklasse ist eine Bewertungsrelation bzw. ein **Kostengewicht** (Cost Weight, CW) zugewiesen. Die Summe aller Kostengewichte eines Krankenhauses in einer Periode wird als **Case-Mix** bezeichnet. Der Quotient aus Case-Mix und Fallzahl entspricht dem **Case-Mix-Index (CMI)**. Er ist ein Maß der durchschnittlichen Leistungsintensität bzw. der durchschnittlichen ökonomischen Komplexität der behandelten Fälle und unabhängig von der Leistungsmenge des Krankenhauses.

Das Entgelt pro Fall berechnet sich als Produkt des (landesweit einheitlichen) Basisfallwertes (Base Rate) und des Kostengewichtes der zugehörigen DRG. Das Entgelt ist damit grundsätzlich allein von der Zuordnung zu einer Fallklasse abhängig, nicht jedoch von der Verweildauer. Es gibt allerdings zwei Ausnahmen: (1) Unterschreitet die Verweildauer eine vorgegebene Minimalgrenze, so muss das Krankenhaus einen Abschlag hinnehmen, (2) überschreitet es eine Maximalgrenze, erhält das Krankenhaus einen Zuschlag. ◘ Abb. 6.6 zeigt das Prinzip der Zu- und Abschläge bei Verweildauerüber- oder -unterschreitung.

Ein **Zahlenbeispiel** für eine »G07B-Appendekt. od. laparoskop. Adhäsiolyse bei Peritonitis mit äuß. schw. od. schw. CC od. kl. Eingriffe an Dünn-/Dickdarm, oh. äußerst schwere CC od. best. Anorektoplastik, Alt. > 2 Jahre u. Alter < 14 Jahre od. mit laparoskop. Adhäsiolyse od. Rektopexie« (DRG-Katalog 2019, G07B) verdeutlicht die Zusammenhänge. Es sei der Bundesbasisfallwert des Jahres 2019 von 3544,97 € angenommen. Die Bewertungsrelation laut DRG-Katalog beträgt 1,936, d. h., für einen Fall kann ein Entgelt von 6863,06 € abgerechnet werden. Der erste Tag unterhalb der unteren Grenzverweildauer, an dem ein

Abschlag zum Cost Weight hingenommen werden muss, beträgt 2, der erste Tag oberhalb der oberen Grenzverweildauer, an dem ein Zuschlag zum Cost Weight berechnet werden darf, ist der 17. Tag. ◘ Tab. 6.7 zeigt die Basisdaten, ◘ Tab. 6.8 einige Szenarien zum Entgelt bzw. Erlös in Abhängigkeit von der Verweildauer.

> Je kürzer die Verweildauer, desto höher ist im DRG-System der Erlös pro Tag.

Dadurch bestehen keine finanziellen Anreize, die Verweildauern zu verlängern. Nach dem Erreichen der oberen Grenzverweildauer bleibt der durchschnittliche Tageserlös konstant. Dieser Betrag ist im Verhältnis zum durchschnittlichen Tageserlös bei durchschnittlicher Verweildauer jedoch so gering, dass eine **Fallkostendeckung** kaum mehr möglich ist. Eine Ausweitung der Liegezeit zur Verbesserung des Betriebsergebnisses ist damit ausgeschlossen. Vielmehr besteht ein Anreiz zur Fallzahl- bzw. Case-Mix-Steigerung und damit zur Ertragsmaximierung. Seit dem Ende der Konvergenzphase 2009 sind Mehrleistungen, wenn auch mit einem zeitlichen Verzug von drei Jahren, budgeterhöhend und werden von den Krankenkassen vergütet, wenn die Mehrleistungen in den Budgetverhandlungen vom Krankenhaus geltend gemacht werden. Des Weiteren tragen Leistungssteigerungen zur Fixkostendegression bei, was per se die Wirtschaftlichkeit im Krankenhaus erhöht.

Es muss jedoch bedacht werden, dass die untere Grenzverweildauer so niedrig gelegt wurde, dass ihre Unterschreitung bei korrekter Kodierung relativ selten ist. Die »**blutige Entlassung**«, d. h. eine medizinisch nicht mehr zu rechtfertigende, kurze Verweildauer, führt zu Qualitäts- und Imageverlusten und damit langfristig zu einer sinkenden Nachfrage nach Krankenhausleistungen. Die daraus resultierende Wiederaufnahme des Falls führt i. d. R. zu keiner neu abrechenbaren DRG, sondern zu einer Neueinstufung des ursprünglichen Falles. In jedem Fall muss der Entscheider eine genaue Kenntnis der Kosten und Erlössituation haben.

Neben den DRGs existieren **Zusatzentgelte**, welche einzelne, besonders teure Leistungen vergüten, die nicht bei jedem Fall auftreten und damit schwer oder gar nicht pauschalierbar sind. Beispielhaft seien hier bestimmte Zytostatika genannt, die nicht jeder Patient einer bestimmten DRG während seines Krankenhausaufenthaltes bekommt. Würden die Kosten für diese Präparate in die Kostengewichte der DRGs einkalkuliert, gewinnen jene Krankenhäuser, die die Medikamente

◘ **Tab. 6.7** Basisdaten für das Beispiel G07B im Jahr 2019

	Wert
Kostengewicht DRG-Katalog	1,936
Durchschnittliche Verweildauer	8,5
Erster Tag oberhalb der oberen Grenzverweildauer	17
Zuschlag ab oberer Grenzverweildauer	0,089
Erster Tag unterhalb der unteren Grenzverweildauer	2
Abschläge ab unterer Grenzverweildauer	0,359

◘ **Tab. 6.8** Entgelt- bzw. Erlös-Szenarien für das Beispiel G07B im Jahr 2019

Verweildauer [Tage]	G-DRG-Bewertungsrelation	Entgelt [€]	Entgelt pro Tag [€]
2	1,936 – 1 * 0,359 = 1,577	5590	2795
5	1,936	6863	1373
8,5	1,936	6863	807
12	1,936	6863	572
25	1,936 + (25 – 17 + 1) * 0,089 = 2,737	9703	388

nicht einsetzen. Diejenigen Krankenhäuser, die die Präparate zum Einsatz bringen müssen, bekommen sie über das Kostengewicht, das den Durchschnitt aller Fälle abbildet, nicht ausreichend entgolten. Damit ist es sinnvoll, jene Präparate zusätzlich zur DRG-Pauschale zu vergüten. Grundsätzlich handelt es sich bei den Zusatzentgelten um die Finanzierung von Leistungen, die Kosteninhomogenitäten verursachen.

Die Zusatzentgelte sind nach § 6 Abs. 1 KHEntgG in Katalogen definiert und unterscheiden sich hauptsächlich dadurch, dass für die Zusatzentgelte nach Anlagen 2 und 5 der Preis bundeseinheitlich vorgegeben ist und lediglich die Menge zwischen Krankenhaus und Sozialleistungsträgern verhandelt werden muss, während für die Zusatzentgelte nach Anlagen 4, 6 und 7 sowohl Preise als auch Mengen individuell zwischen den Vertragspartnern vor Ort verhandelt werden müssen. Gleiches gilt dem Grunde nach auch für die »neuen Untersuchungs- und Behandlungsmethoden« (NUB) nach § 6 Abs. 3 KHEntgG.

Genannt werden müssen auch die nicht mit dem Fallpauschalenkatalog vergüteten vollstationären Leistungen (Anlage 3a). Hier müssen vom Krankenhaus analog zur InEK-Kalkulation Kalkulationen für die gesamte DRG inkl. Zu- und Abschläge für die Überschreitung der oberen Grenzverweildauer bzw. die Unterschreitung der unteren Grenzverweildauer vorgenommen und mit den Sozialleistungsträgern verhandelt werden. Die Logik des DRG-Systems wurde schrittweise auf die Bereiche übertragen, die bei der DRG-Einführung ausgeklammert worden waren. So ist das »Pauschalierte Entgelt für Psychiatrie und Psychosomatk« (PEPP) zwar kein echtes DRG-System, weil eine Bindung an die Aufenthaltsdauer erfolgt und es nur als reines Budgetsystem ohne Angleichung individueller Preise auf der Landesebene ausgestaltet wurde, aber die grundlegende Logik gleicher Relativgewichte für alle Einrichtungen wurde adoptiert. Im Bereich des DRG-Systems haben in den letzten Jahren einige Bundesländern die Verteilung der Investitionsmittel an den Relativgewichten des DRG-Systems angelehnt.

Tab. 6.9 Basisdaten für das Beispiel G07B im Jahr 2020

	Gewicht
Kostengewicht DRG-Katalog	1,666
Durchschnittliche Verweildauer	8,6
Erster Tag oberhalb der oberen Grenzverweildauer	17
Zuschlag ab oberer Grenzverweildauer	0,065
Erster Tag unterhalb der unteren Grenzverweildauer	2
Abschläge ab unterer Grenzverweildauer	0,263
Pflegeerlösbewertungsrelation/Tag	1,0141

Controlling als Grundlage des aG-DRG-Systems

Das G-DRG-Entgelt stellt einen Preis dar, den der Käufer (Krankenkasse) an den Produzenten (Krankenhaus) bezahlt. Der Leistungsersteller entscheidet selbstständig darüber, welche Produktionsfaktoren zu welchen Faktorkosten er einsetzt. Der G-DRG-Erlös ist pauschal, d. h. nicht für eine Teilfunktion ausgegliedert. Konkret bedeutet dies, dass ein Krankenhaus selbstständig entscheidet, welchen Teil seines Erlöses es z. B. für die Pflege einsetzt, d. h. wie viele Pflegekräfte welcher Qualifikationsstufe und zu welchen Gehältern es insgesamt und in einer bestimmten Abteilung anstellt. Zunehmend wurde jedoch die personelle Unterausstattung in den Krankenhäusern in der Pflege und die daraus resultierende unzureichende Pflege beklagt und von einem »Pflegenotstand« gesprochen. Teilweise wurde auch artikuliert, dass Krankenhäuser die Pflege abbauen würden, um für andere Kostenarten (z. B. ärztlichen Dienst) mehr Ressourcen zur Verfügung zu haben.

Als eine Gegenmaßnahme wurde 2018 die Pflegepersonaluntergrenzen-Verordnung erlassen, die für ausgewählte Abteilungen Minimalanforderungen an die Anzahl und Qualifikation der Pflegekräfte festgelegt hat. So wurde z. B. für die Intensivmedizin ein Schlüssel von 2,0 Patienten pro Pflegekraft in der Tagschicht

▪ **Tab. 6.10** Entgelt- bzw. Erlös-Szenarien für das Beispiel G07B im Jahr 2020

Verweil-dauer	aG-DRG-Bewertungs-relation	aG-DRG-Ent-geltanteil [€]	Pflegeerlös-bewertungs-relation	Pflegeer-lös [€]	Erlös-gesamt [€]	Entgelt pro Tag [€]
2	1,403	4973,59	2,0282	304,23	5277,82	2638,91
5	1,666	5905,92	5,0705	760,58	6666,50	1333,30
8,6	1,666	5905,92	8,72126	1308,19	7214,11	838,85
12	1,666	5905,92	12,1692	1825,38	7731,30	644,28
25	2,251	7979,73	25,3525	3802,88	11.782,60	471,30

(TS) und 3,0 in der Nachtschicht (NS) als Maximalwert vorgegeben, der nicht überschritten werden durfte. Für die Geriatrie, Unfallchirurgie, Kardiologie und Neurologie betragen die entsprechenden Statistiken 10 (TS) bzw. 20 (NS), für die Herzchirurgie, Neurologische Schlaganfalleinheit und die Neuro Frühreha 7, 3, 5 (TS) bzw. 15, 5, 12 (NS). Durch ein Pflegestellenförderprogramm wurden die damit verbundenen Kosten aufgefangen. Die Verordnung implizierte folglich eine gewisse Auflösung der G-DRG als pauschaler Preis für eine Leistung.

Mit dem Pflegepersonal-Stärkungsgesetz (PpSG), das am 1. Januar 2020 in Kraft trat, wurde dieser Gedanke weitergeführt und die Pflegepersonalkosten aus der DRG ausgegliedert. Die verbleibende »Rest-DRG« wird als aG-DRG bezeichnet, wobei »a« für »ausgegliedert« steht. Die ausgegliederte Pflege umfasst allerdings nur die Pflege am Bett, nicht jedoch Pflegekräfte im Funktionsdienst. Ab 2020 wurde es damit auch notwendig, den Fallpauschalenkatalog um den Pflegeerlöskatalog zu erweitern, d. h., im Prinzip gibt es einen Erlös für die Pflege und einen aG-DRG-Erlös, der alle weiteren Kosten decken soll und selbstredend niedriger ausfällt als zuvor, was sich in einem geringeren Relativgewicht äußert. ▪ Tab. 6.9 gibt die entsprechenden Werte für das Jahr 2020 aus dem Fallpauschalenkatalog wider. Kostengewichte und Zuschläge sind deutlich reduziert. Zusätzlich wird jedoch pro Pflegetag eine Pflegeerlös-Bewertungsrelation in Höhe von 1,0141 erstattet. Dieser Betrag darf ausschließlich für die Pflege verwendet werden.

Die Krankenhäuser ermitteln auf Grundlage eines Pflegepersonalbemessungsverfahrens (PPR 2.0) die Plankosten der Pflege und vereinbaren ein individuelles, diese Selbstkosten deckendes Pflegebudget. Durch Division dieser Pflegepersonalkosten mit der geplanten Summe der Pflegebewertungsrelationen gemäß Pflegeentgeltkatalog ergibt sich der krankenhausindividuelle Pflegeentgeltwert. Der Pflegekostenerlös eines Falles errechnet sich dann als Produkt der Pflegeerlösbewertungsrelation, des Pflegeentgeltwertes sowie der Verweildauer.

▪ Tab. 6.10 zeigt die Ergebnisse für das Jahr 2020 für die gleichen Szenarien von ▪ Tab. 6.9. Zum leichteren Vergleich zum Jahr 2019 wurde ein konstanter Basisfallwert von 3544,97 € angenommen. Der Pflegeentgeltwert soll in diesem Beispiel 150,00 € betragen (im Jahr 2020 lag der Wert von Januar bis März bei 146,55 € bzw. bei 185,00 € für den Rest des Jahres; für 2021 erfolgt eine individuelle Kalkulation pro Krankenhaus). Es ist deutlich, dass der aG-DRG-Entgeltanteil dem oben skizzierten Muster gemäß ▪ Abb. 6.6 folgt, wohingegen der Pflegeerlös proportional mit der Verweildauer steigt. Das aG-DRG-System ist folglich kein vollständiges Preissystem mehr und führt in einem kleinen, aber höchst relevanten Bereich die Abhängigkeit von der Verweildauer wieder ein.

▪ Controlling als Grundlage der Entgeltverhandlungen

In der Praxis hat der Krankenhauscontroller fast immer die Aufgabe, die Datengrundlage für die Entgeltverhandlung des Krankenhau-

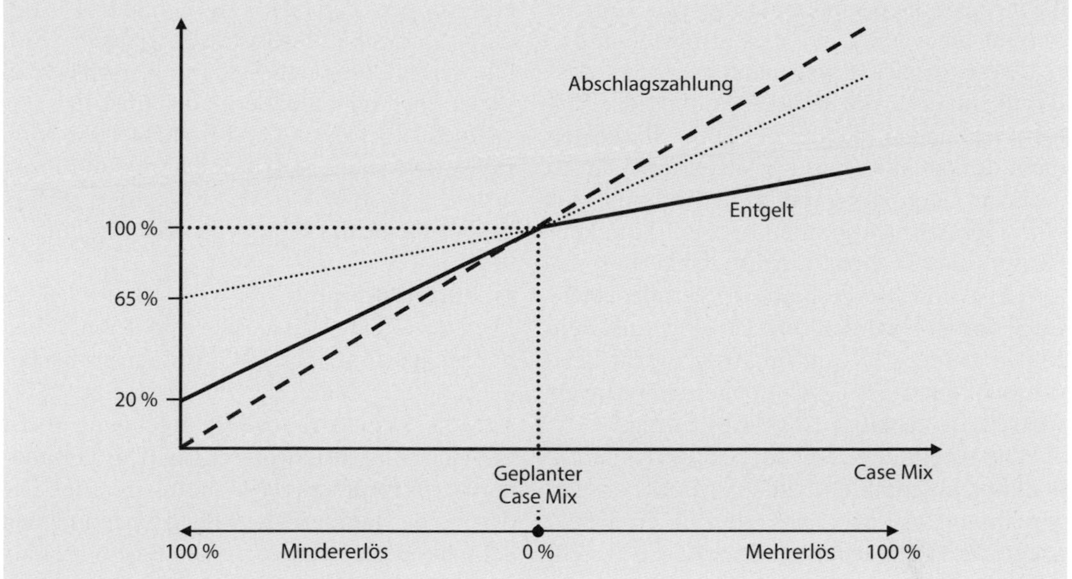

Abb. 6.7 Mehr- und Minderleistungen

ses mit den Krankenkassen bereitzustellen. Er muss die Leistungen, d. h. die abrechenbaren Fälle nachweisen, das wirtschaftliche Handeln mit den Kosten belegen und das erforderliche Budget berechnen. Da sich die Entgeltkalkulation unter DRGs stark von den Regelungen vor Einführung des neuen Systems unterscheidet, haben sich auch die Aufgaben des Controllings gewandelt. Unter dem System von Pflegesätzen wurden in Akutkrankenhäusern zuletzt etwa 75 % der stationären Erträge über tagesgleiche Pflegesätze erzielt, der Rest über Fallpauschalen und Sonderentgelte. Für diese Mehrheit der Fälle stand die Verweildauer im Fokus aller Leistungs- und Ertragsbetrachtungen. Das Krankenhauscontrolling legte deshalb auch einen großen Wert auf die Steuerung der Krankenhausprozesse durch die Verweildauer.

Mit der Einführung der DRGs im Jahre 2003 ist man von diesem System überwiegend abgerückt. Die DRG vergütet den Fall. Die Verweildauer spielt lediglich bei der Überschreitung der oberen Grenzverweildauer, bei der Unterschreitung der unteren Grenzverweildauer und bei Verlegungen von einem anderen Krankenhaus oder in ein anderes Krankenhaus eine Rolle. Damit sind alle Anreize, über die Verweildauer Erträge zu generieren, verloren gegangen. Verweildauersteuerung wurde irrelevant.

Mit den Krankenkassen wird stattdessen grundsätzlich prospektiv auf der Basis des Case-Mix ein Budget für das Folgejahr verhandelt. Wird das verhandelte Leistungsvolumen nicht erreicht, sieht das Krankenhausentgeltgesetz **Ausgleichsregelungen** vor (§ 4 Abs. 3). Mehrleistungen werden i. d. R. zu 65 % ausgeglichen, d. h. das Krankenhaus zahlt für jeden über dem Plan erbrachten Case-Mix-Punkt 65 % an die Krankenkassen zurück und behält 35 %. Bei einer Nichterreichung des Planes werden die sog. Mindererlöse mit 20 % ausgeglichen, d. h., das Krankenhaus erhält für nicht erbrachte Leistungen immer noch einen Erlös von 20 %. Abb. 6.7 zeigt die Abschlagszahlungen über die DRGs. Sie verlaufen proportional zum Case-Mix durch den Ursprung, d. h., ein höherer Case-Mix führt auch zu einer konstant höheren Abschlagszahlung. Die Erlöskurve hingegen knickt beim geplanten Case-Mix ab. Im theoretischen Fall, dass das Krankenhaus keine Leistung erwirtschaftet, würde es immer noch 20 % des ursprünglich vereinbarten Budgets erhalten, im geplanten Case-Mix das volle Budget. Rechts davon zeigt die gepunktete Linie den weiteren Verlauf an, wenn kein Knick erfolgen würde.

Diese Ausgleichssystematik impliziert, dass Krankenhäuser, die ihren geplanten Case Mix nicht erreichen, tendenziell ihre Fixkosten nicht decken können. Langfristig führt ein zu geringer Case Mix damit zum Konkurs, was vom Gesetzgeber so intendiert ist. Krankenhäuser, die für ihre Einzugsbevölkerung unattraktiv sind und deshalb eine geringe Nachfrage haben, werden mittelfristig aus dem Markt gedrängt. Krankenhäuser, die ihr Leistungsvolumen stattdessen steigern können, erwirtschaften positive Deckungsbeiträge.

Die Abbildung zeigt auch, dass das Krankenhaus in jedem Fall einen Anreiz hat, den geplanten Case-Mix zumindest zu erreichen. Liegt der Fixkostenanteil über 65 %, besteht ein Anreiz, das Leistungsvolumen auszuweiten, sodass das Entgelt über der Plankostenkurve liegt und damit ein Gewinn möglich ist. Liegt der Fixkostenanteil bei geplantem Case-Mix unter 65 %, so versucht das Krankenhaus eine Punktlandung. Der Begriff Fixkosten bezieht sich hierbei auf die fixen Kosten der laufenden Ausgaben, d. h., die Fixkosten beinhalten hier nicht die kostenrechnerischen Ansätze für Gebäude und Geräte, da diese im Rahmen der dualen Finanzierung von den Ländern und nicht von den Krankenkassen finanziert werden.

Die Ausgleichsmechanismen entfalten ihre volle Wirkung aber nur, wenn es dem Krankenhaus nicht gelingt, Mehrleistungen über die Budgetverhandlungen langfristig im Budget zu platzieren.

Durch die Umstellung auf aG-DRGs sind die Anforderungen an das Controlling noch einmal gestiegen. Es muss das Pflegepersonalbudget nach der PPR2 ermittelt werden, um den krankenhausindividuellen Pflegeentgeltwert zu berechnen. Das Krankenhauscontrolling muss folglich alle notwendigen Informationen für die Entgeltverhandlungen bereitstellen, die Plankostenkurve berechnen und die Erlös- bzw. Kostenkurven ständig überwachen, um den Verlustbereich zu vermeiden. Das Controlling stellt auch im laufenden Betrieb wichtige Informationen für die leitenden Ärzte bereit, beispielsweise welche Fallgruppen verstärkt zu behandeln sind, damit der geplante Case-Mix erreicht wird. Die Verhandlung und Steuerung erfolgt dabei weder über Verweildauern noch über Fälle als vielmehr über den Case-Mix bzw. Case-Mix-Index. Die ständige Überwachung und Prognose des Case-Mix ist deshalb eine vordringliche Aufgabe des Krankenhauscontrollings.

■ Kostenrechnung

Die Darstellung von Kosten und deren Transparenz gewinnt im DRG-System große Bedeutung. Zu Zeiten der Pflegesätze begnügte sich die Krankenhauskostenrechnung meist mit einer **Kostenstellenrechnung**. Das Gesundheitsstrukturgesetz 1993 hatte die Aufgliederung der tagesgleichen Pflegesätze in einen Abteilungspflegesatz und einen Basispflegesatz verlangt. Der **Basispflegesatz** sollte die allgemeinen Hotelleistungen abdecken und für alle Abteilungen gleich sein. Der **Abteilungspflegesatz** sollte spezifisch für jede Abteilung berechnet werden und die medizinisch/pflegerischen Leistungen abdecken. Damit war eine abteilungsbezogene Kostenstellenrechnung notwendig geworden. Sie erfolgte i. d. R. sehr schematisch im Rahmen der dem Betriebsabrechnungsbogen gleichenden Leistungs- und Kalkulationsaufstellung (Hentze und Kehres 2016).

Seit der Einführung der DRGs ist die Analyse der Kosten durch eine **Kostenträgerrechnung** nötig geworden. Die Kalkulationseinheit ist nicht mehr die Abteilung, sondern der Fall, sodass die Kostenstellenrechnung um eine Kostenträgerrechnung ergänzt werden muss. Im DRG-System ist jeder Fallklasse ein Entgelt zugewiesen. Damit wird es möglich, über eine **mehrstufige Deckungsbeitragsrechnung** die Vorteilhaftigkeit jeder Fallklasse zu ermitteln. Im Beispiel in ◘ Tab. 6.11 werden von der Erlössumme jeder DRG die variablen Kosten abgezogen. Das Ergebnis wird als Deckungsbeitrag I bezeichnet. Davon werden die DRG-Fixkosten (z. B. ein spezielles Gerät, das ausschließlich für eine bestimmte Operation benutzt wird) abgezogen. Es ergibt sich der Deckungsbeitrag II.

Alle erbrachten DRGs werden jeweils pro Abteilung zusammengefasst, von der die Abteilungsfixkosten abgezogen werden, sodass

Tab. 6.11 Beispiel für eine mehrstufige Deckungsbeitragsrechnung

	Abteilung Chirurgie			Abteilung …			Abteilung Innere Medizin		
	G02Z	…	G07A	…	…	…	L40Z	…	L63A
Nettoerlöse pro DRG	2.000.000	…	4.000.000	…	…	…	1.000.000	…	3.000.000
−Variable Kosten	400.000	…	250.000	…	…	…	100.000	…	100.000
=Deckungsbeitrag I	1.600.000	…	3.750.000	…	…	…	900.000	…	2.900.000
−DRG-Fixkosten	200.000	…	100.000	…	…	…	0	…	200.000
=Deckungsbeitrag II	1.400.000	…	3.650.000	…	…	…	900.000	…	2.700.000
−Abteilungsfixkosten	2.500.000			…			2.800.000		
=Deckungsbeitrag III	…			…			…		
−Krankenhausfixkosten	4.500.000								
Betriebsergebnis	…								

sich der Deckungsbeitrag III errechnet. Eine Zuschlüsselung der Abteilungsfixkosten auf die einzelnen DRGs ist nicht verursachergerecht möglich, die Deckungsbeitragsrechnung verzichtet deshalb – als Verfahren der Teilkostenrechnung – auf jede Schlüsselung. Schließlich werden die Kosten, die nicht einer einzelnen Abteilung, sondern nur dem Krankenhaus als Ganzem zurechenbar sind, von der Summe aller Deckungsbeiträge III abgezogen. Eine Erweiterung auf zusätzliche Ebenen ist möglich. Beispielsweise können Deckungsbeiträge für Basis-DRGs berechnet werden, wenn etwa spezielle Instrumente ausschließlich für eine Operation benötigt werden, ihr Einsatz jedoch unabhängig von dem Schweregrad ist.

In der Praxis deutscher Krankenhäuser begnügt sich die Deckungsbeitragsrechnung meistens mit der Berechnung des Deckungsbeitrages II. Dies hat zwei Gründe, die eng miteinander verbunden sind. Zum einen ist die betriebswirtschaftliche Ausbildung der leitenden Ärzte und Pflegekräfte i. d. R. noch nicht ausreichend, um die Aussage der Deckungsbeitragsrechnung vollständig zu verstehen. Ein positiver Abteilungsdeckungsbeitrag verführt die Abteilungsleitung dazu, mit der eigenen wirtschaftlichen Leistung zufrieden zu sein und weitere Kostensenkungsmaßnahmen mit Verweis auf den positiven Deckungsbeitrag abzulehnen. Hier besteht noch Schulungsbedarf. Zum anderen sind die Abteilungsfixkosten meistens der Entscheidung der Abteilungsleitungen entzogen, sodass sich diese auch gegen eine Aufrechnung mit ihren Deckungsbeiträgen II wehren. Die Entwicklung von Stationen und Abteilungen als **Profit Center** umfasst auch die Verantwortung für die Abteilungsfixkosten und wird damit eine praktische Umsetzung der mehrstufigen Deckungsbeitragsrechnung im Krankenhaus forcieren. Dies ist ein typisches Beispiel dafür, dass die Einführung von Controlling im Krankenhaus von organisatorischen Maßnahmen abhängig ist.

Zweitens ermöglicht die Kostenträgerrechnung die aktive Teilnahme am Kalkulationsgeschehen des InEK und damit die Beeinflussung der deutschlandweiten Kostengewichte. Kostengewichte, Basisfallgruppen und Schweregrade verändern sich jedes Jahr auf Grundlage der Erfahrungen der Krankenhäuser und des InEK. Die Möglichkeit, durch aktive Teilnahme an der Kalkulation Einfluss auf das Entgeltsystem zu nehmen, ist gerade

Tab. 6.12 Budget einer Abteilung: Kosten

	Angepasstes Budget	Ist	Abweichung	
	Jan. bis März 2019	Jan. bis März 2019	Absolut	In %
Personal	633.600	680.753	47.153	7,44
Sachmittel	414.805	482.333	67.528	16,28
Innerbetriebliche Leistungsverrechnung	15.426	15.287	−139	−0,90
Med. Instandhaltung	39.800	39.775	−25	−0,06
Gesamt	1.103.631	1.218.148	114.517	10,38

für Krankenhäuser mit außergewöhnlichen Kosten (wie z. B. Maximalversorger) von großer Bedeutung. Je genauer sie ihre eigenen Kosten kennen, und je präziser sie diese in die InEK-Erfassung einspielen können, desto eher werden die Kostengewichte die Realität der Krankenhäuser widerspiegeln. Drittens ist die Kostenrechnung die Grundlage der Steuerung auf Abteilungsebene. Im alten System der Pflegesätze, Sonderentgelte und Fallpauschalen bestand ein direkter Bezug zwischen Ertrag und bettenführender Abteilung, d. h. der Pflegesatz konnte der Station direkt zugerechnet werden. Wechselte ein Patient die Abteilung, fiel ein anderer Abteilungspflegesatz an. Im DRG-System ist die Fallvergütung hingegen gänzlich unabhängig von einem Bezug zur Abteilung. Es wird eine diagnosebasierte Leistung vergütet, unabhängig davon, wo diese Leistung erbracht wurde. Damit kollidiert das Entgeltsystem indirekt mit der im Krankenhaus wichtigsten organisatorischen Einheit, der medizinischen Fachabteilung. Es wird deshalb notwendig, die Erlöse den Fachabteilungen zuzurechnen. Hierzu sind grundsätzlich die interne Leistungsverrechnung und die DRG-Aufteilung geeignet.

Für die **interne Leistungsverrechnung** muss für jede DRG eine »führende« Abteilung definiert werden, die den gesamten DRG-Erlös erhält, aber auch alle Kosten tragen muss. Die Vorkostenstellen Labor, Radiologie, Intensivmedizin, Anästhesie, Operationssaal und Funktionsbereiche werden von der Station mit Hilfe von künstlichen Verrechnungspreisen entgolten, ebenso wie die Belegung auf Fremdstationen und die Konsiliardienste. Weiterhin müssen Infrastrukturleistungen (z. B. Gebäude, Heizung, Anlagen etc.) über **Verrechnungspreise** »bezahlt« werden. Die Ermittlung der verursachergerechten Verrechnungspreise stellt hohe Anforderungen an die Kostenrechnung des Krankenhauses.

Alternativ hierzu können das Kostengewicht der DRG und damit der Erlös auch auf diejenigen Abteilungen aufgeteilt werden, die die Leistung für eine DRG erbringen. Aufgabe der Kostenrechnung ist die Ermittlung einer angemessenen prozentualen Aufteilung, beispielsweise auf Grundlage der tatsächlich anfallenden Kosten von Stichprobenfällen.

▪ Interne Budgetierung

Eine umfassende Steuerung des Krankenhauses auf Basis von Verrechnungspreisen und die Führung der Fachabteilungen als Profit Center ist derzeit noch kaum implementiert. Meist wird eine interne Budgetierung vorgenommen, die die Kosten und Leistungen einer Einheit, i. d. R. eine medizinische Abteilung, in den Mittelpunkt der Betrachtung stellt. Das Krankenhausdirektorium formuliert auf Basis von Kosten und Leistungen eine Erwartung an den Budgetverantwortlichen. Die Kosten- und Leistungserwartung muss für alle Abteilungen so formuliert sein, dass sie kumuliert zu einem positiven Jahresergebnis führen (Tab. 6.12, 6.13).

Das **Abteilungsbudget** beinhaltet Personal, Sachmittel, innerbetriebliche Leistungsverrechnung und die Instandhaltung medizinischer Geräte. Auf der Leistungsseite werden

Tab. 6.13 Budget einer Abteilung: Leistungen

		Plan	Ist	Abweichung	
		Jan. bis März 2019	Jan. bis März 2019	Absolut	In %
Fälle	Vollstationär Entlassen	876	781	−95	−10,84
	Vollstationär Mitbehandelt	360	351	−9	−2,50
	Fälle gesamt	**1236**	**1132**	**−104**	**−8,41**
DRG	Case-Mix – Entlassende Fachabteilung	577	547	−30	−5,20
	Case-Mix – Verrechnet	572	548	−24	−4,20
	Case-Mix-Index	0,93	0,97	0,04	4,42
Ambulanz	Ambulante Besuche	9913	10.516	603	6,08
	Ambulante Operationen	608	709	101	16,61
	Ambulanz gesamt	**10.521**	**11.225**	**704**	**6,69**

Fälle, Case-Mix und ambulante Leistungen vorgegeben. Bei Fallzahl und Case-Mix wird zwischen entlassender Fachabteilung und mitbehandelnder Fachabteilung bzw. verrechnetem Case-Mix unterschieden. Mitbehandelte Fälle und verrechneter Case-Mix sind interessant, wenn im Krankenhaus signifikant interdisziplinär behandelt wird, Fälle also mehrere Abteilungen durchlaufen. Diese Konstellationen sind eher in der Maximalversorgung anzutreffen. Exemplarisch seien hier die interdisziplinären Behandlungen zwischen Kardiologie und Herzchirurgie bei Herztransplantationen oder zwischen Viszeralchirurgie und Gastroenterologie bei der Lebertransplantation genannt. Findet die Behandlung ausschließlich in einer Fachabteilung statt, erübrigt sich eine Aufteilung des Case-Mix und eine Darstellung der mitbehandelten Fälle.

Im **Beispiel** sollen 1236 Fälle und 572 bzw. 577 Case-Mix-Punkte erbracht werden. Daneben erwartet das Krankenhausdirektorium 9913 ambulante Besuche und 608 ambulante Operationen der Abteilung. Dafür steht ein Abteilungsbudget in Höhe von 1.103.631 € zur Verfügung. Das Budget wurde um 10,4 % überschritten. In einem System der flexiblen Budgetierung werden die Budgetanteile, denen variable Kosten (grundsätzlich Sachkosten) gegenüberstehen, den tatsächlichen Leistungen angepasst, also in Abhängigkeit der Abweichung der Leistungen zu den Planleistungen gesenkt oder erhöht. Im Beispiel hätte der Budgetverantwortliche Erklärungsbedarf. Fraglich ist, ob die Leistungsausweitung im ambulanten Bereich die stationären Leistungsrückgänge kompensiert und die Überschreitungen der Teilbudgets (Personal- und Sachmittelbudget) und damit des Gesamtbudgets gerechtfertigt sind.

Sowohl Deckungsbeitragsrechnung als auch Interne Budgetierung eignen sich gut zur betriebswirtschaftlichen Steuerung medizinischer Fachabteilungen. Die Interne Budgetierung verzichtet weitgehend auf die Darstellung von Erträgen, vielmehr steuert sie die medizinische Abteilung über die Messung des Zielerreichungsgrades in Bezug auf die Kosten und Leistungen der Abteilung. Die Deckungsbeitragsrechnung weist die Erträge explizit aus und schafft somit größere Transparenz für die Abteilung, da das wirtschaftliche Ergebnis in € dargestellt wird. Ein Risiko besteht dann, wenn das Abteilungsergebnis rechnerisch negativ ist, und sich die Abteilung somit in einer scheinbaren Schieflage befindet. Wenn die vermeintliche Schieflage jedoch durch Umstände zustande kommt, die der Abteilungsleiter nicht zu vertreten hat (z. B. baulich ungünstige Bedingungen, die die Optimierung von Behandlungsabläufen verhindern), kann hier ein falsches Bild entstehen.

6

- **Wirtschaftlichkeitsanalysen und Benchmarking**

Neben der Unterstützung der Entgeltverhandlungen, der Bereitstellung von Kostenrechnungsdaten sowie der internen Budgetierung ist das operative Krankenhauscontrolling auch mit der Erstellung von Wirtschaftlichkeitsanalysen befasst. Hierzu sind i. d. R. Teilleistungen des Behandlungsprozesses zu definieren, wie z. B. Operationen, Laborleistungen, radiologische Leistungen, Intensivaufenthalte und die Pflege auf der Normalstation. Typische Statistiken, die das Krankenhauscontrolling der Unternehmensführung routinemäßig als **Maßstab der Wirtschaftlichkeit** unterbreitet, sind die OP-Auslastung (Brutto-Öffnungszeit des OP verglichen mit der Summe der OP-Minuten zuzüglich Rüstzeiten), die präoperativen Verweildauern und die Verweildauern auf der Intensivstation bei DRGs ohne hohen Schweregrad. Hier arbeitet das betriebswirtschaftliche Controlling eng mit dem medizinischen Controlling zusammen.

Die Analyse der Kosten von Teilleistungen in ihrer zeitlichen Veränderung und ihrer Höhe im Vergleich zu anderen Krankenhäusern gibt Aufschlüsse über die Wirtschaftlichkeit eines Krankenhauses. Gerade dem freiwilligen **Benchmarking** kommt neben dem gesetzlich vorgeschriebenen **Krankenhausbetriebsvergleich** eine immer größere Rolle zu. Ein wichtiges Verfahren des Controllings ist hierbei die **Data Envelopment Analysis (DEA)**.

DEA (Scheel 2013; Charnes et al. 1994) ist eine Methode der Performance-Messung und erlaubt eine Orientierung an den »Besten«. DEA ist damit kein ökonometrisches Verfahren, das eine Linie durch eine Punktwolke bildet. Ziel der Analyse ist vielmehr die Ermittlung der Effizienzhüllkurve, die sich aus den Krankenhäusern zusammensetzt, die keine Ressourcen verschwenden. DEA ermittelt dabei stets eine relative Effizienz, d. h. die Effizienz eines Krankenhauses (Decision Making Unit, DMU) im Verhältnis zu den anderen Krankenhäusern. Das folgende mathematische Programm zeigt das Vorgehen: m Inputs und s Outputs von Krankenhaus o werden gewichtet. Das Gewicht v_i wird jedem Input i und das Gewicht u_r jedem Output r zugewiesen. Das Effizienzmaß h_o des Krankenhauses o wird durch die Wahl der Gewichte maximiert. Als Nebenbedingung berücksichtigt das Modell, dass für jedes Krankenhaus eine Effizienz von maximal eins erreicht werden kann (Staat 1998; Cooper et al. 2007).

$$\max h_o(u, v) = \frac{\sum_r u_r y_{ro}}{\sum_i v_i x_{io}}$$

$$\text{mit } \frac{\sum_r u_r y_{ri}}{\sum_i v_i x_{ij}} \leq 1 \text{ für } j = (0, 1, \ldots n)$$

mit:

h_o – Effizienzwert von Krankenhaus o.

u_r – Gewicht des Outputs r von Krankenhaus o. r = 1, …, s.

v_i – Gewicht des Inputs i von Krankenhaus o. i = 1, …, m.

s – Anzahl der Outputs.

m – Anzahl der Inputs.

y_{ro} – Ausprägung des Outputs r von Krankenhaus o, r = 1, …, s.

y_{rj} – Ausprägung des Outputs r von Krankenhaus j, r = 1, …, s; j = 0, 1, …, n.

x_{io} – Ausprägung des Inputs i von Krankenhaus o. i = 1, …, m.

x_{ij} – Ausprägung des Inputs i von Krankenhaus j. i = 1, …, m; j = 0, 1, …, n.

Das mathematische Programm ermittelt folglich die Gewichte u_r und v_i derart, dass sie für das Krankenhaus o optimal sind, wobei kein

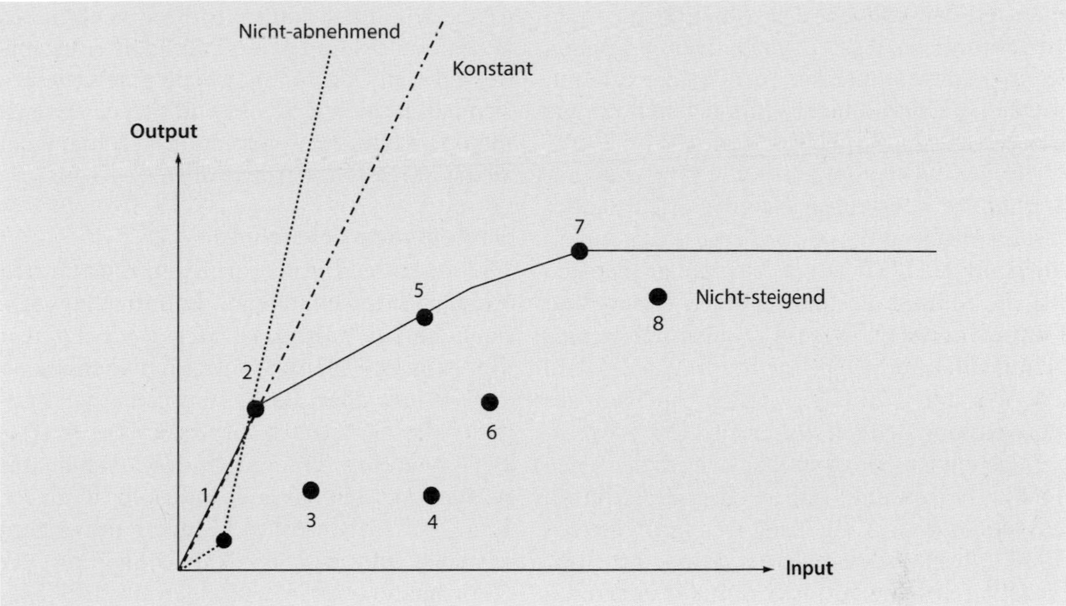

Abb. 6.8 Prinzip der DEA

Krankenhaus eine höhere Effizienz als eins erhalten kann. Damit wird derjenige Output als besonders wichtig definiert, der Krankenhaus o besonders effizient erscheinen lässt.

Die DEA-Software berechnet für jedes Krankenhaus, das am Benchmarking teilnimmt, die optimalen Input- und Outputgewichte. Hierfür sind n Lineare Programme zu lösen. Als Ergebnis erhält man für jedes Krankenhaus einen **Effizienzwert** zwischen Null und Eins.

Mit den gegebenen Kriterien gelten diejenigen Krankenhäuser als effizient, die einen Effizienzwert von eins erhalten. Die Menge der effizienten Krankenhäuser bildet die die **Effizienzhüllkurve**.

Wie Abb. 6.8 für den trivialen Fall eines Inputs und eines Outputs exemplarisch zeigt, können verschiedene Annahmen für die Effizienzhüllkurve getroffen werden (Fleßa 2018). Falls man annimmt, dass die Produktion konstante **Skalenerträge** aufweist, ist allein Krankenhaus 2 effizient. Bei ihm ist das Verhältnis von Output zu Input maximal. Falls man jedoch voraussetzt, dass die Skalenerträge nicht abnehmen sollen, jedoch zunehmen können, sind die Krankenhäuser 1 und 2 optimal. Im Falle nicht-zunehmender Skalenerträge sind die Krankenhäuser 2, 5 und 7 effizient. Die größte Anzahl von effizienten Krankenhäusern ergibt ein Modell mit variablen Skalenerträgen. Im Beispiel sind die Krankenhäuser 1, 2, 5 und 7 effizient.

Die Effizienzhüllkurve stellt für die nicht-effizienten Krankenhäuser den Vergleichswert bzw. den Benchmark dar. So erkennt man an der Abbildung, dass Krankenhaus 5 den gleichen Input verbraucht wie Krankenhaus 4, jedoch einen deutlich höheren Output generiert. Ebenso haben die Krankenhäuser 2 und 6 einen gleich hohen Output, obwohl Krankenhaus 6 einen mehrfachen Ressourcenverbrauch aufweist. Krankenhaus 4 sollte sich deshalb an Krankenhaus 5 orientieren, während Krankenhaus 6 von Krankenhaus 2 »lernen« kann.

Das obige Beispiel mit einem Input und einem Output ist trivial, da die Lösung hier ohne mathematisches Programm abgelesen werden kann. In der Realität gibt es jedoch zahlreiche Inputs und Outputs eines Krankenhauses, sodass die graphische Veranschaulichung versagt. Solange die Zahl der am Benchmarking teilnehmenden Krankenhäuser groß genug ist, ist mit Hilfe von DEA jedoch auch im multidimensionalen Fall eine sinnvolle Effizienz- und Benchmarkaussage möglich. Damit können Ineffizienzen aufgezeigt und Partner erkannt werden, die bei ähnlichen Inputs bzw. Outputs bessere Effizienzergebnisse erzielen.

In der Anwendung der DEA für den Krankenhausbetriebsvergleich ergeben sich methodische und praktische Probleme. Zuerst muss die Zahl der DMUs in jedem Fall größer sein als die Summe der verwendeten Input- und Outputvariablen. Werden folglich nur wenige Krankenhäuser verglichen, muss auch die Zahl der Variablen reduziert werden. Im Falle der Verwendung des sog. Super Efficiency-Ansatzes, der ein Ranking zwischen den effizientesten DMUs vornimmt, verliert diese Restriktion jedoch an Bedeutung (Andersen und Petersen 1993). Zweitens ist es in der Praxis oft nicht einfach zu bestimmen, welche Einflussfaktoren bzw. Ergebnisse wirklich relevant sind und deshalb als Inputs und Outputs berücksichtigt werden müssen. Einige Faktoren entziehen sich einer quantitativen Darstellung, so z. B. wenn der Leiter eines kirchlichen Krankenhauses die Spiritualität der dort tätigen Nonnen als wichtigsten Inputfaktor versteht. Weiterhin ist nicht immer eindeutig festzulegen, ob von konstanten, zunehmenden, abnehmenden, nicht zunehmenden, nicht abnehmenden oder variablen Skalenerträgen auszugehen ist. Dadurch ergeben sich zahlreiche Modellvarianten, die u. U. unterschiedliche Ergebnisse liefern und zum Experimentieren verleiten können.

Für den Krankenhausbetriebsvergleich sollten deshalb i. d. R. mehrere DEAs mit unterschiedlichen Inputs und Outputs sowie Annahmen zur Skalenelastizität berechnet werden. Häufig erweisen sich einige DMUs als robust, d. h. sie sind unabhängig von den getroffenen Annahmen effizient, während andere DMUs für alle Simulationen ineffizient bleiben. Einige DMUs dürften jedoch je nach Szenario als effizient oder ineffizient gelten. Dies eröffnet weiteren Interpretationsspielraum.

Es gibt noch eine Reihe von Teil- und Spezialproblemen des Krankenhauscontrollings, wie z. B. die Trennungsrechnung zwischen Lehre, Forschung und Krankenbehandlung in Universitätskliniken sowie das Personal- und Anlagencontrolling. Für das erste Beispiel gibt es spezielle Erfahrungen in Krankenhäusern (z. B. Pföhler und Dänzer 2005), die Konzepte der anderen Controllinggebiete unterscheiden sich i. d. R. nicht grundlegend von denjenigen in anderen Betriebstypen, sodass sie hier nicht weiter dargestellt werden sollen.

Strategisches Controlling

Die bisherigen Ausführungen diskutierten Aufgaben des Krankenhauscontrollings, die heute bereits wahrgenommen werden. Zwar gibt es im operativen Controlling noch immer viel zu tun, aber die Kostenrechnung, Budgetierung, Wirtschaftlichkeitsanalyse und das Benchmarking sind zumindest rudimentär in den meisten Krankenhäusern etabliert. Krankenhauscontroller nehmen mit diesen Instrumenten wichtige Funktionen in der Koordination der Abteilungen und der Hierarchieebenen wahr.

Ein strategisches Controlling hat sich hingegen bisher kaum verwirklicht. Controller sind nur selten an der Koordination der **Geschäftsfeldplanung** mit der **Investitionsplanung** oder der **Potenzialplanung** mit der **Leistungsprogrammplanung** beteiligt. Die Integration von Leistungsanbietern wird meist »politisch« entschieden und basiert nur selten auf Fakten, die das Controlling bereitstellen kann.

Im Folgenden wird ein Modell der Linearen Programmierung (LP) vorgestellt, das das Potenzial zur Etablierung des strategischen Controllings im Krankenhaus in sich trägt. Hier wird lediglich das grundlegende Modell der Leistungsprogrammplanung erläutert, mit dessen Hilfe das Leistungsprogramm an die Kapazitäten angepasst werden kann. Das Modell kann erweitert werden, sodass eine horizontale und vertikale Integration von Krankenhäusern möglich ist. Diese Ausführungen dienen als Anregung, wie ein strategisches Krankenhauscontrolling heute aussehen könnte.

▪ Leistungsprogrammplanung

Die **Leistungsprogrammplanung** dient der Ermittlung der Fälle, auf die sich ein Krankenhaus spezialisieren sollte, um seinen Deckungsbeitrag zu maximieren. Hierzu wird im ersten Schritt davon ausgegangen, dass das Krankenhaus sein Fallspektrum frei wählen kann (»**Rosinen-Picken**«). Im nächsten Schritt wird diese vereinfachende Annahme aufgelöst und die Kooperation mit anderen Krankenhäusern im räumlichen Versorgungsverbund diskutiert.

Da die Einführung der DRGs erstmalig die Bewertung der Fälle mit Preisen ermöglicht, ist auch die Planung des optimalen Fallklassenprogramms mit Hilfe von Instrumenten der Produktionsprogrammplanung sinnvoll. Hierzu ist die Lineare Programmierung geeignet, wie von Meyer und Harfner allgemein beschrieben wurde (Meyer und Harfner 1999). Das grundlegende Programm gibt das Modell für ein Krankenhaus mit fixer Abteilungszahl wieder. Ziel ist es, durch die Auswahl von DRGs den Betriebsdeckungsbeitrag zu maximieren.

- **Strukturvariablen:**

x_j – Anzahl der behandelten Patienten in DRG j, j = 1,..,n; ganzzahlig.

- **Konstanten:**

K_i – Kapazität der Ressource i, i = 1,..,m.

c_{ij} – Verbrauch der Ressource i einer Einheit der DRG j, j = 1,..,n; i = 1,..,m.

d_j – Entgelt für DRG j; j = 1,..,n.

a_j – direkte Kosten für einen Fall in DRG j; j = 1,..,n.

n – Zahl der DRGs

- **Nebenbedingungen:**

$$\sum_{j=1}^{n} c_{ij} x_j \leq K_i \text{ für } i = 1, \ldots, m$$

- **Zielfunktion:**

$$\sum_{j=1}^{n} (d_j - a_j) x_j \rightarrow \text{Max!}$$

- **Nichtnegativitätsbedingung (NNB):**

$$x_j \geq 0 \quad j = 1, .., n.$$

Die Kostenrechnung muss die direkten Kosten pro Fall einer DRG bereitstellen – eine Aufgabe, die von vielen Krankenhäusern derzeit nur unzureichend geleistet werden könnte. Weiterhin müssen die Ressourcenverbräuche berechnet werden, z. B. wie viele Pflegeminuten, wie viele Laborleistungen, OP-Minuten etc. ein Fall benötigt. Gleichzeitig fließen die vorhandenen Ressourcen (z. B. gesamte Pflegeminuten, Laborkapazität, OP-Zeit etc.) in die Kalkulation ein. Im ersten Schritt werden diese als gegeben angenommen. Eine Erweiterung auf ein Investitionsplanungsmodell mit variablen Ressourcen und Fixkosten ist unproblematisch. Ein derartiges Modell wäre ein Koordinationsinstrument zwischen Leistungsprogrammplanung und Investitionsplanung.

Aus diesen Angaben berechnet das Programm das **optimale Fallspektrum**. Falls mehrere DRGs einer bestimmten Abteilung genau zugeordnet werden können, muss durch zusätzliche Nebenbedingungen gewährleistet werden, dass eine Abteilung geschlossen wird, falls kein dieser Abteilung zugeordneter Patient behandelt wird. Gleichzeitig müssen eröffnete Abteilungen mit Fixkosten berücksichtigt werden. Damit ergibt sich folgendes, erweitertes Modell:

- **Nebenbedingungen:**

$$\sum_{j=1}^{n} c_{ij} x_j \leq K_i \text{ für } i = 1, \ldots, m$$

$$\sum_{j R_p}^{n} x_j \leq M D_p \text{ für } p = 1, \ldots, a$$

$$\sum_{j=1}^{n} x_j \leq M D_{total}$$

- **Zielfunktion:**

$$Z = \sum_{j=1}^{n} (d_j - a_j) x_j - \sum_{p=1}^{a} F_p D_p - FK D_{total} \rightarrow \text{Max!}$$

- **mit Strukturvariablen:**

$$D_p = \begin{cases} 1 \text{ falls Abteilung p eröffnet} \\ 0 \text{ ansonsten} \end{cases}$$

$p = 1, \ldots, a$

$$D_{total} = \begin{cases} 1 \text{ falls Krankenhaus eröffnet} \\ 0 \text{ ansonsten} \end{cases}$$

- **Konstanten:**

$$M \in N,\ \text{mit}\ M > \sum_{j=1}^{n} x_j$$

a – Zahl der Abteilungen (Konstante).

$\mathbf{R_p}$ – Menge aller DRGs, die auf Station p behandelt werden. p = 1,..,a.

$\mathbf{F_p}$ – Abteilungsfixkosten von Abteilung p, p = 1,..,a.

$\mathbf{F_K}$ – Krankenhausfixkosten.

Falls es gelingt, die realen Daten zu ermitteln, kann das optimale Fallklassenprogramm eines Krankenhauses berechnet werden. Im Normalfall wird es zu einer Spezialisierung auf wenige Abteilungen und Fälle kommen. Falls eine ganze Region betrachtet wird, kann dies bedeuten, dass bestimmte Fälle überhaupt nicht mehr behandelt werden. Soll die Versorgungssicherheit jedoch aufrechterhalten werden, so ist eine Kooperation mit anderen Krankenhäusern der Region sinnvoll. Der Ansatz der Leistungsprogrammplanung kann ergänzt und zu einem Instrument der horizontalen Integrationsplanung erweitert werden.

Es sei angenommen, dass eine Region von s Krankenhäusern versorgt wird. Auch in Zukunft sollen sämtliche Fälle behandelt werden. Es sei weiterhin angenommen, dass die spezifischen Faktorverbräuche bei der Leistungserstellung (cij) in jedem Krankenhaus anders sind und Transportkosten keine Rolle spielen.

- **Strukturvariablen:**

$\mathbf{X_{jk}}$ – Anzahl der behandelten Patienten in DRG j in Krankenhaus k; j = 1,..,n; k = 1,..,s; ganzzahlig.

$$Dpk = \begin{cases} 1 & \text{falls Abteilung p in Krankenhaus k eröffnet} \\ 0 & \text{ansonsten} \end{cases}$$

für k = 1, . . . , s, p = 1, . . . , a

$$DTotal_k = \begin{cases} 1 & \text{falls Krankenhaus k eröffnet} \\ 0 & \text{ansonsten} \end{cases}$$

k = 1, . . . , s

- **Konstanten:**

$\mathbf{K_{ik}}$ – Kapazität der Ressource i in Krankenhaus k; i = 1,..,m; k = 1,..,s.

$\mathbf{c_{ijk}}$ – Verbrauch der Ressource i einer Einheit der DRG j in Krankenhaus k; j = 1,..,n; i = 1,..,m; k = 1,..,s.

$\mathbf{D_j}$ – Entgelt für DRG j; j = 1,..,n.

$\mathbf{a_{jk}}$ – direkte Kosten für einen Fall in DRG j in Krankenhaus k; j = 1,..,n; k = 1,..,s.

$\mathbf{B_j}$ – Zahl der Patienten mit DRG j, j = 1,..,n.

$$M \in N,\ \text{mit}\ M > \sum_{j=1}^{n} \sum_{k=1}^{s} x_{jk}$$

A – Zahl der grundsätzlich möglichen Abteilungen.

S – Zahl der Krankenhäuser im Versorgungsverbund.

$\mathbf{R_p}$ – Menge aller DRGs, die auf Station p behandelt werden. p = 1,..,a.

$\mathbf{F_{pk}}$ – Abteilungsfixkosten der Abteilung p in Krankenhaus k, k = 1,..,s.

$\mathbf{F_{Kk}}$ – Krankenhausfixkosten in Krankenhaus k, k = 1,..,s.

- **Nebenbedingungen:**

$$\sum_{j=1}^{n} c_{ijk} x_{jk} \leq K_{ik}\ \text{für}\ i = 1, \ldots, m;$$
$$k = 1, \ldots, s$$

$$\sum_{k=1}^{s} x_{jk} = B_j\ \text{für}\ j = 1, \ldots, n$$

$$\sum_{j \in R_p} x_{jk} \leq M \times Dpk\ \text{für}\ k = 1, \ldots, s;$$
$$p = 1, \ldots, a$$

$$\sum_{j=1}^{n} x_{jk} \leq M \times DTotal_k\ \text{für}\ k = 1, \ldots, s$$

- **Zielfunktion:**

$$\sum_{K=1}^{s} \sum_{j=1}^{n} (d_j - a_{jk}) x_{jk} - \sum_{k=1}^{s} \sum_{p=1}^{a} F_{pk} \times D_{pk} - \sum_{k=1}^{s} FK_k \times DTotal_k \rightarrow \text{Max!}$$

Somit ist es möglich, ein Kostenminimum bei gleichzeitiger Versorgungssicherheit zu gewährleisten. Das Modell liefert auch Aufschluss darüber, welche Krankenhäuser im räumlichen Verbund lukrative Akquisitionsobjekte sind bzw. bis zu welchem Preis eine Akquisition lohnenswert ist. Berechnet der Controller das Modell einmal mit und einmal ohne den möglichen Partner, so kann er den Deckungsbeitragsunterschied für sein Krankenhaus ermitteln und daraus schließen, wie hoch der Kooperationspreis maximal sein darf. Gerade für Klinikketten ist dies ein lohnender Ansatz der langfristigen Optimierung des Standortportfolios.

Schließlich kann der Ansatz auch noch auf eine vertikale Integration erweitert werden. Hierzu sind Behandlungspfade zu definieren, die sowohl die vor- als auch die nachstationäre Versorgung in Arztpraxen, die Physiotherapie, die ambulante Pflege und die stationäre Langzeitpflege umfassen. Die Erweiterung des Modells um einen entsprechenden Index ist problemlos möglich. Derzeit scheitert die praktische Umsetzung an der fehlenden Datengrundlage. Noch immer steht eine **undurchdringliche Wand** zwischen ambulanten und stationären Datenflüssen, sodass eine umfassende Optimierung des Gesamtsystems nicht möglich ist. Hier liegt die Aufgabe des strategischen Krankenhauscontrollings, in dem Annäherungsprozess eine Führerschaft zu übernehmen und damit die Koordinationsaufgabe über das Krankenhaus hinaus auszudehnen.

■ Weitere Modelle des strategischen Controllings

Die Wahrnehmung der strategischen Koordinationsfunktion erfordert den Rückgriff auf eine Reihe weiterer Modelle. Der Krankenhauscontroller wird hierzu aus dem breiten Rüstzeug der Betriebswirtschaft geeignete Instrumente auswählen und an das Krankenhaus adaptieren. Da es sich hierbei um die Koordination langfristiger Pläne und Maßnahmen handelt, sind zuerst geeignete **Prognoseverfahren** anzuwenden, um die Entwicklungen abzuschätzen. Ein systematischer Unterschied zwischen den Prognosemodellen des Krankenhauscontrollings und den Prognosemodellen der Allgemeinen BWL (z. B. Klein und Scholl 2011) besteht nicht, weshalb hier auf eine vertiefte Darstellung verzichtet wird.

Ein weiteres Instrument des strategischen Controllings ist die Entwicklung eines umfassenden **Kennzahlensystems**, das eine faktenbasierte Steuerung des Unternehmens in allen Dimensionen erlaubt. Die ursprünglich auf Kaplan und Norton (1992, 1993) zurückzuführende **Balanced Scorecard (BSC)** (vgl. ► Abschn. 6.2) hat Einzug ins Krankenhaus gehalten und versucht, »finanzielle und nichtfinanzielle, vergangenheitsbezogene und zukunftsbezogene sowie unternehmensinterne und unternehmensexterne Kennzahlen« (Körnert 2005, S. 1) gleichermaßen zu berücksichtigen. Sie soll ein Bindeglied zwischen Strategiefindung und Strategieumsetzung sein, d. h. ein Koordinations- bzw. Controllinginstrument.

Die ursprünglichen Perspektiven der Balanced Scorecard (Finanzielle Perspektive, Kundenperspektive, Lern- und Entwicklungsperspektive, Interne Prozessperspektive) sind durchaus geeignet, wichtige Dimensionen des Krankenhauses abzubilden und zu integrieren. Die klassische Aufteilung nach Berufsgruppen (Finanzielle Perspektive = Verwaltungsleiter; Kundenperspektive = Ärztlicher Leiter) wird durch dieses Instrument überwunden. Greulich et al. (2005) zeigen allerdings auch auf, dass die Entwicklung einer Balanced Scorecard für das Krankenhaus einen Adaptionsprozess erfordert. Besonders deutlich wird dies bei den staatlichen bzw. frei-gemeinnützigen Krankenhäusern. Die finanzielle Perspektive bildet hier primär eine Nebenbedingung, während die Patienten und Mitarbeiter als wichtige Stakeholder in den Fokus treten. In kirchlichen Einrichtungen wäre die BSC um die Dimension der Nächstenliebe zu ergänzen, die nicht absolut mit der Patientenorientierung identisch sein muss (Fleßa 2003).

Weiterhin ist es möglich, verschiedene Formen der **Portfolioanalyse** im strategischen Krankenhauscontrolling zu verwenden. So entwickelt Buchholz (2000) ein **Fallkostenportfolio** (◘ Abb. 6.9), mit dessen Hilfe die Fallkosten mit den Kostensteigerungen in Beziehung gesetzt und die Entwicklung der Fallklassen

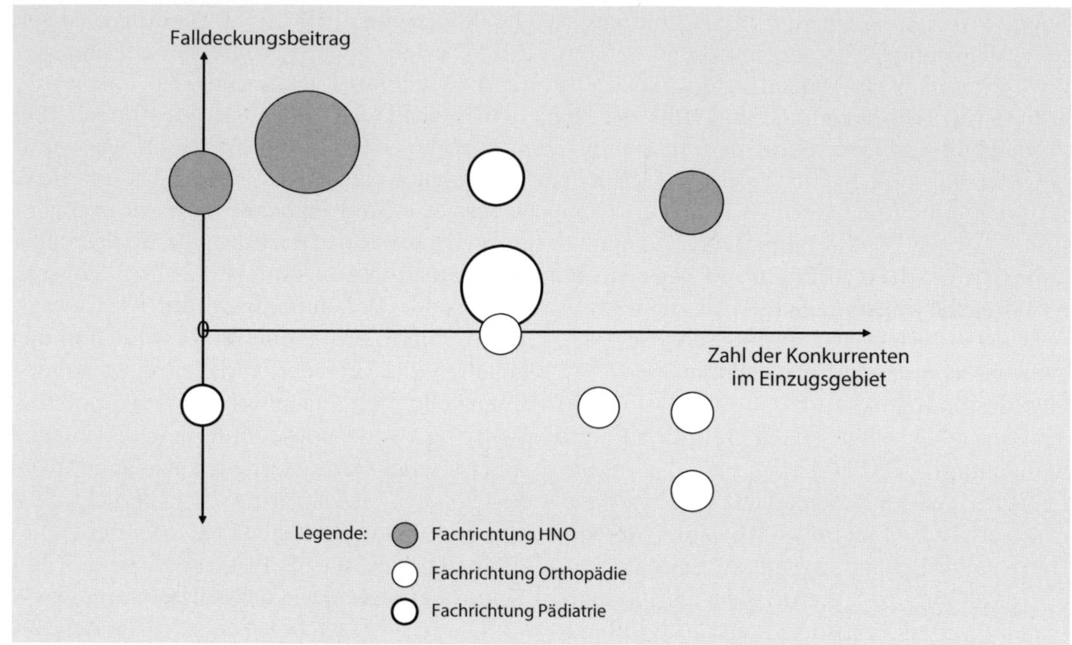

Abb. 6.9 Portfoliomatrix eines Krankenhauses: Konkurrenz und Falldeckungsbeitrag

analysiert werden können. Insbesondere die Dynamik, d. h. die Veränderung der Fallklassen in der Matrix, gibt Aufschluss über Schwachstellen und Erfolgspotenziale. Hingegen kann für einen gemeinnützigen Träger Aufschluss darüber gegeben werden, welche Produktfelder er weiterhin abdecken muss. Die Abbildung zeigt, dass die Leistungen der Orthopädie negative Deckungsbeiträge erwirtschaften (Fleßa 2018). Gleichzeitig gibt es mehrere Konkurrenten auf demselben Markt, sodass die Schließung der Orthopädie in diesem Krankenhaus voraussichtlich nicht zu einer schlechteren Versorgung der Bevölkerung führen würde. Ein gemeinnütziges Krankenhaus, dessen Oberziel die Versorgung der Bevölkerung im Einzugsbereich ist, kann ohne »schlechtes Gewissen« die Orthopädie schließen. Die Verlustquelle in der Pädiatrie hingegen muss quersubventioniert werden, da es keine Konkurrenz auf diesem Markt gibt, und die Reduktion der Leistung wahrscheinlich zu einer ungenügenden Versorgung des Einzugsgebietes führen würde.

Portfoliomatrizen können mit dem oben diskutierten LP der strategischen Leistungsprogrammplanung verbunden werden. Ebenso ist eine klassische BCG-Matrix (Kuntz 2002; Hambrick et al. 1982) möglich, die die Einteilung nach relativem Marktanteil und Marktwachstum vornimmt. Der Dynamik dieser BCG-Matrix liegt der Produktlebenszyklus zugrunde. Bislang wird die Definition und **Analyse von Produktlebenszyklen** im Krankenhaus kaum durchgeführt. Angesichts der Veränderungen im Gesundheitswesen mit modehaften Erscheinungen des Wellnessbereiches nimmt jedoch die Bedeutung der Produktinnovation, der Marktdurchdringung und des rechtzeitigen Nachschiebens einer neuen Technologie ständig zu. Hier kommt dem strategischen Controlling eine Schlüsselrolle zu.

Das Krankenhauscontrolling steht im Begriff aus dem operativen, oftmals auf Kostenrechnung begrenzten Bereich, herauszutreten und seine Funktion als Koordinator von Abteilungen, Funktionen und Plänen wahrzunehmen. Hierzu kann es auf die betriebswirtschaftlichen Instrumente zurückgreifen, von denen ausgewählte hier vorgestellt wurden. Wichtig ist jedoch, dass die Adaption dieser Instrumente an das Krankenhaus erfolgt, und die darauf basierenden Entscheidungen partizipativ vorbereitet und getroffen werden. Unter dieser Voraussetzung hat das Krankenhauscontrolling eine gute Chance, auch bei Ärzten und Pflegekräften als unterstützende Funktion geschätzt zu werden.

6.4 Informationsmanagement und Controlling in Arztpraxen und Ärztenetzen

Stefan Sohn, Katharina Gudd, Hanswerner Voss, Oliver Schöffski

Die demographische Entwicklung und die damit verbundene Veränderung in der Zusammensetzung der Gesellschaft wirken sich auch auf das Gesundheitswesen aus. Die steigende Zahl an älteren Patienten, die in einer erhöhten Inanspruchnahme der Leistungserbringer resultiert, führt zu steigenden Kosten im Gesundheitswesen. Die Vernetzung von medizinischen Leistungserbringern durch Informationsmanagement- und Controllingsysteme soll dem steigenden Kostendruck in der Gesetzlichen Krankenversicherung (GKV) entgegenwirken und effizientere Prozesse in der Versorgung ermöglichen.

Generell gibt es verschiedene Möglichkeiten der Vernetzung der Leistungserbringer in der GKV. Sie haben zum primären Ziel, eine interdisziplinäre Vernetzung zu schaffen, in der die Transparenz und Versorgungsqualität erhöht wird. Speziell die durch den § 140a SGB V geschaffene Vertragsform der »Besonderen Versorgung« mit der Möglichkeit der Übernahme von finanzieller Verantwortung für Patientenkollektive durch Zusammenschlüsse von Leistungserbringern, z. B. in Form von Ärzte- oder Gesundheitsnetzen, erfordert bereits ein höheres Maß an medizinischer und finanzieller Transparenz, als dies in der Regelversorgung der Fall war (vgl. ▸ Abschn. 2.4 und 4.4). Diese Möglichkeit wurde 2015 im Rahmen des Versorgungsstärkungsgesetzes eingeführt und fasst die bisher geltenden Selektivverträge zusammen um eine bessere Verständlichkeit und einen Abbau von bürokratischen Hemmnissen zu fördern. Verträge, die in der Vergangenheit geschlossen wurden, gelten weiterhin. Neben den Verträgen zur Besonderen Versorgung besteht weiterhin im Rahmen des § 73b SGB V die Möglichkeit von Verträgen zur hausarztzentrierten Versorgung. Diese erlauben die Definition von über die gesetzliche Qualtiätssicherung hinausgehender Qualitätsanforderungen an weite Teile der niedergelassenen hausärztlichen Leistungserbringer. Damit wird auch die Ausweitung der Verfügbarkeit von guter Datenqualität bis hinein in die Einzelpraxis wahrscheinlicher. Informationsmanagement- und Controllingsysteme können die Leistungserbringer dabei unterstützen, die Ziele zu erreichen.

6.4.1 Gesetzliche und strukturelle Rahmenbedingungen

Begriffsbildung und Status

Für den Betrieb und die Steuerung sowie die Weiterentwicklung von Arztpraxen und Praxisnetzen werden zahlreiche **medizinische und ökonomische Daten** benötigt. Dies beinhaltet im medizinischen Bereich alle Informationen zum Patienten, wie Diagnosen, Befunde, Therapien, Verordnungen, stationäre Einweisungen, Arztbriefe, Bildermaterial und Ähnliches, aber auch Verwaltungsinformationen wie Krankenversicherungsdaten, Adressen, Termin- und Abrechnungsdaten. Im ökonomischen Bereich handelt es sich primär um Finanzdaten wie Einnahmen und Ausgaben, sowie Abrechnungs- und Umsatzzahlen.

Das Management dieser Informationen gestaltet sich bisher sehr unterschiedlich. Während medizinische Informationen häufig noch auf Papier in Aktenform aufgezeichnet und archiviert werden, findet die Verwaltung und Speicherung von Verwaltungsdaten und Abrechnungsdaten hauptsächlich elektronisch statt.

So ist z. B. in Bayern bereits seit 2011 die Übermittlung von Quartalsabrechnungen der Vertragsärzte an ihre **Kassenärztliche Vereinigung (KV)** verpflichtend elektronisch abzuwickeln (vgl. KVB 2011). Nach Angaben der Kassenärztlichen Vereinigung Bayern nutzen ca. 75 % aller bayerischen Vertragsärzte ein elektronisches Praxisverwaltungssystem zur Dokumentation und Verwaltung medizinischer Patientendaten (vgl. KVB 2015).

Motivation für ein Informationsmanagement

Die Anzahl der Vertragsärzte, die elektronische Praxisverwaltungssysteme nutzen, ist in den vergangenen Jahren gewachsen. Dies zeigt, dass die Akzeptanz der Systeme in der Vergangenheit stark angestiegen ist, da die Zunahme an Kooperationen über die einzelne Arztpraxis hinaus auch Anforderungen an die Vernetzung der IT mit sich bringt. Bisher sahen sich Arztpraxen in ihrer herkömmlichen Ausprägung bezüglich Informationsmanagement und Controlling lediglich Anforderungen gegenüber, die sich auf das direkte Management der einzelnen Praxis beziehen. Durch die Abrechnung der GKV-Patienten per Einzelleistungsvergütung gemäß dem Einheitlichen Bewertungsmaßstab (EBM) an die KV (bzw. der Privatpatienten gemäß der Gebührenordnung für Ärzte [GOÄ]) bestand nur wenig Anlass zu einem Management des über die Praxis hinausgehenden Leistungsgeschehens.

Durch die zunehmende Anzahl an Gründungen von Praxisnetzwerken erweitert sich der Fokus auf über die einzelne Praxis hinausgehende Fragestellungen. Es finden sich hierbei Gruppen von Ärzten zusammen um in unterschiedlicher Ausprägung und Intensität »die bisher vorherrschende Form der Einzelpraxis ohne systematische Kommunikations- bzw. Kooperationsbeziehungen mit anderen Leistungserbringern« (Oberender und Fleischmann 2002, S. 154) zu überwinden und durch diese strukturelle Gegebenheit implizierte Defizite in der Patientenversorgung abzubauen. Um dies zu erreichen, wird in den meisten Netzen versucht, die Kommunikation und Kooperation durch einen Ausbau des bisherigen Informationsmanagements zu verbessern (Trill 2002, S. 147), der beispielsweise den verbesserten Austausch von Patientendaten oder die Erarbeitung gemeinsamer Leitlinien beinhaltet.

Die reine Motivation durch die Zielsetzung einer verbesserten Versorgung bei gleichzeitig erhöhter Zufriedenheit der Patienten und der Leistungserbringer hat sich in den meisten Fällen als nicht ausreichend erwiesen, um den Netzaufbau in der beabsichtigten Form zu erreichen. Aus diesem Grund muss neben der **intrinsischen Motivation** der jeweiligen Leistungserbringer ein **extrinsischer Anreiz** durch Arbeitsentlastungen oder finanzieller Natur hinzukommen, der über die in Teilen bereits praktizierte Erweiterung des Einzelleistungskataloges hinausgeht.

Eine Form der Vergütung, die dies leisten kann, ist eine sektorenübergreifende, morbiditätsadjustierte, kopfpauschalierte Vergütung mittels **Capitation** (Steinbach et al. 2004) (in einigen Pilotregionen auch unter dem Namen »Einsparcontracting« im Einsatz). Hierbei übernimmt eine Gruppe von Leistungserbringern (z. B. ein Praxisnetz) neben der medizinischen auch die finanzielle Verantwortung für ein Patientenkollektiv und erhält dafür ein abhängig vom Risikoprofil des Kollektivs prospektiv errechnetes Budget zur Versorgung der betreffenden Patienten über mehrere Sektoren hinweg. Ziel ist es, das Anreizsystem so zu gestalten, dass die erfolgreich verbesserte Kommunikation und Kooperation eines Praxisnetzes zur Realisierung von Effizienzgewinnen (Effizienzgewinne ergeben sich beispielsweise aus vermiedenen Krankenhauseinweisungen, vermiedenen Doppeluntersuchungen und einer zielgerichteten, abgestimmten und optimierten Pharmakotherapie) führt, an denen die Netzärzte direkt beteiligt werden können (Sohn 2006).

Eine gesetzliche Grundlage für diese direkt zwischen Leistungserbringern und Krankenkassen zu vereinbarenden Vergütungsform ist heute hauptsächlich in § 140a SGB V »Besondere Versorgung« gegeben. Durch die Novellierung in 2015 im Rahmen des **GKV-Versorgungsstärkungsgesetz (GKV-VSG)** wurde eine systematische Neustrukturierung der bisherigen gesetzlichen Möglichkeiten (bis dahin durch § 73a und c (Strukturverträge und besondere ambulante ärztliche Versorgung) sowie § 140a–d (Integrierte Versorgung) SGB V) vorgenommen. Die Gestaltungsmöglichkeiten der Krankenkassen wurden nochmals erweitert und die Anforderung des sektorenüber-

▫ Tab. 6.14 Auswahl von Chancen und Risiken von Praxisnetzen mit Budgetverantwortung

Chancen	Risiken
Verbesserte Versorgung durch abgestimmte Behandlungsprozesse	Erhöhter zeitlicher und finanzieller Aufwand vor allem in der Anlaufphase
Realisierung von Effizienzgewinnen aus – vermiedenen KH-Einweisungen – kosteneffektiver Pharmakotherapie – effizientem Einsatz von Heil- und Hilfsmitteln – vermiedene Doppeluntersuchungen	Unbefriedigende Zielerreichung für inhaltliche und ökonomische Ziele wie – Leitlinieneinsatz – Qualitätszirkelbeteiligung – Effizienzgewinne durch unzureichende Durchführung und/oder Akzeptanz der geplanten Maßnahmen
Möglichkeit zu medizinisch effektiverer Behandlung durch größere Unabhängigkeit von Gebührenordnungen	Fehlallokation von Ressourcen durch Konzentration auf falsch gewichtete Themenbereiche oder Bürokratisierung

greifenden Ansatzes ist nicht mehr zwingend erforderlich. Durch den Abschluss eines Vertrags zur Besonderen Versorgung wird generell eine fachübergreifende Vernetzung ermöglicht, die den Wissensaustausch und somit die gezielte flächendeckende Behandlung von Volkskrankheiten ermöglicht. Außerdem ist nun die Grundlage für reine Managementverträge, die nur die Organisation der Versorgung betreffen, geschaffen. Die Vertragspartner sind weiterhin in der Lage, in Fragen der Vergütung von bisher gültigen Regelungen abzuweichen, weshalb auch in der Regel eine Bereinigung der Gesamtvergütung erforderlich wird.

Stellte schon der ohne Veränderung der Vergütungsform erfolgte Zusammenschluss zu einem Praxisnetz erhöhte Anforderung an das zu implementierende Informationsmanagement, so wird spätestens bei der Übernahme der finanziellen Verantwortung eine hohe Informationstransparenz für medizinische und ökonomische Sachverhalte unabdingbar. Eine Steuerung bzw. ein Controlling zur Nutzung der entstehenden Chancen und Vermeidung der eventuellen Risiken ist nur mit ausreichender Kenntnis des Status des Praxisnetzes möglich (da ein Praxisnetz mit zu den integrierten bzw. besonderen Versorgungsformen zu zählen ist, wenn auch primär nur innerhalb eines Sektors, gelten die vorliegenden Überlegungen für andere integrierte Versorgungsformen entsprechend). Einige Beispiele von Chancen und Risiken, die ohne Transparenz nicht adäquat handhabbar sind, zeigt ▫ Tab. 6.14.

Voraussetzungen für effizientes Controlling

Die in ▸ Abschn. 6.1 vorgenommene Zweiteilung der Zielsetzung des Controllings in **strategisches** und **operatives** Controlling kann auch auf Praxisnetze übertragen werden.

Strategisches Controlling mit der Aufgabenstellung der direkten Führungsunterstützung mit einem Zeithorizont von 3–5 Jahren

- Planung, Überwachung und ggf. Nachsteuerung des Netzwachstums anhand der Anzahl der eingeschriebenen Netzpatienten,
- Entwicklung der Anzahl stationäre Einweisungen ersetzender ambulanter OPs und
- kontinuierliche Analyse der Hauptbehandlungs- und Überweisungsflüsse im Netz, um geeignete Leistungserbringer im Netz, z. B. für die Qualitätszirkelarbeit oder auch für eine Neuanwerbung außerhalb des Netzes, zu identifizieren.

Operatives Controlling zur direkten Unterstützung des Leistungserstellungsprozesses mit einem Zeithorizont von maximal 1 Jahr mit folgenden Aufgabenstellungen

- Festlegung, Überwachung und Information der Leistungserbringer über das per Leitlinie vereinbarte Verordnungsverhalten,
- Gleiches für die vereinbarten Abklärungspfade vor einer stationären Einweisung oder
- Berechnung und Information über den derzeitigen und den zum Jahresende voraussichtlichen Status des Capitation-Budgets

Wie aus diesen wenigen Beispielen bereits deutlich wird, ist für die Erfüllung dieser Aufgaben eine große Menge an detaillierten Informationen nötig, die

1. generiert,
2. passend strukturiert,
3. an einer Stelle gesammelt,
4. mit einem Bedeutungskontext hinterlegt und
5. mit einer klaren Steuerungsoption verbunden werden müssen.

Da diese 5 Schritte mit möglichst geringen **Kosten** (personell und andere Ressourcen) durchgeführt werden müssen und insgesamt eine sehr hohe Effizienz (d. h. für alle einen hohen, verständlichen Nutzen bei möglichst geringem Mehraufwand) aufweisen müssen, um auch die Akzeptanz der Beteiligten nicht zu gefährden, empfiehlt es sich, diese zu implementierenden Controllingprozesse weitgehend zu automatisieren.

Ein Optimum an Akzeptanz und Effizienz in **Schritt 1** wird erreicht, wenn die Daten im üblichen, laufenden Behandlungsprozess selbstständig entstehen.

Beste Voraussetzung für **Schritt 2 und 3** ist eine einheitliche Datenbasis durch eine **einheitliche Softwareplattform**. Eine Vernetzung der bestehenden heterogenen Praxissoftwarelandschaft ist aus Effizienzgesichtspunkten wegen hoher Investitions- und Betriebsaufwände keinesfalls ein präferiertes Vorgehen. Mit bestehenden Systemen wie KV-Connect wird jedoch eine standardisierte und vereinheitlichende Zusammenführung aus unterschiedlichen Kommunikationssystemen über ein sicheres Netzwerk ermöglicht. Eine Verbesserung der Situation bei der Vernetzung heterogener Systeme könnte die Einführung der elektronischen Gesundheitskarte mit sich bringen.

Ergänzt werden die Daten aus den Praxen durch geeignete, von der KV bzw. der Krankenkasse bereitzustellende medizinische und ökonomische Daten über Leistungen aus nachgelagerten Sektoren außerhalb des Praxisnetzes. Primär von Bedeutung sind hier das tatsächlich abgerufene Verordnungsvolumen (eingelöste Rezepte) sowie medizinische und ökonomische Parameter aus stationären Aufenthalten.

Für eine gelungene Umsetzung der **Schritte 4 und 5** ist eine hohe Transparenz der Ziele und der mit diesen und untereinander in Wechselwirkung stehenden Prozesse des Netzes erforderlich. Ist diese Transparenz vorhanden, kann ein Kennzahlensystem sowohl für Ziele als auch für aussagekräftige Prozessparameter aufgebaut werden, das entsprechende Planvorgaben erlaubt, eine Fortschrittsüberwachung ermöglicht und entsprechende Handlungsoptionen zur Steuerung in Richtung des selbstgewählten Ziels aufzeigt. Ein geeignetes Gerüst für diese Vorgehensweise stellt beispielsweise die Methodik der Balanced Scorecard bereit (Kaplan und Norton 2001; Esslinger 2003; vgl. auch ► Abschn. 6.2.2).

6.4.2 Praktische Umsetzung

Die Darstellung von konkreten Kennzahlensystemen geschieht im Folgenden getrennt nach den Unterbereichen »**Medizinisches Controlling anhand von Qualitätsindikatoren**« und »**Ökonomisches Controlling zur wirtschaftlichen Leistungsfähigkeit**«.

Medizinisches Controlling anhand von Qualitätsindikatoren

Qualitätsindikatoren sind messbare Größen, die eine Aussage über die Versorgungsqualität ermöglichen und Hinweise auf Verbesserungspotenzial liefern (Szecsenyi et al. 2010, S. 52).

Es handelt sich hierbei um Kennzahlen, die durch die Existenz und den Abgleich von einem Soll- und einem Istwert Steuerungsbedarf anzeigen und Handlungsoptionen anbieten (Zorn und Ollenschläger 1999, S. 124). Hierbei kann es sich z. B. um konkrete Laborwerte, die Hinweise auf die Wirksamkeit der Behandlung geben können, oder um Kennwerte, wie die Anzahl der eingeführten Leitlinien, der durchgeführten Qualitätszirkel und ihrer jeweiligen Sitzungen, der Anteil der diagnostizierten Asthma-Patienten, oder den Anteil der umstrittenen Arzneimittel an der Gesamtverordnungsmenge handeln.

Diese Maßzahlen ermöglichen bei entsprechender Implementierung einen Einblick in das Versorgungsgeschehen eines Netzes aus verschiedenen Perspektiven für unterschiedliche Adressaten (z. B. Kostenträger, interne Qualitätszirkel, Patienten). Es können **strukturelle Gegebenheiten** (z. B. Behandlungskapazitäten, Fortbildungsstatus, Prävalenzen im Versichertenbestand) ebenso konzentriert abgebildet werden wie **Prozessparameter** (z. B. Wartezeiten, Qualitätszirkelfrequenzen) und **medizinische Ergebnisparameter** (z. B. Hospitalisierungsraten, nachhaltig verbesserte Blutwerte).

Qualitätsindikatoren werden zu Indikatorensystemen zusammengefasst, die für bestimmte Zielrichtungen entwickelt wurden und entsprechend der Perspektive passende Einzelindikatoren beinhalten. Stellvertretend seien hier die HEDIS-Indikatoren (vgl. ► www.ncqa.org) im US-amerikanischen Gesundheitssystem und die QiSA-Indikatoren (vgl. ► www.qisa.de) des AOK-Bundesverbands mit dem AQUA-Institut genannt. Erstere haben die Zielsetzung, die Qualität medizinischer Anbieter zu beurteilen und zu vergleichen (primär aus Sicht der Arbeitgeber zur Auswahl von privaten Krankenversicherungsoptionen für ihre Mitarbeiter, z. B. traditionelle Health Plans, Health Maintenance Organizations oder Preferred Provider Organizations in den USA). Das QiSA-Indikatorensystem richtet sich dagegen direkt an Einzelpraxen und Praxisnetze im deutschen Gesundheitswesen und die Herstellung von Transparenz zur Beurteilung der Netzarbeit durch die Krankenkassen. Gleichzeitig dienen die Indikatoren zur Weiterentwicklung des Netzes. Weltweit existiert eine Vielzahl von Indikatorensets mit sehr unterschiedlichen Zielsetzungen, Inhalten und Adressaten. ◘ Tab. 6.15 zeigt hier eine Auswahl (eigene Ergänzungen in Anlehnung an Kröger 2019).

Ein zentraler Punkt, der beim Einsatz von Indikatorensystemen nicht unterschätzt werden darf – speziell, wenn sie als Entscheidungsgrundlage für eine veränderte Ressourcenallokation verwendet werden – sind die Anforderungen an die methodische **Güte der Indikatoren** (Ärztliches Zentrum für Qualität in der Medizin 2005, S. 5). Hierzu gehören grundlegend die folgenden Eigenschaften (Stock und Broge 2007, S. 106):

Güteanforderungen an Indikatoren
- Validität
- Reliabilität
- Sensitivität
- Praktikabilität
- Evidenz
- Reduzierung der Krankheitslast
- Kosteneffektivität
- Indikatortauglichkeit
- Beeinflussbarkeit

Für einen konkreten Einblick in ein Indikatorenset wird im Folgenden das »Qualitätsindikatorensystem für die ambulante Versorgung« (QiSA) des AQUA-Instituts in Zusammenarbeit mit dem AOK-Bundesverband kurz dargestellt. QiSA stellt insgesamt über 130 Qualitätsindikatoren bereit, die in einzelnen Bänden (z. B. Diabetes Typ 2) spezifisch behandelt werden. Mit einem integrierten Blick auf die Gesamtperspektive werden vor allem Hausärzte, aber auch Fachärzte mit den einzelnen Bänden unterstützt. Das Set ist in fünf Module gegliedert, die teilweise aus mehreren Bänden bestehen (vgl. Szecsenyi et al. 2010, S. 54):

Tab. 6.15 Beispiele für international verfügbare Indikatorensets

Indikatorensysteme	Quellen
National Quality Measures Clearinghouse (NQMC)	Agency for Healthcare Research and Quality [▶ www.qualitymeasures.ahrq.gov]
Health Care Quality Indicators (HCQI)	OECD [▶ http://www.oecd.org/els/health-systems/health-care-quality-indicators.htm]
Health Plan Employer Data and Information Set (HEDIS)	National Commission for Quality Assurance [▶ www.ncqa.org]
Performance Indicators for Coding Quality (PICQ)	Department of Human Services Victoria, Australia [▶ https://www2.health.vic.gov.au/hospitals-and-health-services/data-reporting/health-data-standards-systems/data-quality]
Indicators of quality of care in general practices	The Health Foundation [▶ http://www.health.org.uk/publication/indicators-quality-care-general-practices-england]
Health Indicator Framework	Canadian Institute for Health Information [▶ https://www.cihi.ca/en/health-system-performance]
Ambulante Qualitätsindikatoren und Kennzahlen – AQUIK	Kassenärztliche Bundesvereinigung (KBV) [▶ www.kbv.de/aquik.html]
Qualitätsindikatoren der AOK für Arztnetze (QISA)	AOK Bundesverband, erarbeitet vom AQUA-Institut, Göttingen [▶ www.qisa.de]

6

A. Einleitung: QiSA stellt sich vor
B. Allgemeine Indikatoren für die Qualität regionaler Versorgungsmodelle
C. Indikationsbezogene Module
   - C.1 Asthma/COPD
   - C.2 Diabetes Typ 2
   - C.3 Bluthochdruck
   - C.4 Rückenschmerz
   - C.5 Alkoholmissbrauch
   - C.6 Depression
   - C.7 Koronare Herzkrankheit
   - C.8 Herzinsuffizienz
D. Pharmakotherapie
E. Prävention
   - E.1 Prävention
   - E.2 Krebsfrüherkennung
F. Weitere Versorgungsbereiche
   - F.1 Hausärztliche Palliativversorgung
   - F.2 Multimorbidität

Innerhalb der indikationenspezifischen Bände werden in der Regel Indikatoren zur Diagnostik, der Therapie des Patienten, dem Erfolg der therapeutischen Maßnahmen, der Beratung und Prävention und der Schulungen und Fortbildungen im Bereich der gewählten Indikation dargestellt. Der Aufbau der einzelnen Bände ist weitgehend identisch, um das Verständnis und die Anwendung der Indikatoren zu erleichtern (vgl. AOK-Bundesverband 2021a). Die Module, die nicht auf eine einzelne Indikation ausgerichtet sind, umfassen ebenfalls ausgewählte Indikatoren und damit verbundene Aspekte der Qualität.

Mit dem QiSA-Indikatorenset werden verschiedene Ziele verfolgt. Zunächst stellen sie ein Angebot an Qualitätsindikatoren dar, die in der ambulanten Versorgung genutzt werden können. Dadurch stellen sie für die Leistungserbringer und auch für das Netzmanagement eine Orientierungshilfe dar. Die Indikatoren können verschiedenartig eingesetzt werden. Damit steht der individuelle Nutzen für den Anwender im Vordergrund. Vor allem auch Leistungserbringer, die sich aus intrinsischer Motivation und Eigeninteresse heraus mit dem Thema befassen, können die Indikatoren eine Hilfe sein (vgl. Szecsenyi et al. 2010, S. 55).

Generell können die Einsatzfelder der Qualitätsindikatoren die allgemeine Qualitätsdarlegung z. B. die Zielvereinbarung mit dem

Management und der Krankenkasse oder das interne Qualitätsmanagement und die externe Qualitätsbewertung umfassen (ebd., S. 56).

Ökonomisches Controlling zur wirtschaftlichen Leistungsfähigkeit

Neben der medizinischen Qualität ist ein Controlling im ökonomischen Sinne besonders für Netze mit Budgetverantwortung von großer Bedeutung. Hier ist ein laufendes, zeitnahes **Monitoring der wichtigsten Budgetparameter** für den ambulanten, den stationären und den Arzneimittelsektor je nach Ausgestaltung der Verträge mit den Kostenträgern und der Absicherung ökonomischer Risiken von existentieller Bedeutung. Ökonomische Kennzahlen erlauben analog zu den medizinischen Qualitätsindikatoren eine Abbildung des finanziellen Status zur weiteren Steuerung der Netzaktivitäten.

So können beispielsweise strukturierte Zahlen zum Verordnungsvolumen von Arzneimitteln unausgeschöpfte Potenziale bezüglich Generikanutzung aufdecken bzw. eine Unter- oder Überversorgung anzeigen. Auch Möglichkeiten zur Konzentration auf eine geringere Anzahl an Präparaten mit identischen Wirkstoffen mit indirekten Skaleneffekten werden durch entsprechendes Zahlenmaterial deutlich. Interessant für Budget und Patientensteuerung bzw. Complianceverbesserung sind auch Zahlen und Kosten der Netztreue bzw. -untreue der eingeschriebenen Versicherten.

Eine pragmatisch orientierte Aufstellung ökonomisch relevanter Kennzahlen für Praxisnetze mit Budgetverantwortung zeigt ◘ Tab. 6.16 (eigene Darstellung in Anlehnung AOK Bundesverband 2021b). Dieser Umfang dürfte in etwa den Stand der aktuellen Entwicklung widerspiegeln, den fortgeschrittene Netze mittlerweile erreicht haben (Wambach und Lindenthal 2015).

Risiken, Hemmnisse und Gefahren

Der Implementierung der bis zu diesem Punkt skizzierten Strukturen und Inhalte stehen verschiedene Faktoren entgegen. Die Voraussetzung der vereinheitlichten Software- und Datenarchitektur, die zumindest auf Basis von Schnittstellen für Daten von zentraler Bedeutung sind, ist eine Problematik, die z. T. technisch, aber primär durch **mangelnde Akzeptanz** der Beteiligten bedingt ist. Zu überwinden ist diese v. a. durch Überzeugungsarbeit, transparente Ziele und passende Anreize.

Ist diese Hürde überwunden, wartet im nächsten Schritt die Schaffung **einheitlicher Dokumentationsinhalte**, beginnend mit einer (pseudonymisierten) über die Sektoren hinweg durchgängigen Identifikationscodierung des Patienten. Auch an die **Dokumentationsqualität** (beispielsweise der Diagnosen) müssen bedingt durch die veränderte Zielrichtung neue Anforderungen gestellt werden. Akzeptanzprobleme sind hier aufgrund mangelnder zeitlicher und finanzieller Ressourcen mit Sicherheit zu erwarten. Unterstützend sollte dabei die Übernahme von Erfahrungen und Inhalten bereits erprobter Konzepte eingesetzt werden.

Innerhalb des Überarbeitungsprozesses bietet sich ein gleichzeitiger Übergang der Dokumentationsphilosophie und -struktur, weg von der bisherigen Abrechnungsorientierung, hin zu einer mehr **medizinisch-problemorientierten (z. B. diagnosebezogenen) Dokumentation** – an, da diese hinsichtlich des Ziels der medizinischen und ökonomischen Transparenz große Vorteile mit sich bringt.

Ein weiterer, nicht zu unterschätzender Problemkreis in der praktischen Umsetzung ist die Herstellung der politischen, vertraglichen, technischen und inhaltlichen Voraussetzungen für die ergänzenden **Datenlieferungen aus externen Quellen** (Kassenärztliche Vereinigungen, Krankenkassen, Krankenhäuser, Reha-Kliniken usw.).

Während dieses Entwicklungsprozesses sollte eine ineffiziente Bürokratisierung vermieden werden und gemäß den definierten Zielen die passende Breite und Tiefe an Daten gesammelt und bereitgestellt werden. Kennzahlen bilden jedoch immer nur einen Aspekt des Geschehens ab. Somit besteht generell die Gefahr der Fokussierung auf nicht adäquate oder gewichtete Kennzahlenbündel, die im schlimmsten Fall auch **massive Fehlsteuerungen** zur Folge haben können. Diese Gefahr ist zudem zweiseitig, da man sich sowohl durch den **Vorsteuerungseffekt** der Leistungserbringer im Behandlungsprozess eventuell zu stark

6

Tab. 6.16 Ausgewählte Kennzahlen für ein ökonomisches Praxisnetz-Controlling

Allgemeine Merkmale	
Versichertenstruktur	– Versichertenbewegung – Versichertenstruktur nach Risikogruppen – Weitere Merkmale der Versichertenpopulation (z. B. Netzversicherte in der Pflegeversicherung nach Pflegestufen)
Struktur der Leistungsanbieter	– Anzahl der Haus- und Fachärzte (Betreuungsärzte) – Durchschnittliche Zahl eingeschriebener Versicherte je Hausarzt (Betreuungsarzt) – Durchschnittliche Zahl der Patienten je Hausarzt (= Versicherte mit Arztbesuch im lfd. Quartal) – Durchschnittliche Patientenquote (Patienten/eingeschriebenen Versicherten)
Leistungsgeschehen	
Ärztliche Behandlung (ambulant)	– Fälle je Haus- und Facharzt – Netzarztfälle – Nicht-Netzarztfälle – Abgerechnete Punkte für Hausarzt- und Facharztfälle – Abgerechnete Punkte für Netzarzt- und Nicht-Netzarztfälle – Am häufigsten einbezogene Facharztgruppen – Versicherte nach Fallzahlen
Krankenhaus	– Versicherte mit Krankenhausaufenthalt – Anzahl der Krankenhaus-Fälle – Anzahl der Krankenhaustage (insgesamt/je Fall) – Krankenhausausgaben (insgesamt/je Netzversichertem mit Krankenhausaufenthalt, je Fall, je Krankenhaustag) – Entlassungsdiagnosen – Am häufigsten einbezogene Krankenhäuser – Versicherte nach Krankenhaus-Fallzahl – Verordnender Arzt (z. B. Einweisung durch Netzarzt, Nicht-Netzarzt, Haus- oder Facharzt)
Anschlussrehabilitation, Heilbehandlung, Kur	– Versicherte mit stationärer u. ambulanter Rehabilitation/Kur – Fälle stationärer und ambulanter Rehabilitation/Kur – Tage stationärer und ambulanter Rehabilitation/Kur – Ausgaben für stationäre und ambulante Rehabilitation/Kur (insgesamt/je Netzversichertem mit Rehabilitation/Kur, je Fall) – Am häufigsten einbezogene Rehabilitations- und Kurkliniken (stationär und ambulant) – Häufigste Diagnosen bei Rehabilitation/Kur
Arzneimittel	– Arzneimittelverordnungen (z. B. Anzahl der Patienten, denen Arzneimittel verschrieben wurden, Summe der verordneten »daily defined dosages«, Summe der Arzneimittelkosten, Patienten, die mehrere Arzneimittel konsumieren) – Arzneimittelverordnungen nach Indikatorengruppen (z. B. Verschreibungsrate, Kosten, Generikafähigkeit)
Ausgaben und Wirtschaftlichkeit	
Budgetausschöpfung	– Gesamtausgaben in den jeweiligen Leistungsbereichen im laufenden Monat – Gesamtausgaben (über alle Leistungsbereiche) im laufenden Monat – Gesamtausgaben kumuliert bis zum laufenden Monat – Gesamtausgaben budgetiert, kumuliert bis zum laufenden Monat – Budgetausschöpfung – Budgetausschöpfung im Vergleich zum Vormonat – Budgetausschöpfung Vorjahresmonat zum Vergleich

an den ausgewählten Kennzahlen orientiert als auch in der **Nachsteuerung verfehlte Maßnahmen** eingeleitet werden können.

Chancen und Entwicklungsperspektiven

Nach Überwindung aller beschriebenen Widerstände ergibt sich für die Bewältigung der weiter zunehmenden Komplexität der medizinischen Versorgung und der sich verändernden ökonomischen Anforderungen für medizinische Leistungserbringer eine gute Ausgangsbasis. Mit dem vorgestellten Instrumentarium wird eine Vielzahl von Aufgaben und Fragen lös- bzw. beantwortbar.

Dazu gehören an zentraler Stelle das **Management der externen populationsbezogenen, transsektoralen Capitation-Budgets** sowie deren **interne ergebnis- und qualitätsorientierte Verteilung** an die beteiligten Leistungserbringer. Im Weiteren erlaubt die in der skizzierten Weise beschaffene Datenbasis eine Fülle von Anwendungen für die interne Netzarbeit. So kann beginnend mit netzepidemiologischen Fragestellungen die Identifikation von Themen für die **Leitlinienentwicklung** unterstützt werden und ein Monitoring für die Entwicklung der Leitlinientreue implementiert werden. In diesem Zusammenhang ist auch die Möglichkeit zur **Compliancemessung** der Beteiligten zu sehen, die für die Einschätzung der Effektivität der durchgeführten Maßnahmen von Bedeutung ist.

Grundsätzlich wird nicht nur die Effektivität, sondern auch die Effizienz der Einzelmaßnahmen messbar und ist damit zu einer laufenden **gesundheitsökonomischen Evaluation** der Entwicklungsarbeit des Netzes ausbaubar. Dies ist auch vor dem Hintergrund des üblicherweise vereinbarten Nachweises der Effizienzverbesserung gegenüber den Kostenträgern relevant.

Die Möglichkeit zur Beantwortung medizinischer und ökonomischer Fragestellungen, z. B. im Bereich der Pharmakotherapie, schafft auch neue Perspektiven im Hinblick auf eine teilweise **Einbeziehung der Pharmaindustrie** in die Ergebnisorientierung der Versorgung und der Verbesserung der medizinischen Qualität und damit ganz beiläufig einen neuen Integrationsansatz.

Neben diesen hier nur auszugsweise dargestellten neuen Optionen, die sich direkt auf die Netzarbeit beziehen, ergeben sich auch Nutzungsvarianten, die darüber hinausgehen. So ist bei entsprechenden Voraussetzungen eine Vielzahl verschiedener gesundheitsökonomischer Studienarten denkbar, die auch für das gesamte Versorgungssystem von großem Interesse sind, wie:

- Budget-Impact-Rechnungen,
- Krankheitskosten-Studien,
- Kosten-Wirksamkeits-Studien,
- Kosten-Nutzwert-Studien,
- Kosten-Nutzen-Studien.

6.5 Informationsmanagement und Controlling in der Integrierten Versorgung

Axel Mühlbacher, Alexander Pimperl

6.5.1 Gesetzliche und strukturelle Rahmenbedingungen

Eine interdisziplinäre und fachübergreifende Zusammenarbeit (Besondere Versorgung nach§ 140a SGB V) im Rahmen einer Integrierten Versorgung ist nur möglich, wenn eine ausreichende Koordination zwischen den verschiedenen Versorgungsbereichen durch eine umfassende Dokumentation gewährleistet werden kann. Die Dokumentation muss allen an der Integrierten Versorgung Beteiligten im jeweils erforderlichen Umfang zugänglich sein.

Dies entspricht gleichzeitig den Informationsanforderungen an ein **Controllingsystem**. Die Nutzung von Informationen wird jedoch durch diverse Regelungen eingeschränkt, und es bedarf entsprechender technischer und organisatorischer Maßnahmen.

Leistungserbringer dürfen die Informationen aus der gemeinsamen Dokumentation nur abrufen, soweit sie für die Behandlung des konkreten Versicherten notwendig sind und wenn der Versicherte diesem Anliegen seine persönliche Einwilligung erteilt. Die Schweigepflicht für Ärzte und andere Berufsgruppen nach § 203 des Strafgesetzbuches (StGB) gilt auch bei der Kommunikation in der Integrierten Versorgung. Sie darf erst nach Einwilligung des Versicherten durchbrochen werden, soweit keine weitergehenden Befugnisse zur Verarbeitung der Daten (z. B. spezialgesetzliche Regelungen) vorliegen. Abhängig vom Verwendungszweck ist, soweit für die Kommunikation der Leistungserbringer innerhalb der Integrierten Versorgung z. B. für Qualitätssicherungsmaßnahmen pseudonymisierte oder anonyme Daten ausreichend sind, dies über einen Privacy-by-design-Ansatz technisch/organisatorisch zu gewährleisten.

Aufgrund der freiwilligen Teilnahme und der Notwendigkeit zur Einwilligung der Versicherten in die Nutzung ihrer Daten ist eine Verbesserung der Transparenz und Kommunikation gegenüber dem Patienten eine notwendige Bedingung der Integrierten Versorgung. Die Versicherten haben das Recht, umfassend über die Verträge, die Leistungserbringer, Leistungen und Qualitätsstandards informiert zu werden (§ 140a Abs. 4,5 SGB V). Die Dokumentation der Daten bedarf einer Einwilligung des Versicherten.

Bei umfassenden Versorgungsprogrammen der Regelversorgung oder bei schwer und chronisch Erkrankten muss es dem Patienten möglich sein, »je nach Behandlungszusammenhang teilweise teilzunehmen, im Hinblick auf andere Behandlungszusammenhänge aber die Integration auszuschließen« (Weichert 2004).

Darüber hinaus sind im Rahmen der Integrierten Versorgung Qualitätssicherungsmaßnahmen durchzuführen. Für die Qualitätsanforderungen zur Durchführung der Verträge nach § 140a Abs. 2 SGB V gelten die vom Gemeinsamen Bundesausschuss sowie die in den Bundesmantelverträgen für die Leistungserbringung in der vertragsärztlichen Versorgung beschlossenen Anforderungen als Mindestvoraussetzungen. Die Qualitätssicherungsmaßnahmen können in pseudonymisierter Form durchgeführt werden, wobei einzelne Stichproben auch auf den Einzelfall zurückgreifen können (§ 136 SGB V). Dies bedingt dann allerdings eine Fixierung in den Versorgungsverträgen.

Bei der Konzeption der Integrierten Versorgung, insbesondere bei der Ausgestaltung von morbiditäts- oder outcomeorientierten Vergütungsregelungen werden zum Teil sehr detaillierte Daten über Morbidität, Inanspruchnahmeverhalten und Kosten der betroffenen Versichertenpopulation benötigt. Bei einer Ausgliederung von Leistungskomplexen der vertragsärztlichen Vergütungen in der Integrierten Versorgung sieht z. B. § 140a Abs. 6 SGB V eine Bereinigung der morbiditätsbedingten Gesamtvergütung der Kassenärztlichen Vereinigung vor. Dafür muss fallbezogen die Morbitität ermittelt werden können. Der Datenbedarf steigt zusätzlich, wenn **sektorenübergreifend erfolgsabhängige Vergütungsmodelle** (z. B. Pay for Performance, Shared-Savings) oder **morbiditätsorientierte Vergütungspauschalen (Capitation)** implementiert werden. Hier müssen dann eventuell sektorenübergreifend Daten der vertragsärzlichen und stationären Versorgung, Heil- und Hilfsmittel, Arzneimittel, Arbeitsunfähigkeits- und weitere Leistungsdaten fallbezogen zusammengeführt werden, um die Risikofaktoren der Versorgungsverträge zu bestimmen und Verhandlungen zwischen Leistungserbringern und Kostenträgern erst zu ermöglichen. Über diese GKV-Routinedaten der Kostenträger hinaus ergänzen medizinische Datensätze direkt aus den elektronischen Verwaltungssystemen der Leistungserbringer, zusätzlich erfasste Daten in den besonderen Versorgungspfaden der Integrierten Versorgung (z. B. Patient Reported Outcomes) sowie Daten des Morbi-RSA und zukünftig des Forschungsdatenzentrums, der elektronischen Patientenakte und digitalen Gesundheitsanwendungen die Datengrundlage.

Die gleiche Datengrundlage würde auch Informationsanforderungen für weitere zentrale Controllingzwecke erfüllen, z. B. zur Versorgungsplanung- und steuerung oder auch zur (wissenschaftlichen) Evaluation. Hierfür wurde durch den Gesetzgeber allerdings keine eigenständige Rechtsgrundlage geschaffen, sodass die Verarbeitung dieser Daten in der Integrierten Versorgung in der Praxis je nach Kontext auf unterschiedlichen Erlaubnistatbeständen der DSGVO, SGB V und SGB X beruhen muss. Neben der bereits erwähnten informierten Einwilligung von Versicherten nach§ 140a Abs. 4 SGB V kann sich die Zulässigkeit der versichertenbezogenen Verarbeitung ergeben, z. B. von GKV-Routinedaten durch die Kostenträger oder einer Managementgesellschaft, als Organisationseinheit der Leistungserbringer der Integrierten Versorgung, aus § 284 Abs. 1 Nr. 13, Abs. 3 S. 2 i. V. m. § 295 Abs. 1, 1b S. 1 SGB V. Die Abrechnung der nach§ 140a SGB V erbrachten Leistungen der an der Integrierten Versorgung teilnehmenden Leistungserbringer kann sich auf § 295a SGB V stützen. Ein Versichertenbezug ist bei den in diesen Paragraphen genannten Zwecken legitim. Werden andere Zwecke verfolgt, muss der Versichertenbezug gemäß§ 284 Abs. 3a. E. SGB V gelöscht werden, z. B. durch Anonymisierung. Wissenschaftliche Auswertungen durch unabhängige Forschungseinrichtungen können sich z. B. auf § 75 SGB X stützen oder § 363 SGB V zur Verarbeitung von Daten der elektronischen Patientenakte zu Forschungszwecken.

Insgesamt stellt die fehlende eigene und eindeutige Rechtsgrundlage für die Datenverarbeitung in der integrierten Versorgung, die zusätzlich erschwert wird durch unterschiedliche Aufsichtspraktiken in den einzelnen Ländern bzw. durch das BAS je nach Kostenträger, die Akteure in der Praxis vor große Hindernisse. Aufgrund einer systemimmanenten Risikoaversion erfolgt der Aufbau einer zielgerichteten Dateninfrastruktur zur Deckung der Informationsanforderungen daher oft nur sehr begrenzt. Auch ein in anderen Ländern für ähnliche Versorgungsmodelle erfolgreich genutztes Data-Sharing, d. h., dass Kostenträger die bei ihnen vorliegenden Routinedaten mit den Leistungserbringern bzw. Leistungserbringerorganisationen zur Versorgungssteuerung teilen (Pimperl et al. 2017a), unterbleibt oft in integrierten Versorgungsmodellen in Deutschland. Daher wird gefordert, dass Daten des Forschungsdatenzentrums, inkl. elektronische Patientenakte und digitalen Gesundheitsanwendungen, zusätzlich für (regionale) integrierte Versorgungsmodelle und ihre Partner nach § 140a SGB V Abs. 3 zur Verfügung stehen. Überdies soll ein Public Reporting von Krankenkassen- und ihren Versorgungsmodell-Outcomes aufgebaut werden, um Transparenz und value- bzw. outcomeorientierten Wettbewerb zu generieren, was auch die ursprüngliche Zielrichtung des § 140a SGB V zur Integrierten Versorgung reaktivieren würde (Hildebrandt 2020a, 2020b).

Insgesamt werden die unternehmerischen Interessen von Netzwerken zur Integrierten Versorgung z. B. bezüglich der Angebotskalkulation, der Berechnung morbiditätsadjustierter Kopfpauschalen und anderer Aufgaben des Controllings bislang stark durch den **Datenschutz** eingeschränkt. Eine eindeutige Rechtslage ist derzeit nicht gegeben, insofern gelten die DSGVO, die **Datenschutzbestimmungen der Länder sowie die Auflagen des BAS bzw. der entsprechenden Aufsichtsbehörden der Länder**.

Eine der **Zielsetzungen der Integrierten Versorgung** ist die konsequente und verbesserte **Steuerung bzw. Kontrolle der Inanspruchnahme** und der verrechneten Leistungen auf ihre **Wirksamkeit, Zweckmäßigkeit, Bedarfsgerechtigkeit sowie Wirtschaftlichkeit**. Die Steuerung und Kontrolle findet während und nach der Leistungserstellung statt; im Idealfall jedoch bereits vor der Leistungserstellung. Die Betreiber eines Netzwerkes der Integrierten Versorgung bleiben aber Kontrolleure ohne Handlungsgrundlage, solange eine oben genannte, eindeutige Rechtsgrundlage bezüglich der Patientendaten, der medizinischen Ergebnisse und Qualitätsindikatoren eine zielgerichtete Datenverarbeitung verhindert bzw. zumindest stark erschwert. Diese schwierige Datenlage ist auch ein Grund für die Zurückhaltung der Leistungserbringer bei der Übernahme der finanziellen Verantwortung im Rahmen von Versorgungsverträgen der Integrierten Versorgung (z. B. bei Vergütung durch Kopfpauschalen).

So müssen einerseits differenzierte Risikoanalysen (Risikomanagement s. u.) bei der Gestaltung des Vertrages und der Steuerung der Abläufe zugrunde gelegt werden. Andererseits braucht eine Integrierte Versorgung ein **funktionierendes Controlling**, um beispielsweise Änderungen der Morbidität und damit der Versorgungskosten oder das Nichterreichen operativer Ziele in diesem hochkomplexen System frühzeitig erkennen und entsprechende Gegenmaßnahmen einleiten zu können.

6

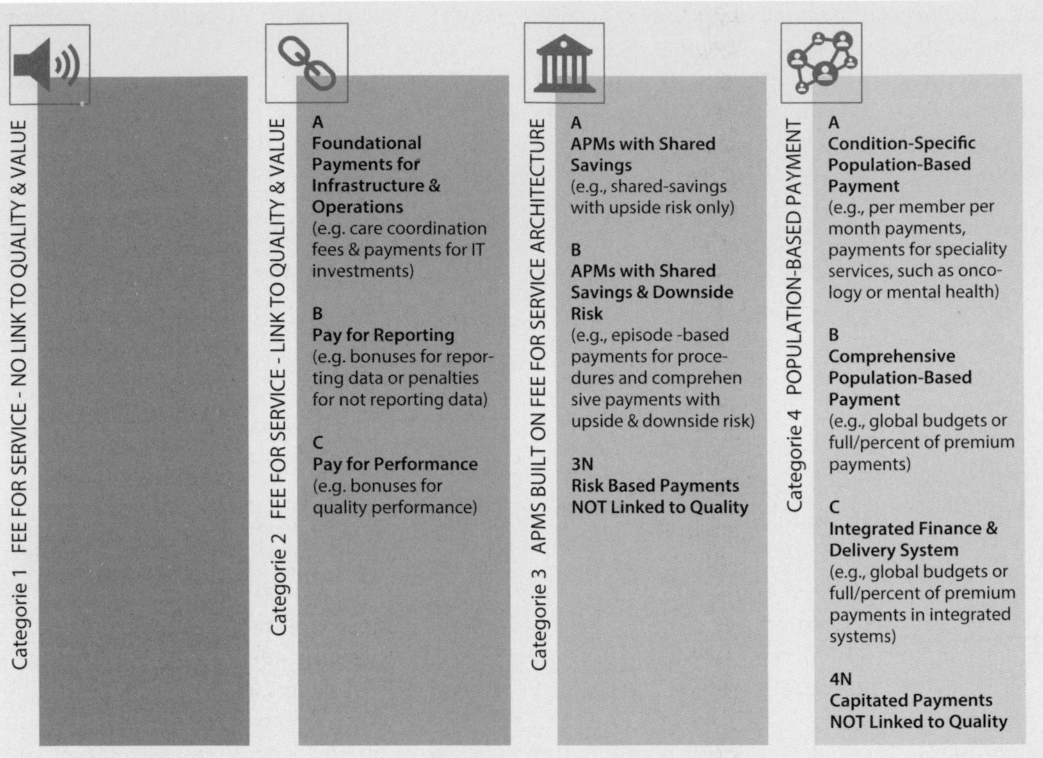

Abb. 6.10 Alternative Payment-Modelle (APM). (HCP LAN 2017)

6.5.2 Praktische Umsetzung

Versorgungsverträge: Integration der Versorgungs- und Versicherungsfunktion

Bisher war die Umsetzung der Integrierten Versorgung – seit der Einführung durch die GKV-Gesundheitsreform 2000 – nicht annähernd so erfolgreich, wie man sich zuvor erhofft hatte. Die Gründe hierfür liegen in **fehlenden Incentives** (fehlende Transparenz über Outcomes, geringer Value-orientierter Wettbewerb, fehlende ökonomische Anreize), in der **Heterogenität des Versorgungsbedarfs** und abweichenden Morbiditätsrisiken, in unzureichendem Zugang zu Kapital und den hohen Anforderungen an das Management bzw. administrative Tätigkeiten. Wird bei dem Vergütungsmodell des integrierten Versorgungsvertrages ein hohes ökonomisches Risiko auf Leistungserbringer(netzwerke) übertragen, wie z. B. bei Capitation-Modellen, können darüber hinaus negative Impacts auf die Qualität der Versorgung entstehen. Prognosen von betriebswirtschaftlichen Zielgrößen auf Basis von indikiationsspezifischen Behandlungsprotokollen oder medizinischen Leitlinien, anstatt von risikoadjustierten Prognosemodellen, können zu einer Unter- oder Überschätzung der kalkulierten Kosten für ein Versorgungsprogramm führen, da der Einfluss von Komplikationen und Komorbiditäten nicht ausreichend berücksichtigt wird.

Ähnliche Erfahrungen wurden bereits in den USA gemacht. Auch dort war die Einführung von umfassenden Versorgungsprogrammen, wie z. B. Health Maintenance Organizations oder Disease Management-Programmen, nicht so erfolgreich wie zu Beginn erwartet (»Managed Care Backlash«). Ein Problem war die oft unzureichende Vergütung über **Kopfpauschalen** (»capitation«, Category 4N in Abb. 6.10), die Leistungserbringer(netzwerke) dazu anreizte auch notwendige Leistungen einzuschränken und eine geringere Versorgungsqualität in Kauf zu nehmen (Penner 2004; Amelung 2012).

Aufbauend auf diesen Erfahrungen wurden in den USA insbesondere durch den Affordable Care Act im Jahr 2010 mit den Centers for Medicare and Medicaid Services (CMS) verschiedene Alternative Payment Models (Category 2–4 in ◘ Abb. 6.10) forciert, die ein Kontinuum von Vergütungsansätzen mit geringer bis hoher ökonomischer Risikoübernahme offerieren. Zusätzlich wurde eine Verknüpfung zu medizinischen Qualitätszielen integriert. Einerseits um auf der rechten Seite des Spektrums an Vergütungsmodellen mit der höchsten Risikoübernahme (Category 4: Population-based Payments) durch Leistungserbringer(netze) bzw. durch vollintegrierte Versorgungssysteme (Category 4c: Integration der Versicherungs-/Finanzierungs- und Versorgungsfunktion) den reinen Kostenminimierungsanreiz von Capitation-Modellen (Category 4N) mit negativen Effekten auf die Qualität der Versorgung, die zum Managed Care Backlash geführt hatte, zu vermeiden. Andererseits sollte die Generierung von »Value« auch incentiviert werden, indem Vergütungsmodelle, bei denen durch eine reine Steigerung der Anzahl der Leistungen (»Volume«) ein wirtschaftlicher Vorteil für Leistungserbringer entsteht (Category 1), durch eine Integration einer Vergütung anhand von Qualitätszielen mit performance, **ergebnis- bzw. outcomebezogenen Vergütungsparametern** austariert werden (Category 2, 3a,b).

Als ein vielversprechender Ansatz für die Ausgestaltung integrierte Versorgungsverträge können beispielhaft Accountable Care Organizations (ACOs) hervorgehoben werden, die in Category 3a,b angesiedelt sind und damit als letzte Verbindungsbrücke zwischen volumenbasierten und Population-based Payments fungieren. Hier übernehmen Organisationsverbünde aus Leistungserbringern gegenüber Kostenträgern für eine definierte Versichertenpopulation die Verantwortung für die Versorgungskosten sowie für definierte Qualitätsziele. Dabei bleiben für die Leistungserbringer im Regelfall die bestehenden traditionellen volumenorientierten Vergütungssysteme in Kraft. Schafft es eine ACO für ihre Population Kosteneinsparungen bei gleichzeitiger Erreichung der vereinbarten Qualitätsziele zu erreichen, dann erhält sie aus den Einsparungen einen Anteil als Bonus ausgeschüttet. Solche Shared-Savings-Verträge können nur als Bonusmodell (3a: Upside Risk Model) oder auch mit einem Down-Side Risk (3b: Up- + Downside Risk) ausgestaltet sein. Bei Letzterem müssen bei negativen Einsparungen ACOs einen Teil der negativen Einsparungen an die Kostenträger als Malus zahlen (Pimperl 2018).

ACOs haben seit ihrer Einführung im Jahr 2010 ein starkes Wachstum verzeichnet. Anfang 2020 wurden 517 CMS-ACOs mit 11,2 Mio. Versicherten registriert, was über ein Drittel der CMS-Versicherten ausmacht. Die Einsparungen beliefen sich in Summe über alle CMS ACOs im Jahr 2019 auf brutto 2,4 Mrd. US$bzw. netto 1,2 Mrd. US$nach Abzug der Shared-Savings-Anteile für die ACOs (CMS 2021). Auch Evaluationen zur Qualität der Versorgung in ACOs zeigen, dass hier keine Verschlechterung, sondern im Durchschnitt zunehmend Verbesserungen zu beobachten sind (CMS 2017; McWilliams et al. 2015). Auch in Deutschland gibt es bereits ACO-ähnliche Versorgungsverträge für integrierte Versorgung, wie z. B. Gesundes Kinzigtal, die aufgrund fehlender Marktmöglichkeiten noch eine Randerscheinung im Vergleich zu der Durchdringung in den USA sind (HCP LAN 2017; Pimperl et al. 2017b; ◘ Abb. 6.10).

Aus Risikomanagementperspektive geht ein Vertragspartner ein kontinuierlich höheres Risiko von Category 1 zu 4 ein. Ein Vertragspartner, der Capitation akzeptiert, unterliegt einem höheren Risiko als ein Vertragspartner, der durch Einzelleistungsvergütungen (Fee-for-Service) oder Fallpauschalen entlohnt wird (vgl. auch ▸ Abschn. 4.5). Dieses Risiko muss durch eine entsprechende Risikoprämie kompensiert werden. Hängt der betriebswirtschaftliche Erfolg zusätzlich von der Erreichung von Qualitätszielen ab, wie z. B. bei Population-based Payments (4a–c), dann erhöht sich das Risiko um eine weitere Dimension. Auch steigt die Komplexität zusätzlich, da zur Überprüfung des Erfolgs der Versorgungsverträge auch die Effekte auf die Versorgungsqualität evaluiert werden und die Datenbasis und analytischen Kapazitäten dafür aufgebaut werden müssen.

Aus der Perspektive des Unternehmens ist die Bereitstellung von qualitativ hochwertigen Versorgungsprogrammen nicht unkritisch. Ein qualitativ hochwertiges Programm muss aus einzelwirtschaftlicher Perspektive nicht unbedingt erfolgreich sein, da dies auch von der vereinbarten Vergütung abhängt. Im Rahmen der **prospektiven Vergütung** (»prospective payment«) werden zukünftig zu erbringende Leistungen vergütet. Diese Form der Vergütung wird insbesondere in Category-4-Modellen verwendet, also Population-based Payments oder **Kopfpauschalen** (»capitation«), d. h., diese Vergütungsformen sind eine vorweggenommene Bezahlung für ein vertragliches Leistungsversprechen (▶ Abschn. 4.5). Im Gegensatz dazu erfolgt die Bezahlung der Leistungen im Rahmen der **retrospektiven Vergütung** (»retrospective payment«), beispielsweise durch Patienten- oder Fallpauschalen oder meist auch in ACO-Modellen, erst nach der Beendigung der Behandlung bzw. nach Ende des Vertragsjahres (ex post).

Mit der Übertragung der medizinischen und ökonomischen Verantwortung wird jedoch auch die Versorgungs- und Versicherungsfunktion teilweise oder ganz auf die Leistungserbringer übertragen. Das damit einhergehende unternehmerische Risiko lässt sich **beispielhaft in einem Capitation-Modell** wie folgt beschreiben:

Die Höhe der Einnahmen (Summe der individuellen Kopfpauschalen) ist bekannt, wohingegen Unsicherheit über die Ausgaben (Summe der Versorgungskosten) besteht. Da Höhe und Eintrittszeitpunkt der Kosten für die Versorgung der Versicherten nicht bekannt sind, ergibt sich hier ein versicherungstechnisches Problem. Die Inanspruchnahme des Leistungsversprechens durch die Versicherten ist unsicher und schwierig zu prognostizieren. Die Versorgungskosten sind abhängig von der Inanspruchnahme und damit in ihrer Höhe zufällig und schwer vorherzusagen.

Das Risiko für den Anbieter der Integrierten Versorgung lässt sich einfach skizzieren: Sind am Ende der Vertragslaufzeit die Kosten für die Versorgung der Versichertenklientel geringer als die Summe der Pauschalen, erzielt das Unternehmen einen Gewinn. Dagegen erzielt der Anbieter einen Verlust, wenn die tatsächlichen Kosten über den Umsätzen aus der Kopfpauschale liegen. Diese Verluste müssen durch das Eigen- oder Fremdkapital des Unternehmens getragen werden. Das versicherungstechnische Risiko von Organisationen, die für die Versorgung einer bestimmten Versichertenklientel über eine Kopfpauschale vergütet werden, liegt in der Differenz zwischen erwarteten und tatsächlichen Kosten. Diese Unsicherheit über die Inanspruchnahme (**Inanspruchnahmerisiko**) und die daraus resultierenden Kosten werden von den Leistungserbringern getragen.

Bereits bei der Verhandlung über die Ausgestaltung der Versorgungsverträge müssen die Unternehmer die finanziellen Aspekte eines risikobehafteten Versorgungsvertrages einschätzen können. Hierin begründet sich die Herausforderung an das Controlling, da die Kosten für medizinisch-pflegerische Teilleistungen, Medizintechnik, Arznei-, Heil- und Hilfsmittel, aber auch die Inanspruchnahme selbst erheblich variieren können. Die Entwicklung der Preise von Produktionsfaktoren sowie der Inanspruchnahme ist schwer zu prognostizieren bzw. abzuschätzen. Die Varianz der Kosten bedroht die Einführung von innovativen Versorgungsprogrammen.

Versicherungsmathematische Modelle der **Risikoanalyse** und des Risikomanagements bieten eine Basis für die Entscheidungen über die Durchführung und die Erfolgsaussichten eines Versorgungsvertrags bzw. Versorgungsprogrammes. Die Kopfpauschalen können anhand verschiedener Kalkulationsmethoden bestimmt werden. Neben der Orientierung an einer Referenzpopulation und den **demographischen Faktoren,** wie Alter und Geschlecht, können auch die **Morbiditätsrisiken** durch eine risikoadäquate Kalkulation berücksichtigt werden. Zudem können Informationen über die Inanspruchnahme aus **GKV-Routinedaten-Analysen** oder **Survey-Untersuchungen** für die Leistungserbringer und Kostenträger generiert werden, um als **Benchmark** bzw. Vergleichsgröße einen Anhaltspunkt bei Vertragsverhandlungen geben zu können. Auf Basis von darauf aufsetzenden Risikoanalysen kann der Einfluss von Versorgungsaktivitäten auf die Kosten, aber auch auf die Volatilität der Kosten bei den

Vertragsverhandlungen berücksichtigt werden. Unternehmen, die sektorenübergreifende (umfassende) Versorgungsleistungen anbieten, sind damit in der Lage, klare und angemessene monetäre Ziele zu definieren. Hierzu bedarf es adäquater Informationen über das Morbiditätsrisiko und die Risikofaktoren der Versichertenklientel. Darüber hinaus muss das Management der Integrierten Versorgung in die Lage versetzt werden, die verbleibenden Risiken zu steuern. Diese können nur abgewehrt werden, wenn ausreichende Informationen über die Versorgungsprozesse, die tatsächliche Inanspruchnahme und die durchgeführten Leistungen vorliegen. Dafür muss eine umfangreiche Datenbasis geschaffen werden. Ein Data-Sharing, also die gegenseitige Zur-Verfügungstellung von granularen Daten zur Versichertenpopulation (z. B. fallbezogenes anonymisiertes GKV-Routinedaten-Sharing durch Kostenträger an Leistungserbringernetzwerk), ist dafür eine zentrale Ausgangsvoraussetzung (weiterführend zur ökonomischen Analyse von Versorgungsverträgen: Mühlbacher 2007; Pimperl et al. 2015).

Unternehmerische Risiken: Risikomanagement in der Integrierten Versorgung

Im Allgemeinen werden unter »**Risiko**« alle Ereignisse und Entwicklungen innerhalb und außerhalb eines Unternehmens verstanden, die sich negativ auf die Erreichung der Unternehmensziele auswirken können. Unter »Risiko« versteht man in der betriebswirtschaftlichen Entscheidungslehre die Unsicherheit bei unternehmerischen Entscheidungen.

> **Risiko**, »Unsicherheit« bzw. »Risiko« ist definiert als die Abweichung vom Erwartungswert, d. h. die Möglichkeit für die Abweichung von einem erwarteten Ergebnis. Im engeren Sinne beschreibt »Risiko« eine Situation, bei der die Entscheidungsträger in der Lage sind, den alternativen Umweltzuständen einer Entscheidungssituation Eintrittswahrscheinlichkeiten zuzuordnen.

Bereits die Entscheidung, eine Konstellation der Vergangenheit auf die aktuelle Entscheidungssituation zu übertragen, ist eine subjektive Bewertung seitens der Entscheidungsträger. Man kann davon ausgehen, dass die meisten unternehmerischen Entscheidungen aus Mangel an Daten bzw. vergleichbarer Konstellationen auf Basis einer subjektiven Einschätzung gefällt werden. Ist es darüber hinaus nicht möglich, Daten über das Eintreten alternativer Umweltzustände zu generieren, spricht man von Ungewissheit.

Das Risiko kann nur im Zusammenhang mit subjektiven Zielsetzungen und Erwartungen interpretiert werden. Bei Leistungen der Gesundheitsversorgung wird implizit unterstellt, dass diese ergebnisorientiert und zielbezogen erbracht werden. Im Rahmen der Integrierten Versorgung müssen sich die Vertragspartner zu einer qualitätsgesicherten, wirksamen, ausreichenden, zweckmäßigen und wirtschaftlichen Versorgung verpflichten (§ 140a Abs. 2 SGB V). Folgt man dieser Aufforderung des Gesetzgebers, wird deutlich, dass die Leistungen der Integrierten Versorgung **zwei Zieldimensionen** unterliegen – einer **ökonomischen** und einer **medizinischen Zielsetzung**. Der hier vorgestellte Ansatz sieht eine differenzierte Betrachtung dieser zwei Zieldimensionen hinsichtlich Ursache und Wirkung vor. So steht das Risiko medizinisch oder ökonomisch für den Eintritt (bzw. die Eintrittswahrscheinlichkeit) eines unerwünschten Umweltzustandes. Vereinfacht ausgedrückt existiert Risiko dann, wenn etwas bei der Versorgung von Patienten eintreten kann, das unerwünscht ist (Kipp et al. 1997, S. 89).

> **Risiko**, Der Begriff Risiko kann (in Leistungsprozessen der Integrierten Versorgung), im ökonomischen und medizinischen Sinne, wie folgt definiert werden:
>
> Risiko resultiert ursächlich daher, dass aufgrund eines unvollständigen Informationsstandes Unsicherheit über den Eintritt zukünftiger Ereignisse in den administrativen und medizinischen Prozessen besteht.

Negative Ereignisse führen in ihrer Wirkung dazu, dass es zu einer negativen Abweichung von medizinischen und wirtschaftlichen Zielgrößen kommt. Medizinische Zielgrößen finden sich – je nach Leistungsart – in der Erhaltung, Wiederherstellung oder Verbesserung der Gesundheit. Wirtschaftliche Zielgrößen werden bestimmt durch die Erwartungen an die Rentabilität des eingesetzten Kapitals und/oder dem Verhältnis von Kosten und Nutzen der durchgeführten Maßnahmen. Die Formulierung verdeutlicht somit den Ursachen- und Wirkungsbezug des Risikos in der Integrierten Versorgung, insbesondere vor dem Hintergrund, dass einmal getroffene Entscheidungen in der Prävention, Diagnose, Therapie und Rehabilitation nur eingeschränkt korrigierbar sind und zudem enorme Auswirkung auf den Zustand der Versicherten und Patienten haben. Die Höhe des Risikos in der Gesundheitsversorgung ist dann einerseits vom Ausmaß der möglichen ökonomischen und medizinischen Zielverfehlung und andererseits von den jeweils zurechenbaren Wahrscheinlichkeiten abhängig.

Risikomanagement in der Integrierten Versorgung umfasst demnach sämtliche Maßnahmen zur planmäßigen und zielgerichteten Analyse, Beeinflussung (Steuerung) und Kontrolle des Risikos der medizinisch-pflegerischen und administrativen Prozesse der Leistungserbringung im Gesundheitswesen. Für das Management gilt es zu prüfen, ob die Höhe der Risiken beherrschbar erscheint oder ob die Haftungsrisiken für qualitativ minderwertige Leistungen und Liquiditätsrisiken den Fortbestand der Unternehmung gefährden. Risikomanagement besteht in dem Abgleich der medizinischen und wirtschaftlichen Risikopositionen und der Risikoträger. Die Prozesse des Risikomanagements können auch innerhalb der Gesundheitsversorgung anhand von **drei Phasen** verdeutlicht werden: **Risikoanalyse**, **Risikosteuerung** und **Risikokontrolle** (Wrightson 2002).

Prozess des Risikomanagements

- **Risikoanalyse:** Zu Beginn müssen die risikotragenden Geschäfte identifiziert und mögliche Verlustquellen benannt werden. Die einzelnen Risiken müssen systematisiert und quantifiziert werden. Die Risiken sind vor dem Hintergrund der Risikoeinstellung des Unternehmers zu bewerten.
- **Risikosteuerung:** Ergibt sich aus der Analyse und Bewertung der Risiken (Ausfall- und Marktrisiken) ein Handlungsbedarf, müssen Alternativen gesucht werden, die eine Beeinflussung der derzeitigen Risikosituation (Ist-Situation) ermöglichen.
- **Risikokontrolle:** Abschließend sollte kontinuierlich die Wirksamkeit der Risikosteuerung mit Hilfe eines Soll-Ist-Vergleichs überwacht werden.

Risikoanalyse: Risikoarten von Versorgungsverträgen

Die Dienstleistungen der Integrierten Versorgung können sich nicht nur auf klinische Aufgaben bei den gegebenen rechtlichen Aspekten konzentrieren, sondern es muss besonders das Risiko berücksichtigt werden, welches mit Unterzeichnung des Versorgungsvertrages durch die Leistungserbringer von den Krankenkassen übernommen wird. Dieses kann je nach Versorgungsvertrag und Vergütungsmodell sehr unterschiedlich ausfallen und zu analyisieren sein. Zunächst gilt es dabei, die Risiken der Leistungserbringer(netzwerke) bei höherer Risikoübernahme, d. h. in stärker pauschalisierten Versorgungs-/Vergütungsverträgen, wie Population-based Payments, Capitation- oder Shared-Savingsmodellen, zu identifizieren. Die Risikotypen können wie folgt klassifiziert werden (vgl. auch Kipp et al. 1997; Baldwin 1999; Malik 2011):

Risikotypen bei Versorgungsverträgen

Zufallsrisiken:

Die Versorgungskosten liegen aufgrund von zufälligen Einflüssen über den kalkulierten Kosten. Grund: Unsicherheit über zukünftige Ereignisse.

1. Das *Inzidenz-Risiko*: Es besteht die Gefahr, dass die tatsächlich diagnostizierten Fälle aufgrund von zufälligen Einflüssen

(z. B. Epidemien) über den kalkulierten und erwarteten Fällen liegen.

Irrtumsrisiken:
Die Versorgungskosten liegen aufgrund einer falschen Berechnung über den kalkulierten Kosten. Grund: Es wurde eine zu geringe Menge oder ein zu niedriger Preis angenommen.

2. Das *Prävalenz-Risiko*: Es besteht die Gefahr, dass die Versichertenpopulation eine höhere als die erwartete Anzahl von Patienten mit der spezifischen Krankheit umfasst (Prävalenz bezieht sich auf Personen, die eine bestimmte Krankheit bereits haben und auch behandelt werden). Dieses Risiko ist ausgeschlossen, wenn bei indikationsspezifischen Verträgen nur bereits erkrankte Personen der Vergütung zugerechnet werden.
3. Das *Schweregrad-Risiko*: Es besteht die Gefahr, dass sich die Patienten in einem späteren Stadium der Krankheit befinden als erwartet (bzw. in den verfügbaren Daten dokumentiert). Die Versicherten müssen dann intensiver betreut und auf einer höheren, kostenintensiveren Versorgungsstufe behandelt werden.
4. *Das Verweildauer-Risiko*: Es besteht die Gefahr, dass die Behandlung länger als erwartet andauert.
5. Das*Kosten-Risiko*: Es besteht die Gefahr, dass die Kostensteigerung von Produktionsfaktoren und Dienstleistungen höher ausfallen als erwartet. Notwendige Arznei-, Heil- und Hilfsmittel müssen bezogen und zusätzliche Dienstleistungen über externe Leistungserbringer eingekauft werden. Steigen die Preise auf diesen Beschaffungsmärkten unerwartet an, kann dies zu Verlusten führen.

Änderungsrisiken:
Die Versorgungskosten liegen nach einer Veränderung der angenommen Kalkulationsgrundlage über den ursprünglich kalkulierten Kosten. Grund: Gefahren eines neuen Produktes.

6. Das *Intensitäts-Risiko*: Es besteht die Gefahr, dass der Patient an unerwarteten Komplikationen leidet bzw. die Versorgung unter schwierigeren Bedingungen als erwartet abläuft. Kostenintensivere Versorgungsprozesse sind die Folge.
7. Das *Leitlinien-Risiko*: Es besteht die Gefahr, dass die geltenden Behandlungsleitlinien im Laufe der Zeit zu intensiveren oder kostspieligeren Therapieformen übergehen. Sind diese Entwicklungen nicht in den kalkulierten Pauschalen berücksichtigt, kann dies ebenfalls zu Verlusten führen.

Diese Risiken können nicht unabhängig voneinander betrachtet werden – sie korrelieren und bedingen sich gegenseitig. Der Verlust wird durch die Wahrscheinlichkeit bestimmt, dass die tatsächlichen Versorgungskosten über den kalkulierten Kosten liegen. Weitere **allgemeine Geschäftsrisiken** sind nicht zu vernachlässigen (z. B. Unfälle oder Brandschaden, nicht rechtzeitige bzw. unvollständige Zahlungen durch Kostenträger oder Privatpatienten, Veränderungen im politischen Kontext oder der strategischen Ausrichtung kooperierender Kostenträger oder anderer Partner). Die Auswirkungen dieser Risiken sind auch abhängig von der Größe der zu versorgenden Versichertenpopulation. Kleinere Versichertenpopulationen sind besonders von zufälligen Varianzen der Kosten betroffen. Der interne Ausgleich, d. h. die Kompensation der Risiken, ist bei kleineren Gruppen schwieriger als bei großen Versicherungspopulationen.

Um die Wahrscheinlichkeit negativer wirtschaftlicher Auswirkungen zu reduzieren und um das Erreichen der klinischen und wirtschaftlichen Ziele zu ermöglichen, ist ein effektives Risikomanagement notwendig (Baldwin 1999; Juhnke et al. 2016). Einen wesentlichen Einfluss auf das versicherungstechnische Risiko hat die Zusammensetzung und Risikostruktur der zu versorgenden Versichertenpopulation. Diese Risiken erfordern die Wahl des richtigen

6

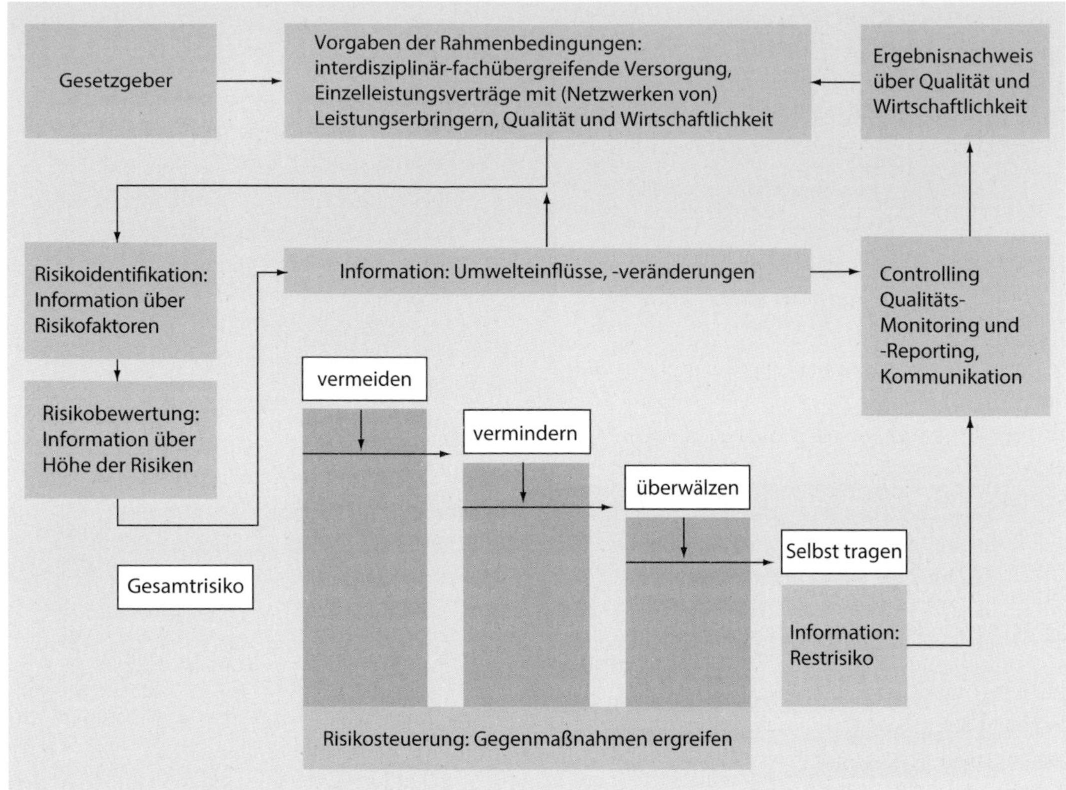

Abb. 6.11 Phasen des Risikomanagements in der Integrierten Versorgung

Vertrags- und Kalkulationsmodells für die adäquate Bestimmung des Vergütungsmodells bzw. der Höhe der pauschalierten Vergütungen.

Risikosteuerung: Ausgestaltung von Versorgungsverträgen

Die Ausgestaltung der Integrierten Versorgungsverträge sollte sich an den Ansprüchen der Vertragsparteien orientieren (Abb. 6.11). Es gilt zum einen zu konkretisieren, welche **Versorgungsfunktionen** durch die Leistungserbringer wahrgenommen werden und zum anderen bietet der Vertrag die Möglichkeit zu konkretisieren, inwieweit die **Versicherungsfunktion** von den Kostenträgern auf die Leistungserbringer übertragen wird. Überschreitet das Risiko aus dem Versorgungsvertrag ein bestimmtes Limit, können die Leistungserbringer (aber auch die Kassen) das Geschäft unterlassen.

In der aktuellen Diskussion wird bei der Ausgestaltung von Versorgungsverträgen in bestehende Risiken vor und nach Vertragsabschluss (Abb. 6.11) unterschieden, die in der Vertragsbeziehung zwischen Kostenträger und Leistungserbringer(netzwerk) sowie – je nach Übernahme von Versicherungungsrisiken – zwischen Kostenträger oder Leistungserbringer(netzwerk) und Versicherten. Die wesentlichen Instrumente zur Gestaltung von vorvertraglichen Risiken sind demnach Wahltarife für Versicherte und der Risikoausschluss durch die Leistungserbringerorganisation der Integrierten Versorgung (Amelung 2012, S. 163). Bei den nachvertraglichen Risiken wird in die Bereiche »copayments« (Selbstbeteiligung), »deductibles« (Selbstbehalte) und »maximum payment limits« für Versicherte unterteilt (Amelung 2012). Aus Sicht der Leistungserbringernetzwerke vs. Kostenträger können aufbauend auf die Principal-Agent-Theorie auch noch folgende Risiken klassifiziert werden:

Hidden action Kostenträger können zwar beispielsweise positive Gesundheitsoutcomes oder Einsparungen als Ergebnis beobachten, aber nicht beurteilen, ob die Handlungen des Leistungserbringers kausal für die Ergebnisse verantwortlich waren oder diese von unabhängigen Umwelteinflüssen bewirkt wurden.

Hidden information Das Leistungserbringernetz sich einen unfairen Vorteil verschaffen indem es Informationen verschleiert, die den Zielen eines Kostenträger-Partners widerstreben würden: z. B. gezielte Risikoselektion durch Auswahl gesundheitsbewussterer und einfach managebarer Versicherter bei der Einschreibung in die integrierte Versorgung.

Hidden intention Hier können Hold-Up-Probleme entstehen, und zwar dann, wenn Unsicherheit bei Abschluss eines Vertrages über die später vom Leistungserbringernetzwerk zu erbringenden Leistungen und der damit verbundenen Kosten bestehen, da diese nicht vollständig beschrieben werden können und Leistungserbringer und Kostenträger einem Lock-In-Effekt unterworfen sind. Das heißt: Sie sind in der Geschäftsbeziehung aneinander gebunden. Hier besteht die Gefahr von opportunistischem Verhalten (ex post). Wenn z. B. Leistungserbringer stark in Prävention in dem integrierten Versorgungsvertrag investieren müssten, um mittelfristig Kosteneinsparungen zu erzielen, Kostenträger aber keine langfristige Vertragssicherheit geben, dann könnten diese später schlechtere Vertragskonditionen diktieren. Die Vorleistungen könnten dann als »sunk costs« bei den Leistungserbringern entstehen, was diese wiederum antizipieren könnten und von vornherein ex ante niedrigere Investitionen machen als effizient wäre. Die eindeutige Ausgestaltung der Versorgungsverträge bietet also die Chance, das Vertragsrisiko klar zu erkennen und die Risiken zu vermeiden. Auf Grundlage der vertraglich vereinbarten Funktionen der Integrierten Versorgung kann die Höhe der Kopfpauschale inklusive der Risikoprämie festgelegt werden. Die Verträge zur Integrierten Versorgung können zur Vermeidung von Unsicherheiten die im Folgenden aufgeführten Verabredungen enthalten. Ziel ist es, Aktionspläne zur aktiven Beeinflussung der einzelnen Risiken zu bewirken (Klein 2011).

Vermeiden von Risiken
- Geltungsbereich bzw. Behandlungsspektrum
- Klinischer Kriterienkatalog
- Leistungserbringer
- Früherkennung und Screening
- Zeitdauer

Vermindern von Risiken
- Versicherungsklientel
- Risikoadjustierung
- Erfolgsorientierte Vergütung

Überwälzen von Risiken
- Vergütungsansatz
- Rückversicherung
- Stopp-loss-Vereinbarungen
- Vereinbarungen über Carve-outs
- Beteiligung am Gewinn oder Verlust
- Verfahren der Risikoteilung
- Risikopool

Die verbleibenden Risiken werden durch die Vertragspartei selbst getragen.

▪ Vermeiden von Risiken

▪▪ Geltungsbereich bzw. Behandlungsspektrum

Handelt es sich um einen Vertrag über eine Vollversorgung, eine indikationsspezifische Vollversorgung oder eine Teilleistung über einen klar definierten Versorgungskomplex oder Behandlungsfall? Der Vertrag kann umfassend gestaltet werden und alle medizinisch-pflegerischen Dienstleistungen (ambulante Versorgung, stationäre Versorgung etc.) einbeziehen. Der Vertrag sollte die Spezialisierung/Expertise der Vertragsparteien berücksichtigen und dabei die Verantwortungen auch an den klinischen Bedürfnissen der Patienten ausrichten. Bei einer klaren Definition des Behandlungsspektrums können unerwartete Kosten der

Inanspruchnahme vermieden werden. Grundsätzlich kann man davon ausgehen, dass die besten Ergebnisse erzielt werden, wenn sich die Leistungen einer Integrierten Versorgung auf das gesamte Behandlungsspektrum beziehen, da die **Leistungserbringung »aus einer Hand«** für den Patienten einen sehr hohen Nutzen stiftet. Als Abgrenzungskriterium kann auch eine Region genutzt werden, z. B. ein kulturell zusammengehöriger PLZ-Bereich. Damit kann auch ein breiterer Population-Health-Ansatz incentiviert und damit insgesamt ein größerer Impact auf die Gesundheit der Population erzielt werden (Casalino et al. 2015; Hildebrandt et al. 2020a, 2020b).

▪▪ Klinischer Kriterienkatalog

Welche Krankheiten, Krankheitssymptome nach Haupt- und Nebendiagnosen inkl. der entsprechenden Versorgungskonditionen sind Vertragsgegenstand? Einige Verträge umfassen nur einen spezifischen Behandlungsumfang für zuvor festgelegte Krankheiten und die dabei auftretenden Komplikationen. Andere Verträge umfassen die komplette Versorgung bzw. Betreuung einer Versichertenklientel. Bezieht sich der Vertrag nur auf spezielle Krankheiten bzw. deren Versorgungsprozesse, müssen die Versorgungsleistungen dieses Behandlungsspektrums eindeutig von anderen möglichen Versorgungsleistungen, die nicht mit dieser Erkrankung in Zusammenhang stehen, abgegrenzt werden. Die Verantwortung für die medizinisch-pflegerischen Versorgungsleistungen müssen ausdrücklich konkretisiert werden, um eine unerwartete Leistungsschuld seitens der Leistungserbringer zu vermeiden.

▪▪ Leistungserbringer

Bei der Integration von Versorgungsleistungen kommt es darauf an, dass die Anbieter entsprechend ihrer Kernkompetenzen einbezogen werden. Werden nur interne Leistungserbringer des eigenen Netzwerks einbezogen, liegt der Vorteil in der besseren Kontrolle der erbrachten Dienstleistungen. Werden externe Leistungserbringer einbezogen, liegt der Vorteil in der Erweiterung des Dienstleistungsangebotes (und damit bei erfolgsabhängigen Vergütungsmodellen), aber auch darin, einen größeren Impact auf die Gesundheit des Versicherten als Ganzes zu ermöglichen. Die Vorteile eines umfassenden Versorgungsspektrums können durch die schlechtere Kontrollierbarkeit der Leistungen durch die Netzwerkorganisation aufgehoben werden. Diesem Nachteil kann durch Behandlungsprotokolle/Leitlinien und durch Implementierung von Systemen der Entscheidungsanalyse bzw. -unterstützung (»decision support systems«) sowie durch erfolgsabhängige Vergütungskomponenten begegnet werden. Einer unerwartet hohen Leistungsausweitung oder einer qualitativ geringeren Leistungsqualität kann so entgegengewirkt werden. Grundsätzlich steigen aber die Aufwendungen für administrative Tätigkeiten mit der Erweiterung des Dienstleistungsangebotes.

▪▪ Früherkennung und Screening

Durch vertragliche Vereinbarungen über Maßnahmen der Früherkennung erlangen beide Vertragspartner Vor- und Nachteile (unterliegen Risiken). Kostenträger sind evtl. gewillt, die Frequenz und den Umfang der regelmäßigen Früherkennungsmaßnahmen zu erhöhen. Infolge dieser Maßnahmen müssen zusätzliche Spezialisten einbezogen werden. Der Vorteil der Leistungsausweitung kann sich durch die zusätzlichen Aufwendungen für die Integration von neuen Spezialisten in das Netzwerk relativieren. Damit unerwartete Ausgaben vermieden werden können, sollten diese Leistungen im Vertrag konkretisiert werden. Für einen Anbieter von Versorgungsprogrammen (z. B. DMPs), der auf Krankheiten mit einem sehr hohen Gesundheitsrisiko spezialisiert ist, wie z. B. Krebs, kann die Durchführung von Maßnahmen der Früherkennung von Vorteil sein. Vorteilhaft dann, wenn die Ergebnisse (Outcomes) sich durch die Früherkennung verbessern und die Kosten der Behandlung aufgrund des frühen Eingreifens sinken. Als Folge können die Fallzahlen steigen. Bei der Vergütung durch Fallpauschalen (»case rates«) ist dies zum Vorteil der Vertragspartei der Leistungserbringer, da die zusätzlich diagnostizierten Fälle früher erkannt werden und deshalb im Durchschnitt (bis auf Ausnahmen) weniger schwerwiegend sind (Komplexität und Intensität sinkt). Im Gegensatz dazu liegt der Vorteil bei einer Vergütung durch Kopfpauschalen (»capitation«) auf der Seite der Kostenträger, soweit diese Maßnahmen nicht im Vertrag konkretisiert sind. Die Vergütung durch prospektiv kalkulierte Pauschalen ist unabhängig von der tatsächlichen Anzahl der erbrachten Leistungen: Ist keine eindeutige Vereinbarung über Maßnahmen der Früherkennung getroffen worden, sind dies zusätzliche Ausgaben für die Leistungserbringer. Da die frühzeitige Erkennung im Sinne der Patienten ist, sollten finanzielle Anreize für die Durchführung von Maßnahmen der Früherkennung geschaffen werden, z. B. durch Pay-for-Performance-, Shared-Savings- oder Population-based-Payment-Modelle.

■■ Zeitdauer

Die vertragliche Absicherung von Krankheitsrisiken und die damit verbundene Bereitstellung von Gesundheitsdienstleistungen müssen eindeutig durch einen Start- und Schlusspunkt definiert sein. Die Begrenzungskriterien können entweder klinisch oder durch ein einfaches Datum beschrieben werden. Insbesondere bei Population-Based-Payment- oder Shared-Savings-Modellen (z. B. ACOs) sind langfristige Vertragszeiträume anzustreben, da hohe Anfangsinvestitionen in Gesundheitsförderung und Prävention sowie insgesamt das technische und administrative Set-Up der Integrierten Versorgung getätigt werden müssen, die sich dann amortisieren müssen (Pimperl 2018).

■ Vermindern von Risiken

■■ Versicherungsklientel

Sind Abweichungen der Versichertenpopulation hinsichtlich der durchschnittlichen Bevölkerung in Alter, Geschlecht und ihrem sozialen Status (Sozialindex) vorzufinden? Diese Parameter haben erheblichen Einfluss auf die Risiken. Als **gute Risiken** werden Individuen bezeichnet, deren Leistungsausgaben unter den durchschnittlichen zu erwarteten Vergütungen (z. B. Capitation oder Vergleichskosten für Shared-Savings-Verträge) liegen. Als **schlechte Risiken** werden dementsprechend Individuen bezeichnet, deren Leistungsausgaben über der erwarteten Vergütung angesiedelt sind. Ein Vergütungssystem, das die Entlohnung der Gesundheitsleistungen nicht auf den Schweregrad der Erkrankungen abstimmt, führt zu einer Strategie der **Risikoselektion** bei den Leistungserbringern. Für die Anbieter eines Versorgungsprogramms ist es betriebswirtschaftlich sinnvoll, wenn sich nur Patienten mit einem »guten Risiko« einschreiben. Erschwerend kommt hinzu, dass Versorgungsprogramme mit einem außergewöhnlich großen Leistungsumfang und einer überdurchschnittlichen Leistungsqualität vermehrt kostenintensive Patienten – »schlechte Risiken« – anziehen. Der Zulauf kostenintensiver Patienten führt aber dazu, dass diese Anbieter letztendlich für ihre überdurchschnittliche Leistung finanziell bestraft werden (Risiko der Kumulation kostenintensiver Patienten). Die Leistungserbringer stehen vor folgender Entscheidungssituation: Bei einem vergleichbar hohen Anteil mit Versicherten mit einem schlechten Gesundheitszustand bieten sich drei Optionen: 1.) entweder die Leistungserbringer investieren mehr Ressourcen (wie z. B. Zeit, Arzneimittel oder präventive Maßnahmen) in die Versorgung ihrer Patienten oder 2.) sie verzichten auf Einkommen (die Patienten werden an andere Leistungserbringer verwiesen; Kostenverlagerung) oder aber 3.) sie enthalten ihren Patienten notwendige Leistungen vor. Zu diesen Fehlanreizen – und in der Folge zur Risikoselektion – kommt es, wenn auf der Ebene des Netzwerkes der Leistungserbringer die Vergütung nicht an das tatsächliche Versorgungsrisiko des zu versorgenden Versichertenklientels angepasst wird. Diese Modelle der Vergütung verlangen offenbar die Entwicklung von unterschiedlichen Methoden zur Anpassung der Höhe der Vergütung an die Risiken der Versichertenklientel (Risikoadjustierung). Der Vertrag sollte das Versichertenklientel, deren Gesundheitszustand und Risikofaktoren konkretisieren. Damit soll der tatsächlichen Inanspruchnahme und dem zu erwartenden Ressourcenverbrauch Rechnung getragen werden (Juhnke et al. 2016). Alternativ kann auch versucht werden, die Möglichkeiten zur Risikoselektion für Leistungserbringer weitestgehend einzuschränken. Eine Möglichkeit dafür besteht darin, Versicherte nach geographischen Kriterien einem integrierten Versorgungsmodell zuzuordnen. Das heißt: Alle Versicherte, die in einer definierten Region wohnen, werden automatisch in den Vertrag eingeschlossen, ohne dass das Leistungserbringernetzwerk eine Auswahlmöglichkeit hätte, so wie dies z. B. beim Shared-Savings-Vertrag des ACO-Modells Gesundes Kinzigtal der Fall ist (Pimperl et al. 2017b). Allerdings zeigen sich auch bei dieser Variante Probleme. Beispielsweise offenbaren erste Evaluationen aus den USA, dass ACOs in Regionen mit hohem Anteil von sozial benachteiligten Versicherten schlechtere Outcomes erzielen (Yasaitis et al. 2016). Das Interesse von ACOs, sich in solchen Regionen zu engagieren, wird so lange geringer ausfallen, solange dieser Einflussfaktor nicht im Kalkulationsmodell der Shared-Savings Berücksichtigung findet und eine adäquate Risikoprämie geboten wird.

▪▪ Risikoadjustierung

Wie werden prognoserelevante Morbiditätsrisiken und Risikofaktoren identifiziert und gewichtet? Eine Methode zur Anpassung von Vergütungspauschalen an den Gesundheitszustand der Versichertenklientel ist die Risikoadjustierung (Mühlbacher 2005; Buchner et al. 2002; Juhnke et al. 2016). Hierunter versteht man die Einbeziehung der Morbiditätsstruktur einer Population bei der Bewertung des Ressourcenverbrauches, der Qualität sowie der Outcomes der Leistungserbringung und bei der Kalkulation der Pauschalen. Diese Methode basiert auf statistischen Verfahren, die Unterschiede in der Morbiditätsstruktur einer Population aufzeigen und die relevanten Risikofaktoren einer zukünftigen Inanspruchnahme ermitteln. Versicherte können einer bestimmten Risikogruppe mit einem homogenen Ressourcenverbrauch zugeordnet werden (Zell-Ansatz). Die Risikogruppe bzw. deren durchschnittliche Ausgaben dienen als Basis zur Ermittlung der risikoadjustierten Kopfpauschalen. Im Gegensatz dazu können, auch mit Regressionsmodellen auf Basis eines gegebenen Datensatzes, Risikofaktoren identifiziert und Koeffizienten berechnet werden. Anhand dieser Koeffizienten werden die erwarteten Ausgaben prognostiziert und die Kopfpauschalen gewichtet (aktuarischer Ansatz). Die derzeit angewendeten Methoden haben eine stark differierende Abbildungs- und Prognosegenauigkeit (Juhnke et al. 2016). Aus diesem Grund ist es notwendig, die Methode der Risikoadjustierung im Vertrag eindeutig zu regeln. Eine risikoadjustierte Pauschalvergütung ist ein Kompromiss zwischen effizienter Risikoallokation und effizienten Handlungsanreizen in der Integrationsversorgung (Schräder und Ryll 2003). Auch wenn die Wichtigkeit dieser Methoden hinreichend beschrieben wurde, ist die Umsetzung einer validen reliablen, sensitiven und transparenten Messmethode in der Praxis (auch in den USA) noch schwierig. So zeigt sich z. B. bei den Kalkulationsmodellen für ACOs in den USA, dass ACOs mit hohen historischen Kosten die höchsten Einsparpotentiale aufweisen, was auf der anderen Seite ACOs mit historisch niedrigen Kosten den Einstieg in ein ACO-Modell beim derzeitigen Berechnungsmodus unattraktiv gestaltet, da die Erfolgswahrscheinlichkeit gering ist (Berkson et al. 2020). Die Grundlagen der Schätzung des Ressourcenverbrauchs und der Risikoadjustierung werden als Bestandteile des Informationsmanagements weiter unten dargestellt.

▪▪ Erfolgsorientierte Vergütung

Wie können Kostenträger Anreize für eine qualitativ hochwertige und wirtschaftliche Leistungserbringung vermitteln? Im Kontext eines erfolgsorientierten Vergütungsansatzes ist die Höhe der Vergütung abhängig von zuvor definierten Erfolgskriterien, die sowohl an den wirtschaftlichen Erfolg als auch an die Qualität der Versorgung oder auch nur das Reporting von Qualitätskennzahlen (Pay for Reporting) als Vorstufe anknüpfen. Das Prinzip der Erfolgsorientierung ist bei allen Vergütungsformen (Einzelleistung, Fallpauschale und Kopfpauschale) einsetzbar. Der Leistungserbringer erhält dabei eine Grundvergütung und kann im Erfolgsfall zusätzliche Einkünfte erzielen. Im Rahmen der erfolgsorientierten Vergütung gilt es, folgende Fragen zu klären (Amelung 2012; Kongstvedt 2001):

- Was wird unter einem Erfolg (»performance«/»results«/»outcomes«) der medizinisch-pflegerischen Prozesse verstanden (medizinischer Erfolg und/oder wirtschaftlicher Erfolg)?

- Stehen Indikatoren zur Messung der Erfolgsindikatoren (»performance indicators« oder »outcome indicators«) zur Verfügung, oder müssen diese entwickelt werden?
- Können diese anhand eines Punktesystems (»Scores«) gewichtet werden?
- Wie können die gewichteten Indikatoren monetär bewertet werden? Oder welchen Einfluss nehmen medizinische Erfolgsindikatoren auf einen wirtschaftlichen Bonus (z. B. Shared-Savings)?

▪ Überwälzen von Risiken

▪▪ Vergütungsansätze

Wie werden die Leistungen des Leistungserbringernetzes und/oder der einzelnen Leistungserbringer im Netzwerk vergütet? Erfolgt die Vergütung des Leistungserbringernetzwerkes durch Population-based payments, Kopfpauschalen (»capitation«), Shared-Savings-Ausschüttungen, Fallpauschalen (»case rates«), Gehalt (»salary«) oder durch eine Einzelleistungsvergütung (»fee for service«), mit oder ohne qualitätsbezogenen Vergütungsanreizen? Und wie sieht die Vergütung der einzelnen Leistungserbringer aus? Neben der Versorgungsfunktion übernehmen die Leistungserbringer bei der Vergütung über Pauschalen auch einen Teil der Versicherungsfunktion. Bei prospektiv kalkulierten Pauschalen tragen die Leistungserbringer bzw. das Netzwerk der Leistungserbringer einen Teil des Morbiditätsrisikos; d. h. die Gewinnchancen, aber auch die Verlustrisiken sind nie genau vorherzusehen (▶ Abschn. 4.5). In Deutschland kann man davon ausgehen, dass die meisten Unternehmen in der Anfangsphase nicht über ausreichende finanzielle Möglichkeiten verfügen, um diese Versicherungsfunktion vollständig zu tragen.

▪▪ Rückversicherung

Wie werden Hochrisiken aufgefangen? Ein weiteres Instrument zur Modifikation der vertraglichen Vereinbarungen ist die Rückversicherung. Auch sehr aufwendige risikoadjustierte Kalkulationsmodelle können einen beträchtlichen Anteil der zufällig entstehenden Gesundheitsausgaben eines Versicherten nicht prognostizieren. Mit Hilfe einer Rückversicherung können potenzielle Verlustrisiken eines Versorgungsvertrages limitiert werden. Die Organisation der Leistungserbringer kann mit den Kostenträgern oder einem auf Rückversicherungen spezialisierten Versicherungsunternehmen über Verträge verhandeln, die entweder das Risiko eines einzelnen Patienten (auf Basis der Diagnose) oder das Risiko einer Versichertenpopulation (auf Basis der Ressourcenverbräuche) limitieren. Die Rückversicherung unterstützt das Management bei der Risikosteuerung, da so die Höhe der erwarteten Risiken (potenzielle Verluste) auf ein akzeptables Niveau reduziert werden kann. Damit Rückversicherungen für Versorgungsprogramme angeboten werden können, bedarf es hinreichender Informationen über die Morbiditäts-, Prozess- und Strukturrisiken. Diese werden aus empirischen Daten der Vergangenheit gewonnen. Die GKV-Routinedaten der Krankenkassen und insbesondere die Datensätze, die durch das **Bundesversicherungsamt (BVA)** zur Berechnung des **Morbi-RSA** zusammengetragen werden, könnten als Grundlage herangezogen werden. Zur Situation in Deutschland kann jedoch angemerkt werden, dass die Risiken bis heute – abgesehen von den sektorenspezifischen Budgets – durch die Krankenkassen getragen werden.

▪▪ Stop-Loss-Vereinbarungen

Wie werden die Kosten von besonders teuren Erkrankungen auf die Kostenträger übergewälzt? Da das zukünftige Verlustrisiko eines Anbieters der Integrierten Versorgung sowohl aus dem Risiko ineffizienter Versorgungsprozesse als auch aus dem Auftreten von teuren und aufwendigen Krankheiten resultiert, wäre es denkbar, dass die Kassen weiterhin das Risiko zufällig auftretender schwerer und teurer Erkrankungen, im Sinne einer Stop-Loss-Vereinbarung (»reinsurance thresholds«), tragen. Die Krankenkassen übernehmen damit die Funktion des Rückversicherers für die Hochrisiken schwerer Erkrankungen. Konkret: Die Kassen tragen ganz oder teilweise die Mehrkosten bei teueren Einzelfällen (»Outlier«), wie z. B. bei schwer und chronisch Erkrankten, sobald diese eine vertraglich vereinbarte

Obergrenze überschreiten (z. B. über 20.000 € pro Patient und Jahr). Bei Überschreitung einer bestimmten Obergrenze werden diese aus einem dafür vorgesehenen Fond gedeckt. Diese Art der Rückversicherung hat keinen negativen Einfluss auf die Anreizstrukturen.

Vereinbarungen über Carve-Outs

Wie können die Kostenschwankungen (Volatilitäten) begrenzt werden? Ein Vertrag mit geringer Inanspruchnahme (Frequenz), aber daraus resultierenden hohen Kosten (Intensität), wird höhere Risiken durch die Volatilität der Kosten haben als ein Vertrag, der diese Behandlungs- und Versorgungsprozesse nicht abdeckt. Bei einem Vertrag, der nur diese kostenintensiven Therapien beinhaltet, kann von einer hohen Volatilität der Kosten ausgegangen werden. Bei extrem hohen Kosten und geringer Volatilität für eine geringe Anzahl von Patienten, die wiederum spezialisierte Fachkräfte benötigen, werden sog. Carve-Outs vereinbart. Diese Form der Absicherung ist eine Kombination einer diagnosebasierten Risikoadjustierung und einer Stop-Loss-Vereinbarung (Tucker et al. 2002). In diesem Fall werden der Patient oder die Dienstleistungen außerhalb des vereinbarten Versorgungsvertrages versorgt bzw. erbracht. Die Kosten für diese vorab spezifizierten Behandlungsfälle werden nicht im Rahmen der globalen pauschalen Vergütungen, sondern separat auf Basis einer **retrospektiven Kalkulation** übernommen. Diese Leistungen können dann wieder über die Einzelleistungsvergütung, Fall- oder spezifische Kopfpauschalen vergütet werden.

Beteiligungen am Gewinn (Upside-Risk) oder Gewinn und Verlust (Upside- und Downside-Risk)

Wie können die Anreize gesteuert werden? Für Verträge, die eine Beteiligung am Einsparvolumen (»Shared-savings contracts«) vorsehen, ist die Kalkulation eines Mindestumsatzes bzw. ein Prognosemodell der Einnahmen und Ausgaben (Vergütungspauschalen vs. prognostizierte Behandlungskosten) von großer Bedeutung. Je genauer und verlässlicher die Prognoseergebnisse, desto aufwändiger ist die Ermittlung und Auswertung. Aus diesem Grund sollten die Prognosen sehr genau auf die Vertragsinhalte fokussiert sein. Zu Beginn sollten die Ergebniskriterien (»performance indicators«) als Zielkriterien definiert werden. Diese Vertragsart beinhaltet damit zusätzliche Anforderungen. Bereits der Name impliziert, dass Einsparungen erwartet werden. Nur wenn die Leistungserbringer in der Lage sind, die gleichen Versorgungsleistungen in vergleichbarer Qualität und Umfang anzubieten bzw. zu garantieren, ist es möglich, Einsparungen für das gesamte Versorgungssystem zu erwirtschaften. Die Risiken (Morbiditäts-, Inanspruchnahme- und Preisrisiken etc.) des Versorgungsvertrages sind jedoch weiterhin existent und müssen auch weiterhin von einer der Vertragsparteien getragen werden. Die Qualitäts-, Leistungs- und Ergebniskriterien sind die Schlüsselfaktoren des Vertrages und müssen ausführlich verhandelt werden. Erst wenn diese klar und einvernehmlich definiert sind, sollten indikationsspezifische Leistungs-, Qualitäts- und finanzielle Ergebniskriterien als Basis für die Feststellung der Einsparungen festgelegt werden (Weiterführend zu Vergütungsansätzen innovativer Konzepte: Güssow 2007). Auch muss geregelt werden, ob vom Leistungserbringer(netz) nur das Upside-Risiko, also gewissermaßen ein Bonus bei positiven Einsparungen, mit übernommen wird oder auch ein Downside-Risiko, d. h., dass bei negativen Einsparungen sich das Leistungserbringernetz an den Verlusten der Kostenträger beteiligt und einen Malus an die Kostenträger zahlt. Da in Deutschland Anbietern bisher zum größten Teil schon die Investitionsmöglichkeit in die notwendigen Strukturen einer Integrierten Versorgung (elektronische Vernetzung, digitale Versorgungsprogramme, Managementstruktur etc.) fehlen, ist kaum davon auszugehen, dass sie zusätzlich zum Upside-Risko derzeit auch ein Downside-Risiko übernehmen können.

Risikopools und Verfahren der Risikoteilung

Wie können Kostenträger das Risiko von Mehrausgaben anreizgerecht vermindern? Zwei gängige Verfahren zur Überwälzung der Risiken für die Leistungserbringer sind die

Einrichtung eines **Risikopools** (»Capitation pools«) und das **Verfahren der Risikoteilung** (»Withholds«) (Wrightson 2002, S. 65 ff.). Risikopools sind meist gesonderte Budgets für nicht primärärztliche Leistungen des Primärarztes, wie z. B. Facharztleistungen oder Krankenhausleistungen (Amelung 2012, S. 184). Diese Budgets werden aus den Pauschalvergütungen der jeweiligen Leistungen zurückbehalten und dienen dem Risikoausgleich. Wenn die tatsächlichen Ausgaben unterhalb des leistungsspezifischen Budgets bleiben, werden die Einsparungen zuerst für den Ausgleich der Defizite der anderen Budgets herangezogen. Verbleibende Überschüsse werden an die Leistungserbringer ausbezahlt, die einen positiven Saldo in ihren Budgets ausweisen. Ähnlich wird bei der Risikoteilung (»Withholds«) verfahren. Hier wird ein bestimmter Prozentsatz der pauschalen Vergütungen einbehalten. Mit diesem Budget können dann Mehrausgaben für unvorhersehbare Leistungen oder Leistungen außerhalb der Netzstruktur finanziert werden. Hierbei handelt es sich um Risikostrategien für die Kostenträger bzw. des Netzwerkes der Integrierten Versorgung gegenüber den einzelnen Leistungserbringern, die Defizite durch Überschüsse ausgleicht. Die Überschüsse werden in diesem Fall individuell verteilt (Kongstvedt 2007).

▪ Risiken selbst tragen

Nachdem die vermeidbaren Risiken unterbunden oder vermindert und die Hochrisiken überwälzt wurden, können die Leistungserbringer die verbleibenden Vertragsrisiken übernehmen. Die Übernahme von Risiken sollte allerdings nur erfolgen, wenn diese kalkulierbar sind und durch entsprechende **risikoäquivalente Prämien** entlohnt werden. Aus der Perspektive der Kassen reduzieren sich die Geschäftsrisiken, da der Abschluss eines pauschalisierten Vertrages die Notwendigkeit des Leistungsmanagements und die Kontrolle der Leistungserbringer reduziert. Ein großer Teil der Risiken, die auf einer volatilen Inanspruchnahme basieren, kann auf die Organisation der Leistungserbringer übertragen werden. Diese Tatsache muss in zusätzlichen Vergütungsanteilen für die Leistungserbringer resultieren.

Risikokontrolle: Controlling und Evaluation

▪ Controlling: Kennzahlen und Benchmarks

Die **Evidenzbasierte Medizin (EbM)** ist ein wesentlicher Aspekt bei der Kontrolle der Versorgungsrisiken. Mit standardisierten medizinischen **Reviews**, standardisierten ökonomischen Reviews und evidenzbasierten **Leitlinien** kann der Grundstein für die Bewertung der Versorgungsprozesse gelegt werden. Ein wichtiger Bestandteil des Risikomanagements sind die **Plan- und Kennzahlen**, die eine erfolgreiche Durchführung der Versorgungsprozesse belegen. Diese **Indikatoren** (»Performance indicators«) oder **Vergleichszahlen** (»Benchmarks«) sind die Basis für die Überprüfung des Erfolges eines Versorgungsvertrages. Sie erlauben einen Vergleich der tatsächlichen Ergebnisse (Ist-Zahlen) zu den angestrebten Ergebnissen (Plan- oder Soll-Zahlen) (Penner 2004). Diese Informationen sollten sowohl den klinischen, finanziellen als auch den administrativen Anforderungen gerecht werden.

Relevante Informationen für das Controlling einer Integrierten Versorgung

- Zusammensetzung der Versichertenklientel nach Alter, Geschlecht, Sozialindex und Morbidität
- Anteil der Bevölkerung, welcher durch vereinbarte Spezialleistungen erreicht wurde (z. B. durch Früherkennungsmaßnahmen; Screening, Versorgungs- oder Gesundheitsförderungsprogramme, Digital-Health-Anwendungen)
- Inanspruchnahme wichtiger Leistungsbereiche, insbesondere jener Sektoren, deren Inanspruchnahme im Erfolgsfall reduziert werden soll
- Ausgaben/Kosten der Versorgung (z. B. Kosten pro behandeltem Patient, gemäß Erkrankungstypus und Schweregrad)
- Effizienz der administrativen Tätigkeiten (Kosten pro Patient oder pro Euro Umsatz)
- Dokumentation der Qualität klinischer Leistungen anhand vergleichbarer Qualitätsindikatoren (Struktur-, Prozess-, Ergebnisindikatoren)

Um einen Vergleich der tatsächlichen Ergebnisse (Ist-Zahlen) zu den angestrebten Ergebnissen (Plan- oder Soll-Zahlen) durchzuführen, bedarf es eines umfassenden Informationsmanagements in Bezug auf die klinischen, administrativen und finanziellen Prozesse bei der Leistungserbringung in der Integrierten Versorgung (für weitere Ausführungen: Wrightson 2002).

■ Informationsmanagement: Informationstechnologie und IT-Ressourcen

Die Vision der Integration von Versorgungsleistungen sollte sich nicht nur in der strategischen Ausrichtung der Netzwerkorganisationen und den operativen Prozessen der Gesundheitsversorgung, sondern auch in den Ansprüchen an die Informationstechnologie niederschlagen (Kissinger und Borchardt 1996). Bezogen auf die Organisationen der Leistungserbringer sollen Informationstechnologien die finanziellen und qualitativen Ergebnisse der Leistungsprozesse quantifizieren. Mit Hilfe dieser Informationen soll das Management in die Lage versetzt werden, die Versorgungsprozesse effektiver zu gestalten. Den Versicherten soll es ermöglicht werden, die besten Leistungserbringer auszuwählen (Smith 2000). Die Bereitstellung von relevanten Informationen und Daten muss durch geeignete Informations- und Kommunikationstechnologien unterstützt werden. Diese Technologien sind auch Basis für ein erfolgreiches Risiko- und Performancemanagement in der Integrierten Versorgung (Pimperl et al. 2017a). In der Realität kommt es aber oft zu Problemen, da die unterschiedlichen Leistungserbringer teilweise mit unterschiedlichen Softwaresystemen und Hardware von unterschiedlichen Anbietern arbeiten (Kissinger und Borchardt 1996). Die elektronische Vernetzung der Leistungserbringer ist aber eine zentrale Voraussetzung für eine effizientes Versorgungsmanagement in der integrierten Versorgung, weshalb Schnittstellenlösungen aufgebaut werden müssen, was allerdings mit hohen Investitionskosten verbunden ist (Pimperl et al. 2016a).

Spezialisierte Software wird auch benötigt, um die großen Datenmengen der medizinischen und administrativen Prozesse zu dokumentieren und zu verarbeiten. Prognose- und Analyseinstrumente müssen eingesetzt werden, um die Versorgungsrisiken zu identifizieren, zu steuern und zu kontrollieren sowie zunehmend über Intelligent Decision Support Systems leitlinientreue Behandlungen zu erleichtern. Das Management der Integrierten Versorgung muss in der Lage sein, Entscheidungen über den Preis bzw. die Vergütung der angebotenen Leistungen zu treffen, die Wirtschaftlichkeit und Qualität der angebotenen Leistungen zu bewerten und Information über die Risiken zur Verhandlung anstehender Bevölkerungsgruppen zu generieren – dies ist mit Hilfe eines **Managementinformationssystems (MIS)** (Wrightson 2002) bzw. von Business-Intelligence-Systemen zu gewährleisten (weitere Details für den exemplarischen Aufsatz eines Business-Intelligence-Systems bei Pimperl et al. 2016a).

Die Kostenträger und auch das Management der Integrierten Versorgung sollten in der Lage sein, klinische und finanzielle Kennzahlen über die gesamten Versorgungsleistungen zu erfassen und zu bewerten.

- Beispiel für klinische Kennzahlen: Prozentzahl der Diabetes Patienten, die spezielle Aufklärungsgespräche in Anspruch nehmen
- Beispiel für finanzielle Kennzahlen: Kosten pro Patient nach Komplexitätsgrad oder Risikograd

Bei der Integrierten Versorgung sollte die Betrachtung die gesamten Versorgungsprozesse, mindestens aber die der kostenintensiven, einschließen. Diese Betrachtung sollte idealerweise über größere Zeiträume erfolgen, da der Erfolg bestimmter Interventionen, z. B. präventiver Dienstleistungen, meist erst nach mehreren Betrachtungsperioden sichtbar wird.

■ Evaluation: Erfolg von Verträgen und Programmen

Jeder Vertrag über eine Integrierte Versorgung beinhaltet Herausforderungen, sowohl für Kostenträger als auch Leistungserbringer, ohne dass hinreichende Erfahrungswerte auf beiden Seiten existieren. Diese Herausforderungen sind klinischer, administrativer oder finanzieller Art. Gerade die Zielkrankheiten mit enorm differierenden Behandlungsstrategien

(»Treatment pathways«), hoher Volatilität in der Inanspruchnahme und stark variierenden Kosten stellen erhebliche Herausforderungen an diese innovative Versorgungsform. Erfolgreiche Versorgungsverträge garantieren eine **bedarfsgerechte und wirtschaftliche Versorgung**, die **Zufriedenheit der Versicherten** und ermöglichen einen **ausreichenden Zugang** zu den Versorgungsleistungen. Bei den meisten Krankheiten sind eine rechtzeitige Früherkennung und entsprechend aufbauende Versorgungsprozesse notwendig. Verträge, die keinen ausreichenden Zugang gewährleisten, schlechte medizinische Ergebnisse (»outcomes«) produzieren und hohe administrative Kosten verursachen, resultieren auch in Image- und Absatzproblemen für die Kostenträger.

Bevor eine Beurteilung des Erfolgs durchgeführt werden kann, müssen die Erfolgsparameter definiert werden. Die Inanspruchnahme, Compliance und Adhärenz werden durch die Erwartungen, Bedürfnisse und Prioritäten der Patienten beeinflusst. Bei der Konkretisierung der Erfolgsparameter sollten auch die Patientenpräferenzen berücksichtigt werden (Mühlbacher et al. 2015, 2016). Auch sollten die Vertragspartner bereits vorab die finanziellen und klinischen Risiken eines Versorgungsprogramms analysieren. Zu einem späteren Zeitpunkt kann der Erfolg anhand der Beherrschung der finanziellen Risiken, der Kundenzufriedenheit und durch die Einhaltung spezieller Qualitätsparameter gemessen werden. Neben **quantitativen Methoden** sollten auch **qualitative Methoden** eingesetzt werden. Eine Möglichkeit, Informationen bezüglich Patientenpräferenzen zu erlangen, stellen die mikroökonomisch fundierten Discrete Choice Experimente dar (Mühlbacher et al. 2013; Mühlbacher und Johnson 2016).

Versorgungsverträge und -programme können anhand der folgenden Parameter evaluiert werden:

Evaluationsparameter der Integrierten Versorgung

Medizinische Qualität:
Die medizinische Qualität (»outcomes«) muss durch die Maßnahmen und Dienstleistungen der Integrierten Versorgung gesteigert oder zumindest beibehalten werden. Die Qualitätsmessung kann mit Hilfe von Qualitätsindikatoren (»performance indicators«) durchgeführt werden. Diese Indikatoren lassen sich zu externen Vergleichen heranziehen, können aber auch für das interne Qualitätsmanagement herangezogen werden, z. B. durch Benchmarking oder in der Qualitätszirkelarbeit. Idealerweise erhalten teilnehmende Ärzte zusätzlich tiefgehende interaktive Qualitätsreports, anhand derer sie kontinuierlich an der Verbesserung der Versorgung arbeiten können. Auch werden sie in ihrem Workflow durch Intelligent Decision Support Systems unterstützt (Pimperl 2015).

Kundenzufriedenheit:
Die Krankenkasse, aber auch die Leistungserbringer, sind darauf angewiesen, dass die Versicherten die alternativen Versorgungsprogramme annehmen und positiv beurteilen. Es gilt zu überprüfen, ob der Versicherte alle notwendigen Leistungen erhalten hat, wie er die Betreuung beurteilt und ob er der Meinung ist, dass ihm Leistungen vorenthalten wurden. Die Patientenzufriedenheit wird durch ein reibungsloses und umfassendes Management der Versorgungsprozesse verbessert. Die Kundenloyalität gegenüber der Krankenkasse wird durch die administrativen Prozesse bei der Abwicklung beeinflusst. Die Messung der Kundenzufriedenheit erfolgt über Patienten- oder Versichertenbefragungen (»surveys«). Diese Umfragen können flächendeckend oder regional erfolgen. Eine Befragung bei Ein- oder Austritt der Versicherten gibt Aufschluss darüber, welche Parameter die Entscheidung über den Wechsel beeinflussen.

Finanzieller Erfolg:
Die Restrukturierung der Versorgungsabläufe, neue Dienstleistungen und der Aufbau neuer Organisationsformen bedarf hoher Investitionen. Aus der betriebswirtschaftlichen Perspektive bedarf es der Ana-

lyse des Returns on Investment (ROI), d. h. die eingesetzten Mittel müssen durch das Dienstleistungsangebot der Integrierten Versorgung erwirtschaftet werden. Investitionen in den Aufbau der Integrationsversorgung werden zunächst nicht unmittelbar zu Erträgen führen; vielmehr gilt es, aus einer Kostenträgersicht und der gesellschaftlichen Perspektive die Einsparungen für eine bestimmte Versichertenklientel zu quantifizieren und Versorgungsverträge auf adäquat lange Laufzeiten auszugestalten, damit mittel- und langfristige Einsparungen erzielt werden können, die dann auch einen ROI erzielen. Der Messansatz für den finanziellen Erfolg kann sich auf die Dokumentation von Einzelfällen, der Kostenentwicklung vergleichbarer Versichertenpopulationen oder auf den Ressourceneinsatz spezieller Versorgungsprozesse beziehen.

Bereinigung um Risikofaktoren:
Um tatsächliche Qualitäts-, Zufriedenheits- und Kosteneffekte nachweisen zu können, bedarf es der Bereinigung der Daten um Risikofaktoren. Die Unterschiede zwischen Versorgungsprogrammen bzw. Versorgungsverträgen hinsichtlich der Inanspruchnahme medizinischer Leistungen und der Kosten lassen sich erst nach einer Bereinigung dokumentieren. Erst dann kann deutlich gemacht werden, welchen Einfluss einerseits die Risikofaktoren, andererseits die Versorgungsform als solche haben. Zur Adjustierung auf Risikofaktoren können Matching-Verfahren zur Anwendung kommen. Dabei werden zu Versicherten in der Integrierten Versorgung (Interventionsgruppe) über ein statistisches Verfahren (z. B. Exact-Matching, Propensity Score oder Entropy Balancing), vereinfacht gesagt, ähnliche statistische Zwillinge (Kontrollgruppe) »gezogen«. Ziel ist es, zur Reduktion von Selektionseffekten eine ausgewogene Balance der Kovariaten zwischen den beiden Gruppen zu erzielen. Idealerweise wird dann der Interventionseffekt in einem Difference-in-Difference-Ansatz (DID-Ansatz) evaluiert, d. h., dass die Differenz der Outcome-Variable zwischen Interventions- und Kontrollgruppe vor der Intervention mit der Differenz nach Interventionsstart verglichen wird. Eine detaillierte methodische Beschreibung einer beispielhaften Umsetzung eines solchen DID-Ansatzes, der ein Exact- mit einem Propensity-Score-Matching kombiniert, um Population Health Outcomes einer integrierten Versorgung zu messen, findet sich z. B. bei Pimperl et al. (2016b). Bei dem Exact-Matching wird Interventions- und Kontrollgruppenzwilling über ein Merkmal, z. B. Geschlecht, eindeutig (exact) zueinander zugeordnet. Bei dem Propensity-Score-Matching werden mehrere Kovariaten über eine logistische Regression zu einem Propensity Score (Wahrscheinlichkeit, mit der der Patient die Intervention erhält) verdichtet und darüber gematcht. Pimperl et al. (2016b) kombinieren die beiden Ansätze, um einerseits eine möglichst gute Balance der Gruppen zu erzielen, und gleichzeitig, wie oft bei einem Exact-Matching mit vielen Kovariaten der Fall, nicht zu viele Versicherte aus der Interventionsgruppe ausschließen zu müssen, da keine Exact-Zwillinge für die Kontrollgruppe gefunden werden können.

6

Diese Informationen aus der Evaluation eines Versorgungsprogramms können dann als Basis für eine ergebnisorientierte Vergütung dienen. Auch im Interesse der Patienten sollten die Kosten und Effekte der Versorgungsprogramme bzw. der Vertragsgestaltung auf die klinische Qualität der Versorgung und die Patientenzufriedenheit evaluiert werden.

6.6 Informationsmanagement und Controlling in der Arzneimittelindustrie

Peter Dangel

6.6.1 Gesetzliche und strukturelle Rahmenbedingungen

Die Controllingfunktion wird heute in den meisten pharmazeutischen Unternehmen als **wichtiges Element in der operativen Steuerung, bei der Unterstützung in der Entscheidungsfindung und bei der strategischen Ausrichtung** gesehen. Dementsprechend ist ein gutes Grundverständnis für die vielen Besonderheiten, denen sich die pharmazeutische Industrie sowohl auf der Umsatz- als auch auf der Kostenseite ausgesetzt sieht, essenziell.

Relativ einzigartig für die Pharmaindustrie ist, dass das Produkt, das Arzneimittel, über ein eigenes Gesetz, das Gesetz über den Verkehr mit Arzneimitteln (kurz AMG), sehr detailliert geregelt ist, wie weiter oben bereits ausgeführt wurde. Von den etwa 100.314 verschiedenen behördlich zugelassenen Arzneimitteln (BAH 2021), wobei jede Packungsgröße, Wirkstärke oder Darreichungsform als eigenständiges Arzneimittel zu verstehen ist, sind 48 % der Arzneimittel (ca. 47.900) verschreibungspflichtig (und damit auch apothekenpflichtig). 17 % der Arzneimittel (ca. 17.550) sind apothekenpflichtig, und 35 % der Arzneimittel (ca. 34.900) sind freiverkäuflich. Etwa 2400 Arzneimittel fallen unter das Betäubungsmittelgesetz. Für die verschiedenen Arten von Arzneimitteln kommen durchaus unterschiedliche gesetzliche und marktwirtschaftliche Rahmenbedingungen zum Tragen, weshalb die meisten pharmazeutischen Unternehmen die Hauptunterteilung ihrer operativen Aufbauorganisation daran orientieren und nach »Verschreibungspflichtig (Rx)« und »Verschreibungsfrei (OTC)« aufteilen. Darunter teilen sich viele Unternehmen – vor allem im Rx-Bereich – weiter in **operative Geschäftsbereiche (sog. Business Units – BUs) nach Indiktionen der Hauptprodukte**, z. B. Onkologie, Dermatologie, Neurologie, auf. Die Controllingstruktur folgt in Abhängigkeit von der Unternehmensgröße dieser Struktur. Losgelöst davon wird vom modernen Controller ein gutes Grundverständnis der Marktmechanismen erwartet, die er sich bei Neueintritt ins Unternehmen, falls nicht bereits vorhanden, aneignen muss. Beispielweise wurde durch das Gesundheitsmodernisierungsgesetz (GMG) im Jahre 2004 erstmals umgesetzt, dass OTC-Arzneimittel nur noch sehr eingeschränkt erstattet werden, was für Unternehmen mit einem hohen OTC-Anteil naturgemäß einen großen Einfluss hatte. Die Controllingeinheiten waren nun gefordert, bei der Adaption des Unternehmens an diese neuen Regulierungen unterstützend zur Seite zu stehen.

Eine Besonderheit im Pharmaumfeld ist auch, dass es einen **besonderen Mechanismus bei der Nachfrage und Bezahlung der erstattungsfähigen Arzneimittel** gibt. Vielfach hat zudem der letztliche Verbraucher, also der Patient, zum einen oft keine Transparenz der dabei entstehenden Kosten, zum anderen liegen durch das gegebene Erstattungssystem seine Grenzkosten bei der Inanspruchnahme der Verordnung oft bei null. **Sofern Zuzahlungsgrenzen überschritten** wurden oder nicht zum Tragen kommen, **spielt der Preis** oder die Häufigkeit einer Anwendung oder Verschreibung eines Arzneimittels **für den Patienten keine Rolle**. Umso mehr versucht der Gesetzgeber durch starke Regulierungen, insbesondere über das Sozialversicherungsrecht, die laufend angepasst und verändert werden, an anderer Stelle steuernd einzugreifen. Damit stehen planwirtschaftliche Regulierungen den marktwirtschaftlichen Anbietern, hier: den Pharmaherstellern, gegenüber.

Auch wenn an anderer Stelle weiter oben bereits die Mechanismen erstattungsfähiger Arzneimittel behandelt werden (► Abschn. 2.6), soll nochmals kurz auf die wesentlichen Elemente der Preisregulierung und Rabattgewährung eingegangen werden. Beide Elemente stellen den Controller bei der Umsatzplanung und den monatlichen Follow-Ups vor große Herausforderungen.

Nach dem Handelsgesetzbuch sind als Umsatzerlöse die Erlöse aus dem Verkauf von Produkten der Kapitalgesellschaft nach Abzug von Erlösschmälerungen und der Umsatzsteuer sowie sonstiger direkt mit dem Umsatz

6

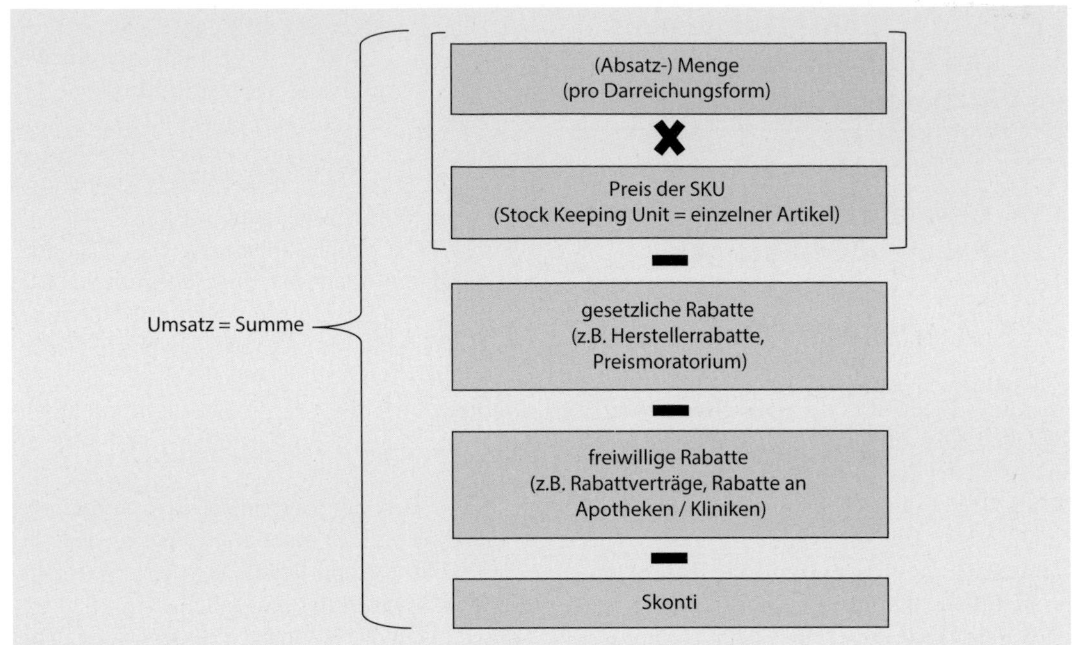

Abb. 6.12 Umsatzberechnung bei Arzneimitteln. (Quelle: eigene Darstellung)

verbundener Steuern auszuweisen (vgl. § 277 HGB Abs. 1). Für den Umsatz aus dem Verkauf von Arzneimitteln kann das schematisch wie folgt dargestellt werden, wobei viele rechtliche Besonderheiten in die einzelnen Elemente eingreifen (Abb. 6.12).

Anders als in meisten anderen Industrien, bei denen ausschließlich marktwirtschaftliche Elemente die Preise bestimmen, besteht in Deutschland **für neue Arzneimittel nur noch während der ersten zwölf Monate nach der Markteinführung eine Preisfreiheit**. Die ab dem 13. Monat gültigen Preise werden in einem komplexen Prozess (AMNOG, s. o.) festgelegt, bei dem die Wirtschaftlichkeit und, im Falle eines Zusatznutzens, auch die europäischen Preise eine Rolle spielen. Gerade in der längerfristigen Planung muss sich daher das **Controlling eng mit dem Market-Access-Bereich abstimmen** und oft mit verschiedenen Szenarien beim Pricing rechnen. In den Konzernen ist zudem der Launch-Zyklus in den verschiedenen Ländern durch die Referenzierung einzelner Länder auf Preise bzw. gewichtete Preiskörbe anderer Länder gut zu planen.

Aber auch bei Bestandspräparaten wird regulierend in die Preise eingriffen. So gibt es das seit dem 1. August 2010 gültige sogenannte Preismoratorium, mit dem Arzneimittelpreise nicht festbetragsgeregelter, erstattungsfähiger Arzneimittel auf den Preisstand des 1. August 2009 auf neun Jahre eingefroren wurden. Erhöht sich der Abgabepreis des pharmazeutischen Unternehmers gegenüber dem Preisstand am 1. August 2009, erhalten die Krankenkassen einen Abschlag in Höhe der Preiserhöhung. Erst seit dem 1. Juli 2018 können die Preise jeweils zum Juli der Folgejahre um den Betrag angehoben werden, der sich aus der Veränderung des vom Statistischen Bundesamt festgelegten Verbraucherpreisindex für Deutschland im Vergleich zum Vorjahr ergibt. Da vielfach die Pharmaunternehmen, auch auf Anraten der Pharmaverbände, die Preise dennoch jährlich angehoben hatten, **bedeutet dies für die Controller eine aufwändige Bildung von Rückstellungen** des sich jährlich verändernden Abschlags in Höhe der Preiserhöhung.

Bereits mit dem Gesundheitsreformgesetz (GRG) wurden 1988 die Festbeträge zur Kosteneinsparung eingeführt. Der Festbetrag ist

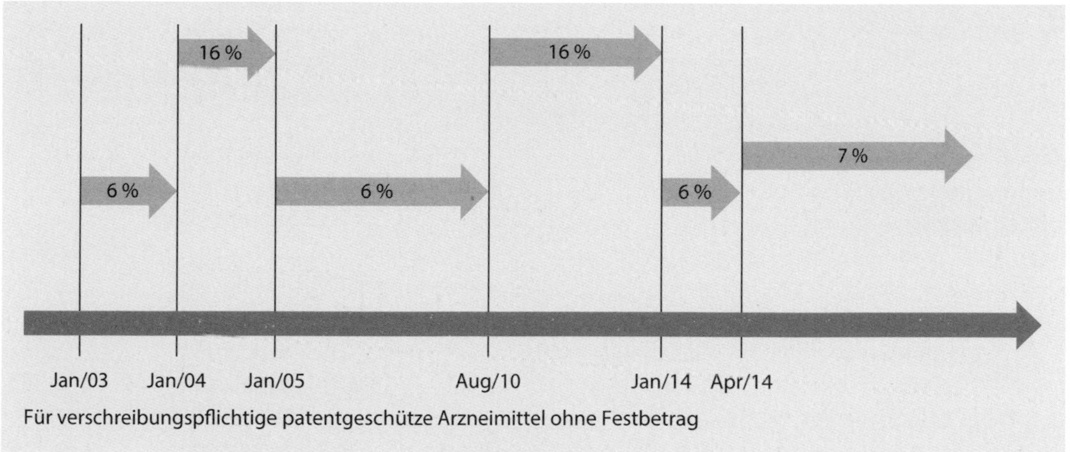

Abb. 6.13 Entwicklung Herstellerrabatte in Prozent auf den Abgabepreis des pharmazeutischen Herstellers (APU). (Quelle: eigene Darstellung)

dabei der maximale Betrag, den die gesetzlichen Krankenkassen für dieses Arzneimittel erstatten. Ist der Verkaufspreis höher, tragen Patienten i. d. R. die Differenz. Der G-BA bestimmt, für welche Gruppen von Arzneimitteln Festbeträge festgesetzt werden können.

Bei Neubildung bzw. Veränderungen der **Festbeträge muss das Unternehmen mit Hilfe der Controllingabteilungen simulieren**, wie man sich an diese Veränderungen anpassen möchte, also ob man die Preise belässt – mit dem Risiko, dass nur noch Privatpatienten als zahlende Kunden verbleiben – oder man die Preise absenkt, damit aber automatisch entsprechend niedrigere Umsatzerlöse hat. Eine weitere Entscheidungsmöglichkeit ergibt sich in Bezug auf die Festbeträge, dass die Preise auf mindestens 30 % unterhalb des Festbetrages abgesenkt werden können und damit die Patienten von der sonst zu entrichtenden Zuzahlung in der Apotheke befreit werden. Gegebenenfalls hat das Unternehmen damit einen Wettbewerbsvorteil, der finanziell durch die Controllingeinheiten entsprechend bewertet werden muss.

Bei den gesetzlichen Rabatten sind an erster Stelle die **Herstellerrabatte nach § 130a SGB V** zu nennen, auf die etwas genauer eingegangen werden soll, da diese **für die Planung und monatliche Nachverfolgung der Nettoumsatzerlöse eine besondere Komplexität** im Controlling darstellen. Die Herstellerrabatte für die gesetzlichen Krankenkassen wurden erstmals im Januar 2003 eingeführt und danach immer wieder angepasst. Ab dem Jahr 2011 wurde zudem gesetzlich umgesetzt, dass diese Rabatte auch den privaten Krankenkassen eingeräumt werden müssen, was durch den deutlich längeren Erstattungsprozess die Komplexität für das Controlling zusätzlich erhöhte.

Anhand der Herstellerrabatte für verschreibungspflichtige patentgeschützte Arzneimittel ohne Festbetrag soll die Variabilität dieser Rabatte der letzten knapp 20 Jahre exemplarisch aufgezeigt werden. Auch für die Zukunft kann nicht ausgeschlossen werden, dass es zu weiteren Veränderungen kommen wird, was in der Risikobetrachtung seitens des Controllings in der langfristigen Planung berücksichtigt werden muss (Abb. 6.13).

Die Komplexität und die besondere Herausforderung an das Unternehmen und damit an das Controlling werden in Abb. 6.14, ebenfalls für die Herstellerrabatte für verschreibungspflichtige patentgeschützte Arzneimittel, verdeutlicht.

Für die Umsatzplanung und monatlichen Abgrenzungen bedeutet dies, dass jedes einzelne Arzneimittel entsprechend klassifiziert werden muss. Da an den pharmazeutischen Großhandel zunächst der offizielle Herstellerabgabepreis (APU; Abgabepreis des pharmazeutischen Unternehmers) fakturiert wird, muss im Controlling der entsprechende Rabatt zurückgestellt werden, um zu den Nettoumsät-

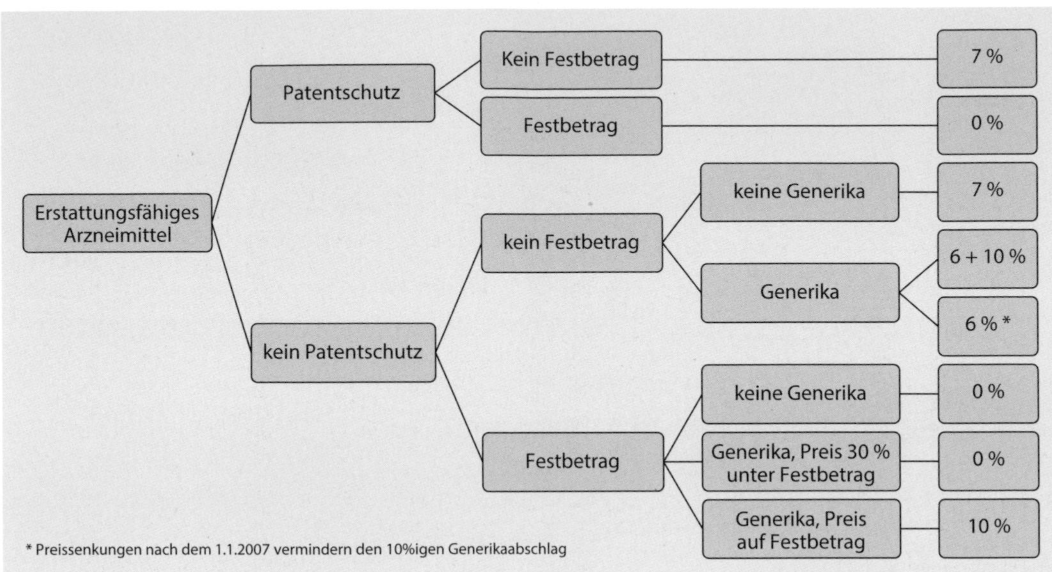

Abb. 6.14 Herstellerrabatte in Deutschland in Prozent auf den Abgabepreis des pharmazeutischen Herstellers (APU). (Quelle: eigene Darstellung)

zen zu kommen. Dies wird weiter unten näher erläutert.

Wie eingangs erwähnt, gelten die Herstellerrabatte seit 2011 auch für die etwa 11.000 privaten Krankenkassen und Beihilfeträger, mit dem Unterschied, dass der Patientenanteil (Anteil des Versicherungsnehmers) berücksichtigt werden muss. Durch verschiedene Tarife der Krankenkassen mit unterschiedlichen Selbstbehalten (z. B. fester Jahresbetrag oder prozentualer Eigenanteil) **fallen die Rabatte daher u. U. sehr unterschiedlich aus**. Für die Abrechnung wurde ZESAR (**Ze**ntrale **S**telle zur **A**brechnung von Arzneimittel**r**abatten) als gemeinsame Einrichtung des PKV-Verbandes und der Beihilfeträger in Bund und Ländern zum Einzug von Arzneimittelrabatten für private Krankenversicherungen und Beihilfestellen gegründet. Abb. 6.15 zeigt die Komplexität der Abrechnung.

Für Rx-Präparate sind mit Ausnahme des Klinikdirektgeschäfts Preisnachlässe grundsätzlich nicht möglich, wohin gegen **im OTC-Bereich freiwillige Rabatte insbesondere an Apotheken möglich** und durchaus üblich sind. Derartige Rabatte werden meist direkt bei der Faktuierung zum Abzug gebracht und sind planerisch zu erfassen, stellen aber zumindest bei der Abrechnung keine besondere Herausforderung an das Controlling.

Eine wesentliche Ausnahme stellen die Rabatte an Krankenkassen aufgrund von § 130a SGB V Abs. 8 dar. Danach können »die Krankenkassen oder ihre Verbände (…) mit pharmazeutischen Unternehmern Rabatte für die zu ihren Lasten abgegebenen Arzneimittel vereinbaren. Dabei kann insbesondere **eine mengenbezogene Staffelung des Preisnachlasses, ein jährliches Umsatzvolumen mit Ausgleich von Mehrerlösen oder eine Erstattung in Abhängigkeit von messbaren Therapieerfolgen** vereinbart werden. Rabatte nach Satz 1 sind von den pharmazeutischen Unternehmern an die Krankenkassen zu vergüten. Eine Vereinbarung nach Satz 1 berührt die Abschläge nach den Absätzen 3a und 3b [oben behandeltes Preismoratorium] nicht; Abschläge nach den Absätzen 1, 1a und 2 [oben behandelte Herstellerrabatte] können abgelöst werden, sofern dies ausdrücklich vereinbart ist. (…) Die Vereinbarung von Rabatten nach Satz 1 soll für eine Laufzeit von zwei Jahren erfolgen.«

Derzeit gibt es in Deutschland neben ein paar speziellen Ausnahmen für einzelne Moleküle grundsätzlich zwei unterschiedliche Modelle von Rabattverträgen:

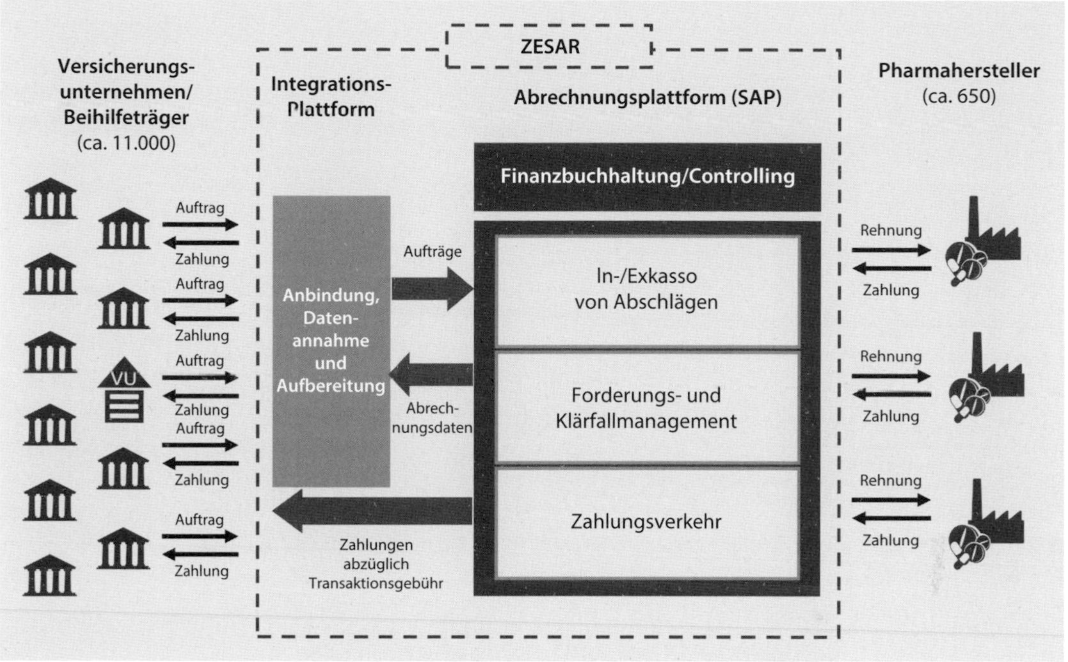

Abb. 6.15 Komplexität der Abrechnung von Arzneimitteln. (Quelle: Zesar Gmbh 2017)

a. **Open-house-Verträge**, bei denen die Hersteller zu einem einheitlichen, von der Krankenkasse vorgegebene Rabatt einem Vertrag zu einem Wirkstoff beitreten können und als Rabattpartner bei der Krankenkasse gelistet werden
b. **Exklusiv-Verträge**, bei denen nach vorgeschalteter Ausschreibung nur **1–3 Hersteller** des besten Gebots Vertragspartner werden

Die entsprechenden Rabatte sind dann entsprechend zu planen und zu berücksichtigen. Bei der Gebotsabgabe auf Ausschreibungen der exklusiven Rabattverträge werden regelmäßig die Controllingeinheiten involviert, um den Effekt auf Umsatz- und Ertragsseite für das Unternehmen zu kalkulieren. Zum einen **schmälern die Rabatte die zukünftigen Umsatzerlöse, zum anderen bedeutet ein solcher Rabattvertrag beinahe ein »Alles oder nichts«** für das Absatzvolumen mit der jeweiligen Krankenkasse. Einer Nichtteilnahme oder einem Nichtgewinn der Ausschreibung folgt i. d. R. ein fast 100%iger Umsatzverlust mit der ausschreibenden Krankenkasse. Auf der Kostenseite wiederum kann dies je nach Vertriebsmodell auch zu einer Einsparung von Vertriebsaufwendungen führen, weshalb für solche Fälle schon das Market Access als »die neue Vertriebsabteilung« in der Pharma-Industrie bezeichnet wurde (Aufrecht und Hüser 2015). Da aber, analog zu den o. g. Rabatten, der pharmazeutische Hersteller weiterhin zum APU an den Grosshandel fakturiert, ergibt sich wiederum ein aufwändiger Rückstellungsprozess, der im Folgenden näher erläutert wird.

Zunächst muss man den Waren- und Rechnungsfluss beim Verkauf von rezeptpflichtigen Arzneimitteln näher betrachten. Auch wenn der **Arzt eine Schlüsselrolle innehat, da er mit seiner Verschreibung letztlich entscheidet, welches Arzneimittel beim Patienten zum Einsatz kommen** soll und er im Sinne von Vertrieb und Marketing der wichtigste Kunde ist, ist im betriebswirtschaftlichen Sinne der Pharma-Großhändler der Kunde des pharmazeutischen Unternehmers. Abgesehen von trotz des derzeitigen niedrigen Zinsniveaus immer noch marktüblichen Skonti und anderen Zahlungsbedingungen werden aufgrund oben beschriebener Gründe keine Konditio-

6

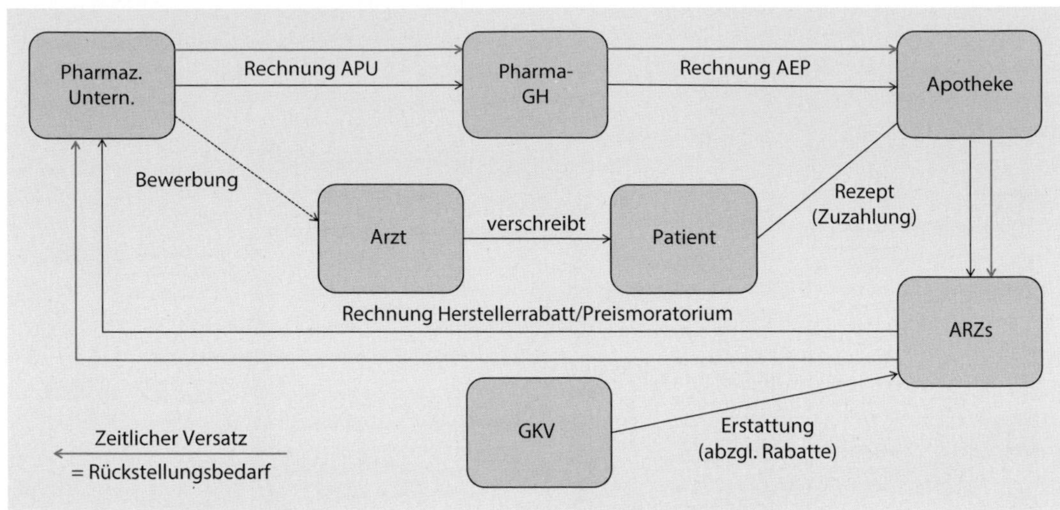

Abb. 6.16 Abrechnung erstattungsfähiger Arzneimittel – GKV. (Quelle: eigene Darstellung)

nen verhandelt, sondern der Arzneimittelhersteller fakturiert zum jeweils gültigen APU. Der Pharmagroßhandel wiederum versorgt die Apotheken mit dem Arzneimittel und fakturiert zum Apothekeneinkaufspreis (AEP). Wenn ein gesetzlich versicherter Patient sein Rezept in der Apotheke einlöst, bezahlt dieser nur seine gesetzliche Zuzahlung. Die **Apotheken rechnen schließlich über zwischengeschaltete Dienstleister, den Apothekenrechenzentren (»ARZs«), mit den gesetzlichen Krankenkassen ab**. Die Krankenkassen bringen bei der Erstattung an die Apotheken allerdings die o. g. Herstellerrabatte und das Preismoratorium direkt zum Abzug. Die Apotheken stellen, wiederum über die Apothekenrechnenzentren, diese Abschläge den pharmazeutischen Herstellern in Rechnung. In Abb. 6.16 ist dieser Prozess schematisch dargestellt.

Da der Verkauf an den Großhandel mit der tatsächlichen Rezepteinlösung zeitlich auseinanderfällt, sind für diese Abzüge monatliche Rückstellungen auf Produktebene zu bilden und diese Rückstellungen gegen die eingehenden Rechnungen der Apothekenrechenzentren wieder aufzulösen. Neben einem logistisch und abrechnungstechnisch bedingten Zeitverzug von mindestens einem Monat kommt es auch aufgrund von vielen anderen Gründen, wie z. B. Erstbevorratungen, saisonalen Schwankungen und Saisonbevorratungen, zu weiteren Zeitverzögerungen.

Bei den Rabatten aufgrund von § 130a SGB V Abs. 8 wird das Bild noch komplexer. Die Rabatte aufgrund von Rabattverträgen rechnen die einzelnen Krankenkassen nämlich direkt mit dem pharmazuetischem Hersteller ab (Abb. 6.17).

Daraus ergibt sich ein zusätzlicher aufwändiger Rückstellungsprozess. Erschwerend kommt dazu, dass die verschiedenen Krankenkassen unterschiedliche Abrechnungszyklen haben. Generell gilt aber, dass es einen **nicht unerheblichen Zeitverzug bis zur Rechnungsstellung gibt**. Zudem verlangen viele Krankenkassen mittlerweile Abschläge nach unterschiedlichen Berechnungsmethoden. All das muss bei den monatlichen Rückstellungen berücksichtigt werden.

Bei Verschreibungen an Privatpatienten ist der Zahlungs- und Erstattungsprozess wiederum vollkommen unterschiedlich. Hier muss der Privatpatient das Arzneimittel in der Apotheke zunächst selbst bezahlen und später bei seiner privaten Krankenkasse oder seinem Beihilfeträger zur Erstattung einreichen Abb. 6.18.

Der Privatpatient hat bis zu drei Jahre bis Jahresende Zeit, seine von ihm bezahlten Rezepte bei seiner Versicherung zur Erstattung einzureichen. Erst danach kann die Kranken-

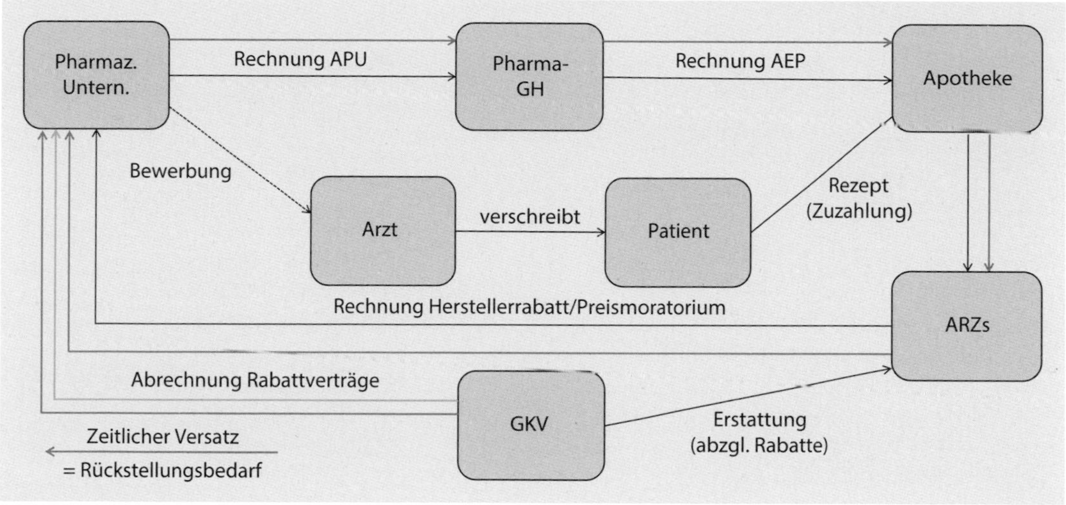

Abb. 6.17 Abrechnung erstattungsfähiger Arzneimittel – GKV inkl. Rabattverträge. (Quelle: eigene Darstellung)

versicherung über Zesar die Herstellerrabatte (unter Berücksichtigung des Selbsbehalts) beim Pharmaunternehmen geltend machen. Dieser lange Zeitverzug in der Abrechnung ergibt **für das Controlling einen mehrjährigen relevanten Rückstellungsbedarf** für die Herstellerrabatte.

Auch wenn die Steuerberechnung, inbesondere die der Umsatzsteuer, nicht zum Schwerpunkt des Controllings gehört, ist zu berücksichtigen, dass aus den Rabattrechnungen der Apotheken (über Apothekenrechenzentren), der Krankenkassen oder ZESAR trotz des fehlenden Ausweises und der Nichtabzugsfähigkeit der Krankenkassen der Umsatzsteueranteil herausgerechnet werden kann. Der Fiskus beteiligt sich dadurch an dieser Art von Rabatten. Der tatsächliche Rabatt kann wie folgt berechnet werden:

$$\text{Rabattsatz netto} = \frac{\text{Rabattsatz}}{(1 + \text{MWSt} - \text{Satz})}$$

An den o. g. Ausführungen kann erkannt werden, dass es sich um einen in Bezug auf die Erlösseite sehr regulierten Markt handelt und die Controllingabteilungen nicht umhinkommen, sich mit den verschiedenen Regelungen vertraut zu machen und diese bei Planungen und Follow-Ups entsprechend zu berücksichtigen. Aber nicht nur für die Umsatzseite gelten viele Besonderheiten. Auch **auf der Kostenseite sind branchenspezifische und gesetzliche Eigenheiten zu beachten**, die Auswirkungen auf die Controllingabteilungen haben.

Wer sich mit den Herausforderungen der Pharmaindustrie näher befasst, gelangt früher oder später zur »Compliance«. Dahinter verbirgt sich ein Sammelbegriff für eine Reihe von Themen, die das Geschehen in den Unternehmen schon seit geraumer Zeit in zunehmendem Maße prägen. Dies gilt auch und vornehmlich für die Arzneimittelindustrie.

> **Definition**, Bei Compliance handelt es sich – vereinfacht gesagt – um die Befolgung all jener Vorschriften, Richtlinien und Normen, die zusammen genommen das regulatorische Umfeld formen, in dem sich pharmazeutische Unternehmen bewegen.

Die Bedeutung, die der Compliance in bestimmten Fragen beigemessen wird, lässt sich zum einen an der ständig steigenden Zahl der Ernennungen von sog. Compliance-Beauftragten (zum Teil auch als Compliance Officer bezeichnet) und zum anderen an der hierarchischen Ebene, auf der sie angesiedelt werden, ablesen. Diese Entwicklung spiegelt die

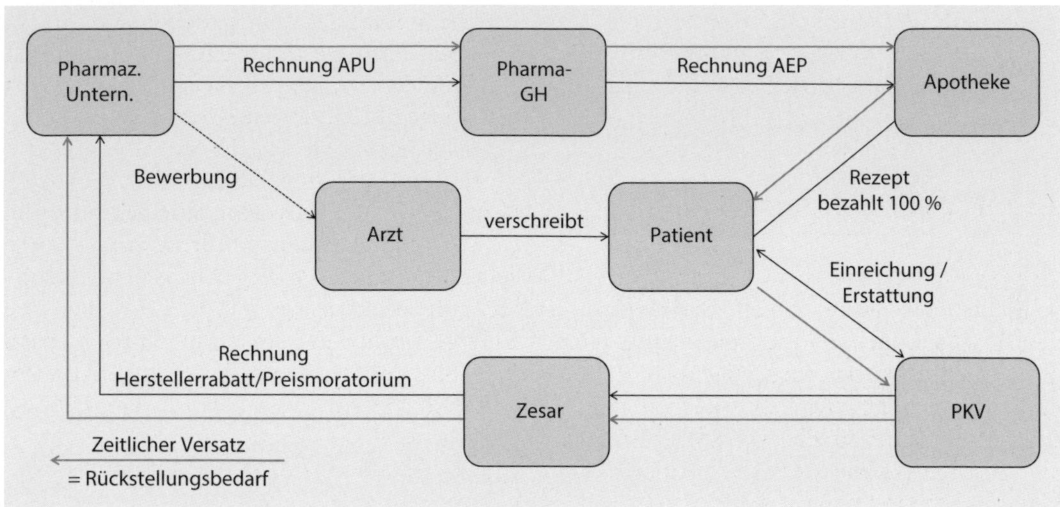

Abb. 6.18 Abrechnung erstattungsfähiger Arzneimittel – PKV. (Quelle: eigene Darstellung)

verschärfte Auslegung von Complianceregeln durch staatliche Institutionen und freiwillig auferlegter Verpflichtungen wider. Von dieser Entwicklung bleibt das Controlling keinesfalls unberührt, was zunächst überraschen mag, soll sich doch das Controlling in erster Linie mit den Gesetzen der Ökonomie beschäftigen und weit weniger mit den rechtlichen Rahmendaten eines Unternehmens. Indes zeigt sich schon bei näherer Betrachtung des Aktiengesetzes (AktG), der IDW-Prüfungsstandards oder des Deutschen Corporate Governance Kodex, dass durchaus rechtliche Bestimmungen existieren, die eine direkte inhaltliche Verbindung aufweisen und mitunter sogar recht konkrete Anforderungen an das Controlling eines (börsennotierten) Unternehmens stellen. So fordert beispielsweise § 91 Abs. 2 AktG **die Einrichtung eines Systems zur Früherkennung von bestandsgefährdenden Entwicklungen sowie zur Überwachung der hierauf gerichteten Gegenmaßnahmen**, das von weiten Teilen der betriebswirtschaftlichen Literatur gemeinhin auch als Risikomanagementsystem bezeichnet wird (Potthoff und Trescher 2003). Dies ist für das Controlling in zweierlei Hinsicht relevant: Zum einen ist das Controlling als integraler Bestandteil des geforderten Überwachungssystems auch rechtlich anerkannt (Hüffer und Koch 2016), zum anderen gehört aber auch die systematische Erfassung von Risiken und damit jede Veränderung im Umfeld nebst deren ergebnismäßiger Abbildung im Rahmen einer rollierenden Vorschaurechnung – je nach Betrachtungshorizont – zu den klassischen Aufgaben des operativen und strategischen Controllings in Unternehmen (vgl. Horváth et al. 2019). Als ein Beispiel dafür, dass die Compliance durchaus bei der Budgetierung und Nachverfolgung der Aufwendungen eine relevante Rolle spielen kann, sind die sogenannten Nichtinterventionellen Studien (kurz NIS) genannt, die ohnehin bereits einen relevanten Kostenblock in der Gewinn- und Verlustrechnung darstellen. Hier ist es zwingend erforderlich, dass die Verantwortung der Studien und damit auch der Kosten in der medizinischen Abteilung angesiedelt ist und die Budgets nicht durch das Marketing verantwortet werden. Auch für die Veröffentlichung der Zuwendungen an die Träger der Heilmittelberufe durch die pharmazeutische Industrie wird teils auf Daten aus dem Controlling zurückgegriffen oder zumindest für eine stichprobenmäßige Verprobung verwendet.

Für das Kosten-Controlling in der Pharmaindustrie lassen sich zahlreiche weitere Normen finden, die als pharmaspezifische Rahmenbedingungen vom Gesetzgeber vorgegeben und zumindest für die inhaltliche Ausrichtung des Controllings einen wesentlichen Einfluss haben. Verwiesen sei hier beispielsweise auf die Vorschriften des Heilmittelwerbegesetzes.

6.6.2 Praktische Umsetzung

Wie bereits eingangs erwähnt, hat **der Controllingbereich einen hohen Stellenwert** in den heutigen, vielfach multinationalen **pharmazeutischen Unternehmen** und wird als führendes Element angesehen, die kurz- und langfristigen finanziellen Ziele sowohl für interne als auch für externe Zwecke festzulegen und deren Erreichung sicherzustellen.

Im operativen Bereich werden die Controller meist als Business-Partner verstanden, die die Vertriebseinheiten mit der notwendigen Transparenz bei der Planung und Umsetzung im Tagesgeschäft unterstützen. **Der Controller ist der Lotse, der aus ökonomischer Sicht die Richtung vorgibt** und als kaufmännischer Sparringpartner zur Verfügung steht. Abweichung von den kurz-, mittel- und langfristigen Zielen sind schnell festzustellen, um eine Kurskorrektur zu ermöglichen.

Anders als für den buchalterischen Ansatz, der von lokalen und internalen Rechnungslegungsvorschriften sowie von steuerrechtlichen Anforderungen geprägt ist, steht **beim Controlling der Management-View im Vordergrund**, um insbesondere bei Unternehmen mit starker internationaler Ausrichtung der Geschäftstätigkeit die echte Performance zu messen und ein internes Benchmarking zu ermöglichen. Interne, steuerrechtlich induzierte Transferpreise und Konzernverrechnungen werden außen vorgelassen und ggf. durch andere Allokationen ersetzt. Um ein betriebswirtschaftliches Bild von den Vertriebsaktivitäten des Konzerns zu erhalten, kann dementsprechend auch das Geflecht der Tochtergesellschaften nicht herangezogen werden, da die legale Struktur oft nicht der Managementverantwortung für das operative Geschäft folgt. Die für eine Managementsicht verwendete Regionalstruktur dient deshalb **einer weiteren operativen Unterteilung in klar abgegrenzte Verantwortungsbereiche, unabhängig von den legalen Einheiten der Gesellschaften**. Hintergrund ist, dass international aufgestellte Gruppen meist nach den jeweils günstigsten Standortbedingungen suchen und Transferpreise steuerrechlich optimieren.

Beispielhaft seien die Herstellungskosten (CoGs – Cost of Goods sold) genannt, die für die lokalen, steuerrechtlich geprägten Abschlüsse regelmäßig mit entsprechenden Aufschlägen versehen werden. Für die operative Ergebnisermittlung im Controlling werden jedoch in der Regel auf allen Ebenen der Berichterstattung die tatsächlichen Herstellkosten oder Einkaufspreise verwendet und damit eine konsolidierte Betrachtungsweise erstellt.

Funktionale Ausrichtung und organisatorische Strukturierung von Controllingeinheiten

Die Strukturierung, Ausgestaltung und Größe der Controllingeinheiten hängt naturgemäß sehr stark von der Ausrichtung und Diversität des Tätigkeitsfeldes ab, das selbst innerhalb des Pharmasektors noch ausgesprochen vielgestaltig ist. Zu differenzieren ist beispielweise, inwieweit ein Arzneimittelhersteller über eine eigene Forschung verfügt oder Generika produziert. In der Praxis sind auch Mischformen anzutreffen. Weiterhin gilt es, nach der jeweiligen Struktur des unternehmenseigenen Produktportfolios zu unterscheiden. Erste **Unterschiede ergeben sich bereits aus der Anzahl der Indikationsgebiete, die über Präparate bedient werden, und der Größe der einzelnen Marktkategorien**. In diesem Zusammenhang ist es von Bedeutung, auf welchen regionalen Märkten ein Unternehmen Aktivitäten entfaltet, da sich abhängig von der jeweiligen Kombination aus lokalen Marktregularien, Marktgegebenheiten und den Indikationsgebieten unterschiedliche Anforderungen an die Steuerungssysteme und damit an das Controlling ergeben.

Vor diesem Hintergrund gilt es, **tragfähige Controllingstrukturen flächendeckend im Unternehmen organisatorisch zu verankern** und ein Controllinginstrumentarium zur Verfügung zu stellen, das dem zentralen Informationsversorgungs- und Koordinationsauftrag gerecht wird.

Die Controllingfunktion in der Pharmazeutischen Industrie kann zunächst in drei verschiedenen Gruppen unterteilt werden:
1. Produktionscontrolling
2. F&E (Forschung und Entwicklungs-)Controlling
3. Marketing- und Vertriebscontrolling

Darüber gelagert ist der Controllingbereich in der Konzernzentrale, der die Tools und Vorschriften vorgibt und die Zahlen konsolidiert dem Top-Management zur Verfügung stellt.

Die **Controllingfunktionen unter 1. und 2. werden zumeist zentral organisiert**, da sich sowohl die Produktion als auch die Forschung und Entwicklung häufig über mehrere spezialisierte Standorte in verschiedenen Ländern erstreckt, was einen zunehmend höheren Koordinierungsbedarf erzeugt. Dem würde eine dezentrale Controllingorganisation jedoch kaum mehr gerecht werden können. Wenn überhaupt, sitzen an den einzelnen Standorten nur vereinzelt Controller, die hierarchisch an die zentrale Controllingeinheit berichten und weisungsgebunden sind. Zudem werden Leistungen für beide Bereiche vielfach in unterschiedlichem Ausmaß von externen Dienstleistern eingekauft, was i. d. R. durch zentrale Beschaffungsabteilungen erfolgt und somit ebenfalls eine zentrale Controllingfunktion begründet. Für ein zentrales Produktionscontrolling spricht darüber hinaus, dass für ein Vergleiche ermöglichendes Managementreporting eine konzerneinheitliche Produktkostenkalkulation (Product Costing) unerlässlich ist. Die F&E-Aufwendungen der pharmazeutischen Unternehmen können durchaus relevante Größenordnungen annehmen. In Deutschland lagen sie im Jahr 2019 bei etwa 14 % des Umsatzes (o.V. 2019). Damit ist es im F&E-Controlling entscheidend, dass alle Aufwendungen projektbezogen einheitlich geplant und nachverfolgt werden. Zudem werden die Studien in den verschiedenen Phasen der Entwicklung eines neuen Arzneimittels ebenfalls meist multinational organisiert.

Das **Marketing- und Vertriebscontrolling ist dagegen dezentral organisiert** und in den meist rein operativ tätigen Landesvertriebsgesellschaften (Market Companies), angelehnt an die Notwendigkeiten des operativen Business, in entsprechender Größe vor Ort geschäftsnah vorhanden. Die multinationalen Pharmaunternehmen sind heute meist in fast allen Bereichen als Matrix organisiert. Auch die lokalen Finanzfunktionen, darunter das Controlling, haben zwei Berichtslinien, zum einen – meist disziplinarisch – eine an die zentralen Finanzfunktionen (in sehr großen Strukturen über regionale Zwischenebenen, z. B. Ländercluster), zum anderen – mit meist fachlicher Weisungsbefugnis – eine weitere Berichtslinie (»dotted line«), die sich meist an den Geschäftsführer der Landesgesellschaft richtet oder bei großen Einheiten an den Leiter der jeweiligen Business Unit.

Instrumentelle Ausgestaltung von Controllingeinheiten

Der Werkzeugkasten des Controllers ist umfangreich, und eine vollständige Vorstellung des Controllinginstrumentariums, das unternehmensspezifisch gestaltet ist, ist in diesem Rahmen nicht möglich (vgl. z. B. Horváth et al. 2019).

Das Fundament des Controllings beruht im Wesentlichen auf einer **für alle Controllingeinheiten geeigneten Strukturierung des Konzerns und seiner Aktivitätsbereiche in Berichtselemente (Entitäten)**, die später Eingang in die gängigen Systeme der Umsatzberichterstattung, Kostenrechnung, Erzeugniskalkulation, Ergebnisrechnung etc. finden. Zu diesem Zweck verfügen die meisten Pharmaunternehmen u. a. über eine klare Produktstruktur (Produkthierarchie), die das vollständige Produktportfolio abbildet und verdichtet – beginnend mit dem logistischen Artikel (einzelne SKU – Stock Keeping Unit) über verschiedene Stufen hinweg bis zur höchsten Ebene, z. B. von der Packungsgröße über die Wirkstoffstärke zur Produktfamilie bis hin zur Business Unit. Anhand und entlang dieser Struktur erfolgen dann die Budgetierung und die monatliche Umsatz- und Ergebnisberichterstattung sowie die Analyse der Abweichungen. Damit kann dann auf Konzernebene recht einfach weiter aggregiert und analysiert werden, z. B. pro Business Unit, pro strategisch relevante Produktfamilie, pro Neueinführung.

Eines der wichtigsten Instrumente für das operative Controlling eines Pharmaunternehmens stellt die Planung dar. Bei Pharmaunternehmen sind häufig die folgenden drei Planungsprozesse anzutreffen:

- Das Jahresbudget, das für das nächste Geschäftsjahr erstellt wird
- Ein Latest Estimate, der zusammen mit dem Jahresbudget erstellt wird
- Eine unterjährige Vorhersage (oft Mid-Year-Forecast) Ende des zweiten Quartals

Manche Unternehmen erstellen zusätzlich sogar noch einen zweiten oder (sehr selten anzutreffenden) dritten unterjährigen Forecast.

Die Erstellung des **Jahresbudgets** stellt dabei den wichtigsten und zugleich komplexesten Planungsprozess des Pharmaunternehmens dar, bei dem sowohl die Umsatz- als auch die Kostenseite geplant und in einem meist iterativen Prozess genehmigt wird. Die verschiedenen operativen Einheiten, z. B. Vertriebsgesellschaften (Market Companies), sowie die Fachbereiche erstellen detaillierte Bottom-Up-Planungen, die dem Target Setting der Konzernleitung gegenübergestellt wird und in der Regel entsprechend dieser Zielgröße angepasst wird. Wenn auch das Budget (meist aggregiert) der Bereichs- oder Konzernleitung präsentiert wird, erfolgt die Planung sehr ausführlich.

Für die Umsatzplanung werden die zu erwartenden Absatzmengen der einzelnen Produkte (SKUs), deren Preise sowie Rabatte geplant und damit die Nettoerlöse berechnet. Oftmals zerlegt das Controlling die Umsatzentwicklung nach Preis- und den Mengeneffekten, um eine bessere Beurteilung der tatsächlichen Performance zu ermöglichen. Auf Basis der geplanten Mengen berechnet das Produktionscontrolling die neuen Standardherstellkosten der eigen- und fremdgefertigten Produkte für das zu planende Geschäftsjahr. Den Input für die Entwicklung der Preise der Wirkstoffe und der weiteren Ausgangsmaterialien sowie der Verpackungsmaterialien liefert dabei die Einkaufsabteilung.

Die Planung der Betriebsaufwendungen erfolgt auf Kostenarten-, Kostenstellen- und Kostenträgerebene. Die Kostenträger sind dabei konzernweit vorgegeben und folgen der oben beschriebenen Produkthierarchie.

Auch **die Personalkostenplanung** erfolgt detailliert auf Basis bestehender oder neuer (ggf. auch zu streichender) Stellen und wird ebenfalls auf Kostenarten- und Kostenstellenebene erstellt. Oftmals wird darauf noch eine pauschale prozentuale Kürzung zur Anwendung gebracht, um eine unternehmensspezifische Vakanzquote planerisch zu berücksichtigen.

Im **F&E-Bereich** erfolgt die Planung zusätzlich noch auf Projektbasis. Teils bringt das F&E-Controlling darauf noch eine Ausfallrate (Attrition) zur Anwendung, um so zu berücksichtigen, dass Projekte nicht beendet werden, z. B. weil die Studiendaten nicht den gewünschten Erfolg zeigen. Die gesamte Planung wird anschließend auf Monatsebene heruntergebrochen, um die späteren monatlichen Soll-Ist-Analysen zu ermöglichen. Das Budget wird (hier Annahme Geschäftsjahr = Kalenderjahr, bei größeren Pharmakonzernen i. d. R. Standard) meist in den Sommermonaten erstellt, im Herbst präsentiert und Ende des Jahres verabschiedet. Börsennotierte und andere große Pharmaunternehmen benötigen auch noch eine formale Genehmigung durch den Aufsichtsrat, die Anfang des neuen Geschäftsjahrs erteilt wird.

Um dem Jahresbudget entsprechendes Gewicht zu geben und deren Erreichung sicherzustellen, wird, basierend darauf, die interne Zielerreichung, insbesondere für Führungskräfte sowie Marketing- und Vertriebsverantwortliche, teils aber auch für alle Mitarbeiter, festgelegt. Damit wird eine Koppelung der Vergütung der Mitarbeiter an den Unternehmenserfolg erreicht.

Beim **Latest Estimate (LE)** handelt es sich um eine Vorausschau, wie das Unternehmen das laufende Geschäftsjahr, basierend auf der Performance der ersten 8–9 Monate, abschließen wird. Die Planung erfolgt zwar ebenfalls meist recht detailliert, durch die Ist-Umsätze und -Kosten von etwa einem dreiviertel Jahr kommt aber vielfach die Extrapolation als Planungsinstrument zum Einsatz. Mit dem Latest Estimate werden zwei Zielsetzungen verfolgt. Zum einen dient der Latest Estimate als letzte Planung dazu, dem Management Transparenz über die Unternehmensentwicklung zu geben und, im Fall von Abweichungen zu den ursprünglich vereinbarten und kommunizierten Zielen, ggf. noch kurzfristige Maßnahmen einzuleiten. Zum anderen dient der LE als Aufsatzpunkt und Vergleich für das Jahresbudget des Folgejahrs, mit dem verschiedene Kennzahlen (z. B. Wachstum – CAGR) berechnet werden können.

Der **Forecast** ist, ähnlich wie das Jahresbudget, ein vollständiger Planungsprozess über das ganze Unternehmen/den gesamten Konzern in der gleichen Detailtiefe. Abweichend zum Jahresbudget kann der Forecast, ähnlich wie der Latest Estimate, bereits auf die Ist-Zahlen der ersten Monate des Geschäftsjahres zurückgreifen, wodurch der Planungshorizont kürzer und damit auch weniger risikobehaftet ist. Zudem findet kein Target Setting durch die Unternehmensleitung statt.

Ziel des Forecasts ist es, Abweichungen von der ursprünglichen Jahresplanung aufzuzeigen, Maßnahmen bei negativen Abweichungen zu ergreifen und zusätzliche Marktchancen zu identifizieren und zu nutzen. Dementsprechend wird der **Forecast dem Jahresbudget gegenübergestellt, und Abweichungen werden im Detail analysiert**.

Jeder dieser drei Planungsprozesse enthält darüber hinaus **eine Übersicht über zusätzliche potenzielle Chancen und Risiken** (Risk and Opportunity Matrix), die quantifiziert und teils mit Wahrscheinlichkeiten belegt werden. Das Top-Management kann auf dieser Basis entscheiden, ob und welche dieser zusätzlichen Up- oder Downsides in den Unternehmensplan übernommen werden.

Die **Controllingeinheiten haben bei allen Planungsprozessen eine führende Rolle**. Sie legen einen im Konzern abgestimmten Planungskalender für die einzelnen Teilbereiche fest und geben die gewünschte Detailtiefe der Planung vor. Auch das Format, in dem die Planzahlen übermittelt und der Bereichs- oder Konzernleitung präsentiert werden, gibt das Controlling vor, um eine einheitliche Darstellung sicherzustellen und dem Adressaten die Analyse zu erleichtern.

Technische Tools

Auch wenn heutzutage Microsoft Excel® als gängiges Tabellenkalkulationssystem aus keiner Controllingabteilung wegzudenken ist, spielen **eine Vielzahl an anderen informationstechnischen Tools eine zunehmend große Rolle**. Auch im Controlling ergeben sich durch die Digitalisierung zunehmende Möglichkeiten in der Vernetzung von Daten und deren Auswertungen.

An erster Stelle der technischen Tools ist weiterhin das ERP-System (Enterprise-Resource-Planning-System) des Konzerns als leitendes System zu nennen, mit dem viele Geschäftsprozesse im Unternehmen abgebildet werden und das dementsprechend dem Controller als Quelle für die Informationen dient und auch zur finanziellen Steuerung eingesetzt wird. Über das **ERP-System werden die Budgets operativ verwaltet und nachverfolgt. Über Workflows und Approvel-Levels wird sichergestellt, dass Kostenlimits eingehalten werden**. Da ausgelöste Bestellungen automatisch als Bestellobligo auf das Budget angerechnet (Committed Expenses) und bei Leistungserhalt losgelöst vom Rechnungserhalt vielfach automatisch Rückstellungen gebildet werden, spielt auch für den monatlichen Abschluss das ERP-System eine wichtige Rolle. Darauf aufsetzend, kommen zunehmend verschiedene Business Intelligence Tools zum Einsatz, mit denen die Datenanalyse erleichtert wird und tiefgehendere Analysen und deren Aufbereitung auf eine effiziente Weise ermöglichen.

Je nachdem, mit welchem ERP-System gearbeitet wird und inwieweit alle Funktionalitäten eines Systems genutzt werden, setzten vielfach Unternehmen auch weitere separate, häufig als Satellitensysteme bezeichnete Softwarelösungen ein. Neben dem leitenden ERP-System werden oftmals separate Tools eingesetzt, die die Planung für den Controller erleichtern sollen und auf Konzernebene eine einfachere Aggregierung der kurz- und langfristigen Budgets und Planungen ermöglichen.

6.7 Fallstudien zum Informationsmanagement und Controlling

6.7.1 Fallstudie zum Management by Objectives in Krankenhäusern

Rico Schlösser

Die Aufsichts- bzw. Verwaltungsräte und die Träger von Krankenhäusern erwarten von der Unternehmensleitung eines Krankenhauses mindestens ein ausgeglichenes Betriebsergebnis bzw. einen positiven Jahresüberschuss. Krankenhäuser in privater Trägerschaft müssen einen Jahresüberschuss erwirtschaften, der eine adäquate Investitionsrendite darstellt. Die Unternehmensleitung (Geschäftsführung/Vorstand) ist für diese Zielerreichung verantwortlich.

Im Zuge der Planung des künftigen Geschäftsjahres sind damit Kosten und Erlöse – entsprechend der Topzielsetzung – zu planen. Während des Geschäftsjahres hat eine Abweichungsanalyse (Plan-Ist-Abweichung) stattzufinden; ggf. sind Ergebnisverbesserungsmaßnahmen einzuleiten.

Am Beispiel der Charité – Universitätsmedizin Berlin wird in dieser Fallstudie auf die Umsetzung des **Management by Objectives in Krankenhäusern** eingegangen. Im Besonderen wird gezeigt,

- welche Bedeutung die hierarchische Ordnung eines Krankenhauses, die durch die Aufbauorganisation widergespiegelt wird, für die Zielverpflichtungsplanung hat,
- in welchen Geschäftsbereichen bzw. Sparten ein Krankenhaus (Universitätsklinikum) Umsatzerlöse generieren kann,
- wie die zur Erreichung der Topzielsetzung erforderlichen Plan-Erlöse auf die einzelnen Verantwortungsbereichsträger heruntergebrochen (disaggregiert) werden können,
- wie die Kostenerfassung im Rahmen der Zielverpflichtungsplanung erfolgt und
- auf welche Art und Weise die Plan-Erlöse und Plan-Kosten den realisierten Kosten und Erlösen gegenüberzustellen sind, so dass von einer Umsetzung des Führungskonzeptes Management by Objectives gesprochen werden kann.

Disaggregation von Verantwortlichkeiten

Die Aufbauorganisation von Krankenhäusern weist i. d. R. eine funktionale Gliederung auf. Ähnliche Verrichtungen werden in bestimmten Abteilungen auf der zweiten und den folgenden Hierarchieebenen zusammengefasst. ◘ Abb. 6.19 zeigt die **Aufbauorganisation der Charité**. Zentralbereiche sind für die folgenden Betrachtungen weitgehend irrelevant, da von ihnen keine Leistungen am Markt angeboten und somit keine Erlöse generiert werden. Den Zentralbereichen stehen die **Geschäftsbereiche (Sparten)** gegenüber, die in der Charité »**Charité-Centren**« genannt werden. Charité-Centren erstellen Gesundheitsdienstleistungen – sie generieren Umsatzerlöse. Für die Umsatzerlöse (und die Kosten) eines Charité-Centrum ist die Zentrumsleitung verantwortlich – insbesondere die kaufmännische Zentrumsleitung. Die Abgrenzung der Zentren untereinander – die **Bereichsbildung** – erfolgte nach medizinisch-fachlichen Kompetenzen. So sind z. B. Anästhesiologie, Unfallchirurgie, Innere Medizin, Kardiologie und Tumormedizin in separaten Zentren organisatorisch verankert. Im Folgenden wird am Beispiel des **Charité-Centrum 12 für »Innere Medizin und Dermatologie**« gezeigt, wie die Kompetenzinhalte und -spielräume unterhalb der Zentren abgegrenzt und die Verantwortlichkeiten verteilt sind.

Das Zentrum für Innere Medizin und Dermatologie umfasst bestimmte Kliniken (◘ Abb. 6.19), die durch einen Klinikdirektor/-in vertreten und geführt werden. Der **Klinikdirektor/-in** ist für den wirtschaftlichen Erfolg – die Kosten und Erlöse – seiner Klinik verantwortlich. Die Jahresplanung und unterjährige Kontrolle erfolgt vorrangig zwischen der Klinikleitung (dem Klinikdirektor/-in) und der kaufmännischen Zentrumsleitung. Da jede Klinik nur durch **einen** Klinikdirektor/-in geführt wird, ist der wirtschaftliche Erfolg der Klinik **diesem** Direktor/-in zuzurechnen.

Unterhalb bzw. innerhalb der jeweiligen Kliniken werden weitere Bereiche entsprechend den medizinischen Verantwortlichkeiten abgegrenzt (vgl. ◘ Abb. 6.19). So hat die Klinik für

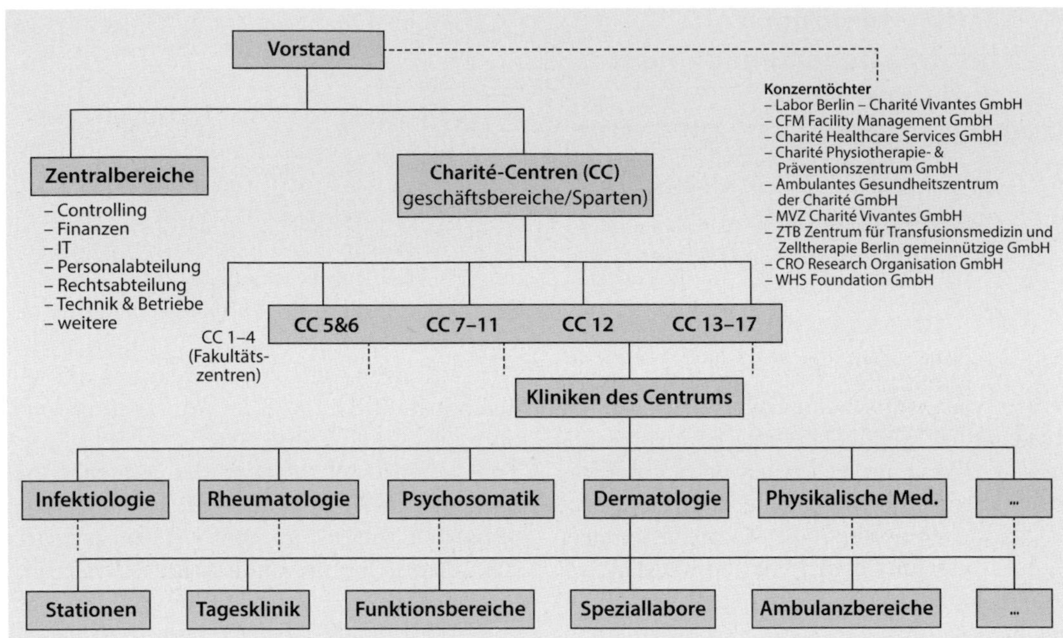

Abb. 6.19 Aufbauorganisation des Charité-Konzerns

Dermatologie vier Stationen mit ca. 100 vollstationären Betten. Es wird zwischen operativen und konservativen Stationen unterschieden. Der stationäre Bereich wird regelmäßig durch einen Oberarzt fachlich geführt, der in der Organisationshierarchie unterhalb des Klinikdirektors rangiert. Der Oberarzt führt die Stationsärzte im Tagesgeschäft und ist damit für die Patientenbelegung der Stationen, die Verweildauern und damit im Ergebnis für die Umsatzerlöse und Kosten des stationären Versorgungsbereiches verantwortlich. Strukturell ähnlich erfolgt auch die Führung der anderen operativ tätigen Bereiche innerhalb einer Klinik. Die Tagesklinik, die Funktionsbereiche (z. B. Bäderabteilung), die Speziallabore (z. B. Andrologie/Mykologie) werden ebenfalls durch Oberärzte geführt, die wiederum für die wirtschaftlichen Ergebnisse ihrer Abteilungen verantwortlich sind. Der ambulante Bereich ist weiterhin in verschiedene Teilbereiche gegliedert. Die Gliederung ambulanter Versorgungsbereiche erfolgt oftmals analog der Erlösstrukturen im ambulanten Bereich (s. u.). Die Aufteilung des Ambulanzbereiches in hierarchisch untergeordnete Teilbereiche ist aufgrund der Gesamtgröße i. d. R. erforderlich (die Dermatologie hat im ambulanten Bereich mehr als 100.000 Arzt-Patienten-Kontakte p. a.).

Im Ergebnis liegt damit, ausgehend von der Unternehmensleitung bis zu den einzelnen Behandlungsabteilungen, eine **Hierarchie von Verantwortlichkeiten** vor. Verglichen mit Industrie- und anderen Dienstleistungsunternehmen zeigen Krankenhäuser regelmäßig eine eindeutige und **strikte Abgrenzung der einzelnen Verantwortungsbereiche**. Zentrumsleitungen leiten ausschließlich ihr Zentrum, Klinikdirektoren/-innen leiten ausschließlich ihre Klinik, Oberärzte ausschließlich ihre jeweiligen Bereiche usw. Diese Aussage wird auch nicht dadurch relativiert, dass Ärzte z. B. Konsile leisten oder in Tumorkonferenzen als fachübergreifende Teams zusammenarbeiten. Diese Aussage, dass ein organisatorisch abgegrenzter Bereich immer nur durch einen direkt verantwortlichen Mitarbeiter geführt wird, ist für die Einführung eines Management by Objectives von wesentlicher Bedeutung (s. u.).

Umsatzerlösarten

Krankenhäuser – insb. Universitätskliniken – generieren keineswegs nur Umsatzerlöse

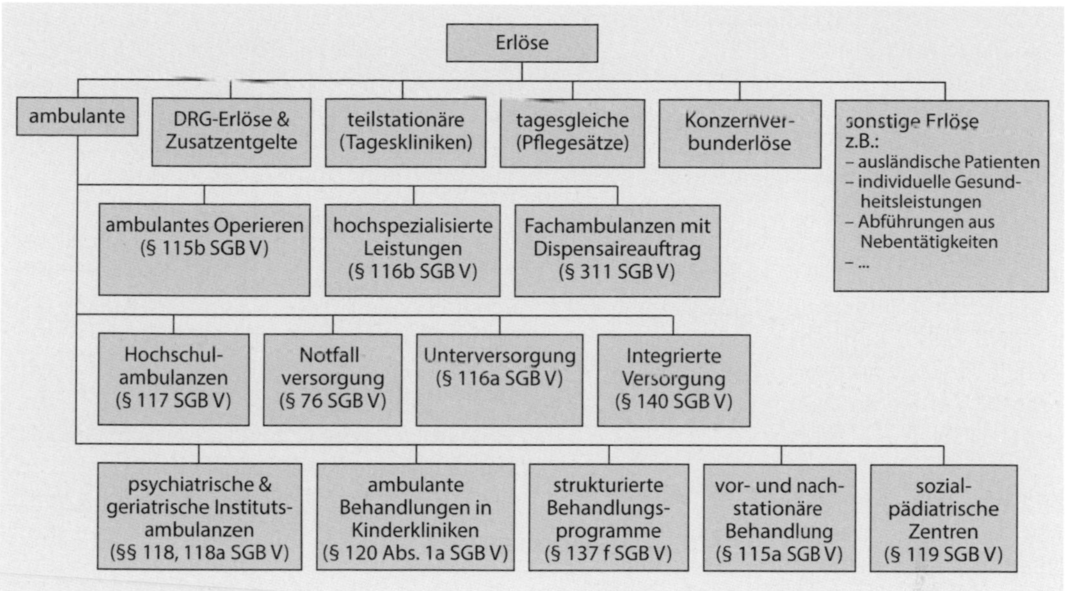

Abb. 6.20 Mögliche Erlösarten

i. V. m. der stationären Krankenversorgung (DRG-Erlöse). Abb. 6.20 zeigt die möglichen Umsatzerlösarten.

Der Gesetzgeber ermöglicht es Krankenhäusern, in **zwölf Bereichen ambulante Erlöse** zu generieren. Die gesetzlichen Grundlagen nennt Abb. 6.20. Die Haupterlösquellen stellen jedoch DRG-Erlöse und Zusatzentgelte dar (Erlösanteil > 70 %). Teilstationäre Erlöse werden von Tageskliniken erwirtschaftet. Bis die psychiatrischen und psychosomatischen Behandlungen endgültig und vollständig in das DRG-System integriert werden, können Krankenhäuser auch sog. tagesgleiche Pflegesätze erlösen; pro Patient und Behandlungstag wird durch die Krankenkassen ein bestimmter Eurobetrag gezahlt (unabhängig vom Behandlungsaufwand).

Krankenhäuser sind vielfach – entweder als **Konzernmutter oder Konzerntochter** – Bestandteil eines Konzernverbundes. Abb. 6.20 zeigt die Konzerntochtergesellschaften der Charité. Die Bildung von Konzernen erfolgt aufgrund wirtschaftlicher Erwägungen; i. d. R. gelingt es in Tochtergesellschaften **ausgelagerte Geschäfts- oder Zentralbereiche** kostengünstiger zu führen. Die Unternehmensleitung der Konzernmutter setzt die Geschäftsführer der Töchter ein, hält i. d. R. die Mehrheit der Stimmrechtsanteile und bestimmt die Geschäftspolitik. Erwirtschaften Tochtergesellschaften Jahresüberschüsse, können diese an die Mutter ausgeschüttet werden. Ausschüttungen werden geplant und verbessern den Jahresüberschuss der Mutter. Erlöse aus Tochtergesellschaften können nur der Unternehmensleitung der Konzernmutter zugerechnet werden (nachgeordnete Hierarchiestufen gründen und führen keine Töchter).

Die in Abb. 6.20 dargestellten »**sonstigen Erlöse**« sollen alle bisher nicht genannten Erlösarten erfassen; namhafte Krankenhäuser werden z. B. auch ausländische Patienten gewinnen und damit sog. **extrabudgetäre Umsatzerlöse** erzielen können (innere Med. der Charité ca. 2,5 % des DRG-Umsatzes; die Gewinnmargen können erheblich sein).

In welchen Erlösarten Krankenhäuser Erlöse generieren, hängt von vielen Faktoren ab (strategische Ausrichtung, historische Entwicklung etc.). Erfahrungsgemäß bleiben die Anteile der Erlösarten am Gesamtumsatz über die Geschäftsjahre relativ konstant. Die Planung des nächsten Geschäftsjahres kann damit auch auf der Basis verlässlicher Erfahrungswerte für die betreffende Erlösart erfolgen.

Durch die **Krankenhausbuchführungsverordnung (KHBV)** ist die Charité – wie grundsätzlich alle zur Abrechnung gegenüber den Krankenkassen zugelassenen Krankenhäuser – zur Führung eines weitgehend gesetzlich definierten **Kostenstellensystems** verpflichtet, das die Aufbauorganisation abbildet. Weiterhin ist die Führung eines (einheitlichen) **Kontenrahmens** durch die KHBV **vorgeschrieben**. Als Zwischenergebnis kann damit festgehalten werden, dass die einzelnen Erlösarten kostenstellen- bzw. -verantwortungsbereichsbezogen gebucht werden und damit betriebsintern ausgewertet werden können.

Kostenarten

Mit der Entscheidung, medizinische Dienstleistungen anzubieten, geht der Verbrauch von Ressourcen einher. Unter den Gesamtkosten der Krankenversorgungsbereiche der Charité haben die **Personalkosten** bzw. -aufwendungen den größten Anteil (> 55 %). Aufgrund der Vorgaben der KHBV bezüglich des anzuwendenden Kontenrahmens sind die Personalkosten differenziert nach Dienstgruppen (ärztlicher Dienst, Pflegedienst, Funktionsdienst etc.) auf den entsprechenden Kostenstellen zu buchen.

Die zweitgrößte Kostenkategorie stellt der **Medizinische Sachbedarf** (z. B. Medikamente) dar. Aufgrund der KHBV ist (analog zu den Erlösen und Personalkosten) auch dieser kostenstellen- und damit verantwortungsbereichsbezogen zu erfassen.

Die ausgelösten Personalkosten und der Medizinische Sachbedarf resultieren aus dem Management – den getroffenen Entscheidungen – des betreffenden Kostenstellenleiters. Neben diesen primären Kostenstellenkosten werden in der Charité auch die **Kosten interner medizinischer Dienstleistungsbereiche** (z. B. der Radiologie) auf die Kostenstellen der Charité-Centren verrechnet; sie sind kostenrechnerisch als sekundäre Kosten (ILV-Kosten) einzuordnen. Zu diesen sekundären Kosten zählten in der Vergangenheit auch die Laborkosten und die Kosten der Physiotherapie. Da diese beiden medizinischen Dienstleistungsbereiche vor einiger Zeit in Konzerntochtergesellschaften überführt wurden (s. ◘ Abb. 6.19), wären diese Kosten heute eigentlich nicht mehr als sekundäre Kosten in der Kostenrechnung auszuweisen; vielmehr liegen primäre Kosten der Kostenstellen vor. Da die Verbräuche dieser medizinischen Dienstleistungen jedoch auf Anordnungen bzw. Entscheidungen eines ambulanten oder stationären Verantwortungsbereiches zurückgehen, sind die resultierenden Kosten der betreffenden Kostenstelle »in Rechnung« zu stellen. Dies gilt unabhängig davon, ob die Kosten als primäre Kosten oder sekundäre Kosten einzustufen sind.

Als Zwischenergebnis bezüglich der verantwortungsbereichsbezogenen Kostenerfassung kann festgehalten werden, dass a) die Personalkosten, b) der Medizinische Sachbedarf und c) die Kosten interner medizinischer Dienstleistungserbringer kostenstellen- bzw. verantwortungsbereichsbezogen erfasst werden.

Management by Objectives (MbO)

In marktwirtschaftlich organisierten Unternehmen ist das Führen von Mitarbeitern durch Ziele bzw. Zielvereinbarungen ein seit Jahrzehnten bekanntes, praktiziertes und bewährtes Führungskonzept. Ausgehend von den Top-Zielen der Unternehmung – für deren Einhaltung die Unternehmensleitung verantwortlich ist – werden die Ziele der nächsten Hierarchieebene abgeleitet. Die Ziele dieser (zweiten) Hierarchieebene werden ebenfalls heruntergebrochen auf Ziele der nächsten Hierarchieebene usw. Es ist üblich, auf jeder Führungs- bzw. Hierarchieebene Planziele im Rahmen einer Verhandlung mit dem betreffenden Verantwortungsträger festzulegen. Dieses Führungskonzept der sukzessiven Zieldisaggregation und -vereinbarung wird **Management by Objectives (MbO)** genannt. Die Vorteile dieses Führungskonzeptes sind – neben einer Reihe weiterer Vorteile – die freie Wahl des Weges zur Zielerreichung durch den betreffenden verantwortlichen Mitarbeiter und daraus folgend ein höheres Maß an Motivation. Die Umsetzung des Konzeptes setzt voraus, dass sich die Ziele der unteren Hierarchiestufen sukzessive aus den Topzielen ableiten lassen. Weiterhin müssen Ziele operational und durch den Verantwortungsträger beeinflussbar sein. Ziele sind operational, wenn sie sich bezüglich Zielinhalt,

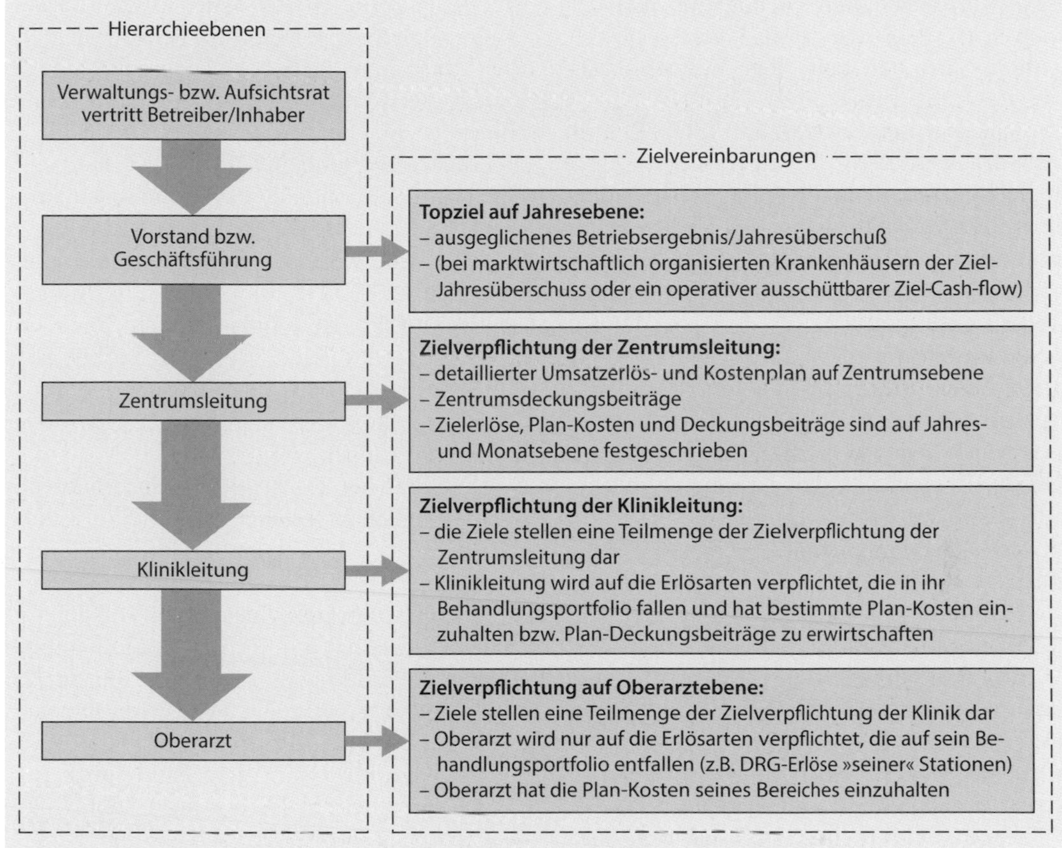

Abb. 6.21 Beispiel: Implementierung eines Management by Objectives

Zielausmaß und zeitlichem Bezug bestimmen lassen (Abb. 6.21).

Die Anwendung des MbO ist heute nicht mehr auf erwerbswirtschaftlich organisierte Unternehmen beschränkt. Seit Einführung des DRG-Systems besteht zwischen Umsatzerlösen und erbrachten Gesundheitsdienstleistungen ein unmittelbarer Bezug. Die Haushaltslagen öffentlicher Krankenhausträger (oder das Renditestreben privater Krankenhausbetreiber) lassen eine Subventionierung der betriebenen Häuser i. d. R. nicht zu. Das MbO hat auch in der Charité Einzug gehalten. Abb. 6.21 zeigt beispielhaft eine mögliche Anwendung des MbO in einem Krankenhaus.

Wie eingangs beschrieben erhält die Krankenhausleitung die genannten Top-Zielvorgaben. Die Topziele sind operational und – wie beschrieben – durch die Leitung beeinflussbar. Die Krankenhausleitung hat Erlöse und Kosten auf der Gesamtunternehmensebene so zu managen, dass das Betriebsergebnis der Zielvorgabe entspricht.

Den Ausgangspunkt einer operativen Unternehmens- bzw. Betriebsergebnisplanung bildet regelmäßig der Engpaßbereich. Im Grundsatz haben Krankenhäuser ihre Plan-Dienstleistungsmengen mit den Krankenkassen zu vereinbaren; damit können jedoch auch Plan-Umsatzerlöse Beschränkungen unterliegen. Für Krankenhäuser kann damit üblicherweise davon ausgegangen werden, dass der Absatzbereich den Engpassbereich bildet. Analog zu erwerbswirtschaftlich organisierten Betrieben kann von einer absatz- bzw. umsatzgetriebenen Planung gesprochen werden.

Im hier genannten Beispiel sind die Charité-Centren die Geschäftsbereiche, die die

Erlöse erwirtschaften (neben den Konzerntöchtern). Aus den **Plan-Umsatzerlösen** – genauer aus den ggü. den Krankenkassen für das anstehende Plan-Geschäftsjahr als abrechenbar eingeschätzten Plan-Umsatzerlösen – werden die Plan-Erlöse der Zentren abgeleitet. Die Zentrumsleitung erhält damit einen **auf Monatsscheiben und Erlösarten disaggregierten Jahreserlösplan**. Die Erreichung der Plan-Erlöse des Zentrums kann durch die Zentrumsleitung gesteuert werden, denn die Zentrumsleitung entscheidet darüber, welche der zum Zentrum gehörenden Kliniken welche Ressourcen erhalten (Personal, Betten etc.). Da es sich bei Erlösen um kardinal messbare Größen handelt, ist der Zielerreichungsgrad auf Zentrumsebene feststellbar. Die Zentrumsleitung kann monatliche **Plan-Ist-Abweichungsanalysen EDV-gestützt vornehmen**, denn die Erfassung der Erlöse erfolgt (s. o.) in allen Erlösarten kostenstellenbezogen.

Aus den Umsatzerlösen der Zentrumsleitungen sind die Umsatzerlösziele der Kliniken abgeleitet. Die Möglichkeiten, die Erlöse auf Klinikebene zu steuern, sind vielfältig. Klinikdirektoren sind mit ihren niedergelassenen Kollegen vernetzt, in Verbänden organisiert und kennen die »Szene« genau. Sogar saisonale Schwankungen – z. B. bei rheumatologischen Patienten – lassen sich antizipieren und im **Erlösmanagement der Klinik** berücksichtigen. Umsatzerlöse einer Klinik lassen sich darüber hinaus strategisch-mehrjährig planen; werden z. B. Statistiken über den **Altersstrukturwandel der Bevölkerung** mit internen Statistiken über die Patienteneinzugsgebiete der Vergangenheit verknüpft, können Umsatzsteigerungen mehrjährig prognostiziert werden. Umsatzerlösziele sind auch auf der Ebene einer Klinik operational; unterjährige Plan-Ist-Abweichungsanalysen sind den Klinikdirektoren/-innen ebenfalls EDV-gestützt möglich.

Bestandteil der Zielverpflichtungsplanung sind neben den Erlösen die von den Krankenversorgungsbereichen ausgelösten Kosten. Die Personalkosten werden aus den erwarteten Dienstleistungsvolumina abgeleitet. Dies bedeutet z. B. für den Betrieb einer Station, dass u. a. unter Berücksichtigung der Bettenzahl der Station, der geplanten Stationsauslastung, der Belegung an Wochenenden usw. ein **Jahres-Personalplan** entworfen wird, insbesondere für den ärztlichen Dienst und den Pflegedienst. Aus dieser (Mengen-)Planung resultieren die **Plan-Personalkosten**.

In der betrieblichen Praxis ist es grundsätzlich nicht üblich, den **Medizinischen Sachbedarf** einer detaillierten Mengenplanung zu unterziehen; vielmehr findet eine unmittelbare Planung der Kosten statt. Die Budgetfestlegung erfolgt häufig auf der Basis der Ist-Kosten des Medizinischen Sachbedarfs eines Vergangenheitszeitraums unter Berücksichtigung künftiger medizinischer Mehr- oder Minderleistungen.

Die **Planung der Kosten aus innerbetrieblicher Leistungsverrechnung** (sekundäre Kosten bzw. ILV-Kosten) kann auf der Basis des für das anstehende (Plan-)Geschäftsjahr vereinbarten »Einkaufsvolumens« eines Verantwortungsbereiches – z. B. der Summe der physiotherapeutischen Behandlungsminuten – erfolgen. Die Zielverpflichtung des Verantwortungsbereichs wird dann durch Multiplikation dieser **Leistungsmenge** mit dem **Verrechnungspreis** (der Leistungseinheit) in Euro ausgedrückt. In der betrieblichen Praxis werden diese Plan-Kosten jedoch oft direkt in Euro bestimmt, ohne dass eine detaillierte Mengenplanung stattfindet.

Für das anstehende Geschäftsjahr lassen sich damit **kosten- bzw. verantwortungsbereichsbezogen entlang der Aufbauorganisation Erlöse und Kosten planen**. Die Plan-Erlöse und Plan-Kosten eines Verantwortungsbereichs stellen Zielverpflichtungen für den Verantwortungsbereichsleiter dar.

In der Charité ist seit über zehn Jahren ein auf SAP basierendes Berichtswesen etabliert, mit dem die **unterjährige Erfolgskontrolle bzw. Zieleinhaltung** festgestellt werden kann. So kann spätestens am 15. eines jeden Monats die Einhaltung der Zielverpflichtungen u. a. für den Vormonat festgestellt werden. Daneben werden auf der Basis der unterjährigen »Ist«-Zahlen Hochrechnungen vorgenommen und so eingeschätzt, ob der betreffende Bereich das betrachtete Jahresziel einhalten wird.

Die Plan-Kosten und Plan-Erlöse werden im Berichtswesen der Charité weiter zu Deckungsbeiträgen verdichtet. ◘ Abb. 6.22 stellt

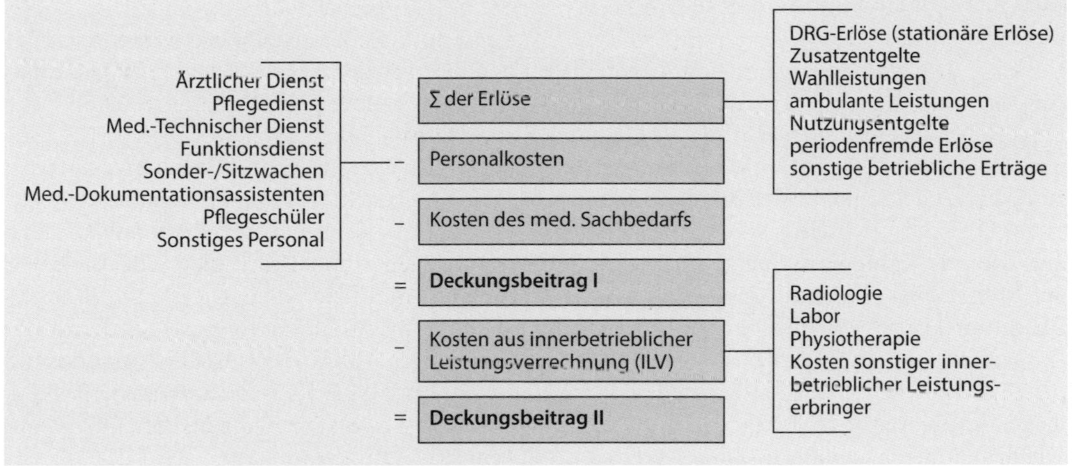

Abb. 6.22 Deckungsbeitragsrechnung

die in der Charité zur Anwendung kommende Deckungsbeitragsrechnung schematisch dar.

Der Aufbau der Deckungsbeitragsrechnung gilt für ein gesamtes Charité-Centrum, die zu einem Zentrum gehörenden Kliniken und der Organisationseinheiten unterhalb der Kliniken (vgl. Abb. 6.22). Der **Deckungsbeitrag II** kann insofern als Topzielgröße der jeweiligen Hierarchiestufe interpretiert werden.

Im Zuge der unterjährigen Kontrolle der Einhaltung der Zielverpflichtungen können sich der Vorstand und das operative Unternehmenscontrolling zur Erlangung eines ersten Überblicks auf die Überprüfung der monatlichen **Einhaltung der Plan-Deckungsbeiträge konzentrieren**. Bei einer Zielverfehlung kann durch Disaggregation (drill-down) – ausgehend vom Deckungsbeitrag II des Zentrums – jede Klinik bezüglich ihrer Zielerreichung analysiert werden.

Die vorstehenden Betrachtungen implizieren, dass jeder Verantwortungsbereich auf der Basis lediglich einer Kennzahl – dem Deckungsbeitrag II – geplant, kontrolliert und gesteuert werden kann. In der betrieblichen Praxis der Charité kann sich jedoch hierauf nicht beschränkt werden. So stellen die **Plan-Erlöse bereits eine zwingend einzuhaltende Plangröße** dar. Ursächlich hierfür ist, dass einerseits Mindererlöse einer Fachabteilung häufig nicht durch Mehrerlöse einer anderen Fachabteilung kompensiert werden können (Budgetdeckelung der Kassen/Mehrerlösausgleiche). Werden z. B. die mit den Krankenkassen vereinbarten jährlichen tagesstationären dermatologischen Abrechnungstage nicht erbracht, kann der resultierende Erlösausfall nicht durch Mehrerlöse im (voll-)stationären Bereich der Dermatologie kompensiert werden. Auf der Kostenseite besteht andererseits ein Problem in Verbindung mit der innerbetrieblichen Leistungsverrechnung. So erfolgt die **innerbetriebliche Leistungsverrechnung** auf der Basis von Vollkosten, die sowohl **variable als auch fixe Kosten enthalten**. Würden Plan-Erlöse nicht erbracht, kann der Erlösausfall nicht vollständig kompensiert werden, etwa durch reduzierte Leistungsmengenabforderungen aus der Radiologie, denn die Kosten der Radiologie gingen in diesem Fall lediglich um den variablen Kostenanteil zurück.

Die Zentralbereiche der Charité (z. B. Personal, IT, Unternehmenscontrolling) können nicht auf der Basis der o. g. Deckungsbeiträge geführt werden, da sie lediglich interne Dienstleistungen erstellen und damit keine Erlöse gegenüber Dritten generieren. Ihre Planung und Kontrolle erfolgt als Cost-Center. Für das Plangeschäftsjahr werden Plan-Kosten (Budgets) vorgegeben, die unterjährig einer monatlichen Kontrolle unterliegen.

6

Zusammenfassung und Übertragung der Ergebnisse

Entlang der Aufbauorganisation bzw. Führungsstruktur werden Plan-Erlöse und Plan-Kosten für das anstehende (Plan-)Geschäftsjahr festgelegt. Plan-Erlöse und Plan-Kosten sind Zielverpflichtungen des betreffenden Verantwortungsbereichsleiters. Die **Überprüfung der Zielverpflichtungen erfolgt EDV-gestützt auf Monatsbasis**. Zielerreichungsgrade werden für jeden Verantwortungsbereich monatlich festgestellt und der Erfolg auf Jahresebene prognostiziert. **Das Führungskonzept Management by Objectives wird damit in der Charité – Universitätsmedizin Berlin umgesetzt**.

Für Krankenhäuser, die ein Management by Objectives noch nicht oder nicht vollständig implementiert haben und die der KHBV unterliegen, sind die **Daten-Voraussetzungen** zur Implementierung bereits **weitgehend und standardisiert vorhanden**. Auf der Basis der Betriebsbuchführung können unterjährig Kosten und Erlöse verantwortungsbereichsbezogen dargestellt werden. Erfolgt die Erlös- und Kostenplanung wie in den anderen Verantwortungsbereichen, entstehen Zielverpflichtungen jener Bereiche, die einer Erfolgskontrolle unterzogen werden können. Insofern können **auch in anderen Krankenhäusern Plan-Größen bzw. Zielverpflichtungen** bestimmt, den erreichten Ist-Werten gegenübergestellt und Zielerreichungsgrade berechnet werden. Ein Management by Objectives ist damit ebenfalls in anderen Krankenhäusern analog zur Charité – Universitätsmedizin Berlin grundsätzlich umsetzbar.

6.7.2 Fallstudie: Machine Learning zur Entscheidungsunterstützung in Krankenkassen

Jakob Everding

Einleitung

Aufgrund verschiedener regulatorischer Änderungen eröffnet sich für gesetzliche Krankenversicherungen (GKV) vermehrt die Chance, im Rahmen der voranschreitenden Digitalisierung im Gesundheitswesen auch den Einsatz Künstlicher Intelligenz (KI) zur Verbesserung der Gesundheitsversorgung und Prozessoptimierung auszubauen. Diese Fallstudie zeigt am Beispiel der DAK-Gesundheit exemplarische Anwendungsmöglichkeiten von KI und speziell von Maschinellem Lernen (ML) als Werkzeug zur Entscheidungsunterstützung im GKV-Markt.

Im Verlauf der Fallstudie werden zunächst wichtige Begrifflichkeiten differenziert, bevor exemplarisch die Aufbauorganisation zusammen mit wichtigen Kennzahlen der DAK-Gesundheit präsentiert wird. Anschließend werden mögliche KI-Anwendungsbereiche in der GKV vorgestellt. Am Beispiel der Krankengeld-Leistungssteuerung wird danach das grundlegende Vorgehen bei der Konzeption und Implementierung eines KI-Projekts skizziert. Der letzte Abschnitt schließt mit einer kurzen Zusammenfassung.

Begriffliche Abgrenzung

Wie auch in anderen Industrien hat Data Science in der GKV zuletzt stetig an Bedeutung gewonnen. Beschleunigt wird diese Entwicklung neben methodischen Weiterentwicklungen in der KI-Forschung auch durch die allgemein fortschreitende Digitalisierung, erhöhte Verfügbarkeit umfangreicher Daten und technischen Fortschritt hin zu immer leistungsfähigerer Hardware und entsprechenden Möglichkeiten zur Verarbeitung großer Datenmengen.

Um ein einheitliches terminologisches Verständnis sicherzustellen, werden mithilfe von ▪ Abb. 6.23 zunächst die Begriffe Data Science, Künstliche Intelligenz, Maschinelles Lernen, Deep Learning und Big Data abgegrenzt.

Data Science

Data Science beschreibt die Anwendung und Entwicklung unterschiedlicher, meist statistischer oder mathematischer Verfahren, welche zur Identifikation potenziell vielschichtiger Muster und komplexer Zusammenhänge in Daten eingesetzt werden, um daraus neues Wissen abzuleiten. Zur erfolgreichen Data-Science-Entwicklung wird neben Methoden aus der Softwareentwicklung und z. B. der Statistik regelmäßig auch fachliche Expertise benötigt. Je nach Anwendung werden dem-

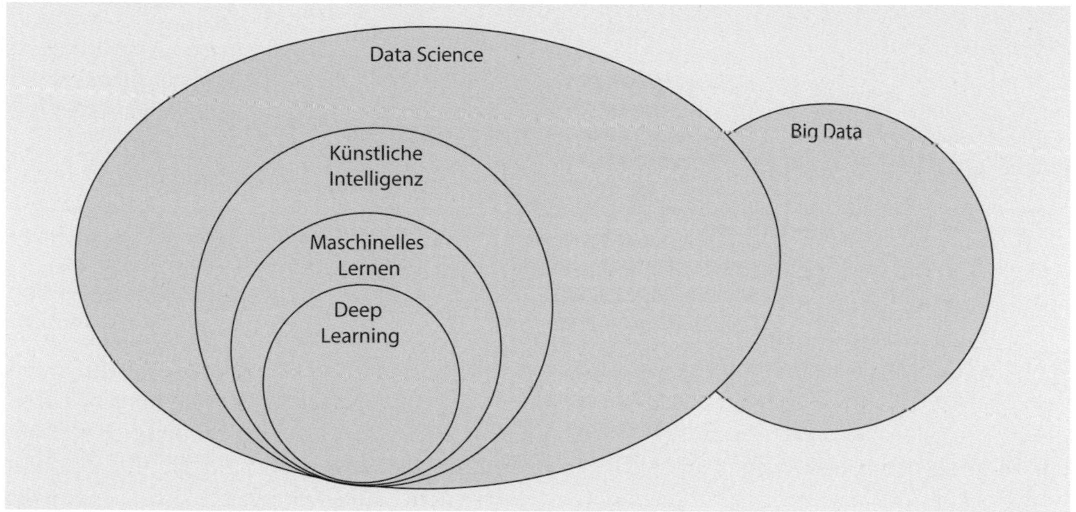

Abb. 6.23 Abgrenzung Data Science

entsprechend unterschiedliche, insgesamt jedoch stets vielfältige Anforderungen an Data-Science-Teams gestellt. So sollten Data Scientists innerhalb der DAK-Gesundheit idealerweise auch über ein ausgeprägtes Verständnis des GKV-Markts sowie über Kenntnisse im Bereich Public Health oder Gesundheitsökonomie verfügen.

Künstliche Intelligenz

Als Teilgebiet der Informatik befasst sich Künstliche Intelligenz (KI) mit Verfahren zur Entwicklung von Computern und Maschinen, die abstrakt denken bzw. Beziehungen verstehen und daraus automatisiert Handlungen ableiten können. Dies umfasst u. a. die Forschungs- bzw. Anwendungsfelder Robotik, Industrie 4.0 und Maschinelles Lernen. Künstliche Intelligenz ist zudem eng mit ethischen Fragestellungen verbunden. Diese bilden als KI-Ethik ebenfalls einen relevanten Forschungsbereich und nehmen auch in der DAK-Gesundheit eine zentrale Rolle ein.

Maschinelles Lernen

Maschinelles Lernen bzw. Machine Learning ist ein Teilgebiet der KI, das Algorithmen zur erfahrungsbasierten und automatisierten Lösung von Optimierungsproblemen entwickelt und erforscht. Das Vorgehen dieser Methoden erfolgt in der Regel iterativ in sogenannten (Modell-)Trainings. Grundsätzlich lassen sie sich anhand ihres Anwendungsziels in überwachtes Lernen (z. B. Prädiktion), unüberwachtes Lernen (z. B. Klassifikation) und Reinforcement Learning (Erlernen von Strategie zur Problemlösung durch Verstärkung bzw. Belohnung) klassifizieren.

Deep Learning

Deep Learning wiederum umfasst als Teilgebiet des Maschinellen Lernens mit den sogenannten (tiefen) neuronalen Netze spezielle Methoden, deren Aufbau aus vernetzten und in Schichten angeordneten Knoten von neuronalen Strukturen inspiriert ist.

Big Data

Zum Erlernen von Zusammenhängen und Mustern unter Einsatz von Künstlicher Intelligenz ist in der Regel eine umfangreiche Datenbasis erforderlich. In diesem Zusammenhang wird oft von Big Data oder Massendaten als Sammelbegriff gesprochen. Im Gegensatz zu herkömmlichen Daten ist Big Data charakterisiert durch die sogenannten *5 Vs*: *Volume* (Datenumfang), *Velocity* (Geschwindigkeit der Datenerhebung und -verarbeitung), *Variety* (verschiedene Datentypen) und *Veracity* (auch *Validity*, Datenqualität). Die Möglichkeit, Da-

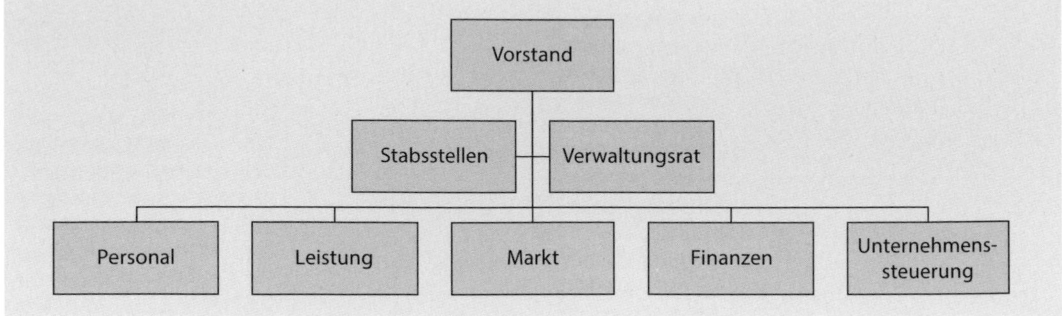

Abb. 6.24 Aufbauorganisation der DAK-Gesundheit

ten zu analysieren und damit Wert (*Value* als weiteres charakterisierendes *V*) zu generieren, unterstreicht zudem das Zusammenspiel von Big Data und Data Science.[1]

Aufbauorganisation der DAK-Gesundheit

Die DAK-Gesundheit ist als Körperschaft öffentlichen Rechts eine der größten bundesweiten gesetzlichen Krankenversicherungen. Sie wird geleitet durch den hauptamtlichen Vorstand sowie den ehrenamtlichen Verwaltungsrat, welche für die bedarfsgerechte Gesundheitsversorgung der über 5,6 Mio. Versicherten unter kosteneffizientem Einsatz des jährlichen Haushaltsvolumens von ca. 23,4 Mrd. € verantwortlich sind.

Die ca. 12.000 Mitarbeiter der DAK-Gesundheit sind dazu, wie in Abb. 6.24 dargestellt, in den Geschäftsbereichen Leistung, Finanzen, Markt, Unternehmenssteuerung sowie Stabsstellen wie der Revision oder dem Justiziariat organisiert.

Abhängig von der gegebenen Organisationsstruktur bestehen beispielsweise die Möglichkeiten, den Bereich Data Science dezentral verteilt über einzelne Fachabteilungen oder zentral in unternehmensweit agierenden analytischen Einheiten anzusiedeln. Die DAK-Gesundheit organisiert als Vorreiter innerhalb der GKV innovative Data-Science-Entwicklungen vorwiegend zentral. Dafür hat sie als erste Krankenkasse Deutschlands die KI-Fabrik unter maßgeblicher Beteiligung der strategischen Unternehmenssteuerung sowie die Digitale Fabrik im Bereich des Chief Digital Officers (CDO) geschaffen.

Anwendungsbereiche von KI im GKV-Kontext

Im Rahmen des regulatorisch definierten Handlungsspielraums der GKV ergeben sich vor allem Anwendungsmöglichkeiten von KI in den beiden Bereichen Verbesserung der Gesundheitsversorgung und Prozessoptimierung. Während beide Anwendungsbereiche letztlich im Interesse der versicherten Mitglieder sind, so unterscheiden sie sich dennoch in ihren unmittelbaren Zielen.

Prozessoptimierung

Ein breites Anwendungsfeld von KI bietet sich aufgrund von teilweise komplizierten und repetitiv auftretenden Prozessen in der GKV. Dies schließt die Verarbeitung der im Rahmen des Kontakts mit Versicherten, Leistungserbringern und anderen Selbstverwaltungs- und Geschäftspartnern entstehenden Daten ein. Durch KI-basierte Verarbeitung natürlicher Sprache (*Natural Language Processing*) können z. B. relevante Textmerkmale und Statistiken aus Berichten oder Tabellen extrahiert sowie Mitteilungen über Änderungen von Stammdaten effizient und kundenorientiert bearbeitet werden. Ein weiteres Beispiel für KI-gestützte Prozessverbesserungen stellt die automatisierte Rechnungsprüfung im Rahmen der Zusammenarbeit mit verschiedenen Leistungserbringern dar, welche auch die

1 Darüber hinaus existieren weitere *Vs* zur Charakterisierung von Big Data, die aufgrund des Umfangs dieser Fallstudie nicht diskutiert werden.

DAK-Gesundheit erfolgreich einsetzt. Durch die Vereinheitlichung der Rechnungsprüfung mithilfe der implementierten KI-Modelle ergeben sich neben einer orientierenden Funktion für Sachbearbeiter der DAK-Gesundheit auch eine geringere Unsicherheit durch Reduktion subjektiver Einflüsse und folglich eine bessere Planbarkeit für alle Beteiligten.

Versorgung der Versicherten

KI-basierte Lösungen zur Verbesserung der Versorgung beinhalten u. a. individuelle Empfehlungen zu Präventionsmaßnahmen. Neben der Prävention kann KI auch unterstützend im Rahmen der Behandlung von Erkrankungen eingesetzt werden. Die DAK-Gesundheit nutzt Maschinelles Lernen auch zur optimalen Leistungssteuerung und Betreuung von arbeitsunfähigen Versicherten und Empfängern von Krankengeld. Anhand dieses Anwendungsbeispiels wird im Folgenden das exemplarische Vorgehen bei der Entwicklung eines KI-Projekts detailliert vorgestellt.

Vorgehen KI-Projekt: Analytische Krankengeld-Leistungssteuerung

Für die DAK ist Krankengeld in vielerlei Hinsicht ein wichtiger Leistungsbereich. Zum einen ist jeder Krankengeldfall gleichbedeutend mit einer versicherten Person, die bereits länger und meist stark gesundheitlich eingeschränkt ist. Zu den wichtigsten Aufgaben der DAK gehört in solchen Situationen, die Gesundheit durch die aktive Steuerung von Gesundheitsleistungen wiederherzustellen und anschließend zu erhalten. Zum anderen betragen die jährlichen Leistungsausgaben für Krankengeld über eine Milliarde Euro und zählen damit zur viertgrößten Ausgabenposition. Ein weiteres Ziel der DAK ist es daher, verfügbare Steuerungsmaßnahmen kosteneffizient einzusetzen und die beitragszahlenden Mitglieder somit finanziell zu entlasten. Dieser Aspekt ist auch vor dem Hintergrund anhaltender Diskussionen um Erhöhungen des kassenindividuellen Zusatzbeitrags sowie allgemein bezahlbarer und gleichzeitig qualitativ hochwertiger Gesundheitsversorgung relevant.

Als eines von mehreren strategisch bedeutsamen Projekten hat die Unternehmenssteuerung der DAK daher gemeinsam mit dem Geschäftsbereich Leistung eine umfangreiche Weiterentwicklung der Krankengeld-Leistungssteuerung initiiert, welche auch die Potenziale von Künstlicher Intelligenz nutzen sollte. Zu diesem Zweck wurde zunächst ein interdisziplinäres Entwicklungsteam zusammengestellt, bestehend aus fachlichen Experten, einem Data Engineer, einem Data-Warehouse-Architekten und einem Data Scientisten.

Use-Case-Konzeption

Im Rahmen eines erweiterten Ideation-Prozesses hat dieses Team anschließend gemeinsam mit weiteren Stakeholdern das Projektziel bzw. allgemein den Use Case präziser definiert. Als mittelfristiges Ziel wurde die rechtzeitige Identifikation von arbeitsunfähigen und krankengeldberechtigten Versicherten mit hoher Eintrittswahrscheinlichkeit eines Krankengeld-Leistungsfalls festgelegt. Zur Zielerreichung wurde entschieden, ein Prädiktionsmodell mithilfe von Methoden des maschinellen Lernens zu entwickeln. Die mithilfe des KI-Modells gewonnen Informationen sollten daraufhin genutzt werden, um diese Versicherten durch geeignete Steuerungsmaßnahmen wie der Vermittlung von Facharztterminen früher und gezielter bei der Genesung zu unterstützen. Zusammenfassend bot diese KI-Anwendung somit das Potenzial, sowohl die Gesundheit der Versicherten zu verbessern als auch den Beitragssatz durch Reduktion der Krankengeld-Leistungsausgaben zu stabilisieren.

In der ersten Projektphase erfolgte ebenfalls bereits eine vorläufige Abstimmung über die Datenbasis, welche zum Trainieren der Algorithmen des maschinellen Lernens benötigt wurde. Zudem wurde ein erstes Evaluationskonzept erstellt, welches die Bewertung der Zielerreichung und der Auswirkungen des KI-Modells sicherstellen sollte. Das frühe Vorbereiten der Evaluation bringt mehrere Vorteile mit sich. Zum einen erhöht dieses Vorgehen die Transparenz und Glaubwürdigkeit von später generierten Ergebnissen.[2] Zum anderen offen-

2 In der Wissenschaft ist ein ähnliches Vorgehen z. B. im Rahmen von Interventionsstudien etabliert, für deren Veröffentlichung zum Teil vorab veröffentlichte bzw. registrierte Studienprotokolle vorausgesetzt werden.

baren sich in diesem Rahmen oft frühzeitig mögliche Lücken in der Operationalisierung des Projektziels. Je später diese entdeckt werden, desto größer wird die Gefahr einer nichtzielorientierten Entwicklung und dementsprechend ineffizienten Ressourceneinsatzes.

Darüber hinaus wurden zu diesem Zeitpunkt bereits Qualitätsstandards für die weitere Entwicklung definiert sowie ein Konzept zur produktiven Anbindung des KI-Modells in bestehende IT-Systeme der DAK erstellt. Zur Qualitätssicherung wurde u. a. auf Unit Tests zurückgegriffen, zudem wurde ein Validierungskonzept erarbeitet. Diese Inhalte wurden im weiteren Projektverlauf laufend aktualisiert, sodass das Entwicklungsteam auch diesbezüglich flexibel auf dynamische Änderungen von Rahmenbedingungen reagieren konnte.

Datenaufbereitung

Nach vorläufiger Klärung vorwiegend konzeptioneller Aspekte erfolgte die initiale Zusammenstellung eines Datensatzes durch den Data-Warehouse-Architekten in enger Abstimmung mit dem Data Scientisten. Diese Datenbasis ist ein zentraler Input-Parameter für das KI-Modell. Von entsprechend elementarer Bedeutung ist eine hohe Datenqualität für die erfolgreiche Entwicklung eines KI-Modells. So ist z. B. die Aussagekraft eines KI-Modells innerhalb einer bestimmten Population möglicherweise nicht gegeben oder stark verzerrt, sofern dieses auf Daten trainiert wurde, welche für die Zielpopulation nicht repräsentativ ist. Wird eine solche Verzerrung (bzw. Bias) nicht erkannt und adäquat adressiert, so kann sie zu einer systematischen Benachteiligung unterrepräsentierter Bevölkerungs- oder Anwendungsgruppen führen. Dieser Aspekt an der Schnittstelle zur KI-Ethik war auch im Rahmen dieses Projekts von besonderer Bedeutung für die DAK-Gesundheit. Dementsprechend sorgfältig wurden umfangreiche deskriptive Analysen zur technischen und inhaltlichen Validierung der Datenbasis ausgeführt. Dieser Entwicklungsabschnitt hat daher einen signifikanten Teil der Entwicklungszeit eingenommen, was insgesamt allerdings auch in anderen Anwendungsbereichen von maschinellem Lernen üblich ist.

In diesem Rahmen implementierte der Data Scientist in enger Abstimmung mit den fachlichen Experten zudem verschiedene Verfahren zur Vorverarbeitung der Daten, welche klassischerweise als Feature Engineering dem sogenannten Pre-Processing zugeordnet werden. Dieses Pre-Processing erfolgte spezifisch für einen Algorithmus aus dem maschinellen Lernen, da unterschiedliche methodische Ansätze zum Teil unterschiedlich aufbereitete Input-Daten benötigen. Dementsprechend musste sich das Team auch zu diesem frühen Zeitpunkt bereits auf eine vorläufige Analysestrategie festlegen. Hierzu wurden folgende Optionen erarbeitet und bewertet:

1. Maschinelles Lernen mit regularisierten Regressionen
2. Baumbasiertes maschinelles Lernen
3. Deep Learning

Die Bewertung der einzelnen Optionen erfolgte als qualitative Abschätzung anhand folgender Kriterien. Da die genutzte Datenbasis sehr umfangreich und als potenziell hochdimensionaler Datensatz charakterisiert werden konnte, sollte der methodische Ansatz entweder zur Dimensionsreduktion oder allgemein der Anwendung in einem hochdimensionalen Setting geeignet sein.[3] Zudem sollte das methodische Vorgehen nachvollziehbar und verhältnismäßig einfach erklärbar sein, um die Transparenz und Akzeptanz in der Anwendung sowohl seitens der Gesundheitsberater als auch der Versicherten zu erhöhen. Der Erklärbarkeit des Modells wurde aufgrund starker Anforderungen von vielen Stakeholdern ein besonderer Stellenwert beigemessen. Zudem sollte die gewählte Methode wirtschaftlich umsetzbar sein. In diesem Zusammenhang wurden Entwicklungskosten sowie Betriebs- und Wartungskosten berücksichtigt.

---

3 Aus diesem Grund wurden z. B. multiple lineare oder logistische Regressionen schon eingangs nicht weiter berücksichtigt.

■ Tab. 6.17 Entscheidungsmatrix zu qualitativer Modellselektion

	Kompatibilität mit Datenbasis	Erklärbarkeit	Wirtschaftlichkeit
Option 1: Regularisierte Regression	Positiv	Positiv	Negativ
Option 2. Baumbasierte Methoden	Positiv	Positiv	Positiv
Option 3: Deep Learning	Positiv	Neutral	Positiv

Option 1: Regularisierte Regressionen

Die erste überprüfte Option war die Entwicklung eines KI-Modells mithilfe von regularisierten Regressionen wie beispielsweise Lasso oder Elastic Net Regressionen. Diese eignen sich aufgrund ihrer Charakteristika grundsätzlich gut für hochdimensionale Anwendungen. Konzeptionell ist deren Vorgehen zudem gut erklärbar, da z. B. durch Variablenselektion wichtige Einflussfaktoren erkennbar gemacht werden können. Allerdings stellt dieser Ansatz recht hohe und umfangreiche Anforderungen an die Datenvorverarbeitung und speziell das Feature Engineering, sodass für diese Option von erhöhten Entwicklungskosten ausgegangen wurde.

Option 2: Baumbasierte Methoden

Als zweite Option wurden verschiedene baumbasierte Methoden wie Regressionsbäume, Random Forest oder Gradient Boosting in Erwägung gezogen. Auch baumbasierte Methoden des maschinellen Lernens sind grundsätzlich zur Dimensionsreduktion und Anwendung auf hochdimensionalen Daten geeignet. Zudem lassen sich einzelne Regressionsbäume, auf denen alle der genannten Methoden basieren, grafisch darstellen. Dadurch wurde das zugrundeliegende Vorgehen als konzeptionell verständlich und entsprechend gut nachvollziehbar bewertet. Mithilfe ergänzender Methoden, wie dem Berechnen von SHAP-Werten, kann die Erklärbarkeit dieser Methoden nochmals erhöht werden. Baumbasierte Methoden stellen aufgrund ihrer flexiblen funktionalen Form darüber hinaus geringere Anforderungen an die Datenvorverarbeitung als regularisierte Regressionen. Dies vereinfacht neben der Erstentwicklung potenziell auch Weiterentwicklungen des Modells im Produktivbetrieb.

Option 3: Deep Learning

Zuletzt wurden neuronale Netze bzw. der Bereich des Deep Learnings als Option für das weitere methodische Vorgehen bewertet. Neuronale Netze können ebenfalls sehr gut mit hochdimensionalen Daten trainiert werden. Die Transparenz stufte das Entwicklungsteam auch basierend auf Rückmeldungen weiterer fachlicher Stakeholder als vergleichsweise niedrig ein. Auch wenn die Erklärbarkeit durch Berechnung von SHAP-Werten analog zu anderen Methoden einfach gesteigert werden kann, wurde das konzeptionelle Vorgehen als anspruchsvoller in der Vermittlung eingestuft. Dies zeigte sich insbesondere im Vergleich zu den baumbasierten Methoden. Aufgrund dieser grundsätzlich gegebenen, wenngleich möglicherweise leicht anspruchsvolleren Erklärbarkeit wurde dieses Bewertungskriterium insgesamt neutral beurteilt. Die von neuronalen Netzen an die Datenvorverarbeitung gestellten Anforderungen wurden wiederum als vergleichbar mit baumbasierten Methoden und damit als geringer gegenüber regularisierten Regressionen bewertet.

Zusammenfassend stellt ■ Tab. 6.17 die Ergebnisse des qualitativen Bewertungsprozesses dar. Nur die baumbasierten Methoden wurden in allen drei Bewertungsdimensionen positiv beurteilt. Die Entscheidungsfindung des Teams fiel dementsprechend eindeutig zugunsten einer vorläufig baumbasierten Analysestrategie aus. Innerhalb der Familie der baumbasierten Methoden fiel die Wahl erfahrungsbasiert auf Ensemblemethoden und hier auf Gradient Boosting, da z. B. durch deren Kombination von Bootstrapping und Aggregation (*Bagging*)

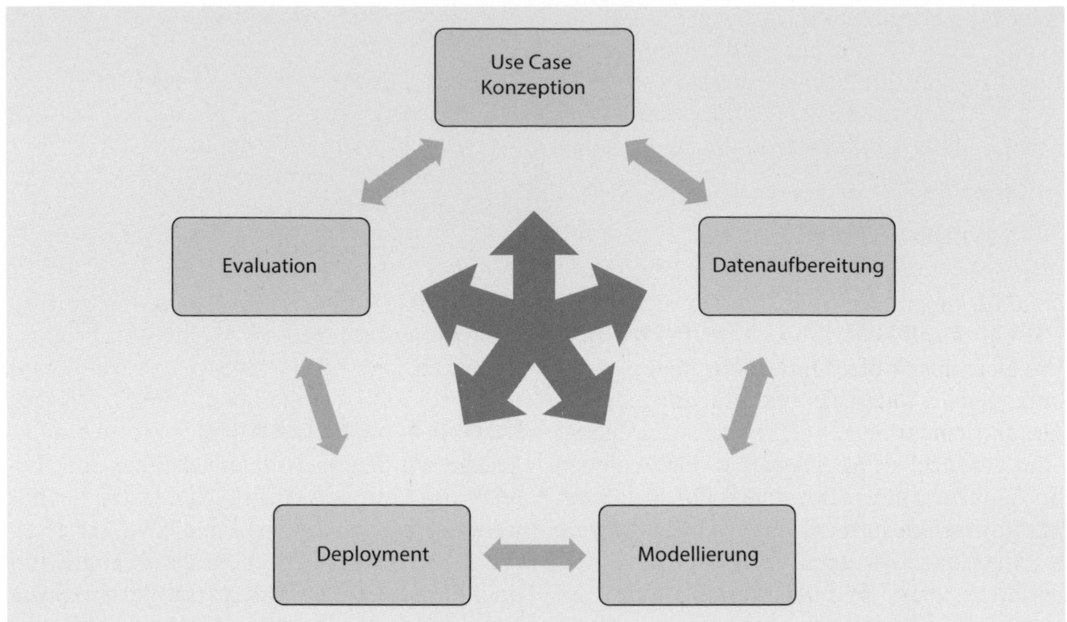

Abb. 6.25 KI-Entwicklungsprozess

potenzielle Gefahren wie Overfitting, also eine Überanpassung an die Daten und daraus resultierende schlechte Generalisierbarkeit des Modells, gut adressiert werden können.

Als vorläufiger Abschluss der Datenvorbereitung wurde als Bestandteil des eingangs beschriebenen Validierungskonzepts die Datenbasis in jeweils eine Stichprobe mit Trainings-, Validierungs- und Testdaten aufgeteilt. Die Größe dieser Stichproben wurde so gewählt, dass sie 70, 15 bzw. 15 % aller berücksichtigten Arbeitsunfähigkeitsfälle beinhalteten. Mit diesem etablierten Vorgehen wurden folgende Ziele verfolgt. Zum einen sollten die Testdaten nach dem Modell-Training des KI-Modells eine objektive und belastbare Validierung der Ergebnisse und Performanz ermöglichen. Zum anderen sollte mithilfe der Validierungsdaten im Rahmen des Trainings ein Hyperparametertuning zur Optimierung der Modellgüte durchgeführt werden.

Modellierung

Auf Basis dieser vorbereiteten Stichproben wurden anschließend erste Modelle trainiert. Dazu wurden verschiedene Gradient-Boosting-Algorithmen wie beispielsweise das von Yandex entwickelte CatBoost oder das von Microsoft entwickelte LightGBM eingesetzt. Die Modellselektion erfolgte in diesem Rahmen auf Grundlage vorab definierter Güteparameter, wie der Area Under the Receiver Operating Characteristic Curve (AUROC, oft auch AUC genannt).

Insbesondere während dieses Projektabschnitts war die Entwicklung durch ein wie in Abb. 6.25 beispielhaft dargestelltes iteratives Vorgehen zwischen Datenaufbereitung, Modellierung und Validierung bzw. Evaluation geprägt. (Auf einzelne iterative Wechsel zwischen unterschiedlichen Abschnitten geht diese Fallstudie im Interesse höherer Lesbarkeit und Verständlichkeit nicht näher ein.)

Nach einer positiven Bewertung vorläufiger Modellierungsergebnisse durch das Team und verschiedene Stakeholder wurde der gewählte Algorithmus zum Erreichen der definierten Qualitätsstandards im Sinne der Weiterentwicklung einer Machbarkeitsstudie (Proof of Concept) weiter optimiert. Zu diesem Zweck wurde nun ebenfalls ein Hyperparametertuning implementiert, für welches der Ansatz der Bayes'schen Optimierung genutzt wurde. Diese Berechnungen können auch bei ausreichend dimensionierter Hardware verhältnismäßig lange dauern und sind deshalb in der Regel verhältnismäßig kostenintensiv. Daher entschied sich das Team, das Hyperparametertuning als einen der letzten Entwicklungsschritte umzusetzen.

Deployment

Das fertig trainierte Modell wurde anschließend für den produktiven Betrieb vorbereitet. Hierfür wurde federführend durch den Data Engineer das Deployment-Konzept implementiert, welches hauptsächlich aus einem Container und einem S3-Bucket bestand. (Docker-)Container schaffen eine Art virtuelle Umgebung, in welcher technische Abhängigkeiten gut kontrollierbar sind. Das containerisierte Deployment ermöglichte somit einen isolierten, sicheren Produktivbetrieb sowie die einfache und flexible Steuerung bzw. Orchestrierung des Prädiktionsmodells.

Evaluation

Vor der tatsächlichen Produktivschaltung des Modells wurde allerdings zunächst noch das Evaluationskonzept umgesetzt. Im Kern beinhaltete die Evaluation eine experimentelle Test- bzw. Pilotphase, für die bereits eine Deployment-Umgebung genutzt werden konnte. Die Evaluation ermöglichte mithilfe eines umfangreichen A/B-Tests vor allem das sorgfältige Überprüfen von Hypothesen bezüglich der technischen und fachlichen Auswirkungen des neuen Steuerungsmodells. Zudem wurden in diesem Rahmen gezielt Mitarbeiterschulungen durchgeführt, wodurch die unternehmensinterne Akzeptanz des KI-Modells nochmals gesteigert werden konnte. Ergänzende Bestandteile des Evaluationskonzepts waren zudem Befragungen und engmaschige Feedbackschleifen zwischen dem Entwicklungsteam, den Gesundheitsberatern und weiteren fachlichen Stakeholdern. Die Auswertung dieses Piloten erfolgte inkrementell über mehrere Wochen hinweg, sodass das Entwicklungsteam flexibel auf identifizierte Optimierungspotenziale reagieren und noch während der Pilotphase Anpassungen vornehmen konnte.

Fazit und Ergebnistransfer

Nach Abschluss der Evaluation des KI-Modells existierte somit bereits eine umfangreiche Evidenzbasis. Dies ermöglichte folglich auf mehr Informationen basierende Entscheidungen darüber, das Modell in den Produktivbetrieb zu übernehmen oder es kontinuierlich weiterzuentwickeln. Aufgrund des Erfolgs dieses Use Cases wurden auch weitere KI-Projekte innerhalb der DAK-Gesundheit ähnlich strukturiert.

Einzelheiten des vorgestellten Vorgehens und der damit verbundenen Entscheidungen sind teilweise kontext- und unternehmensabhängig. Dennoch zeichnen sich KI-Projekte zumeist durch ähnliche grundlegende Charakteristika und Abläufe aus. Daher ist das Übertragen der in dieser Fallstudie vorgestellten KI-Entwicklung grundsätzlich auch auf andere Krankenkassen, Unternehmen im Gesundheitswesen und zum Teil auch auf weitere Industrien denkbar.

Literatur

Literatur zu Abschnitt 6.1

Eichhorn P (1997) Öffentliche Betriebswirtschaftslehre. Nomos, Baden-Baden

Fischer R (2000) Dienstleistungscontrolling. Gabler, Wiesbaden

Küpper H-U, Friedl G, Hofmann C, Hofmann Y, Pedell B (2013) Controlling – Konzeption, Aufgaben, Instrumente, 6. Aufl. Schäffer-Poeschel, Stuttgart

Ossadnik W, Corsten H (2009) Controlling, 4. Aufl. Oldenbourg, München

Reichmann T, Kißler M, Baumöl U (2017) Controlling mit Kennzahlen, 9. Aufl. Vahlen, München

Literatur zu Abschnitt 6.2

Bono ML (2010) Performance Management in NPOs. Nomos Verlag, Baden-Baden

Demmler G (2002) Balanced Scorecard – Von der Strategie zur Aktion. Die BKK 90(11): 5–10

Friedag HR, Schmidt W (2015) Balanced Scorecard. Haufe, Freiburg i. Br.

Halfar B, Moos G, Schellberg K (2014) Controlling in der Sozialwirtschaft. Nomos-Verlag, Baden-Baden

Horak C, Baumüller J (2009) Steuerung in NPOs und der öffentlichen Verwaltung, Wien

Kaplan RS, Norton DP (1996) The Balanced Scorecard: Translating Strategy into Action. Harvard Business School Press, Boston

Kaplan RS, Norton DP (2004) Strategy Maps – Der Weg von immateriellen Werten zum materiellen Erfolg. Schäffer-Poeschel, Stuttgart

Kuntz L, Bazan M (Hrsg) (2012) Management im Gesundheitswesen: Diskussionspapier des Arbeitskreises Ökonomie im Gesundheitswesen der Schmalenbach-Gesellschaft für Betriebswirtschaft e.V. Springer-Gabler, Wiesbaden

Matusiewicz D, Dante C, Wasem J (2012) Die Bedeutung der Balanced Scorecard für die gesetzliche Krankenversicherung – eine Bestandsaufnahme. In: Mühlbauer H, Kellerhoff F, Matusiewicz D (Hrsg) Zukunftsperspektiven der Gesundheitswirtschaft. LIT Verlag, Berlin, S 319–340

Stoll B (2003) Balanced Scorecard für soziale Organisationen. Qualität und Management durch strategische Steuerung. Walhalla, Regensburg

Ziegenbein K (2012) Controlling, 10. Aufl. Kiehl, Ludwigshafen

6

Literatur zu Abschnitt 6.3

Andersen P, Petersen NC (1993) A procedure for ranking efficient units in data envelopment analysis. Manage Sci 39:1261–1264

Buchholz W (2000) Controlling. In: Eichhorn P, Seelos HJ, Graf v d Schulenburg JM (Hrsg) Krankenhausmanagement. Urban & Fischer, München, S 595–615

Charnes A et al (1994) Data envelopment analysis: theory, methodology, and application. Kluwer, Boston Dordrecht London

Cooper W, Seiford L, Tone K (2007) Data envelopment analysis, 2. Aufl. Kluwer, Boston

Fleßa S (2003) Arme habt Ihr allezeit! Ein Plädoyer für eine armutsorientierte Diakonie. Vandenhoeck & Ruprecht, Göttingen

Fleßa S (2018) Systemisches Krankenhausmanagement, 4. Aufl. De Gruyter, Berlin

Greulich A et al (2005) Balanced Scorecard im Krankenhaus. Economica, Heidelberg

Hambrick DC, MacMillan IC, Day DL (1982) Strategic attributes and performance in the BCG matrix – A PIMS-based analysis of industrial product businesses1. AMJ 25(3):510–531

Hentze J, Kehres E (2016) Kosten- und Leistungsrechnung in Krankenhäusern. Kohlhammer, Stuttgart

Kaplan RS, Norton DP (1992) The balanced scorecard. Harv Bus Rev 70(1):71–79

Kaplan RS, Norton DP (1993) Putting the balanced scorecard to work. Harv Bus Rev 71(5):134–142

Keun F, Prott R (2008) Einführung in die Krankenhauskostenrechnung, 7. Aufl. Gabler, Wiesbaden

Klein R, Scholl A (2011) Planung und Entscheidung. Vahlen, München

Koch J (2014) Buchhaltung und Bilanzierung in Krankenhaus und Pflege. Erich Schmidt, Berlin

Körnert J (2005) Balanced Scorecard-Perspektiven für die Kreditwirtschaft. Diskussionspapier 01/2005. Rechts- und Staatswissenschaftliche Fakultät, Universität Greifswald, Greifswald

Kuntz L (2002) Krankenhauscontrolling in der Praxis. Kohlhammer, Stuttgart

Meyer M, Harfner A (1999) Spezialisierung und Kooperation als Strukturoptionen für deutsche Krankenhäuser im Lichte computergestützter Modellrechnungen. ZfB-Ergänzungsheft 5:147–165

Pföhler W, Dänzer A (2005) Das Mannheimer Modell: Eine Option zur wirtschaftlichen Führung eines Universitätsklinikums. Führen Wirtsch Krankenh 22:126–129

Scheel H (2013) Effizienzmaße der Data Envelopment Analysis. Deutscher Universitätsverlag, Wiesbaden

Schirmer H (2017) Krankenhaus-Controlling, 5. Aufl. Expert, Renningen

Staat M (1998) Krankenhaus-Betriebsvergleiche – ein analytischer Ansatz. In: der Wissenschaftliches Institut, Ortskrankenkassen (Hrsg) Krankenhaus-Report. Gustav-Fischer-Verlag, Stuttgart, S 137–153

Literatur zu Abschnitt 6.4

AOK-Bundesverband (2021a) Aufbau der QISA-Indikatorensets. http://www.aok-gesundheitspartner.de/bund/qisa/ueber_qisa/methodik/index_05756.html. Zugegriffen: 29. Jan. 2021

AOK-Bundesverband (2021b) Startseite QISA. http://www.aok-gesundheitspartner.de/bund/qisa/index.html. Zugegriffen: 29. Jan. 2021

Ärztliches Zentrum für Qualität in der Medizin (2005) Qualitätsindikatoren in Deutschland, Positionspapier des Expertenkreises Qualitätsindikatoren. ÄZQ, Berlin

Esslinger AS (2003) Qualitätsorientierte strategische Planung und Steuerung in einem sozialen Dienstleistungsunternehmen mit Hilfe der Balanced-Scorecard. HERZ, Burgdorf

Kaplan RS, Norton DP (2001) Die strategiefokussierte Organisation: Führen mit der Balanced Scorecard. Schäffer-Poeschel, Stuttgart

Kassenärztliche Vereinigung (KVB) (2011) Abrechnungsausgabe Quartal 1/2011 – Online-Abrechnung jetzt Pflicht. KVB-Infos: 22

Kassenärztliche Vereinigung (KVB) (2015) Statistiken über Praxisverwaltungssysteme in Bayern. KVB-Infos: 160

Kröger G (2019) Qualitätsindikatoren. https://www.virchowbund.de/uploads/files/studie_qualitaetsindikatoren.pdf. Zugegriffen: 29. Jan. 2021

Oberender P, Fleischmann J (2002) Gesundheitspolitik in der Sozialen Marktwirtschaft: Analyse der Schwachstellen und Perspektiven einer Reform. Lucius & Lucius, Stuttgart

Sohn S (2006) Integration und Effizienz im Gesundheitswesen: Instrumente und ihre Evidenz für die integrierte Versorgung. HERZ, Burgdorf

Steinbach H, Sohn S, Schöffski O (2004) Möglichkeiten der Kalkulation von sektorübergreifende Kopfpauschalen (Capitation). HERZ, Burgdorf

Stock J, Broge B (2007) „Qualitätsindikatoren der AOK für Arztnetze" – erstes deutsches Indikatorensystem für die hausärztliche Versorgung. In: Stock J, Szecsenyi J (Hrsg) Stichwort: Qualitätsindikatoren. KomPart, Bonn, S 97–118

Szecsenyi J, Stock J, Chenot R, Broge B (2010) QISA – Das Qualitätsindikatorensystem für die ambulante Versorgung. GuS 64(1):52–58

Trill R (Hrsg) (2002) Informationstechnologie im Krankenhaus: Strategien, Auswahl, Einsatz. Luchterhand, Neuwied

Wambach V, Lindenthal J (2015) Den Kinderschuhen entwachsen – Arztnetze in Deutschland leisten wertvollen Beitrag zur Optimierung der lokalen Versorgungssituation. Bundesgesundheitsbl 58:374–382

Zorn U, Ollenschläger G (1999) Qualitätsbestimmung in der medizinischen Versorgung – ein universelles Entwicklungsschema für Qualitätsindikatoren. ZaeFQ 93:123–128

Literatur zu Abschnitt 6.5

Amelung V (2012) Managed Care – Neue Wege im Gesundheitswesen, 5. Aufl. Gabler, Wiesbaden

Baldwin AL (1999) Financial and risk consideration for successful disease management programs. Manag Care Mag 11:52–65 (www.managedcaremag.com/archives/9911/9911.cancer_dm.html)

Berkson S, Davis S, Karp Z, Jaffery J, Flood G, Pandhi N (2020) Medicare shared savings programs: higher cost accountable care organizations are more likely to achieve savings. Int J Healthc Manag 13(sup1):248–255. https://doi.org/10.1080/20479700.2018.1500760

Buchner F, Ryll A, Wasem J (2002) Periodenbezogene Vergütungssysteme: Die risikoadjustierte Kopfpauschalenvergütung. In: Wille E (Hrsg) Anreizkompatible Vergütungssysteme im Gesundheitswesen, Gesundheitsökonomische Beiträge. Nomos, Baden-Baden, S 63–95

Casalino LP, Erb N, Joshi MS, Shortell SM (2015) Accountable care organizations and population health organizations. J Health Polit Policy Law 40:821–837

CMS (Centers for Medicare & Medicaid Services), Office of Inspector General (2017) Medicare Program Shared Savings Accountable Care Organizations Have Shown Potential for Reducing Spending and Improving Quality. U.S. Department of Health and Human Services

CMS (Centers for Medicare & Medicaid Services) (2021) Shared savings program fast facts – as of january 1, 2021. Center for Medicare & Mediaid Services, Baltimore, S 1–2

Güssow J (2007) Vergütung Integrierter Versorgungsstrukturen im Gesundheitswesen – Weiterentwicklung pauschaler Vergütungsansätze zur Förderung prozessorientierter Strukturen unter besonderer Berücksichtigung der Krankenhausperspektive. GWV, Wiesbaden

HCP LAN. „Alternative Payment Model (APM) Framework“, 2017. https://hcp-lan.org/workproducts/apm-refresh-whitepaper-final.pdf.

Hildebrandt H, Bahrs O, Borchers U, Glaeske G, Griewing B, Härter M, Hanneken J et al (2020a) „Integrierte Versorgung als nachhaltige Regelversorgung auf regionaler Ebene – Teil 1“. *Welt der Krankenversicherung* 9, Nr. 9. https://pub.uni-bielefeld.de/record/2948984

Hildebrandt H, Bahrs O, Borchers U, Glaeske G, Griewing B, Härter M, Hanneken J et al (2020b) „Integrierte Versorgung als nachhaltige Regelversorgung auf regionaler Ebene – Teil 2 Vorschlag für eine Neuausrichtung des deuschen Gesundheitssystems“. *Welt der Krankenversicherung* 9, Nr. 7–8. https://pub.uni-bielefeld.de/record/2948983

Juhnke C, Bethge S, Mühlbacher A (2016) A review on methods of risk adjustment and their use in integrated healthcare systems. Int J Integr Care 16(4):4

Kipp RA, Towner WC, Levin HA (1997) Financial and actuarial issues. In: Todd WE, Nash D (Hrsg) Disease management: a system approach to improving patient outcomes. American Hospital Publishing, Chicago, S 87–136

Kissinger K, Borchardt S (1996) Information technology for integrated health systems. The Ernst & Young Information Management Series. John Wiley & Sons Inc, New York

Klein A (2011) Risikomanagement und Risiko-Controlling. Haufe, Freiburg

Kongstvedt P (2007) Essentials of managed health care, 5. Aufl., Sudbury

Kongstvedt PR (2001) The managed health care handbook, 4. Aufl. Maryland, Aspen, Gaithersburg

Malik A (2011) Risikomanagement in der Berufsunfähigkeitsversicherung. Josef Eul Medicine, Lohmar-Köln (3. Aufl. Schattauer, Stuttgart)

McWilliams JM, Chernew ME, Landon BE, Schwartz AL (2015) Performance differences in year 1 of pioneer accountable care organizations. N Engl J Med 372(20):1927–1936. https://doi.org/10.1056/nejmsa1414929

Mühlbacher A (2007) Die Ausgestaltung von Versorgungsverträgen: Eine Vertragstheoretische Analyse. Jahrbücher F Natl U Stat 227(5+6)

Mühlbacher A, Johnson FR (2016) Choice experiments to quantify preferences for health and Healthcare: a guide to state of the practice. Appl Health Econ Health Policy 14(3):253–266

Mühlbacher A, Bethge S, Tockhorn A (2013) Präferenzmessung im Gesundheitswesen: Grundlagen von Discrete-Choice-Experimenten. Gesundh ökon Qual manag 18(4):159–172

Mühlbacher A, Bethge S, Eble S (2015) Präferenzen für Versorgungsnetzwerke: Eigenschaften von integrierten Versorgungsprogrammen und deren Einfluss auf den Patientennutzen. Gesundheitswesen 77(05):340–350

Mühlbacher A, Bethge S, Reed S, Schulman K (2016) Patient preferences for features of health care delivery systems: a discrete choice experiment. Health Serv Res 51(2):704–727

Mühlbacher AC (2005) Methoden der Risikoadjustierung: Herausforderungen und Alternativen. Wirtschaftspolitische Blätter 4:540–548

Penner SJ (2004) Introduction to health care economics & financial management: fundamental concepts with practical applications. Lippincott Williams & Wilkins Publishers, Philadelphia

Pimperl A (2015) Performance Management Systeme für Netzwerke im Gesundheitswesen: Entwicklung einer Soll-Konzeption. Driesen, H, Taunusstein

Pimperl A (2018) Re-orienting the model of care: towards accountable care organizations. Int J Integr Care. https://doi.org/10.5334/ijic.4162

Pimperl A, Schreyögg J, Rothgang H, Busse R, Glaeske G, Hildebrandt H (2015) Ökonomische Erfolgsmessung von integrierten Versorgungsnetzen – Gütekriterien, Herausforderungen, Best-Practice-Modell. Gesundheitswesen 77(12):e184–e193. https://doi.org/10.1055/s-0034-1381988

Pimperl A, Schulte T, Hildebrandt H (2016a) Business intelligence in the context of integrated care systems (ICS): experiences from the ICS Gesundes Kinzigtal in Germany. In: Bock HH, Gaul W, Vichi M, Weihs C, Baier D, Critchley F, Decker R et al (Hrsg) Studies in Classification, Data Analysis, and Knowledge Organization. Springer, (http://www.springer.com/series/1564)

Pimperl A, Schulte T, Mühlbacher A, Rosenmöller M, Busse R, Groene O, Rodriguez HP, Hildebrand H (2016b) Evaluating the impact of an accountable care organization on population health – the quasi-experimental design of the German 'Gesundes Kinzigtal'. Popul Health Manag. https://doi.org/10.1089/pop.2016.0036

Pimperl AF, Rodriguez HP, Schmittdiel JA, Shortell SM (2017a) The implementation of performance management systems in U.S. physician organizations. Med Care Res Rev. https://doi.org/10.1177/1077558717696993

Pimperl A, Hildebrand H, Groene O, Schulte T, Meyer I, Wetzel M, Udayakumar K, Gonzales-Smith J, Kadakia K, Thoumi A (2017b) Case Study: Gesundes Kinzigtal Germany". Accountable Care in Practice: Global Perspectives. Duke Margolis Center for Health Policy, The Commonwealth Fund. https://healthpolicy.duke.edu/sites/default/files/atoms/files/germany_25jan2017.pdf

Schräder WF, Ryll A (2003) Pauschalierende Vergütungssysteme in der integrierten Versorgung. In: Tophoven L, Lieschke L (Hrsg) Integrierte Versorgung – Entwicklungsperspektiven für Praxisnetze. Deutscher Ärzteverlag, Köln

Smith J (2000) Health management information systems – a handbook for decision makers. Open University Press, Buckingham Philadelphia

Tucker A, Weiner J, Abrams C (2002) Risk adjustment methods. In: Wrightson CW (Hrsg) Financial strategy for managed care organizations: rate setting, risk adjustment and competitive advantage. Health Administration Press, Chicago, S 126–227

Weichert T (2004) Datenschutz und Integrierte Versorgung – sichere und akzeptierte Datenkommunikation im Bereich der Integration. Beitrag zum 2. Lübecker Symposium Integrierte Versorgung 2004. (www.datenschutzzentrum.de/medizin/arztprax/integrierteversorgung.htm)

Wrightson CW (2002) Financial strategy for managed care organizations: rate setting, risk adjustment and competitive advantage. Health Administration Press, Chicago

Yasaitis LC, Pajerowski W, Polsky D, Werner RM (2016) Physician participation in ACOs is lower in places with vulnerable populations compared to more affluent communities. Health Aff (millwood) 35:1382–1390. https://doi.org/10.1377/hlthaff.2015.1635

Literatur zu Abschnitt 6.6

Aufrecht R, Hüser I (2015) Market Access – die neue Vertriebsabteilung in der Pharma-Industrie. Pharmind Die Pharm Ind 77(3):298–301

BAH (Bundesverband der Arzneimittel-Hersteller e. V.) (2021) Der Arzneimittelmarkt in Deutschland Zahlen & Fakten aus 2020, Stand Februar 2021

Horváth P, Gleich R, Seiter M (2019) Controlling, 14. Aufl. Vahlen, München

Hüffer U, Koch J (2016) Aktiengesetz. Kommentar, 12. Aufl. Beck, München

o.V. (2019) Pharmaindustrie investiert 14 Prozent des Umsatzes in Forschung und Entwicklung, Ärzteblatt, 30.12.2019. https://www.aerzteblatt.de

Potthoff E, Trescher K (2003) Das Aufsichtsratsmitglied, 6. Aufl. Schäffer-Poeschel, Stuttgart

ZESAR (2017) http://www.zesargmbh.com

Serviceteil

R. Busse, J. Schreyögg, T. Stargardt (Hrsg.), *Management im Gesundheitswesen*,
https://doi.org/10.1007/978-3-662-64176-7

Stichwortverzeichnis

A

D

E

F

G

H

I

J

K

L

M

N

O

P

Q

R

S

T

U

V

W

Z

Printed by Wilco bv, the Netherlands